KB274248

한 번에 합격, 자격증은 이기적

이렇게 기막힌 적중률

함께 공부하고 특별한 혜택까지!
이기적 스터디 카페

구독자 약 15만 명, 전강 무료!
이기적 유튜브

오직 스터디 카페 멤버에게만
주어지는 특별 혜택!

이기적 스터디 카페

이기적 스터디 카페

합격을 위한 기적 같은 선물
또기적 합격자료집

혼자 공부하기 외롭다면?
온라인 스터디 참여

모든 궁금증 바로 해결!
전문가와 1:1 질문답변

1년 내내 진행되는
이기적 365 이벤트

도서 증정 & 상품까지!
우수 서평단 도전

간편하게 한눈에
시험 일정 확인

합격까지 모든 순간 이기적과 함께!
이기적 365 EVENT

QR코드를 찍어 이벤트에 참여하고 푸짐한 선물 받아가세요!

1 기출문제 복원하기

이기적 책으로 공부하고 시험을 봤다면 7일 내로
문제를 제보해 주세요!

2 합격 후기 작성하기

당신만의 특별한 합격 스토리와 노하우를 전해
주세요!

3 온라인 서점 리뷰 남기기

온라인 서점에서 책을 구매하고 평점과 리뷰를
남겨 주세요!

4 정오표 이벤트 참여하기

더 완벽한 이기적이 될 수 있게 수험서의 오류를
제보해 주세요!

※ 이벤트별 혜택은 변경될 수 있으므로 자세한 내용은 해당 QR을 참고해 주세요.

기적의 적중률, 여러분의 참여로 완성됩니다
기출 복원 EVENT

1 이기적 수험서로 공부하고 시험에 응시했다면 누구나 참여 가능

2 응시일로부터 7일 이내 복원 문제만 인정(수험표 첨부 필수!)

3 중복, 누락, 허위 문제는 당첨 대상에서 제외

※ 이벤트별 혜택은 변경될 수 있으므로 자세한 내용은 해당 QR을 참고해 주세요.

20년 경력 실기 일타 강사와 함께! Ⓝ
선앤미 컬러리스트 공식 채널

김선미 선생님 채널에서는!

- ✅ 저자가 직접 운영하는 컬러리스트 실기 카페!
- ✅ 필기 + 실기 논스톱 합격자들의 리얼 후기 확인!
- ✅ 필기는 이기적! 실기는 20년 경력 일타 강사 저자 직강으로!

◀ 선생님 채널 바로가기

선앤미 컬러리스트

합격을 위해 모두 드려요.
이기적 합격 솔루션!

이기적이 여러분을 위해 준비했어요

저자가 직접 운영하는, 선앤미 컬러리스트 카페

'선앤미 컬러리스트'를 검색해 보세요.
20년 경력의 실기 일타 강사의 수업에 참여하실 수 있습니다.

2026년부터 시험이 바뀝니다, 개정사항 비교표

2026년부터 컬러리스트 출제기준이 대폭 변경되었습니다.
어떻게 어디서 출제가 되는지 달라진 내용을 표로 정리해드려요.

실기도 바뀌나요? 실기 시험 미리보기

시행처에서 공개한 2026년 컬러리스트 실기 시험 공개문제를 그대로 확인하세요.
변경된 출제기준에 따라 실기는 어떻게 출제되는지 미리 제공합니다.

필기 합격 후 실기는? 선앤미 실기 스터디

필기는 이기적으로, 실기도 선앤미 컬러리스트 실기 스터디로!
저자가 직접 운영하는 실기 스터디가 운영 중입니다.

※ 〈2026 컬러리스트기사 · 산업기사 필기 기본서〉를 구매하고 인증한 회원에게만 드리는 혜택입니다.

◀ 모든 혜택 한 번에 보기

정오표 바로가기 ▶ 

컬러리스트기사·산업기사

필기 기본서

1권·이론서

차례

✦ 본 도서의 일부 이미지는 생성형 AI를 활용하여 제작되었습니다. 저자가 직접 수험생의 이해를 돕기 위해 Google의 Gemini로 프롬프트 기반 참고 이미지를 생성하였고, 출처를 별도로 수록하였습니다(일부 변형 · 수정 포함).

※ 본 수험서는 국가직무능력표준(NCS) '색채디자인' 직무능력단위를 철저히 분석하여, 한국산업인력공단의 최신 출제기준을 100% 반영 · 집필하였습니다.

BONUS 또기적 합격자료집 PDF

- 시험장 스케치
- 스터디 플래너
- 2026년 컬러리스트 개정사항 비교표
- 2026년 AI 예상 · 복원문제
- 실기 시험 미리보기

※ **참여 방법 :** '이기적 스터디 카페' 검색 → 이기적 스터디카페(cafe.naver.com/yjbooks) 접속 → '합격 추가 자료' 게시판
　　　　　　→ 구매 인증 → 메일로 자료 받기

이 책의 구성

| STEP 1 | 개정 반영 이론 | STEP 2 | 산업기사 출제 예상문제 |

2026년 개정사항을 반영한 새로운 이론

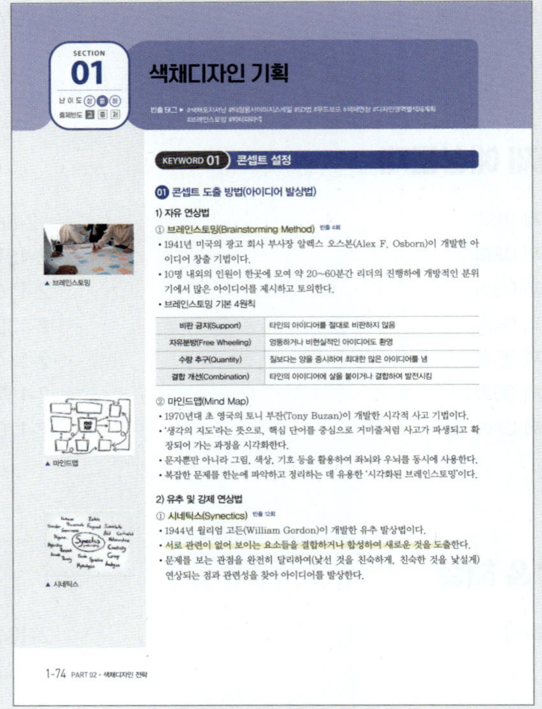

출제기준을 반영하여 기준에 맞춘 산업기사 예상문제 7회분

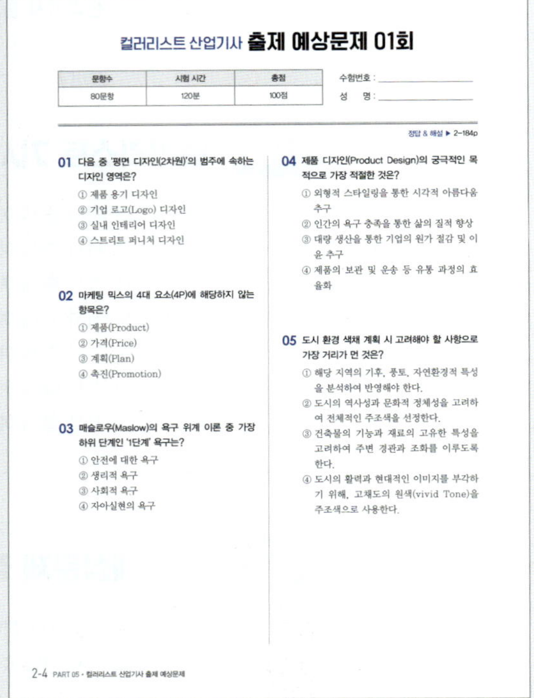

- ❤ 이해를 돕는 풀컬러 이미지
- ❤ 형광펜 표시된 중요 내용은 한번 더 학습
- ❤ 선생님의 노하우로 학습 능률 UP

- ✅ 새롭게 개정된 출제기준을 반영한 예상문제
- ✅ 산업기사 시험 어떻게 출제될지 파악
- ✅ 실제 시험처럼 대비 연습

기사 출제 예상문제

 BONUS

또기적 합격자료집

출제기준을 반영하여 기준에 맞춘 기사 예상문제 7회분

컬러리스트 기사 **출제 예상문제 01회**

문항수	시험 시간	총점
80문항	120분	100점

수험번호 : ____________
성   명 : ____________

정답 & 해설 ▶ 2-254p

01 다음 중 색채디자인 프로젝트 발주 단계에서 생성되는 문서에 대한 설명으로 가장 적절하지 않은 것은?
① 제안요청서(RFP)는 발주자가 사업의 목적, 범위, 예산 등을 명시하여 제안자에게 요청하는 공식 문서이다.
② 자료의뢰서(RFI)는 RFP 작성 전 단계에서 시장 동향이나 예산 정보를 수집하기 위해 요청하는 문서이다.
③ 일반적으로 프로젝트 문서는 '자료의뢰서(RFI) → 제안요청서(RFP)'의 순서로 진행된다.
④ 자료의뢰서(RFI)는 법적 구속력이 매우 강하여 추후 계약 분쟁 시 최종 계약서보다 우선하는 근거가 된다.

02 지식재산권 중 '산업재산권'과 '저작권'의 가장 큰 차이점인 권리 발생 요건을 바르게 설명한 것은?
① 산업재산권은 창작 즉시 발생하고, 저작권은 등록해야 발생한다.
② 산업재산권은 등록(심사)해야 발생하고, 저작권은 창작 시점에 자동 발생한다.
③ 둘 다 특허청에 등록해야만 권리가 발생한다.
④ 둘 다 별도의 절차 없이 창작과 동시에 발생한다.

03 「경관법」상 경관계획의 수립 및 승인 절차에 대한 설명으로 옳지 않은 것은?
① 경관법의 성격 : 규제 일변도에서 벗어나 지역의 고유한 정체성을 살리는 유도와 지원 중심의 법률이다.
② 의무 수립 대상 : 관할 구역 인구가 10만 명을 초과하는 시·군은 경관계획을 의무적으로 수립해야 한다.
③ 승인 절차 : 시장·군수가 경관계획을 수립하거나 변경할 때는 최종적으로 국토교통부장관의 승인을 받아야 한다.
④ 특정경관계획 : 색채, 야간경관 등 특정 요소를 중점 관리하기 위한 계획이며, 5년마다 타당성을 검토해 재정비한다.

04 ISO(국제표준화기구) 색채 규격 중, '인쇄 공정 제어 및 인쇄물 색 측정'에 관한 표준 번호는?
① ISO 3864
② ISO 12647
③ ISO 9001
④ ISO 14000

05 색채디자인 프로세스의 일반적인 진행 순서단계로 가장 올바른 것은?
① 기획 → 계획 → 설계 → 관리
② 계획 → 기획 → 설계 → 관리
③ 설계 → 기획 → 계획 → 관리
④ 기획 → 설계 → 계획 → 관리

도서 구매자 특별 제공

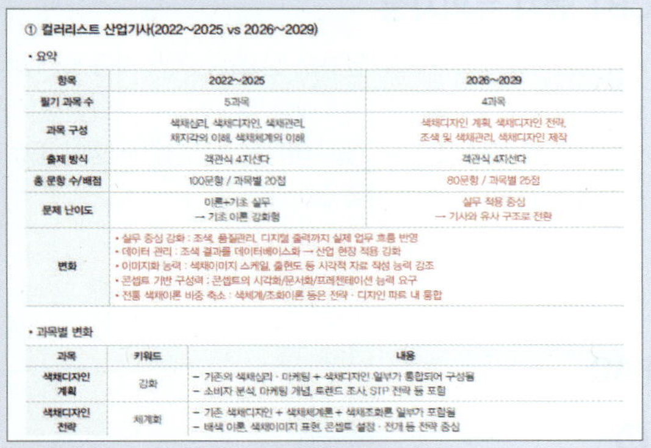

① 컬러리스트 산업기사(2022~2025 vs 2026~2029)

· 요약

항목	2022~2025	2026~2029
필기 과목 수	5과목	4과목
과목 구성	색채심리, 색채디자인, 색채관리, 색지각의 이해, 색채체계의 이해	색채디자인 계획, 색채디자인 전략, 조색 및 색채관리, 색채디자인 제작
출제 방식	객관식 4지선다	객관식 4지선다
총 문항 수/배점	100문항 / 과목별 20점	80문항 / 과목별 25점
문제 난이도	이론+기초 실무 → 기초 이론 강화형	실무 적용 중심 → 기사와 유사 구조로 전환
변화	· 실무 중심 강화 : 조색, 품질관리, 디지털 출력까지 실제 업무 흐름 반영 · 데이터 관리 : 조색 결과를 데이터베이스화 → 산업 현장 적용 강화 · 이미지화 능력 : 색채이미지 스케일, 출현도 등 시각적 자료 작성 능력 강조 · 콘셉트 기반 구성력 : 콘셉트의 시각화/문서화/프레젠테이션 능력 요구 · 전통 색채이론 비중 축소 : 색체계/조화이론 등은 전략 · 디자인 파트 내 통합	

· 과목별 변화

과목	키워드	내용
색채디자인 계획	강화	– 기존의 색채심리 · 마케팅 + 색채디자인 일부가 통합되어 구성됨 – 소비자 분석, 마케팅 개념, 트렌드 조사, STP 전략 등 포함
색채디자인 전략	체계화	– 기존 색채디자인 + 색채체계론 + 색채조화론 일부가 포함됨 – 배색 이론, 색채이미지 표현, 콘셉트 설정 · 전개 등 전략 중심

[공개]

국가기술자격 실기시험문제

자격종목	컬러리스트산업기사	[시험1]	삼속성 테스트, 색채재현 및 보정

※ 문제지는 시험 종료 후 본인이 가져갈 수 있습니다.

비번호		시험일시		시험장영	

※시험시간 : [시험1] 2시간 30분

1. 요구사항
   1) [시험1]의 표현재료는 포스터컬러(흑·백을 포함한 12색)만을 사용할 수 있으며, 직접 채색 또는 켄트지(연습지)에 채색한 후 해당란 규격에 맞게 접착제(딱풀 등)를 활용하여 떨어지지 않도록 부착하시오.
   2) 기본색이름 표기는 <한국산업표준 KS A 0011 : 물체색의 색이름> : '유채색의 기본색이름 10색'을 기준으로 서술하시오.

✔ 새롭게 개정된 출제기준을 반영한 예상문제

✔ 기사 시험 어떻게 출제될지 파악

✔ 실제 시험처럼 대비 연습

✔ 시험장 스케치 & 스터디 플래너

✔ 2026년 컬러리스트 개정사항 비교표

✔ 실기 시험 미리보기

CBT 시험 가이드

CBT란?

CBT는 시험지와 필기구로 응시하는 일반 필기시험과 달리, 컴퓨터 화면으로 시험 문제를 확인하고 그에 따른 정답을 클릭하면 네트워크를 통하여 감독자 PC에 자동으로 수험자의 답안이 저장되는 방식의 시험입니다.

오른쪽 QR코드를 스캔해서 큐넷 CBT를 체험해 보세요!

CBT 응시 유의사항

- 수험자마다 문제가 모두 달라요, 문제은행에서 자동 출제됩니다!
- 답지는 따로 없어요!
- 문제를 다 풀면, 반드시 '제출' 버튼을 눌러야만 시험이 종료되어요!
- 시험 종료 안내방송이 따로 없어요!

FAQ

Q CBT 시험이 처음이에요! 시험 당일에는 어떤 것들을 준비해야 좋을까요?

A 시험 20분 전 도착을 목표로 출발하고 시험장에는 주차할 자리가 마땅하지 않은 경우가 많으므로, 대중교통을 이용하는 것을 추천합니다. 무사히 시험 장소에 도착했다면 수험자 입장 시간에 늦지 않게 시험실에 입실하고, 자신의 자리를 확인한 뒤 착석하세요.

Q 기존보다 더 어려워졌을까요?

A 시험 자체의 난이도 차이는 없지만, 랜덤으로 출제되는 CBT 시험 특성상 경우에 따라 유독 어려운 문제가 많이 출제될 수는 있습니다. 이러한 돌발 상황에 대비하기 위해 이기적 CBT 온라인 문제집으로 실제 시험과 동일한 환경에서 미리 연습해 두세요.

Q 풀었던 문제의 답안 수정은 어떻게 하나요?

A 마킹한 답안을 수정할 경우에는 문제지 화면에서 수정하고자 하는 문제의 답을 다시 클릭하면 먼저 체크한 번호는 없어지고 새로 선택한 번호가 검은색으로 마킹됩니다.

Q 문제를 다 풀고 나면 어떻게 하나요?

A 문제를 다 풀고 시험을 종료하려면, '시험 종료' 버튼을 클릭하면 됩니다. 마킹하지 않은 문제가 있을 경우 남은 문제의 문제번호 목록을 보여 주고, 남은 문제번호를 선택한 다음 [문항으로 이동] 버튼을 클릭하면 문제화면에 클릭한 문제가 나타납니다. 남은 문제가 없을 경우 최종적으로 종료 여부를 확인하는 대화상자가 나타나며 [예]를 클릭하면 시험이 종료되고 수험자가 작성한 답안은 자동으로 저장되어 서버로 전송됩니다.

CBT 진행 순서

좌석번호 확인	수험자 접속 대기 화면에서 본인의 좌석번호를 확인합니다.
수험자 정보 확인	시험 감독관이 수험자의 신분을 확인하는 단계입니다. 신분 확인이 끝나면 시험이 시작됩니다.
안내사항	시험 안내사항을 확인하고, 다음을 클릭합니다.
유의사항	시험과 관련된 유의사항을 확인합니다.
문제풀이 메뉴 설명	시험을 볼 때 필요한 메뉴에 대한 설명을 확인합니다. 메뉴를 이용해 글자 크기와 화면 배치를 조정할 수 있습니다. 남은 시간을 확인하며 답을 표기하고, 필요한 경우 아래의 계산기를 이용할 수 있습니다.
문제풀이 연습	시험 보기 전, 연습을 해 보는 단계입니다. 직접 시험 메뉴화면을 클릭하며, CBT가 어떻게 진행되는지 확인합니다.
시험 준비 완료	문제풀이 연습을 모두 마친 후 [시험 준비 완료] 버튼을 클릭하면 시험 감독관의 지시에 따라 시험이 시작됩니다.
시험 시작	시험이 시작되었습니다. 수험자는 제한 시간에 맞추어 문제풀이를 시작합니다.
답안 제출	시험을 완료하면 [답안 제출] 버튼을 클릭합니다. 답안을 수정하기 위해 시험화면으로 돌아가고 싶으면 [아니오] 버튼을 클릭합니다.
답안 제출 최종 확인	답안 제출 메뉴에서 [예] 버튼을 클릭하면, 수험자의 실수를 방지하기 위해 한 번 더 주의 문구가 나타납니다. 시험 문제 풀이가 완벽히 끝났다면 [예] 버튼을 클릭하여 최종 제출합니다.
합격 발표	제출하기 클릭 후, 필기 합격 예상 결과를 바로 알 수 있습니다.

본 CBT 서비스는 이전 출제기준에 따라 공개된 기출문제 데이터를 기반으로 제공합니다. 2026년부터 출제기준이 변경되므로, CBT와 실제 시험 간 출제 유형·비중·문항 형태에 차이가 발생할 수 있습니다만 이론 범위의 상당 부분이 기존 내용과 중복되는 만큼, 공개 기출문제 풀이 역시 핵심 개념 정리와 문제 풀이 감각 유지에 유의미한 도움이 될 것으로 판단됩니다.

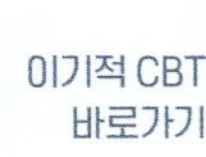
이기적 CBT
바로가기

시험의 모든 것

시험 알아보기

● 자격 소개 및 이슈

컬러리스트 산업기사/기사는 색채에 대한 전문가로서 색채관련 상품기획, 소비자 조사, 색채규정 검토 및 적용, 색채디자인, 색채관리 등 전반에 걸쳐 전문적인 지식과 기술을 습득하고, 색채와 관련된 다른 분야와 협조를 하면서 종합적인 업무를 수행한다. 2017년부터 컬러리스트 자격은 기존의 검정형 외에 과정평가형으로도 취득할 수 있게 되었다.

● 응시 자격

구분	산업기사	기사
기술 자격 소지자	• 동일(유사)분야 다른 종목 산업 기사 • 기능사+실무경력 1년 • 동일종목 외국자격취득자 • 기능경기대회 입상	• 동일(유사)분야 다른 종목 기사 • 동일종목 외국자격취득자 • 산업기사+실무경력 1년 • 기능사+실무경력 3년
관련 학과 전공자	• 대졸(졸업예정자) • 전문대졸(졸업예정자) • 산업기사수준의 훈련과정 이수(예정)자	• 대졸(졸업예정자) • 기사수준의 훈련과정 이수자 • 3년제 전문대졸+실무경력 1년 • 2년제 전문대졸+2년 • 산업기사수준 훈련과정 이수+2년
순수 경력자	실무경력 2년 (동일, 유사 분야)	실무경력 4년 (동일, 유사 분야)

※ 관련 학과 : 전문대학 이상의 학교에 개설되어 있는 디자인 관련학과

※ 동일 직무 분야 : 건설 중 건축, 섬유 · 의복, 인쇄 · 목재 · 가구 · 공예 중 목재 · 가구 · 공예

출제 기준

● 출제 기준

출제 기준 상세보기

• 적용 기간 : 2026.01.01.~2029.12.31.

컬러리스트 산업기사 출제기준	
필기 과목 수	4과목
과목 구성	색채디자인 계획, 색채디자인 전략, 조색 및 색채관리, 색채디자인 제작
출제 방식	객관식 4지 택일형
총 문항 수/배점	80문항/과목별 25점

컬러리스트 기사 출제기준	
필기 과목 수	4과목
과목 구성	색채디자인 계획, 색채디자인 전략, 조색 및 색채관리, 색채디자인 제작
출제 방식	객관식 4지 택일형
총 문항 수/배점	80문항/과목별 25점

● 시험 형식

• 산업기사 필기 : 객관식 4지 택일형, 과목당 20문항(2시간)
• 기사 필기 : 객관식 4지 택일형, 과목당 20문항(2시간)
• 컬러리스트 필기 시험은 2022년 3회부터 CBT(컴퓨터 기반 시험) 방식으로 전환되어, 모든 필기시험이 컴퓨터로 진행되고 시험지는 비공개

접수 및 응시

● 접수

시행처 홈페이지에서 온라인 접수

● 시험 일정

연 3회 시행, 시험 일정은 변경될 수 있으므로 반드시 한국산업
인력공단 국가자격에서 상세정보 확인

2026년 정기 산업기사/기사 1회
- 접수 : 2026.01.12 ~ 2026.01.15
- 시험 : 2026.01.30 ~ 2026.03.03.

2026년 정기 산업기사/기사 2회
- 접수 : 2026.04.20 ~ 2026.04.23
- 시험 : 2026.05.09 ~ 2026.05.29

2026년 정기 산업기사/기사 3회
- 접수 : 2026.07.20 ~ 2026.07.23
- 시험 : 2026.08.07 ~ 2026.09.01

● 합격 기준

필기 시험 100점을 만점으로 하여 과목당 40점 이상, 전과목
평균 60점 이상인 경우 합격

합격 발표

● 합격자 발표

- 2026년 정기 산업기사/기사 1회 시험 : 2026.03.11.
- 2026년 정기 산업기사/기사 2회 시험 : 2026.06.10.
- 2026년 정기 산업기사/기사 3회 시험 : 2026.09.09.

● 우대 조건

- 디자인 직군 채용 시 가산점(시각 · 제품 · 패션 · 환경 등)
- 6급 이하 기술직 공무원 채용 가산점(3~5%)
- 건설기술인협회 설계 · 시공 분야 기술인 등록
- 공공 디자인 프로젝트 참여 인력 자격 확보
- CMF(컬러 · 소재 · 마감) 및 VMD 직무 전문성 인증
- 학점은행제 학점 인정(기사 20학점/산업기사 16학점)
- 기업부설연구소 설립을 위한 연구전담요원 자격
- 국가공인 기술자 타이틀을 통한 클라이언트 신뢰도 제고
- 사내 인사고과 반영 및 직무 수당 지급 근거
- 디자인 전문회사 등록 및 입찰 시 기술 인력 평가 우위

고사장 및 시험 관련 문의

- 시행처 : 한국산업인력공단
- www.q-net.or.kr

📞 **1644-8000**

Q&A

Q 컬러리스트 자격증 종류가 궁금해요. 기사와 산업기사가 어떻게 다른가요?

A 컬러리스트 자격증은 국가기술자격으로 컬러리스트기사·산업기사 두 종류가 있으며, 민간자격은 별도입니다. 컬러리스트기사는 국가기술자격 중 가장 높은 급수로 필기·실기 모두 합격해야 취득합니다. 컬러리스트산업기사는 국가기술자격으로 필기·실기 모두 합격해야 취득합니다.

Q 응시 자격이 궁금합니다. 비전공자는 응시할 수 없나요?

A 기사는 관련 학과 4년제 졸업, 3년제+1년·2년제+2년 경력, 산업기사+1년, 4년 경력, 학점은행제 106학점 이상이어야 응시 가능합니다. 산업기사는 관련 학과 2·3년제 졸업, 4년제 1/2 수료, 기능사+1년, 2년 경력, 학점은행제 41학점 이상이어야 응시가 가능합니다. 비전공·경력 부족 시 학점은행제로 조건을 충족할 수 있습니다.

Q 필기 시험에 합격하면 언제까지 유효한가요?

A 필기시험에 합격한 후 필기시험 합격자 발표일로부터 2년간 필기시험을 면제받을 수 있습니다. 다만 필기 시험 응시 후 빠르게 실기 시험 준비에 돌입하여 면제 기간이 끝나기 전에 실기 시험에 합격하시는 것을 추천드립니다.

Q 자격증 취득 후 진로는 어떤가요?

A 컬러리스트 자격증은 색채를 기획·적용하는 전문가로, 디자인·패션·뷰티·건축·제품·조명·화장품 등 다양한 분야에서 활동합니다.
- 패션·인테리어·그래픽·뷰티 등에서 색채 기획·코디네이션·트렌드 분석 업무를 수행합니다.
- 제품 디자인·인테리어·패션·뷰티·마케팅·브랜딩 등에서 색채계획과 컬러컨셉을 담당합니다.
- 색채전문가는 주로 다른 전문성과 결합되어 부가가치를 높이는 방식으로 활용됩니다.
- 공공기관·일반기업 채용·보수·승진 등에서 우대되며, 6급 이하 기술직 공무원 채용 시 가산점이 부여됩니다.

01

색채디자인 계획

파트 소개

- 제1과목 '색채디자인 계획'은 디자인의 성공을 위한 논리적 설계도를 그리는 첫 단계입니다.
- 단순한 감각을 넘어, 시장 흐름과 소비자 데이터를 분석하여 '왜 이 색이어야 하는가?'를 증명하는 기획 과정을 학습합니다.
- 마케팅 전략(STP)부터 최신 CMF(소재·마감) 트렌드까지, 객관적인 근거로 디자인의 타당성을 확보하는 법을 다룹니다.
- 주관적인 직관 대신 철저한 분석가의 시선으로, 설득력 있는 기획 능력을 확실하게 다져 봅시다.

난 이 도 (상) (중) (하)
출제빈도 고 중 저

색채디자인 과제 수립

빈출 태그 ▶ #디자인프로세스 #안전색(ISO3864) #경관법(5년/10만) #특정경관계획(색채가이드라인)
#관용색vs계통색(사물vs논리) #산업재산권vs저작권(등록vs창작) #RFP와RFI #협상계약

KEYWORD 01) 과제 분석(Task Analysis)

01 과제 분석의 의의

- 색채디자인 프로젝트의 성공 여부는 클라이언트의 요구사항을 얼마나 정확하게 파악하고 분석하느냐에 달려 있다.
- 이 단계에서는 제안요청서(RFP)를 해독하고, 프로젝트의 타당성을 검토하며, 수주 전략을 수립하는 과정이 진행된다.

02 자료의뢰서와 제안요청서의 이해

1) 자료의뢰서(RFI, Request for Information)

- **정의** : 클라이언트가 본 사업의 제안요청서(RFP)를 작성하기 전 단계에서, 사업 수행에 필요한 전문 지식, 기술 동향, 시장 현황, 대략적인 예산 정보 등을 관련 기업들에게 요청하는 문서이다.
- **발생 배경** : 발주사 담당자가 해당 분야(색채디자인, 경관조명 등)에 대한 전문성이 부족하여, 독자적으로 상세하고 현실적인 RFP를 작성하기 어려울 때 주로 활용된다.
- **특징** : RFP와 달리 구속력이 약하며, 정보 수집을 목적으로 한다. 디자이너 입장에서는 발주 예정인 사업 정보를 미리 입수하고, 발주자에게 자사의 전문성을 어필할 수 있는 기회가 되기도 한다.

2) 제안요청서(RFP, Request for Proposal)

- **정의** : 클라이언트(발주자)가 특정 프로젝트를 수행할 최적의 수행기업(디자이너)을 선정하기 위하여 사업의 목적, 내용, 범위, 예산, 기간 등 구체적인 요구 조건을 담아 대외적으로 알리는 공식적인 문서이다.
- **중요성** : 디자이너(제안자)는 클라이언트의 요구조건에 부합하는 최적의 솔루션을 제안한다.
- **역할 및 기능**

제안자 측면	과제의 목표와 범위를 명확히 이해하고, 과업 내용에 부합하는 경쟁력 있는 제안서를 작성할 수 있도록 돕는 나침반 역할을 함
클라이언트 측면	평가 방법, 일정, 제안서 작성 요령 등을 표준화하여 전달함으로써, 제안서 접수 및 평가 절차를 원활하고 공정하게 관리하는 가이드 역할을 함

🏳 선생님의 노하우

RFI vs RFP, 족보 정리

- 헷갈리는 용어, 순서와 짝을 정확히 맞춰야 합격합니다.
- 올바른 순서 : RFI(자료의뢰서) → RFP(제안요청서) ※ 정보를 먼저 모으고(RFI), 그 뒤에 제안을 요청(RFP)한다!
  - RFI(자료의뢰서) : 사전 정보 수집, 시장 동향 파악, 전문성 부족 시 활용
  - RFP(제안요청서) : 사업자 선정, 구체적 요구 사항, 계약의 근거, 공식 문서
- "Information(정보)이 먼저고, 그 다음에 Proposal(제안)입니다. '아이(I) 피(P)'순서로 기억하세요!"

법적 효력	RFP 자체는 계약 체결 시 최종 계약서류에 포함되지 않는 것이 일반적이나, 추후 과업 범위나 내용에 대한 해석 차이로 분쟁 발생 시 중요한 근거 자료로 활용됨

3) 제안요청서(RFP)의 구성 요소

- RFP는 과제의 성격과 발주기관의 특성에 따라 구성이 달라질 수 있으나, 일반적으로 다음과 같은 표준 목차를 따른다.
- 입찰 참여 기업은 이 구성을 숙지하여 누락 없는 제안서를 작성해야 한다.
- 제안요청서 구성 및 내용

구분	주요 내용
사업 개요	사업 개요, 추진 배경 및 필요성, 사업 범위, 추진 일정
제안 요청 내용	제안 요구사항 및 세부 요청 내용
제안서 작성 방법	제안서 작성 시 유의사항, 제안서 목차 및 작성 지침
제안 안내	입찰 참가 자격, 선정 방식, 평가 방법 및 기준, 입찰 서류 제출 일정 및 방법
붙임 및 별첨 서식	평가 항목 및 배점 기준, 관련 서식 등

03 과제 발주 및 계약 프로세스

1) 일반적인 과제 발주 프로세스(Step-by-Step)

색채디자인 프로젝트가 발주되어 최종 계약에 이르기까지 일련의 행정적, 법적 절차를 거친다.

① 사업기획	클라이언트가 디자인의 필요성을 인식하고, 예산을 확보하며, 대략적인 사업 계획을 수립하는 단계(필요시 자료의뢰서(RFI)를 배포하여 시장 정보 수집)
② 제안요청서(RFP) 작성	확정된 사업 계획을 바탕으로 과업 범위, 요구사항, 평가 기준 등을 구체화하여 문서로 작성
③ 입찰공고	작성된 RFP를 첨부하여 조달청 나라장터(G2B), 공공기관 알리오(ALIO), 또는 자체 홈페이지 등을 통해 입찰공고를 냄(필요시 사업설명회를 개최하여 과업 내용 설명)
④ 제안서 접수 및 평가	입찰 참가 기업으로부터 제안서를 접수하여, RFP에 명시된 기준에 따라 기술평가(PT 발표 등)와 가격평가 실시
⑤ 우선 협상 대상자 선정 및 협상	평가 결과 고득점자순으로 우선 협상 대상자를 선정하고, 기술 및 가격 협상 진행
⑥ 계약 체결	협상이 성립되면 최종 계약서를 작성하고 날인하여 계약 체결

2) 정부계약의 낙찰자 결정 방식

- 국가나 공공기관이 발주하는 디자인 용역은 「국가를 당사자로 하는 계약에 관한 법률」에 의거하여 낙찰자를 결정한다.
- 색채디자인 분야에서는 '협상에 의한 계약' 방식이 가장 보편적이다.
- 주요 낙찰자 결정 방식 비교

구분	결정 방식 및 특징	색채디자인 적용 여부
적격심사	예정가격 이하 최저가 입찰자 순으로 당해 계약 이행능력(실적, 재무상태 등)을 심사하여 일정 점수 이상이면 낙찰	• 단순 제조/공사 등에 주로 사용됨 • 창의성이 중요한 디자인 용역에는 부적합
최저가 낙찰	예정가격 이하 최저 가격으로 입찰한 자를 무조건 낙찰자로 선정	품질 저하 우려로 디자인 용역에서는 거의 사용 안 함
협상에 의한 계약	• 계약의 이행에 전문성 · 기술성 · 창의성 · 예술성이 요구되는 경우 사용 • 다수의 제안서를 제출받아 기술평가(80~90%)와 가격평가(10~20%)를 종합하여 고득점자 순으로 협상을 통해 계약함	• 대부분의 디자인/색채 관련 용역에서 채택하는 방식 • 기술(디자인) 능력 중심의 평가가 가능함
2단계 경쟁 입찰	• 규격(기술)입찰과 가격입찰을 분리하여 실시 • 규격 적격자에 한해 가격입찰을 개찰하여 최저가 낙찰	특수 장비 구매 등에 사용됨

04 과제 조사와 분석

- 제안요청서(RFP) 분석을 통해 과제의 개요를 파악했다면, 다음 단계는 클라이언트의 숨겨진 의도까지 정확히 읽어내고 제안서에 담길 논리적 근거를 마련하기 위한 '기초 조사' 단계이다.
- 이 조사는 과제 수주를 위한 현황 분석 및 타당성 검토를 주된 목적으로 한다.

1) 자료 조사 및 분석의 내용

- 클라이언트의 요구조건에 부합하는 최적의 제안서를 작성하기 위해서는 사업의 직접적인 목표뿐만 아니라, 이를 둘러싼 거시적인 환경 요인까지 입체적으로 분석해야 한다.
- 주요 자료 조사 및 분석 내용 상세

구분	주요 조사 내용	분석의 핵심 포인트
요구조건 분석	• RFP상 사업 추진배경, 목적 및 필요성 • 최종 결과물의 요구조건 및 수준(Quality) • 클라이언트의 연혁, 비전, 사업 성과	클라이언트가 이 프로젝트를 통해 얻고자 하는 궁극적인 목표(Why)를 파악하고, 그들의 비전과 제안 방향을 일치시키는 것이 핵심임
거시환경 분석 (PEST 분석)	P(Political) 정치 · 법, E(Economic) 경제, S(Social) 사회 · 문화, T(Technological) 기술	프로젝트에 직 · 간접적인 영향을 미치는 외부의 거대한 흐름을 파악하여 제안의 시의성과 미래 지향성 확보

산업환경 분석	• 관련 시장 규모 및 성장성 전망 • 산업 내 경쟁 여건 및 경쟁 구조분석	시장 내에서의 차별화된 포지셔닝 전략 수립을 위한 기초 데이터 확보
소비자환경 분석	• 타겟 소비자의 라이프 스타일, 구매/사용 패턴 • 색채 및 디자인에 대한 잠재적 니즈 (Needs)	사용자 경험(UX) 중심의 디자인 솔루션을 도출하기 위한 필수 과정
디자인 트렌드 및 사례 분석	• 최신 색채/디자인/소재(CMF) 트렌드 분석 • 국내외 유사 분야 성공/실패 사례 조사	차별화된 콘셉트 도출을 위한 아이디어 및 벤치마킹 자료로 활용

2) 자료 조사 및 분석의 목적

- 객관적이고 전문적인 데이터 분석 작업을 통해 제안서의 논리적 타당성을 뒷받침하고, 나아가 클라이언트에게 수행 기업의 높은 전문성을 어필하기 위함이다.
- 제안서에 객관적이고 전문적인 근거 자료를 제시하여 신뢰도를 높일 수 있다.
- 제안의 목적, 목표, 방법에 대한 논리적 체계성을 확보할 수 있다.
- 기술성, 시장성 등의 조사 내용을 기반으로 제안 내용의 현실적 타당성을 사전에 검토할 수 있다.
- 현황 분석을 통해 사업 수행에 요구되는 적정 기술 수준, 인력(투입 MM), 비용 (예산) 규모를 가늠할 수 있다.

3) 자료수집 경로

직접 조사	사업 담당자 및 대표 인터뷰, 관련 분야 전문가 자문, 설문조사 등
문헌 조사	전문 도서, 연구기관/정부 간행물, 통계 보고서, 기업 홈페이지, 국내외 뉴스 기사 등 다양한 채널을 통해 객관화된 정보를 종합적으로 수집

05 과제 제안 타당성 검토

- 기초 조사 분석 결과를 토대로 과제의 성격을 규명하고, 우리 회사가 이 과제를 수행하는 것이 타당한지 최종적으로 판단하는 단계이다.
- 이 과정은 '사업기획'과 '리스크 관리' 측면에서 매우 중요하다.

1) 색채디자인 적용 분야 및 영역별 특성

- 색채디자인은 시각, 제품, 환경, 실내, 미용, 패션 디자인 분야뿐만 아니라 색채를 활용하는 거의 모든 디자인 영역에 광범위하게 적용된다.
- 분야별 특성과 과업 범위를 고려하여 제안 전략을 수립해야 한다.

• 색채디자인 주요 적용 영역 및 결과물 예시

구분	주요 적용 분야	디자인 결과물의 예
시각 디자인	CI, BI, 패키지, 편집, 광고 디자인 등	• 기업 이미지 제고를 위한 CI/BI 색채 시스템 • 카탈로그, 브로슈어 색채계획 및 제작
제품 디자인	전기/전자제품, 생활용품, 산업기기, 공예품 등	• 신제품 CMF(Color, Material, Finishing) 개발 • 타겟 시장별 컬러 트렌드 분석 및 적용
환경 디자인	건축, 주거/상업공간, 조경, 도시경관, 공공시설물 등	• 도시/건축물 환경 색채계획 및 가이드라인 수립 • 안전색채 디자인, 공공시설물 색채 개선
실내 디자인	주거공간, 상업공간, 전시공간 인테리어 등	• 공간 콘셉트에 맞는 마감재 및 색채계획 • 인테리어 컬러 트렌드 분석 보고서
미용/패션 디자인	헤어, 메이크업, 패션 의류 및 잡화 등	• 시즌별 컬러/뷰티 트렌드 분석 및 제안 • 퍼스널 컬러 진단 및 스타일링 가이드

2) 제안 여부 판단을 위한 핵심 검토사항

기초자료 분석을 기반으로 과제의 특징과 방향성 검토가 완료되면, 최종적으로 입찰 참여(제안) 여부를 판단하기 위해 다음 사항들을 냉정하게 검토해야 한다.

보유 인력의 전문 역량	해당 과업을 수행할 수 있는 기술력과 전문성을 갖춘 인력이 충분한가?
유사 용역 수행 실적	과거에 비슷한 성격이나 규모의 프로젝트를 성공적으로 수행한 경험이 있는가?(제안서 평가 배점에 큰 영향을 미침)
입찰 경쟁사의 역량	예상되는 경쟁 상대들의 강·약점은 무엇이며, 우리에게 승산이 있는가?
평가 기준 및 배점	RFP에 명시된 평가 항목 중 우리에게 유리한 항목과 불리한 항목은 무엇이며, 전략적 대응이 가능한가?
수익성(경제적 타당성)	예상되는 투입 비용(인건비+제경비 등) 대비 적절한 수익(마진) 확보가 가능한가?
위험 요소(Risk)	과업 수행 과정에서 발생할 수 있는 기술적, 관리적, 재무적 리스크는 없는가?
법률·제도적 규제	관련 법규(경관법 등)나 지식재산권 침해 소지는 없는가?
발주 기업의 경영 안정성	클라이언트의 재무 상태나 평판은 신뢰할 만한가?(대금 지급 능력 등)

06 계약 및 관련 법규 검토

• 색채디자인은 창작 활동이지만, 클라이언트와의 '계약'을 통해 완성되고 '법'의 테두리 안에서 보호받는다.
• 따라서 계약의 종류와 관련 법규(경관법, 지식재산권)를 정확히 이해하는 것은 실무자의 필수 역량이다.

1) 계약의 이해 및 종류

① 계약의 성립

- 계약은 제안자(청약)의 의사표시와 발주자(승낙)의 의사표시가 합치됨으로써 성립하는 법률 행위이다.
- 일반적으로 낙찰 통지를 받은 후 표준계약서에 양측이 날인(간인, 계인 포함)함으로써 효력이 발생한다.

간인(間印)	계약서가 여러 장일 때 앞장과 뒷장을 겹쳐서 찍는 도장(연결성 증명)
계인(契印)	두 부 이상의 계약서를 만들 때 서류의 연결 부분에 걸쳐서 찍는 도장(동일성 증명)

② 디자인 용역 계약의 주요 유형

단순 용역 계약	• 정해진 대가를 받고 디자인을 완성하여 납품하는 형태 • 저작권은 원칙적으로 클라이언트에게 양도되는 경우가 많음
라이선스 계약 (Royalty 계약)	• 디자인의 소유권(저작권)은 디자이너가 갖고, 클라이언트에게는 일정 기간, 특정 범위 내에서 사용할 권리(이용권)만 허락하는 형태 • 사용료(로열티)를 받음 • 예 캐릭터, 패턴 디자인 등

③ 표준용역계약서의 활용

- 불공정 계약을 방지하기 위해 공정거래위원회나 디자인 관련 협회에서 제공하는 표준계약서를 활용하는 것이 좋다.
- 주요 포함 조항 : 과업의 범위 및 기간, 계약 금액 및 지급 방식(선금, 중도금, 잔금), 납품 및 검수 조건, 지식재산권의 귀속 관계, 비밀유지 의무, 계약 해지 조건, 손해배상 및 분쟁 해결 방법 등이 있다.

2) 경관법(Landscape Law)

① 경관법의 개요 및 목적

정의	국토의 경관을 체계적으로 보전·관리 및 형성하기 위해 제정된 법률
목적	아름답고 쾌적한 국토 환경 조성, 국민의 삶의 질 향상
특징	규제 일변도가 아닌, 지역의 고유한 정체성(Local Identity)을 살리는 유도와 지원 중심의 법률

② 경관계획의 수립

수립권자	도지사, 시장, 군수 등 자치단체장
의무 수립 대상	인구 10만 명을 초과하는 시·군의 관할 구역
승인 절차	시장·군수가 경관계획을 수립하거나 변경할 때는 도지사의 승인을 받아야 함
재정비 주기	5년마다 관할 구역의 경관계획에 대해 그 타당성을 검토하여 이를 정비(재정비)해야 함

▲ 간인

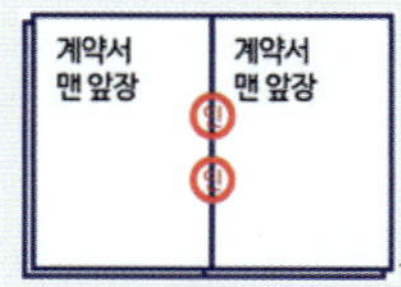

▲ 계인

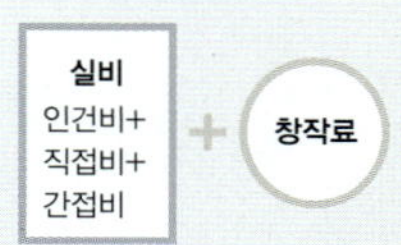

▲ 단순용역

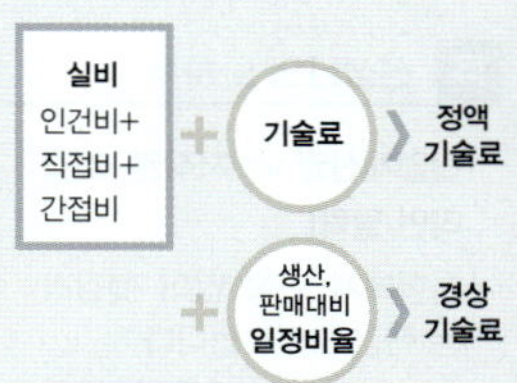

▲ 라이선스계약

③ 특정경관계획
- 지역의 특성에 맞는 경관 관리를 위해 특정 요소나 구역을 대상으로 수립하는 상세 계획이다.
- 주요 대상 : 색채경관, 야간경관, 옥외광고물, 가로경관, 수변경관 등이 있다.
- 색채 가이드라인 : 많은 지자체에서 특정경관계획의 일환으로 '도시 색채 가이드라인'을 수립하여 건축물과 시설물의 주조색, 보조색, 강조색의 허용 범위(주로 먼셀 기호로 표기)를 지정하고 있다.

3) 지식재산권

- 지식재산권은 디자인의 결과물뿐만 아니라 과정에서 발생하는 모든 창작물을 보호하는 강력한 법적 수단이다.
- 특히 각 권리의 보호 기간과 등록 기관, 디자인 공지증명제도의 특징은 매회 출제되는 핵심 내용이므로 반드시 숙지해야 한다.

① 지식재산권의 정의 및 범위
- 정의 : 인간의 창조적 활동을 통해 창출된 지식, 정보, 기술, 사상이나 감정의 표현 등 무형적인 것으로서 재산적 가치가 실현될 수 있는 것을 말한다.
- 범위 : 색채디자인 계약 이행 과정에서 창작되는 모든 디자인 결과물(최종 결과물뿐만 아니라 시안, 스케치, 중간 결과물 포함)은 지식재산에 해당한다.

② 지식재산권의 종류와 특징
- 지식재산권은 크게 산업 발전과 관련된 '산업재산권', 문화 · 예술과 관련된 '저작권', 그리고 신기술 발전에 따라 새롭게 등장한 '신지식재산권'으로 분류된다.
- 지식재산권의 주요 종류 및 특징

구분	주요 내용 및 특징	등록 기관 및 발생 요건
산업재산권 (Industrial Property Rights)	• 산업 활동을 통한 이익 추구를 목적으로 하는 정신적 창작물이나 방법에 대한 권리 • 종류 : 특허권, 실용신안권, 디자인권, 상표권	특허청에 출원 및 심사(등록)를 거쳐야 권리 발생(등록주의)
저작권 (Copy Right)	• 인간의 사상 또는 감정을 표현한 창작물(문학, 예술, 음악 등)에 부여하는 권리 • 디자인 요소가 물품과 분리되어 독자적 창작성을 갖추면 보호 가능(응용미술저작물)	• 출원 절차 없이 창작과 동시에 권리 발생(무방식주의, 창작주의) • 주무 부처 : 문화체육관광부 (등록 시 한국저작권위원회 이용)
신지식재산권 (New Intellectual Property Rights)	• 과학기술 발전에 따라 기존 법규로 보호하기 어려운 새로운 분야의 지식재산 • 종류 : 컴퓨터 프로그램, 인공지능(AI), 반도체 배치설계, 캐릭터 산업, 영업비밀 등	분류 : 첨단산업재산권, 산업저작권, 정보재산권 등으로 세분화됨

③ 디자인 보호를 위한 관련 법령

- 디자인은 그 성격에 따라 다양한 법의 보호를 받을 수 있다.
- 각 법의 보호 대상, 보호 기간, 등록 기관을 정확히 연결하는 문제가 자주 출제된다.
- 디자인 관련 주요 법령 비교(필수 암기)

구분	출원–권리화 소요시간	보호요건	보호기간	보호범위	등록기관
디자인 보호법	약 8개월	공업상 이용 가능성, 신규성, 창작성	출원일로부터 최대 20년	대한민국	특허청
상표법	10~12개월	부등록사유 해당하지 않음(식별력/타인 권리저촉)	등록일로부터 10년, 갱신등록 시 반영구적	대한민국	특허청
저작권법	창작과 동시에 보호	창작성 (주관성)	저작자 사후 70년	대한민국+베른협약 가맹국	저작권 위원회 (등록 불필요)
부정경쟁 행위방지법	주지성 획득시	국내에서 주지성 획득	주지성이 유지되는 기간 동안	대한민국	소송절차에서 법원의 판단
특허법/ 실용신안법	약 2.6년	산업상 이용가능성, 신규성, 진보성	• 〈특허〉 출원 일로부터 최대 20년 • 〈실용신안〉 10년	대한민국	특허청

④ 지식재산권의 필요성(창출 효과)

시장 독점권 확보	법적으로 타인이나 경쟁사의 무단 사용을 막아 시장에서의 독점적 지위와 우위를 선점할 수 있음
분쟁 예방 및 법적 보호	권리 침해 발생 시 법적 대응(경고장 발송, 소송 등)을 할 수 있는 강력한 근거를 마련
투자비 회수 및 기술 원천 확보	R&D(연구개발)에 투입된 비용을 회수하고, 추가적인 기술 개발을 위한 기반을 마련할 수 있음(로열티 수입 등)
정부 지원 혜택 활용	특허, 디자인권 등을 보유 시 정부의 각종 정책 자금 지원, 세제 혜택, 공공 조달 가점 등을 받을 수 있음

⑤ 지식재산권의 귀속과 분쟁 관리

- 디자인 프로젝트에서 권리의 주인(귀속)을 정하는 문제와 발생 가능한 분쟁을 예방하는 것은 실무적으로 매우 중요하다.
- 디자인 권리 귀속의 유형 : 클라이언트(발주자)와 디자이너(수주자) 간의 계약 시 권리를 누가 가질 것인지는 핵심 협상 대상이다.

구분	주요 내용
권리의 양도	디자인료를 완전히 지급함으로써 수주자에게 발주자의 권리 양도
권리의 실시 허락	• 수주자는 발주자에 대해 권리의 실시만을 허락 • 일반적으로는 보수의 계산 요소로서 라이선스료를 설정해 실시 허락에의 대가로 함
권리의 공동보수	대상이 되는 권리를 수주자와 발주자의 공유로 함

⑥ 주요 분쟁 형태와 예방

중간 인도물 분쟁	• 최종 결과물뿐만 아니라 시안(Draft)이나 중간 결과물에도 지식재산권(주로 저작권) 발생 • 계약이 중도 해지된 후 클라이언트가 이를 무단으로 도용하면 분쟁이 발생하므로, 계약서에 중간 결과물의 귀속 여부를 명확히 명시해야 함
제3자에 대한 손해 (표절 시비)	• 디자이너가 고의든 과실이든 타인의 디자인을 표절하여 납품하고, 클라이언트가 이를 사용하다가 제3자(원작자)에게 소송을 당하는 경우임 • 문제를 예방하기 위해 디자이너는 작업 전 반드시 철저한 유사 디자인 검색(선행조사)을 수행하여 침해 여부를 확인해야 함

⑦ 디자인 분쟁 처리 및 공지증명제도

• 디자인 분쟁조정제도

기관	한국디자인진흥원(KIDP) 내 설치된 디자인분쟁조정위원회
특징	법원 소송에 비해 비용이 저렴하고 처리 절차가 신속하여 시간과 비용을 절약할 수 있음
절차	조정 신청 → 조정위원회 통한 합의 권고 → (합의 불성립 시) 3개월 이내에 본격적인 조정 절차 진행 및 조정안 제시

• 디자인 공지증명제도

특징	특허청의 정식 디자인 등록은 시간이 오래 걸리고 비용이 들기 때문에 이를 보완하기 위해 창작 사실을 빠르고 간편하게 증명해 주는 제도
목적	디자인 출원(등록) 전, 타인의 도용이나 모방을 방지하기 위해 '누가, 언제' 창작했는지에 대한 객관적인 사실 관계를 증명
장점	온라인으로 간편하게 신청할 수 있으며, 비용이 저렴하고(학생 무료 등), 처리 속도가 매우 빠름(신청 후 1~3일 이내 발급)

• 디자인 등록 vs 디자인공지증명 비교

구분	디자인 등록(특허청)	디자인공지증명
처리기간	출원 후 9~12개월(일반심사 기준)	1~3일
권리범위	강함, 독점 배타적 권리 부여(생산, 판매 등)	약함, 독점 배타적 권리 없음
신청절차	공지증명제도에 비해 다소간의 절차 있음	간략
비용	출원비용, 연차등록비용	상대적으로 저렴(20,000원/건, 대학생 이하는 무료)
권리보호기간	20년	−

4) 주요 색채 표준 및 규정(ISO/KS)

- ISO(국제표준화기구) 색채 규격은 전 세계적으로 통일된 색채 사용을 위해 제정된 국제 표준이다.
- 다양한 분야에서 색채의 정확한 전달과 안전, 효율성을 확보하기 위해 사용된다.
- 특히, 안전 표지, 인쇄 공정, 색 측정 등 여러 분야에서 중요한 기준이 된다.

① 안전색 및 안전표지(ISO 3864)

- ISO 3864는 안전색과 안전표지에 관한 국제 표준으로, 언어나 문화의 장벽을 넘어 색채와 형태만으로 위험을 알리고 안전을 확보하기 위해 제정되었다.
- 이 규격은 안전색의 의미와 용도를 명확히 규정하고 있다.

빨강(Red)	• 금지, 정지, 소화 활동, 고도의 위험을 나타냄 • 출입금지, 정지 신호, 소화설비, 화재 경보 버튼 등에 사용됨
노랑(Yellow)	• 주의, 경고, 위험을 나타냄 • 감전 주의, 충돌 주의, 방사능 경고, 도로의 중앙선, 안전지대 표시 등에 사용
파랑(Blue)	• 지시, 의무적 행동을 나타냄 • '안전모 착용', '보안경 착용' 등 특정 행위를 의무적으로 요구하는 경우에 사용
초록(Green)	• 안전, 구급, 진행, 위생을 나타냄 • 비상구, 구급상자, 대피소, 진행 신호 등에 사용됨

② 인쇄 공정 제어(ISO 12647)

- ISO 12647은 그래픽 기술 및 인쇄 공정에서 색채를 일관되게 재현하기 위한 국제 표준이다.
- 오프셋 인쇄, 그라비어 인쇄, 플렉소 인쇄 등 다양한 인쇄 방식에 대한 CMYK 데이터 기준, 잉크 색상 표준, 허용 색차(ΔE) 범위 등을 규정하여 인쇄 품질 관리의 기준으로 활용된다.
- 이 표준을 통해 서로 다른 인쇄 환경에서도 일관된 색상 재현이 가능해져 인쇄물의 품질을 높일 수 있다.

③ 기타 주요 ISO 색채 관련 규격

- ISO는 위에서 언급한 두 가지 규격 외에도 다양한 색채 관련 국제 표준을 제정하고 있다.
- 아래의 ISO 색채 규격은 다양한 산업 분야에서 색채의 정확성과 일관성을 확보하는 데 중요한 역할을 한다.

ISO 11664	색채 측정에 관한 국제 표준으로, CIE 색채계와 관련된 측정 방법 및 기준을 제시
ISO 13655	인쇄물 색 측정을 위한 표준 광원 및 측정 조건에 대한 국제 표준
ISO 2846	인쇄 잉크의 색상 및 투명도에 관한 국제 표준
ISO 15076	컬러 관리 시스템(CMS)에서 사용되는 ICC 프로파일에 관한 국제 표준

5) KS(한국산업표준) 색채 규격

- KS(한국산업표준) 색채 규격은 색채의 정확한 전달과 효율적인 관리를 위해 제정된 국내 표준이다.
- 산업 현장, 공공 분야, 일상생활 등 다양한 영역에서 색채를 명확하게 소통하고 활용하는 데 필수적인 기준을 제시한다.

① 물체색의 색이름(KS A 0011)

- 물체색을 부르는 이름을 표준화하여 감각적인 표현이나 개인적인 경험에 따른 의사소통의 오해를 줄이기 위해 제정되었다.
- 색이름은 크게 계통색이름과 관용색이름으로 나뉜다.

계통색이름 (Systematic Color Name)	• 일반적인 색이름(빨강, 노랑, 파랑 등 12가지 기본 색이름)에 톤(Tone)이나 명도/채도를 나타내는 수식어를 붙여 색을 체계적으로 표현하는 방식 • 예 선명한 빨강, 흐린 노랑, 탁한 파랑, 어두운 회색 등
관용색이름 (Conventional Color Name)	• 옛날부터 습관적으로 써오던, 사물, 식물, 광물, 지명 등에서 유래한 고유의 색이름 • 예 하늘색, 밤색, 쥐색, 개나리색, 에메랄드그린, 베이지, 카키, 팥색, 상아색 등

② 색의 3속성에 의한 표시 방법(KS A 0062)

- 물체색을 색상(Hue), 명도(Value), 채도(Chroma)라는 3가지 속성을 이용하여 정량적으로 표시하는 방법이다.
- 미국의 먼셀(Munsell) 색체계를 기반으로 하여 한국에 맞게 표준화한 것으로, 가장 널리 사용되는 현색계(Color Appearance System)이다.

표기법 : HV/C	5R 4/14 → 색상 5R, 명도 4, 채도 14인 빨강
색상(Hue, H)	• 빨강(R), 노랑(Y), 초록(G), 파랑(B), 보라(P) 등 10가지 기본 색상을 중심으로 원형 배열한 색상환을 사용 • 10 색상, 20 색상, 40 색상, 100 색상 등으로 세분화될 수 있음
명도(Value, V)	색의 밝고 어두운 정도를 나타내며, 0(완전한 검정)에서 10(완전한 하양)까지 11단계로 구분
채도(Chroma, C)	• 색의 순수하고 탁한 정도(채도, 포화도)를 나타내며, 무채색은 0에서 시작하여 색상이 선명할수록 수치가 커짐 • 색상에 따라 최대 채도 값이 다름

③ XYZ 색표시계(KS A 0061)

- 빛의 혼합(가법혼합)을 기초로 한 색채 표시 방법으로, CIE(국제조명위원회)의 XYZ 표색계를 한국 표준으로 도입한 것이다.
- 특징 : 색을 X, Y, Z라는 세 가지 수치(삼자극치)로 정확하게 정의할 수 있어, 산업 현장의 정밀한 측색(Colorimetry)과 CCM(Computer Color Matching)을 이용한 품질 관리에 주로 사용된다.
- 활용 : 육안으로 색을 식별하기 위한 용도보다는 색채 측정 장비를 통해 얻은 데이터를 바탕으로 색을 분석하고 관리하는 데 활용된다. $X_{10}Y_{10}Z_{10}$ 색표시계는 시야각 10도에서의 색채 표시 방법을 규정한다.

④ **안전색 및 안전표지(KS S ISO 3864)**

- 국제 표준인 ISO 3864를 바탕으로 한국 실정에 맞게 제정한 안전색채 규격이다.
- 산업 현장, 공공시설, 교통 시설 등에서 안전을 확보하기 위해 사용되는 색채와 표지의 기준을 제시한다.
- 내용 : 빨강(금지, 소화), 노랑(주의, 경고), 파랑(지시, 의무), 초록(안전, 진행) 등 ISO 3864와 동일한 안전색 의미와 용도를 규정하고 있으며, 국내 환경에 맞는 세부적인 적용 기준을 포함하고 있다.

⑤ **기타 주요 KS 색채 관련 규격**

KS 색채 규격들은 국내 산업 전반에서 색채의 품질을 관리하고 원활한 의사소통을 가능하게 하는 중요한 역할을 한다.

KS A 0011	물체색의 색이름 빈출 5회
KS A 0012	광원색의 색이름
KS A 0014	조명조건에 따른 등색도의 평가 방법
KS A 0061	XYZ 색표시계 및 $X_{10}Y_{10}Z_{10}$ 색 표시계에 따른 색의 표시 방법 빈출 2회
KS A 0062	색의 삼속성에 의한 표시 방법 빈출 6회
KS A 0063	색차 표시 방법 빈출 5회
KS A 0064	색에 관한 용어 빈출 4회
KS A 0065	표면색의 시감 비교 방법 빈출 5회
KS A 0066	물체색의 측정 방법 빈출 6회
KS A 0067	L*a*b* 표색계 및 L*u*v* 표색계에 의한 물체색의 표시 방법
KS B 5620	광학 용어(변경 전 KS A 3012)
KS A 3501	안전색 및 안전 표지(안전표지) 빈출 2회
KS C 0074	측색용 표준광 및 표준광원 빈출 2회
KS C 0075	광원의 연색성 평가 방법 빈출 1회
KS A 0084	형광 물체색의 측정 방법 빈출 2회
KS A 0089	백색도 – 표시 방법 빈출 2회

01 과제 제안의 개요

1) 과제 제안의 의미

- '과제 제안' 단계는 색채적용 디자인 영역별 클라이언트 요구사항과 기초조사 자료 수집을 통하여 과제의 목표와 범위를 설정하는 단계이다.
- 과제의 일정과 기술수준에 따라 추진 방법, 프로세스, 진행 계획을 클라이언트에게 제시하는 단계이다.

2) 과제의 목표와 특징 설정 방법

① 목표 설정

- 목적에 부합하는 색채계획을 추진하기 위해 디자인 영역별 특성과 클라이언트 요구조건을 명확히 파악하여 명확한 목표와 범위를 설정하는 객관적인 기획 과정이 필요하다.
- 계획의 일정과 기술수준에 따른 추진 방법, 추진 프로세스 및 계획 내용들이 수립되어야 한다.

② 색채계획 기획서 작성

- 기획서에는 계획의 객관적 근거가 되는 내용과 추진 방법 등이 포함되어야 한다.
- 대상에 대한 물리적·비물리적 조건과 현황에 대한 조사와 분석이 선행되어야 한다.
- 조사결과를 토대로 클라이언트의 요구조건을 고려하여 방향성을 설정하고, 구체적인 내용과 비용, 조건을 고려한 추진 프로세스를 포함한다.
- 기획서의 주요 내용

구분	주요 내용
① 대상의 특성과 조건	• 색채계획의 배경과 요건을 정리하고 대상에 대한 특성을 정리 • 대상의 규모와 성질, 특성, 사용자 특성, 배색과 소재, 사용 장소의 특성 등 전반적인 내용 파악
② 색채조사결과 및 분석	• 객관적이고 명확한 추진을 위해 관련 자료들에 대한 색채조사 실시 • 색채조사는 문헌조사, 측색조사, 관찰조사의 방법이 있음 • 분석결과는 객관적인 자료로 정리하며, 측색자료는 한국색채표준에 의거하여 알기 쉽게 정리함
③ 색채계획의 방법	• 조건과 조사결과에 의거하여 향후 추진할 방법과 프로세스를 제시함 • 방법은 분야와 클라이언트 요구에 따라 달라지므로 사전 협의를 통해 조정 • 추진 프로세스를 기간별, 업무내용별로 구분하고 납품기일까지 준거하여 추진
④ 견적서 작성 및 결과물 제출 방법	• 요구되는 비용을 정리하여 견적서를 작성 • 견적서에는 인건비와 비인건비(소모품, 회의비, 조사비, 출력비 등) 항목으로 구분하고 국가표준 인건비에 기준하여 작성 • 부가가치세가 필요한 경우 포함시키며, 결과물(이미지, 샘플, 포트폴리오 등)은 필요한 부수를 제출

3) 색채기획 프로세스 수립

• 색채디자인 프로세스의 단계

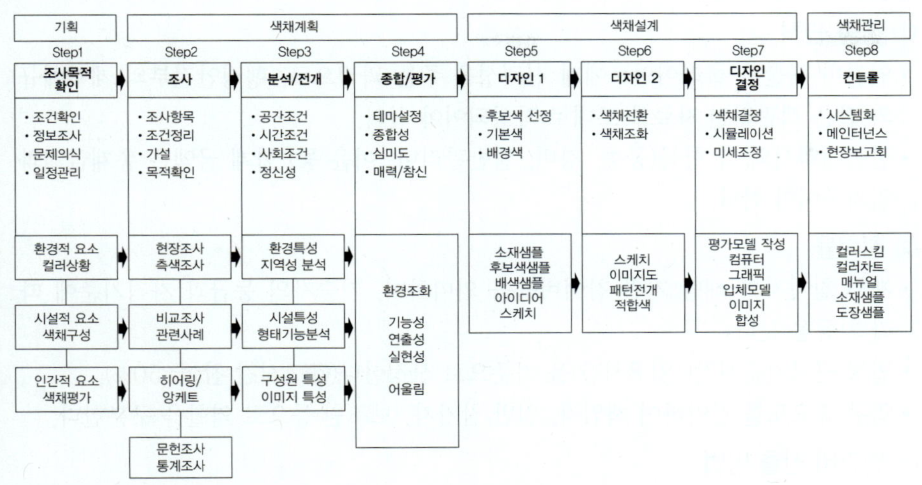

① 프로세스의 역할

• 기획 단계가 끝나면 전체적인 색채계획을 진행해 나갈 프로세스를 수립하여야 한다.

• 단계별 주제, 내용, 다음 단계의 업무내용과 결과를 명확하게 정리하여 클라이언트와 계획 참가자들이 내용을 공유하고 성공적인 완수를 돕는다.

② 단계별 프로세스 내용

① 기획단계	• 계획의 목적을 확인하고 관련된 정보조사, 문제의 인식, 일정 관리에 대한 내용 포함 • 색채 관련 정보에 대한 인식을 명확히 하고 클라이언트가 요구하는 조건 등을 파악하는 것이 중요
② 계획단계	• 본격적인 디자인을 위한 자료 조사·분석 및 콘셉트(Concept)를 설정하는 단계 • 문헌조사, 현장조사, 인터뷰, 샘플추출 등 객관적인 방법으로 정보를 조사하여 색채 데이터화함 • 정리된 자료를 실제 디자인을 위해 배색 조화를 고려한 색채 패턴으로 정리해 두어야 함
③ 설계단계	• 기획과 계획단계의 내용을 기반으로 실제 디자인을 수행하는 단계 • 배색 패턴을 주조색, 보조색, 강조색으로 구분하고 배색 조화를 고려하여 디자인을 적용 • 기능성, 조화성, 관계성이 고려되어야 하며, 클라이언트 요구와 조건에 부합하는지 검토
④ 관리단계	• 색채설계의 내용을 평가하고 지속적으로 사용하기 위해 검토하는 단계 • 조색 방법과 소재의 물성 등에 대한 명확한 기록이 요구되며, 매뉴얼 등으로 관리 방법을 기록하는 것이 효과적

1) 참여인력과 참여율에 따른 인건비 산출

① 산출 원칙

- 인건비 산출은 클라이언트에게 신뢰성을 주는 과정으로, 행정안전부의 계약예규와 같은 객관적인 자료를 토대로 작성되어야 한다.
- 산출내역서의 각 항목(공종, 경비, 일반관리비, 이윤 등) 합계 금액은 총계금액과 일치하여야 한다.

② 참여율

- 계획 참가자의 해당 기간 참여비율을 의미하며, 기술자의 등급과 자격기준에 따라 차등을 둔다.
- 법정 근로기준시간(1일 8시간)을 기준으로 산정한다(**예** 4시간 참여=50%).
- 업무 중요도를 감안하여 책임자, 일반 참가자, 보조원 등으로 역할을 구분한다.

③ 인건비 산출 방법

- 한국은행의 생산자물가기본분류 지수, 노무비, 표준시장단가에 기준하여 작성한다.
- 인건비 개념 : 해당 계획목적에 직접 종사하는 참가자의 급료를 말하며, 기준단가+제수당+상여금+퇴직급여충당금의 합계액으로 한다.

상여금	기준단가의 연 400%를 초과할 수 없음
제수당, 퇴직급여충당금	「근로기준법」 인정 범위를 초과할 수 없음

- 계산식 : (작업인원×작업시간×단가)+제수당 등, 단가는 매년 전년도 소비자물가 상승률만큼 인상한 단가를 기준으로 한다.

> 인건비=작업량×인건비 단가

2) 과제규모에 따른 소요비용 산출 방법(산출내역서)

① 개요

- 산출내역서는 계획기간 동안 발생하는 대금 내역을 상세하게 기록한 문서로, 계약서와 설계서 작성의 기본 자료가 된다.
- 모든 내역은 검증된 자료를 기반으로 명확하게 기록하며, 상세하게 파악하기 쉽게 작성한다.

② 비용 산출 항목(비목)

- 재료비 : 계획에 대한 규격서, 설계서, 원가계산 자료를 근거로 산정한다. 재료 구입 시 발생하는 운임, 보험료, 보관비 등 부대비용은 재료비로 계산 후(구입 후 비용은 경비), 부산품, 연산품 등은 재료비에서 공제한다.

직접재료비	계약목적물의 실체를 형성하는 물품의 가치
주요재료비	기본적 구성형태를 이루는 물품
부분품비	매입부품, 수입부품, 외장재료 등
간접재료비	실체를 형성하지 않으나 보조적으로 소비되는 물품
소모재료비	오일, 접착제, 용접가스, 장갑 등
소모공구 · 기구 · 비품비	내용연수 1년 미만으로서 감가상각 대상에서 제외되는 물품
포장재료비	제품 포장에 소요되는 재료

- 경비 : 계획목적 달성을 위해 필요한 여비, 유인물비, 전산처리비, 회의비, 임차료, 교통통신비, 감가상각비 등을 말하며 소요량을 측정하거나 영수증 등을 활용하여 산정한다.
- 경비의 세비목 상세

종류	내용
유인물비	계약목적을 위하여 직접 소요되는 프린트, 인쇄, 문헌 복사비(지대 포함)
전산처리비	자료처리를 위한 컴퓨터 사용료와 그 부대비용
시약 · 연구용 재료비	실험실습에 필요한 해당 비용
회의비	자문회의, 토론회, 공청회 경비. 수당은 해당 기관 기준 준용
임차료	특수실험 실습기구, 회의장 등을 외부로부터 임차하는 비용
교통통신비	시내교통비, 전신전화 사용료, 우편료(시외여비는 포함되지 않음)
감가상각비	특수실험 실습기구 · 기계장치 사용 비용(임차료 반영분 제외)
여비	• 국내여비와 국외여비로 구분 • 국내여비는 시외여비만을 반영하며 월 15일을 초과할 수 없음

- 일반관리비 : 기업 유지를 위한 관리활동 비용(영업비용 중 판매비 제외)으로 일반관리비율 6%를 초과하여 반영할 수 없다.
- 이윤 : 기업의 영업이익이며, 인건비+경비+일반관리비 합계액의 10%를 초과하여 반영할 수 없다.

03 제안서 작성

1) 제안서 작성 방법

① 개요
- 색채계획 수행 방법에 대해 합리적이고 포괄적으로 정리한 문서이다.
- 실제 디자인 수행 계획의 내용과 일정에 대한 객관적 검토를 토대로 명확히 작성한다.

② 내용과 구성

- 수주와 직결되는 문서이므로 정돈되고 명확해야 한다.
- 계획예상도나 사례를 제시하여 효과를 예측할 수 있게 하고, 창의적인 아이디어를 반영한다.

③ 제안서의 필수 구성 요소

기본 항목	과업명, 과업 배경 및 목적, 과업의 기간, 과업의 범위(시간적/공간적/내용적 범위)
세부 내용	현황조사 및 분석, 기본구상 및 추진전략, 마스터플랜 수립, 실행·프로그램 관리 및 운영계획 수립, 관리방안, 성과품 작성
일반 지침	보안사항, 과업 참여자의 의무, 착수계 제출, 보고회 개최 및 공정보고, 성과품의 소유 등

2) 견적서(제안서 첨부)

① 작성법

- 비용 계산 내역을 기록한 문서로, 예산 편성의 기초 자료이다.
- 클라이언트와 사전 상의 및 충분한 검토를 거쳐 의사합의를 이끌어내는 것이 중요하다.
- 국가표준자료에 근거하여 업무량, 기간, 인력을 명확히 작성한다.
- 행정안전부 예규 「지방자치단체 입찰 및 계약집행기준」에 의거하여 작성한다.

② 작성 내용

- 규정된 서식의 원가계산서를 작성하고, 비목별 산출근거를 명시한 기초계산서를 첨부해야 한다.
- 비목은 직접인건비, 간접경비(여비, 유인물비 등), 일반관리비 등으로 구분한다.

KEYWORD 03   과제 계약

01 계약 조건의 이해

1) 색채디자인 용역의 개념

- 클라이언트 목표 달성을 위해 외부 전문 기업(디자이너)을 활용하여 디자인 개발을 추진하는 것이다.
- 전략 수립부터 디자인 개발, 후관리에 이르는 모든 활동이 포함될 수 있다.

• 4가지 유형의 디자인 용역 구분(한국산업디자인협회 기준)

구분	주요 내용
전담형 디자인 용역	클라이언트의 모든 디자인 개발 기획 · 전략 수립 및 운영을 용역업체가 전담
개발 위주형 디자인 용역	전략 수립은 클라이언트가 수행하고, 실질적 디자인 개발부문을 용역업체가 수행
부분 참여형 디자인 용역	클라이언트 내부(인하우스)팀이 주도하고, 일부 효율 증대 업무만 발주
협력형 디자인 용역	상호 협력 관계를 바탕으로 역량을 공유하고 공동 발전을 모색

2) 디자인 계약 유형

① 단순용역 계약

• 디자인 개발 용역에서 창작되는 디자인에 대한 지식재산권 이전 비용을 창작료에 포함한다.
• 결과물뿐만 아니라 지식재산의 권리도 발주처(클라이언트)에 귀속시키는 계약이다.

② 라이선스(License) 계약

• 용역 개발 시에는 개발비(인건비, 직접비, 간접비)만 지급받는다.
• 추후 발생한 지식재산권 이전에 대해서는 별도의 비용을 추가로 받는 계약이다.

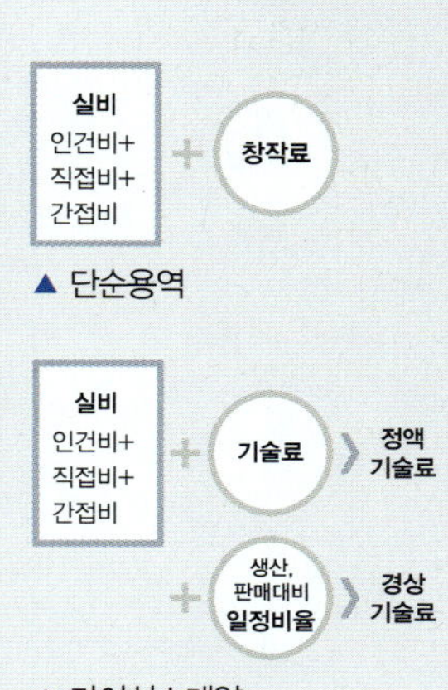

3) 디자인 용역 피해 현황

① 현황

• 디자인 전문회사 중 약 67%가 피해를 경험했다.
• 피해 유형은 개발비 미지급, 부당한 계약 해지, 추가 개발 요구 등이 주를 이룬다.
• 특히 계약 후 무리한 디자인 변경 및 수정요청(42.6%) 피해가 크므로, 착수 전 명확한 계약서 작성이 중요하다.

② 프로세스별 대표 피해 유형

프로젝트 중	중도계약 해지 시 소요된 비용 불인정
프로젝트 후	계약기간 연장에 따른 추가비용 불인정

• 디자인 용역 프로세스에 따른 피해의 유형

구분	프로젝트 전	프로젝트 중	프로젝트 후
정의	프로젝트 공고 후부터 계약서 작성 이전까지의 단계	계약이 체결된 후부터 프로젝트 완료 이전까지의 단계	프로젝트가 완료된 이후
프로세스	입찰공고 → 입찰 신청	→ 계약 → 개발 → 중간보고	→ 개발 완료 → 용역비 지급
대표 피해 유형	• 구두 계약을 통해 디자인 개발에 착수하였으나 개발비 미지급 • 제안서 작성 이후 일방적으로 프로젝트 무산 통보	• 중도계약 해지 시 소요된 비용 불인정 • 프로젝트 진행 중 부당한 이유로 계약 해지 • 계약 후 무리한 디자인 개발 및 수정 작업 요구 • 계약 내용 외 추가 개발 요구	• 개발 결과물의 하자를 유로 잔금 지불 지연 • 구두계약으로 프로젝트 진행 이후 계약서 미비로 인한 비용 결제 거부 • 계약 기간 연장에 따른 추가비용 불인정

4) 계약서 작성의 목적

- 디자인 개발 과정에서 발생할 수 있는 오해와 분쟁을 막는다.
- 지식재산권 소유, 기밀유지, 모방, 공표 등에 관하여 상호 권리와 의무를 명확히 한다.
- 불확실성을 제거하여 신뢰와 협력관계를 만들고, 디자이너가 몰입할 수 있게 하여 성공 가능성을 높인다.
- 정량적 평가가 어려운 디자인 특성상 서면 계약서는 분쟁 시 근거 자료가 된다.

02 계약 체결

1) 디자인 용역 표준계약서

① 개요
- 한국디자인진흥원에서 분쟁 예방을 위해 제공하는 양식(제품, 성과배분형, 시각, 멀티미디어 등 4종)이다.
- 불공정 계약을 예방하고 전문가 검토를 거친 규정들을 포함한다.

② 표준계약서 주요 규정 항목
- 보수 지급 : 착수금(계약 시), 중도금, 잔금(검수 완료 시)으로 분할 지급한다.
- 발생 경비 : 계약금 외 비용은 사전 협의 후 실비 정산하여 청구한다.
- 업무 수행 범위 : 계약서 외에 합의된 문서(제안서, 협상서)도 계약서의 구성 요소로 규정한다.
- 계약 변경 : 내용 변경 시 변경 방법과 추가 보수 산정 기준을 규정한다.
- 발주자의 검수 의무 : 디자인 제출 후 14일 이내에 서면 통지가 없으면 합격한 것으로 간주한다.
- **지식재산권의 귀속**

최종 결과물	보수 완불 후 클라이언트(발주자)에게 양도
중간 결과물	별도 협의가 없으면 디자이너(수행 기업)에게 귀속

- 손해배상 : 귀책사유 있는 쪽이 배상하며, 최종 결과물에 대한 손해는 수요자가 부담한다.
- 성과배분 : 출하수량 또는 출하금액의 일정률로 성과보수를 산정한다.
- 계약 해지/해제 : 원인 제공자의 손해배상 의무를 명시한다.
- 자료 제공 : 클라이언트의 자료 제공 의무와 디자이너의 선관주의의무를 규정한다.
- 지연이자/지체상금 : 보수 지급 지연 및 용역 이행 지체 시 산정 기준을 둔다.

2) 계약서 작성 시의 유의사항

① 표현 방식
- 올바른 용어를 사용하여 간결하게 작성하고 애매한 표현을 피한다.
- 앞뒤 내용 흐름에 모순이 없도록 명확하게 표현한다.

• 계약서에 사용되는 필수 법률 용어

용어	의미	비고
동의	주로 계약 당사자가 대등자인 경우에 사용	
승인	하위자가 상위자의 의사를 구하는 경우에 사용	
협의	상호 의견의 타협점을 찾는 것	의견 조율
합의	당사자 간의 의견 일치에 의한 결정	동의 완료
~하여야 한다	별도 절차 없이 효과가 생기는 의무 규정	Must
~할 수 있다	구체적 행동 전에는 효과가 없는 재량 규정	Can
준용	유사성을 가지므로 변경하여 적용	
적용	수정 없이 그대로 적용	
해제	계약을 처음부터 없었던 것과 같이 회복	소급효(원상복구)
해지	계약 효력을 장래에 향해 소멸시키는 것	장래효(멈춤)

② 내용 구성
• 계약의 성격에 따라 다르나 반드시 포함해야 할 일반조항이 있다.
• 필수 항목 : 계약 당사자, 계약일, 계약 목적물(결과물), 계약 요소(수행내용), 계약
기한, 계약 이행 형태 등이 있다.

3) 인감의 사용
① 간인과 계인

간인(間印)	• 계약서가 여러 장일 때 앞장의 뒷면과 뒷장의 앞면에 걸쳐 찍음 • 문서가 하나로 연결되었음을 증명함
계인(契印)	• 계약 당사자가 보관하는 두 부의 계약서를 맞대고 걸쳐 찍음 • 문서가 동일한 세트임을 증명함

② 법인인감과 사용인감
• 원칙적으로 회사의 대표 법인인감을 사용한다.
• 분실 우려나 편의를 위해 사용인감을 사용할 경우, 반드시 법인인감증명서와 사
용인감계를 첨부해야 효력이 있다.

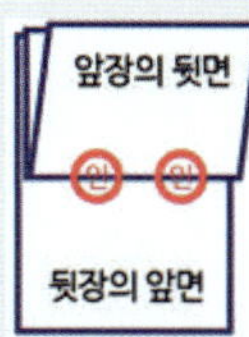

▲ 간인

▲ 계인

색채디자인 요소 분석

빈출 태그 ▶ #시장조사순서 #마케팅믹스 #4P #4C #ST전략(강점+위협) #의미미분법(SD법) #AIDMA vs AISAS
#라이프 스타일 #이미지맵(콘셉트)vs컬러맵(배색) #안전색

KEYWORD 01 요구사항 분석

01 시장조사의 개념

1) 클라이언트 요구사항 및 프로젝트 분류

① 클라이언트 요구사항 분석
- 클라이언트가 제시한 프로젝트의 요구사항과 조건을 구체적이고 객관적으로 분석하는 단계이다.
- 의뢰한 프로젝트의 분류, 소비자 타깃, 판매 방식, 경쟁 상품 등을 입체적으로 분석한다.

② 프로젝트의 분류
- 차원과 용도에 따른 프로젝트의 분류

구분		내용
차원에 의한 분류	평면 디자인 (2차원)	잡지, 광고전단지, 신문, 포스터, 책 표지, 달력, 포장지, 로고(Logo), 마크(Mark) 등과 같이 평면적인 대상을 디자인
	입체 디자인 (3차원)	세탁기, 청소기, 전화기, 자전거, 의자, 제품용기 등과 같이 3차원의 입체적 대상을 디자인
	공간 디자인	• 주택이나 점포 등의 실내 디자인, 무대 디자인도 형태로 볼 때 3차원 • 3차원의 공간에 시간이라는 요소를 추가하여 공간의 형태와 장면을 다양하게 연출하는 것을 4차원적 디자인 접근이라고 함
용도에 의한 분류	시각 디자인	문자 디자인, 편집 디자인, 그래픽 디자인, 광고 디자인, 일러스트레이션(Illustration), 포장 디자인, 로고 디자인, 심벌(Symbol) 디자인, POP(Point of Purchase) 디자인 등 사람의 심리를 움직일 수 있도록 시각화하여 전달하는 디자인
	제품 디자인	제품의 기능성과 가격의 합리성은 물론, 형태와 색채가 아름다운 제품을 개발하여 인간 생활의 질적 향상을 도모하는 디자인
	환경 디자인	인간의 생활 환경을 형성하는 데 직접 관계가 있는 도시, 건축, 스트리트 퍼니처(Street Furniture), 옥외광고물, 실내(Interior) 등의 환경을 디자인

2) 기업 경영 목표 및 시장조사

① 기업 경영 목표 분석

기업(상품) 이미지	기업이나 상품에 대해 대중이 가진 기성 관념을 의미하며, 부정적 이미지가 있다면 색채디자인으로 보완
기업의 사회적 책임(CSR)	기업은 이윤 창출을 넘어 사회적 선(善)과 공공의 이익에 공헌해야 함
서비스 및 수익 목표	목표에 따라 생산원가, 관리운영비, 유통비 등이 달라지므로 이를 고려하여 디자인 전개
디자인 경영	과거의 가격 대비 성능을 넘어 '가격 대비 디자인'을 중시하며, 디자인을 통해 기업의 생산성과 경쟁력을 높임

② 시장조사(Market Research)

- 시장조사의 정의 : 급변하는 소비 경향에 맞춰 상품의 기획, 생산, 홍보, 유통, 판매 등 환경 전반을 조사하고 분석한다.
- 색채 시장조사 : 성별, 연령, 환경에 따라 색채 지각과 선호가 다르므로, 건축물, 상품 등의 색의 삼속성과 배색 비율 및 소비자 감성 반응을 조사한다.

③ 소비자 타깃 및 판매 방식

- 소비자 타깃 분석 : 소비자 그룹(성별, 나이, 소득 등)에 따른 색채 선호도, 색채 지각/심리, 구매 동기를 심층 분석하여 디자인에 반영한다.
- 판매 방식에 따른 고려사항

온라인 판매	모니터 환경, 정보 전달력, 화면 내 색채 지각을 고려하여 최적화된 디자인을 전개
오프라인 판매	매장 디스플레이, 배경색, 조명, 인접 상품과의 대비 및 동화 현상이 명시도와 유목성에 미치는 영향을 고려

④ 경쟁 상품 분석

- 경쟁 상품의 색채 경향 파악 : 유사 동종 제품의 색채 경향을 분석하여 소비자의 선호 특성을 이해하고 차별화된 독창성을 확보한다.
- 경영자의 색채 선호 경향 파악 : 클라이언트(경영자)의 색채 선호 경향을 파악하여 전반적인 디자인 과정을 원만하게 전개한다.

＋ 더 알기 TIP

- 만일 클라이언트와 미팅내용을 꼼꼼히 정리하기 위해서 녹음할 경우는 동의를 구하여야 한다.
- 클라이언트가 색채디자인에 대한 견해, 경영철학, 기획전반 등에 대해 가급적 많은 이야기를 할 수 있는 미팅 분위기를 조성한다.
- 클라이언트 요구대로만 색채디자인을 하는 것은 디자이너로서의 역할이 아니다.
- 경영자적 관점과 디자이너의 관점이 조화를 이룰 때, 좋은 색채디자인 결과를 얻을 수 있다.
- 의견이 충돌할 경우, 서로 이해할 때까지 끊임없이 소통하고 토론함으로써, 계획안을 조정하고 최상의 대안을 도출할 수 있다.
- 요구사항이 색채디자인 영역 범위를 벗어날지라도 가급적 모든 내용을 정리한 후, 색채디자인 과정에서 반영 여부를 되짚어 보아야 한다.

1) 마케팅의 이해

① 마케팅의 정의   빈출 12회

- 마케팅은 매매 자체만을 가리키는 단순한 판매보다 더 넓은 의미를 지니며, 생산자가 상품 또는 서비스를 소비자에게 유통시키는 데 관련된 제반 경영활동이다.
- 미국마케팅협회(AMA)에 따르면, 개인 또는 조직의 목표를 충족시키는 교환이 이루어지도록 아이디어, 제품, 서비스, 가격 결정, 촉진, 유통까지 계획하고 실천하는 모든 과정이다.
- 현대의 마케팅은 산업 제품이 생산자로부터 소비자에게 전달되는 과정으로서, 대량 생산과 함께 발생하였다.
- 제품과 서비스를 효율적으로 많이 판매하기 위해 소비자 심리 분석을 선행한 후 판촉 활동을 펼치는 것이다.
- 모든 제품의 판매 촉진을 위한 마케팅이 가능한 근본적인 이유는 인간의 욕구(Needs)가 다양하기 때문이다.

② 마케팅 개념의 변천 단계   빈출 6회

> 생산 지향 → 제품 지향 → 판매 지향 → 소비자 지향 → 사회 지향 마케팅

③ 마케팅 순환 고리의 순서

> 욕구 → 필요 → 수요 → 제품 → 교환 → 거래 → 시장 → 욕구

2) 마케팅 믹스(Marketing Mix)

① 4P와 4C의 개념

- 기업이 표적 시장에서 목표를 달성하기 위해 사용하는 마케팅 도구의 조합이다.
- 판매자 관점의 4P와 소비자 관점의 4C로 구분된다.

② 마케팅의 4대 구성 요소(4P&4C)   빈출 16회

판매자 관점(4P)	소비자 관점(4C)	내용
Product(제품)	Customer(고객)	제품, 서비스, 아이디어, 브랜드, 제품 특성, 디자인, 포장 등 핵심 가치
Price(가격)	Cost(비용)	가격 책정, 할인, 판매조건 등 소비자가 부담하는 기회비용
Place(유통)	Convenience(편의)	제품이 소비자와 만나는 장소, 경로, 접근 편의성
Promotion(촉진)	Communication(소통)	광고, 홍보, PR, 대인판매, 직접판매, 판촉, 홍보 등 소비자와의 소통 활동

03 소비자 생활 유형 분석(Life Style)

1) 라이프 스타일의 개념 및 측정

① 정의 및 측정 목적 빈출 13회

- 개인의 동기, 시간, 사전학습, 재화, 사회계층 등 여러 가지를 고려한 개성과 가치를 반영하여 세상을 살아가는 방식이다.
- 소비자가 어떤 방식으로 시간과 재화를 사용하면서 세상을 살아가는가에 대한 선택을 의미한다.
- 가족 수, 지역, 생활주기, 소득, 직장 등을 바탕으로 다양한 라이프 스타일이 존재한다.
- 소비자 생활 유형을 측정하는 목적으로는 소비자의 가치관, 소비 형태, 행동 특성을 조사하여 색채마케팅에 더 나은 기준을 삼기 위함이다.

② 거시적 vs 미시적 분석

- **거시적 분석** : 사회 전체의 생활 수준이나 사회 지표를 분석하며 기업의 장기 전략 수립에 활용된다.
- **미시적 분석** : 개인이나 특정 집단의 행동, 관심, 의견 등을 계량적으로 분석한다 (AIO, VALS 등).
- 라이프 스타일 측정을 위한 분석 방법

구분	객관적 자료에 의한 분석 방법	주관적 자료에 의한 분석 방법
거시적 수준	• 사회지표 분석 • 생활의 질 지표 분석 • 인구통계학적 요인의 추세 분석	• 사회심리와 소비수요 분석 • 사회적 경향의 모니터 분석 • 사회동향 예측 분석
미시적 수준	• 인구통계학적 및 사회경제학적 요인에 의한 세분화 분석 • 생활 제품 소유 및 사용 패턴의 분석	• 사이코 그래픽법 • AIO법 • 생활시스템 분석법

③ 소비자의 라이프 스타일 형성과 구매형성 과정

> ① 문화와 사회 → ② 집단의 가치와 기대 → ③ 구성원 개개인의 생활 공간(의식 및 행동 공간) → ④ 라이프 스타일의 패턴 형성 → ⑤ 구매 및 소비 행동

2) 주요 측정 기법

① AIO 분석법(사이코그래픽스) 빈출 8회

- 활동(Activities), 흥미(Interests), 의견(Opinion)의 3가지 변수를 기준으로 소비자의 심리적 특성을 수치화하는 방법이다.
- 연령, 성별, 소득 직업 등이 동일한 집단의 사람이라도 심리적 특성이 서로 다름을 기초로 시장을 나누는 방식이다.
- 심리 도법 혹은 사이코그래픽스라고도 불리며 소비자가 어떻게 시간을 보내고, 어떤 일을 중요하게 생각하며, 어떤 견해를 갖고 있는지를 척도로 수치화하는 것이다.

- 이 측정 방식은 시장에 대해 풍부한 정보를 주는 장점이 있지만 세분화의 경계가 모호하여 측정이 어렵다는 단점도 있다.
- 인구통계학적 특성이 같아도 심리적 특성이 다를 수 있다는 점에 착안하였다.
- AIO 변수의 구성

구분	내용	항목 예시
Activity(활동)	소비자가 시간을 보내는 구체적 행동	일, 취미, 사회적 행사, 지역사회, 휴가, 쇼핑, 스포츠, 오락 등
Interest(흥미)	지속적으로 관심을 갖는 대상	가족, 유행, 음식, 미디어, 직업, 지역사회, 오락, 성취 등
Opinion(의견)	상황이나 사회적 이슈에 대한 견해	정치, 경제, 교육, 제품, 미래, 문화 등

② 가치 측정법 VALS(Values And Life Styles) 빈출 4회
- 소비자의 가치관과 라이프 스타일에 따라 시장을 세분화하는 기법이다.
- 소비자를 욕구 지향, 외부 지향, 내부 지향 등으로 분류한다.
- VALS에 따른 소비자 유형

욕구 지향형	생존자형, 생계유지형. 소득이 적고 삶의 기본 욕구 충족에 급급한 집단
외부 지향형	소속자형, 경쟁자형, 성취자형. 타인을 의식하고 지위와 권위를 중시하며, 자기보다 상위 계층을 따라 가려는 유형으로 시장에서 가장 높은 비중을 차지함
내부 지향형	개인주의형, 경험지향형, 사회사업가형. 자신의 내적 욕구와 자아표현을 중시함
통합형	내·외부 지향의 균형을 이룬 인격적으로 성숙한 소비자로 극소수(약 2%)에 해당

3) 소비자 유형과 특징 빈출 6회

관습적 집단	유명 특정 상품에 대한 선호도가 높고 반복적 습관적으로 구매하는 집단
감성적 집단	유행에 민감하고 개성이 뚜렷한 제품 구매도가 높은 집단
합리적 집단	구매동기가 합리적인 집단
유동적 집단	충동구매가 강한 집단
가격 중심 집단	가격이 저렴한 경제적 측면만을 고려하는 집단
신소비 집단	젊은 층이 속하며 뚜렷한 구매 형태가 없는 집단

04 소비자 구매 행동 분석

1) 소비자 욕구 및 행동 요인

① 매슬로우(Maslow)의 욕구 5단계 빈출 16회

- 단계별 구성

1단계	생리적 욕구(의식주, 생존, 배고픔, 갈증, 원초적 욕구)
2단계	안전 욕구(위험 회피, 보호, 안전)
3단계	사회적 욕구(소속감, 애정, 사랑)
4단계	존경 욕구(자존심, 지위, 인식)
5단계	자아실현 욕구(자아개발 실현)

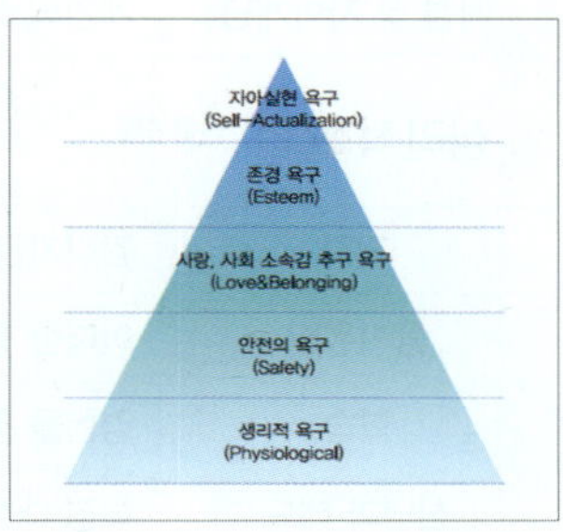

2) 소비자 행동 분석

① 소비자 행동 분석의 개념

- 소비자에 대한 이해도를 높이고 기업이 효율적인 마케팅 활동을 수행하기 위해 개발된 개념이다.
- '소비자 행동에 영향을 끼치는 요인은 무엇인가?', '동일한 마케팅 자극에도 왜 소비자 반응은 각기 다른가?' 등을 분석한다.

② 하워드-쉐드(Howard-Sheth) 모형

- 소비자 행동 분석의 가장 대표적인 모형이다.
- 시간의 경과에 따라 소비자의 상품 선택 행위 또는 상표 선호가 어떻게 변화하는지를 설명한다.
- 주요 변수로 투입 변수, 내생 변수, 외생 변수, 산출 변수의 4가지가 있다.

3) 소비자 행동 영향 요인 빈출 10회

소비자 행동에 영향을 미칠 수 있는 외적, 환경적 요인으로서 사회적, 문화적 요인과 내적, 개성적인 요인으로서 개인적, 심리적 요인으로 구분이 가능하다.

① 사회적 요인 빈출 5회

준거 집단	• 개인의 태도, 의견, 가치관, 의사결정 등에 영향을 미치는 집단 • 특정 목적을 가진 회원 집단으로 개인의 행동에 큰 영향을 줌
대면 집단	• 개인의 구매 행동에 가장 밀접한 영향을 미치는 집단 • 가족, 친구, 이웃, 직장동료 등 접촉 빈도가 가장 높으며, 제품과 색채 선택에 결정적 영향을 줌

② 문화적 요인 빈출 3회

사회계층	신념, 태도, 가치관 등이 유사한 수준의 집단으로 상품 선택에 대한 정보나 영향력이 큼
하위문화	• 종교, 지식, 도덕, 법률, 생활습관, 사고방식 등 사회 구성원으로서 공유하는 집단 • 상당한 규모로 특정 제품에 대한 하위시장 형성

③ 개인적 요인

나이 및 생활주기	소비자의 나이와 가족생활 주기에 따라 소비 패턴이 달라짐
직업 및 경제적 상황	직업은 교육, 소득, 사회계층을 결정짓는 요소로 소비에 직접적 영향을 미침
개성 및 자아개념	개인의 성격과 개성에 따라 특정 상품이나 상표 선택 간에 상관관계가 있음

④ 심리적 요인 빈출 8회

지각	감각기관을 통해 들어온 정보를 관념과 연결하는 심리적 과정
동기유발	어떠한 행동을 일으키게 하여 목표를 추구하게 만드는 힘
학습	경험을 통해 배우고 익히는 과정으로, 다양한 경험의 반복으로 이루어짐
신념과 태도	특정 대상에 대해 사람들이 가지고 있는 감정, 행동 경향, 평가를 의미

2) 소비자 구매 심리 및 의사결정

① AIDMA(아이드마) 법칙 빈출 17회

- 판매 촉진과 효과적인 광고 집행을 위해 소비자의 심리 변화 과정을 파악한다.
- 구매 심리 과정 순서

> 주의(Attention) → 관심(Interest) → 욕구(Desire) → 기억(Memory) → 행동(Action)

① Attention(주의)	신제품의 디자인, 서비스 등으로 소비자의 주목을 끔
② Interest(관심)	타사 제품과의 차별화를 통해 흥미를 유도함
③ Desire(욕구)	제품 구입 시의 이익, 편리함을 통해 구매 욕구 자극
④ Memory(기억)	광고나 정보를 통해 제품을 기억하고 구매 결심
⑤ Action(행동)	실제로 제품을 구입하는 행동을 취함

3) 소비자 구매 행동 모델의 변화

① AIDMA(전통적 모델)

기업의 일방적 마케팅 시대(매스미디어 중심)의 모델이다.

> Attention(주목) → Interest(흥미) → Desire(욕구) → Memory(기억) → Action(구매 행동)

② AISAS(인터넷/스마트폰 시대)

- 소비자가 능동적으로 정보를 찾고 공유하는 시대의 모델이다.

> Attention(주목) → Interest(흥미) → Search(검색) → Action(구매) → Share(공유)

- '기억(Memory)' 대신 '검색(Search)'과 '공유(Share)'가 핵심 과정으로 등장했다.

③ 인플루언스 믹스(Influence Mix)
- 현대 소비자의 구매 결정은 3가지 요소의 조합에 영향을 받는다는 이론이다.
- 구성 요소

P(Personal Experience)	개인의 과거 성향 및 경험
M(Marketer)	마케팅 담당자의 정보(광고 등)
O(Other People)	타인의 평가, 리뷰, 전문가 의견(최근 'O'의 역할이 가장 중요해짐)

4) 신제품 심리적 수용 과정

인지 → 관심 → 평가 → 사용 → 수용

5) 소비자 구매 의사 결정 _{빈출 8회}

- 소비자 구매 의사 결정은 소비자의 직업, 교육수준, 연령, 성별, 제품 구매 여부, 사용 경험, 소득, 사회계층, 기호 등에 따라 다르며, 기초로 구매 욕구를 느낄 때 아래와 같은 과정을 통해 이루어진다.
- 구매 의사 결정 순서

문제 인식 → 정보탐색 → 대안평가 → 구매 → 구매 후 평가

KEYWORD 02 시장환경 조사

01 색채 시장조사 방법과 프로세스

1) 색채 시장조사 기법

① 색채 시장조사의 정의 및 특징 _{빈출 2회}

- 색채 시장(기호)조사란 어떤 대상물의 색채분포나 경향, 소비자의 라이프 스타일, 소비자의 생활에서 일관된 색채에 대한 기호나 선호 이미지, 생활 지역에 대한 주관적인 자료 등을 조사하는 것을 의미한다.
- 조사 과정에서 상품의 생산, 판매 과정 및 마케팅과 관련한 전반적인 자료를 계통적으로 조사·분석하여 과학적으로 수행하는 활동이다.

② 조사 기법의 분야

- 시장 분석, 시장 실사, 시장 실험이 있다.
- **색채 시장조사 프로세스** 빈출 1회

단계	구분	내용
1단계	콘셉트 선정 · 확인	자사의 조사 대상 고객을 선정하고 콘셉트를 설정 및 확인
2단계	조사 방향 결정	조사 분야와 방법을 선택하고 조사를 위한 컬러코드 선정
3단계	정보 수집	조사 대상, 장소, 시기를 설정하고 샘플 및 필요한 기기 준비
4단계	정보의 취사선택	수집된 정보를 분석 · 평가하여 불필요한 자료 제거
5단계	정보의 분류	정보를 색상별, 타깃별, 지역별 등 항목별로 분류 및 정리
6단계	정보의 분석 및 활용	분석 결과를 상품기획, 영업 부문 등 차기 계획 활용

2) 설문 작성 및 수행

① 설문조사의 개념과 특징

설문조사(앙케트)는 설문지를 통해 응답자가 답하게 하여 조사하는 방법으로, 응답된 통계나 평균값 등을 통해 아이디어 등을 도출하는 데 활용된다.

② **조사자 사전교육** 빈출 2회

- 면접과정의 지침과 조사의 취지와 표본 선정 방법에 대해 이해할 수 있어야 한다.
- 참가자의 응답에 영향을 주지 않도록 중립적이고 객관적인 태도를 유지해야 한다.

③ 설문지 구성 요소

설문지는 표지 → 응답자 선별 질문 → 본 질문 → 배경 질문 순으로 구성한다.

3) 설문지 질문 유형 및 배열 원칙 빈출 11회

① 배열 원칙

- 설문지 첫머리에는 조사의 취지 및 안내글을 배치한다.
- 개인적인 신분을 나타내는 성별, 연령, 소득, 종교 등의 인구사회학적 질문은 설문지 끝에 배치한다.
- 질문은 개방형에서 폐쇄형 순으로, 즉 전반적인 질문에서 구체적인 질문 순으로 배치하여 응답자의 반응을 유도한다.

② 질문 유형

개방형 질문	응답자가 자신의 생각을 자유롭게 응답할 수 있도록 하는 질문
폐쇄형 질문	• 두 개 이상의 응답 중에 하나를 응답하도록 하는 질문 • 심층면접법으로 설문을 할 때는 폐쇄형 설문이 좋음

③ 유의사항

각각의 질문에서는 하나의 내용만을 구체화해야 하며, 전문지식을 요구하거나 특정 견해 및 특정 행위를 유도하는 질문은 피해야 한다.

4) 설문지 길이

① 원칙

조사 내용에 따라 응답자가 집중하여 성실하게 응답할 수 있도록 길이를 조절한다.

② 상황별 길이

- 전화조사는 대면조사보다는 설문이 짧아야 한다.
- 대면조사의 경우 지나가는 사람을 대상으로 하는 조사의 설문지는 가정 방문 설문지보다 짧은 것이 좋다.

5) 설문조사 방법 _{빈출 2회}

① 개별 면접조사 _{빈출 6회}

- 특징 : 응답자와 면접을 통해 조사하는 방법으로 심층적이고 복잡한 정보를 수집할 수 있다.
- 장점 : 조사자와 참여자 간의 관계 형성이 쉽고 표본의 대표성이 잘 드러난다.
- 단점 : 조사의 비용과 시간이 많이 소요된다.

② 전화조사

- 특징 : 신속하고 즉각적인 응답반응을 파악할 수 있고 비용이 저렴하다.
- 장점 : 재통화에서 응답률이 높다.
- 단점 : 응답에 비협조적일 수 있으며, 조사 시간이 짧아 복잡한 조사가 어렵다.

③ 우편조사

- 특징 : 우편으로 설문지를 발송하고 되돌려 받는 방식이다.
- 장점 : 최소 인원과 저비용으로 넓은 지역의 많은 사람을 조사할 수 있다.
- 단점 : 회수율과 신뢰성이 떨어지고 복잡한 조사는 어렵다.

02 국내/외 색채 시장 동향 정보 수집

1) 색채 정보 수집 방법 _{빈출 4회}

① 실험 연구법

- 비교를 통한 정보 수집이 필요할 때 사용하며, 한 변수가 다른 변수에 주는 영향을 관찰한다.
- 관찰자의 주관 개입을 방지하기 위해 면접 등과 함께 사용하기도 한다.

② 서베이(Survey) 조사법 _{빈출 6회}

- 마케팅 조사 중 가장 많이 이용되는 방법이다.
- 시장의 전반적인 상황과 마케팅 전략 수립을 위한 기본 자료 수집이 목적이다.
- 조사원이 거리나 가정을 방문하여 질의응답, 설문조사를 통해 정보를 수집한다.

③ 패널(Panel) 조사법

- 동일한 패널(조사 대상)에 대하여 복수의 시점에 동일한 질문을 하여 의견의 변화(추세)를 조사한다.
- 색견본을 직접 제시하거나 신제품 출시 전에 여론의 변동 상황을 파악할 때 주로 실시한다.

설문지 작성의 5대 핵심 원칙

- **위치 고정** : 성별, 소득 등 민감한 인구통계학적 질문은 반드시 설문지 맨 끝에 배치합니다.
- **배열 순서** : 개방형(포괄적)으로 시작하여 폐쇄형(구체적)으로 좁혀가는 점진적 방식이 정답입니다.
- **작성 금지** : 하나의 문항에서 두 가지 내용을 동시에 묻는 이중 질문은 명확한 응답을 방해하므로 피합니다.
- **오답 주의** : 특정 답변을 암시하는 유도 질문이나 응답자가 이해하기 힘든 전문 용어를 사용해서는 안 됩니다.
- **난이도** : 응답자의 협조를 얻기 위해 누구나 답하기 쉬운 흥미로운 질문을 도입부에 배치해야 합니다.

④ **현장 관찰법** 빈출 6회
- 조사자가 현장에서 소비자의 행동을 직접 관찰하여 정보를 수집한다.
- 활용 : 특정지역 유동인구 분석, 시청률 조사, 특정 색채의 기호도 조사에 적절하다.
- 단점 : 시간과 비용이 많이 소요되며, 대상자가 관찰을 의식하면 평소와 다른 반응을 보일 수 있다.

⑤ **질문지법**

설문지를 이용하여 개인적 성향을 파악하며 시간, 비용 효율성이 높으나 회수율이 낮고 문맹자는 대상이 되지 못한다.

⑥ **포커스 그룹(FGI) 조사법** 빈출 2회

소수의 그룹 대상(6~10명)으로 진행자가 특정 주제에 대해 지속적인 인터뷰로 진행하는 방식이다.

2) 표본(Sample) 조사법 빈출 20회

① **표본 조사법의 정의**
- 조사 대상의 집단(모집단) 가운데 일부분(표본)을 무작위 추출하고 그 결과를 토대로 집단 전체를 집계하는 방법이다.
- 색채 정보 수집 방법 중 가장 많이 사용하는 조사법이다.

② **표본 조사법의 특징**
- 일반적으로 큰 표본이 작은 표본보다 정확도가 높으나, 시간과 비용이 증가한다.
- 표본은 무작위(Random)로 추출해야 하며 편차가 없는 방식이어야 한다.
- 표본은 모집단을 모두 포괄할 목록을 반드시 가지고 있어야 한다.

③ **적정 표본 크기** 빈출 2회
- 조사 대상의 변수, 허용 오차의 크기 및 확률을 고려하여 결정한다. 전문성이 부족하면 선행연구를 참고한다.
- 확률 표본 추출 방법

구분	내용
단순 무작위 추출법	• 가장 원형적인 방법으로, 모든 구성원이 뽑힐 확률을 동등하게 함 • 샘플링카드와 난수표를 사용하여 임의로 추출
무작위 추출법 빈출 6회	• 임의 추출 또는 랜덤 샘플링이라고도 함 • 전체를 조사하지 않고 일부분을 조사하여 전체 추정
층화 표본 추출법 빈출 7회	• 모집단을 여러 하위 집단('층')으로 나누고, 각 층에서 비례하여 표본 추출 (이때, 층마다 별개의 추출법을 써도 상관없음) • 예 지역별 소비자 특성에 따른 색채 선호 조사
군집(집락) 표본 추출법 빈출 10회	• 표본 추출 시 모집단을 하위 집단으로 구획하여 하위 집단을 뽑음 • 모집단을 포괄하는 목록을 가지고 체계적으로 선정해야 함 • 편의가 없는 조사가 되기 위해서는 표본을 무작위로 뽑아야 함

계통(등간격) 추출법 빈출 5회	• 일정 간격(예 10명 또는 5명마다)으로 표본을 추출 • 표본을 미리 정해진 조건에 의해 뽑는 방법으로 모집단의 변화하는 양이 자연적 질서로 놓여 있을 때 한 표본만 결정한 후 나머지는 등간격에 의해 추출하는 방법 • 교통량 조사나 백화점 출구 조사로, 20대를 대상으로 하는 새로운 화장품 개발을 위한 조사 등에 적합
다단 추출법 빈출 2회	• 모집단이 크고 고비용이 예상될 때 사용 • 단계적으로 1차(시 · 읍 · 면) → 2차(세대)순 추출 • 비용은 절약될 수 있지만 조사 신뢰도는 무작위 추출의 경우보다 낮음

• 비확률 표본 추출 방법

구분	내용
편의표본 추출법	• 연구자가 이용하기 편리한 표본 선정 • 탐색 단계의 사전 조사에 이용됨(대표성 약함)
판단표본 추출법	조사자의 지식과 판단에 따라 표본 선정
할당 표본 추출법	1단계로 연구 대상의 카테고리나 할당량 등 분류 기준에 의해 표본을 구분하고, 2단계로 집단별 표본 추출

03 수집 자료의 분류와 분석

1) 수집 자료의 통계적 분석 용어

① 대표값 및 산포도

산술 평균	변수들의 총합을 변수 개수 n으로 나눈 값
중앙값	크기 순서로 정렬했을 때 중앙에 위치한 값
최빈값	가장 자주 관측 · 추출되는 값
산포도	변량이 분포의 중심값에서 흩어져 있는 정도
표준 편차	산포도를 나타내는 수치로 0이면 관측값이 모두 동일함을 의미하고, 클수록 평균에서 떨어진 값이 많음

② 분석 기법

상관관계 분석	변수들 간의 관련성, 신빙성 분석
교차 분석	• 2개 이상의 변인들에 근거하여 케이스들의 중복된 빈도 분포(교차 빈도) 분석 • 케이스들의 교차 빈도에 대한 기술 통계량을 제공해 주며 통계적 유의성을 검증해 주는 통계 분석 기법
빈도 분석	표본의 인구통계학적 특성 등을 파악할 때 사용하며 분포도를 확인

2) 색채 정보 분석 방법 ^{빈출 2회}

① 심층 면접법

장시간 동안 응답자와 일대일 면접을 통해 내면의 마음을 파악한다.

② 언어 연상법

응답자가 연상한 언어들을 분석하여 내재된 의미를 파악한다.

③ 의미미분법(SD법, Semantic Differential Method) ^{빈출 40회}

- **정의 및 특징** : 미국의 심리학자 찰스 오스굿(Osgood)이 개발하였으며, 정서적, 주관적인 색채 이미지를 정량적·객관적으로 측정할 때 사용된다.
- **척도 구성** : 반대되는 의미의 형용사 쌍(**예** '화려한–수수한', '좋다–나쁘다')을 사용하여 5~7단계 척도로 사용하며 연상법과 면접법이 있다. 색채의 의미 공간(형용사 척도)을 효율적으로 정의하기 위해서는 그 공간을 대표하는 차원의 수를 최소화해야 한다.
- **이미지 프로필**
  - 각 평가 대상마다 각각의 평정척도에 대한 평가 평균값을 구해 값을 선으로 연결한 것이다.
  - '어떤 개념의 이미지를 측정할 것인가'로부터 시작되며, 복잡하고 다양한 여러 현상을 수치적 데이터로 산출할 수 있어 정서적 색채 이미지를 정량적으로 객관화하여 측정할 수 있다.
  - 제품, 색상, 음향, 감촉 등 여러가지 정서적 의미를 느낄 수 있는 자극이라면 SD법의 개념으로 측정이 가능하다.
  - 단색체계에 대한 상대적인 비교 평가가 가능하며 색채기획이나 디자인 과정에서 이미지의 위치를 찾을 수 있다.
- **장점** : 설문 대상 수가 많을수록, 이미지가 친숙할수록 정확도가 높아진다.

3) SWOT 분석 ^{빈출 8회}

- 기업의 내부 환경(강점, 약점)과 외부 환경(기회, 위협)을 분석하여 강점은 살리고 약점은 보완하며, 기회는 활용하고 위협은 억제하는 마케팅 전략을 수립하는 기법이다.
- 미국의 경영컨설턴트 알버트 험프리에 의해 개발되었다.
- 학자에 따라서 외부 환경을 강조한다는 점에서 위협, 기회, 약점, 강점 순서인 TOWS라고 부르기도 한다.

- SWOT 구성 요소

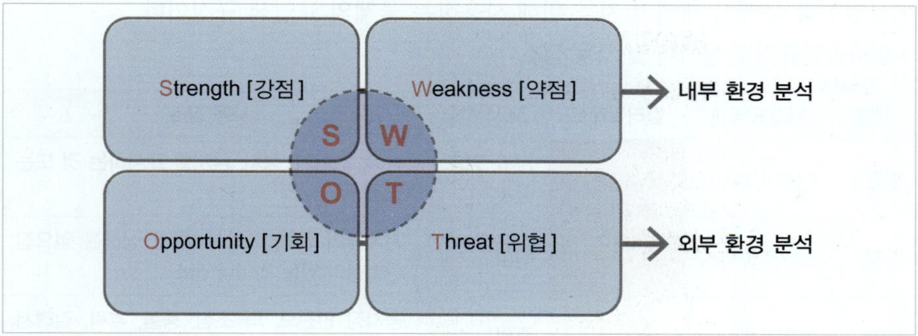

- SWOT 4가지 전략

구분	내용
SO전략(강점-기회 전략)	시장의 기회를 활용하기 위해 강점을 사용하는 전략
ST전략(강점-위협 전략) 빈출 4회	시장의 위협을 회피하기 위해 강점을 사용하는 전략
WO전략(약점-기회 전략)	약점을 극복함으로써 시장의 기회를 활용하는 전략
WT전략(약점-위협 전략)	시장의 위협을 회피하고 약점을 최소화하는 전략

4) 기타 분석 요소

① 컬러 아이덴티티(Color Identity)

- 정의 : 제품이나 환경색채가 경쟁사의 것과 분명하게 구별되도록 계획하는 것이다.
- 역할

시각적 차별화	판매 및 구매 정보를 쉽게 전달
신뢰감 형성	서비스하는 상품이나 환경색채가 독특하여 제품이 우수하다는 신뢰감을 줌
상징적 의미 전달	서비스하는 상품이나 환경의 용도, 속성, 가치, 문화 등을 전달

② 소비자 인지도

- 소비자가 특정 브랜드를 인식하거나 회상할 수 있는 정도이다.
- 소비자의 상황, 환경, 또는 경험에 따라서 소비자 인지도는 다르게 형성된다.
- 소비자 인지도를 올리기 위해서 인쇄매체(잡지, 신문), 전파매체(TV, 라디오), 그리고 간판, 팜플렛, POP, DM 등을 통해서 홍보한다.

③ 신상품 수용 과정(AIDMA 법칙)

A(Attention)	인지, 주의(주의를 끄는 단계)
I(Interest)	관심, 흥미(흥미를 갖는 단계)
D(Desire)	평가, 욕망(구매 욕망이 일어나는 단계)
M(Memory)	기억(다양한 광고 홍보물을 통해서 소비자 기억에 남는 단계)
A(Action)	행동(구매 및 재구매 단계)

④ 한국공업규격(KS) 안전색채

- 산업현장 등에서 재해 방지를 위해 사용하는 물체의 표면색 규정이다.
- 한국공업규격 안전색채 및 사용 장소

색명	기준표색계	컬러팔레트	표시 사항	사용 장소
빨강	7.5R 4/14		방화, 멈춤, 금지	방화, 소화기, 정지, 금지를 표시하는 것 또는 장소
주황	2.5YR 6/14		위험	기계류의 위험, 고압선, 재해, 상해를 일으킬 위험성이 있는 것이나 장소
노랑	2.5Y 8/12		주의	공사장 안전모, 턱 조심, 충돌, 추락, 걸려서 넘어질 수 있는 것이나 장소
초록	2.5G 4/10		안전, 진행, 구급, 구호	위험하지 않거나 위험을 방지, 구급과 관계가 있는 것 또는 비상구, 구급상자
파랑	2.5PB 3.5/10		조심	아무렇게 다루어서는 안 되는 것이나 장소, 수리중, 보호구 착용 지시
자주	2.5P 4/10		방사능	방사능이 있는 것이나 장소
하양	N9.5		통로, 정돈	정돈과 청소를 필요로 하는 것이나 장소/빨강, 초록, 파랑, 검정을 잘 보이게 하는 보조색
검정	N1.5		화살표, 글자	주황, 노랑, 하양을 잘 보이게 하는 보조색(글자)

본 데이터는 KS S ISO 3864-4 (안전색 및 안전표지-제4부)의 색도 범위를 기준으로 한 근삿값입니다.

04 색채마케팅의 기능 및 역할

1) 색채마케팅의 이해 빈출 7회

① 색채마케팅의 정의

- 마케팅 기법을 색채와 접목시켜 소비자의 구매 욕구를 증가시키는 전략이다.
- 색을 과학적, 심리적으로 이용하여 판매를 극대화하고 구매를 유도한다.
- 컬러의 심미적 요소를 활용하여 소비자에게 상품이나 서비스를 효과적으로 홍보한다.
- 색상과 톤의 두 요소를 이용하여 체계화된 색채 시스템과 변화하는 시장의 색채를 분석, 종합하는 방법을 대표적으로 사용한다.

② 색채마케팅의 역사

순서	연도	내용
1	1920년 미국 파커(Parker) 만년필	립스틱을 연상시키는 빨간색 만년필 출시로 매출 증대(시초)
2	1980년 한국	• 컬러 텔레비전 등장과 함께 활성화됨 • 대표적인 예로 코카콜라, 애플, 스타벅스, 현대카드 등에서 성공적인 색채마케팅을 수행함
3	1990년대	컬러 마케팅이 도입되면서 기업의 제품 판매 경쟁이 본격화됨
4	현대	제품, 광고, 식음료 전 분야로 확대되어 평준화된 디자인의 한계를 극복하고 있음

2) 색채마케팅의 기능 및 역할 ^{빈출 15회}

- 고객 만족과 경쟁력을 강화한다.
- 브랜드 또는 제품에 특별한 이미지를 창출하여 기업 인지도를 상승시킨다.
- 브랜드 가치 상승 및 아이덴티티 통합으로 경쟁 제품과 차별화한다.
- 상품의 소비 유도로 기업의 판매 촉진과 수익 증대에 기여한다.
- 신제품 개발 및 개선, 품질 향상과 정서를 순화시킨다.

KEYWORD 03) 컬러 트렌드 분석

01 유행색 결정 과정과 방법

1) 트렌드(Trend)의 이해

① 트렌드의 정의

- 트렌드는 신문, 잡지 등 언론매체와 일상에서 자주 언급되는 단어로 '새롭거나 최근 유행하는 것', '가볍고 신비로운 것', '완전히 예상할 수 없는 것' 등의 의미를 내포한다.
- 헨릭 베일가드(Henrik Vejlgaard)는 사람들이 트렌드에 대해 이야기할 때 '가장 최신의 트렌드', '유행할 스타일' 등의 정보를 얻고 싶어 한다고 언급했다.

② 트렌드의 역사적 배경

- '방향을 틀다'라는 의미를 가진 트렌드(Trend)는 본래 20세기 통계학자와 경제학자들 사이에서 제한적으로 사용되던 용어였다.
- 1960년대 후반부터 패션 업계를 통해 디자인, 스타일 등을 이야기하게 되면서 일상적으로 널리 사용되기 시작했다.
- 잡지에 처음 언급된 것은 1936년 영국 디자인 산업연맹(DIA)이 『Trend』라는 잡지를 창간하고 새로운 제품과 디자인 소식을 전하면서부터이다.

③ 트렌드의 3가지 의미

'신제품'을 만드는 '제품 개발'로 인해 생기는 '변화 과정'으로 나누어 볼 수 있으며, 어느 부분에 집중하는가에 따라 의미가 달라진다.

2) 컬러 트렌드의 중요성

① 마케팅 전략으로서의 색채

- 현대사회는 무한경쟁 시대로, 색채는 사람의 마음을 움직이고 구매와 소비를 이끄는 가장 효과적인 마케팅 전략이다.
- 기술적 수준의 차이가 없어진 상황에서는 미래에 유행할 색을 예측하고, 사회 · 문화적 트렌드 분석을 통한 감성적인 접근이 중요하다.
- 색채와 함께 소재, 재질, 패턴, 광택 등의 복합적인 분석과 전략적 활용이 요구된다.

3) 유행색(Fashion Color)의 정의 및 특성

① 유행색의 정의

색채전문가 또는 전문기관에서 일정 기간, 계절 동안 특별히 사람들이 선호할 것으로 예측하는 색을 말한다.

② 유행색의 심리적 발생 요인 빈출 4회

변화 욕구	새로운 색으로 변화를 주고 싶어하는 심리
동조화 욕구	다른 사람과 비슷한 색을 공유하여 소속감을 느끼고 싶어하는 심리
개별화 욕구	다른 사람보다 앞서가고 차별화하고 싶어하는 심리

③ 유행색의 특성 빈출 23회

- 주기성과 선호도 : 일정 기간을 가지고 주기적으로 반복되는 특성이 있으며, 특정 계절이나 기간 동안 특별히 많은 사람이 선호하여 착용한다.
- 사회적 영향 : 특정한 사회적, 경제적 사건이 있을 때 예외적인 색이 유행하기도 한다.
- 예측 시스템 : 국제유행색협회(INTERCOLOR)에서 보통 2년(24개월) 전에 S/S(봄/여름), F/W(가을/겨울) 두 분기로 나누어 유행색을 제안하며, 유행색에 가장 민감한 품목은 패션 용품이다.

④ 컬러 트렌드 관련 용어 정의

- 유행색 관련 용어의 구분

명칭	정의	비고
유행색(Trend Color)	일정 기간 동안 대중의 선호로 유행의 경향을 상징하는 색	가장 포괄적인 개념
유행 예측색(Forecast Color)	색채전문가에 의해 발표되는 유행이 예측되는 색	시즌 전 발표
스탠다드색(Standard Color)	유행에 상관없이 지속적으로 사용되는 기본 색상	검정, 하양, 베이지 등 컬러
전위색(Trial Color)	유행의 징조를 보이는 색	실험적인 색
화제색(Topic Color)	언론 등에서 주목을 받지만 실제 사용자는 지극히 소수인 색	이슈가 되는 색
시장 인기색(Popular Color)	대중적인 인기를 보이는 색	실제 소비로 연결
다량 유통색(Style Color)	시장에서 다량으로 거래되는 색	볼륨(Volume) 컬러

⑤ 선호색에 영향을 미치는 요인 빈출 10회

- 연령, 기후, 소득, 교육수준에 영향을 많이 받는다.
- 성별, 지역, 문화 등에 따라 색채 선호도가 다르며, 선호되는 색채는 고정된 것이 아니다.

⑥ 상품의 유행 기간과 관련된 용어 ^{빈출 6회}

플로프(Flop)	제품의 수명이 오래가지 않고 도입기에서 끝나는 유행(실패한 유행)
패드(Fad)	• 단시간에 나타났다가 사라지는 짧은 주기의 유행 • 특정 하위문화 집단 내에서만 유행하는 특성이 있음 • 예 2002년 월드컵 기간 유행했던 빨간색 티셔츠
붐(Boom)	갑자기 급속도로 전파되는 유행
크레이즈(Craze)	지속적인 유행으로 생활의 패턴, 양식, 사고 등을 이끌어 가는 열광적인 현상
트렌드(Trend)	유행의 경향, 흐름을 말하는 것으로 어느 특정 부분의 유행을 지칭
유행(Fashion)	'∼풍', '∼식'으로 쓰이며, 일정한 주기를 가지고 있는 유행 스타일
클래식(Classic)	시간적 제한 없이 유행을 타지 않아 지속적으로 받아들여지는 스타일

02 컬러 트렌드 정보 수집, 분류, 분석

1) 유행색 전문기관 : 국제유행색협회(INTERCOLOR)

① 개요
- 프랑스 파리에 본부를 두고 1963년에 발족된 국제적 유행색 정보 기관이다.
- 정식 명칭은 International Commission for Fashion and Textile Colours 이다.

② 주요 활동
- 각국의 색채 단체 및 정보회사에게 색채 경향을 미리 제시한다.
- 한국(CFT), 일본(JAFCA), 미국(CMG, CAUS), 이탈리아(INTERCOS) 등 15개 회원국의 전문위원들이 참가한다.
- 매년 6월과 12월, 연 2회 회의를 개최하여 유행색을 발표한다.
- 해당 시즌으로부터 2년(24개월) 전에 S/S(봄/여름), F/W(가을/겨울) 유행색을 선정한다.

③ 유행색 선정 과정
- 회원국마다 자국의 라이프 스타일 변화와 예측 색채를 제안한다.
- 세계적 경제 동향, 지구환경, 건강, 스포츠 등 사회적 이슈에 대해 토론한다.
- 이를 거쳐 2년 후 전 세계에서 대두될 색채 경향을 선정하며, 이때 텍스타일과 소재에 대해서도 함께 제시한다.

2) 유행색 전문기관 : 한국컬러앤드패션트렌드센터(CFT)

① 개요
- 1992년부터 국제유행색협회(Intercolor)의 정식 회원국으로 참가하였다.
- 구 한국유행색협회(KOFCA)에서 2003년 현재의 명칭(CFT)으로 변경되었다.

② 주요 역할
• 국제적인 컬러정보 수집 · 분석 및 보급, 라이프 스타일 데이터를 보유한다.
• 해외 패션경향 정보사의 제안색과 국내 시장 동향을 감안해 시즌 약 18개월 전에 예측 색채를 테마와 함께 발표한다.
• 한국의 사회 · 문화를 분석하여 '한국 제안 컬러'를 결정하고, 인터컬러 결정색을 국내에 알린다.

3) 패션 트렌드 정보기관

소비자가 지향하는 상품 기획을 위해 전문적이고 체계적인 패션정보 활용이 필수적이다.

① 넬리로디(Nelly Rodi)
• 1985년 파리에서 넬리로디 여사가 창립했다.
• 프랑스 패션, 인테리어, 화장품(코스메틱) 분야를 전문으로 연구한다.
• 시즌 약 18개월 앞서 원사, 스타일, 메이크업 트렌드를 제공한다.

② 프로모스틸(Promostyl)
• 1975년 파리에 설립되었다.
• 트렌드 리서치 및 프로젝트 개발을 주로 하는 Fashion Office이다.
• Color, Fabrics, Prints 등의 유행정보와 라이프 스타일 제안을 한다.

③ 페클러(Peclers)
• 1970년 파리에서 도미니끄 페클러가 설립했다.
• 시즌 약 18개월 앞서 트렌드 정보를 제공한다.
• 패션, 코스메틱, 디자인 등의 Key Words, Visual, Color, Fabric 예측자료를 제공한다.

④ 인터패션플래닝(IFP)
• 1989년 설립된 국내 최초의 패션트렌드 연구기관이다.
• 2000년대부터는 자동차, 전자, 건축, 뷰티 등 전 산업 분야의 트렌드 정보를 제공한다.

⑤ 삼성디자인넷(SDN)
• 1993년 삼성패션연구소(SFI)에서 출발했다.
• 패션경향 예측, 디자인 개발, 시장조사, 전문인 교육 등을 제공하는 정보 사이트이다.

4) 정보의 분류 및 분석

① 분류 체계
• 수집된 정보는 시즌별(S/S, F/W), 복종별(여성복, 남성복, 캐주얼), 테마별로 분류한다.
• 색채 정보는 색상(Hue)과 톤(Tone)을 기준으로 체계화된 시스템에 맞춰 정리한다.

② 분석 및 활용
- **컬러 맵(Color Map) 작성** : 수집된 컬러를 배색하여 전체적인 분위기를 시각화한다.
- **이미지 맵(Image Map) 작성** : 트렌드 테마에 맞는 이미지 사진 등을 콜라주하여 콘셉트를 명확히 한다.
- 이를 바탕으로 자사 브랜드의 콘셉트에 맞는 전략 컬러를 최종 선정한다.

03 소재(Material) 트렌드 분석 방법

1) 소재 트렌드의 중요성

현대 디자인에서 색채는 단독으로 존재하지 않으며, 어떤 소재에 적용되느냐에 따라 그 가치와 감성이 완전히 달라진다(NCS 실무 핵심 역량).

2) 최신 소재 트렌드 키워드

① **지속가능성(Sustainability)**

친환경 소재	리사이클(재활용) 플라스틱, 바이오(식물성) 플라스틱, 비건 가죽 등 환경 오염을 줄이는 소재가 대세
CMF 전략	소재 자체의 친환경성을 강조하기 위해 염색을 최소화한 '로우(Raw) 컬러'나 자연 그대로의 질감을 살리는 마감 선호

② 기능성 및 스마트 소재

기능성 소재	세균, 방오(오염 방지), 경량화 소재 등 사용자의 편의를 높이는 소재 선호
스마트 소재	온도나 빛에 반응하여 색이 변하는 감응형 소재 등 첨단 기술이 접목된 소재가 대세

3) 감성적 질감(Tactility)

디지털 피로감에 대한 반작용으로, 손으로 만졌을 때 편안함과 따뜻함을 주는 촉각적(Haptic) 소재가 중요해졌다(예 부클레, 벨벳, 원목).

04 소재별 가공 및 표면처리 기법(CMF)

1) CMF의 이해와 중요성

① **CMF의 정의**

이 세 가지는 제품 개발의 필수 요소이자, 디자인의 품질과 가치를 높이는 핵심 역할이다.

Color(색채)	제품의 첫인상을 결정하며 시각적 감성을 자극하는 색상
Material(소재)	플라스틱, 금속, 가죽, 나무 등 제품의 질감과 내구성을 결정하는 재료
Finishing(마감)	도장, 패턴, 질감 처리, 광택 유무 등 표면처리 및 후가공 기술

② CMF 디자인의 부상 배경
- 1988년 이전까지 가전제품은 대부분 무채색 또는 단순한 반짝이는 표면처리에 국한되어 있었다.
- 2000년대 이후 전자제품, 패션, 인테리어, 자동차, 건축, 환경 등 전 영역으로 확장되었다.
- 소비자의 다양한 감성을 충족시키기 위한 전략적 CMF 활용이 곧 브랜드의 핵심 경쟁력이 되고 있다.

2) CMF 혁신 사례 : 애플(Apple) 아이맥(iMac) 개요

1998년 출시된 애플사의 퍼스널 컴퓨터 아이맥(iMac)(디자이너 : 조나단 아이브 Jonathan Ive)

① 디자인의 특징

고정관념 타파	당시 컴퓨터는 '아이보리색' 또는 '무채색'이어야 한다는 고정관념을 깸
소재와 마감의 혁신	• 기존의 불투명 플라스틱이 아닌, 반투명(Translucent)한 폴리카보네이트(Polycarbonate) 소재 사용 • 속이 비치는 '누드 디자인'에 '본디 블루(Bondi Blue)' 등 과감한 다섯 가지 유채색을 적용했다.

② 의의
- 전자제품 시장에 컬러 마케팅과 다양한 컬러 라인을 형성하는 계기가 되었다.
- 색채디자인이 단순히 색만 입히는 것이 아니라, 소재(Material)와 마감(Finish)까지 복합적으로 고려되어야 한다는 인식의 대전환을 가져왔다.

3) 주요 소재별 가공 및 표면처리 기법 [실무 핵심]

CMF 디자인을 구현하기 위해서는 각 소재에 맞는 적절한 가공 및 마감 기술이 필요하다.

① 금속(Metal)

표면처리 (Finish)	헤어라인(Hairline)	표면에 머릿결 같은 미세한 선을 연속적으로 가공하여 세련되고 차가운 금속 고유의 질감을 강조
	샌딩(Sanding)	• 모래를 고압으로 분사하여 표면을 미세하게 깎아 거칠게 만듦 • 빛을 난반사시켜 매트(Matte, 무광)하고 부드러운 느낌을 줌
	폴리싱(Polishing)	표면을 매끄럽게 연마하여 거울처럼 빛을 정반사시킴(고광택, 화려함)
착색 및 보호	아노다이징(Anodizing, 양극산화피막)	• 알루미늄 표면을 전기화학적으로 산화시켜 단단한 피막 형성 • 금속 재질감을 유지하면서 다양한 색상 구현이 가능하고 내식성이 높아짐
	도금(Plating)	금속 표면에 다른 금속(크롬, 니켈, 금 등)을 얇게 입혀 광택을 내거나 부식을 방지

② 플라스틱(Plastic)

성형	성형 및 가공 · 사출 성형	녹인 플라스틱 수지를 금형에 주입하여 대량으로 형태를 만드는 가장 일반적인 방법
	인몰드(In-mold) 성형	성형과 동시에 필름이나 라벨을 부착하여, 별도의 후가공 없이 다양한 패턴과 질감을 구현
표면처리 (Finish)	도장(Painting)	성형된 플라스틱 표면에 페인트를 스프레이하여 원하는 색상과 광택(유광/무광/반광/펄)을 냄
	증착(Evaporation)	진공 상태에서 금속을 기화시켜 플라스틱 표면에 얇게 코팅(플라스틱으로 금속 느낌을 낼 때 주로 사용)
	부식/에칭(Etching)	화학 약품이나 레이저로 표면을 부식시켜 가죽이나 직물 같은 특정 질감 부여

③ 목재(Wood)

• 목재의 표면 마감

스테인(Stain)	나뭇결(Grain)이 보이도록 투명하게 색을 입히는 착색제
바니시/니스(Varnish)	표면에 도막을 형성하여 목재를 보호하고 광택을 냄(유광/무광 선택 가능)
오일(Oil Finish)	오일이 목재 내부에 침투하여 자연스러운 질감과 색감을 살림(도막이 없어 촉감이 좋으나 내구성은 약함)

KEYWORD 04) 소비자 분석

01 색채마케팅 전략

1) 마케팅 전략(Marketing Strategy)

① 마케팅 전략 수립의 5단계 과정 빈출 2회

1단계 : 상황 분석	경쟁사 브랜드 매출 및 제품 디자인 마케팅 전략의 변화 추이를 파악하여 포지셔닝을 분석
2단계 : 목표 설정	• 시장 수요 측정, 기존 전략 평가, 새로운 목표 평가 • 글로벌 마켓 상품의 경우 전 세계 공통 색채 환경을 사전 조사
3단계 : 전략 수립 빈출 2회	• 자사 브랜드를 중심으로 사회, 문화, 라이프 스타일 동향 파악 • 키워드 도출 및 이미지 매핑(Image Mapping) 수행
4단계 : 실행 계획(일정 계획)	과거 디자인 트렌드 변화 추이를 분석하여 미래 트렌드를 예측하고 구체적 일정을 짬
5단계 : 실행	과거 몇 시즌 동안 나타났던 디자인 트렌드의 변화 추이를 분석하여 미래에 나타나게 될 트렌드 예측

② 마케팅 전략의 3가지 종류 빈출 9회

- **통합적 전략** : 온 · 오프라인 매장의 색채계획을 연계 적용하여 소비자와의 유대감을 형성하고 시장 점유를 강화한다.
- **직감적 전략** : 유능한 경영자의 역량과 감각을 기반으로 하는 단기적이고 즉흥적인 해결 방식이다.
- **분석적 전략** : 전문가를 참여시켜 문제를 세밀하게 관찰 · 분석하고 체계적인 해법을 강구한다.

③ 마케팅 정보 시스템(MIS) 빈출 4회

- **정의** : 마케팅 관련 정보를 수집 · 분석하여 의사결정자에게 적시에 제공하는 시스템이다.
- 마케팅 정보 시스템의 구성 요소

내부 정보 시스템	기업 내부의 주문, 매출, 재고 등 정보
마케팅 의사결정 지원 시스템	데이터 분석 도구 및 소프트웨어
마케팅 인텔리전스 시스템	기업 의사결정에 영향을 미치는 외부 정보(고객, 경쟁사 등) 수집
마케팅 조사 시스템	특정 문제 해결을 위한 공식적인 조사

④ 색채마케팅 전략 영향 요인 빈출 19회

인구 통계적 · 경제적 환경 빈출 12회	• 연령, 거주지, 소득, 학력, 라이프 스타일 및 산업 성장 상황, 경기 흐름 고려 • 경기 둔화 시 : 실용적이고 경제적인 색채 선호 • 경기 호황 시 : 다양하고 화려한 색상과 톤 선호
기술적 · 자연적 환경 빈출 4회	• 디지털 기술 진보에 따른 테크노 색채와 자연주의 색채를 혼합시킨 색채마케팅 활성화 • 환경보호(Eco) 및 인간 존중 사상에 따른 그린 마케팅(Green Marketing) 활성화
사회 · 문화적 환경	워라밸(Work-life Balance), 여가 활용 등 가치관 변화 반영

⑤ 색채마케팅 관리 과정(10단계) 빈출 4회

- 색채마케팅 관리 과정의 10단계 흐름

① 목표 설정	기대 효과 수립
② 계획 수립	예산 및 일정 확정
③ 조직 구성	수행 팀 구성
④ 시장조사 및 분석	환경 및 경쟁사 분석
⑤ 표적시장 선정	타깃 설정 및 수요 예측
⑥ 마케팅 개발	맞춤형 색채마케팅 개발
⑦ 프레젠테이션	전략 발표 및 공유
⑧ 시장 테스트	수정 및 보완
⑨ 적용	제품 등에 실제 적용
⑩ 관리 및 평가	피드백 및 DB화

- **색채마케팅 관리 과정의 4단계 흐름**

단계	구분	세부 내용
1단계	색채 정보화	• 시대 동향 파악 • 자사 및 경쟁사 색채 조사 및 분석 • 관련 분야 조사 • 소비자 선호색 및 경향 조사
2단계	색채 기획	• 타깃(Target) 설정 • 색채 콘셉트 및 이미지 설정 • 색채 포지셔닝 설정 • 네이밍(Naming) 및 패키징(Packaging)
3단계	판매 촉진 전략	• 가격 설정 • 홍보 전략 구축 • 유통망 설정
4단계	정보망 구축	• 단계별 전략 점검 • 피드백(Feedback) • 색채 DB(데이터베이스)화

2) 브랜드 색채 전략

① 브랜드의 정의

자사 제품을 타사와 구별하기 위한 명칭, 디자인, 상징, 색채 등의 결합체이다.

② 브랜드 아이덴티티(BI) 빈출 8회

- 기업과 상품을 소비자에게 확실히 인식시키기 위한 이미지 통합화 작업이다.
- 색채를 이용하여 좋은 브랜드 이미지를 강화하고 구매 의욕을 불러일으킬 수 있다.
- 제품의 기능만이 제품 선택에 기준이 되었던 과거와는 달리 현대의 소비자들은 제품의 색채와 디자인까지 고려하여 제품을 선택하기 때문이다.
- 역할 : 독창적 색채(예 코카콜라-빨강&물결무늬, 맥도날드-노랑&M 심볼, 애플사-일곱빛깔 무지개&사과)로 신뢰감을 주고 차별적 우위를 선점한다.
- 조건 : 시대 흐름에 따라 시장세분화와 고객 욕구를 충족시킬 수 있어야 하며 어디서나 인식이 잘 되고 단순 명료해야 한다(가독성).

③ 기업 이미지 통합 전략(CIP/CI) 빈출 14회

- 정의 : 통일된 기업 이미지, 기업문화, 미래의 모습과 전략 등을 일컫는 용어로 CIP 혹은 CI라고 표현한다.
- CI의 3대 기본 요소 : 심리 통일(경영 이념, 기업 철학), 시각 이미지 통일(심벌마크, 로고, 전용 색상), 행동 양식 통일(서비스 태도, 행동 양식)이다.
- CI의 시각적 요소 : 심볼 마크, 심볼 컬러, 로고 타입, 시그니처 등으로 구성된다.
- 기대 효과

대외적	타기업과 식별력 강화, 기업 이미지 통일, 잠재 고객 확보, 경쟁 우위 확보
대내적	경영 이념 확립, 애사심 고취, 업무 능률 향상, 행동 양식의 통일

▲ '코카콜라'사의 브랜드 아이덴티티

▲ 기업의 브랜드 아이덴티티

④ 브랜드 관리 과정 4단계 ^{빈출 4회}

1단계	브랜드 설정 및 인지도 향상(브랜드 아이덴티티 전략, 차별화 전략)
2단계	브랜드 이미지 구축(포지셔닝)
3단계	브랜드 충성도 확립(로열티)
4단계	브랜드 파워(이익 증대 및 보너스)

02 시장세분화, 타겟팅, 포지셔닝(STP)

- 시장세분화(Segmentation), 표적시장선정(Targeting), 포지셔닝(Positioning)의 단계적 전략이다.
- 시장세분화는 하나의 시장을 비교적 유사하고 동질적인 집단으로 구분하는 과정으로 시장 수요의 변화를 빠르게 대처할 수 있는 이점이 있다.
- 표적시장은 소비자의 욕구를 충족시키며 기업에 최대의 이익을 가져다줄 수 있는 시장을 말한다.
- 포지셔닝은 소비자에게 인식되는 제품의 이미지를 결정하는 의미로 차별화 전략과 동일한 개념으로 쓰이기도 한다.

1) 시장세분화(Segmentation)

① 정의 및 조건 ^{빈출 8회}

정의	• 전체 시장을 일정한 기준(동질적 특성)에 따라 나누어 차별화된 전략으로 소비자의 욕구를 충족시키는 마케팅 전략 • 상이한 제품을 필요로 하는 독특한 구매 집단으로 분할하는 방법이며 소비자의 수요층을 일정 기준에 따라 분할하는 마케팅 전략	
조건	측정 가능성	시장 규모와 구매력을 수치화·계량화할 수 있어야 함
	접근 가능성	유통 경로를 통해 소비자에게 도달할 수 있어야 함
	실행 가능성	마케팅 프로그램을 실제 실행할 수 있을 만큼 시장 규모가 적정해야 함

② 시장세분화의 이점 ^{빈출 7회}

- 시장의 기회를 쉽게 발견할 수 있다.
- 마케팅 믹스를 효과적으로 조합하여 경쟁 우위를 차지할 수 있다.
- 시장 변화에 신속하고 능동적으로 대응할 수 있다.

③ 시장세분화 기준 변수 ^{빈출 24회}

세분화 기준	분류 내용
지리적 변수	지역, 도시규모, 기후, 인구밀도, 시골, 지형적 특성 등
인구학적 변수	연령, 성별, 가족 수, 결혼유무, 소득, 직업, 교육수준, 종교, 가족규모, 주택 소유 여부 등

심리적 욕구 변수	사회계층, 라이프 스타일, 개성, 성격 등
행동 분석적 변수	구매동기, 브랜드 충성도, 사용 경험(빈도), 경제성, 품질, 상품 호감도, 추구 편익, 구매 준비 등

④ **시장세분화 전략 방법** 빈출 2회

시장세분화 전략은 하위문화의 소비 시장 분석, 선호 제품에 대한 탐색, 선호 집단에 대한 분석이 이루어져야 한다.

대량 마케팅 (Mass Marketing)	• 시장세분화를 하지 않고 전체 시장에 대해 한 가지 마케팅 믹스만 제공하는 것 • 대량 생산, 대량 유통, 대량 판매를 통해 생산, 유통, 광고, 재고 관리 등 비용 절감 가능
제품 마케팅 (Product Marketing)	• 제품의 품질, 서비스, 구매자 중심의 시장, 상호만족 추구 • 고객 성향에 맞춰 제품의 다양성을 추구하므로 다양화 마케팅이라고 부르기도 함
표적 마케팅 (Target Marketing) 빈출 12회	소품종 대량 생산에서 다품종 소량 생산 체제로 시장 환경이 변화하면서 가장 각광받고 있는 전략

⑤ 시장세분화 전략 방법의 과정

1단계 : 시장세분화(Segmentation)	세분화된 시장 중에서 수요층별로 분할하여 집중 마케팅을 하는 것
2단계 : 시장표적화(Targeting) 빈출 1회	여러 세분화된 시장 중에서 기업이 특정한 하나 또는 그 이상의 세분화된 시장을 선정하는 과정
3단계 : 시장의 위치 선정 (Positioning)	타사 제품과 차별화할 수 있는 마케팅 믹스를 개발하는 단계

2) 타게팅(Targeting) : 표적 시장 선정

① 타게팅의 의미

• 시장세분화를 통해 구분된 세분 시장 중에서 기업이 집중적으로 공략할 가장 매력적인 시장을 선택하는 과정이다.
• 기업의 자원은 한정되어 있으므로 모든 시장을 공략할 수 없으므로 선택과 집중을 통해 효율성을 극대화해야 한다.

② 세분 시장 평가 기준

시장의 매력도	시장 규모 및 성장률, 수익성, 경쟁 강도 등을 평가
자사 적합성	기업의 목표 및 자원, 경쟁 우위 등을 평가
시장 접근성	유통 채널 확보 가능성, 마케팅 커뮤니케이션 용이성 등을 평가

③ 타게팅 전략

비차별화 마케팅 (Undifferentiated Marketing)	• 전체 시장을 하나의 큰 시장으로 보고 단일 마케팅 믹스를 적용하는 전략 • 소비자들의 공통된 욕구에 초점을 맞추며 대량 생산 및 유통을 통한 원가 절감 효과가 있음 • 예 코카콜라(초창기), 생수
차별화 마케팅 (Differentiated Marketing)	• 두 개 이상의 세분 시장을 표적 시장으로 선정하고, 각 시장에 맞는 별도의 마케팅 믹스를 개발하는 전략 • 다양한 소비자의 욕구를 충족시켜 매출 증대를 기대할 수 있지만 마케팅 비용 증가 • 예 현대자동차, 화장품
집중화 마케팅 (Concentrated Marketing)	• 자원이 부족한 기업이 하나의 세분 시장에 집중하여 전문화된 마케팅 활동을 펼치는 전략 • 틈새시장(Niche Market) 공략에 효과적이지만 시장 환경 변화 시 위험 부담이 큼 • 예 포르쉐, 왼손잡이 전문점

3) 포지셔닝(Positioning)

① 정의 및 목적

- 소비자 마음속에 자사 제품이 경쟁 제품과 비교하여 우위의 위치(Position)를 차지하도록 각인시키는 과정이다.
- "이 제품 하면 이것!"이라는 이미지를 심어주는 차별화 전략이다.

② 포지셔닝 과정 4단계

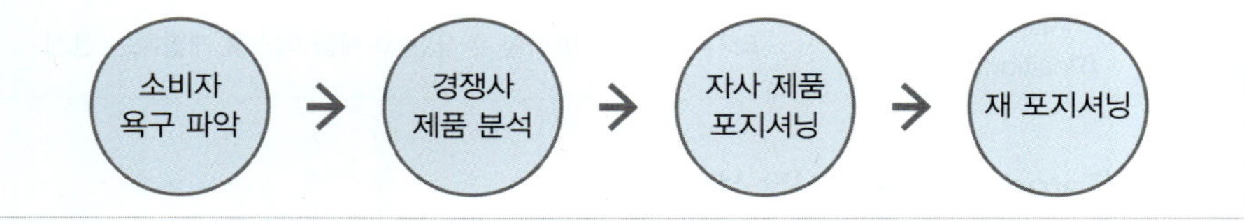

1단계	경쟁우위 지점 발견(차별화 요소 탐색)
2단계	경쟁우위 지점 선정(가장 강력한 경쟁력 선택)
3단계	경쟁우위 지점의 전달(마케팅을 통해 소비자에게 인식)
4단계	재 포지셔닝(반응을 점검하고 수정)

③ 포지셔닝의 종류(경쟁 위치에 따른 분류)
- 시장 리더형 : 이미 우위를 점하고 있어 현상 유지를 목표로 한다.
- 추적자형 : 선두 기업을 뒤따르며 유사한 전략으로 2위 시장을 유지한다.
- 경쟁자형 : 리더와 경쟁하며 지속적으로 성능과 디자인을 지속적으로 개선하여 리더의 포지셔닝을 혼란스럽게 한다.

④ 포지셔닝을 통한 차별화

상품의 차별화	상품의 디자인, 색채, 품질, 성능, 내구성, 스타일 등을 경쟁사와 차별화
서비스 차별화	서비스의 질적인 향상은 물론, 다양하고 신속하며, 정확하게 제공함으로써 경쟁사 서비스와 차별화
판매원의 차별화	판매원의 서비스 태도에서 느껴지는 인상을 통해서 경쟁사와 차별화
이미지의 차별화	홍보, CI, 판매환경, 판매원의 유니폼 등에서 상품 이미지를 차별화

03 색채 선호도 조사 방법

1) 서베이(Survey) 조사

① 서베이(Survey)의 개념과 특징
- 정의 : 사람들의 의견, 태도 및 행동 등을 알아볼 목적으로 전체 모집단에서 과학적으로 표본을 추출하여 조사하는 방법이다. 설문지를 이용해 직접 만나거나 전화로 면접하므로 흔히 '설문지 면접조사'라고도 한다.
- 장점 : 비교적 관리가 간단하고 자료의 처리 및 분석이 용이하다는 장점 때문에 가장 널리 이용되는 조사 방법이다.
- 유의사항 : 응답자가 설문 내용을 명확히 이해하지 못했거나 무성의한 태도로 응답했다면, 조사자가 원하는 정확한 결과를 얻지 못할 수도 있다는 점에 유의해야 한다.

② 서베이 실시 순서

> 조사 기획 → 설문지 작성 → 실사 준비 → 면접 시행 → 설문지 에디팅 및 검증 →
> 코딩 및 데이터엔터링 → 컴퓨터 통계 분석 → 결과 해석(및 연구논문 작성)

2) 설문지 작성의 핵심 팁

검토 필수	초안 작성 후 팀별 검토를 통해 부적합한 용어나 순서 수정
시각적 강조	중요한 단어에는 밑줄이나 굵은 글씨를 사용하여 정확한 응답 유도
폐쇄형 질문 설계	응답자가 선택할 수 있는 모든 가능한 경우의 수를 예상하여 보기를 신중하게 구성

04 색채의 기능(안전과 색채, 색채 치료)

1) 색채의 기능과 조절

① 색채 조절(Color Conditioning) 빈출 14회

정의	• 1930년대 미국 듀폰(Dupont)사에서 처음 사용한 용어 • 색채의 심리적 · 생리적 · 물리적 효과를 활용해 쾌적하고 효율적인 공간과 최적의 생활환경을 조성
특징	• 심리학 · 생리학 · 조명학 · 미학을 바탕으로 색채를 과학적으로 선택해 계획적으로 활용하는 것 • 단순히 미적 효과(조형적 아름다움)나 광고 효과를 위한 감각적인 장식 배색과는 구별됨 • 개인의 취향이 아닌 객관적이고 합리적인 색채 선택이 필요함
기대 효과 빈출 12회	• 조명의 효율을 높여줌 • 과학적인 색채계획으로 자연스럽게 일할 기분을 조성하여 작업 의욕을 고취시킴 • 눈의 피로 등 신체의 피로를 막아줌 • 주의력과 집중력을 향상시켜 일의 능률을 높임 • 안전색채를 사용함으로써 안전이 유지되며 사고와 재해가 줄어듦 • 정리정돈과 질서 있는 분위기 연출

2) 색채계획(Color Planning)

① 개념 및 범위

• 색채 조절이 초기 단계라면, 색채계획은 설계자의 의도와 예술문화적인 측면이 포함된 확장되고 통합적인 색채 영역이다.
• 크게 환경색채와 안전색채로 구분된다.

② 환경색채

• 도시의 형태, 거주자 특성, 인문적 · 물리적 환경을 반영한 종합적인 계획이다.
• 주변 자연색을 실측하여 팔레트를 제작하고, 이를 기준으로 상징색과 친화색을 선정하여 조화롭게 적용한다.

③ 안전색채(Safety Color) 빈출 4회

• 안전 및 건강에 영향을 미치는 대상물과 장소에 신속하게 주의를 환기하고 긴급 사태에 대응하기 위한 색이다.
• 국제적인 교류 증가로 인해 안전색채의 표준화가 매우 중요해졌다.

④ 안전색채의 관련 규정

• 한국산업규격 KS A–3501 「안전색 및 안전표지」, KS A–3502 「안전색–일반적 사항」, KS A–3510 「안전표지–일반적 사항」에서 규정하고 있다.
• 산업안전보건법 제12조 : 재해 방지 대책의 보조 수단으로 안전표지를 사용한다.
• 출입금지 · 금연 등의 금지 표기 8종류, 인화성 물질 · 독극물 경고 등의 경고 표지 15종류, 보안경 착용 · 안전모 착용 등의 지시 표지 9종류, 녹십자 표지 · 비상구 등의 안내 표지 7종류가 있다.
• 한국산업규격(KS A 3501) : 안전색 및 안전표지에 관한 사항을 규정하며 빨강, 주황, 노랑, 초록, 파랑, 보라, 하양, 검정의 8가지 색을 지정하고 있다. 빈출 8회

⑤ 안전표지(Safety Sign)

- 색과 모양의 조합으로 일반적인 안전 내용을 전달하고, 그림 기호 및 문자를 부가하여 특정한 내용을 전달한다.
- 금지, 경고, 지시, 안내 등으로 구분된다.
- KS A 3501 안전색의 의미와 사용

안전색	먼셀 기호	의미/목적	사용 보기
빨강	7.5R 4/14	방화, 금지, 정지 고도 위험	• 소화기, 화재 경보기, 방화 표지 • 출입금지, 금연 표지 • 긴급 정지 버튼, 정지 신호기 • 화약/발파 경고표
주황	2.5YR 6/14	위험 항해 · 항공 보안	• 기계의 위험 부위(기어 옆면, 커버 안쪽) • 스위치 박스 뚜껑 안쪽 • 고압선 경고, 위험 표지 • 구명보트, 구명조끼(눈에 잘 띄게 함)
노랑	2.5Y 8/14	주의	• 충돌, 추락, 넘어짐 주의(턱, 기둥) • 크레인, 공사장 안전모 • 검정과 배색하여 명시도를 높임(도로 표지)
초록	2.5G 4/10	안전, 피난 위생, 구호	• 비상구, 피난 유도등, 대피소 • 구급상자, 위생 지도 표지 • 안전 통로, 진행 신호
파랑	2.5PB 3.5/10	지시, 의무 조심	• 특정 행동을 지시(보호구 착용, 안전모 착용) • 수리 중 표지(건드리지 마시오) • 운전 휴게장소 • 스위치 박스 바깥면
보라	2.5P 4/10	방사능	• 방사능 물질 경고 • X-ray실, 원자력 시설 경고문
하양	N 9.5	보조색	• 통로 표시(차선 등) • 청결 및 정돈이 필요한 장소 • 파랑, 초록, 빨강의 보조색
검정	N 1.5	보조색	노랑, 하양, 주황을 돋보이게 하는 문자, 화살표

3) 색채 치료(Color Therapy)

① 정의 및 원리 빈출 4회

- 색채가 가진 고유한 파장과 에너지를 이용하여 환자에게 물리적 · 정신적 영향을 주어 건강을 호전시키는 보완 치료법이다.
- 질병을 국소적으로 보지 않고 전체적인 자연 치유력과 면역력을 높이는 데 목적이 있다.

난색(빨강 등)	교감신경 자극 → 심장 박동/맥박 증가 → 활동성 부여
한색(파랑 등)	부교감신경 자극 → 심장 박동 감소 → 심신 안정/차분함

▲ 안전표지

선생님의 노하우

색채의 적용

- 빨강 – 위험, 금지 표지판
- 초록 – 친환경적 디자인, 안전
- 노랑 – 위험경고, 주의 표지

▲ 금지 표지

▲ 의무 행동 표지

▲ 방사능 표지

▲ 안전 표지

▲ 위험 표지

▲ 주의 표지

선생님의 노하우

빨강 vs 주황 구분

- 빨강(금지/정지) : "절대 하면 안 됨", "지금 당장 멈춰야 함", "위험 표지판"
- 주황(위험) : "기계 안쪽에 손 넣지 마시오", "바다에서 구조 요청(눈에 띄어야 함)"
- 특히 구명보트, 구명조끼는 빨강이 아니라 주황이라는 점을 꼭 기억하세요!

② **색채별 치료 효과** _{빈출 6회}

색상	색채 규정
빨강	근육계 영향, 혈액 순환 자극, 적혈구 강화, 혈압
주황	소화계 영향, 체액 분비, 성적 감각 자극, 식욕 증진
노랑	피로 회복, 신경계 강화, 맑은 정신
초록	신체적 균형, 교감 신경 계통 영향, 피로 회복, 해독
파랑	진정 효과, 호흡계, 정맥계 영향, 자율 신경계 조절 효과
청록	강장제, 면역 성분 강화, 눈의 피로 회복
남색	살균, 구토와 치통 완화
보라	불면증 치료, 신진대사의 균형, 두뇌와 신경계

4) 색채와 감성공학(Human Sensibility Ergonomics)

① 감성공학의 개요
- 인간의 감성을 정량적으로 측정·평가하여 제품이나 환경에 적용함으로써 삶을 쾌적하게 만드는 기술이다.
- 인간공학, 생리학, 심리학 등을 기반으로 한다.

② 색채 인간공학(Color Ergonomics)의 효과

인간공학적 색채 효과	내용
인지력 향상	대상의 구별을 명확히 하여 눈의 부담을 줄이고 실수를 방지
작업능률 향상	• 단조로움을 피하고 불필요한 자극을 줄여 집중력을 높임 • 조명도 중요한 역할을 함
기분 고조	• 작업 동기는 성공적 경험의 동반하에 상승됨 • 쾌적한 시각 환경을 통해 작업 동기를 부여하고 심리적 만족감을 줌
안전도 상승	안전색채의 사용으로 사고의 위험과 착오의 가능성을 경감시킴
질서 유지	작업과정, 저장, 운반 등에서 색채는 중요한 질서 요소
방향 설정	색을 통해 공간을 구분하거나 기계의 기능을 표시
피로 회복	에너지 충전적 색과 조명 환경은 피로 회복에 결정적으로 작용

1) 색채와 심리 ^{빈출 8회}

① 색채 경험의 주관성

색채는 객관적으로 동일해도 개인의 경험, 환경, 심리 상태에 따라 다르게 지각된다.

외적 판단 효과	온도감, 무게감, 크기감, 거리감 등
심미적 효과	조화, 선호도, 감정 유발 등

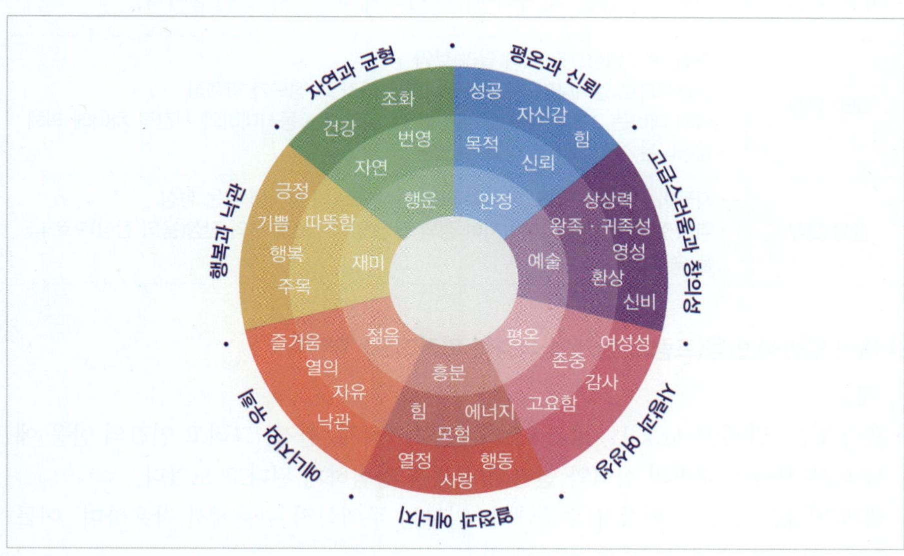

2) 주요 지각 현상

① 주관적 색채(Subjective Color)

- 물리적인 색 자극이 없어도 눈의 생리적 작용(깜빡임 등)에 의해 색을 느끼는 현상이다.
- 페흐너 효과(Fechner Effect)
  - 흑백 원판을 빠르게 회전시킬 때 파스텔 톤의 유채색이 보이는 현상이다.
  - 쉼 없이 자발적으로 움직이는 우리의 눈을 빠르게 회전하는 원판이 자극함으로써 주관적인 색채 경험을 일으키게 된다는 것이다. ^{빈출 2회}
  - 벤함의 팽이(Benham's Top) : 흑백 패턴이 그려진 팽이를 돌리면 회전 속도에 따라 다양한 색이 보인다.
  - 방송 주파수가 없는 TV 채널에서 연한 유채색이 보이는 현상을 경험하게 된다.

② 기억색(Memory Color) ^{빈출 6회}

- 대상의 표면색에 대해 무의식적 추론(과거 경험)을 통해 결정하는 색이다.
- 실제 색보다 더 채도가 높고 선명하게 기억하는 경향이 있다.
- '소비자가 기대하는 색(예) 바나나=샛노란색, 사과=새빨간색)'이므로 마케팅에서 실제 색보다 더 선명하게 패키지를 만드는 이유이다.

선생님의 노하우

베버 – 페흐너 법칙

자극의 물리적 강도는 기하급수적으로 증가해도, 우리가 느끼는 감각의 크기는 로그(log)적으로 증가한다는 법칙입니다. 기존 자극이 클수록 차이를 느끼기 위해서는 더 큰 변화가 필요하다는 뜻으로 예를 들어 어두운 곳에서는 작은 밝기 변화도 잘 느끼지만, 밝은 곳에서는 더 크게 변해야 차이를 느끼는 것과 같습니다. "감각의 크기=자극 강도의 로그에 비례한다."고 기억하세요.

▲ 기억색과 현상색

③ 현상색(Appearance Color)
• 조명이나 환경의 영향으로 실제 눈에 보이는 색이다.
• 예 조명 받은 바나나가 칙칙한 초록색이 가미된 노란색으로 보임

④ 색의 항상성(Color Constancy)
조명 조건이 바뀌어도 물체의 고유한 색이 변하지 않았다고 지각하는 성질이다.

⑤ 착시(Illusion) 빈출 6회
• 대상을 물리적 실제와 다르게 지각하는 현상이다.
• 대상의 물리적 조건이 동일할 때 누구나 경험하게 되는 지각 현상이다.

대비 현상	• 주위 색의 영향으로 색이 달라 보임 • 순간적으로 일어나며, 시간이 경과함에 따라 그 정도가 약해짐 • 색의 대비는 2개의 색을 동시에 볼 때 일어나는 동시대비와 시간적 차이에 의해 일어나는 계시 대비로 나눌 수 있음
잔상 현상	• 자극이 사라진 후에도 망막의 피로 현상으로 색 감각이 남는 현상 • 역시 짧은 시간에 이루어지며 정의 잔상(양의 잔상), 부의 잔상(음의 잔상)으로 나눌 수 있음

3) 색의 일반적 반응(프랭크 만케의 색경험 피라미드) 빈출 2회

① 개요
• 프랭크 H. 만케(Frank H. Mahnke)는 저서 『색채, 환경, 그리고 인간의 반응』에서 외부 자극이 내면의 심리와 연관되어 색을 경험하게 된다고 보았다.
• 색채 반응은 일부는 의식적 수준에서, 일부는 무의식적 수준에서 작용하며, 이를 6단계의 색경험 피라미드로 설명하였다.

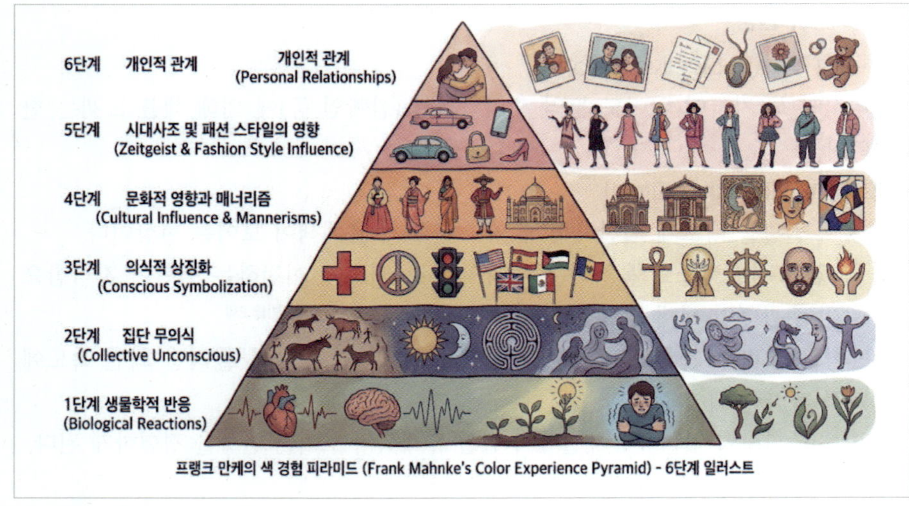

▲ 프랭크 만케의 색경험 피라미드

② 6단계의 색경험 피라미드

1단계 : 생물학적 반응 (Biological Reaction)	• 식물과 동물의 생명을 지속시켜 주기 위해 물려받은 진화의 산물 • 직접적인 빛의 영향은 눈과 피부를 통해 전달 • 예 식물은 열매가 익거나 성장할 때 색으로 알리고, 곤충이나 동물은 자기방어 수단으로 보호색, 위장색 등 활용
2단계 : 집단 무의식 (Collective Unconscious)	• 인류 체험의 기억들이 무의식에 기록된 것 • 경험을 통해 각인된 색채에 대한 기억이 유전적으로 내재되어 있는 초기 감정(원형적 반응)
3단계 : 의식적 상징화 (Conscious Symbolism & Association)	• 어떤 대상과 색을 연결해 상상하고 그것을 상징으로 표현하는 것(연상 작용) • 동일한 문화권을 가진 일정 지역 내에서 색의 연상을 이용한 디자인을 공유하게 되면 의식적 상징화가 일치되는 것을 발견할 수 있음 • 색채 연상은 지역적 · 인종적으로 특성화되기도 하여 문화나 건축 양식에 있어 공감대를 얻기도 함
4단계 : 문화적 영향과 매너리즘 (Cultural Influence & Mannerism)	• 특정한 단체나 문화권이 오랜 시간 경험을 통해 얻은 그들만의 독특한 문화와 조화를 이루는 특정색을 갖게 되는 단계 • 특정색이 상징화되는 것을 의미하며, 종교적인 상징색이나 전통적인 문화색 등이 이에 속함
5단계 : 시대사조 및 패션 스타일의 영향 (Influence of Trends & Fashion)	• 유행색은 우리가 직접 보고 느끼는, 가장 가까이 있는 색 • 시대가 변함에 따라 유행색과 선호하는 색채는 계속 변하기 때문에, 시대사조에 따른 색채의 변천 양상을 파악하면 역사적 연대를 추정할 수 있음
6단계 : 개인적 관계 (Personal Relationship)	• 개인적 취향이 우선되는 색으로, 객관적이기보다는 개인의 기호에 좌우됨 • 색채의 반응 중에서 가장 상위에 속하는 단계

4) 색채와 공감각(Synesthesia) ^{빈출 6회}

• 하나의 감각 자극(시각)이 다른 감각(청각, 미각, 후각, 촉각)을 동시에 불러일으키는 현상이다.
• 색채와 소리, 색채와 맛, 색채와 향기 등과 같은 뇌에서 일어나는 감각의 공유 현상이다.
• 예 핑크색을 보고 달콤한 딸기 우유를 떠올리거나, 라벤더꽃 사진을 보고 향긋한 향을 느끼는 것

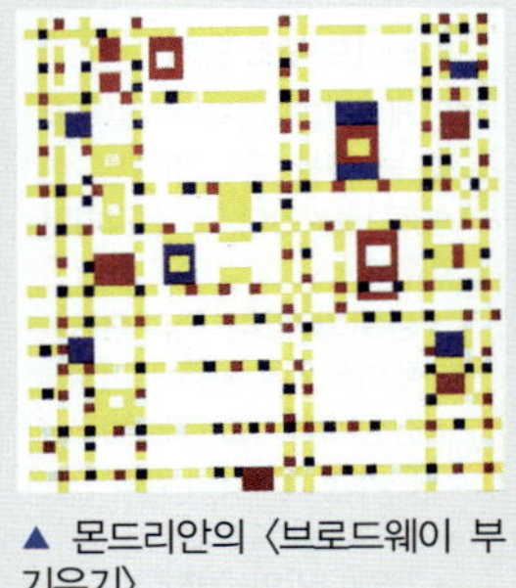
▲ 몬드리안의 〈브로드웨이 부기우기〉

① **색채와 청각** 빈출 10회

• **뉴턴** : 7가지 색을 7음계(도레미…)와 연결하여 '빨강–도, 주황–레, 노랑–미, 초록–파, 파랑–솔, 남색–라, 보라–시' 7가지 색을 7음계와 연계시켰다.

• **몬드리안** : 작품 〈브로드웨이 부기우기〉에서 색채로 재즈 리듬감을 표현하였으며 노랑, 빨강, 파랑, 밝은 회색을 사용하여 뉴욕의 브로드웨이가 전하는 생생하고 역동적인 움직임을 표현하여, 시각과 청각의 조화를 통한 색채 언어의 가능성을 시사해 주었다.

• **카스텔** : 색과 음악의 관계에 관한 연구에서 음계와 색을 연결하였으며 C는 청색, D는 초록, E는 노랑, G는 빨강, A는 보라 등으로 연계하였다.

• 일반적 연결

높은음	고명도 · 고채도의 선명한 색(노랑, 주황)
낮은음	저명도 · 저채도의 어두운 색(남색, 검정)
거친음	저명도 저채도의 한색과 어두운 무채색
부드러운 음	고명도 난색 계열
예리한 음	고채도 선명한 색
탁음	회색이 섞인 저채도의 탁한 색

② **색채와 시각** 빈출 8회

요하네스 이텐, 파버 비렌, 칸딘스키, 베버와 페흐너 등이 주장한 색과 도형의 대응
관계이다.

빨강	정사각형(무게감, 안정감, 견고함)
주황	직사각형(긴장감)
노랑	역삼각형(생명력이 강한, 명시도가 높은, 날카로움, 뾰족함)
초록	육각형(원만함)
파랑	원(유동성, 원만함)
보라	타원
하양	반원
회색	모래시계
검정	사다리꼴

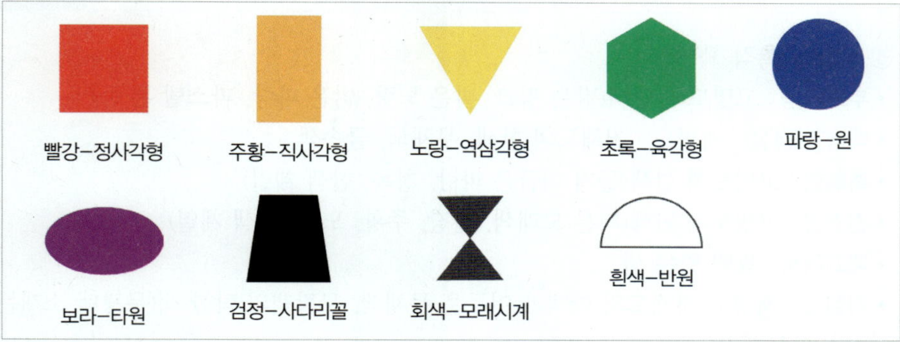

③ **색채와 미각** 빈출 9회

• 색은 식욕을 자극하여 식욕을 증진하거나 감퇴시키는 역할을 한다.
• 색에 따라서 맛을 느끼는 데 일반적으로 빨강, 오렌지색, 주황과 같은 난색 계열
  은 식욕을 돋우고 파랑과 같은 한색 계열은 식욕을 떨어뜨린다.
• 프랑스 색채 연구가인 모리스 데리베레(Maurice Deribere)가 맛에 대한 색채와
  관련된 설문조사를 실시한 결과는 아래과 같다.

단맛	빨강, 주황, 분홍(난색 계열)		
신맛	노랑, 연두		
쓴맛	올리브 그린, 갈색, 진한 초록		
짠맛	연한 파랑, 연한 초록, 하양, 회색		
매운맛	빨강, 주황, 자주		

④ **색채와 후각** 빈출 2회

- 색채는 직·간접적으로 후각을 자극해 냄새와 향기를 떠올리게 한다.
- 모리스 데리베레가 색과 향의 상관관계에 대해 설문조사한 결과는 아래와 같다.

향기로운 냄새	고명도·고채도의 순색(꽃색, 분홍)	
나쁜 냄새	저명도·저채도의 난색(탁한 노랑, 어두운 주황)	
톡 쏘는 냄새	주황색	
진한 냄새	코코아색, 포도주색	
민트향	초록색, 청록색	
플로랄(꽃)향	분홍 계열	
커피향	갈색 계열	
장뇌향	흰색, 밝은 노랑색	
머스크향	황금색, 붉은 갈색	
에테르향	흰색, 밝은 파란색	

⑤ **색채와 촉각** 빈출 6회

- 부드러움 : 고명도의 난색(밝은 핑크, 밝은 노랑, 밝은 파랑, 파스텔 톤 등)
- 딱딱함(경질) : 저명도·저채도의 한색, 무채색, 금속색
- 촉촉함 : 고명도의 한색(물기 머금은 파랑, 청록, 한색 계열)
- 건조함 : 고명도의 난색(마른 모래색, 빨강, 주황, 노랑, 난색 계열)
- 매끄러움 : 광택 있는 색
- 거칠음 : 저명도 저채도의 한색과 어두운 무채색, 무광택의 탁한 색(무광택 소재는 거칠게 느껴짐)

윤택감	진한 톤의 색
경질감	밝은회색, 한색계열의 회색 기미
조면감	어두운 회색 톤
유연감	따뜻하고 가벼운 톤
점착감	진한 중성 난색, 올리브 계통의 색

PART

02

색채디자인 전략

- 제2과목 '색채디자인 전략'은 머릿속의 추상적인 아이디어를 구체적인 '색채 언어'로 통역하는 흥미로운 과정입니다.
- 감성적으로만 느껴지는 색을 이론적으로 분석하고, 색채조화론과 이미지 스케일이라는 도구를 통해 '아름다움의 논리'를 세우는 법을 배웁니다.
- 기획된 콘셉트에 가장 적합한 색을 선정하고 배색하는 원리를 익혀, 누구에게나 공감을 얻는 세련된 디자인 전략을 깊이 있게 체득해 봅시다.

색채디자인 기획

빈출 태그 ▶ #색채포지셔닝 #IRI형용사이미지스케일 #SD법 #무드보드 #색채연상 #디자인영역별색채계획
#브레인스토밍 #빅터파파넥

KEYWORD 01 콘셉트 설정

01 콘셉트 도출 방법(아이디어 발상법)

1) 자유 연상법

① 브레인스토밍(Brainstorming Method) 빈출 4회
- 1941년 미국의 광고 회사 부사장 알렉스 오스본(Alex F. Osborn)이 개발한 아이디어 창출 기법이다.
- 10명 내외의 인원이 한곳에 모여 약 20~60분간 리더의 진행하에 개방적인 분위기에서 많은 아이디어를 제시하고 토의한다.
- 브레인스토밍 기본 4원칙

비판 금지(Support)	타인의 아이디어를 절대로 비판하지 않음
자유분방(Free Wheeling)	엉뚱하거나 비현실적인 아이디어도 환영
수량 추구(Quantity)	질보다는 양을 중시하여 최대한 많은 아이디어를 냄
결합 개선(Combination)	타인의 아이디어에 살을 붙이거나 결합하여 발전시킴

② 마인드맵(Mind Map)
- 1970년대 초 영국의 토니 부잔(Tony Buzan)이 개발한 시각적 사고 기법이다.
- '생각의 지도'라는 뜻으로, 핵심 단어를 중심으로 거미줄처럼 사고가 파생되고 확장되어 가는 과정을 시각화한다.
- 문자뿐만 아니라 그림, 색상, 기호 등을 활용하여 좌뇌와 우뇌를 동시에 사용한다.
- 복잡한 문제를 한눈에 파악하고 정리하는 데 유용한 '시각화된 브레인스토밍'이다.

2) 유추 및 강제 연상법

① 시네틱스(Synectics) 빈출 12회
- 1944년 윌리엄 고든(William Gordon)이 개발한 유추 발상법이다.
- 서로 관련이 없어 보이는 요소들을 결합하거나 합성하여 새로운 것을 도출한다.
- 문제를 보는 관점을 완전히 달리하여(낯선 것을 친숙하게, 친숙한 것을 낯설게) 연상되는 점과 관련성을 찾아 아이디어를 발상한다.

▲ 브레인스토밍

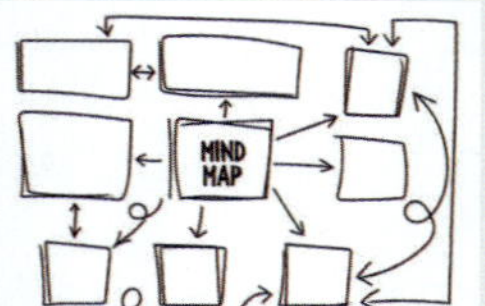
▲ 마인드맵

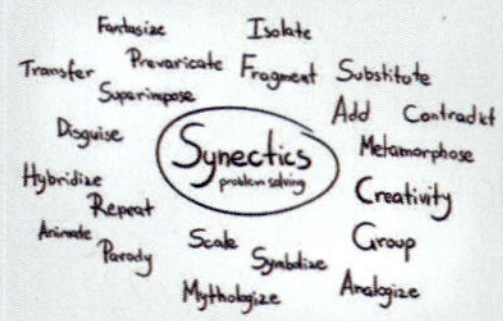
▲ 시네틱스

② NM법

- 일본의 나카야마 마사카즈가 고안한 기법으로, 대상과 비슷한 것을 찾아내어 그 것을 힌트로(유추) 새로운 아이디어를 생각하는 방법이다.
- 키워드와 직결되는 이미지를 도출하고 질문을 던져가며 콘셉트를 구체화한다.

③ 고든법(Gordon Method)

- 정의 : 미국의 윌리엄 고든이 고안했으며, 브레인스토밍과 달리 진짜 주제를 감추고 진행한다.
- 특징 : 무엇이 진짜 문제인지 모르는 상태에서 출발하며, 추상적인 테마만 제시하여 고정관념에서 벗어난 기발하고 참신한 아이디어를 유도한다.

3) 기타 발상법 ^{빈출 1회}

① 체크리스트법(Checklist Method)

- 문제를 해결해야 할 부분에 대하여 미리 정해진 질문 목록(체크리스트)을 하나씩 확인하며 아이디어를 구상한다.
- **예** 다른 용도는? 확대/축소하면? 반대로 하면? 결합하면?

② **결점 열거법** ^{빈출 2회}

제품의 단점이나 불만 사항을 나열하고, 이를 개선하는 과정에서 아이디어를 얻는다.

③ 스토리텔링(Storytelling)

단순히 색을 나열하는 것이 아니라 '왜 이 색이어야 하는가?'에 대한 당위성과 감성적 연결고리를 이야기로 풀어내어 디자인 콘셉트에 생명력을 불어넣는다.

④ 입출력법(Input–Output)

출발점(Input)과 도달점(Output)을 미리 정해놓고, 그 사이의 제한 조건을 두면서 해결책을 찾는 방법이다.

02 색채이미지 스케일의 이해

1) 색채심리와 이미지 스케일

① 색채심리

- 색채 현상 속에 숨겨진 인간의 행동이나 반응(기호, 연상, 상징 등)을 연구하는 학문이다.
- 개인적 기호, 집단 기호, 역사성, 지역성 등을 폭넓게 다룬다.

② 이미지 스케일(Image Scale)

- 정의 : 다양한 색이 가지는 감정 효과, 연상, 공감각 등을 분석하여 특정한 언어(형용사)로 객관화하여 구성한 이미지 공간(좌표)이다.
- 역할 : 감성 배색이나 색채계획 시 가장 기본적인 지식이 되며, 색에 대한 객관성과 정확성을 높인다. 또한 개인, 국가, 문화에 따라 다르게 나타날 수 있으므로 주제와 특성에 맞게 활용해야 한다.

2) 색채조사 분석 방법 – SD법

① SD법(Semantic Differential Method, 의미미분법)

- 오스굿(Osgood)이 고안한 가장 일반적인 색채 감성 측정법이다.
- 상반되는 형용사 쌍(예 좋다–나쁘다, 크다–작다, 빠르다–느리다)을 척도로 하여 평가한다.
- 3대 요인으로는 '평가(Evaluation), 역능(Potency), 활동(Activity)'이 있다.

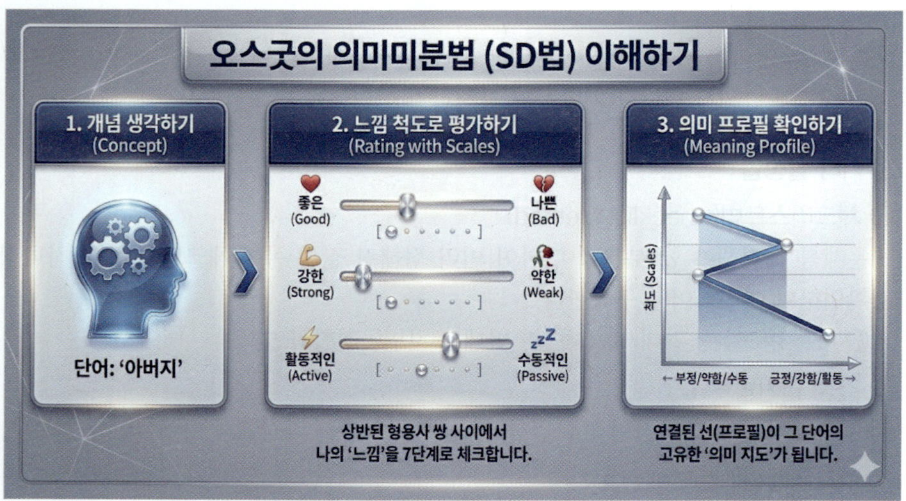

② I.R.I 색채 연구소의 이미지 스케일

한국인의 감성에 맞게 개발된 대표적인 스케일이다.

단색 이미지 스케일	단색이 주는 이미지를 형용사 공간에 배치한 것
배색 이미지 스케일	배색에 따른 이미지를 분류한 것
형용사 이미지 스케일	형용사 어휘를 척도(부드러운–딱딱한, 동적–정적)에 따라 배치한 것

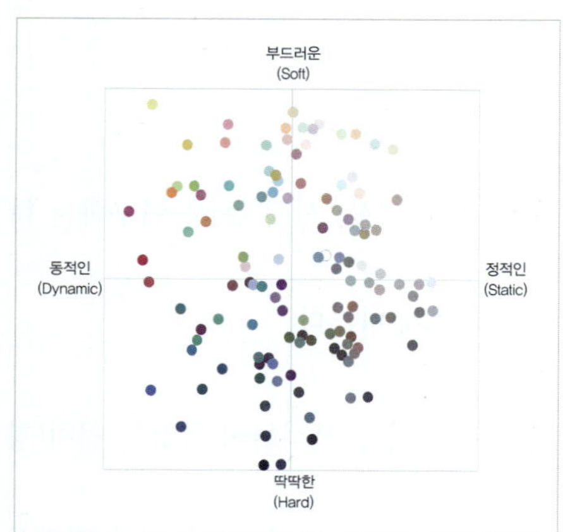

▲ I.R.I 단색 이미지 스케일

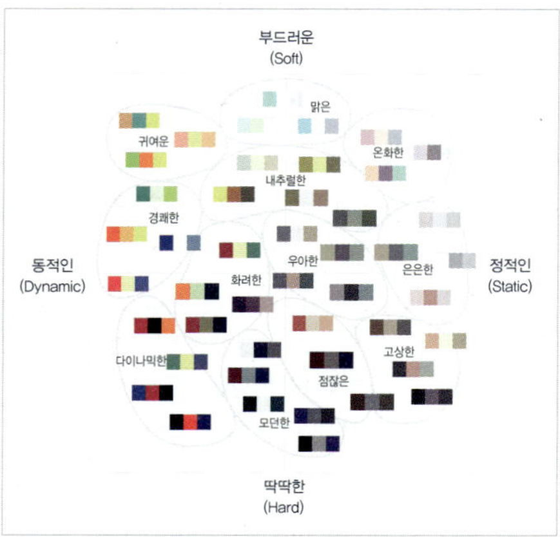

▲ I.R.I 배색 이미지 스케일

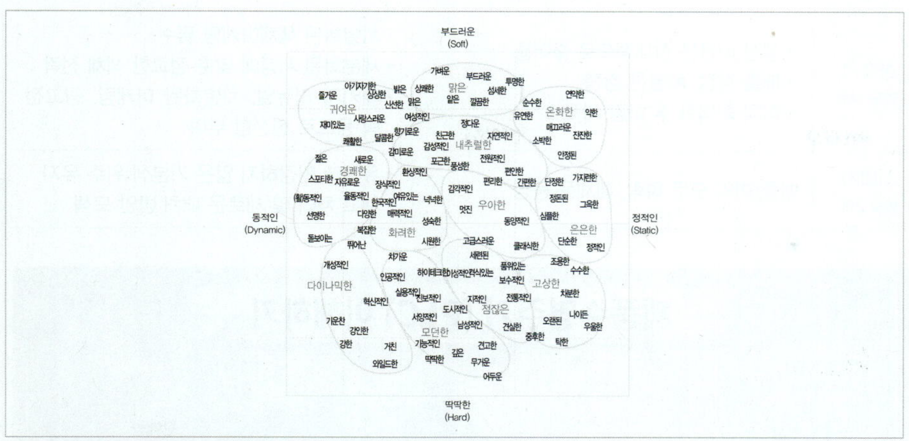

▲ 형용사 언어 이미지 스케일

03 색채이미지 포지셔닝 전략 · 기법

1) 색채 포지셔닝(Positioning)

① 정의 빈출 6회

- 제품이나 브랜드를 소비자 마음속에 유리하고 차별화된 위치에 자리 잡게 하는 전략적 과정이다.
- 소비자가 가진 제품의 인지도와 이미지를 타 상품과 차별화하는 것이다.
- 마케팅 전략 개발의 기준이 되며 특정 제품에 대한 구매 정도를 파악할 수 있으므로 시장에서 제품의 위치를 분석하고 선점하는 것은 매우 중요한 일이다.

② 실행 프로세스

- 현황 파악 : 자사와 경쟁사의 현재 색채 포지션을 파악한다.
- 전략 수립 : 소비자에게 경쟁사와 차별화되는 특정 색채를 브랜드 색채로 각인시킨다.

2) 제품 수명 주기(PLC)와 색채 전략 빈출 6회

- 제품 수명 주기는 하나의 제품이 시장에 도입되어 개발, 생산, 폐기되기까지의 과정을 말한다.
- 제품이 시장에 나와 폐기될 때까지의 4단계(도입-성장-성숙-쇠퇴)에 따라 색채 전략이 달라진다.
- 제품 수명 주기에 따른 특징 및 색채 전략

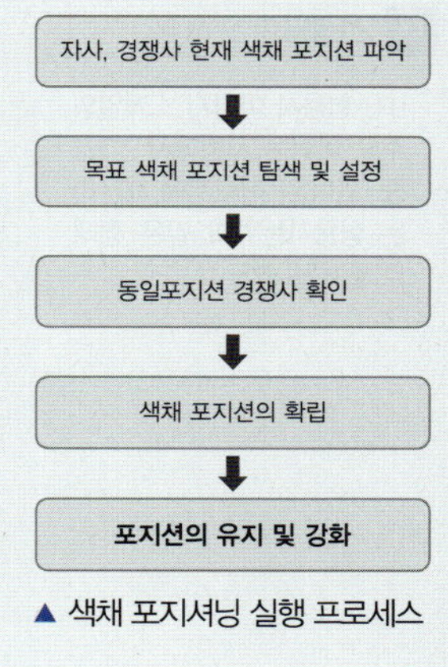

▲ 색채 포지셔닝 실행 프로세스

단계	시장 특징	색채 및 마케팅 전략
도입기	• 아이디어, 광고 홍보, 상품화 단계 • 신제품 출시, 낮은 인지도 • 수익성 낮음, 광고비 지출 큼	• 주목성 높은 색채로 시선 집중 • 강력한 브랜드 아이덴티티(BI) 확립
성장기 빈출 8회	• 제품 인지도, 매출/이익 급증, 경쟁자 출현 • 브랜드 우수성을 알리며 대형 시장 확대 시기	• 다양한 색채(Variation)도입 • 소비자 선호를 반영하여 컬러 라인업 확대

| 성숙기
빈출 14회 | • 생산 비용은 상대적으로 줄어듦
• 매출 정점, 치열한 경쟁
• 이익 최대화 후 하강 시작 | • 차별화된 색채마케팅 필수
• 세분화된 시장에 맞춘 정교한 색채 전략
• 패키지 리뉴얼, 차별화된 마케팅, 광고전략 등으로 신선함 부여 |
| 쇠퇴기
빈출 2회 | 매출/이익 모두 하락, 대체품 등장 | • 유행에 민감하지 않은 기본색 위주 유지
• 재고 처리 및 새로운 대처 방안 모색 |

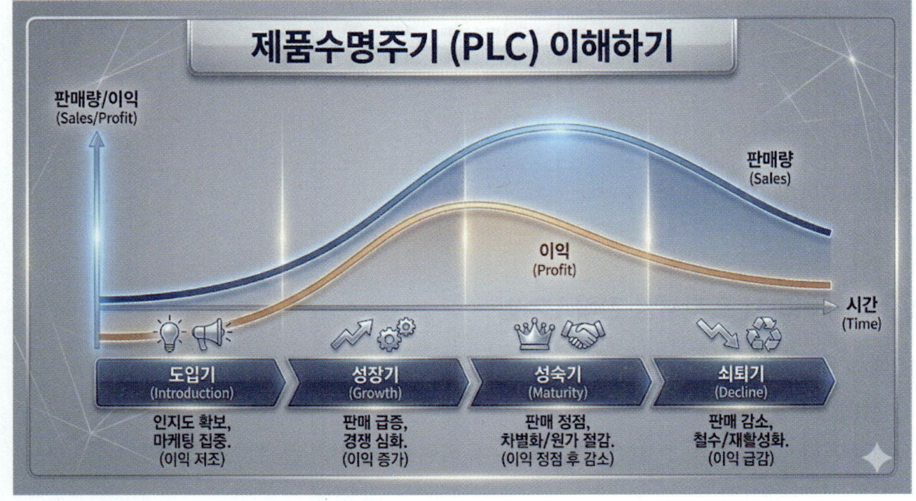

04 색채의 감성적 형용사 이미지 표현

1) I.R.I 형용사 이미지 스케일의 주요 어휘

색채 이미지 공간을 구성하는 대표적인 형용사 그룹이다.

형용사	I.R.I 형용사 관련 이미지 언어
귀여운	사랑스러운, 아기자기한, 달콤한, 향기로운, 싱싱한, 신선한, 쾌활한, 재미있는
맑은	부드러운, 가벼운, 깨끗한, 깔끔한, 투명한, 섬세한, 옅은
온화한	유연한, 안정된, 순수한, 잔잔한, 매끄러운, 약한
내추럴한	자연적인, 전원적인, 정다운, 친근한, 편안한, 감성적인
경쾌한	젊은, 자유로운, 율동적인, 선명한, 동적인, 스포티한, 발랄한, 유쾌한
화려한	매혹적인, 성숙한, 환상적인, 장식적인, 여유있는, 매력적인
우아한	세련된, 고급스러운, 감각적인, 기품있는, 멋진
은은한	그윽한, 정돈된, 심플한, 단아한, 정적인, 단정한, 가지런한
다이내믹한	역동적인, 혁신적인, 강인한, 강한, 기운찬, 와일드한
모던한	진보적인, 도시적인, 현대적인, 하이테크한, 실용적인, 인공적인, 기능적인, 견고한
점잖은	격식있는, 품위있는, 지적인, 세련된, 견실한, 전통적인, 이성적인
고상한	조용한, 수수한, 고전적인, 차분한, 오래된, 나이든

05 색채의 연상과 상징

1) 색채의 연상(Association) 빈출 14회

① 정의

- 색을 보았을 때 심리적 활동의 영향으로 그 색에 대한 특정한 현상이나 이미지가 나타나는 것을 말한다.
- 사람에 따라 좋아하는 색과 싫어하는 색이 있으며 성별적 요인, 연령별 요인, 지역적 요인, 시대적 요인, 개인적 요인의 영향 등이 색에 대한 고정관념의 주된 원인으로 작용한다.

② 색채 연상의 유형

구체적 연상	• 사물이나 자연 현상(예 빨강–사과, 불 / 파랑–바다, 하늘) • 어릴수록 구체적 연상에 강하며 유채색이 일반적으로 구체적 연상이 많고 채도가 높을수록 연상이 강함
추상적 연상	• 개념이나 감정(예 빨강–정열, 위험 / 파랑–평화, 우울) • 나이가 들수록 추상적, 사회적 연상이 발달하며 무채색이 일반적으로 추상적 연상이 많음

2) 색의 구체적 연상 VS 추상적 연상 빈출 16회

색상	구체적 연상(사물)	추상적 연상(이미지)	상징 및 특징
빨강	불, 피, 태양, 사과, 장미	정열, 사랑, 위험, 혁명, 분노, 활력	• 가장 자극적, 주목성 높음 • 난색의 대표(흥분, 식욕)
주황	오렌지, 감, 귤	에너지, 즐거움, 명랑, 약동, 친근함	• 사교적이고 활동적 • 식욕을 가장 돋우는 색
노랑	개나리, 병아리, 레몬, 금	희망, 유쾌, 광명, 주의, 경박함, 유아	• 가장 밝고 명시도가 높음 • 검정과 배색 시 경고 효과
초록	숲, 잔디, 산, 나뭇잎	평화, 안전, 휴식, 신선함, 성장, 질투	• 눈의 피로를 풀어줌 • 안전색채의 '안전/진행'
파랑	바다, 하늘, 물	냉정, 침착, 신뢰, 영원, 우울, 남성성	• 한색의 대표(진정 효과) • 기업 신뢰도(성공) 상징
보라	포도, 제비꽃, 가지	고귀, 신비, 우아, 예술, 불안, 창조	• 예술적 영감, 치유의 색 • 고대 왕실의 권위 상징
하양	눈, 구름, 솜, 종이	순수, 결백, 청결, 정직, 비움, 시작	• 빛과 위생의 상징 • 모든 색과 잘 어울림
검정	밤, 숯, 그림자, 까마귀	죽음, 공포, 권위, 고급, 모던, 허무	• 가장 무겁고, 수축하여 보임 • 현대적이고 세련된 느낌

① 빨강(Red)

- 의미 및 연상 : 생명의 색으로 활력, 흥분, 정열, 감동을 연상시키며 원기를 북돋아 주어 에너지의 색, 건강색이라고도 한다.
- 이미지 : 가장 따뜻한 느낌을 주지만 동시에 공포심, 무절제한 열정, 분노 등을 연상시킨다(예 자극적, 정열, 위험, 피, 저녁노을 등).

▲ 빨강(Red)

• 성격 : 빨강을 좋아하는 사람은 의욕적, 외향적, 적극적이며 호기심이 강하다.
• 배색 효과

분홍과 배색	순수함
보라와 배색	유혹적
검정과 배색	강하고 부정적, 공격적인 느낌

▲ 노랑(Yellow)

② **노랑(Yellow)** 빈출 2회
• 의미 및 연상 : 희망, 유쾌, 햇빛, 리듬감, 젊음, 행복, 경쾌함을 상징하며, 따뜻하고 생기 넘치는 태양의 이미지와 활동적인 어린아이를 연상시킨다.
• 성격 : 노랑을 좋아하는 사람은 대체로 외향적, 활기차며 유머 감각과 창의력이 뛰어나다.
• 특징 : 난색 계열(빨강, 주황, 노랑)은 감정을 흥분시키고 고양하는 효과가 있다.
• 구체적 연상 : 햇빛, 황금, 해바라기, 레몬, 자몽 등 봄날의 햇살 같은 에너지를 준다.

▲ 초록(Green)

③ **초록(Green)** 빈출 2회
• 의미 및 연상 : 봄의 새싹부터 늦여름 숲까지 자연의 색이며, 평온한 휴식, 평화, 상쾌, 희망, 안전, 지성, 소박함을 상징한다.
• 부정적 의미 : 이기심, 질투, 게으름을 대표하기도 하며, 무겁고 어두운 초록은 우울감과 허약함을 줄 수 있다.
• 구체적 연상 : 엽록소, 비상구, 안식, 건실함 등을 연상시킨다.

▲ 파랑(Blue)

④ **파랑(Blue)** 빈출 4회
• 의미 및 연상 : 물과 하늘의 색으로 맑고 순수하며 청량한 이미지를 주고, 젊음, 차가움, 명상, 성실, 영원, 신뢰, 보수성을 상징한다(12세기에는 성모마리아의 신성함을 상징).
• 심리적 효과 : 흥분한 마음을 진정시키고(안정), 삭막한 일상에서 도피처가 되거나 추억을 되살려준다.
• 성격 : 파랑을 좋아하는 사람은 내향적이며 감수성이 예민하다.

⑤ **보라(Purple)**
• 의미 및 연상 : 신의 색으로 영적인 것, 고귀함, 장중함, 신비를 나타내며, 창조, 우아, 고독, 예술, 신앙뿐만 아니라 공포, 추함, 위험 등 이중적 이미지를 갖는다.
• 심리적 특징 : 마음 깊은 곳의 억압된 감정과 연관되며, 보라를 좋아하는 사람은 감수성이 풍부하고 직관력이 뛰어난 예술가 기질이 많다.

▲ 보라(Purple)

• 배색 효과

은색과 배색	자유분방하고 인위적
주황과 배색	독창적, 파격적
검정과 배색	마술적인 느낌

⑥ 하양(White)

• 의미 및 연상 : 빛의 상징이자 낮과 밤을 구분하는 최초의 색으로 순수, 신성, 청초, 결백, 정직을 상징하며 타협을 허락하지 않는 기품이 있다.

• 배색 효과

한색(차가운 색)과 배색	이지적, 시원하고 상쾌함
난색(따뜻한 색)과 배색	활기차고 명랑함
금색/파랑과 배색	이상적, 고귀함
회색과 배색	객관적

▲ 하양(White)

• 패션 : 엘리트와 웨딩드레스의 순결함을 상징한다.

⑦ 검정(Black)

• 의미 및 연상 : 빛이 없음을 나타내며 모든 파장(분광)을 흡수한다. 가장 명도가 낮아 무겁고 엄숙하며 부정, 죄, 공포, 침묵, 죽음을 연상시킨다.

• 심리적 특징 : 우울증을 유발하거나 범죄 성향을 악화시킬 수 있다고 알려져 있고, 보수성을 뜻하여 성직자의 옷 색으로 쓰이기도 한다.

• 배색 효과

회색/파랑과 배색	각지고 단단한 느낌
은색/하양과 배색	우아한 느낌
금색/빨강과 배색	힘(Power)과 권위

• 무채색의 연상 언어

색상	연상 언어
하양	결백, 소박, 청순, 신성, 순결, 웨딩드레스, 청정
회색	소극적, 평범, 중립, 차분, 쓸쓸함, 안정, 스님
검은색	밤, 죽음, 공포, 침묵, 부패, 죄, 악마, 슬픔, 모던, 장엄함

• 유채색의 연상 언어

색상	순색	밝은 톤	어두운 톤
빨강	기쁨, 정열, 강열, 위험, 혁명	행복, 젊음, 온화, 순정	–
주황	화려함, 약동, 무질서, 명예	기쁨, 따뜻함, 명랑, 애정, 희망	가을, 풍요, 노후, 엄격, 중후, 칙칙함
노랑	황제, 환희, 발전, 노폐, 경박, 도전	미숙, 활발, 소년	신비, 풍요, 어두움, 음기
연두	생명, 사랑, 산뜻, 소박	초원, 신록, 목장	안정, 차분함, 자연적인
초록	희망, 휴식, 위안, 지성, 고독, 생명	평화, 희망, 명랑, 건강, 안정, 상쾌, 산뜻	침착, 우수, 숲, 바다, 산
파랑	희망, 이상, 진리, 냉정, 젊음	젊음, 하늘, 신(神), 상상, 평화	어둠, 근심, 고독, 쓸쓸함, 보수적

청보라	차가움, 영국왕실, 이해	장엄, 신비, 천국, 환상, 차가움	위엄, 숙연함, 불안, 공포, 고독, 신비
보라	고귀, 섬세함, 퇴폐, 권력, 도발	귀인, 고풍, 고귀, 우아, 그늘, 실망	–
자주	궁중, 왕관, 권력, 허영	도회적, 화려함, 사치, 섹시	신비, 중후, 견실, 고풍, 고뇌, 우수, 칙칙함

3) 색채의 상징(Symbolism) ^{빈출 8회}

① 정의

- 색채의 상징은 사회 · 종교 · 관습 등에서 정해진 색의 약속된 의미를 말하며, 기호적 특성을 가진다.
- 색은 감성을 표현하는 시각적 언어로서 메시지를 전달하는 역할을 한다.
- 동일한 색도 문화와 사회적 배경에 따라 의미가 달라질 수 있다.
- 디자인 분야에서 색채의 상징은 기업 및 제품의 이미지를 표현하는 효과적인 도구로 활용된다.

② 주요 상징

구분	상징
신분의 구분	• 염료가 발달하기 전까지 의상의 색으로 신분과 계급을 상징 • 왕족들은 권위를 상징하는 색으로 황금색이나 자주색의 옷을 즐겨 입음
방위의 표시	• 동양권에서는 방위를 색으로 표시하였는데 이를 오방색이라고 함 • 적(赤) : 남 / 청(靑) : 동 / 황(黃) : 중앙 / 백(白) : 서 / 흑(黑) : 북
지역의 구분	• 올림픽의 오륜기는 다섯 개의 대륙을 상징 • 파랑 : 유럽 / 검정 : 아프리카 / 빨강 : 아메리카 / 노랑 : 아시아 / 초록 : 오세아니아
종교의 상징	기독교 : 빨강, 파랑 / 천주교 : 하양, 검정 / 불교 : 황금색 / 이슬람교 : 초록
기업의 상징	기업의 통합 이미지 향상을 위하여 고유의 CI와 색채로 상징

KEYWORD 02　콘셉트 전개

01 디자인의 개요

1) 디자인 정의 및 목적

① 디자인 어원과 정의 ^{빈출 26회}

- 디자인의 어원

프랑스어	데생(Dessin) : '목적', '계획'을 의미함
라틴어	데시그나레(Designare) : '지시하다', '계획을 세우다', '스케치를 하다'를 의미함
이탈리아어	디세뇨(Disegno) : '계획', '밑그림', '데생'을 의미함

- 디자인의 정의
  - 계획, 설계를 통해 인간 생활의 목적에 맞고 실용적이면서 미적인 조형 활동을 계획하고 실현하는 과정 및 결과이다.
  - 사회적 가치와 효용적 가치를 고려해야 하는 사회적인 창조 활동이다.
  - 산업 시대 이후 근대사회가 형성시킨 개념으로, 생활의 문제를 해결하고 예술이자 커뮤니케이션의 수단이다.

② **디자인 목적** 빈출 28회

- 형태미(심미성)와 기능미(기능성)의 합일이다.
- 인간의 근본적인 삶을 더욱 윤택하고 편리하게 하며 아름다운 생활 환경을 창조하는 것이다.

루이스 설리번(Louis Sullivan)의 기능주의 빈출 12회	• "형태는 기능을 따름(Form follows function)." • 기능에 충실하고 기능이 만족스러울 때 저절로 형태가 아름답다는 뜻으로, 기능성을 강조한 미국 근대 건축가
빅터 파파넥(Victor Papanek)의 복합기능 빈출 19회	• "디자인은 가장 강력한 도구이며, 의미 있는 질서를 만드는 노력임" • 디자인의 사회적, 도덕적 책임을 강조하며 형태와 기능의 조화를 포괄하는 복합기능 6가지 설명

- 빅터 파파넥의 복합기능 6가지

기능	설명
방법(Method)	재료, 도구, 공정의 상호작용
용도(Use)	용도에 적합한 도구 사용("이것은 무엇에 쓰는가?")
필요성(Need)	경제적, 심리적, 정신적, 기술적 요구가 복합된 디자인
텔레시스(Telesis)	특수한 목적 달성을 위한 자연과 사회 변천의 의도적 이용(목적지향성)
연상(Association)	인간 마음속의 충동과 욕망, 기억과의 관계
미학(Aesthetics)	흥미와 감동을 유발하여 의미 있는 실체로 만드는 것

2) 디자인 방법 및 과정

① **디자인 프로세스(Design Process)** 빈출 8회

- 순서

> 계획(기획) → 조사 → 분석 → 전개(종합) → 결정(평가)

- 실행 흐름

> 아이디어 전개 → 도면 작성 → 렌더링 → 목업 제작

F 선생님의 노하우

시방서의 역할

시방서(Specifications)는 설계도면에 다 담을 수 없는 시공 방법, 재료 규격, 마감 수준 등을 문장으로 상세히 기술한 문서입니다. 설계도를 보완하는 역할을 합니다.

▲ 일러스트레이션

▲ 콜라주

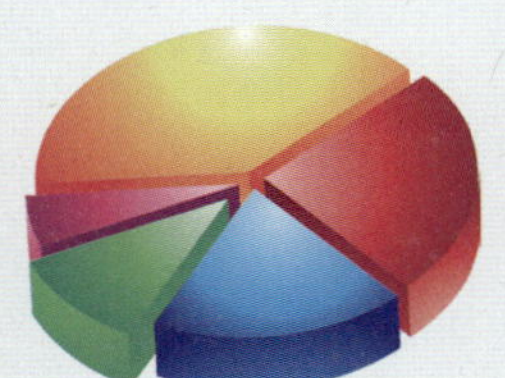
▲ 다이어그램

▲ 픽토그램

• 디자인 실행 5단계

단계	내용
① 욕구 과정(기획)	대상 기획, 시장조사, 소비자조사
② 조형 과정(디자인)	아이디어 시각화, 색채계획(주조/보조/강조색 결정)
③ 재료 과정	재질 검토, 단가 및 특성 시험(과학적/합리적 단계)
④ 기술 과정(생산)	시제품 제작, 품평회, 생산
⑤ 홍보 과정	광고, 홍보

3) 디자인 용어 및 기법

① 회화 및 표현 기법

• **일러스트레이션(Illustration)** 빈출 2회 : 내용을 명확히 전달하기 위한 삽화, 도표, 사진 등(목적 미술)을 말한다.
• **프로타주(Frottage)** 빈출 2회 : 탁본 기법에 속하며 바위나 나무 등 요철이 있는 표면을 문질러 질감을 얻는 기법이다.
• **콜라주(Collage)** : '풀칠하다'는 뜻으로, 인쇄물, 천, 모래 등 이질적인 재료를 붙여 구성하는 기법이다.
• **데칼코마니(Decalcomanie)** : 물감을 칠하고 접었다 펴서 우연한 대칭 무늬를 얻는 기법이다.
• **액션 페인팅(Action Painting)** : 물감을 뿌리거나 떨어뜨리는 즉흥적 행위 예술(잭슨 폴록)이다.

② 디자인 관련 용어

• **디자인 경영** 빈출 2회 : 디자인을 경영 자원으로 활용하여 생산성과 질적 수준을 높이는 지식 체계이다.
• **프레젠테이션(Presentation)** 빈출 4회 : 디자인 결과와 의도를 고객에게 이해시키고 설득하는 과정이다.
• **홀로그램(Hologram)** : 3차원 입체 영상(지폐 위조 방지 등에 사용)이다.
• **다이어그램(Diagram)** 빈출 2회 : 복잡한 관계나 구조, 과정을 기호와 선으로 도해한 설명 그림이다.
• **픽토그램(Pictogram)** 빈출 12회 : 국제적인 행사 등에서 언어를 초월하여 직감적으로 이해할 수 있게 만든 그림문자(비상구, 화장실)이다.

4) 굿 디자인(Good Design)

① 정의 및 배경 ^{빈출 28회}

- 정의 : 주어진 노력과 경비를 고려하여 최소의 경비로 최대의 효과를 얻을 수 있는 디자인으로, 전문성을 바탕으로 창의적이고 독창적인 디자인이어야 한다.
- 배경 : 제2차 세계대전 이후 대량 생산 제품의 품질 향상을 위해 만들어진 개념이다.
- 그레고르 파울손(Gregor Paulsson) : "제품의 선택이 곧 생활양식의 선택이다"라고 주장하며 굿 디자인 운동의 배경이 되었다.
- 제도 : 산업디자인진흥법에 의거하여 외관, 기능, 재료, 경제성 등을 심사하고 우수한 상품에 GD(Good Design) 마크를 부여한다.

② 굿 디자인의 4대 필수 조건 ^{빈출 10회}

요건	내용
합목적성(기능성)	• 디자인의 사용 목적에 부합해야 함(가장 기본적인 조건) • 실용적이고 기능적인 역할을 충실히 수행해야 함
심미성(조형성)	• 형태와 색채가 아름답고 미적 감동을 주어야 함 • 시대적 미의식과 개인의 주관적 취향이 반영됨
경제성	• 최소의 비용(재료, 노력)으로 최대의 효과를 얻어야 함 • 생산 단가, 유통 비용 등을 고려한 합리적인 가격이어야 함
독창성	• 기존의 것과 차별화되는 창의적이고 개성 있는 디자인이어야 함 • 모방이 아닌 새로운 가치를 창출해야 함

02 디자인 영역별 색채계획의 특징

1) 색채계획의 목적과 정의

① 색채계획(Color Planning)의 정의 ^{빈출 4회}

색에 기초를 둔 디자인 행위를 말하며, 단순히 색을 칠하는 것이 아니라 실용성(기능)과 심미성(아름다움)을 바탕으로 디자인 요소를 고려하여 최적의 배색 효과를 얻도록 치밀하게 계획하는 것을 의미한다.

② 색채계획의 역사와 발전 ^{빈출 2회}

태동	1950년대 미국에서 시작
배경	과학 기술 발전과 생산 방식의 공업화로 인해 색채의 생리적 효과를 활용한 색채 조절(Color Conditioning) 개념이 주목받기 시작함
발전	인공 착색 재료와 기술이 발달하여 소재나 제품에 자유로운 색채 표현이 가능해지면서 본격적인 색채계획이 발달하게 됨

③ 색채계획의 주요 효과 ^{빈출 14회}

색채계획을 잘 수립하면 다음과 같은 다각적인 효과를 얻을 수 있다.

마케팅 측면	제품의 차별화, 제품 이미지 및 가치 상승
환경 측면	주변 환경과 조화로운 도시 경관 조성, 지역 특성에 맞는 통합 계획으로 이미지 향상
인간 공학 측면	심리적 쾌적성 증진, 작업 능률 향상, 피로도 경감
안전 및 경제 측면	안전색채 사용으로 사고나 재해 감소, 유지 관리 비용 절감

④ 색채계획의 고려 사항 ^{빈출 2회}

시장성	철저한 시장조사를 통해 포지셔닝(Positioning)을 설정하고, 고객에게 강력하고 우호적인 인상을 심어야 함
환경성	대상과 관찰자 사이의 거리감, 대상의 움직임 유무, 개인용인지 공동 사용인지에 따른 공공성의 정도를 반드시 검토해야 함

2) 색채계획의 일반적 과정(4단계 프로세스 흐름) ^{빈출 8회}

① 색채 시장 조사 및 환경 분석	• 색채의 목적 설정, 시장 조사, 자료 수집 • 색채 변별 능력 및 조사 능력, 자료 수집 능력 필요
② 색채심리 분석	• 색채 구성 및 심리 조사 • 색채 구성 능력과 심리 조사 능력 필요
③ 색채 전달 계획	• 컬러 이미지 계획, 컨설팅 • 컬러 이미지 계획 능력과 컬러 컨설턴트의 능력
④ 색채디자인 적용	• 색채 규격 설정, 매뉴얼 작성, 디자인 적용 • 정확한 디렉션 능력 필요

3) 환경 디자인(Environmental Design)

① 환경 디자인의 개념 ^{빈출 2회}

- 인간을 둘러싼 복합적인 환경 전반(사적 공간~공적 공간)을 쾌적하게 창출하는 디자인이다.
- 최근에는 자원 절약과 재사용을 고려한 에콜로지컬(Ecological) 디자인으로 발전하고 있다.

② 색채계획 시 고려사항

공공성	개인의 취향보다 사회 공동체의 편리성, 경제성, 안전성 우선
조화성	주변 자연환경(기후, 토양) 및 인공 요소와의 조화를 고려함
지속성	유행에 민감한 색보다는 4계절 변화에 적합하고 지속적인 유지가 가능한 색채 선택(사후 관리가 가장 중요) ^{빈출 6회}

③ 환경 디자인의 유형 ^{빈출 2회}

- 도시경관 디자인
  - 자연 요소(바다, 강, 산, 흙 등)와 인공 요소(콘크리트, 철재 등)를 종합적으로 파악하여 쾌적한 경관 이미지를 구현한다.

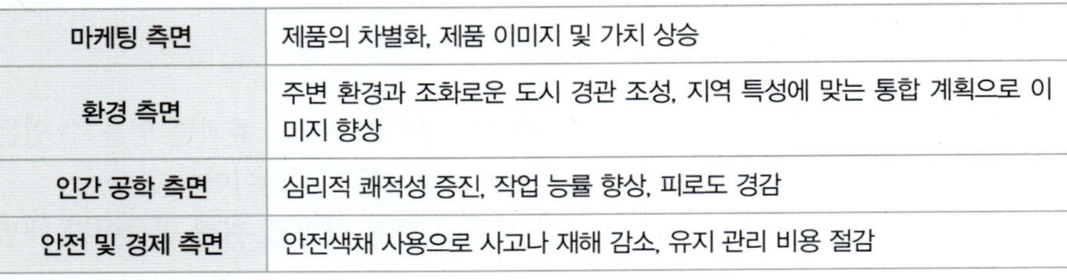
▲ 도시경관

– 경관 디자인을 통해 지역적 특성을 살릴 수 있으며, 경관은 시간적, 공간적 연속성으로 파악해야 한다.
– 원경(멀리), 중경(중간), 근경(가까이) 등 시거리에 따른 전체 환경과의 조화를 고려해야 한다. 빈출 4회

- 건축 디자인(Architecture Design) 빈출 12회

▲ 건축 디자인

정의	인간의 삶을 담는 공간으로, 쾌적하고 안전한 기능성과 함께 공간 자체가 하나의 예술품으로 인식되는 공간 예술
색채계획 시 고려사항	• 사용 조건의 적합성, 기능성, 조형성 • 주위 환경, 기후, 온도, 광선, 위치 등 주변 여건 • 공익성과 환경색(자연색)으로서의 배경적 역할

– 특징 : 한 번 건축되면 오랫동안 유지되므로 사후 관리가 매우 중요하다.
– 프로세스 빈출 2회

기획 → 기본계획 → 기본설계 → 실시설계 → 감리

- 조경 디자인(Landscape Design)

▲ 조경디자인

정의	넓은 의미의 도시경관 디자인
대상	도시 내 시설물, 보도, 광장 등 실외 디자인
목적	도시와 자연과의 균형을 지키는 데 필요

- 랜드마크(Landmark) 빈출 2회

정의	특정 지역이나 도시의 이미지를 식별할 수 있는 대표적인 건물 또는 시설
예시	산, 고층 빌딩, 타워, 역사적 기념물(남산타워, 숭례문 등)

▲ 랜드마크

4) 실내 디자인(Interior Design)

① 실내 디자인 색채계획 빈출 4회

- 개념 및 범위
  – 건물의 기능, 용도, 미의 조화가 이루어지도록 디자인하는 것이다.
  – 과거의 단순 장식 개념에서 벗어나 구조와 일치되는 내장(Interiors)의 의미를 지닌다.
  – 주거 환경뿐만 아니라 선박, 자동차, 항공기 등 운송기기 내부까지 영역이 확대되었다.
- 색채계획 3대 조건 빈출 2회

환경친화적 조건	건강에 해가 되지 않는 소재와 재료 선택
심리적 조건	색면의 비례, 심미성, 색의 다양성(쾌적성)
기능적 조건	적합한 조도, 휘도, 조명색(작업 효율)

② 실내 디자인 고려요소

- 공간별 성격 : 주거, 상업, 전시, 사무, 교육, 교통 공간 등 각각의 콘셉트에 맞게 디자인한다.
- **배색 원칙** 빈출 4회

| 안정감 | 천장(가볍고 밝게) → 벽 → 바닥(무겁고 어둡게) 순으로 명도를 낮춰 안정감을 줌 |
| 공간감 | 실내가 좁을 때 고명도의 한색(후퇴색)을 사용하여 벽이 뒤로 물러나는 듯한 느낌을 주어 넓어 보이게 함 |

③ 공간별 색채계획 적용 사례

- 공간별 색채 적용 가이드 빈출 12회

공간	적용 색채 및 기법	효과
식당	난색 계열(주황, 노랑)	식욕 촉진, 온화하고 즐거운 분위기
사무실	안정감 있는 색채, 벽면이나 가구 색채는 휘도 대비 최소화	눈의 피로 감소, 업무 능률 향상
병원(수술실)	청록색, 초록색	붉은 혈액의 보색 잔상 방지, 눈의 피로 완화
공장	안전색채(원색)	기계류의 위험 부위 표시, 주의 환기(사고 예방)
판매장	분산된 다중 광원	강렬한 단일 광원보다 부드러운 분위기 연출
교도소	파랑, 초록, 베이지, 크림색	심리적 안정 유도, 분열적 행동 억제

5) 패션 디자인(Fashion Design)

① **패션 디자인 색채계획의 개념 및 특징** 빈출 4회

- 패션은 일정 기간 다수의 사람에게 수용되는 지배적인 스타일을 의미한다.
- 사회·문화적 영향과 소비자 욕구에 따라 항상 변화하므로 제품 수명 주기가 가장 짧은 품목이다.
- 디자인 **요소와 원리** 빈출 8회

요소	선, 색채, 재질, 디테일(세부장식), 실루엣(윤곽선)	
	균형(무게감)	디자인 요소들의 시각적 무게감으로 이루어짐
	강조(시선 집중)	보는 사람의 시선을 끄는 흥미로운 부분이 있을 때 느껴짐
원리	비례(상대적 크기)	디자인 내에서 부분들 간의 상대적인 크기 관계
	리듬(율동감)	공통요소가 연속되어 만들어지는 율동감
	반복, 교차 등	

- 색채계획 수립 : 소비자의 라이프 스타일, 욕구, 유행색, 시장 분석, 성별과 연령대를 종합적으로 고려한다.

② **유행색(Trend Color)** ^{빈출 4회}

- 정의 : 일정 기간 주기적으로 반복되며 다수가 선호하는 색, 또는 기업이나 단체에서 예측하는 예상색이다.
- 예측 시스템(INTERCOLOR) : 1963년도에 설립된 국제유행색협회는 매년 2회 회의를 통해 2년(24개월) 후의 색채 방향(S/S, F/W)을 제안한다.
  - 진행 과정 : 인터컬러 제안(24개월 전) → 소재 전시회(12개월 전) → 박람회(6개월 전) → 시즌 판매로 마무리된다.
  - 따라서 예측 시점과 실제 착용 시기에는 시차가 존재하며 보통 2년 정도 앞서 유행색이 예측된다.
- 특징
  - 계절에 의한 영향이 가장 크며, 다른 분야에 비해 변화 속도가 빠르다.
  - 과거에서 현재까지의 유행색 사이클을 조사하며, 현재 시장에서 주요군을 이루고 있는 색과 각 색의 분포도를 조사한다.
  - 컬러 코디네이션을 통해 결정된 색과 함께 색의 이미지를 통일시킨다.

③ 패션 스타일에 따른 색채계획

- 주요 패션 스타일과 색채 특징 ^{빈출 8회}

스타일	특징	주요 색채
클래식(Classic)	시대를 초월한 고전적, 전통적, 보수적 스타일	다크 브라운, 다크 그린, 와인, 무채색(격조 높음)
페미닌(Feminine) 빈출 2회	단정하고 정숙한 여성스러움 강조	부드러운 파스텔 톤, 따뜻한 색상
로맨틱(Romantic) 빈출 2회	소녀 감성, 귀여움, 낭만적(리본/레이스)	분홍, 노랑, 연보라 등 달콤한 색
액티브/스포티브	활동적, 건강함, 편안함 강조(스포츠웨어)	비비드 톤, 컬러풀하고 경쾌한 원색
모던(Modern)	현대적, 도시적, 이지적, 단순함	무채색, 한색, 대비감이 강한 배색
소피스티케이티드 빈출 4회	어른스럽고 세련된 도시 전문직 여성의 지성과 교양	차분하고 지적인 톤(도시적 감각)
엘레강스(Elegance)	품위 있고 우아함, 균형 강조	페일 톤, 라이트 톤 등 우아한 색
아방가르드	기성 관념 거부, 실험적, 전위적 창조	검정, 강렬한 원색
샤넬 라인	• 프랑스 디자이너 샤넬이 디자인 • 무릎 아래 5~10cm 길이의 스커트	검정, 강렬한 원색

④ **패션 디자인의 변천사 및 특징** 빈출 4회

• 시대별 유행색과 스타일은 당시의 사회상을 반영하므로 흐름을 파악해야 한다.
• 20세기 패션 디자인 변천사 상세

연대	주요 특징 및 스타일	유행 색채
1900s	• 아르누보 영향(S라인 실루엣, 곡선미) • 여성적이고 환상적인 분위기	연한 파스텔 톤(밝고, 부드러운)
1910s	• 오리엔탈리즘, 아르데코 영향 • 직선형 실루엣, 로우 웨이스트	• 선명한 주황, 노랑, 청록(원색) • 전쟁 중에는 어두운 색 유행
1920s	• 합성염료 발달, 모더니즘 • 가르손느 룩(보이시), 짧은 스커트 • 소비와 쾌락주의적 스타일 유행	검정, 원색, 금속 광택
1930s	• 경제 대공황(현실 도피 심리) • 롱 앤 슬림(이브닝드레스), 지퍼 발명	청록색, 커피색(초기엔 흰색 유행)
1940s	• 제2차 세계대전(물자 부족) • 밀리터리 룩(군복) → 디올의 뉴룩(New Look)	• 엷고 흐린 색채, 차분한 색조 • 카키, 올리브(군복색) • 전후 : 분홍, 연한 파랑(여성미)
1950s	• 전쟁 후 복구와 안정, TV/영화 발달 • 나일론/스타킹 혁명	부드러운 파스텔 색조, 베이비핑크, 다양한 톤의 빨강
1960s	• 영 패션, 팝아트/옵아트, 비틀즈 • 미니스커트, 사회적 기술로서의 디자인	강렬한 원색, 사이키델릭, 형광색
1970s	• 석유 파동, 경기 침체 • 히피 문화, 청바지(진), 레이어드 룩, 에스닉(민족 의상)	• 내추럴 컬러(브라운, 크림) • 선명한 빨강 / 파랑(청바지)
1980s	• 이란과 이라크 전쟁, 에너지 파동, 세계 경제 침체 계속 • 앤드로지너스 룩(남성과 여성을 초월) • 일본 경제 성장 제패니즈 룩(해체주의)	• 무채색(검정, 하양) • 어두운 색채
1990s	• 미니멀리즘, 개성 중시, 에코 패션 • 힙합, 그런지 룩, 리사이클 패션	카키, 베이지, 회색, 검정
21C	다원화, 인터넷 발달, 패스트 패션	정의하기 어려운 다양한 유행 혼재

▲ 1900년대

▲ 1910년대

▲ 1920년대

▲ 1930년대

▲ 1940년대

▲ 1950년대

▲ 1960년대

▲ 1970년대

▲ 21세기

6) 미용디자인(Beauty Design)

① 미용디자인의 색채계획 수립 빈출 10회

- 인체의 아름다움을 표현하는 디자인으로, 대상의 특징을 분석하여 개인의 미적 요구와 시대적 유행을 반영한다.
- 미적 충족뿐만 아니라 보건 위생상의 안전과 기능성, 사회 활동의 도움 여부를 종합적으로 고려해야 한다.
- 범위 : 헤어스타일, 메이크업, 네일케어, 스킨케어, 퍼스널 컬러 등이 있다.
- 퍼스널 컬러의 중요성 : 외적 표현수단으로서 개인의 신체색(피부, 눈동자, 모발)을 분석하여 최상의 이미지를 연출하는 핵심 요소이다.

② 미용디자인의 프로세스(진행 4단계)

단계	내용
① 소재 분석	두상 형태, 피부톤, 눈동자 색, 모발의 굵기 및 색 등 신체적 특징 분석
② 구상	고객의 직업, TPO(시간/장소/상황), 선호색 등을 고려하여 디자인 결정
③ 실행	디자인을 실제 적용하며, 이 과정에서 안전과 위생 문제를 반드시 고려함
④ 보정	고객 만족도를 확인하고 부족한 부분 수정 및 보완

③ 헤어 염색 디자인 색채계획 빈출 2회

- 모발의 구조
  - 모발은 케라틴 단백질로 구성되며, 표피층(바깥), 피질층(중간), 수질층(안쪽)으로 나뉜다.
  - 피질층(Cortex) : 모발의 75%를 차지하며 수분과 멜라닌 색소가 존재한다. 염색 시 염모제가 침투하여 발색되는 핵심 부위이다.
- 멜라닌 색소의 종류 : 사람의 피부와 모발 색을 결정하는 멜라닌은 크게 두 가지로 구분된다.
- 유멜라닌과 페오멜라닌의 비교

구분	유멜라닌(Eumelanin)	페오멜라닌(Pheomelanin)
색상	흑갈색, 검정색(어두운색)	황적색, 밝은색(옅은 색)
형태	입자형(과립성)	분사형(확산성)
특징	동양인에게 많음	서양인에게 많음

- 염색의 과정

> 염료의 종류와 모발 특성 파악 → 목표 색상 결정 및 염모제 선정

- 염모제는 한 번 착색되면 빼기 어려우므로, 원치 않는 색이 나왔을 때는 보색(Complementary Color)을 이용하여 재염색(중화)한다.

▲ 다양한 톤

④ **메이크업 디자인 색채계획** 빈출 4회
- 화장품과 도구를 사용하여 신체의 장점은 부각하고 단점은 수정 · 보완하는 미적 행위이다(최초 기록 : 고대 이집트).
- 배색 기법

그러데이션	한 가지 색과 유사한 톤을 단계적으로 사용하여 눈이 커 보이게 연출
선명한 원색	활동적이고 경쾌한 이미지
동일 톤(Tone on Tone)	침착하고 통일된 이미지

- **표현 요소** 빈출 4회

형(Shape)	선(눈썹, 아이라인)과 면(아이섀도, 입술)으로 구성
질감(Texture)	포인트 메이크업과 조화를 이루며 전체 이미지에 영향을 줌

- **메이크업의 3대 관찰 요소** 빈출 4회

배분	이목구비의 비율
배치	얼굴형에 따른 위치
입체	코, 볼, 이마 등의 입체감

- 네일아트 : 손톱, 발톱의 미적 추구와 함께 건강과 청결을 유지하는 관리 행위이다.

⑤ **퍼스널 색채계획(Personal Color)** 빈출 6회
- 개념 : 개인이 타고난 신체 색(피부, 모발, 눈동자)을 분석하여 개성을 살리고 결점을 보완하는 색채 시스템이다.
- 진단 조건 : 메이크업을 하지 않은 상태(민낯)에서, 자연광 또는 그와 유사한 조명 아래서 흰 천(Drape)을 두르고 진단한다.
- 4계절 이미지 유형(요하네스 이텐) : 퍼스널 컬러는 웜톤(Warm)과 쿨톤(Cool)을 기반으로 4계절로 분류한다.
- 퍼스널 컬러 4계절 유형의 특징 및 추천 색상

유형	이미지 및 신체 특징	어울리는 색상 및 헤어 컬러
봄 타입 (Spring)	• 이미지 : 화사하고 경쾌한 느낌 • 피부 : 상아색이나 우윳빛, 볼에 붉은 기(홍조)가 있으며 쉽게 빨개짐	• 추천 색 : 밝은 금발, 샴페인 색, 황금빛 갈색 등 밝고 따뜻한 색 • 피할 색 : 무겁고 칙칙한 색상
여름 타입 (Summer)	• 이미지 : 차가운 색(블루 베이스), 부드러움 • 신체 : 회갈색 눈동자, 건조한 모발 질감	• 추천 색 : 회색 섞인 블론드/갈색, 푸른빛 도는 회색 • 스타일 : 차가운 계열의 색, 부드러운 파스텔 톤
가을 타입 (Autumn)	• 이미지 : 황색 색조(봄보다 진함), 성숙함 • 신체 : 갈색 머리, 부드러운 눈빛	• 추천 색 : 황금 블론드, 담갈색, 스트로베리, 붉은색 • 스타일 : 깊이감 있는 따뜻한 난색 계열
겨울 타입 (Winter)	• 이미지 : 차가운 인상, 강렬함, 모던함 • 신체 : 검은 머리, 검은 눈동자(대비가 큼)	• 추천 색 : 블루 블랙(파랑 띤 검정), 회색 띤 갈색, 청색 띤 자주색 • 스타일 : 선명하고 차가운 색상

[B] 선생님의 노하우

웜톤 vs 쿨톤 구분
- 웜톤(Warm) : 봄, 가을. 노란색(Yellow) 베이스, 골드 액세서리가 잘 어울림
- 쿨톤(Cool) : 여름, 겨울. 파란색(Blue) 베이스, 실버 액세서리가 잘 어울림
이 기본 구분만 알아도 문제의 절반은 풀립니다.

7) 시각 디자인(Visual Design)

① 시각 디자인의 개념 　빈출 8회

- 시각 매체(상징, 기호 등)를 통해 메시지나 정보를 전달하는 커뮤니케이션 디자인이다(예 CIP(기업 이미지 통합), 교통 표지(공공 디자인) 등).
- 일차적으로 시각적 흥미를 유발해야 하며, 인쇄 매체에서 영상 매체로 영역이 확대되고 있다(예 포스터, 잡지).

② 시각 디자인의 요소

이미지	점, 선, 면을 토대로 구성한 형태
색채	상징성과 의미, 감정을 전달하는 핵심 요소
타이포그래피 (Typography) 빈출 8회	• 활자(글자)와 관련된 디자인 기술 • 글자체, 크기, 간격, 여백 등을 조절하여 가독성을 높이고 조형미 추구 • 예 포스터, 아이덴티티 디자인, 편집 디자인, 홈페이지 디자인 등 시각 디자인에 활용

③ 시각 디자인의 4대 기능 　빈출 6회

기능	내용	예시
지시적 기능	방향이나 정보를 정확히 지시	화살표, 교통표지, 신호등, 도표
설득적 기능	행동을 유도하거나 설득	포스터, 광고(신문/잡지), 애니메이션
상징적 기능	대상을 대표하거나 상징	심벌마크, 로고, 일러스트레이션
기록적 기능	사실이나 정보를 기록	사진, 영화, TV, 서적

④ 시각 디자인의 주요 분야

포장(패키지) 디자인 빈출 4회	• 제품 보호 및 운반의 편의성을 제공하는 입체 디자인 • 구매 의욕을 자극하여 충동구매를 유발하는 것이 중요함
환경 그래픽 디자인 빈출 4회	환경을 구성하는 여러 요소의 상관성 속에서 하나의 질서와 조화를 추구하는 디자인 – 옥외광고 : 네온사인, 간판, 애드벌룬 – 교통광고 : 버스, 지하철 내외부 부착물 – 슈퍼그래픽 : 건물의 대형 벽면에 그려 환경을 개선하는 그림으로 크기 제한에서 자유롭고 짧은 시간 내 적은 비용으로 환경 개선이 가능함(저비용 고효율) 빈출 10회
그래픽 디자인	• 인쇄 매체를 통한 평면 디자인으로 상업적 특징이 강함 • 예 포스터, 신문광고
아이덴티티 디자인 (Identity Design)	• 기업이나, 기관 등 대상의 이미지를 일관성 있게 관리하기 위해 만들어진 디자인 – CIP(Corporate Identity Program) : 기업 이미지 통합 전략 – BI(Brand Identity) : 브랜드 이미지 통합 전략 • CI의 3대 요소 : 시각 이미지 통일(Visual Identity), 심리 통일(Mind Identity), 행동 양식 통일(Behavior Identity)

▲ 그래픽 심볼

▲ 일러스트레이션

▲ 캘리그라피

그래픽 심볼 (Graphic Symbol)	학습이나 훈련 없이 누구나 의미를 파악할 수 있도록 만든 시각적 기호 – 픽토그램(Pictogram) : 문화와 언어를 초월하여 직관적으로 이해할 수 있게 만든 그림문자(⃝ 국제 행사, 공공시설 등) – 아이소타이프(Isotype) : 상징적 도형이나 정해진 기호를 조합시켜 통계나 정보를 시각적으로 나타내는 방식
컴퓨터 그래픽 (Computer Graphics)	• 컴퓨터를 사용하여 만들어진 모든 시각적 대상 • 육안으로 보이지 않는 현상이나 현실에 없는 사물을 시각적으로 구현할 수 있음 • 정보의 기억, 수정, 재사용이 용이하며, 자유롭고 다양한 색채 표현 및 이미지 변환이 가능
일러스트레이션 (Illustration) 빈출 4회	• 회화, 사진, 도표, 도형 등 문자 이외의 그림 요소를 총칭 • 신문, 잡지, 서적 등의 내용을 이해하기 쉽게 돕거나 주제를 명확하게 시각화하는 역할을 함 • 단순한 보조 수단을 넘어 커뮤니케이션 언어로서 독자적인 장르를 구축함
광고 디자인 (Advertising Design)	• 기업의 제품 판매를 촉진하기 위한 시각 디자인 • 상품의 특성을 분명히 드러내고, 구매 충동을 유발할 수 있는 색채 전략이 필요함
캘리그라피 (Calligraphy) 빈출 4회	• '손으로 그린 문자'라는 뜻으로, 기계적인 활자와 달리 손으로 쓴 아름다운 글자체를 말함 • 필기체, 필적, 서법 등의 뜻으로도 쓰이며, 좁게는 서예를 말하기도 하고 넓게는 활자 이외의 서체를 뜻함 • 문자의 선, 균형미 등 조형적 요소에 개성과 우연성을 가미하여 감성적인 느낌을 줌 • 1950년대 P. 술라주, H. 아르퉁 등의 표현주의 화가들이 캘리그라피를 이용한 추상화를 선보이기도 함

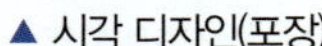

▲ 시각 디자인(포장)

▲ 환경 그래픽(타임스퀘어)

▲ 다양한 기업의 CI

8) 제품 디자인(Product Design)

① 제품 디자인의 개념 및 특징 빈출 12회

• 인간의 생활에 필요한 도구를 만드는 디자인이다.
• 새로운 제품의 아이디어 개발 단계에서부터 최종 생산 단계까지 제품의 색채계획을 포함한 전 과정을 의미한다.
• 색채계획 시 고려사항

핵심 가치	실용성, 심미성, 조형성, 경제성의 가치를 모두 반영해야 함
우선순위	소비자의 라이프 스타일과 선호도뿐만 아니라 사용상의 편리함과 유지관리의 용이함을 먼저 고려해야 함

② 제품 디자인의 과정 _{빈출 4회}

• 일반적인 프로세스

> 계획 → 조사 → 분석 → 종합 → 평가

• 제품 디자인 프로세스 단계별 상세

단계	구분	세부 내용
1단계	계획(기획) 및 콘셉트 수립 빈출 2회	• 개발 기획과 콘셉트 수립 • 주조색, 보조색 등의 색채 결정 • 자사와 경쟁사 및 소비자 분석 등 시장조사를 선행
2단계	아이디어 스케치	여러 아이디어에 대한 표현 기법 및 디자인 도면을 작성
3단계	렌더링(Rendering) 빈출 4회	• 완성될 제품의 예상도 • 실물의 형태, 색채, 재질감을 실물과 같이 충실하게 3차원으로 표현
4단계	목업(Mock-up) 빈출 3회	정확한 검토를 위해 실물과 유사하게 제작하는 실물 모형
5단계	모델링(Modeling) 빈출 4회	실제 생산 제품을 3차원적 입체로 표현하거나 시뮬레이션하는 과정 – 러프 모델(Rough Model) : 초기 발상 단계의 모형 – 프레젠테이션 모델(Presentation Model) : 품평 목적, 실제 제품과 가장 가깝게 제작 – 프로토타입 모델(Prototype Model) : 최종 디자인 결정 후 완성 단계에서 만드는 모델(시제품)
6단계	최종 평가	분석 결과를 체계적으로 정리하여 개발 여부를 최종적으로 평가
7단계	상품화	제품을 실제 제조(양산)하는 단계

9) 멀티미디어 디자인

① 멀티미디어 디자인의 개념 및 특징 _{빈출 8회}

• 개념 : '다중 매체'라는 의미로, 음성, 문자, 그림, 동영상 등 하나 이상의 미디어 요소들을 동시에 제공하는 것을 말한다. CD-ROM, 인터넷(웹) 등을 저장·재생하는 매체를 포함하며, 사이버 강의나 안내 시스템 등에 활용된다.

• 멀티미디어 디자인의 3대 특징

구분	내용
쌍방향(Interactive) 빈출 2회	• 정보를 일방적으로 전달하는 대중 매체와 달리, 정보 제공자와 수신자 간의 의견 교환(소통)이 가능 • 오디오, 텍스트, 이미지, 동영상 등을 통합 제공
사용자 경험 중시 빈출 4회	• 항해(Navigation), 상호작용성, 사용자 인터페이스(UI), 정보 설계 등을 고려함 • 사용자 편의성을 극대화하는 경험(UX)이 핵심
사용자 중심	디자인의 가치 기준이 공급자가 아닌 사용자(User) 중심으로 변화

▲ 제품디자인

▲ 도시계획(공공 디자인)

▲ 스트리트 퍼니처(버스정거장)

10) 공공 디자인

① 공공 디자인의 개념 빈출 15회

- 국가나 지자체가 국민 생활의 복지 증진을 위해 제작 · 설치하는 공간(도로, 공원, 학교 등)과 관련된 디자인이다.
- 도시의 이미지를 결정짓고 삶의 질을 높이는 역할을 한다.
- 색채계획 시 공공성, 면적 효과, 가시거리, 조명 조건, 기능성, 안전성, 식별성 등을 고려해야 한다.
- 지속성 : 유행에 민감한 색보다는 지속적인 유지가 가능한 색채를 선택해야 한다.

② 스트리트 퍼니처(Street Furniture) 빈출 8회

- '거리의 가구'라는 의미로 가로등, 벤치, 휴지통, 버스정류장, 우체통 등 시민의 편의를 위한 모든 공공시설물을 말한다.
- 도시의 표정을 결정하는 중요한 요소로 편리성, 경제성, 안전성을 고려해야 한다.

11) 기타 디자인

① 산업 디자인 빈출 6회

- 과학 기술과 예술을 통합한 영역으로 '공업 디자인'이라고도 한다.
- 대량 생산 시스템에 의한 공업 생산품의 형태, 색채 등을 미적으로 디자인한다.
- 미국의 공업 디자인은 '노만 벨 게데스'의 유선형 이론에 영향을 받아 자동차, 기관차 등 교통수단뿐만 아니라 냉장고, 라디오 등 각종 일상 생활용품에 유선형 디자인을 적용 · 개발하였다.
- 기능성의 4가지 조건 : 물리적, 생리적, 심리적, 사회적 기능이 있다.

② 편집 디자인

신문, 잡지, 서적 등 출판물을 글자, 사진, 일러스트레이션을 활용하여 보기 좋게 시각화하고 인쇄, 제본 방식을 결정하는 포괄적 행위이다(예 플래닝(기획), 타이포그래피, 레이아웃, 여백 등).

③ 디스플레이 디자인 빈출 3회

- 전시 작품이나 용품을 일정한 콘셉트와 목적에 따라 배치, 연출, 구성하는 것이다.
- 구성요소 : 장소, 시간, 상품, 고객의 4가지 구성요소가 있다.

④ 감성 디자인

제품의 구매 동기나 사용 시의 분위기, 추억 등을 고려하여 소비자의 감성적 욕구와 개개인의 주관적 가치를 충족시키는 디자인이다.

⑤ 무대 디자인

- 무대 장치물, 조명 등을 공간에 배치하고 연출하는 디자인이다.
- 프로시니엄 아치(Proscenium Arch) : 무대와 객석의 경계에 설치된 액자 모양의 장식 틀로, 장치나 조명을 관객에게 보이지 않게 가려준다.

⑥ 애니메이션

정지된 그림이나 물체에 생명을 불어넣어 움직이는 것처럼 보이게 만드는 기술이다.

셀 애니메이션	• 투명한 셀로판지에 그려 겹쳐 촬영하는 방식 • 동영상 효과를 내기 위하여 1초에 24장의 서로 다른 그림을 연속시킨 것 • 📷 디즈니의 미키마우스, 백설공주, 미야자키 하야오의 토토로 등
투광 애니메이션 빈출 2회	검은 종이 뒤에 빛을 비추어 절단된 틈으로 새어 나오는 빛을 한 컷씩 촬영하여 만드는 방식

⑦ 바이오닉 디자인(Bionic Design) 빈출 2회

• 자연계 생물의 운동 메커니즘이나 구조를 모방·응용하여 인공물이나 신소재를 만드는 생체 공학적 디자인이다.
• 예를 들어 항공기 동체에 균열이 발생했을 때 조기 발견할 수 있도록 하고 균열 부분을 스스로 복원할 수 있는 능력을 갖추게 하는 디자인이 바이오닉 디자인의 사례이다.

⑧ 아이덴티티 디자인 빈출 4회

• 기업(CIP)이나 브랜드(BI)의 이미지를 일관성 있게 관리하기 위한 디자인이다.
• CIP(CI) 구성요소 : 심볼마크, 로고타입, 시그니처, 전용 컬러가 있다. 빈출 4회
• 색채계획 고려사항 : 기업 이념 반영, 이미지 일관성, 소재 적용 용이성, 차별화 등을 고려해야 한다. 빈출 4회

⑨ 얼터너티브 디자인(Alternative Design) 빈출 2회

공업화와 대량 생산 사회의 문제를 해결하고 인간의 진정한 행복을 추구하기 위한 대안적 디자인이다.

⑩ 혁신 디자인 빈출 2회

• 새로운 형태와 기능을 창조하는 신제품 개발 유형의 디자인이다.
• 디자인의 개념, 디자이너의 자질과 능력, 시스템, 팀워크 등이 핵심이 되는 신제품 개발 유형의 디자인이다.

⑪ 인터랙티브 아트(Interactive Art) 빈출 4회

• '대화형 디자인' 또는 '미디어 아트'라고도 한다.
• 정보가 일방향이 아닌 리얼타임(실시간)으로 주고받는 상호작용이 특징이다.

⑫ 사용자 경험 디자인(UX Design) 빈출 4회

사용자가 제품이나 서비스를 이용하며 느끼는 총체적인 경험(상호작용)을 디자인하는 것이다.

⑬ 사용자 인터페이스 디자인(UI Design) 빈출 8회

사용자와 디지털 기기(디바이스) 간의 효과적인 커뮤니케이션을 위해 사용자 편의성을 극대화하는 디자인이다.

⑭ **버내큘러 디자인(Vernacular Design)** 빈출 4회

- 특정 지역의 지리적, 풍토적 환경과 인종적 배경 아래서 토착민들의 생활 습관에 의해 자연스럽게 만들어진 토속적 양식의 디자인이다(예 우리나라의 흙 건축물).
- 유기적인 조형과 실용적인 문제 해결이라는 측면에서 오늘날의 디자인에 시사하는 바가 크다.

⑮ **파사드 디자인(Facade Design)** 빈출 2회

건축물의 주 출입구가 있는 정면부(Facade) 공간을 독자적으로 디자인(Exterior Interior)하는 것이다.

⑯ **크래프트 디자인(Craft Design)** 빈출 4회

- 손으로 직접 제작하는 수공예(Handy Craft) 제품 디자인이다.
- 수공의 장점을 살리되, 어느 정도 양산이 가능하도록 설계하는 생활 조형 디자인을 총칭한다.

03 콘셉트 시각화 및 색채적용

1) 디자인의 요소와 원리

디자인을 구체화하기 위해서는 그 재료가 되는 '요소'와 그것을 구성하는 법칙인 '원리'를 명확히 이해해야 한다.

① 디자인 요소(Design Elements)
- 형태, 색채, 질감, 빛, 운동감, 공간성 등이 포함된다.
- 형태(Form)
  - 형태를 구성하는 기본 요소는 점, 선, 면, 입체로 구분된다.
  - **형태의 기본 요소**

구분	특징
점(Point)	• 1차원적 요소 : 형태를 지각하는 최소 단위 • 위치만 표시하며, 크기나 방향은 존재하지 않음 • 점이 커지거나 모이면 면으로 인식됨
선(Line)	• 점의 이동 궤적 : 점이 이동하면서 남긴 자취로, 길이와 방향을 나타냄 • 직선 : 남성적, 명쾌함, 직접적, 강함 • 곡선 : 여성적, 유연함, 간접적, 우아함 • 무기적인 선 : 기하학적, 규칙적 / 유기적인 선 : 자연적, 불규칙적
면(Plane)	• 2차원적 요소 : 선이 이동한 자취로 공간을 구성하는 기본 단위 • 질감, 원근감, 색 등을 표현할 수 있음 • 종류 : 직선적인 면, 기하학적인 면, 유기적인 면, 평면, 곡면 등
입체(Volume)	• 3차원적 요소 : 면이 이동한 자취로 공간에서 여러 개의 평면이나 곡선으로 둘러싸인 부분(부피감) • 종류 : 구, 육면체, 원통 등

- 색채(Color)
  - 빛이 물체에 반사, 분해, 투과, 굴절, 흡수될 때 우리 눈에 지각되는 시감각이다. 가시광선의 파장에 의해 식별된다.
  - 색의 3속성 : 색상(Hue), 명도(Value), 채도(Chroma)의 세 가지 속성이 있다.
- 질감(Texture)
  - 물체가 가지는 표면적 성격이나 특징을 말한다.
  - 시각적 질감과 촉각적 질감으로 나뉘며, 디자인 요소로서 매우 중요하다.
  - 예 금속, 직물, 플라스틱, 목재, 종이 등(각각 고유의 특성을 가짐)

② 디자인 원리(Design Principles)

- 디자인 요소들을 미적으로 배열하고 구성하는 규칙이다.
- 조화(Harmony) : 두 개 이상의 요소가 상호관계에서 서로 배척 없이 통일되어 미적 · 감각적 효과를 이루는 원리이다.

유사 조화	• 성격(형태, 모양, 의미, 기능)이 비슷한 요소끼리 어울리는 것 • 온화함과 통일감을 줌
대비 조화	• 서로 다른 요소들이 대립하며 강조되는 것 • 대비가 클수록 강한 시각적 효과를 줌

- 통일(Unity)과 변화(Variety) : 디자인을 구성하는 가장 기본적인 원리이다.

통일	• 화면 안에서 일정한 형식과 규칙(근접, 반복, 연속)을 갖는 것 • 질서와 안정감을 줌(지나치면 지루함)
변화	• 구성 요소를 다르게 하여 통일성에서 오는 단조로움을 없애는 것 • 시각적 자극을 통해 흥미와 재미를 줌(지나치면 산만함)

- 균형(Balance) : 시각적인 무게감을 통해 전체적인 안정감과 통일감을 주는 원리이다.

균형의 종류	특징
대칭(Symmetry)	• 중앙을 기준으로 양쪽에 같은 형태가 위치하는 것 • 가장 안정적이고 일반적이지만, 자칫 딱딱하고 보수적이거나 지루할 수 있음
비대칭(Asymmetry)	• 형태상으로는 불균형하지만 시각적인 무게감으로 균형을 이루는 것 • 개성적이고 세련되며 동적인 느낌을 줌
비례(Proportion)	• 모든 사물의 상대적인 크기 비율 • 황금비율(Golden Ratio) : 가장 이상적인 비율로 1:1.618

- 대칭의 종류 : 선대칭, 확대 대칭, 방사 대칭 등이 있다.

▲ 통일

▲ 변화

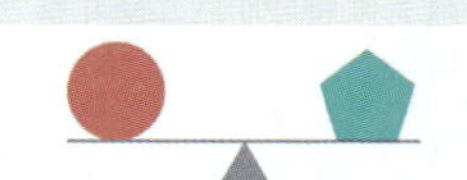

▲ 대칭 원리

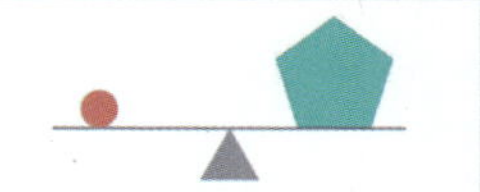

▲ 비대칭 원리

▲ 선대칭

▲ 확대 대칭

▲ 방사 대칭

· 율동(Rhythm) : 유사한 형태와 컬러가 반복적으로 배열됨으로써 느껴지는 시각적 움직임이다.

반복	규칙적으로 되풀이되는 것
교차	두 개 이상의 요소가 번갈아 나타나는 것
방사	중심에서 바깥으로 퍼져 나가는 것
점이(Gradation)	형태나 색채가 단계적으로 변화하며 시각적 율동감을 강조하는 요소

· 강조(Emphasis)와 대비(Contrast)

강조	· 한 가지 요소가 다른 요소들과 달라 돋보이는 현상 · 시선을 끄는 흥미로운 부분(포인트)이 됨
대비	· 다른 요소들과 대립되는 현상으로, 유동적이고 강렬한 느낌을 줌 · 예 색상 대비, 면적 대비 등

2) 이미지 적용 수집

① 이미지 수집 과정

· 선정된 콘셉트에 따라 대표 연상어(대표 형용사)를 도출한다.
· 적합한 이미지를 인터넷, 시장조사, 트렌드 잡지 등에서 조사하여 모티브를 수집한다.

3) 콘셉트 아이디어 설정

① 모티브 분석

· 수집된 이미지(모티브)의 색상, 형태, 패턴, 소재를 분석한다.
· 분석된 결과를 이미지 스케일에 좌표로 표시하여 현재의 위치를 시각적으로 확인한다.
· 이미지 스케일 응용

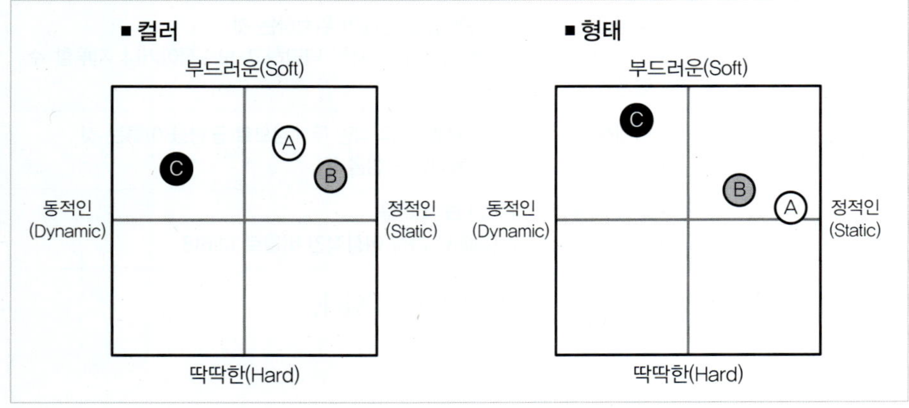

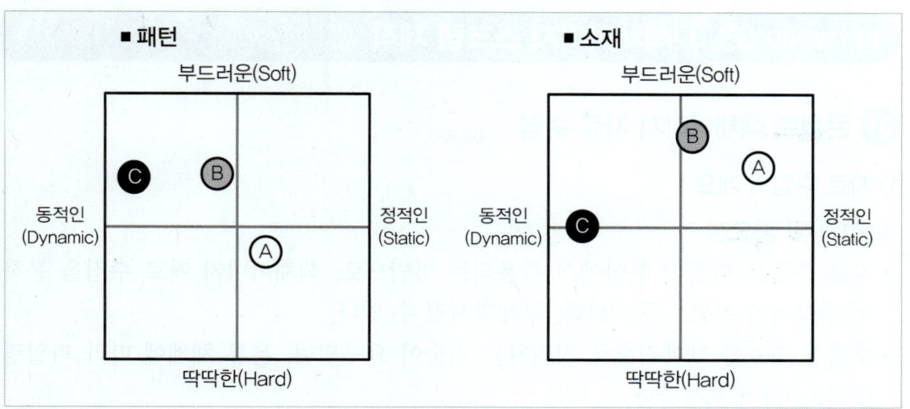

② 요구사항 확인 및 목표 설정
• 클라이언트와 소비자의 요구사항을 확인한다.
• 경쟁 상품과의 차별화를 반영하여 이미지 스케일상에서의 목표 위치(Target Position)를 결정한다.
• A, B, C 상품 종합 이미지 스케일 응용

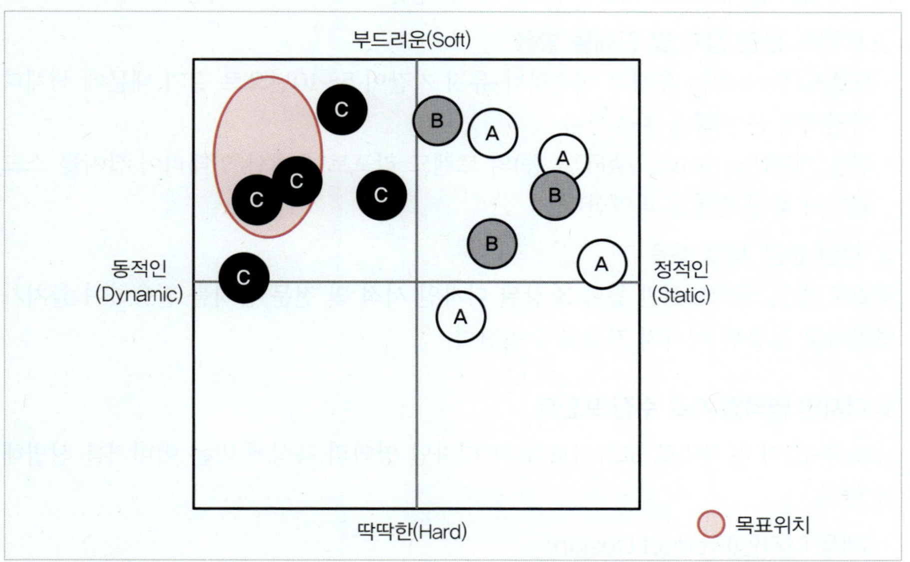

③ 아이디어 선정
• 콘셉트에 맞는 목표 위치를 확인한다.
• 클라이언트의 요구사항과 색채마케팅 전략을 종합적으로 고려하여 최종 아이디어를 선정한다.

01 콘셉트 색채이미지 자료 수집

1) 자료 수집의 개요

① 정의 및 중요성

- 자료 수집은 다양한 분야에서 활용되는 방법으로, 색채이미지 자료 수집을 통하여 추상적인 콘셉트를 객관화, 구체화시킬 수 있다.
- 수집한 자료를 체계적으로 정리하는 기술이 요구되며, 분류 체계에 따라 파일링(Filing)하여 보관한다.

2) 자료 수집의 방법(Data Source)

① 관련 사이트 리서치(Web Research)

- 국내외 포털 사이트 및 이미지 전문 사이트(Pinterest, Behance 등)를 활용한다.
- 검색 효율을 높이기 위해 핵심 키워드(Keyword) 리스트를 미리 작성한다(예 '다이내믹', '멀티스포츠 매장', 'vivid Tone' 등).

② 트렌드 관련 잡지 및 인쇄물 활용

- 트렌드(Trend)는 유행과 비슷하나 유지 기간이 5~10년으로 길기 때문에 색채디자인에서 큰 비중을 차지한다.
- 전문 기관(Pantone, JAFCA 등)의 트렌드 리포트나 패션/인테리어 잡지를 스크랩하여 최신 경향을 파악한다.

③ 관련 전문 서적 활용

국립도서관, 국회도서관 등에 소장된 디자인 서적 및 전문 잡지를 활용하여 출처가 명확하고 검증된 이미지 자료를 수집한다.

3) 디자인 영역별 자료 수집 포인트

자료 수집 시 무작위로 모으기보다 각 디자인 영역의 특성에 맞는 이미지를 선별해야 한다.

① 제품 디자인(Product Design)

- CMF 중심 : 단순한 색상뿐만 아니라 재질(Material)과 마감(Finish), 표면처리가 잘 드러나는 이미지를 수집한다.
- 형태(Form) : 입체감과 빛의 반사에 따른 색의 변화가 보이는 3D 렌더링 이미지를 참고한다.

② 시각 디자인(Visual Design)

- 평면 구성 : 타이포그래피, 레이아웃, 심볼 등 2D 그래픽 요소의 배색 사례를 수집한다.
- 가독성 : 배경색과 문자색의 대비(Contrast)가 명확하여 정보 전달이 잘되는 이미지를 모은다.

③ 환경 및 인테리어 디자인(Environment)
- 공간감(Space) : 전체적인 공간의 분위기와 조명(Lighting)효과가 드러나는 이미지를 수집한다.
- 맥락(Context) : 주변 환경(자연, 인공물)과의 조화를 보여주는 원경 사진을 포함한다.

4) 색채와 소재(Material)

① 색채와 소재의 상관관계
- 색채와 소재는 서로 밀접한 관계를 가지며, 같은 반사율을 보여도 소재의 물성에 따라 육안으로는 다르게 지각된다.
- 최근에는 신소재의 다양화로 인해 CMF(Color, Material, Finish)가 디자인의 중요한 차별화 요소로 부각되고 있다.

② 소재의 종류와 특징

소재의 종류	특징
금속	• 성형 방법이 풍부하고 질감 표현이 높으며 다양한 분야에 사용되고 있음 • 예 스틸, 알루미늄 합금, 마그네슘 합금, 티타늄 합금, 구리 합금, 귀금속
직물	• 직포라고도 하며 경사와 위사가 교차하여 짜여진 옷감 • 예 견직물, 모직물, 마직물, 면직물
플라스틱	• 가소성이란 말에서 유래하였으며 가열과 가압에 의해 성형이 가능한 수지 재료 • 가볍고 튼튼하며 저렴한 가격으로 폭 넓게 사용됨 • 예 열가소성 수지, 열경화성 수지
목재	• 과거부터 현재까지 다양한 분야에서 가장 많이 사용됨 • 예 침엽수, 활엽수, 합판, MDF 등
종이	• 대부분의 종이는 셀룰로오스 섬유의 집합체로 펄프나 폐지를 원료로 식물의 섬유질을 이용하여 고착시켜 만듦 • 예 신문 용지, 인쇄 용지, 특수지, 위생 용지, 포장 용지
기타 특수소재	• 금속이나 무기원료, 유기원료들이 새롭게 조합하여 이전에 없던 용도나 성능을 가짐 • 예 신금속재료, 비금속 무기 재료, 신고분자 재료, 복합 재료

02 색채이미지 스크랩 제작

1) 스크랩(Scrap)의 이해

① 정의
특정 주제나 콘셉트를 표현하기 위해 필요한 기사, 이미지 자료, 소스 등을 수집하여 분류(Sorting)한 것을 뜻한다.

② 제작 및 관리

분류	디자인 영역별, 콘셉트별(형용사), 색상별로 폴더를 나누어 정리
선별(Selection)	수집된 방대한 자료 중 콘셉트에 가장 적합한(Best Fit) 이미지만을 남기고 불필요한 것은 과감히 제거

2) 콘셉트별 이미지 분류

정적(Static) 이미지 스크랩	수평/수직선, 파스텔 톤, 대칭적 구도, 부드러운 질감의 이미지 위주로 구성
동적(Dynamic) 이미지 스크랩	사선, 비비드 톤, 비대칭, 강한 대비(Contrast), 광택 있는 질감의 이미지 위주로 구성

3) 디자인 영역별, 콘셉트별 연상 형용사 도출

① 연상 형용사 도출의 정의

- 기획 단계에서 설정된 추상적인 주제(Theme)나 콘셉트를 구체적인 감성 언어(Adjective)로 변환하는 과정이다.
- 디자인의 방향성을 언어로 명확히 규정하여 시각화 단계에서 오류를 최소화한다.

② 아이디어 발상 및 형용사 도출 기법

브레인스토밍(Brainstorming)	• 오스본(Osborn)이 고안한 방법으로, 집단이 모여 자유롭게 아이디어를 내놓는 기법 • 4대 원칙 : 비판 금지, 자유분방, 대량 발상, 결합 및 개선(시험에 4가지 원칙이 자주 출제됨)
마인드 맵(Mind Map)	• 토니 부잔(Tony Buzan)이 창안한 것으로, 핵심 주제를 중심으로 가지를 쳐가며 사고를 확장하는 방사형발상법 • 이미지와 키워드를 연결하여 좌뇌(논리)와 우뇌(상상)를 동시 활용
KJ법(KJ Method)	가와키타 지로가 고안한 방법으로, 브레인스토밍 등으로 수집된 수많은 아이디어 카드를 유사한 그룹끼리 분류하고 체계화하여 결론을 도출하는 수렴적 사고 기법

03 디자인 영역별 연상 형용사 특징

1) 제품 디자인(Product)

촉각적 형용사	• 제품의 재질(CMF)과 관련된 단어가 주를 이룸 • 예 매끄러운(Smooth), 단단한(Hard), 가벼운(Light), 금속성의(Metallic)
기능적 형용사	• 사용성과 관련된 단어 • 예 편리한, 직관적인, 스마트한, 견고한

2) 시각 디자인(Visual)

시각적 형용사	• 눈에 보이는 자극과 관련된 단어 • 예 선명한(vivid), 눈에 띄는, 정돈된, 복잡한
정보 전달 형용사	• 메시지의 성격 • 예 명쾌한, 신뢰감 있는, 역동적인

3) 환경 디자인(Environment)

공간적 형용사	• 공간의 크기나 분위기와 관련된 단어 • 예 개방적인(Open), 아늑한(Cozy), 쾌적한, 웅장한
자연적 형용사	• 주변 환경과의 조화 • 예 내추럴한, 전원적인, 친환경적인

04 디자인영역별, 콘셉트별 배색 기법

1) 핵심 배색 기법의 이해(Basic Techniques)

① 톤(Tone) 기반 배색 기법

톤 온 톤 배색 (Tone on Tone)	• 정의 : '톤을 겹친다'라는 의미로, 동일 색상(Hue) 내에서 톤(명도/채도)의 차이를 두어 배색하는 방법 • 특징 : 통일감과 안정감이 매우 높으며, 주조색 효과를 줌 • 예 어두운 파랑+밝은 파랑+하양
톤 인 톤 배색 (Tone in Tone)	• 정의 : '톤 안에 머문다'라는 의미로, 색상(Hue)은 다르지만 같거나 유사한 톤(Tone) 내에서 배색하는 방법 • 특징 : 색상은 다양하지만, 톤이 유사해 감정 효과(이미지)가 일정하게 유지됨 • 예 연한 빨강+흰 노랑+연한 청록(동화 같은 이미지)

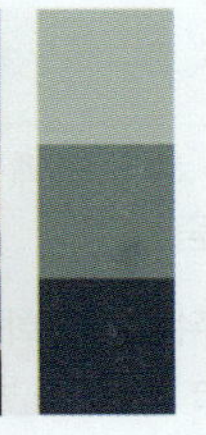

▲ 톤 온 톤 배색

▲ 톤 인 톤 배색

② 구성 및 강조 배색 기법

세퍼레이션 배색 (Separation)	• 정의 : 인접한 두 색의 대비가 모호하거나 지나치게 강렬할 때, 그 사이에 무채색(하양, 검정)이나 금속색을 넣어 색을 분리시키는 기법 • 목적 : 배색의 명쾌함을 주고, 형태의 윤곽을 뚜렷하게 함, 스테인드글라스나 텍스타일 디자인에 주로 쓰임
엑센트 배색 (Accent)	• 정의 : 전체적으로 단조로운 배색에 대조적인 색(보색, 고채도)을 소량 사용하여 시선을 집중시키는 기법 • 목적 : 배색에 생동감과 리듬감을 부여하고, 시선의 중심점(Focal Point)을 만듦
그러데이션 배색 (Gradation)	• 정의 : 색상, 명도, 채도를 단계적으로 변화시켜 리듬감을 주는 기법 • 특징 : 연속적인 흐름을 통해 입체감이나 속도감을 표현함

▲ 세퍼레이션 배색

▲ 엑센트 배색

▲ 그러데이션 배색

2) 디자인 영역별 배색 기법 적용

① 제품 디자인(Product Design)

주조색(Dominant) 중심의 통일	• 제품 전체를 감싸는 주조색(70%)으로 브랜드 아이덴티티를 표현하고, 엑센트 배색을 사용하여 조작부(버튼)나 기능 부위를 강조 • 톤 온 톤 배색을 주로 사용하여 제품의 형태(Form)가 깨지지 않고 덩어리감이 느껴지도록 함
CMF와 톤 인 톤	다양한 소재(금속, 가죽, 플라스틱)를 사용하더라도 전체적인 톤을 일치시키는 톤 인 톤 배색을 통해 이질감을 줄이고 고급스러움을 연출

② 시각 디자인(Visual Design)

가독성을 위한 세퍼레이션	배경과 텍스트의 색이 비슷하여 글자가 잘 보이지 않을 때, 글자에 테두리(Stroke)를 주는 세퍼레이션 기법을 사용하여 가독성을 확보
주목성을 위한 엑센트	광고나 포스터에서 핵심 메시지를 전달하기 위해 무채색 배경에 원색(vivid)의 엑센트 컬러를 사용하여 강렬한 인상을 남김

③ 환경 디자인(Environment Design)

조화를 위한 톤 온 톤	주변 자연이나 건물과 튀지 않고 어우러지기 위해 주조색을 주변 환경색과 맞추는 톤 인 톤, 톤 온 톤 배색을 기본으로 함
기능을 위한 명도 대비	표지판이나 안전 시설물에는 배경과 도형의 명도 차이를 극대화하여 멀리서도 잘 보이게 함

④ 미용 및 패션 디자인(Beauty & Fashion)

체형 보완을 위한 그러데이션	메이크업(아이섀도, 립)이나 헤어 염색(옴브레)에서 그러데이션 기법을 사용하여 자연스러운 입체감을 줌
TPO에 따른 배색	• 비즈니스 룩 : 신뢰감을 주는 남색/회색 계열의 톤 온 톤 배색 • 캐주얼 룩 : 경쾌함을 주는 톤 인 톤 배색이나 보색 대비

3) 콘셉트별 배색 기법 적용

① 부드럽고 온화한 이미지(Romantic, Natural)

- 추천 기법 : 톤 인 톤 배색, 그러데이션 배색이 있다.
- 적용 : 연한(pale), 밝은(light) 톤의 핑크, 주황, 노랑 등을 사용하여 경계가 부드럽고 몽환적인 느낌을 주며 대조가 강한 엑센트나 세퍼레이션은 피한다.

② 모던하고 도시적인 이미지(Modern, Chic)

- 추천 기법 : 무채색 주조+엑센트 배색, 세퍼레이션 배색이 있다.
- 적용 : 회색이나 검정을 주조색으로 하고, 차가운 금속색(Silver)이나 선명한 파랑을 엑센트로 사용한다. 색과 색의 경계를 명확히 하여 깔끔하고 이성적인 느낌을 준다.

▲ 부드러운, 온화한 배색

▲ 모던하고 도시적인 배색

③ 역동하고 강렬한 이미지(Dynamic, Sporty)

- 추천 기법 : 비콜로(Bicolor) 배색, 보색 대비, 엑센트 배색이 있다.
- 적용 : 고채도(vivid)의 보색(⑩ 파랑 vs 주황)을 과감하게 배치하거나, 검정과 빨강처럼 명도 대비가 큰 배색을 사용하여 속도감과 힘을 표현한다.

④ 고전적이고 중후한 이미지(Classic, Elegant)

- 추천 기법 : 톤 온 톤 배색, 까마이외(Camaïeu) 배색이 있다.
- 적용 : 저채도, 저명도(dark, deep)의 브라운, 와인, 골드 색상을 중심으로 톤의 변화를 최소화하여 깊이 있고 격조 높은 느낌을 준다.

▲ 역동적, 강렬한 배색

▲ 고전적, 중후한 배색

05 감성 형용사의 시각화(Visualization)

1) 감성 측정 및 척도법(SD법)

① SD법(Semantic Differential Method, 의미미분법)

정의 및 특징	• 미국의 심리학자 오스굿(C.E. Osgood)이 고안한 감성 측정법 • 인간의 감성을 측정하기 위해 상반되는 형용사 쌍(Antonym Pair)을 양극단에 배치하여 측정 • ⑩ [부드러운 – 딱딱한], [따뜻한 – 차가운], [밝은 – 어두운]
척도 구성	• 일반적으로 5단계 또는 7단계 척도를 사용하여 감성의 정도 정량화 • 측정된 결과는 그래프로 그려 프로파일(Profile)을 작성하여 이미지 분석

2) 형용사 이미지 스케일(Adjective Image Scale)

① 이미지 스케일의 활용

- 도출된 형용사를 좌표(Axis) 위에 배치하여 시각적으로 위치를 확인하는 도구이다.
- 형용사의 위치에 해당하는 색채(Color)를 매칭함으로써 언어를 색으로 변환한다.

② 주요 축(Axis)의 구성

- 배색 이미지 스케일(고바야시 등)

가로축(X축)	• Warm(따뜻함), Cool(차가움) • 난색 계열(Red, Orange) vs 한색 계열(Blue, BlueGreen)
세로축(Y축)	• Soft(부드러움), Hard(딱딱함) • 고명도/저채도(Soft) vs 저명도/고채도/강한 대비(Hard)

- 고바야시 색채 이미지 스케일

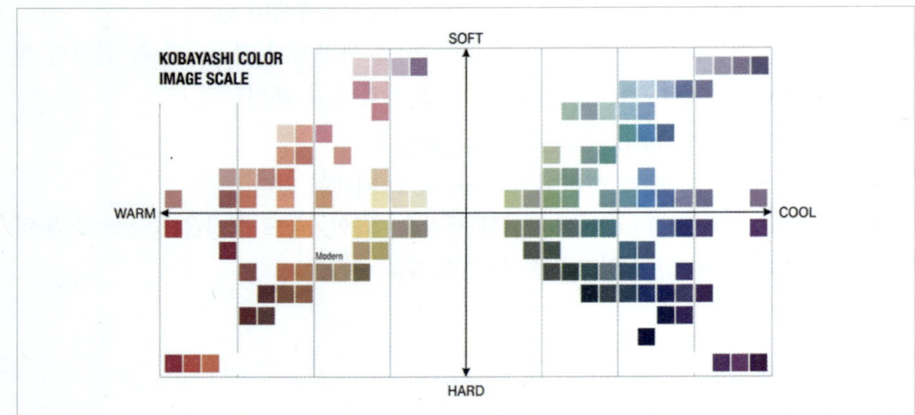

- IRI 형용사 언어 이미지 스케일

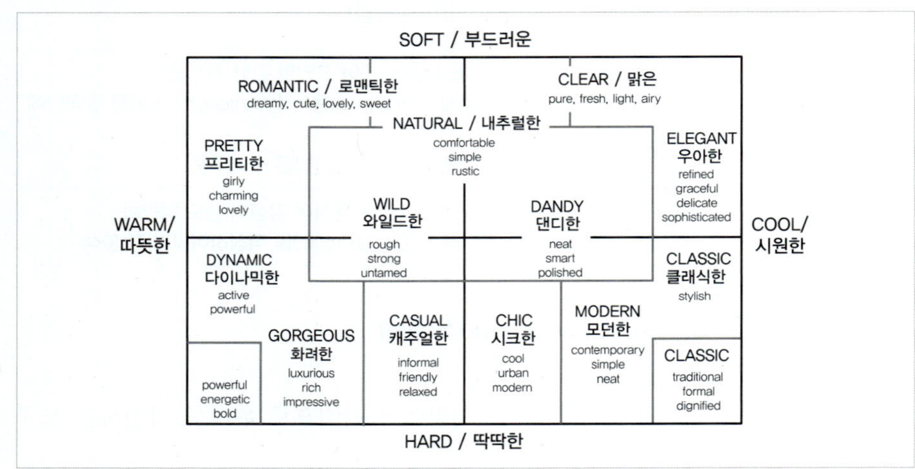

3) 콘셉트별 형용사의 시각화 전략(배색 적용)

① 부드럽고 온화한 이미지(Soft & Warm)

핵심 형용사		로맨틱한, 귀여운, 내추럴한, 은은한
시각화 전략	색채	파스텔 톤(pale, light), 난색 계열(Pink, Peach, Yellow)
	배색	톤 인 톤(Tone in Tone) 배색, 유사 색상 배색으로 대비를 줄임
	형태	곡선, 원형, 유기적 형태

② 딱딱하고 차가운 이미지(Hard & Cool)

핵심 형용사		모던한, 하이테크한, 도시적인, 이성적인
시각화 전략	색채	무채색(Gray, Black), 한색 계열(Blue, Silver)
	배색	명도 대비를 크게 하거나 엑센트(Accent) 배색 사용
	형태	직선, 기하학적 형태, 예리한 각
	소재	금속, 유리, 광택 플라스틱

---

③ 동적이고 강렬한 이미지(Dynamic & Hard)

핵심 형용사		다이내믹한, 스포티한, 강렬한, 화려한
시각화 전략	색채	비비드 톤(vivid), 순색, 고채도 색상
	배색	보색 대비(Complementary), 색상 대비를 활용하여 주목성 극대화
	형태	사선, 비대칭, 날카로운 선

④ 정적이고 차분한 이미지(Static & Soft/Hard)

핵심 형용사		클래식한, 우아한, 고상한, 앤틱한
시각화 전략	색채	저채도, 중명도(dull, grayish), 브라운, 다크 톤
	배색	톤 온 톤(Tone on Tone) 배색으로 통일감 부여
	형태	대칭(Symmetry), 균형 잡힌 비례

KEYWORD 04) 기획서 작성

01 콘셉트 표현 방법 설정

1) 콘셉트 표현 방법의 개요

- 설정된 콘셉트를 효과적으로 전달하기 위해 적합한 프로그램을 사용하여 표현 방법을 구체화하는 과정이다.
- 일반적으로 워드 프로그램(문서 작성) → 그래픽 프로그램(이미지 편집) → 프레젠테이션 프로그램(최종 발표 자료) 순서로 작업이 진행된다.

2) 주요 활용 프로그램의 특징

① 워드프로세서(Word Processor)

기능	• 문서를 작성, 편집, 저장할 때 사용하는 소프트웨어(예 한글, MS워드) • 글자 크기, 폰트, 색상 변경 및 표, 도형 삽입이 가능하며 사전 및 문법 교정 기능을 제공
특징 및 용도	기획서의 초안 작성, 텍스트 위주의 상세 설명, 보고서 작성에 용이함

② 일러스트레이션(Adobe Illustrator)

기능	• 미국 어도비(Adobe)사가 개발한 벡터(Vector) 방식의 그래픽 소프트웨어 • 점과 선을 연결하는 베지어 곡선을 사용하여 이미지를 생성
특징 및 용도	• 이미지를 확대하거나 축소해도 깨지지 않아 로고 디자인, 캐릭터 디자인, 편집 디자인, 도면 작업 등에 적합 • 용량이 작고 수정이 자유롭다는 장점이 있음

선생님의 노하우

벡터 vs 비트맵

시험에서 그래픽 프로그램의 특징을 묻는 문제가 자주 나옵니다.

- **일러스트레이터(벡터)** : 선과 면으로 구성되며 확대해도 선명하게 보임(예 로고, 캐릭터)
- **포토샵(비트맵)** : 점(픽셀)으로 구성되며, 확대하면 깨짐(예 사진 보정, 합성)

③ 포토샵(Adobe Photoshop)

기능	• 어도비사가 개발한 비트맵(Bitmap) 방식의 이미지 편집 소프트웨어 • 픽셀(Pixel) 단위로 이미지를 구성
특징 및 용도	• 사진 보정, 이미지 합성, 색상 보정, 웹 디자인 등에 주로 사용됨 • 일러스트레이터와 달리 확대하면 이미지가 깨지는 현상(계단 현상)이 발생할 수 있음

④ 파워포인트(Microsoft PowerPoint)

기능	여러 사람 앞에서 내용을 발표하거나 공동 작업을 할 때 시각적으로 보여주는 프레젠테이션(Presentation) 도구
특징 및 용도	세미나, 교육, 보고회 등에서 사용하며 그래픽, 애니메이션, 멀티미디어 기능을 활용하여 효과적인 전달을 도움

02 색채디자인 기획서 작성

1) 기획과 계획의 차이

① 기획(Planning)
• 어떤 대상에 대해 일을 꾸며 계획하는 '행위' 자체를 의미한다.
• 프로젝트의 목적과 목표 설정 등 '방향성(What to do)'이 중요 요점이 된다.

② 계획(Plan)
• 기획을 통해 산출된 구체적인 '결과' 혹은 내용을 의미한다.
• 방법, 차례, 규모를 미리 생각하여 작성한 것으로 '실행 방법(How to do)'이 강조된다.

2) 기획서의 정의 및 요건

① 정의
문제점을 해결하거나 개선안을 제시하기 위해 구체적인 계획을 수립하여 제출하는 문서이다.

② 작성 원칙
• 격식에 맞게 구성하며 구체적인 사안을 기재해야 한다.
• 무엇보다 정확하고 이해하기 쉽게(가독성 있게) 표현하는 것이 중요하다.

3) 색채디자인 기획서 작성 방법

① 사전 준비 단계(5W1H)
기획서를 쓰기 전 다음 내용을 명확히 해야 한다.

기획 배경 및 목표	왜 하는가? 무엇을 달성할 것인가?(기대 효과)
기획 내용	무엇을 담을 것인가?
기획 방법	어떻게 진행할 것인가?
기획 기간	언제부터 언제까지인가?
기획 예산	비용은 얼마나 드는가?

② 기획서의 구성요소

• 일반적인 기획서는 다음의 흐름으로 구성된다.

• 기획서의 표준 구성

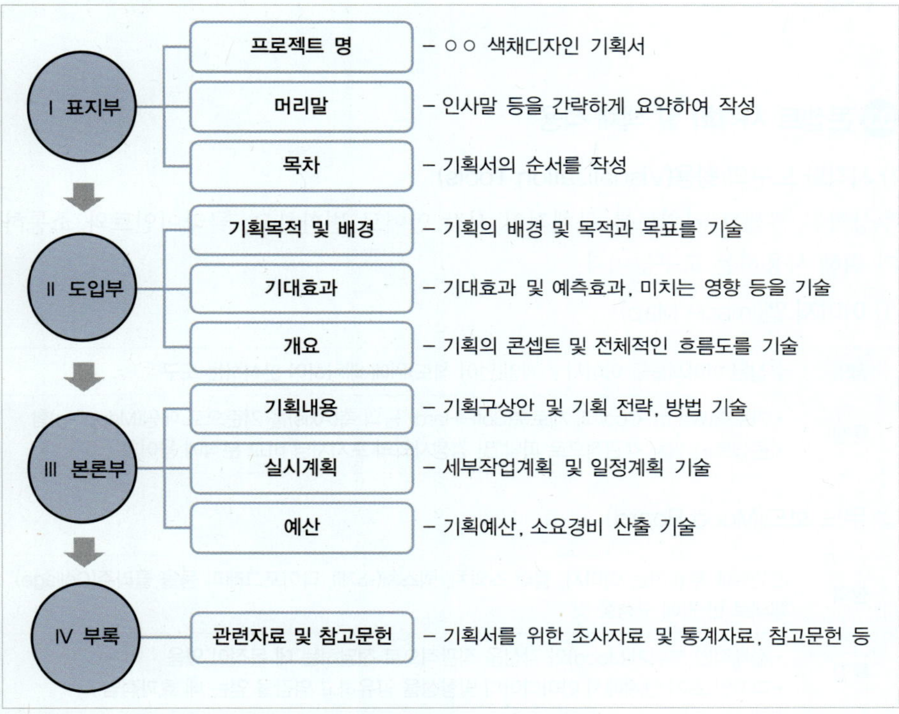

③ 기획서의 표현 방법(문장 및 이미지)

• 설득력 있는 기획서를 만들기 위한 표현 기법이다.

• 기획서의 효과적인 표현 기법

표현법		내용
문장 기법	논리적 작성	• 논리적 구조로 작성 • 사실과 의견을 구분하여 작성
	간결한 작성	• 문장은 짧게 끊어서 작성 • 접속사, 부사, 형용사의 사용을 최소화하여 작성
	명확한 작성	• 사실에 입각하여 객관적으로 작성 • 문체와 용어를 통일하여 작성

| 이미지 기법 | 시각화 효과 | • 문서의 흐름과 가독성을 높이는 데 효과적
• 요점 및 핵심 사항을 정확히 파악하는 데 효과적
• 문서의 구조화 및 조직화하는 데 효과적 |
| | 작성법 | • 다이어그램, 그래프 등을 구상
• 시각화에 사용되는 장소와 상황에 따라 구상 |

④ 기획서 작성 시 주의점

• 전체적인 구성(레이아웃)과 형식을 고려하여 깔끔하게 작성한다.
• 내용은 주관적 추측을 배제하고 논리적이며 객관적이어야 한다.
• 클라이언트(읽는 사람)가 이해하기 쉽도록 전문 용어 남발을 자제하고 명확하게 쓴다.

03 콘셉트 시각화 및 색채 적용

1) 시각화 도구의 활용(Visualization Tools)

추상적인 콘셉트 키워드를 구체적인 시각 언어로 변환하고, 클라이언트와 소통하기 위해 사용하는 도구들이다.

① 이미지 맵(Image Map)

정의	수집된 이미지들을 이미지 스케일(언어 척도)위에 배치하여 분석하는 도구
특징	• 가로축(Warm−Cool)과 세로축(Soft−Hard) 등의 축(Axis)을 기준으로 매핑(Mapping)함 • 콘셉트의 위치 객관적으로 파악 및 경쟁사와의 포지셔닝 비교 분석에 용이함

② 무드 보드(Mood Board)

정의	콘셉트에 부합하는 이미지, 컬러 스와치, 텍스처(소재), 타이포그래피 등을 콜라주(Collage) 형태로 한 판에 구성한 것
특징	• 전체적인 분위기(Mood)와 감성을 직관적으로 전달하는 데 목적이 있음 • 디자인 초기 단계에서 아이디어의 방향성을 공유하고 영감을 얻는 데 효과적임

③ 스타일 보드(Style Board)

무드 보드보다 좀 더 구체화된 단계로, 실제 디자인에 적용될 구체적인 스타일, 형태, 색채, 소재 등을 정리한 보드이다.

▲ 이미지 맵

▲ 무드 보드

▲ 스타일 보드

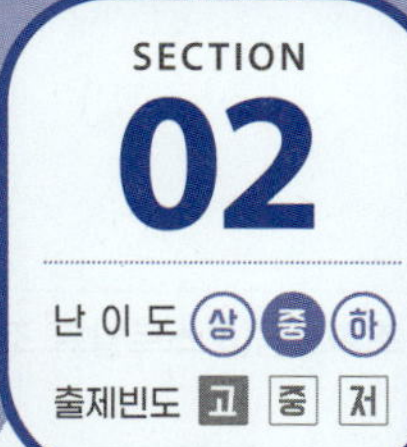

배색

빈출 태그 ▶ #배색기법 #PCCS톤 #색채이미지스케일 #먼셀표색계 #관용색명 #오방색 #NCS표색계
#색채디자인프로세스

KEYWORD 01 색채계획서 작성

01 색채계획서의 이해

1) 색채계획의 정의

- 디자인 대상이나 용도에 적합한 재료를 바탕으로 기능적·심미적으로 효과적인 배색을 계획하는 것이다.
- 다양한 분야에서 중요시되며, 목적과 대상에 따라 다양한 방법으로 적용된다.

2) 색채계획서의 구성

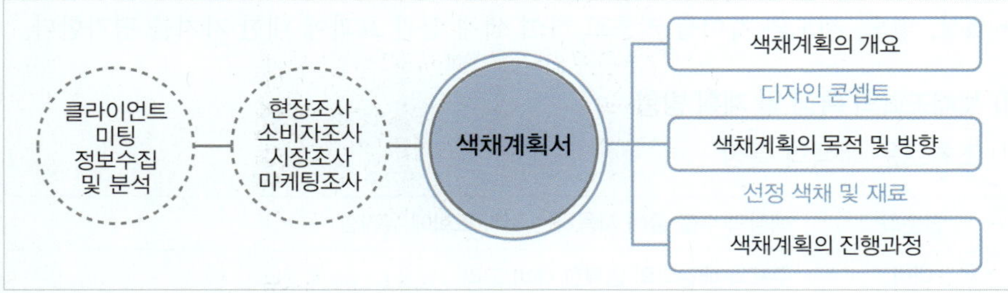

02 색채조화의 이해

1) 색채조화의 개념

① 정의

- 서로 다른 색채들이 대립하면서도 통일된 인상을 주는 미적 원리이다.
- 아름다운 배색은 디자이너의 개인적 감각이 아닌 '색채조화'라는 근본 원리에 의해 성립된다.
- 두 개 이상의 색이 서로 분리되지 않고, 미적인 정서 반응을 일으키며 질서를 이룰 때 조화롭다고 한다.

---

② 색채조화의 공통 원리(5가지)

색채조화론의 기초가 되는 핵심 원리이다.

질서의 원리(Principle of Order)	규칙적인 색채 요소가 일정하면 조화로움(오스트발트 조화론의 핵심)
명료성의 원리(Principle of Unambiguity)	색의 관계가 애매하지 않고 명쾌해야 조화로움(비모호성의 원리)
동류의 원리(Principle of Familiarity)	자연계의 색처럼 사람들에게 친근하고 익숙한 색은 조화로움(친근성의 원리)
유사의 원리(Principle of Similarity)	공통된 속성(색상, 톤 등)을 가진 색들은 조화로움
대비의 원리(Principle of Contrast)	반대되는 성질(보색, 명도 대비 등)을 통해 강렬한 조화를 이룸

2) 색채조화의 목적 ^{빈출 2회}

- 색채 미의 보편적인 법칙과 원리를 확립하는 것이다.
- 개인적이고 주관적인 색채조화의 평가를 일반적이고 객관적인 원리로 체계화하기 위함이다.
- 색상, 명도, 채도의 차이를 기초로 하여 색채 연관 효과에 대한 가치를 평가한다.

3) 색채조화의 특징 및 계획 방향

① 조화로운 배색의 특징

단순화	색상의 수를 줄여 사용하는 것이 조화에 유리함
대비	주제와 배경과의 명확한 대비 고려
주목성	색의 3속성 차이를 크게 하면 명시성과 주목성을 줄 수 있음
면적 효과	면적의 크기를 조절하여 균형을 맞추거나 강조
완충 효과	고채도의 색끼리 배색할 때 중성색(무채색)을 사용하면 색의 반발성을 막고 조화되기 쉬움
유사성	같은 계열의 색상끼리 배색하거나 무채색을 활용하면 조화되기 쉬움
부조화	2가지 이상의 배색에서 속성 차이가 애매하면 조화되기 어려움

② 올바른 계획 방향

- 공간에서의 색채조화는 시간의 흐름에 따른 변화를 고려해야 한다.
- 자연의 다양한 변화에 따른 색조 개념으로 계획해야 한다.
- 조화에 영향을 주는 변수와 인간과의 관계를 유기적으로 해석해야 한다.

03 배색의 목적

1) 배색의 정의 및 기본 요건

① 배색(Color Scheme)의 정의

- 두 가지 이상의 색을 미적인 효과나 목적에 맞게 조화롭게 배합하는 것이다.
- 배색은 개인적인 감각뿐만 아니라 색채조화론과 같은 객관적인 원리를 바탕으로 이루어져야 한다.

② 배색의 목적

- 색채가 사용되는 목적에 부합해야 하며, 대상의 기능성을 높이고 심미성을 극대화하는 것이다.
- 사용자에게 심리적 안정감과 쾌적함을 주고, 정보를 명확히 전달(시인성, 명시성)하는 역할을 한다.

2) 배색 시 고려해야 할 조건

목적과 기능의 부합성	디자인의 용도(주거, 상업, 공공 등)와 기능에 맞는 배색인가? (가장 기본적이고 중요한 조건)
심미성(미적 효과)	배색이 아름답고 시각적인 즐거움이나 감동을 주는가?
심리적 작용 고려	색채 지각에 따른 감정 효과(따뜻함, 차가움, 흥분, 진정 등)를 고려했는가?
연상과 상징성	색이 전달하는 의미나 상징(위험, 평화, 신뢰 등)이 목적과 일치하는가?
재질(Texture)과 광원(Light)	색이 입혀질 소재의 특성(광택, 질감)과 놓이게 될 조명 환경을 검토했는가?
면적 효과(Area Effect)	색의 면적 비례(주조색/보조색/강조색)를 고려하여 균형을 맞췄는가?
객관성 유지	디자이너의 주관적인 취향을 배제하고, 사용자나 클라이언트의 요구를 반영한 객관적인 배색인가?
기타 고려사항	유행성(트렌드), 실생활 적합성, 안정감 등을 고려함

04 색채조화론

색채조화를 위한 배색에는 개인차가 있으나, 객관적인 원리를 확립하기 위해 여러 학자들이 다양한 이론을 제시하였다.

1) 쉐브럴(M.E. Chevreul)의 색채조화론 빈출 12회

① 배경과 발전

- 19세기 프랑스 고블랭 직물 공장의 염색 품질 문제가 염료의 화학적 결함이 아닌, 인접한 색의 영향으로 다르게 보이는 시각적 현상임을 규명했다.
- 저서 『색채의 조화와 대비의 원리』(1839)를 통해 현대 색채조화론의 기초를 확립했다.

② **동시 대비의 법칙(Law of Simultaneous Contrast)**
- 핵심 원리 : 두 개 이상의 색을 동시에 볼 때, 서로의 영향으로 원래의 색과 다르게 (주로 보색 방향으로) 지각되는 현상으로 우리 눈이 시각적 균형을 위해 생성하는 보색 잔상이 인접 색에 겹쳐 보이기 때문에 발생한다.
- 동시 대비의 3가지 유형

명도 대비	밝은 색 옆의 어두운 색은 더 어둡게, 어두운 색 옆의 밝은 색은 더 밝게 보임
색상 대비	인접한 두 색은 서로의 보색 기미를 띠며 색상환에서 서로 멀어지는 방향으로 밀어냄
채도 대비	채도가 높은 색 옆의 탁한 색은 더 탁하게, 탁한 색 옆의 선명한 색은 더 선명하게 보임

③ **쉐브럴의 6가지 색채조화론**

▲ 유사 조화

▲ 대비 조화

유사(Analogy)의 조화	• 편안함, 통일감, 안정감을 주는 배색 • 동일 색상의 조화 : 하나의 색상 내에서 명도와 채도(Tone)의 단계적 변화를 준 조화(현대의 톤 온 톤) • 유사 색상의 조화 : 색상환에서 이웃하는 유사한 색상끼리의 배색으로, 톤을 비슷하게 유지할 때 효과적(현대의 유사 색상 배색) • 주조색에 의한 조화 : 전체를 지배하는 하나의 주조색(Dominant Color)이 느껴지는 조화
대비(Contrast)의 조화	• 강렬함, 생동감, 명쾌함을 주는 배색 • 동일 색상, 대비 톤의 조화 : 같은 색상이지만 명도나 채도의 차이(대비)가 아주 큰 두 색의 조화 • 유사 색상, 대비 톤의 조화 : 유사한 색상이지만 명도나 채도의 차이를 크게 준 조화 • 보색 대비의 조화 : 색상환에서 서로 반대편에 위치한 보색 관계에 있는 색들의 조화(가장 강렬함)

④ **영향 및 의의**
- 인상주의 영향 : 쉐브럴의 이론은 모네, 쇠라 등 인상주의 화가들에게 영향을 주어, 팔레트 혼색이 아닌 캔버스에 원색 점을 찍어 시각적으로 혼합하는 '병치 혼합' 기법을 탄생시켰다.
- 현대 색채학의 기초 : 색채를 물리적 재료가 아닌 지각과 심리의 문제로 다루는 현대 색채학의 토대를 마련했다.

2) 저드(D.B. Judd)의 색채조화론 빈출 8회

① **개요**

미국의 색채학자 저드가 1955년 발표한 이론으로, 현대에 가장 보편적으로 받아들여지는 4가지 조화 원칙을 제시했다.

② 색채조화의 4원칙

질서의 원칙 (Principle of Order)	• 색채 간에 규칙적인 질서가 있을 때 조화로움 • 예 오스트발트, 먼셀 색체계 등 체계적인 색채 선택
친근성의 원칙 (Principle of Familiarity)	• 자연 현상과 같이 사람들에게 익숙하고 친근한 색채 조합이 조화로움 • 예 저녁 노을의 그러데이션, 나뭇잎의 초록 변화
유사성의 원칙 (Principle of Similarity)	• 색상이나 톤이 서로 공통된 요소(유사성)를 가질 때 조화로움 • 예 톤 온 톤, 톤 인 톤 배색
명료성의 원칙 (Principle of Unambiguity, 비모호성)	• 두 색의 관계가 애매하지 않고 명확할 때 조화로움 • 대비가 너무 약해서 관계가 모호하거나, 반대로 지나치게 강해서 눈부심(Glare)이 생기지 않도록 명쾌해야 함

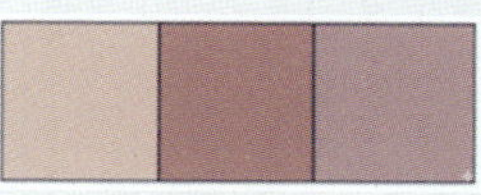
▲ 질서의 원칙

▲ 친근성의 원칙

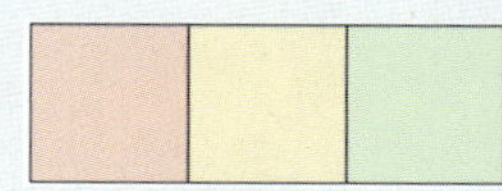
▲ 유사성의 원칙

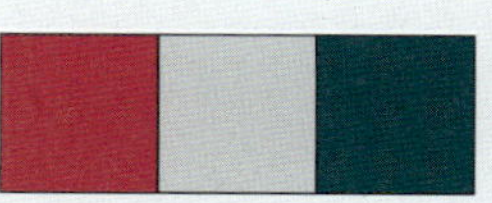
▲ 명료성의 원칙

3) 비렌(F. Birren)의 색채조화론 빈출 8회

• 비렌은 오스트발트의 색채 체계를 실용적으로 발전시켜 독창적인 색삼각형(Color Triangle)을 제시했다.
• 그는 오스트발트의 핵심 사상인 "조화는 곧 질서다(Harmony equals order)."라는 원리를 계승하여, 색삼각형 내에서 색채들이 규칙적인 위치 관계를 가질 때 조화가 이루어진다고 보았다.

① 비렌의 색삼각형 구조

• 미국의 색채전문가 파버 비렌(Faber Birren : 1900~1988)은 환경색채, 색채조절, 색채응용에 많은 작품을 남긴 색채이론가이자 실천가이며 색채배합의 심리적인 연구를 통해서 색채조화에 대한 새로운 방향을 제시하였다.
• 파버 비렌의 색삼각형은 각 꼭짓점이 순색, 하양, 검정을 의미하며 색삼각형의 직선상에 있는 색들은 모두가 조화된다(예 WHITE–GRAY–BLACK은 조화됨).
• 비렌의 색삼각형은 오스트발트의 등색상 삼각형과 형태적으로 유사하지만, 색을 7가지 요소로 구분하여 관계를 설명하는 방식에 차이가 있다.

순색(C, Color)	채도가 가장 높은 순수한 색
하양(W, White)	가장 밝은 무채색
검정(B, Black)	가장 어두운 무채색
틴트(T, Tint)	순색(C)+하양(W)의 혼합(맑고 밝은 색조)
셰이드(S, Shade)	순색(C)+검정(B)의 혼합(어둡고 탁한 색조)
톤(To, Tone)	• 순색(C)+회색(Gy)의 혼합, 또는 틴트(T)+셰이드(S)의 혼합 • 차분하고 부드러운 중간 색조
회색(Gy, Gray)	하양(W)+검정(B)의 혼합, 중립적인 무채색

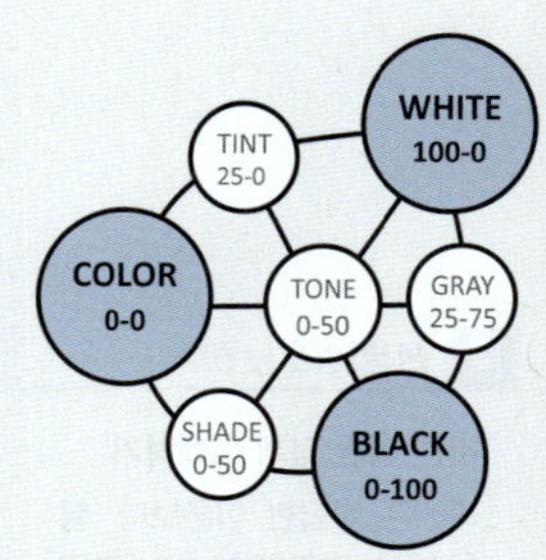

▲ 파버 비렌의 색삼각형

② 색삼각형을 통한 조화 원리

- 비렌은 색삼각형 내에서 요소들의 위치 관계에 따라 다양한 조화의 유형을 설명했다.
- 연속성의 조화 : 삼각형의 변을 따라 인접한 요소들끼리의 조화를 말한다.

C–T–W(순색–틴트–하양)	밝고 경쾌하며 깨끗한 느낌
C–S–B(순색–셰이드–검정)	깊이 있고 무게감 있는 느낌
W–Gy–B(하양–회색–검정)	무채색의 차분하고 안정적인 느낌

- 대조의 조화 : 삼각형의 꼭짓점이나 서로 반대편에 위치한 요소들끼리의 조화를 말한다.

C–W(순색–하양)	선명하고 깨끗한 대비를 이룸
C–B(순색–검정)	강렬하고 무거운 대비를 이룸
C–Gy(순색–회색)	순색의 선명함과 회색의 차분함이 대비를 이룸
T–S(틴트–셰이드)	밝고 맑은 색과 어둡고 탁한 색의 대비를 이룸
W–S(하양–셰이드)	가장 밝은 무채색과 어둡고 탁한 유채색의 대비를 이룸
B–T(검정–틴트)	가장 어두운 무채색과 밝고 맑은 유채색의 대비를 이룸

- 균형 조화 : 삼각형의 중심에 위치한 회색(Gy)이나 톤(To)을 중심으로 균형을 이루는 조화를 말한다.

T–To–S(틴트–톤–셰이드)	밝고 탁한 색, 중간 탁한 색, 어둡고 탁한 색이 균형을 이룸
C–Gy(순색–회색)	순색과 회색이 균형을 이룸

③ 비렌 이론의 의의

- 비렌의 색채조화론은 이론적인 체계성보다는 실용적인 활용성에 초점을 맞췄다.
- 색삼각형과 7가지 구성 요소(C, W, B, T, S, To, Gy) 개념은 오늘날 디자인 실무에서 색을 혼합하고 배색하는 직관적인 기준(예 포토샵의 컬러 피커)과 매우 유사하며, 톤(Tone)의 개념을 정립하는 데 크게 기여했다.

④ 대표 주요 조화 유형

조화 유형	구성 요소	특징	분위기	대표 화가/개념
Color–Shade–Black	순색, 셰이드, 검정	깊이, 풍부함	중후, 드라마틱	모네, 렘브란트
Color–Tint–White	순색, 틴트, 하양	깨끗함, 신선함	밝고 경쾌, 생동감	인상주의 후기
Tint–Tone–Shade	틴트, 톤, 셰이드	세련됨, 미묘함	우아, 고급, 깊이	오스트발트 음영, 다빈치 명암법
White–Gray–Black	하양, 회색, 검정	안정감, 자연스러움	모던, 차분, 도시적	명도의 연속

4) 요하네스 이텐(J. Itten)의 색채조화론(색상환 중심) 빈출 8회

- 독일의 미술교육가이자 예술가인 요하네스 이텐(Johannes Itten : 1888–1967)은 12색상환을 기초로 한 조화론을 주장하였다.
- 보색 대비를 기초로 12색상환에서 삼각형이나 사각형 등의 다각형을 활용하여 2색 조화, 3색 조화, 4색 조화, 5색 조화, 6색 조화의 이론을 발표하였다.
- 오늘날 다색 배색의 기초가 되는 매우 중요한 이론이다.

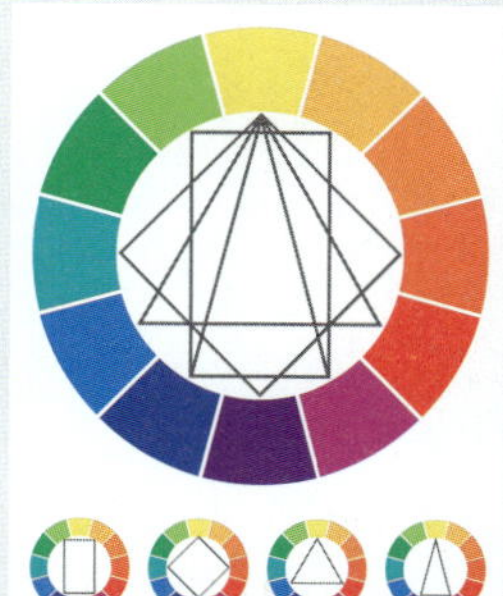

▲ 요하네스 이텐(J. Itten)의 색채조화론

① 배색의 기본 원리와 배색띠

- 배색의 정의 : 두 가지 이상의 색을 서로 위치시켜 새로운 미적 · 기능적 효과를 만들어내는 것을 말한다.
- 배색의 목적 : 아름다움(심미성), 눈에 띔(시인성), 정보 전달(기호성), 심리적 효과 등을 얻기 위함이다.
- 배색띠의 활용 : 색상환 위에서 일정한 규칙(각도, 간격)을 가진 기하학적 도형(직선, 삼각형, 사각형 등)을 회전시켜 조화로운 배색 조합을 쉽게 찾아내는 도구이다.

② 색의 수에 따른 기하학적 배색 기법(다색 조화)

- 2색 조화(Dyads)

보색 배색 (Complementary Color Harmony)	• 색상환에서 서로 반대(180°)에 있는 두 색의 배색(직선 관계) • 가장 강렬하고 화려하며, 서로의 채도를 높여주는(보색 잔상 효과) 다이내믹한 배색 • 예 빨강 ↔ 청록, 노랑 ↔ 남색
반대색 배색 (Contrast Color Harmony)	• 색상환에서 마주 보는 보색의 양옆에 있는 색과의 배색(보색 관계보다 약간 좁은 각도) • 보색 배색만큼 강렬하지만, 약간의 변화가 있어 너무 극단적인 대비를 피할 수 있음 • 예 빨강 ↔ 파랑 또는 초록

- 3색 조화(Triads)

정삼각형 배색 (Equilateral Triad / Triadic)	• 색상환을 정확히 3등분(120° 간격)하는 세 색의 배색 • 색상 간의 거리가 멀어 변화가 크면서도, 균형 잡힌 안정감을 줌 • 가장 고전적이고 기본적인 다색 배색 • 예 빨강–노랑–파랑
이등변삼각형 배색 (Isosceles Triad) / 스플릿 컴플리멘터리 (Split Complementary)	• 한 색상과 그 색상의 보색 양옆에 있는 두 색을 조합한 배색(Y자 형태) • 보색의 강렬함을 유지하면서, 인접한 두 색이 주는 유사성으로 인해 보색 배색보다 조금 더 부드럽고 세련된 느낌을 줌 • 실무에서 활용도가 매우 높음 • 예 노랑+(남색&보라)

• 4색 조화(Tetrads)

정사각형 배색 (Square Tetrad)	• 색상환을 정확히 4등분(90˚ 간격)하는 네 색의 배색 • 두 쌍의 보색 관계가 만들어지며, 색상이 풍부하고 화려하면서도 견고한 안정감을 줌 • 예 빨강–노랑–청록–남색
직사각형 배색 (Rectangular Tetrad)	• 색상환에서 두 쌍의 보색을 연결하되, 인접한 색과의 간격이 90˚가 아닌 배색(직사각형 형태) • 정사각형 배색보다 변화의 폭이 넓고 다양한 느낌을 연출할 수 있음

• 5색 이상의 조화(Multicolor Harmony)

오각형 배색 (Pentad)	• 색상환을 5등분하는 다섯 색의 배색 • 3색과 하양 및 검정을 더한 배색(이등변삼각형 3색+하양+검정)
육각형 배색 (Hexad)	• 색상환을 6등분하는 여섯 색의 배색 • 4색과 하양 및 검정을 더한 배색

③ 톤(Tone)을 이용한 다색 배색의 정리

• 4색, 5색 이상으로 색상의 수가 많아질수록 배색이 산만해질 수 있다.
• 산만한 때는 동일한 톤(Tone in Tone)이나 유사한 톤으로 통일감을 부여하면 조화롭고 세련된 다색 배색이 가능하다.

5) 문–스펜서(Moon–Spencer)의 색채조화론 _{빈출 8회}

• 미국의 색채학자 문과 스펜서(P. Moon, D. E. Spencer)는 먼셀표색계를 기반으로 색채조화를 수학적으로 분석하여 정량적 방법을 제시하였다.
• 『고전적 색채조화론의 기하학적 형식』, 『색채조화에 있어서의 면적』, 『색채조화에 있어서의 미도 측정』3가지 주요 논문을 통해 이론을 체계화했다.

① 주요 이론 내용

조화와 부조화의 영역	• 미국 MIT공과대학 학생들을 대상으로 한 실험 결과를 바탕으로 함 • 먼셀의 색상환 및 명도 · 채도 차트에서 기준색을 중심으로 한 거리와 간격에 따라 아름다움(조화)이나 불쾌함(부조화)의 느낌을 도표화함 • 두 색의 관계가 동일, 유사, 대비일 때는 조화롭지만, 그 사이의 애매한 중간 단계(Ambiguity)에서는 부조화가 발생한다고 봄
면적의 효과 (Area Effect)	• 작은 면적의 강한 색(고채도/저명도)과 큰 면적의 약한 색(저채도/고명도)이 서로 어울려 균형을 이루는 효과 • 스칼라 모멘트(Scalar Moment) : 순응점인 중회색(N5)으로부터 지정된 색까지의 입체적 거리 • 배색에서 각 색의 면적 비율은 스칼라 모멘트 수치에 반비례하도록 구성해야 조화로움
미도(美度, Aesthetic Measure) 계산	• 색채조화를 수학적 공식으로 구하여 그 정도를 정량적으로 비교하는 방법 • 미도(M) 수치가 0.5 이상일 때 조화롭다고 판단하며, 수치가 높을수록 비례적으로 조화도가 높음 • 미도 산출식 : M(미감의 정도)=O(질서의 요소)÷C(복잡성의 요소) • O(질서의 요소) : 색상의 미적 계수+명도의 미적 계수+채도의 미적 계수 • C(복잡성의 요소) : (색의 수)+(색상차가 있는 색조합의 수)+(명도차가 있는 색조합의 수)+(채도차가 있는 색조합의 수)

6) 루드(O.N. Rood)의 색채조화론 ^{빈출 2회}

- 미국의 물리학자 오그던 루드(Ogden N. Rood)는 그의 저서 『현대 색채학(Modern Chromatics, 1879)』에서 인상주의 화가들에게 큰 영향을 준 색채조화 이론을 제시했다.
- 자연에서 관찰되는 색채 현상을 바탕으로 조화의 원리를 설명한 색채조화론이다.

① 핵심 원리

- 색채조화의 핵심 원리가 자연스러운 배색이라고 주장했으며, "자연은 결코 부조화스러운 배색을 보여주지 않는다."고 믿었다.
- 자연에서 흔히 볼 수 있는 색채 조합(예 단풍의 색 변화, 해질녘 하늘)이 인간에게 익숙하고 편안함을 주어 조화롭게 느껴진다고 보았다.

② 주요 조화 유형

유사 색상의 조화	• 색상환에서 서로 이웃하는 유사한 색상끼리의 배색은 조화로움 • 자연에서 가장 흔하게 관찰되는 배색 원리
명도와 채도의 변화에 의한 조화	• 동일한 색상이라도 명도와 채도의 변화를 주면 단조로움을 피하고 조화로운 배색이 가능 • 빛의 강약에 따라 동일한 사물의 색이 다르게 보이는 자연 현상과 관련이 있음
주조색(Dominant Color)에 의한 조화	• 전체적인 색조를 지배하는 하나의 주조색이 있을 때 배색에 통일감이 생겨 조화롭게 느껴짐 • 특정 시간대나 날씨의 빛에 의해 풍경 전체가 하나의 색조로 물드는 현상과 유사함

③ 루드 이론의 의의

- 루드의 색채조화론은 인공적인 규칙이나 수학적 계산보다는 자연의 색채 현상에 대한 관찰을 바탕으로 조화의 원리를 이끌어냈다는 점에서 큰 의의가 있다.
- 인상주의 화가들이 빛과 색채의 변화를 캔버스에 표현하는 데 중요한 이론적 근거가 되었다.

05 배색 효과(분리, 강조, 연속 등)

1) 배색 기법

색채를 배열하는 방식에 따라 시각적 효과와 감정을 조절하는 기법이다.

① 분리 배색(Separation Color) 빈출 6회

정의	• '분리시키다', '갈라놓다'는 의미 • 대립하는 두 색이 부조화하거나 대비가 지나치게 강할 때(유사 또는 보색), 색 사이에 무채색(하양, 회색, 검정)이나 금색, 은색 등을 넣어 분리시킴으로써 조화를 이루게 하는 기법
특징	• 색의 경계를 명확히 하고 독립성을 부여하여 배색의 효과를 높임 • 예 단청, 교회의 스테인드글라스, 애니메이션, POP 광고 등

② 강조 배색(Accent Color) 빈출 6회

정의	• '돋보이게 하는', '눈에 띄게 하는'을 의미함 • 전체 배색이 너무 통일되어 변화가 없을 때, 기존 색과 대조적인 색상이나 톤을 소량 사용하여 시선을 집중시키고 활기를 주는 기법
특징	• 도미넌트 컬러(주조색)와 반대되는 색을 사용하여 주목성과 초점 강조 • 세퍼레이션 배색이 '조화(분리)'를 위한 것이라면, 엑센트 배색은 '강조(포인트)'를 위한 것

③ 연속 배색(Gradation) 빈출 4회

정의	• '서서히 변함', '단계적 변화'를 의미함 • 색의 3속성(색상, 명도, 채도) 중 하나 이상의 속성이 일정한 간격을 두고 자연스럽게 변화하도록 배색하는 기법
특징	• 점진적인 변화를 통해 리듬감과 율동감을 느낄 수 있음 • 예 색상 그러데이션(무지개), 명도 그러데이션(명암), 채도 그러데이션, 톤 그러데이션 등

④ 반복 배색(Repetition)

정의	'반복'의 의미로 2개 이상의 색채를 일정한 질서에 따라 되풀이하여 사용하는 기법
특징	• 통일감과 융통성을 동시에 줄 수 있음 • 예 텍스타일 디자인, 패턴 디자인, 전통 조각보, 체크무늬, 타일 배색 등

▲ 반복 배색

⑤ 톤(Tone)을 이용한 배색 효과

- 색상보다는 '톤(명도+채도)'의 관계를 중심으로 이미지를 연출하는 세련된 배색 기법이다.
- **톤 온 톤(Tone on Tone) 배색** 빈출 4회

정의	• '톤을 겹친다'는 의미 • 동일 색상(Hue) 계열에서 명도와 채도(톤)의 차이를 크게 두어 배색하는 방법
특징	• 색상은 통일되고 톤만 다르기 때문에 통일성과 안정감이 매우 높음 • 색채디자인 시 가장 일반적으로 많이 사용되며 실패 확률이 낮음
예시	밝은 노랑+어두운 노랑, 밝은 파랑+진한 파랑

- **톤 인 톤(Tone in Tone) 배색** 빈출 6회

정의	• '톤 안에서'라는 의미 • 동일한 톤(Tone) 내에서 색상(Hue)을 다르게 배색하는 방법
특징	• 톤이 같기 때문에 색상이 달라도 일관된 감정 효과(부드러움, 강렬함 등)를 유지할 수 있음 • 유사 색상이나 인접 색상 내에서 고르는 것이 원칙이나, 최근에는 색상 제약 없이 자유롭게 사용됨
예시	파스텔 톤(연한 톤)의 노랑+분홍+연두(온화하고 부드러운 이미지)

- **토널(Tonal) 배색** 빈출 2회

정의	• '탁한'이라는 뜻의 형용사형 배색 • 중명도 · 중채도의 덜(dull) 톤을 주로 이용하여 배색하는 방법
특징	• 도미넌트 배색이나 톤 인 톤 배색의 일종으로 볼 수 있음 • 차분하고, 안정적이며, 편안하고 수수한(고상한) 이미지를 줌 • 화려하거나 선명하지 않지만, 탁하거나 칙칙하지 않은 지적인 느낌 연출

⑥ 다색 배색 기법(국기 배색)

국기의 색채 구성에서 유래한 기법으로, 명쾌한 대비와 상징성을 가진다.

비콜로(Bicolore) 배색	정의	• 이탈리아어로 '2가지 색'이라는 의미 • 하나의 면을 2가지 색으로 명쾌하게 배색하는 기법
	특징	• 주로 하양과 고채도의 선명한(vivid) 톤을 사용하여 대비 효과가 분명하고 명확함 • 금색과 은색, 하양과 검정의 조합도 많이 사용됨
	예시	파키스탄, 포르투갈, 알제리 국기
트리콜로(Tricolore) 배색	정의	• '3가지 색'이라는 의미 • 하나의 면을 3가지 색으로 배색하는 기법
	특징	• 주로 하양과 고채도의 선명한(vivid) 색상 2개를 함께 사용하여 색채 간의 경계를 명확히 분리하고, 강한 대비를 통해 명쾌하고 활동적인 이미지를 연출한다. • 국기 배색이라고도 불린다. • 패션이나 다양한 제품 디자인에 널리 활용됨
	예시	프랑스(파랑/하양/빨강), 이탈리아(초록/하양/빨강) 국기

06 색의 속성별 배색 효과

1) 속성별 배색 효과

- 배색은 색의 3속성인 색상(Hue), 명도(Value), 채도(Chroma)중 어떤 속성을 주조로 하느냐에 따라 그 효과와 이미지가 완전히 달라진다.
- 배색 효과를 전략적으로 활용하는 것이 배색의 핵심이다.

▲ 토널 배색

▲ 비콜로 배색

▲ 트리콜로 배색

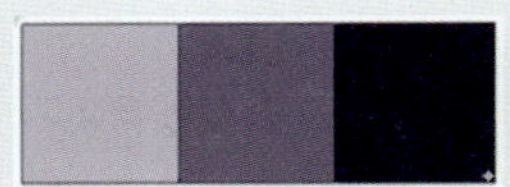

▲ 동일 색상 배색

▲ 유사 색상 배색

▲ 반대 색상 배색

▲ 고명도 색상 배색

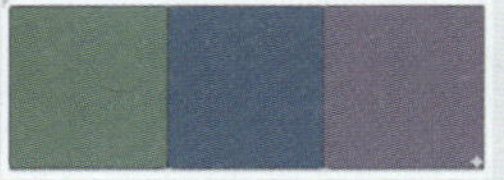

▲ 중명도 배색

▲ 저명도 배색

2) 색상(Hue)에 의한 배색

① 동일 색상 배색(Identity Harmony)

개념	• 같은 색상 내에서 명도와 채도(톤)만 다르게 한 배색 • 예 톤 온 톤
효과	통일감과 완성도가 가장 높으며, 깔끔하고 정돈된 느낌을 줌
유의점	자칫 지루하거나 단조로울 수 있으므로, 톤의 차이를 명확히 두어 리듬감을 주어야 함
예시	진한 보라+연한 보라(우아하게 통일)

② 유사(인접) 색상 배색(Analogy Harmony)

개념	색상환에서 바로 옆이나 근처에 있는 이웃 색끼리의 배색(색상 차 30~60도)
효과	• 색상 간의 성격이 비슷하여 충돌이 없고, 온화하고 협조적이며 부드러운 느낌을 줌 • 가장 무난하고 실패가 적은 배색
예시	노랑+주황+다홍(따뜻함의 조화), 연두+초록(자연의 조화)

③ 반대(보색) 색상 배색(Contrast Harmony)

개념	색상환에서 마주 보거나 거리가 먼 색끼리의 배색(색상 차 120도 이상)
효과	• 서로의 색을 강조하여 화려하고, 강렬하며 동적인 느낌을 줌 • 시각적 자극이 큼
유의점	자칫 어지럽거나 촌스러울 수 있으므로 면적 비례(70:25:5)를 조절하거나 분리 배색(Separation)을 사용하여 조화를 꾀해야 함
예시	빨강+청록(크리스마스), 노랑+남색(주목성)

3) 명도(Value)에 의한 배색

① 명도 단계(Key)에 따른 배색

• 고명도 배색(High Key)

정의	전체적으로 밝은 색조(N7 이상)끼리의 배색
효과	• 맑고, 깨끗하고, 경쾌하며 가벼운 느낌을 줌 • 여성적이고 유아적인 이미지 연출

• 중명도 배색(Middle Key)

정의	회색 기미가 도는 중간 밝기(N4~N6)의 배색
효과	• 차분하고 온화하며, 소박하고 안정적인 느낌을 줌 • 몽환적이거나 불분명한 이미지를 주기도 함

• 저명도 배색(Low Key)

정의	전체적으로 어두운 색조(N3 이하)끼리의 배색
효과	무겁고, 엄숙하며, 음침하거나 남성적인 중후함, 고급스러움을 줌

② 명도 차이(Contrast)에 따른 배색

• 명도 차가 큰 배색

정의	밝은 색과 어두운 색의 대비가 큰 배색
효과	• 윤곽이 뚜렷하고 명쾌하며(Crisp), 시각적 인지도가 높아 가독성이 좋음 • 예 검정 글씨+흰 종이

• 명도 차가 작은 배색

정의	밝기가 비슷한 색끼리의 배색
효과	• 경계가 모호하고 불분명하지만, 부드럽고 은은하며 신비로운 느낌을 줌 • 예 안개 낀 듯한 분위기

4) 채도(Chroma)에 의한 배색

① 고채도 배색(vivid)

정의	순색에 가까운 선명한 색끼리의 배색
효과	• 매우 화려하고, 활기차며, 자극적이고 강한 힘을 느끼게 함 • 예 스포츠웨어, 아동복

② 저채도 배색(dull/grayish)

정의	무채색이 많이 섞인 탁한 색끼리의 배색
효과	• 수수하고, 소박하며, 차분하고 침착한 느낌을 줌 • 성숙하고 우아한 이미지 연출

③ 채도 차가 큰 배색

정의	선명한 색과 탁한 색의 대비
효과	• 탁한 색을 배경으로 선명한 색을 사용하면, 선명한 색이 더욱 돋보이며 강조(Accent)되는 효과가 있음 • 예 회색 배경에 빨간 점

07 주조색, 보조색, 강조색의 의미 및 선정

1) 색의 3속성(Three Attributes of Color) 이해

• 배색 계획(Color Planning)의 성패는 색의 3속성에 대한 이해와 이를 바탕으로 한 면적 비례의 균형에 달려 있다.
• 색채학자 그라스만이 처음 도입한 개념으로, 인간의 눈은 약 60만 가지의 색을 구분할 수 있다.
• 배색을 위해서는 색상, 명도, 채도의 속성을 정확히 분석하고 적용해야 한다.

▲ 고채도 배색

▲ 저채도 배색

⚑ 선생님의 노하우

배색의 감정 효과 총정리
시험에서 다음의 연결 관계를 묻는 문제가 100% 출제됩니다.
• **명도=무게감** : 밝으면 가볍고(Light), 어두우면 무거움(Heavy)
• **채도=경연감** : 선명하면 딱딱하고(Hard), 탁하면 부드러움(Soft)
• **색상=온도감** : 난색은 따뜻하고(Warm), 한색은 차가움(Cool)
이 3가지 기준(무게, 경연, 온도)만 확실히 잡으면 배색의 감정 문제는 모두 풀 수 있습니다!

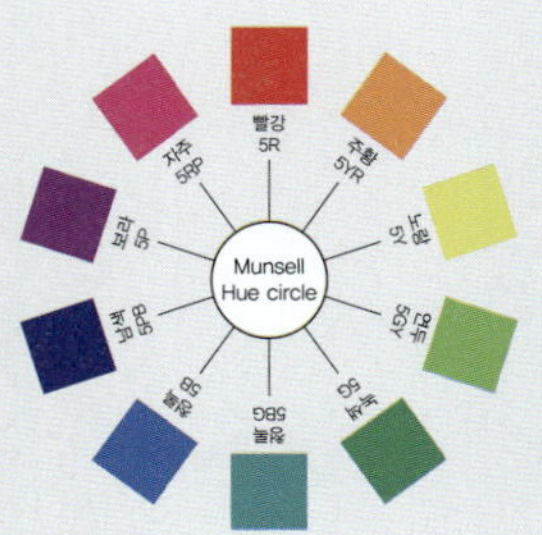

▲ 색상환

▲ 그레이스케일

① 색상(Hue)

정의	• 빨강, 노랑, 파랑 등 유채색을 서로 구별하는 기준이 되는 속성 • 사람은 약 100가지 정도의 색상을 구별할 수 있음
특징 및 체계	• 색상환 : 색상의 변화를 고리 모양으로 배열한 것 • 먼셀(Munsell)의 표색계 : 빨강(R), 노랑(Y), 초록(G), 파랑(B), 보라(P)의 5가지 주요색과 그 사이의 중간색(YR, GY, BG, PB, RP)을 합쳐 총 10가지 기본색 지정

② 명도(Value)

정의	• 물체의 밝고 어두운 정도를 나타내는 속성 • 명도의 단계는 '그레이스케일(Gray Scale)'로 표현
특징	색의 3속성 중 인간의 눈에 가장 민감한 속성으로 약 200단계를 구분

③ 채도(Chroma)

정의	• 색의 순도(Purity) 또는 포화도를 나타내는 속성(맑고 탁한 정도) • 무채색이나 다른 색이 섞일수록 채도는 떨어짐
특징	사람은 약 20~30단계 정도의 채도를 구분할 수 있음

2) 배색의 3요소와 면적 비례(Color Hierarchy)

• 색채계획 시 가장 중요한 것은 '어떤 색을 얼마나 넓게 쓸 것인가'이다.
• 배색의 비율 계획을 위해 주조색, 보조색, 강조색의 역할과 비율을 엄격히 구분해야 한다.
• 배색 3요소의 역할 및 특징

구분	영문	권장 비율	핵심 역할 및 선정 기준
주조색	Dominant Color (Base Color)	70~75%	• 배경색 : 전체 면적의 가장 큰 비중을 차지함 • 이미지 결정 : 배색 전체의 분위기와 느낌을 좌우함 • 선정 시 재료, 대상, 목적 등을 고려해야 함
보조색	Assort Color (Sub Color)	20~25%	• 보완색 : 주조색 다음으로 넓은 면적을 차지하는 색 • 가교 역할 : 주조색과 유사한 색상 및 톤을 사용하여 보완 • 배색 전체에 리듬감을 부여
강조색	Accent Color	5~10%	• 포인트 : 시선을 집중시키는 역할을 함 • 활력 부여 : 전체 배색이 지루하지 않게 활력을 불어넣음 • 주조색/보조색과 대비되는 색상, 명도, 채도를 사용하여 명시도를 높임

▲ 주조색, 강조색, 보조색

01 빛과 색

1) 색(Color)의 정의 및 구분

① 색의 정의 및 구분

색	• 색은 일반적으로 빛(가시광선)이 시각을 자극하여 나타나는 감각/지각 현상을 의미 • 빛(물리적 자극)이 물체에 비치어 반사, 흡수, 투과, 굴절, 분해 등의 과정을 통해 인간의 눈을 자극하여 시각적으로 지각되는 현상
색채	물리적 현상뿐만 아니라 생리적·심리적 현상에 의해 성립되는 시감각(Visual Sensation)을 말함(색보다 포괄적 개념)

② 색의 물리적 개념

• 색의 물리적 근거는 가시광선(빛)이며, 빛은 전자기파의 한 종류이며 에너지 전달 현상이다.
• 가시광선(Visible Light) : 파장이 380~780nm인 영역으로, 인간의 눈으로 지각할 수 있는 빛이다. 자외선·적외선도 전자기파로서 '빛'에 포함되지만, 인간의 눈에는 보이지 않는 비가시광선이다.

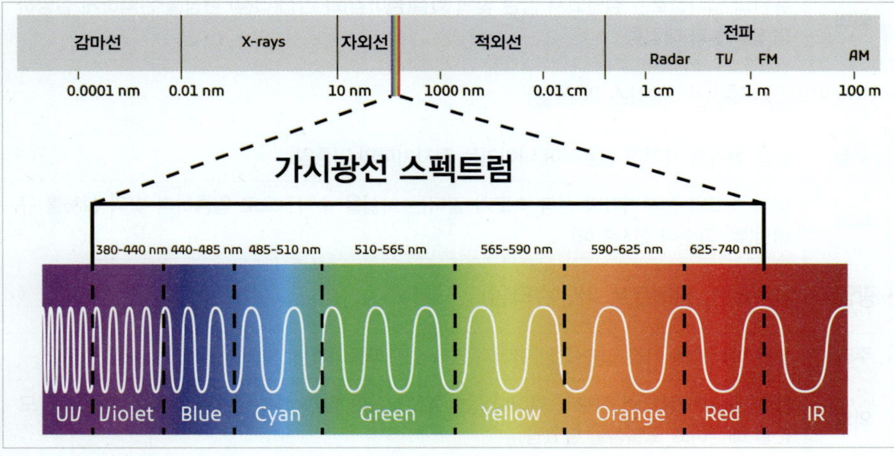

③ 색지각의 3요소

광원, 눈, 물체 중 하나라도 없으면 색을 인식할 수 없다.

광원(Light Source)	• 태양(자연광), 형광등, 촛불 등 스스로 빛을 내는 원천(자극원) • 빛이 있어야 반사/흡수 과정을 거쳐 지각됨
눈(Subject)	• 빛을 받아들여 지각하는 감각 기관 • 눈의 특성에 따라 색을 다르게 지각할 수 있음
물체(Object)	• 빛을 반사, 흡수, 투과시키는 대상 • 물체 고유의 특성에 따라 반사율이 다르며, 자신(물체색)과 같은 파장은 반사하고 나머지 파장은 흡수함

선생님의 노하우

색수차(Chromatic Aberration)

파장에 따른 굴절률의 차이로 인해 색상마다 눈 속에서 초점이 맺히는 거리가 달라지는 현상을 말합니다(단파장은 앞쪽에, 장파장은 뒤쪽에 맺힘).

선생님의 노하우

파장의 단위

파장의 단위는 마이크로미터(μm)보다 더 작은 단위를 사용합니다.
• 1nm(나노미터) : 10억 분의 1미터
• 1Å(옹스트롬) : 100억 분의 1미터
• 환산 : 1nm=10Å

선생님의 노하우

적외방사(Infrared Radiation)

파장이 780nm～1mm(1,000,000nm) 범위인 방사선입니다. 가시광선보다 파장이 길어 눈에 보이지 않으며, 강한 열작용을 하는 것이 특징입니다. 주로 가열, 건조, 적외선 촬영, 물리치료 등에 응용됩니다.

④ 빛의 스펙트럼

정의	• 눈을 자극하여 시각을 일으키는 물리적 원인이자 시지각의 내용 • 전자기적 진동(전자기파)의 일종
범위	• 좁은 의미 : 파장 380~780nm인 가시광선 • 넓은 의미 : 자외선, 적외선을 포함한 전자파 전체

⑤ **빛의 본질에 대한 학설** 빈출 4회

- 빛이 도대체 무엇인지 밝혀내기 위한 과학자들의 치열한 논쟁과 이론 발전 과정입니다.
- 시대순(뉴턴 → 하위헌스 → 맥스웰 → 아인슈타인)으로 흐름을 잡는 것이 중요합니다.
- 입자설(1669년, 아이작 뉴턴)

주장	빛은 에너지 입자(알갱이)의 흐름이며, 그 입자가 눈에 들어가 색 감각을 일으킴
의의	빛의 직진성과 반사 성질은 명쾌하게 설명했지만, 빛이 겹쳐질 때 일어나는 간섭이나 회절 현상을 설명하는 데는 한계가 있었음(당시엔 뉴턴의 권위 때문에 정설로 받아들여짐)

- 파동설(1678년, 크리스티안 하위헌스)

주장	빛은 소리처럼 매질을 통해 전파되는 파동(물결)임
의의	뉴턴의 입자설로는 설명되지 않던 빛의 회절(돌아감)과 간섭(겹침) 현상을 완벽하게 설명하며 입자설과 대립함

- 전자기파설(1865년, 제임스 맥스웰)

주장	빛은 전기와 자기가 진동하며 나아가는 전자기파의 일종임
의의	빛의 속도와 전자기파의 전파 속도가 같다는 사실을 수학적으로 입증하며 빛의 실체를 규명함(빛=고주파 전자기파)

- 광양자설(1905년, 알베르트 아인슈타인)

주장	빛은 에너지를 가진 입자(광양자)이자 연속적인 파동이라는 '빛의 이중성'을 가짐
의의	빛이 금속에 닿으면 전자가 튀어나오는 광전효과를 입증하여, 입자설과 파동설의 오랜 모순을 해결하고 노벨상을 받았음

⑥ **뉴턴의 분광 실험과 가시광선(Visible Light)** 빈출 12회

- 빛을 과학적으로 분석하여 색의 본질을 밝혀낸 중요한 부분이다.
- 뉴턴의 분광 실험
  - 1666년에 아이작 뉴턴(Isaac Newton)은 빛의 파장은 굴절하는 각도가 다르다는 성질을 발견하였다.
  - 암실에서 작은 구멍으로 들어온 백색광(태양광)을 프리즘(Prism)에 통과시켜, 굴절률이 작은 것부터 빨강, 주황, 노랑, 초록, 파랑, 남색, 보라의 순서로 분광되는 것을 밝혔다.

- 스펙트럼(Spectrum)
  - 굴절률이 작은 장파장의 붉은색 계열부터 굴절률이 높은 단파장의 푸른빛까지 여러 가지 파장 영역으로 나뉘어 보이는 색의 띠를 스펙트럼이라고 한다.
  - 각 파장이 얼마의 에너지를 가지는가를 나타낸 것을 분광 분포라고 한다.
- **가시광선의 파장 영역별 특성**

정의	• 빛 : 전자파라고 불리는 에너지의 일종으로, 우리 눈으로 들어와 여러 가지 색채 감각을 일으키는 에너지 • 전자파 : 파동의 성질을 갖고 있는데, 그중 파장 영역이 380~780nm인 부분만이 색채 감각을 가진다고 하여 이를 가시광선(Visible Light)이라고 부름
영역 구분	• 가시광선은 크게 장파장, 중파장, 단파장으로 나뉨 • 가시광선에서 380nm보다 짧은 파장 영역은 자외선(UV)이고 780nm보다 긴 파장 영역은 적외선(IR)이며, 이는 인간의 눈으로 보이지 않는 영역임

- **가시광선 영역과 특징**

가시광선 영역	파장	광원색	빛의 성질
장파장	620~780nm	빨강	굴절률이 작으며 산란이 어려움
	590~620nm	주황	
중파장	570~590nm	노랑	가장 밝게 느껴짐
	500~570nm	초록	
단파장	450~500nm	파랑	굴절률이 크며 산란이 쉬움
	380~450nm	보라	

⑦ 분광 분포 곡선
- 분광 분포란 색광에 포함되어 있는 스펙트럼의 비율로서, 파장별 상대치(에너지 세기)와 파장의 관계를 나타낸 것이다.
- 분광률은 빛의 반사와 투과에 의한 물체색을 설명하는 데 사용되며, 이를 그래프로 나타낸 것이 분광 분포 곡선이다.

2) 광원색과 물체색

독일 심리학자 카츠(David Katz)는 현상학적 관찰을 통해 지각색을 11가지로 분류하였다.

① 광원색(Illuminant Color) 빈출 4회

- 태양, 전구, 네온사인, 백열등 등 스스로 빛을 내는 물체의 색이다.
- 고유색에 영향을 주기도 하며 그 자체가 지닌 빛의 색을 의미한다.

② 물체색(Object Color)

- 물체 표면에서 반사 또는 투과된 빛의 색으로, 그 물체가 가지고 있는 것처럼 보이는 색이다.
- 대부분의 사물은 스스로 빛을 내지 못하고 빛을 받아 반사, 투과, 흡수에 의해 색이 결정된다.

▲ 표면색과 면색

③ **면색/평면색(Film Color)** 빈출 8회
- 개구색이라고도 하며, 인간의 색지각에 있어 순수하게 느끼는 색 자극이다.
- 하늘이나 작은 구멍을 통해 본 색처럼 구체적인 표면이나 재질감이 없고, 거리감이나 입체감이 없는 평면인 것처럼 느껴지는 색이다.

④ **표면색(Surface Color)**
- 불투명한 물체의 표면에 속하여 물체 자체를 구성하는 것처럼 지각되는 색이다.
- 면색과 달리 거리감이 확실하게 지각되고, 표면의 재질(질감)과 형태가 느껴진다.

⑤ **공간색/용적색(Volume Color)** 빈출 8회
- 투명한 물체의 내부에서 3차원적인 부피감(두께감)이 느껴지는 색(例 유리컵에 담긴 포도주, 투명한 물속, 젤리 등)이다.

⑥ **경영색/거울색(Mirrored Color)** 빈출 5회
- 거울이나 잘 닦인 금속처럼 광택이 나는 매끄러운 표면에 주변 사물이 비쳐 보이는 현상이다(완전 반사).
- 표면 자체의 색보다는 비춰진 상의 색이 지각된다.

⑦ **투과색(Transmission Color)**
빛이 투명한 물체(例 셀로판지, 스테인드글라스)를 통과하여 나타나는 색이다.

⑧ **광택(Luster)**
- 빛이 표면에서 부분적으로 반사될 때 나타나는 현상으로, 사물에 결부되어 나타난다.
- 부분적인 반사광이 표면색보다 밝아서 표면의 지각을 방해하는 것처럼 느껴지기도 한다.

⑨ **광휘(Luminosity)**
암실에서 반투명 유리나 종이 안쪽에서 강한 빛을 비출 때처럼, 같은 조명 아래의 하양보다 더 밝게 느껴지는 빛(例 촛불, 불꽃의 바깥면)이다.

⑩ **작열(Glow)**
태양이나 용광로처럼 내부에서부터 빛이 이글거리는 듯한 빛의 출현 방식이다.

3) 색채 현상(빛의 성질) – 빛의 7가지 성질과 현상 빈출 12회
가시광선(빛)이 물체에 닿았을 때 흡수, 반사, 투과되면서 나타나는 다양한 물리적 현상이다.

① **빛의 반사(Reflection)**
- 인간이 지각하는 빛의 대부분은 물체에 의해 반사된 것이다.
- 물체 표면에 비친 빛 중에서 반사되는 빛의 백분율을 반사율이라고 한다.
- 물체의 색은 표면의 반사율에 따라 결정된다.

빛이 85% 이상 반사되면	흰색(White)을 띠게 됨
빛이 3% 미만 반사되면	검은색(Black)을 띠게 됨
특정 파장을 선별적으로 반사하면	유채색을 띠게 됨

② 빛의 흡수(Absorption)

- 빛이 물체에 닿으면 특정 파장의 반사와 흡수 정도에 따라 색이 결정된다.
- 바나나가 노란색으로 보이는 것은 바나나가 노란색 외의 빛들은 흡수하고 노란빛만 반사하기 때문이다.
- 빛은 물체에 닿으면 일부는 흡수되어 열로 변하는데 흑체(Black Body)는 입사하는 복사선을 모든 파장에 걸쳐 완전히 흡수하는 가장 이상적인 물체이다.

③ 빛의 투과(Permeability)

- 빛이 물체(예 색유리, 셀로판지, 플라스틱, 선팅, 신호등, 색안경 등)를 통과하여 나가는 현상으로, 그 빛의 색을 투과색이라 한다.
- 파란색 선팅지의 경우, 파란색 파장 범위만 투과시키고 나머지 파장은 흡수하게 되는 원리이다.

④ 빛의 굴절(Refraction)

- 빛이 밀도가 다른 매질(공기 → 물 등)로 들어갈 때 빛의 파동이 진행 방향을 바꾸는(꺾이는) 현상(예 무지개, 아지랑이, 별의 반짝임 등)이다.
- 파장과의 관계 : 빛의 파장이 길면 굴절률이 낮고, 파장이 짧으면 굴절률이 높다.

⑤ 빛의 회절(Diffraction)

- 빛의 파동이 장애물의 뒤쪽(그림자 부분)으로 휘어져 돌아 들어가는 현상(예 금속, 유리, 곤충의 날개, 예리한 칼날, 콤팩트디스크(CD), 오팔(보석) 등)이다.
- 간섭과 산란의 두 가지 특성이 합쳐져서 일어난다.

⑥ 빛의 산란(Scattering)

- 빛의 파동이 대기 중의 미립자와 충돌하여 빛의 진행 방향이 여러 방향으로 분산되어 퍼져 나가는 현상이다.
- 태양의 빛은 대기 중의 질소나 산소 분자에 의해 산란된다.
- 예 새벽빛의 느낌, 낮의 태양 광선, 구름, 저녁노을, 파란 하늘 등 하루의 대기 변화를 느낄 수 있는 것과 관계가 있다.

⑦ 빛의 간섭(Interference)

- 빛의 파동이 잠시 둘로 나뉘었다가 다시 결합할 때, 동일점에서 빛의 진동이 중복되어 강해지거나 약해지는 현상이다.
- 막의 표면에서 반사한 빛이 서로 간섭하여 색을 만든다(예 비눗방울의 무지개색, 은비늘, 수면에 뜬 기름막, 전복 껍데기, 나비/공작새/벌새의 깃털).

02 색채 지각의 원리

1) 색채 지각의 정의

① 지각 과정의 포괄성

- 색채 지각은 단순히 빛(광원)이 물체에 반사되어 눈(망막)을 자극하는 물리적 현상에만 국한되지 않는다.
- 눈에서 수용된 정보가 시신경을 통해 뇌로 전달되어 생리적·심리적으로 해석되는 전 과정을 포함한다.

▲ 콤팩트디스크(CD)(빛의 회절)

▲ 저녁 노을(빛의 산란)

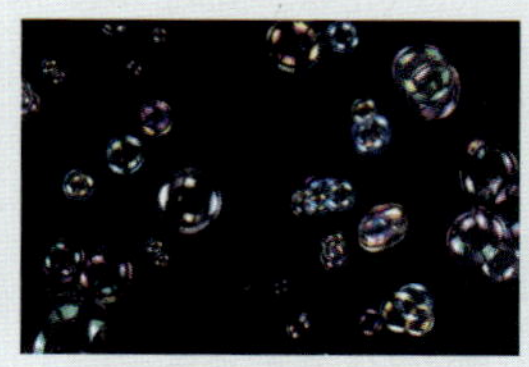

▲ 비눗방울 무지개색(빛의 간섭)

② 인간의 눈(Visual Organ)

- 눈은 뇌의 일부이자 시각 중추로 연결되는 감각 기관이다.
- 자신의 생리적 특성에 맞춰 색을 인식하며, 최종적으로 뇌에서 감각적 · 지각적 경험으로 변환된다.

2) 눈의 구조와 특성 빈출 4회

① 눈의 기본 구조

- 안구는 지름 약 24mm의 구형이다.
- 크게 외막, 중막, 내막의 3층 구조와 내부를 채우는 내용물로 구성된다.

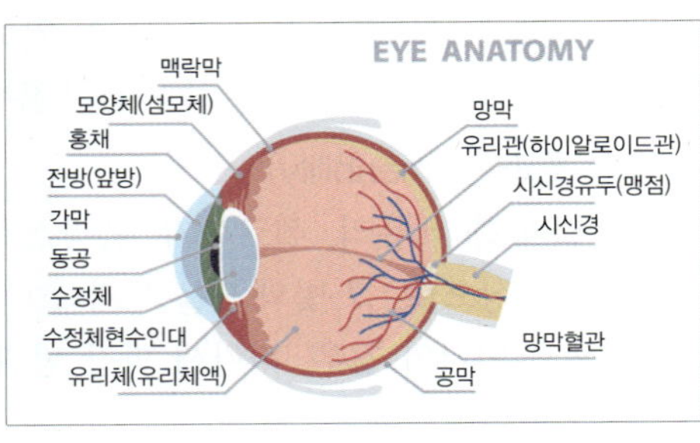

② 안구막의 분류

외막(Outer Coat)	• 안구의 가장 바깥쪽 막 • 예 각막(앞쪽 1/6, 투명), 공막(뒤쪽 5/6, 불투명한 흰자위)
중막(Middle Coat, 포도막)	• 혈관과 색소가 풍부한 중간층 • 예 맥락막(뒤쪽), 모양체(중간), 홍채(앞쪽)
내막(Inner Coat)	• 빛을 감지하는 신경층 • 예 망막(시세포 분포)

3) 눈의 세부 기관별 기능

① 외막 기관

- **각막(Cornea)** 빈출 2회

역할	• 빛이 눈으로 들어오는 제1관문 • 외부 광선을 1차로 굴절시켜 망막으로 전달하고 안구 보호
특징	• 약 1~1.2mm 두께의 무색투명한 막 • 혈관이 없어 공기 중의 산소를 직접 공급받음 • 투명하므로 밖에서 홍채나 동공을 들여다볼 수 있음 • 건조해지면 불투명한 유백색으로 변함

② 중막 기관(광량 및 초점 조절)

- **홍채(Iris)** 빈출 6회

역할	• 카메라의 조리개 역할 • 각막과 수정체 사이에 위치하여 동공의 크기를 조절함으로써 망막에 도달하는 빛의 양(광량)을 조절
기능	색상 결정 : 인종이나 개인별 멜라닌 색소의 양과 분포에 따라 눈동자 색(갈색, 청색 등)이 결정

• 동공(Pupil)

역할	• 빛이 들어가는 구멍(통로) • 홍채의 수축과 이완에 따라 크기가 변함
기능	명암 반응 – 밝은 곳(명순응) : 동공 수축(빛을 적게 받아들임) – 어두운 곳(암순응) : 동공 확장(빛을 많이 받아들임)
참고	한번 들어온 빛은 내부에서 반사되지 않고 흡수되므로 검게 보임

• 수정체(Lens)

역할	카메라의 렌즈 역할로 홍채 바로 뒤에 있는 양면이 볼록한 투명 조직
기능	원근 조절(조절 작용) : 두께를 변화시켜 망막에 정확한 상(초점)이 맺히게 함 – 근거리 : 수정체가 두꺼워짐 – 원거리 : 수정체가 얇아짐

• 모양체(Ciliary Body)

역할	맥락막과 홍채를 연결하는 직삼각형 모양의 조직
기능	'모양체근'이라는 근육을 통해 수정체의 두께를 조절하여 초점을 맞춤

• 맥락막(Choroid) 빈출 1회

역할	망막과 공막 사이의 중막. 혈관이 풍부하여 눈에 영양을 공급
기능	암실 효과 : 멜라닌 색소가 많아 외부 산란광을 차단하고, 안구 내부를 어둡게 유지하여 망막의 상을 명료하게 함(카메라의 어둠상자 역할)

③ 내막 및 기타 기관(상 맺힘 및 전달)

• 망막(Retina) 빈출 4회

역할	카메라의 필름 역할, 안구 가장 안쪽의 얇고 투명한 신경 조직
기능	• 상이 맺히는 곳으로 시신경 세포(광수용기)가 분포하여 빛 에너지를 전기적 신호로 변환해 뇌로 전달 • 광수용기 – 추상체(Cone) : 중심부 분포, 밝은 곳에서 색상과 형태 구별 – 간상체(Rod) : 주변부 분포, 어두운 곳에서 명암 구별(야간 시력)

• 중심와(Fovea) 빈출 6회

위치	망막의 중심부인 황반(Macula)의 한가운데 오목하게 들어간 부분
기능	• 시신경(주로 추상체)이 가장 밀집되어 있어 색각과 시력이 가장 뛰어남 • 물체를 응시할 때 상이 맺히는 정확한 초점 위치

눈 (Human Eye)	각막/수정체
	홍채
	망막
	눈꺼풀
	맥락막
카메라 (Camera)	렌즈
	조리개
	필름(디지털 센서)
	셔터/렌즈 캡
	어둠상자(본체 내벽)
핵심 기능	빛 굴절, 초점 조절
	광량 조절
	상 기록(상하좌우 반전됨)
	보호 및 차단
	난반사 방지(암실)

- **맹점(Blind Spot)** 빈출 4회

위치	중심와에서 약 15~20도 코 쪽(비측)으로 치우친 곳
특징	• 시신경 유두라고도 함 • 시신경 다발이 뇌로 나가는 통로이므로 시세포가 전혀 없기 때문에 이곳에 맺힌 상은 보이지 않음

- **유리체(Vitreous Body)** 빈출 2회

위치	수정체와 망막 사이를 채우는 젤리 형태의 투명한 물질(안구 부피의 3/5 차지)
기능	안구의 형태(구형)와 안압을 유지하며, 망막을 안구 벽에 고정시킴

④ **시세포(Visual Cell)의 종류와 기능** 빈출 10회

- 개요

정의	망막에 존재하며 빛의 자극을 받아들이는 눈의 1차 감각 세포
구조	감광 물질(빛에 반응하는 물질)을 함유하고 있으며, 형태에 따라 핵절, 내절, 외절로 구성
기능	망막에 맺힌 상을 뇌가 인식할 수 있는 전기적 신호로 변환하여 전달
분류	세포의 형상과 역할에 따라 간상체(Rod)와 추상체(Cone)로 나뉨

- 간상세포(Rod Cell, 막대세포)

분포	망막 주변부에 약 1억 2,000만 개가 넓게 퍼져 있음(중심와에는 없음)
기능	0.1lx 이하의 어두운 곳(암소시)에서 미세한 빛을 감지하여 명암을 판단함
특성	• 로돕신(Rhodopsin)이라는 시홍 물질을 함유하여 어둠 속에서 작용 • 색상은 구별하지 못하며, 507nm(단파장) 부근의 빛에 가장 민감함 • 포유류(야행성 동물)는 간상체가 발달하여 어둠 속에서 물체를 잘 식별함

- **추상세포(Cone Cell, 원추세포)** 빈출 8회

분포	망막의 중심부(중심와)에 약 650만 개가 밀집해 있음
기능	0.1lx 이상의 밝은 곳(명소시)에서 색상과 형태(해상도)를 정확히 판단
특성	요돕신(Iodopsin)을 함유하며, 555nm(장파장) 부근의 빛에 가장 민감함
종류 (3원색 감지)	파장 흡수율에 따라 3가지로 나뉨 – L–추상체(Red) : 장파장(558nm) 감지(비율 약 40) – M–추상체(Green) : 중파장(531nm) 감지(비율 약 20) – S–추상체(Blue) : 단파장(419nm) 감지(비율 약 1)

- **시감도(Luminosity Factor)** 빈출 2회

정의	인간이 지각하는 밝기의 감각이 빛의 파장에 따라 달라지는 정도(비율)
최대 시감도	• 명소시(낮) : 555nm(연두색)에서 가장 밝게 보임 • 암소시(밤) : 507nm(초록/청록색)에서 가장 밝게 보임
시감도 곡선	가로축에 파장, 세로축에 시감도를 표시하면 산 모양의 곡선이 됨

▲ 간상체의 기능

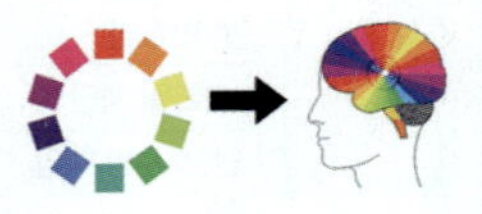

▲ 추상체의 기능

선생님의 노하우

간상체 vs 추상체, 이것만 외우면 끝!
- 간상체 : 밤(암소시), 로돕신, 507nm, 주변부
- 추상체 : 색(명소시), 요돕신, 555nm, 중심부

⑤ **색각이상(Color Vision Defect)** 빈출 3회

• 개요

정의	빛의 파장을 분별하는 감각(색각)에 문제가 생긴 상태
원인	대부분 선천적(유전)이나, 드물게 망막/시신경 질환으로 후천적으로 발생
기전	색채 지각 요소인 추상체의 기능이 없거나(색맹), 약해서(색약) 발생

• 주요 유형

색각이상 현상	내용
색맹(Color Blindness)	• 대부분 선천적이나 드물게는 망막 질환이나 시신경 질환의 경우에 나타나기도 함 • 색맹은 전색맹과 부분색맹으로 구분하며 부분색맹은 적록색맹과 청황색맹으로 나뉘고 적록색맹은 다시 적색맹과 초록색맹으로 나뉨
전색맹(全色盲)	• 추상체가 전혀 기능하지 못해 모든 색을 전혀 구별할 수 없는 색각이상자를 말하며, 명암이나 농담만을 구별할 수 있는 정도 • 색을 구별하지 못해 모두 흑백으로 보며, 정상인이 노란색을 가장 밝게 느끼는 데 비해 초록색을 가장 밝게 느끼며 적색을 어둡게 느낌
적록색맹(赤綠色盲)	• 일반적으로 적록색맹이 가장 많음 • 빨간색과 초록색이 회색으로 보이는 것
청황색맹(靑黃色盲)	파란색과 노란색이 회색으로 보이는 것
색약(色弱)	채도가 낮은 경우 색채를 구별할 수 없지만, 고채도의 선명한 색채는 다소 구별할 수 있음

• **달토니즘(Daltonism)** 빈출 4회

- 영국의 화학자 돌턴(Dalton)이 자신의 선천색맹을 연구하여 붙여진 이름이다.
- 주로 적록색맹을 지칭하며, 색을 인식하는 추상체 이상으로 색의 인식이나 식별이 어려운 상태를 말한다.
- L추상체(적색)와 M추상체(초록) 추상체의 이상 현상이다.

• 고령화에 따른 색각의 변화

색각의 변화	내용
수정체 혼탁 현상	• 자외선의 영향으로 인한 수정체 광선 통과의 장애 • 황갈색 필터를 끼운 것처럼 색소가 침착되는 현상 • 전체적으로 어둡게 보이고 푸른색의 대상물이 뚜렷하게 보이지 않음
백내장(Cataract)	수정체의 세포가 오랜 기간에 걸쳐 자외선을 흡수하여 백탁화 · 투명성을 상실하게 되므로 광선이 잘 통과되지 않아 시력 감퇴
녹내장(Glaucoma)	• 안구의 안압이 높아져 시신경의 장애로 시력이 약해지는 현상 • 안압의 정상값이 15~20mmHg인데, 그것이 병적으로 진행되게 되면 동공 안쪽이 초록으로 보임
노령 감소 분열	• 동공의 확장이 점점 좁아지는 현상 • 어두운 곳에서 잘 보지 못함 • 동공에 관여하는 세포의 수가 감소함에 따라 반응이 느려져서 생기는 현상

⑥ 순응(Adaptation)

· 정의 : 조명 조건(밝기)이나 색광에 따라 눈의 민감도(감수성)가 변화하여 환경에 적응하는 현상이다. 빛이 있을 때 추상체만 활동하는 명소시, 빛이 없을 때 간상체만 활동하는 암소시가 된다.

· **명순응(Light Adaptation)** 빈출 6회

현상	어두운 곳 → 밝은 곳으로 나갈 때, 눈부심을 느끼다가 곧 잘 보게 되는 현상
특징	· 추상체가 활동을 시작하며 민감도가 증가함 · 소요 시간은 1~2초 정도로 매우 빠름
명소시 (Photopic Vision)	10lx 이상의 밝은 곳에서 추상체가 활동하여 색상, 형태, 명암을 모두 정확히 구별하는 상태

· **암순응(Dark Adaptation)** 빈출 2회

현상	밝은 곳 → 어두운 곳으로 들어갈 때, 처음엔 안 보이다가 서서히 보이게 되는 현상
특징	· 간상체가 활동하며 로돕신이 재합성되는 과정이 필요함 · 소요 시간은 약 30분 정도로 느림
명소시 (Photopic Vision)	0.01lx(10^{-2}lx) 이하의 어두운 곳에서 간상체만 활동하여 색은 구분 못 하고 명암과 희미한 형태만 식별하는 상태

· **박명시(Mesopic Vision)** 빈출 4회

현상	명소시와 암소시의 중간 밝기 상태
특징	· 추상체와 간상체가 동시에 활동하지만, 시력과 색 식별력이 모두 떨어짐 · 해 질 녘이 푸르킨예 현상이 가장 잘 나타나는 시기이며, 최대 시감도는 555~507nm 사이가 되는데 이때는 파란색이 상대적으로 밝고 선명하게 보임

· **색순응(Chromatic Adaptation)**

정의	· 특정 색을 오래 보면 그 색에 순응되어 감각이 무뎌지는 현상 · 예 선글라스를 끼고 있으면 나중엔 색을 못 느끼고 원래 색으로 보임
효과	조명 색이 바뀌어도 물체 고유의 색을 유지해 보이게 하는 색의 항상성의 기초가 됨

⑦ **색의 항상성(Color Constancy)** 빈출 10회

정의	광원의 강도나 색상이 변하여 물체의 분광 반사율이 물리적으로 달라졌음에도, 물체의 색을 본래의 색(기억색)과 동일하게 지각하는 현상
원리	인간의 뇌가 광원의 변화를 무의식적으로 추론하고 보정하여 인식하기 때문임
예시	· 붉은 노을(적색광) 아래서 사과를 볼 때, 물리적으로는 사과가 붉은빛을 더 많이 반사하지만 우리는 여전히 그 사과를 '빨간색'으로 인지함 · 흰 종이를 어두운 곳에서 봐도 '하양'으로 인지하는 것도 같은 원리
특징	· 주변 환경이 달라져도 대상의 고유한 색채를 유지하려는 시각의 보존 성질 · 심리적 상태가 동일하다면 주변 환경 변화에 영향을 덜 받음

⑧ 색의 연색성과 조건등색 ^{빈출 2회}

• 연색성(Color Rendering)

정의	조명(광원)이 물체의 색감 결정에 영향을 미치는 성질
특징	동일한 물체라도 백열등, 형광등, 태양광 등 어떤 광원 아래에 있느냐에 따라 색이 다르게 보임
기준	기준 광원(자연광)과 비슷할수록 연색성이 좋다고 하며, 연색 지수(Ra)가 100에 가까울수록 자연색에 가깝게 보임
활용	정육점에서 고기를 신선해 보이게 하려고 붉은 조명을 사용하는 것은 연색성 효과를 이용한 것

• 조건등색(Metamerism)

정의	물리적인 분광 분포(스펙트럼)가 서로 다른 두 색이, 특정한 광원 아래에서는 시각적으로 같은 색으로 보이는 현상
주의점	• 특정 조명 아래서는 색이 일치(Matching)하더라도, 조명이 바뀌면 다시 다른 색으로 보일 수 있음 • 산업 현장의 조색(Color Matching) 과정에서 반드시 고려해야 함

⑨ 색채 지각 효과

• 푸르킨예 현상(Purkinje Phenomenon) ^{빈출 12회}

정의	체코의 생리학자 푸르킨예가 발견한 것으로, 명소시(낮)에서 암소시(밤)로 이동하는 박명시 단계에서 시감도(민감도) 변화로 인해 색의 밝기가 다르게 보이는 현상
원리	시세포가 추상체(장파장 민감)에서 간상체(단파장 민감)로 전환되면서 발생
현상	• 명소시 : 장파장(빨강, 주황)이 밝고 선명하게 보임 • 암소시 : 단파장(파랑, 청록)이 상대적으로 더 밝고 선명하게 보임
결과	• 해 질 녘이 되면 빨간 꽃은 먼저 어두워져 검게 보이고, 파란 꽃은 끝까지 밝게 보임 • 색이 사라지는 순서는 빨강, 주황, 노랑, 초록, 파랑, 보라의 순이며 색이 보이는 순서는 반대가 됨 • 인간의 최대 시감도는 507~555nm 사이가 됨

▲ 푸르킨예 현상 – 명소시

▲ 푸르킨예 현상 – 박명시

• 베졸트–브뤼케 현상(Bezold–Brücke Effect) ^{빈출 5회}

정의	빛의 세기(강도)가 변하면 색의 색상(Hue)이 다르게 보이는 현상
현상	• 빛의 강도가 높아지면(더 밝아지면) 대부분의 색은 노랑(Yellow)이나 파랑(Blue) 방향으로 색상이 치우쳐 보임 • 장파장(빨강, 연두)은 노랑 쪽으로, 단파장(보라)은 파랑 쪽으로 보이게 됨
불변 색상 (Invariant Hues)	• 빛의 세기가 변해도 색상이 변하지 않고 일정하게 보이는 특정 파장이 있음 • 예 478nm(파랑) – 503nm(초록) – 572nm(노랑)

- 베졸트 효과(Bezold Effect)

정의	색을 직접 섞지 않고 색점이나 선을 인접하게 배치(병치 혼색)했을 때, 그 색들이 시각적으로 혼합되어 전체적인 색조가 변해 보이는 현상
동의어	동화 효과, 줄눈 효과, 전파 효과
예시	빨간 바탕에 하양 줄무늬를 넣으면 전체적으로 핑크빛이 감돌아 보이고, 검은 줄무늬를 넣으면 어두운 적색으로 보임

- 애브니 효과(Abney Effect) 빈출 4회

정의	색의 순도(채도)가 변하면 색상도 다르게 지각되는 현상
내용	단색광(유채색)에 백색광(무채색)을 섞어 채도를 낮추면, 파장은 변하지 않았어도 우리 눈에는 색상이 이동한 것처럼(색이 변한 것처럼) 보임

- 리프만 효과(Liebmann's Effect) 빈출 2회

정의	배경색과 도형색의 색상 차이는 크지만 명도 차이가 거의 없을 때, 경계가 흐릿해지고 형태가 불분명하게 보이는 현상
특징	'멜팅(Melting) 현상'이라고도 하며, 가독성이 떨어지므로 안전 표지판 등에는 사용을 피해야 함

▲ 리프만 효과

- 색음 현상(Colored Shadow) 빈출 12회

정의	괴테가 발견하여 '괴테 현상'이라고도 하며, 유채색 조명을 물체에 비췄을 때 생기는 그림자가 조명색의 보색을 띠는 현상
예시	붉은색 조명 아래서 생긴 그림자는 청록색(보색) 기운을 띰

▲ 색음 현상

- 페흐너 효과(Fechner's Effect) 빈출 4회

정의	• 백(무채색)의 패턴이 고속으로 회전하거나 점멸할 때 옅은 유채색이 보이는 주관적 색채 현상 • 벤함이 상품으로 개발하여 벤함의 팽이라고도 함

▲ 페흐너 효과

- 기타 주요 효과

베너리 효과 (Benery Effect)	동일한 회색이라도 검은색 형상 내부에 있는 것이 하양 배경에 있는 것보다 밝게 보이는 현상(명도 대비)
헤르만 그리드 (Hermann Grid)	검은 사각형 사이의 하양 교차점에 회색 잔상이 보이는 현상(측억제 작용)
스티븐스 효과 (Stevens Effect) 빈출 2회	조명(밝기)이 밝아질수록 명도 대비가 더 강하게 느껴지는(백은 더 희게, 흑은 더 검게) 현상
네온 컬러 효과	선의 색상이 주변으로 번져 나와 형광빛이 발광하는 듯한 착시
맥컬로 효과	특정 방향의 줄무늬에 순응된 후 방향에 따라 색 잔상이 다르게 나타나는 대뇌 피질성 잔상
면적 효과 빈출 2회	면적이 클수록 명도와 채도가 높아 보여 더 밝고 선명하게 느껴지는 현상

▲ 베너리 효과

▲ 헤르만 그리드

⑩ 색채 지각설(Color Perception Theory)

• 영 · 헬름홀츠의 3원색설(Tri−chromatic Theory) ^{빈출 6회}

주장	망막의 시세포에 적(Red), 녹(Green), 청(Blue)의 3가지 수용기가 존재하며, 이들의 흥분 비율에 따라 모든 색을 지각함
원리	물리적인 빛의 혼합(가산 혼합) 원리에 기초함 – 적+녹=황(Yellow), 적+청=마젠타(Magenta), 녹+청=시안(Cyan) – 3가지 모두 강하게 자극받으면 백색(White), 자극이 없으면 흑색(Black)
한계	혼색 현상은 잘 설명하지만, 대비 현상이나 음성 잔상(보색 잔상)은 설명하지 못함

• 헤링의 반대색설(Opponent Color Theory) ^{빈출 8회}

주장	망막에 3가지의 반대 대응 물질이 존재하며, 빛의 분해(이화)와 합성(동화) 작용으로 색을 지각
대응 관계(4원색설)	적(Red) ↔ 녹(Green), 황(Yellow) ↔ 청(Blue), 백(White) ↔ 흑(Black)
장점	• 보색 잔상, 동시 대비 등 심리적인 색채 현상을 명쾌하게 설명함 • 훗날 오스트발트 표색계(NCS 등)의 기초가 됨

• 혼합설(Zone Theory, 구역설)

내용	두 이론의 장점을 통합한 현대 색채학의 정설 – 망막(수용기) 단계 : 3원색설(영 · 헬름홀츠)이 맞음(빛을 받아들이는 단계) – 신경/뇌 전달 단계 : 반대색설(헤링)이 맞음(신호를 처리하고 인지하는 단계)
의의	에드워드 맥 니콜 등에 의해 입증됨

03 색채의 지각적 특성(대비, 동화, 잔상 등)

1) 색의 대비(Color Contrast) ^{빈출 2회}

① 개요

정의	배경과 주위에 있는 색의 영향으로 색의 성질(색상, 명도, 채도)이 변화되어 보이는 현상
특징	지속적으로 이어지기보다는 대부분 순간적으로 일어나며, 시간이 지남에 따라 그 정도가 약해짐
분류	• 동시 대비 : 두 개의 색을 동시에 볼 때 일어나는 공간적 대비 • 계시 대비 : 시간적 차이에 의해 일어나는 시간적 대비

② 동시 대비(Simultaneous Contrast) ^{빈출 10회}

정의	인접해 있는 두 가지 이상의 색을 동시에 볼 때, 서로의 영향으로 인해 색이 다르게 보이는 현상
조건	• 색차(색의 차이)가 클수록 강해짐 • 색과 색 사이의 거리가 가까울수록 강해짐(멀어지면 약해짐) • 계속해서 한 곳을 보면 눈의 피로도 때문에 대비 효과는 떨어짐

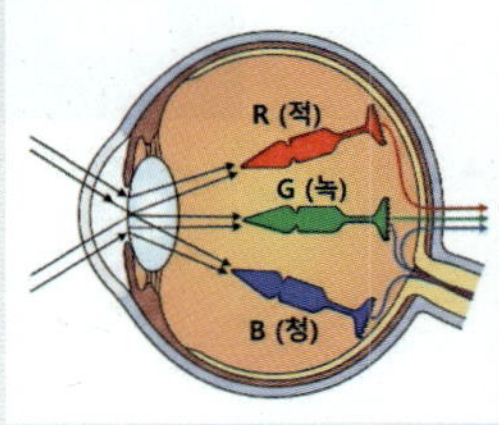

▲ 영 · 헬름홀츠의 3원색설

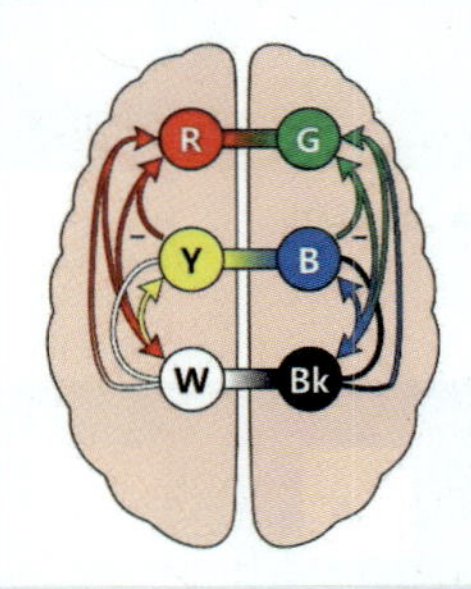

▲ 헤링의 반대색설

▲ 동시 대비

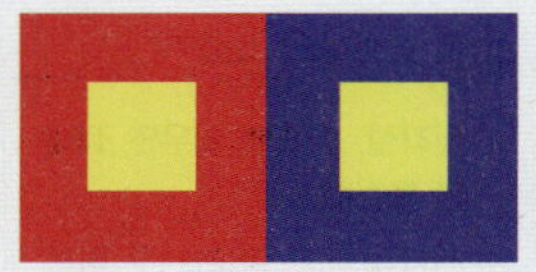

▲ 색상 대비

• 색상 대비(Color Contrast) _{빈출 8회}

정의	색상이 다른 두 색을 동시에 볼 때 각 색상의 차이가 크게 느껴지는 현상
특징	1차색끼리 잘 일어나며 2차색, 3차색이 될수록 대비 효과는 작아짐
예시	• 빨간색 배경 위의 주황색 → 노란색 빛을 띰 • 노란색 배경 위의 주황색 → 빨간색 빛을 띰
활용	교회 스테인드글라스, 마티스와 피카소의 회화 등에서 색의 상징을 극대화하기 위해 사용

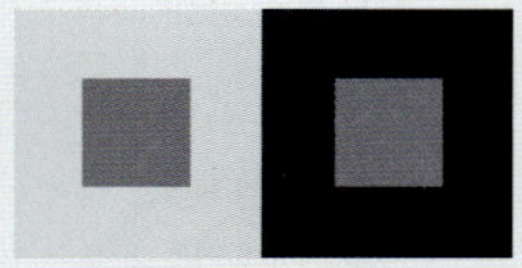

▲ 명도 대비

• 명도 대비(Luminosity Contrast) _{빈출 14회}

정의	명도가 다른 두 색이 대조되어 명도 차가 크게 보이는 현상
특징	• 명도가 높은 색(밝은 색) 옆의 색은 더 어둡게 보임 • 명도가 낮은 색(어두운 색) 옆의 색은 더 밝게 보임 • 유채색보다 무채색끼리의 대비에서 더욱 강하게 나타남
예시	검은색 배경 위의 회색(N5)이 하양 배경 위의 회색(N5)보다 밝아 보임(수묵화의 농담 조절)

▲ 채도 대비

• 채도 대비(Chromatic Contrast) _{빈출 6회}

정의	채도가 다른 두 색이 인접해 있을 때 서로의 영향으로 채도 차가 더욱 크게 일어나는 현상
특징	• 채도가 낮은 배경 위의 색은 더 선명해(채도가 높아) 보임 • 채도가 높은 배경 위의 색은 더 탁해(채도가 낮아) 보임 • 유채색과 무채색의 대비에서 가장 뚜렷하며, 무채색 사이에서는 일어나지 않음

▲ 보색 대비(반대 색상 배색)

• 보색 대비(Complementary Contrast) _{빈출 2회}

정의	보색 관계인 두 색을 인접시켰을 때, 서로의 채도를 높여주어 색이 더욱 뚜렷하고 선명하게 보이는 현상
특징	• 색의 대비 중에서 가장 강한 대비 • 잔상의 색이 상대편 색상과 겹쳐지며 채도를 높이기 때문임
보색의 종류	• 물리 보색 : 혼합했을 때 무채색(빛=백색, 물감=검정)이 되는 색 • 심리 보색 : 눈의 잔상에 의해 나타나는 보색(빨강 ↔ 청록, 파랑 ↔ 노랑)

• 연변 대비(Edge Contrast) _{빈출 6회}

정의	두 색이 맞닿은 경계 부분에서 색상, 명도, 채도의 대비가 경계로부터 멀리 떨어진 부분보다 더욱 강하게 일어나는 현상
특징	명도 단계별 배열(그러데이션)에서 잘 나타남
예시	• 연변 대비를 약화시키려면 두 색 사이에 무채색 테두리(Separation)를 두르면 됨 • 예 노트르담 대성당 스테인드글라스의 납선

③ 계시 대비(Successive Contrast) _{빈출 4회}

정의	어떤 색을 잠시 본 후 시간적인 차이를 두고 다른 색을 보았을 때, 먼저 본 색의 영향으로 나중에 본 색이 다르게 보이는 현상
특징	일정한 색 자극이 사라진 후에도 지속되는 음성적 잔상과 유사한 현상
예시	빨간색을 보다가 흰 종이를 보면 빨강의 보색인 청록색이 보임

④ 기타 대비
- 한난 대비(Contrast of Warm and Cool)

정의	서로의 영향으로 한색은 더 차갑게, 난색은 더 따뜻하게 느껴지는 현상
예시	• 난색 : 빨강, 주황, 노랑(장파장) • 한색 : 파랑, 남색, 청록(단파장) • 중성색 : 보라, 초록

- 면적 대비(Area Contrast) ^{빈출 6회}

정의	동일한 색이라도 면적이 크고 작음에 따라 색이 다르게 보이는 현상(양적 대비)
특징	• 면적이 크면 : 명도와 채도가 증가함(더 밝고 선명해 보임) • 면적이 작으면 : 명도와 채도가 감소함(더 어둡고 탁해 보임) • 건축물 등의 색 지정 시 면적에 의한 영향을 충분히 고려하여 색견본을 선택해야 함

▲ 면적 대비

2) 색의 동화(Color Assimilation)

① 동화 현상의 특성 ^{빈출 10회}

정의	대비 현상과 반대로, 인접한 색의 영향을 받아 그 색에 가까운 색(비슷한 색)으로 보이는 현상
조건	점이나 선이 가늘고 촘촘하거나, 관찰 거리가 멀어서 시각적으로 혼합될 때 발생
별칭	전파 효과, 혼색 효과, 줄눈 효과

- 베졸트 효과(Bezold Effect) ^{빈출 6회}

정의	베졸트가 발견한 대표적인 동화 현상
특징	양탄자 디자인에서 색을 직접 섞지 않고 색점이나 선을 배열(병치 혼색)함으로써 전체적인 색조를 변화시키는 효과
예시	• 회색 배경+검은색 선=배경이 어두워 보임 • 회색 배경+하양 선=배경이 밝아 보임

② 동화 현상의 종류 ^{빈출 2회}

명도 동화	하양 무늬가 있으면 전체적으로 밝아 보이고, 검정 무늬가 있으면 어두워 보임
색상 동화	• 인접한 색상 쪽으로 색이 기울어 보임 • 예 빨간 바탕에 노란 무늬 → 빨강이 주황빛을 띰
채도 동화	고채도 무늬가 있으면 바탕색도 선명해 보이고, 저채도 무늬가 있으면 탁해 보임

3) 색의 잔상(After Image) ^{빈출 12회}

① 개요

정의	• 어떤 색을 응시한 후 자극을 멈추어도, 망막의 피로 현상 등으로 인해 색의 감각이 계속 남아있는 현상 • 잔상은 짧은 시간에 이루어짐
구분	정의 잔상(양성)과 부의 잔상(음성)으로 나뉨

▲ 베졸트 효과

② **정의 잔상(양성 잔상)** ^{빈출 6회}

내용	자극이 없어져도 원래의 자극과 동일한 색상과 밝기의 상이 지속되는 현상
예시	어두운 곳에서 빨간 쥐불놀이를 돌리면 긴 빨간 원이 보이는 현상

③ **부의 잔상(음성 잔상)** ^{빈출 15회}

내용	원래의 감각과 반대되는 밝기나 색상(보색)이 보이는 현상
원리	망막의 시세포가 특정 색에 피로해져서 발생
예시	• 빨강을 보다가 흰 곳을 보면 청록색이 보임 • 수술실 의사 가운 : 붉은 혈액의 잔상(청록색)이 시야를 방해하는 것을 막기 위해 가운을 아예 청록색으로 입어 잔상을 중화시킴

04 색채의 감정적 효과(온도감, 중량감, 주목성 등)

1) 색의 감정 효과 개요

- 우리가 색을 지각할 때 단순히 시각적 정보로만 끝나는 것이 아니라, 색의 3속성(색상, 명도, 채도)에 따라 다양한 심리적 · 감정적 반응을 동반한다.
- 예 불의 색(빨강, 노랑)에서 따뜻함을, 물의 색(파랑)에서 차가움을 느끼는 공감각적 현상이 일어남

2) 색의 주요 감정 효과 ^{빈출 6회}

① 색의 온도감

정의	색채를 볼 때 따뜻하거나 차갑게 느껴지는 심리적 온도
구분	• 난색(Warm Color) : 따뜻하게 느껴지는 색(흥분색) • 한색(Cool Color) : 차갑게 느껴지는 색(진정색) • 중성색(Neutral Color) : 온도감이 뚜렷하지 않은 색

- 난색 ^{빈출 2회}

특징	빨강, 주황, 노랑 등 장파장 계열의 색상
효과	교감 신경을 자극하여 생리적인 촉진 및 흥분 작용을 일으킴
심리	팽창과 진출의 느낌을 주며, 느슨함과 여유를 느끼게 함
조건	고명도, 고채도일수록 더 따뜻함(단, 무채색은 검정 등 저명도가 더 따뜻하게 느껴짐)

- 한색

특징	청록, 파랑, 남색 등 단파장 계열의 색상
효과	심리적으로 가라앉히는 진정 작용을 함
심리	수축과 후퇴의 느낌을 주며 긴장감을 유도
조건	저명도, 저채도일수록 더 차가움(단, 무채색은 하양 등 고명도가 더 차갑게 느껴짐)

- **중성색** ^{빈출 6회}

정의	연두, 초록, 보라, 자주 등 난색과 한색에 속하지 않는 색
특징	주변 색의 영향에 따라 온도감이 변함
변화	• 명도가 높으면(밝으면) → 따뜻하게 느껴짐 • 명도가 낮으면(어두우면) → 차갑게 느껴짐
활용	채도가 높은 색들 사이에서 반발성을 완충시키는 역할을 함

② 색의 중량감 ^{빈출 4회}

정의	색에 따라 가볍거나 무겁게 느껴지는 정도
결정 요인	명도가 가장 큰 영향을 미침 – 가벼운 색 : 고명도(하양, 노랑 등), 위로 상승하는 느낌 – 무거운 색 : 저명도(검정, 남색 등), 아래로 가라앉는 느낌
순서(무거운 순)	검정 〉 파랑 〉 빨강 〉 보라 〉 주황 〉 초록 〉 하양

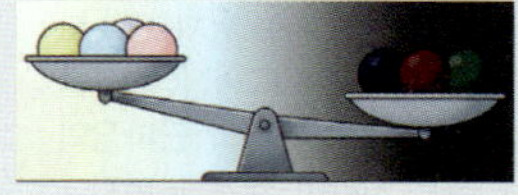

▲ 색의 중량감

③ 색의 경연감 ^{빈출 2회}

정의	시각적으로 딱딱하거나 부드럽게 느껴지는 성질
결정 요인	채도와 명도가 복합적으로 작용함 – 부드러운 색(Soft) : 난색 계열의 고명도 저채도(pale Tone, 파스텔톤)로 평온함과 안정감을 줌 – 딱딱한 색(Hard) : 한색 계열의 저명도 고채도(deep Tone)로 긴장감과 견고함을 줌

3) 색의 진출/후퇴, 팽창/수축, 흥분/진정

① 색의 진출과 후퇴 ^{빈출 10회}

정의	같은 거리에 있어도 색에 따라 더 가깝게(진출) 혹은 멀게(후퇴) 느껴지는 현상
원인	수정체의 자율 조절 및 색 파장에 따른 굴절률 차이(색수차) 때문
조건	• 진출색 : 난색, 고명도, 고채도, 유채색(앞으로 튀어나와 보임) • 후퇴색 : 한색, 저명도, 저채도, 무채색(뒤로 물러나 보임)

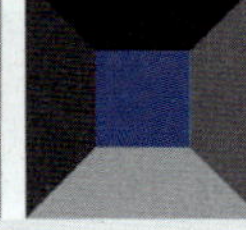

▲ 색의 진출과 후퇴

② 색의 팽창과 수축 ^{빈출 6회}

정의	실제 크기보다 더 크거나 작게 보이는 현상
결정 요인	명도의 영향이 가장 큼(명도 확산 현상) – 팽창색 : 고명도(밝은 색), 난색, 진출색(실제보다 커 보임) 예 검정 스타킹보다 하양 스타킹을 신으면 다리가 굵어 보임 – 수축색 : 저명도(어두운 색), 한색, 후퇴색(실제보다 작아 보임) 예 뚱뚱한 사람은 어두운색 옷을 입어야 날씬해 보임
활용	어두운 바탕에 밝은 글자를 쓰면 글자가 굵고 커 보여 가독성이 높아짐

▲ 색의 팽창과 수축

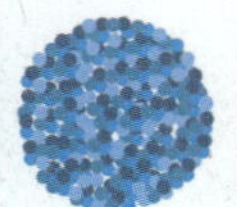
▲ 색의 흥분과 진정

색의 시간감과 속도감
난색 계열의 장파장의 색은 시간이 길게 느껴지고 속도감이 빠르게 느껴집니다. 반대로 한색 계열의 단파장의 색은 시간이 짧게 느껴지고 속도감이 느리게 느껴집니다.

③ 색의 흥분과 진정 빈출 6회

정의	색을 보았을 때 감정적으로 흥분되거나 차분해지는 효과
결정 요인	채도와 색상의 영향이 큼 – 흥분감 : 난색 계열의 고채도(선명한 빨강 등), 혈압과 맥박을 상승시킴 – 진정감 : 한색 계열의 저채도(탁한 파랑, 초록 등), 마음을 가라앉힘

④ 색의 화려함과 소박함 빈출 2회

정의	화려하거나 수수하게 느껴지는 성질
결정 요인	채도가 가장 큰 영향을 미침 – 화려함 : 고채도, 난색 – 소박함 : 저채도, 한색, 무채색

4) 주목성과 시인성

① 색의 주목성(Attractiveness)

정의	사람들의 시선을 끄는 힘. 눈에 확 띄는 성질
조건	고채도, 고명도, 난색(빨강, 주황, 노랑)이 주목성이 높음
특징	• 자극이 강한 색이 눈길을 끔 • 위험 표지판 등에 사용됨

색의 명시도
인간의 눈은 채도의 차(20단계 구분)보다 명도의 차(500단계 구분)를 더 세분되게 느끼기 때문에 같은 조건이라면 채도 차보다 명도 차가 클 때 명시도는 높아집니다.

② 색의 시인성(Visibility) 빈출 6회

정의	명시도, 가시성이라고도 하며, 대상이 배경과 구별되어 뚜렷하게 잘 보이는 정도를 뜻함
조건	• 명도 차이가 클수록 시인성이 높음 • 예 검정(저명도) 바탕에 노랑(고명도) 글씨(명도차 최대)
비교	채도 차이보다는 명도 차이가 시인성에 훨씬 큰 영향을 미침(눈은 명도차를 500단계, 채도차를 20단계 정도로 구분하기 때문)

주목성 vs 시인성, 헷갈리지 말자!
• 주목성 : "나 좀 봐줘!"(혼자서도 튀는 색, 예 빨강 스포츠카)
• 시인성 : "글씨가 잘 보여?"(배경과의 관계가 중요, 예 검정 바탕에 노랑 글씨)
교통 표지판은 시인성(잘 보여야 함)이 생명이고, 소화기는 주목성(눈에 띄어야 함)이 생명입니다.

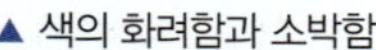
▲ 색의 화려함과 소박함

▲ 색의 주목성

▲ 색의 시인성

 계절색(Seasonal Color)

1) 봄(Spring)

이미지	만물이 소생하는 생명력, 새싹, 꽃봉오리
색채	명청색(Tint) 위주의 고명도 난색 계열
느낌	밝고, 희망차고, 따뜻하며, 부드럽고, 귀여운 느낌(Yellow base)

▲ 봄 이미지

2) 여름(Summer)

이미지	작열하는 태양, 시원한 바다, 무성한 녹음
색채	원색(vivid)의 강렬한 대비 또는 하양이 섞인 시원한 파스텔톤(Blue base)
느낌	시원하고, 청량하며, 강렬하고, 역동적이며 선명함이 가장 잘 어울림

▲ 여름 이미지

3) 가을(Autumn)

이미지	풍성한 수확, 단풍, 낙엽, 차분함
색채	탁색(Shade) 위주의 중·저명도 난색 계열(Brown, Deep Orange)
느낌	차분하고, 깊이 있고, 고전적(Classic)이며, 내추럴함

▲ 가을 이미지

4) 겨울(Winter)

이미지	눈, 얼음, 앙상한 나뭇가지, 크리스마스
색채	무채색(하양, 회색, 검정)과 차가운 한색, 또는 강렬한 대비
느낌	차갑고, 모던(Modern)하며, 도시적이고, 고요함

▲ 겨울 이미지

06 미술사 및 디자인사

1) 조형예술사(서양 미술의 흐름)

① 원시 미술(Primitive Art)

배경	생존을 위한 번식과 풍요를 기원하는 주술적, 종교적 신앙을 기초로 함
특징	사실적인 묘사보다는 대상을 단순화하거나 과장하여 표현
대표작	• 〈라스코 동굴 벽화(Lascaux)〉 : 남프랑스에서 발견된 최초의 벽화. 들소, 말, 사슴 등을 묘사했으며, 천연 안료(적갈색, 황토색, 검정, 백색) 4가지 색상을 사용 • 빌렌도르프의 〈비너스〉 : 여성의 인체(가슴, 배)를 과장하여 다산과 풍요를 기원하는 주술적 의미를 담은 조각상

▲ 원시미술–라스코 동굴 벽화

▲ 원시미술–빌렌도르프의 비너스

▲ 이집트–파피루스

② 이집트 양식(Egyptian Art)

배경	태양신 숭배 및 영혼 불멸 사상을 바탕으로 함(현세와 내세가 이어진다고 믿음)
특징	• 파라오(왕)의 영원한 영광을 위한 거대한 무덤(피라미드)과 신전을 축조 • 정면성의 원리 : 눈과 어깨는 정면, 머리와 팔다리는 측면으로 그리는 독특한 인체 표현법 사용 • 재료 : 파피루스(종이의 시초)에 기록을 남겼으며, 나일강 유역의 동식물에서 추출한 다양한 천연 안료 사용 • 화장 : 인류 최초로 '콜(Kohl)'이라는 안료를 사용해 주술적(악령 퇴치) 의미로 눈매를 진하게 그리는 화장법이 있었음

▲ 그리스–파르테논 신전

③ 그리스 양식(Greek Art)

배경	서양 문화의 모체이자 인간 중심 사상(Humanism)을 중요시
특징	• 조화와 균형 : 신전과 조각상에 이상적인 비례인 황금분할(Golden Section, 1:1.618)을 적용 • 색채 : 대리석의 흰색과 자연의 색이 주를 이루며, 단순하면서도 장엄하고 격조 높은 미를 추구
대표작	〈파르테논 신전〉 : 도리아 양식의 대표작

④ 로마 양식(Roman Art)

배경	그리스 미술을 계승하되 제국주의적 성향에 맞춰 훨씬 실용적이고 현실적인 문화를 발전시킴
특징	• 아치(Arch), 궁륭(Vault), 돔(Dome)구조를 개발하는 등 건축 기술이 발달 • 최초로 콘크리트를 사용하여 거대한 건축물을 축조함
대표작	• 〈콜로세움〉 : 세계 최대의 원형 경기장으로 현대 스타디움 디자인의 원형이 됨 • 〈폼페이 벽화〉 : 프레스코 및 모자이크 기법으로 당시의 화려한 생활상을 보여줌

▲ 로마–폼페이 벽화

▲ 로마–콜로세움

⑤ 중세 양식(Middle Age) 빈출 6회

배경	• 시대 : 로마 멸망 후 5~15세기까지 약 1,000년의 시기(암흑기) • 사상 : 인간 중심이 아닌 신(God) 중심의 기독교적 가치관이 지배하여 개성이나 창조성보다는 종교적 교리를 따름
특징	• 수직적 상승감 : 하늘(신)에 닿고자 하는 열망으로 높은 첨탑과 아치를 사용 • 스테인드글라스(Stained Glass) : 빛을 통해 천국과 성령의 신비로움을 연출하는 내부 장식을 중시 • 색채 : 계급과 신분의 위계에 따라 색 사용이 엄격히 결정됨
대표작	〈퀼른 대성당〉, 〈샤르트르 대성당〉, 〈비잔틴의 모자이크 벽화〉

▲ 중세–퀼른 대성당(고딕 양식)

▲ 중세–유스티니아누스 황제와 수행자들(모자이크 기법)

⑥ 르네상스 양식(Renaissance)

배경	신 중심에서 벗어나 인간성 회복(Humanism)과 고대 그리스 · 로마의 재현을 목표로 시작된 15세기 이탈리아에서 시작된 문예 부흥 운동
특징	• 과학적 기법 : 해부학에 기초한 인체 묘사, 투시도법에 의한 원근법, 명암법(스푸마토)이 발달 • 예술가 지위 상승 : 레오나르도 다빈치, 미켈란젤로, 라파엘로 등 3대 거장이 활동
대표작	〈모나리자〉, 〈최후의 만찬〉, 〈천지창조〉

▲ 르네상스-〈모나리자〉, 레오나르도 다빈치

▲ 르네상스-〈최후의 만찬〉, 레오나르도 다빈치

⑦ 바로크 양식(Baroque) 빈출 2회

배경	17~18세기에 유행한 왕권 중심의 예술
특징	• '일그러진 진주'라는 뜻의 어원(초기에는 과장되었다고 비하하는 의미) • 남성적 : 역동적이고 힘이 넘치며 규모가 웅장 • 명암 대비 : 빛과 어둠의 강렬한 대비를 통해 극적인 효과를 연출 • 장식성 : 화려하고 과장된 곡선과 장식을 사용
대표작	〈베르사유 궁전〉, 〈렘브란트와 루벤스의 회화〉

⑧ 로코코 양식(Rococo)

배경	18세기 프랑스 귀족 사회를 중심으로 유행
특징	• 조개껍데기 장식을 뜻하는 '로카유(Rocaille)'에서 유래 • 여성적 : 섬세하고 우아하며, 감각적이고 장식적(곡선미 강조) • 색채 : 파스텔 톤의 밝고 부드러운 색조(핑크, 연두 등)와 금색을 주로 사용 • 한계 : 귀족들의 사치와 향락을 위한 비실용적인 예술
대표작	〈퐁파두르 후작 부인의 초상〉, 프라고나르의 〈그네〉

▲ 로코코-퐁파두르 후작 부인의 초상

⑨ 신고전주의(Neo-Classicism)

배경	로코코의 지나친 사치와 향락에 반발하여, 엄격하고 균형 잡힌 고대 그리스 · 로마의 정신으로 돌아가자는 운동
특징	• 이성적이고 도덕적인 주제를 다룸 • 차가운 형식미, 정확한 소묘, 균형 잡힌 구도를 중시
대표작	다비드의 〈호라티우스의 맹세〉

▲ 신고전주의-프시케와 에로스

⑩ 낭만주의(Romanticism)

배경	신고전주의의 딱딱한 형식에 반발하여 등장
특징	• 감성적 : 인간의 감정, 상상력, 개성을 자유롭게 표출 • 표현 : 역동적인 구도, 강렬한 색채, 거친 붓 터치를 사용 • 비현실적이고 몽환적인 주제나 격정적인 사건을 주로 다룸
대표작	들라크루아의 〈민중을 이끄는 자유의 여신〉

▲ 낭만주의-〈민중을 이끄는 자유의 여신〉, 들라크루아

▲ 미술공예운동-〈Fruit or Pomegranate〉, 윌리엄 모리스

2) 디자인사(근대, 현대)

① 미술공예운동(Arts and Crafts Movement) 빈출 20회

• 배경 및 사상

배경	18세기 영국 산업혁명 이후, 기계 대량 생산으로 인해 제품의 질과 예술성이 하락한 것에 대한 반발로 일어남
주도	윌리엄 모리스(William Morris), 존 러스킨(사상적 지주)
핵심 사상	• "산업 없는 생활은 죄악이고, 미술 없는 산업은 야만이다."(존 러스킨) • 예술의 민주화와 생활화를 주장하며, 중세 고딕 양식과 수공예의 부활을 강조

• 특징

조형적 특징	식물 문양을 응용한 유기적이고 선적인 형태 사용(이후 아르누보 양식의 모태가 됨)
활동	기계 생산을 부정하고, 예술 활동과 노동을 일치시켜 이상적인 사회를 만들고자 함
한계	수공예를 고집하다 보니 제품 가격이 너무 비싸져 대중이 사용할 수 없었음(대중을 위한 예술을 표방했으나 결과적으로 소수 귀족을 위한 예술이 됨)
의의	근대 디자인의 이념적 기초를 마련하였으며, 이후 유럽 전역(아르누보, 분리파 등)에 큰 영향을 줌

• 대표작 : 윌리엄 모리스의 벽지 디자인 〈Fruit or Pomegranate〉, 〈Snakeshead〉 등이 있다.

② 사실주의(Realism) 빈출 4회

• 19세기 중후반 프랑스에서 낭만주의(감성)와 이상주의에 대한 반동으로 등장하였으며 과학의 발전, 실증주의, 부르주아의 대두가 배경이 되었다.

• 특징

표현	• 현실을 미화하지 않고 있는 그대로 묘사함 • 아름답지 않은 일상, 노동자, 농민의 삶도 주제가 됨
색채	주로 어둡고 무거운 톤 사용

• 대표 작가 : 밀레-〈이삭 줍는 사람들〉, 쿠르베 등이 있다.

③ 인상주의(Impressionism) 빈출 2회

• 19세기 후반 프랑스에서 일어난 회화 운동으로, 사물의 고유색을 부정하고 빛에 따라 변하는 색채를 포착하려 했다.

• 특징

기법	물감을 섞으면 탁해지므로, 캔버스에 원색을 점으로 찍어 눈에서 혼합되게 하는 병치 혼색(점묘법)을 사용
이론	쉐브럴과 루드의 색채 이론(광학적 혼합)에 영향을 받았음
주제	색채 자체가 주제가 되었으며, 주로 야외에서 작업

• 대표 작가 : 모네-〈수련〉, 마네, 르누아르, 고갱, 세잔, 드가, 쇠라 등이 있다.

▲ 사실주의-〈이삭 줍는 사람들〉, 밀레

▲ 인상주의-〈무용실〉, 에드가 드가

▲ 인상주의-〈수련〉, 클로드 모네

④ **아르누보(Art Nouveau)** 빈출 26회

• **개요**

어원	• '새로운 예술(New Art)'이라는 뜻 • 1890~1910년경 유행한 장식 미술 양식
유래	사무엘 빙(S. Bing)의 파리 상점 이름에서 유래됨

• **조형적 특징**

유기적 곡선	덩굴 식물, 꽃, 여체의 곡선 등 흐르는 듯한 비대칭 곡선을 건축, 가구, 그래픽 등에 적용
재료	철, 유리, 콘크리트 등 새로운 산업 재료를 적극적으로 이용
색채	인상주의의 영향으로 파스텔 톤의 부드럽고 환한 색조를 주로 사용

• **국가별 명칭**

프랑스	기마르 양식(아르누보)
독일	유겐트 양식(Jugendstil) : 젊음의 양식
오스트리아	분리파(Secession) : 빈 분리파
이탈리아	리버티 양식

• **대표 작가**

안토니오 가우디	스페인 건축가로 카사 밀라, 사그라다 파밀리아 등을 건축하였으며, 곡선의 미학을 건축화함
알폰스 무하	포스터 디자이너로 장식적이고 우아한 여성상을 그림
구스타프 클림트	빈 분리파. 관능적인 여성과 황금빛 장식성
빅토르 오르타	벨기에 건축가

⑤ **분리파(Secession)** 빈출 4회

• 오스트리아 빈을 중심으로 일어난 조형 운동이다.
• "과거의 전통적 양식에서 분리되겠다."고 주장했다.
• 아르누보의 영향을 받았으나, 좀 더 직선적이고 기하학적인 경향을 띠었다.
• 대표 작가 : 구스타프 클림트, 요제프 호프만 등이 있다.

▲ 만국박람회-수정궁

독일공작연맹(DWB) 합격 키워드

- **미술공예운동 vs DWB** : 가장 큰 차이는 '기계 긍정' 여부입니다(미술공예=반기계/DWB=기계수용).
- **핵심 목표** : '규격화(Standardization)'와 '표준화'를 통해 대량 생산과 품질 향상을 추구했습니다.
- **피터 베렌스** : AEG사에서 세계 최초의 CIP(기업 이미지 통합) 개념을 도입했습니다.
- **역사적 흐름** : 미술공예운동(수공예) → DWB(기계+예술) → 바우하우스(교육 통합) 순서를 기억하세요.
- **함정 주의** : '예술의 대중화를 위해 수공예로 복귀했다.'는 보기가 나오면 오답입니다(이건 윌리엄 모리스 이야기).

▲ 야수파-〈모자를 쓴 여인〉, 앙리 마티스

▲ 야수파-〈붉은 방〉, 앙리 마티

⑥ **만국박람회(International Exposition)** 빈출 2회

- 1851년 런던 만국박람회는 산업혁명의 성과를 전 세계에 과시하는 장이었다.
- 조셉 팩스턴이 설계한 〈수정궁(Crystal Palace)〉은 유리와 철골을 활용한 조립식 공법(Pre-fab)으로 단기간에 축조되어 현대 건축의 시초로 평가받는 기념비적인 건축물이다.

⑦ **독일공작연맹(Deutscher Werkbund, DWB)** 빈출 12회

- 1907년 헤르만 무테지우스를 중심으로 뮌헨에서 결성된 디자인 진흥 단체이다.
- 특징

핵심	미술(예술)+산업(공업)의 융합
차이점	미술공예운동과 달리 기계를 긍정
규격화 (Standardization)	• 합리적이고 단순한 디자인을 추구하고 우수한 디자인을 표준화하여 대량 생산함으로써 독일 제품의 품질 향상과 수출 증대를 꾀함 • 무테지우주는 "규격화만이 살길이다."라고 외쳤으며, 반대파인 '반 데 벨데'는 예술의 개성을 주장하며 논쟁을 벌이기도 했다.
영향	모던 디자인, 디자인 근대화의 발판을 마련했으며, 훗날 바우하우스 (Bauhaus) 설립에 결정적인 역할을 함

- 대표 작가 : 피터 베렌스(AEG사의 터빈 공장, 전기 주전자 등 기업 아이덴티티 디자인의 시초) 등이 있다.

▲ 독일공작연맹 〈전기 주전자〉, 피터 베렌스

▲ 독일공작연맹-1914 퀼른 전시회 포스터

⑧ **미래주의(Futurism)** 빈출 14회

- 20세기 초 이탈리아의 전위 예술 운동으로 과거의 낡은 예술 부정, 기계 문명의 속도감, 다이내믹, 소음, 폭력성을 찬양했다.
- 차갑고 역동적인 움직임을 표현하기 위해 하이테크 소재를 사용하고 '시간'의 요소를 회화에 도입하여 운동감을 표현했다(연속 촬영 사진 같은 느낌).
- 대표 작가 : 보치오니, 필리포 토마소 마리네티, 카를로 카라 등이 있다.

⑨ **야수파(Fauvism)** 빈출 6회

- 20세기 초 프랑스에서 일어난 운동으로 '야수(Fauve)'처럼 거칠고 강렬하다고 하여 붙여진 이름이다.
- 고유의 색을 무시하고, 작가의 감정에 따라 원색을 과감하고 강렬하게 사용했다.
- 색채를 묘사의 도구가 아닌 표현의 주체로 해방시켰다는 의의가 있다.
- 대표 작가 : 앙리 마티스, 루오, 블라맹크, 알베르 마르케 등이 있다.

⑩ 큐비즘(Cubism, 입체파) 빈출 12회

• 개요

정의	'입체파'라고도 하며, 사물의 존재를 2차원 평면에 3차원적인 입체감으로 표현하려 했던 혁신적인 미술 사조
의의	20세기 초 야수파와 함께 현대 미술의 가장 중요한 운동 중 하나로 꼽힘

• 특징

다시점 (Multi-viewpoint)	기존의 원근법을 무시하고, 하나의 화면에 동일한 사물의 윗면, 정면, 측면 등을 동시에 보여주었음
형태의 해체와 재구성	자연적인 형태를 원통, 원뿔, 구와 같은 기하학적 형태로 단순화하고 해체하여 추상적으로 재구성
색채	초기에는 형태 분석에 집중하여 색채를 제한했으나 점차 난색 계통 등 다채로운 색상의 강렬한 대비를 사용하여 개성 표현

• 대표 작가

파블로 피카소	〈아비뇽의 처녀들〉, 〈게르니카〉
조르주 브라크	큐비즘의 창시자 중 한 명

▲ 큐비즘-〈게르니카〉, 파블로 피카소

⑪ 모더니즘(Modernism) 빈출 19회

• 산업화와 도시화에 따라 등장한 새로운 문화 운동이다.
• 독일공작연맹의 규격화와 디자인 근대화 노력이 모더니즘 확산의 원동력이 되었다.
• 핵심 사상

기능주의 (Functionalism)	"형태는 기능을 따른다."라고 하였으며 물체의 형태는 그 역할과 기능에 의해 결정되어야 한다고 보았음
특징	• 장식을 배제하고 단순하고 명쾌한 직선과 기능미 강조 • 과거 양식과의 결별을 선언하고 '새로움' 자체를 절대적인 가치로 삼음
색채	무채색인 검정, 하양이 대표색으로 주목받았음

▲ 모더니즘-〈롱샹성당〉, 르 코르뷔지에

• 대표 작가

르 코르뷔지에 (Le Corbusier)	• "집은 살기 위한 기계다."라고 정의함 • 인간을 위한 인체공학적 척도인 모듈(Modulor)을 창안하여 건축 공간의 기준으로 삼았음 • 공간 절약형 주거 건축 등 합리적인 이론 정립 • 대표작 : 〈롱상 성당〉, 〈빌라 사보아〉

▲ 구성주의 〈Fasciculus Proun rashchenia〉, 엘 리시츠키

⑫ **구성주의(Constructivism)** ^{빈출 6회}

- 제1차 세계대전 전후 러시아 모스크바를 중심으로 일어난 추상주의 예술운동이다.
- 러시아 혁명기의 산업주의와 집단주의에 입각한 사회성을 추구한 아방가르드 운동이다.
- 특징

조형 원리	큐비즘(입체파)과 미래파의 기계적 개념, 추상적 조형미 결합
재료	금속, 유리, 플라스틱 등 공업 재료를 과감하게 활용
표현	사물의 사실적 묘사나 재현을 거부하고, 기하학적 질서와 합리적 배열, 패턴 구축(Construction) 강조
목표	현대의 기술적 원리에 따라 실제 생산물을 만들어내는 것을 목표로 함

- 대표 작가

엘 리시츠키	새로운 기하학적 회화 스타일을 구축하고, '프라운(Proun)'이라는 독창적인 조형 언어 창조
카지미르 말레비치	절대주의 창시자이나 구성주의에도 영향을 미침
블라디미르 타틀린	〈제3인터내셔널 기념탑〉
세잔	• 인상주의 대표 작가이지만 입체파, 미래파, 신조형주의, 구성주의, 절대주의에 많은 영향을 줌 • 구성주의에 대하여 "나는 창조적인 활동을 자유로운 표현이라고 생각하였다. 자유로운 표현이란 어떠한 물음도 제기되지 않는 활동을 말한다."고 말함

⑬ **절대주의(Suprematism)** ^{빈출 4회}

- '지상주의'라고도 하며 러시아 혁명 후 구성주의와 함께 일어난 전위 미술의 하나로, 러시아의 화가 말레비치 중심으로 시작된 기하학적 추상주의의 한 흐름이다.
- 회화에서 재현성을 거부하고 단순한 구성을 통해 순수 감성을 추구하였다.
- 대표 화가인 말레비치는 순수 감성의 절대적 우위를 강조하며 기하학적인 질서를 사용하여 높은 정신세계를 표현하고자 하였다.

⑭ **아방가르드(Avant-Garde)** ^{빈출 2회}

- '아방가르드'는 프랑스어로 '선두', '선구', 혹은 군대 용어로 '전위대'를 뜻한다.
- 특징
  - 인습적인 전통과 권위에 반항하며, 진보적이고 혁명적인 예술 정신을 추구하는 모든 예술 운동을 통칭한다.
  - 색채 사용에 있어서도 그 시대의 유행색보다 앞선 파격적인 색채를 사용했다.

⑮ **다다이즘(Dadaism)** 빈출 4회

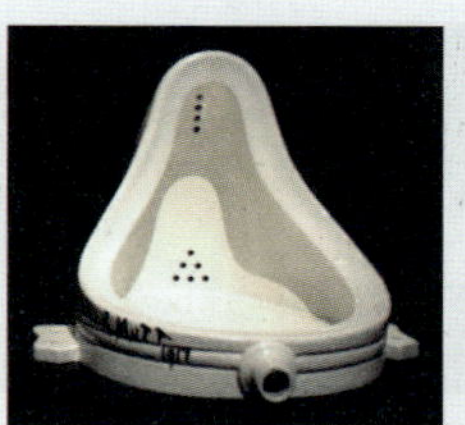
▲ 다다이즘 – 〈샘〉, 마르셀 뒤샹 (남성용 소변기에 서명만 해서 전시함)

- '다다(Dada)'는 프랑스어로 어린이가 타고 노는 '목마' 또는 '무의미한 옹알이'를 뜻한다. 즉, '무의미함'을 상징한다.
- 제1차 세계대전의 참혹함 속에서 기존의 예술 형식과 이성, 부르주아 사회 체제에 대한 환멸과 반발로 시작되었다.
- 특징

반(Anti) 예술	기존 가치를 부정하고 파격적인 변화와 자유 지향
기법	콜라주(Collage), 포토몽타주, 레디메이드(기성품) 등 자유로운 형식 사용
색채	주로 칙칙하고 어두운 색조를 쓰거나, 화려한 색과 어두운 색을 동시에 사용하여 혼란스러움 표현

- 대표 작가 : 마르셀 뒤샹 – 〈샘〉 등이 있다.

⑯ **데 스틸(De Stijl)** 빈출 24회

▲ 데 스틸 – 〈빨강, 파랑, 노랑의 구성〉, 몬드리안

- 제1차 세계대전 중 네덜란드에서 발생한 신조형주의(Neo-Plasticism) 운동으로, '데 스틸'이라는 잡지 이름에서 유래했다.
- 특징

조형 요소	개인적 감성을 배제하고 보편적 진리를 추구 – 형태 : 화면의 정확한 수직·수평 분할, 기하학적 공간 질서 – 색채 : 3원색(빨강, 파랑, 노랑)과 무채색(검정색, 회색, 흰색)만을 사용
영향	입체파와 추상주의의 영향을 받았으며, 훗날 바우하우스와 국제주의 양식(International Style)에 지대한 영향을 끼침

- 대표 작가

피에트 몬드리안	〈빨강, 파랑, 노랑의 구성〉 : 강한 원색 대비와 비례미를 강조함
테오 반 데스부르크	〈러시아 춤의 리듬〉
게리트 리트벨트	〈적청 의자〉

⑰ **아르데코(Art Deco)** 빈출 4회

▲ 아르데코–〈바람의 정신〉, 르네 랄리크

- 1925년 파리에서 열린 '현대 장식 미술·산업 미술 국제전'에서 유래했다.
- 아르누보를 이어 1920~1930년대 유행한 장식 미술 양식이다.
- 특징

절충주의	모더니즘의 기능성과 장식 미술의 화려함이 결합된 형태
형태	아르누보의 곡선 대신 직선적, 기하학적인 패턴(지그재그, 유선형) 사용
색채	• 검정, 회색, 초록색의 조합이 대표적이며, 갈색+크림색+주황색 조합도 흔히 쓰임 • 강렬한 원색 대비도 즐겨 사용

- 대표 작가 : 르네 랄리크(유리 공예), 카상드르(포스터), 르그랑 등이 있다.

▲ 바우하우스

⑱ 바우하우스(Bauhaus) 빈출 26회

- 설립 및 역사

설립	1919년 독일 바이마르 공화국 시절, 발터 그로피우스가 초대 학장으로 설립한 종합 조형 학교(미술공예학교)
계승	독일공작연맹의 이념을 계승
변천	바이마르 → 데사우(전성기) → 베를린 → 1933년 나치에 의해 강제 폐교(마지막 학장 : 미스 반 데어 로에)

- 교육 이념 및 목표

예술과 기술의 통합	"완벽한 건축이 모든 시각 예술의 궁극적 목표다."라고 하며 예술적 창작과 공학적 기술을 결합하고자 함
인간 중심	기계에 의한 인간의 노예화를 막고, 기계를 예술가의 도구로 적극 활용하려 함(기계의 장점 수용)
사회적 책임	하네스 마이어 학장은 "예술은 모든 사람이 쉽게 이해할 수 있어야 한다"고 주장함

- 교육 과정

예비 교육	과거의 고루한 관습을 타파하기 위해 재료와 형태, 색채의 기초를 가르침(요하네스 이텐 담당)
공방 교육	미적 조형 능력과 실제 제작 기술(공작)을 동시에 가르침
생산 시험소	데사우 시기에는 수공예품이 아닌 대량 생산용 원형(Prototype)을 제작하는 연구소 역할을 함

- 영향
  - 현대 디자인 교육 시스템(기초 조형 교육)의 기틀을 마련했다.
  - '굿 디자인(Good Design)' 개념을 정립하여 제품의 대량 생산과 질적 향상에 기여했다.
  - 구성주의, 표현주의, 데스틸 등 20세기 초 아방가르드 미술 운동의 영향을 받았다.
- 대표 작가

발터 그로피우스	설립자
요하네스 이텐	색채학 중심의 예비 교육 담당
모홀리 나기	• 재료 교육, 포토그램, 포토몽타주 교육 • 폐교 후 미국 시카고에 '뉴 바우하우스' 설립
막스 빌	바우하우스 출신으로 훗날 울름 조형 대학 설립

⑲ 초현실주의(Surrealism)

- 1924년 앙드레 브르통의 '초현실주의 선언'으로 시작되어 제2차 세계대전 전까지 유행했다.
- 특징

주제	현실을 초월한 세계, 즉 무의식, 꿈, 환상의 세계를 표현(프로이트 심리학 영향)
기법	서로 관련 없는 대상을 엉뚱하게 결합하는 데페이즈망, 콜라주, 오브제, 자동기술법 등을 사용

- 대표 작가 : 살바도르 달리–〈기억의 지속〉, 그 외 르네 마그리트, 막스 에른스트 등이 있다.

▲ 초현실주의 – 〈기억의 지속〉, 살바도르 달리

⑳ 키네틱 아트(Kinetic Art)

- '움직이는 예술' 작품 자체가 움직이거나 움직이는 부분을 포함하는 예술을 통칭한다.
- 특징 : 모터 장치나 바람, 관객의 조작에 의해 움직임을 표현한다.
- 대표 작가 : 알렉산더 칼더–〈모빌〉, 그 외 장 팅겔리 등이 있다.

㉑ 추상 표현주의(Abstract Expressionism)

- 제2차 세계대전 후 1950년대 미국 뉴욕이 세계 미술의 중심지가 되는 계기가 되었다.
- 특징

액션 페인팅	캔버스에 물감을 흩뿌리거나 쏟아붓는 행위 자체 중시(역동성)
올오버 페인팅 (All-over Painting)	화면 전체를 균일하게 덮어 중심과 주변의 구분을 없앰(다초점)
색채	칸딘스키처럼 강한 원색 대비나 단순한 명도 대비를 사용하기도 함

- 대표 작가 : 잭슨 폴록–〈Number 1(드리핑 기법)〉, 그 외 윌렘 드 쿠닝, 바넷 뉴먼 등이 있다.

㉒ 미니멀리즘(Minimalism) 빈출 8회

- 1960년대 후반 미국에서 등장한 미술 동향으로 '최소한의 예술'을 뜻한다.
- 특징

단순화	예술가의 감정 표현을 극도로 억제하고, 대상의 본질만 남기기 위해 불필요한 장식을 모두 제거
형태	원형, 정육면체 등 단순하고 엄격한 기하학적 형태를 반복
색채 및 재료	개성 없는 단색조(Monochrome) 색채와 강철, 알루미늄 등 공업 재료를 그대로 사용

▲ 미니멀리즘–〈숭고한 영웅〉, 바넷 뉴먼

- 대표 작가 : 도널드 주드, 로버트 모리스, 바넷 뉴먼, 댄 플래빈(형광등 예술) 등이 있다.

▲ 팝아트-〈음 어쩌면〉, 로이 리히텐슈타인

▲ 팝아트-〈캠벨수프캔〉, 앤디 워홀

▲ 옵아트-〈얼룩말〉, 빅토르 바자렐리

㉓ 팝아트(Pop Art) 빈출 22회

- '파퓰러 아트(Popular Art, 대중 예술)'의 약칭이다. 1960년대 미국 뉴욕을 중심 추상 표현주의의 난해함과 엘리트주의에 반발하며 등장했다.
- 특징

대중성	매스미디어, 광고, 만화, 상품 등 상업적이고 일상적인 이미지를 미술에 적극 도입
소비 사회 반영	물질주의와 소비문화를 비판하거나 유희적으로 표현
표현	• 실크스크린 기법을 통한 형상의 복제와 반복 • 선명한 원색과 검은 윤곽선(만화적 기법) • 전체적으로 어두운 톤 위에 혼란스러운 강조색을 쓰기도 함

- 대표 작가

앤디 워홀	• 예술의 상업화, 실크스크린 기법 구사, 원색적 표현이 특징 • 예 〈캠벨 수프 캔〉, 〈마릴린 먼로〉, 〈미키마우스〉
로이 리히텐슈타인	• 만화 이미지 확대, 망점 표현 • 예 〈행복한 눈물〉, 〈음 어쩌면〉
클래스 올덴버그	일상 사물(햄버거, 립스틱 등)을 거대하게 확대한 조각

㉔ 옵아트(Op Art, Optical Art) 빈출 14회

- 1960년대 미국에서 등장하였으며 '옵티컬 아트(광학 예술)'의 약칭으로 팝아트의 상업성에 반대하여 순수한 시각적 원리를 추구했다.
- 특징

착시 효과	색채의 시지각 원리(색상 대비, 명도 대비)와 기하학적 패턴을 이용하여 눈이 어지러울 정도의 움직임(진동)이나 입체감을 만들어냄
표현	• 명암 대비가 뚜렷한 배색, 반복적인 선의 구성을 통해 시각적 환영(Illusion)을 극대화함 • 차가운 추상에 속함

- 대표 작가 : 빅토르 바자렐리-〈얼룩말〉, 그 외 브리지트 라일리 등이 있다.

㉕ 포스트모더니즘(Post-Modernism) 빈출 8회

- 1960년대 이후 등장하여 '모더니즘 이후', '탈 모더니즘'을 외치며 기능주의와 합리주의에 치우친 모더니즘의 획일성과 지루함에 반발했다.
- 특징

다원주의	역사와 전통의 재해석, 장식성의 회복, 대중과의 소통 중시
조형	• 은유, 상징, 유머, 위트, 아이러니를 디자인에 도입 • "형태는 재미를 따른다."라고 주장함
해체	고급 예술과 저급 예술(대중문화), 예술과 디자인의 경계를 허물었음
색채	무채색 위주였던 모더니즘과 달리, 파스텔 톤이나 살구색, 올리브 그린 등 다양하고 감성적인 색채를 사용

- 대표작 : 프랭크 게리의 〈구겐하임 미술관(빌바오 지역)〉

㉖ **플럭서스(Fluxus)** ^{빈출 6회}

- 라틴어로 '흐름', '변화', '움직임'을 뜻한다.
- 특징 : 1960~70년대 독일 중심의 반(Anti)예술적 전위 운동이다.

융합	음악, 미술, 공연, 문학 등 장르의 경계를 넘나드는 통합 예술 추구
성향	부르주아적 고급 예술을 거부하고, 대중과 소통하는 개방적인 예술 지향
색채	불안한 느낌의 회색조, 붉은색, 어두운 톤이 주로 쓰임

- 대표 작가 : 요셉 보이스, 오노 요코 등이 있다.

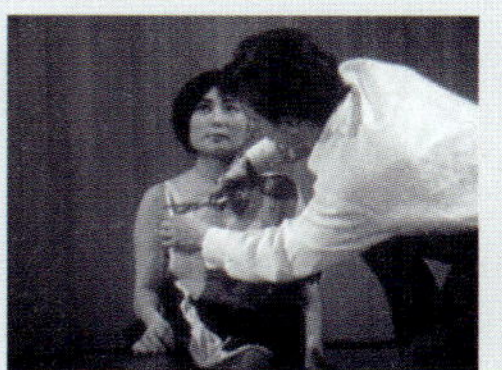

▲ 플럭서스–오노요코(전위예술가)

㉗ **페미니즘(Feminism)** ^{빈출 8회}

- 남성 중심의 미술사에서 소외되었던 여성의 권리와 평등을 주장한 여성 해방 운동이다.
- 특징 : 여성의 경험, 신체, 감성을 주제로 다루며 기존의 가부장적 시각을 비판했다.
- 대표 작가 : 프리다 칼로–〈가시 목걸이를 한 자화상〉, 신디 셔먼, 바바라 크루거 등이 있다.

▲ 페미니즘–〈가시목걸이를 한 자화상〉, 프리다 칼로

㉘ **멤피스(Memphis)** ^{빈출 8회}

- 1981년 이탈리아 밀라노에서 에토레 소트사스를 중심으로 결성된 디자인 그룹으로 포스트모더니즘에 영향을 주었다.
- 특징

저항	모더니즘의 획일적인 기능주의(Good Design) 거부
표현	• 플라스틱, 라미네이트 등 저렴한 대량 생산 소재 사용 • 화려한 장식, 과감한 다색 배합, 기하학적 형태의 엉뚱한 결합, 유희성(재미) 추구 • 키치(Kitsch)적인 요소를 디자인에 도입

- 한계 : 대량 생산을 의도했으나 실제로는 소량 생산되어 비싸게 팔리는 모순이 있었다.

㉙ **해체주의(Deconstructivism)** ^{빈출 2회}

- 1980년대 후반 등장하여 포스트모더니즘의 연장선상에 있다.
- 특징

파괴	모더니즘의 합리적인 구조와 질서를 해체하고, 비대칭, 불규칙, 불안정한 형태를 추구
색채	형태 분석을 강조하기 위해 색을 분리하여 칠하기도 함

- 대표작 : 〈퐁피두 센터(파이프와 설비가 밖으로 드러난 구조)〉, 자하 하디드의 건축

㉚ **키치(Kitsch)** 빈출 6회

- 독일어로 '저속한', '가짜', '물건을 속여 팔다'라는 뜻에서 유래되었으며, 19세기 말 산업화로 쏟아져 나온 싸구려 모조품을 지칭하던 말이다.
- 특징

B급 감성	미적 수준은 낮지만 대중이 쉽게 즐길 수 있는 통속적인 예술이나 디자인
현대적 의미	1970년대 이후에는 고급문화의 엄숙주의를 비웃는 하나의 독특한 미적 스타일(레트로, 촌스러움의 미학)로 재평가받았음
키워드	신구 문화의 혼재, 연예인의 옷과 액세서리 등 유행을 모방, 변화하는 사회에 대한 보상심리의 옛것에 대한 향수(Nostalgia)

㉛ **비디오 아트(Video Art)**

- TV 모니터, 비디오카메라 등 영상 매체를 표현 수단으로 사용하는 현대 예술이다.
- 전자 기술을 통해 시간과 공간을 자유롭게 편집하며 기술과 예술의 혁신적인 융합을 보여준다.
- 백남준은 "캔버스를 브라운관으로 대체했다."고 선언하며 1,003개의 모니터로 구성된 〈다다익선〉과 같은 기념비적인 작품을 남겼다.
- 대표 작가 : 백남준-〈다다익선〉

▲ 비디오아트-〈비디오타워 다다익선〉, 백남준

07 색채와 문화(자연 · 인문환경, 전통색, 선호의 원리와 유형)

1) 색채 문화사

① 색채와 언어

- 발달 과정 : 문화와 문명이 발달할수록 인지가 발달하여 사용하는 색채 어휘가 다양해진다.
- 진화 과정 : 베를린과 케이(Berlin & Kay)의 연구(1969)에 따르면 색이름은 다음 순서로 진화한다.

1단계	하양, 검정(명암 구분)
2단계	빨강
3단계	노랑, 초록
4단계	파랑
5단계	갈색
6단계	보라, 핑크, 오렌지, 회색

- 색채는 모든 문화권의 종교 · 전통의식 · 예술 등에서 상징과 메타포 역할을 하며, 지속적으로 진화 · 발전하고 있다.

2) 색채와 자연환경

① 지역색(Local Color) 빈출 10회

- 정의 : 특정 지역이나 나라의 고유한 자연환경(토양, 하늘, 식생)과 인문환경(역사, 문화)이 어우러져 형성된 특색 있는 색이다.
- 역할 : 지역의 정체성을 대변하고 이미지를 부각한다.
- 색채 지리학 : 프랑스의 장 필립 랑크로(Jean Philippe Lenclos)가 창안한 개념으로, 지형, 기후, 빛, 전통 등이 각 지방의 독특한 건축 색채를 결정한다고 보았다.
- 지역색의 예시

지중해(그리스)	하양과 푸른색(바다와 하늘)
런던	템스강의 갈색, 안개 낀 회색
독일 라인강	붉은 지붕색
한국	하회 마을의 지붕과 토담색(황토색)

② 풍토색 빈출 2회

- 정의 : 그 지역의 토지, 지질, 기후(일광, 위도)가 반영되어 자연스럽게 형성된 색채이다.
- 특징 : 태양광의 성질은 위도에 따라 달라지므로, 같은 색이라도 북극, 지중해, 사막 등 지역 자연환경에 따라 다르게 보인다.

3) 색채와 인문환경

① 종교별 상징색

- 개요 : 문화, 종교, 사상 등 지역적 특수성에 따라 색은 특정한 형상이나 의미로 상징된다.
- 종교별 상징색의 예시

불교	황금색, 노란색
기독교	빨간색(희생), 청색, 흰색
천주교	흰색, 검은색
힌두교	노란색
이슬람교	초록색(신성한 색)

- 고대 국가 상징색의 예시

이집트	태양을 상징하는 노란색, 황금색, 빨간색을 신성시
그리스	노란색이나 황금색이 아테나 신을 상징

- 특징 : 신성시되는 존재는 보통 채도가 높은 빨강, 노랑, 황금색 등으로 표현했다.

▲ 한국의 지역색

▲ 한국의 풍토색

② 신분 및 계급의 상징색
• 개요 : 대부분의 나라에서 복식(옷과 장신구)의 색채로 계급과 신분을 구별했다.
• 중국(청나라)의 상징색

황제	노란색
재상	관모와 단추에 빨간색 사용
6급 관리	관모와 단추에 금색 사용

• 영국 : 귀족은 금색 복식을 착용했다.
• 한국(조선시대)의 상징색

왕족	금색
정 1·2·3품	홍색
종 3·4·5·6품	파란색
7·8품	초록색
법사	검은색
훈련원	노란색

③ 국기의 상징색 빈출 3회
• 의미 : 국기색은 민족의 역사와 삶의 방식을 담은 상징적 언어로 국가 이미지를 창
출하고 정체성을 확립하며 민족의 단결을 유도한다.
• 한국(태극기)의 색

바탕(하양)	백의민족, 순수, 깨끗함
태극(파랑+빨강)	• 음과 양의 상호작용을 통한 우주 만물의 생성과 발전 • 대자연의 영원한 진리

• 미국(성조기)의 색

빨강	용기, 혁명성
하양	순결함
파랑	정직, 평화

• 국기색 일반적 상징 의미

빨강	혁명, 유혈, 용기
파랑	평등, 자유
노랑	광물, 금, 비옥함
검정	주권, 대지, 근면
하양	결백, 순결

▲ 태극기

▲ 성조기

④ **오륜기의 상징색** 빈출 4회

- 구성 : 근대 올림픽의 상징으로, 하양 바탕(국경 초월)에 5개의 원이 서로 엮여 있다(5대양, 화합).
- 오륜기의 배치

위쪽	파랑, 검정, 빨강(3개)
아래쪽	노랑, 초록(2개)

- 오륜기의 상징(5대륙)

파랑	유럽
검정	아프리카
빨강	아메리카
노랑	아시아
초록	오세아니아

⑤ **기타 사회문화와 색채의 의미** 빈출 2회

- 지역별 차이

노랑	・동양(신성) ・미국(겁쟁이/배신자) ・말레이시아/시리아/태국/아일랜드/브라질(혐오색)
검정	서양(장례식)
하양	동양(장례식)

- 기후별 선호

더운 지방	난색 선호
추운 지방	한색 선호

- 민족별 선호

라틴계	난색
북구계(북유럽)	한색
중국	붉은색
일본	하양
네덜란드	오렌지색

- 사상별 상징

사회주의 국가	붉은색
민주주의 국가	푸른색

▲ 오륜기

• 환경적 의미

초록	번영
황색	대지와 태양
청색	하늘과 바다

⑥ **국가별 선호색 및 혐오색** 빈출 8회

구분	선호국	혐오국
백색	한국, 이스라엘, 스위스, 그리스, 멕시코, 일본	중국, 인도, 아일랜드, 동남아
적색	한국, 중국, 인도, 태국, 스위스, 덴마크, 루마니아, 필리핀, 멕시코, 아르헨티나	독일, 아일랜드, 나이지리아
분홍	프랑스	–
황색	스웨덴	말레이시아, 시리아, 태국, 미국, 파키스탄, 아일랜드, 브라질
초록	한국, 말레이시아, 인도, 이라크, 필리핀, 파키스탄, 아일랜드, 이집트, 멕시코	프랑스, 홍콩, 불가리아
청색	한국, 이스라엘, 시리아, 그리스, 스웨덴, 프랑스(소년), 벨기에, 네덜란드(여성)	중국, 이라크, 터키, 독일(검은색과 녹청색 셔츠와 붉은 넥타이를 싫어함)
보라	–	브라질(비애, 죽음), 페루
회색	–	니카라과
흑색	–	중국, 태국, 이라크, 스위스, 독일 등 모든 크리스트교 국가, 미국

4) 색채 선호의 원리와 유형

① **색채 선호의 원리** 빈출 8회

- **개요** : 색채 선호는 개인, 연령, 지역, 문화에 따라 다르지만 공통된 감성을 갖기도 한다.
- **청색의 민주화(Blue Civilization)** : 문화권에 상관없이 전 세계 성인의 절반 이상이 청색(Blue)을 가장 선호하는 현상으로 청색은 전 세계적으로 선호도가 가장 높다.
- **변화** : 유행, 신소재, 디자인 발달에 따라 제품의 색채 선호는 끊임없이 변하며, 이는 상품 판매에 강력한 영향을 미친다(예 뉴 비틀(New Beetle) 자동차의 파란색은 젊은 층의 취향과 라이프 스타일을 반영한 것).

② **대상별 색채 선호 유형** 빈출 14회

- **성별**

남성	어두운 톤의 청색, 갈색, 회색 선호
여성	파스텔 톤의 밝고 연한 색, 남성보다 다양한 색 선호

- 연령

유아/어린이	• 생후 6개월부터 원색 구별 가능 • 연령이 낮을수록 장파장(빨강, 노랑)의 원색, 고명도, 밝은 톤을 좋아함
성인	나이가 들수록 파랑, 초록 같은 단파장 색채를 선호하는 경향이 많음

- 기타 : 교양 수준, 소득 수준, 시대 흐름(세월)에 따라 선호색은 달라진다.

③ 기후에 따른 색채 선호 ^{빈출 4회}

- 흐린 지역(북구) : 일조량이 적어 우울할 수 있으므로, 실내에는 노란색, 핑크색 등 난색을 사용하여 따뜻함을 보완한다(외관은 청색, 회색, 초록 등 선호).
- 일조량이 많은 지역(남미, 지중해) : 강렬한 태양 아래서 장파장(선명한 난색)을 즐기거나, 실내에는 시원한 한색(파랑, 초록)을 사용하여 균형을 맞춘다.

북유럽	에메랄드 그린, 스카이 블루 등 파스텔 계열 한색 선호
라틴계(이탈리아, 스페인)	풍부한 일조량으로 빨강, 주황, 노랑 등 선명한 난색 선호

08 한국 전통 색체계

1) 한국 전통 색체계의 정의

- 예로부터 전해 내려오는 색으로 사찰, 고궁, 유물, 단청, 전통 의상, 조각보 등에서 볼 수 있는 색채를 말한다.
- 음양오행적 우주관을 바탕으로 한 오정색(오방색)과 오간색을 기본 근간으로 한다.

2) 음양오행설 ^{빈출 2회}

① 정의

- 우주나 인간의 모든 현상을 음(陰)과 양(陽)의 두 원리로 설명하는 음양설과, 만물의 생성과 소멸을 목(木)·화(火)·토(土)·금(金)·수(水)의 5가지 요소로 설명하는 오행설을 합친 동양의 전통 사상이다.
- 인체, 한방, 풍수, 사주, 의복, 식생활 등 한국인의 생활 전반과 색채 의식의 근본이 되었다.

② 음양설

- 개념 : 햇볕(양)과 그늘(음)을 의미하며, 사물의 현상을 상대적인 두 측면으로 파악하는 이론적 기호이다.
- 음양이 의미하는 내용

음(陰)	여성적, 수동적, 추위, 어두움, 습기, 유연성, 짝수, 땅
양(陽)	남성적, 능동적, 더위, 밝음, 건조, 견고성, 홀수, 하늘

③ **오행설** ^{빈출 2회}

- 개념 : 상고시대부터 전해오는 우주관으로 목, 화, 토, 금, 수의 5가지 기운을 의미한다.
- 원리 : 서로 돕는 관계인 상생(相生)과 서로 억제하는 관계인 상극(相剋)의 원리로 만물의 변화를 설명한다.
- 적용 : 음식의 맛(오미), 신체 부위(오장), 방위(오방), 계절, 색채(오색) 등에 적용된다.

3) 정색(正色)과 간색(間色) ^{빈출 8회}

① 개요

- 오방색은 음양오행 사상에서 양에 해당하고, 하늘을 의미한다.
- 오방색과 전통색의 개념은 음양오행적 우주관에 근거를 두고 있으며, 이익의 『성호사설』에서는 오행에 의한 색상과 중간색의 생성을 말하고 있다.
- 오방색을 사용한 대표적인 예로는 우리가 볼 수 있는 사찰이나 궁궐의 단청으로, 방위에 따라 조화롭고 치밀하게 구성되어 있다.

▲ 단청

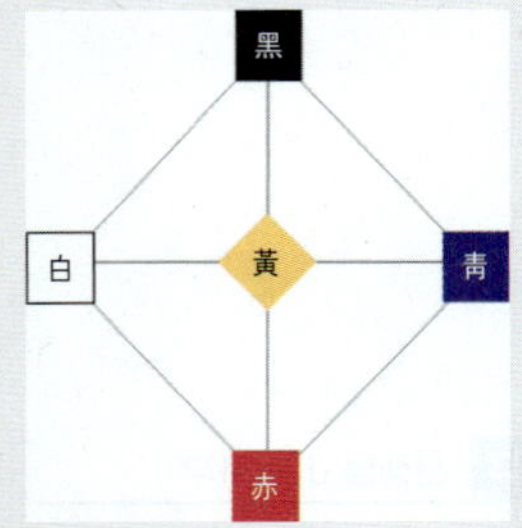
▲ 오방정색

② 오방정색(正色) – 양(陽)의 색

- 청색(靑)

상징	동방, 목(木), 봄
의미	• 물, 식물 등 생명을 상징하며 창조, 신생, 불멸, 희망, 정직을 뜻함 • 양기가 강하여 쇠퇴하는 기운을 살릴 때 사용

- 적색(赤)

상징	남방, 화(火), 여름
의미	• 태양, 불, 피 등 생명의 근원. 정열, 애국, 적극성을 상징 • 특히 벽사(귀신을 쫓음)의 의미가 있어 부적이나 팥죽 등에 사용됨

- 황색(黃)

상징	중앙, 토(土)
의미	• 우주의 중심이자 가장 고귀한 색으로 황제의 색 • 광명과 부활을 상징하며 태양의 궤도인 황도(黃道)와 관련이 있음

- 백색(白)

상징	서방, 금(金), 가을
의미	• 결백, 진실, 순결. 백의민족의 상징 • 상중의 소복(백의)은 세속을 벗어나 새로운 세계를 기원하는 의미

- 흑색(黑)

상징	북방, 수(水), 겨울
의미	인간의 지혜(智)를 관장하며, 어둠, 고요함, 죽음을 상징

③ 오방간색(間色) – 음(陰)의 색 ^{빈출 2회}

- 오방정색(오정색)의 배합으로 만들어진 사이색이며, 5가지 방위 사이에 놓이는 색으로 음(땅)에 해당한다.
- **종류**

녹색(청+황)	동방의 간색(청황색)
홍색(적+백)	남방의 간색(적백색)
벽색(청+백)	서방의 간색(담청색, 하늘색)
자색(적+흑)	북방의 간색(적흑색, 보라색)
유황색(황+흑)	중앙의 간색(황흑색, 누런색)

▲ 오방간색

④ 잡색

- 오방정색과 오방간색을 제외한 나머지 색이며, 70여 종으로 세분화된다.
- 주로 자연 현상이나 사물의 이름을 따서(예 쥐색, 비취색 등) 기억색명, 관용색명으로 나타내며, 한자로 풀이하여 표시했다.

4) 한국 전통색의 활용

① 단청(丹靑)

- 정의 : 붉은색(丹)과 푸른색(靑)의 상반된 색채 대비를 통해 음양의 조화를 표현한 전통 건축 채색 기법이며, 좁은 의미로는 목조 건물의 장식, 넓은 의미로는 조형 예술 전반의 채색을 뜻한다.
- 단청의 기능 및 특징

▲ 단청

기능	• 건물을 장엄하고 아름답게 장식함 • 목재의 내구성을 높여 비바람이나 병충해(방충, 방습)로부터 보호함 • 한국의 전통 오방색을 사용한 대표적인 전통 문양으로 대들보나 서까래 등에 장식함
특징	• 오방색을 기본으로 사용 • 분선(흰 선)과 먹선(검은 선) : 색과 색 사이에 가늘게 사용하여(세선), 색을 분리시키고 선명도를 높이는 효과를 줌(색 분리 효과) • 고구려의 고분벽화에서 흔적을 볼 수 있음 • 배색 : 외부 기둥/난간(붉은색), 천장/추녀 안쪽(녹색) 등 부재에 따라 색을 달리함

② 색동

- 정의 : 오방색을 중심으로 색 띠를 이어 붙여 만든 것으로 색동옷, 까치두루마기, 오방낭자 등에서 볼 수 있다.
- 유래 및 상징 : 오행설의 오방색(적, 흑, 청, 백, 황)을 기준으로 하되, 불길한 색인 흑색을 빼고 다른 유채색을 추가하여 만들었다.

▲ 색동한복

돌옷, 명절옷	어린아이의 건강, 무병장수, 화평을 기원하고 나쁜 기운을 막는(벽사) 의미로 입힘
무속	무당의 옷에 사용하여 주술적 능력(신과의 매개)을 상징하기도 하였음

5) 한국 전통 색명(표현 용어) 빈출 6회

① 색조(Tone)를 나타내는 한자

순(純)	• 맑은, 깨끗한 • 예 순백
회(灰)	• 칙칙한, 탁한 • 예 잿빛
담(淡)	묽은, 매우 연한
선(鮮)	선명한, 원색의

② 특징

- 한국의 전통색은 원색보다는 은은한 순색(중채도)을 선호하며, 자연 친화적인 저채도와 고명도의 색감을 즐겨 사용했다.
- 황색계(黃色界)

빛	색이름	Munsell	RGB	CMYK	#16진수
	황색(黃色)	6.4Y 8.4/10.3	244 220 74	2 14 80 0	#F4DC4A
	유황색(硫黃色)	1.2Y 7.7/7.3	238 196 118	5 27 60 1	#EEC476
	명황색(明黃色)	2.5GY 8.3/12.0	216 226 0	15 3 96 0	#D8E200
	담황색(淡黃色)	7.5Y 9.2/3.2	250 241 194	2 5 30 0	#FAF1C2
	송화색(松花色)	2.0GY 9.0/7.0	238 241 141	7 0 57 0	#EEF18D
	자황색(赭黃色)	4.0Y 7.8/9.2	236 202 86	5 23 75 1	#ECCA56
	행황색(杏黃色)	5.6YR 7.4/9.2	253 179 109	0 36 62 0	#FDB36D
	두록색(豆綠色)	4.0Y 8.0/4.6	228 209 152	11 17 45 1	#E4D198
	적황색(赤黃色)	4.3YR 7.0/12.0	255 163 75	0 36 70 0	#FFA34B
	토황색(土黃色)	6.9YR 5.8/7.6	201 143 83	16 49 71 6	#C98F53
	지황색(芝黃色)	4.0Y 7.5/7.4	224 195 105	10 24 67 2	#E0D369
	토색(土色)	9.3YR 5.3/5.4	174 136 88	24 43 65 15	#AE8858
	치자색(梔子色)	4.7Y 8.2/8.4	242 213 105	4 18 68 1	#F2D569
	홍황색(紅黃色)	7.7R 7.0/5.7	230 171 159	8 40 29 1	#E6AB9F
	자황색(紫黃色)	7.6YR 6.4/3.2	193 165 140	23 34 41 6	#C1A58C
	금색(金色)	–	–	–	–

• 청록색계(靑綠色界)

빛	색이름	Munsell	RGB	CMYK	#16진수
	청색(靑色)	6.8PB 3.3/9.2	70 91 153	85 61 9 4	#465B99
	벽색(碧色)	2.7PB 5.7/10.7	70 158 222	74 22 0 0	#469EDE
	천청색(天靑色)	1.2PB 6.9/7.1	134 188 227	54 10 2 1	#86BCE3
	담청색(淡靑色)	9.2B 5.5/7.3	82 155 192	71 17 11 7	#529BC0
	취람색(翠藍色)	5.9BG 7.0/6.7	104 199 193	60 0 31 0	#68C7C1
	양람색(洋藍色)	0.6P 5.2/11.0	146 129 205	54 49 0 1	#9281CD
	벽청색(碧靑色)	5.4PB 4.9/8.5	99 133 188	70 44 0 0	#6385BC
	청현색(靑玄色)	5.3PB 3.8/5.5	86 106 142	69 43 15 22	#566A8E
	감색(紺色)	5.5PB 3.2/5.2	73 92 127	73 46 15 29	#495C7F
	남색(藍色)	2.2P 3.2/8.0	106 80 137	69 70 12 7	#6A5089
	연람색(軟藍色)	3.6P 4.1/8.9	132 100 159	58 63 4 3	#84649F
	벽람색(碧藍色)	8.7PB 5.3/5.9	138 139 180	53 40 7 4	#8A8BB4
	숙람색(熟藍色)	3.2P 3.6/5.0	112 94 130	57 56 16 21	#705E82
	군청색(群靑色)	7.8PB 3.1/3.5	85 87 114	64 50 21 33	#555790
	녹색(綠色)	0.1G 5.2/6.2	104 151 100	58 18 68 13	#689764
	명록색(明綠色)	1.6G 6.3/10.3	80 186 110	65 0 74 0	#50BA6E
	유록색(柳綠色)	0.1G 5.7/8.4	100 167 94	61 13 77 4	#64A75E
	유청색(柳靑色)	7.7GY 6.0/9.0	122 173 76	53 13 85 4	#7AAD4C
	연두색(軟豆色)	6.6GY 8.5/8.4	198 234 130	23 0 62 0	#C6EA82
	춘유록색(春柳綠色)	5.2GY 8.7/5.3	220 234 162	16 0 48 0	#DCEAA2
	청록색(靑綠色)	2.3BG 5.6/7.8	0 166 149	80 7 51 1	#00A695
	진초록색(眞草綠色)	8.0G 5.5/7.5	55 163 134	75 11 57 3	#37A386
	초록색(草綠色)	0.1G 6.0/8.7	105 175 99	60 9 76 2	#69AF63
	흑록색(黑綠色)	1.1BG 4.2/3.4	83 123 114	65 25 46 25	#537B72
	비색(翡色)	3.2BG 7.2/5.4	131 202 189	53 0 33 0	#83CABD
	옥색(玉色)	9.0BG 8.0/4.6	158 220 221	40 0 16 0	#9EDCDD
	삼청색(三靑色)	7.4PB 4.6/9.7	107 122 187	69 47 0 0	#6B7ABB
	뇌록색(磊綠色)	5.3BG 4.6/5.4	57 136 133	76 20 44 15	#398885
	양록색(洋綠色)	5.1G 6.4/9.1	65 188 143	69 0 58 0	#41BC8F
	하엽색(荷葉色)	9.5GY 3.7/3.6	86 109 82	58 30 62 35	#566D52
	흑청색(黑靑色)	5.7PB 5.0/3.2	127 135 155	53 36 21 13	#7F879B
	청벽색(靑碧色)	3.6PB 6.0/6.0	132 162 198	55 25 7 3	#84A2C6

• 자색계(紫色界)

빛	색이름	Munsell	RGB	CMYK	#16진수
	자색(紫色)	6.7RP 3.3/8.2	144 68 100	30 75 24 26	#904464
	자주색(紫朱色)	4.7RP 3.6/10.3	158 69 116	34 79 19 13	#9E4574
	보라색(甫羅色)	0.5RP 4.4/13.4	180 85 162	36 74 0 0	#B455A2
	홍람색(紅藍色)	5.7P 3.8/8.6	132 91 146	56 67 8 6	#845B92
	포도색(葡萄色)	0.6RP 3.0/6.0	116 73 108	49 68 19 28	#74496C
	청자색(靑磁色)	1.5P 3.4/14.2	118 73 173	71 33 0 0	#7649AD
	벽자색(碧紫色)	7.0PB 6.0/9.0	140 158 217	53 32 0 0	#8C9ED9
	회보라색(灰甫羅色)	3.6P 6.0/7.0	173 152 197	38 41 0 0	#AD98C5
	담자색(淡紫色)	6.4P 6.0/4.0	173 154 177	35 37 12 5	#AD9AB1
	다자색(茶紫色)	9.7R 2.7/2.2	99 74 70	44 57 51 44	#634A46
	적자색(赤紫色)	7.6RP 5.6/8.0	203 129 148	17 57 19 5	#CB8194

• 적색계(赤色界)

빛	색이름	Munsell	RGB	CMYK	#16진수
	적색(赤色)	7.5R 4.8/12.8	214 90 72	9 78 71 1	#F15A48
	홍색(紅色)	0.2R 5.2/15.0	234 87 123	0 79 25 0	#EA577B
	적토색(赤土色)	6.8R 4.2/9.7	181 87 77	21 75 64 10	#B5574D
	휴색(休色)	7.0R 3.4/4.8	134 83 78	30 63 51 33	#86534E
	갈색(褐色)	2.7YR 5.0/4.5	169 126 105	26 48 50 16	#A97E69
	호박색(琥珀色)	5.2YR 6.0/8.8	215 145 82	12 51 72 2	#D78F52
	추향색(秋香色)	3.3YR 6.0/6.0	204 148 115	16 46 51 5	#CC9473
	육색(肉色)	9.4R 5.7/8.9	216 130 102	11 59 56 2	#D88266
	주색(朱色)	8.4R 6.0/11.7	240 129 98	0 62 58 0	#F08162
	주홍색(朱紅色)	3.0R 6.2/13.0	253 126 132	0 60 35 0	#FD7E84
	담주색(淡朱色)	2.6YR 7.5/9.0	255 178 128	0 36 51 0	#FFB280
	진홍색(眞紅色)	4.8RP 4.5/5.2	156 110 129	33 55 23 17	#9C6E81
	선홍색(鮮紅色)	3.7RP 5.4/15.0	226 100 169	14 7 0 0	#E264A9
	연지색(嚥脂色)	8.5RP 5.4/12.0	222 109 139	8 70 19 1	#DE6D8B
	훈색(暈色)	6.2RP 6.0/11.2	228 130 163	7 61 7 1	#E482A3
	진분홍색(眞粉紅色)	2.8RP 6.2/13.7	238 129 192	15 57 0 0	#EE81C0
	분홍색(粉紅色)	5.5RP 7.5/5.8	241 189 204	4 34 4 1	#F1BDCC
	연분홍색(軟粉紅色)	5.5RP 7.7/5.0	235 191 204	7 31 5 1	#EBBFCC

	장단색(長丹色)	7.5R 5.0/12.1	216 99 79	9 74 67 1	#D8634F
	석간주색(石間朱色)	2.2YR 4.2/6.4	160 101 73	25 60 66 22	#A06549
	흑홍색(黑紅色)	5.0RP 5.0/5.3	169 123 139	30 52 23 13	#A97B8B

KEYWORD 03 · 배색 적용 의도 작성

01 색채디자인 콘셉트의 이해

1) 콘셉트(Concept)

① 정의 및 역할

- 기본적으로 '개념'으로 번역되지만, 영역에 따라 다양하게 정의된다.
- 패션계에서는 사고방식이나 새로운 구상을 의미한다.
- 광고 디자인에서는 상품의 특·장점과 소비자의 편익이 일치하는 개념으로 본다.
- 특징 : 복잡한 내용을 포괄하면서도 추상적이지만 간단한 한 가지 '언어(카피)'로 표현된다.

② 수립 원칙

- 다양한 관점에서 문제를 바라보고 해결해야 하며, 항상 환경, 시장, 소비자를 먼저 고려해야 한다.
- 철저히 객관적인 사고와 소비자 마인드에서 출발해야 한다.
- 과제 목표 : 색채디자인이 나아갈 방향 설정, 타깃(Target) 설정, 구체적인 디자인 방향 결정을 목표로 한다.
- 기능 : 광고물 시안이나 아이디어 평가의 기준이 되며, 모든 전략과 제작, 결과물 결정의 핵심이 된다.

2) 콘셉트의 종류

① 제품 콘셉트(Product Concept)

내용	제품 개발 동기, 의견, 아이디어
해결 과제	• 경쟁 제품과의 차별점은 무엇인가? • 얼마나 싸고, 좋게, 빨리 생산할 것인가?

② 상품 콘셉트(Brand Concept)

내용	상품화된 상태에서의 콘셉트(브랜드 콘셉트)
해결 과제	상품 진열대에서 시장 점유율을 얼마나 올릴 수 있는가?

③ 광고 콘셉트(Communication Concept)

내용	• 커뮤니케이션상의 핵심 개념 • TV CM이나 신문 광고가 된 상태의 콘셉트
해결 과제	• '무엇(What)'을 전달할 것인가? • 목표 고객의 마인드에 인지도와 선호도를 얼마나 자리 잡게 할 것인가?

④ 표현 콘셉트(Creative Concept)

내용	소비자가 공감할 수 있는 표현 아이디어
해결 과제	• '어떻게(How)' 말할 것인가? • 소비자의 구매 행동 유발 및 메시지 이해도가 중요

3) 디자인 분야별 색채디자인 콘셉트

① 패션 디자인(Fashion Design)
• 트렌드 주기가 짧고 컬러 선택의 폭이 넓다는 특징이 있다.
• 브랜드 고유의 메인 콘셉트는 유지하되, 시즌마다 컬러를 다양화하여 반복되는 느낌 속에서 새로움을 주어야 한다.

② 텍스타일 디자인(Textile Design)
콘셉트를 극대화할 수 있도록 컬러와 문양(패턴)이 주는 느낌이 조화롭게 어우러지게 표현해야 한다.

③ 인테리어 디자인(Interior Design)
• 공간의 목적, 거리, 면적, 빛의 방향, 사용 타깃의 연령 및 건강 등을 종합적으로 고려해야 한다.
• 다양한 자재가 사용되며, 마감 공사가 끝나기 전에는 정확한 결과를 예측하기 어렵다는 특징이 있다.

④ 제품 디자인(Product Design)
• 타깃 소비자의 감성적 니즈(Needs)를 정확히 도출해야 한다.
• 제품의 기능성은 물론, 트렌드를 선도할 수 있도록 목표를 잡고 결정해야 한다.

⑤ 도시 환경 디자인(Environmental Design)
건축물과 시설물뿐만 아니라, 그 지역의 문화, 역사, 주민들의 정서를 기반으로 색채계획이 이루어져야 한다.

⓿② 콘셉트별 색채 이미지와 배색 기법(IRI 12가지 형용사 이미지)

1) 개요

- 색채계획은 주관적인 감각이 아닌 객관적인 데이터에 근거해야 한다.
- 한국인의 감성에 최적화된 IRI(Image Research Institute) 색채 이미지 스케일은 형용사 언어를 색채(색상 및 톤)로 변환하는 표준 척도로 활용된다.
- 크게 동적인–정적인(채도 – 가로축), 부드러운–딱딱한(명도 – 세로축)을 기준으로 12가지 대표 형용사 공간으로 분류된다.

2) 12가지 형용사별 이미지 및 배색 기법

① 맑은

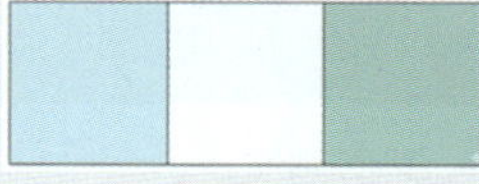
▲ 맑은 배색

키워드	깔끔한, 부드러운, 깨끗한, 섬세한, 가벼운, 옅은, 투명한, 밝은
색상	한색 위주로 난색 역시 사용
톤(Tone)	whitish, pale, 티 없이 맑은 고명도 톤
배색	• 유리를 연상시키는 투명하고 깨끗한 잔잔한 이미지, 고명도 저채도의 whitish, White 콘트라스트를 약하게 하여 배색 • 한색 위주의 차가운 이미지로 난색을 포인트 배색하면 투명한 이미지가 됨

② 귀여운

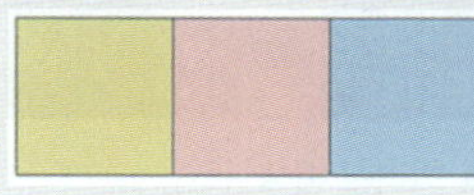
▲ 귀여운 배색

키워드	사랑스러운, 달콤한, 아기자기한, 예쁜, 즐거운, 쾌활한, 재미있는
색상	R, YR, Y, GY, 난색 위주
톤(Tone)	whitish, pale, light, 고명도의 맑고 부드러운 톤 위주
배색	• 고채도, 고명도의 Red, Yellow Red, Yellow와 같은 난색 계열을 사용한 발랄하고 화사한 배색 • 작고 아기자기한 느낌의 배색에는 좀 더 연한 색조 위주로 배색

③ 내추럴한

▲ 내추럴한 배색

키워드	자연적인, 전원적인, 편안한, 감성적인, 친근한, 풍성한, 토속적인, 포근한, 친환경적인, 소박한
색상	• 자연을 대표하는 색상 • ⓔ Yellow, Yellow Green, Green, Yellow Red(나무색) 등
톤(Tone)	중명도 중채도 위주의 soft, dull, light grayish, deep 자극적이지 않은 톤
배색	• 자연 그대로의 꾸밈없는 편안한 이미지, 울창한 숲 속의 따뜻하고 자연스러운 느낌의 배색 • 채도를 낮추고 명도를 중명도 이상의 회색조와 배색하되 Yellow, Green Yellow의 유사 색상으로 배색

> **⫿ 선생님의 노하우**
>
> **내추럴한**
> Y(노랑), GY(연두)의 유사색상과 중채도를 쓰며, 선명한 원색은 무조건 오답입니다.

▲ 온화한 배색

④ 온화한

키워드	편안한, 포근한, 따뜻한, 부드러운, 안정된, 부드러운, 유연한, 순수한
색상	난색 위주로 중성색, 한색도 사용
톤(Tone)	whitish, light grayish, soft, pale, 중명도 중채도의 부드러운 톤
배색	• 따뜻한 온기가 느껴지는 온화한 이미지, 가볍고 밝은 이미지로 차분함이 깃든 소프트한 느낌 • 고명도의 whitish 톤과 함께 light grayish, N8 정도의 탁하고 차분하면서도 부드럽고 유연한 느낌으로 배색

▲ 경쾌한 배색

⑤ 경쾌한

키워드	활동적인, 율동적인, 재미있는, 개방적인, 선명한, 새로운, 돋보이는, 젊은
색상	빨강, 파랑, 노랑, 하양 등 반대 색상
톤(Tone)	vivid, light, 채도가 높고 선명한 톤
배색	• 움직임이 가볍고 기분 좋은 느낌, 주로 빨강, 파랑, 노랑, 하양, 크림색, 하늘색 등과 같이 원색적인 색조와 고명도의 색조를 함께 배색 • 리드미컬한 느낌과 젊은이들의 생동감 있는 움직임이 느껴지도록 배색

▲ 화려한 배색

⑥ 화려한

키워드	매력적인, 장식적인, 요염한, 성숙한, 환상적인, 복잡한, 뛰어난, 다양한
색상	Purple, Red Purple, Red, Yellow
톤(Tone)	고채도 위주의 vivid, deep, light 등
배색	• 다소 강한 듯하나 여성스럽고 멋스러운 이미지로 매혹적이고 장식적인 궁정 생활의 느낌을 내포함 • 핑크색을 기준으로 한색과 난색에 vivid 색조, 색상 차를 크게 한 배색이 주를 이루며, 특히 눈에 띄는 장식적인 효과를 위해 색조의 명확한 대비를 주어 배색

▲ 우아한 배색

⑦ 우아한

키워드	멋진, 세련된, 고급스러운, 여성스러운, 기품있는, 감각있는, 동양적인
색상	Purple, Red Purple
톤(Tone)	중명도 중채도
배색	여성스럽고 고급스러운 느낌, 중채도 중명도 위주의 색조와 여성스러운 느낌의 Purple, Red Purple을 사용하여 배색하되 튀지 않으면서도 세련된 이미지로 표현

⹁ 선생님의 노하우

우아한 vs 화려한
'우아함'은 튀지 않는 보랏빛
(Purple) 중명도, '화려한'은
눈에 띄는 강한 대비(Con-
trast)가 정답입니다.

⑧ 은은한

키워드	그윽한, 단정한, 정돈된, 심플한, 가지런한, 정적인
색상	• 색상에 제한이 없음 • 예 Red, Yellow Red, Yellow, Green Yellow, Blue, Purple Blue, Purple
톤(Tone)	중명도 저채도 위주의 light grayish, whitish, grayish, soft
배색	• 온화한 이미지와 같이 회색조의 탁한 색조를 사용하여 배색 • 온화한 이미지보다 정적인 느낌이 강해 중명도 저채도 위주의 색조를 이용하여 색감의 제한 없이 차분하고 정돈된 느낌으로 배색

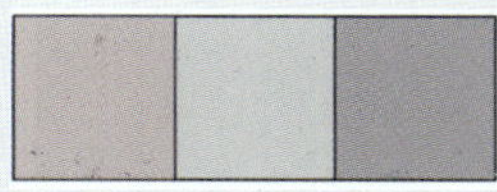

▲ 은은한 배색

⑨ 다이내믹한

키워드	역동적인, 액티브한, 기운찬, 강한, 와일드한, 신속한, 거친, 개성적인
색상	에너지가 느껴지는 난색과 반대 색상 모두 사용
톤(Tone)	고채도 위주의 vivid, 기본 색조, deep
배색	• 강력한 역동적인 엔진의 힘이 연상되는 강한 느낌과 함께 어둡고 박진감 넘치는 색조를 주로 사용 • 격렬한 움직임의 스포츠 경기나 빠른 스피드를 자랑하는 스포츠카의 배색에서 흔히 연상되는 난색 계열의 색상과 색상 대비를 이용하여 선명하고 활동성이 느껴지도록 배색

▲ 다이내믹한 배색

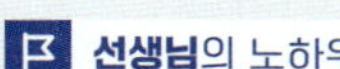

▷ 선생님의 노하우

경쾌한 vs 다이내믹

'경쾌'는 가볍고 즐거우며 율동감있고, '다이내믹'은 무겁고 강하며 파워풀합니다.

⑩ 모던한

키워드	기능적인, 진보적인, 도시적인, 실용적인, 현대적인, 하이테크한, 인공적인, 딱딱한, 서양적인, 차가운, 무거운
색상	Blue Green, Blue, Purple Blue
톤(Tone)	vivid, deep, light grayish, grayish, pale, whitish 톤 대비가 강함
배색	• 도시적인 감각과 현대적인 느낌을 표현하는 합리적인 배색을 연상케 함 • 색상을 무채색 위주로 제한하여 딱딱하고 진보적인 느낌이 들도록 함 • 과학적인 하이테크한 이미지의 경우에는 미래적이고 첨단의 느낌이 나는 파랑과 청록을 이용하여 배색하고, 도시적인 세련미를 표현할 때 Grayish 느낌의 탁한 색조를 사용하도록 권장

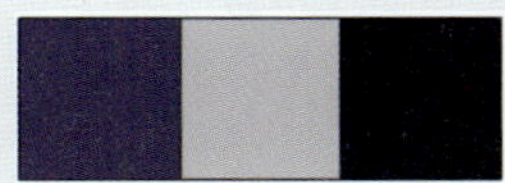

▲ 모던한 배색

⑪ 점잖은

키워드	지적인, 견실한, 보수적인, 격식있는, 클래식한, 중후한
색상	고상한 난색과 남성적이고 신사적인 한색
톤(Tone)	저채도 탁한 색조와 저명도 색조인 dull, deep, dark
배색	• 탁하면서도 무겁고 기존의 틀을 벗어나지 않은 이미지 • 남성적인 이미지나 고상하며 정적인 느낌과도 비슷함 • 저채도의 탁한 색조와 저명도의 색조를 이용하여 딱딱한 느낌이 되도록 배색하면서도 좀 더 신사적인 느낌과 같이 클래식하고 엄격한 이미지로 배색

▲ 점잖은 배색

▷ 선생님의 노하우

모던 vs 점잖은

'모던'은 차갑고(Blue) 도시적이고 '하이테크'하며 '점잖은'은 보수적이고 중후하며 클래식합니다.

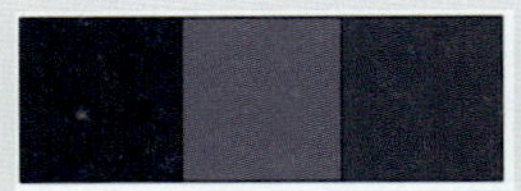

▲ 고상한 배색

톤(Tone) 공식
맑은/귀여운은 고명도(whit-ish), 경쾌/다이내믹은 고채도(vivid), 은은/고상은 회색조(grayish)가 핵심입니다.

⑫ 고상한

키워드	차분한, 나이든, 성숙한, 우울한, 오래된, 탁한, 수수한, 전통적인, 품위있는
색상	난색, 한색 다양하게 사용
톤(Tone)	dull, deep, dark
배색	• 품격이 느껴지며 무게가 있어 세월의 흔적이 묻어나듯 오래되어 보이는 이미지 • 채도를 낮추고 명도도 약간 낮추어 배색함으로써 원숙한 중년 이미지로 표현

03 색체계의 종류와 특징, 색표기법

1) 색채체계

- 색은 인간의 감성 및 심리적인 면과 밀접하게 연관되어 있다.
- 색을 정량적이고 정확하게 측정하고 관리하기 위해 국제적으로 약속된 색채표준이 반드시 필요하다.

2) 색채표준의 분류(현색계와 혼색계)

① 현색계(Color Appearance System) 빈출 8회

- 정의 : 물체색을 인간의 눈으로 느끼는 색지각의 3속성(색상, 명도, 채도)에 따라 정량적 · 정성적으로 분류하여 번호나 기호를 붙인 체계이다.
- 특징 : 눈으로 직접 보고 비교 · 검색이 가능하므로 실용적이다.
- 종류 : 먼셀(Munsell)표색계, NCS, KS(한국산업규격), DIN(독일) 등이 있다.
- 현색계의 장단점

현색계와 혼색계의 차이점을 묻는 문제는 매회 출제된다고 볼 수 있습니다.

장점	• 시각적으로 이해하기 쉽고 확인이 가능하며 사용이 쉬움 • 측색이 필요하지 않고 색편의 배열 및 개수를 용도에 맞게 조정할 수 있음 • 지각적으로 일정하게 배열되어 있음
단점	• 눈의 시감을 통한 색좌표 변환, 색편 사이의 넓은 간격으로 정밀한 색좌표를 구하기 어려워 색표계의 색역(Color Gamut)을 벗어나는 샘플이 존재함 • 광원과 같은 빛의 색표기가 어렵고 동일한 조건에서 관측해야 정확한 색좌표를 얻을 수 있음 • 변색과 오염의 정도를 파악하기 어렵고 광택, 무광택의 판을 모두 필요로 함

② 혼색계(Color Mixing System) 빈출 6회

- 정의 : 색을 측색기(기계)로 측정하여 빛의 파장(스펙트럼)에 따른 색의 특징을 판별, 정확한 수치로 표현하는 체계이다.
- 특징 : 심리적 요소가 배제된 물리적 혼색 실험에 기초하며, 객관적이고 정량적인 수치 관리가 가능하다.
- 종류 : 오스트발트(Ostwald), CIE XYZ, CIE L*a*b*, CIE L*u*v*, CIE L*c*h* 등이 있다.

현색계 vs 혼색계 1초 암기법
- 현색계(顯色系) : '나타날 현'. 눈에 보이는 색표(Color Chip)가 있으면 현색계(먼셀, NCS 등 색종이가 있는 것)
- 혼색계(混色系) : '섞을 혼'. 빛을 섞는 실험 데이터 눈으로 확인하기 힘든 수치 데이터(CIE)나 회전혼색(오스트발트)이 여기에 속합니다. 오스트발트는 색표집이 있지만, 그 원리가 '회전혼색'이라는 물리적 실험에 기초하므로 이론적으로 혼색계로 분류되는 경우가 많습니다. 현색계적 특성도 인정받지만, 시험에서는 혼색계의 원리로 자주 다룹니다.

* 혼색계의 장단점

장점	• 물리적 영향을 받지 않아 정확한 측정이 가능할 뿐만 아니라 환경을 임의로 설정하여 측정할 수 있음 • 색표계 간에 정확히 변환시킬 수 있음 • 수치로 표기되어 변색, 탈색 등의 영향이 없음 • 조색, 검사 등에 적합한 오차 적용
단점	• 수치로 구성되어 색의 감각적 느낌이 없고, 지각적 등보성이 없음 • 실제 현색계의 색표와 대조하여 차이가 많고 감각적 검사로 반드시 오차가 발생하며, 측색기가 필요함

3) 먼셀표색계(Munsell System) _{빈출 6회}

① 개요 및 특징

창시	1905년 미국의 화가 먼셀(A.H. Munsell)이 창안
발전	• 1943년 미국광학협회(OSA)가 수정 · 보완하여 '수정 먼셀표색계'를 발표하였음 • 현재 우리나라 공업 규격(KS A 0062)를 포함한 많은 국가의 표준 현색계로 사용
구성	색채를 색상(Hue), 명도(Value), 채도(Chroma)의 3속성에 의해 체계적으로 분류

② 3속성의 구조

* 색상(Hue)

기본색	빨강(R), 노랑(Y), 초록(G), 파랑(B), 보라(P)의 5주요색과 그 사이의 주황(YR), 연두(GY), 청록(BG), 남색(PB), 자주(RP)를 합쳐 10색상을 기본으로 함
순서	R – YR – Y – GY – G – BG – B – PB – P – RP
세분화	• 각 색상은 1~10까지 번호를 붙여 구분하며, 5번(예 5R)이 그 색상의 가장 대표적인 중심색(표준)이 됨 • 총 100색상으로 확장
KS규격	현재 KS표준에서는 10개 색상 당 2.5, 5, 7.5, 10단계의 40색상환을 주로 사용

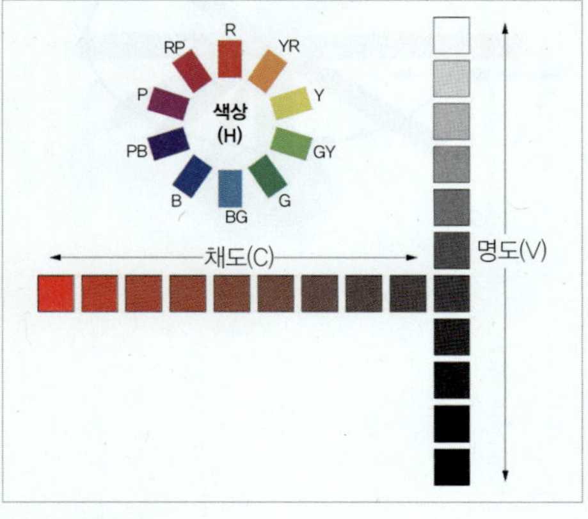

▲ 먼셀 표색계

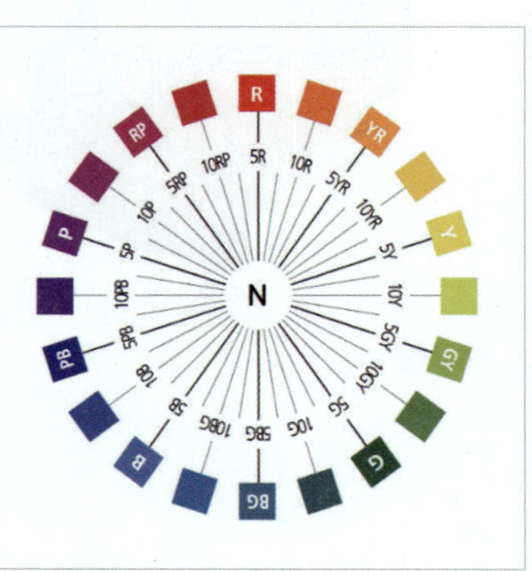

▲ 먼셀 색체계의 구조와 속성

• 명도(Value)

정의	색의 밝고 어두운 정도
단계	이상적인 검정(Black)을 0, 이상적인 하양(White)을 10으로 설정하고, 그 사이를 시각적 등간격으로 나누어 총 11단계로 구분
표기	무채색(Neutral)은 'N'을 붙여 N1, N2…N9 등으로 표기

• 채도(Chroma) 빈출 2회

정의	색의 맑고 탁한 정도(순도)를 나타냄
구조	무채색 축을 0으로 하여 수평 방향으로 단계가 커짐
특징	모든 색상의 최고 채도 위치가 다름(나뭇가지 모양의 불규칙한 색입체)

③ 표기법 빈출 9회

• 색상(H) 명도(V) / 채도(C) 순으로 표기한다.

• 예 5R 4/14(색상은 5R, 명도는 4, 채도는 14)라는 뜻으로 '5R 5의 14'라고 읽는다.

④ 먼셀 색입체

수평단면 (등명도면, 가로단면, 횡단면)	먼셀 색입체를 수평으로 잘랐을 때, 기준이 된 가로축의 동일한 명도 내에서 색상의 차이와 채도의 차이를 볼 수 있음
수직단면 (등색상면, 세로단면, 종단면)	• 먼셀 색입체를 수직으로 잘랐을 때 동일한 색상 내에서 명도의 차이와 채도의 차이를 볼 수 있음 • 수직단면은 동일한 색상과 그 보색의 명도, 채도 변화를 한눈에 볼 수 있으며 가장 바깥쪽의 색이 순색임

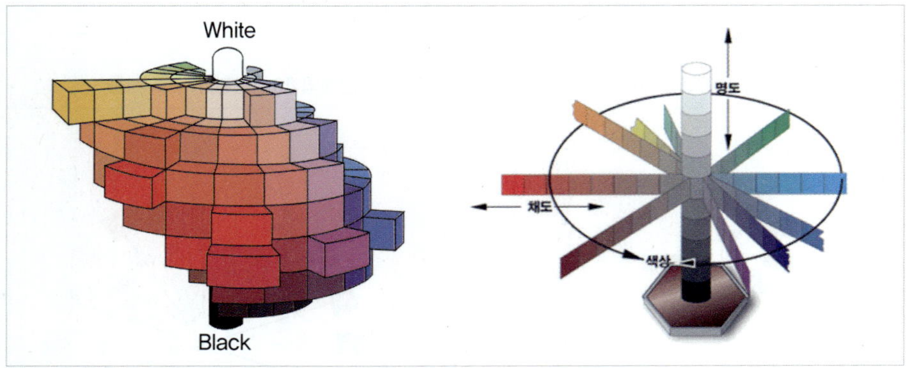

▲ 먼셀 색입체

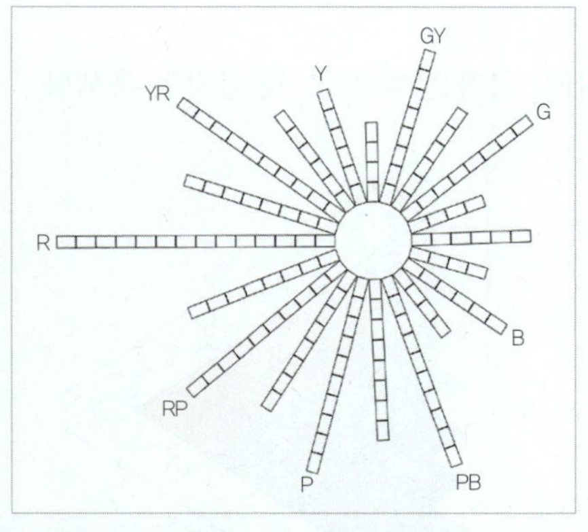

▲ 먼셀의 수평 단면

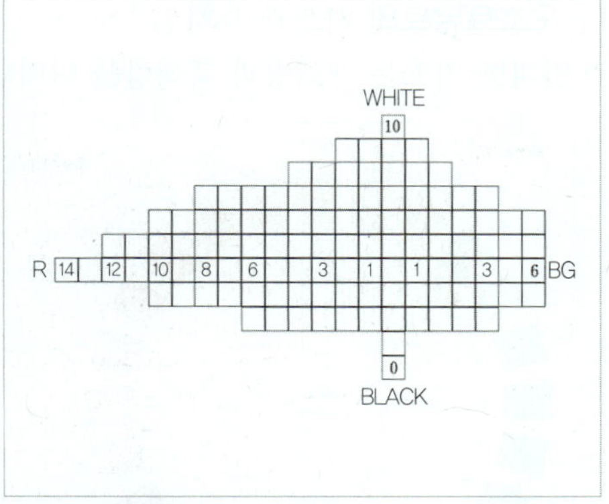

▲ 먼셀의 수직단면

4) 오스트발트 표색계(Ostwald System) 빈출 4회

① 개요

- 1916년 독일의 화학자 빌헬름 오스트발트(W.F. Ostwald)가 "조화란 질서가 있을 때 나타난다."라고 주장하며 표색계를 창안했다.
- 이상적인 모든 빛을 반사하는 백색(W), 모든 빛을 흡수하는 흑색(B), 특정 과정 영역의 빛만을 반사하고 나머지 파장 영역을 흡수하는 순색(C)의 혼합비율에 따른 회전 혼색 실험 결과를 체계화하였다.

② 색상 및 색입체 빈출 6회

- 색상 : 헤링(Hering)의 4원색설을 기반으로 한다.
- 구성 : Yellow–Blue, Red–Sea Green의 4가지 대응색(보색)을 기본으로, 사이에 4색을 더해 8색 → 다시 3등분하여 24색상환을 사용한다.
- 색입체(Color Solid)

형태	위아래로 뾰족한 복원추체(쌍원뿔) 형태
무채색 단계	중심축 위쪽(White)에서 아래쪽(Black)으로 a, c, e, g, i, l, n, p의 8단계를 기호로 사용

- 오스트발트 색입체의 등색상면은 같은 색조의 색을 선택할 때는 일정한 계열을 활용할 수 있지만, 기호가 같은 색이라도 색상에 따라서 명도, 채도의 감각이 같지 않고, 명도의 구분이 모호하다는 단점이 있다.

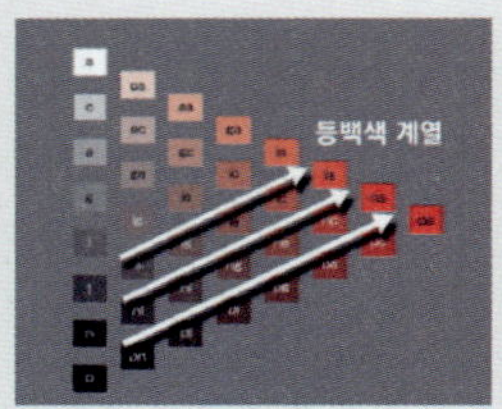
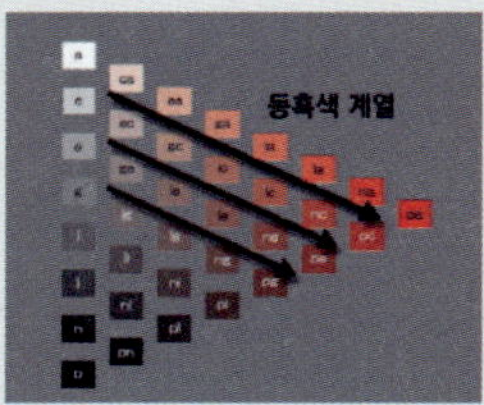

▲ 오스트발트의 등색상 삼각형

③ 오스트발트의 기호와 수치

• 알파벳 기호는 백색량과 흑색량을 나타낸다(앞 글자는 백색량, 뒷 글자는 흑색량).

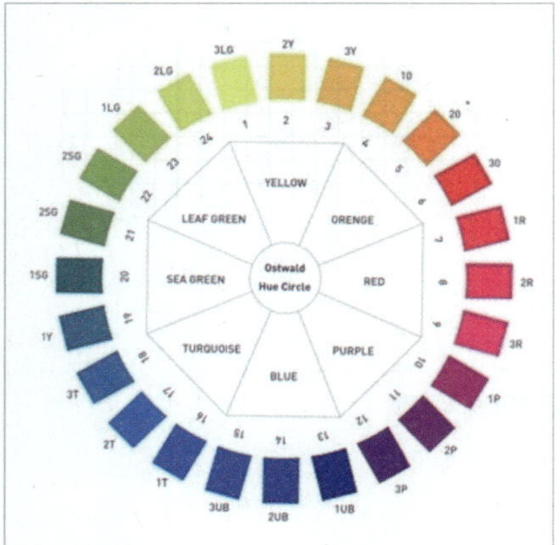

▲ 오스트발트의 색상환

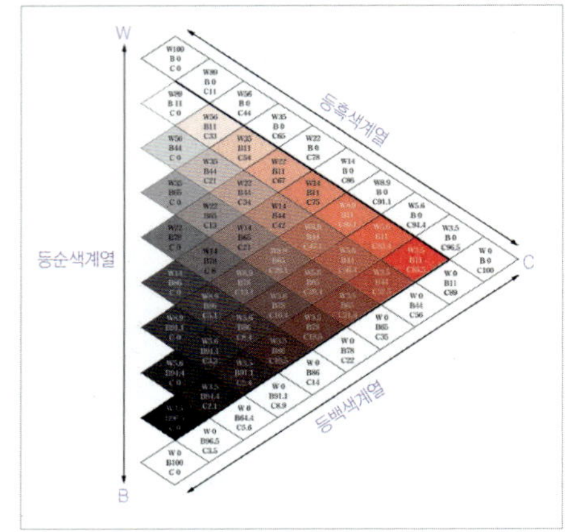

▲ 오스트발트의 색입체

• 오스트발트 기호와 흑색량, 백색량

기호	a	c	e	g	i	l	n	p
백색량	89	56	35	22	14	8.9	5.6	3.5
흑색량	11	44	65	78	86	91.1	94.4	96.5

• 등색상 삼각형 : 동일 색상 내에서 백색량(W)+흑색량(B)+순색량(C)=100%(1.0)가 된다.

④ 표기법 빈출 6회

순서	색상번호, 백색량기호, 흑색량기호
예시	17lc(색상 17번, 백색량 l, 흑색량 c)
순색량 계산	100−(백색량+흑색량)

5) NCS 표색계(Natural Color System)

① 개요

• 스웨덴 색채연구소에서 개발(1972)한 것으로, 인간이 색을 보는 심리적인 지각량을 기준으로 만든 표색계이다.

• 헤링의 4원색설을 기반으로 한다.

• 오늘날 먼셀과 아울러 색을 표시하는 데 가장 많이 사용되는 표색계 중 하나이다.

• NCS 표색계는 노르웨이, 스페인, 스웨덴의 표준색을 제정하는 데 기여하였으며, 영국 런던의 모든 지하철 노선에 NCS 색상이 적용되는 등 유럽을 비롯한 전 세계에서 사용되며 먼셀 표색계와 가장 호환성이 좋은 색체계로써 활용도도 크게 기대되고 있다.

• 오스트발트 색체계와 기초 이론은 같으나 오스트발트가 회전 혼색에 기반을 둔 반면, NCS는 안료, 도료의 혼합을 기반으로 하고 있다.

② 구조

색상(Hue)	• 4가지 유채색 기본색 : 노랑(Y), 빨강(R), 파랑(B), 초록(G) • 배치 : 심리보색 원리에 따라 Y–B, R–G를 반대편에 배치하고, 그 사이를 10단계씩 나누어 40색상환을 구성
뉘앙스 (Nuance)	• 색조(Tone)와 유사한 개념 • 구성 : 백색량(W)+흑색량(S)+순색량(C)=100 • S는 검정(Schwarz)을 의미
색삼각형	• 색공간을 수직으로 자른 등색상면으로서 동일 색상을 지닌 색들을 배열해 놓은 NCS 등색상 삼각형 • 색삼각형의 위에서 아래로 하양(W)과 검정(S)의 그레이스케일을 나타내고, 삼각형의 오른쪽 꼭짓점에는 채도(C)를 표기 • 삼각형의 세로 변에는 하양에 검정 기미가 등간격으로 증가하는 무채색들이 위치하고, 아래 빗변에는 검정에 순색 기미가 등간격으로 증가하는 유채색들이 위치 • 색삼각형에서 W·C 축과 평행한 직선상에 놓인 하양과 순색의 사선 배치에는 동일 검은색도가 놓이게 됨

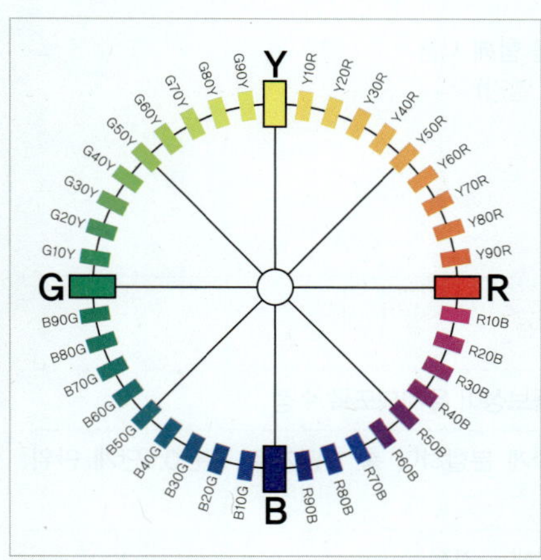

▲ NCS 색상환

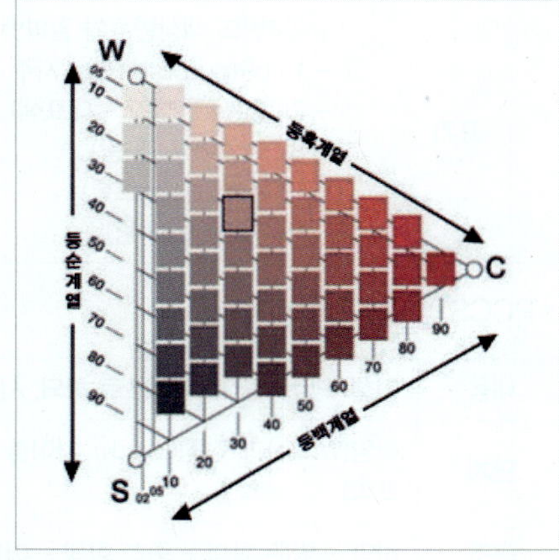

▲ NCS 색입체 수직단면도

③ 표기법 빈출 14회

순서	S(흑색량) C(순색량) – 색상(H)
예시	2030–Y90R(20 : 흑색량(S)이 20%, 30 : 순색량(C)이 30%, Y90R : 노랑(Y)에서 빨강(R) 쪽으로 90% 치우친 색상(거의 빨강에 가까운 노랑)
무채색 표기	• 0500–N : 하양(흑색량 05, 순색량 00) • 9000–N : 검정(흑색량 90, 순색량 00)

6) 기타 색체계

① PCCS(Practical Color Coordinate System)

• 개요 및 특징 빈출 4회

발표	1964년 일본색채연구소가 발표한 '일본색연배색체계'
목적	색채 조화(배색)를 주목적으로 개발된 시스템
핵심 특징	• '톤(Tone)'의 개념을 도입한 것이 가장 큰 특징 • 톤 시스템 덕분에 배색 계획이 용이하고 계통색명과도 잘 대응하여 디자인 및 교육계에 널리 보급됨
구성	오스트발트와 마찬가지로 24색상을 기본으로 하며, 여기에는 색광(RGB)과 색료(CMY)의 3원색이 모두 포함됨

• PCCS의 색상(Hue)

색상환 구성	심리 4원색(R, G, B, Y)을 기준으로 하되, 색광의 3원색(R, G, B)과 색료의 3원색(C, M, Y)을 포함하여 총 24색상을 만듦
표기	1~24번의 색상번호와 알파벳 기호를 함께 사용 − 1 : pR(purplish Red, 자주 기미의 빨강) − 2 : R(Red, 빨강 − 대표색) − 8 : Y(Yellow, 노랑) − 12 : G(Green, 초록) − 18 : B(Blue, 파랑)

• PCCS의 명도(Lightness)

내용	먼셀의 명도 단계를 기초로 하되, 시각적 등보성이 유지되도록 수정
단계	하양(White)과 검정(Black) 사이를 정밀하게 분할하여 총 17단계로 구분(0.5단계 단위 포함)
구조	하양 − 밝은 회색 − 중간 회색 − 어두운 회색 − 검정

• PCCS의 채도(Saturation)

기호	Saturation의 약자인 s를 사용
단계	무채색을 0s로 하고, 가장 채도가 높은 순색을 9s로 하여 총 9단계의 등간격으로 구성
특징	먼셀(상대적 채도)과 달리 모든 색상의 최고 채도를 9s로 통일하여 톤의 개념을 잡기 쉽게 구성

- **PCCS 톤(Tone)** ^{빈출 4회}

정의	명도와 채도를 복합시킨 개념으로, '색의 분위기'를 나타냄
구성	색상을 톤이 같은 색끼리 묶어 12종류로 분류함
특징	• 저채도 그룹(ltg, dkg 등) : 색상 간의 명도 차이가 거의 없음 • 고채도 그룹(v 등) : 색상 고유의 명도 차이가 큼 • 예 노랑은 밝고, 보라는 어두움

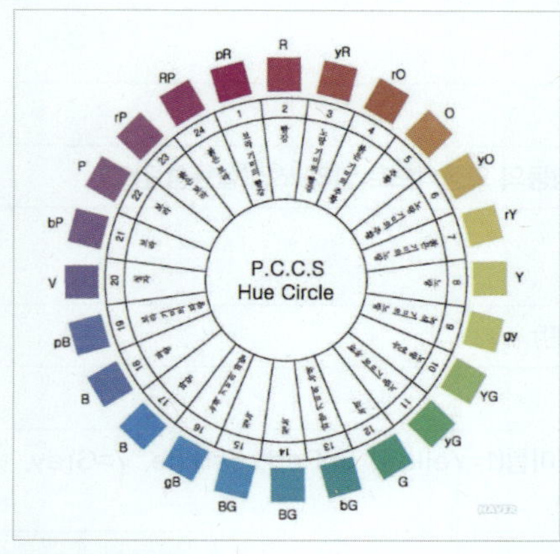

▲ PCCS 색상환

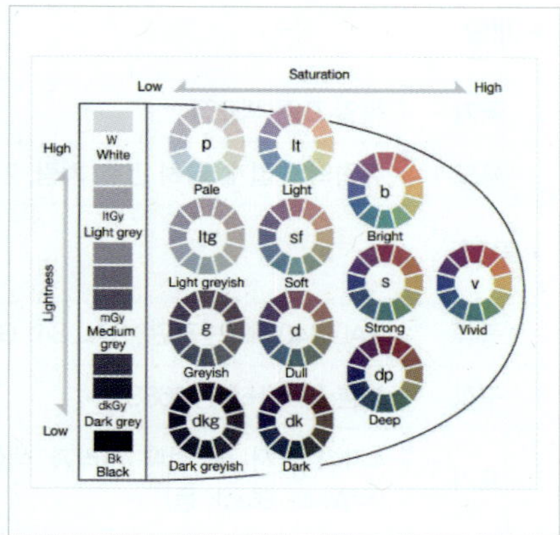

▲ PCCS 톤

- **PCCS 색표기법**

PCCS 기호 표기	• 2 : R-4.5-9s는 색상번호 : 색상기호-명도-채도를 나타냄 • 예 2 : R(색상)-4.5(명도)-9s(채도)
톤 기호 표기	• 톤약호+색상번호 • 예 v2- 비비드 톤의 2번 빨강
무채색 표기	• ny-명도 • 예 ny-6.5(하양 : W, 검은색 : Bk)

② DIN(Deutsches Institut für Normung) ^{빈출 6회}

- **개요**

발표	1955년 독일공업규격위원회가 오스트발트 체계를 실용적으로 보완하여 채택한 표색계
특징	오스트발트의 24색상을 기준으로 하되, 채도에 명도 단계를 도입하여 현실성을 높임

- **구성 요소 및 표기** ^{빈출 3회}

3속성 변수	T : S : D(Hue : Saturation : Darkness) – 색상(T, Hue) : 24단계 – 포화도(S, Saturation) : 0~15(16단계, 0은 무채색) – 암도(D, Darkness) : 0~10(11단계)

- 암도(D)의 특징
  - DIN의 D는 명도(Value)가 아니라 암도(Darkness, 어두운 정도)입니다.
  - 0=하양(가장 밝음)/10=검정(가장 어두움)
  - 일반적인 명도 체계(0이 검정)와 반대라는 점을 반드시 기억해야 합니다.
  - 표기 예시 : 2 : 6 : 1(색상 2, 포화도 6, 암도 1 – 즉, 아주 밝고 선명한 색)입니다.

③ RAL(Reichsausschu ß für Lieferbedingungen) 빈출 2회

- 개요

국가	독일 표준 색표집
용도	유럽의 산업계, 특히 건축, 차량, 기계 도장등의 외장색으로 널리 쓰임(실용성 강조)

- 특징

종류	RAL 840 HR(반광판), RAL 841 GL(유광판)
구성	기본 170색+확장 1688색
표기	4자리 숫자 중 첫째 자리가 색상을 의미함(1=Yellow, 3=Red, 5=Blue, 7=Gray, 9=White/Black 등)

④ 팬톤(Pantone) 색체계

- 개요

기원	1963년 미국 팬톤(Pantone)사가 개발한 PMS(Pantone Matching System)
목적	인쇄, 섬유, 플라스틱 등 다양한 산업에서 정확한 컬러 소통을 위해 만든 상업적 색채 표준

- 특징

비국가 표준	국가 표준(KS, JIS 등)이 아닌 사기업의 표준
불규칙성	색채 배열에 지각적 등보성이 없음(과학적 체계보다는 유행과 빈도 중심)
활용	10,000개 이상의 컬러 칩을 제공하며, 전 세계 디자이너와 생산자 사이의 공통 언어로 사용됨

04 색명법과 표기 방법(KS A 0011, ISCC-NIST)

1) 색명 체계의 개요

① 색명의 정의

- 색에 이름을 붙여서 구분하고 표시하는 방법이다.
- 숫자나 기호보다 색감을 더 직관적으로 표현하여 기억하고 상상하기 쉬우므로, 가장 일반적인 색채 전달 수단으로 통용된다.

② 분류

색명은 크게 관습적으로 전해 내려오는 관용색명(고유색명)과, 색의 속성에 따라 체계적으로 분류한 계통색명(일반색명)으로 나뉜다.

2) 관용색명(Conventional Color Name)

① 정의

예로부터 전해지거나 동물, 식물, 광물, 지명, 인명 등에서 유래하여 관습적으로 굳어진 색이름으로 고유색명이라고도 한다.

② 특징

장점	일상생활에서 친숙하게 사용되며, 이미지를 쉽게 연상할 수 있음
단점	• 색의 범위가 불명확하고 개인차가 있어 정확한 색채 전달에는 한계가 있음 • 시대나 유행에 따라 변하기도 함
KS 규정	• KS A 0011에 153개의 관용색명이 지정되어 있음 • 계통색명 사용이 어려울 때 보조적으로 사용하며, 이름 뒤에 '색'을 붙이는 것이 원칙(예 살구색)

③ 유래별 분류   빈출 2회

동물	쥐색, 비둘기색, 연어색, 낙타색, 세피아(오징어 먹물색), 피코크 그린(공작색), 카나리아 옐로
식물	복숭아색, 밤색(Maroon), 장미색, 귤색, 올리브색, 라벤더색, 살구색, 가지색
광물/원료	금색, 은색, 고동색(오래된 놋쇠), 에메랄드 그린, 코발트 블루, 황토색, 호박색(Amber)
지명/인명	프러시안 블루(독일), 하바나 브라운, 마젠타(이탈리아 지명), 반다이크 브라운(화가)
자연 현상	하늘색(Sky Blue), 바다색(Marine Blue), 무지개색, 눈색

• 관용색명 및 색상

분류	색상명(한글/영문)	색상	유래 및 특징
동물	쥐색(Mouse Grey)		쥐의 털색, 무채색에 가까운 회색
	비둘기색(Dove)		비둘기 깃털, 회색에 보랏빛/푸른빛이 돎
	연어색(Salmon Pink)		연어 속살의 핑크빛 주황
	낙타색(Camel)		낙타 털의 부드러운 황갈색
	세피아(Sepia)		오징어 먹물, 고전적인 흑갈색
	피코크그린(Peacock Green)		공작 날개의 윤기 있는 청록색
	카나리아 옐로(Canary Yellow)		카나리아 새의 선명하고 맑은 노랑
식물	복숭아색(Peach)		잘 익은 복숭아의 연분홍
	밤색(Maroon)		밤껍질의 진한 적갈색
	장미색(Rose)		붉은 장미의 강렬한 색
	귤색(Tangerine)		귤껍질의 선명한 주황
	올리브색(Olive)		덜 익은 열매의 암녹색(국방색)
	라벤더색(Lavender)		허브 꽃의 창백한 연보라
	살구색(Apricot)		주황빛이 도는 노랑
	가지색(Eggplant)		가지껍질의 흑자색(검은 보라)
광물	금색(Gold)		황금빛을 내는 밝은 노랑(광택)
	은색(Silver)		은빛을 내는 회색(광택)
	고동색(Bronze)		오래된 놋쇠의 칙칙한 황갈색
	에메랄드 그린(Emerald)		보석 에메랄드의 선명한 초록
	코발트 블루(Cobalt)		안료에서 유래한 선명한 파랑
	황토색(Ocher)		누렇고 탁한 흙색
	호박색(Amber)		송진 화석(호박)의 투명한 짙은 노랑
지명	프러시안 블루(Prussian)		독일 프로이센의 진한 남색
	하바나 브라운(Havana)		쿠바 하바나 시가(엽궐련)의 갈색
	마젠타(Magenta)		이탈리아 지명, 선명한 자주색(CMYK 원색)
인명	반다이크 브라운(Vandyke)		화가 반다이크가 쓴 흑갈색
자연	하늘색(Sky Blue)		맑은 날의 밝은 파랑
	바다색(Marine Blue)		깊은 바다의 짙은 파랑

3) 계통색명(Systematic Color Name) ^{빈출 4회}

① 정의

색의 3속성(색상, 명도, 채도)을 바탕으로 색을 체계적으로 분류하고, 수식어(형용사)를 덧붙여 부르는 색이름으로 일반색명이라고도 한다.

② 특징

장점	색의 속성을 기준으로 하므로 어떤 색인지 정확하게 추측할 수 있어 학술적, 공업적 용도로 적합
단점	관용색명보다 감성적인 전달력이 부족하고, 수식어 체계가 다소 길고 복잡
구성	• 수식어(톤)+기본 색이름(색상) • 예 선명한(vivid) 빨강(Red), 탁한(dull) 파랑(Blue)

③ KS 기본색명(KS A 0011)

- 한국산업표준(KS)에서는 유채색 12가지와 무채색 3가지, 총 15가지를 기본색명으로 규정한다.
- 유채색 기본 색명(12색) : 빨강(Red), 주황(Yellow Red), 노랑(Yellow), 연두(Green Yellow), 초록(Green), 청록(Blue Green), 파랑(Blue), 남색(Purple Blue), 보라(Purple), 자주(Red Purple), [분홍(Pink), 갈색(Brown)(관용적 허용)]
- 무채색 기본 색명(3색) : 하양(White), 회색(Grey), 검정(Black)
- KS 기본 색이름

구분	기본 색이름	대응 영어	약호
유채색	빨강(적)	Red	R
	주황	Yellow Red	YR
	노랑(황)	Yellow	Y
	연두	Green Yellow	GY
	초록(녹)	Green	G
	청록	Blue Green	BG
	파랑(청)	Blue	B
	남색(남)	Purple Blue	PB
	보라	Purple	P
	자주(자)	Red Purple	RP
	분홍	Pink	Pk
	갈색(갈)	Brown	Br
무채색	하양(백)	White	Wh
	회색(회)	(neutral) Grey(영),(neutral) Gray(미)	Gy
	검정(흑)	Black	Bk

④ 색이름의 조합 및 수식

- 조합색이름(유채색)

정의	• 두 개의 기본색이름을 섞어 중간 색상을 표현함 • 예 수식형+기본색이름
색이름 수식형의 종류	• 형용사형 : 빨간, 노란, 파란… • 한자 단음절 : 적, 황, 녹, 청… • '～빛' 형 : 초록빛, 보랏빛…(여기서 빛은 물체 표면의 색채 특징을 나타내는 관형어)

- 색이름 수식형

기본색이름	대응 영어	약호
빨간(적)	Reddish	r
노란(황)	Yellowish	y
초록빛(녹)	Greenish	g
파란(청)	Bluish	b
보랏빛	Purplish	p
자줏빛(자)	Red-Purplish	rp
분홍빛	Pinkish	pk
갈	Brownish	br
흰	Whitish	wh
회	Grayish	gy
검은(흑)	Blackish	bk

- 수식 형용사(톤 표현) : 색의 명도와 채도(Tone)를 나타내는 형용사를 기본색명 앞에 붙여 세분화할 수 있으며 필요하면 두 개의 수식 형용사를 결합하거나 '아주'를 수식 형용사 앞에 붙여 사용할 수 있다.
- 수식 형용사 : 무채색은 '밝은(lt) 회색', '어두운(dk) 회색' 등으로 명도만 구분한다.

구분	수식 형용사	대응 영어	약호
유채색	선명한	vivid	vv
	흐린	soft	sf
	탁한	dull	dl
	밝은	light	lt
	어두운	dark	dk
	진(한)	deep	dp
	연(한)	pale	pl
무채색	밝은	light	lt
	어두운	dark	dk

• 무채색의 명도, 유채색의 명도와 채도의 상호 관계

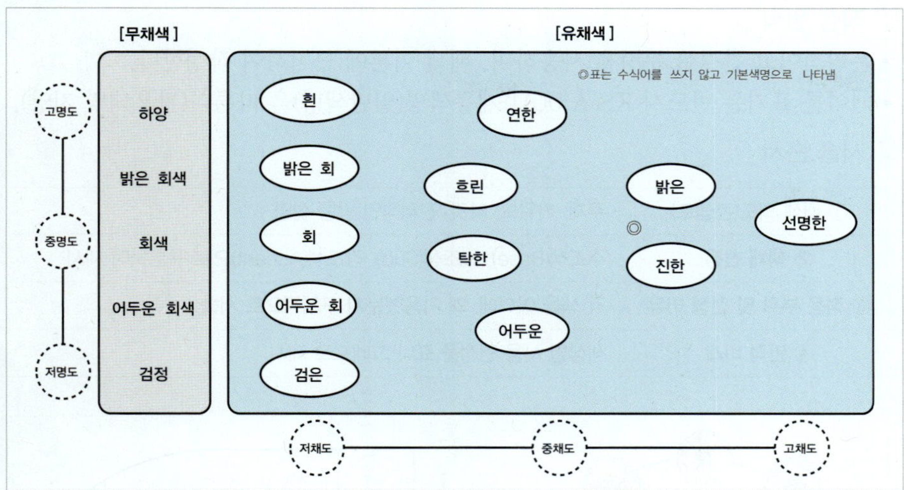

⑤ ISCC–NIST 색명 체계 빈출 2회

• 개요

  – 미국 색채 협의회(ISCC)와 미국 국립 표준국(NIST)이 공동 연구하여 발표한 체계다.

  – 먼셀 색체계를 기반으로 색 공간을 267개의 블록으로 나누고, 총 13가지의 기본색 이름을 사용한다.

  – 색채의 감성 전달이 우수하며, 한국 규격(KS)을 비롯한 세계 여러 나라 색명의 기준이 되고 있다.

• 구성

기본 구조	명도/채도 수식어에 색상 이름을 더함
색상	• 무채색 총 3가지(White, Gray, Black) 　– Gray는 light gray, medium gray, dark gray로 구분된다. • 유채색 총 10가지(Red, Orange, Yellow, Yellow Green, Green, Blue, Purple + Olive, Brown, Pink) 　– Olive, Brown, Pink 역시 기본 색상으로 쓰인다.
수식어	• vivid(선명한), brilliant(빛나는), strong(강한), deep(짙은), pale(연한) 등 13개의 형용사를 사용 • 'vivid(v)'는 가장 채도가 높은 단계를 의미함

4) 배색 적용 의도 서술 방법

① 작성 원칙

- 논리적이고 간결한 문장을 사용하며, 배색 이론에 근거하여 작성한다.
- 색이름 표기는 반드시 KS A 0011 계통색명(일반색명)을 따른다(관용·색명 지양).

② 서술 순서

① 배색 의도(콘셉트)	주제, 키워드, 타깃, 전체적인 방향 설명
② 색채 선정	주조색(Base), 보조색(Sub), 강조색(Accent)으로 구분하여 제시
③ 적용 부위 및 선정 이유	각 색을 어디에, 왜 사용했는지 구체적으로 서술
④ 면적 비례	색상별 사용 면적을 표나 그래프로 제시

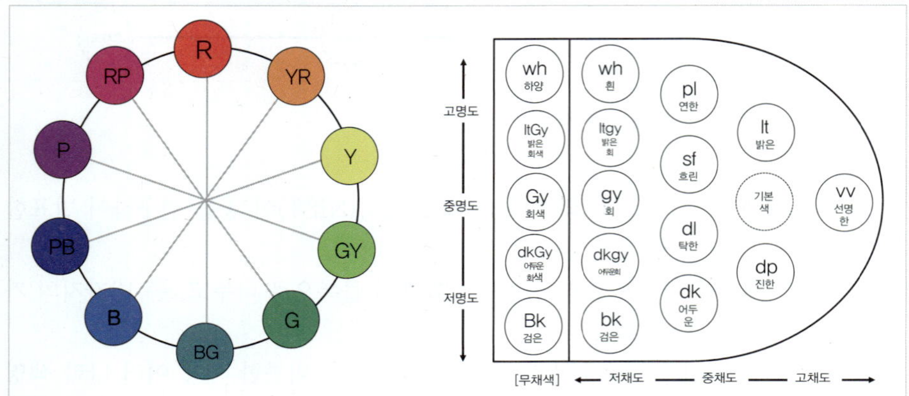

05 색채 이미지 스케일 제작

1) 색상&톤(Hue&Tone)

① 색상(Hue)

정의	• 빛의 파장에 따라 구별되는 색의 고유한 성질 • 그라스만(Grassmann)의 법칙에 의해 색의 3속성(색상, 명도, 채도) 중 하나로 체계화 됨
특징	우리가 빨강, 노랑, 초록, 파랑, 보라 등을 구별하듯이, 사물을 보았을 때 색채를 구별하는 가장 기본적인 속성

② 톤(Tone, 색조)

정의	명도(Value)와 채도(Chroma)를 통합한 복합 개념으로, 우리말로는 '색조(色調)'라 함
원리	순색에 무채색(하양, 회색, 검정)이 섞이는 비율에 따라 색의 명암(밝고 어두움)과 강약(진하고 흐림)의 차이가 발생하며, 이를 체계화한 것
주요 체계	• ISCC–NIST : 색조에 따른 형용사(vivid, pale 등)로 색 구분 • P.C.C.S : 일본 색채연구소의 표색계로, 톤 개념을 가장 적극적으로 활용 • KS A 0011 : 한국산업표준에서는 유채색 13단계(기본 12+1), 무채색 5단계로 톤을 분류하고 있음(과거 12단계에서 개정됨, 교재에는 통상 12~13단계로 기술)

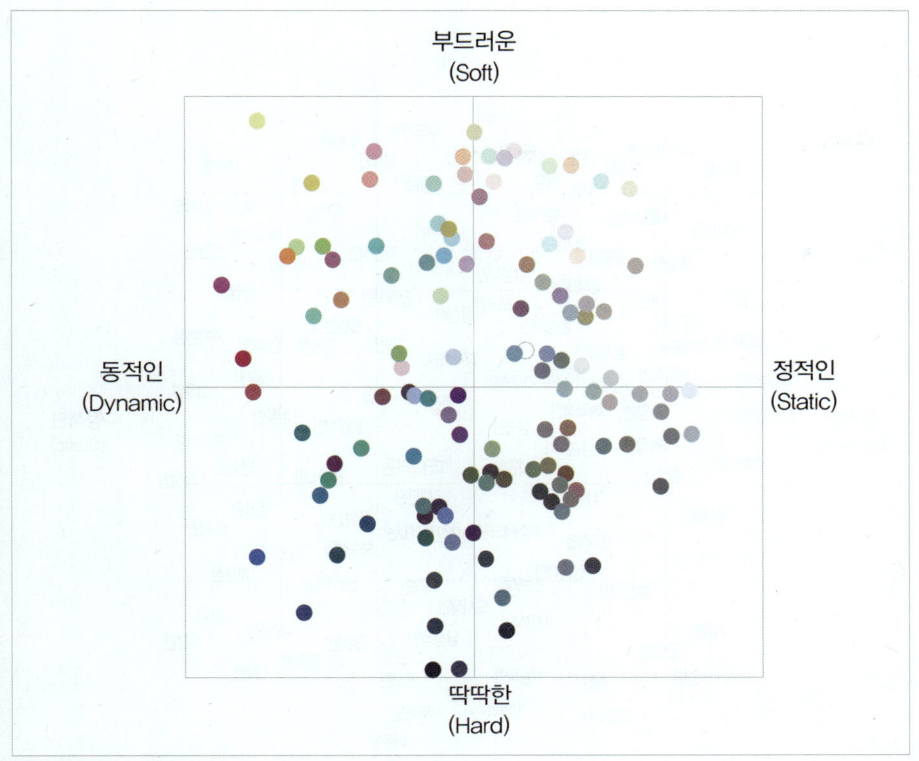

▲ 단색 이미지 스케일

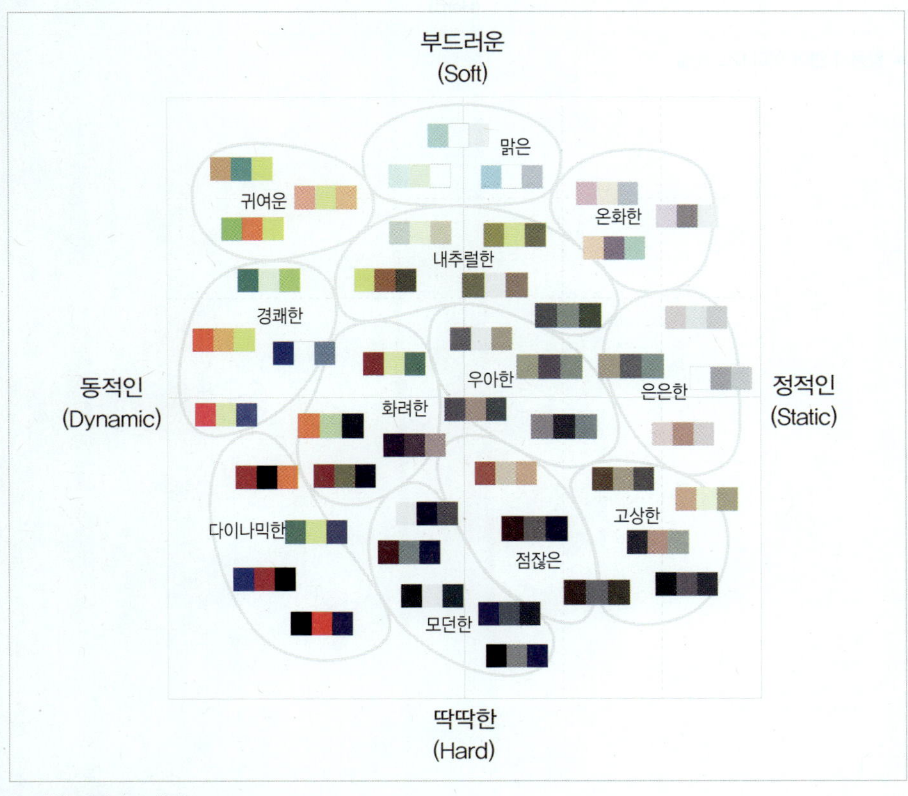

▲ 배색 이미지 스케일

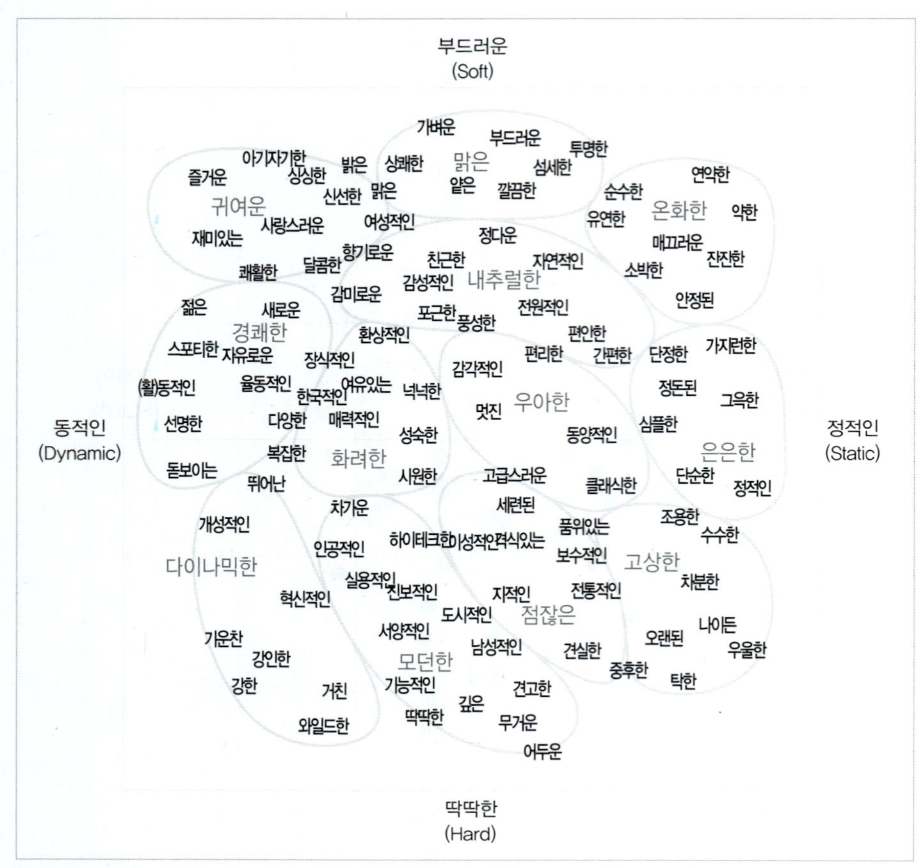

▲ 형용사 언어 이미지 스케일

2) 이미지 스케일(Image Scale)

① 정의 및 특징

정의	대상이 가지고 있는 이미지에서 느껴지는 감성적인 판단을 객관적인 지표(축) 위에 위치시켜 구분하는 기준
특징	• 주관적인 감각과 객관적인 과학(통계)을 결합한 방법 • 색채에 대한 이미지를 통계적으로 분류하여 시각화했기 때문에 이미지 전달과 의사소통에 매우 효과적임

② 이미지 스케일의 종류

단색 이미지 스케일 (Single Color Image Scale)	• 개별적인 한 가지 색상(단색)이 주는 이미지를 형용사 축 위에 배치한 것 • 색상 자체의 고유한 감성을 파악하는 데 사용
배색 이미지 스케일 (Color Scheme Image Scale)	• 3가지 이상의 색이 조합된 배색이 주는 이미지를 분류한 것 • 단색보다 훨씬 풍부하고 구체적인 감성(예 모던한, 클래식한) 전달
형용사 언어 이미지 스케일 (Adjective Image Scale)	• '귀여운', '동적인', '우아한' 등의 형용사 언어 자체를 이미지 공간상에 배치한 것 • 추상적인 디자인 콘셉트를 구체적인 색채 언어와 연결하는 기준점이 됨

3) 색채 이미지 스케일 제작 과정

① 색채 이미지 준비

② 색채 추출

③ 이미지 스케일 예시

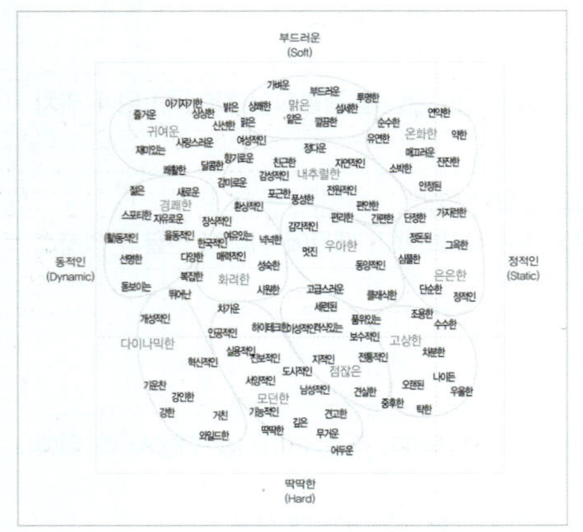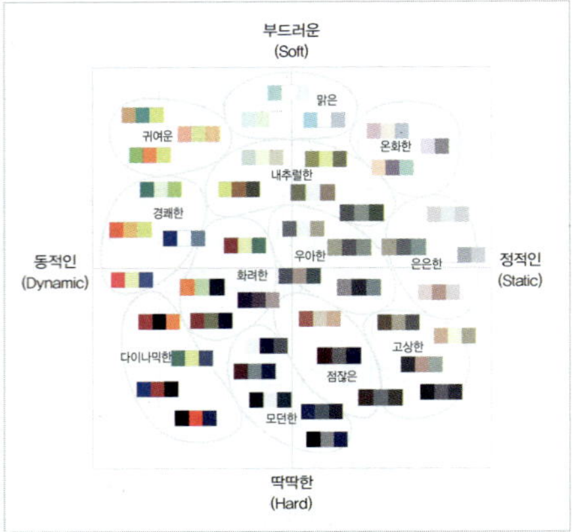

④ 배색 이미지 전개

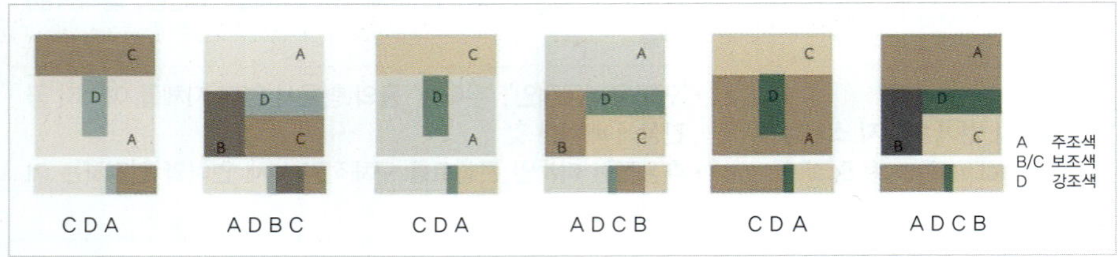

⑤ 배색 이미지를 이미지 스케일에 표기하고 색채 이미지 스케일을 제작

• 색채 이미지 스케일 제작

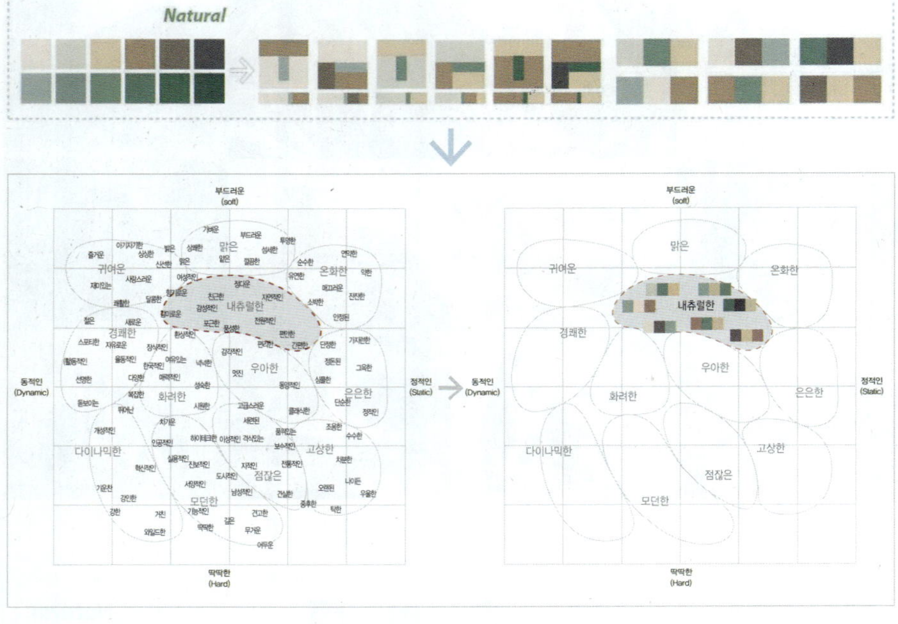

06 색채분포도 및 출현도 제작

1) 색채분포도(Color Distribution Chart)

① 정의 및 활용

정의	수집된 색채 데이터를 색상(Hue), 명도(Value), 채도(Chroma)의 속성에 따라 분류하여 한눈에 볼 수 있도록 도표로 나타낸 것
활용	• 대상의 전체적인 색채 경향을 파악하거나, 경쟁사 제품과의 색채 비교 분석, 트렌드 분석 시에 유용하게 활용됨 • 복잡한 수치 데이터를 시각적으로 구조화하여 직관적인 분석을 도움

② 구성 요소 및 작성 기준

색채분포도는 일반적으로 먼셀(Munsell) 색체계를 기준으로 작성한다.

X축(가로축) – 색상(Hue)	• 배열 순서 : 먼셀 10색상환의 표준 순서를 따름 '5R(빨강) → 5YR(주황) → 5Y(노랑) → 5GY(연두) → 5G(초록) → 5BG(청록) → 5B(파랑) → 5PB(남색) → 5P(보라) → 5RP(자주)' • 무채색 : 색상환의 마지막(오른쪽 끝)에 N(Neutral)으로 별도 표시
Y축(세로축) – 톤(Tone) 또는 속성	명도/채도 단계 : Y축에는 분석 목적에 따라 명도(Value) 단계나 채도(Chroma) 단계를 표시하여, 해당 색상이 어느 정도의 밝기와 맑기를 가졌는지 위치시킴(참고 : 경우에 따라 Y축을 '빈도수(Frequency)'로 설정하여 색의 출현 횟수를 나타내기도 함)

2) 색채 출현도(Frequency of Color)

① 개념

• 조사 대상에서 특정 색이 얼마나 자주 등장하는가를 나타내는 지표이다.

• 전체 색채 중 해당 색이 차지하는 비율(%)이나 면적비를 환산하여 분석한다.

② 분석 방법

주조색(Dominant Color)	가장 넓은 면적이나 높은 빈도로 출현한 색(전체 이미지를 결정지음)
보조색(Assort Color)	조색 다음으로 많이 분포하며 주조색을 보완
강조색(Accent Color)	출현 빈도나 면적은 작지만 시선을 끄는 포인트 역할을 함

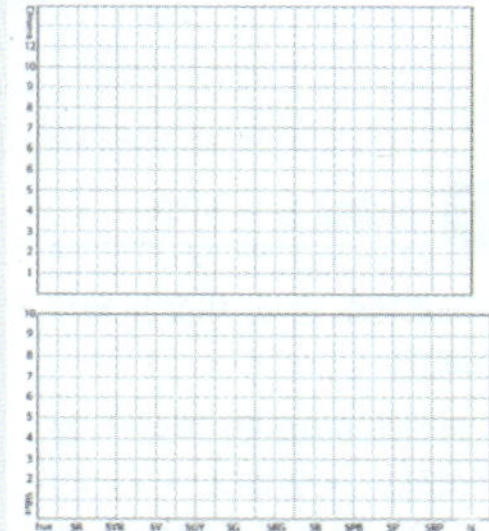

▲ 색채분포도

색채분포도 작성, 순서가 생명이다!

시험에서 X축의 색상 나열 순서를 묻거나, 빈칸 채우기 문제가 종종 나옵니다.

• 먼셀 순서 : 빨(R)–주(YR)–노(Y)–연(GY)–초(G)–청(BG)–파(B)–남(PB)–보(P)–자(RP)

이 순서는 구구단처럼 외워야 합니다. 무채색은 끝에 → N(Neutral)은 항상 유채색 나열이 끝난 맨 오른쪽에 위치합니다. 해석의 핵심은 분포도가 위쪽에 몰려 있으면 고명도/고채도 디자인이고, 아래쪽에 몰려 있으면 저명도/저채도 디자인이라는 것입니다(Y축 기준에 따라 해석).

01 색채디자인 프로세스

1) 색채디자인 프로세스의 개요

색채디자인(배색)은 디자인 영역별로 세부적인 내용과 방법이 다양하지만, 일반적으로 '기획 → 조사 → 분석 → 배색(적용) → 평가'의 체계적인 프로세스를 바탕으로 진행된다.

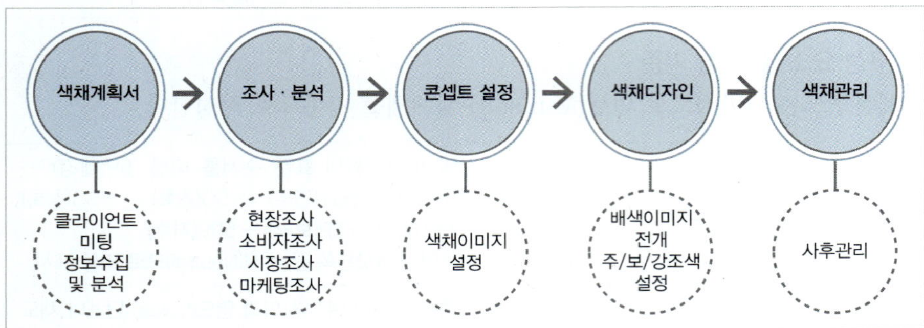

2) 색채계획 및 디자인의 프로세스(3단계) 빈출 4회

① 개요

- 일반적인 디자인 프로세스는 '계획 → 조사 → 분석 → 종합 → 평가'로 이루어지나, 실무에서는 크게 조사 및 기획, 계획 및 설계, 색채관리의 3단계로 구분하기도 한다.
- 1단계 : 조사 및 기획 빈출 12회

활동	대상의 형태나 재료 확인, 작업 일정 수립
조사	시장·소비자·현장 조사, 측색 조사, 문헌 조사, 앙케트 등을 수행
결과	조사 내용을 분석하여 디자인 콘셉트(Concept)를 잡고 이미지 키워드 추출
조사 항목	크게 환경 요소, 시설 요소, 인간 요소로 나누어 조사

- 2단계 : 색채계획 및 설계 빈출 13회

체크리스트	구간 조건, 주변과의 조화 여부 등을 점검
배색 계획	색견본을 수집하고 전체적인 이미지를 결정하는 주조색(Dominant), 이를 보완하는 보조색(Assort), 포인트를 주는 강조색(Accent)을 결정
시뮬레이션	입체 모형이나 컴퓨터 그래픽(CG)을 이용하여 컬러 시뮬레이션 실시 후 최종 계획안 확정

- 3단계 : 색채관리(Management)

활동	결정된 색이 현장에서 정확히 구현되도록 관리하는 단계
내용	색견본 승인, 시공사 선정, 시공 감리, 유지 보수 관리 등을 수행

---

3) 디자인 영역별 색채디자인 프로세스

① 제품 디자인(Product Design)

- 전체적인 이미지를 설정하고 주조색 선정 후 시장의 경향과 소비자 선호도를 고려한다.
- 합목적성, 경쟁 상품과의 차별화, 광고 디자인, 패키지 디자인, 매장의 디스플레이까지 모든 과정에서 색채가 일관적으로 연관되도록 계획한다.

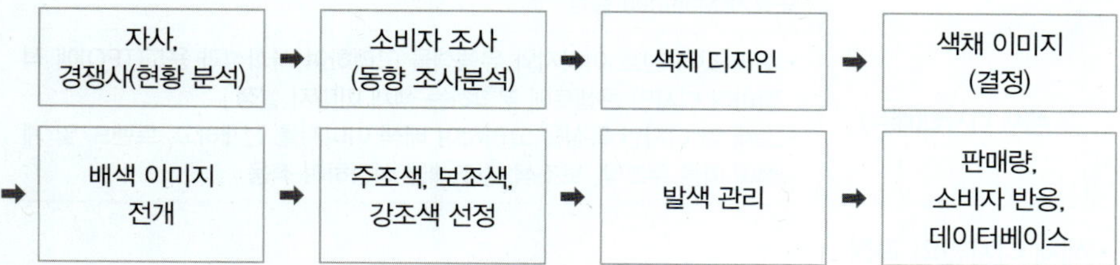

② 환경 디자인(Environmental Design)

- 환경 디자인의 과정

구분	내용
① 색채 기획	정보를 수집하고 클라이언트와 협의하여 전체적인 일정 조율 및 기획을 수립하는 단계
② 색채 조사	• 사례 조사, 문헌 조사, 현장 조사를 통하여 대상지의 현황 파악 • 조사에 필요한 색표집, 분광광도계, 디지털카메라 등의 전문 장비를 준비하여 정밀하게 색채 조사
③ 색채 분석	• 조사 결과를 분석하는 과정으로, 대상 지역의 색채 가이드라인이나 지자체 조례 등 수집 • 대상지와 주변 환경과의 조화를 최우선으로 고려하여 전체적인 색채 이미지 설정
④ 색채 디자인(배색)	분석 결과를 바탕으로 전체적인 환경 색채 이미지를 표현할 수 있는 주조색, 보조색, 강조색을 설정하여 배색을 조합하고 적용

- 환경 디자인 프로세스

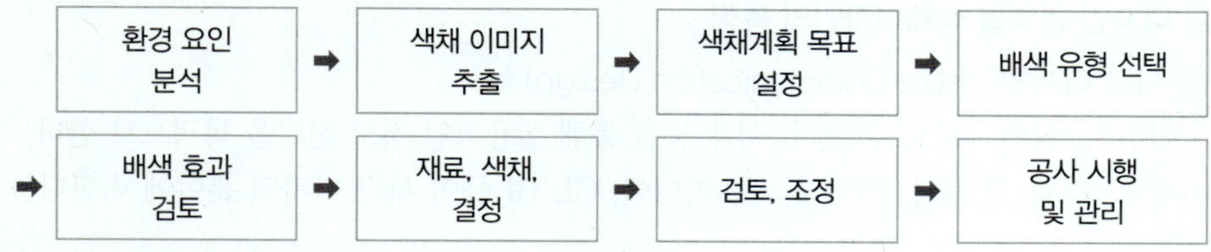

- 실내 디자인 프로세스

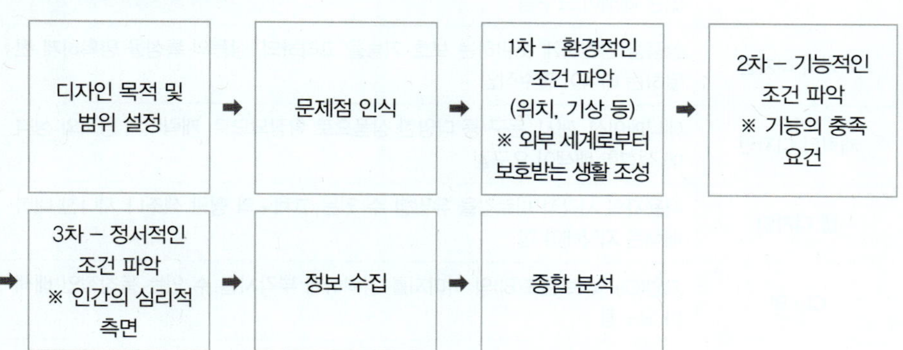

③ 패션 디자인(Fashion Design)
• 패션 디자인의 과정

① 시장 조사	• 유행색, 소비자 선호색, 시장 특성을 조사하고 분석하는 단계 • 전시회, 트렌드 컬러, 국내외 컬렉션 정보, 소비자 및 시장 동향을 통해 자료 수집
② 색채계획	시장 조사 결과를 바탕으로 디자인 콘셉트를 설정하고, 구체적인 스타일 및 소재(Material) 결정
③ 색채 디자인(배색)	• 주 타깃의 선호 이미지와 유행색을 고려하여 사회성과 용도(TPO)에 적합하며 디자인 콘셉트에 부합하는 색채 이미지 설정 • 소재 및 디자인 특성을 고려하여 배색 이미지를 전개하고, 트렌드 및 계절에 따른 주조색, 보조색, 강조색을 설정하여 적용

• 색채 디자인의 과정

① 색채 정보 분석 단계	시장 정보, 소비자 정보, 유형 정보, 색채계획서 작성
② 색채 디자인 단계	이미지맵 작성, 주조색, 보조색, 강조색 결정, 소재 및 재질 결정, 배색 디자인, 아이템별 색채 전개
③ 평가 단계	샘플 제작, 소재 품평회, 생산지시서 작성

02 색채디자인의 역할과 기능

1) 색채디자인의 역할

• 정의 : 색채와 디자인의 합성어로 시각, 제품, 환경, 패션, 미용 등 다양한 분야에서 핵심적인 비중을 차지한다.
• 기능 : 단순한 미적 기능을 넘어 마케팅 전략으로 활용된다. 유행색, 제품이나 상품의 특성, 색채 선호도 등을 고려하여 상품의 부가가치를 상승시키는 작업이다.

2) 디자인 영역별 색채디자인의 특징

① 시각 디자인(Visual Communication Design)
• 이미지, 심벌, 타이포그래피, 색채 등을 통해 실용적인 정보 전달을 목적으로 한다.
• 광고, 편집, 패키지, 캐릭터, 웹, 미디어, CI, BI 등이 시각 디자인 분야에 속한다.

편집 디자인	편집물의 내용을 상징화할 수 있어야 하며, 유사 출판물과의 차별성을 높일 수 있는 배색이 요구됨
패키지 디자인	상품을 안전하게 보관하는 보호 기능을 고려하되, 상품의 특성을 명확하게 전달하는 배색이 필수적임
캐릭터 디자인	애니메이션, 팬시, 문구 등 다양한 상품으로 확장되므로, 캐릭터의 용도와 성격에 적합한 배색이 요구됨
웹 디자인	사용자의 시각적 피로감을 유발할 수 있는 고채도의 형광 색조나 지나친 대비 배색은 지양해야 함
CI · BI	기업(CI) 및 브랜드(BI)의 이미지를 강력하게 부각시킬 수 있는 독창적인 배색이 요구됨

② 제품 디자인(Product Design)

대량 생산되는 제품(전기 · 전자, 디지털, 생활용품, 가구 등)의 기능성과 심미성을 고려한다.

전기 · 전자 제품	사용자 중심의 인간공학적 측면과 실내 인테리어와의 조화를 고려한 배색이 요구됨
디지털 제품	트렌드에 민감한 제품군이므로 소비자의 기호색과 최신 유행색을 고려한 배색이 요구됨
생활용품	일상생활에서 접하는 제품의 용도와 특성에 맞는 실용적인 배색이 요구됨
가구 디자인	사용자의 개인적 성향과 선호도, 그리고 실내 마감재와의 조화를 고려한 배색이 요구됨

③ 환경 디자인(Environmental Design)

인간 생활 주변의 넓은 의미의 디자인으로 건축, 실내 환경, 조경 등이 포함된다.

건축 디자인	건물의 형태, 성격, 주변 환경 등 기능과 목적을 고려한 조화로운 배색이 요구됨
실내 디자인	건축물 내부 공간의 용도별 특성에 맞는 심미성을 고려한 배색이 요구됨

④ 패션 디자인(Fashion Design)

• 지역, 기후, 생활양식 등 사회 문화적 영향을 받으며 시간과 장소에 따라 다양하다.
• 색채는 미적 상승 효과를 극대화하는 요소로 계절별 유행색을 반드시 고려해야 한다.

여성복	시즌별로 빠르게 변화하는 트렌드에 대한 다양한 욕구를 충족시킬 수 있는 배색이 요구됨
남성복	사회적 역할과 지위에 따른 다양한 욕구를 충족시킬 수 있는 배색이 요구됨
아동복	아동의 정서를 고려한 아름답고, 밝고, 선명한 배색이 요구됨

⑤ 미용 디자인(Beauty Design)

신체의 일부분(얼굴, 머리, 손, 발 등)을 대상으로 미적 요구를 만족시키며, 보건 위생상 안전하고 유행을 고려해야 한다.

메이크업	개인의 피부색과 모발색 등 신체적 특징을 파악하여 트렌드, 계절별 색채 및 신체와의 조화를 고려한 배색이 요구됨
헤어	연령, 선호하는 이미지, 목적, 의상과의 전체적인 조화를 고려한 배색이 요구됨

3) 유행색(Trend Color)

① 정의 및 선정

정의	• 일정 기간 시장을 점유한 색 또는 전문가에 의해 발표되는 유행 예측색 • 경제와 문화의 흐름과 밀접한 관계가 있음
선정	국제유행색협회(Intercolor, 1963년 설립)에서 연 2회 협의회를 통해 2년 후의 색채 경향 및 시즌별 유행색 선정

② 유행색의 종류

예측 유행색(Forecast Color)	종류별 요인 분석 결과 유행이 예측되는 색
스탠더드 컬러(Standard Color)	넓게 기본색으로 받아들여진 색(기본색)
전위색(Trial Color)	유행의 징조를 보이는 실험적인 색
화제색(Topic Color)	주목을 받지만 지극히 소수인 색
시장 인기색(Popular Color)	실제 시장에서 인기가 있는 색
다량 유통색(Volume Color)	다량으로 유통되는 색
트렌드 컬러(Trend Color)	유행의 경향을 상징하는 색

4) 트렌드(Trend)

• 유행과 비슷하지만 일반적으로 유지되는 기간이 5~10년으로 긴 거시적인 흐름이다.
• 사회, 문화, 디자인 등 복합적인 영역에서 나타나는 현상이므로 다양한 기관의 연구 보고서 및 자료를 지속적으로 수집·분석해야 한다.

03

조색 및 색채관리

파트 소개

- 제3과목 '조색 및 색채관리'는 수험생들이 가장 두려워하는 난관이지만, 최근 새로운 실무 기준과 신기술 내용이 대폭 편입되어 변별력이 더욱 높아진 핵심 승부처입니다.
- 빛과 색료의 혼합 원리 같은 기초 이론은 물론, 텍스처나 특수 안료에 따른 색채 변화 등 심화된 품질 관리(QC) 내용까지 다룹니다.
- 낯선 과학 이론에 까다로운 신규 내용까지 더해져 부담될 수 있지만, 여러분을 대체 불가능한 색채 엔지니어로 만들어 줄 과정인 만큼 원리부터 차근차근 내 것으로 만들어 봅시다.

조색

빈출 태그 ▶ #육안조색 #CCM(컴퓨터조색) #조건등색(메타메리즘) #감산혼합 #색차(ΔE*) #CIE_L*a*b*색공간
#표준광원_D65 #조색보정(편색판정) #안료(유기vs무기)

KEYWORD 01 목표색 분석

01 색채 표준의 조건과 역할

1) 색채 표준의 개념 및 발전

① 색채 표준의 개념 빈출 4회

- **정의** : 색이 가지는 감성적·생리적·주관적인 속성을 정량적으로 다루고 물리적으로 증명하여, 색을 정확하게 측정·전달·보관·관리 및 재현하기 위한 기준이다.
- **목적** : 집단과 국가 간의 색채 표기와 단위를 표준화함으로써, 색채를 과학적이고 합리적으로 관리할 수 있는 기반을 조성하는 데 있다.

② 색채 표준의 연구와 발전

- 색채 표준의 역사는 곧 색채 과학의 발전사이며, 현대 색체계를 이해하는 필수 기초이다.
- 색채 이론은 고대 그리스 철학에서 빛(명)과 어둠(암)의 대비를 인식하는 것에서 출발하였다.

2) 색채 표준 관련 인물

① 아리스토텔레스(Aristoteles)

- 색의 질서를 최초로 연구하고 분류를 시도하였다.
- 자연현상을 빨강(불), 초록(공기), 파랑(물), 노랑(흙)의 4가지로 분류하였다.
- **이론** : 모든 기본색은 '빛'과 '어둠'의 혼합으로 만들어진다고 주장하였다.

② 레오나르도 다빈치(Leonardo da Vinci)

- **기본색** : 하양을 가장 기본으로 보았으며, 총 6가지 기본색을 정의하였다(6색 : 하양(빛), 노랑(흙), 초록(물), 파랑(공기), 빨강(불), 검정(어둠)).
- **업적** : 색을 수평적으로 배열하여 색채 시스템을 구축하였으며, 윤곽선을 흐릿하게 처리하는 명암 대비법인 '스푸마토(Sfumato)' 기법을 개발하였다.

③ 뉴턴(Isaac Newton) 빈출 2회

- **7색 분해** : 1660년경 프리즘 실험을 통해 스펙트럼의 7가지 색(빨·주·노·초·파·남·보)을 정의하고 이를 바탕으로 색상환을 만들었다.
- **실험 증명** : 저서『광학』에서 백색광을 프리즘으로 분해하고, 다시 합치면 백색광으로 환원됨을 증명하였다.
- **색의 본질** : "광선 자체에는 색이 없고, 색을 느끼게 하는 능력과 성질만 있다."라고 주장하며, 색을 물리적 존재를 넘어선 심리적 존재로 파악하였다.

▲ 아이작 뉴턴의 프리즘 실험

④ 르 블롱과 해리스(Le Blon & Harris)

르 블롱(1731)	안료(물감) 혼합 개념을 최초 도입하였으며 3원색(빨강, 노랑, 파랑)을 제시하여 3원색설의 기초를 마련함
해리스(1756)	르 블롱의 이론을 발전시켜 색채 3각 체계를 구축하고 최초의 완전한 컬러 인쇄 색채 도표를 제작함

⑤ 쉐브럴과 괴테(M. E. Chevreul & J. W. von Goethe)

쉐브럴	• 저서 『색채 조화와 대비의 원리』에서 혼색의 법칙과 조화론 발표 • 동시 대비와 계시 대비 원리 규명 • 색상환과 3원색(빨강, 노랑, 파랑)을 통해 혼색의 결과로 색 표현과 상호 보색 작용이 가능하다고 하였음
괴테	• 색채를 '밝음과 어둠의 접점'에서 일어나는 현상으로 봄 • 빨강 · 노랑 · 파랑의 등변 삼각형과, 이를 혼합한 주황 · 초록 · 남보라의 역삼각형을 결합한 6색 체계를 정리하였음

⑥ 팔머와 영(Palmer & T. Young)

팔머(1777)	빛의 3원색(빨강, 노랑, 파랑) 구성을 주장
영(1802)	팔머의 이론을 바탕으로 색 지각이 인간 눈의 시신경 섬유(색각 세포)에 기인한다는 가설을 세움

⑦ 헬름홀츠와 맥스웰(H. Von Helmholtz & J. C. Maxwell)

헬름홀츠	영의 이론을 구체화하여 '영 · 헬름홀츠의 3원색설(RGB)'을 체계화하였음
맥스웰	회전 혼색 실험(맥스웰의 원판)을 통해 빛의 3원색을 물리학적으로 증명하고, 색채 3각 좌표계 창안

▲ 영–헬름홀츠 3원색설

⑧ 헤링(E. Hering) 빈출 2회

- **4원색설(반대색설)** : 영·헬름홀츠의 3원색설에 반대하며, 빨강–초록, 노랑–파랑
  의 대립 관계를 주장한 심리학적 색체계이다.
- **3대 반대색군** : 하양–검정, 빨강–초록, 노랑–파랑의 6색을 근본색으로 규정하
  였다.
- **의의** : 4원색설은 20세기 NCS(Natural Color System) 색체계와 오스트발트
  색체계의 이론적 배경이 되었다.

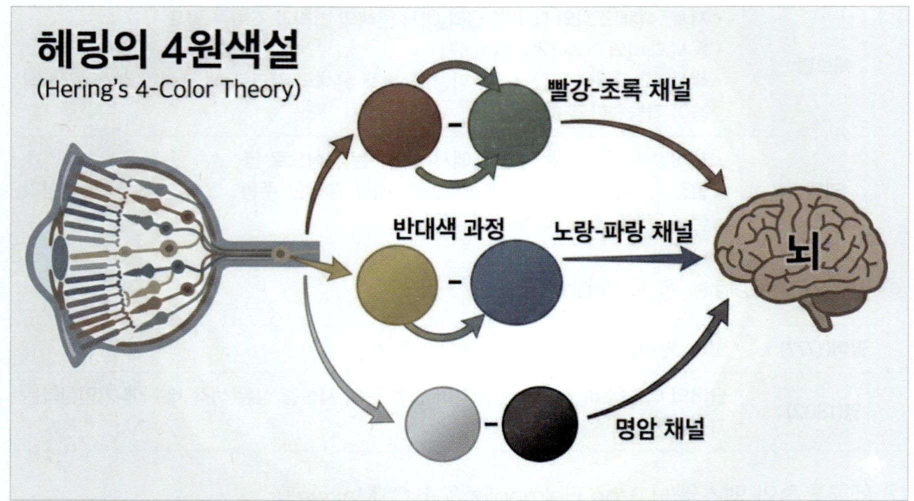

▲ 헤링의 4원색설

3) 색채 표준의 조건 및 속성

색채 표준은 다음의 조건을 완벽하게 갖추어야 한다.

조건	핵심 내용
국제성	• 색채의 표기(기호)는 전 세계적으로 통용할 수 있어야 함 • 영어, 독일어, 프랑스어의 3개 국어를 사용하여 표기하며, 색상·명도·채도의 표기는 알파벳 기호를 따름
등간격성	배열된 색표가 특정한 색상이나 톤에 치우쳐 분포되지 않고 지각적으로 일정한 간격을 유지하여야 함
과학성	색의 3속성(색상, 명도, 채도) 배열이 과학적 근거를 가져야 함
규칙성	색표의 배열은 일정한 과학적 규칙에 따라야 함
실용성	재현 가능성, 해독의 용이성 등 실제 사용 목적에 부합해야 함
재현성	• 특수 안료가 아닌 일반 안료로도 정확히 색을 만들 수 있어야 함 • 특수 안료를 사용할 경우, 일반 표준이 아니므로 반드시 색채 속성을 명기해야 함

1) 색료(Colorant)의 개념 및 분류

① 색료의 기본 개념

정의	• 색소 : 물체의 색깔이 나타나도록 하는 성분 • 특정한 색깔이 나타나도록 하기 위해서는 물체의 재료에 따라 적합한 색재(Colorant)를 선택하여야 하는데, 동물이나 식물 등 자연에서 얻을 수 있는 색료를 천연색료라 하며, 인간이 인공적으로 합성해서 만든 색소를 합성 색료라 함
천연색료의 구분	• 천연색료는 생체 색료와 광물 색료로 나뉘며, 생체 색료는 식물 색료와 동물 색료로 나뉨 • 천연색료는 색깔이 선명하지 못하고 빛, 공기와 관련한 안정성 문제가 있어 이러한 문제를 보완한 합성 색료가 많이 개발되고 있음
발색 원리	• 가시광선을 흡수하거나 반사, 투과, 산란, 간섭 등의 과정을 통해 색을 띰 • 염료 농도가 짙을수록 가시광선 흡수율 높아짐 빈출 2회
천연 소재의 색 빈출 4회	가공하지 않은 천연 상태의 무명천이나 실크는 기본적으로 미색(노란빛)을 띰

② 성분 및 성질에 따른 분류

분류 기준	구분	특징 및 핵심 내용
탄소(C) 유무	유기 색료	탄소(C) 원자를 포함하고 있는 색료
	무기 색료	탄소(C) 원자를 포함하지 않은 색료(주로 광물성)
용해성 (물/용제)	염료(Dye)	• 물이나 유기용제에 녹음 • 섬유에 침투하여 착색됨
	안료(Pigment)	• 물이나 유기용제에 녹지 않음 • 전색제(Binder)를 사용해 표면에 고착시킴
출처	천연색료	동물, 식물, 광물 등 자연에서 추출(안정성이 낮고 색이 탁함)
	합성색료	인공적으로 합성(안정성이 높고 색이 선명함)

선생님의 노하우

안료 선택 시 고려사항
빈출 8회

착색 비용, 작업 공정의 가능성, 컬러 어피어런스(외관), 착색의 견뢰성, 다양한 광원에서의 색채 현시(Metamerism 등) 등을 고려해야 합니다.

색료와 천연 색소 필수 암기

- **1초 구분** : 염료(Dye)는 물에 녹아 스며들고, 안료(Pigment)는 안 녹아서 전색제(Binder)로 표면에 붙입니다.
- **원소 짝짓기** : 클로로필=마그네슘(Mg), 헤모글로빈=철(Fe), 헤모시아닌=구리(Cu). 서로 섞어 내면 무조건 오답입니다.
- **색상 암기** : 멜라닌은 검정/갈색, 크산토필은 노랑(단풍), 안토시아닌은 보라/붉은색(포도주)입니다.
- **빈출 함정** : 가공하지 않은 천연 섬유(무명, 비단)는 완전한 하양이 아니라 미색(누런색)을 띱니다.
- **주의** : 오라민은 단무지 등에 쓰이는 '인공' 착색료입니다. 천연 색소 문제에서 고르면 오답입니다.

2) 주요 천연 색소(Bio-pigments)의 종류와 특성

종류	특성
카로틴	• 당근, 호박, 토마토, 달걀의 노른자와 같이 주황빛을 띠게 하는 색재 • $C_{40}H_{56}$-카로티노이드의 일종으로 알려져 있으며, 동물 체내에서 비타민A로 전환되는 물질 • 분자에 따라 α-, β-, γ-카로틴으로 나뉨
클로로필 빈출 2회	• 식물의 초록색 빛을 내는 색료 • 엽록체 속에 함유되어 있으며, 중앙에 마그네슘 원자가 있어 푸른색과 붉은색에서 강한 흡수가 일어남(크게 α와 β로 구분됨)
헤모글로빈	• 척추동물의 적혈구 속에 다량 포함된 단백질로 철을 가지고 있어 붉은색을 띰 • 초록색과 노란색 영역에서 강한 흡수가 일어남
크산토필	• 엽황소 또는 루테인이라 하며, 엽록체 안에 엽록소와 함께 존재하는 노란색의 색소 • 은행나무처럼 나무가 노랗게 물드는 것과 관계가 있음
헤모시아닌	• 게나 갑각류의 혈액에 함유되어 있고, 중앙에 구리 금속을 함유한 단백질 색소 • 무색이나 산소와 만나면 청색을 띰
멜라닌 빈출 2회	머리카락이나 피부의 검은색, 과일의 멍든 부분 등에서 관찰되는 검은색이나 갈색을 띠는 색소
플라보노이드 빈출 3회	• 하양, 노란색, 빨간색, 파란색을 띠는 색소로 플라본이라는 화합물과 연관되어 있음 • 앵초꽃 또는 나라꽃에서 추출된 플라본은 원래 무색이나 옥소크롬을 첨가하면 노란색을 띠고, 하나를 더 첨가하면 퀘르세틴이 되어 오렌지색을 띰
안토시아닌 빈출 1회	• 초록색을 강하게 흡수하고 빨간색과 파란색 부분을 반사하여 다양한 보라색과 붉은색을 띰 • 적포도주, 국화 등에서 관찰할 수 있으며, 시간이 지나면서 양이온이 폴리머화되어 점차 주황에서 노랑으로 변함
오라민 빈출 1회	• 염기성 황색색소로, 자외선에 닿으면 선황색을 띰 • 빛과 열에 안정하며, 착색을 목적으로 과자류, 단무지, 엿, 절임, 해산물 조림 등에 황색 착색에 사용되고 있는 인공착색료

▲ 카로틴

▲ 클로로필

▲ 헤모글로빈

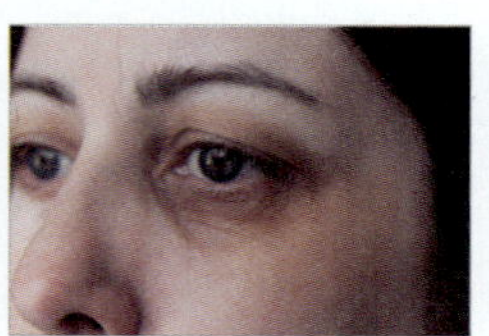

▲ 멜라닌

▲ 플라보노이드

▲ 안토시아닌

3) 염료의 세부 분류 및 특징

① 염료(Dye)의 개념 및 특징

정의	물이나 유기용제에 녹아 섬유 내부로 침투하여 착색되는 유색 물질
구비 조건	• 염료 분자가 직물에 잘 흡착되어야 하며, 세탁 시 씻겨 내려가지 않아야 함 • 외부의 빛(일광), 마찰, 물 등에 대한 안정성(견뢰도)이 있어야 함 빈출 4회 • 분말 상태일 때 먼지가 없어야 하며, 액체 상태일 때 장기 보존 시 변질되지 않아야 함 빈출 3회

② 염료의 역사 빈출 19회

• **최초의 천연염료** : 인디고(Indigo, 파랑)는 인도의 벵갈, 인도네시아 자바 등지에서 자라는 식물에서 채취하였다.

• **최초의 합성염료** : 1856년에 영국의 퍼킨(W.H. Perkin)이 콜타르에서 합성에 성공한 모베인(Mauveine, 보라색)이다. 빈출 9회

• 주의 : 인디고는 가장 오래된 '천연' 염료이고, 모베인은 최초의 '합성' 염료이므로 혼동하지 않아야 한다.

③ 염료의 분류1 : 천연염료(Natural Dyes)

• 자연 재료에서 추출. 색상이 우아하고 부드러우나, 견뢰도가 낮고 재현이 어렵다는 특징이 있으며 서로 섞어(혼색) 사용이 가능하다.

• 천연염료의 종류는 재료의 출처에 따라 식물성, 동물성, 광물성으로 나뉜다. 빈출 4회

구분	색상	재료(원료)	특징
식물성	자색/홍색	홍화(잇꽃), 소목, 꼭두서니, 자초, 다목, 오미자	홍화 : 방충성 있음, 혈액순환 촉진 등 약용으로도 사용 빈출 2회
	황색	치자, 울금, 황련, 괴화	치자 : 9월 채취, 직물 염색 및 식용으로도 사용 빈출 6회
	청색	쪽(Indigo)	인류가 사용한 가장 오래된 청색 염료
	갈색	감나무	타닌 성분을 이용한 갈색 염색
동물성	적색	코치닐	코치닐 : 선인장에 기생하는 벌레에서 추출한 붉은색 빈출 2회
	갈색, 적색	세피아, 오베자	세피아는 오징어 먹물, 오배자는 붉나무 기생충의 집에서 추출한 염료
	진홍색	패자	조개류의 내장에서 추출한 염료
광물성	진한 남색	군청	흙이나 돌에서 채취한 안료성 염료
	진한 초록	녹청	
	붉고 푸른빛	대자석	
	진홍색	진사	
	홍색	계관석	
	담청색	청금석	

▲ 홍화염료

▲ 치자염료

④ 염료의 분류2 : 합성염료(Synthetic Dyes) 빈출 6회
• 인공 합성 염료는 가격이 저렴하고 색상이 선명하며 사용이 간편하다는 특징이 있다.
• 직접염료, 산성염료, 염기성염료, 형광염료 등 수십 종류가 있다.
• 명칭은 일반적으로 제조회사에 의한 종별 관칭, 색상, 부호 세 부분으로 이루어진다.
• 합성염료의 종류 빈출 4회

구분	내용
직접염료 (마, 면, 레이온) 빈출 2회	분말 상태로 찬물이나 더운물에 잘 용해되고 혼색이 자유로워 마, 면 등 셀룰로오스계 섬유 및 단백질 섬유 염색에 손쉽게 사용할 수 있으나, 세탁이나 햇빛에 약해 탈색되기 쉬움
산성염료 (견, 나일론, 양모) 빈출 1회	• 산성의 염욕에서만 염색되며 양모, 견, 나일론 등 폴리아미드계 섬유에는 잘 염색되나, 식물성 셀룰로오스계 섬유에는 염착력이 좋지 않음 • 색상이 선명하고 햇빛에는 강하지만 세탁에 약함
염기성염료 (아크릴) 빈출 1회	• 가장 오래된 합성염료이며 양이온으로 되어 있어 카티온(Cation) 염료라고도 함 • 색이 선명하고 물에 잘 용해되어 착색력이 좋으나 햇빛, 세탁, 알칼리에 약한 성질이 있음
반응성염료	염료 분자와 섬유 분자의 화학적 결합으로 염색되므로 색상이 선명하고 일광 및 세탁에 잘 견딤
건염염료 (배트염료, 환원염료)	• 알칼리 환원제를 첨가하여 식물성 셀룰로오스 섬유 염색에 적합하며 동물성 섬유에도 많이 사용됨 • 소금이나 황산소다를 첨가하여 염색시키고 무명, 면, 마 등의 식물성 섬유의 염색에 좋음 • 일광, 세탁에 대한 견뢰도가 매우 뛰어남
형광염료 빈출 3회	• 형광을 발하는 염료(형광표백제) • 종이, 합성수지, 펄프, 양모 등을 더욱 희어 보이게 하려고 사용하며 한도량을 넘으면 백색도가 줄고 청색이 되어 버리는 염료
안료수지염료	엄밀히 말해 염료는 아니며 결합력이 없는 안료를 합성수지와 섞어 열을 가해 안료가 섬유에 고착되는 방식의 염색 재료

⑤ 식용 염료(Food Colors) 빈출 4회

조건	인체에 유해성이 없어야 함
규제	허용된 색소라도 품목별 사용량(g/kg)이 제한됨
금지 품목	한국에서는 천연 주스, 고춧가루, 김치, 마가린 등에 인공 타르 색소 사용을 법적으로 금지함
특징	천연색소, 인공색소 모두 사용될 수 있음

⑥ 견뢰도(Color Fastness)

개념	염색물이 햇빛(일광), 세탁, 땀, 마찰 등 외부 물리적/화학적 작용에 견디는 성질
일광 견뢰도 빈출 2회	자외선에 의한 변 · 퇴색 정도. 일반적으로 염색 농도가 진할수록 일광 견뢰도는 증가함
시험 방법	한국산업규격(KS)에 규정된 크세논 아크법, 카본 아크법, 주광법 등을 사용
특징 빈출 1회	천연염료는 대부분 견뢰도가 낮고 색조가 선명하진 않지만 우아하고 부드러움

4) 안료(Pigment)

① 안료의 개념과 특징

- 정의 : 물 및 유기용제에 녹지 않는 불용성의 미세한 분말 착색제이다. ^{빈출 2회}
- 접착성 : 소재에 대한 친화력이 없으므로, 표면에 고착시키기 위해 반드시 전색제 (Vehicle, 바인더)가 필요하다.
- **예** 유성/수성 페인트, 인쇄 잉크, 자동차 코팅, 그림물감 등
- 역사 : 구석기시대 동굴벽화(산화철, 숯 등)에서부터 사용된 가장 오래된 색재로, 산화철, 산화망간, 목탄과 같은 무기 안료와 동물의 피와 같은 유기 안료까지 여러 가지의 안료가 있다. ^{빈출 4회}
- 안료의 성질

불투명성	염료와 달리 입자 상태로 분산되므로 불투명한 성질을 띰
은폐력 (Hiding Power)	바탕색을 덮어 보이지 않게 하는 성질이 큼 빈출 4회
굴절률	• 안료와 수지의 굴절률 차이가 작을수록 투명하고, 클수록 불투명함 빈출 2회 • 안료 입자 크기는 도료의 점도와 불투명도에 영향을 미침 빈출 2회

② 안료의 종류(유기 vs 무기)

- 안료는 탄소(C)의 포함 여부에 따라 크게 두 가지로 분류된다.
- 무기 안료와 유기 안료의 차이를 묻는 문제가 매우 자주 출제된다. ^{빈출 8회}

구분	무기 안료(Inorganic)	유기 안료(Organic) ^{빈출 10회}
성분	탄소(C) 없음 (천연 광물, 코발트 블루, 카드뮴계)	탄소(C) 있음 (석유 화학 합성물, 동·식물성)
특징	• 불투명하고 무거움 • 은폐력이 매우 큼 • 불연성(불에 타지 않음) • 내광성, 내열성, 내후성이 우수함 • 인류가 사용한 가장 오래된 색재 • 백색 무기 안료가 다른 안료와 혼합 시 은폐력이 높음	• 투명하고 가벼움 • 착색력이 우수함 • 가연성(불에 탐) • 내광성, 내열성, 내후성이 비교적 약함
색상	색이 탁하고 종류가 적음	• 색이 선명(채도 높음)하고 종류가 다양함 • 유기용제에 녹아 색이 번지는 단점이 있음
용도	가격이 저렴하여 도료, 시멘트, 세라믹, 건축자재로 쓰임	인쇄잉크, 도료, 플라스틱 착색, 섬유 수지 날염
종류	산화티탄, 산화아연, 벵갈라, 황토	물에 녹는 레이크(Lake) 안료와 물에 녹지 않는 금속 화합물 형태로 구분

▲ 안료

▲ 염료

원소	불꽃색
나트륨(Na)	노란색
리튬(Li)	주황색
칼슘(Ca)	오렌지~빨강
루비듐(Rb)	빨강~자주

▲ 형광 염료

▲ 진주광택안료

③ 염료와 안료의 비교 _{빈출 34회}

시험에서 가장 많이 나오는 표로 '용해성'과 '전색제 유무'가 결정적인 차이이다.

구분	염료(Dye)	안료(Pigment)
용해성	물/용제에 녹음(수용성)	물/용제에 녹지 않음(비수용성)
상태	유기물, 분자 상태로 용해	무기물, 입자 상태로 분산
친화력	섬유에 친화력 있음(침투)	섬유에 친화력 없음(표면 부착)
전색제	불필요(자체 염착)	필수(접착제/바인더 필요)
투명도	투명함	불투명함(은폐력 큼)
용도	직물, 종이, 피혁, 식품, 잉크, 목재 염색에 쓰임	유성페인트, 플라스틱, 고무

5) 색채와 소재의 관계

① 소재의 물리적 특성 _{빈출 2회}

• 발색 원리 : 물체가 고유의 색을 띠는 것은 빛(가시광선)을 선택적으로 흡수하고 반사하기 때문이다. 물체마다 원자와 분자의 전자배치 방식이 달라 분광 반사율이 다르기 때문에 서로 다른 색을 띠게 된다.

• 변수 : 물질이나 색상이 달라지면 분광 반사율도 변하며, 같은 색이라도 조명(광원)의 종류나 방식에 따라 다르게 보일 수 있다.

• 기저 상태와 여기 상태

기저 상태 (Ground State)	에너지 효율이 낮은 안정된 상태, 빛 에너지 흡수
여기 상태 (Excited State)	• 에너지를 흡수하여 흥분된 상태 • 다시 안정화되면서 에너지 방출(동식물의 색은 이 반복 과정에서 나타남)

6) 특수재료

① 형광 염료(Fluorescent Dye) _{빈출 2회}

• 정의 : 자외선이나 가시광선을 흡수하여, 더 긴 파장의 빛(형광)을 발산하는 염료이다.

• 특징 : 자외선(짧은 파장)을 흡수하고 가시광선(긴 파장)을 내뿜기 때문에, 반사율이 높아 매우 밝고 선명한 느낌을 준다.

• 형광 증백제 : 종이, 펄프, 섬유 등을 더욱 하얗게 보이게 하도록 첨가한다. 과도하게 사용하면 백색도가 줄고 오히려 청색을 띠게 되므로 소량만 사용해야 한다. _{빈출 2회}

② 진주 광택 안료(Pearlescent Pigment) _{빈출 4회}

• 원리 : 천연 진주나 전복 껍데기의 무지갯빛 원리인 빛의 간섭 효과를 이용한 안료이다.

• 물고기 비늘을 진주 광택 색료와 유사한 유기 화합물 간섭 안료의 예라고 볼 수 있다.

- 구조 : 운모(Mica) 표면에 이산화타이타늄을 코팅한 형태가 주류이다(물고기 비늘과 유사한 원리).
- 특징 : 굴절률이 높고 얇은 두께로 투명도가 높으며, 보는 각도(조명)에 따라 색이 달라진다.
- 측정 : 색채 특성 확인을 위해 다중각 측정법(Multi-Angle)을 사용한다.

③ 시온 안료(Thermochromic Pigment) 빈출 4회

- 정의 : 온도 변화에 따라 색상이 변하는 안료이다.
- 분류

가역성	• 온도가 변했다가 돌아오면 색도 원래대로 돌아옴 • 예 컵, 온도계 등 반복 사용 제품
비가역성	• 한 번 색이 변하면 돌아오지 않음 • 예 전기/전자 공정의 과열 경고용 등 산업용

▲ 시온안료 제품

7) 도료(Paints)

① 도료의 특징 및 구성

- 정의 : 물체의 표면에 칠하여 막(도막)을 형성함으로써 물체를 보호(방부/방청)하고, 외관을 아름답게(미적) 하는 유동성 물질이다.
- 구성 4대 요소(도료를 만드는 4가지 배합 성분) 빈출 10회

구성 성분	역할 및 특징
안료(Pigment)	색채(Color)를 부여하고 은폐력을 가짐(착색)
수지(Resin)	도료의 도막(Film)을 형성하는 주성분(내구성 결정)
전색제(Vehicle)	• 안료를 분산시키고 표면에 고착시키는 액체 성분(점도 조절) • 건성유, 보일유, 합성수지 등이 포함됨 빈출 6회
첨가제(Additives)	건조제, 가소제 등 도료의 성능을 보조/향상시킴

② 도료의 종류

- 천연수지 도료 빈출 9회

정의	자연에서 얻은 성분으로 생산되는 도료
특징	용제가 적게 들며, 우아하고 부드러우며 깊이 있는 광택을 표현할 수 있음
종류 및 성분	• 액체류 : 옻(Lacquer), 유성 페인트, 유성 에나멜, 캐슈계 도료, 주정 도료 • 고체류 : 셸락(Shellac), 코펄(Copal)
세부 특징	• 캐슈계 도료 : 비교적 가격이 저렴함 • 주정 에나멜 : 수지를 알코올에 용해하여 안료를 혼합한 것 • 유성 에나멜 : 보일유(Boiled Oil)를 전색제로 사용하는 도료

• 합성수지 도료 빈출 6회

정의	비닐, 아크릴, 실리콘, 우레탄, 고무 등의 성분으로 구성된 도료
용도	내알칼리성이 있어 콘크리트나 모르타르의 마감 도료로 주로 사용
특징	• 장점 : 유성 도료보다 강하고 내성(내약품성, 내마모성)이 뛰어난 도막 형성 • 단점 : 화기에 민감하고, 천연수지에 비해 깊이 있는 광택을 얻기 힘든 결점이 있음
구성	• 도료 중 가장 종류가 많으며 에멀전수지, 알키드수지, 불소수지 도료 등이 있음 • 부착성, 휨성(유연성), 내후성 향상을 위해 알키드수지, 아크릴수지 등을 혼합하여 사용 • 도막 형성 주요소로 셀룰로스 유도체를 사용한 도료를 총칭하기도 함

• 수성 도료

정의	안료에 수용성의 유기질 전색제(카세인, 석고 등)를 배합한 도료
특징	• 물을 용제로 사용하여 경제적임 • 취급이 간단하고 발화성이 낮아 안전함(친환경적)
종류	에멀전(Emulsion) 도료, 수용성 베이킹 수지 도료 등

8) 잉크(Ink)

① 잉크의 개념 및 구성 빈출 5회

• 정의 : 종이나 목재 등의 표면에 글이나 그림을 표현할 때 사용하는 액체 유동성 물질이다.
• 분류 : 필기용 잉크와 인쇄용 잉크로 나뉘며, 인쇄 잉크는 안료와 전색제(Vehicle)를 혼합하여 인쇄 적성에 맞게 액체 상태로 만든 것이다.
• 인쇄 잉크의 색상 : 프로세스 컬러인 CMYK(시안, 마젠타, 노랑, 검정) 4원색과, 별도의 지정된 색을 사용하는 별색(Spot Color) 잉크가 있다.

② 주요 안료 및 잉크 종류

주요 안료	인쇄 잉크에는 벤지딘 옐로(Benzidine Yellow), 프탈로시아닌 블루(Phthalocyanine Blue), 카본 블랙(Carbon Black) 등이 사용됨 빈출 2회
수성 그라비어 잉크	인쇄 공정에서 발생하는 환경 오염(유기용제 증발 등)을 줄이기 위해 고안된 친환경 잉크

9) 인쇄의 방법

인쇄판의 형태(요철 유무)와 잉크가 묻는 방식에 따라 크게 4가지로 분류되며, 이 분류표는 시험에 자주 출제된다.

구분	판의 형태	원리 및 특징	대표적인 예
평판 인쇄 (Planography)	평평함 (요철 없음)	• 물과 기름(잉크)의 반발 원리 이용 • 화선부(그림)는 기름을, 비화선부(여백)는 물을 받아들임	오프셋(Offset), 석판화
볼록 인쇄 (Relief)	볼록함 (화선부 돌출)	• 최초의 인쇄 방식(도장 원리) • 튀어나온 부분에 잉크를 묻혀 찍음 • 윤곽이 뚜렷하고 힘찬 느낌을 줌	목판, 활판, 고무인, 도장

| 오목 인쇄
(Intaglio) | 오목함
(화선부 오목) | • 파인 홈에 잉크를 채우고 표면을 닦아낸 뒤 찍음
• 사진 인쇄, 포장재, 지폐 등에 적합
• 판 제작비가 비싸 대량 인쇄에 쓰임 | 그라비어(Gravure) 에칭, 드라이포인트 |
| 공판 인쇄
(Stencil) | 구멍
(공간 통과) | • 판에 미세한 구멍을 뚫어 잉크를 밀어냄
• 잉크 층이 두껍고 곡면에도 인쇄할 수 있음
• 좌우가 반대로 찍히지 않고 동일함 | 실크 스크린 스텐실, 등사 |

① 평판 인쇄(오프셋)

오프셋 인쇄 (Offset Printing)	• 판에서 고무 블랭킷(Rubber Blanket)으로 잉크를 옮긴(Off) 다음, 다시 종이에 옮겨(Set) 찍는 간접 인쇄 방식 빈출 2회 • 현대 인쇄물의 90% 이상(책, 잡지, 포스터)이 이 방식으로 제작되며 선명도가 뛰어남

② 오목 인쇄(그라비어)와 공판 인쇄(스크린)

그라비어 인쇄 (Gravure)	• 오목판의 깊이에 따라 잉크 두께가 달라져 농담(Tone) 표현이 풍부함 • 고품질 사진이나 비닐 포장재 인쇄에 적합함
공판 인쇄 상세 (스크린)	• 잉크가 판의 구멍을 통과하므로 잉크 층이 가장 두꺼움 • 티셔츠, 병, 플라스틱 용기 등 다양한 소재와 곡면에 인쇄할 수 있음

10) 소재의 종류와 특징

① 소재의 이해

• 소재의 종류에는 금속, 직물, 플라스틱, 목재, 종이, 기타 특수 소재가 있으며, 각각의 물리적 특성에 따른 색채계획이 필요하다.

• 소재의 종류 및 특징

소재	종류 및 사용 예
금속	• 성형 방법이 풍부하고 질감 표현이 높으며 다양한 분야에 사용됨 • 종류 : 스틸, 알루미늄 합금, 마그네슘 합금, 티타늄 합금, 구리 합금, 귀금속
직물	• 직포라고도 하며 경사(날실)와 위사(씨실)가 교차하여 짜인 옷감 • 종류 : 견직물, 모직물, 마직물, 면직물
플라스틱	• 가소성(Plasticity)에서 유래되었으며 가열 · 가압에 의해 성형 가능한 수지 재료 • 가볍고 튼튼하며 가격이 저렴해 폭넓게 사용됨 • 종류 : 열가소성 수지, 열경화성 수지
목재	• 과거부터 현재까지 가장 많이 사용되는 천연 소재 • 구성 : 셀룰로오스, 헤미셀룰로오스
종이	• 셀룰로오스 섬유(펄프, 폐지)의 집합체 • 종류 : 신문 용지, 인쇄 용지, 특수지, 위생 용지, 포장 용지
특수 소재	• 금속, 무기, 유기 원료를 새롭게 조합하여 성능을 높인 소재 • 종류 : 신금속 재료, 비금속 무기 재료, 신고분자 재료, 복합 재료

▲ 금속소재

② 금속(Metal) 소재
• 개념 및 특징

정의	금, 은, 철, 스테인리스, 알루미늄, 타이타늄 등과 같이 특유의 광택이 있고 열과 전기를 잘 전도하며 상온에서 고체인 물질의 총칭
발색 원리	• 가시광선을 선택적으로 흡수하는 일반 색료와 달리, 전자의 에너지 준위가 연속적인 띠를 이루어 색을 냄 • 빛의 파장과 관계없이 전자가 여기(Excited) 되었다가 다시 기저(Ground) 상태로 되돌아가기 때문에 금속광택을 만들어 냄
고유색	금(노랑), 은(하양), 구리(붉은빛)
알루미늄	다른 금속에 비해 파장과 관계없이 반사율이 높아 거울로 많이 사용됨 빈출 3회

• 도금(Plating) 빈출 4회

정의	금속이나 비금속의 겉에 금이나 은 등 다른 금속을 얇게 입히는 표면처리 기술
종류	• 전기 도금 : 전기 분해의 원리 이용 • 무전해 도금 : 화학 변화를 이용 • 용융 도금 : 녹는점이 낮은 금속 제품을 녹은 금속에 넣는 방식 • 화학 증착 : 휘발성 금속염을 증발시켜 화학 반응을 이용

③ 직물(Woven Fabrics) 소재
• 개념 및 특징

정의	씨실(위사)과 날실(경사)을 아래위로 교차하여 엮어 만든 천 또는 옷감을 의미
특징	• 보온, 흡습, 탄력 등의 기능성과 함께 아름다움(심미성)도 갖추어야 함 • 염직 및 가공 기술 발전에 따라 다양한 직물이 생산됨

• 직물의 종류 빈출 2회

구분		내용
천연 섬유	식물성 섬유	• 식물의 종자, 줄기, 잎 등에서 얻은 섬유로 천연 고분자(셀룰로스)로 이루어진 섬유 • 면 : 목화, 흡수성/염색성 우수, 세탁에 강함, 광택 적음 • 마 : 식물 줄기(아마, 대마), 신축성 적고 뻣뻣함, 흡수/건조 빨라 여름옷에 적합
	동물성 섬유	• 견(Silk) : 누에고치, 광택/염색성 우수, 부드러움, 자외선에 황화현상(누렇게 변함) 빈출 2회 • 모(Wool) : 양털. 흡습성 가장 높음, 보온성 우수, 열/압력에 형태 유지
인조 섬유 (화학섬유)	천연 섬유	예 석면
	합성 섬유	• 석유, 석탄, 천연가스 등을 원료로 한 고분자 섬유 • 나일론 : 1935년 캐러더스가 만든 최초의 합성 섬유 • 예 폴리에스테르, 아크릴, 폴리프로필렌, 폴리우레탄 등
	재생 섬유 빈출 2회	• 천연 섬유소(목재, 펄프 등)를 약품에 녹여 섬유 상태로 뽑아낸 다음, 약물로 처리하여 굳힌 화학 섬유 • 셀룰로스계 재생 섬유 : 비스코스 레이온, 리오셀, 큐프라. 대나무 섬유 등 • 단백질계 재생 섬유 : 카제인, 콩섬유 등
	반합성 섬유	예 아세테이트

④ 플라스틱(Plastic) 소재

• 개념과 특징

정의	열이나 압력으로 소성변형을 시켜 성형할 수 있는 고분자 화합물(합성수지)
분류	가열에 의한 성질에 따라 나뉨 빈출 4회 – 열가소성 수지 : 열을 가하면 재가공 가능(냉각 시 원래대로 복귀) – 열경화성 수지 : 열을 가한 후 굳으면 재가공 불가
착색	플라스틱 착색 시 무기 안료보다는 유기 안료를 사용하는 것이 좋음
용도	전기, 기계, 건축 등 산업 전반과 일상생활에 광범위하게 이용됨

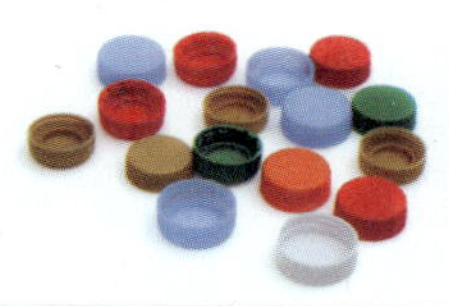
▲ 플라스틱 소재

열가소성 플라스틱 빈출 2회
근접성, 침투성, 착색성은 좋으나 은폐성은 좋지 않습니다.

• 장점과 단점 빈출 4회

장점	• 대량 생산 가능, 가격 저렴 • 가볍고 성형이 자유로우며, 광택이 좋고 선명한 착색 가능 • 투명도가 높고 굴절률이 낮아 유리, 도자기, 목재 등의 대체품으로 사용 • 전기절연성, 내수성, 내투습성 우수, 산 · 알칼리에 부식되지 않음
단점	• 자외선에 약하며 변색되기 쉬움 빈출 2회 • 온도와 압력에 변형되기 쉽고 흠집이 잘 남 • 정전기 발생, 환경호르몬 문제, 폐기가 어려워 환경문제를 야기함

⑤ 목재 및 종이 소재

• 개념과 특징

목재	• 인간에게 시각 · 촉각적으로 가장 친숙한 천연자원 • 건축, 가구, 공예 등 용도가 광범위함 　– 침엽수(소나무, 전나무) : 질감과 가공성이 뛰어나 건축 재료로 쓰임 　– 활엽수(단풍, 오동) : 단단하여 장식재나 가구재로 쓰임
종이	식물성 섬유를 원료로 고착시켜 만든 소재

▲ 목재 소재

• 장점과 단점

장점	• 가볍고 가공성이 좋음 • 열전도율이 낮아 보온/방한 우수 • 충격/진동 흡수성 좋음 • 비교적 저렴함
단점	• 수분에 의한 변형(뒤틀림)이 큼 • 방향에 따라 강도가 다르며 크기 제한 있음 • 벌레나 세균에 취약함

⑥ 기타 특수 소재(유리)

정의	규사, 탄산나트륨 등을 고온으로 녹인 후 냉각시켜 고체화한 투명도가 높은 물체
특징	부식이 되지 않고 광택이 좋음
종류	• 투명 유리 : 장식용, 식기류, 스테인드글라스, 보호 안경 등 • 불투명 유리 : 조명용, 건축용 등

▲ 유리 소재

11) 표면처리

① 재질(Texture)

- 재질이란 목재, 유리, 금속, 플라스틱 등 재료가 가지는 고유의 성질과 특성을 의미한다.
- 동일한 물질이라도 가공 방법에 따라 재질감을 다르게 표현할 수 있다.

② 광택(Gloss)

- 빛의 반사로 물체의 표면에서 반짝거리는 현상이다.
- 보는 방향에 따라 질감의 차이를 표현할 수 있다.
- **광택도** : 물체 표면의 정반사광의 강도 또는 선명함을 1차원적 수치로 표시하는 방법으로, 표면 정반사 성분은 투과하는 빛의 굴절각이 클수록 커지며, 광택이 가장 강한 재질은 알루미늄이다. 빈출 2회

광택도 기준(100 기준) 빈출 4회	• 0 : 완전무광택 • 30~40 : 반광택 • 50~70 : 고광택 • 70~100 : 완전광택

③ 광택 측정 방법의 분류 빈출 8회

구분	내용
변각 광택도	• 빛을 측정하는 각도를 달리하여 분광 반사율의 차이를 측정 • 메탈릭 실버, 펄 도장 등 금속 입자가 섞인 재질 측정에 적합
선명도 광택도	물체 표면에 비친 도형의 선명도(Image Clarity)를 측정

경면 광택도	• 물체를 거울 면에 비춰보듯 측정하는 방법
	• 입사각에 따라 4가지로 분류됨
	  – 85도 : 종이, 섬유 등 광택이 거의 없는 대상
	  – 60도 : 광택 범위가 넓은 일반적인 경우
	  – 45도 : 도장면, 타일, 법랑 등 일반 대상물
	  – 20도 : 도장면, 금속면 등 비교적 광택도가 높은(고광택)물체

대비 광택도	두 개의 다른 조건에서 측정한 반사 광속을 비교하여 나타냄

1) CIE 색채 규정 및 개요

① CIE(국제조명위원회)의 정의

- CIE(Commission Internationale de l'Eclairage) : 빛과 조명에 관한 과학ㆍ기술 연구, 국제 규격 및 공업 규격 지침을 제정하는 국제기구이다.
- **역사** : 1931년, 표준 관찰자와 광원에 대한 정보를 표준화하여 색을 정량적(수치적)으로 표시하는 표준 색체계를 정의하였다.

② CIE 시스템의 기본 원리 빈출 6회

- **기초** : 가법 혼색(빛의 3원색 R, G, B)의 원리를 기반으로 한다.
- **변환** : 실존하는 빛의 3원색인 R, G, B를 수학적으로 변환하여 X, Y, Z라는 3자극치(Tristimulus Values)로 나타낸다.
- **색도도** : X와 Y의 비율을 계산하여 2차원 평면(x축, y축)에 도표로 만든 것이 색도도(Chromaticity Diagram)이다. 이것을 일반적으로 XYZ 측색 시스템이라고 한다.

③ CIE 색도도(Chromaticity Diagram)

- **형태** : X, Y, Z 자극치를 3각 곡선 도형으로 만든 것으로, 찌그러진 종(Bell) 모양 또는 말굽형 삼각형 구조이다.
- **단색광 궤적(Spectrum Locus)** : 말굽형의 바깥 둘레 곡선 부분이며, 스펙트럼의 순수한 파장(완전 채도) 색상들이 위치한다.
- **순자주 궤적(Purple Line)** : 말굽형의 아래쪽 직선 부분이며, 스펙트럼에는 없는 색으로 단파장(남보라)과 장파장(빨강)의 혼색으로 만들어지는 자주색 영역이다.
- **색역(Color Gamut)** : 색도도 내에서 세 점을 잇는 삼각형 내부의 면적은 해당 시스템이 재현할 수 있는 색의 범위를 의미한다.

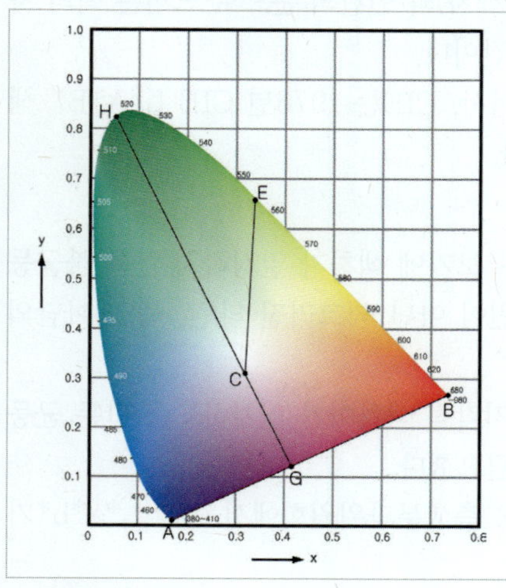

▲ CIE 색좌표(색도도)

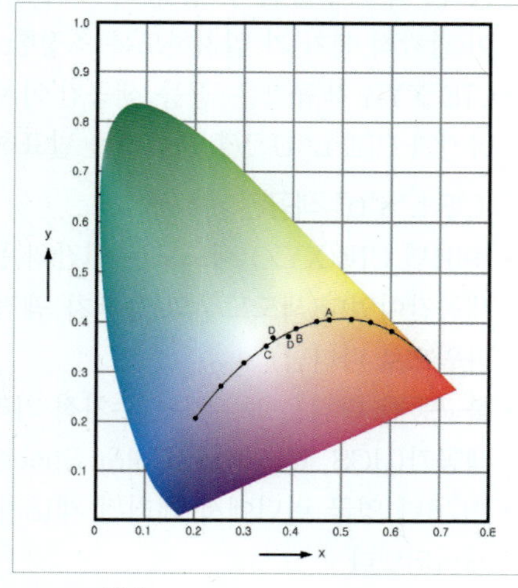

▲ Yxy표색계

2) 1931년 CIE 표준 표색계 빈출 6회

① XYZ 표색계 빈출 4회

개념	• 1931년 CIE가 발표한 최초의 표준 색체계 • RGB 시스템의 음수(−) 값을 없애기 위해 모든 자극치가 양수(+)가 되도록 변환한 가상의 원색 시스템
특징	• Y값의 정의 : 3자극치 중 Y는 반사율(명도, 휘도)과 일치하도록 설계됨 • X, Z : 색상과 채도에 관여하는 수치 • 데이터 : 물체의 색을 표시하기 위해 스펙트럼 3자극치, 조명 광원의 분광 분포, 물체의 분광 반사율이 필요함 • 스펙트럼의 3자극치는 정해져 있고 조명 광원의 분광 분포는 표준광으로 정해져 있음 • 결국 물체의 분광 반사율만 알면 그 물체 표면색의 3자극치 XYZ를 구하는 것이 가능함
단점	수치만으로는 직관적으로 어떤 색인지(지각적 느낌) 알기 어려움

② Yxy 표색계 빈출 10회

양적인 표시인 XYZ 표색계의 단점(색채의 느낌과 밝기 판단 불가)을 보완하기 위해 매캐덤이 색도 다이어그램을 변형하여 제안하면서 등장한 표색계이다.

구조	Y	반사율(명도)을 나타냄(XYZ의 Y와 동일)
	x, y	색도(Chromaticity) 좌표로 색상과 채도를 나타냄

3) 1976년 CIE 표준 표색계(UCS)

- 1931년 체계는 감각적인 색 차이와 수치적 거리가 일치하지 않는 '불균등 색공간'이었다.
- 불균등을 해결하기 위해 1976년 지각적으로 균등한 색공간이 발표되었다.

① 균등 색공간(UCS) 빈출 2회

- 정의 : 색도도 상의 두 점 간의 거리(수치적 색차)와 인간의 눈으로 느끼는 색의 차이(감각적 색차)가 일치하도록 조정한 색공간이다.
- CIE XYZ 색공간은 '균등 색공간'이 아니어서, CIE는 1976년 CIE L*A*B* 색공간과 CIE L*U*V* 색공간을 발표하였다.

② CIE L*a*b* 색공간 빈출 14회

- 1931년 CIE(XYZ) 색도도는 인간의 눈으로 보기에 색차가 일정하지 않은 불균등 색공간이었다(색도도상의 등색차 궤적이 원이 아닌 찌그러진 타원, 즉 맥아담의 타원으로 나타남).
- 불균등한 단점을 보완하여 수치적 거리와 지각적 색차이가 일치하도록 만든 균등 색공간(UCS, Uniform Color Space)이 필요했다.
- 1976년 영국 런던에서 개최된 제18차 CIE 측색분과위원회에서 CIE L*a*b*가 채택되었다.
- CIE L*a*b*는 완벽한 균등 색공간은 아니지만 현재로서는 최상의 색공간으로 산업계(페인트, 플라스틱, 섬유 등)에서 가장 널리 사용된다.
- 헤링(Hering)의 반대색설을 기초로 한다.

• CIE L*a*b*의 내용

구조	• L*(Lightness) : 명도, 0(검정)~100(하양) • a*축 : 빨강(+a*)/초록(−a*)의 관계 • b*축 : 노랑(+b*)/파랑(−b*)의 관계
해석	a, b 값이 0이면 무채색이며, 수치가 클수록(중심에서 멀어질수록) 채도가 높음

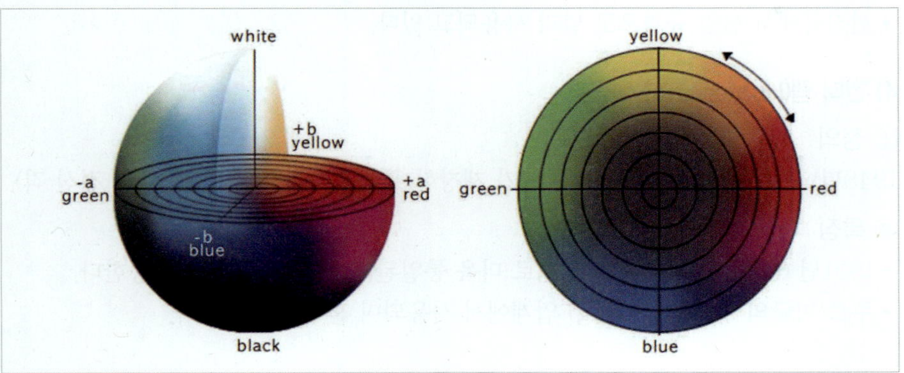

▲ CIE L*a*b* 색공간

③ CIE L*C*h* 색공간 빈출 10회

개념	L*a*b* 색공간에 먼셀의 3속성 개념을 도입하여 극좌표로 변환한 것
특징	• CIE L*a*b* 색공간은 오차보정 시 유용하게 사용되지만, 정확한 색상과 채도의 방향을 알기 어려움 • CIE L*C*h* 색공간은 CIE L*a*b* 색공간을 기본으로 하여 변형한 색공간
구조	• L* : 명도 • C* : 채도(Chroma, 중심에서의 거리) • h : 색상각(Hue Angle)
색상각(h)의 기준	빨간색인 +a*를 0°로 하고 시계 반대 방향으로 회전시킨 90°는 노란색 +b*, 180°는 초록색 −a*, 270°는 파란색 −b*

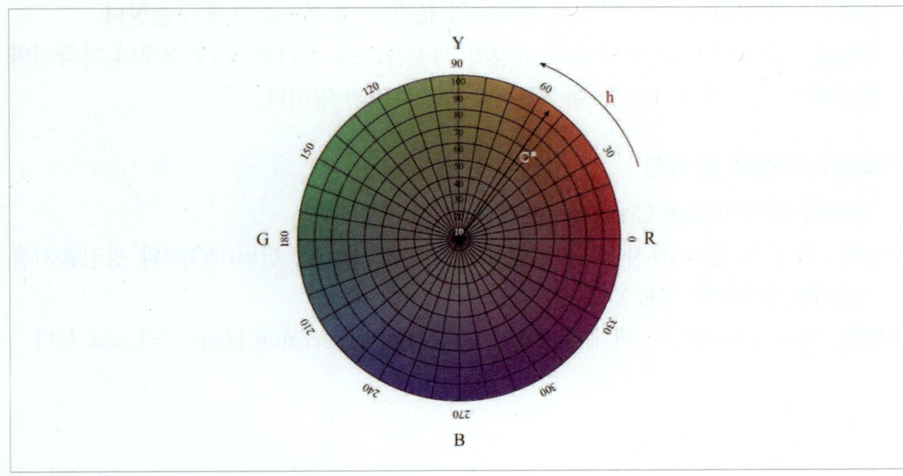

▲ CIE L*C*h* 색공간

④ CIE L*u*v* 색공간

• 특징 : Yxy 색도도를 선형 변환하여 등보성을 개선한 것으로, 주로 조명, TV, 모니터(Display) 분야의 산업 규격으로 사용된다.
• L*은 반사율이 아닌 인간의 시감과 동일한 명도이며 단계별로 명도를 느낄 수 있다.
• u*는 빨간색−초록색 축을, v*는 노란색−파란색 축을 나타낸다.
• 선진국에서 산업 규격으로 널리 사용되고 있다.

4) 헌터 랩(Hunter Lab) 색공간

① 정의
1948년 리처드 헌터(R.S. Hunter)가 제창한 표색계이다(CIE L*a*b*의 전신 격).

② 특징
• 1931년 CIE xyY보다 시각적으로 더욱 통일된(균등한) 색공간을 제공한다.
• 주로 미국의 도장(Painting) 업계에서 사용되며 혼색계에 속한다.

04 측색계의 종류

1) 색채 측정기 개요

① 색채 측정기의 정의 및 목적 _{빈출 12회}
• 정의 : 색채계(Colorimeter) 또는 측색계라고 불리며, 대상의 색상, 명도, 채도(3속성)를 수치화하여 측정하는 기기이다.
• 목적 : 색채를 객관적으로 규명하고 소통(Communication)하기 위함이다. 이를 통해 색을 정확히 알 수 있고, 전달 및 재현이 가능해진다.

② 색채 측정기의 분류 및 활용법
• 표준 : CIE(국제조명위원회)에서 광원, 물체 반사각, 관찰자 조건 등을 표준화하여 규정하고 있다.
• 분류 : 측정 원리에 따라 필터식 색채계와 분광식 색채계로 크게 구분한다.
• 활용법 : 1931년 CIE가 새로운 가상의 색공간으로 정의한 XYZ 3개의 자극치와 관련하여 X는 빨강, Y는 초록, Z는 파랑과 관련된 양이다.

2) 측색기의 종류 및 특성

① 필터식 측색기(Filter Colorimeter) _{빈출 10회}
• 원리 : 인간의 눈과 유사한 분광 감도를 가진 3개의 색 필터(RGB)와 광검출기를 사용하여 3자극치(CIE XYZ)를 직접 측정한다.
• 별칭 : '3자극치 직독식 색채계', '색차계(Color Difference Meter)'라고도 한다.

- **필터식 측색기의 장 · 단점**

장점	• 구조가 간단하고 크기가 작아 휴대용(이동형)으로 적합 • 가격이 저렴하여 현장 품질 관리용으로 많이 쓰임
단점	• 분광식에 비해 정확도와 정밀도가 떨어짐 • 조건등색(Metamerism) 판별이 불가능(가장 큰 단점) • 정해진 광원에서만 측정 가능하며, 색료 변화에 대응이 어려움

▲ 필터식 색채계

② 분광식 측색기(Spectrophotometer) 빈출 15회

- **정밀 측색의 기본 장비**

원리	가시광선 영역(380~780nm)을 5nm 또는 10nm 간격으로 쪼개어, 파장별 분광 반사율(Reflectance)과 분광 투과율을 측정
장점	• 가장 정밀하고 정확한 색채 값 산출 • 다양한 표색계(XYZ, L*a*b*, Hunter Lab, Munsell 등) 데이터로 변환이 가능함 빈출 4회 • 광원의 변화에 따른 등색성 문제, 조건등색(Metamerism) 및 색료 변화에 따른 색 재현의 문제를 해결할 수 있음 빈출 2회 • 가시광선 영역의 분광 반사율을 측정한 후 색좌표를 계산하므로 다양한 광원과 시야 조건에서의 색채 값을 동시에 산출할 수 있음 • CCM(Computer Color Matching) 자동배색장치에 필수적으로 사용됨 빈출 2회
성능 기준	• 색채 측정은 380~780nm의 가시광선 영역을 5nm 또는 10nm 간격으로 측정하도록 설계되어 있음 • 단 한 번의 컬러 측정으로 표준광 조건에서 CIE L*A*B*값을 얻을 수 있는 장비 • 분광광도계 파장은 불확도 1nm 이내의 정확도를 유지해야 함 빈출 6회 • 분광 반사율 또는 분광 투과율의 측정 불확도는 최대치의 0.5% 이내에서, 재현성은 0.2% 이내로 함 빈출 6회 • 빛 측정은 분광광도계보다는 분광복사계를 사용 빈출 2회

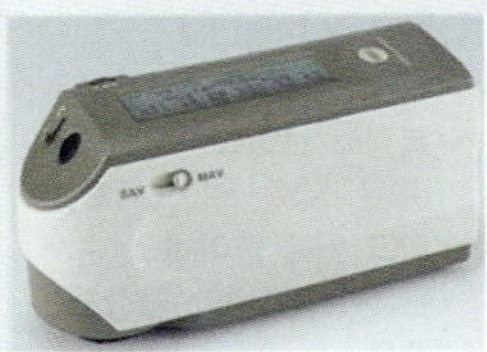

▲ 분광광도계

3) 분광 반사율(Spectral Reflectance)

① 개념 및 중요성 빈출 8회

- **정의** : 물체 표면에서 반사되는 빛의 파장별 에너지 분포 비율이며, 물체의 색은 이 분광 분포(Spectral Distribution)에 따라 정의된다.
- **특징** : 조명(광원)의 분광 분포와 물체의 분광 반사율이 상호작용하여 우리 눈에 보이는 색이 결정된다. 따라서 물체의 색을 가장 정확하게 계산하고 정의할 수 있는 데이터이다(단순한 XYZ 값보다 상위 개념).
- **조명과의 관계** : 동일한 색이라도 형광등 아래와 백열등 아래에서 다르게 보이는 이유(연색성, 조건등색)는 광원마다 분광 에너지 분포가 다르기 때문이다. 빈출 2회

② 반사율의 특성

명도(밝기)와의 관계	밝은 색(고명도)일수록 전반적인 반사율이 높음
채도와의 관계	채도가 높을수록 특정 파장대에서의 반사율 차이(피크와 골)가 큼
활용	CCM(Computer Color Matching, 컴퓨터 자동배색장치)을 사용하여 조색 레시피를 산출할 때는 반드시 분광 반사율 데이터로 측정해야 함(필수 조건)

③ 측정 방법 및 계산식

형광을 포함한 측정 방법 빈출 2회	• 형광 안료나 형광 증백제가 포함된 시료는 일반적인 방법으로 정확한 측정이 어려움 • 예 필터 감소법, 이중 모드법, 이중 모노크로메이터법(Double Monochromator), 폴리크로메틱(Polychromatic) 방식
절대분광 반사율 계산식 빈출 4회	• R(λ)= S(λ) x B(λ) x W(λ) • R(λ)은 시료의 절대분광 반사율, S(λ)는 시료의 측정 시그널, B(λ)는 흑체의 분광 방사 휘도, W(λ)는 백색표준의 절대분광 반사율 값을 뜻함

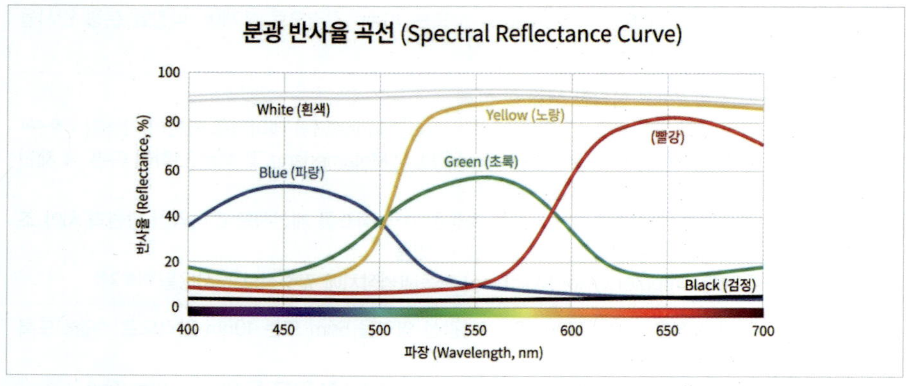

▲ 분광 반사율 곡선

4) 기타 측색기 및 용어 정리

① 스펙트로 포토미터(Spectrophotometer, 분광측색계) 빈출 5회

원리	가시광선 영역을 파장별로 나누어(분광) 반사율이나 투과율 측정
용도	고체, 액체, 투명체 등 거의 모든 물체색 측정에 사용되며, CCM(Computer Color Matching) 및 정밀 색채 관리에 필수적임
특징	• 정확도가 가장 높은 1급 정밀 기기 • 분광 반사율 곡선을 얻을 수 있어 조건등색(Metamerism) 판별이 가능함

② 스펙트로 레디오미터(Spectroradiometer, 분광방사휘도계)

원리	광원에서 나오는 빛의 에너지를 파장별로 측정하는 방식
용도	모니터(LCD, OLED), 전구, 조명 등 스스로 빛을 내는 광원색 측정에 사용됨
특징	정확도 1급의 고정밀 장비이며, PC 모니터 캘리브레이션의 기준 장비로 쓰임

③ 컬러리미터(Tristimulus Colorimeter, 필터식 색채계)

원리	인간의 눈(RGB)과 유사한 감도를 가진 3개의 필터(Tristimulus)를 사용하여 삼자극치(X, Y, Z)를 구함
용도	생산 현장의 품질 관리(QC), 단순 색차 비교 등에 주로 쓰임
특징	• 가격이 저렴하고 이동이 간편함(정확도 2급) • 분광 데이터가 없으므로 조건등색(Metamerism)을 판별할 수 없음

④ 덴시토미터(Densitometer, 농도계)

원리	RGB 보색 필터를 사용하여 잉크의 농도(Density)와 피막 두께 측정
용도	인쇄 산업에서 CMYK 잉크의 농도 관리, 망점 면적률 측정 등에 특화되어 있음
특징	잉크의 양을 제어할 뿐, L*a*b*와 같은 정확한 색채 좌표를 측정하는 기기가 아님

⑤ 기타 특수 측색 기기

비접촉 스펙트로 포토미터	젖어 있는 페인트나 훼손되기 쉬운 물체를 측정하며, 외부 광 간섭으로 인해 정확도는 3급 수준
글로스미터(Glossmeter)	표면의 광택도를 측정하며, 입사각 20°, 60°, 85°를 주로 사용
2차원 크로마미터	분말, 흙, 머리카락 등 불규칙한 표면 측정에 유리함

5) 측색기의 측색조건 표기법

- 측색기를 사용하여 색을 측색한 후에는 표색계, 측정 광원, 관찰 시야, 수광방식을 반드시 표기한다.
- 필요에 따라서는 사용한 기기의 종류, 제조사, 파장 간격을 표기한다.

6) 색채 측정기의 구조 및 사용법

① 필터식 측색기(Filter Colorimeter) 구조

- 원리 : 광학 기계로 분광 분포를 구하는 복잡한 계산 절차 없이, 3개의 색 필터(RGB)를 통해 색을 직접 측정하는 방식이다.
- 광원 : 주로 텅스텐 백열전구를 사용하며, 유리 필터(F)와 조합하여 표준광원 C 또는 D65의 조명 조건을 구현한다.
- 주요 구성 요소 : 필터식은 빛이 가서(광원) 닿고(시료대) 걸러져서(필터) 읽히는(검출기) 순서로 단순하다.

시료대	시료가 놓이는 곳으로, 광원이 빛을 조사하고 반사광을 모으는 장치
광검출기와 필터	시료에서 반사된 빛이 인간의 눈(3원색)과 유사한 감도를 가진 3개의 필터(Tristimulus Filters) 통과
전류계	광검출기에서 변환된 전기적 신호(광전류)를 측정하여 3자극치(X, Y, Z) 값 산출
전산 장치	측색 신호를 처리하여 최종적인 색채 값을 계산하고 표시

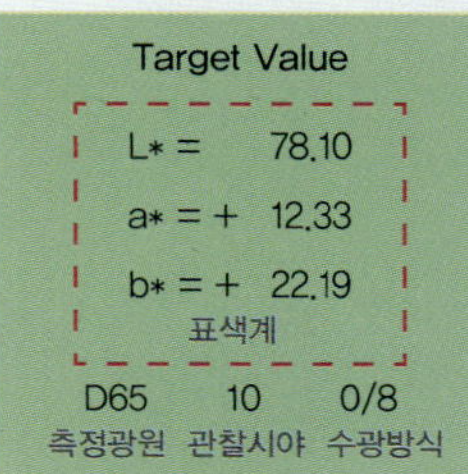

▲ 측색 조건 표기

선생님의 노하우

측색기 파트, 1분 컷 암기!
- 조건등색(Metamerism) 잡는 놈 : 무조건 '분광식(Spectro-)'입니다. 필터식은 눈뜬장님이라 못 잡아냅니다.
- CCM(조색) 할 때 쓰는 놈 : 이것도 '분광식'입니다. 레시피를 만들려면 파장별 데이터가 있어야 합니다.
- 숫자 놀음(성능 기준) : 아래의 숫자를 틀리게 해서 오답으로 자주 나옵니다.
  - 파장 정확도 : 1nm(제일 중요)
  - 재현성 : 0.2%
- 역사 상식 : 뉴턴 – 프리즘 실험으로 광학/측색학의 아버지입니다.

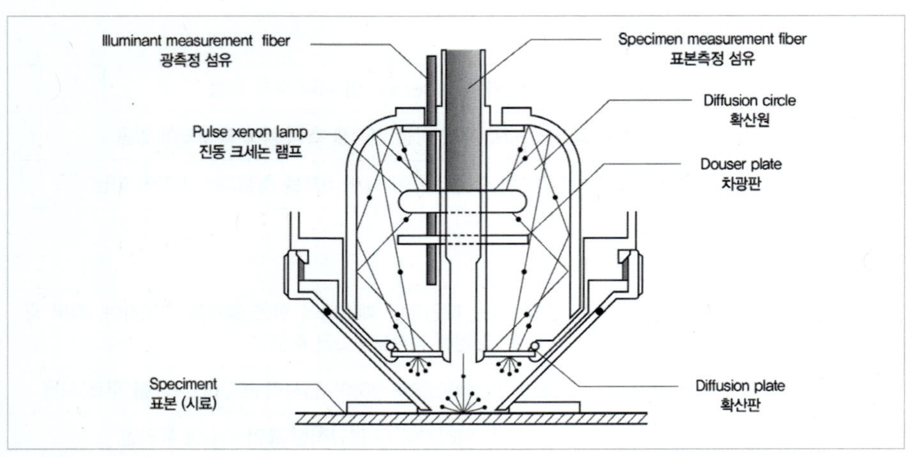

▲ 필터식 측색기

② 분광식 측색기(Spectrophotometer) 구조

• 개요 및 구성 빈출 4회

원리	가시광선 영역을 파장별로 나누어 측정하는 정밀 기기
구성	광원, 시료대, 광검출기, 신호처리 장치, 분광 장치(Monochromator) 및 적분구(Integrating Sphere)로 구성됨 빈출 8회
광원	연색성이 좋은 텅스텐 램프나 텅스텐 – 할로겐 램프를 주로 사용하며, 가시광선에서 근적외선까지 측정가능한 '실리콘 포토다이오드'를 사용하기도 함

• 주요 구성 요소 상세

적분구 (Integrating Sphere) 빈출 4회	• 구조 : 공(Sphere) 모양으로 속이 비어 있으며, 내벽은 반사율이 매우 높은 백색 코팅(황산바륨 등)이 되어 있음 • 역할 : 내부로 들어온 빛을 난반사시켜 고른 조도(확산광)를 만들고, 시료 표면에서 반사되는 빛을 모두 포획하여 내부 휘도가 어느 각도에서든 일정하도록 해줌(분광식 측색기의 심장과 같은 부품) • 방식 : 싱글 빔(Single Beam) 방식과 더블 빔(Double Beam) 방식
분광기 (Monochromator) 빈출 2회	• 역할 : 시료대 전후에 위치하여 빛을 파장별(무지개색)로 나누어 분광 강도 값을 산출, 정밀 측정과 CCM(자동배색)에 필수적임 • 종류 : 회절격자(Grating), 프리즘(Prism), 간섭 필터 등을 이용
기타 부품	• 시료대 : 광원과 시료를 장착하고 반사광을 모음 • 광원 : 적외선 영역까지 커버하는 연색성 좋은 텅스텐–할로겐 램프를 씀 • 집광렌즈 : 측정 데이터를 관찰하는 '눈'과 같은 역할을 하여 빛을 모아줌

선생님의 노하우

적분구=하얀 공

'속이 빈 하얀 공'이 나오면 무조건 적분구입니다. 빛을 골고루 섞어주는(확산시키는) 믹서기 같은 역할입니다.

선생님의 노하우

분광 장치 삼총사

빛을 쪼개는 도구 3가지는 프리즘, 회절격자, 간섭필터입니다.

③ 측정 방식 : SCI vs SCE

분광식 측색기에는 광택(거울반사)을 포함하느냐에 따라 두 가지 모드가 있다.

구분	SCI(Specular Component Included)	SCE(Specular Component Excluded)
의미	정반사광(거울반사)을 포함하여 측정	정반사광(거울반사)을 제거하고 측정
특징	표면 상태(광택, 질감)의 영향을 무시하고 색료 자체의 고유한 색(안료 배합비)을 봄	사람이 눈으로 보는 것과 같이 표면 상태(광택)에 따라 달라 보이는 색을 봄
용도	CCM 조색(Color Matching), 품질 관리 원색 확인	육안 검사, 완제품의 외관 평가

7) 형광 물체색의 측정 _{빈출 4회}

일반적인 분광식 측색기는 형광 측정에 한계가 있어 특수한 조건이 필요하다.

① 전방분광 vs 후방분광

- 일반적 문제 : 분광식 측색기는 시료에 단색광을 조사하므로, 자외선을 받아 가시광선을 내뿜는 형광(Fluorescence)을 제대로 측정하지 못하는 경우가 많다.
- 해결책

후방 분광 (Polychromatic Illumination)	• 백색광(복합광)을 먼저 시료에 비추고, 반사된 빛을 나중에 분광하는 방식 • 형광색 측정에 적합함
전방 분광 (Monochromatic Illumination)	• 빛을 먼저 분광시켜 단색광을 시료에 비추는 방식 • 형광이 없는 일반 정밀 측정에 효과적임

② 형광 측정의 표준 조건 _{빈출 4회}

광원	300nm~780nm 전역(자외선 포함)에 복사가 있는 광원을 사용해야 함 (300nm 미만은 복사가 없어야 함)
조명/수광 기하학	원칙적으로 45° 조명/0° 수광 또는 0° 조명/45° 수광 방식을 따름
간격	유효 파장폭 및 측정 간격은 5nm 또는 10nm로 함
백색판	표준 백색판 자체는 형광을 발하지 않는 비형광 물질이어야 함
눈금	형광 물체는 반사율(휘도율)이 1(100%)을 초과하는 경우가 많으므로, 측광 눈금 범위가 충분히 넓어야 함

05 측색 조건 · 사용법

1) 측색 원리와 조건

① 측색의 정의 및 목적 ^{빈출 4회}

정의	색채를 물리적으로 측정하여 수치화하는 과정
목적	제품의 색이 의도한 대로 표현되었는지(품질 관리), 기준색과의 색차가 허용 범위 내에 있는지 파악하기 위함
오차 원인	측색값과 육안값에 차이가 나는 주된 원인은 표면 반사 성분(광택), 음영(그림자), 투명성 등

② 백색 기준물(White Standard) 관리 ^{빈출 12회}

• 역할 및 조건

역할	• 모든 측색(필터식, 분광식)의 기준점 • 측정 전 반드시 백색/흑색 교정판으로 기기를 고정해야 함
조건	• 충격, 마찰, 오염, 온 · 습도에 영향을 받지 않아야 함 • 오염 시 세척 및 재연마 등 오염을 제거하고 원래의 값을 재현할 수 있어야 함 • 정기적인 교정을 받고 분광 반사율이 국제 표준과 일치(0.9 이상)해야 하며, 가시광선 전역(380~780nm)에 걸쳐 거의 일정해야 함 • 주로 산화마그네슘(MgO) 또는 황산바륨($BaSO_4$)으로 만들어진 백색 세라믹 타일 사용 • 섬유물의 경우 빛이 투과하지 않도록 충분한 두께로 겹쳐서 측정해야 하며, 페인트의 색채를 측정하는 경우 색을 띤 물체의 상태로 만들어야 함

• 백색도(Whiteness) ^{빈출 8회}

- 하양이라 인정되는 표면색의 흰 정도를 측정하고 관리하기 위한 것이다.
- 백색도는 지수 및 틴트(하양에 유채색이 혼합된 정도) 지수에 의해 표시된다.
- 완전한 반사체의 경우 틴트 지수는 0이다.
- 완전한 반사체의 경우 백색도 지수가 100이다.
- 백색에서 멀어짐에 따라 백색도의 수치가 낮아진다.
- 백색도는 D65 광원에서 정의되고 있다.

③ 시료 준비 및 시야각

• 시료 조건 : 완전히 건조되고 안정화된 상태여야 하며, 투명/반투명체는 빛이 투과하지 않도록 충분히 겹쳐서(불투명하게) 측정한다. ^{빈출 4회}

• 시야각(Viewing Angle) ^{빈출 2회}

정의	• 국제조명위원회(CIE)에서는 2° 시야, 10° 시야 두 가지를 정의하고 있음 • 현재는 1964년도 채택한 등색 함수에 기초한 3색 표시계인 10° 시야를 표준으로 사용
예시	일반적으로 10° 시야에서 명도는 더 높게, 채도는 더 낮게 느껴짐 – 2° 시야 : 좁은 시야, 중심 시야(추상체)만 반응, 선명하고 어둡게 보임(권장 : 300mm 거리, 관측창 치수는 11×11mm 크기) – 10° 시야 : 넓은 시야. 주변 시야(간상체)까지 영향, 밝게 보임(권장 : 500mm 거리, 87×87mm 크기)

2) 측색 데이터 종류와 표기법

① 조명과 수광 조건(Illumination/Viewing Geometry)

- 정확한 색 측정과 데이터 관리를 위해 1986년 CIE(국제조명위원회)가 규정한 조명 및 측색 조건이다.
- '조명 각도/관찰 각도' 순서로 표기하며, 이를 색채 측정 결과 보고서에 필수적으로 첨부해야 한다.

② 1986년 CIE 추천 방식 ^{빈출 2회}

- 4가지 표준 측정 조건

표기법	명칭	구조 및 측정 원리
① 0/45	수직 조명/ 45° 관찰	• 조명 : 0°(수직) 방향에서 빛을 비춤 • 관찰 : 45° 각도에서 반사광 측정 • 정반사(광택) 성분을 배제하여 시각적 평가와 유사함
② 45/0	45° 조명/ 수직 관찰	• 조명 : 45° 각도에서 빛을 비춤 • 관찰 : 0°(수직) 방향에서 반사광 측정 • 0/45 방식과 광학적으로 역(Reverse) 관계이며 특성은 유사함
③ 0/d	수직 조명/ 확산 관찰	• 조명 : 0°(수직) 방향에서 빛을 비춤 • 관찰 : 적분구를 통해 모든 방향(분산)으로 반사된 빛을 모아 평균값으로 측정 • 전체 반사율을 측정하기 좋음
④ d/0	확산 조명/ 수직 관찰	• 조명 : 적분구를 사용하여 모든 방향에서 확산광(분산 조명)을 비춤 • 관찰 : 0°(수직) 방향으로 반사된 빛 측정 • 가장 일반적으로 많이 쓰이는 방식 중 하나임

③ 2004년 CIE 추천 방식(세분화) ^{빈출 2회}

- 2004년 CIE는 조명과 관찰 각도에 따른 방법론을 6개의 확산 기하 방식과 4개의 지향성 기하 방식으로 나누어 새롭게 발표하였다.
- 확산 기하 방식(Diffuse Geometry) : 적분구(Integrating Sphere)를 사용하여 빛을 확산시키는 방식으로, 'd(diffuse)'가 들어가면 무조건 적분구를 사용한다고 보면 된다.

표기법	명칭	특징 및 원리
① di : 8° (확산 : 8°)	정반사 성분 포함 방식	• 조명 : 적분구를 통해 모든 방향으로 확산광 조사 • 관측 : 8° 기울여서 수광 • 특징 : 정반사(광택) 성분 포함(i)
② de : 8° (확산 : 8°)	정반사 성분 제외 방식	• 조명 : 적분구를 통해 모든 방향으로 확산광 조사 • 관측 : 8° 기울여서 수광 • 특징 : 정반사(광택) 성분 제외(e)
③ 8° : di (8° : 확산)	정반사 성분 포함 방식	• 조명 : 8° 기울여서 빛을 비춤(①과 반대 방향) • 관측 : 모든 방향으로 확산된 빛을 모음 • 특징 : 정반사(광택) 성분 포함(i)
④ 8° : de (8° : 확산)	정반사 성분 제외 방식	• 조명 : 8° 기울여서 빛을 비춤(②와 반대 방향) • 관측 : 모든 방향으로 확산된 빛을 모음 • 특징 : 정반사(광택) 성분 제외(e)

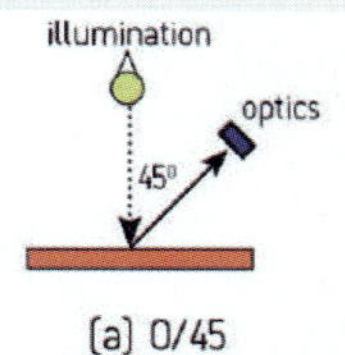

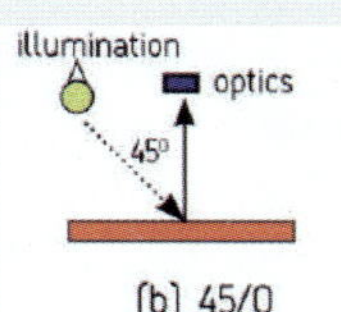

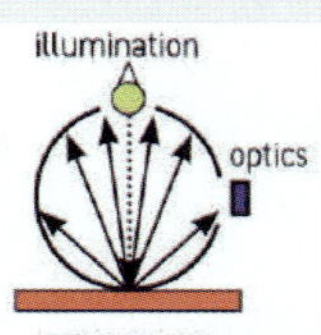

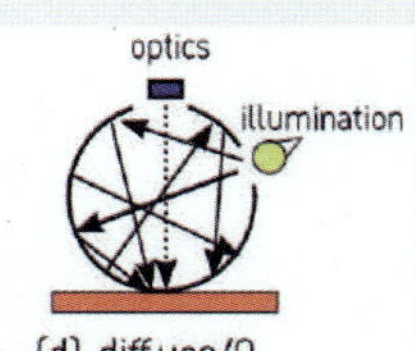

▲ 조명과 수광 조건

⑤ d : d (확산 : 확산)	확산 : 확산 방식	• 조명 : di:8와 동일하게 확산광 조사 • 관측 : 광검출기가 적분구 면을 향해 반사광 측정 • 특징 : 조명과 관측 모두 확산된 상태
⑥ d : 0° (확산 : 0°)	확산 : 0° 방식	• 조명 : 적분구 내부 확산 조명 • 관측 : 90°(수직) 방향에서 관측 • 특징 : 정반사 성분이 완벽히 제거되는 방식

- **지향성 기하 방식(Directional Geometry)** : 적분구를 쓰지 않고 특정한 각도(45도 또는 0도)에서 직접 빛을 쏘거나 받는 방식이다.

표기법	명칭	특징 및 원리
① 45°a : 0° (45° 환상 : 0°)	45° 환상 방식	• 조명 : 45° 각도에서 고리(Annular) 모양으로 비춤 • 관측 : 0°(수직) 방향에서 측정 • 특징 : 텍스처(질감)의 영향을 줄일 수 있음
② 0° : 45°a (0° : 45° 환상)	0° : 45° 환상 방식	• 조명 : 0°(수직) 방향으로 비춤 • 관측 : 45° 각도에서 고리(Annular) 모양으로 모아 측정
③ 45°x : 0° (45° 지향 : 0°)	45° 지향성 방식	• 조명 : 45°의 특정 한 방향(x)에서 비춤 • 관측 : 0°(수직) 방향에서 측정
④ 0° : 45°x (0° : 45° 지향)	0° : 45° 지향성 방식	• 조명 : 0°(수직) 방향으로 비춤 • 관측 : 45°의 특정 한 방향(x)에서 관측

④ **측색 결과 필수 첨부 사항** 빈출 14회

측색을 완료한 다음에는 데이터의 신뢰성을 위해 반드시 다음의 사항을 명기하여야 한다.

조명과 수광 조건 등 색채 측정 방식	45/0, 0/d, d/8 등 기하학적 조건 명시
표준광원의 종류	백열등(A), 형광등(F), 태양광(D65), LED 등 측정에 사용한 광원을 밝힘
광원이 재현하는 특성	광원의 색온도(K) 및 시료면의 조도(lx) 기재
조명환경 및 표준 관측자의 시야각	CIE 1931년 2° 시야(좁은 시야) 또는 CIE 1964년 10° 시야(넓은 시야) 중 선택된 조건 명시
등색함수의 종류	데이터 산출에 적용된 등색함수 기준을 적음
측정에 사용한 기기명	모델명 및 제조사 포함

⑤ **측색 시 측정값에 영향을 미치는 요소** 빈출 6회

동일한 시료라도 다음 요소들이 변하면 측정값이 달라질 수 있다.

광원 요인	• 광원의 상대 분광 분포 • 조명 방식(각도, 확산 여부)
시료 요인	• 시료의 분광 확산 반사율 • 색채의 재질감(광택, 텍스처) • 형광 포함 여부
관측 요인	• 관측자의 색채 시감 효율 • 면적 효과(시야각)

3) 색채 표준과 소급성

① 색채 표준과 소급성의 개념

소급성(Traceability)의 정의	CIE가 제정한 국제 기준에 맞춰 한국 산업 표준(KS) 전반을 교정함으로써, 현실의 측정기기가 국가 측정 표준과의 오차 범위를 줄여나가도록 연결된 성질
유지 방법	측정 기기에 대한 주기적인 교정(Calibration)을 실시하여 정밀도와 정확도를 지속적으로 유지해야 함

② 국제조명위원회(CIE)의 역할 빈출 10회

- 표준 정립의 역사(1931년) : 빛의 속성을 정량적으로 정하고 표준 관찰자와 관찰 각도 등의 기준을 정하여, 색채를 정확하게 관리하고 설계할 수 있도록 하였다.
- 주요 업적

색 매칭 실험	빛을 이용한 등색 실험을 기초로 표색계를 정립
3자극치 계산법	사람의 시각 시스템이 특정 색에 반응하는 정도를 기술한 계산법 정립
표준광 데이터	색 비교와 연구를 위한 표준광(A, C, D65 등) 데이터 정립
측색용 표준광	A, C, D65
보조 표준광	D50, D55, D75, B

③ 백색 기준물(White Standard)의 관리

- 중요성 : 정확도를 높이기 위해 백색 기준물을 사용하며, 이것의 색이 변하면 물체의 정확한 측정이 불가능하므로 정기적으로 교정을 받아야 한다.
- 재질 : 일반적으로 산화마그네슘(MgO)으로 만들어진 백색 세라믹 타일을 가장 많이 사용한다.
- 교정 원칙 : 백색 표준판은 측정 기준 인정 물질(CRM)로서 정기적 교정을 받아야 한다.

필터식 색채계	색좌표(XYZ)를 기준으로 하여 백색 기준물을 측정(교정)
분광식 색채계	색 기준물의 분광 반사율(절대 반사율)을 기준으로 하여 측정(교정)
주의	분광 색채계의 측정 방식이 0/d SCI라면, 백색 기준물의 교정 성적도 반드시 0/d SCI 방식으로 교정된 것을 사용해야 함 빈출 2회

4) 색차관리(Color Difference Control)

① 색채 오차 보정 빈출 8회

- 사용 색차식 : 색채 오차 보정에는 주로 CIE L*a*b*, CIE L*u*v*, CIE L*C*h*, CIE 2000, 아담스-니커슨(Adams-Nickerson) 색차식 등을 사용한다.
- 표준 색공간 : 가장 일반적으로 물체의 색을 나타내는 데 사용되는 것은 인간의 시감과 색감 차이를 균등하게 만든 CIE L*a*b* 색표계이다.

② **보정 원리 및 순서** ^{빈출 7회}

보정 순서와 인간 시각의 민감도를 묻는 문제가 매우 자주 나온다.

보정 순서	일반적으로 a*와 b*(색상과 채도)를 먼저 보정하여 색의 방향을 맞춘 후, 마지막에 L*(명도) 값을 조정하는 단계를 거침
민감도	L*a*b* 세 가지 값 중에서 인간의 시감은 명도 값인 L*에 가장 민감하게 반응함(즉, 밝기 차이가 나면 색이 다르다고 금방 느낌).

③ **좌표의 의미 해석** ^{빈출 14회}

- L*(Lightness) : 값이 커질수록 명도가 높아진다(밝아진다).
- a*와 b*(Chromaticity) : 절대값이 클수록 채도가 높아진다(선명하다).
- 대응 관계 색상

+a*	Red(빨강) 방향
−a*	Green(초록) 방향
+b*	Yellow(노랑) 방향
−b*	Blue(파랑) 방향

④ **보정의 난이도**

- 평균 10 이내 : 정밀 보정이 가능하다.
- 10~30 : 일반적인 보정이 가능하다.
- 30 이상 : 보정이 상당히 어려우므로 주의가 필요하다(색이 너무 많이 다름).

⑤ **시각적 영향 요소(ISO 규정)** ^{빈출 2회}

ISO에서 규정한 색채 오차의 시각적 영향 요소는 광원에 따른 차이, 크기(면적)에 따른 차이, 방향에 따른 차이가 있다.

06 CIE L*a*b* 색공간과 색차 공식

1) 색차 보정 공식 ^{빈출 8회}

- CIE L*a*b* 색공간에서 두 색 사이의 거리(색차)를 구하는 공식이다.
- 두 색 사이의 거리를 구하는 공식

$$
\begin{aligned}
\Delta E^*ab &= \sqrt{(\Delta L^*)^2 + (\Delta a^*)^2 + (\Delta b^*)^2} \\
&= \sqrt{(L_1^* - L_2^*)^2 + (a_1^* - a_2^*)^2 + (b_1^* - b_2^*)^2} \\
&= \left[(\Delta L^*)^2 + (\Delta a^*)^2 + (\Delta b^*)^2\right]^{\frac{1}{2}}
\end{aligned}
$$

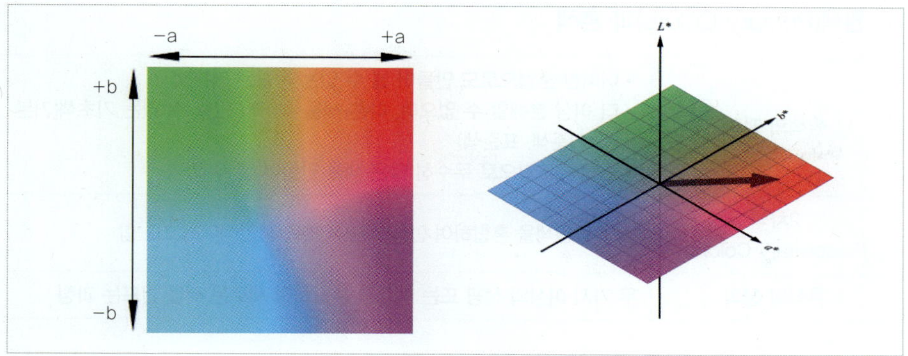

▲ CIE L*a*b* 색공간

07 색채 오차 범위와 보정 색차식

1) 색채 오차 허용 범위(Tolerance) 빈출 8회

- 표기 : ΔE*ab, CMC, CIE 2000 등의 약호를 사용한다.
- 권장 범위의 변화

1976년	CIE는 색채 오차 범위를 ΔE*ab≤0.5로 매우 엄격하게 권장하였음
2004년 (CIEDE2000)	가장 최근의 표준 색차식으로 지정되었으며, 색채 오차범위를 ΔE*〈 5.0 이하의 미세한 색차로 권장하고 있음

- 측색기는 색을 인지할 때 그 간격이 균일하지만, 사람은 색을 구분할 때 인지하는 세밀도가 각각 다르다.
- 이를 보정하기 위해 사용하게 된 보정 색차식(CIE 2000, CMC, FMC-2)에서는 색상, 명도, 채도에 따라 다른 보정 함수를 추가하여 시감과의 불일치를 개선하게 되었다.

KEYWORD 02 색 혼합

01 색채 혼합의 원리

1) 색채 혼합의 정의 및 개념

① 기본 정의

정의	색채 혼합이란 서로 다른 성질의 색이 섞이는 것으로, 두 개 이상의 색료나 잉크, 색광 등을 혼합하여 새로운 색을 만들어 내는 것
활용	컬러 TV의 화상, 사진, 인쇄물, 직물 등은 모두 이 혼색의 원리를 활용한 것

② 원색(Primary Colors)과 혼색

원색의 정의	• 어떠한 혼합으로도 만들어 낼 수 없는 독립된 기본색 • 더 이상 분해할 수 없으며, 다른 색을 섞어서 만들 수 없는 기초색(기본색, 기준색, 표준색) • 원색의 조합으로 무수히 많은 색을 만들어 낼 수 있음
2차색 (Secondary Colors)	원색과 원색을 혼합하여 만들어진 색으로, 중간색이라고도 함
혼색의 정의	두 가지 이상의 색광 또는 색료를 혼합하여 새로운 색을 만드는 과정

2) 혼색의 종류와 방법

① 물리적 혼색과 생리적 혼색

• 물리적 혼색(Physical Mixing)

정의	여러 종류의 색자극을 물리적으로 합성하여 스펙트럼이나 색료를 동일한 곳에 섞는 것
종류	빛의 혼색인 가법(가산)혼색과 색료의 혼색인 감법 혼색이 포함됨
예시	무대 조명, 스튜디오 조명(가산), 컬러 인쇄, 컬러 사진(감산)

• 생리적 혼색(Physiological Mixing)

정의	서로 다른 색자극을 공간적으로 인접시켜 우리 눈(망막)에서 혼색되어 보이게 하는 방법
종류	• 병치 혼색 : 색점을 나열하거나 직물의 직조에서 나타나는 현상 • 계시 혼색(순차적 혼색) : 회전판을 돌려 시간차를 두고 자극을 주는 현상
예시	점묘화법, 색팽이

② 혼색의 구현 방법

동시 혼색 (Simultaneous Mixing)	• 동시에 두 가지 이상의 스펙트럼이 망막의 동일한 부분에 자극되어 나타나는 색채 지각 • 말 그대로 동시에 색을 투사하여 혼합하는 것을 의미함
계시 혼색 (Successive Mixing)	동일한 지점에서 두 가지 이상의 색을 짧은 시간 동안 교대하면서 자극을 준 뒤, 시각적 잔상 효과를 통해 앞의 자극과 뒤의 자극이 혼색되도록 하는 방법
병치 혼색 (Juxtaposition Mixing)	• 많은 색의 점들을 조밀하게 배치하여, 멀리서 보았을 때 서로 혼합되어 보이도록 하는 방법 • 넓은 의미에서 가법 혼색의 일종으로 분류됨

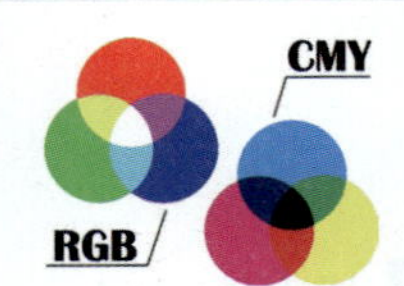

▲ RGB와 CMY

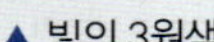

▲ 빛의 3원색

▲ 색료의 3원색

1) 가법 혼합의 원리 빈출 12회

① 정의

개념	두 종류 이상의 색광(빛)을 혼합하는 것으로, 혼합된 색의 명도가 혼합 이전의 평균 명도보다 높아지는 혼합
어원	빛의 양이 증가하기 때문에 명도가 높아진다는 뜻에서 '가법(Additive)'이나 '가산'이라는 단어를 사용

② 가법 혼합의 3원색(Primary Colors of Light)

- 3원색에는 빨강(Red), 초록(Green), 파랑(Blue)이 있다.
- 3가지 색광을 모두 합치면 백색광(White)이 된다.

2) 가법 혼합의 방법

동시 가법 혼색	무대 조명과 같이 2개 이상의 스펙트럼(색광)을 동시에 겹쳐서 투사하여 혼색하는 방법
계시 가법 혼색(순차 가법 혼색)	색광을 빠르게 교대하면서 시간차를 두고 혼색하는 방법
병치 가법 혼색	• 신인상파의 점묘화, 직물의 무늬, 모자이크, 옵아트 등이 여기에 속함 • 컬러 TV(브라운관)는 화면을 확대해 보면 RGB 착색 점들이 배열되어 빛을 내는 방식이므로 병치 가법 혼색의 대표적인 예시임

3) 가법 혼합의 결과 빈출 8회

① 혼색 결과 공식

- 빨강(Red)+초록(Green)=노랑(Yellow)이 된다.
- 초록(Green)+파랑(Blue)=시안(Cyan)이 된다.
- 파랑(Blue)+빨강(Red)=마젠타(Magenta)가 된다.

② 가법 혼색과 감법 혼색의 관계

- 가법 혼색의 2차색(C, M, Y)은 곧 감법 혼색(색료)의 3원색(1차색)이 된다.
- 반대로 감법 혼색의 2차색은 가법 혼색의 3원색이 된다.

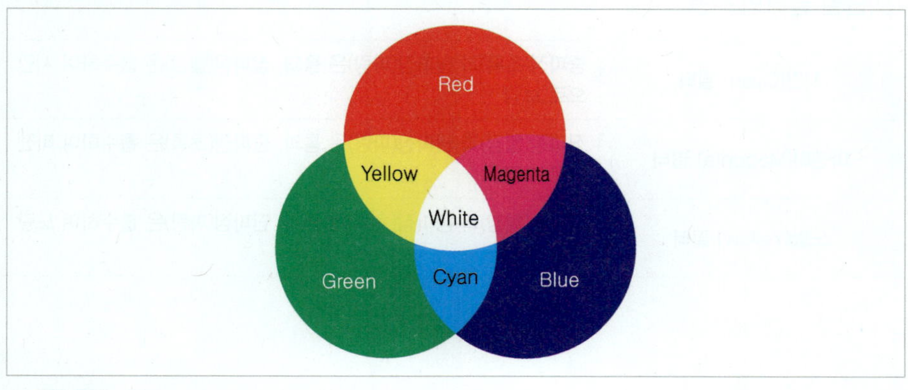

▲ 가법 혼색

선생님의 노하우

빛의 3원색을 섞었을 때 어떤 색(2차색)이 나오는지 묻는 문제는 매회 출제됩니다!

선생님의 노하우

빛의 혼합(RGB), 무조건 외우는 비법!

- R+G=Y(빨강+초록=노랑)
- G+B=C(초록+파랑=시안)
- B+R=M(파랑+빨강=마젠타)

빛은 섞을수록 밝아지고(가산), 다 섞으면 백색광(White)이 된다는 것이 가장 중요합니다!

1) 감법 혼합의 원리 빈출 6회

① 정의 및 특징

개념	혼합된 색의 명도나 채도가 혼합 이전의 평균 명도나 채도보다 낮아지는(어두워지는) 색료의 혼합을 말함
어원	두 종류 이상의 색을 혼색할 경우 순색의 강도가 약해지고(어두워짐), 반사되는 빛의 양이 줄어든다는 뜻에서 '감법(Subtractive)'이나 '감산'이라는 단어 사용
원리	색 필터의 혼합, 컬러 슬라이드, 아날로그 영화 필름, 색채 사진 등에 모두 이 원리가 적용됨

② 감법 혼합의 3원색(Primary Colors of Pigment)

- 3원색에는 시안(Cyan), 마젠타(Magenta), 노랑(Yellow)이 있다.
- 3가지 색료를 모두 혼합하면 이론적으로 검정(Black)에 가까운 색이 된다.

2) 감법 혼합의 활용 빈출 4회

① 인쇄 및 출판

CMYK	인쇄나 프린트는 색의 3원색인 C, M, Y 잉크에 검정(Black)을 추가하여 4도 인쇄를 함
검정 추가 이유	색료의 3원색만 섞었을 때는 완전한 검정이 나오지 않으며, 문자 인쇄의 가독성과 잉크 비용 절감 등을 위해 검정을 추가함

② 감법 혼합의 결과(색료의 혼합)

- 가법 혼합(빛)과 반대되는 결과를 나타낸다.
- 시안(Cyan)+마젠타(Magenta)=파랑(Blue)이 된다.
- 마젠타(Magenta)+노랑(Yellow)=빨강(Red)이 된다.
- 노랑(Yellow)+시안(Cyan)=초록(Green)이 된다.

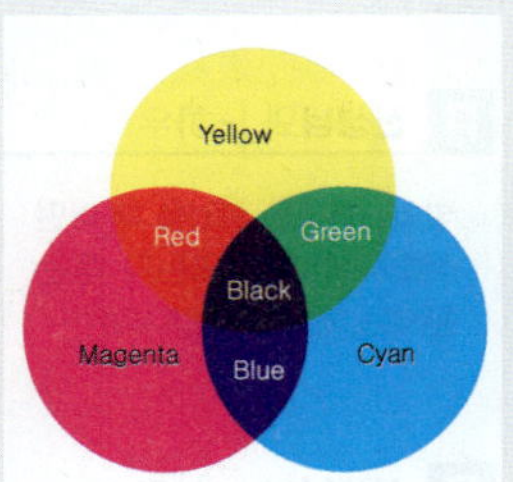

▲ 감법 혼색

3) 색필터(Color Filter) 실험 빈출 2회

백색광을 색필터에 통과시킬 경우, 필터는 자신의 색에 해당하는 파장은 통과시키고, 나머지(보색) 파장은 흡수하는 성질이 있다.

① 단일 필터의 작용

시안(Cyan) 필터	중파장(초록)과 단파장(파랑)은 통과, 장파장(빨강)은 흡수하여 시안으로 보임
마젠타(Magenta) 필터	장파장(빨강)과 단파장(파랑)은 통과, 중파장(초록)은 흡수하여 마젠타로 보임
노랑(Yellow) 필터	장파장(빨강)과 중파장(초록)은 통과, 단파장(파랑)은 흡수하여 노랑으로 보임

② 중첩 필터의 작용(교집합 원리)

두 개 이상의 필터를 겹치면 공통으로 통과하는 파장만 남고 나머지는 모두 흡수된다.

노랑(Y)+마젠타(M)=빨강(Red)	노랑 필터는 파랑(단파장) 흡수, 마젠타 필터는 초록(중파장) 흡수 → 공통인 장파장(빨강)만 통과
시안(C)+노랑(Y)=초록(Green)	시안 필터는 빨강(장파장) 흡수, 노랑 필터는 파랑(단파장) 흡수 → 공통인 중파장(초록)만 통과
마젠타(M)+시안(C)=파랑(Blue)	마젠타 필터는 초록(중파장) 흡수, 시안 필터는 빨강(장파장) 흡수 → 공통인 단파장(파랑)만 통과
Y+C+M=검정(Black)	세 필터가 단파장, 중파장, 장파장을 각각 모두 흡수하므로 통과하는 빛이 없어 검정이 됨

04 중간 혼색(Intermediate Mixing)

1) 정의 및 특징 빈출 6회

정의	두 색 또는 그 이상의 색이 섞였을 때, 실제로 섞이는 것이 아니라 눈의 착시 현상에 의해 혼합된 것처럼 보이는 것
특징	혼합된 색의 색상, 명도, 채도는 혼합 전 색들의 평균값(Average)이 됨

2) 종류

① 회전 혼색(Rotational Mixing) 빈출 13회

원리	동일 지점에서 두 가지 이상의 색자극을 빠르게 교대시키는 계시 혼합(Successive Mixing)의 원리(맥스웰의 회전판 실험이 대표적)
특징	• 색상, 명도, 채도가 모두 평균 혼합이 되어 중간색, 중간 명도, 중간 채도가 됨 • 보색 관계의 두 색을 회전 혼합하면 회색(무채색)이 됨 • 예 색팽이, 바람개비 등

② 병치 혼색(Juxtaposition Mixing) 빈출 12회

원리	두 개 이상의 색을 조밀하게 나열(병치)하여 일정 거리에서 보았을 때 망막 상에서 혼합되어 보이게 하는 방법(쇠라의 점묘화를 떠올려야 함)
조건	색점(면적)이 작을수록, 거리가 멀수록 혼색이 잘 일어남
활용	• 신인상파의 점묘화법(예 쇠라의 '그랑드 자트 섬의 일요일 오후') • 컬러 TV/모니터 : RGB 픽셀의 병치 • 직물(Textile) : 여러 색실이 교차하여 섞여 보이는 현상(베졸트 효과) • 컬러 인쇄 : CMYK의 미세한 망점들이 병치되어 다양한 색을 구현 • 모자이크 벽화

▲ 〈그랑드 자트 섬의 일요일 오후〉, 쇠라

05 기타 소재별 혼색 기법

1) 도료(Paint)

① 구성

안료(색)+전색제(결합제+용제)

② 혼색

- 결합제는 투명하므로 색은 안료에 의해 결정된다.
- 도막 표면에 안료 입자가 불규칙하게 배열되므로 감법 혼색과 병치 혼색(중간 혼색)이 혼재된 상태이다.

2) 인쇄 잉크

오프셋/볼록판	망점을 이용하므로 병치혼합의 원리를 이용
그라비어(오목판)	스크린을 이용해 판을 만들며, 잉크 두께 차이와 망점이 공존하므로 감법 혼합과 병치 혼합이 혼재됨

3) 섬유(Textile)

염색	염료가 섬유 내부에 침투하거나 화학 반응을 일으키는 것은 감법 혼색
직조	실을 엮을 때 다른 색의 실이 섞여 멀리서 하나의 색처럼 보이는 것은 섬유에 의한 병치 혼색

4) 플라스틱

투명 플라스틱	주로 염료계 색재를 사용하며 감법 혼색
불투명 플라스틱	플라스틱 자체가 산란성을 가지므로 도료와 마찬가지로 중간 혼색 원리가 적용됨

KEYWORD 03 색채 변화 판별

01 색상 및 색조의 변화 판별

1) 색 혼합(조색)에 따른 색채 3속성 변화

① 조색 실습의 도구 제한

산업 현장	도료(페인트) 사용이 원칙이나 시설 및 비용 문제로 교육 현장에서는 제한적
시험 및 교육	국가기술자격 실기시험에서는 포스터컬러(Poster Color) 사용을 표준으로 함
사용 색수	조색 평가는 전문가용 12색 포스터컬러로 제한하여 설명

② 색 혼합의 기본 원칙

- 권장 혼색 : 일반적으로 2색, 3색, 4색 혼합까지 허용한다.
- 혼색 금지 사항

| 5색 이상 혼합 | 채도가 급격히 낮아져 탁해지며(Muddy), 색상 보정 방향을 예측하기 어려움 |
| 단순 감광을 위한 보색 혼합 | 채도를 낮추는 목적 외에, 단순히 명도를 낮추기 위해 보색을 섞는 것은 색상 변이가 심해 권장하지 않음 |

③ 혼합 수에 따른 속성 변화

혼합 수	혼합 방법	색상	명도	채도
2	Wh+Bk	–	Wh가 많을수록 높아짐/Bk가 많을수록 낮아짐	–
	Wh+vv	–	높아짐	낮아짐
	Bk+vv	–	낮아짐	낮아짐
	vv+vv	중간 색상	평균 명도	낮아짐
3	Wh+vv+vv	중간 색상	높아짐	낮아짐
	Bk+vv+vv	중간 색상	낮아짐	낮아짐
	Wh+Bk+vv	–	혼색된 회색에 따라 변화	낮아짐
4	Wh+Bk+vv+vv	중간 색상	혼색된 회색에 따라 변화	낮아짐
5	Wh+Bk+vv+vv+vv	예측이 어려움	혼색된 회색에 따라 변화	낮아짐

※ 약어 : Wh(White/하양), Bk(Black/검정), vv(vivid/순색)

2) 포스터컬러 혼합 시 색상과 채도의 관계

① 채도와 색상 변화의 상관관계

- 육안 조색 시 채도 조절은 유채색에 무채색(Wh, Bk, Gy)을 섞어 수행한다.
- 초보자는 채도가 낮아질 때 색상(Hue)이 함께 이동하는 성질을 예측하지 못해 조색에 실패하는 경우가 많다.

② 주요 색상별 혼합 특성 및 주의사항

- 연두(Green Yellow) 조색

목표색	1GY~5GY(연두색)
주의	• 튜브의 'Light Green'은 채도 조절이 어렵고 인위적인 느낌이 날 수 있으므로 Lemon Yellow를 베이스로 사용하여 조색 • 선명한 연두(light/vivid) : Lemon Yellow + 소량의 Viridian (또는 Cyan) • 탁한 연두/올리브(dull/dark) : Lemon Yellow + Black
이유	Lemon Yellow는 육안으로는 노랑으로 보이지만, 차가운 성질(Cool Yellow)을 가지고 있어 검정(Black)과 섞였을 때 갈색이 아닌 '연두빛(Greenish)의 올리브색'으로 변하는 특성이 있음

- 빨강 계열(Red) 조색
  - Carmine과 Vermilion은 채도가 낮아질 때 색상 변화 폭이 크다.
  - 5RP~5R 구간에서 두 색의 발색 영역이 중첩되므로 혼동하기 쉽다.

- 기타 색상
  - Viridian, Yellow Deep 등은 인접 색상과 거리가 멀어 혼색 시 색상 변이로 인한 혼동이 적다.
  - Burnt Sienna는 태생적으로 색상 속성이 모호하여 12색 기준 이론 설명에서 제외한다.

3) CIE L*a*b*색공간

① 정의 및 특징
- 현재 산업계에서 오차 보정(CCM) 및 색채 관리에 가장 널리 사용되는 색공간이다.
- 인간의 시각과 거의 유사하게 색차를 수치화한 균등 색공간이다.

② 좌표값의 의미

L*(Lightness)	명도를 나타내며, 0(완전 검정)에서 100(완전 하양)까지 표기
a*(Red − Green 축)	• 빨강과 초록의 정도를 나타냄 • +a*쪽일수록 빨강(Red), −a* 쪽일수록 초록(Green) 성분이 강함
b*(Yellow − Blue 축)	• 노랑과 파랑의 정도를 나타냄 • +b* 쪽일수록 노랑(Yellow), −b*쪽일수록 파랑(Blue) 성분이 강함

02 색의 물리적, 화학적, 생리적 혼합

1) 색의 인문학적 분류
색채계획은 단일 관점이 아닌, 다음의 여러 접근법이 총체적으로 작용하여 이루어진다.

① 물리학적 방법(Physical Approach)
- 광원, 반사광, 투과광의 에너지 분포 양상과 자극 정도를 규명하는 방법이다.
- 색지각의 원인을 빛(Light)이라는 물리적 현상에서 찾는다.

② 생리학적 방법(Physiological Approach)
- 색 자극에 따르는 신경조직, 망막, 시신경, 홍채의 조직과 기능에 관한 연구이다.
- 눈에서 대뇌에 이르는 신경계통의 광·화학적 활동을 색채 연구와 접목하는 방법이다.

③ 화학적 방법(Chemical Approach)
- 물리적인 안료, 염료, 잉크의 화학적인 분석과 분자 구조를 연구한다.
- 색의 정착, 색료의 합성 방법과 성질에 따른 변화를 접목하는 방법이다.

④ 심리학적 방법(Psychological Approach)
- 색채가 인간에게 미치는 작용과 영향에 관한 연구이다.
- 개인의 주관적인 감정 작용, 과거의 경험에 의한 기억, 연상 작용에 대한 색채의 반응을 연구한다.

⑤ 심리물리학적 방법(Psychophysical Approach)
- 인간의 지각에 따르는 색지각, 색맹, 색 순응, 환경 요소를 연구한다.
- 색상, 명도, 채도의 3가지 기본적인 색채 반응과 빛의 물리량, 인간의 감각자극과 반응의 관계를 측색(Colorimetry)하는 방법이다.

⑥ 미학적 방법(Aesthetic Approach)
- 인간의 예술적 감성의 필수 요건인 주관적인 미적 감정이나 조형 활동을 다룬다.
- 색채의 미적 가치를 미학적으로 해석하는 방법이다.

03 색료의 성분 구성과 특성 차이

1) 색료의 3대 구성 요소
- 색료(Colorant)는 단순한 물감이 아니라 화학적 배합물이다.
- 제조사마다 이 배합비(Recipe)가 다르기 때문에 발색의 차이가 발생한다.

① 안료(Pigment)
- 물, 기름, 용제 등에 녹지 않는 미세한 색채 분말이다.
- 색료의 색상(Hue), 은폐력(Hiding Power), 내광성(Lightfastness)을 결정하는 가장 핵심적인 주성분이다.
- 전문가용 vs 학생용 : 안료의 함량(Pigment Loading)이 높을수록 고가이며 발색이 선명하다.

② 전색제(Vehicle, Binder)
- 안료 입자를 화면에 고착시키고 균일한 도막(Film)을 형성하게 하는 액상 성분이다.
- 기능 : 안료를 감싸서 산화를 방지하고 광택과 유동성을 부여한다.
- 분류 : 아라비아 고무(수채), 아크릴 에멀전(아크릴), 린시드유(유화) 등 전색제의 종류에 따라 물감의 장르가 결정된다.

③ 조제 및 용제(Additives & Solvent)
- 용제 : 점도를 조절하는 희석제이다(예 물, 테레핀유).
- 조제(첨가제)

계면활성제	안료와 전색제가 잘 섞이게 하는 분산제 역할
증량제(Extender)	체질 안료라고도 하며, 색에는 영향을 주지 않고 양을 늘리거나 광택 조절 (저가형 물감에 다량 포함됨)

2) 안료의 종류에 따른 특성(무기 안료 vs 유기 안료)
① 무기 안료(Inorganic Pigment)
- 기원 : 천연 광물(흙, 돌)이나 금속 산화물을 원료로 한다.
- 화학적 특성 : 화학적으로 매우 안정되어 있어 빛, 열, 산, 알칼리에 강하다.
- 시각적 특성 : 입자가 굵고 은폐력(불투명도)이 크며, 채도는 다소 낮아 차분한 느낌을 준다.

- 주요 색상 : 황토색(Ochre), 갈색(Umber, Sienna), 코발트(Cobalt), 카드뮴(Cadmium) 계열이 있다.

② 유기 안료(Organic Pigment)
- 기원 : 석탄, 석유 화학 반응을 통해 합성된 탄소 화합물이다(동식물성 천연 안료도 포함되나 현대에는 대부분 합성임).
- 화학적 특성 : 무기 안료에 비해 내광성, 내열성이 약해 장기 보존 시 변색 우려가 있다.
- 시각적 특성 : 입자가 곱고 투명도가 높으며, 채도(선명도)와 착색력이 매우 우수하다.
- 주요 색상 : 아조(Azo), 프탈로시아닌(Phthalocyanine), 퀴나크리돈(Quinacridone) 계열이 있다.

③ 핵심 비교 정리표

비교 항목	무기 안료(Inorganic)	유기 안료(Organic)	비고
주원료	광물, 금속(Fe, Co, Cd 등)	탄소 화합물(C, H, O, N)	
채도(선명도)	낮음	높음	
은폐력	큼(불투명)	작음(투명)	
착색력	작음	큼	
내광성/내후성	우수함	다소 약함	보존성 차이
비중(무게)	무거움	가벼움	

3) 제조사별 발색 차이의 기술적 원인

동일한 색명(예 Cobalt Blue)이라도 A사와 B사의 색이 다른 이유는 다음과 같은 공정상의 차이 때문이다.

① 안료 입자의 분산도(Dispersion)
- 안료 입자를 얼마나 곱게 갈았느냐(Grinding)에 따라 채도와 투명도가 달라진다.
- 입자가 작을수록 빛의 산란이 줄어들어 색이 맑고 선명해진다.

② 안료와 체질 안료(증량제)의 비율

전문가용	순수 안료 비율이 높아 소량으로도 발색이 강력
저가형/학생용	• 가격을 낮추기 위해 탄산칼슘, 바륨 등의 증량제(Filler)를 많이 섞음 • 이는 건조 후 색이 뿌옇게 변하는(백탁 현상) 주원인이 됨

③ 조건등색(Metamerism) 발생 위험
- 제조사마다 목표 색상을 구현하기 위해 섞는 안료의 분광 반사율 곡선(Spectral Curve)이 다르다.
- 서로 다른 브랜드의 물감을 혼용하면 특정 조명에서는 색이 맞아도, 조명이 바뀌면 색차가 크게 벌어지는 조건등색 현상이 심화된다.

01 육안 검색의 개요 및 표기 방법

1) 육안 검색(Visual Inspection) 빈출 4회

① 정의

기계가 아닌 사람의 눈으로 시료의 색을 직접 보고 판정하는 주관적인 검사법이다.

② 방법

- 먼셀이나 NCS 등의 표준색표집(Color Atlas)에서 시료와 가장 가까운 색좌표를 찾아 수치로 표기하는 방법과 조색된 샘플을 직접 비교하는 방법이 있다.
- 표준 광원과 표준 환경 하에서 기준색(Reference)과 시료색(Sample)을 직접 비교하는 방법이다.

③ 핵심 변수

- 색채 판정에 가장 큰 영향을 미치는 것은 광원의 연색지수이다.
- 어떤 광원 아래서 보느냐가 가장 중요하다.

④ 주의

고채도의 색일수록 색 순응이나 잔상 효과가 크므로 검색 조건이 더욱 엄격해진다.

2) 육안 검색 후 필수 표기 사항 빈출 4회

육안 검사 결과 보고서에는 다음의 조건을 반드시 명시해야 신뢰성을 인정받는다.

광원 정보	광원의 종류(백열등, 형광등, LED), 광원 색온도(6500K, D65 등)
작업 환경	작업면 조도(1000lx, 2000lx 등), 조명 환경 배경색(N5, N7 등)
측정 방식	색채 측정 방식, 각도(0/d, 45/0 등), 표준 관측자 시야각
기타	시료의 재질, 광택 유무, 특이사항 등

02 육안 검색의 표준 및 조건(KS A 0065) 빈출 59회

1) 육안 검색의 표준 및 조건(KS A 0065)

구분	세부 기준 및 내용
측정 광원	• 기준 광원 : CIE 표준광 D65를 기준으로 함 • 조도(Illuminance) 　– 원칙 : 1,000~4,000lx 사이로 함(인간의 원추세포가 100cd/m² 이상에서 정상 활동하므로 최소 1,000lx 필요) 　– 어두운 색(먼셀 명도 3 이하) : 4,000lx에 가까울수록 좋음 　– 자연 주광 : 적어도 2,000lx 이상의 조도가 되어야 함 • 균제도 : 조명의 균일한 정도는 0.8(80%) 이상이 바람직함 • 관찰 시야 : CIE 1931 표준 관측자 2° 시야로 규정 • 기타 광원 : CIE 표준광에는 A, D65가 있고, 주광(D50, D55, D75) 및 기타 광(B, F8) 등이 있음

측정 각도 (기하학적 조건)	• 각도 설정 　– 광원을 0°로 설정 시 측정각을 45~90°로 설정 　– 90°일 경우 관찰하는 물체의 표면이 45°가 되도록 함 • 배열 : 물체색(관찰색)은 눈에서 일정한 거리(500mm)를 유지하고, 비교하는 색은 동일 평면에 놓아 인접하게 배열
측정 환경	• 외부 빛 차단 : 직사광선을 피하고, 색이 있는 커튼이나 유리창의 투과색 사용을 엄격히 금지 • 배경색(무채색) : 환경색의 영향을 받지 않아야 함 　– 검사대(작업면) : N5(중간 회색) 　– 주변 환경 : N7(밝은 회색) • 작업면 크기 : 최소 300~400mm 이상 필요함 • 자연광 이용 시간 : 일출 3시간 후부터 일몰 3시간 전까지, 직사광선을 피한 북쪽 하늘의 주광(North Sky Daylight)을 사용, 또는 남반구의 약간 흐린 남쪽 하늘에서 오는 자연광을 사용 • 복장 : 의복 및 마스크 색상은 검정, 회색, 하양의 무채색이 바람직함
관찰자 조건	• 안경 : 착용 시 색이 없는 무색 투명 렌즈만 사용 • 신체 조건 : 색약 및 색맹이 없는 정상 색각자여야 함 • 권장 사항 : 수정체 혼탁(백내장 등)이 없는 젊은 연령의 관찰자나, 색 비교에 숙련된 관찰자를 추천함
주의 사항 (순서 및 휴식)	• 복장 금기 : 관찰자는 선명한 색(유채색)의 옷 착용 금지 • 눈의 피로 관리 　– 여러 색 측색 시 계속 검사를 자제하고 휴식을 취함 　– 검사 전 몇 분간 무채색에 눈을 순응시킴 • 검사 순서(중요) : 높은 채도(선명한 색) 검사 후 낮은 채도(연한 색) 검사를 자제함(눈의 피로로 인해 색 감각이 둔해짐) • 잔상 제거 : 강한 색을 검사한 후에는 R, G, B 감도 밸런스 유지를 위해 회색을 응시하거나 눈을 감아 잔상이 사라질 때까지 기다림
참고 사항 (부스 및 시편)	• 표기 : 시감 측색의 표기는 KS(한국산업표준)의 먼셀 기호로 표시 • 색 관측함(Booth) 조건 　– 기본 내벽 : 무광택, 명도 L*=50(N4~N5 정도)의 무채색 회색이 적합함 　– 밝은 색 비교 시 : 휘도 대비 최소화를 위해 명도 L*=65(N6) 또는 그 이상의 무채색 배경 사용 　– 어두운 색 비교 시 : 명도 L*=25의 무광택 검정 배경 사용 • 시편 크기 및 마스크 　– 두 색편의 크기는 2×2inch 이상으로 함 　– 시편이 작을 경우 마스크(Mask)를 만들어 가리며, 마스크 색상은 관측함 내벽색(L*=50)과 일치시킴 • 비교 테크닉 : 정밀도 향상을 위해 시료색의 좌우 위치를 바꿔가며 비교

2) 관찰거리와 마스크 관측창의 크기

2° 시야각		10° 시야각	
관찰 거리(cm)	관측창 치수(cm)	관찰 거리(cm)	관측창 치수(cm)
30cm	1.1×1.1	30cm	5.4×5.4
50cm	1.8×1.8	50cm	8.7×8.7
70cm	2.5×2.5	70cm	12.3×12.3
90cm	3.2×3.2	90cm	15.8×15.8

⓪③ 인공 주광 D50을 이용한 색 비교(인쇄/그래픽 분야) 빈출 8회

일반적인 산업 현장(도료, 섬유)에서는 D65를 표준으로 하나, 인쇄물과 사진 분야에서는 종이의 누런끼와 잉크 특성을 고려하여 D50광원을 표준으로 채택한다.

1) 적용 범위 및 광원 조건

① 사용 용도

- 인쇄물, 사진 등의 표면색을 비교 평가하는 경우 특화되어 사용한다.
- 일반적인 물체색 측정(D65)과는 구별되는 특수 조건이다.

② 상용광원 D50의 성능 기준

- 주광 D50과 상대 분광 분포가 근사한 '상용광원'을 사용할 때, 다음의 엄격한 수치 기준을 만족해야 한다.
- 가시부 조건 등색지수(Visible Range Metamerism Index) : 가시광선 영역에서의 등색지수 등급이 B 등급 이상이어야 한다. 시뮬레이션 된 광원이 실제 D50의 스펙트럼과 상당히 유사해야 함을 의미한다.
- 연색 평가수(Color Rendering Index, CRI) : 색을 얼마나 자연스럽게 보여주는가를 나타내는 지표로, 기준이 매우 높다.

평균 연색 평가수	95 이상이어야 함(거의 완벽한 빛이어야 함)
특수 연색 평가수	특정 채도 색상에 대한 지수로, 85 이상이어야 함

③ 형광(Fluorescence) 관련 예외 조항

비교하려는 시료(종이, 잉크 등)가 자외선(UV)에 반응하여 빛을 내는 '형광 성분'을 포함하지 않는 경우에는 상용광원의 자외부(UV) 형광 조건 등 등색지수 MIuv의 성능 기준은 충족하지 않아도 무방하다.

---

04 색차 계산법

1) 색차의 정의 및 원리

① 색차의 개념
- 색 공간(Color Space)에 위치하는 두 색(목표색과 시료색) 간의 기하학적 거리(Distance)로 표현한다.
- **표기** : ΔE^*로 표시한다.
- 거리와 색차의 관계 : 거리가 가까울수록 색차가 작고, 거리가 멀수록 색차가 크다.

② 측정 및 계산 방법(KS M ISO 7724-3)
- 측정 순서 : 분광측색계로 목표색(Target)을 먼저 측색한 후, 시료색(Sample)을 측색하여 비교한다.
- **계산 기준** : CIE L*a*b*(1976) 색 공간에서 두 색 위치 간의 직선 거리를 계산한다.

2) 색채 품질 관리(QC)의 활용

① 합격 여부 판정
- 산업 현장에서는 산출된 ΔE^*값을 기준으로 합격과 불합격을 구분한다.
- 허용된 오차 범위 이내이면 합격, 벗어나면 불합격으로 판정한다.

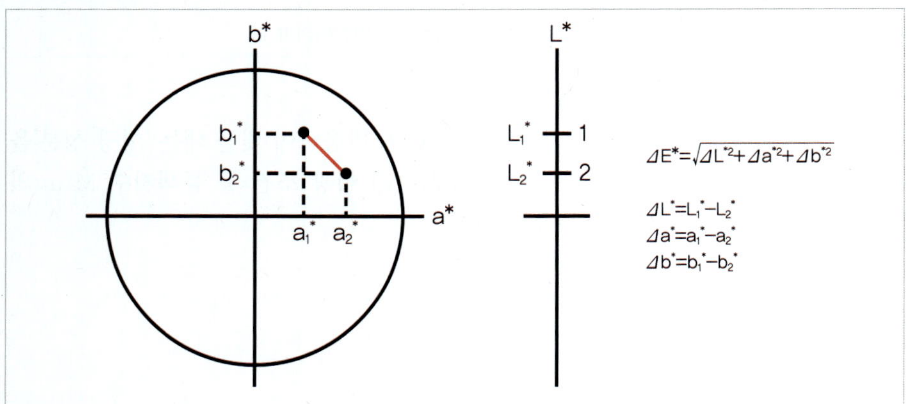

$$\Delta E^* = \sqrt{\Delta L^{*2} + \Delta a^{*2} + \Delta b^{*2}}$$

$$\Delta L^* = L_1^* - L_2^*$$
$$\Delta a^* = a_1^* - a_2^*$$
$$\Delta b^* = b_1^* - b_2^*$$

▲ CIE L*a*b* 색차계산

05 색차 판정의 허용 범위와 국제 규격

1) 색차 허용 한계(Tolerance)와 JND

① JND(Just Noticeable Difference, 최소 식별 한계)
- 색을 구별할 수 있는 최소한의 시각적 차이를 의미한다.
- **임계점** : 일반적으로 $\Delta E^* = 1.0$을 기준으로 한다. ΔE^* 값이 1을 넘으면 일반인도 두 색의 차이를 인지하기 시작한다.
- 산업계 적용 : 정밀한 색채관리가 필요한 경우(자동차, 가전 등)는 ΔE^* 0.5 수준의 엄격한 기준을 적용한다.

② 허용 오차(Tolerance)의 설정

- 단일 수치(ΔE^*)로만 관리하면 색상(Hue), 명도(Lightness), 채도(Chroma) 중 어느 속성이 틀어졌는지 알 수 없는 단점이 있다.
- 최근에는 단순한 숫자 관리보다 타원형(Ellipsoid) 허용 범위를 적용하여, 인간의 눈이 민감한 색상 방향의 오차를 더 엄격하게 관리하는 추세다.
- NIST의 색차 구분

색차(ΔE*)	색감 차이
0~0.5	Trace(미약)
0.5~1.5	Slight(근소)
1.5~3.0	Noticeable(눈에 띔)
3.0~6.0	Appreciable(상당)
6.0~12.0	Much(많음)
12.0 이상	Very much(매우 많음)

2) 국제 색차 식의 발달 과정과 특징

시험에서는 각 색차 식의 '모양(구형 vs 타원형)'과 '개발 목적'을 묻는 문제가 반드시 출제된다.

① CIE L*a*b*(1976) – 기하학적 거리

정의	CIE 1976 색 공간 내의 단순한 직선거리를 색차로 정의함
형태	색차의 허용 범위가 모든 방향으로 일정한 구(Sphere) 형태를 함
한계	인간의 눈은 색상별로 민감도가 다른데(맥아덤의 타원), 이를 반영하지 못하고 일률적으로 계산하여 시각적 오차가 큼

② CMC(l:c)(1984) – 섬유 산업 표준

개발	영국 염색학회(SDC)에서 섬유(Textile) 산업의 색차 관리를 위해 개발('섬유'는 무조건 CMC)
특징	인간의 눈이 명도(Lightness)보다 채도(Chroma) 변화에 더 민감하다는 점을 반영하여 타원(Ellipsoid) 형태의 허용 범위를 가짐
파라미터 조절 (l:c 비율)	명도(l)와 채도(c)의 허용 비율을 조절할 수 있음 – 2:1(Default) : 섬유 산업 표준으로, 명도(l)의 허용 폭을 채도(c)보다 2배 넓게 인정해 줌 – 1:1 : 플라스틱 등 엄격한 기준이 필요할 때 사용

③ CIE94(1994) – 도료 및 안료 산업

- CMC식을 기반으로 CIE에서 공식 표준화한 식이다.
- 주로 페인트, 도료 산업계의 요청으로 수립되었으며 계산식을 단순화했다.

④ CIEDE2000 – 현존 최상의 표준

특징	기존 식들의 문제점(특히 파랑 영역에서의 색상 왜곡)을 보정한 가장 정밀하고 복잡한 수식
개선점	• 명도, 채도, 색상의 상호작용을 완벽하게 반영 • 회전항 도입 : 파랑(Blue) 영역에서 타원의 축이 틀어지는 현상까지 수학적으로 보정

3) 주요 색차 식 비교 요약표

구분	발표 연도	허용 범위 형태	주요 적용 분야	핵심 특징
CIE L*a*b*	1976	구(Sphere)	일반 산업 전반	계산 단순, 시각적 불균일
CMC(l:c)	1984	타원(Ellipsoid)	섬유, 직물(Textile)	명도(l)와 채도(c) 비율 조절(2:1)
CIE94	1994	타원(Ellipsoid)	도료, 페인트	CMC의 CIE 표준화 버전
CIEDE2000	2000	변형된 타원	최신 정밀 산업	가장 정확함, 회전항 적용

06 색채와 조명

1) 광원의 이해

① 광원(Light Source)의 정의
• 스스로 빛을 발하는 물체의 총칭이며, 크게 자연광원(태양)과 인공광원(전등)으로 구분된다.
• 분광 분포(SPD)의 중요성 : 조명의 분광 분포(파장별 에너지 세기)에 따라 물체에서 반사되는 빛의 성분이 달라진다. 즉, 같은 물체라도 조명이 다르면 색이 다르게 보인다.

② 광색과 연색성

광색	• 파장의 구성 비율에 따라 광원의 색이 결정됨 • 3원색(R, G, B)이 균일하게 섞이면 백색광이 되고, 비율이 깨지면 특정 색상을 띰
연색성	조명이 물체의 색을 얼마나 자연스럽게(태양광처럼) 보여주는가를 나타내는 성질

2) 표준 광원 및 램프의 종류와 특징

① 자연 광원(Natural Light Source) 빈출 2회
• 가장 대표적인 광원은 태양(Sun)이다.
• 태양광의 에너지 분포

가시광선	50%
적외선(열선, 장파장)	45%(태양빛이 따뜻한 이유)
자외선(단파장)	5%(살균 작용 및 변퇴색의 원인)

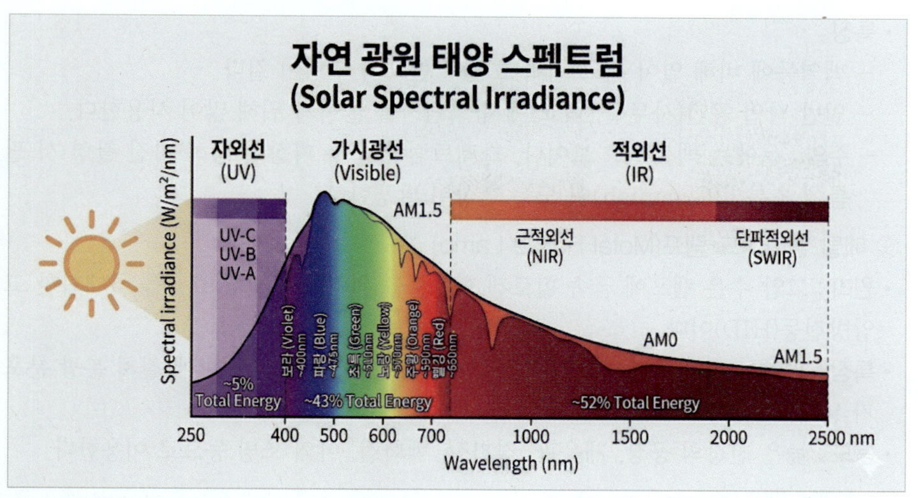

▲ 자연 광원 태양 스펙트럼

② 백열등(Incandescent Lamp)

• 원리 : 진공 유리구 안의 텅스텐 필라멘트를 가열하여 빛을 내는 열방사 광원이다 (에디슨 개발).

• 특징

색온도	2,800K~3,000K(따뜻한 오렌지빛)
파장 특성	적외선 영역에 가까운 장파장(붉은색) 성분이 많음
장점	연색성이 매우 우수하고 점등이 즉각적임
단점	에너지의 대부분이 열로 손실되어 전력 효율이 매우 낮고 수명이 짧음 빈출 2회

▲ 백열등

• 용도 : 가정용, 분위기 연출용(따뜻한 느낌)으로 사용하며 디자인에 따라 주광색 전구, 색전구 등이 있다.

③ 할로겐 전구(Tungsten Halogen Lamp)

• 원리 : 백열전구의 개량형. 유리구 안에 질소, 브롬(Br) 등의 할로겐 가스를 주입하여 텅스텐의 증발을 억제한다(할로겐 사이클).

• 특징
  - 백열등보다 수명이 길고 더 밝으며, 흑화 현상(유리구가 검게 변함)이 없다.
  - 연색성이 매우 좋아 물체색을 선명하게 보여준다. 빈출 2회

▲ 할로겐 전구

• 용도 : 상업 공간의 전시 조명(Spotlight), 인테리어 강조 조명 등으로 사용된다.

④ 형광등(Fluorescent Lamp) 빈출 2회

• 원리 : 저압 수은 방전으로 발생한 자외선이 유리관 내부의 형광 물질과 반응하여 가시광선으로 변환되는 방식이다.

• 삼파장 형광등 : 빛의 3원색(R, G, B) 파장 대역을 강화하여 기존 형광등의 단점(푸르딩딩함)을 보완하고 백색도와 연색성을 높인 제품이다.

- **특징**
  - 백열등에 비해 열이 적고 전력 효율이 높으며 수명이 길다.
  - 일반 작업 공간(사무실, 학교)에서 그림자를 줄이기 위해 많이 사용한다.
  - 주의 : 눈에는 백색으로 보이나, 스펙트럼상 초록 파장이 강해 사진 촬영 시 필름에 초록빛(Greenish)이 도는 현상이 발생한다.

⑤ **메탈 할라이드 램프(Metal Halide Lamp)** 빈출 2회
- **원리** : 고압 수은 램프에 금속 할로겐 화합물을 첨가하여 발광 효율을 극대화한 고압방전등(HID)이다.
- **특징** : 광량이 매우 풍부하고 연색성이 우수하며, 가시광선 전반에 걸쳐 분광 분포가 넓다.
- **용도** : 높은 천장의 공장, 체육관, 경기장, 백화점, 야외 조명 등으로 이용한다.

⑥ **크세논 램프(Xenon Lamp)**
- **특징** : 인공 광원 중 태양광(자연광)과 가장 유사한 분광 분포를 가지며, 전기적인 가스 방전의 방식으로 빛을 내는 광원이다.
- **용도** : 형광성이 있는 색채 조색 시 분광 분포가 유사하여 크세논 램프로 조명하여 측정한다. 빈출 2회

⑦ **LED(Light Emitting Diode, 발광다이오드)**
- **원리** : '발광다이오드'라고도 하며, 갈륨비소(GaAs) 등의 화합물 반도체에 전압을 가해 빛을 내는 방식이다.
- **특징** : 자외선(UV)과 적외선(열) 방출이 거의 없어, 박물관이나 미술관의 빛에 민감한 문화재나 예술 작품 보호에 최적이다.
- **장점** : 에너지 효율이 높고(절전), 수명이 길며, 수은 등 환경오염 물질을 배출하지 않는다.
- **단점** : 초기 생산 원가가 비싸고, 반도체 특성상 고열에 취약하여 방열 설계가 필요하다.
- **용도** : 디스플레이 소자, 도로 조명, 대형 전광판, 신호등 등으로 이용한다.

⑧ **고압방전등(HID : High Intensity Discharge)** 빈출 4회
- **정의** : 고압의 증기압 내에서 방전하여 빛을 내는 램프의 총칭이다.
- **종류** : 고압수은등, 메탈할라이드등, 고압나트륨등이 여기에 속한다.
- **특징**
  - 전력 효율이 매우 높고 광량이 풍부하다(고출력).
  - 배광(빛의 분포) 제어가 비교적 용이하다.
- **용도** : 천장이 높은 경기장(체육관), 공장, 건물 외벽 경관 조명, 분수 조명 등에 주로 사용된다.

▲ 메탈 할라이드 램프

▲ 크세논 램프

▲ 경기장 LED 스크린

⑨ 저압방전등의 색온도별 활용

형광등과 같은 저압방전등은 색온도(Kelvin)에 따라 분위기가 달라지므로 장소에
맞는 선택이 중요하다.

주광색 (Daylight Color, 약 6,500K)	• 푸른빛이 도는 흰색으로 실제 대낮의 빛과 유사함 • 예 정확한 색 확인이 필요한 상점, 의류 매장, 집중력이 필요한 사무실
온백색 (Warm White, 약 3,000K)	• 붉은빛이 도는 노란색으로 따뜻하고 안락한 느낌을 줌 • 예 고급 매장, 호텔 로비, 세미나실, 카페, 침실 등 휴식 공간

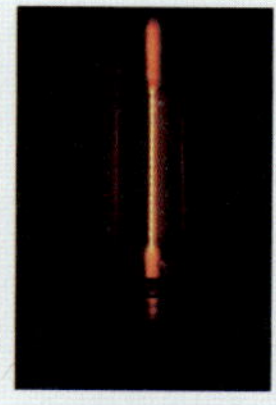
▲ 저압방전등

⑩ OLED(Organic Light Emitting Diode, 유기발광다이오드) 빈출 6회

최근 디스플레이 시장의 핵심 기술로 기사/산업기사 시험에 매우 자주 출제된다.

정의	형광성 유기 화합물에 전류를 흘려 스스로 빛을 내는 자체 발광(Self-Emitting)현상을 이용한 광원
핵심 특징 (LCD와 비교)	• 백라이트(Backlight) 부재 : 스스로 빛을 내므로 LCD처럼 뒤에서 빛을 비춰주는 백라이트 유닛(BLU)이 필요 없음, 따라서 두께가 매우 얇고 가벼움 • 플렉서블(Flexible) : 휘거나 구부리는 디스플레이 구현이 가능 • 시야각 및 응답속도 : 시야각이 매우 넓어 옆에서 봐도 색 왜곡이 없으며, 응답속도가 빨라 동영상 재생 시 잔상(After Image)이 거의 남지 않음
색 구현 원리	가법 혼색(Additive Color Mixing)의 원리가 적용되어 R,G,B 화소의 조합으로 색 구현

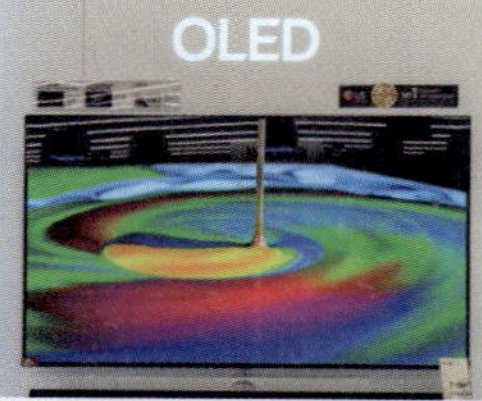
▲ OLED

F 선생님의 노하우

백열등 vs 형광등
• **백열등** : 열 많이 남, 전기 많이 먹음, 근데 색은 예쁨 (연색성 좋음)
• **형광등** : 시원함, 전기 적게 먹음, 근데 사진 찍으면 초록으로 보임

3) CIE 표준광(Standard Illuminant)의 이해

① 표준광(Illuminant)과 광원(Source)의 차이

시험에서 이 두 용어의 정의를 묻는 문제가 종종 출제되므로 명확히 구분해야 한다.

광원 (Light Source)	백열전구, 태양, 형광등처럼 실제로 빛을 발하는 물리적인 발광체를 의미함
표준광 (Standard Illuminant)	• 물리적인 램프가 아니라, CIE(국제조명위원회)가 규정한 분광 분포 데이터(Data) 그 자체를 말함 • 특징 : 이론적인 스펙트럼 데이터이므로, 실제 광원과 완벽하게 일치하지 않을 수 있음

② CIE 표준광의 종류 및 특징

• CIE는 1931년 A, B, C를 제정했고, 이후 자외선 영역의 불일치를 보완하여 D 시리즈를 추가했다.
• 각 기호가 의미하는 색온도와 용도를 짝지어 암기해야 한다.
• 표준광원 A(Illuminant A) – 백열등 빈출 12회

정의	상관 색온도 약 2,856K가 되도록 한 가스충전 텅스텐 전구의 빛
용도	백열전구로 조명되는 물체색을 표시할 때 기준이 되며, 완전 방사체(Black Body)의 분광 분포와 거의 일치함
특징	장파장(붉은색) 성분이 많고 단파장(푸른색) 성분이 적어 따뜻한 느낌을 줌

• 표준광원 B(Illuminant B) – 직사 태양광(폐기됨)

정의	상관 색온도 약 4,874K의 빛
용도	• 일반적인 텅스텐 램프에 데이비스–깁슨 필터를 걸어서 재현이 가능함 • 정오의 직사 태양광을 의미했으나, 현재는 거의 사용되지 않고 폐기되거나 D50으로 대체되었음

• 표준광원 C(Illuminant C) – 북창 주광

정의	상관 색온도 약 6,774K의 빛
용도	• 일반적인 텅스텐 램프에 데이비드=깁슨 B 필터를 걸어서 재현이 가능함 • 북위 40도 지역에서 흐린 날 오후 2시경 북쪽 창문을 통해 들어오는 자연스러운 주광(Daylight)을 대표
한계	• 가시광선 영역은 태양광과 유사하나, 자외선(UV) 영역이 실제 태양광보다 부족하다는 단점이 있어 형광색채를 관측하기에는 문제가 있음 • 현재는 D65가 주광의 표준으로 더 많이 쓰임

• 표준광 D65(Illuminant D65) – 합성 주광(현재 표준)

정의	표준광 C의 자외선 결함을 보완하여, 실제 주광(Daylight)의 분광 분포와 일치시킨 상관 색온도 약 6,500K의 빛
용도	• 현재 산업계에서 물체색 측정의 기준이 되는 가장 일반적인 표준광 • 형광색료의 측정에 적합하도록 자외선 대역의 분광분포도 충분히 포함하고 있음

• 기타 D 시리즈

D50(5,000K)	인쇄 및 그래픽 디자인 표준
D55(5,500K)	사진 촬영 표준
D75(7,500K)	북쪽 하늘의 푸른 청공광

③ CIE 표준광 핵심 비교표

기호	색온도(K)	대표 광원 및 의미	핵심 키워드(시험 출제 포인트)
A	2,856K	텅스텐 백열전구	실내 조명, 붉은색, 텅스텐
B	4,874K	직사 태양광	(현재 거의 출제되지 않음)
C	6,774K	북쪽 창문 주광(흐린 날)	UV 부족, 과거의 표준
D50	5,000K	따뜻한 주광	인쇄, 그래픽 표준
D65	6,500K	평균 주광(Average Daylight)	산업 표준, 물체색 측정 기준

07 조명 방식과 색온도의 이해

1) 조명 방식(Lighting Methods)

조명 방식은 광원에서 나온 빛이 작업면에 도달하는 경로(직접/간접)에 따라 분류된다.

① 직접 조명(Direct Lighting) _{빈출 2회}

원리	반사갓 등을 사용하여 광원의 빛을 모아 빛의 90% 이상이 작업면에 직접 조사되는 방식
장점	조명율(효율)이 가장 높고 경제적
단점	• 강한 빛으로 인해 눈부심(Glare)이 발생하기 쉬움 • 조도 분포가 불균일하고 짙은 그림자(Shadow)가 생김

② 반직접 조명(Semi-direct Lighting) _{빈출 7회}

원리	반투명 유리나 플라스틱 커버를 사용하여, 빛의 60~90%는 아래(작업면)로, 나머지 (10~40%)는 천장이나 벽으로 향하게 하는 방식
특징	• 직접 조명보다 부드러우나 여전히 약간의 그림자와 눈부심이 발생함 • 일반 가정용 등기구의 대부분이 여기에 속함

③ 전반 확산 조명(General Diffuse Lighting)

원리	유백색 유리나 아크릴 등 확산성 덮개(Globe)를 사용하여 빛이 모든 방향(40~60%)으로 은은하게 퍼지도록 하는 방식
장점	직접광과 반사광이 적절히 섞여 그림자가 부드럽고, 눈부심이 거의 없으며 공간에 입체감을 줌

④ 반간접 조명(Semi-indirect Lighting) _{빈출 2회}

원리	반직접 조명과 반대로, 빛의 10~40%만 아래로 향하고 나머지(60~90%)는 천장이나 벽으로 반사시키는 방식
특징	그림자가 매우 부드럽고 눈부심이 적어 안락한 분위기를 줌

⑤ 간접 조명(Indirect Lighting) _{빈출 6회}

원리	빛의 90% 이상을 천장이나 벽에 부딪혀 확산된 반사광으로 이용하는 방식
장점	• 눈부심이 전혀 없고 그림자가 없어 매우 차분하고 온화한 분위기를 연출할 수 있음 • 예 호텔, 병원 등
단점	조명 효율이 가장 낮고(어둡고), 설비비가 비싸며 먼지 관리가 어려움

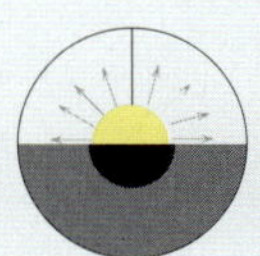
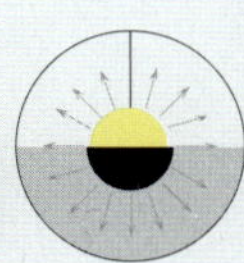
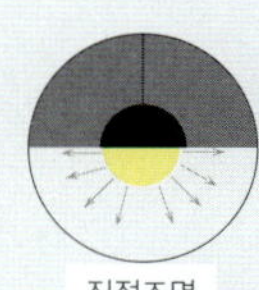
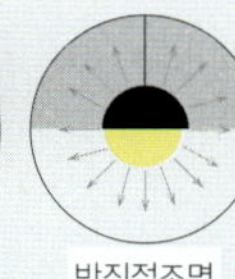

▲ 조명 방식의 종류

선생님의 노하우

글레어(Glare) 잡는 법

• 글레어(Glare) _{빈출 2회} : 시야 내에 고휘도의 광원이 있어 불쾌감이나 시각 저하를 일으키는 '눈부심' 현상을 말합니다.
• 해결책 : 직접 조명보다는 간접 조명이나 전반 확산 조명을 사용하고, 광원에 갓(Louver)을 씌워 눈에 직접 빛이 들어오지 않게 해야 합니다.

2) 색채와 조명과의 관계

조명의 물리적 특성, 특히 색온도와 연색성은 물체의 색을 결정짓는 핵심 요소이다.

① 색온도(Color Temperature) 빈출 11회

정의	광원의 빛깔(색상)을 온도로 나타낸 수치
공식	단위는 절대온도 K(Kelvin, 켈빈) 사용
원리(흑체 복사)	K=섭씨온도(℃)+273.15(즉, −273.15℃가 절대온도 0)

- 색온도는 실제 온도가 아닌, 이상적인 완전 흡수체인 흑체(Black Body)를 가열했을 때 방출되는 빛의 색을 기준으로 한다.
- 흑체는 에너지를 반사 없이 모두 흡수하며, 포화 상태가 되면 전자파를 방사한다.

② 온도 변화에 따른 색상 변화

흑체의 온도가 상승함에 따라 빛의 색은 다음과 같이 변한다.

저온	붉은색(Red)
중온	노란색(Yellow)
고온	푸른색(Blue)

③ 상관 색온도(Correlated Color Temperature)

- 상관 색온도의 구분

색온도	흑체, 백열등처럼 열복사(Heat)에 의해 빛을 내는 광원에 사용함
상관 색온도	형광등, LED처럼 열복사가 아닌 방전(Discharge) 방식으로 빛을 내는 광원의 색을 가장 유사한 흑체 궤적상의 온도로 표기한 것

- 흑체 궤적 : 국제조명위원회(CIE)에서 흑체의 각 온도별 색도 좌표를 연결한 곡선을 말한다.
- 권장 색온도 빈출 2회

정확한 색 평가	5,000K~6,500K(D50, D65)
그래픽/인쇄물 평가	5,000K~5,500K(D50), 연색지수 90 이상 권장(청색/황색 기미 최소화)

④ 자연광과 인공광의 색온도 비교

'주광색' 형광등은 주황색이 아니라 대낮의 빛(Daylight) 색이라는 뜻으로 가장 밝고 환한(푸르스름한) 색이다.

• 주요 광원별 색온도 및 광원색 표 ^{빈출 8회}

자연 광원			인공 광원		
광원 구분	색온도	광원색	광원 구분	색온도	광원색
태양(일출, 일몰)	2,000K	적색	촛불	2,000K	적색
태양(정오)	5,000K	백색	백열등	3,000K	전구색
맑고 깨끗한 하늘	12,000K	주광색	주광색 형광등	6,500K	주광색
약간 구름 낀 하늘	8,000K	주광색	백색 형광등	4,500K	백색
얇고 고르게 구름 낀 하늘	6,500K	주광색	온백색 형광등	3,000K	온백색

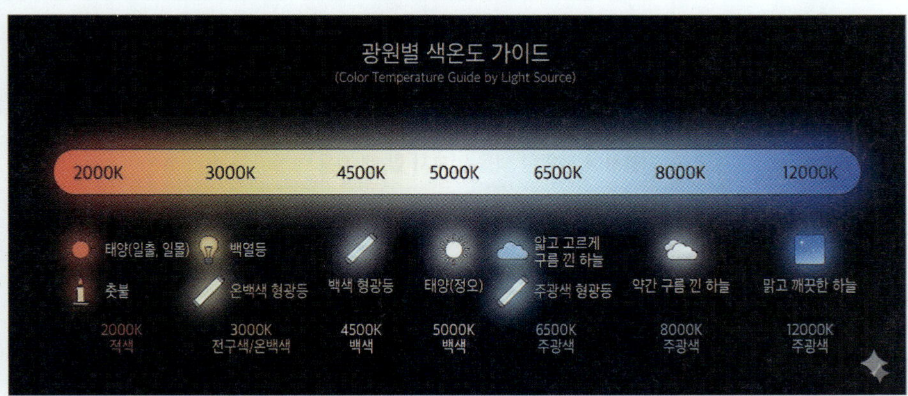

▲ 광원별 색온도

⑤ 색온도 보정 필터(Color Conversion Filter)

• 정의 및 목적

정의	촬영에 사용하는 필름(또는 이미지 센서)의 설정된 기준 색온도와 실제 촬영 현장의 광원 색온도가 다를 때 이를 일치시키기 위해 렌즈 앞에 장착하는 광학 필터
목적	색온도 밸런스가 맞지 않으면 결과물이 푸르거나(Blue Cast) 붉게(Orange Cast) 나오는 색 왜곡이 발생하므로 필터를 통해 이를 인간의 눈이 느끼는 색감과 유사하게 보정

• 컬러 필름의 유형별 기준 색온도 : 필름은 제조 단계에서 특정 색온도에 맞춰 색 밸런스가 고정되어 나오며, 시험에 자주 나오는 수치이므로 암기해야 한다.

주광용 필름 (Daylight Type)	• 5,500K 기준 • 예 일반적인 태양광, 플래시 촬영용
텅스텐 타입 A (Tungsten Type A)	• 3,400K 기준 • 예 사진용 전구, 조명용
텅스텐 타입 B (Tungsten Type B)	• 3,200K 기준 • 예 스튜디오용 할로겐 램프

• 색온도 변환 필터의 종류와 적용 : 필터는 크게 색온도를 낮추는(Warm) 계열과 높이는(Cool) 계열로 나뉘며, 이 둘의 적용 상황을 반대로 알고 있으면 오답이다.

- **앰버 계열(Amber, 호박색) – 색온도 하강**

기능	색온도를 낮춰주는 역할
원리	푸른색 빛(청색 파장)을 흡수하고 붉은색 기운을 더해줌
사용 상황 (빛이 푸를 때 사용)	• 흐린 날씨, 비 오는 날 : 색온도가 높아(7,000K 이상) 사진이 푸르게 나오는 것을 막기 위해 사용 • 그늘(응달) : 푸른 청공광의 영향으로 피사체가 푸르게 보이는 것을 보정 • 주광용 필름(5,500K)을 사용하여 텅스텐 조명 느낌(따뜻함)을 내고 싶을 때 사용

- **블루 계열(Blue, 파란색) – 색온도 상승**

기능	색온도를 높여주는 역할
원리	붉은색 빛(적색 파장)을 흡수하고 푸른색 기운을 더해줌
사용 상황 (빛이 붉을 때 사용)	• 아침, 저녁(일출/일몰) : 태양광의 색온도가 낮아(2,000~3,000K) 붉게 나오는 것을 자연스러운 백색으로 보정할 때 사용 • 백열등, 사진 전구 조명 : 텅스텐광(붉은빛) 아래에서 주광용 필름으로 촬영하여 정확한 색을 얻고자 할 때 사용

- **필터 적용 요약표**

필터 계열	역할(기능)	사용 상황(언제 쓰는가?)	원리
앰버 계열 (주황색 필터)	색온도 낮춤 (따뜻하게)	• 흐린 날씨, 그늘(응달) • 색온도가 높은 푸른 빛을 보정할 때	푸른색(고온)을 상쇄하기 위해 보색인 주황색 필터를 씀
블루 계열 (파란색 필터)	색온도 높임 (차갑게)	• 아침/저녁 노을(일출몰) • 백열등/사진 전구 하에서 촬영 시	붉은색(저온)을 상쇄하기 위해 보색인 파란색 필터를 씀

⑥ 연색성(Color Rendering) 빈출 19회

정의	• 조명이 물체의 색감에 영향을 미치는 성질 • "이 조명 아래서 색이 얼마나 자연스럽게(혹은 다르게) 보이는가?"를 나타내는 척도
원리	광원마다 방사하는 빛의 분광 분포(Spectral Power Distribution)가 다르므로, 동일한 물체라도 반사되는 파장 성분이 달라져 우리 눈에 다른 색으로 지각됨
상업적 활용 (특수 연색 효과)	연색성은 무조건 태양광과 같다고 좋은 것이 아니며, 목적에 따라 특정 색을 더욱 강하게 연출하기 위해 사용하기도 함 – 정육점(붉은색 강조) : 붉은색 파장이 많은 조명을 사용하여 고기를 더 신선하고 붉게 보이게 함 – 횟집 수족관(푸른색 강조) : 푸른색 조명을 사용하여 물의 깨끗함과 청량감 강조 – 보석, 꽃 : 반짝임과 채도를 높이기 위해 할로겐이나 고압 수은 램프가 효과적임

▲ 정육점의 연색성

▲ 수족관의 연색성

⑦ 연색 지수(CRI, Color Rendering Index) ^{빈출 22회}

- 정의 : 인공 광원이 기준광(Reference Illuminant)과 비교하여 물체색을 어느 정도 비슷하게 보여주는가를 지수(0~100)로 표시한 것이다.
- 평가 기준

100	기준광과 완벽히 일치하여 색이 자연스럽게 보임
90 이상	연색성이 매우 우수함

- 연색 지수 등급표(KS A 3011)

순위	등급	연색 지수(Ra)	적용 장소 및 용도
1	1A	90~100	미술관, 병원, 인쇄 감리, 색채 검사(최우수)
2	1B	80~89	학교, 사무실, 백화점, 호텔(우수)
3	2A	70~79	일반 공장, 체육관
4	2B	60~69	(보통)
5	3	40~59	창고, 옥외 조명(색 구별 중요치 않음)

- 시험색(Test Colors) : 스펙트럼 반사율이 알려진 8가지 파스텔 톤 시험색(No.1~8)을 사용한다.
- 지수의 산출

특수 연색 평가 지수	개별 시험색 각각의 색차를 평가한 지수
평균 연색 평가 지수	8가지 시험색의 Ri를 산술 평균한 값(통상적인 연색 지수)

- 기준 광원의 선정

5,000K 미만	3,000K 흑체(Black Body)를 기준 광원으로 함 예 백열등
5,000K 이상	6,000K 주광(Daylight)을 기준 광원으로 함 예 형광등

⑧ 광측정(Photometry) : 빛의 단위 ^{빈출 2회}

- 개요 : 인간의 눈(시감)을 기준으로 물체의 빛 에너지를 측정하는 방법으로 단위 매칭 문제가 매회 출제된다.
- 광측정의 4대 요소 ^{빈출 6회}

용어(Term)	기호	단위(Unit)	정의 및 핵심 포인트
전광속 (Luminous Flux)	F	루멘(lm)	광원이 방사하는 총 에너지량(전구 자체의 밝기)
광도 (Luminous Intensity)	I	칸델라(cd)	• 광원이 일정한 방향으로 방사하는 에너지량 • 단위 입체각당 1lm의 광속=1cd

휘도 (Luminance)	L	니트(nt) 혹은(cd/m^2)	• 광원이 단위 면적당 입체각으로 복사하는 밝기 (Brightness) • 단위 면적당 1cd의 광도가 측정된 경우 $1cd/m^2$ 라고도 함 • 눈부심(Glare)과 가장 관련이 깊음
조도 (Illuminance)	E	럭스(lx)	• 광원이 도달하는 단위 면적(m^2)당 입사 에너지 • 장소(바닥, 책상)의 밝기를 의미함

- 유형별 권장 조도(KS 기준) ^{빈출 2회}

유형	조도(lx)
맑은 날의 보름달 밤	0.2
사무실 비상계단	60~100
거실	100~200
식탁 위	200~500
일반사무실	500~750
독서실	500~1,000
정밀 작업실	1,000
초정밀 작업실	1,500~3,000
맑은 날 사무실 창가	5,000
맑은 날 옥외	100,000

08 메타메리즘과 아이소머리즘의 개념

1) 컬러 인덱스(Color Index, C.I.)

① 정의 및 목적

정의	• 색료(안료, 염료)의 호환성과 통용성 확보를 위해 제정된 국제적인 색료 표시 기준 • 영국 염색학회(SDC)와 미국 섬유화학염색자협회(AATCC)가 공동 운영 ^{빈출 4회}
역사	1924년 제1판이 출판된 이후 지속적으로 개정되고 있으며, 색료의 '주민등록번호'와 같은 역할을 함
제공 정보	안료와 염료의 화학적 구조, 활용 방법, 제조사, 견뢰도(내구성) 등 다양한 기술적 정보를 담고 있음

② 컬러 인덱스의 표기 구조(C.I. Name & Number) ^{빈출 5회}

- 시험에서 표기법을 묻는 문제가 자주 출제되며, 용도명과 화학명(번호)을 구분해야 한다.
- 예 컬러 인덱스 구조는 C.I. Vat Blue 14, C.I. 69810과 같음

- 아래 표와 같이 구분되며 앞쪽 영문은 '용도', 뒤쪽 숫자는 '화학구조'임을 명심해야 한다.

구분	표기 예시	의미 및 구성
(앞부분) C.I. 일반명 (Generic Name)	C.I. Vat Blue 14	**용도 및 색상 분류** – Vat : 염색법/용도(건염 염료) – Blue : 색상(파랑) – 14 : 등록 순서 번호
(뒷부분) C.I. 번호 (Constitution Number)	C.I. 69810	**화학적 구조 분류** – 5자리 숫자로 이루어짐 – 화학 성분 구조에 따라 부여된 고유 번호

2) 조건등색(Metamerism, 메타메리즘) 빈출 6회

① 정의 및 원리

정의	분광 반사율(스펙트럼)이 서로 다른 두 물체가 특정한 광원 아래에서는 같은 색으로 보이는 현상
현상	기준 광원(예 D65)에서는 색이 같아 보이지만(Match), 광원이 바뀌면(예 A광원) 색이 다르게 보임(Mismatch)
산업적 의미	조색(Color Matching) 과정에서 가장 주의해야 할 현상으로, 이로 인해 납품 후 "색이 다르다."라는 클레임(분쟁)이 발생하는 주원인임

② 메타메리즘의 종류 빈출 2회

광원 메타메리즘 (Illuminant Metamerism)	• 광원의 분광 분포 차이에 의해 발생함 • 가장 일반적인 형태
관찰자 메타메리즘 (Observer Metamerism)	관찰자의 시감(눈의 감도) 차이나 시야각(2도, 10도)의 차이에 의해 발생
기하학적 메타메리즘	조명 및 관찰 각도(방향)에 따라 색이 다르게 보이는 현상

③ 메타메리즘 지수(Metamerism Index, MI)

정의	기준광에서 같은 색으로 보이는 메타머(Metamer) 쌍이, 피시험광(Test Illuminant)으로 조명을 바꾸었을 때 발생하는 색차의 크기로 나타냄
의미	이 지수 값이 작을수록 조명이 바뀌어도 색이 덜 변한다는 뜻이므로 품질이 우수한 것(지수가 0이면 완전 등색)

3) 평가 방법

① 계산 공식

CIE $L^*a^*b^*$ 색차식을 사용하여 계산한다.

② 적합 광원

기준 광원	일반적으로 D65 사용
피시험 광원(시험 광원)	표준광 A(백열등), 표준광 C, 또는 F(형광등)광원을 사용하여 색차를 확인

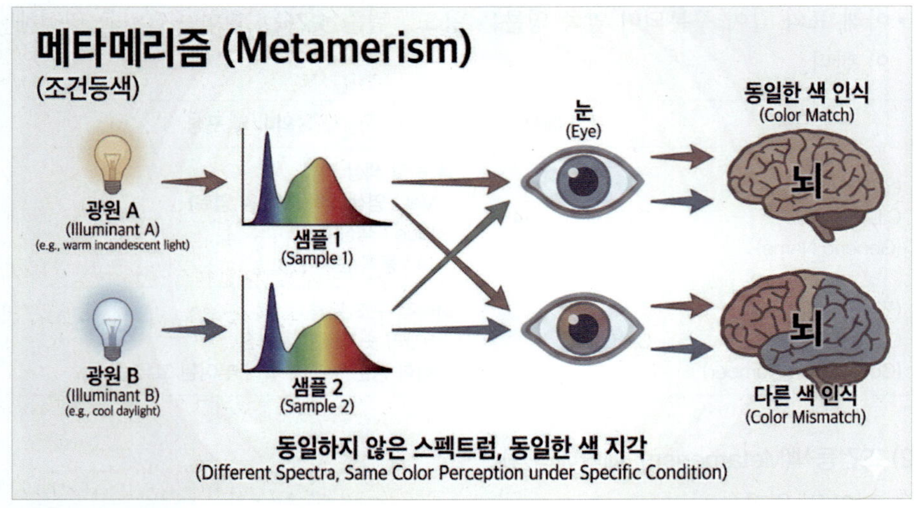

▲ 메타메리즘(조건등색)

③ 평가 시 보정(Correction) 방법(고난도)

상황	기준 관측자(또는 연령별 평균 관측자)가 보기에 기준광 아래서도 두 시료가 완전히 똑같지 않다(미세한 차이 존재)고 판단되는 경우
보정	시험광 아래서의 지수를 구하기 전에, 먼저 기준광에서의 3자극값(X, Y, Z)이 서로 같아지도록 수학적 보정을 한 후 각각의 지수를 구함
편차 기준 관측자	관측자 조건등색 지수를 부여하기 위해 설정된 기준 관측자를 의미함

4) 무조건등색(Isomerism, 아이소머리즘) 빈출 16회

① 정의 및 원리

정의	두 물체의 분광 반사율(스펙트럼 데이터) 곡선이 완전히 일치하여, 어떤 조명이나 어떤 관찰자가 보더라도 항상 같은 색으로 보이는 현상
의미	물리적, 화학적 성분이 동일하거나 광학적 특성이 완벽히 같아서, 광원이나 관측자가 바뀌어도 색이 변하지 않고 항상 일치(Match)하는 상태

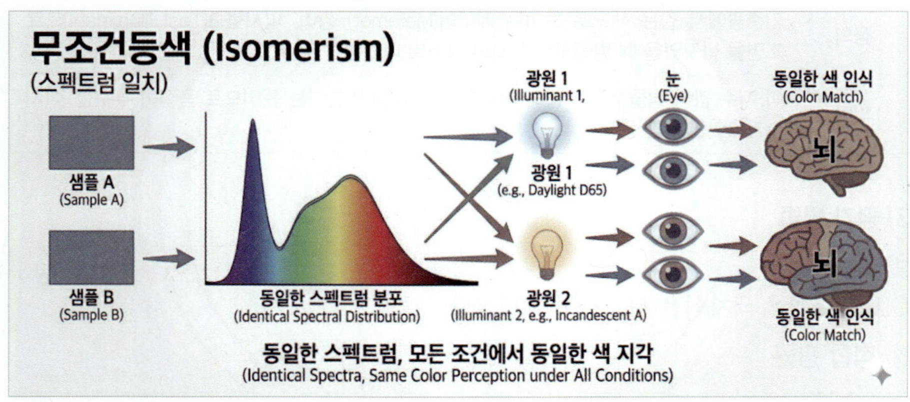

▲ 아이소머리즘(무조건등색)

② 조색(Color Matching)과의 관계

- CCM의 목표 : 정확한 안료 처방이 가능한 CCM(Computer Color Matching)의 궁극적인 목표는 바로 이 무조건등색(아이소머리즘)을 실현하는 것이다.
- 발생 경향 비교

CCM(컴퓨터 조색)	성분 분석을 통해 동일한 안료를 사용하므로 무조건등색(아이소머리즘)을 구현하기 쉬움
육안 조색	작업자의 감각에 의존하여 눈에 보이는 색만 맞추므로, 성분이 달라져 조건등색(메타메리즘)이 발생하기 쉬움

5) 색변이 지수(CII, Color Inconsistency Index) 빈출 4회

① 정의

- 색채는 비추는 광원에 따라 다르게 보일 수 있다.
- 광원에 따른 색채의 불일치 정도를 나타내는 지수를 색변이 지수(CII)라고 한다.

② 지수의 해석 및 평가

지수가 높을수록	광원이 바뀔 때 색이 심하게 변한다는 뜻이므로, 안정성과 선호도가 낮아 바람직하지 못한 색채로 평가됨(불량)
지수가 낮을수록	광원이 바뀌어도 색이 일정하게 유지되므로, 안정성이 높고 품질이 우수한 안료로 평가됨(우수)
특징	이론적으로 백색(White)은 광원 변화에 둔감하여 CII 지수 상에서 색차가 거의 느껴지지 않는 특성이 있음

6) 메타메리즘과 아이소머리즘 핵심 비교

메타메리즘과 아이소머리즘을 반대로 설명한 보기를 골라내는 문제가 매회 출제되므로 시험 직전에 핵심 비교표를 반드시 확인해야 한다.

구분	메타메리즘(Metamerism)	아이소머리즘(Isomerism)
한글 명칭	조건등색(조건부 일치)	무조건등색(완전 일치)
분광 반사율	다름(불일치)	같음(완전 일치)
현상	특정 조명에서만 같아 보임(조명 바뀌면 색 다름)	어떤 조명에서도 항상 같음
발생 빈도	육안 조색 시 흔히 발생	이상적 목표(현실적 어려움)
결과	품질 분쟁(클레임)의 원인	CCM(컴퓨터 조색)의 목표

01 색차 보정(육안 검색)

1) 육안 조색의 개념 및 특징

① 정의

KS A 0065 규정에 따라, 조색자의 숙련된 기술과 감각을 토대로 색을 혼합하여 목표색을 만드는 작업이다.

② 장단점 비교

장점	고가의 측색기 없이도 작업이 가능함
단점	• 조색자의 컨디션이나 숙련도에 따라 오차가 심해 정밀도가 떨어짐 • 메타메리즘(Metamerism, 조건등색)이 발생할 가능성이 높음 빈출 6회 (조건등색 : 분광 분포가 서로 다른 두 색자극이 특정 관측 조건에서만 같은 색으로 보이는 현상)

③ 오차 발생 요인 빈출 2회

CCM(컴퓨터 조색)과 달리 변수(ⓒⓘ 광원의 차이, 실물과 샘플의 재질 차이, 관찰자의 시감 차이, 채도, 명도, 색상의 방향 판단 착오 등)에 취약하다.

2) 육안 조색의 준비(도구 및 환경)

① 표준 광원 및 조도 기준 빈출 15회

• 기준 광원 : D65(상관 색온도 약 6,500K)를 사용한다.

• 조도(밝기)

일반적인 색	1,000lx 광원을 표준으로 함
어두운 색(먼셀 명도 3 이하)	2,000~4,000lx의 고조도가 필요함(어두우니까 더 밝게 봐야 함)

• 장비 : 표준광원이 내장된 라이팅 박스(Color Matching Booth) 또는 색채 관측 상자를 활용하여 환경을 일정하게 유지한다.

② 필수 도구와 용도

도구 명칭	핵심 기능 및 용도
어플리케이터(Applicator)	조색한 도료를 일정한 두께로 펴 바르는 도구(Film Applicator)
스포이드(Pipette)	정밀한 단위의 안료나 조색제를 공급할 때 사용
믹서(Mixer)	안료와 전색제가 분리되지 않도록 완전히 혼합
은폐율지(Opacity Chart)	안료 도포 후 도막 상태(은폐력, 투명도) 검사
측색기(Colorimeter)	육안 조색 보조용, L*a*b* 값을 측정하여 오차 확인

3) 육안 조색의 수행 조건(KS 규격) 빈출 12회

① 기하학적 조건(각도)

- **거리** : 눈과 시료 사이의 거리는 50cm 정도를 유지한다.
- **측정 각도**

광원을 수직(0°)으로 비출 때	관찰자는 45°에서 봄(0/45방식)
광원을 45°에서 비출 때	관찰자는 수직(0° 또는 90°)에서 봄(45/0방식)

② 관찰 환경

시야각	CIE 2° 시야를 적용(작은 시편 기준)
배경색	부스 내벽은 무광택의 무채색이어야 함 – 먼셀 명도 N5~N7(중간 회색~밝은 회색) – L*값 기준 : 45~55 정도

③ 수행 인원

주관적 오차를 줄이기 위해 3인 이상이 실시하여 합의하는 것이 바람직하다.

4) 육안 조색 시 주의사항(작업 수칙) 빈출 6회

① 이색(Color Difference) 방지

- **메타메리즘 방지** : 반드시 표준광원(D65) 아래에서 작업하되, 제2광원(A광원)에서도 확인하여 메타메리즘 발생 여부를 체크한다.
- **기준 명기** : 작업지시서에 기준 조색 광원을 반드시 명기해야 한다.

② 조색 테크닉

소량 첨가	색상의 방향이 확 바뀌지 않도록 조색제는 조금씩 첨가함
색수 제한	• 조색제는 4~5가지 이내로 사용 • 너무 많은 색을 섞으면 채도가 떨어져 탁해짐(Muddy)
건조 변화 예측	도료는 젖었을 때(Wet)와 말랐을 때(Dry) 색이 다르므로, 건조 후의 색 변화(Shift)를 감안하여 조색함(일반적으로 수성페인트는 마르면 밝아지고, 유성은 어두워지는 경향이 있음)

③ 채도 및 피로 관리

- **저채도 조색** : 채도를 낮출 때는 검정색보다는 대비색(보색)을 사용하여 자연스럽게 톤을 다운시킨다.
- **눈의 피로** : 진한 색이나 선명한 색을 검사한 직후에는 연한 색이나 보색을 바로 보지 말고, 회색을 보며 눈을 쉬어준다.

P 선생님의 노하우

조색 관찰 각도와 배경

- **각도** : 빛이 수직(0°)이면 눈은 45°, 빛이 45°면 눈은 수직(0°)입니다. 빛과 눈은 항상 45도 차이를 유지해야 합니다.
- **배경** : 주변 환경색의 영향을 막기 위해 무광택의 무채색(N5~N7) 회색 배경을 사용합니다.
- **주의** : 배경이 유광이거나, 하양/검정색이라고 하면 틀린 보기입니다. 눈의 피로를 줄이는 중간 회색이 정답입니다.

5) 조색 결과의 평가 및 보정

- 조색(Color Matching)은 단순히 안료를 섞는 것에서 끝나지 않는다.
- 목표색(Target)과 시료색(Sample)의 차이를 정밀하게 분석하고, 허용 오차 범위 내로 진입시키는 평가와 보정 과정이 필수적이다.

① 편색 판정(Color Deviation Judgement)

- 정의 : 조색된 시료색이 목표색과 비교하여 어떤 속성(색상, 명도, 채도)이 어떻게 다른지를 육안이나 기기로 판단하는 행위이다.
- 판정 순서 및 기준(색의 3속성)

색상(Hue)	"기준보다 붉다/푸르다/노랗다" 등으로 색미의 방향을 가장 먼저 판정함(최우선 보정 대상)
명도(Value)	• "기준보다 밝다(Lighter)/어둡다(Darker)"를 판정함 • 하양, 검정, 용제(Thinner)의 가감으로 조절함
채도(Chroma)	• "기준보다 맑다/선명하다(Stronger)/탁하다(Weaker)"를 판정함 • 채도를 낮출 때는 보색(Complementary Color) 사용

② 메타메리즘(Metamerism)의 평가

- 발생 경향 : 고채도의 원색보다는, 여러 안료가 복잡하게 섞인 중간 톤(Neutral/Greyish)의 색을 조색할 때 메타메리즘이 빈번하게 발생한다.
- 평가 절차

1단계	표준광 D65(주광)아래에서 목표색과 시료색을 비교하여 색을 맞춤
2단계	또 다른 광원인 표준광 A(백열등) 아래로 가져가서 두 색을 다시 비교함

- 판정 : 조명이 바뀌어도 두 색의 차이가 적으면 메타메리즘이 적은(품질이 좋은) 것으로 평가한다.

③ 컬러 어피어런스(Color Appearance, 색의 현시)

- 정의 : 색은 물리적인 빛의 파장뿐만 아니라, 관찰 환경, 재질, 주변 색, 조명 등에 따라 다르게 인지되는 심리적 현상으로, 이를 총칭하여 '컬러 어피어런스'라 한다.
- 영향 요인 : 단순한 색의 3속성 외에 다음의 물리적 요소들이 색채 지각에 영향을 미친다.

광택감(Gloss)	광택이 높으면 색이 더 깊고 선명해 보임
재질감(Texture)	표면이 거칠면 난반사가 일어나 색이 뿌옇거나 밝아 보임
크기(Size)	면적이 클수록 색이 더 밝고 선명해 보임(면적 효과)

④ 광택(Gloss)의 평가와 영향

- 원리 : 같은 안료를 써도 물체 표면의 매끄러움(Smoothness) 정도에 따라 정반사와 난반사의 비율이 달라져 색이 다르게 보인다.
- 광택 유무에 따른 시각적 차이

구분	고광택(High Gloss)	무광택(Matte)
반사 특성	정반사 우세(거울 효과)	난반사 우세(빛이 흩어짐)
색의 깊이	• 검은색은 더 검게(Jet Black) • 유채색은 더 선명하고 진하게 보임	빛의 산란으로 인해 색이 뿌옇고 밝게(희게) 보임
채도	높아 보임	낮아 보임
측정 각도	20°(고광택), 60°(일반)	85°(저광택)

6) 3속성에 따른 목표색과 시료색의 색 차이 판별

조색 보정(Color Correction)을 위해서는 시료색(Sample)이 목표색(Target)에 비해 어떤 속성이 부족하거나 과한지를 정확한 '색채 용어'로 정의해야 한다.

① 명도(Value/Lightness)의 차이 판정

- 판정 기준 : 색의 밝고 어두운 정도를 비교한다.
- 육안 표현

밝음(Lighter)	시료색이 목표색보다 하양에 가깝거나 반사율이 높음($+\Delta L^*$)
어두움(Darker)	시료색이 목표색보다 검은색에 가깝거나 반사율이 낮음($-\Delta L^*$)

- 보정 방법

밝을 때	검정(Black)이나 어두운 유채색 안료를 소량 첨가함
어두울 때	하양(White) 안료나 용제(투명)를 첨가하여 명도를 높임

② 색상(Hue)의 차이 판정

- 판정 기준 : 가장 민감하고 중요한 판정 요소로 색상환에서의 위치 차이(방향)를 비교한다.
- 육안 표현(∼기미, ∼Cast)

붉은 기미(Reddish)	목표색보다 붉은 기운이 돎($+\Delta a^*$)
초록 기미(Greenish)	목표색보다 초록 기운이 돎($-\Delta a^*$)
노란 기미(Yellowish)	목표색보다 노란 기운이 돎($+\Delta b^*$)
푸른 기미(Bluish)	목표색보다 푸른 기운이 돎($-\Delta b^*$)

- 보정 방법 : 부족한 색상의 안료를 첨가하거나 과도한 색상의 보색(Complementary Color)을 첨가하여 상쇄시킨다.

③ 채도(Chroma)의 차이 판정

• 판정 기준 : 색의 선명하고 탁한 정도(순도)를 비교한다.

• 육안 표현

맑다/선명하다(Stronger/vivid)	시료색이 목표색보다 순색에 가까움
탁하다/흐리다(Weaker/dull)	시료색이 목표색보다 회색 기운이 많음

• 보정 방법

채도가 높을 때(너무 선명할 때)	무채색(회색, 검정)이나 보색을 첨가하여 채도를 낮춤
채도가 낮을 때(너무 탁할 때)	고채도의 원색 안료를 더 첨가해야 하지만, 이미 탁해진 색을 맑게 되돌리기는 매우 어려움

④ 육안 판정과 CIE L*a*b* 데이터 비교

시험에서 서술형 표현과 부호(+, −)를 연결하는 문제가 출제된다.

구분	육안 판정 용어(Description)	CIE L*a*b* 부호	의미
명도	Lighter(더 밝다)	$+\Delta L^*$	명도가 높음
	Darker(더 어둡다)	$-\Delta L^*$	명도가 낮음
색상	Reddish(붉은 기미)	$+\Delta a^*$	Red 방향
	Greenish(초록 기미)	$-\Delta a^*$	Green 방향
	Yellowish(노란 기미)	$+\Delta b^*$	Yellow 방향
	Bluish(푸른 기미)	$-\Delta b^*$	Blue 방향

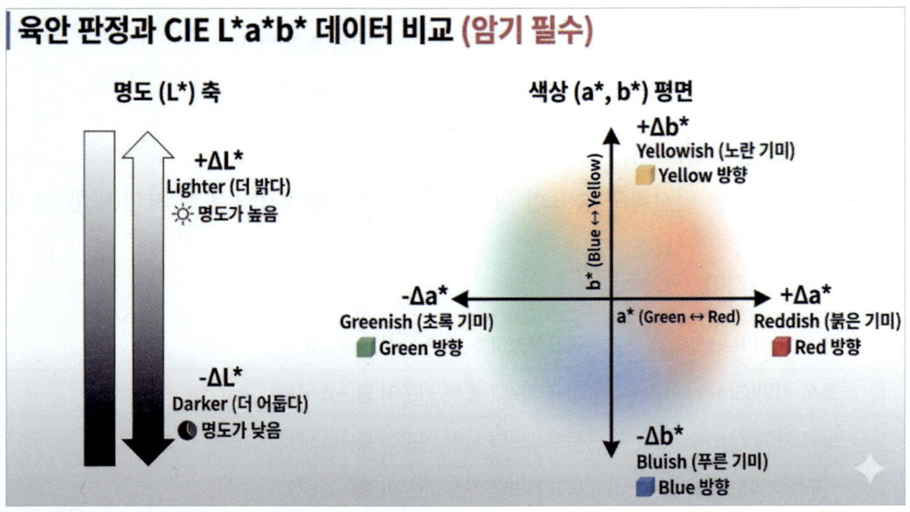

▲ CIE L*a*b* 데이터 비교

⑤ 수치별 실전 보정 예시표

- 다음은 실제 조색 과정에서 빈번하게 발생하는 4가지 대표 케이스를 수치화한 것이다.
- L*a*b* 데이터 분석 및 오차 보정 시뮬레이션(시료색을 기준색화)하면 된다.

Case	기준색 (Target) 데이터	시료색 (Sample) 데이터	오차 계산	판정(진단) : 어떤 상태인가?	보정 처방
1	L*=50 a*=20 b*=10	L*=55 a*=25 b*=10	+ΔL*=+5 +Δa*=+5 +Δb*=+0	• 밝음(=+L) • 붉음(+a*)	• Black 소량 첨가(명도↓) • Green(보색) 첨가(붉은기↓)
2	L*=40 a*=0 b*=−20	L*=35 a*=0 b*=−30	+ΔL*=−5 +Δb*=−10	• 어두움(−L) • 푸르름(−b*)	• White/용제 첨가(명도↑) • Yellow 첨가(푸른 기↓)
3	L*=60 a*=−10 b*=30	L*=60 a*=−5 b*=35	+Δa*=+5 +Δb*=+5	• 덜 초록(Red 방향) • 더 노람(Yellow 방향)	• Green 안료 추가 투입 • Blue(보색) 첨가(노란기↓)
4	L*=50 a*=0 b*=0	L*=50 a*=2 b*=−2	+Δa*=+2 +Δb*=−2	• 붉은 기미(+a*) • 푸른 기미(−b*)	• Green 첨가(붉은기↓) • Yellow 첨가(푸른기↓)

⑥ 데이터 해석의 핵심 포인트

부호(+, −)가 처방을 결정한다.

+a*(양수) : 붉다는 뜻	초록(Green)을 넣음
−a*(음수) : 초록이라는 뜻	빨강(Red)을 넣음
+b*(양수) : 노랗다는 뜻	파랑(Blue)를 넣음
−b*(음수) : 파랗다는 뜻	노랑(Yellow)을 넣음

⑦ 시료색의 색차 보정

- 원리 : 목표색(Target)과 시료색(Sample)의 색차는 CIE L*a*b* 색 공간상에서의 거리를 의미하며, 거리가 멀수록 색차가 크고, 가까울수록 작다.
- 표기 원칙(감점 주의)
  - 두 색 간의 색차는 ΔE*로 표시한다.
  - 계산된 값은 반드시 소수점 셋째 자리에서 반올림하여 둘째 자리까지 표기한다.
- 보정 방향의 작성 공식 : 색차 보정 내용은 주관적으로 쓰지 않고, 정해진 문장 형식에 숫자를 대입하여 작성한다.
- 작성 공식 : "(①)를 (②)만큼 추가한다."

색상 명칭	하양, 검정, 빨강, 초록, 노랑, 파랑(6가지 기본 색명 중 선택)
수치	• 오차값의 절댓값(양수의 아라비아 숫자)으로 작성함 • 보정량에 마이너스(−) 부호를 쓰지 않음

• L*a*b* 값에 따른 상세 보정 내용 : CIE L*a*b* 색 공간에서의 플러스(+), 마이너스(−)는 양수/음수가 아니라 '색의 방향'을 나타내며, 이를 정확히 해석 후 보정 안료를 결정해야 한다.

L*(명도)을 보정하는 경우	• (White)를 ( )만큼 추가(시료색의 L*값을 올릴 경우) • (Black)을 ( )만큼 추가(시료색의 L*값을 내릴 경우)
a*값(Red–Green)을 보정하는 경우	• (Red)를 ( )만큼 추가(시료색의 a*값을 올릴 경우) • (Green)을 ( )만큼 추가(시료색의 a*값을 내릴 경우)
b*(Yellow–Blue)을 보정하는 경우	• (Yellow)를 ( )만큼 추가(시료색의 b*값을 올릴 경우) • (Blue)를 ( )만큼 추가(시료색의 b*값을 내릴 경우)

⑧ 조색 결과물의 데이터베이스(DB) 관리

• 조색 완료 후 시편과 데이터를 체계적으로 관리하는 것은 품질 관리 및 재주문 대응을 위해 매우 중요하다.

• 조색 이력 카드(History Card)

목적	완성된 조색 시편의 정보를 기록하여 문서로 데이터베이스화함
기록 내용	정해진 양식은 없으나 일반적으로 다음 내용을 포함함 – 작업 날짜, 작업자 – 색상 코드, 색상명 – 배합비(Recipe) 및 사용 안료 정보

• 조색 시편(Sample) 관리

보관	작성된 조색 이력 카드와 도장 완료된 시편을 함께 철(Filing)하여 보관함
디지털 저장	분광측색계 데이터는 컴퓨터나 CCM(Computer Color Matching) 시스템에 저장하여 영구적으로 보관함
활용	유사한 컬러 의뢰 시 데이터를 불러와 작업 시간을 단축하고 경비를 절감함

• 조색 도료(Paint)의 보관

라벨링	사용하고 남은 도료 캔에는 조색 이력 내용(색명, 코드, 날짜 등)이 인쇄된 라벨지 부착
관리	작업자가 판단하여 찾기 쉽고 효율적인 상태로 분류하여 보관

색채품질관리

빈출 태그 ▶ #색채품질관리 #분광측색계 #표준광원 #색차_DeltaE #허용오차_Tolerance #조건등색 #메타메리즘
#육안검사 #기기검사 #SCI_SCE

KEYWORD 01 색채품질관리 계획수립

01 목표색 파악 및 분석

1) 색채품질관리의 개요

① 정의
- 색채 표준화를 기반으로 정확한 색채의 측정, 전달, 생산, 유지, 보존이 이루어지도록 종합적으로 관리하는 능력이다.
- 상품의 대량 생산이나 신규 목표색 개발 시, 객관적이고 합리적인 작업 공정을 수립하는 것을 의미한다.

② 필요성 및 특성

색채의 융합성	색채는 물리적(빛), 화학적(안료), 생리적(눈), 심리적(뇌) 요소가 복합된 융합적 현상
개별성과 가변성	색채는 개인의 시감각이나 환경에 따라 다르게 인식될 수 있는 주관적 특성이 있음
정량화와 객관화	• 가변성을 극복하기 위해, 과학적 측색을 도입하여 색을 수치 데이터(정량적)로 변환하고 객관화해야 함 • 정확한 정보 전달 및 재현성(Reproducibility)을 확보하는 것이 품질 관리의 핵심

③ 계획 수립의 범위
- 색채계획 단계부터 제품 제조, 시공, 보존, 유지 보수에 이르기까지 전(全) 생애 주기(Life Cycle)를 종합적으로 이해해야 한다.
- 제조뿐만 아니라 채색되는 지지체(피도물)의 특성과 사용 환경 등 다양한 변수를 사전에 고려해야 한다.

2) 색채품질관리 프로세스(Process)

• 색채 관리는 주먹구구식으로 이루어지지 않는다. 기획부터 유지보수까지 다음의 표준 프로세스를 따른다.
• 색채품질관리 일반 프로세스

단계	프로세스 명칭	주요 내용 및 활동
1	프로젝트 기획	개발 프로젝트의 목적 정의 및 계획 수립
2	시공 환경 분석	채색될 환경을 조사 · 분석하여 재료의 적합성 판단
3	컬러 재료의 선정	사용 목적과 환경에 부합하는 안료/도료 선정
4	물성 분석 연구	선정된 재료의 물리적/화학적 성질(내구성 등) 연구
5	색채 재료의 제조	배합 설계에 따른 생산 공정(조색 및 양산)
6	시공 기법 적용	도장 사양서 및 도색 방법에 따른 시공
7	채색면의 마감	내구성 향상을 위한 자외선 차단제, 코팅, 광택 처리
8	보존(Preservation)	시공 완료 후 품질 유지를 위한 관리
9	유지 보수	손상, 재해, 변색 등에 따른 보수 지침 수행

02 조색 작업요청서(Work Request) 분석

1) 조색 작업 시작 전

• 조색 작업은 의뢰인(Client)의 요구사항이 담긴 '작업요청서'를 분석하는 것에서 시작된다.
• 이 단계에서 소재, 용도, 환경, 납기 등을 면밀히 검토해야만 재작업(Re-work) 없는 완벽한 품질 관리가 가능하다.

2) 작업요청서의 핵심 분석 항목

작업요청서를 받으면 색상뿐만 아니라 5가지 기술적 요소를 반드시 체크해야 한다.

① 피도물(Substrate, 소재)의 특성 파악(최우선)

• 어떤 재료 위에 색을 입히느냐에 따라 안료와 전색제(Binder)의 종류가 결정된다.
• 소재의 종류

금속(Steel, Aluminum)	방청(녹 방지) 및 부착성이 중요하며, 주로 소부(베이킹) 도료 사용
플라스틱(ABS, PP)	열에 약하므로 저온 건조형 도료를 선택해야 하며, 소재 침식 여부를 확인해야 함
목재/종이	흡수성이 강하므로 전처리(Sealer) 필요성 및 흡수에 따른 색 변화를 고려해야 함

• 바탕색(Undercoat) : 소재 자체가 가진 색(회색, 투명 등)이 최종 색상에 영향을 미치므로 은폐력(Hiding Power)을 어떻게 설계할지 결정해야 한다.

② 사용 환경 및 용도(내구성 설계)

- 제품이 놓일 환경에 따라 필요한 안료의 등급이 달라진다.

옥외용(Outdoor)	햇빛(자외선)과 비바람에 노출되므로 내후성(Weatherability)과 내광성(Lightfastness)이 뛰어난 고급 안료를 사용해야 함(변색 방지)
옥내용(Indoor)	자외선 영향이 적으므로 선명도가 높은 유기 안료 사용이 가능하나, 내마모성이나 내오염성이 요구될 수 있음
특수 환경	• 주방/욕실 : 내수성, 내알칼리성(세제) 필요 • 완구/식기 : 인체 무해성(중금속 Free) 필수

③ 건조 및 도장 조건(Process)

| 건조 방식 | 자연 건조(Air Dry)인지, 고온 가열 건조(Baking)인지에 따라 내열 안료 사용 여부가 결정됨 |
| 도장 방법 | 스프레이(Spray), 롤러, 붓, 침지(Dipping) 등 시공 방법에 따라 도료의 점도(Viscosity)와 건조 속도를 조절해야 함 |

④ 색채 사양 및 검사 기준

목표색(Target)	실물 견본(Sample)이 있는지, 데이터(L*a*b*)만 있는지 확인
광원 조건	색을 검사할 주 광원(D65 등)과 메타메리즘 확인용 보조 광원(A 광원 등)을 합의
허용 오차	색차(ΔE^*) 허용 범위(예 $\Delta E^* \langle 0.8$)를 명확히 함

⑤ 경제성 및 납기

| 생산량 | 소량 다품종인지 대량 생산인지에 따라 조색 방식(CCM vs 육안)과 원가 효율성을 따짐 |
| 납기 | 시편 제작, 컨펌, 수정, 양산에 소요되는 시간을 역산하여 스케줄 수립 |

3) 작업요청서 분석 체크리스트

실무 및 시험 대비용 핵심 요약표이며, 이 항목들이 누락되면 품질 사고로 이어진다.

구분	주요 검토 항목	분석 내용 및 결정 사항	비고
소재	피도물 종류	철, 비철금속, 플라스틱, 목재, 콘크리트 등	전색제 결정
환경	사용 장소	옥내/옥외(자외선 노출 여부)	안료 등급 결정
성능	물성 요구	내후성, 내열성, 내약품성, 내마모성, 광택도	내구성 설계
공정	도장/건조	스프레이/붓, 상온/가열(소부) 건조	점도/용제 결정
기준	검사 조건	광원(D65, A), 색차(ΔE^*) 허용치	합격 기준

⓪③ 가공 기법(Surface Finishing)에 따른 색채 변화

1) 가공 기법에 따른 색채의 변화

- 색채는 물성의 표면 상태에 따라 전혀 다르게 지각된다.
- 동일한 안료를 사용하더라도 샌딩, 연마, 코팅, 아노다이징 등 후가공 기법에 따라 빛의 반사 특성이 달라져 색상, 명도, 채도가 변하기 때문이다.

2) 표면 거칠기(Roughness)와 색채 지각

- 표면을 거칠게(Matte) 하느냐, 매끄럽게(Glossy) 하느냐는 색채 지각에 가장 큰 영향을 미치는 변수이다.
- 시험에서 물리적 원리를 묻는 문제가 자주 출제된다.

① 표면 연마(Polishing/Glazing)

▲ 표면 연마

기법	표면을 매끄럽게 갈고 닦아 광택을 내는 가공법
광학적 특성	빛의 정반사(Specular Reflection)가 우세해짐
색채 변화	• 빛이 표면에서 산란되지 않고 내부의 안료층까지 깊숙이 침투했다가 나오므로, 색이 더 진하고(Darker), 선명하게(High Chroma) 보임 • 특히 검은색은 더욱 깊은 칠흑색(Jet Black)으로 표현됨

② 샌딩/샌드블라스팅(Sanding/Sandblasting)

▲ 샌딩

기법	모래나 연마재를 고압으로 분사하여 표면에 미세한 요철(스크래치)을 만드는 가공법
광학적 특성	빛의 난반사(Diffuse Reflection)가 우세해짐
색채 변화	• 표면 요철에 의해 백색광이 사방으로 산란되므로, 원래 색에 하양(White)이 섞인 것처럼 뿌옇게 보임 • 명도(L)는 높아지고(밝아지고), 채도(C)는 낮아짐(탁해짐)

③ 핵심 비교 요약 → "거칠면 밝고 탁해진다."가 핵심

가공 상태	표면 상태	반사 특성	명도(L)	채도(C)	색감 변화
폴리싱 (Polishing)	매끄러움 (유광)	정반사	낮아짐 (어두워 보임)	높아짐 (선명함)	깊고 진함
샌딩 (Sanding)	거칠음 (무광)	난반사	높아짐 (밝아 보임)	낮아짐 (탁함)	뿌옇고 부드러움

3) 금속 표면처리와 발색

금속 소재의 색채 품질 관리에서 필수적으로 알아야 할 특수 가공법이다.

① 아노다이징(Anodizing, 양극산화피막)

정의	알루미늄(Al)과 같은 금속 표면을 산화시켜 인공적인 산화 피막을 형성하는 기법
특징	• 피막의 미세한 기공(Pore)에 염료를 침투시켜 착색하므로, 도장처럼 벗겨지지 않고 금속 고유의 질감(Metallic Texture)을 유지하면서 아름다운 색상을 냄 • 일반 도료보다 내식성과 내마모성이 매우 우수함

▲ 아노다이징

② 도금(Plating)

크롬 도금	차가운 은백색의 고광택을 내며 반사율이 매우 높아 거울 같은 효과를 줌
금 도금	고급스러운 황금색 광택을 부여함

③ 헤어라인(Hairline)

기법	금속 표면에 머리카락처럼 가늘고 일정한 결(Line)을 만드는 가공법
효과	금속 특유의 차가움을 줄이고 세련된 질감을 부여하며, 빛이 결 방향에 따라 다르게 반사되는 이방성(Anisotropy)을 띰

▲ 헤어라인

4) 코팅(Coating) 처리에 따른 변화

① 클리어 코팅(Clear Coating)

유광 클리어	• 표면에 투명한 막을 입혀 평활도(Leveling)를 높임 • 난반사를 줄여 채도를 높이고 색을 선명하게 만듦
무광 클리어 (Matte Clear)	• 코팅제 안에 소광제를 섞어 표면을 거칠게 만듦 • 빛을 산란시켜 차분하고 부드러운 색감을 냄

② 펄(Pearl)/메탈릭(Metallic) 코팅

원리	운모(Mica)나 알루미늄 조각(Flake)을 도료에 섞어 코팅
특징	보는 각도에 따라 색이 달라지는 플립-플롭(Flip-Flop) 현상 발생(정면과 측면의 색 차이)

04 소광제(Matting Agent)의 특성과 색채 영향

1) 광택과 소광제

• 색채 품질 관리에서 광택(Gloss)은 색의 선명도를 결정짓는 중요한 요소다.
• 소광제는 인위적으로 광택을 낮추어 차분하고 고급스러운 질감을 연출하기 위해 사용되는 필수 첨가제이다.

2) 소광제의 정의 및 소광 원리

① 정의

• 도료나 잉크에 첨가되어 도막 표면의 광택을 감소시키는 미세한 분말 입자이다.
• '무광제', '광택 제거제', 'Flatting Agent'라고도 불린다.

② 소광 메커니즘(빛의 산란)

표면 요철 형성	소광제 입자가 건조된 도막 표면에 미세한 요철(Roughness)을 만듦
난반사 유도	입사한 빛을 일정한 방향(정반사)이 아닌 여러 방향으로 흩어지게(난반사/산란) 만듦으로써, 우리 눈에 번쩍이는 광택을 없애고 부드러운 질감을 느끼게 함

3) 소광제의 종류와 특성

① 실리카(Silica) 계열

특징	가장 널리 사용되는 소광제로, 합성 비정질 실리카(Synthetic Amorphous Silica)가 주성분임
장점	소광 효율이 매우 뛰어나고 투명도가 좋아 도료 본연의 색을 크게 해치지 않음
단점	과량 사용 시 점도가 높아지고 침전이 발생할 수 있음

② 왁스(Wax) 계열

특징	폴리에틸렌(PE)이나 폴리프로필렌(PP) 왁스를 미분화한 것
장점	표면에 미끄러운 성질(Slip)을 부여하여 내스크래치성(긁힘 방지)을 향상시키고 촉감을 부드럽게 함
용도	실리카와 혼합하여 표면 질감 개선용으로 많이 쓰임

4) 소광제가 색채 및 물성에 미치는 영향

소광제를 넣으면 광택만 죽는 것이 아니라 색감 자체가 변하므로 조색 시 반드시 이를 고려해야 한다.

① 색감의 변화(Color Shift)

채도 감소	표면 난반사로 인해 백색광이 산란되면서 색이 뿌옇게(Milky) 보이고 채도가 떨어짐
명도 상승	특히 검은색이나 짙은 유채색의 경우, 소광제를 넣으면 희끄무레한 회색 기운이 돌아 Blackness(흑색도)가 현저히 떨어짐(무광 검정은 완전한 검정이 아님)

② 헤이즈(Haze) 현상

- 투명 코팅(Clear Coat)에 소광제를 넣을 경우, 도막이 탁해지는 헤이즈(혼탁) 현상이 발생할 수 있다.
- 투명한 유리 위에 안개 낀 듯한 효과를 준다.

③ 도막 물성 영향

장점	눈부심 방지, 차분한 분위기 연출, 표면의 작은 흠집(Defect) 은폐 효과
단점	표면이 거칠어 때가 잘 타고(오염성 증가), 내마모성이 약해질 수 있음

5) 효과적인 소광을 위한 조건

① 입자 크기와 도막 두께의 관계

- 소광 효과를 내려면 소광제 입자의 크기가 도막 두께(Dry Film Thickness)와 비슷하거나 약간 커야 표면에 돌출되어 요철을 만들 수 있다.
- 입자가 너무 작아 도막 안에 파묻히면 소광 효과가 나타나지 않는다.

② 분산도

소광제가 골고루 퍼지지 않고 뭉치면 표면에 거친 알갱이(Seeding)가 생겨 불량의 원인이 된다.

05 텍스처(Texture) 입자의 특성과 효과 안료

1) 효과 안료의 의의

단색(Solid Color)만으로는 표현할 수 없는 금속성 질감이나 진주 같은 광택을 내기 위해 특수한 입자를 첨가하는 것을 효과 안료(Effect Pigment)라고 하며, 입자의 종류와 배열에 따라 색채가 극적으로 변화한다.

2) 메탈릭 안료(Metallic Pigment)

① 정의 및 주성분

- 알루미늄 플레이크(Aluminum Flake) : 미세한 알루미늄 조각을 안료화한 것이다.
- 특징 : 빛을 거울처럼 반사하여 금속 고유의 반짝임(Sparkle)과 은폐력을 제공한다.

② 입자 배열에 따른 분류

리핑형 (Leafing Type)	• 알루미늄 입자가 도막 표면으로 떠올라(Leafing) 나란히 배열됨 • 효과 : 거울처럼 반사율이 매우 높고 크롬 도금 같은 강한 금속광택을 냄 • 단점 : 부착력이 약하고 상도 도장(Top coating) 시 묻어날 수 있음
논리핑형 (Non-leafing Type)	• 알루미늄 입자가 도막 내부에 골고루 분산되어 배열됨 • 효과 : 은은한 금속 광택을 내며, 자동차 보수 도장 등 일반적인 메탈릭 컬러에 주로 사용됨 • 장점 : 상도 투명 코팅(Clear Coat)과의 부착성이 우수함

③ 플립–플롭(Flip–Flop) 현상

정의	시선 각도에 따라 색의 밝기나 색상이 다르게 보이는 현상(이방성 반사)
현상	• 정면(Face) : 빛을 정반사하여 매우 밝고 반짝임(High Light) • 측면(Flop) : 빛의 반사 면적이 줄어들어 어둡게 보임(Shade) • 명도 차이가 클수록 "메탈릭 감이 좋다."고 평가함

3) 펄 안료(Pearl Pigment)

① 정의 및 구조

구조	천연 운모(Mica)나 합성 운모의 표면에 금속산화물(티타늄, 산화철 등)을 코팅한 샌드위치 구조
원리	빛의 간섭(Interference) 현상을 이용하여 진주조개나 비눗방울처럼 무지갯빛의 광택을 냄

② 특징 및 색채 효과

- 반투명성 : 메탈릭 안료와 달리 입자가 반투명하여, 바탕색(Undercoat)의 영향을 많이 받는다(바탕색+펄 반사광=최종 색상).
- 부드러운 광택 : 금속 입자보다 빛을 부드럽게 산란시켜 깊이감(Depth) 있고 고급스러운 질감을 연출한다.
- 간섭색 : 코팅된 산화티타늄의 두께에 따라 Gold, Red, Blue, Green 등 다양한 반사색을 낸다.

4) 메탈릭 vs 펄 안료 비교 요약

구분	메탈릭(Metallic)	펄(Pearl)	비고
주성분	알루미늄(Al)	운모(Mica)+금속산화물	
발색 원리	빛의 반사(Reflection)	빛의 간섭(Interference)	물리적 원리 차이
은폐력	큼(불투명)	작음(반투명)	바탕색 영향 유무
질감	강하고 차가운 금속성	부드럽고 깊은 진주 광택	
주요 현상	플립–플롭(Flip–Flop)	이색성(Iridescence)	각도에 따른 변화

5) 텍스처 입자의 품질 관리 주의 사항

① 배향(Orientation) 불량

- 입자가 한 방향으로 나란히 눕지 않고 무질서하게 서 있으면, 빛이 난반사되어 색이 탁해지고 금속감이 죽는다.
- 도장 시 점도나 건조 속도 조절 실패가 주원인이다.

② 침강(Settling)

- 입자가 무거워 용기 바닥에 가라앉는 현상이다.
- 사용 전 충분한 교반(Stirring)이 필수적이다.

01 조색 체크리스트(Color Matching Checklist) 작성법

1) 조색 작업 시 체크리스트 활용

- 감각에 의존하는 조색 작업의 특성상, 컨디션이나 환경에 따라 결과물이 달라질 수 있다.
- 작업 전(준비) − 작업 중(판정) − 작업 후(검증)의 3단계로 구성된 표준 체크리스트를 활용하여 품질의 일관성을 확보해야 한다.

2) 작업 전 준비 단계(Pre−Check)

오차를 유발하는 외부 환경 요인을 사전에 차단하는 단계로, 가장 기본적이지만 시험에서 가장 많이 틀리는 부분이다.

① 광원 및 조도 확인

- 광원 종류 : 표준광원 D65(주광)가 켜져 있는가?
- 조도 밝기 : 작업면의 조도는 1,000lx 이상(어두운 색은 2,000lx 이상) 확보되었는가?

② 시료 상태 확인

- 표면 상태 : 견본(Target)과 시료(Sample)의 표면에 오염이나 스크래치가 없는가?
- 건조 상태 : 도막은 완전 건조(Dry) 상태인가?(젖은 상태에서 비교하면 색이 다르므로 절대 금지)

③ 관측 환경 점검

- 배경색 : 주변 벽면이나 작업대의 색상이 N5~N7(무채색)인가?(유채색 벽면 반사 주의)
- 작업자 : 작업자의 복장이 무채색이며, 색각 이상이 없는가?

3) 작업 중 편색 판정 단계(In−Process Check)

목표색과의 차이를 구체적으로 분석하여 보정 방향을 결정하는 단계이다.

① 색의 3속성 판정

- 색상(Hue) : 기준색보다 붉은가/푸른가?(색미의 방향 기록)
- 명도(Value) : 기준색보다 밝은가/어두운가?
- 채도(Chroma) : 기준색보다 선명한가/탁한가?

② 은폐력(Hiding Power) 확인

- 은폐율지 : 흑백 은폐율지 위에서 흑색 부분이 비치지 않고 완전히 은폐되었는가?
- 영향 : 은폐가 부족하면 바탕색이 비쳐 색이 다르게 보인다.

4) 최종 품질 검증 단계(Final Check)

조색이 완료된 후, 출하할 수 있는 품질인지 최종 승인하는 단계이다.

① 메타메리즘(Metamerism) 확인
- 제2광원 : 표준광 A(백열등) 아래에서도 색차가 허용 범위 이내인가?
- 평가 : 광원을 바꿨을 때 색이 심하게 변하면 재조색해야 한다.

② 물성 및 변색 확인
- 광택(Gloss) : 목표한 광택도(유광/반광/무광)와 일치하는가?
- 건조 후 변색 : 완전히 건조된 후 색상 변화(Color Shift)가 없는가?
- 조색 작업 표준 체크리스트(실무형 예시)

단계	구분	핵심 점검 항목	판정 기준(Standard)	확인
준비	환경	광원 종류	D65(CIE 표준주광)사용 여부	☐
		조도 밝기	1,000lx이상 확보되었는지 여부	☐
		주변 환경	N5~N7 무채색 환경 유지 여부	☐
	상태	시료 건조	시료가 완전 건조된 상태인지 여부	☐
판정	3속성	색상(H)	색상 방향(기미) 일치 여부	☐
		명도(V)	밝기 차이 여부	☐
		채도(C)	선명도/탁함 정도 일치 여부	☐
	물성	은폐력	바탕색 은폐율 98% 이상인지 여부	☐
검증	품질	메타메리즘	A광원(백열등)에서도 색차가 없는지 여부	☐
		광택도	지정된 광택(Gloss)과 일치의 여부	☐
		색차 허용	ΔE^*가 허용 오차(Tolerance) 이내인지 여부	☐

02 색채품질관리의 방법과 절차

1) 색채품질관리 프로세스(PDCA Cycle)

- 색채품질관리(Color QC)는 단순히 최종 제품을 검사하는 행위가 아니라, 기획부터 출하까지 전 과정을 통계적이고 과학적으로 관리하여 불량을 예방하는 시스템이다.
- 품질관리는 계획(Plan) – 실시(Do) – 검토(Check) – 조치(Act)의 사이클을 무한 반복하며 품질 수준을 지속적으로 향상시키는 과정이다.

① 1단계 : 계획(Plan) – 기준 설정

목표 설정	고객의 요구사항을 분석하여 품질 목표 수립
기준 확립	색차(ΔE^*) 허용 오차(Tolerance), 광택도, 은폐력 등의 합격/불합격 판정 기준 설정
방법 결정	샘플링 검사 방식, 측정 장비(측색기 종류), 검사 환경(광원) 등을 결정

② 2단계 : 실시(Do) – 작업 수행

| 작업 표준 준수 | 수립된 표준 작업 지침서(SOP)에 따라 조색 및 도장 작업 실시 |
| 데이터 수집 | 작업 과정에서 발생하는 온도, 습도, 건조 시간 등의 공정 데이터 기록 |

③ 3단계 : 검토(Check) – 측정 및 평가

측색 및 분석	생산된 시료(Sample)를 측색하여 기준색(Standard)과의 차이 분석
판정	설정된 허용 오차 범위 내에 들어오는지 확인하여 합격(Pass) 또는 불합격(Fail) 판정
공정 능력 평가	관리도(Control Chart) 등을 활용하여 공정이 안정 상태인지 확인

④ 4단계 : 조치(Act) – 개선 및 표준화

| 부적합 조치 | 불합격품에 대해 폐기, 재작업(Rework), 특채 등의 조치를 취함 |
| 재발 방지 | 불량의 원인(안료 오차, 작업자 실수 등)을 찾아 제거하고, 작업 표준서를 개정(Feedback)하여 동일한 불량이 발생하지 않도록 함 |

2) 품질 검사 방법의 비교(육안 vs 기기)

색채 품질관리는 육안 검사와 기기(CCM) 검사를 상호 보완적으로 사용해야 한다.

① 육안 검사(Visual Assessment)

특징	숙련된 조색사가 표준광원 하에서 눈으로 색을 판정
장점	• 인간이 느끼는 전체적인 감성 품질(Color Appearance)과 질감을 판단할 수 있음 • 펄, 메탈릭 등 특수 효과 안료의 느낌을 평가하는 데 유리함
단점	• 관찰자의 컨디션, 나이, 심리에 따라 결과가 달라질 수 있음(주관적, 재현성 부족) • 데이터로 기록하고 전달하기 어려움

② 기기 검사(Instrumental Assessment)

특징	분광측색계와 CCM(Computer Color Matching) 시스템을 이용
장점	• $L*a*b*$ 객관적인 수치 데이터를 제공하므로 통신 및 기록이 용이함 • 반복 측정 시 재현성이 뛰어나며, 메타메리즘(조건등색)을 사전에 예측할 수 있음
단점	• 기기 측정 방식(조명/수광 기하학)에 따라 수치가 달라질 수 있음 • 형광색이나 복잡한 텍스처의 색은 인간의 눈과 다르게 측정될 수 있음

3) 통계적 공정 관리(SPC) 도구

대량 생산되는 색채 제품의 품질 변동을 감시하기 위해 통계적 도구를 사용한다.

① 관리도(Control Chart)
- 정의 : 공정이 안정 상태인지 이상 상태인지를 판별하기 위해 관리 한계선(상한선/하한선)을 설정하고 데이터를 타점하는 그래프이다.
- $\overline{X}$–R 관리도 : 데이터의 평균값($\overline{X}$)과 범위(R)를 동시에 관리하여 색상의 치우침과 산포(변동폭)를 감시한다.

② 산포도(Scatter Diagram)
- 정의 : 두 종류의 데이터 간의 관계를 파악하기 위해 점을 찍어 나타낸 그림이다.
- 활용 : a* 값과 b* 값의 관계를 좌표평면에 찍어 색상의 분포 경향을 파악할 때 사용한다.

③ 히스토그램(Histogram)
- 정의 : 데이터의 분포 상태(모양)를 알기 위해 구간별 빈도수를 막대 그래프로 나타낸 것이다.
- 활용 : 생산된 제품들의 색차가 정규분포를 따르는지, 불량률이 얼마나 되는지 한눈에 파악할 수 있다.

KEYWORD 03) 품질점검 실시

01 색차 관리(조색의 기초 및 CCM)

1) 조색(Color Matching)의 개요 ^{빈출 6회}

① 조색의 정의 및 고려사항

정의	여러 가지 색료(안료, 염료)나 빛을 혼합하여 원하는 목표색을 만드는 작업
색료 선정 시 고려사항	• 주어진 소재(피도물)의 특성을 파악하여 알맞은 색료를 선정해야 함 • 색료의 가격, 광원에 따른 색 변화(메타메리즘), 작업 공정의 적합성, 착색의 견뢰성(내구성) 등을 종합적으로 고려하여 결정
측색의 원칙	효과적인 재현과 오차 감소를 위해, 표준 표본은 3회 이상 반복 측색하여 평균값을 사용하는 것이 원칙
염료의 평가	염료는 가루 그 자체로는 색을 평가할 수 없으며, 반드시 염색된 상태(발색 후)로 평가해야 함

② 조색의 종류
- 육안 조색 : 사람의 감각에 의존하는 방식으로 메타메리즘 발생 빈도가 높다.
- CCM 조색 : 컴퓨터와 측색기를 이용한 자동 조색으로 정밀도가 높다.

2) CCM(Computer Color Matching, 컴퓨터 자동 배색) ^{빈출 41회}

① 개념 및 특징
- 정의 : 분광광도계(측색기)와 컴퓨터를 연동하여 정밀하게 조색하는 시스템이며, 측색 데이터를 기반으로 조색제(염료, 안료)의 비율을 자동으로 계산하고 공급한다.
- 등장 배경 : 분광광도계와 컴퓨터 기술의 발달로 정밀한 색채 분석과 배합 예측이 가능해짐에 따라 도입되었다.
- 핵심 성공 요소 : CCM의 정확도는 기계 성능보다 정확한 색료 데이터베이스(DB) 구축에 달려 있다.

▲ CCM

선생님의 노하우

만능은 아니다
"CCM은 모든 색을 완벽하게 맞춘다."는 틀린 말입니다. 형광색이나 특이한 펄 색상은 기계도 헷갈려합니다. 처음에 입력한 DB(기초 데이터)가 엉망이면 슈퍼 컴퓨터 할아버지가 와도 엉뚱한 답을 내놓습니다. DB 구축이 생명이라는 것을 꼭 기억하세요.

② CCM의 주요 장점

• 기술적 측면(품질 향상)

아이소머리즘(Isomerism) 실현	광원이 바뀌어도 분광 반사율 곡선을 일치시켜 무조건 등색을 구현할 수 있음
메타메리즘 예측	조건등색(Metamerism) 발생 가능성을 사전에 계산하여 차단할 수 있음
신속한 대처	소재나 안료가 바뀌어도 빠르게 배합비를 수정할 수 있음

• 경제적 측면(원가 절감)

최소 안료 사용	정확한 계산으로 불필요한 안료 낭비를 줄여 원가 절감
시간 단축	조색 시간을 획기적으로 줄여 다품종 소량 생산에 매우 적합

• 운용적 측면(효율성)

비숙련자 운용 가능	장비 교육을 통해 숙련된 기술자가 아니더라도 일정 수준 이상의 조색이 가능
현장 처방	과학적인 관리로 보정 능력이 향상되어, 시험 염색 횟수를 줄이고 바로 현장 생산이 가능

③ CCM 시스템의 필수 3대 기능 ^{빈출 2회}

CCM 소프트웨어가 반드시 수행해야 할 핵심 기능이다.

색료 선택(Selection)	데이터베이스에서 최적의 안료 조합을 찾아냄
초기 레시피 예측(Initial Formulation)	목표색을 재현할 배합비(처방) 계산
레시피 수정(Correction)	실제 제작된 시편의 오차를 분석하여 배합비 보정

④ CCM에 반드시 포함되어야 하는 요소 ^{빈출 2회}

최적의 컬러런트(조색제) 조합, 컬러런트 데이터베이스(DB), 광원별 메타메리즘(Metamerism) 정도 계산과 같은 요소들이 반드시 포함되어야 한다.

3) CCM의 핵심 이론 : 쿠벨카–문크(Kubelka–Munk) ^{빈출 11회}

CCM이 "이 색을 만들려면 빨강을 얼만큼 넣어야 해?"라고 계산할 수 있는 건 바로 쿠벨카–문크 이론이라는 수학 공식이 있기 때문이다.

① 이론의 개요 및 원리

• 정의 : 불투명한 매질 속에서 빛이 흡수(Absorption)되고 산란(Scattering)되는 현상을 설명하거나 광선이 발색층에서 확산, 투과, 흡수될 때와 일정한 두께를 가진 발색층에서 감법 혼합을 하는 경우에 성립하는 원리이다.

• 핵심 원리
  – 색소(안료)의 농도와 반사율 사이의 관계를 규명한다.
  – 안료마다 고유한 흡수 계수(K)와 산란 계수(S)가 있다는 것을 전제로, 목표색의 분광 반사율(R)을 얻기 위한 안료의 배합비를 역산해 낸다.

• 주요 변수 ^{빈출 4회}

K(흡수 계수)	빛을 흡수하는 정도
S(산란 계수)	빛을 산란시키는 정도
R(분광 반사율)	$(0 < R \leq 1)$

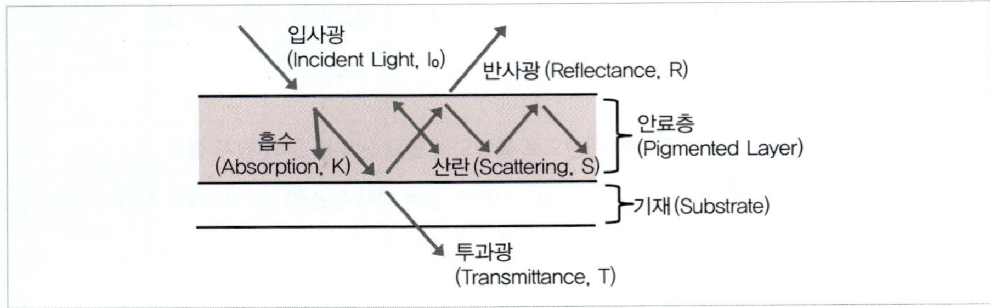

▲ 쿠벨카—문크 이론

② 쿠벨카—문크 이론의 적용 범위(3가지 부류)

이론이 성립하기 위한 조건에 따라 적용 대상을 3가지로 분류하고 시험에서 각 부류의 예를 묻거나, 적용이 불가능한 소재를 묻는다.

분류	특징	적용 대상(소재)	비고
제1부류	불투명도가 완전하지 않은 층	인쇄 잉크, 투명한 플라스틱, 불투명하지 않은 페인트	
제2부류	불투명한 기판 위에 있는 투명한 발색층	사진 인화, 열증착식 인쇄물	바탕색 영향 받음
제3부류	완전 불투명한 발색층 (빛이 투과되지 않음)	옷감의 염색, 불투명 페인트, 색종이, 플라스틱 등	CCM 최적합 분야

4) CCM 시스템의 구성 장비 및 소프트웨어

CCM을 운영하기 위해서는 색을 읽는 눈(측색기), 계산하는 뇌(컴퓨터), 섞는 손(디스펜서/믹서)이 필요하다.

① 하드웨어 구성(Hardware)

분광광도계 (Spectrophotometer)	시료의 분광 반사율을 정밀하게 측정하여 컴퓨터로 전송하는 입력 장치
컴퓨터(Computer)	조색 및 측색 데이터를 저장하고, 복잡한 광학 계산(K/S값 산출) 수행
CCM 어플리케이터 (Applicator)	• 얇은 공간을 띄운 정밀 롤러(Bar Coater 등)로 구성 • 도료를 일정한 두께로 도막(Coating)하여 균일한 시편을 만드는 데 사용
오토 디스펜서 (Auto Dispenser)	계산된 레시피대로 원색 안료를 0.001g 단위까지 정량적으로 공급(토출)하는 자동화 기계(수작업 오차 제거)
믹서(Mixer)	토출된 안료와 전색제(Base)가 완전히 섞이도록 교반하는 장치

② 소프트웨어 기능(Software)

CCM 소프트웨어는 크게 품질 관리(QC)와 배합 설계(Formulation) 두 가지 모듈로 나뉘며, 기능을 구분하는 문제가 출제된다.

QC(Quality Control) 모듈	• 측색(Measurement) : 기준색과 시료색 측정 • 색차 평가 : ΔE^* 계산 및 합격/불합격(Pass/Fail) 판정 • 데이터 관리 : 색소 데이터 입력 및 이력 관리
Formulation(배합 설계) 모듈	• 자동 배색(Color Matching) : 목표색을 구현할 최적의 안료 조합과 비율 계산 • 보정(Correction) : 시생산 후 발생한 오차를 줄이기 위한 수정 레시피 산출 • 단가 계산(Costing) : 안료 가격 정보를 바탕으로 가장 저렴한 배합비를 추천

02 색체계의 원리와 속성

1) 색체계의 원리

• 우리가 눈으로 보는 수만 가지의 색을 타인에게 정확하게 전달하기 위해서는 객관적인 기준이 필요하다.

• 이를 위해 색의 성질을 분석하여 기호나 수치로 표시한 것을 '색체계(Color System)'라고 하며, 그 기준이 되는 것이 바로 색의 3속성(색상, 명도, 채도)이다.

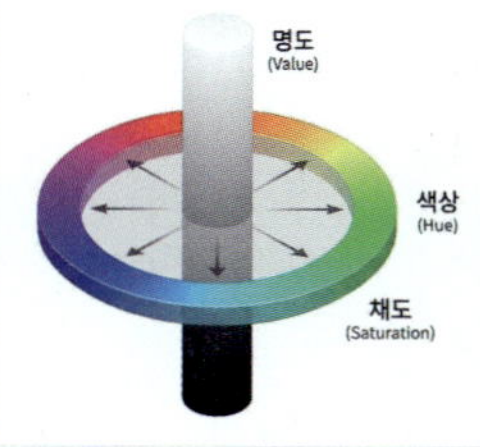

▲ 색의 3속성

2) 색의 3속성(Three Attributes of Color)

• 색은 크게 유채색(Chromatic Color)과 무채색(Achromatic Color)으로 나뉜다.

• 무채색은 명도만 가지고 있으며, 유채색은 색상, 명도, 채도 3가지를 모두 가지고 있다.

① 색상(Hue, H)

• 정의 : 빨강, 파랑, 노랑 등과 같이 색을 구별하는 고유한 성질. 빛의 파장(Wavelength) 차이에 의해 결정된다.

• 특징 : 유채색에만 존재하며, 색의 변화를 둥글게 배열한 것을 '색상환(Hue Circle)'이라고 한다.

• 주요 개념

스펙트럼 색	프리즘을 통과한 가시광선의 색
반대색(보색)	색상환에서 정반대 편에 위치한 색(예 빨강 ↔ 청록)

② 명도(Value, V)

- 정의 : 색의 밝고 어두운 정도. 물체 표면의 반사율(Reflectance)에 비례한다.
- 특징 : 유채색과 무채색 모두에 존재한다.
- 종류

고명도(Light/High Value)	반사율이 높음(하양에 가까움)
중명도(Medium Value)	중간 밝기(회색)
저명도(Dark/Low Value)	반사율이 낮음(검은색에 가까움)
그레이 스케일(Gray Scale)	하양에서 검은색까지의 명도 단계를 순차적으로 나열한 척도

③ 채도(Chroma, C/Saturation)

- 정의 : 색의 순수한 정도. 색의 강약, 포화도, 선명도를 나타낸다.
- 특징

고채도	순색의 함량이 높아 맑고 깨끗하며 강렬한 색
저채도	무채색(회색 등)이 많이 섞여 탁하고 흐린 색
순색(Pure Color)	동일 색상 중에서 채도가 가장 높은 색

3) 색입체(Color Solid)의 구조와 이해

- 색의 3속성을 3차원 공간의 좌표축(X, Y, Z)에 대입하여 입체적으로 구성한 모형을 '색입체'라고 한다.
- 색의 체계적인 이해를 위해 반드시 머릿속에 그려져야 하는 구조이다.

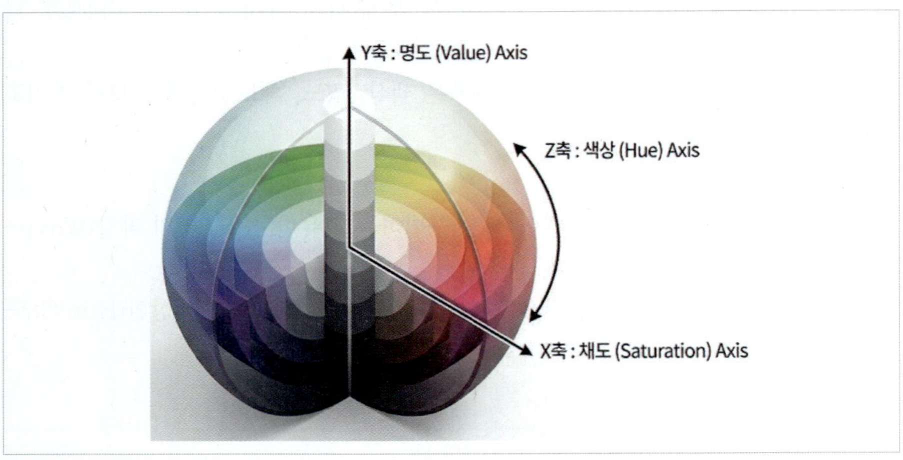

▲ 색입체의 구조와 이해

① 기본 구조(3요소의 배치)

중심축(수직축=명도)	• 맨 위는 하양(White), 맨 아래는 검은색(Black)인 무채색 축이 수직으로 관통함 • 위로 갈수록 명도가 높아짐
둘레(원주=색상)	중심축을 기준으로 수평 방향의 각도에 따라 색상(빨, 주, 노, 초…)이 배열됨
방사선(반지름=채도)	• 중심축(무채색)에서 바깥쪽으로 멀어질수록 채도가 높아짐 • 가장 바깥쪽 표면에 순색이 위치함

② 단면의 이해

색입체를 잘랐을 때 나타나는 단면의 특징을 묻는 문제가 자주 출제된다.

수평 단면(가로 자르기)= '등명도면(Iso-value)'	• 같은 높이에서 가로로 자르면, 명도가 같은 모든 색이 나타남 • 중심에는 무채색(회색)이 있고, 바깥으로 갈수록 채도가 높아짐
수직 단면(세로 자르기)= '등색상면(Iso-hue)'	• 중심축을 포함하여 세로로 자르면, 동일한 색상과 그 보색의 명도/채도 변화 단계를 볼 수 있음 • 예 한쪽 날개는 빨강의 톤 변화, 반대쪽 날개는 청록의 톤 변화가 보임

③ 색입체의 형태

• 모든 색상의 최고 채도 위치(명도 단계)가 다르므로 색입체는 완벽한 구(Sphere) 형이 아니다.
• 노랑은 고명도에서 채도가 높고, 파랑/보라는 저명도에서 채도가 높은 식이기 때문에 찌그러진 구형 또는 불규칙한 타원체 모양을 띤다.

4) 색체계의 분류(현색계와 혼색계)

색을 표시하고 분류하는 방법은 크게 두 가지 시스템으로 나뉘며, 이 둘의 차이점을 명확히 구분해야 한다.

① 현색계(Color Appearance System)

• 정의 : 물체의 색을 눈으로 보고 느끼는 지각적 등보성(간격)에 따라 번호나 기호를 붙여 정리한 체계이다.
• 대표적 체계 : 먼셀(Munsell) 색체계, NCS(Natural Color System), 오스트발트(Ostwald), PCCS가 있다.
• 장·단점

장점	눈으로 확인하기 쉽고 이해가 빠름(색표집 제작 가능)
단점	광원이나 관찰 조건에 따라 색이 달라 보일 수 있어 정밀한 과학적 측정에는 한계가 있음

② 혼색계(Color Mixing System)

• 정의 : 색광(빛)의 혼합 실험(가법 혼색)을 기초로 하여 물리적인 수치(좌표값)로 색을 표시하는 체계이다.
• 대표적 체계 : CIE(국제조명위원회) XYZ 색체계, CIE L*A*B*가 있다.

• 장 · 단점

장점	정확한 수치 계산이 가능하여 과학적 변환 및 CCM 조색, 품질 관리에 필수적임
단점	수치만 보고는 실제 무슨 색인지 직관적으로 떠올리기 어려움(색표집 제작 불가, 심리적 요인 반영 미흡)

03 CCM 시스템과 주변기기 조작 운영법

1) CCM 시스템의 개요

① CCM(Computer Color Matching)의 정의 및 필요성
- CCM 시스템은 분광광도계(Spectrophotometer)를 이용하여 색료(안료, 염료)와 타겟(Target) 시료의 분광 반사율을 측정하고, 컴퓨터의 연산 능력과 색채 이론(Kubelka-Munk 등)을 결합해 목표 색상을 재현하는 최적의 배합비(Recipe)를 산출하는 시스템을 말한다.
- 과거 숙련자의 감각에 의존하던 조색 작업을 데이터화함으로써 다음과 같은 효과를 얻는다.

조색 시간 단축	신속한 1차 처방(Prediction) 산출
원가 절감	최저가 안료 조합 산출 및 잔량(Waste) 활용 가능
품질 표준화	작업자의 컨디션에 구애받지 않는 일관된 품질 유지
아이소머리즘의 실현	분광 반사율을 일치시켜 완전 등색 구현
메타메리즘 예측	다양한 광원 하에서의 색차를 사전 예측하여 제어
다품종 소량	고객이나 소비자별 특성을 컴퓨터에 입력한 후 관리
미숙련자도 조색 가능	조색의 초보자도 운영이 가능

② 시스템의 기본 구성 및 주변기기
- CCM 시스템은 단순히 컴퓨터 한 대를 의미하는 것이 아니다.
- 색을 측정하는 '눈(Eye)', 데이터를 분석·연산하는 '두뇌(Brain)', 그리고 산출된 처방대로 물리적인 배합을 수행하는 '손(Hand)'의 역할을 하는 장비들이 유기적으로 연결된 통합 시스템이다.
- CCM용 분광측색계(Spectrophotometer)

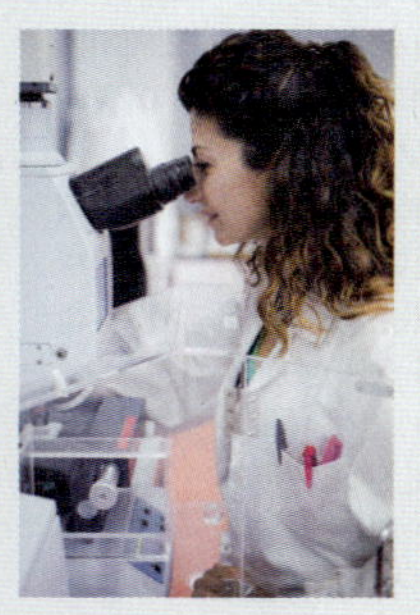

▲ 분광측색계

역할(눈)	시료의 물리적 색채 데이터를 읽어 들이는 입력 장치
기능	가시광선 영역(400~700nm)의 파장별 반사율(Reflectance)을 정밀하게 측정하여 스펙트럼 데이터를 생성하고 이를 컴퓨터로 전송

• 소프트웨어(Color Matching Software)

역할(두뇌)	• 전송된 데이터를 분석하고 연산을 수행하는 핵심 프로그램 • 크게 Quality Control과 Formulation 부분으로 구성

기능	• 쿠벨카-문크(Kubelka-Munk) 등 조색 이론을 기반으로, 목표 색상(Target) 구현을 위한 최적의 배합 비율(Recipe)을 제시하고, 오차 발생 시 보정(Correction) 값을 산출
	  - Quality Control 부분 : 측색하고 오차 판정을 함
	  - Formulation 부분 : 컬러런트 정보를 이용하여 정량적으로 배합비율과 단가를 계산함
	• 도료와 염료의 프로그램은 배합비율 및 디스펜스의 과정이 근본적으로 다르므로 용도를 정확히 파악함

• 하드웨어(PC & Interface)

역할	소프트웨어 구동 및 전체 시스템 제어
기능	고속 연산 처리를 담당하며, 수천 가지 안료 및 소재에 대한 방대한 기초 데이터베이스(DB)를 저장하고 관리

• 오토 디스펜서(Auto Dispenser)

역할(손)	안료(Colorant)와 베이스(Base)를 정량 공급하는 자동화 장치
기능	소프트웨어가 산출한 배합 비율 데이터와 연동하여 0.001g 단위(초정밀)까지 오차 없이 안료를 토출(Dispensing)함으로써 수작업 조색의 오차를 최소화함

• 믹서(Mixer/Shaker)

역할	물리적 교반 및 혼합
기능	• 디스펜싱된 베이스와 컬러런트가 용기 내에서 완벽하게 섞이도록 진동이나 회전을 가함 • 안료가 덜 섞여 발생하는 이색(Color Difference) 현상을 방지하는 필수 장비

• 어플리케이터(Applicator/Bar Coater)

역할	시료 제작(Coating) 및 도막 형성
기능	혼합이 완료된 도료를 은폐지(Chart) 위에 일정한 두께로 도포함
중요성	도막의 두께가 달라지면 색상과 은폐력이 변하므로, 작업자의 손힘에 의존하지 않는 기구(어플리케이터)를 사용하여 재현성(Reproducibility)을 확보해야 함

2) 측색기(Spectrophotometer)의 구조와 이해

① 기하학적 광학 구조(Geometry)

• 정확한 측정을 위해서는 국제조명위원회(CIE) 등에서 규정한 표준 광학 구조를 따라야 한다.
• 산업용 CCM에서 가장 널리 사용되는 방식은 다음과 같다.

• d/8°(확산 조명/8도 수광) 방식

정의	적분구(Integrating Sphere) 내부에서 난반사된 빛(Diffused Light)으로 시료를 고르게 조명하고, 시료 표면의 법선에서 8° 기울어진 각도에서 반사광을 수광하는 방식
특징	시료 표면의 텍스처(질감)나 방향성에 영향을 덜 받으며, 재질 고유의 색상을 측정하기에 유리하고 SCI/SCE 모드 전환이 가능
용도	CCM 조색(Color Matching) 및 배합비 산출용 표준 장비로 사용됨

• 45/0°(45도 조명/0도 수광) 방식

정의	시료 표면에 45° 각도로 빛을 조사하고, 수직(0°) 방향에서 빛을 수광하는 방식
특징	인간이 물체를 관찰하는 일반적인 환경과 유사하며, 표면의 광택이나 질감이 색상 인지에 미치는 영향을 반영
용도	인쇄물, 포장재 등의 외관 품질 검사(QC)에 주로 사용됨

3) 측색기 조작 및 운영 매뉴얼

① 기기 예열(Warm-up)

• 측색기의 광원(펄스 제논 램프, 텅스텐 램프 등)은 전원 인가 직후 광량이 불안정할 수 있다.

• 운영 원칙 : 램프와 내부 전자 회로의 열적 평형을 유지하여 데이터의 반복성(Repeatability)을 확보하기 위해, 전원을 켠 후 최소 15~30분의 예열 시간을 준수해야 한다.

② 기기 교정(Calibration)

• 측색기는 온도, 습도, 램프의 노후화 등에 의해 미세한 편차가 발생하므로, 측정 작업 전 반드시 교정을 수행해야 하며, 이는 시험 및 실무에서 가장 중요한 절차이다.

• 제로 교정(Zero Calibration/Black Trap)

| 방법 | 빛을 완벽히 흡수하는 '라이트 트랩(Light Trap)'을 장착하거나 허공을 향해 측정(빛의 반사율 0% 설정) |
| 목적 | 기기 내부의 암전류(Dark Current)나 전기적 잡음(Noise)을 제거하여, 저명도(어두운 색) 영역의 측정 정확도를 높임 |

• 화이트 교정(White Calibration)

| 방법 | 기기 제조사에서 제공하는 고유의 백색 교정 타일(White Tile)을 센서에 밀착시켜 측정함 (반사율 100% 기준점 설정) |
| 주의사항 | 백색 타일은 오염되거나 긁히지 않도록 관리해야 하며, 타일 표면에 지문이 묻으면 전체 측정값이 왜곡되므로 항상 청결을 유지해야 함 |

③ 측정 조건 설정(Configuration)

- 소프트웨어 상에서 측정 데이터를 처리하는 기준을 설정하는 단계이다.
- SCI와 SCE의 모드 설정 : 조색(Matching)과 검사(QC) 목적에 따라 적절한 모드를 선택해야 한다.

구분	SCI(Specular Component Included)	SCE(Specular Component Excluded)
정의	정반사광(광택 성분)을 포함	정반사광(광택 성분)을 제거
원리	적분구 내의 트랩(Trap)을 닫음	적분구 내의 트랩(Trap)을 열어 광택 배출
특징	표면 상태(광택, 거칠기) 무시, 절대 색상 측정	육안 관찰과 유사, 외관(Appearance) 측정
용도	CCM 조색 처방(Formulation)	최종 제품 품질 검사(QC)

- 표준 광원 및 시야(Illuminant & Observer)

기본 설정	산업 표준인 D65(주광)/10°(등색함수)를 기본으로 함
보조 설정	조건등색(Metamerism) 확인을 위해 A(백열등), CW F/F2(형광등) 광원 데이터를 함께 설정함

④ 시료(Sample)의 준비 및 취급

불투명도(Opacity) 확보	• 시료가 얇아 바닥 색이 비치면 정확한 측정이 불가능함 • 원단의 경우 4겹 이상 접거나, 시료 뒷면에 백색 표준판을 대어 빛이 투과되지 않도록 해야 함
표면 균일성	시료는 구겨짐이나 오염이 없는 평활한 상태여야 하며, 패턴이 있는 경우 '평균 측정(Average Measurement)' 기능을 활용함

04 분광측색계 사용법

1) 분광측색계의 의의

- 분광측색계(Spectrophotometer)는 단순한 측정 도구가 아니라 색채 값을 수치화하여 객관적인 의사소통을 가능하게 하는 기준점이다.
- 정확한 데이터를 얻기 위해서는 올바른 시료 준비부터 측정부터 결과 해석에 이르는 일련의 과정을 표준화된 절차에 따라 수행해야 한다.

2) 측정 전 준비 및 시료(Specimen) 확인

① 환경 및 기기 점검

- 워밍업 및 교정 확인 : 전원 인가 후 30분 예열 및 백색/제로 교정이 완료되었는지 확인한다.
- 조항(Conditioning) : 시료는 온도 $20\pm2℃$, 상대습도 $65\pm2\%$의 항온항습 조건에서 일정 시간 방치하여 수분 함유량 등에 의한 색상 변화를 최소화해야 한다.

SCI랑 SCE, 헷갈리면 영어를 째려보세요!

알파벳 가운데 글자만 째려보세요. 답이 거기에 숨어 있거든요.
- SCI(Inside) : I니까 Inside(속살)! 껍데기(광택) 벗기고 속살만 보니까 '조색용'
- SCE(Eye) : E니까 Eye(눈)! 사람 눈이랑 똑같이 겉멋(광택)까지 보니까 '검사용', "조색은 속(I)을 보고, 검사는 눈(E)으로 본다."

② **시료의 상태 점검(필수 체크리스트)**

- 부적합한 시료는 측정 데이터의 신뢰도를 떨어뜨린다.
- 측정 전 반드시 아래와 같은 사항을 확인한다.

표면 상태	오염(기름, 먼지), 스크래치, 지문 등이 없어야 함
평활도	시료가 구겨지거나 요철이 심하면 빛이 산란되어 정확한 반사율을 얻을 수 없음
불투명도(은폐력)	• 빛이 시료를 투과하여 바닥(Background) 색이 보이면 안 됨 • 원단의 경우 4~8겹 접어서 측정하고, 도료는 은폐지(Leneta Chart)의 흑백 부분 차이가 없을 만큼 도막 두께를 확보해야 함

3) 기준색(Standard)과 시료(Batch)의 설정

- 색채 관리는 절대값이 아닌 차이값(Δ, 델타)을 관리하는 것이 핵심이다.
- 따라서 무엇을 기준으로 삼을지 설정하는 것이 첫 번째 단계다.

① **기준색(Standard/Master) 측정**

정의	발주처(바이어)가 요구한 목표 색상(Target)
절차	① 측정 모드 설정(조색 처방용은 SCI, 외관 검사용은 SCE 권장) ② 타겟 시료를 측정구(Aperture) 중심에 정확히 위치시킴 ③ 측정 버튼을 눌러 스펙트럼 데이터를 저장하고 이를 'Standard'로 지정

② **시료(Batch/Sample) 측정**

- 정의 : 생산 현장이나 실험실에서 실제로 제작한 결과물이다.
- 절차 : 기준색과 동일한 조건(광원, 시야, 모드)에서 측정하며, 이 데이터는 'Sample'로 저장되어 Standard와 비교된다.

4) 정밀 측정 테크닉(Averaging)

한 번의 측정(Single Measurement)은 시료의 국소적인 결함이나 방향성에 의해 오차가 클 수 있으므로 다점 측정 후 평균값을 사용하는 것이 전문가의 방식이다.

① **다점 측정(Multi-point Measurement)**

시료의 위치를 조금씩 이동시키며 3~5회 측정하여 그 평균값을 취하면 시료 자체의 색상 편차(Variation)를 보정해 준다.

② **회전 측정(Rotation Measurement)**

- 직물(Textile)이나 헤어라인이 있는 금속처럼 결(Direction)이 있는 시료는 방향에 따라 색이 다르게 측정된다.
- 방법 : 0°에서 1회 측정 → 시료를 90° 회전하여 2회 측정 → 다시 90° 회전하여 측정 후, 이를 평균 내어 방향성에 의한 오차를 상쇄시킨다.

5) 결과 데이터 분석 및 판독법

측색의 최종 목적은 수치화된 데이터를 해석하여 합격/불합격을 판정하고, 수정 방향을 제시하는 것이다.

① 색차(ΔE)의 판독

- ΔE^*(Delta E) : 기준색(Standard)과 시료(Sample) 사이의 전체적인 색상 차이(거리)를 나타낸다.
- 판정 기준 : 일반적으로 $\Delta E^* \leq 1.0$이면 육안으로 구분이 어려워 합격으로 보지만, 엄격한 품질 관리(자동차, 가전 등)에서는 $\Delta E^* \leq 0.5$ 이하를 요구하기도 한다.

② 좌표별 오차 분석(L^*, a^*, b^*)

- ΔE^* 만으로는 "어떻게" 다른지 알 수 없다.
- 세부 좌표의 차이(Δ)를 분석하여 조색 방향을 결정해야 한다.

구분	수치 의미	해석(현상)	조색(Correction) 처방
ΔL^*	명도 차이	(+) 밝음(Light) (−) 어두움(Dark)	(+) 검정(Black) 추가 (−) 화이트(White) 추가
Δa^*	적/녹 차이	(+) 붉음(Redder) (−) 초록(Greener)	(+) 보색(초록) 추가 (−) 적색 안료 추가
Δb^*	황/청 차이	(+) 노랑(Yellower) (−) 파랑(Bluer)	(+) 보색(청색) 추가 (−) 황색 안료 추가

③ 분광 반사율 곡선(Spectral Reflectance Curve) 분석

- 단순히 $L^*a^*b^*$ 수치만 일치한다고 끝이 아니며, 400~700nm 전 영역의 반사율 그래프 형태가 일치해야 한다.
- 교차 현상 : 두 그래프가 3번 이상 교차한다면, 이는 전형적인 메타메리즘(조건등색) 쌍이다.
- D65 광원에서는 색이 같아 보일지라도 백열등(A) 아래에서는 색이 다르게 보이므로 안료 처방을 변경해야 한다.

6) 장비 유지보수 및 주의사항

① 적분구(Integrating Sphere) 관리

- 적분구 내부는 황산바륨($BaSO_4$) 등 고반사 물질로 코팅되어 있다.
- 절대 손으로 만지거나 입김을 불어 넣어서는 안 되며, 오염 시 제조사에 의뢰하여 재코팅해야 한다.

② 램프 수명 관리

- 제논 램프나 텅스텐 램프는 사용 시간이 지날수록 광량이 저하된다.
- 정기 점검을 통해 광량이 기준치 미달일 경우 즉시 교체하여 데이터 신뢰성을 확보한다.

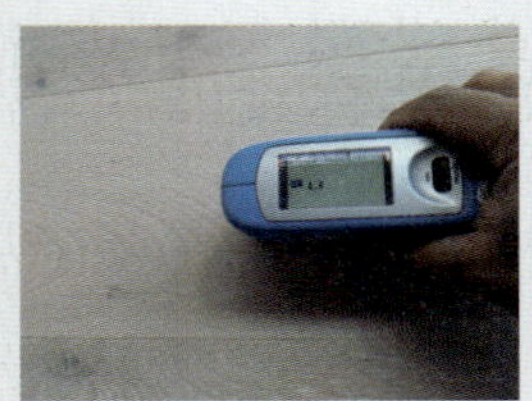

▲ 광택계

05 광택기(Gloss Meter) 사용법

1) 광택기의 의의

- 색채 관리에서 광택(Gloss)은 색상 데이터(L*a*b*)만큼이나 중요한 '외관(Appearance)'의 요소다.
- 광택은 물체 표면에서 빛이 정반사(Specular Reflection)되는 정도를 나타내며, 동일한 안료 처방이라도 광택도에 따라 시각적으로 느껴지는 명도와 채도가 달라진다.
- 정확한 컬러 매칭을 위해서는 분광측색계와 광택기를 병행하여 관리해야 한다.

2) 광택 측정의 개요

① 광택기(Gloss Meter)의 원리

- 광택기는 일정한 각도에서 빛을 쏘았을 때 반대편 동일한 각도로 반사되어 나오는 정반사광(Specular Light)의 양을 측정한다.
- 반사되는 빛의 강도는 반사각 주변의 정해진 각 범위에서 측정된다.
- 반사되는 빛의 강도는 표면 물질과 입사각에 따라 달라지므로 입사각이 큰 도막 표면에서는 더 많은 빛이 반사된다.
- 나머지 빛은 공기·도막의 경계면에서 굴절되며 도막 내에서 빛의 확산과 흡수가 발생한다.
- 광택 값은 입사광원의 세기가 아닌 규정된 굴절률을 지닌 '윤낸 흑유리 표준'의 반사 특성과 관련이 있다.
- 광택의 정도에 따라 고광택(High Gloss), 반광택(Semi-Gloss/Satin), 무광택(Matte/Flat) 등으로 분류된다.
- 빛이 많이 반사될수록 수치가 높게 나오며, 표면이 거칠어 빛이 흩어지면(난반사) 수치가 낮게 나온다.

② 측정 단위

단위	GU(Gloss Unit)
기준	• 광원과 수광부가 규정된 반사각 및 조리개 각으로 설정되었을 때 경면 방향에 놓인 시험편에 반사된 광속과 587.6nm의 파장에서 굴절률 1.567인 흑유리(Black Glass) 표준의 반사율을 100GU로 정의함 • 거울 같은 금속 표면은 100GU를 넘어 2,000GU까지 나오기도 함

3) 측정 각도의 선정

- 광택기는 모든 표면을 하나의 각도로 측정하지 않는다.
- 시료의 광택 수준에 따라 국제 표준(ASTM, ISO, KS)에서 규정한 '최적 측정 각도'를 선택해야 데이터의 신뢰성을 얻을 수 있다.

• 광택 측정 각도 선정 기준표

구분	1차 측정(기준)	변경 조건	변경 각도	적용 대상
중광택	60°	10~70 GU 사이	유지	일반 페인트, 플라스틱
고광택	60°	70 GU 초과 시	20°	자동차, 금속, 유리
저광택	60°	10 GU 미만 시	85°	무광지, 가죽, 질감 소재

① 60°(범용, Universal)

• 용도 : 모든 시료의 1차 측정 기준이다.

• 적용 : 페인트, 플라스틱, 인쇄물 등 일반적인 산업 제품 대부분을 측정한다.

• 판단 기준 : 일단 60°로 측정해 보고, 그 수치가 너무 높거나 낮으면 20°나 85°로 변경한다.

② 20°(고광택, High Gloss)

• 적용 대상 : 자동차 표면, 광택 처리된 금속, 유리 등 반짝이는 표면에 적용한다.

• 전환 기준 : 60°로 측정했을 때 수치가 70GU 이상일 경우, 20° 각도로 변경하여 다시 측정하며, 이는 고광택 영역에서의 해상도를 높이기 위함이다.

③ 85°(저광택, Low Gloss/Matte)

• 적용 대상 : 무광 페인트, 가죽, 질감이 있는 플라스틱, 종이 등 광택이 없는 표면에 적용한다.

• 전환 기준 : 60°로 측정했을 때 수치가 10 GU 이하일 경우, 85° 각도로 변경하여 다시 측정한다.

4) 광택기 조작 및 운영 매뉴얼

① 교정(Calibration)

• 광택기는 오염에 매우 민감하므로 측정 전 반드시 교정을 수행해야 한다.

• 표준 타일 확인 : 기기에 부착된 '검정색 표준 타일(Black Standard Tile)'의 표면에 먼지나 지문이 없는지 확인한다(미세한 스크래치도 오차의 주범).

• 교정 수행 : 메뉴에서 [Calibration]을 실행하여 현재 환경에서 기준값을 잡는다.

② 시료 준비 및 측정

평활도	• 시료는 평평해야 함 • 곡면(Curved surface)은 빛을 산란시키므로 일반 광택기로는 측정이 불가능하며 전용 장비가 필요함
빛 차단	측정기 밑면이 시료에 완전히 밀착되어 외부 빛이 들어가지 않도록 해야 함
방향성 고려	• 결(Grain)이 있는 시료(헤어라인 금속, 나무 무늬 등)는 빛이 들어오는 방향에 따라 값이 달라짐 • 결 방향과 수직 방향으로 각각 측정하여 평균을 내거나 기재해야 함

5) 결과 데이터 분석 및 관리

① 광택과 색의 관계(현상 이해)

고광택(High Gloss)일 경우	• 표면에서 정반사가 강하게 일어나므로, 색 내부에서 나오는 난반사광과 섞이지 않음 • 결과적으로 색은 더 진하고(deep), 명도는 낮게(dark), 채도는 높게(vivid) 보임 • 예 젖은 아스팔트가 더 검게 보이는 원리
저광택(Matte)일 경우	표면 난반사가 심해 백색광이 섞이므로, 색은 뿌옇게(hazy), 명도는 높게(light), 채도는 낮게(dull) 보임

② 데이터 판정

- 일반적으로 광택 허용 오차는 ±3~5 GU 내외로 관리하나, 고광택 제품(자동차 등)은 ±1 GU 이내로 엄격하게 관리하기도 한다.
- 광택 수치뿐만 아니라, 육안으로 보았을 때 표면의 '선명도(DOI : Distinctness of Image)'나 '헤이즈(Haze, 뿌연 정도)'도 함께 고려해야 한다.

6) 유지보수 및 주의사항

① 렌즈 청소

- 기기 바닥의 투사 렌즈와 수광 렌즈에 먼지가 쌓이면 광택도가 낮게 측정된다.
- 부드러운 천이나 에어 블로어(Air Blower)를 통해 주기적으로 청소한다.

② 표준 타일 관리

- 교정용 타일은 흠집이 나면 절대 복구할 수 없다.
- 사용하지 않을 때는 반드시 캡을 닫아 보호하고, 손으로 표면을 만지지 않도록 한다.

06 소광제와 광택에 따른 색채 변화

1) 소광제의 원리와 광택에 대한 이해

- 조색(Color Matching) 현장에서 초보자가 가장 많이 범하는 실수는 '색만 맞추고 광택은 나중에 생각하는 것'이다.
- 광택(Gloss)은 색의 선명도와 농도에 결정적인 영향을 미치기 때문에 동일한 검은색 안료를 써도 유광일 때는 '새까만 검정(Jet Black)'으로 보이지만, 무광일 때는 '뿌연 회색(Dark Gray)'으로 보인다.
- 소광제의 원리와 광택에 따른 색채 변화 법칙을 이해하는 것은 필수이다.

2) 소광제(Matting Agent)의 정의 및 원리

① 소광제의 역할

- 소광제란 도료나 플라스틱 표면의 광택을 의도적으로 낮추기 위해 첨가하는 미세한 분말이다.
- '무광제' 또는 '플래팅 에이전트(Flatting Agent)'라고도 부른다.

② 소광의 원리(난반사 유도)

매끄러운 표면(유광)	• 빛이 들어온 각도 그대로 반사되는 정반사(Specular Reflection)가 주를 이룸 • 우리 눈에는 반짝이는 하이라이트가 맺힘
거친 표면(무광)	• 소광제 입자가 도막 표면에 미세한 요철(Roughness)을 만듦 • 요철에 의해 빛이 사방으로 흩어지는 난반사(Diffuse Reflection)가 발생하여 반짝임이 사라짐

③ 주요 재료

- 실리카(Silica) 계열 : 가장 널리 사용되며 투명도가 좋아 본래의 색상을 크게 해치지 않으면서 광택만 낮춘다.
- 왁스(Wax) 계열 : 표면 슬립성(미끄러짐)을 좋게 하거나 침전 방지용으로 실리카와 혼용하여 사용한다.

3) 광택에 따른 색채 지각의 변화

물리적인 색(안료량)은 같아도, 광택에 따라 우리 뇌가 색을 다르게 인지하는 현상이다.

① 유광(High Gloss)일 때의 색채 특성

- 현상 : 표면에서 정반사가 강하게 일어나고, 내부에서 나오는 색광(Color Light)이 표면 반사광과 섞이지 않고 분리되어 눈에 들어온다.
- 결과

명도(L)	낮아 보임(더 어둡고 깊어 보임)
채도(C)	높아 보임(더 선명하고 맑아 보임)
흑색도(Jetness)	검은색의 경우 더욱 새까맣게(Jet Black) 보임

② 무광(Matte/Flat)일 때의 색채 특성

- 현상 : 표면에서 난반사가 일어나면서 백색광(White Light)이 안료 고유의 색광과 뒤섞여 우리 눈에 들어오며, 마치 색 위에 얇은 안개(Fog)가 낀 것과 같다.
- 결과

명도(L)	높아 보임(희뿌옇고 떠 보임)
채도(C)	낮아 보임(탁하고 힘이 없어 보임)
시각적 효과	부드럽고 차분한 느낌을 주지만, 원색의 강렬함은 떨어짐

4) 소광제 투입 시 발생하는 변화

조색 작업 중 소광제를 투입하면 다음과 같은 변화가 발생하므로 이를 예측하여 처방을 수정해야 한다.

① 점도 상승(Viscosity Increase)

- 소광제(특히 실리카 분말)는 기름(전색제)을 흡수하는 성질이 있다.
- 대책 : 소광제를 많이 넣을수록 도료가 뻑뻑해지므로, 신나(Thinner)나 용제를 추가하여 작업 점도를 맞춰야 한다.

② 건조 후 광택 저하(Dry-back)

- 젖은 상태(Wet)일 때보다 완전히 건조되었을 때 광택이 더 떨어진다.
- 주의 : 젖은 상태에서 광택을 맞추면, 건조 후 예상보다 더 매트(Matte)해져서 색이 뿌옇게 변할 수 있으므로, 반드시 건조 후의 상태를 기준으로 삼아야 한다.

5) 실무 조색 가이드

① 광택 먼저 맞추기(Gloss First)

- 색을 다 맞춰놓고 마지막에 소광제를 넣으면, 색이 뿌옇게 변해서 다시 조색해야 하는 대참사가 일어난다.
- 순서

> 베이스 → 소광제 투입(광택 확정) → 조색제 투입(색상 맞춤)

② 측색기 맹신하지 않기(SCI vs SCE)

- SCI 모드(광택 포함)로 찍으면 유광이나 무광이나 데이터(L) 값은 비슷하게 나오지만 사람 눈(Visual)은 SCE 모드(광택 제거)와 비슷하다.
- 기계상으로는 색이 맞다고 나오는데 눈으로 보면 "무광 시료가 더 희끄무레하다."라고 느끼는 이유가 바로 이것으로 이럴 땐 기계 수치를 무시하고 육안으로 보면서 흑색이나 원색 안료를 조금 더 넣어 채도를 올려줘야 한다.

07 메탈릭(Metallic) 및 펄(Pearl) 색채의 변화

1) 메탈릭(Metallic)과 펄(Pearl) 컬러의 변화

- 일반적인 안료(Solid Color)는 어느 각도에서 보아도 색이 거의 일정하지만 자동차 도장이나 고급 가전제품에 사용되는 메탈릭(Metallic)과 펄(Pearl) 컬러는 보는 각도에 따라 색상과 밝기가 드라마틱하게 변한다.
- 전문 용어로 '이방성(Gonio-apparent)' 또는 '플립플롭(Flip-Flop)' 현상이라 하며, 이를 정확히 측정하고 관리하는 것은 현대 색채 산업의 고난도 과제이다.

2) 메탈릭과 펄의 발색 원리

① 메탈릭 컬러(Metallic Color)

구성	일반 안료에 미세한 알루미늄 조각(Aluminum Flake)을 섞은 것
원리	알루미늄 조각이 작은 거울 역할을 하여 빛을 강하게 반사시킴
특징	빛을 정면으로 받는 하이라이트 부분은 눈부시게 밝고(Light), 측면 그늘진 부분은 급격하게 어두워지는(Dark) 명도 차이가 큼

② 펄 컬러(Pearl/Mica Color)

구성	운모(Mica)나 유리 조각에 산화티타늄 등을 코팅한 간섭 펄 안료를 사용
원리	빛의 간섭(Interference) 현상을 이용
특징	각도에 따라 단순히 밝기만 변하는 것이 아니라, 색상 자체가 변함(例 정면은 붉은색, 측면은 골드색으로 변하는 카멜레온 효과)

3) 플립플롭(Flip-Flop) 현상의 이해

메탈릭 컬러의 가장 큰 특징은 관찰 각도에 따라 색이 변한다는 점이며, 이를 현장에서는 '플립플롭'이라고 부른다.

① 페이스(Face)와 플롭(Flop)

- 페이스(Face/Highlight) : 정반사광 근처에서 바라보는 시각으로 가장 반짝이고 밝은 정면 색상을 말한다(주로 15°~45° 각도).
- 플롭(Flop/Shade) : 정반사광에서 멀어지는 시각으로 측면에서 비스듬히 바라보는 어두운 색상을 말한다(주로 75°~110° 각도).

② 플립플롭 값(Flip-Flop Value)

- 정면(Face)과 측면(Flop)의 명도 차이를 수치화한 값이다.
- 알루미늄 입자가 평평하게 잘 누워 있을수록(배향이 좋을수록) 플립플롭 효과가 커져서, 정면은 더 밝고 측면은 더 어둡게 보인다.
- 금속 질감이 강하게 느껴진다는 뜻이다.

4) 다각도 분광측색계(Multi-angle Spectrophotometer)의 활용

일반적인 d/8°나 45/0° 방식의 측색기는 한 각도만 측정하므로, 각도마다 색이 변하는 메탈릭 컬러를 측정할 수 없으므로 '변각 측색기'를 사용해야 한다.

① 측정 각도의 표준(ASTM E2194)

- 빛을 45도 각도로 쏘았을 때, 반사되는 빛을 다음의 3~5개 각도에서 동시에 측정한다.

15°(Near Specular)	정반사광 바로 옆, 하이라이트(Highlight) 색상 측정
45°(Face)	정면 색상, 육안으로 물체를 똑바로 쳐다볼 때의 색
110°(Flop)	측면 색상, 빛이 닿지 않는 그늘진 부분(Shade)의 색을 측정(참고 : 정밀 분석 시 25°, 75°를 포함하여 5각도를 측정하기도 함)

② 데이터 분석법
- 메탈릭 컬러의 합부 판정은 모든 각도(15°, 45°, 110°)에서 ΔE*가 기준치 이내여야 합격이다.
- 45°(정면)는 색이 맞는데 110°(측면)가 다르다면 안료의 종류는 같으나 입자의 크기나 배열 상태가 다른 것이다.

5) 입자감(Texture)의 시각적 평가

색상(Color) 데이터 외에도 메탈릭 도료는 '질감'이 중요하다. 이를 수치화한 두 가지 지표가 있다.

① 스파클(Sparkle) – 반짝임

환경	맑은 날 직사광선(Direct Sun) 아래서 관찰됨
현상	• 알루미늄 입자 하나하나가 별처럼 반짝거리는 현상 • 입자가 클수록 스파클 수치가 높음

② 그레인(Graininess) – 입자감

환경	흐린 날이나 그늘(Diffuse Light) 아래서 관찰됨
현상	• 반짝임은 사라지고, 표면이 거칠거칠하게 보이는 모래알 같은 느낌 • 입자가 뭉쳐 있거나 불균일할 때 수치가 높게 나옴

08 텍스처(Texture)의 색채 변화

1) 텍스처로 인한 색채 변화의 이해

- 색채 관리에서 '색(Color)'과 '질감(Texture)'은 별개의 요소가 아니다.
- 동일한 안료를 사용하여 배합하더라도 최종 소재의 표면이 매끄러운지(Smooth) 거친지(Rough)에 따라 우리 눈에 보이는 색은 완전히 달라진다.
- 텍스처에 의한 색채 변화를 이해하고, 올바른 측정법을 적용해야 정확한 품질 관리가 가능하다.

2) 텍스처의 광학적 원리

① 난반사와 백색광의 혼입

- 표면이 거친 텍스처(예 직물, 가죽, 샌딩 처리된 플라스틱 등)는 빛을 사방으로 흩어지게 하는 난반사(Diffuse Reflection)를 일으킨다.
- 이 과정에서 표면에서 반사된 백색광(White Light)이 물체 고유의 색광(Color Light)과 섞이게 되어, 색상이 희뿌옇게 보이거나 탁해지는 현상이 발생한다.

② 미세 그림자(Micro-shadow) 효과

- 텍스처가 아주 굵거나 깊은 경우(예 골덴, 굵은 직조물), 표면의 요철 사이에 빛이 닿지 않는 미세한 그림자가 생긴다.
- 그림자는 전체적인 색상을 어둡게(Darker) 만들고, 채도를 떨어뜨리는 원인이 된다.

3) 텍스처에 따른 색채 지각의 특징

① 매끄러운 표면(Smooth Surface)

- 특징 : 빛의 정반사가 일어나고 난반사가 적다.
- 색채 : 안료 본연의 색이 선명하게 드러나며, 채도(Chroma)가 높고 명확하게 보인다.

② 거친 표면(Rough/Matte Texture)

- 특징 : 빛이 산란되고 표면 요철에 의한 그림자가 발생한다.
- 색채

채도 저하	난반사된 백색광이 섞여 색이 탁하고 부드러워(dull) 보임
명도 변화	• 미세 요철이 빛을 산란시키면 밝아 보이고(L 상승), 깊은 골이 그림자를 만들면 어두워 보임(L 하락) • 텍스처의 형태에 따라 명도 변화가 복합적으로 일어남

4) 텍스처 시료의 측정 방법

- 텍스처가 있는 시료는 한 번의 측정(Single Measurement)으로는 신뢰할 수 있는 데이터를 얻을 수 없다.
- 위치와 방향에 따라 값이 널뛰기 때문이다.

① 대면적 측정(LAV : Large Area View)

- 표면의 불균일함을 상쇄하기 위해, 측색기의 측정 구경(Aperture) 중 가장 큰 것(보통 25mm 이상)을 사용해야 한다.
- 작은 구경으로 측정하면 특정 요철이나 실밥 색만 찍힐 위험이 있다.

② 다점 측정 후 평균화(Averaging)

- 시료의 여러 지점을 최소 3~5회 이상 측정하여 평균값을 취한다.
- 이는 텍스처의 불규칙성을 통계적으로 보정하는 가장 기초적인 방법이다.

③ 회전 측정(Rotation Measurement)

- 직물(Textile)이나 헤어라인 금속처럼 결(Direction)이 있는 시료는 빛을 비추는 방향에 따라 색이 달라진다.
- 방법 : 0°에서 측정 → 90° 회전하여 측정 → 필요시 180°, 270° 추가하고 이 값들을 모두 합산하여 평균을 낸다.

5) 소재별 텍스처 관리 포인트

① 섬유(Textile)

파일(Pile) 방향성	• 벨벳이나 코듀로이처럼 털이 있는 원단은 털이 누운 방향(결)과 선 방향(역결)의 색이 정반대로 보임 • '방향성 메타메리즘'이라 하며, 반드시 육안 검사 시 방향을 지정해야 함
조직감	평직, 능직, 주자직 등 짜임새에 따라 빛 반사율이 다르므로 CCM 처방 시 동일한 조직의 원단을 타겟으로 삼아야 함

② 플라스틱(Plastic)

- 부식(Embossing) 처리 : 금형 표면에 부식 처리를 하여 가죽 질감 등을 낸 경우, 평평한 시편(Plate)보다 L*값(명도)이 낮아지는 경향이 있다.
- 관리 : 시편 제작 시 부식의 깊이가 일정하게 유지되는지를 광택기(85° 또는 60°)로 함께 관리해야 한다.

09 도장 작업 조건(Application)에 따른 색채 변화

1) 작업 변수의 의의

- CCM 컴퓨터가 산출한 처방대로 정확히 배합했는데도 현장에서 "색이 안 맞는다."라는 불호령이 떨어질 때가 있다.
- 안료의 문제가 아니라, 도료를 분사(Spray)하는 작업 조건이 변했기 때문이다.
- 도장 압력, 속도, 온도는 도막의 두께와 입자 배열에 영향을 미쳐 최종 색상을 변화시키는 것을 '작업 변수(Application Variables)'라 하며, 조색사는 이 변수들이 색에 미치는 영향을 정확히 숙지해야 한다.

2) 도장 조건과 색채 변화의 상관관계

- 일반적으로 도료 입자가 곱게 쪼개져서(미립화) 건조하게 날려 쌓이면 난반사가 심해져 밝아진다(Lighter).
- 반대로 입자가 굵고 촉촉하게(Wet) 도장되면 정반사가 우세해져 어두워지는(Darker) 경향이 있다.

① 페인트 희석

신나가 부족 시	보다 선명하게 나타남
신나 과잉 시	탁하게 나타남

② 공기압

높을 시	보다 밝게 나타남
낮을 시	보다 어둡게 나타남

③ 주변 온도

높을 시	보다 밝게 나타남
낮을 시	보다 어둡게 나타남

④ 스프레이건

과잉 미립화	밝고 곱게 나타남
미립화 부족 시	어둡고 탁하게 나타남

⑤ 스프레이 방법

날려 뿌림	밝게 나타남
눌러 뿌림	어둡게 나타남

⑥ 신나

빠를 때	밝게 나타남
느릴 때	어둡게 나타남

3) 현장 조색 시의 대응 전략

위의 변수들을 이해했다면, 안료를 추가하지 않고 스프레이 조작만으로 미세한 색차를 수정할 줄 알아야 고수다.

① 색이 기준보다 약간 어두울 때
- 안료 처방을 바꾸기 전에 스프레이 압력을 조금 높이거나(High Air), 건(Gun) 거리를 조금 멀리하여 날려서 뿌려본다.
- 명도가 상승하여 색이 맞을 수 있다.

② 색이 기준보다 약간 밝을 때
- 스프레이 압력을 낮추거나, 조금 더 천천히(Wet) 뿌려서 도막을 촉촉하게 만든다.
- 명도가 하락하여 색이 맞을 수 있다.

KEYWORD 04 품질점검 평가

01 KS색채품질관리규정

1) KS 색채품질관리 규정(색에 관한 용어 – KS A 0064)

① 측광에 관한 용어

번호	용어	뜻
1001	빛	(1) 시각계에 생기는 밝기 및 색의 지각·감각 (2) 눈에 들어와 시감각을 일으킬 수 있는 전자파, 가시광선이라고도 함 (3) 자외선부터 적외선까지의 파장 범위에 포함되는 전자파
1002	분광 밀도	파장 λ를 중심으로 하는 미분 파장 폭 내에 포함되는 복사량 X(복사속, 복사 조도, 복사 휘도 등)

1003	분광 분포	파장 λ의 함수로 표시한 분광 에너지의 분포 〈 비고 〉 1. 분광 조성이라고도 함 2. 복사량의 성질을 분명히 하기 위하여 예를 들면 복사속 Φe의 분광 분포는 분광 복사속 분포라 하고 양의 기호 $\Phi e\lambda(\lambda)$로 표시하는데 첨자 λ는 파장에 대한 미분계수를 나타내고 (λ)는 파장의 함수를 나타냄
1004	상대 분광 분포	• 분광 분포의 상대값 • 양의 기호 $S(\lambda)$ 또는 $P(\lambda)$로 표시
1007	휘도 (Luminance) 빈출 2회	유한한 면적을 갖고 있는 발광면의 밝기를 나타내는 양이며 다음 식에 따라 정의되는 측광량 Lv
1010	휘도율, 루미넌스 팩터	동일 조건으로 조명 및 관측한 물체의 휘도 L_{vs}와 완전 확산 반사면 또는 완전 확산 투과 면의 휘도 L_{vn}과의 비
1013	분광 반사율 스펙트럼 반사율 빈출 1회	물체에서 반사하는 파장 λ의 분광 복사속 $\Phi_{r\lambda}$와 물체에 입사하는 파장 λ의 분광 복사속 $\Phi_{i\lambda}$의 비
1017	완전 확산 반사면 빈출 2회	입사한 복사를 모든 방향에 동일한 복사 휘도로 반사하고, 또 분광 반사율이 1인 이상적인 면
1018	완전 확산 투과면 빈출 1회	입사한 복사를 모든 방향에 동일한 복사 휘도로 투과하고, 또 분광 반사율이 1인 이상적인 면

② 측색에 관한 용어

번호	용어	뜻
2001	색, 색채	(1) 색이름(예를 들면 회색, 빨강, 연두, 연한 파랑, 갈색 등) 또는 색의 3속성으로 구분되거나 표시되는 시감각(시지각)의 특성 〈 비고 〉 색이름은 KS A 0011에 따름 (2) (1)에 따라 특성 지을 수 있는 지각에 따라 인식되는 물체의 시각 특성(물체색) (3) (1)에 따라 특성 지을 수 있는 지각에 따라 인식되는 빛 자체의 질적 특성(광원색) (4) (1)에 따라 특성 지을 수 있는 지각의 원인이 되는 물리 자극을 표시하는 3자극값과 같은 3가지 수치의 조합으로 표시되는 색자극의 특성(심리 물리색)
2002	색자극	눈에 들어와 유채색 또는 무채색의 감각을 일으키는 가시복사
2003	색자극 함수	색자극을 복사량의 분광 밀도에 따라 파장의 함수로 표시한 것으로 양의 기호 $\Phi_{\lambda}(\lambda)$로 표시
2004	상대 색자극 함수	• 색자극 함수의 상대 분광 분포 • 양의 기호 $\Phi_{\lambda}(\lambda)$로 표시
2005	색자극값	3자극값에 따라 정해지는 색자극의 성질을 표시하는 양
2006	광원색 빈출 5회	• 광원에서 나오는 빛의 색 • 광원색은 보통 색자극값으로 표시
2007	물체색	빛을 반사 또는 투과하는 물체의 색. 물체색은 보통 특정 표준광에 대한 색도좌표 및 시감 반사율 등으로 표시

2008	표면색 빈출 4회	• 빛을 확산 반사하는 불투명 물체의 표면에 속하는 것처럼 지각되는 색 • 표면색은 보통 색상, 명도, 채도 등으로 표시
2009	개구색 빈출 2회	• 구멍을 통하여 보이는 균일한 색 • 깊이감과 공간감을 특정 지을 수 없도록 지각되는 색
2010	색의 표시, 표색	색을 심리적 특성 또는 심리 물리적 특성에 따라 정량적으로 표시하는 것, 혹은 구멍을 통하여 보이는 균일한 색으로 깊이감과 공간감을 특정 지을 수 없도록 지각되는 색 〈 비고 〉 심리적 특성에 따른 경우는 색상, 명도, 채도에 따르고, 심리 물리적 특성에 따른 경우는 3자극값에 따라 표시
2011	색표시계	특정 기호를 이용하여 색의 표시를 명확히 하기 위한 일련의 규정 및 정의로 이루어지는 체계
2012	3색 색표시계	적당히 선정한 3가지 원자극의 가법 혼색에 따라 시료의 색자극과 등색이 된다는 원리에 바탕을 두고 시료의 색자극값을 표시하는 체계
2013	(CIE)표준광원 및 CIE 광원	• CIE 표준광은 CIE에서 규정한 측색용 표준광으로 A, D_{65}가 있음 • CIE C광은 2004년 이후 표준광으로 사용하지 않음
2014	CIE 주광 빈출 2회	많은 자연 주광의 분광 측정값에서 통계적 기법에 따라 각각의 상관 색온도에서 주광의 대표로써 CIE가 정한 분광 분포를 갖는 광(조명)으로, D_{50}, D_{55}, D_{75}가 있음
2015	데이비스 – 깁슨 필터	• 데이비스(R. Davis) 및 깁슨(K. S. Gibson)에 의해 고안된 색온도 변환용 용액 필터 • 표준광원 A와 조합하여 표준광원 B, C 등을 얻기 위하여 이용하는 것 〈 비고 〉 DG 필터라고도 함
2017	등색 빈출 2회	2가지 색자극이 같다고 지각되는 색
2020	원색자극	3색 표색계에서 가법 혼색의 기초가 되는 3가지의 특정 색자극 〈 비고 〉 기호는 XYZ색표시계에서는 [X], [Y], [Z]를 사용하고 $X_{10}Y_{10}Z_{10}$색표시계에서는 $[X_{10}]$, $[Y_{10}]$, $[Z_{10}]$을 사용함
2021	3자극값	3색 표시계에서 시료의 색자극과 등색이 되는 데 필요한 원자극의 양 〈 비고 〉 양 기호는 XYZ 색표시계에서는 X, Y, Z를 사용하고, $X_{10}Y_{10}Z_{10}$색 표시계에서는 X_{10}, Y_{10}, Z_{10}을 사용함
2028	색도	• 색도좌표에 따라 또는 주파장(혹은 보색 주파장)과 순도의 조합에 의해 정해지는 색자극의 심리 물리적 성질 • 색상과 채도를 동시에 고려한 경우의 색지(감)각의 속성
2034	단색광 자극, 스펙트럼 자극	단색광의 색 자극
2035	단색광 궤적, 스펙트럼 궤적	각각의 파장에서 단색광 자극을 나타내는 점을 연결한 색도좌표도 위의 선
2038	무채색 자극	밝기 자극만이 전달되는 색자극으로 중간색 자극(Neutral Color Stimulus)이라고도 함

2039	주파장	•특정 무채색 자극과 어떤 단색광 자극이 적당한 비율의 가법 혼색에 의해 시료색 자극과 등색이 되는 단색광 자극의 파장 •양의 기호 λ_d로 표시 •주파장은 순도와 조합하여 시료색 자극의 색도를 나타냄 〈 비고 〉 주파장이 얻어지지 않을 때(색도 그림 위에서 시료색 자극을 나타내는 점이 순자주 궤적과 특정 무채색 자극을 나타내는 점으로 둘러싸인 3각형 내에 있는 경우)는 보색 주파장이 이를 대신함
2041	순도	•특정 무채색 자극과 어떤 단색광 자극(또는 순자주 궤적 위의 색자극)을 가법 혼색하여 시료색 자극과 등색이 될 때 그 혼합 비율을 나타내는 값 •순도는 주파장(또는 보색 주파장)과 조합하여 시료색 자극의 색도를 나타냄 〈 비고 〉 가법 혼색의 혼합비율 측정 방법의 종류에 따라 자극 순도, 휘도 순도 등을 구별하여 정의함
2044	완전 복사체 궤적 빈출 1회	완전 복사체 각각의 온도에 있어서 색도를 나타내는 점을 연결한 색도좌표도 위의 선
2045	(CIE) 주광 궤적	여러 가지 상관 색온도에서 CIE 주광의 색도를 나타내는 점을 연결한 색도 그림 위의 선
2046	분포 온도 빈출 3회	•완전 복사체의 상대 분광 분포와 동등하거나 근사적으로 동등한 시료 복사의 상대 분광 분포의 1차원적 표시로서 그 시료 복사에 상대 분광 분포가 가장 근사한 완전 복사체의 절대온도로 표시한 것 •양의 기호 T_d로 표시하고, 단위는 K를 사용
2047	색온도 빈출 4회	•완전 복사체를 그것의 절대온도로 표시한 것 •양의 기호 T_c로 표시하고, 단위는 K를 사용 〈 비고 〉 시료 복사의 색도가 완전 복사체 궤적 위에 없을 때는 상관 색온도를 사용
2048	상관 색온도 빈출 3회	•완전 복사체의 색도와 근사하는 시료 복사의 색도 표시로 그 시료 복사에 색도가 가장 가까운 완전 복사체의 절대온도(1)로 표시한 것 •이때 사용되는 색공간은 CIE 1960 UCS(u, v)를 적용 •양의 기호 T_{cp}로 표시하고 단위는 K를 사용
2049	역수 색온도 빈출 1회	•색온도의 역수 •양의 기호 T_{c-1}로 표시하고 단위는 K_{-1} 또는 MK_{-1}을 사용 〈 비고 〉 단위 기호 MK_{-1}은 메가켈빈이라 읽으며 이는 $10_{-8}K_{-1}$과 같다. 이 단위는 종래 미레드라 부르고 mrd의 단위 기호로 표시한 것과 같음
2050	역수 상관 색온도	•상관 색온도의 역수 •양의 기호 T_{cp-1}로 표시하고, 단위는 K_{-1} 또는 MK_{-1}을 사용 〈 비고 〉 2051의 비고 참조
2051	등색온도선 빈출 2회	CIE 1960 UCS 색도그림 위에서 완전 복사체 궤적에 직교하는 직선 또는 이것을 다른 적당한 색도좌표도 위에 변환시킨 것
2052	가법 혼색 빈출 2회	2종류 이상의 색자극이 망막의 동일 개소에 동시에 혹은 급속히 번갈아 투사하여 또는 눈으로 분해되지 않을 정도로 바꾸어 넣은 모양으로 투사하여 생기는 색자극의 혼합

2053	가법 혼색의 원색	가법 혼색에 이용하는 기본 색자극은 보통 빨강, 초록, 남색의 3색을 사용
2054	감법 혼색 빈출 3회	색 필터 또는 기타 흡수 매질의 중첩에 따라 다른 색이 생기는 것
2055	감법 혼색의 원색	• 감법 혼색에 이용하는 기본 흡수 매질의 색 • 보통 시안(스펙트럼의 빨강 부분 흡수), 마젠타(스펙트럼의 초록 부분 흡수), 노랑(스펙트럼의 파랑 부분 흡수)의 3색을 사용
2056	가법 혼색의 보색 빈출 1회	가법 혼색에 의해 특정 무채색 자극을 만들어 낼 수 있는 2가지 색자극
2057	감법 혼색의 보색	감법 혼색에 의해 무채색을 만들어 낼 수 있는 2가지 흡수 매질의 색
2059	조건등색, 메타메리즘 빈출 4회	분광 분포가 다른 2가지 색자극이 특정 관측 조건에서 동등한 색으로 보이는 것 〈 비고 〉 1. 특정 관측 조건이란 관측자, 시야나 물체색인 경우에는 조명광의 분광 분포 등을 가리킴 2. 조건등색이 성립하는 2가지 색자극을 조건등색쌍 또는 메타머(Metamer)라 함
2060	색역 (Color Gamut) 빈출 8회	특정 조건에 따라 발색되는 모든 색을 포함하는 색도 그림 또는 색공간 내의 영역
2061	색공간 빈출 3회	색의 상관성 표시에 이용하는 3차원 공간
2062	색입체	특정 색표시계에 따른 색공간에서 표면색이 점유하는 영역
2063	균등 색공간 빈출 2회	동일한 크기로 지각되는 색차가 공간 내의 동일한 거리와 대응하도록 의도한 색공간
2064	색차	두 색의 지각된 색의 간격 또는 그것을 수량화한 값
2065	색차식	2가지 색자극의 색차를 계산하는 식
2072	CIE 1976 명도 빈출 2회	$L^*a^*b^*$ 색공간 및 $L^*u^*v^*$ 색공간에서는 L^*로 정의되고, 명도에 대응하는 값
2077	분광광도계 빈출 6회	물체의 분광 반사율로 분광 투과율 등을 파장의 함수로 측정하는 계측기
2078	분광 복사계 빈출 4회	복사의 분광 분포를 파장의 함수로 측정하는 계측기
2079	색채계 빈출 4회	색을 표시하는 수치를 측정하는 계측기
2080	광전 색채계 빈출 1회	광전 수광기를 사용하여 종합 분광 특성(분광감도 또는 그것과 조명계의 상대 분광 분포와의 곱)을 적절하게 조정한 색채계
2081	시감 색채계 빈출 3회	시감에 의해 색 자극치를 측정하는 색채계
2082	연색	조명빛이 물체색을 보는 데 미치는 영향
2083	연색성 빈출 5회	광원의 고유한 연색에 대한 특성

2084	연색 평가 지수 (연색 지수)	광원의 연색성을 나타내는 것을 목적으로 한 지수
2087	백색도 빈출 6회	• 표면색의 흰 정도를 1차원적으로 나타낸 수치 • CIE xyY에서는 2004년 표면색의 백색도를 평가하기 위한 백색도(W, W_{10})와 틴트(T, T_{10})에 대한 공식을 추천하였음 • 기준광은 CIE 표준광 D_{65}를 사용
2088	틴트 빈출 1회	흰색에 유채색이 혼합된 정도

③ 시각에 관한 용어

번호	용어	뜻
3001	색감각	눈이 색자극을 받아 생기는 효과
3002	색지각	색감각에 기초하여 대상인 색의 상태를 아는 것
3003	밝기(시명도) (Brightness) 빈출 3회	광원 또는 물체표면의 명암에 관한 시지(감)각의 속성 〈 비고 〉 주로 관련되는 심리물리량은 휘도
3004	색상 빈출 2회	1. 빨강, 노랑, 초록, 파랑, 보라와 같은 색지(감)각의 성질을 특징짓는 색의 속성 2. 1의 속성을 연속적으로 배열하여 척도화한 수치 또는 기호
3005	명도 빈출 2회	1. 물체표면의 상대적인 명암에 관한 색의 속성 2. 동일 조건으로 조명한 백색면을 기준으로 하여 상기 속성을 척도화한 것 〈 비고 〉 주로 관련되는 심리물리량은 휘도율
3006	채도 빈출 2회	물체표면의 색깔의 강도를 동일한 밝기(명도)의 무채색으로부터의 거리로 나타낸 시지(감)각의 속성 또는 이것을 척도화한 것
3007	색의 현시, 컬러어피어런스 빈출 3회	관측자의 색채 적응 조건이나 조명, 배경색의 영향에 따라 변화하는 색이 보이는 결과
3008	선명도, 컬러풀니스 빈출 1회	• 시료면이 유채색을 포함한 것으로 보이는 정도에 관련된 시감각의 속성 • 일정한 유채색을 일정 조명광에 의해 명소시의 조건으로 조명을 변경시켜 조명하는 경우, 저휘도로부터 눈부심을 느끼지 않는 정도의 고휘도가 됨에 따라 점차로 증가하는 것
3011	먼셀 휴	먼셀 색 표시계에서의 색상
3012	먼셀 밸류	먼셀 색 표시계에서의 명도
3013	먼셀 크로마	먼셀 색 표시계에서의 채도
3015	유채색	색상을 갖는 색
3016	무채색	색상을 갖지 않는 색으로 흰색, 회색, 검정
3017	색표	• 색의 표시 등을 목적으로 하는 색지 또는 유사한 표면색에 따른 표준 시료 • 특정한 기준(KS A 0062 등)에 기초하여 작성한 색표를 표준 색표라 함
3018	컬러 차트	색표를 계통적으로 배열한 것
3019	색표집 빈출 1회	특정한 색표기에 기초하여 컬러 차트를 편집한 것

3020	색상환	둥글게 배열한 색표에 따라 색상을 계통적으로 나타낸 컬러 차트
3021	무채색 스케일 (회색 척도)	1. 무채색 색표에 따른 1차원적인 컬러 차트 2. 명도, 색차 등의 판정 기준에도 쓰임
3022	명도 스케일	무채색 스케일로 색표에 따른 명도 판정의 기준이 되는 것
3023	색조, 뉘앙스	색상과 채도를 동시에 고려한 경우의 색지(감)각의 속성
3024	오스트발트 색표시계 빈출 2회	• 오스트발트(W. Ostwald)가 고안한 색표시계로 색상, 백색량(W), 흑색량 　(S)에 따라 표면색을 나타냄 • 백색량, 흑색량, 순색량(V)은 다음과 같은 관계가 있음 W+S+V=100
3025	오스트발트 순색	오스트발트 색표시계에서 백색량 및 흑색량이 0인 색
3026	(시각계의) 순응 빈출 3회	망막에 주는 자극의 휘도·색도의 변화에 따라서 시각계의 특성이 변화하는 과정, 또는 그 과정의 최종 상태로 양자를 구별하는 경우에는 각각 순응 과 정(순응 상태)
3027	휘도 순응 빈출 2회	시각계가 시야의 휘도에 순응하는 과정 또는 순응한 상태
3028	명순응 빈출 3회	• 3cd·m^{-2} 정도 이상인 휘도의 자극에 대한 휘도 순응 • 명순응 상태에서는 대략 추상체만이 움직이는 것으로 보임 〈 비고 〉 어두운 곳에서 밝은 곳으로 나왔을 때 밝은 빛에 순응하게 되는 현상
3029	암순응 빈출 3회	• 약 0.03 cd·m^{-2} 정도 이하인 휘도의 자극에 대한 휘도 순응 • 암순응 상태에서는 대략 간상체만이 움직이는 것으로 보임 • 밝은 곳에서 어두운 곳으로 이동 시, 어두움에 적응하는 과정 및 상태
3030	색순응 빈출 3회	명순응 상태에서 시각계가 시야의 색에 순응하는 과정, 또는 순응된 상태
3031	색채 항상성 빈출 2회	조명 및 관측 조건이 다르더라도 주관적으로는 물체의 색이 그다지 변화되 어 보이지 않는 현상
3032	명소시(주간시) 빈출 4회	정상의 눈으로 명순응된 시각의 상태
3033	암소시(야간시) 빈출 2회	정상의 눈으로 암순응된 시각의 상태
3034	박명시 빈출 3회	명소시와 암소시의 중간 밝기에서 추상체와 간상체 양쪽이 움직이고 있는 시각의 상태
3035	푸르킨예 현상 빈출 3회	빨강 및 파랑의 색자극을 포함하는 시야각 부분의 상대 분광 분포를 일정하 게 유지하여 시야 전체의 휘도를 일정한 비율로 저하시켰을 때에 빨간색 색 자극의 밝기가 파란색 색자극의 밝기에 비하여 저하되는 현상 〈 비고 〉 • 어두운 곳에서 파랑은 밝게 보이고 빨강은 어둡게 보이는 현상 • 시각이 명소시에서 암소시로 바뀌게 되면 장파장 빛에 대한 효율은 떨어 　지고 단파장 빛에 대한 효율은 올라가는 현상
3036	플리커 빈출 2회	상이한 빛이 비교적 작은 주기로 눈에 들어오는 경우 정상적인 자극으로 느 껴지지 않는 현상

3039	망막 조도	망막상에서 조도를 등가적으로 나타내는 것으로 정한 양, 휘도 1cd/㎡의 광원을 면적 1㎟의 동공을 통하여 볼 때의 망막 조도를 단위로 하여 이것을 1 트롤란드(단위 기호 Td)라 함
3040	눈부심, 글레어	과잉의 휘도, 또는 휘도 대비 때문에 불쾌감(눈부심)이 생기거나 대상물을 지각하는 능력이 저하될 수 있는 시각의 상태
3041	(눈의) 잔상	빛의 자극(색자극)을 제거한 후에 생기는 시지(감)각
3042	색 대비	• 2가지 색이 서로 영향을 미쳐 그 서로 다름이 강조되어 보이는 현상 • 색상 대비, 명도 대비, 채도 대비 등
3043	동시 대비	공간적으로 근접하여 놓인 2가지 색을 동시에 볼 때 일어나는 색 대비
3044	계시 대비	시간적으로 근접하여 나타나는 2가지 색을 차례로 볼 때 일어나는 색 대비
3045	동화 효과	한 가지 색이 다른 색에 둘러싸여 있을 때 둘러싸여 있는 색이 주위의 색과 비슷해 보이는 현상으로 이 현상은 둘러싸여 있는 색의 면적이 작을 때, 또는 둘러싸여 있는 색이 주위의 색과 유사한 것일 때 등일 경우 일어남
3046	역치	자극역과 식별역의 총칭으로 자극의 존재 또는 두 가지 자극의 차이가 지각되는가의 경계가 되는 것과 같은 자극 척도상의 값 또는 그 차이
3047	자극역 빈출 2회	자극의 존재가 지각되는가의 경계가 되는 자극 척도상의 값
3048	식별역	2가지 자극이 구별되어 지각되는 데 필요한 자극 척도상의 최소 차이
3049	시인성 빈출 3회	대상물의 존재 또는 모양의 보기 쉬움을 나타내는 정도
3050	가독성 빈출 4회	문자, 기호 또는 도형의 읽기 쉬움 정도
3051	수용기	빛이나 기타 자극을 받아들이는 생체의 기관
3052	자극	수용기에 주어지는 물리적인 에너지
3053	흥분	수용기에 자극이 작용하였을 때에 생기는 효과
3054	응답	생체에 자극을 줌으로써 일어나는 외계 정보의 인식, 또는 그에 따르는 행동
3055	중심시	망막의 중심 우묵부(중심에 있는 우묵한 곳으로 추상체가 밀집되어 있어 색의 식별 및 시력이 가장 좋은 부분)에서 보는 것
3056	추상체 (원추 시세포)	• 망막의 시세포의 일종으로 밝은 곳에서 움직이고 색각 및 시력에 관계 있음 • 장파장(L), 중파장(M), 단파장(S)에 대응하는 세 종류의 추상체가 있음
3057	간상체 (막대 시세포)	망막의 시세포의 일종으로 주로 어두운 곳에서 움직이고 명암 감각에만 관계 있음
3058	위등색표 (색각 판정표)	색각 이상자가 혼동하기 쉬운 표면색을 이용하여 숫자나 문자 등의 도형을 그린 표
3059	정상 색각	색의 식별 능력이 정상인 색각
3060	이상 색각	정상 색각에 비하여 색의 식별에 이상이 있는 색각
3061	색맹 빈출 3회	• 정상 색각에 비하여 현저히 색의 식별에 이상이 있는 색각 • 세 종류의 원추세포 중 한 종류가 없는 경우 발생하며 유전적인 요인이 있음
3062	색약	• 정도가 낮은 이상 색각 • 세 종류의 원추세포 중 한 종류 이상의 세포의 특성이 정상 색각과 다른 경우 발생

④ 기타 색에 관한 용어

번호	용어	뜻
4001	광택 빈출 3회	• 광원으로부터 물체에 입사하는 빛이 물체의 표면에서 굴절률의 차이(밀도의 차이)에 의하여 입사광의 일부가 표면층에서 반사되는 성분 • 경계면에서의 굴절률의 차이와 편광 상태에 따라 광택이 달라짐
4002	광택도 빈출 5회	물체표면의 광택의 정도를 일정한 굴절률을 갖는 블랙 글라스의 광택 값을 기준으로 1차원적으로 나타내는 수치
4003	텍스처	재질, 표면 구조 등에 따라 생기고, 물체표면에 관한 시지각의 속성
4004	색맞춤	반사, 투과, 발광 등에 따른 물체의 색을 목적한 색에 맞추는 것
4005	북창 주광	표면색의 색맞춤에 쓰이는 자연의 주광으로, 일출 3시간 후에서 일몰 3시간 전까지 사이의 태양광의 직사를 피한 북쪽 창에서의 햇빛을 말함
4006	허용 색차	지정된 색과 시료 색의 색차의 허용 범위
4007	색재현	다색 인쇄, 컬러 사진, 컬러 텔레비전 등에서 원색을 재현하는 것
4008	컬러 밸런스	색재현에서 각 원색상 상호 간의 균형 관계로 예를 들면 무채색이 거의 충실히 재현되어 있는 경우 컬러 밸런스가 좋다고 함
4009	색분해	다색 인쇄 등에서 원색 화상 또는 피사체에서 2가지 이상의 원색에 대한 강도를 나타내는 화상을 만드는 것
4010	크로미넌스 (Chrominance) 빈출 3회	• 시료색 자극의 특정 무채색 자극(백색 자극)에서의 색도차와 휘도의 곱 • 주로 컬러 텔레비전에 쓰임

02 ISO/CIE 색채품질관리 규정

1) ISO—CIE xyY 색채품질관리 규정

	정의
XYZ	• 색채 과학의 기초가 되는 3자극치의 실험은 1931년 미국 국제조명위원회(CIE)에서 이루어짐 • 표준 관측자인 시각을 갖는 사람이 색채의 자극에 대하여 Red, Green, Blue의 감각기관으로 인식한다는 사실을 알게 됨 • 각각의 색광의 합이 표준 관측 광원인 백색광이 되도록 만든 결과를 가지고 모든 색채의 변환식은 시작됨
Yxy	• 위의 XYZ 색표계가 양적인 표시로 색채의 느낌을 알기 어려운 대신 밝기의 정도를 판단할 수 있다는 점에서 수식을 변환하여 얻은 색표계가 Yxy색표계 • Y의 값은 앞의 XYZ의 Y의 값과 같은 반사율의 값으로 색채의 밝기를 나타냄 • 빛의 색표기와 관리에 사용
L*a*b*	• L*a*b*는 보다 인간의 감성에 접근하기 위하여 연구된 결과로 인간이 색채를 감지하는 Yellow∼Blue, Green∼Red의 반대색설에 기초한 것 • 기호 중 a*는 Green∼Red의 관계를, b*는 Yellow∼Blue의 관계를 표시 • L*은 인간의 시감과 같은 명도를 나타내는 것 • 이 색표계는 조색을 하거나 색채의 오차를 알기 쉬우며 색채의 변환 방향을 쉽게 짐작할 수 있어 세계적으로 가장 널리 통용됨

L*C*h*	• 앞의 L*a*b* 색표계에서 먼셀 등의 현색계에서 볼 수 있는 색상환의 개념과 채도의 개념을 도입하여 조정한 것 • 이 색표계에서 C*는 중심에서 해당 색채까지의 거리, 즉 채도를 의미하고, h는 색상의 종류, 즉 Hue를 의미함 채도 $C=(\sqrt{a^{*2}+b^{*2}})$, 채도 $H=tan^{-1}\dfrac{b^*}{a^*}$
Hunter Lab	위의 L*a*b*와 같으나 Hunter에 의해서 만들어진 식
Munsell	• 먼셀은 미국의 미술교육가로, 그가 분류하여 표시한 기호는 현재의 색채 표시법으로 가장 널리 채택되고 있음 • 모든 색채를 색상, 명도, 채도의 3가지 속성으로 분석하고, 등급을 나누어서 표시
L*u*v*	• Yxy 색표계의 색차가 일정하지 않고 느낌이 정확하지 않아 계산에서 지각적 등보성을 적용하기 어려운 이유로 개발된 것이 L*u*v* 색표계 • 현재 미국 등 선진국에서 공업 규격에 적용하고 있음 • 여기서 보이는 L*는 반사율이 아닌 인간의 시감과 같은 명도. 즉, 단계별로 밝기를 동일하게 느낄 수 있음
CMC(l:c) (l:c는 임의)	• 현재 색채관리에는 L*a*b* 표색계가 많이 사용되고 있지만 여기서 얻은 색차와 실제의 인간의 시감 판정과는 반드시 일치하지는 않음 • 이러한 단점을 계량하여 실제의 시감에 맞도록 한 것이 CMC 색차식 • 채도항과 명도항의 가중치인 l:c 값을 새로 도입하였음 • 현재 섬유 업계에서는 색채관리에 CMC(2:l)을 가장 많이 사용
FMC-2	맥아담(MacAdam)의 편차 타원을 정량화(수식으로 표시)하기 위해서 프릴레(Friele), 맥아담 치커링(MacAdam, Chickerin)에 의해 만들어진 색차식
BFD(l:c)	• CMC 색차식과 가장 큰 차이는 색공간에서 색차 허용 타원체의 회전을 고려한 새로운 항을 추가한 것과 새로운 명도 스케일을 사용한 점 • 그 결과 색차식이 매우 복잡해진 단점을 가지게 되었으나 시감 측평값과의 일치 정도는 가장 우수함
CIE 94 (kL:kC:kh)	• 이 색차식은 CMC 색차식을 기반으로 하며, 명도차 가중 함수를 1로 고정하고 채도차 가중 함수와 색상차 가중함수를 채도항에 의존하는 일차 함수로 가정하여 식을 매우 단순화시켰음 • 시관측 평가에 영향을 줄 수 있는 광원, 샘플 간 간격, 바탕색 등의 다른 영향 인자들을 고려하여 명도, 채도, 색상에 인자 증가함수(Parametric Weighing Function: kL, kC, kH)를 도입하였음
LCD	이 색차식에서는 밝은색(L* 〉 50)에서의 명도 차 가중 함수의 명도항 의존성과 색공간, 특히 파란색 영역에서의 색차 허용 타원체의 회전 고려항을 도입하였고, 기존 데이터로 테스트하여 CIE 94식의 단순성과 유연성의 장점을 그대로 가지면서도 CMC, BDF, CIE 94 등의 색차식보다 월등하거나 혹은 비슷한 성능을 보인다고 할 수 있음
ANLAB-40	• Munsell Value [(2)식]를 기준으로 하여 아담스(E. Q. Adams)가 1942년에 제안한 균등 색공간에 의거한 색차식 • 표준광 C로 조명한 두 개의 시료의 표면색에 대해서 색차를 부여함

백색도 (白色度, CIE 1982)	• 백색도(CIE, 1982에 의한 백색도)는 물체의 "白色"을 나타내는 정도 • D$_{65}$ 광원에서 정의되며 완전 확산 반사면(이상적인 백색)을 백색도 100으로 하고, 이 이상적인 백색에서 멀어짐에 따라 백색도의 수치가 낮아짐 **[정의식]** $$WI = Y + 800(X_n\text{-}X) + 1700(Y_n\text{-}Y)$$ 2도 시야의 경우 : $T_w = 1000(X_n - X) - 650(y_n - y)$ 10도 시야의 경우 : $T_{w10} = 1000(X_{n10} - X) - 650(y_{n10} - y)$ Y : 시료의 XYZ 표색계, 또는 $X_{10}Y_{10}Z_{10}$ 표색계에 의한 삼자극치의 Y 또는 Y_{10} x, y : 시료의 xy 색도표, 또는 $x_{10}y_{10}$ 색도표에 의한 색도좌표 X_n, Y_n : 완전 확산 반사면의 xy 색도표, 또는 X_{n10}, Y_{n10}색도표에 의한 색도좌표
황색도(黃色度) (ASTM E 313)	• 황색도(ASTM E 313에 의한 황색도)는 백색으로부터 황 방향으로 떨어진 정도 • 이상적인 백색은 황색도가 거의 0이 됨 • 황색도가 증가하여 이 이상적인 방향으로부터 멀어짐에 따라 황색도의 수치가 커지게 됨 • 백색으로부터 색상이 황 방향으로 떨어지고 있는 경우 황색도는 +가 되고, 색상이 청 방향으로 떨어지고 있는 경우는 −로 됨 **[정의식]** YI = 100(1−B/G) B : 시료의 청색 반사율(=0.847 Z) G : 시료의 XYZ 표색계에 의한 3자극치의 Y와 같음 따라서 상기 식은 다음과 같이 변환할 수가 있음 YI = 100(1−0.847 Z/Y) 단, Y, Z : 시료의 XYZ 표색계에 의한 3자극치 **[설명]** • 주파장이 570nm 이상 580nm 이하(Munsell 색상으로 말하면 근이적으로 2.5Y부터 2.5GY에 대응)의 시료에 대해서 정의되고 있음 • 황색도(ASTM E 313)는 2도 시야 C광원에서 정의되고 있음 • 조명 수광 광학계는 45도 조명 수직 수광, 0도 조명 45도 수광, 일방향 조명, 확산 수광 확산 조명, 일방향 수광이 많이 이용되고 있음 **[용도]** • 사용 중의 환경, 광, 열 등의 환경에 의한 시료의 퇴색 정도의 평가 • 사용 중의 환경, 광, 열 등의 환경에 의한 도료, 플라스틱의 황 변화, 열화의 평가 • 염색 중의 섬유 황색 정도 평가에 사용

자극 순도	• 색의 단색 표시의 하나
	• 색도를 색도좌표 x, y를 대신하여 주파장 λ_d 또는 보색 주파장 λ_c와 자극 순도 P_e로 나타냄
	  − 주파장 또는 보색 주파장에 의해서 색상이 직감적으로 이해됨
	  − 자극 순도(刺戟純度)에 의해서, 백색도(Neutral Point)부터 간격의 정도 추정이 가능함

Status A, Status T	ISO Status A, Status T는 ISO(International Organization for Standardization)에서 규정한 색 농도 측정 방법 − Status A : Color printer 등의 색 농도 측정 방법 − Status T : 사진 분야나 인쇄 분야 등에서 화상의 3색 분해의 Process에 사용
K/S 농도	• 시료와 기준의 농도를 비교하는 평가방법으로, 최대 흡수 파장의 K/S값을 비교하는 방법과 전파장의 K/S값을 비교하는 방법이 있음 • 특히 염색 업계에서 사용 • 페인트 조색 시 CCM에 적용

NC#	NC# 값은 변·퇴색용 Gray Scale로 표시되고 있는 평가 기준을 수식으로 표현하고 측색 데이터로부터 계산하여 평가치를 구하도록 한 것으로, 특히 염색 업계에서 이용
청색 반사율 (靑色反射率, ASTM E 313)	**[설명]** 청색 반사율(ASTM E 313)은 2도 시야, C광원에서 정의되고 있음 조명 수광 광학계는 45도 조명 수직수광, 0도 조명 45도 수광이 있음 **[용도]** 표백 후의 펄프, 종이, 섬유의 품질 평가에 사용 **[인용 규격]** ASTM E–313–73 「Standard Test Method for Indexes of Whiteness and Yellowness of Near–white,topaque Materials」 Z : 시료의 XYZ 표색계에 의한 3자극치의 Z B = Z 1.181 (= 0.847 Z)
ISO Brightness	• Brightness는 물체의 밝기를 표현하는 정도 • 완전 확산면(이상적인 백색)을 100으로 하고, 이상적인 백색에 비교해서 밝기가 낮아짐에 따라 Brightness의 수치가 작아짐
Opacity	• 불투명도(Opacity)는 종이나, 펄프 등의 불투명도를 나타내는 정도 • 완전히 불투명한 물체를 100으로 하고, 물체가 투명에 접근함에 따라 불투명도가 0에 가까워짐

KEYWORD 05) 품질점검 완성

01 색차의 편색에 따른 색차보정법

1) 색차 보정의 의의

- 색차 보정이란 기준색(Standard)과 시료색(Sample) 사이의 차이(ΔE^*)를 줄이기 위해 안료를 추가하거나 배합 비율을 수정하는 과정을 말한다.
- 무턱대고 감으로 섞는 것이 아니라, CIE L*a*b* 데이터가 지시하는 방향의 '정반대 색(보색)'을 투입하여 오차를 상쇄시키는 것이 핵심 원리이다.

2) 보정의 대원칙(General Rules)

① 소량 투입의 원칙
- 이미 배합된 도료에 안료를 추가하면 전체 양(Total Weight)이 늘어난다.
- 한 번에 많이 넣으면 되돌릴 수 없으므로, 계산된 양의 70~80%만 먼저 넣고 측색 후 미세 조정해야 한다.

② 보색(Complementary Color) 활용
- 특정 색 기미가 강할 때(과잉), 그 색을 덜어낼 수는 없으므로 반대되는 색(보색)을 넣어 그 기운을 상쇄한다.
- 보색을 넣으면 채도(선명도)가 떨어지고 명도가 낮아질 수 있음을 항상 고려해야 한다.

3) 명도(L*)의 보정

- 명도는 색의 밝고 어두운 정도이다.
- 가장 눈에 잘 띄는 오차이므로 최우선으로 잡아야 한다.

① ΔL*이 양수(+)일 때 : 시료가 더 밝음(Lighter)

현상	기준색보다 희끄무레하게 떴음
보정법	• 검정(Black) 안료를 미량 첨가하여 명도를 낮춤 • 유채색의 경우, 현재 색상과 동일한 원색 안료(Deep Color)를 더 넣어 진하게 만듦

② ΔL*이 음수(−)일 때 : 시료가 더 어두움(Darker)

현상	기준색보다 너무 시커멓고 진함
보정법	• 하양(White) 안료를 첨가하여 명도를 높임 • 투명한 클리어(Clear)나 용제를 넣어 농도를 희석시킴(주의 : 이미 어둡게 조색된 것을 밝게 돌리는 것은 매우 어려우며, 처음부터 어둡지 않게 조색하는 것이 상책)

4) 색상 좌표(a*, b*)의 보정

- 시험 문제에서 가장 많이 묻는 "어떤 색을 넣어야 하는가?"에 대한 해답이다.
- 그래프의 십자가 좌표를 머릿속에 그리고, 오차가 발생한 방향의 반대쪽 색을 처방한다.

① Δa*(Red − Green 축)의 보정

측정값	상태(현상)	보정 처방(Solution)	비고
Δa* > 0(+)	붉은 기가 돔(Redder)	초록(Green) 안료 투입	붉은 기를 상쇄(보색)
Δa* < 0(−)	초록 기가 돔(Greener)	빨강(Red) 안료 투입	부족한 붉은 기 보충

② Δb*(Yellow − Blue 축)의 보정

측정값	상태(현상)	보정 처방(Solution)	비고
Δb* > 0(+)	노란기가 돔(Yellower)	파랑(Blue) 안료 투입	노란 기를 상쇄(보색)
Δb* < 0(−)	푸른 기가 돔(Bluer)	노랑(Yellow)안료 투입	부족한 노란 기 보충

5) 복합 보정 시뮬레이션

실제 현장에서는 L*, a*, b*가 동시에 틀어지므로 이때는 우선순위를 정해 복합적으로 처방해야 한다.

예시		기준색보다 시료가 "밝고(+L), 붉으며(+a), 노랗다(+b*)"
분석		명도를 낮추고, 붉은 기와 노란 기를 동시에 잡아야 한다.
처방	명도	검정(Black) 투입 → 명도 하락(L 잡음)
	색상	붉은 기(+a*)를 잡기 위해 초록, 노란 기(+b*)를 잡기 위해 파랑이 필요
	결론	초록과 파랑을 섞은 청록(Cyan) 안료를 투입하면 가장 효율적임

02 광택 단계의 색차보정법

1) 색차 보정의 의의
- 색차 보정은 단순히 L*a*b* 데이터만 맞추는 것이 아니다.
- 최종 제품의 외관(Appearance)을 결정짓는 광택(Gloss)이 기준 시료와 일치하지 않으면, 아무리 색상 좌표를 맞춰도 육안으로는 '다른 색'으로 보인다.
- 광택의 변화는 명도와 채도에 즉각적인 영향을 미치므로, 광택 보정과 색상 보정은 반드시 동시에 수행되어야 한다.

2) 광택과 색채의 상관관계(기본 원리)
보정에 앞서 광택이 변할 때 색이 어떻게 바뀌는지 공식을 머릿속에 넣어야 한다.

① 광택이 높을수록(High Gloss)

현상	표면 정반사가 강해 안료 본연의 색이 뚜렷하게 보임
색채 변화	명도(L)는 낮아지고(어두워짐), 채도(C)는 높아짐(선명해짐)
예시	젖은 머리카락이 마른 머리카락보다 진하고 선명해 보이는 원리

② 광택이 낮을수록(Matte/Flat)

현상	표면 난반사가 심해 백색광이 섞여 들어옴
색채 변화	명도(L)는 높아지고(뿌옇게 뜸), 채도(C)는 낮아짐(탁해짐)
예시	물 빠진 검은 옷이 희끄무레한 회색으로 보이는 원리

3) 광택의 분류 기준(60° 측정 기준)
조색 처방 시 '유광', '반광', '무광'의 기준을 명확히 알아야 한다(ASTM D523 표준 참조).

구분	용어(English)	광택도(60° 기준)	특징
유광	High Gloss	70GU 이상	사물의 상이 거울처럼 뚜렷하게 맺힘
반광	Semi-Gloss	10~70GU	은은한 광택, 산업용 도료의 표준
무광	Matte / Flat	10GU 이하	빛이 거의 반사되지 않음, 차분한 느낌

4) 상황별 광택 및 색차 보정 가이드
① 시료가 기준보다 '광택이 높을 때'(Too Glossy)
- 상태 : 기준은 반무광인데, 내 시료는 유광이라 번들거린다.
- 1차 보정(광택) : 소광제(Matting Agent, 실리카)를 추가하여 광택을 낮춘다.
- 2차 보정(색상 예측) : 소광제를 넣으면 필연적으로 색이 희뿌옇게(L 상승, C 하락) 변한다.
- 최종 처방 : 소광제 투입과 동시에, 검정(Black) 또는 원색 안료를 소량 추가하여 명도가 뜨는 것을 눌러줘야 색상이 일치한다.

② 시료가 기준보다 '광택이 낮을 때'(Too Matte)
- 상태 : 기준은 유광인데, 내 시료는 무광이라 푸석해 보인다.
- 1차 보정(광택) : 클리어(Resin)나 용제(Binder)를 추가하여 안료/소광제 비율을 낮춘다(수정이 매우 어렵다).
- 2차 보정(색상 예측) : 광택이 살아나면 색이 진하고 어둡게(L 하락, C 상승) 변한다.
- 최종 처방 : 어두워진 만큼 화이트(White) 안료를 미세하게 넣어 명도를 보상해야 한다.

5) 광택 보정 시 발생하는 결함(Defect) 및 대책

① 오렌지 필(Orange Peel)
- 현상 : 도막이 매끄럽게 퍼지지 않고 귤껍질처럼 울퉁불퉁해지는 현상이다.
- 원인 : 신나(용제) 증발이 너무 빠르거나 점도가 높을 때 난반사를 일으켜 색을 왜곡시킨다.
- 대책 : 지연 신나(Slow Thinner)를 사용하거나 레벨링제(Leveling Agent)를 첨가한다.

② 헤이즈(Haze)
- 현상 : 고광택 표면인데도 뿌옇게 안개가 낀 것처럼 보이는 현상이다.
- 원인 : 안료 분산이 덜 되었거나, 수지와 안료의 호환성이 나쁠 때 발생한다.
- 대책 : 분산 시간을 늘리거나 호환성이 좋은 수지로 변경한다.

③ 드라이백(Dry-back)
- 현상 : 젖었을 때는 유광이었으나 건조 후 소광제가 표면으로 돌출되어 광택이 줄어드는 현상이다.
- 대책 : 젖은 상태에서는 기준보다 '약간 더 광택이 있어 보이는 상태'에서 멈춰야 건조 후 정확한 광택이 나온다.

6) 기기 데이터(SCI)의 함정 피하기

① 현상
소광제를 넣어 무광으로 만들었더니 육안으로는 색이 변했는데, 측색기(SCI 모드) 데이터는 색 변화가 없다고 나온다.

② 이유
SCI 모드는 정반사광(광택)을 포함해서 계산하므로 표면 난반사를 무시하기 때문이다.

③ 대책
- 광택 보정 단계에서는 기계 데이터보다 육안(또는 SCE 모드)을 믿어야 한다.
- 눈으로 보기에 뿌옇다면 데이터가 맞더라도 과감하게 채도를 높여야 한다.

03 텍스처링(Texturing) 단계의 색차보정법

1) 텍스처링 단계 기술의 의의

- 색차 보정의 마지막 관문은 표면의 질감, 즉 텍스처(Texture)다.
- 동일한 도료나 수지를 사용하더라도 표면을 매끄럽게 처리하느냐, 거칠게(부식/샌딩) 처리하느냐에 따라 색은 전혀 다르게 보인다.
- 텍스처에 의한 난반사와 그림자 효과를 이해하고, 이를 색료 처방으로 보상(Compensation)하는 기술이 필요하다.

2) 텍스처에 따른 색채 왜곡 현상

텍스처 보정을 위해서는 먼저 표면 거칠기가 색을 어떻게 왜곡시키는지 정확히 알아야 한다.

① 텍스처가 거칠어질수록(Rough Surface)

난반사 증가	표면 요철에 부딪힌 빛이 사방으로 흩어지면서 백색광이 혼입됨
색채 변화	• 명도(L) 상승 : 전체적으로 희뿌옇고 밝게 보임 • 채도(C) 하락 : 색의 순도가 떨어져 탁하게 보임 • 예 투명한 유리를 사포로 문지르면 불투명한 흰색처럼 보이는 원리

② 텍스처가 깊고 굵을수록(Deep Pattern)

그림자 효과	직물의 골이나 깊은 엠보싱(Embossing)은 요철 사이에 미세한 그림자(Micro-shadow)를 만듦
색채 변화	• 명도(L) 하락 : 그림자가 진 부분 때문에 전체적으로 어둡게 보임 • 주의 : 얕은 거칠기는 밝아지지만, 깊은 엠보싱은 오히려 어두워질 수 있음

3) 텍스처 차이에 따른 실무 보정법

기준 시료(Standard)와 내가 만든 시료(Sample)의 텍스처가 다를 때, 이를 맞추기 위한 구체적인 처방이다.

① 시료가 기준보다 '매끄러울 때'(Too Smooth)

현상	기준은 거친 가죽 느낌인데, 내 시료는 매끈해서 색이 너무 진하고 선명해 보임
물리적 보정	샌딩(Sanding) 처리를 하거나 입자가 굵은 소광제를 넣어 표면 요철을 인위적으로 만듦
색채적 보정	• 물리적 처리할 수 없다면 색상으로 눈속임(보상)해야 함 • 텍스처가 없어서 진해 보이는 것이므로, 화이트(White) 안료를 미량 첨가하여 명도를 높이거나, 보색을 넣어 채도를 낮춤으로써 거친 질감의 탁한 느낌을 흉내냄

② 시료가 기준보다 '거칠 때'(Too Rough)

현상	기준은 매끈한데, 내 시료는 표면이 거칠어서 희끄무레하게 뜸
물리적 보정	클리어 코팅(Top Coat)을 입혀 요철을 메우거나, 연마(Polishing)하여 표면을 평활하게 만듦
색채적 보정	• 난반사로 인해 색이 날아가 보이는 상태 • 동일 색상의 원색(Deep Color) 안료나 검정(Black)을 추가하여, 희뿌옇게 뜬 명도를 눌러주고 채도를 보강해야 함

4) 텍스처 시료의 측정 및 데이터 해석

텍스처가 있는 시료는 한 번 측정해서는 절대 정확한 값을 얻을 수 없다.

① 데이터의 신뢰성 확보(Averaging)

- 텍스처의 요철 때문에 측정 위치를 조금만 옮겨도 데이터(ΔE^*)가 널뛴다.
- 해결 : 최소 3~5회 이상 위치를 바꿔가며 측정한 뒤, 그 평균값(Average)을 신뢰 데이터로 사용해야 한다.

② 방향성(Direction) 고려

- 헤어라인(Hairline)이나 직물처럼 결이 있는 텍스처는 빛을 비추는 각도에 따라 색이 변한다(미방성).
- 해결 : 시료를 90도씩 회전시키며 4방향(0°, 90°, 180°, 270°)을 측정하여 평균을 내는 '회전 측정법'을 적용한다.

③ 육안 검사와의 괴리 보정

- 현상 : 측색기($L^*a^*b^*$)는 색이 맞다고 하는데, 육안으로는 텍스처 때문에 달라 보인다.
- 대책 : 텍스처 차이가 심할 경우, 기계적 수치($\Delta E^* \langle 1.0$)를 맞추는 것에 집착하지 말고 육안으로 보았을 때의 느낌(Visual Match)을 우선시하여 안료를 가감한다.

④ CCM 조색 시 텍스처의 한계

- 이론적 한계 : CCM의 핵심 알고리즘인 '쿠벨카-문크(Kubelka-Munk) 이론'은 기본적으로 '완전히 불투명하고 표면이 평활한(Flat) 시료'를 전제로 한다.
- 오차 발생 : 텍스처가 심한 시료(직물, 부식판 등)는 이 전제 조건을 벗어나므로, 빛의 산란 계수(S)가 왜곡되어 1차 처방(Prediction)의 정확도가 현저히 떨어진다.
- 대책 : 텍스처가 있는 소재를 조색할 때는 CCM 데이터에만 의존하지 말고, 반드시 과거의 유사 재현 데이터(Historical Data)를 참고하거나 육안 조정을 병행해야 한다.

1) 조색 결과 보고서의 의의

- 조색 결과 보고서(Color Matching Report)는 조색 작업의 최종 산출물이다.
- 준색(Standard)과 시료색(Sample)의 차이를 정량적(수치)으로 명시하고, 육안 평가 결과를 종합하여 최종적인 합격(Pass) 여부를 판정하는 공식 문서이다.
- 아무리 조색을 잘했어도 보고서가 부정확하면 신뢰를 얻을 수 없으므로, 표준화된 양식과 전문 용어를 사용하여 작성해야 한다.

2) 보고서의 필수 구성 요소

보고서는 "누가, 언제, 어떤 조건에서, 무엇을 측정했는가"가 명확히 드러나야 한다.

① 일반 정보(General Information)

- 기본 사항 : 날짜(Date), 작성자(Operator), 시료명(Batch No.), 고객사(Client) 등이 있다.
- 목표 : 추후 문제 발생 시 역추적(Traceability)을 위한 기본 데이터이다.

② 측정 조건(Measurement Conditions)

필수 조건이 명시되지 않은 데이터는 무용지물이므로 반드시 기재해야 한다.

측색기 모델	예 Minolta CM−3600d
광원 및 시야	예 D65/10°
측정 모드	예 SCI(조색용) 또는 SCE(검사용)
색차식	예 CIE L*a*b* 또는 CMC(2:1)

③ 배합 처방(Recipe/Formulation)

- 사용한 안료의 코드명과 투입량(Weight 또는 %)을 소수점 둘째 자리까지 정확히 기재한다.
- 추후 재현성(Reproducibility)을 확보하기 위한 핵심 자료다.

3) 데이터 분석 및 서술 방법(Data Analysis)

- 보고서의 핵심은 수치를 해석하여 글로 풀어내는 능력이다.
- 단순히 '다르다'가 아니라 '어느 방향으로, 얼마나 다른가'를 구체적으로 서술해야 한다.

① 종합 색차(ΔE^*)의 기재

- 작성법 : "전체 색차(ΔE^*)는 0.8로, 허용 공차(Tolerance 1.0) 이내에 들어온다."
- 의미 : 합격/불합격의 1차적인 근거를 제시한다.

② 좌표별 상세 분석(L*a*b*)

- 수치를 보고 색의 상태를 서술형으로 변환하는 연습이 필요하다.
- 예 "현재 시료는 기준색 대비 $\Delta L^*=-0.5$, $\Delta a^*=+1.2$이다. 즉, 기준보다 다소 어둡고 붉은 기가 강한 상태이다."

명도(ΔL*)	• (+) 양수일 때 : 기준색보다 밝음(Lighter) • (−) 음수일 때 : 기준색보다 어두움(Darker)
색상(Δa*, Δb*)	• Δa*(+) : 붉은 기(Redder) / (−) : 초록 기(Greener) • Δb*(+) : 노란 기(Yellower) / (−) : 푸른 기(Bluer)

③ 특수 지수의 기재(Special Indices)

단순 색차(ΔE^*) 외에, 품질 관리에 중요한 특수 지수도 필요시 보고서에 포함해야 한다.

MI(Metamerism Index)	주광(D65)과 보조광(A) 사이의 색차 변동폭, 보통 MI<0.5여야 합격
WI(Whiteness Index)	백색 시료의 하얀 정도(형광증백제 포함 여부 등 확인)
YI(Yellowness Index)	투명 플라스틱이나 백색 도료의 황변(누렇게 변함) 정도

4) 육안 평가 및 최종 판정(Decision)

기계 데이터가 합격 범위라도 육안검사에서 이색이 느껴지거나 메타메리즘이 발생하면 불합격 처리될 수 있다.

① 육안 평가 소견(Visual Comment)

• 기계가 읽지 못한 텍스처, 광택, 메타메리즘 유무를 기록한다.
• **예** "D65 광원에서는 색상이 일치하나, A 광원(백열등)에서는 적색 기가 도는 조건등색 현상이 관찰됨"

② 최종 판정(Final Judgment)

합격(Pass/OK)	데이터와 육안 모두 기준 만족
불합격(Fail/NG)	공차를 벗어나 재조색 필요
조건부 합격 (Conditional Pass/Marginal)	수치는 약간 벗어났으나(예 ΔE* 1.1), 육안상 차이가 미미하거나 납기 등의 사유로 고객과 협의하여 승인함

5) 조색 수정 계획(Correction Plan) 작성법

불합격 시, 어떻게 수정할 것인지를 적는 란으로, 실기 시험 서술형 문제의 정답이 되는 부분이다.

① 작성 공식 : 원인 분석 → 해결 방안

• 잘 못된 예 : "색이 다르므로 다시 조색하겠습니다."(구체성 없음)
• 잘 된 예 : "현재 노란 기(+b*)가 과다하므로, 보색인 파랑(Blue) 안료를 미량 첨가하여 보정하겠습니다."

② 단계적 서술

"1차적으로 명도(L*)를 맞추기 위해 하양을 투입하고, 2차적으로 색상(a*, b*) 오차를 보정하기 위해 초록 안료를 투입함."과 같이 순서를 명시하면 더 전문적이다.

01 데이터베이스 작성 및 구축

1) 데이터베이스화(DB)의 중요성

- 성공적인 조색은 정확한 배합에서 끝나지 않는다.
- 완료된 결과물을 체계적으로 기록하고 보관하는 데이터베이스(DB)화 작업이 뒤따라야 진정한 조색 업무의 완성이라 할 수 있다.

▲ 데이터베이스

2) 조색 결과물의 데이터베이스 필요성

- 조색이 완료된 후에는 조색 시편(Color Sample)과 조색 데이터(Data)를 동시에 관리해야 한다.
- 만약 시편만 보관하고 데이터를 관리하지 않으면, 추후 유사한 컬러의 주문 의뢰가 있을 때 처음부터 다시 조색 작업을 반복해야 하므로 막대한 시간과 비용이 낭비된다.

① 조색 이력 카드(History Card) 작성

- 일반적으로 완성된 조색 시편의 정보를 기록하기 위해 '조색 이력 카드'를 작성한다.
- 정해진 법적 양식은 없으나 날짜, 색상 코드, 색상명, 배합비 등을 기록하여 엑셀 등 문서 프로그램으로 정리한다.
- 조색 이력 카드 필수 기재 항목 예시

관리 번호	날짜	색상명	광택	배합 처방(단위 : g)	작업자
2025–A001	12.07	딥 블루	유광	White(50), Blue(20), Black(0.5)	선앤미

② 조색 시편(Sample) 관리

조색 이력 카드를 작성한 후에는 건조가 완료된 시편을 카드와 함께 철하여 보관한다.

물리적 보관	• 자주 사용하는 자료는 작업자가 바로 찾아볼 수 있도록 인덱싱(Indexing)하여 파일에 철함 • 시편 보관 규칙은 작업자가 판단하여 가장 편리하고 효율적인 방법을 택함
디지털 보관	물리적 시편은 변색될 우려가 있으므로 컴퓨터나 CCM 시스템에도 데이터를 저장하여 영구적으로 보관함

③ 조색한 도료(Residual Paint) 보관

조색하고 남은 도료는 폐기하지 않고 다음을 위해 보관한다.

라벨링	캔이나 용기에 조색 이력 내용(색상명, 코드, 날짜)이 인쇄된 라벨지를 반드시 부착함
보관 원칙	색료를 보관하고 구분하는 방법에는 정해진 규칙이 없으나, 재고 파악이 쉽고 작업 동선이 편리한 효율적인 상태로 관리함

PART 04

색채디자인 제작

파트 소개

- 제4과목 '색채디자인 제작'은 NCS 개편으로 가장 많은 변화와 새로운 내용이 추가되어, 기존 기출문제 답습만으로는 대비하기 어려운 신경향 과목입니다.
- 단순 인쇄 이론을 넘어 디지털 색채 운용(CMS), 3D 시뮬레이션, 지식재산권 관리 등 최신 현장 트렌드가 필수 평가 요소로 자리 잡았습니다.
- 변화된 출제 기준에 맞춰 모니터 속 디자인을 완벽한 실물로 구현해 내는 제작과 사후 관리 프로세스를 빈틈없이 완성해 봅시다.

디지털 색채 운용

빈출 태그 ▶ #RGB와 CMYK #가법 혼합vs감법 혼합 #CMS(색채관리시스템) #ICC프로파일 #색역(Gamut)
#해상도(DPIvsPPI) #GCR과 UCR #잉크총량제한(TIL)

KEYWORD 01) 디지털 색채 제작

01 디지털 색채 체계

1) 디바이스 독립 색체계(Device Independent Color System)

① 정의 및 역할

정의	• 인간의 시감으로 지각할 수 있는 모든 색의 영역을 사용하여 정의된 색채 공간 • 특정 장비에 영향을 받지 않는 표준 색공간
역할	디지털 색채 디바이스들 사이에서 색채 정보를 전달하는 매개 역할(PCS)을 함 빈출 2회

② 주요 독립 색체계

- **CIE XYZ 색체계** 빈출 2회
  - 1931년 CIE(국제조명위원회)에서 발표한 3자극치 함수인 XYZ를 일컫는 색공간이다.
  - 기존 CIE RGB 색체계가 가진 음수(−)값의 문제점을 해결하기 위해 개발되었다.
  - 프로파일 연결 공간(PCS)의 대표적인 시스템이다.
- **CIE L*a*b* 색체계** 빈출 2회
  - 1976년 CIE에서 추천한 색체계로, 모든 분야에서 물체의 색을 나타내는 데 사용된다.
  - 빛을 기반으로 한 색광 혼합을 기본으로 한다.

구성요소	L*	명도(Lightness), 0~100의 정수 또는 256단계 소수점 체계 이용
	a*	빨강(Red)과 초록(Green)의 색상 및 채도 정보(양수=Red, 음수=Green)
	b*	노랑(Yellow)과 파랑(Blue)의 색상 및 채도 정보(양수=Yellow, 음수=Blue)
특징	채도	L*a*b* 색공간의 중심축에서 바깥쪽으로 떨어진 거리
	색상각	+a*축(Red)을 기준(0°)으로 하여 반시계 방향으로 회전한 각도

선생님의 노하우

독립 vs 종속, 헷갈리면 끝장이다!
- **독립 색체계(주인공)** : 장비 탓 안 함, 인간 눈 기준(CIE XYZ, CIE L*a*b*) → PCS(통역사)로 쓰임
- **종속 색체계(하인)** : 장비(모니터, 프린터)에 따라 색이 변함(RGB, CMYK, HSV)

'CIE'가 붙으면 무조건 독립, 나머지는 종속이라고 외우세요.

2) 디바이스 종속 색체계(Device Dependent Color System)

① 정의 _{빈출 2회}

- 디지털 카메라, 스캐너, 모니터, 휴대전화 등 각 디바이스의 특성에 따라 고유한 색체계와 색공간을 사용하는 것을 말한다.
- **예** 같은 사진 파일이라도 일반 컴퓨터 모니터에서 볼 때와 OLED TV에서 볼 때 색감이 다르게 보이는 현상

② 특징 및 문제점

- 디바이스 간 색채 호환성이 없다.
- 동일한 제조사의 같은 모델이라도 생산 시점에 따라 재현되는 색이 다르며, 기종이 다르면 같은 정보값(Data)이라도 서로 다르게 출력된다.
- 해결책 : 디바이스 독립 색체계(XYZ, L*a*b*)를 연계하여 색 보정용 캘리브레이션이나 전문 프로그램을 통해 색상 차이를 조정해야 한다.

③ 종류 _{빈출 7회}

RGB, CMY, HSV, HLS, YCbCr 등이 있다.

3) RGB 색체계(Red, Green, Blue)

① 정의 및 특징 _{빈출 12회}

- 빛의 3원색인 빨강(R), 초록(G), 파랑(B)의 혼합으로 이루어지는 체계이다.
- **가법 혼색(Additive Mixing)** : 색광을 혼합하므로 섞을수록 밝아지며, 2차색이 원색보다 밝다.
- 정육면체(Cube) 공간 내에서 모든 색채가 정의된다.
- 용도 : 컴퓨터 모니터, 스크린, 디지털 카메라, 스캐너 등 빛의 원리로 구현하는 입출력 장치에 사용된다.
- 디지털 색채 시스템 중 가장 안정적이며 널리 쓰인다.

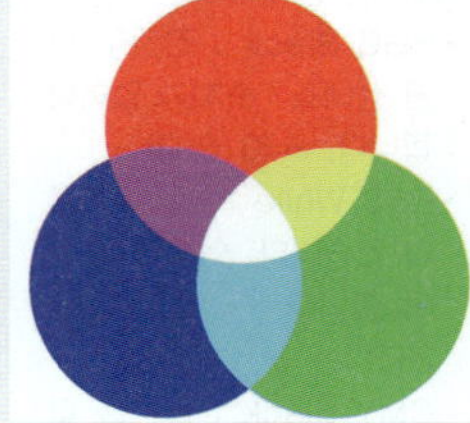

▲ RGB 컬러 모델

② 표현 방법 및 좌표값 _{빈출 3회}

- R, G, B 좌표축을 중심으로 0~255단계로 표현한다.

색상	좌표값(R, G, B)	혼합 원리
Red	(255, 0, 0)	적색광 최대
Green	(0, 255, 0)	초록광 최대
Blue	(0, 0, 255)	청색광 최대
Yellow	(255, 255, 0)	Red+Green
Magenta	(255, 0, 255)	Red+Blue
Cyan	(0, 255, 255)	Green+Blue
White	(255, 255, 255)	모든 빛을 섞음(최대 출력)
Black	(0, 0, 0)	빛이 없음(출력값 없음)

- 24비트(True Color) : 채널당 8bit(2의 8승)를 사용하는 경우, 구현할 수 있는 총 색채의 수는 2의 24승으로 약 1,677만(16,777,216) 컬러이다.

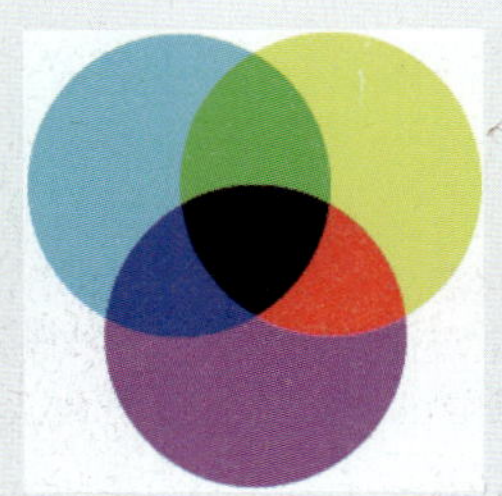

▲ CMY 컬러 모델

4) CMY 색체계(Cyan, Magenta, Yellow) 빈출 10회

① 정의 및 특징

- 색료의 3원색인 시안(C), 마젠타(M), 옐로우(Y)를 이용한 체계이다.
- **감법 혼색(Subtractive Mixing)** : 섞을수록 어두워지며, 컬러 프린터, 오프셋 인쇄기 등 출력 장치에 주로 활용된다.
- 정육면체 공간 내에서 정의되며, RGB와 같이 3개의 좌표로 표현된다.

② 혼합 원리(흡수와 반사)

- 두 종류의 감법 원색을 혼합하면 하나의 가법 원색을 생성한다.
- 파랑(Blue) 생성 원리

시안(C)+마젠타(M) 혼합 시	① 시안은 마젠타의 레드(Red) 성분을 흡수함 ② 마젠타는 시안의 초록(Green) 성분을 흡수함 ③ 결과적으로 남은 파랑(Blue)이 보이게 됨

③ 표현 방법 및 좌표값 빈출 6회

0과 1(또는 0%~100%)로 표현한다(좌표 순서 : C, M, Y).

색상	좌표값(C, M, Y)	혼합 결과
Cyan	(1, 0, 0)	시안 원색
Magenta	(0, 1, 0)	마젠타 원색
Yellow	(0, 0, 1)	옐로우 원색
Red	(0, 1, 1)	Magenta+Yellow
Green	(1, 0, 1)	Cyan+Yellow
Blue	(1, 1, 0)	Cyan+Magenta
Black	(1, 1, 1)	모든 잉크 혼합
White	(0, 0, 0)	잉크 없음(종이색)

5) HSV(B) 색체계

① 정의 빈출 4회

- 먼셀(Munsell)의 기본 3속성인 색상(H), 채도(S), 명도(V)를 중심으로 구성한 색채 모형이다.
- 명칭의 다양성

HSV	Hue, Saturation, Value
HSB	Hue, Saturation, Brightness(명도 대신 밝기 사용)
HSL	Hue, Saturation, Lightness

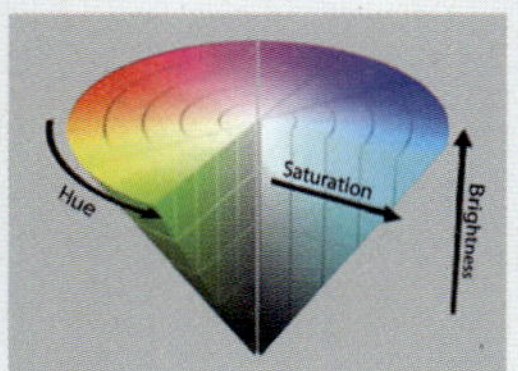

▲ HSB 컬러 모델

시험장에서 긴장하면 갑자기 "검은색(0, 0, 0)인가? (1, 1, 1)인가?" 헷갈릴 때가 있습니다. 이때는 무조건 '전등'과 '물감'만 떠올리세요. 빛(RGB)은 켜야 보이고, 잉크(CMY)는 칠해야 보인다!

- RGB Black : 전등을 다 끈 상태죠? 숫자가 없어야 합니다. → (0, 0, 0)
- RGB White : 전등 3개를 다 켰습니다. 숫자가 꽉 차야 합니다. → (255, 255, 255)
- CMY Black : 물감을 다 섞으면 새카맣게 되죠? 숫자가 꽉 차야 합니다. → (100%, 100%, 100%)
- CMY White : 종이에 아무것도 칠하지 않아야 하얀이죠? 숫자가 없어야 합니다. → (0%, 0%, 0%)

② **구성 요소의 특성** 빈출 7회

- H(Hue, 색상) : 0°~360°의 각도 값 범위를 가진다.
- S(Saturation, 채도) : 색채의 농도 또는 순수한 정도를 나타낸다.

0%	무채색(회색조)
100%	하양을 포함하지 않는 순수한 색(Pure Color)

- V/B(Value/Brightness, 명도) : 색상의 밝기 또는 색채에 포함된 검은색의 양을 의미한다.

0%	완전한 검은색(Black)
100%	수치가 높을수록 밝은 색이 됨

02 디지털 색채관리 시스템(CMS)

1) 디지털 색채관리(CMS)의 이해

① 배경 및 필요성

- 입출력 시스템(모니터, 프린터 등)들은 각 장치의 고유 특성 및 설정값에 따라 같은 데이터라도 색이 다르게 보이는 경우가 발생한다.
- 색온도, 감마 등을 조절하여 색상을 일정한 상태로 유지할 필요가 있다.

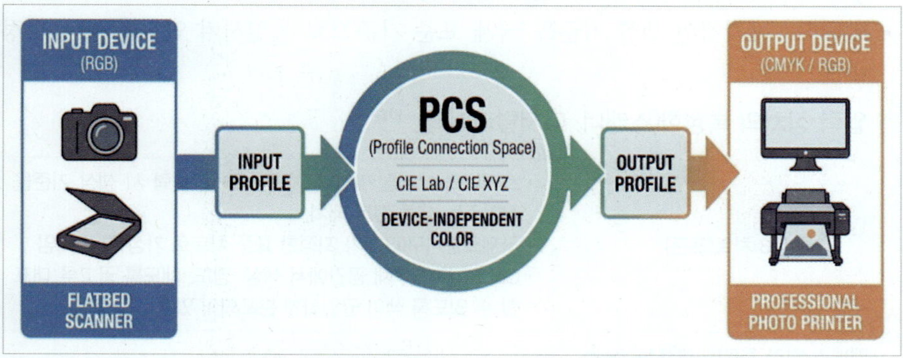

▲ CMS 워크플로우 다이어그램

② **색채관리 시스템**(CMS : Color Management System) 빈출 8회

- 정의 및 구동 원리

정의	• 입력 장치(카메라, 스캐너)와 출력 장치(모니터, 프린터) 간의 색상 불일치를 해결하는 시스템 • 장비마다 다른 데이터 처리 방식, 기종, 설정에 따른 색차를 극복하고 보정하여 이미지 색을 일치시키고, 출력될 색을 미리 예측하게 해줌
구동 원리	• 입출력 장치는 빛을 혼색(RGB)하느냐, 잉크를 혼색(CMYK)하느냐에 따라 전혀 다른 색공간을 구현함 • 색의 불일치를 색역 매핑(Gamut Mapping) 등을 통해 해소함

- **핵심 특징(주의사항)**
  - RGB와 CMYK는 색역이 서로 다르므로 물리적으로 완전한 등색 산출은 어렵다.
  - 입력 프로파일은 출력 프로파일과 동일하게 적용되지 않는다(각각 별도 필요).
  - 색채 변환을 위해서는 항상 입력 프로파일과 출력 프로파일이 모두 필요하다.
  - PCS(Profile Connection Space) : 변환 과정에서 CIE XYZ 또는 CIE L*a*b*를 매개체로 사용한다.
  - 운영체제에서 특정 CMM(Color Management Module)을 선택하는 것이 가능하다.
  - CIE L*a*b* 색공간을 사용하여 지각적 불균형 문제를 CMM에서 보완할 수 있다.

③ 일반적 색채관리의 의미

디지털 CMS와 달리 일반적인 '색채관리'는 색채에 대한 종합적인 계획, 관리, 목적에 맞는 색채 개발, 측색, 조색 등을 총괄하는 포괄적인 의미이다.

2) 디바이스 특성화(Device Characterization)

① 정의(개요)
- 서로 다른 색역(Gamut)을 가진 디바이스 종속 색체계(RGB, CMY 등)의 데이터를 디바이스 독립 색체계인 CIE XYZ 또는 CIE L*a*b* 색공간으로 변환하여, 장치 간 색상 호환성을 확보하는 작업이다.
- 기계마다 제각각인 색상 기준을 '국제 표준 기준'으로 통일시켜 연결해 주는 과정이다.

② 입력 장치의 특성화(스캐너, 디지털카메라) _{빈출 2회}

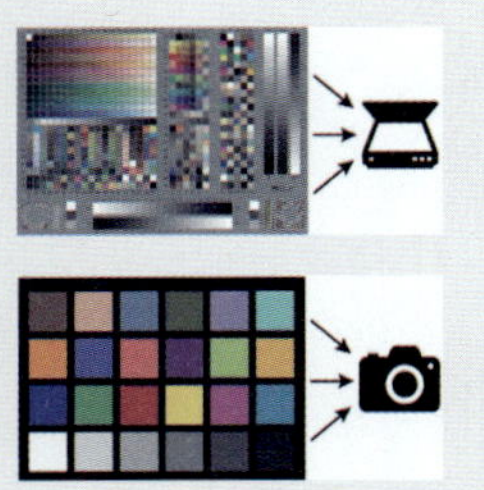

▲ IT8 차트와 맥베스 차트 실사 비교

IT8 차트(표준)	- 스캐너와 디지털카메라의 입력, 조정, 출력 시 색상 기준을 잡아주는 샘플 컬러 패치 - 국제표준기구(ISO)가 지정한 표준 차트로 가장 널리 쓰임 - CIE L*a*b* 색채 공간에서 색상, 명도, 채도를 골고루 대표할 수 있도록 색이 균일하게 분포되어 있음
맥베스 컬러 차트(대체)(Macbeth ColorChecker Chart)	IT8 차트가 없을 때 사용할 수 있는 보편적인 컬러 차트

③ 출력 장치의 특성화(컬러 프린터)
- 배경 : 모니터나 카메라(RGB/가법 혼색)와 달리, 컬러 프린터는 잉크(CMY/감법 혼색)를 사용하여 색을 재현하므로 별도의 특성화 기준이 필요하다.
- ISO 12642(표준) : ISO는 컬러 프린터의 특성화 과정을 위해 ISO 12642 표준 샘플 차트를 국제 표준으로 지정하였다. _{빈출 10회}
- 역할 : 차트를 출력하고 측색 장비로 측정하여 장비의 프로파일(Profile)을 생성하여 모니터 색상과 인쇄 색상의 오차를 줄인다.

3) 국제색채협의회와 프로파일(ICC & Profile)

① 국제색채협의회(ICC : International Color Consortium) 빈출 8회

- **정의** : 디지털 영상 색채의 호환성, 즉 색 관리 시스템(CMS)의 표준화를 목적으로 설립된 국제 단체이다.
- **설립 배경 및 목적** : 어도비(Adobe), 마이크로소프트(Microsoft), 아그파(Agfa), 코닥(Kodak) 등 8개 회사가 주축이 되어 설립하였으며, 운영체제(OS)와 소프트웨어 간의 범용적인 컬러 관리 시스템을 만드는 것을 목적으로 한다.
- **표준 규격** : ICC의 표준은 ISO 15076-1 표준과 동일하게 적용된다.

② ICC 프로파일(ICC Profile) 빈출 12회

- **정의** : 하드웨어 장치의 색상 재현 영역(Gamut) 및 특성이 기술되어 있는 데이터 파일로, 이를 통해 장치 간 컬러 관리가 이루어진다.
- **색공간 변환 원리** : RGB 이미지를 프린터 프로파일로 변환할 때, 중간에 CIE xyY 또는 CIE LAB색공간(PCS : Profile Connection Space)을 거치게 된다.
- **특징 및 호환성** : ICC 기준을 따르는 장치 프로파일은 운영체제나 애플리케이션과 관계없이 범용적으로 사용할 수 있으나, 모든 운영체제와 애플리케이션에서 100% 지원하는 것은 아니다.
- **포함 정보** : 프로파일 내부에는 다이내믹 레인지(Dynamic Range), 색역(Gamut), 톤 응답 특성(Tone Response curve) 등의 정보가 담겨 있다.
- **국제 표준** : ICC의 디지털 색채관리 기준은 ISO 15076-1:2010 국제 표준으로 정의되어 있다.

4) 디지털 색채 조절 및 매핑

① 색역(Color Gamut) 빈출 16회

정의	• 디바이스가 생성(표현) 및 생산할 수 있는 색의 전체 범위를 말하며, 주로 CIE xyY 체계를 이용하여 표현 • 특정한 장치나 색 공간의 물리적 한계가 곧 그 장비의 색역이 됨
색역의 형성 조건	• 발색 영역의 외곽 : 채도가 높은 원색들이 위치하며, 이들을 연결한 범위가 색역을 형성 • 분광 궤적 : 단색광들에 의하여 최대한으로 구현될 수 있는 색채의 영역 • 채도와 색역 : 채도가 높은 원색을 사용할수록 표현 가능한 색역이 넓어짐
색역의 한계 이론	• MacAdam(맥아담) 영역 : 중간 명도(L=50)에서 색채의 이론상 한계로 인해 색역이 감소한다는 이론 • Pointer(포인터) 영역 : 실제로 존재하는 색료(안료/잉크)의 물리적 한계에 의하여 중명도의 색역이 감소한다는 이론
명도와 색역의 상관관계	• 고명도 : 색역이 확장됨(밝을수록 다양한 색 표현 유리) • 저명도 : 색역이 축소됨(표면 반사에 의한 어두운색의 한계 및 경제성 등의 이유)
주의사항	디스플레이가 표현할 수 있는 '색의 수(Color Depth)'와 '색역의 넓이(Gamut Size)'는 반드시 정비례하지 않음(색의 가짓수가 많아도 좁은 범위만 표현할 수도 있음)

② **색공간 색역 범위** 빈출 6회

- 일반적인 색역의 크기 비교 : L*a*b* 〉 ProPhoto RGB 〉 Adobe RGB 〉 sRGB 〉 CMYK 순으로 크기가 다르다.
- 색공간마다 표현할 수 있는 범위가 다르므로 작업 목적(웹용, 인쇄용)에 맞는 색공간 설정이 필수적이다.

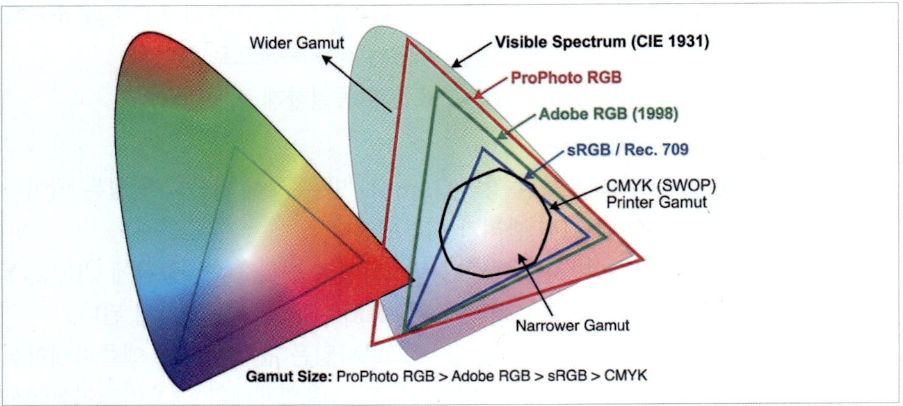

▲ 색공간 색역 범위

③ **색역 매핑(Color Gamut Mapping)** 빈출 4회

- 정의 : 색역이 서로 일치하지 않는 장치 간(예 모니터 vs 프린터)에 색채 구현이 효과적으로 이루어지도록 조절하는 기술이다.
- 목적 : 같은 기종의 디바이스라 하더라도 매체마다 구현 능력에 차이가 있으므로, 색공간을 달리하는 장치들의 색역을 조정하여 재현 가능한 색으로 변환시켜야 한다.
- 원리 : 입력 디바이스(원본)가 생성한 색채 영상의 정보를 출력 디바이스(결과물)가 생성할 수 있는 색역 내에서 재생되도록 압축하거나 이동시킨다.

④ **렌더링 인텐트(Rendering Intent)** 빈출 12회

- 개요 : 입출력 장비의 색채 구현 영역이 서로 다를 때 어떤 색공간의 정보를 ICC 프로파일을 사용하여 변환하는 4가지 방법(의도)으로, 백색 기준물(White Point)의 처리 방식에 따라 결과가 달라진다.
- **종류 및 특징**

구분	특징 및 용도
지각적	• 사람의 눈(지각)에 자연스럽게 보이도록 전체 색역을 비례적으로 축소(압축)함 • 색의 수치는 변하지만, 전체적인 밸런스(색 간의 관계)가 유지됨 • 주로 사진 이미지 변환에 사용되며, 어두운 색상 문제 해결에 좋음 • 프로파일 생성 프로그램에 따라 효과가 다를 수 있음
채도	• 색상이나 명도는 변하더라도 채도(선명함)를 최우선으로 보존함 • 정확성보다는 눈에 띄는 것이 중요한 비즈니스 그래픽(차트, 로고, 프레젠테이션)에 적합 • 채도가 높은 색은 채도가 높은 색으로 변환됨

절대 색도계	• 색들과의 관계성보다는 정확한 색 유지가 목표 • White Point(하얀점)의 이동이 없음(입력의 하양을 출력의 하양으로 매핑하지 않음) • 소스 색공간이 목적지 색공간에 모두 포함될 때 가장 정확함 • 주로 프루핑(Proofing) 용도로 사용됨
상대 색도계	• 절대 색도계와 비슷하나, White Point가 이동함 • 입력의 하양을 출력 용지의 하양에 맞춰 매핑하여 출력함 • 일반적인 인쇄 및 출판 과정에서 가장 많이 쓰이는 표준 방식

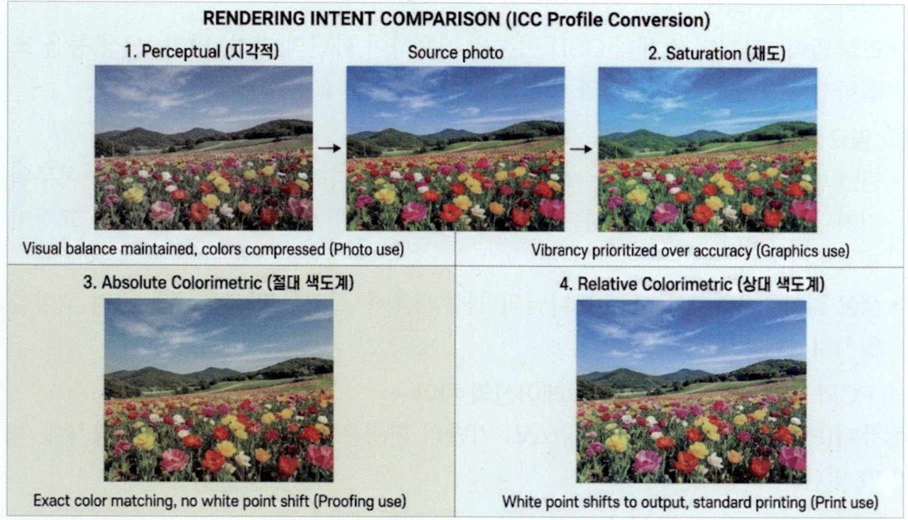

▲ 렌더링 인텐트 4가지 변환 결과 시뮬레이션

⑤ 컬러 어피어런스(Color Appearance) 빈출 15회

• 정의 : 동일한 색채라도 관측자의 적응 조건, 조명, 매체, 배경색 등에 따라 다르게 보이는 현상을 말하며, 메타메리즘(Metamerism, 조건등색) 현상과 밀접하다.

• 컬러 어피어런스 모델(CAM) : 이러한 현상을 해결하기 위해 개발된 시스템으로, 관찰 환경 변화에 따른 색채의 외관(속성, 명도, 채도) 변화를 정확히 예측하고 조정해 준다.

• 국제 표준 : CIE(국제조명위원회)는 1997년 CIE CAM97s를 컬러 어피어런스 모델의 국제 표준으로 채택하였다.

▲ 메타메리즘(조건등색) 예시

▲ 디스플레이 캘리브레이션

03 디스플레이 캘리브레이션(Display Calibration)

1) 개요 및 필요성

① 정의 및 목적

- 정의 : 모니터가 정확한 색상을 표현할 수 있도록 특정한 표준 기준(색온도, 감마, 휘도 등)에 맞춰 디스플레이의 상태를 교정하는 작업을 말한다.
- 기술적 의미 : 모니터의 휘도가 입력 신호에 비례하지 않는 비선형적인 특성을 보정하기 위한 과정이다.
- 조절 방식 : 모니터 자체의 OSD 버튼을 이용하여 화면의 크기, 밝기, 색상 등을 조절하거나(수동), 전용 센서와 소프트웨어를 이용해 교정한다.

② 필요성

- 경년 변화(Aging) : 모니터는 사용 시간이 지남에 따라 백라이트의 밝기가 어두워지거나 색상이 누렇게 변하는 등 물리적인 변화가 발생하므로 주기적인 교정이 필요하다.
- 색상 일치 : 작업자가 보는 모니터의 색상과 최종 결과물(인쇄물, 웹 등)의 색상을 일치시키기 위해 필수적이다.

③ PC와 AV 디스플레이 캘리브레이션의 차이

컴퓨터(PC) 기반의 환경과 영상(AV) 기반의 환경은 캘리브레이션 접근 방식에 차이가 있다.

구분	PC 모니터 캘리브레이션	AV 디스플레이(TV 등) 캘리브레이션
제어 방식	소프트웨어/자동화 중심	하드웨어/수동 조작 중심
특징	고성능 프로세서(CPU)와 그래픽 카드(GPU)의 영상 출력 신호를 운영체제(OS) 단계에서 조절 가능	컴퓨터처럼 OS단에서 신호를 제어하기 어려워 장비 자체의 설정 기능을 이용해야 함
조절 방법	캘리브레이션 장비와 소프트웨어가 신호를 분석해 자동화된 프로파일(Profile)을 생성하여 교정함	계측 장비가 알려주는 정보와 목표 색(Color Target)을 비교해 가며 사용자가 직접 디스플레이의 OSD(On Screen Display) 메뉴를 조작하여 맞춤

2) 캘리브레이션의 주요 설정 목표(Target)

① 화이트 포인트(White Point/색온도)

- 모니터에서 가장 밝은 하양의 색상을 결정하는 기준이다.
- D65(6500K) : 일반적인 그래픽 작업, 웹 디자인, sRGB, Adobe RGB의 표준 색온도이다(약간 푸른빛이 도는 주광색, 자연에 가까운 색).
- D50(5000K) : 인쇄, 출판, 제지 산업의 표준 광원이다(약간 노란빛이 도는 따뜻한 색).

② 감마(Gamma)

- 입력 신호(전압)와 화면 밝기 간의 비선형적인 관계를 나타내는 수치로, 중간 톤(Mid-tone)의 밝기를 결정한다.

- 2.2 : 윈도우(Windows) 및 인터넷(Web) 표준이며, 현재 대부분의 디스플레이 표준 감마값이다(과거 맥킨토시는 1.8을 사용했으나 현재는 2.2로 통일됨).

③ 휘도(Luminance)

- 화면의 밝기를 의미하며, 단위는 cd/m^2(칸델라)를 사용한다.
- 작업 환경의 조명에 따라 다르지만, 보통 LCD 모니터의 경우 80~160cd/m² 사이로 설정하는 것이 일반적이다(인쇄물 비교 시 120~160cd/m² 권장).

3) 모니터 색온도와 RGB 조절 빈출 3회

① 색온도별 특징(6,500K vs 9,300K)

모니터의 색온도는 대표적으로 6,500K와 9,300K 두 종류가 주로 사용된다.

6,500K 설정	자연광(주광)에 가까운 색으로 구현되며, 그래픽 및 색채 작업의 표준
9,300K 설정	500K보다 색온도가 높아 화면이 청색조(Blueish)를 띠며, 일반 TV나 사무용 모니터의 기본값으로 많이 쓰임(화면이 더 밝고 선명해 보이는 착시 효과가 있음)

② 색온도의 변화 순서 빈출 4회

색온도가 높아짐(낮음 → 높음)에 따라 색상은 빨강 → 주황 → 노랑 → 하양 → 하늘색 → 청색 순서대로 변한다.

③ 흑백(Black & White) 조정 원리(RGB 가산혼합) 빈출 2회

- 모니터의 검정과 하양을 조정하기 위해서는 RGB(Red, Green, Blue) 값을 조절한다.
- 검정(Black) : R=0, G=0, B=0으로 설정하면 빛이 꺼진 상태가 되어 전체 화면이 검은색이 된다.
- 하양(White) : R=255, G=255, B=255로 설정하면 출력이 최대가 되어 전체 화면이 흰색이 된다.

04 색온도와 화이트밸런스(Color Temperature&White Balance)

1) 색온도(Color Temperature) 빈출 11회

① 정의 및 원리 빈출 3회

- 개요 : 광원의 색을 절대온도의 단위인 켈빈(K, Kelvin)을 사용하여 수치적으로 표시한 것이다. 19세기 영국의 물리학자 켈빈 경(Lord Kelvin)이 정의하였다.
- 흑체 복사(Black Body Radiation) : 완전한 흑체(빛을 반사하지 않고 흡수만 하는 이상적인 물체)를 가열했을 때, 온도가 상승함에 따라 방출되는 빛의 색 변화를 기준으로 한다.
- 색의 변화 순서 : 온도가 낮을 때는 붉은색(Red)을 띠다가, 온도가 높아질수록 노란색(Yellow), 흰색(White)을 거쳐 푸른색(Blue)을 띠게 된다.

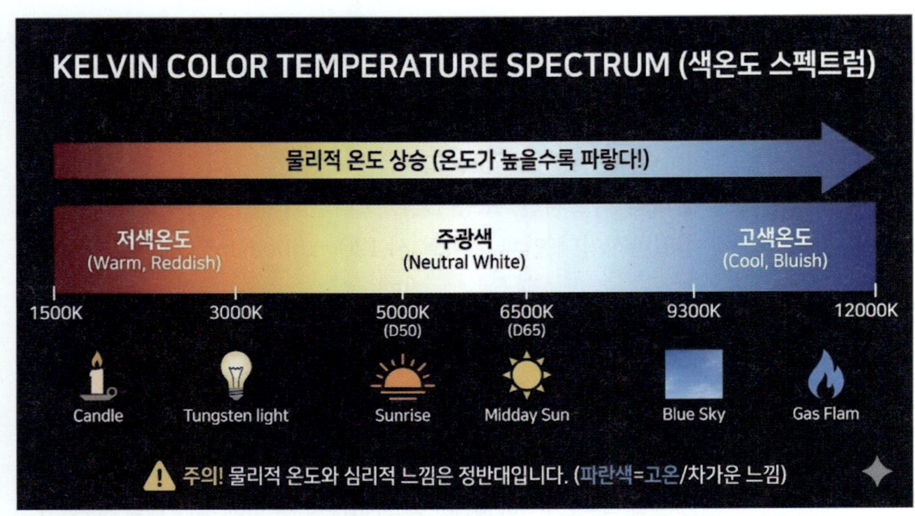

▲ 켈빈 색온도 바

② 물리적 온도의 특징

• 저색온도(낮은 K값) : 붉은색 계열의 긴 파장의 빛(예 촛불, 백열등, 해 질 녘)이 우세하다.

• 고색온도(높은 K값) : 푸른색 계열의 짧은 파장의 빛(예 맑은 날의 푸른 하늘, 형광등)이 우세하다.

③ 주요 광원의 색온도 및 CIE 표준 광원

광원 종류(CIE 표준)	색온도(약)	특징 및 용도
표준광원 A	2,856K	• 백열전구(Tungsten)의 빛 • 붉은색이 많이 도는 따뜻한 빛
표준광원 B	4,874K	• 대낮의 태양광(직사광선) • 현재는 폐기되어 거의 쓰지 않음
표준광원 C	6,774K	• 흐린 날의 낮 빛(북창광) • 과거의 주광 표준이었으나 현재는 D65로 대체됨
표준광원 D50	5,000K	• [인쇄/출판 표준] 따뜻한 하양 • 인쇄물 관찰 및 평가용 조명 표준
표준광원 D65	6,500K	• [그래픽/웹/영상 표준] 약간 푸른빛이 도는 주광(Daylight) • 평균적인 낮의 태양광 • 모니터의 기본값
표준광원 F	4,200K 내외	• 형광등(Fluorescent) 광원 • F1~F12 등으로 구분됨

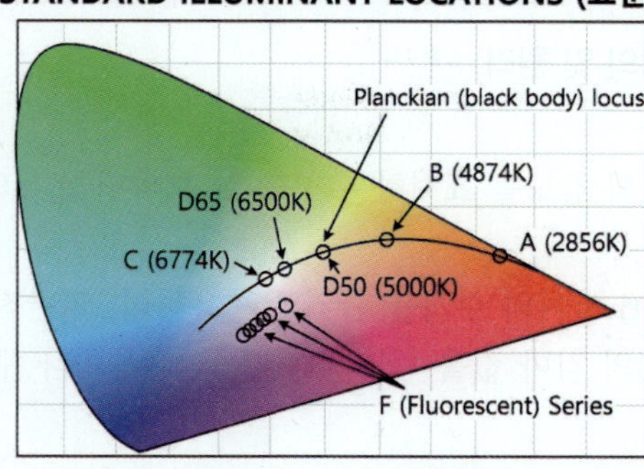

▲ CIE 1931 색도표 위 광원 좌표 표시

④ 상관 색온도(Correlated Color Temperature)

- 흑체와 같이 열을 받아 빛을 내는 광원이 아닌, 형광등과 같이 방전 원리로 빛을 내는 광원의 경우 흑체의 궤적과 정확히 일치하지 않는다.
- 광원의 색과 가장 유사한 흑체의 온도를 빌려와 표시한 것을 '상관 색온도'라고 한다.

2) 화이트밸런스 빈출 4회

① 정의 및 목적

- 정의 : 카메라나 센서가 촬영 환경의 조명 색온도에 영향을 받아, 흰색이 붉거나 푸르게 찍히는 현상을 보정하여 '흰색을 진짜 흰색답게(Neutral White)' 표현하는 기능이다.
- 목적 : 인간의 눈은 색순응(Chromatic Adaptation) 현상에 의해 조명이 바뀌어도 흰 종이를 흰색으로 인식하지만, 디지털 기기는 조명의 색을 그대로 기록하므로 이를 인간의 눈처럼 보정해 주기 위함이다.

② 작동 원리(보색의 원리)

조명의 색온도와 '반대되는 색'을 더하여 중성적인 흰색을 만든다.

조명 색온도가 낮을 때 (붉은 빛/백열등)	카메라(SW)에서 푸른색(Blue) 데이터를 높여 보정
조명 색온도가 높을 때 (푸른 빛/그늘)	카메라(SW)에서 붉은색(Red) 또는 노란색(Yellow) 데이터를 높여 보정

③ 디지털카메라의 WB 설정

AWB(Auto White Balance)	카메라가 자동으로 가장 밝은 영역을 찾아 흰색으로 맞춤
Preset(프리셋)	태양광(Daylight), 그늘(Shade), 백열등(Tungsten), 형광등(Fluorescent) 등 미리 설정된 값을 선택
Custom(사용자 설정)	회색 카드(Gray Card)나 흰 종이를 촬영하여 현재 조명 값을 기준으로 정확한 화이트밸런스를 잡음

05 톤 재현 특성(Gamma)

1) 감마(Gamma)의 정의 및 원리 빈출 4회

① 정의
- 감마는 디지털 색채의 강도를 표시하는 척도로, 모니터 전체의 밝기(명도)와 직접적인 관계를 맺는다.
- 일반적으로 1.0~2.6 사이의 수치를 단위로 사용하며, 일반적인 컴퓨터 모니터는 2.0~3.0(보통 2.2)의 감마 값을 나타낸다(단, 인쇄용이나 구형 맥은 1.8을 사용하기도 함).

② 발생 원인(CRT의 비선형성)
- 과거 CRT(브라운관) 모니터의 출력 휘도가 입력되는 RGB 전압 값의 크기와 정비례하지 않아서(비선형적) 발생하는 색의 왜곡을 보정하기 위해 도입된 개념이다.
- 감마 곡선은 입력 신호가 0부터 255까지 증가할 때, 최대 휘도를 1로 규격화하여 상대적인 휘도 변화를 곡선으로 나타낸 것이다.

③ 감마 보정의 목적
감마 값의 조정을 통해 이미지의 밝기나 어두운 정도(중간 톤)를 조정함으로써, 특성이 다른 여러 모니터에서도 동일한 그림 파일이 동일한 색감과 밝기로 재현될 수 있도록 하는 데 목적이 있다.

2) 감마 값에 따른 밝기 변화

감마 수치가 높을수록 (예 1.8 → 2.2 → 2.6)	• 그래프의 곡선이 아래로 처지게 되어 기준점이 어두워짐(반비례) • 중간 톤(Mid-tone)의 콘트라스트가 강해지고 묵직해짐
감마 수치가 낮을수록 (예 2.2 → 1.8)	• 그래프의 곡선이 위로 올라가게 되어 기준점이 밝아짐(반비례) • 감마가 낮은 영상은 높은 영상에 비해 중간 톤의 상대적 밝기가 더 높아 전체적으로 밝고 화사하게(뿌옇게) 보임

3) 주요 색공간별 기준 톤 재현 특성

최근 시험(20년 3회 등)에서 각 색공간 표준에 맞는 감마 값을 묻는 디테일한 문제가 출제되고 있다.

색공간(Color Space)	기준 감마(Gamma)	용도 및 특징
sRGB	2.2	웹(Web), 윈도우(PC), 일반 모니터 표준
Rec. 709	2.4	HDTV방송 표준(암실 환경 기준)
DCI-P3	2.6	디지털 시네마(Digital Cinema) 표준, 극장용
ProPhoto RGB	1.8	사진 전문가용, 가장 넓은 색역

1) 개요 및 목적

① 정의

- 인쇄, 염색, 도장 등 최종 결과물을 대량 생산하기 전에, 색상이 의도한 대로 정확하게 구현되는지 미리 확인(Simulation)하는 과정을 말하며, 우리말로는 '교정'이라고 한다.
- 디자이너가 작업한 데이터(RGB/CMYK)가 실제 출력 장비(오프셋 인쇄기 등)에서 어떻게 보일지 예측하여 오차를 줄이는 것이 핵심이다.

② 목적

- 비용 및 시간 절감 : 본 인쇄(Mass Production)에 들어가기 전 오류를 발견하여 막대한 잉크와 종이 낭비를 막는다.
- 커뮤니케이션 : 발주자(클라이언트)와 제작자(인쇄소) 간의 색상 기준을 합의하는 계약서 역할을 한다.

2) 프루핑의 종류(분류 기준 : 매체)

① 소프트 프루핑(Soft Proofing)

- 정의 : 종이에 출력하지 않고, 컬러 관리(CMS)가 적용된 모니터 화면상에서 인쇄물의 색상을 미리 예측하는 방식이다.
- 장점 : 시간과 비용이 거의 들지 않으며, 수정 사항을 즉시 반영할 수 있다. 원격지 간의 데이터 확인이 용이하다.
- 조건 : 반드시 모니터 캘리브레이션이 선행되어야 하며, 인쇄 장비의 ICC 프로파일을 정확하게 적용해야 신뢰할 수 있다.

② 하드 프루핑(Hard Proofing)

- 정의 : 실제 종이나 잉크젯 프린터 등을 사용하여 물리적인 출력물로 확인하는 방식이다.

프레스 프루프 (Press Proof)	• 실제 인쇄기(본 장비)와 동일한 판과 잉크를 사용하여 찍어보는 방식 • 가장 정확하지만 비용이 매우 비쌈
프리프레스 프루프 (Pre-press Proof)	고성능 잉크젯 프린터나 승화형 프린터 등을 이용해 본 인쇄와 최대한 유사하게 뽑아보는 방식(일명 '디지털 교정')

3) 프루핑과 CMS의 관계

프루핑이 정확하려면 색채 관리 시스템(CMS)의 '렌더링 인텐트(Rendering Intent)' 설정이 가장 중요하다.

① 절대 색도계 인텐트(Absolute Colorimetric) 사용

- 프루핑의 목적은 '최종 인쇄물이 어떻게 보일지'를 시뮬레이션하는 것이다.
- 모니터나 교정용 프린터에서 출력할 때, 종이의 바탕색(누런색 등)까지 그대로 흉내 내야 정확한 예측이 가능하다.
- 화이트 포인트(White Point)를 이동시키지 않고 고정하는 절대 색도계 인텐트를 주로 사용한다.

② 관찰 환경의 표준화

• 아무리 정확한 교정지라도 조명이 다르면 색이 달라 보인다(메타메리즘).

• 프루핑 작업은 반드시 표준 광원인 D50(5,000K, 인쇄 표준 조명) 환경 아래에서 확인해야 한다.

07 그래픽 소프트웨어의 핵심 기능 및 용어

1) 인쇄 및 컬러 제어 기술(GCR vs UCR)

인쇄 실무의 핵심 기술로, 검정(K) 잉크를 어떻게 쓰느냐에 따른 차이를 구분해야 한다.

① GCR(Gray Component Removal, 회색 성분 교체) 빈출 4회

정의	컬러 이미지의 회색(Gray) 부분이나 중성색 영역을 인쇄할 때, 비싼 C, M, Y 잉크 3개를 섞는 대신 검정(K) 잉크 하나로 대체하는 기술
효과	잉크 건조 시간을 단축하고 비용을 절감하며, 색상 밸런스를 안정적으로 유지(전면적 적용)

② UCR(Under Color Removal, 하색 제거)

정의	이미지의 가장 어두운 그림자(Shadow) 영역에서 C, M, Y 잉크량이 너무 많아지지 않도록, 3원색을 줄이고 그만큼을 검정(K)으로 대치하는 기술
효과	잉크 떡짐 현상(뒷묻음)을 방지하고 깊은 암부의 디테일을 살림(국소적 적용)

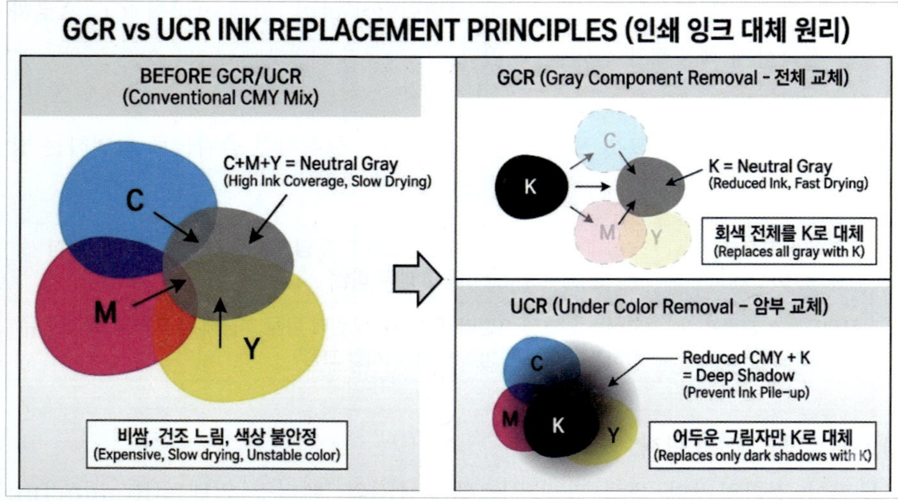

▲ CMY 혼합과 K(검정) 대체 비교 다이어그램

③ 하프톤(Halftone, 망점) 빈출 7회

• 정의 : 잉크의 농도를 조절할 수 없는 인쇄 특성상, 작은 점(망점)의 크기와 밀도를 조절하여 계조(그러데이션)를 표현하는 착시 기법이다(예 신문 사진).

2) 주요 그래픽 용어 및 보정 기법

① 앨리어싱과 안티 앨리어싱

- 앨리어싱(Aliasing) : 비트맵 이미지를 확대했을 때 사선이나 곡선이 계단처럼 울퉁불퉁하게 깨져 보이는 현상이다.
- 안티 앨리어싱(Anti-aliasing) : 이러한 계단 현상을 없애기 위해, 경계면에 중간색 픽셀을 채워 넣어 시각적으로 부드럽게 만드는 기법이다.

② 톤 보정(Tone Correction)

- 커브(Curves) : 밝기와 대조를 정밀하게 조절하는 명령이다.
- S자 곡선(S-Curve) : 어두운 곳은 더 어둡게, 밝은 곳은 더 밝게 하여 콘트라스트(대비)를 강하게 만드는 곡선이다.

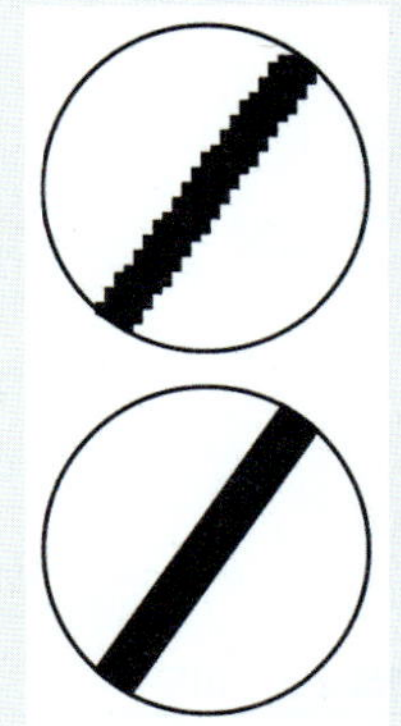
▲ 계단 현상과 안티 엘리어싱

▲ S자 커브 그래프와 결과 사진 비교

3) 기타 주요 그래픽 용어 및 필터

① 리샘플링 및 품질 관련

인터폴레이션 (Interpolation, 보간법)	• 이미지를 확대할 때 픽셀 수가 늘어나면서 생기는 빈 공간을 채우는 기술 • 주변 색상을 분석하여 새로운 픽셀을 만들어 넣으므로, 과도하게 확대하면 이미지가 흐릿해짐
슈퍼샘플링 (Supersampling)	• 안티 앨리어싱의 고급 기법 • 이미지를 고해상도로 처리한 뒤 다시 줄여서 모서리를 아주 부드럽게 만드는 방식(주로 3D, 게임에서 사용)

② 필터(Filter) 및 보정

블러링(Blurring)	• 이미지를 흐리게 만들어 부드러운 느낌을 주거나 잡티를 제거하는 기법 • 저주파 필터링(Low-pass Filtering)과 같은 원리로, 급격한 변화(고주파)를 제거함
샤프닝(Sharpening)	• 블러링의 반대 개념으로 이미지의 경계선(Edge) 대비를 높여 선명하고 또렷하게 만드는 기법 • 영상이 흐릿할 때 사용함
미디언 필터링 (Median Filtering)	• 주변 픽셀들의 중앙값(Median)을 찾아 대체하는 기법 • 이미지의 선명도는 유지하면서 잡음(Noise)만 제거할 때 효과적임

08 디지털 색채의 기초와 표현 방식

1) 디지털 색채의 기초

① 정의 빈출 2회

- **개념** : 0과 1이라는 두 가지 전자적 부호(이진법)를 사용하여 데이터를 생성, 저장, 처리, 출력, 전송하는 디지털 기술로 재현된 색채를 말한다.
- **기본색** : 디지털 색채를 구현하는 기본 3원색은 빛의 3원색인 Red, Green, Blue(RGB)이다. 빈출 2회

② 디지털 vs 아날로그 비교 빈출 2회

구분	디지털(Digital)	아날로그(Analog)
표현 단위	0과 1(이진수)	물리량(전압, 전류, 길이 등)
데이터 특성	숫자와 숫자가 단절된 불연속적인 값	끊어지지 않고 연속적으로 변화하는 값
색채 재료	빛(RGB), 잉크(CMYK)	물감, 페인트, 크레파스, 염료
작업 효율	수정/복사가 쉽고 대량 작업에 유리	수정이 어렵고 복제 시 품질 저하
특징	빠르고 정확하며 영구 보존 가능	자연스럽지만 노후화(변색) 발생

③ 디지털 색채의 분류

RGB 기반	모니터, 스마트폰 등 빛을 이용하여 색채 영상을 디스플레이하는 방식
CMYK 기반	잉크나 안료를 이용하여 종이 등에 프린트(출력)하는 방식

2) 2D 디지털 그래픽의 표현 방식(비트맵 vs 벡터)

① 개요

디지털 색채를 화면에 구현하는 방식은 픽셀을 사용하는 비트맵과 수식을 사용하는 벡터로 나뉜다.

② 비트맵 방식(Bitmap Mode) 빈출 4회

정의	• 비트맵 이미지는 화소(Pixel)로 구성되어 있음 • 화소란 그림(Picture)과 요소(Element)의 합성어로, 모니터의 격자(Grid)상에 놓여 디지털 이미지를 구성하는 최소한의 사각형 단위
특징	픽셀 하나하나에 색상 정보가 담겨 있어 사진이나 회화처럼 색상의 변화가 많은 복잡한 이미지를 사실적으로 표현하기에 적합함
해상도 종속성 (Resolution Dependent)	• 이미지의 품질이 해상도(픽셀 수)에 의해 결정됨 • 작은 이미지를 과도하게 확대하면 사각형의 픽셀이 눈에 띄어 가장자리가 울퉁불퉁해지는 앨리어싱(Aliasing, 계단 현상)이 발생하며 화질이 저하됨
대표 포맷	JPG, GIF, PNG, TIFF, PSD, BMP 등

- JPEG(Joint Photographic Experts Group) ^{빈출 4회}
  - 사진 등 정지 그림을 통신 환경에서 효율적으로 사용하기 위해 개발된 손실 압축 방식의 포맷이다.
  - 사진 전문가들이 만든 파일 형식으로 컬러 이미지의 손상을 최소화하면서 높은 압축률을 자랑한다.
  - 색조, 파일의 크기 조절이 가능하고 압축 효율이 높지만, 반복적으로 저장하면 이미지가 손상될 수 있는 단점이 있다.
  - 기본적으로 8bit, sRGB 색공간의 데이터를 저장한다.
- PNG(Portable Network Graphic) ^{빈출 9회}
  - JPEG와 GIF의 장점을 합쳐 놓은 파일 형식으로 GIF보다 압축률이 높고 특허 문제에서 자유롭다.
  - 알파 채널(투명 배경)과 트루컬러를 지원하며, 비손실 압축을 사용하여 이미지 변형 없이 웹상에 고품질로 표현할 수 있다.
  - 16bit 심도 지원 등 다양한 조건을 만족하며, 날카로운 경계가 있는 그림이나 로고 등을 웹에서 표현할 때 효과적이다.
- GIF(Graphic Interchange Format)
  - 미국의 컴포서브(CompuServe) 사가 통신 속도가 느린 환경에서 이미지 전송 속도를 높이기 위해 개발한 형식이다.
  - 최대 256색(8비트)까지만 표현할 수 있어 JPEG보다 압축 효율이나 화질은 낮지만, 애니메이션 기능을 지원하고 배경을 투명하게 처리할 수 있다.
- BMP(Bit Map Protocol)
  - 마이크로소프트사가 윈도우 사용자들을 위해 개발한 표준 그래픽 파일 형식으로, 압축하지 않은 1:1의 정사각형 픽셀로 이루어져 있다.
  - 화질은 좋으나 다른 파일 형식에 비해 압축을 하지 않아 용량이 매우 크고 확대 및 축소 시 픽셀 수에 따른 계단 현상이 발생하는 단점이 있다.
- TIFF(Tagged Image File Format)
  - 호환성이 뛰어나 매킨토시와 IBM PC(윈도우) 양쪽에서 공통으로 사용할 수 있는 최초의 파일 포맷이다.
  - 화질 손상이 없는 LZW(Lempel-Ziv-Welch) 무손실 압축 방식을 채택하고 있어, 고해상도 스캔이나 출판 인쇄용 원본 저장에 주로 쓰인다.
- PSD(Photoshop Document)
  - 어도비 포토샵(Photoshop) 프로그램의 전용 파일 포맷이다.
  - 레이어, 채널, 패스 등 작업 정보를 모두 유지한 채 저장되므로 수정이 용이하지만, 파일 용량이 크다.

③ 벡터 방식(Vector Mode) 빈출 5회

정의	점(Anchor Point)과 점을 연결하는 선(Path), 그리고 면의 정보(좌표, 곡률, 두께, 색상)를 수학적 함수(연산)로 계산하여 이미지를 표현하는 방식
베지에 곡선 (Bézier Curve)	벡터 드로잉의 핵심 기술로, 앵커 포인트(점)와 핸들(방향선)을 조절하여 2차원이나 3차원 공간에서 매끄러운 곡선 구현
해상도 독립성 (Resolution Independent)	이미지를 아무리 확대하거나 축소해도 수학적 재연산이 실시간으로 이루어지므로, 앨리어싱(계단 현상)이 생기지 않고 외곽선이 항상 선명하게 보존됨
특징	비트맵에 비해 파일 용량이 작으며, 크기 변형이 잦은 로고(CI/BI), 서체(Typography), 캐릭터, 도면, 애니메이션 제작에 용이함
대표 포맷	AI, EPS, SVG, CDR, WMF 등

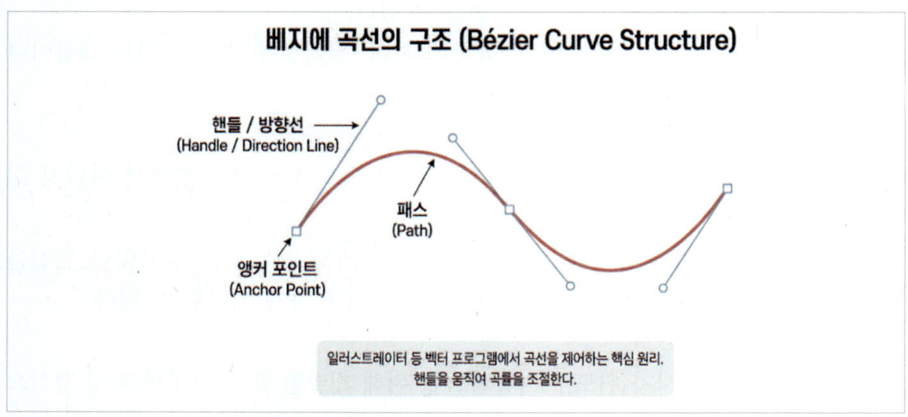

▲ 베지에 곡선

- EPS(Encapsulated Post Script)
  - 미국 어도비사에서 개발한 그래픽 파일 방식으로, 포스트스크립트 언어를 기반으로 한다.
  - 벡터와 비트맵을 동시에 포함할 수 있어, 일러스트레이터나 쿽익스프레스(QuarkXPress), 인디자인 같은 출판 편집 프로그램에서 인쇄용 고품질 데이터를 교환할 때 가장 많이 이용된다.
- PDF(Portable Document Format)
  - 미국 어도비사에서 만든 아크로뱃(Acrobat) 문서 파일 형식이다.
  - 대부분의 운영체제에서 폰트나 이미지가 깨지지 않고 원본 그대로 읽기 및 인쇄가 가능하며, 글꼴, 이미지, 그래픽 벡터 정보가 그대로 유지되고 보안성이 높다.
- 기타 벡터 포맷

AI	어도비 일러스트레이터 전용 포맷
SVG	웹상에서 깨지지 않는 벡터 이미지를 구현하기 위한 XML 기반 표준 포맷

④ 비트맵과 벡터의 비교

구분	비트맵(Bitmap)	벡터(Vector)
기본 단위	픽셀(Pixel)	수학적 오브젝트(점, 선, 면)
표현 원리	점을 찍어 면을 채움	좌표와 수식으로 형태 계산
확대 시	화질 저하, 계단 현상(엘리어싱 발생)	화질 불변(선명함 유지)
표현력	사실적인 사진, 정교한 톤(Tone)	깔끔한 외곽선, 단순한 색상
용량	해상도에 비례하여 큼	연산 정보만 저장하므로 작음
주 용도	사진 편집, 리터칭, 웹 이미지	로고(CI), 심볼, 서체, 디자인 도안
대표 S/W	포토샵(Photoshop)	일러스트레이터(Illustrator)

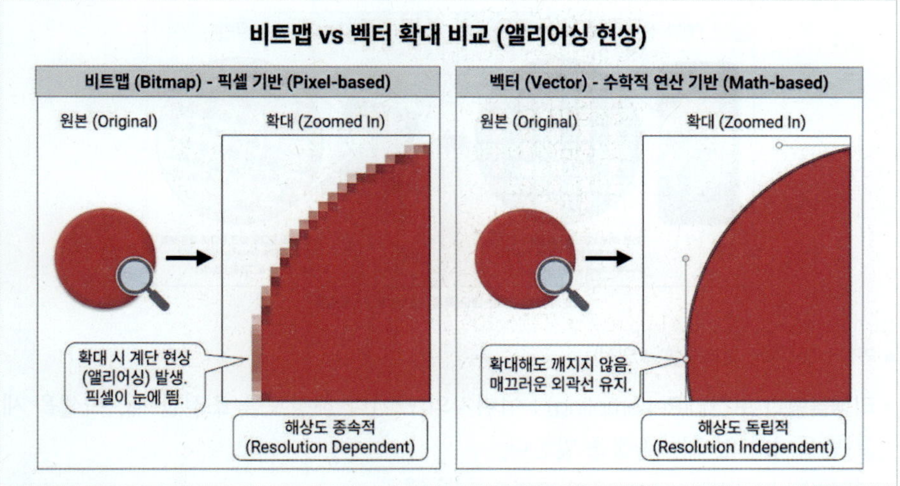

▲ 비트맵 VS 벡터 확대 비교

⑤ 해상도(Resolution)

• 해상도의 개요 빈출 2회

정의	• 이미지가 얼마나 촘촘한 픽셀로 이루어져 있는지를 나타내는 정밀도의 척도 • 픽셀 수가 많을수록 해상도가 높고 깨끗하며 선명한 이미지를 표현할 수 있음
해상도와 시스템 성능	• 픽셀 수가 많아질수록 파일 용량이 커지고 많은 메모리가 있어야 하므로, 무조건 높은 것보다 목적에 맞는 적절한 해상도를 사용하는 것이 바람직함 • 모니터가 물리적으로 커질수록 같은 해상도(예 FHD)일 때 선명도는 낮아짐(픽셀의 물리적 크기가 커지기 때문) • 그래픽 카드, 모니터의 픽셀 수 및 컬러 심도, 운영체제에 따라 지원 가능한 해상도와 색채 수가 결정됨

선생님의 노하우

시험에서는 비트맵과 벡터 방식의 차이점을 묻는 문제가 반드시 출제됩니다.

선생님의 노하우

사진은 비트맵, 로고는 벡터

개념이 헷갈릴 때는 우리가 쓰는 프로그램을 떠올리면 쉽습니다.

• **사진(Photo)을 보정 :** 포토샵(Photoshop)
• **사진을 엄청나게 확대하면 네모난 점(픽셀)이 보임 :** 비트맵입니다.
• **로고(Illustration)를 그림 :** 일러스트레이터(Illustrator)

회사 로고는 명함에도 넣고, 건물 간판만큼 크게도 뽑아야 하죠? 확대해도 깨지면 안 되니까 벡터입니다. 이 원리만 알면 "벡터는 확대하면 깨진다." 같은 오답 지문을 1초 만에 골라낼 수 있습니다.

• 해상도 단위(PPI vs DPI)

PPI **(Pixel Per Inch)** 빈출 2회	• 정의 : 1인치당 몇 개의 픽셀(Pixel)로 이루어져 있는지를 나타내는 단위 • 용도 : 주로 모니터, 스마트폰 등 디스플레이 장치의 해상도를 나타낼 때 사용 • 특징 : 모니터 디스플레이에서 PPI는 스크린의 물리적 크기와 밀접한 관계가 있음 • 예 21.5인치 FHD 디스플레이는 약 102ppi, 최신 WQHD 급 스마트폰은 400~500ppi 수준의 고밀도를 가짐
DPI **(Dot Per Inch)** 빈출 4회	• 정의 : 1인치당 몇 개의 점(Dot)으로 이루어져 있는지를 나타내는 단위 • 용도 : 주로 프린터, 인쇄물, 스캐너의 해상도로 가장 일반적으로 사용되는 단위 • 특징 : 인쇄 시 DPI가 높을수록 잉크 점이 촘촘하게 찍혀 고화질의 출력물을 얻을 수 있으며, 보통 인쇄용 이미지는 300dpi 이상을 권장함

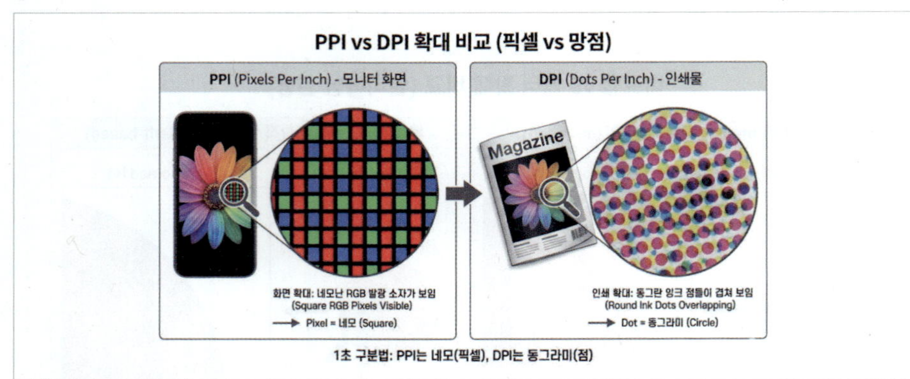

▲ PPI vs DPI 확대 비교(픽셀 vs 망점)

• 리샘플링과 보간법(Resampling) : 이미지의 크기나 해상도를 조절할 때, 픽셀을 새로 만들거나 없애는 과정을 말한다.

• 바이큐빅 보간법(Bicubic Interpolation) 빈출 2회

정의	픽셀과 픽셀 사이를 주변 색상의 픽셀들로 채우되, 수학적으로 정밀하게 계산하여 해상도를 조절하는 방식
특징	해상도를 증가(확대)시킬 때 계단 현상을 최소화할 수 있는 가장 적합하고 품질이 좋은 리샘플링 방법
단점	계산 과정이 복잡하여 처리 시간이 다른 방식(Nearest Neighbor 등)보다 많이 걸림

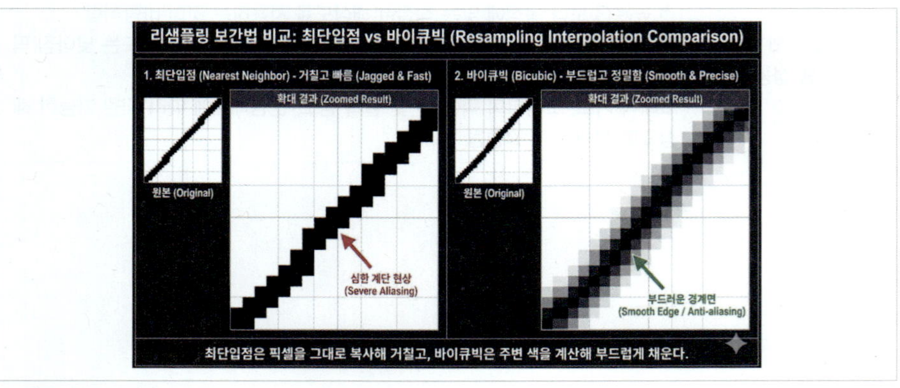

▲ 리샘플링 보간법 비교(최단입점 vs 바이큐빅)

09 색공간과 비트 심도(Color Space & Bit Depth)

1) 데이터의 최소 단위 : 비트(Bit) ^{빈출 2회}

① 정의 및 단위

비트(Bit, Binary Digit) 빈출 2회	• 컴퓨터 데이터 처리의 최소 단위 • 0(꺼짐/흑) 또는 1(켜짐/백)의 두 가지 값만 가지는 2진수로 표현됨
바이트(Byte) 빈출 2회	8개의 비트가 모이면 1바이트(Byte)가 됨(8Bit=1Byte)

② 비트 심도(Bit Depth)와 색채 표현력

- 상관관계 : 비트의 수가 커질수록 조합할 수 있는 경우의 수가 늘어나, 표현할 수 있는 색의 수(Color)와 계조(Gradation)가 풍부해진다.
- 채널당 비트 수에 따른 계조 변화 ^{빈출 4회}

8비트 채널	R, G, B 각 채널당 8bit를 사용하면, 256단계(2의 8승)의 명암을 표현
10비트 채널	각 채널당 10bit를 사용하면, 1,024단계(2의 10승)의 훨씬 정밀하고 부드러운 계조 표현이 가능

③ 총 컬러 수 계산(트루 컬러) ^{빈출 2회}

- 24비트 트루 컬러 : RGB 3개 채널을 각각 8bit로 사용하는 경우(8+8+8=24bit), 구현 가능한 총 색상의 수는 약 1,600만 컬러이다.
- 계산식 : 256(R)×256(G)×256(B)=16,777,216컬러

④ 이상적인 비트 체계 ^{빈출 2회}

16비트/채널 : 인간의 미세한 색채 식별력까지 고려하여 가장 많은 컬러를 완벽하게 재현할 수 있는 체계는 채널당 16비트 체계이다.

2) 비트 심도에 따른 이미지 모드 분류

① 1비트 모드(Line Art/Bitmap)

정의	정보를 표현하는 가장 최소 단위인 1비트를 사용하여, 2가지(검정/하양) 색상만으로 이미지를 표현하는 방식
특징	• 회색 단계(Gray Scale)가 전혀 없어 경계선이 거칠게 표현(앨리어싱)됨 • 도장, 펜화, 단순한 라인 드로잉, 팩스 전송용 이미지 등에 사용됨

② 8비트 모드(Grayscale & Indexed Color)

그레이스케일(Grayscale) 빈출 2회	• 검정에서 하양까지의 명암을 256단계(2의 8승)로 나누어 표현하는 흑백 사진 모드 • 색상 정보 없이 오직 명도(Brightness) 정보만 가짐
인덱스 컬러(Indexed Color)	• 24비트 풀 컬러 이미지에서 대표적인 색상 256가지를 추출하여 색상표(Palette)를 만들고 이를 통해 이미지 표현 • ⑩ GIF 포맷이 대표적이며, 용량이 작아 웹용 아이콘이나 단순한 그래픽에 주로 쓰임

③ 24비트 모드(RGB Color/True Color)

정의	• 빛의 3원색인 R, G, B 채널이 각각 8비트(256단계)의 계조를 가지는 방식 • 8+8+8=24비트 심도를 가짐
특징	• 인간의 눈으로 구별할 수 있는 거의 모든 자연의 색(약 1,677만 색)을 표현할 수 있어 '트루 컬러'라고 부름 • 예 JPG, 일반적인 모니터 화면, 디지털 사진의 표준 모드

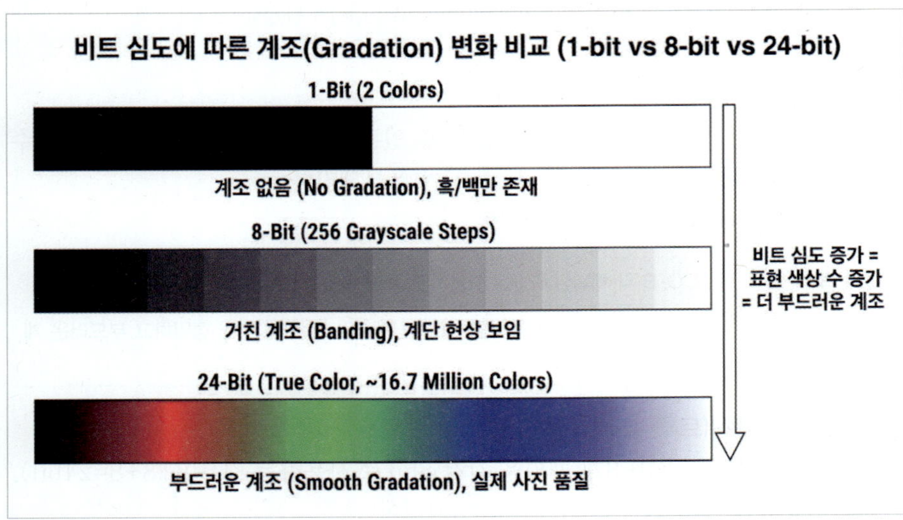

▲ 비트 심도에 따른 계조 변화 비교

④ 32비트 모드(CMYK & Alpha Channel)

- CMYK 컬러(인쇄용) : C, M, Y, K 4개의 채널이 각각 8비트로 구성되어 총 32비트 심도를 가진다($8 \times 4 = 32$).
- RGB+알파 채널 : 24비트 RGB 정보에 8비트 알파 채널(투명도)이 추가된 형태로, 배경이 투명한 로고나 합성을 위한 이미지 소스(예 PNG 32bit, TGA 등)에 사용된다.

3) 비트 수에 따른 표현 색상 수 정리

비트 수	표현 가능한 색상 수	비고
1 bit	2색(2의 1승)	흑, 백(Black & White)
8 bit	256색(2의 8승)	인덱스 컬러, GIF, 그레이스케일
16 bit	65,536색(2의 16승)	하이 컬러(High Color)
24 bit	약 1,677만 색(2의 24승)	트루 컬러, RGB 기본
32 bit	약 42억 색(2의 32승)	트루 컬러+알파 채널 or CMYK
48 bit	약 281조 색(2의 48승)	전문가용(16bit/channel RGB)

4) 이미지 용량 계산

① 용량 계산 공식

원리	• 컴퓨터 저장 단위인 바이트(Byte)는 8비트(Bit)와 같음(8Bit=1Byte) • 총 비트 수를 구한 뒤 8로 나누어야 바이트 단위 용량이 나옴
계산식	용량(Byte)=(가로 픽셀 수×세로 픽셀 수×비트 심도)÷8

② 예시 문제

문제	가로 100px, 세로 100px 이미지를 RGB(24비트) 형식으로 저장했을 때 용량의 값
풀이	• 총 화소 수 : 100×100=10,000px • 색상 깊이 : 24비트 • 계산 : (10,000×24)÷8=30,000Byte • 정답 : 30,000Byte(약 30KB)

5) 웹 안전 컬러와 16진수 표기법

① 16진수 표기법(Hexadecimal)

원리	• RGB 값을 각각 0~255(10진수)로 표현하는 대신, 0~9와 A~F(16진수)를 사용하여 6자리의 코드로 표현하는 방식 • 앞의 두 자리는 Red, 중간 두 자리는 Green, 뒤의 두 자리는 Blue를 의미함(#RRGGBB)
주요 색상 코드	• Black(검정) : 000000(빛이 하나도 없음) • White(하양) : FFFFFF(빛이 꽉 참, R=FF, G=FF, B=FF) • Red(빨강) : FF0000 • Green(초록) : 00FF00 • Blue(파랑) : 0000FF

② 색의 혼합 결과(가산 혼합)

Yellow(노랑)	FF0000(Red)+00FF00(Green)=FFFF00
Cyan(청록)	00FF00(Green)+0000FF(Blue)=00FFFF
Magenta(자주)	FF0000(Red)+0000FF(Blue)=FF00FF

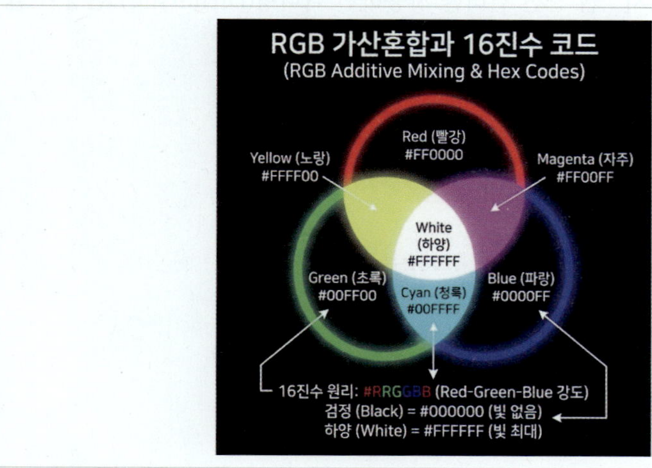

▲ RGB 가산혼합과 16진수 코드

⑩ 디지털 색채 팔레트 활용 및 제작

1) 디지털 색채 팔레트의 개요

① 정의 및 원리

정의	• 디지털 그래픽 프로그램에서 사용자가 자주 사용하는 색이나, 특정 이미지 표현을 위해 선별된 색상들의 집합(List) • CLUT(Color Look-Up Table) – 특정 이미지 파일(예 GIF, 8비트 PNG)이 가지고 있는 색상표 – 이미지는 이 테이블에 저장된 번호(Index)를 호출하여 색을 표현함
필요성	모든 색상(1,600만 컬러)을 다 쓸 수 없는 환경(용량 제한, 특정 기기)에서 최적의 색상을 선택하여 이미지의 품질을 유지하고 용량을 줄이기 위해 사용함

2) 주요 팔레트의 종류

① 시스템 팔레트(System Palette)

정의	운영체제(OS)가 기본적으로 인터페이스 화면을 표시하기 위해 예약해 둔 색상표
특징	• 윈도우(Windows)와 매킨토시(Mac OS)는 서로 다른 시스템 팔레트를 사용함 • 과거 8비트(256색) 환경에서는 서로 호환되지 않아, 윈도우에서 만든 이미지가 맥에서 다르게 보이는 문제가 발생

② 웹 안전 컬러 팔레트(Web-safe Color Palette) ^{빈출 3회}

- 정의 : 운영체제(윈도우/맥)나 브라우저(크롬/익스플로러 등)의 종류와 관계없이 어디서나 동일하게 보이는 216가지의 표준 색상이다.
- 216색의 탄생 원리
  - 8비트 컬러(256색) 중에서 시스템이 사용하는 40색(윈도우/맥 예약색)을 제외한 나머지 색상이다(예 256-40=216).
  - 6단계의 등간격 : R, G, B 각각을 6단계(0, 51, 102, 153, 204, 255)로 나누어 조합한 수이다(예 6(R)×6(G)×6(B)=216색).
- 16진수 표기법 : 16진수로는 00, 33, 66, 99, CC, FF의 6가지 숫자 쌍의 조합으로만 이루어진다(예 #FF0033(O), #CC99FF(O), #F2A43B(X – 안전 컬러 아님)).
- 디더링(Dithering) 방지 : 웹 안전 컬러를 사용하면 디더링(Dithering) 현상이 발생하지 않아 깨끗한 단색(Solid Color)을 얻을 수 있다.

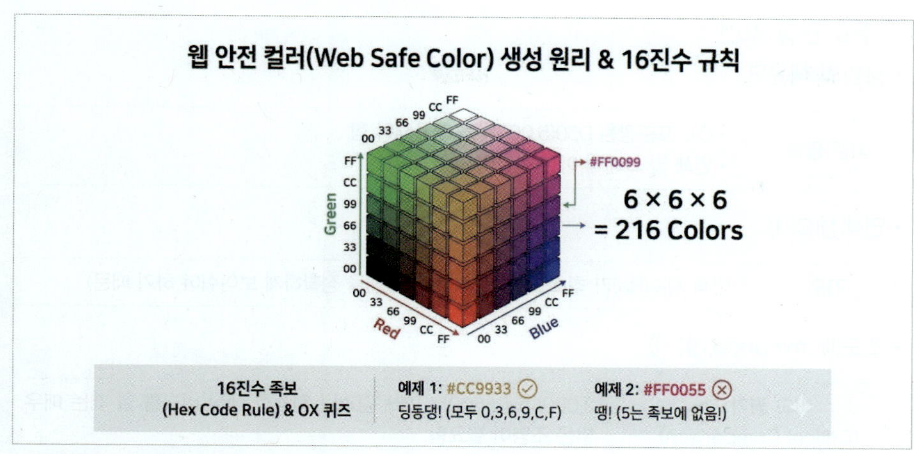

▲ 웹 안전 컬러 생성원리 & 16진수 규칙

③ 어댑티브 팔레트(Adaptive Palette)

정의	원본 이미지에서 가장 많이 쓰이는 색상을 우선순위대로 추출하여 만든 맞춤형 팔레트
특징	• 해당 이미지의 색상을 가장 충실하게 재현하므로 화질이 좋음 • 다른 이미지나 시스템에서는 색이 깨질 수 있음(호환성 낮음)

3) 팔레트 생성 및 파일 포맷

① 팔레트 제작 실무

- 스와치(Swatches) 패널은 포토샵, 일러스트레이터 등에서 색상을 저장하고 관리하는 도구이다.
- 스와치 패널은 사용자가 조색한 색상을 '새 스와치(New Swatch)'로 등록하여 나만의 팔레트를 만들 수 있다.

② 주요 팔레트 파일 포맷

- ACO(Adobe Color) : 포토샵(Photoshop) 전용 색상 견본 파일이다.
- ASE(Adobe Swatch Exchange) : 어도비 스와치 교환 파일이며, 포토샵에서 만든 팔레트를 일러스트레이터나 인디자인 등 다른 어도비 프로그램과 공유할 때 사용하는 호환 포맷이다.

⑪ ISO/CIE 색채관리 규정 및 표준

1) 관찰 환경에 대한 국제 표준(ISO 3664)

- 시험에서 가장 많이 출제되는 규정이다.
- 인쇄물이나 교정지를 색채학적으로 올바르게 관찰하기 위한 '조명 및 환경 조건'을 정의한다. 빈출 3회

① 주요 대상

- 인쇄물, 사진, 투명 양화(슬라이드 필름) 등을 비교 관찰하거나 색 교정(Proofing)할 때 적용된다.

② 주요 관찰 조건
• 광원의 색온도

기준 광원	• CIE 표준광원 D50(5,000K)을 사용해야 함 • 인쇄 및 그래픽 아트 산업의 표준 조명색

• 연색성(CRI)

기준	연색 지수(Ra)가 최소 90 이상이어야 함(색을 정확하게 보여줘야 하기 때문)

• 조도(Illuminance, 밝기)

비교 평가 시 (Critical Comparison)	2,000Lux(±500) : 인쇄 감리나 엄격한 색상 비교를 할 때는 매우 밝은 조명이 필요함
실무 평가 시 (Practical Appraisal)	500Lux(±125) : 일반적인 사무실이나 최종 소비자가 보는 환경을 고려한 밝기

• 주변 환경(Surround)

배경색	• 무채색의 중성 회색(Neutral Gray)이어야 함 • 반사율이 약 60% 이하인 무광택 회색(N7~N8)을 권장하여, 주변 색이 눈에 영향을 주지 않도록 함

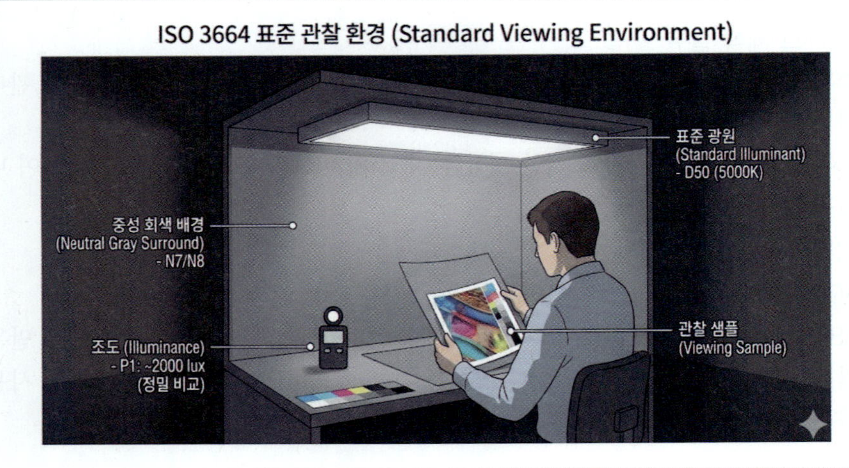

▲ ISO 3664 표준 관찰 환경

2) 모니터 색채 재현 및 교정 표준(ISO 12646)

① 목적

소프트 프루핑(Soft Proofing)을 위한 디스플레이(모니터)의 성능 조건과 관찰 환경을 규정한 표준이다.

② 주요 조건

• 주변 조명 : 모니터 화면의 빛을 방해하지 않도록 주변 조명을 어둡게(32~64 Lux 이하) 유지하거나, 모니터 후드(Hood)를 설치하여 빛 반사를 막아야 한다.
• 화이트 포인트 : 일반적으로 D65(6,500K)를 권장하지만 인쇄물과 비교할 때는 D50(5,000K)으로 설정하기도 한다.

3) 기타 주요 ISO 색채 관련 표준

① ISO 12647(인쇄 공정 관리) ^{빈출 2회}

- 오프셋 인쇄, 그라비어 인쇄 등 다양한 인쇄 공정(Process control)에서의 색상 관리 기준을 정의한다.
- CMYK 잉크의 표준 색상 값(L*a*b* 값)과 망점 확대(Dot Gain) 허용 오차 등을 규정한다.

② ISO 15076(ICC 프로파일) ^{빈출 2회}

국제색채협의회(ICC)에서 만든 ICC 프로파일의 파일 포맷에 대한 국제 표준이다.

4) CIE(국제조명위원회) 주요 규정

① 표준 관측자(Standard Observer) ^{빈출 2회}

인간의 눈이 색을 느끼는 평균적인 반응을 수치화한 것이다.

2도 시야(1931 CIE)	• 시야각 2도 이내의 작은 영역(중심와)을 볼 때의 색채 반응 • 일반적인 색채 측정의 기준이 됨
10도 시야(1964 CIE)	• 시야각 10도 이상의 넓은 영역을 볼 때의 색채 반응 • 2도 시야보다 파란색 감도가 약간 높음

② 표준 광원(Standard Illuminants)

D 시리즈(Daylight)	• D50 : 인쇄 표준(5,000K) • D65 : 모니터/산업 표준(6,500K)
A 광원	백열전구(2,856K)
F 광원	형광등(Fluorescent)

<hr>

KEYWORD 02　디지털색채 시뮬레이션

01 3차원 공간 지각력(3D Spatial Perception)

1) 공간 지각의 의의 및 원리

① 공간 지각(Spatial Perception)의 정의

- 평면적인 망막 이미지로부터 대상의 거리, 깊이, 방향, 크기 등 3차원적인 공간 특성을 인식하는 능력을 말한다.
- 디지털 시뮬레이션에서는 이러한 인간의 지각 원리를 모방하여, 2차원 모니터 화면상에 사실적인 3차원 입체감을 구현한다.

② 지각의 원리

- 깊이 단서(Depth Cues) : 우리가 깊이(거리감)를 느끼게 해주는 시각적 정보들을 말한다.
- 크게 한쪽 눈만으로도 알 수 있는 단안 단서와 두 눈이 모두 필요한 양안 단서로 나뉜다.

2) 단안 단서(Monocular Cues)

- 한쪽 눈을 감고도 그림이나 사진을 보며 입체감을 느낄 수 있는 이유이다.
- 회화나 그래픽 디자인에서 가장 많이 활용된다.

① 선 원근법(Linear Perspective)

- 평행한 두 선이 멀어질수록 하나의 소실점(Vanishing Point)으로 모이는 현상이다.
- 기찻길이나 도로가 멀어질수록 좁아 보이는 것이 대표적인 예이다.

② 중첩(Overlap/Interposition)

- 앞에 있는 물체가 뒤에 있는 물체의 일부를 가리는 현상이다.
- 가려진 물체는 뒤에(멀리) 있고, 가리는 물체는 앞에(가까이) 있다고 지각하게 된다.

③ 크기 항등성(Relative Size)

- 동일한 크기의 물체라도 가까이 있는 것은 크게, 멀리 있는 것은 작게 보이는 현상이다.
- 뇌는 작게 보이는 물체를 "멀리 있다."라고 해석한다.

④ 대기(공기) 원근법(Atmospheric Perspective)

- 공기 중의 먼지나 수분으로 인한 빛의 산란 때문에, 멀리 있는 물체일수록 채도가 낮고(흐릿하고), 푸른빛(청색조)을 띠며 희미하게 보이는 현상이다.
- 한국화나 수묵화, 풍경 사진에서 깊이감을 주는 중요한 요소이다.

▲ 대기 원근법 – 색채 변화

⑤ 텍스처(결)의 기울기(Texture Gradient)

- 가까이 있는 표면의 무늬(텍스처)는 굵고 성기게 보이지만, 멀어질수록 무늬가 조밀하고 촘촘하게 보이는 현상이다.
- 자갈밭이나 타일 바닥을 볼 때 멀수록 빽빽해 보이는 원리이다.

⑥ 음영(Light and Shadow)

- 빛에 의해 생기는 밝은 부분(Highlight)과 어두운 부분(Shadow)을 통해 물체의 볼륨감(양감)과 깊이를 지각한다.
- 일반적으로 빛은 위에서 아래로 비춘다고 가정한다.

3) 양안 단서(Binocular Cues)

- 두 눈의 위치 차이를 이용하여 깊이감을 느끼는 생물학적 단서이다.
- 주로 근거리(가까운 거리)의 깊이 지각에 중요하다.

① 양안 시차(Binocular Disparity)

- 사람의 두 눈은 약 6~6.5cm 떨어져 있어서 왼쪽 눈과 오른쪽 눈이 보는 상이 미세하게 다른데, 이 두 이미지의 차이(시차)를 뇌가 합성하여 입체감을 느낀다.
- 3D 영화나 VR(가상현실) 기기의 핵심 원리이다.

② 폭주(Convergence, 수렴)

물체가 가까이 있을수록 두 눈동자가 코 쪽으로 모이고(사팔뜨기), 멀리 있을수록 눈동자가 벌어지는 안구 근육의 움직임을 통해 거리를 지각하는 것이다.

4) 3차원 좌표계(Coordinate Systems)

① 카르테시안 좌표계(Cartesian/직교 좌표계)

서로 직각으로 교차하는 X, Y, Z 세 축을 사용하여 공간상의 위치를 표현하는 가장 일반적인 좌표계이다.

X축	수평(가로) 이동
Y축	수직(세로) 이동
Z축	깊이(앞뒤) 이동

② 오른손 좌표계(Right-handed System)

- 엄지가 X축, 검지가 Y축일 때, 중지가 가리키는 방향이 Z축(앞쪽)이 되는 방식이다.
- 3ds Max, OpenGL 등 일부 그래픽 및 수학적 모델의 표준이다.

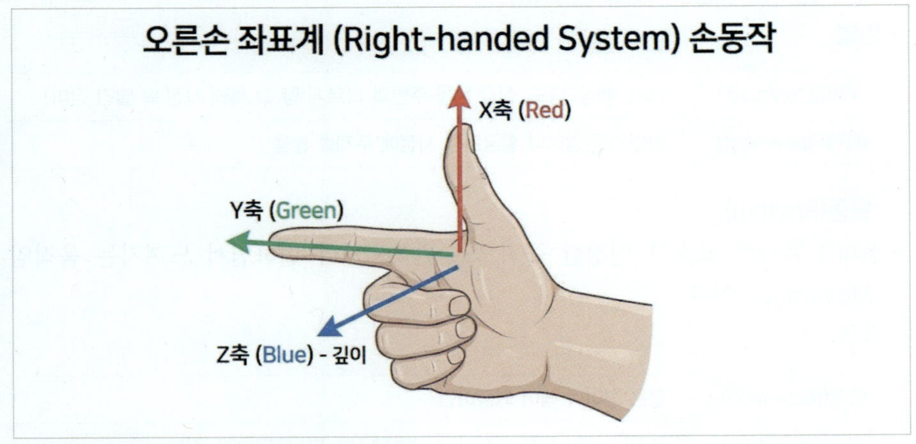

▲ 오른손 좌표계 손동작

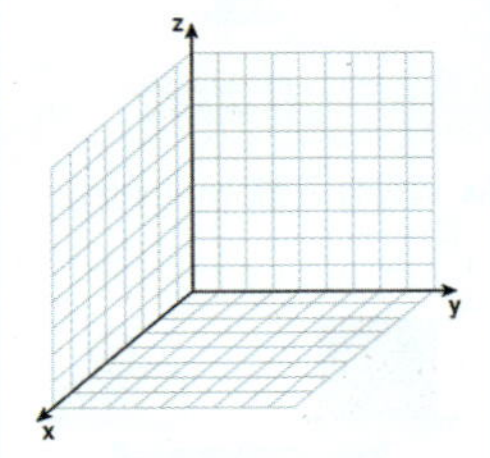

▲ 3차원 좌표계

⓿2 시각적인 구도의 개념

1) 구도(Composition)의 개요

① 정의
- 한정된 2차원 공간(화면) 안에 형태, 색채, 질감 등의 조형 요소들을 효과적으로 배치하여, 작가의 의도를 전달하고 미적 질서를 부여하는 짜임새(Structure)를 말한다.
- 레이아웃(Layout)과 유사한 개념이나, 구도는 회화적이고 미학적인 질서에 더 초점을 둔다.

② 목적
- 시선의 흐름을 유도하여 주제를 명확히 전달한다.
- 화면 전체에 통일감(Unity)과 변화(Variety)를 주어 지루하지 않고 조화로운 이미지를 만든다.

2) 디자인의 원리와 구도(구도를 잡을 때 적용되는 4가지 핵심 원리)

① 균형(Balance)
- 대칭적 균형(Symmetry)

정의	상하 또는 좌우가 동일한 형태
특징	안정감, 고요함, 정적, 위엄, 단정함, 격식을 갖춘 느낌을 줌(⑩ 데칼코마니, 전통 문양)
단점	자칫 딱딱하고 지루해 보일 수 있음

- 비대칭적 균형(Asymmetry)

정의	형태는 다르지만 시각적인 무게감(Weight)이 맞아 균형을 이루는 상태
특징	• 동적(Dynamic), 활동감, 세련됨, 현대적, 자유분방한 느낌을 줌 • 디자인 실무에서 가장 많이 활용되는 구도

② 강조(Emphasis)
- 정의 : 화면의 특정 부분을 다른 부분보다 두드러지게 하여 시선을 집중시키는 원리이다(포컬 포인트, Focal Point).
- 방법

대비(Contrast)	크기, 색상, 명도, 질감 등을 주변과 다르게 함(⑩ 흑백 사진 속 빨간 장미)
배치(Placement)	화면의 중앙이나 황금분할 지점에 주제를 놓음

③ 율동(Rhythm)
- 정의 : 유사한 요소가 일정한 규칙으로 반복되거나 변하면서 느껴지는 움직임(Movement)이다.
- 유형

반복(Repetition)	같은 형이나 색이 되풀이됨
점증(Gradation)	크기나 색이 점점 커지거나 진해짐(강한 방향성과 속도감)

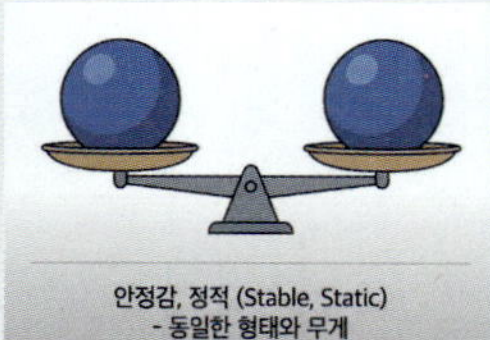

▲ 대칭적 균형(Symmetry)

▲ 비대칭적 균형(Asymmetry)

🏁 선생님의 노하우

구도를 잡을 때 적용되는 4가지 핵심 원리 각각의 특징과 느낌을 묻는 문제가 자주 출제됩니다. 대칭과 비대칭의 시각적 무게감을 이해하세요.

④ 통일(Unity)과 변화(Variety)

통일	화면 전체에 질서를 부여하여 혼란을 막고 조화를 이룸(지나치면 지루함)
변화	통일된 요소 속에 파격이나 차이를 두어 흥미를 유발함(지나치면 산만함)
핵심	좋은 구도는 통일감 속에 적절한 변화가 있는 상태임

3) 주요 구도의 형태와 심리적 효과

① 수평 구도(Horizontal)
- 특징 : 지평선이나 수평선처럼 가로로 넓게 펼쳐진 구도이다.
- 느낌 : 안정감, 평화, 고요함, 넓이감, 정지된 느낌을 준다.

② 수직 구도(Vertical)
- 특징 : 고층 빌딩이나 나무 숲처럼 세로로 뻗은 구도이다.
- 느낌 : 엄숙함, 상승감, 긴장감, 위엄, 높이감을 준다(종교 건축물에 많이 쓰임).

③ 사선 구도(Diagonal)
- 특징 : 화면을 대각선으로 가로지르는 구도이다.
- 느낌 : 운동감, 속도감, 방향성, 불안정함, 강한 활동성을 준다(스포츠 사진, 자동차 광고).

④ 삼각형 구도(Triangle)
- 특징 : 밑변이 넓고 위가 좁은 피라미드 형태이다.
- 느낌 : 안정감의 대명사로 무게감, 통일감을 주며 인물화나 정물화의 기본 구도이다(반대로 역삼각형 구도는 불안정함, 긴장감을 줌).

⑤ 원형 구도(Circular)
- 특징 : 둥근 원 형태의 구도이다.
- 느낌 : 원만함, 통일감, 집중감, 회전감을 주며 시선을 안쪽으로 모으는 효과가 있다.

⑥ S자(호선) 구도(S-Curve)
- 특징 : 강이나 오솔길처럼 부드럽게 굽이치는 곡선 구도이다.
- 느낌 : 유연함, 율동감(리듬), 우아함, 연속성을 주며 시선의 흐름을 자연스럽게 유도한다.

4) 주요 구도법 및 비율

① 황금비(Golden Ratio)

| 정의 | • 고대 그리스 시대부터 가장 아름답고 안정적이라고 여겨지는 비율
• 피보나치 수열에서 유래하였으며, 자연계(앵무조개, 해바라기 씨 배열)에서도 발견됨 |
| 비율 | • 1:1.618(약 5:8 또는 8:13의 비율)
• 짧은 변과 긴 변의 비율이 1:1.618을 이룸 |

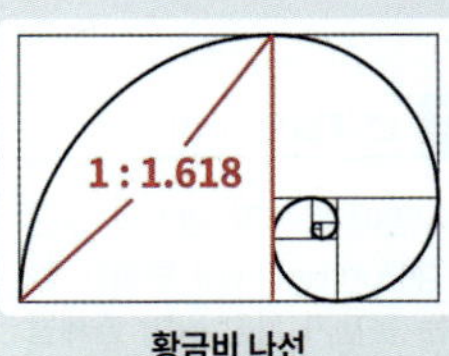

▲ 황금비

② 3분할법(Rule of Thirds)

정의	화면을 가로와 세로로 각각 3등분하여 만나는 4개의 교차점에 주제(피사체)를 배치하는 기법
특징	• 황금비의 약식 버전으로, 사진이나 영상 촬영 시 가장 기본이 되는 안정적인 구도 • 주제를 정중앙에 두는 것보다 훨씬 세련되고 안정적으로 보임

5) 색채와 구도(색의 중량감과 강약)

① 색의 진출과 후퇴

- 진출색(Advancing Color) : 고명도, 고채도, 난색(붉은색)은 앞으로 튀어나와 보인다. → 주제 부각에 사용된다.
- 후퇴색(Receding Color) : 저명도, 저채도, 한색(파란색)은 뒤로 물러나 보인다. → 배경에 사용된다.

② 색의 중량감(무게)

균형 잡기 : 아래쪽에 어두운색(무거운 색)을 배치하고 위쪽에 밝은 색(가벼운 색)을 배치하면 시각적으로 안정감을 준다.

03 그래픽 카메라 렌즈(Graphic Camera Lens)

1) 렌즈의 기초 이론

① 초점 거리(Focal Length)

정의	• 렌즈의 중심(제2주점)에서 이미지가 맺히는 센서(필름) 면까지의 거리를 말하며, 단위는 mm 사용 • 3D 그래픽 프로그램에서도 카메라 속성 창의 'Focal Length' 값으로 조절
특징	• 초점 거리가 짧을수록(숫자가 작을수록) : 시야가 넓어지고(광각), 사물이 작게 찍힘 • 초점 거리가 길수록(숫자가 클수록) : 시야가 좁아지고(망원), 사물이 크게 확대되어 찍힘

② 화각(Angle of View)

- 카메라가 한 번에 담을 수 있는 시야의 각도를 말한다.
- 초점 거리와 반비례 관계이다(초점 거리가 길면 화각은 좁아짐).

2) 렌즈의 종류와 시각적 특성

① 표준 렌즈(Standard Lens)

초점 거리	50mm 내외(사람의 시야와 가장 유사)
특징	• 인간의 눈으로 보는 것과 가장 비슷한 원근감과 화각(약 46도)을 가짐 • 왜곡이 거의 없고 자연스러운 이미지를 만듦

3분할법 그리드
안정적인 구도를 위한 실용적 가이드

▲ 3분할법

선생님의 노하우

황금비, 숫자 하나만 외우자!
시험 문제에서 "다음 중 황금 비율로 옳은 것은?" 하고 소수점까지 물어봅니다. 1:1.618(일 : 일점 육일팔)인 이 숫자를 꼭 기억하세요. "일류(1.6) 디자인은 황금비다."라고 외우면 쉽습니다.

선생님의 노하우

색채학 시험에서는 구도와 색의 성질을 연결하는 문제가 나옵니다.

선생님의 노하우

시험에서는 각 렌즈의 원근감(Perspective) 변화를 묻는 문제가 가장 많이 출제됩니다.

② 광각 렌즈(Wide-Angle Lens)

초점 거리	35mm 이하(28mm, 24mm 등 짧은 렌즈)
시각적 특징	• 원근감 과장(Exaggeration) : 가까이 있는 물체는 더 크게, 멀리 있는 물체는 더 작게 보여 깊이감이 극대화됨 • 공간감 확대 : 좁은 실내를 넓어 보이게 하거나, 건물의 웅장함을 표현할 때 사용 • 왜곡 : 화면 가장자리가 둥글게 휘어지는 배럴 디스토션(Barrel Distortion, 술통형 왜곡)이 발생하기 쉬움

③ 망원 렌즈(Telephoto Lens)

초점 거리	85mm 이상(100mm, 200mm 등 긴 렌즈)
시각적 특징	• 원근감 압축(Compression) : 멀리 있는 배경이 피사체 바로 뒤에 붙어 있는 것처럼 거리감이 사라져 보임(납작해 보임) • 고립 효과 : 화각이 좁아 배경을 잘라내고 주제(피사체)만 부각시킬 때 유리함 • 왜곡 : 화면 중앙부가 오목하게 들어가는 핀쿠션 디스토션(Pincushion Distortion, 바늘꽃이형 왜곡)이 발생할 수 있음

3) 피사계 심도(Depth of Field, DOF)

3D 렌더링 시 사실적인 이미지를 만들기 위해 반드시 조절해야 하는 항목이다.

① 정의

- 초점이 선명하게 맞은 것으로 인식되는 앞뒤의 범위(깊이)를 말한다.
- 심도가 얕다(Shallow) : 초점 맞은 부분만 선명하고 배경은 흐리다(아웃포커싱).
- 심도가 깊다(Deep) : 화면 전체가 쨍하게 선명하다(팬포커싱).

② 심도가 얕아지는(배경이 흐려지는) 3가지 조건

조리개(Aperture)	조리개를 개방할수록(F1.8처럼 값이 작을수록) 심도가 얕아짐
초점 거리(Focal Length)	망원 렌즈일수록(초점 거리가 길수록) 심도가 얕아짐
촬영 거리(Distance)	피사체와 카메라의 거리가 가까울수록 심도가 얕아짐

▲ 초점거리에 따른 인물/배경 변화

▣ 선생님의 노하우

렌즈와 원근감, '코'를 생각하세요!

렌즈 특성, 외우지 말고 상상해 봅시다. 강아지 사진(개코 사진)을 찍는다고 칩시다.

- 광각 렌즈(Wide)=대두 샷
  카메라를 강아지 코앞에 들이대고 찍습니다(거리 가까움, 화각 넓음). 코는 엄청나게 크고 몸통은 작게 보이죠? 이것이 '원근감 과장'입니다(가까운 건 더 크게, 먼 건 더 작게).
- 망원 렌즈(Tele)=스포츠 중계
  야구 중계석에서 투수와 타자를 찍습니다(거리가 멉니다). 투수와 타자가 멀리 떨어져 있는데도 바로 옆에 서 있는 것처럼 겹쳐 보이죠? 이것이 '원근감 압축'입니다(거리가 좁혀져 보임).

광각과장(넓어 보임) → 배럴(둥근 왜곡)/망원압축(좁아 보임) → 핀쿠션(오목 왜곡)

▣ 선생님의 노하우

'배경이 흐려지는 조건(아웃 포커싱)'을 묻는 문제가 출제됩니다.

1) 3D 모델링과 표면처리

① 모델링의 기본 단위

와이어프레임 (Wireframe)	• 물체의 외곽선(Line)만으로 형태를 표현하는 방식 • 데이터 처리 속도가 가장 빠르지만 면과 색상이 없어 내부가 비어 보이며 질감을 느낄 수 없음
서페이스(Surface) 및 솔리드(Solid)	• 와이어프레임에 면(Face)을 입혀 색채와 질감을 표현할 수 있는 상태 • 이 면에 빛을 비추어 명암을 만드는 과정을 셰이딩(Shading), 이미지를 입히는 과정을 매핑(Mapping)이라고 함

2) 셰이딩(Shading) 기법

• 3D 물체에 빛과 그림자(명암)를 부여하여 입체감을 만드는 기술이다.
• 계산 방식에 따라 품질과 속도가 달라지며, 시험에서는 각 기법의 특징을 묻는다.

① 플랫 셰이딩(Flat Shading)
• 다각형(Polygon)의 면 하나하나를 단일한 색상으로 칠하는 가장 단순한 방식이다.
• 각진 면(Faceted)이 그대로 드러나 마치 미러볼이나 각진 보석처럼 보인다.
• 계산 속도가 가장 빠르지만, 부드러운 곡면 표현은 불가능하다.

② 고로 셰이딩(Gouraud Shading)
• 다각형의 꼭짓점(Vertex)에서 색상 값을 계산하고, 그 사이를 부드럽게 연결(보간)하는 방식이다.
• 플랫 셰이딩보다 훨씬 부드러운 곡면을 표현할 수 있다.
• 빛의 반사광(Specular Highlight)을 정확하게 표현하지 못해 표면이 다소 밋밋하고 둔탁해 보인다는 단점이 있다.

③ 퐁 셰이딩(Phong Shading)
• 고로 셰이딩을 보완한 방식으로 면 내부의 픽셀(Pixel) 단위로 법선 벡터를 계산한다.
• 표면에 맺히는 하이라이트(Highlight, 반사광)를 아주 정밀하고 사실적으로 표현하여 플라스틱이나 금속 같은 질감을 잘 나타낸다는 장점이 있다.
• 고로 셰이딩보다 계산량이 많아 렌더링 시간이 오래 걸린다는 단점이 있다.

3) 텍스처 매핑(Texture Mapping)

① 정의 및 UV 좌표
• 정의 : 3차원 모델의 표면에 2차원 이미지(Texture)를 벽지처럼 발라서 색채, 질감, 무늬를 입히는 기법이다.
• UV 좌표 : 3D 모델의 표면을 2D 평면으로 펼쳐서 텍스처가 입혀질 위치를 지정하는 좌표계이다(X, Y 대신 U, V를 사용).

1단계: 플랫 셰이딩
(Flat Shading)

각진 면(Faceted),
딱딱함

↓

2단계: 고로 셰이딩
(Gouraud Shading)

부드러움(Smooth),
하이라이트 약함

↓

3단계: 퐁 셰이딩
(Phong Shading)

반짝임(Specular),
하이라이트 선명

▲ 3D 셰이딩 3단계 진화

② 주요 매핑의 종류

디퓨즈 매핑(Diffuse/ Albedo Mapping)	물체 고유의 색상(Color)과 무늬를 입히는 가장 기본적인 매핑
범프 매핑(Bump Mapping)	• 물체의 표면을 실제로 변형시키지 않고, 음영(가짜 그림자)만을 조절하여 올록볼록한 요철이나 엠보싱 효과를 내는 눈속임 기법 • 📌 귤껍질, 벽돌 질감 등
디스플레이스먼트 매핑 (Displacement Mapping)	• 범프 매핑과 달리 실제 형상(Geometry)을 변형시켜 실제로 튀어 나오게 만드는 기법 • 그림자도 리얼하게 생기지만 계산 시간이 매우 김
오파시티 매핑(Opacity/ Transparency Mapping)	투명도를 조절하여 유리나 물, 혹은 구멍이 뚫린 레이스 등을 표현 할 때 사용함(검정은 투명, 하양은 불투명)

4) 렌더링(Rendering) 알고리즘

① 레이 트레이싱(Ray Tracing) 빈출 2회

- 정의 : 가상의 카메라에서 광선을 역추적하여 빛의 반사(Reflection), 굴절 (Refraction), 투과 효과를 계산하는 기법이다.
- 특징 : 거울에 비친 모습이나 유리잔의 투명함을 사진처럼 완벽하게 재현한다.
- 단점 : 계산 시간이 매우 오래 걸린다.

② 라디오시티(Radiosity)

- 정의 : 빛이 물체에 부딪혀 튕겨 나가는 난반사(Diffuse Reflection)를 계산하는 기법이다.
- 특징 : 직접 조명뿐만 아니라 간접 조명 효과까지 계산하여, 부드럽고 은은한 그림 자와 사실적인 실내 조명 효과를 낸다.

05 3D 모델링 환경(3D Modeling Environment)

1) 좌표계와 작업 공간

3차원 공간에서 물체의 위치와 방향을 정의하는 기준이다.

① 좌표계의 종류(Coordinate Systems)

월드 좌표계 (World Coordinate System)	• 3D 가상 공간 전체의 절대적인 기준이 되는 좌표계 • 화면의 정중앙 원점(0, 0, 0)을 기준으로 X, Y, Z축이 고정되어 변하지 않음
로컬 좌표계 (Local Coordinate System)	• 물체(Object)가 가지고 있는 고유의 좌표계 • 물체를 회전시키면 좌표축(Axis)도 물체와 함께 회전함 • 용도 : 물체가 기울어진 상태에서 그 방향대로 이동시키거나 회전시킬 때 사용함
스크린 좌표계 (Screen Coordinate System)	3D 공간을 바라보는 사용자의 모니터 화면(2D)을 기준으로 하는 좌표계

② 뷰포트(Viewport)

- 3D 작업 공간을 보여주는 작업 창을 말한다.
- 일반적으로 Top(위), Front(앞), Left(왼쪽)의 3가지 평면 뷰와 Perspective(원근) 뷰의 4분할 화면으로 구성된다.

2) 투영법(Projection)

3차원 물체를 2차원 화면에 그려내는 방식에 따라 두 가지로 나뉜다.

① 직교 투영(Orthographic Projection/평행 투영)

특징	• 원근감이 전혀 적용되지 않아, 물체가 카메라에서 멀어져도 크기가 작아지지 않음 • 평행한 선은 끝까지 평행하게 유지됨
용도	정확한 치수와 비율이 중요한 설계 도면(CAD), 건축 도면, 기계 제도 등에 사용됨

② 원근 투영(Perspective Projection)

특징	• 사람의 눈이나 카메라 렌즈처럼 원근감(소실점)이 적용됨 • 물체가 멀어질수록 작게 보이며, 선들이 소실점으로 모임
용도	사실적인 렌더링, 애니메이션, 게임, 조감도 등에 사용됨

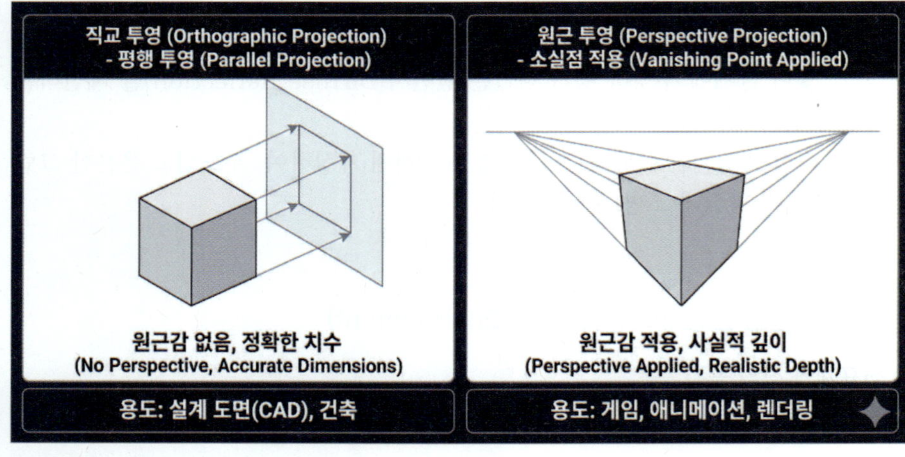

▲ 직교 투영 vs 원근 투영 비교

3) 광원(Light)의 종류와 특성

3D 환경에서 색채와 입체감을 결정짓는 가장 중요한 요소이다.

① 앰비언트 라이트(Ambient Light/환경광)

- 공간 전체를 은은하고 균일하게 비추는 기본적인 밝기이다.
- 특정 방향성이 없으므로 그림자가 생기지 않는다.
- 물체의 어두운 부분(Shadow)이 완전히 검게 되지 않도록 보정해 주는 역할을 한다.

---

② 옴니 라이트(Omni Light/Point Light/점광원)

한 지점(Point)에서 사방(360°)으로 빛을 발산(예 백열전구, 촛불, 가로등)한다.

③ 디렉셔널 라이트(Directional Light/Distant Light/직사광)

• 아주 멀리 있는 광원으로부터 평행하게 들어오는 빛이다.
• 광원과 물체 사이의 거리에 상관없이 빛의 세기가 일정하며, 그림자의 각도가 모두 평행하다.
• 예 태양광(Sun Light)을 시뮬레이션할 때 주로 사용한다.

④ 스폿 라이트(Spot Light)

• 특정한 지점을 향해 원뿔(Cone) 형태로 집중해서 비추는 조명(예 무대 조명, 손전등, 자동차 헤드라이트)이다.
• 조사 각도(Cone Angle)와 가장자리의 부드러움(Penumbra)을 조절할 수 있다.

06 3D의 질감(Material)과 조명(Lighting) 속성

1) 3D 재질(Material)의 구성 요소

3D 그래픽에서 물체의 색상은 단순한 하나의 색이 아니라, 빛이 닿는 각도와 반사되는 성질에 따라 3가지 요소로 나뉘어 계산된다(고로/퐁 셰이딩의 기초 원리).

① 앰비언트 컬러(Ambient Color/환경광)

정의	• 빛을 직접 받지 않는 어두운 부분(Shadow Area)의 색상 • 광원이 없어도 주변 환경에서 반사되어 들어오는 은은한 빛(간접광)에 의해 보이는 색
특징	일반적으로 디퓨즈(Diffuse) 색상과 같거나 그보다 어두운 톤으로 설정

② 디퓨즈 컬러(Diffuse Color/확산광)

정의	• 빛을 직접 받았을 때 보이는 물체 고유의 본래 색상(Base Color) • 가장 넓은 면적을 차지하며, 우리가 "이 물체는 빨간색이다."라고 인지하는 그 색상이 바로 디퓨즈 컬러임
특징	빛의 난반사(Diffuse Reflection)에 의해 결정되며, 관찰자의 시선 각도와 상관없이 색이 일정하게 보임

③ 스펙큘러 컬러(Specular Color/반사광)

정의	광원과 정반사 각도로 반사되어 우리 눈에 들어오는 가장 밝은 하이라이트(Highlight) 부분의 색상
특징	물체의 재질감(질감)을 결정하는 핵심 요소 – 플라스틱 : 스펙큘러가 하양(광원색)으로 나타남 – 금속(Metal) : 스펙큘러가 물체 고유의 색상을 띔(예 금은 노란색 하이라이트)

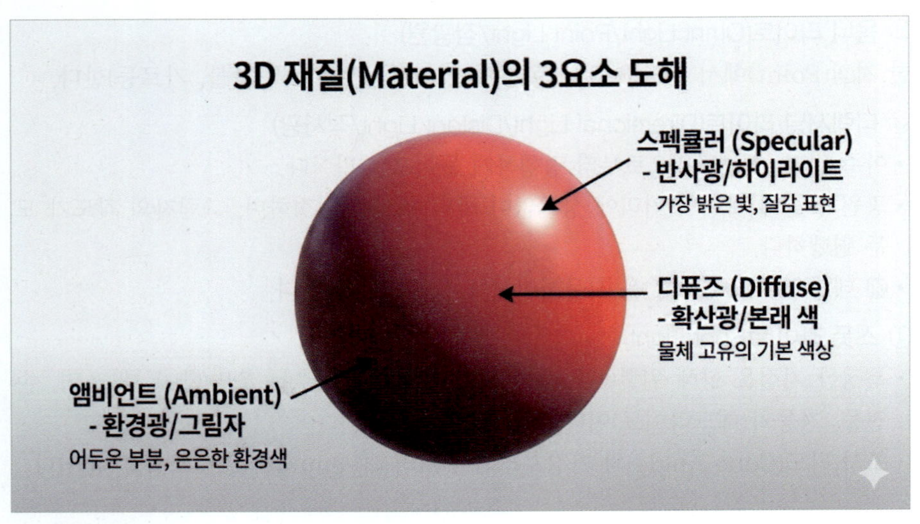

▲ 3D 재질의 3요소

④ 광택도(Shininess/Glossiness)

정의	스펙큘러(하이라이트)의 퍼짐 정도를 조절하여 표면의 매끄러움을 표현
특징	• 수치가 높을수록 : 표면이 매끄러워 하이라이트가 작고 날카롭게(Sharp) 맺힘(예 유리, 쇠구슬) • 수치가 낮을수록 : 표면이 거칠어 하이라이트가 넓고 흐릿하게 퍼짐(예 고무, 종이)

2) 광학적 속성과 투명도

① 투명도(Opacity/Transparency)

정의	빛이 물체를 통과하는 정도를 나타냄
특징	• Opacity 100% : 불투명(빛 통과 X) • Opacity 0% : 완전 투명(유리나 물처럼 보임)

② 굴절률(Refraction/IOR)   빈출 2회

• 정의 : 투명한 물체를 통과할 때 빛이 꺾이는 정도(Index of Refraction)를 수치화한 것이며, 재질마다 고유한 IOR 값을 가진다.

• 주요 IOR 값

진공/공기	1.0(굴절 없음)
물	1.33
유리	1.5
다이아몬드	2.42(빛이 심하게 꺾여 반짝임이 강함)

3) 조명(Lighting)의 물리적 속성

① 감쇠 현상(Attenuation/Fall–off)

정의	• 광원으로부터 거리가 멀어질수록 빛의 세기가 점점 약해지는 현상을 말함 • 현실 세계의 빛은 거리에 따라 급격히 어두워지는데(역제곱 법칙), 3D 조명에서도 이를 적용해야 사실적인 느낌이 남
설정	• Near : 빛이 최대 밝기로 유지되는 거리 • Far : 빛이 완전히 사라져 0이 되는 거리

② 색온도와 조명색

• 조명 자체에 색상(Color)을 부여하여 분위기를 연출한다.

• 따뜻한 분위기(난색 조명)나 차가운 분위기(한색 조명)를 통해 시간대와 환경을 표현한다.

07 렌더링의 개념(Rendering)

1) 렌더링의 정의 및 목적 ^{빈출 2회}

① 개념

• 컴퓨터 안에 수치 데이터(좌표, 함수)로만 존재하는 3차원 모델에 색상, 질감, 조명, 그림자 효과 등을 적용하여 2차원의 사실적인 이미지(화상)로 변환하는 최종 과정이다.

• 모델링(뼈대) → 매핑/조명(살 붙이기) → 렌더링(사진 찍기)의 순서로 진행된다.

② 목적 : 와이어프레임이나 단순한 쉐이딩 상태로는 알기 어려운 완성된 제품의 디자인, 재질감, 분위기를 미리 시뮬레이션하여 확인하기 위함이다.

2) 주요 렌더링 알고리즘

① 레이 트레이싱(Ray Tracing)

원리	가상의 카메라(눈)에서 나온 시선이 물체에 닿았을 때, 빛이 반사되고 굴절되는 경로를 역추적(Trace)하여 색상을 계산하는 기법
특징	• 거울에 비친 모습(반사, Reflection), 유리를 통과하는 빛(굴절, Refraction), 투명한 물체의 효과(투과)를 사진처럼 완벽하게 재현 • 단점 : 계산해야 할 빛의 경로가 너무 많아 렌더링 시간이 매우 오래 걸림

② 라디오시티(Radiosity)

원리	• 빛이 물체 표면에 부딪혀 사방으로 퍼지는 난반사(Diffuse Reflection)와 상호 반사를 계산하는 기법 • 에너지 보존 법칙을 기초로 함
특징	• 광원으로부터 직접 받는 빛(직접광) 뿐만 아니라, 벽이나 바닥에 반사되어 들어오는 간접광(Indirect Illumination) 효과까지 표현 • 그림자의 경계가 부드럽고, 은은하고 따뜻한 실내 분위기를 연출할 때 적합함 • 단점 : 계산량이 방대하여 레이 트레이싱보다 더 많은 메모리와 시간이 소요될 수 있음

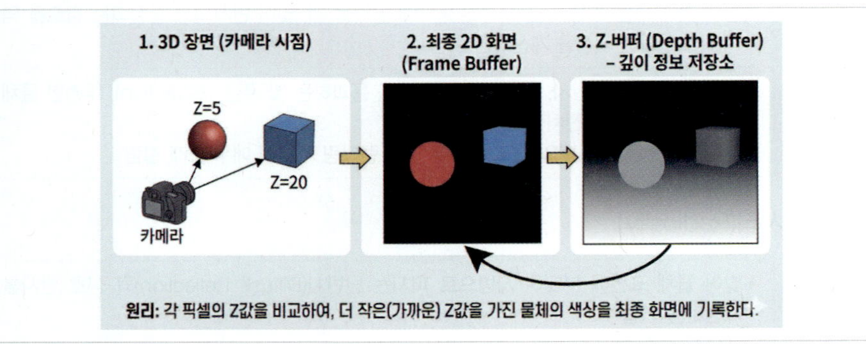

▲ 레이 트레이싱 vs 라디오시티 결과물 비교

③ 스캔 라인(Scanline)

원리	화면을 수평선(Scanline) 단위로 한 줄씩 스캔하여 렌더링하는 방식
특징	• 계산 속도가 매우 빠르지만, 반사나 굴절 같은 복잡한 광학 효과는 표현하지 못함 • 주로 방송용 애니메이션이나 빠른 확인용으로 쓰임

3) 은면 제거(Hidden Surface Removal)

3차원 물체를 2차원 화면에 표현할 때, 앞에 있는 물체에 가려져 보이지 않아야 할 뒷면(은면)을 처리하는 기술이다.

① Z-버퍼(Z-Buffer) 알고리즘 빈출 2회

정의	화면의 픽셀마다 깊이 정보(Z값, 거리)를 저장하는 별도의 메모리(Z-Buffer)를 두는 방식
원리	• 픽셀을 그릴 때, 현재 픽셀의 깊이(Z값)와 새로운 물체의 깊이를 비교함 • 더 가까운(Z값이 작은) 물체가 있다면 그 색상으로 덮어쓰고, 더 멀리 있다면 무시함 • 현재 가장 널리 쓰이는 은면 제거 방식

▲ Z-버퍼 작동 원리 도해

② 후면 제거(Back-Face Culling)

• 카메라를 등지고 있는 면(뒷면)은 어차피 보이지 않으므로 아예 그리지 않고 계산에서 제외하는 방식이다.
• 렌더링 속도를 높여준다.

4) 렌더링 방식의 분류(실시간 vs 비실시간)

구분	실시간 렌더링(Real-time Rendering)	프리 렌더링(Pre-rendering/Offline)
특징	• 초당 30~60장 이상의 이미지를 즉석에서 그려내는 방식 • 화질보다는 속도(반응성)가 중요(실시간)	한 장을 렌더링하는 데 몇 시간에서 며칠이 걸리더라도 최고의 화질(Quality)을 추구하는 방식(비실시간)
용도	컴퓨터 게임, VR/AR 시뮬레이션(DirectX, OpenGL 등 사용)	영화 CG(어벤져스, 아바타), 고품질 애니메이션, 건축 조감도

KEYWORD 03) 디지털 색채 출력

01 인쇄를 위한 RGB와 CMYK 색역

1) RGB와 CMYK의 색역 차이(Gamut Mismatch)

① 색역(Gamut)의 정의 및 크기 비교

- 인간이 인식할 수 있는 모든 컬러 중에서 표현할 수 있는 컬러의 범위를 공간 좌표에 나타낸 것을 '색공간(Color Space)' 또는 '색체계(Color System)'라고 한다.
- 모든 색공간에는 Gamut이라는 해당 시스템이 재현할 수 있는 색상 범위가 있는데 이것을 '색영역(색역)'이라고 하며, 각종 산업표준에서는 CIE 색공간을 주로 사용한다.

RGB 〉 CMYK	• 일반적으로 RGB 색공간이 CMYK 색공간보다 훨씬 넓음 • 특히 sRGB나 Adobe RGB는 CMYK 잉크로 재현할 수 없는 영역을 포함함 • 물리적 재현 한계 : RGB에서는 화면의 빛으로 표현되지만, CMYK 잉크로는 도저히 물리적으로 재현할 수 없는 색상들이 존재함

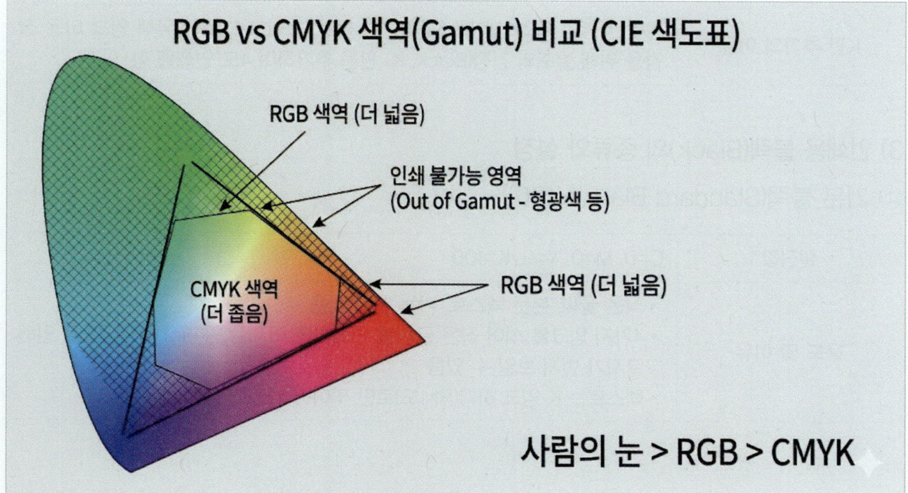

▲ RGB vs CMYK 색역(Gamut) 비교(CIE 색도표)

② 색역 벗어남(Out of Gamut)
- 현상

고채도 색상의 손실	RGB의 고채도 형광색(밝은 야광 연두, 핫핑크, 쨍한 파랑 등)은 CMYK 색역 바깥에 위치
강제 변환의 결과	이 색상들을 강제로 인쇄 모드로 변환하면, 잉크로 표현 가능한 가장 근사한 탁한 색으로 대체되어 채도가 급격히 떨어짐

- 해결책(Gamut Warning)

색역 경고 기능 활용	포토샵 등의 프로그램에서 '색역 경고(Gamut Warning)' 기능을 켜면, 인쇄 불가능한 색상을 회색 등으로 미리 표시해 줌
보정 작업	경고가 뜬 영역을 확인하고, 채도를 낮추거나 명도를 조절하여 인쇄 안전 영역으로 색을 보정해야 함

2) 인쇄 프로세스에서의 CMYK 변환

① 변환 시점
- 원칙

작업 중 RGB 유지	디자인 작업 도중에는 수정의 용이성과 다양한 필터 사용을 위해 RGB 모드로 작업
최종 단계 변환	- 최종 출력 직전에 CMYK로 변환하는 것이 일반적임 - 단, 인쇄 사고를 미연에 방지하기 위해 처음부터 CMYK 모드로 작업하기도 함

② K(Key Plate, 블랙)의 역할
- 4도 분판의 필요성

이론과 실제의 차이	이론적으로 C, M, Y를 섞으면 검정이 되어야 하지만, 실제 안료의 불순물로 인해 짙은 밤색이 나옴
K판 추가의 이유	명확한 명암 대비와 가독성(텍스트) 확보, 그리고 고가의 유색 잉크 비용 절감을 위해 별도의 검정(Black, K) 판을 추가하여 4도 인쇄를 함

3) 인쇄용 블랙(Black)의 종류와 설정

① 기본 블랙(Standard Black/K100)

설정값	C=0, M=0, Y=0, K=100
용도 및 이유	- 작은 글씨, 본문 텍스트, 가는 선에 사용 - 4가지 잉크를 섞어 작은 글씨를 인쇄하면 미세한 핀(Pin) 어긋남으로 인해 글자가 번져 보일 수 있음 - 텍스트는 K 잉크 하나(먹 1도)로만 찍어야 가장 깔끔함

② 리치 블랙(Rich Black/풍부한 검정)

설정값	• C=40~60, M=30~40, Y=30~40, K=100 • 인쇄소마다 권장값은 다르나, K100에 C, M, Y를 적절히 섞어 만든 검정
용도 및 이유	• 넓은 면적의 배경이나 큰 제목에 사용 • K100만 쓰면 넓은 면적은 잉크가 종이에 스며들며 희끄무레한 쥐색처럼 보일 수 있음 • 리치 블랙을 쓰면 잉크 밀도가 높아져 훨씬 깊고 진한(Deep) 검정을 얻을 수 있음

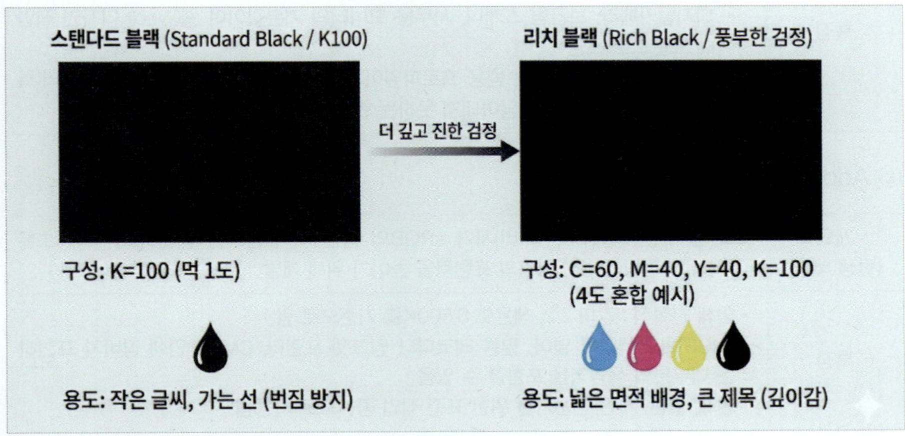

▲ 스탠다드 블랙 vs 리치 블랙 비교

③ 레지스트레이션 블랙(Registration Black)

설정값	• C=100, M=100, Y=100, K=100 • 모든 잉크를 100% 혼합한 상태
주의사항 (사용 금지)	• 인쇄 불량 유발 • 잉크 총량(Total Ink Limit)이 400%가 되어 종이가 잉크를 감당하지 못하고 찢어지거나 뒷묻음(셋오프)이 발생 • 일반적인 디자인 요소에는 절대 사용해서는 안 됨(주로 재단선 등 맞춤 표시에만 사용)

4) 별색(Spot Color)

① 정의

미리 조색된 잉크로 CMYK 4원색 잉크를 섞어서 만드는 것이 아니라, 잉크 회사(Pantone 등)에서 미리 조색되어 캔에 담겨 나오는 특수 잉크를 말한다.

② 특징

장점	• 특수 색상 표현 : 금색, 은색, 형광색 등 CMYK로 재현 불가능한 색을 표현할 수 있음 • 색상 일관성 : 인쇄할 때마다 항상 동일한 색상을 유지할 수 있어 기업의 로고(CI) 컬러 등에 주로 쓰임
단점	비용 상승 : 4도 인쇄 외에 별도의 판(Plate)을 추가해야 하므로 비용이 상승(5도 인쇄, 6도 인쇄가 됨)

5) 주요 색공간의 종류와 특징

작업 목적(웹, 인쇄, 사진)에 따라 적합한 색공간을 선택하는 것은 컬러 관리의 첫 걸음이다.

① sRGB(Standard RGB)

개요 (탄생 배경)	1996년 11월, MS(마이크로소프트)사와 HP사가 협력하여 모니터, 프린터, 인터넷 등에서 공통으로 사용할 목적으로 만든 표준 RGB 색공간
특징	• 표준 설정값 : 감마 2.2, 색온도 6,500K(D65)를 기준으로 인코딩됨 • 용도 및 한계 　– 디지털카메라, 보급형 스캐너, 사무용 모니터의 기본값이며 웹(Web) 디자인 작업에 표준으로 쓰임 　– 모든 장비에 쓸 수 있는 범용 프로파일이지만 색역이 좁아 CMYK 인쇄용 컬러(특히 청록색)를 완벽하게 담아내지 못하는 한계가 있음

② Adobe RGB

개요 (탄생 배경)	1998년 12월, Adobe(어도비)사가 sRGB의 좁은 색역 문제를 해결하고, 특히 초록(Green)과 파랑(Cyan) 영역의 표현력을 높이기 위해 개발
특징	• 인쇄 친화적 : 감마 2.2, 색온도 6,500K를 기준으로 함 • sRGB보다 색역이 넓어, 필름 레코더나 잉크젯 프린터, CMYK 인쇄 장비가 표현하는 대부분의 색영역을 포함할 수 있음 • 인쇄, 출판, 사진 전문가를 위한 표준 작업 공간으로 사용됨

③ Color Match RGB

개요 (탄생 배경)	인쇄 출력 이미지의 색을 미리 확인하기 위해 Radius사 모니터의 색공간을 기준으로 만들어짐
특징	• 매킨토시 및 인쇄용 : 과거 매킨토시(Mac) 환경과 초창기 인쇄용으로 쓰이던 공간으로, 감마 1.8, 화이트 포인트 5,000K(D50)를 기준으로 함 • 전체적인 크기는 sRGB보다 약간 크고 Adobe RGB보다는 작지만, 전형적인 출력용 CMYK 색공간을 거의 포함하므로 인쇄 시뮬레이션에 유리함

④ Wide Gamut RGB

특징	• 광색역 RGB 색공간으로, 감마 2.2를 기준으로 하며 Adobe RGB보다 훨씬 넓은 색역을 가짐 • 대부분의 일반 출력 장비로는 재현할 수 없을 정도로 수많은 색을 포함하고 있어 48비트 이상의 고해상도 디지털카메라나 필름 레코더용 소스 공간으로 사용

⑤ ProPhoto RGB

개요 (탄생 배경)	필름의 명가 코닥(Kodak)에 의해 만들어졌으며 감마 1.8로 인코딩되었음
특징	• 초광대역(가장 넓음) : 사람의 눈이 볼 수 있는 가시광선 영역을 기준으로 만들어져 CIE 색도도 밖의 영역까지 포함할 정도로 매우 넓음 • Wide Gamut RGB와 유사하나 푸른색 계열이 좀 더 확장되어 있음 • 디지털카메라의 RAW 파일 등 장비의 색재현 한계를 규정짓기 어려울 만큼 풍부한 데이터를 손실 없이 보존(Archiving)하는 목적으로 쓰임

⑥ GRACoL(General Requirements for Applications in Commercial Offset Lithography)

특징	• 인쇄 표준 : 다른 RGB들과 달리 상업용 오프셋 인쇄를 위한 표준 규격 • 주로 북미 지역에서 표준으로 사용, 국내 인쇄 회사들도 대부분 G7 캘리브레이션방식의 GRACoL 2006(또는 2013)을 기준으로 인쇄 표준화를 진행함

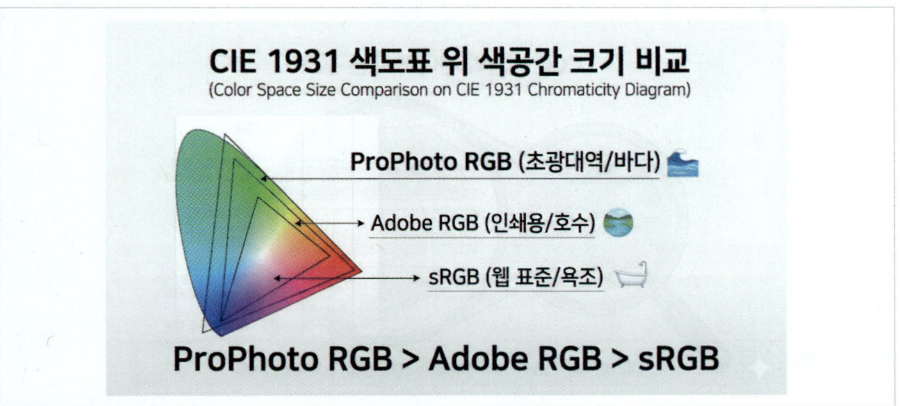

▲ CIE 1931 색도표 위 색공간 크기 비교

02 입출력 장치의 원리와 구조

1) 입력 시스템(Input System) 빈출 7회

① 개요

디지털 변환	• 컴퓨터와 전자 장비 간에 정보를 입력할 수 있도록 해주는 디바이스 • 현실의 사물이나 이미지를 디지털 정보(0과 1)로 바꾸는 장치
종류 및 특징	• 입력 장치는 빛을 기반으로 하므로 RGB를 기본색으로 사용 • 예 디지털 캠코더, 디지털카메라, 스캐너 등

② 디지털카메라(Digital Camera) 빈출 2회

• 정의 및 특징 빈출 2회

저장 방식	디지털 방식으로 촬영하여 카메라에 내장된 메모리 카드에 픽셀(Pixel), 화소 단위로 저장하는 형식
특징	필름이 필요 없어 비용이 절감됨

• RAW 파일의 특성

원본 데이터	디지털 컬러 사진 이미지 센서가 받아들인 원본 컬러 데이터를 가공 없이 저장한 것을 RAW 파일이라 함
고 비트 심도	RAW 이미지의 컬러는 10~14비트 수준의 고 비트(High-bit)로 저장되어 계조가 풍부함
색역	RAW 이미지의 색역은 가시영역의 크기와 같음(매우 넓은 색공간을 가짐)

③ 전하 결합 소재(CCD : Charge—Coupled Device) 빈출 8회
- 정의 : 빛을 전하(전기 신호)로 변환시켜 화상을 얻어내는 센서로, 필름 카메라의 필름에 해당하는 핵심 부품이다.
- 역할 : 감광성 마이크로칩 – 디지털카메라나 스캐너에서 디지털 이미지를 캡처하기 위해 사용하는 감광성 마이크로칩을 나타내는 용어로, 디지털 입력 장치의 이미지 센서로 사용된다.

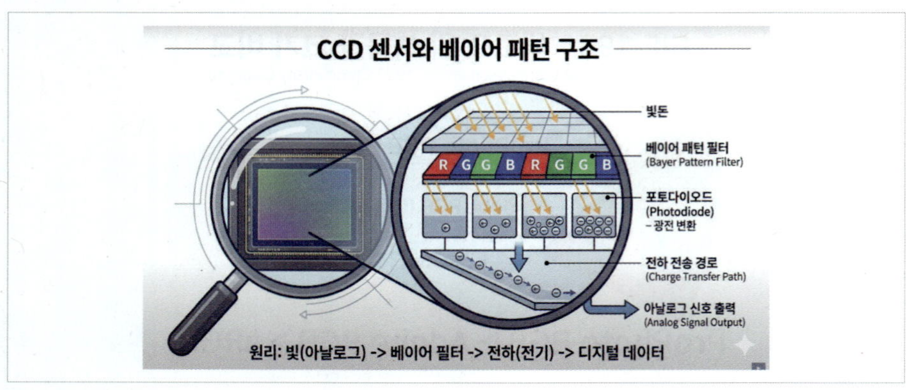

▲ CCD 센서와 베이어 패턴 구조

④ A/D 컨버터(Analog to Digital Converter)
신호 변환기로 전압이나 전류와 같은 연속적인 아날로그 신호를 디지털 기기가 처리할 수 있는 디지털 이미지(신호)로 변환하는 장치 또는 도구이다.

⑤ 스캐너(Scanner)
- 개요 빈출 2회

정의	전하결합소자(CCD)를 이용하여 사진, 로고, 일러스트 등 아날로그 이미지 정보를 읽어 들여 컴퓨터에서 편집이 가능한 디지털 파일로 저장하는 장치
종류	스캐너의 종류로는 평판 스캐너, 드럼 스캐너 등이 있음

- 평판 스캐너(Flatbed Scanner) 빈출 2회 : 이미지나 문자 자료를 평평한 유리면 위에 올려두고 스캔하여, 컴퓨터가 처리할 수 있는 형태로 정보를 변환해 입력할 수 있는 가장 보편적인 장치이다.

⑥ 필름 레코더(Film Recorder)
필름에서 입력받은 이미지를 컴퓨터 그래픽 작업을 거친 후, 다시 필름(슬라이드 등)에 레코딩(출력)하는 장치를 말한다.

⑦ 디지타이저(Digitizer)
- 아날로그 데이터의 좌표를 판독하여 컴퓨터에 디지털 형식으로 설계 도면이나 도형을 입력하는 데 사용하는 입력 장치다.
- 직사각형의 넓은 평면 모양의 장치인 태블릿(Tablet)을 의미하기도 한다(마우스가 상대 좌표라면, 디지타이저는 절대 좌표를 사용).

2) 출력 시스템(Output System) ^{빈출 6회}

① 모니터(Monitor)

• 영상 출력(CRT : Cathode-Ray Tube) 모니터

정의	진공 속의 음극에서 방출되는 전자를 이용하여 만든 영상 장치로, 음극선관 또는 브라운관이라고도 함
특징	뒷부분에 전자관으로 빛을 내는 부품(전자총)이 있어 뒤쪽이 불룩하게 튀어나온 부피가 큰 모양을 가짐(현재는 거의 사용되지 않음)

• LCD(Liquid Crystal Display) 모니터 ^{빈출 10회}

정의	액정 디스플레이 또는 액정표시장치라고 하며, 인가 전압에 따른 액정의 투과도 변화를 이용하여 빛을 차단하거나 통과시켜 시각 정보로 변환시키는 전자 소자
특징	• CRT와 다르게 자기 발광성(스스로 빛을 냄)이 없어 후광(Backlight, 백라이트)이 필요하다는 단점이 있음 • 소비전력이 적고 두께가 얇아 휴대가 간편하므로 컴퓨터, 노트북, 스마트폰, 손목시계 등 휴대용 장치로 많이 활용됨 • 각 픽셀은 빛의 3원색을 이용한 가법 혼색 원리로 RGB 모드를 이용하여 컬러를 재현함
백라이트와 색역	디스플레이의 재현 색역은 백라이트의 성능에 결정적인 영향을 받음 – 백색 LED 방식 : 상대적으로 좁은 색역을 재현함 – RGB LED 방식 : 상대적으로 넓은 색역을 재현할 수 있음 – 냉음극관(CCFL) 방식 : 과거에 주로 쓰였던 형광등 방식의 광원으로 소비 전력이 높고 두꺼워 현재는 대부분 LED로 대체됨
단점	• 시야각 문제 : 보는 각도에 따라 색이나 밝기가 달라 보일 수 있음(IPS 패널 등으로 개선됨) • 경년 변화 : 시간이 지날수록 백라이트의 노화로 인해 재현 컬러와 밝기가 변함

• PDP(Plasma Display Panel) 모니터

정의	이온화된 기체인 플라스마(Plasma)의 전기 방전을 이용한 영상 출력 장치
특징	LCD보다 색상 표현 능력이 우수하고 응답 속도가 빨라 잔상이 적음
단점	LCD보다 소비전력이 높은 편이며, 발열이 있고 수명이 상대적으로 짧다는 단점이 있어 현재는 거의 생산되지 않음

• 광색역 모니터(Wide Gamut Monitor) ^{빈출 2회}

정의	일반적인 모니터는 sRGB의 공간을 기준으로 발광하고 재현하지만, 광색역 모니터는 sRGB 색공간보다 훨씬 넓은 색역(Adobe RGB 등)을 재현함
사용 시 주의 사항	• 운영체제(OS)에 해당 모니터의 광색역 모니터 프로파일을 정확히 등록해야 올바른 색채 재현이 가능함 • 프로파일을 적용하지 않으면 sRGB 기반의 좁은 색역 콘텐츠(웹 이미지 등)가 과도하게 진하게 보이는 등 정상적으로 재현되지 않을 수 있음

② 프린터(Printer)

• 잉크젯 프린터(Ink-jet Printer)

원리	• 잉크를 미세한 노즐에서 분사하여 종이에 문자나 그림을 만들어 내는 방식 • 소음이 적고 다양한 컬러를 표현할 수 있으나 레이저 프린터에 비해 인쇄 속도가 느린 편임
인쇄 및 혼색 방식	• 디지털 컬러 프린터의 인쇄 방식은 작은 점을 찍어 색을 섞어 보이게 하는 병치 혼색과 잉크가 겹쳐지며 어두워지는 감법 혼색이 복합적으로 이루어짐 • 농도 조절을 위해 점의 밀도를 이용하는 하프토닝(Halftoning) 방식으로 인쇄함
색역의 불일치 원인 빈출 12회	• 컴퓨터 모니터는 빛을 혼합하는 가법 혼색(RGB) 원리를 사용 • 프린터는 잉크를 혼합하는 감법 혼색(CMYK) 원리를 사용 • 근본적인 발색 원리의 차이로 인해 프린터 출력물의 색역은 디스플레이 화면의 색역과 일치하지 않음(일반적으로 프린터 색역이 더 좁음)
색상 영향 요소 빈출 4회	컬러 잉크젯 프린터의 재현 색상에 영향을 미치는 요소로는 프린터 드라이버의 설정, 용지의 종류(질감/흡수율), 잉크의 종류(안료/염료)등이 있음

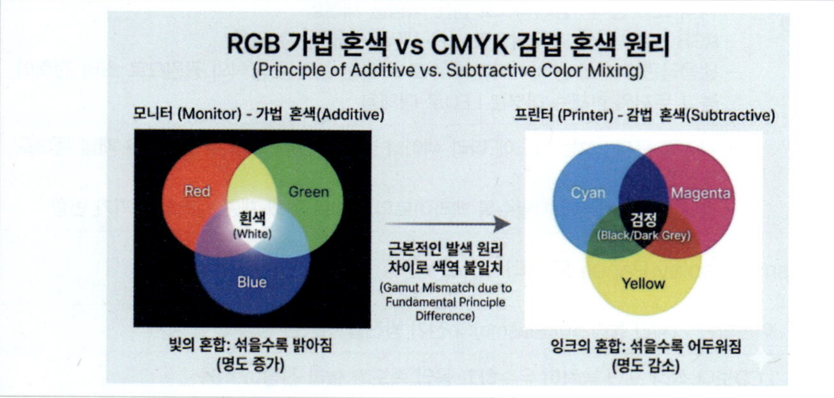

▲ RGB 가법 혼색 vs CMYK 감법 혼색 원리

• 레이저 프린터(Laser Printer)

원리	복사기와 같이 가루 상태의 잉크(토너)와 레이저 광선, 정전기를 이용한 전자 사진(Electro-photography) 방식의 프린터
특징	인쇄 속도가 매우 빠르고 텍스트 해상도가 높아 사무용으로 많이 쓰임

③ 그래픽 카드(Graphic Card) 빈출 4회

• 역할·신호 변환 및 출력 : 컴퓨터 내부에서 처리된 디지털 색채 영상 정보를 모니터가 이해할 수 있는 전자 신호로 변환시켜 주는 출력 장치이다.
• 컬러 정보 재현 : 컬러 정보 디스플레이를 재현할 때 컬러 프로파일(LUT)이 적용되는 하드웨어 장치이다.
• 성능과 해상도 : 그래픽 카드의 성능(GPU, VRAM)에 따라 지원 가능한 최대 해상도와 표현 색채 수(비트 심도)등이 결정된다.

🔵03 프린터의 프로파일링(Printer Profiling)

1) 프린터 프로파일링의 개요

① 정의 및 필요성

정의	장치 특성 기술 : 특정 프린터가 특정 잉크와 종이(Media)를 사용했을 때 표현할 수 있는 색역(Gamut)과 색상 특성을 측정하여, 이를 국제 표준 포맷인 ICC 프로파일로 생성하는 작업
필요성	변수 통제 : 프린터는 사용하는 종이의 종류(광택/무광, 흡수율)와 잉크의 성질에 따라 발색이 천차만별로 변하기 때문에, 모니터보다 훨씬 까다로운 전용 프로파일링 과정이 필요함

2) 프로파일링 수행 순서(프로세스)

① 1단계 : 프린터 상태 점검(Calibration)

기기 안정화(노즐 검사) : 잉크젯의 경우 노즐이 막힌 곳은 없는지 헤드 청소 및 정렬 상태를 점검하여 최상의 상태를 만든다.

② 2단계 : 기준 차트(Target) 출력

차트 선택	IT8.7/3 또는 ECI 2002 등 표준 차트를 선택
출력 설정	색상 관리 기능을 끄고(Off) 출력

③ 3단계 : 측색(Measurement)

건조 및 측정 : 잉크가 충분히 마른 후 분광광도계(Spectrophotometer)를 이용해 패치 색상을 측정한다.

▲ 프린터 프로파일링 측색 과정

④ 4단계 : 프로파일 생성(Generation)

LUT 생성 : 측정된 데이터와 기준 데이터를 비교하여 ICC 프로파일을 생성하고 저장한다.

3) 프린터 프로파일링 시 유의사항 ^{빈출 6회}

① 드라이버 설정의 중요성 : 매체(Media) 설정의 일치

잉크 분사량 결정	프린터 드라이버의 '용지 종류(Media Type)' 설정은 잉크 분사량(Ink Limit)과 검정(K) 생성 비율 등에 직접적인 영향을 줌
설정값 유지	프로파일 생성 시(차트 출력 시) 사용했던 드라이버의 설정값은 이후 프로파일을 적용하여 실제 이미지를 출력할 때도 반드시 동일하게 유지해야 함(설정을 바꾸면 색이 틀어짐)

② 색상 관리 옵션 끄기(No Color Management) : 순수한 장비 특성 확보

CMS 해제(Off)	• 프로파일링을 위한 차트(Target)를 출력할 때는 프린터 드라이버나 포토샵의 자체적인 색상 처리 기능(Color Management)을 반드시 해제(Off, 없음)하고 출력해야 함 • 기존의 색상 보정이 개입되면 왜곡된 데이터가 측정되어 정확한 프로파일을 만들 수 없음

③ 안정화 시간 확보(Dry-down) : 건조 시간 준수

드라이 다운 현상	잉크가 종이에 스며들고 건조되면서 색이 변하는 현상(Dry-down) 발생
충분한 대기	잉크젯 인쇄물의 경우, 출력이 끝난 직후가 아닌 적정한 컬러 안정화(건조) 시간을 확보한 뒤(최소 30분~1시간) 측색해야 정확한 데이터를 얻을 수 있음

4) 프로파일 생성 시 주요 설정값

① 잉크 총량 제한(TIL : Total Ink Limit)
- 정의 : C, M, Y, K 4가지 잉크가 한 지점에 겹칠 수 있는 총량의 한계치를 설정한다(최대 400%).
- 목적 : 잉크가 과다하여 발생할 수 있는 뒷묻음(Set-off), 번짐, 종이 울음 현상을 방지한다(일반적으로 코팅지는 300~340% 제한).

② 블랙 생성(Black Generation)

GCR 및 UCR 적용 : 회색 밸런스와 잉크 절약을 위해 GCR(회색 성분 교체)이나 UCR(하색 제거) 방식을 적용하여 K(블랙) 잉크의 사용 비율을 결정한다.

5) 프린터 프로파일링용 표준 차트

① IT8.7/3(ISO 12642-1) ^{빈출 2회}

기본 차트 : 928개의 컬러 패치로 구성된 가장 기본적인 CMYK 표준 차트이다.

② ECI 2002(ISO 12642-2) ^{빈출 2회}
- 정밀 및 랜덤 배열 : 1,485개 이상의 패치로 구성되어 정밀도가 높다.
- 랜덤 레이아웃(Random Layout) : 기계적 결함(롤러 압력 등)으로 인한 색상 오차를 분산시키기 위해 패치 순서를 무작위로 섞어서 배치한다.

1) 출력 용지의 종류와 특징

① 용지 선택 기준

- 용도에 따른 선택 : 인쇄물은 각각의 출력 목적과 용도에 맞게 최적의 용지를 선택해야 한다.
- 고려 요소 : 종이의 두께(μm), 밀도, 평활도(표면성), 평량(무게, g/m^2), 백감도(시각적으로 느끼는 밝기), 백색도(전체적인 하얀 정도), 광택도 등을 종합적으로 감안하여 결정한다.

② 종이의 주요 특징(물리적 속성)

- 두께(Thickness)

단위	마이크로미터(μm) 사용
특징	• 종이의 두께는 종이의 무게와 밀도에 직접적인 영향을 받음 • 같은 두께의 종이라도 밀도가 낮을수록 가볍고, 밀도가 높을수록 무거움 • 일반적인 인쇄에는 80~240g 평량의 종이가 주로 사용됨

- 밀도(Density)

정의	종이 조직의 조밀한 정도를 말함
특징	• 밀도는 무게와 반드시 정비례하지는 않음 • 두껍지만 가벼운 책을 만들거나 휴대성을 고려해야 하는 인쇄물은 밀도가 낮은 종이(부피가 큰 종이)를 사용

- 평활도(Smoothness/표면성)

단위	종이 표면의 매끄럽고 거친 정도
인쇄 적성	• 평활도가 높을수록 : 표면이 부드러워 잉크가 고르게 침투하여 좋은 품질의 인쇄 가능 • 평활도가 낮을수록(거칠수록) : 잉크가 고르게 침투하지 못해 선명한 인쇄 품질을 얻기 힘듦

- 평량(Basis Weight)

정의	종이 가로 1m×세로 1m(1m^2)당 무게(g)(단위 : g/m^2)
특징	• 평량은 종이의 강도는 물론, 불투명도와 두께에 영향을 미침 • 종이마다 평량이 다르므로 용도(내지용, 표지용 등)에 맞게 선택하여 사용해야 함

- 백감도 및 백색도(Whiteness)

정의	• 백감도 : 종이의 하양의 정도 • 백색도 : 펄프를 가공할 때 표백을 많이 할수록 백색도가 높아짐
종류	하양에도 백색(White), 순백색(High White), 미색(Cream), 아이보리 계열 등 다양한 톤이 존재함

⌐ 선생님의 노하우

평량(g/m^2)

평량(g/m^2)은 1제곱미터당 무게입니다. 명함이 복사용지보다 두꺼운 것처럼 숫자가 클수록 종이가 두껍고 튼튼합니다.

• 광택도(Gloss)

정의	종이 표면에 빛이 반사되는 정도
종류	• 고광택지(Art Paper) : 빛의 반사가 심해 눈부심으로 인해 가독성(Text)은 떨어지지만, 이미지(Photo)의 인쇄 품질은 매우 높기 때문에 주로 화보 중심의 잡지에서 사용 • 저광택지(Matte Paper/모조지) : 빛 반사가 적어 눈이 편안하므로 텍스트가 많은 서적(단행본, 교과서)에 주로 사용

③ 출력 용지의 분류

• 도공지 vs 비도공지

도공지 (Coated Paper)	• 원지에 화학약품, 미세 돌가루, 접착제 등을 혼합하여 표면을 도공(Coating) 처리한 종이 • 종이 표면의 평활성과 인쇄 재현성(광택)을 높인 종이 • 예 아트지, 스노우지
비도공지 (Uncoated Paper)	• 원지에 표면 코팅 등 어떠한 도공 처리도 하지 않아 펄프 섬유의 촉감을 그대로 살린 종이 • 예 서적용지, 신문용지, 중질지 등이 포함됨

• 디지털 인쇄 전용지 : 잉크 접착력을 높이는 특수 코팅 처리를 하여 잉크젯, 레이저, HP 인디고 등 다양한 디지털 출력 환경에 최적화된 종이도 있다.

④ 출력 용지의 종류별 상세 특징

• 신문용지(갱지)

구성	화학펄프 30~40%와 쇄목펄프를 혼합하여 만듦
용도	주로 신문 인쇄와 시험지 등에 사용
특징	윤전기에서 고속 인쇄에 사용하기 위해 인장강도가 좋고 잉크 흡수성이 뛰어나 건조가 빠름
단점	종이의 질이 떨어지고 내구성이 약하여 시간이 경과하면 누렇게 변색(황변)되기 쉬움

• 중질지

구성	화학펄프 40~70%를 사용하여 만든 종이
특징	• 상질지보다는 질이 낮지만, 신문 용지보다는 지질이 강함 • 약간의 회색빛(미색)을 띠고 있어 눈에 피로감을 덜 주므로 교과서, 서적, 잡지, 만화책 본문에 주로 사용

• 상질지(백상지/모조지)

구성	화학펄프 100%를 사용하여 만든 고급 종이
특징	• 표면이 매끄럽고 질기며 정밀 인쇄가 가능함 • 보통 백색을 띠고 있음
용도	• 고급 서적의 본문 용지, 일반 인쇄물, 포스터, 팜플렛 등 상업 인쇄물 전반에 사용 • 광택 유무에 따라 무광지, 유광지, 강광지 등으로 나뉨

• 아트지(Art Paper)

제조 공정	초지기에서 공급된 원지에 컬러 약품(안료)을 도포한 후, 슈퍼 캘린더(강광택기)를 거쳐 생산되는 대표적인 도공지(한쪽 면만 코팅한 편면 아트지도 있음)
특징	종이 표면의 평활도가 높고 백색도도 높아 인쇄 광택과 선명도가 뛰어남
용도	평판 인쇄, 볼록판 인쇄에 사용되며, 카탈로그, 포스터, 화보집 등 고급 인쇄물에 가장 보편적으로 사용

• 합성지(Synthetic Paper/유포지)

정의	석유화학 기술의 발달로 석유를 원료로 한 합성 고분자 물질(PP 등)을 가공하여 종이와 비슷한 성질로 개발한 특수 용지
특징	물에 젖지 않고 잘 찢어지지 않는 내구성을 가짐(지도, 선거 포스터 등에 사용)

• 버라이터지(Baryta Paper)

용도	주로 사진 인화용으로 사용됨
특징	종이 위에 황산바륨(Baryta) 층을 코팅한 고급 인화지, 표면이 매끄럽고 흑백 사진의 깊은 맛과 보존성이 뛰어남

• 크라프트지(Kraft Paper)

특징	• 화학 표백을 하지 않아 펄프 고유의 갈색을 띠고 있음 • 섬유질이 길고 매우 질긴 특성을 가짐
용도	• 소포 포장용, 쇼핑백, 봉투 등 패키지용과 팬시용으로 나뉨 • 자연스럽고 빈티지한 느낌(Natural Design)을 주는 디자인에 주로 사용되며, 재생용지가 아니기 때문에 가격은 저렴하지 않음

• 종이의 종류

구분		종류
신문용지	신문용지	신문, 만화책
인쇄용지	바코딩 인쇄용지	서적지류, 도화용지류, 노트용지류, 박엽지류, 중질지류, 백상지류
	코팅 인쇄용지	경량코트지, 중성지, 스티커용지, 미량코트지, 라벨지, 담배포갑지, 엠보싱지, 캐스트코트지, 아트지, 매트지 등
정보용지	입력용지	OCR, OMR, MICR, 자기기록지, 천공카드지, 천공테이프지
	출력용지	잉크젯용지, 복사용지, 감열기록지, 감압기록지, 정전기록지, 방전기록지, 청사진용지, 열전사지, 인화지 등
가정 /위생용지	가정용지	벽지, 앨범용지
	의료용지	멸균지, 무균지, 부직포디스크
	위생용지	종이타월, 기저귀, 생리용지, 방충지, 화장지
포장용지	외장용지	라이너지, 지대용지, 백판지, KLB, KRAFT지
	지기/용지	카톤팩용지, 종이컵원지, 내용식품용지, 콤포지트캔

산업용지	농업용지	과실 봉지, 제초지, 차광지
	공업시험용지	아라미드지, 탄소섬유지, 지시지
	전지전자공업용지	전령지, 무지지, 대전방지지, 전자파차단지
	점착/박리지	점착지, 박리지, 공정용 이형지, 접착테이프
기능지	–	각종 팬시지, 방향지, 난연지, 불연지

2) 인쇄 잉크의 특징과 성질

① 잉크의 구성 요소

- 안료(Pigment) : 색을 내는 고체 분말 성분이다.
- 비이클(Vehicle) : 안료를 운반하고 종이에 고착시키는 액체 성분이다(전색제).
- 첨가제 : 건조제(Dryer)나 보조제를 일정량 섞어 제조한다.

② 인쇄 방식에 따른 분류

판의 형태에 따라 활판(볼록판) 잉크, 평판(옵셋) 잉크, 요판(오목판) 잉크, 공판(스크린) 잉크로 나뉜다.

③ 잉크 성질 및 건조 방식에 따른 분류

오프셋 인쇄(Offset/프로세스) 잉크	• 평판 인쇄용으로 점도가 높음(끈적함) • Cyan, Magenta, Yellow의 감법 혼합에 Black을 더한 4색(CMYK)으로 다색 인쇄의 기본이 됨
그라비어(Gravure) 인쇄 잉크	• 다른 잉크에 비해 점도와 점착성이 낮아서 묽음 • 비화선부(인쇄되지 않는 부분)의 잉크를 닥터 블레이드로 쉽게 긁어낼 수 있음 • 용제가 증발하며 건조되는 증발 건조식을 사용하므로 건조 속도가 빠름
수성 잉크	• 유기 용제 대신 물을 사용하므로 환경오염이 적고 냄새가 적음 • 주로 식품 포장재나 친환경 인쇄에 사용

3) 잉크젯 프린터의 특징과 구동 원리

① 정의

분사 방식	미세한 노즐에서 잉크 방울을 분사하여 종이에 기록하는 방식
토출 방식의 분류	• 연속 분사, 간헐 분사, 드롭 온 디맨드(Drop on Demand) 방식으로 나뉨 • 현재 대부분의 프린터는 필요한 순간에만 잉크를 쏘는 드롭 온 디맨드 방식을 사용

② 잉크젯 헤드의 구동 원리(피에조 vs 서멀)

• 피에조(Piezo) 방식

원리(압전 소자)		• 잉크젯 프린터의 노즐에 전기를 가하면 형태가 변하는 압전 소자(Piezo Element)가 부착되어 있음 • 전기가 가해지면 소자가 진동(수축/팽창)하며 압력이 발생하고, 그 물리적인 힘으로 잉크를 밀어내어 분사함
특징	장점	• 열을 가하지 않으므로 잉크 성분의 변질이 없어 다양한 잉크(솔벤트 등)를 쓸 수 있음 • 잉크 방울 크기를 정밀하게 조절이 가능함
	단점	• 헤드 구조가 복잡함 • 가격이 서멀 방식보다 상대적으로 비쌈(예 주로 엡손 사에서 채택)

• 서멀 버블(Thermal Bubble) 방식

원리(열팽창)		• 잉크가 나오는 노즐에 열선(Heater)이 부착되어 있음 • 순간적으로 150~200℃의 고열을 가하면 잉크 속에 수증기 기포(Bubble)가 생기며, 그 팽창하는 힘으로 잉크를 밀어냄 • 잉크가 나가고 온도가 떨어지면 수축하는 힘에 의해 다시 잉크가 채워짐
특징	장점	• 헤드 구조가 단순하여 노즐 수를 늘리기 쉬움 • 제조 단가가 저렴하며 노즐 막힘이 적음
	단점	• 고열을 가하므로 전용 잉크(수성)만 써야 함 • 넓은 면적 인쇄 시 헤드 과열로 속도가 느려질 수 있음(예 주로 캐논, HP 사에서 채택)

③ 사진용 프린터의 종류

• 사진용 잉크젯 프린터

특징	다양한 크기 출력이 가능하고 색 재현 범위가 넓음
단점	잉크와 전용 용지 가격이 비싸고, 노즐이 막히는 문제가 있어 주기적인 관리가 필요함

• 염료 승화 프린터(Dye Sublimation)

원리	C, M, Y의 고체 염료가 코팅된 리본에 열을 가하여 기체 상태로 승화시켜 전용지에 전사(흡착)하는 방식
특징	• 연속 계조 : 점(Dot)이 보이지 않고 색이 부드럽게 섞이므로 실제 사진과 같은 선명하고 정교한 표현 가능 • 내구성 : 출력 후 코팅 처리가 되어 색 번짐이 적고 표면 광택이 뛰어남(가정용 포토 프린터 등)

• 디지털 은염 프린터

원리	디지털 데이터를 R, G, B 3색 레이저로 전통적인 인화지(감광지)에 직접 노광해 잠상을 형성하고 현상하는 방식
특징	• 장점 : 인쇄 품질이 가장 우수하고 속도가 빠르며, 대량 출력 시 단가가 저렴함 • 단점 : 장비가 매우 크고 고가이므로 주로 전문 현상소(인화 업체)에서 사용

4) 레이저 프린터(Laser Printer)

① 구동 원리(전자 사진 방식)

- 정전기 활용
  - 미세한 고체 분말인 토너(Toner)와 레이저 광선, 그리고 정전기의 인력(끌어 당기는 힘)을 이용하여 종이 위에 이미지를 옮기는 방식이다.
  - 복사기와 동일한 원리이며, 액체 잉크를 분사하는 잉크젯과 달리 토너 가루를 종이에 '구워서' 붙인다.
- 특징

장점	• 인쇄 속도가 잉크젯에 비해 매우 빠름 • 텍스트(문자)의 외곽선이 선명하고 번짐이 없어 문서 출력용으로 적합
단점	사진 출력 시 계조(Gradation) 표현이 잉크젯이나 승화형보다 거칠고 부드럽지 못함

② 레이저 프린터의 출력 5단계

대전(Charging)	헤드 역할을 하는 감광 드럼(OPC 드럼 : Organic Photo Conductor) 표면에 고압 방전을 일으켜 정전기(−)를 입히는 단계
노광(Exposing/노출)	• 컴퓨터에서 전송된 데이터에 따라 레이저 광선을 드럼에 쏨 • 레이저가 닿은 부분만 정전기가 사라지며 눈에 보이지 않는 밑그림(잠상) 형성
현상(Developing)	• 드럼 표면에 토너(Toner) 가루를 묻힘 • 정전기적 성질에 의해 레이저가 닿았던 부분(잠상)에만 토너가 달라 붙어 눈에 보이는 이미지가 됨
전사(Transferring)	드럼에 묻어있는 토너를 종이(Paper) 위로 옮기는 단계
정착(Fusing/고정)	종이 위에 얹혀 있는 토너 가루가 떨어지지 않도록 고열(180~200℃)과 압력(롤러)을 가해 종이에 완전히 녹여 붙이는 단계(출력물이 따뜻한 이유)

5) 이미지 크기 및 해상도 조절

① 상관관계

- 품질 결정 요인 : 출력물의 품질은 프린터의 해상도(DPI)와 원본 데이터의 용량(Pixel 수)에 동시에 영향을 받는다.
- 고해상도 출력 조건 : 큰 출력물을 고화질로 얻으려면 데이터 자체를 픽셀 수가 많은(해상도가 높은) 사진으로 준비해야 한다.

② 이미지 리샘플링(Resampling)

- 보간 작업(Interpolation Work)

정의	• 포토샵의 '이미지 크기' 메뉴에서 '리샘플링(Resample)' 항목을 체크하면 활성화됨 • 픽셀의 개수를 강제로 늘리거나 줄여서 이미지의 물리적인 크기와 용량을 조절하는 기능
활용	낮은 해상도의 사진을 크게 출력해야 할 때 바이큐빅(Bicubic) 등의 보간법을 사용하여 픽셀을 추가함으로써(뻥튀기) 깨짐 현상을 완화할 수 있음

6) 매체 설정과 용지 설정

① 용지 선택의 조건 : 프린터 특성에 맞는 용지

열전사 방식 (레이저/승화형)	고열(Heat)을 가하여 잉크를 고착시키므로, 높은 온도에서도 변형되거나 녹지 않는 내열성 전용지를 사용해야 함
잉크젯 방식	액체 잉크를 사용하므로, 잉크 흡수력이 좋고 번짐이 적은 잉크젯 전용지(Coated Paper)를 사용해야 함

② 드라이버 설정의 일치 : 매체 선택(Media Type Setting)

설정 방법	포토샵이나 일러스트레이터에서 인쇄 버튼을 누른 후 반드시 '인쇄 설정(Printer Properties)'에 들어가 실제 프린터에 넣은 종이와 똑같은 이름의 용지를 선택해야 함
이유	• 용지 표면(광택/무광/재질)에 따라 잉크가 스며드는 정도와 반사율이 다르기 때문에, 프린터는 용지 설정값에 따라 잉크 분사량(Ink Limit)과 색상 보정값(Color Curve)을 다르게 적용 • 📌 광택지(Glossy)를 넣고 설정은 일반지(Plain Paper)로 하면, 잉크가 너무 많이 뿌려져 번지거나 색이 칙칙하게 나옴

왜 OHP 필름을 레이저 프린터에 넣으면 망할까?

레이저 프린터의 마지막 단계인 정착(Fusing) 때문입니다. 200도의 고열 롤러를 통과하는데, 일반 비닐(OHP)은 녹아서 롤러에 들러붙어 기계를 고장 냅니다. 반드시 '레이저 전용' 내열성 필름을 써야 합니다.

색채디자인 과제 완성

빈출 태그 ▶ #컬러유니버설디자인(CUD) #CUD3대원칙 #SD법(의미미분법) #정성적평가vs정량적평가
#레이아웃의3대목적 #시선의흐름(Gutenberg) #그리드(Grid) #유니버설디자인7대원칙

KEYWORD 01) 색채디자인 제작

01 레이아웃(Layout) 디자인

1) 레이아웃의 의의

- 레이아웃은 단순히 이미지와 텍스트를 나열하는 것이 아니라, 정보를 효과적으로 전달하기 위해 조형 요소를 '전략적으로 배치'하는 기술이다.
- 실기 시험(포스터 디자인 등)뿐만 아니라 필기 시험에서도 디자인 원리와 결합하여 빈번하게 출제되는 영역이므로 정확한 용어 정의와 시선의 흐름을 완벽히 숙지해야 한다.

2) 레이아웃의 정의 및 목적

① 정의

- 제한된 공간(지면, 화면 등) 안에 디자인의 구성 요소(문자, 그림, 사진, 기호 등)를 효과적으로 배열하는 계획 및 기술이다.
- 단순한 배치를 넘어 시각적 커뮤니케이션의 효율성을 극대화하는 조형적 질서를 만드는 과정이다.

② 목적

가독성(Readability) 확보	독자가 정보를 빠르고 정확하게 읽을 수 있어야 함(제1목적)
심미성(Aesthetics) 부여	시각적인 아름다움을 통해 주목성을 높임
정보의 위계성 확립	중요한 정보와 덜 중요한 정보를 구분하여 시선의 흐름을 유도함

3) 레이아웃의 구성 요소

레이아웃을 구성하는 요소는 크게 시각적 요소와 구조적 요소로 나뉜다.

① 그리드(Grid) 빈출 3회

정의	레이아웃을 구성하기 위한 가상의 격자 구조
역할	디자인 요소들을 질서 정연하게 배치하고, 전체적인 통일감과 일관성을 부여
시스템의 장점	• 작업 시간을 단축하고 효율성을 높임 • 여러 페이지의 디자인물(잡지, 브로슈어 등)에서 시각적 일관성을 유지함 • 정보의 체계적인 관리가 가능함

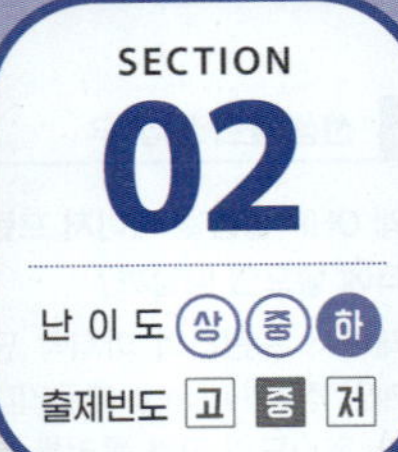

선생님의 노하우

오답 주의

레이아웃의 최우선 목적은 '장식'이 아니라 '정보 전달'입니다. 시험 문제에서 "레이아웃은 심미성만을 추구한다."는 지문이 나오면 무조건 오답입니다.

② 타이포그래피(Typography)

- 활자의 서체, 크기, 자간, 행간 등을 조절하여 가독성과 조형미를 높이는 기술이다.
- 가독성(Readability)과 판독성(Legibility)이 핵심이다.

③ 여백(White Space/Negative Space)

- 디자인 요소가 배치되지 않은 공간을 의미한다.
- 여백은 '비어있는 공간'이나 '남은 공간'이 아니라 '의도된 디자인 요소'이며, 시선의 쉴 곳을 제공하고 중요 요소를 강조하는 역할을 한다.

4) 레이아웃의 조형 원리

조형 원리	핵심 내용 및 특징	비고
균형 (Balance)	• 시각적 무게감이 어느 한쪽으로 치우치지 않는 상태 • 대칭 균형 : 정적, 안정감, 권위 • 비대칭 균형 : 동적, 세련미, 긴장감	• 색채의 무게감 • 명도, 채도로도 균형을 맞출 수 있음
강조 (Emphasis)	• 특정 부분을 두드러지게 하여 시선을 집중시키는 것 • 대비(Contrast), 분리, 배치 등을 통해 구현	주제(Focal Point)를 명확히 함
리듬 (Rhythm)	• 요소의 규칙적인 반복이나 변화를 통해 생기는 흐름 • 반복, 교차, 점진(Gradation), 방사 등이 있음	시선의 흐름을 유도
통일 (Unity)	• 디자인 요소들이 하나의 전체로 보이게 하는 조화 • 지나친 통일은 지루함을 줄 수 있으므로 변화(Variety)와 조화가 필요	레이아웃의 기본 전제

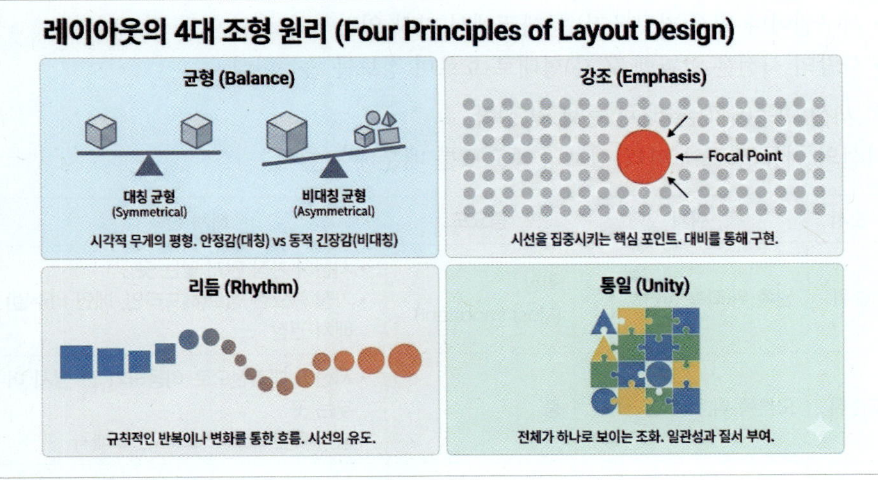

▲ 레이아웃의 4대 조형 원리

5) 시선의 흐름과 포스터 레이아웃 전략

- 평면 그래픽 작업(포스터 등)에서 이미지, 문자, 심볼 로고 등의 요소를 배치할 때는 무작위가 아닌 '시선의 흐름(Eye Flow)'이라는 과학적 원리를 따라야 한다.
- 독자의 무의식적인 인지 순서를 조종하여 정보 전달력을 극대화하는 핵심 기술이다.

① Z자형 흐름(Gutenberg Diagram)

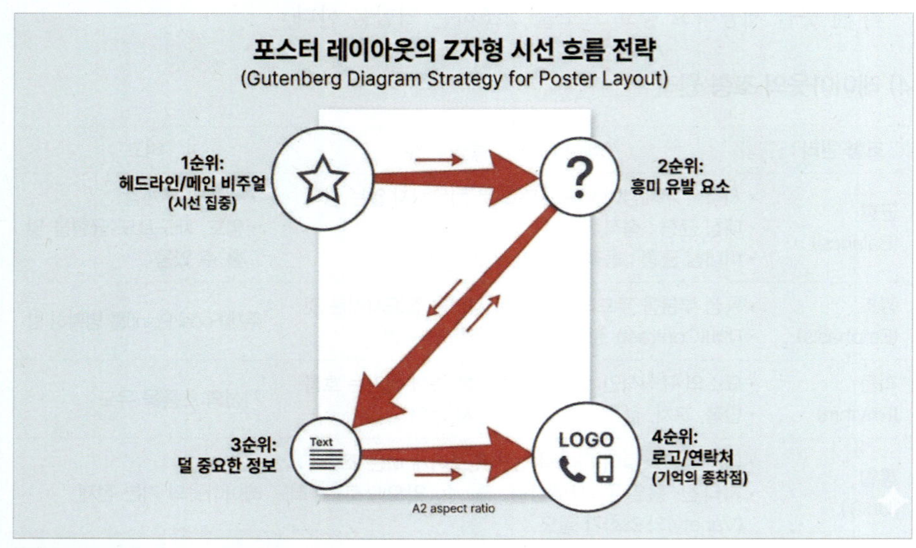

▲ 포스터 레이아웃의 Z자형 시선

- 서구권이나 횡서(가로쓰기) 문화권에서 가장 일반적인 시선 이동 경로이다.
- 사람의 시선은 알파벳 'Z'자 형태로 흐르며 정보를 습득한다.

② 시선 이동에 따른 배치 순서 및 전략

시선의 이동 경로에 따라 정보의 중요도를 배분해야 한다.

순서	위치	중요도	배치 전략
1순위	왼쪽 위(좌측 상단)	최상 (Most Important)	• 시선이 가장 먼저 닿는 곳 • 가장 중요한 정보(헤드라인, 메인 비주얼) 배치 권장
2순위	오른쪽 위(우측 상단)	중	• 시선이 대각선으로 이동하기 전 잠시 머무는 곳 • 흥미 유발 요소나 보조 정보 배치
3순위	왼쪽 아래(좌측 하단)	하	• 시선이 가장 약하게 머무는 곳 • 상대적으로 덜 중요한 정보 배치
4순위	오른쪽 아래(우측 하단)	상(Conclusion)	• 시선이 멈추고 오래 머무는 곳 • 기억에 남겨야 할 중요한 요소(심볼, 로고, 연락처) 배치

③ F자형 흐름

- 웹 디자인이나 모바일 환경에서 주로 나타나는 시선 패턴이다.
- 상단의 헤드라인을 읽고, 아래로 내려가며 앞부분만 훑어보는 형태이다.

02 지속가능한 디자인(Sustainable Design)

1) 지속가능한 디자인의 의의

- 과거의 디자인이 심미성과 기능성에 치중했다면, 현대 디자인의 핵심 키워드는 '생존'과 '공존'이다.
- 제품의 생산부터 폐기까지 전 과정에서 환경오염을 최소화하고, 다음 세대를 위해 자원을 보존하는 디자인을 의미한다.
- 최근 시험에서는 '탄소중립(Carbon Neutrality)'과 연계된 문제가 자주 출제되므로 개념을 명확히 잡아야 한다.

2) 지속가능한 디자인의 개요

① 정의   빈출 8회

- 자연이 먼저 보존되고 인간과 환경이 조화되는 개발을 의미한다.
- 디자인의 전 과정에서 환경적, 경제적, 사회적 영향을 고려한 미래지향적 디자인이다.
- '에코 디자인(Eco Design)', '그린 디자인(Green Design)'을 포괄하는 상위 개념이다.

② 핵심 목표 : 탄소중립(Net Zero)

- 정의 : 인간의 활동으로 배출하는 온실가스(이산화탄소 등)의 양(+)과 흡수하는 양(−)을 같게 만들어, 실질적인 배출량을 '0(Zero)'으로 만드는 것이다.
- 디자인 분야에서는 자원 낭비를 줄이고, 재활용률을 높이며, 친환경 소재를 사용하는 방식으로 기여한다.

③ 에코 디자인(Eco Design)   빈출 6회

- 환경친화의 적절한 조화를 이루는 디자인으로 환경파괴를 최소화하기 위해 유해 물질은 사용하지 않으면서 제품의 기능성과 품질은 높이려는 것이다.
- 환경과 인간을 고려한 자연주의 디자인이며 환경 오염 방지를 위한 디자인, 생산, 품질, 환경, 포장, 폐기, 설계 등의 총체적 과정의 친환경 디자인을 말한다.

④ 그린디자인(Green Design)   빈출 4회

- 환경 오염 문제를 고려하여 건강하고 조화로운 환경을 추구하는 디자인으로 자연 보호와 절약을 강조하는 윤리적 성격이 강하다.
- 디자인 과정에서 재활용, 재사용, 절약, 과대 포장 줄이기 등이 고려되며, 에너지와 자원의 효율성을 높인다.

3) 지속가능한 디자인의 실천 전략(3R+2)

구분	핵심 내용 및 특징	비고
절약 (Reduce)	• 폐기물 발생 자체를 줄이는 가장 근본적인 방법 • 과대 포장 줄이기, 잉크 사용 최소화 등	최우선 순위
재사용 (Reuse)	• 제품을 폐기하지 않고 세척/수선하여 반복 사용 • 예 리필 용기, 장바구니 사용	형태 보존
재활용 (Recycle)	• 폐기물을 분해, 가공하여 '원료'로 되돌려 다시 사용 • 예 플라스틱 병을 녹여 섬유로 만듦	물리/화학적 가공
새활용 (Upcycle)	• 재활용을 넘어 디자인과 아이디어를 더해 '더 높은 가치'의 제품으로 재탄생시키는 것 • 예 폐방수천으로 명품 가방 제작(프라이탁 등)	가치 상향 (폐기물 활용)
리디자인 (Redesign)	• 기존 제품의 한계가 나타났을 때, 기존 제품의 기능, 심미성, 재료 등을 '개선(Improvement)'하여 수명을 연장하거나 사용성을 높이는 행위 • 예 그립감을 개선한 칫솔, 페이스리프트	형태 변형 (기존제품 개선)

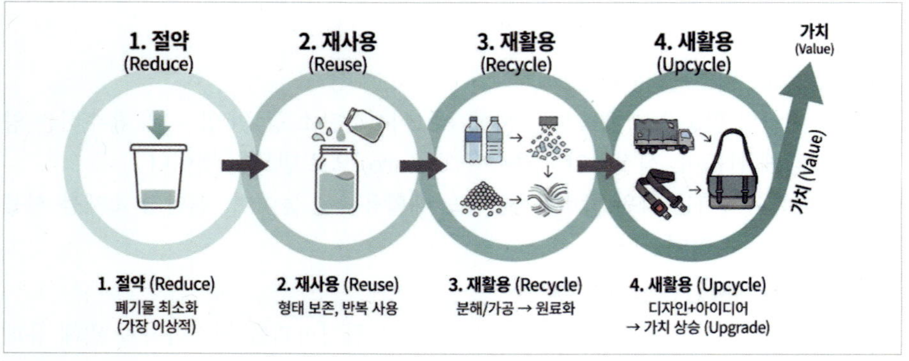

▲ 3R+업사이클링 개념

4) 탄소중립을 위한 색채계획 및 소재 적용

① 친환경 잉크 및 소재 사용

• 콩기름 잉크(Soy Ink) : 휘발성 유기화합물(VOCs) 발생이 적고, 폐기 시 생분해성이 뛰어나다.

• 무염소 표백 펄프 : 종이 생산 과정에서 다이옥신 발생을 억제한다.

② 에너지 절감을 위한 색채(Cool Roof)

• 정의 : 건물의 지붕이나 외벽에 밝은 색 도료를 칠하여 태양열을 반사시키는 기술이다.

• 원리

고명도(밝은 색)	빛 반사율(LRV)이 높아 열 축적을 막음 → 냉방 에너지 절약
저명도(어두운 색)	빛을 흡수하여 표면 온도를 높임 → 도시 열섬 현상 심화

- **적용** : 옥상 방수 페인트를 초록(기존)에서 하양이나 밝은 회색으로 교체하는 추세이다.

▲ 일반 루프 VS 쿨 루프

③ 잉크 사용을 줄이는 '에코 폰트' & '다크 모드'

- **에코 폰트(Eco Font)** : 글자 획 안에 미세한 구멍을 뚫어 잉크 소모량을 15~20% 절감하는 서체이다.
- **다크 모드(Dark Mode)** : 디스플레이의 배경을 어둡게 하여 전력 소모를 줄이고 (OLED 기준), 눈의 피로를 덜어준다.

5) 그린워싱(Green Washing)

① 정의

- 'Green'과 'White Washing(세탁)'의 합성어이다.
- 실제로는 친환경적이지 않으면서, 마치 친환경적인 것처럼 홍보하는 '위장 환경주의'를 뜻한다.

② 대표적인 유형

- **증거 불충분** : 명확한 근거 없이 '천연', '초록' 용어를 남발한다.
- **부적절한 인증 라벨** : 공인되지 않은 자체 마크를 사용하여 소비자를 현혹한다.

03 유니버설 디자인(Universal Design)

1) 유니버설 디자인의 의의

- 디자인의 패러다임이 '대량 생산'에서 '인간 중심'으로 이동하면서 가장 중요하게 대두된 개념이다.
- 성별, 연령, 국적, 신체적 능력에 관계없이 '모든 사람'이 공평하고 편리하게 사용할 수 있는 디자인을 의미한다.

선생님의 노하우

지속가능 디자인과 유니버설 디자인

지속가능 디자인 ≠ 유니버설 디자인. 두 개념은 좋은 짝꿍이지만 엄연히 다릅니다. 시험에서 이 둘의 정의를 섞어 놓고 헷갈리게 하니 주의하세요.

- **지속가능** : 환경과 미래 (Earth)
- **유니버설** : 모든 사람을 위한 편의(Human)

2) 유니버설 디자인의 개요

① 정의 및 기원 빈출 4회

• **정의** : '모든 사람을 위한 디자인(Design for All)'이라고도 하며, 성별, 연령, 국적, 문화적 배경, 장애 등과 관계없이 모든 사람이 손쉽게 사용할 수 있는 안전하고 편리하도록 설계한 '보편적 디자인', '범용 디자인', '인본주의적 디자인'을 말한다.
• **제창자** : 미국의 로널드 메이스(Ronald Mace) 박사가 처음 주창했다.
• **핵심 철학** : 장애인을 위한 특별한 디자인이 아니라, 일반인에게도 편리하면 장애인에게도 편리하다는 '보편성'을 추구한다.

② 등장 배경

• 고령화 사회로의 진입과 장애인의 사회 참여가 증가했다.
• 삶의 질 향상 추구와 인권에 대한 인식이 변화했다.

3) 배리어 프리(Barrier—Free)와의 비교

구분	배리어 프리(Barrier—Free)	유니버설 디자인(Universal Design)
관점	• 장애인, 고령자 중심 • 물리적, 제도적 장벽을 '제거'하는 것에 초점	• 모든 사용자 중심 • 처음부터 장벽이 없도록 '설계'하는 것에 초점
성격	• 후속 조치적, 법적 의무 성격 강함 • 예 계단 옆에 휠체어 리프트 설치	• 선제적, 창의적 디자인 접근 • 예 처음부터 계단 없이 경사로로 설계
범위	물리적 환경 개선 위주	제품, 환경, 통신, 서비스 등 전 분야

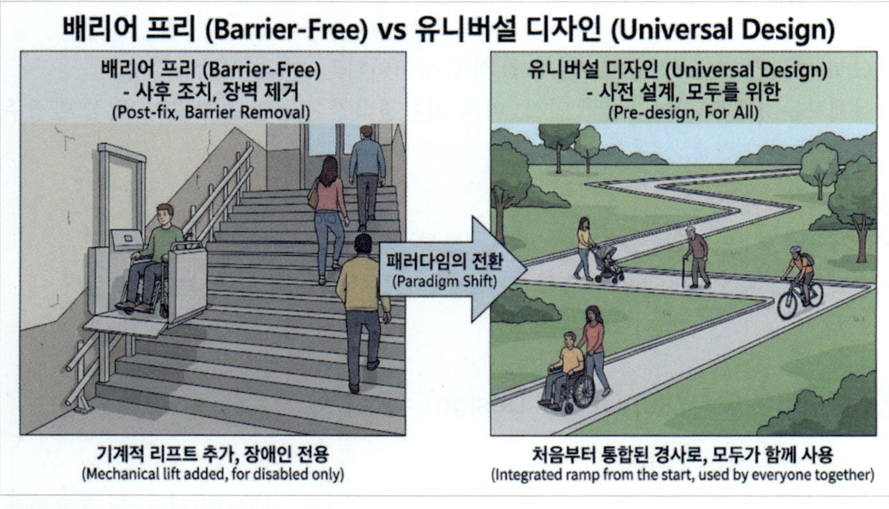

▲ 베리어 프리 vs 유니버설 디자인

3) 유니버설 디자인의 7대 원칙(The 7 Principles) _{빈출 10회}

로널드 메이스가 정립한 7가지 원칙으로, 실기 시험에서 디자인 컨셉을 설정할 때, 이 중 1~2가지를 골라 배색 의도에 적용하면 높은 점수를 받을 수 있다.

① 공평한 사용(Equitable Use)
- 누구에게나 동등한 사용성을 제공(◉ 자동문은 양손에 짐을 든 사람, 휠체어 사용자 모두 편리하게 이용할 수 있음)해야 한다.
- 차별이나 낙인(Stigma)이 없어야 한다.

② 사용의 유연성(융통성)(Flexibility in Use)
개인의 선호나 능력(왼손/오른손잡이 등)에 맞게 다양한 사용 방법을 제공(◉ 높낮이 조절이 가능한 세면대, 양손잡이용 가위 등)해야 한다.

③ 단순하고 직관적인 사용(Simple and Intuitive Use)
사용자의 경험, 지식, 언어 능력과 무관하게 사용법을 쉽게 이해(◉ 비상구 픽토그램(글자를 몰라도 그림만 보고 이해 가능), 직관적인 아이콘 등)할 수 있어야 한다.

④ 정보 이용의 용이성(Perceptible Information)
- 사용자의 감각 능력(시각, 청각 등)이나 주변 환경 조건에 상관없이 필요한 정보를 효과적으로 전달해야 한다.
- 시각, 청각, 촉각 등 다감각적 정보 전달(◉ 시각 장애인을 위한 점자 표기, 음성 안내 키오스크 등)을 포함한다.

⑤ 실수에 대한 포용(Tolerance for Error)
사용자가 의도치 않게 실수하더라도 위험하거나 치명적인 결과로 이어지지 않게 (◉ 컴퓨터의 '실행 취소(Undo)' 기능, 자동차의 에어백, 정전 시 비상등 작동 등) 해야 한다.

⑥ 적은 물리적 노력(Low Physical Effort)
- 무리한 힘을 들이지 않고도 효율적으로 편안하게 사용(◉ 레버식 문손잡이(돌릴 필요 없이 누르면 열림), 터치스크린 등)할 수 있어야 한다.
- 반복적인 동작이나 지속적인 힘을 요구하지 않아야 한다.

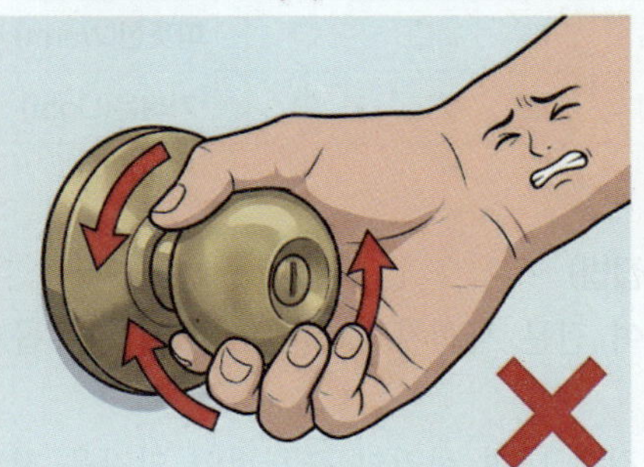

▲ 유니버설 디자인 원칙 : 적은 물리적 노력

⑦ 접근과 사용을 위한 크기와 공간(Size and Space for Approach and Use)

사용자의 체격이나 자세, 이동 능력과 상관없이 접근하고 조작할 수 있는 적절한 크기와 공간을 확보(예 휠체어가 들어갈 수 있는 넓은 화장실 입구, 지하철 개찰구의 폭 확대 등)해야 한다.

KEYWORD 02) 색채디자인 검토

01 색채디자인의 정성적 · 정량적 평가 방법

1) 색채디자인의 평가 방법

- 색채계획이 완료된 후, 결과물이 당초 목표(콘셉트)에 부합하는지 확인하는 과정이다.
- 평가는 크게 인간의 감성과 이미지를 측정하는 '정성적 평가'와 기계를 통해 물리적 수치를 측정하는 '정량적 평가'로 나뉜다.

2) 정성적 평가(Qualitative Evaluation)

① 정의

- 색채에 대한 사람들의 느낌, 감정, 이미지 연상 등 '심리적 반응'을 평가하는 방법이다.
- 주관적인 반응을 조사하지만, 통계적 기법을 사용하여 결과를 객관화한다.

② 주요 평가 방법

- SD법(Semantic Differential Method, 의미미분법)
  - 미국의 심리학자 오스굿(C.E. Osgood)이 고안했다.
  - 서로 반대되는 형용사 쌍(예 부드러운–딱딱한, 따뜻한–차가운)을 5점 또는 7점 척도로 구성하여 측정한다.
  - 색채의 '이미지'와 '감성'을 평가하는 가장 대표적인 방법이다.

부정적 형용사(−)	매우	조금	약간	보통	약간	조금	매우	긍정적 형용사(+)
딱딱한(Hard)	□	□	□	■	□	□	□	부드러운(Soft)
차가운(Cool)	□	□	■	□	□	□	□	따뜻한(Warm)
무거운(Heavy)	■	□	□	□	□	□	□	가벼운(Light)

▲ 감성 형용사 7점 척도의 예시

- FGI(Focus Group Interview, 표적 집단 면접법)
  - 소수의 타겟 그룹(6~12명)을 선정하여 전문 사회자의 진행 아래에 자유롭게 토론하게 하는 방법이다.
  - 설문조사로 파악하기 힘든 소비자의 깊은 내면 심리와 구체적인 의견을 청취할 수 있다.

• 설문조사(Survey) : 다수의 응답자를 대상으로 선호도, 구매 의향 등을 묻는 가장 보편적인 방법이다.

③ 특징

• 장점 : 소비자의 실제 반응과 트렌드 수용도를 파악할 수 있다.

• 단점 : 응답자의 컨디션이나 환경에 따라 결과가 달라질 수 있으며, 재현성이 낮다.

3) 정량적 평가(Quantitative Evaluation)

① 정의

• 측색기(Colorimeter)나 분광광도계(Spectrophotometer) 등의 장비를 사용하여 색채를 '물리적 수치'로 측정하고 평가하는 방법이다.

• 개인의 주관을 배제하고 정확한 데이터(L*a*b*, XYZ 등)를 산출한다.

② 주요 평가 지표 및 도구

측색 데이터 활용 (L*a*b*, XYZ)	• CIE L*a*b* : 색차(Color Difference) 계산에 가장 많이 쓰이는 균등 색공간 • 허용 색차(ΔE) : 기준색(Standard)과 시료색(Sample) 사이의 오차 범위를 수치로 확인하여 합격/불합격 판정
측색 장비	• 필터식 색채계(Colorimeter) 　– 인간의 눈과 유사한 3개의 필터(R, G, B) 사용 　– 구조가 간단하고 저렴하나 정밀도가 떨어짐(비교측색용) • 분광광도계(Spectrophotometer) 　– 가시광선 파장(nm)별 반사율을 측정 　– 가장 정밀하며 조색(CCM) 및 연구용으로 사용됨(절대측색용)

③ 특징

• 장점 : 언제 어디서 측정해도 동일한 결과가 나오는 '재현성'과 '객관성'이 뛰어나며, 생산 및 품질 관리(QC)에 필수적이다.

• 단점 : 숫자로만 표현되므로, 그 색이 주는 '느낌(감성)'은 알 수 없다.

4) 정성적 평가 vs 정량적 평가 비교(시험 직전에 보고 들어가야 할 핵심 표)

구분	정성적 평가(Qualitative)	정량적 평가(Quantitative)
핵심 키워드	감성, 이미지, 주관	수치, 데이터, 객관
평가 도구	• 사람(Human) • 설문지, SD법 척도표	• 기계(Machine) • 측색기, 분광광도계
결과물	형용사 이미지, 선호도 그래프	L*a*b* 값, 반사율 곡선, ΔE^*
주목적	디자인 기획, 마케팅 전략 수립	품질 관리(QC), 색채 재현
장점	소비자의 심리 파악 용이	정확성, 재현성, 통신 가능

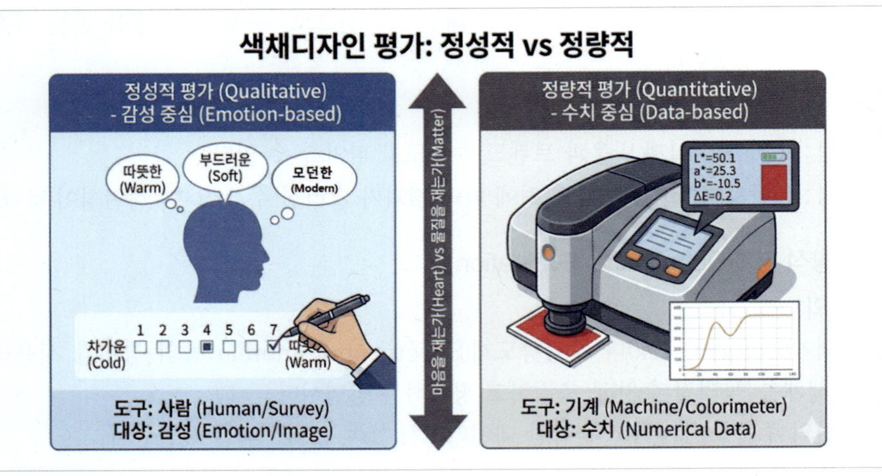

▲ 색채디자인 평가 : 정성적 vs 정량적

KEYWORD 03 **색채디자인 완성**

① 지속가능한 색채디자인(Sustainable Color Design)

1) 지속가능한 색채디자인의 완성

- 앞서 다룬 지속가능한 디자인의 개념을 실제 '색채(Color)'에 적용하여 완성하는 단계이다.
- 단순히 '초록색'을 쓰는 것이 아니라, 환경 부하가 적은 안료를 선택하고, 에너지 효율을 높이는 색을 적용하며, 시각적 공해를 줄이는 배색을 완성하는 것이 핵심이다.

2) 지속가능한 색채 적용의 3대 원칙

색채디자인을 최종 마감할 때 다음의 3가지 원칙을 준수했는지 반드시 점검해야 한다.

① **안전성(Safety) – 인체와 환경에 무해한가?**

- **저독성** : 휘발성 유기화합물(VOCs), 포름알데히드, 중금속(납, 카드뮴 등)이 포함되지 않은 친환경 도료와 잉크를 사용한다.
- **천연 유래** : 석유 화학 안료 대신 식물, 광물 등 자연에서 추출한 천연 안료 사용을 지향한다.

② **효율성(Efficiency) – 에너지를 절약하는가?**

빛 반사율(LRV, Light Reflectance Value) 활용	실내조명 효율을 높이거나(고명도 적용), 냉방 부하를 줄이는(쿨루프) 기능성 색채를 선정
잉크 절감	불필요한 배경색을 제거하거나, 잉크 소모가 적은 배색(Minimalism)을 적용

③ 지속성(Longevity) – 오래 보아도 질리지 않는가?

- 유행을 타는 '패스트 패션'의 남발을 지양한다.
- 시간이 지나도 가치가 떨어지지 않는 '타임리스(Timeless) 컬러'를 주조색으로 선
  정하여 제품 수명을 연장한다.

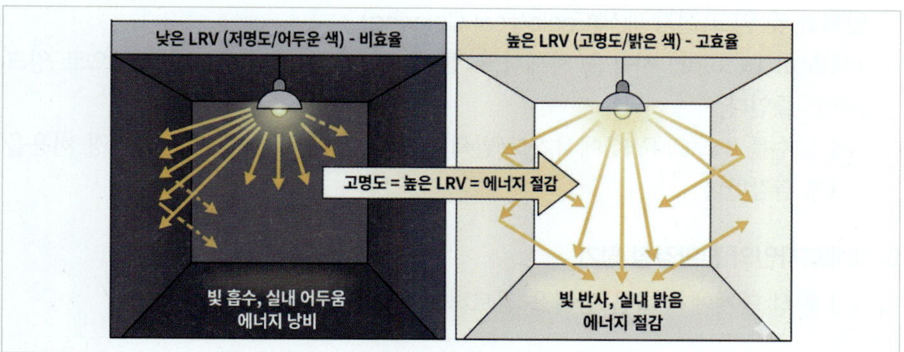

▲ 빛 반사율에 따른 조명 효율 비교

3) 친환경 색채 소재 및 안료 선정

① 천연 안료(Natural Pigment) vs 합성 안료(Synthetic Pigment)

구분	천연 안료(Natural)	합성 안료(Synthetic)
원료	식물(쪽, 치자), 광물(황토), 동물(코치닐) 등 자연물	석유 화학 물질, 금속 화합물
특징	• 색감이 은은하고 깊이가 있음 • 인체에 무해하고 폐기 시 생분해됨	• 색상이 선명하고 재현성이 높음 • 내구성(내광성)이 우수하나 환경 오염 유발
단점	• 견뢰도(내광성, 세탁견뢰도)가 약함 • 대량 생산 및 색채 재현이 어려움	중금속 포함 가능성, VOCs 배출

② 친환경 페인트 및 도료

- 수성 페인트(Water-based Paint) : 유성 페인트의 용제(신너) 대신 '물'을 사용하므
  로 냄새가 적고 VOCs 배출이 거의 없다.
- 천연 페인트 : 송진, 오렌지 오일, 밀랍 등 천연 원료로 제조하여 아토피나 새집증
  후군 예방에 효과적이다.

4) 지속가능한 배색 전략(Color Palette Strategy)

실기 시험에서 '지속가능한 디자인'을 주제로 배색할 때 사용해야 할 필승 전략이다.

① 어스 톤(Earth Tone) & 뉴트럴 컬러(Neutral Color)

- 구성 : 베이지, 브라운, 카키, 테라코타 등 흙, 나무, 숲을 연상시키는 자연의 색채
  그룹이다.
- 효과 : 시각적 피로도가 낮고 심리적 안정감을 주며, 유행을 타지 않아 제품 수명
  주기를 늘려준다.

② 무표백 · 무염색 컬러(Raw Material Color)
- 소재 본연의 색(미색, 크라프트지 색 등)을 그대로 살리는 '제로 컬러(Zero Color)' 전략이다.
- 염색 공정을 생략하여 수질 오염을 막고 탄소 배출을 줄인다.

③ 단색화 및 잉크 절감 배색(Ecological Coloring)
- 다색(Multi-color) 사용을 자제하고 '톤 온 톤(Tone on Tone)' 배색으로 잉크 종류를 줄인다.
- 인쇄 도수를 4도(CMYK)에서 2도(별색)나 1도(단색)로 줄여 비용과 환경 비용을 동시에 절감한다.

5) 색채디자인의 친환경성 평가

디자인 완성 단계에서 다음 항목을 검토하여 합격/불합격을 판단한다.

평가 항목	세부 검토 내용(Check Point)
시각적 공해	• 지나치게 자극적인 고채도(vivid) 색상을 남발하지 않았는가? • 주변 환경(경관)과 조화를 이루는가?
재료의 유해성	• 사용된 안료나 도료에 중금속/VOCs가 포함되지 않았는가? • 폐기 시 자연 분해되거나 재활용이 쉬운 소재인가?
에너지 효율	• LRV(빛 반사율)를 고려하여 조명/냉방 에너지를 절약했는가? • 불필요한 인쇄 면적을 줄였는가?

6) 주요 친환경 인증 마크

디자이너가 자재를 선정할 때 확인해야 할 마크이다.

인증 명칭(마크 형태)	핵심 내용	비고
환경성적표지(에코 마크)	제품의 생산부터 폐기까지 전 과정(LCA)의 환경성 정보를 계량적으로 표시하는 제도	환경부 주관
GR 인증(Good Recycled)	국내에서 발생한 재활용 자원을 사용하여 제조한 우수 재활용 제품에 부여하는 인증	국가기술표준원
저탄소 제품(Low Carbon)	동종 제품의 평균 탄소 배출량보다 적은 탄소 배출량을 인증받은 제품	탄소중립 핵심

⓶ 컬러 유니버설 디자인(CUD : Color Universal Design)

1) 컬러 유니버설 디자인의 의의

- 일반적인 유니버설 디자인이 '형태'와 '공간'에 집중한다면, CUD는 철저히 '시각 정보 전달'에 집중한다.
- 성별, 연령, 유전적 특성에 따라 색을 다르게 인지하는 사람들을 배려하여, 누구에게나 정보가 정확하게 전달되도록 색채를 설계하는 것을 말한다.

2) CUD의 개요 및 필요성

① 정의

- CUD(Color Universal Design) : 색각 이상자, 고령자, 저시력자 등 색을 구별하는 능력이 다른 모든 사용자가 정보를 놓치지 않도록 배려한 색채 디자인이다.
- 일본의 CUDO(Color Universal Design Organization)에서 정립한 개념이 국제적으로 통용되고 있다.

② 필요성(대상자 분석)

- 유전적 색각 이상 : 남성의 약 5~8%, 여성의 약 0.2%가 특정 색을 구별하지 못한다(결코 소수가 아님).
- 고령화에 따른 변화 : 나이가 들면 수정체가 황변(Yellowing)하여 파란색 계열의 식별 능력이 떨어지고, 명도 대비에 둔감해진다.

3) 색각 이상의 유형 및 특성

유형	명칭	원인 및 특징	주요 혼동색(구별 못하는 색)
C형	일반 색각 (Common)	• 정상적인 3색형 색각자 • 모든 색상 구별 가능	−
P형	제1색각 이상 (Protanope)	• L−추상세포(Long wave, 적색) 결손 또는 약함 • 빨간색을 어둡거나 검게 인식함	• 빨강 ↔ 검정 • 보라 ↔ 파랑 • 빨강 ↔ 초록
D형	제2색각 이상 (Deuteranope)	• M−추상세포(Medium wave, 초록) 결손 또는 약함 • 가장 많은 비율 차지	• 초록 ↔ 빨강 • 밝은 초록 ↔ 노랑
T형	제3색각 이상 (Tritanope)	• S−추상세포(Short wave, 청색) 결손 • 매우 희귀함	• 파랑 ↔ 초록 • 노랑 ↔ 보라

▲ 색각 이상 유형별 시각적 특성

4) CUD의 3대 원칙(설계 가이드라인)

실기 시험에서 "CUD를 적용하여 배색하시오."라는 문제가 나오면 아래 3가지 원칙을 그대로 서술하면 된다.

① 식별하기 쉬운 배색(Choose)

- 모든 사람이 쉽게 구분할 수 있는 색을 선택한다.
- 명도 차이 활용 : 색상(Hue)만으로 구분하려 하지 말고, 반드시 명도(Value) 차이를 크게 둔다. 흑백 복사를 해도 구분이 되어야 합격이다.
- 채도 조절 : 고채도끼리의 배색은 눈의 피로를 유발하므로, 채도 차이를 주어 경계를 명확히 한다.

② 정보의 이중 부호화(Combination)

- 색깔에만 의존하지 말고, 형태나 위치를 함께 바꾼다.
- 병기(Double Coding) : 색상 위에 글자(Text), 아이콘, 패턴, 무늬를 덧입혀 색을 못 봐도 정보를 알 수 있게 한다(예 지하철 노선도에서 호선별 색상과 함께 '번호'와 '선 굵기/패턴'을 다르게 표기).

③ 색 이름 표기(Communication)

색의 이름을 문자로 명시(예 온라인 쇼핑몰에서 옷 색상을 보여줄 때 'Red, Navy'라고 텍스트로 표기)하여 오해를 줄인다.

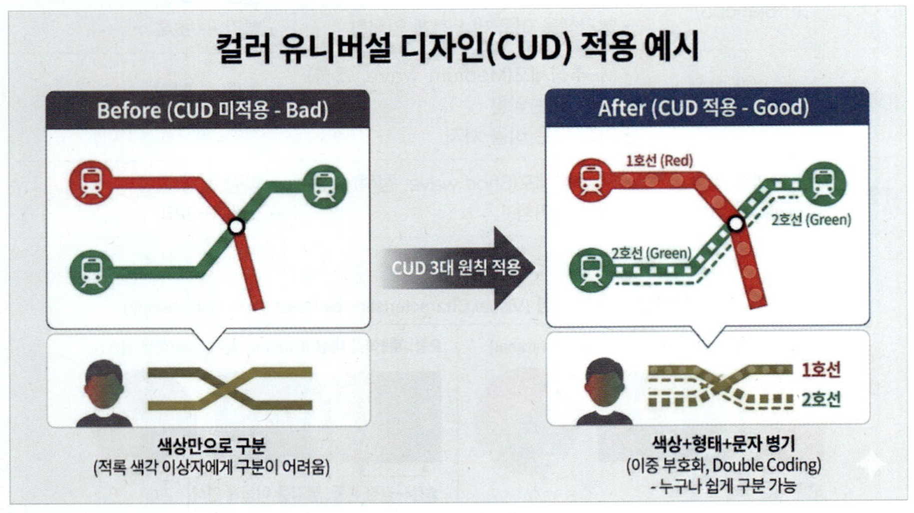

▲ 컬러 유니버설 디자인 적용 예시

5) 주요 혼동색과 개선 배색

시험에서 가장 자주 묻는 '빨강 vs 초록' 해결법이다.

① 빨강(Red)과 초록(Green)의 배색 금지

- P형, D형 색각 이상자는 빨강과 초록을 거의 같은 '노란색 계열'이나 '칙칙한 갈색'으로 인식한다.
- 개선안 : 따뜻한 색(Warm)과 차가운 색(Cool)의 대비를 극대화한다.

빨강 → 주황(Orange)이나 다홍으로 변경	노란기를 섞음
초록 → 청록(Blue Green)이나 파랑으로 변경	푸른기를 섞음

② 빨강(Red)과 검정(Black)의 배색 주의

- P형(제1색각)은 빨간색의 명도를 아주 낮게(어둡게) 인식하여 검정과 혼동한다.
- 개선안 : 빨간색 글씨를 검정 배경에 쓰지 않고, 빨간색의 명도를 높여서(Pink, Light Red) 사용한다.

6) CUD 검증 및 평가 도구

디자인이 끝난 후 제대로 적용되었는지 확인하는 단계이다.

① 시뮬레이션 툴(Digital)

- 포토샵(Photoshop) : [보기] → [교정 설정] → [색맹(P형/D형)] 기능을 통해 즉시 확인 가능하다.
- 스마트폰 앱 : 카메라로 비추면 색각 이상자의 시선으로 변환해 주는 앱을 활용한다.

② 광학 필터(Analog)

특수 코팅된 안경이나 필터(바리언트)를 눈에 대고 인쇄물을 직접 보며 판별한다.

KEYWORD 04 · 프레젠테이션

01 프레젠테이션 제작

1) 프레젠테이션 제작의 의의

- 클라이언트가 제시한 프로젝트의 목적과 대상에 따라 프레젠테이션의 주제와 방향을 설정하는 단계이다.
- 색채디자인 과정별 도출된 결과물을 의도에 따라 정확히 전달할 수 있도록 설득력 있는 프레젠테이션을 제작하고, 필요에 따라 이미지 중심의 보충 자료를 준비한다.

2) 프레젠테이션(Presentation)의 이해

① 개요 및 정의

- 색채디자인뿐만 아니라 모든 비즈니스 분야에서 이루어지는 보고 및 발표 방식이다.
- 제한된 시간 내에 클라이언트에게 프로젝트 계획 및 설계 내용을 시각적 자료를 활용하여 효과적으로 전달하는 행위이다.
- 단순한 정보 전달을 넘어, 청중의 '이해'와 '설득'을 통해 합리적인 '의사결정'을 이끌어내는 것이 궁극적인 목표이다.

② 필요성

- 일반적인 대화나 강연과 달리 컴퓨터, 멀티미디어 등 시각 보조 자료를 적극적으로 활용한다.
- 필요에 따라 보충 설명 자료, 모형, 전시물 등을 제시하여 설득력을 극대화한다.

선생님의 노하우

프레젠테이션은 목적에 따라 4가지 유형으로 구분되는데 시험에서 각 유형의 특징을 묻는 문제가 자주 출제되니 명확히 구분해야 합니다.

③ 프레젠테이션의 4가지 유형

유형	핵심 목적	주요 특징 및 내용
설득형	수주 및 경쟁	• 클라이언트가 발주한 프로젝트 수주를 위해 경쟁사와 경쟁하는 형태 • 자사의 수행 능력이 우수함을 강력하게 어필함(경쟁 PT)
설명형	보고 및 승인	• 내부 아이디어 회의, 조사 결과 보고, 의사결정권자의 승인 획득용 • 문제점을 조명하고 해결책을 마련하는 과정
교육형	지식 전달	• 세미나, 포럼, 사내 교육 등 새로운 정보 제공 • 청중이 쉽게 받아들이도록 유연하게 진행
엔터테인먼트형	즐거움	• 동호회, 이벤트 등 참가자에게 흥미와 즐거움을 제공 • 형식과 표현 기법이 가장 독창적이고 자유로움

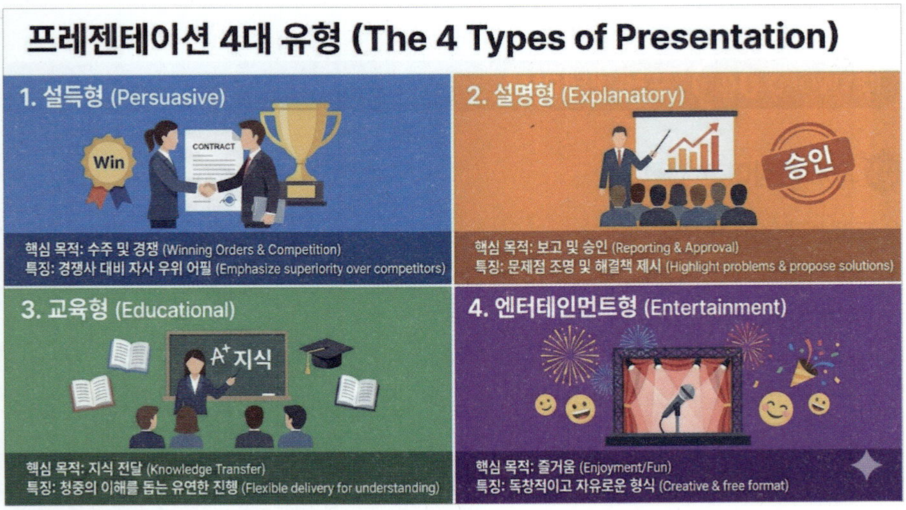

▲ 프리젠테이션 4대 유형

3) 색채디자인 프레젠테이션의 구조

① 목적과 대상

- 목적 : 관련 자료와 정보를 시각화하여 클라이언트의 합리적인 '의사결정'을 돕는다. 일반적으로 최종 결정까지 3~4회의 프레젠테이션이 단계별로 실시된다.
- 대상 : 클라이언트의 요구사항과 조건을 객관적으로 분석하여, 사전에 합의된 목표와 의도를 청중이 충분히 이해할 수 있도록 구성한다.

② 주제와 방향 설정

- 주제 선정 : 프로젝트 분석을 통해 최종 목표를 파악하고, 수행 과정 중 핵심 부분(Key Point)을 선정하여 논리적으로 구성한다.
- 방향 설정 : 색채디자인 콘셉트에 부합하도록 범위를 구체화하고, 제한된 시간과 발표 환경(장소, 장비 등)을 고려하여 전략을 수립한다.

4) 색채디자인 프레젠테이션 기획

효과적인 프레젠테이션을 위해서는 기획력(콘셉트 설정), 정보 수집력, 논리력, 시각화 능력, 그리고 발표력(Delivery)의 5박자가 맞아야 한다.

① 프레젠테이션 기획의 3단계 프로세스

실무에서 필수적이므로 기획-제작-발표의 흐름을 단계별로 이해해야 한다.

단계	명칭(Process)	목적	주요 수행 내용
1단계	Planning(기획)	기획 및 설계	• 프로젝트 기획 및 분석 • 콘셉트 설정 및 전략 수립
2단계	Visual Making(제작)	제작 및 디자인	• 정보 수집 및 가공 • 시각적 자료(PPT 등) 구성 및 디자인
3단계	Presentation(발표)	발표 및 의사결정	• 발표력 및 설득력 발휘 • 질의응답 및 피드백

② 전략적 기획 수립

- 중요성 : 발표의 성패가 프로젝트 수주 여부를 결정하므로, 단순 나열이 아닌 '전략적 기획'이 필수적이다.
- 청중 및 환경 분석(3P 분석의 기초)

청중(People)	• 발표 현장에 누가 참석하는지 • 의사결정권자(Key man)는 누구인지
목적(Purpose)	청중이 가장 궁금해하고 해결하고 싶어 하는 문제는 무엇인지
환경(Place)	발표 장소의 상황, 기기 상태 등 모든 변수를 미리 점검

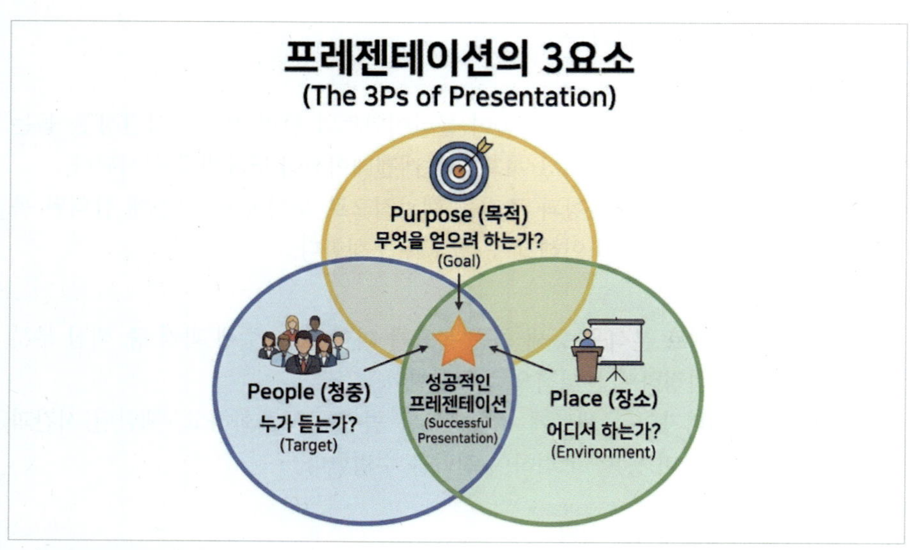

▲ 프레젠테이션의 3요소

5) 프레젠테이션 제작 도구 및 기법

① 프레젠테이션 도구의 발전

과거의 콘텐츠 중심에서 현재는 '시각적 효과'를 극대화하는 수단으로 진화했다.

시기	주요 도구 및 특징	비고
1990년대 이전	말(Language) 중심	• 용어조차 없던 시기(보고회, 웅변) • 연단에서 움직임 없이 말로만 설명
1990년대 초반	플립차트, OHP, 필름	시각 자료의 중요성(집중도/이해도가 높음)을 인식하기 시작
1990년대 후반	빔 프로젝터, 컴퓨터	• 정보통신기술(ICT) 발달 • 노트북, 디지털카메라, 비디오 등 멀티미디어 활용
2000년대	파워포인트(PPT)	• 가장 보편적인 소프트웨어로 정착 • 최근 : 프레지(Prezi), 키노트(Keynote) 등 다양화

② 제출 방식에 따른 분류

• 제출용 기획서(Report) : 발표자의 설명 없이 클라이언트가 스스로 읽고 이해해야 하는 문서. 텍스트가 많고 논리적 흐름이 상세해야 한다.

• 프레젠테이션용 기획서(Presentation Slide) : 시각적 자료 중심이며 발표자의 구두 설명으로 완성된다. 긴 줄글 대신 차트, 도표, 이미지를 활용한다.

③ 효과적인 시각자료 구성의 중요성

• 앤드류 브래드버리(2007)에 따르면 인간 습득 정보의 90%는 시각을 통한다.

• '언어+시각자료' 병행 시 기억 효과가 가장 높다.

구분	3시간 후 기억률	3일 후 기억률	비고
언어(말)만 사용	70%	10%	장기 기억 효과 최하
시각자료만 사용	75%	20%	–
언어+시각자료 혼합	85%	66%	가장 효과적

6) 슬라이드 구성 요소별 제작 가이드

① 텍스트(Text)

- 가독성(Readability)이 최우선이다.
- 제목, 소제목, 본문의 크기(Point)를 조절하여 위계질서를 잡는다.
- 한 장의 슬라이드에 너무 많은 글자를 넣지 않는다(One Slide, One Message).
- 화면에는 핵심 문구와 키워드만 보여주고, 자세한 설명은 발표자가 말로 전달한다.

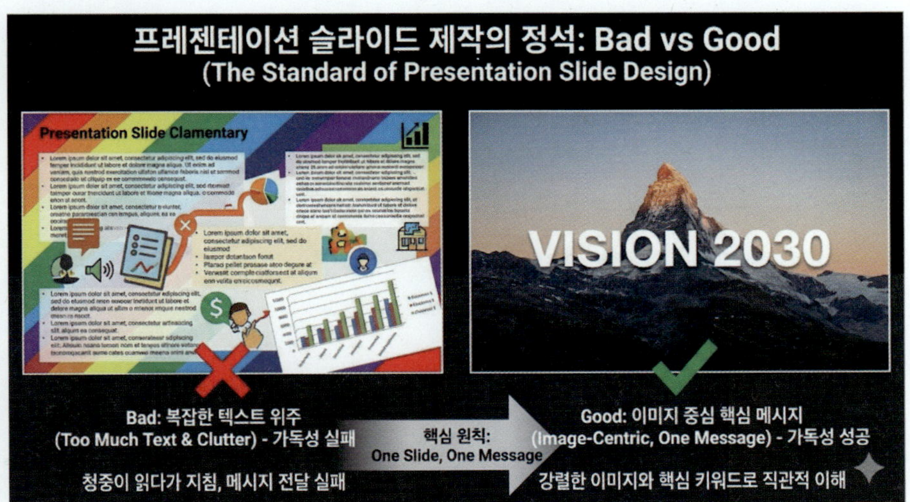

▲ 프레젠테이션 슬라이드 제작 : Bad vs Good

② 이미지(Image)

- 청중의 시선을 끄는 가장 강력한 무기이다.
- 텍스트만의 지루함을 해소하고, 말로 설명하기 어려운 디자인 콘셉트나 분위기를 직관적으로 이해시킨다.

③ 색채(Color) – 컬러리스트 전문 영역

- 색채는 텍스트보다 메시지 전달 속도가 빠르다.
- 3색 원칙 : 너무 많은 색을 쓰기보다 배경색, 글자색, 강조색(이미지색) 등 2~3가지 색으로 제한한다.
- 배색 전략 : 명도와 채도 대비를 활용하여 주목성을 높이고, 디자인 결과물이 돋보이도록 배경색은 차분하게 설정한다.

④ 애니메이션(Animation)

- 단조로운 슬라이드에 활력을 주거나 특정 부분을 강조할 때 사용한다.
- 한 장에 2가지 이상의 기능을 복합하거나 사운드를 남발하면 산만해지므로 절제해서 사용해야 한다.

⑤ 사운드 및 영상(Multimedia)

- 분위기를 환기시키거나 감성적인 호소를 할 때 유용하다.
- 주의사항 : 반드시 저작권(Copyright) 문제가 없는 소스를 사용해야 하며, 파일은 프레젠테이션 파일과 '같은 폴더'에 저장해야 현장에서 링크 오류를 막을 수 있다.

7) 프레젠테이션 발표(Delivery)

① 발표자의 역할

• 아무리 자료가 훌륭해도 발표자가 제대로 전달하지 못하면 실패한 프레젠테이션이다.

• 단정한 복장, 자신감 있는 태도, 자연스러운 제스처(Gesture), 명료한 목소리가 요구된다.

② 질의응답(Q&A)

• 발표 후 청중의 질문에 간단명료하게 답변한다.

• 예상 질문(Q-List)과 답변을 미리 준비하여 돌발 상황에 대처한다.

색채디자인 사후관리

빈출 태그 ▶ #결과보고서9대원칙 #요약본(Executive Summary) #버전관리(Version Control)
#파일명작성규칙(Naming) #이중백업원칙 #포트폴리오프로세스 #산업재산권4권

KEYWORD 01 결과보고서 작성

01 결과보고서 작성

1) 결과보고서에 대한 이해

① 정의 및 중요성

- 정의 : 색채디자인 개발의 초기 계획부터 완료까지의 모든 진행 과정과 최종 결과물을 체계적으로 정리하여 보고하는 공식 문서이다.
- 목적 : 클라이언트에게 프로젝트의 성과를 보고하는 것이 주목적이며, 추후 유사한 디자인 프로젝트 진행 시 중요한 '참고 문헌(Reference)'이나 '데이터베이스'로 활용된다.

② 결과보고서 작성의 9대 원칙

보고서는 '일기'가 아니라 '공문서'이므로 다음의 원칙을 철저히 준수해야 한다.

통일된 양식 사용 (Standardization)	• 작성 전 편집 용지 크기, 글자체(Font), 글자 크기, 본문 순서 등 전체적인 포맷(Format)을 결정해야 함 • 클라이언트가 제공한 '전용 양식'이 있다면 이를 최우선으로 준수함
논리적이고 객관적인 기술 (Objectivity)	• 보고서는 최종 결과를 공유하는 문서이므로 주관적인 감상이나 추측성 멘트는 금물임 • 누구나 납득할 수 있는 '객관적인 사실(Fact)'과 '검증된 결과'만을 논리적으로 작성해야 함
전문용어 및 추상적 표현 자제 (Readability)	• 결과보고서의 독자는 디자이너뿐만 아니라 경영진, 마케팅 부서, 기술자 등 다양함 • 특정 분야(디자인)에서만 쓰는 난해한 용어나, '느낌적인 느낌' 같은 추상적이고 모호한 표현은 사용하지 않는다.
편집 양식의 철저한 준수 (Consistency)	사전에 정해진 규격이나 클라이언트의 가이드 라인에 맞춰 작성되었는지 편집 과정에서 필수적으로 재확인함
중복 표현 금지 (Conciseness)	• 동일한 단어, 구절, 의미가 불필요하게 반복되는 것을 피해야 함(비문 방지) • 내용의 강조를 위해 의도적으로 반복하는 것과, 글솜씨가 부족하여 중복하는 것은 명확히 구분해야 함
정확한 한자 사용	가급적 이해하기 쉬운 우리말을 사용하되 의미 전달을 위해 한자가 꼭 필요한 경우에는 뜻과 쓰임새를 정확히 파악하여 병기함
관용어 및 구어체 사용 금지 (Formality)	일상 대화에서 쓰는 가벼운 말투(구어체)나 관용적인 표현은 배제하고, 격식 있는 '문어체'를 사용

선생님의 노하우

요약본(Executive Summary)의 마법

결과보고서의 내용이 방대할 경우, 바쁜 경영진이나 클라이언트는 다 읽지 않습니다. 이럴 때 보고서 맨 앞에 전체 내용을 1~2페이지로 압축한 [요약본]을 제시하는 것이 센스이자 실무의 정석입니다.

선생님의 노하우

주관적 감성 vs 객관적 근거

시험에서 "결과보고서에는 디자이너의 풍부한 감성을 담아 주관적으로 서술해야 한다."라는 지문이 나오면 100% 오답입니다. 보고서는 '감성'을 '논리'로 증명하는 문서입니다.
- (X) "이 색은 정말 아름답고 세련된 느낌을 줍니다."
- (O) "소비자 선호도 조사 결과 85%가 '세련됨'을 연상한다고 응답했습니다."

| 애매한 수식어 배제
(Clarity) | • '적당히', '꽤', '상당한' 등 읽는 사람에 따라 다르게 해석될 수 있는 모호한 수식어는 사용하지 않음
• 수치나 데이터로 명확히 표현 |
| 용어의 주석 처리 | 디자인 전문 용어나 약어(Abbreviation)를 사용할 때는 관련 부서 직원들의 이해를 돕기 위해 반드시 '각주'나 '용어 설명'을 덧붙임 |

2) 결과보고서 편집 시 주의사항(NCS 학습 모듈에서 제시하는 표준 편집 지침)

구분	세부 지침 내용
제본 방식	원칙적으로 좌철 제본을 함(왼쪽을 묶음)
번호 체계	• 위계질서를 명확히 함 • 예 장(Chapter) → 절(Section) → 1 → 가 → 1) → 가) → (1)
페이지 구분	본문의 순서 중 '장(Chapter)'이 바뀔 때는 반드시 페이지를 넘겨서(Page Break) 시작함
작성 기준	본문은 횡서(가로쓰기)를 기준으로 작성
각주 표기	보충 설명이 필요한 경우 해당 페이지의 하단에 표기
언어 혼용	국문, 영문, 국한문을 적절히 혼용하여 작성할 수 있음

KEYWORD 02 **과제 결과물 사후관리**

01 결과물 분류 및 색인

1) 결과물 분류 및 색인의 의의

- 색채디자인 프로젝트가 종료된 후, 산출된 방대한 양의 데이터를 체계적으로 정리하고 보관하는 과정이다.
- 단순한 정리가 아니라, 향후 유사 프로젝트 진행 시 업무 효율성을 높이고 기업의 '지적 자산'을 보호하기 위한 핵심 절차이다.

2) 사후관리의 개요 및 목적

① 정의

프로젝트 수행 과정에서 발생한 모든 유·무형의 결과물(기획서, 시안, 최종 데이터, 샘플 등)을 분류하여 저장하고 관리하는 활동이다.

② 목적

- 재사용성(Reusability) 확보 : 추후 유사한 프로젝트 진행 시 기존 데이터를 레퍼런스로 활용하여 작업 시간을 단축한다.
- 유지보수(Maintenance) 용이 : 클라이언트의 수정 요청이나 추가 제작 건 발생 시 신속하게 대응할 수 있다.
- 데이터 보안 및 유실 방지 : 체계적인 백업을 통해 하드웨어 고장이나 인재(Human Error)로 인한 데이터 손실을 막는다.

3) 결과물의 분류 기준

디자인 결과물은 형태에 따라 '디지털 데이터'와 '물리적 산출물'로 나누어 관리해야
한다.

① 디지털 데이터(Digital Assets)

원본 파일	• 수정이 가능한 레이어(Layer)가 살아있는 파일 • 예 AI, PSD, INDD 등
출력용 파일	• 인쇄나 웹 게시를 위해 병합된 파일 • 예 PDF, JPG, PNG 등
색채 데이터	프로젝트에 사용된 전용 컬러 팔레트 파일(예 ASE, ACO 등) 및 조색 레시피 데이터

② 물리적 산출물(Physical Assets)

컬러 샘플	CCM 측색 시편, 도료 샘플, 원단 스와치(Swatch) 등
인쇄 감리물	교정지, 가인쇄물(Mock-up), 최종 인쇄물 샘플
문서	계약서, 회의록, 결과보고서 제본 등

4) 파일명 작성 규칙(Naming Convention) 및 색인

수많은 파일 중 원하는 것을 즉시 찾기 위해서는 규칙적인 파일명 지정이 생명이다.

① 파일명 작성의 표준 원칙

• 구조 : [프로젝트명]_[항목]_[날짜]_[버전] 순서로 기입하는 것이 일반적이다.
  예 2025_SS_Cosmetic_MainPoster_251210_v2.ai
• 날짜 표기 : 연월일 6자리(251210)를 사용하여 시간 순서대로 정렬되게 한다.
• 특수문자 금지 : 오류 방지를 위해 공백 대신 언더바(_)를 사용하고, 특수문자(@,
  #, &)는 피한다.

② 버전 관리(Version Control)

• 수정 작업이 반복될 때마다 기존 파일을 덮어쓰지 말고 반드시 '새로운 버전'으로
  저장해야 한다.
• 최종 파일 표기 : 더 이상 수정이 없는 확정 파일에는 _Final 또는 _Print를 붙여
  구분한다.

5) 결과물의 보관 환경 및 보안

색채 데이터는 '변색'과 '유출'에 민감하므로 보관 환경이 매우 중요하다.

① 물리적 결과물의 보관(색채 견본 등)

• 변색 방지 : 빛(자외선)에 의한 퇴색을 막기 위해 '암실'이나 '차광 상자'에 보관
  한다.
• 온·습도 유지 : 종이나 원단은 습기에 취약하므로 항온·항습이 되는 장소가 이상
  적이다.

② **디지털 데이터의 백업(Backup)**
- 이중 백업 원칙 : 메인 서버(Server) 외에 외장하드나 클라우드(Cloud) 등 물리적으로 분리된 공간에 2차 백업을 실시한다.
- 보안 등급 설정 : 대외비(Confidential) 자료는 암호를 설정하거나 접근 권한을 제한하여 기술 유출을 방지한다.

6) 디지털 vs 물리적 보관 비교표

구분	디지털 데이터(Soft Copy)	물리적 산출물(Hard Copy)
대상	AI, PSD, PDF, 결과보고서 파일	컬러칩, 시편, 인쇄물, 모형
핵심 위험	바이러스, 하드웨어 고장, 해킹	변색(Fading), 분실, 파손, 습기
관리 중점	주기적 백업, 보안 프로그램	차광(빛 차단), 방습, 라벨링
장점	영구 보존 가능, 공간 절약	실제 질감과 색감 확인 가능

02 포트폴리오(Portfolio) 제작

1) 포트폴리오의 의의
- 색채디자인 결과물을 정리하여 디자이너의 역량과 스타일, 문제 해결 능력을 시각적으로 보여주는 자료집이다.
- 단순한 '작품 모음집'이 아니라, 클라이언트나 고용주에게 나를 세일즈(Sales)하는 '가장 강력한 마케팅 도구'임을 명심해야 한다.

2) 포트폴리오의 개요
① 정의
- 자신의 실력, 경력, 스타일을 증명하기 위해 작업 결과물을 체계적으로 구성한 작품집이다.
- 라틴어의 'Portare(가지고 다니다)'와 'Folio(종이)'의 합성어에서 유래했다.

② 목적

취업 및 이직	기업에 자신의 직무 적합성과 디자인 능력을 입증
클라이언트 설득	프리랜서나 에이전시의 경우, 과거 실적을 보여주며 신뢰를 얻고 프로젝트 수주
자기 점검 및 기록	자신의 디자인 성장 과정을 기록하고 아카이빙(Archiving) 함

3) 포트폴리오의 구성 요소 및 프로세스

① 필수 구성 요소

인트로(Intro)	프로필, 이력서(Resume), 디자인 철학, 연락처 등
메인 프로젝트(Main Projects)	자신의 강점을 가장 잘 보여주는 대표작 3~5개를 전면에 배치
서브 프로젝트(Sub Projects)	다양성을 보여줄 수 있는 보조 작업물
아웃트로(Outro)	감사의 말, 마무리 멘트

② 프로젝트별 전개 순서

포트폴리오는 '문제 해결 능력'을 평가받는 문서로, 다음 순서를 반드시 지킨다.

개요(Overview)	프로젝트 명, 기간, 역할(기여도), 사용 툴
배경 및 문제점(Background)	왜 이 디자인이 필요했는가의 여부
컨셉 및 프로세스 (Concept & Process)	분석, 아이디어 스케치, 배색 의도, 색채계획(주조/보조/강조색)
최종 결과물(Final Output)	고화질의 렌더링 이미지, 목업(Mock-up), 도면 등

4) 포트폴리오의 유형 및 형식

제출처와 목적에 따라 형식을 달리해야 하는데 최근에는 디지털 방식이 주를 이룬다.

① 인쇄 포트폴리오(Printed Portfolio)

- 특징 : 종이의 질감, 인쇄 상태, 제본 방식 등을 통해 물성(物性)을 직접 전달한다.
- 장점 : 면접 현장에서 직접 넘겨가며 설명할 때 몰입도가 높고, 색채의 미묘한 뉘앙스를 정확히 전달할 수 있다.
- 단점 : 수정이 어렵고, 배포 비용이 많이 든다.

② 디지털 포트폴리오(Digital Portfolio)

PDF 형식	• 가장 보편적이며 이메일 제출이나 모바일 열람에 최적화되어 있음 • 용량을 적절히 압축(10~20MB 이내)하는 기술이 필요함
웹/모바일 형식	• 개인 웹사이트나 비핸스(Behance) 등을 활용함 • 접근성이 좋고 영상이나 인터랙션을 포함할 수 있음

③ 유형별 장단점 비교

구분	인쇄(Physical) 포트폴리오	디지털(Digital) 포트폴리오
전달 매체	종이, 바인더, 클리어 파일	PDF 파일, 웹사이트, 영상
장점	• 현장감, 질감 전달 • 면접 시 집중도 유도 용이	• 접근성, 배포 용이 • 수정 및 업데이트가 쉬움
단점	수정 불가, 비용/부피 부담	모니터마다 색상 왜곡(RGB) 가능성
활용	최종 대면 면접용	서류 전형 제출용, 온라인 홍보용

합격을 부르는 필살기

- **기여도(Contribution)를 솔직하게 적어라** : 팀 프로젝트의 경우, 내가 한 일을 정확히 명시해야 합니다(◉ 기획 20%, 배색 계획 50%, 모델링 30%). 면접관은 100% 다 했다고 거짓말하는 지원자보다, 30%라도 자신의 역할을 명확히 알고 수행한 사람을 뽑습니다.
- **색채 데이터를 수치화하라** : 컬러리스트 포트폴리오라면 단순히 "파란색을 썼습니다"라고 하지 마십시오. 작품 옆에 색채 팔레트(Color Palette)를 만들고 [Pantone 19-4052], [CMYK 100/80/0/0]처럼 정확한 수치 데이터를 표기하십시오. 전문성이 200% 상승합니다.
- **목업(Mock-up)이 생명이다!** : 평면적인 로고나 그래픽만 보여주지 마십시오. 그것이 실제 명함, 간판, 패키지에 적용되었을 때의 모습을 합성(Mock-up)해서 보여줘야 합니다. 클라이언트는 '적용된 모습'을 보고 싶어 합니다.

5) 포트폴리오 제작 시 유의사항(레이아웃 및 관리)

색채 전문가의 포트폴리오는 그 자체로 하나의 '색채 디자인 작품'이어야 한다.

① 레이아웃 및 디자인 원칙

그리드 시스템 활용	일관된 그리드를 사용하여 정보의 질서를 잡음
여백의 미	• 작품이 돋보이도록 충분한 여백을 둠 • 빽빽한 배치는 자신감 부족으로 보임
타이포그래피	가독성이 좋은 서체를 사용하고, 본문 폰트 크기는 10~12pt 내외로 유지함

② 색채 적용 시 주의사항(컬러리스트 핵심)

배경색의 절제	• 포트폴리오의 배경색이 화려하면 정작 작품의 색채가 주목받지 못함 • 화이트, 라이트 그레이, 블랙 등 무채색 배경을 권장함
일관된 톤앤매너	포트폴리오 전체를 관통하는 아이덴티티 컬러(Main Color)를 1~2가지만 정해서 포인트로 사용

③ 선별과 집중(Selection)

- "많을수록 좋다."는 착각을 버려라.
- 퀄리티 낮은 10개보다 완벽한 3개가 합격률이 높다.
- 자신의 기여도가 낮거나(30% 미만), 설명하기 어려운 작업물은 과감히 뺀다.

프로젝트: 루미나 – 유기농 스킨케어 브랜딩
컬러 팔레트 및 데이터

주조색
팬톤 19-4052 (클래식 블루)
CMYK: 100/80/0/0 | RGB: 15/76/129

보조색
팬톤 13-0905 (버치)
CMYK: 5/5/15/0 | RGB: 241/235/218

강조색
팬톤 871 C (골드) | 메탈릭 포일 마감

콘셉트: 신뢰와 안정감을 주는 클래식 블루를 주조색으로, 자연스러운 유기농 느낌의 버치 베이지를 보조색으로 사용하고, 프리미엄 럭셔리를 위한 골드 악센트를 더함. 시대를 초월한 신뢰할 수 있는 배색 계획.

▲ 컬러리스트 포트폴리오 레이아웃

03 데이터베이스(Database) 관리

1) 데이터베이스 관리의 의의

- 색채디자인 프로젝트 수행 과정에서 발생한 방대한 자료를 '자산화'하는 핵심 단계이다.
- 완료된 과제 결과물뿐만 아니라 진행 과정의 모든 데이터를 체계적으로 축적하여, 향후 실적 관리 및 유사 프로젝트의 레퍼런스로 활용하기 위함이다.

2) 데이터베이스의 이해 및 구축

① 데이터베이스(DB)의 정의

- 여러 사람에 의해 공유되어 사용될 목적으로 통합하여 관리되는 '데이터의 집합'이다.
- 중복된 자료를 제거하고 구조화하여 '검색의 효율성'을 극대화한 시스템이다.
- 최근에는 단순한 문서철을 넘어 컴퓨터(하드디스크, 서버)에 디지털화하여 저장·관리하는 것이 필수적이다.

② 데이터베이스 작성을 위한 문서대장

- 색채디자인 개발과 관련된 문서를 체계적으로 관리하기 위해 작성하는 목록표(List)이다.
- 엑셀(Excel) 등 디지털 파일로 기록함과 동시에 중요 문서는 출력하여 보관한다.

문서 수신대장 (Incoming Log)	• 관련 부서, 외부 기관, 클라이언트로부터 '받은 문서'를 관리함 • 접수 일자 순서대로 기록하여 이력을 남김
문서 발신대장 (Outgoing Log)	• 외부로 '보낸 문서'를 관리함 • 발송 일자, 수신처, 문서 번호 등을 기록하여 발송 사실을 증명함

3) 요청사항 내역서 관리(Communication History)

클라이언트의 요구사항은 프로젝트의 방향을 결정짓는 나침반이므로 이를 누락하면 재작업의 늪에 빠지게 된다.

① 작성 원칙

- 상시 작성 : 요청이 있을 때마다 즉시 작성하는 것이 원칙이나, 업무 특성에 따라 일정 기간을 정해 취합하기도 한다.
- 구두 요청의 문서화 : 전화나 말로 지시받은 사항은 반드시 이메일이나 문서로 재확인하여 기록을 남겨야 한다(분쟁 예방의 핵심).
- 샘플 첨부 : 색채의 특성상 말로 설명하기 어려운 경우, 실제 샘플(Sample)을 내역서에 첨부하거나 사진으로 기록한다.

② 관리 및 활용

- 피드백 자료 : 요청사항 내역서는 단순 기록이 아니라, 결과물에 대한 검증 및 다음 개발을 위한 피드백 자료로 별도 보관한다.
- 인수인계 주의 : 프로젝트 도중 담당자가 바뀌더라도 내역서를 통해 히스토리를 파악할 수 있어야 한다.

4) 데이터베이스의 저장 및 운영

① 저장 매체 선정

데이터의 중요도와 접근성에 따라 적절한 저장소를 선택하거나 병행 사용한다.

물리적 저장장치	• 보안성 높고 분실 위험 • 예 컴퓨터 하드디스크, USB, 외장하드, CD/DVD 등
가상 저장공간	• 접근성 높고 협업 용이 • 예 클라우드(Cloud), 웹하드, 사내 서버(NAS) 등
이중 백업	물리적 장치와 가상 공간을 동시에 사용하여 데이터 유실에 대비함

② 데이터 취합과 정리(Cleaning)

- 프로젝트 완료 시 무수히 많은 데이터가 쌓이게 되는데, 이를 그대로 두면 용량만 차지하는 '디지털 쓰레기'가 된다.
- 진본성(Authenticity)과 신뢰성이 보장되는 최종 데이터 위주로 선별하고, 불필요한 중복 파일이나 임시 파일은 삭제ㆍ정리한다.

③ 분류 기준 수립 및 네이밍(Indexing)

- 데이터베이스의 생명은 '검색'이다.
- 1년 뒤에 찾아도 10초 안에 찾을 수 있어야 한다.
- 분류 기준 수립 : 사내 관리자와 협의하여 명확한 폴더 트리(Tree) 구조를 만든다.
- 데이터베이스 분류 기준 예시

분류 기준	포함 내용	파일명/폴더명 예시
분야별	디자인 영역에 따른 분류	환경디자인, 시각디자인, 제품디자인
시점별	데이터 생성 시기별 분류	20230808, 2024_SS, 2025_FW
프로젝트별	개별 과제명에 따른 분류	OO방송국 사옥 컬러디자인, XX화장품_패키지
완성도별	작업 진행 단계에 따른 분류	01_기획, 02_중간작업, 03_최종완료
용도별	파일의 사용 목적에 따른 분류	견적용, PT용, 출력용.xlsx, 외부용.pdf 등

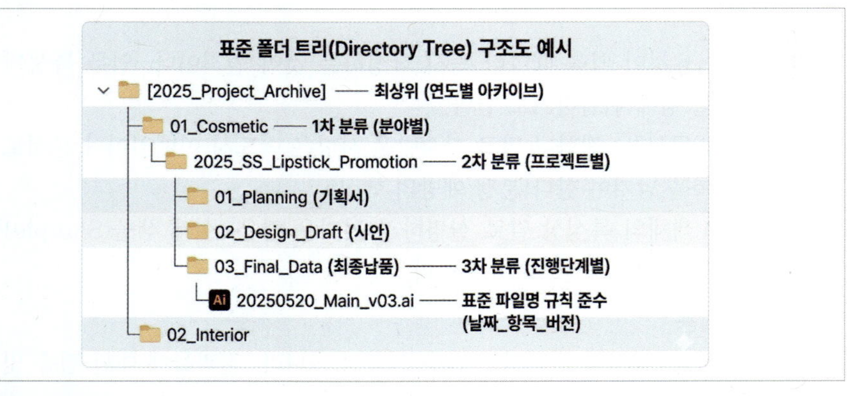

▲ 표준 폴더 트리 구조도 예시

5) 보안 및 폐기 관리

① 보안 관리

- 사내 보안 규정 준수 : 대외비 문서에는 지정된 '보안 표시'를 하고 필요시 감사팀의 가이드를 따른다.
- 전자문서 시스템 활용 : 최근 기업들은 별도의 DB 시스템을 운용하므로 사내 규정에 맞게 업로드하고 권한을 설정한다.

② 문서 폐기

- 폐기 승인 : 임의로 버리지 말고 반드시 부서장의 확인을 득한 후 진행한다.
- 파쇄 원칙 : 종이 문서는 문서세절기(Shredder)를 사용하여 복구 불가능하게 파기한다.
- 안전 주의 : 세절기 사용 시 넥타이나 옷소매가 말려 들어가지 않도록 안전사고에 유의한다.

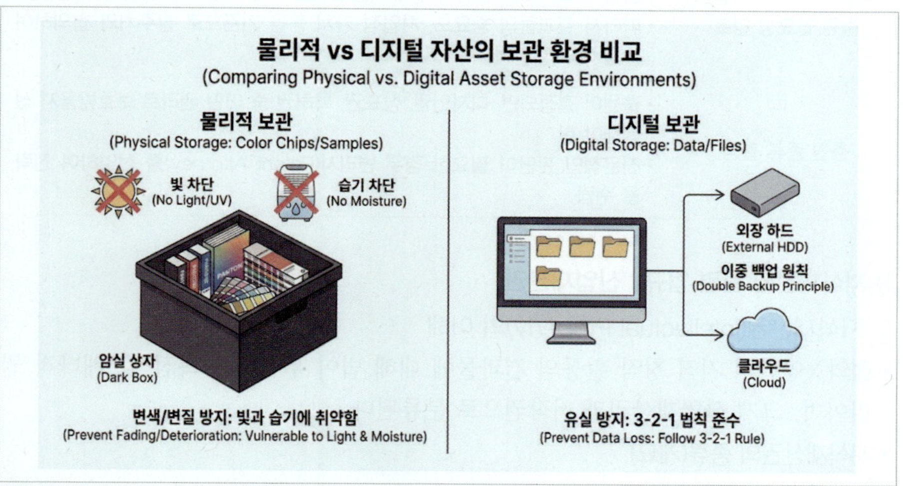

▲ 물리적 vs 디지털 자산의 보관 환경 비교

KEYWORD 03) 지식재산권 관리

01 색채디자인 지식재산권 출원과 등록

1) 색채디자인 지식재산권 출원의 의의

- 색채디자인 결과물은 기업의 중요한 무형 자산이다.
- 법적으로 보호받기 위해서는 계약 단계부터 권리관계를 명확히 하고, 지식재산권의 종류와 특성을 정확히 이해하여 적절한 출원 전략을 수립해야 한다.

2) 지식재산권 출원 준비

지식재산권 출원 전 계약서상의 권리관계를 재확인하고 결과물의 법적 무결성을 검토하는 단계이다.

① 계약서 내용 검토
- 계약서에 기재된 디자인 항목들이 최종 결과물에 빠짐없이 포함되었는지 확인한다.
- 발주처와 협의하여 최종 결과물의 '지식재산권 소유권자'가 누구인지(클라이언트인지, 수행사인지) 명확히 재검토한다.

② 과제 결과물 검토
- 색채디자인 프로세스(수립 → 분석 → 기획 → 조색 → 관리 → 배색 → 완성)에서 생성된 모든 결과물을 계약서와 대조한다.
- 누락된 업무 내용은 없는지, 혹시라도 타인의 저작권을 침해한 자료가 포함되지 않았는지 법적 리스크를 점검한다.

③ 지식재산권 출원 검토

출원 필요성 검토	• 현실적으로 모든 결과물에 대해 출원하는 것은 비용과 시간상 불가능함 • 따라서 결과물의 중요도, 사업적 가치 등을 기준으로 발주처와 협의하여 출원 여부를 결정
출원 종류 결정	• 출원이 결정되면, 디자인권, 상표권, 특허권 중 어떤 권리로 보호받을지 선택해야 함 • 전문적인 판단이 필요한 경우 변리사(Patent Attorney)를 선임하여 전략을 수립

3) 지식재산권 관련 법규 : 산업재산권

① 지식재산권(Intellectual Property)의 이해
- 정의 : 인간의 지적 창작 활동의 결과물에 대해 법이 부여하는 독점적 · 배타적 권리이며, 크게 산업재산권과 저작권으로 분류된다.

- 지식재산권의 종류(개요)

대분류	권리 명칭	보호 대상 및 핵심 내용
산업재산권	특허권	자연법칙을 이용한 기술적 사상의 창작 보호(대발명)
	실용신안권	Life cycle이 짧은 물품의 형상, 구조, 모양에 관한 고안(소발명)
	디자인권	물품의 형상, 모양, 색채 또는 이들의 결합으로 시각적 미감을 일으키는 것
	상표권	타인의 상품과 식별하기 위한 기호, 문자, 도형, 입체, 색채의 결합
저작권	협의의 저작권	예 창작물(어문, 음악, 미술 등) 및 인접저작권(실연, 방송 등)
	컴퓨터프로그램 보호법	프로그램에 나타난 표현의 보호(아이디어는 특허 영역)
신지식재산권	첨단산업 저작권	예 반도체 배치설계, 생명공학, 식물신품종
	산업저작권	예 컴퓨터프로그램, 데이타베이스, 인공지능
	정보재산권	예 뉴미디어, 멀티미디어, 영업비밀

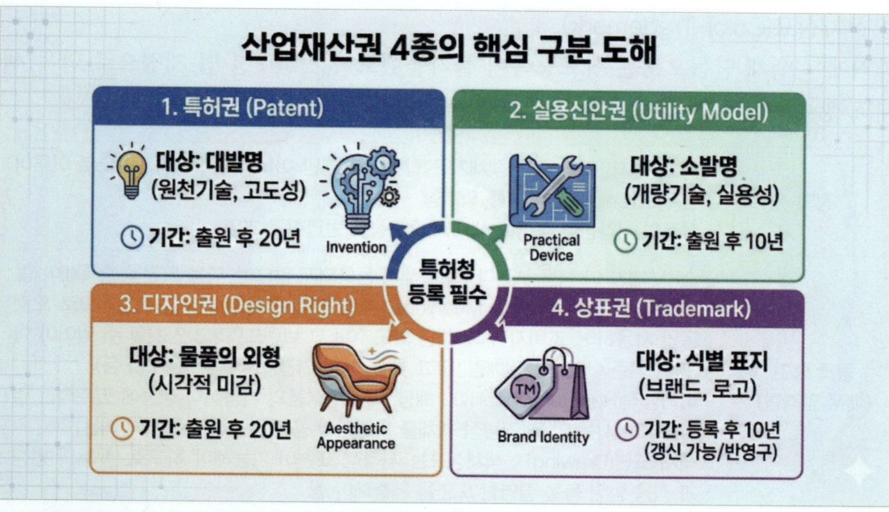

▲ 산업재산권 4종의 핵심 구분 도해

② 산업재산권의 심층 이해

- 산업재산권은 산업상 이용 가치를 갖는 발명 등에 관한 권리로, 특허청에 '등록'함으로써 효력이 발생한다.
- 산업재산권의 기본 원칙

선출원주의(先出願主義)	발명한 순서가 아니라, 특허청에 '먼저 출원한 사람'에게 권리를 부여함
속지주의	등록을 한 국가 내에서만 보호되므로, 해외 보호를 원하면 각국에 개별 출원해야 함
목적	일정 기간 독점권을 주는 대신 기술을 공개하여 산업 발전을 도모함

- 권리별 존속기간 비교
  - 상표권은 유일하게 '갱신'을 통해 반영구적으로 소유할 수 있다.
  - 특허나 디자인권은 기간이 끝나면 공공의 자산이 된다.

구분	특허권	실용신안권	디자인권	상표권
보호 대상	고도의 발명 (제조 방법, 생산방법 등)	실용적 고안, 특허권보다는 기술수준이 다소 낮은 것을 대상(구조 개선 등)	외형적 미감 (형상, 모양, 색채)	상품의 명칭 (기호, 문자, 도형, 색채)
존속 기간	출원일로부터 20년	출원일로부터 10년	출원일로부터 20년	등록일로부터 10년 (10년마다 갱신 가능/반영구)

③ 색채상표(Color Trademark)

과거에는 색채 단독으로는 상표등록이 불가능했으나, 2007년 법 개정으로 단독 색채도 상표로 인정받을 길이 열렸다.

정의	• 기호, 문자, 도형 등에 색채가 결합된 상표뿐만 아니라, '색채 자체만으로 이루어진 상표(Color per se)'를 의미함 • 상품의 시각성을 높이는 색채의 중요성을 반영한 결과임
등록 요건 (매우 엄격함)	단순히 "내가 이 색을 쓰겠다."라고 해서 등록되지 않으며, 다음 요건을 충족해야 함 – 식별력 취득(Secondary Meaning) : 특정 기업이 해당 색상을 독점적으로 오랫동안 사용하여, 소비자가 그 색만 봐도 "아! 그 브랜드!"라고 인지할 수 있어야 함 (판단 기준 : 매출액, 판매량, 광고 횟수, 사용 기간, 소비자 설문조사 등) – 비기능적(Non-functionality) : 해당 색채가 상품의 기능이나 성능에 필수적인 영향을 주어서는 안 됨(기능적 색채를 독점하면 공정한 경쟁을 해치기 때문) – 색채 도면(Drawing) : 색채상표는 시각적 표현이 가능해야 하므로, 색채의 명칭과 적용 범위 등을 설명한 도면을 제출해야 함
단일 색채상표 등록 사례	국내외적으로 널리 알려진 사례로는 티파니(Tiffany)의 민트색, 3M 포스트잇의 노란색 등

4) 저작권(Copyright)의 이해

저작권은 산업재산권과 달리, 별도의 등록 절차 없이 '창작과 동시에' 권리가 발생하는 것이 가장 큰 특징이다.

① 저작권의 정의 및 특징

• 정의 : 인간의 사상 또는 감정을 표현한 창작물인 '저작물'에 대해 저작자가 가지는 배타적·독점적 권리이다.
• 무방식주의(無方式主義) : 저작권은 등록, 납본, 기탁 등 어떠한 절차나 방식을 요구하지 않고 창작한 순간 자동으로 발생한다(저작권법 제10조 2항).
• 등록의 효과 : 등록하지 않아도 권리는 있지만, 한국저작권위원회에 등록할 때 법적 추정력(저작자로 추정)과 대항력이 생겨 침해 시 입증이 쉬워진다.

② 저작권의 종류

• 색채디자인 분야와 밀접한 관련이 있는 '협의의 저작권'과 '저작인접권'으로 나뉜다.
• 협의의 저작권(주요 유형) : 다음 중 저작물에 해당하는 것을 고르라는 문제가 출제된다.

구분	종류
① 어문저작물	시, 소설, 논문, 각본, 강연 등 언어를 대체로 하여 작성된 저작물
② 연극저작물	연극 및 무용, 무언극 등에 있어 동작에 의하여 표현되는 저작물(즉, 동작의 형(型), 안무)
③ 음악저작물	악곡 등 음(音)에 의하여 표현되는 저작물
④ 건축저작물	건축물, 건축을 위한 모형 및 설계도서 등 토지상의 공작물에 표현된 전체적인 디자인
⑤ 미술저작물	서예, 회화, 도안, 조각, 공예, 응용미술저작물 등 형상 또는 색채에 의하여 미적(美的)으로 표현되는 저작물

⑥ 사진저작물	사진, 청사진 등 사진의 방법으로 표현한 저작물
⑦ 영상저작물	영화, 애니메이션 등 연속적인 영상으로 표현되는 저작물
⑧ 도형저작물	도표, 지도, 약도, 모형, 설계도(건축 설계도 · 모형은 ⑤에 해당)에 의해 표현되는 저작물
⑨ 컴퓨터프로그램 저작물	특정한 결과를 얻기 위하여 컴퓨터 등 정보처리능력을 가진 장치 안에서 직접 또는 간접적으로 사용되는 일련의 지시 · 명령으로 표현된 창작물
⑩ 편집저작물	저작물이나 부호, 문자, 음성, 음향, 영상 그 밖의 자료 등 소재의 집합물로서 그 소재의 선택 또는 배열이 창작성이 있는 것(창작성이 있는 데이터베이스 포함)
⑪ 2차적저작물	원저작물을 번역 · 편곡 · 변형 · 각색 · 영상제작 그 밖의 방법으로 작성한 창작물. 2차적저작물은 다시 위의 ①~⑩의 하나에 해당할 수 있음

- 저작인접권(Neighboring Rights) : 저작물(⑩ 가수의 노래(실연), 음반(CD 등 매체 아님, 소리 자체), 방송 신호)을 대중에게 전달하는 데 기여한 자(실연자, 음반제작자, 방송사업자)에게 부여하는 권리이다.

구분	종류
① 실연	저작물을 연기 · 무용 · 연주 · 가창 · 연술 그 밖의 예능적 방법으로 표현하는 것
② 음반	(가창 · 연주 · 자연의 소리 등) 음이 유형물에 고정된 것(음이 영상과 함께 고정된 것은 제외)으로 CD와 같은 매체가 아니라 이에 수록된 콘텐츠 자체
③ 방송	라디오 방송, 텔레비전, 방송 등

5) 지식재산권 관장 기관 및 선행기술조사

지식재산권을 출원하기 전, 내가 만든 디자인이 이미 존재하는지 확인하는 '선행기술조사'는 필수다.

① 관장 기관
- 산업재산권(특허, 실용신안, 디자인, 상표) : 특허청(KIPO)
- 저작권 : 문화체육관광부(실무 위탁 : 한국저작권위원회)

② 주요 검색 및 출원 사이트
- 실기 시험보다는 필기 및 실무에서 반드시 사용하는 사이트이다.
- 특허정보넷 키프리스(KIPRIS)

URL	http://www.kipris.or.kr
특징	특허청이 보유한 국내외 지식재산권(특허, 실용신안, 디자인, 상표) 정보를 통합 검색할 수 있는 무료 대국민 서비스
활용	내 디자인과 유사한 선행 디자인이 있는지, 등록된 상표명이 있는지 검색할 때 가장 먼저 접속하는 곳

- 특허로(Patent-ro)

URL	http://www.patent.go.kr
특징	특허청의 전자출원 사이트로, 실제 출원서 제출, 수수료 납부, 진행 상황 조회 등 '행정 절차'를 처리하는 곳

- 디자인맵(Design Map)

URL	http://www.designmap.or.kr
특징	특허청이 제공하는 디자인 특화 정보 서비스
활용	전 세계 주요 지식재산관청에 등록된 디자인권을 물품별, 형태별로 검색하고 트렌드를 분석할 수 있음

- 한국저작권위원회(CROS)

URL	http://www.cros.or.kr(저작권등록시스템)
특징	저작물 등록 정보를 검색하거나, 온라인으로 직접 저작권 등록을 신청할 수 있음

디자인권 vs 저작권 결정적 차이: 공업성

디자인권 - 공업성 / 저작권 - 독창성

특허청 등록 필수

핵심 기준: '공장에서 찍어낼 수 있는가?'

창작 즉시 발생

대량 생산 가능 물품의 외형

독창적 예술 사상·감정의 표현

▲ 디자인권 vs 저작권 결정적 차이 : 공업성

02 지식재산권 관리

1) 지식재산권 등록 준비

- 지식재산권을 확보하기 위해서는 각 권리를 관장하는 등록 기관(특허청, 저작권위원회)의 절차를 완벽히 이해해야 한다.
- 각 기관이 요구하는 도면 형식과 자료 형식을 준수하지 않으면 '반려'될 수 있으므로 철저한 준비가 필요하다.

① 산업재산권 등록 절차 – 특허권(Patent)

- 기술적 사상의 창작인 '발명'을 보호받기 위한 절차이다.
- 가장 까다롭고 엄격한 심사 과정을 거친다.

• 출원 필수 서류

출원서	출원인(권리자), 대리인(변리사), 발명의 명칭 등을 기재한 표지
명세서(Description)	발명의 내용을 제3자가 실시할 수 있을 정도로 명확하고 상세하게 기재해야 함
청구범위(Claims)	• 특허로서 보호받고자 하는 기술적 범위를 명시한 부분 • 권리 분쟁 시 기준이 됨
도면(Drawings)	발명의 기술적 구성을 시각적으로 명확히 표현하는 데 필요한 경우를 첨부함
요약서(Abstract)	발명의 핵심 내용을 간략히 요약하여 기술 정보 검색에 활용되도록 함

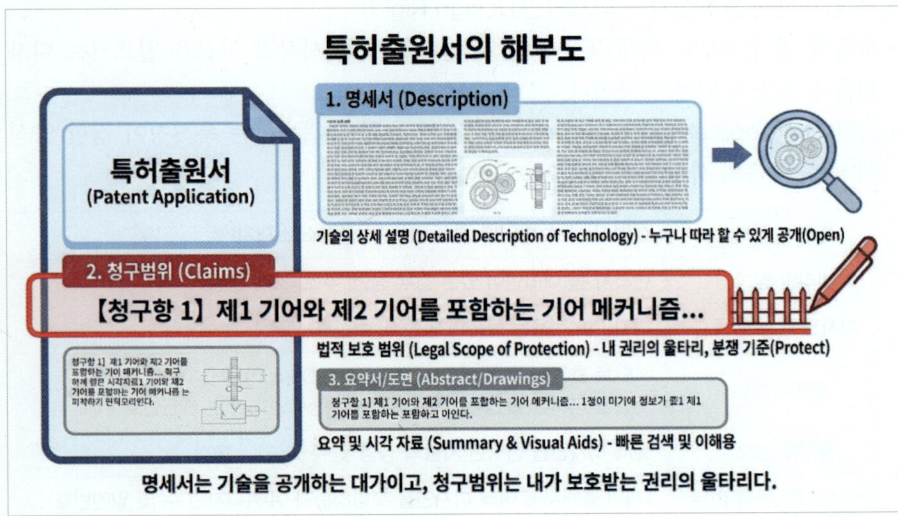

▲ 특허출원서의 해부도

• 출원 및 심사 절차(Process)

방식 심사	서류 양식, 수수료 납부, 증명서 첨부 등 절차상의 흠결 유무를 점검하는 예비 심사
출원 공개(Publication)	출원 후 1년 6개월이 경과하면 특허청이 그 내용을 일반에 공개(심사 지연으로 인한 기술 사장 방지 목적)
실체 심사	특허 요건인 산업상 이용 가능성, 신규성, 진보성을 판단
특허 결정 및 등록	• 심사를 통과하면 등록료를 납부하고 특허권을 설정 등록함 • 이때부터 권리가 발생하며 등록 공고가 발행됨

② 산업재산권 등록 절차 – 실용신안권(Utility Model)

- 제품의 형상, 구조 등 '소발명'을 보호하며, 특허보다 절차가 간소하다.
- 출원 필수 서류

출원서	특허와 동일하게 출원인 정보 등을 기재
명세서 및 청구범위	• 고안의 내용을 구체적으로 개시하고 권리 범위를 명확히 함 • 도면(Drawings) : 특허와 달리 실용신안은 물품의 형태에 관한 것이므로 도면 첨부가 필수임

- 출원 및 심사 절차 : 특허와 유사하나 '진보성'의 요구 수준이 다소 낮고, 라이프 사이클이 짧은 기술을 빠르게 보호하는 데 유리하다.

③ 산업재산권 등록절차 – 디자인권(Design Right)

- 물품의 형상, 모양, 색채 또는 이들의 결합을 통해 시각적 미감을 일으키는 디자인을 보호받기 위한 절차이다.
- 출원 서류(Application Documents) : 디자인 출원을 위해서는 특허청이 정한 양식에 맞춰 다음의 사항을 빠짐없이 기재해야 한다.

출원인 정보	성명 및 주소(법인의 경우 명칭 및 영업소 소재지)
대리인 정보	변리사 등 대리인이 있는 경우 성명, 주소, 소속 명칭
디자인 대상 물품	디자인이 적용된 물품의 명칭 및 물품류 구분
출원 유형	• 단독 출원 또는 관련 디자인(Related Design) 출원 여부 • 관련 디자인 출원 시 기본 디자인의 등록번호 또는 출원번호 기재
창작자 정보	실제 디자인을 창작한 사람의 성명 및 주소
복수 디자인 등록 여부	1개의 출원서에 여러 디자인을 포함하는지 여부(디자인 수 및 일련번호)
우선권 주장	조약에 의한 우선권을 주장하는 경우 관련 사항 기재

▲ 디자인권 출원 필수 서류 체크리스트

- 도면(Drawings) : 디자인권의 보호 범위는 전적으로 '도면'에 의해 결정되므로 가장 중요하다.

필수 기재 사항	디자인의 대상이 되는 물품 및 물품류
디자인의 설명	재질, 기능, 특징 등 도면만으로 알 수 없는 내용을 서술
창작 내용의 요점	• 기존 디자인과 차별화되는 독창적인 부분 • 복수 디자인 출원 시 각 디자인의 일련번호
도면의 대체	정교한 도면 작성이 어려운 경우, 디자인을 명확히 표현한 사진 또는 견본(Sample)으로 갈음할 수 있음

- 출원 및 심사 절차(Procedure) : 디자인권은 출원 후 심사를 거쳐 등록 여부가 결정된다.

출원(Application)	서류 및 도면 제출
방식 심사	절차적 흠결(수수료 납부, 서식 준수 등) 확인
실체 심사	• 디자인보호법상 등록 요건(신규성, 창작성 등) 심사 • 유행성이 강한 물품(의류, 직물 등)은 심사 기간을 단축하는 '일부 심사 등록 제도'를 적용받을 수 있음
등록 결정	요건 충족 시 등록료 납부 후 권리 발생

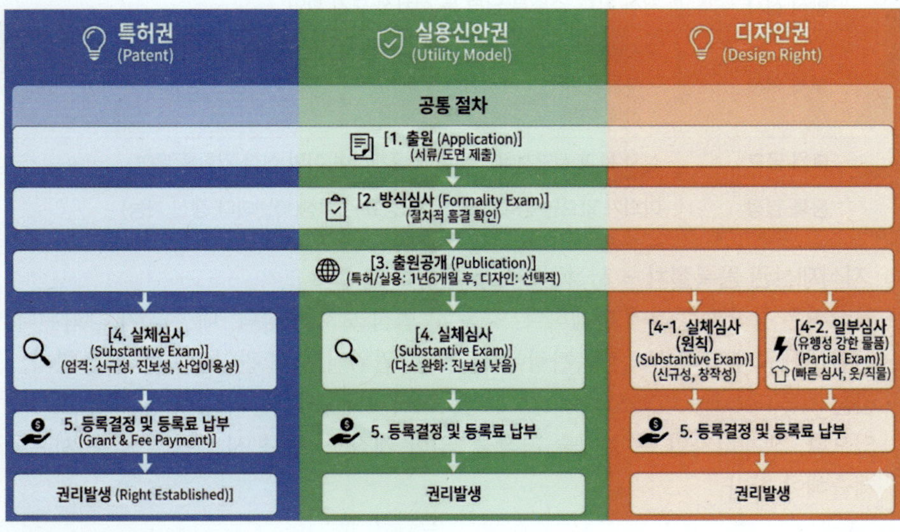

▲ 지식재산권 출원 및 심사절차

④ 산업재산권 등록절차 – 상표권(Trademark)

- 타인의 상품과 식별되는 기호, 문자, 도형, 색채 등을 보호받기 위한 절차이다.
- 자신이 독점적으로 사용할 상품(지정 상품)을 명확히 지정하는 것이 중요하다.
- 출원 서류(Application Documents) : 상표권 확보를 위해 특허청에 제출해야 하는 필수 서류이다.

상표등록 출원서	• 출원인 정보 : 성명 및 주소(법인의 경우 명칭 및 영업소 소재지) • 대리인 정보 : 변리사 등 대리인이 있는 경우 성명, 주소, 사무소 소재지 • 상표 : 보호받고자 하는 상표의 유형(일반, 색채, 입체 등) 표시 • 지정 상품(Designated Goods) 및 류 구분 : 상표를 사용할 상품의 범위를 구체적으로 기재 예 제25류 의류, 제3류 화장품 등
첨부 자료	• 상표 견본 1통 : 상표의 형태와 색채를 명확히 확인할 수 있는 시각적 이미지(단, 소리/냄새 등 비전형 상표는 별도의 파일(MP3 등)이나 설명서 제출) • 상표 설명서 1통 : 상표의 구성이나 의미, 색채 조합 등에 대한 구체적인 설명

- 출원 및 심사 절차(Procedure) : 상표는 '식별력(Distinctiveness)' 유무가 심사의 핵심 기준이 된다.

출원(Application)	서류 제출 및 출원 번호 부여
방식 심사	서식 기재, 수수료 납부 등 절차적 요건 확인
실체 심사	• 식별력 : 타사 제품과 구별되는 특징이 있는지의 여부 • 부등록 사유 : 공서양속을 해치거나 타인의 저명한 상표와 유사하지 않은가의 여부
출원 공고	심사 통과 시 2개월간 일반에 공개하여 이의 신청 기회를 부여
등록 결정	이의가 없으면 등록료 납부 후 상표권 발생(10년마다 갱신 가능)

⑤ 지식재산권 등록절차 – 저작권(Copyright)

- 저작권은 창작과 동시에 발생하나, 등록 시 법적 보호(추정력, 대항력)가 강화된다.
- 산업재산권과 달리 문화체육관광부(한국저작권위원회) 소관임을 명심해야 한다.
- 신청 서류(Required Documents) : 신청하고자 하는 저작물의 종류에 따라 차이가 있으나, 색채디자인 분야(미술 저작물, 일반 저작물) 등록 시 다음의 필수 서류를 제출해야 한다.

저작권 등록 신청서	저작자의 성명, 국적, 주소, 저작물의 제호(제목), 종류 등을 기재
저작권 등록 신청 명세서	저작물의 창작 연월일, 공표 연월일, 창작 내용의 개요를 구체적으로 서술
복제물(Copy of Work)	저작물의 내용을 확인할 수 있는 유형물(예 인쇄물, 디지털 파일, 사진 등) 1부를 제출
신분 확인 서류	본인 확인을 위한 신분증 사본 또는 위임장(대리인 신청 시)

- 신청 및 등록 절차(Process) : 저작권 등록은 심사 기간이 짧고(온라인 신청 시 약 4일), 온라인(CROS)으로도 간편하게 진행된다.

1단계 신청 전 확인	등록 대상 저작물이 맞는지, 신청인 자격(저작자 본인 또는 승계인)이 있는지 확인
2단계 신청 서류 작성 및 제출(접수)	한국저작권위원회 방문 또는 온라인 등록 시스템(CROS)을 통해 서류와 수수료를 납부
3단계 등록 기관의 심사	형식적 요건(구비 서류, 기재 사항 누락 여부 등)을 심사(특허와 달리 실체적 진보성을 따지지 않는 것이 특징임)
4단계 결과 통보 및 등록증 발급	심사를 통과하면 저작권 등록부에 기재되고 등록증이 발급됨

▲ 디자인권 '도면 불비' Bad vs Good

참고문헌 및 출처

- 국가직무능력표준(NCS) 학습모듈 [색채디자인], 한국산업인력공단 · 고용노동부.
- 디자인 권리 권속의 유형 : 표, 『디자인 용역 표준계약 방식과 디자인료 산출방식에 관한 연구디자인 용역 표준계약 방식과 디자인료 산출방식에 관한 연구』, 한국산업디자이너협회(1999), p174.
- 디자인 계약 유형 : 그림, 『디자인권리보호가이드북』, 한국디자인진흥원, 33p.
- 라이프 스타일 측정을 위한 분석방법 : 표, 이수정(2011) 『직장 남성의 성격유형과 라이프 스타일에 따른 색채 선호 연구』 석사학위논문, 홍익대학교 대학원 p.18.
- 매슬로의 욕구 5단계 : AI 생성 이미지, Gemini 3(2025).
- 애플사의 퍼스널 컴퓨터 iMac : 이미지, Kidp 한국디자인진흥원
- 기억색과 현상색 : AI 생성 이미지, Gemini 3(2025).
- KS A 3501 안전색의 의미와 사용례 : 표, 문은배 『색채 디자인 교과서』 ㈜안그라픽스. p.284
- 프랭크 만케의 색경험 피라미드 : AI 생성 이미지, Gemini 3(2025).
- 뉴턴의 7색과 7음계 : AI 생성 이미지, Gemini 3(2025).
- 몬드리안의 〈브로드웨이 부기우기〉 : AI 생성 이미지, Gemini 3(2025).
- 색과 도형 : AI 생성 이미지, Gemini 3(2025).
- 오스굿의 SD법 : AI 생성 이미지, "오스굿, 의미미분법, SD법, 평가, 역능, 활동" Gemini 3(2025).
- 제품수명주기(PLC) : AI 생성 이미지, "제품수명주기, 도입기, 성장기, 성숙기, 쇠퇴기" Gemini 3(2025).
- 톤 온 톤 배색 : AI 생성 이미지, "톤 온 톤 배색, 동일색상, 명도차" Gemini 3(2025).
- 톤 인 톤 배색 : AI 생성 이미지, "톤 인 톤 배색, 유사색상, 유사한 톤" Gemini 3(2025).
- 세퍼레이션 배색 : AI 생성 이미지, "세퍼레이션 배색, 대비 강한 색, 무채색, 분리배색" Gemini 3(2025).
- 엑센트 배색 : AI 생성 이미지, "엑센트 배색, 단조로운 배색, 강조점" Gemini 3(2025).
- 그라데이션 배색 : AI 생성 이미지, "그라데이션 배색, 명도에 의한, 연속적인 흐름" Gemini 3(2025).
- 부드러운, 온화한 배색 : AI 생성 이미지, "온화한 배색, 연한, 밝은, 부드러운, 따뜻한" Gemini 3(2025).
- 모던한, 도시적 배색 : AI 생성 이미지, "모던한 도시적 배색, 무채색, 한색, 톤의 대비" Gemini 3(2025).
- 역동적, 강렬한 배색 : AI 생성 이미지, "역동적 강렬한 배색, 고채도, 보색대비, 원색, 힘찬배색" Gemini 3(2025).
- 고전적, 중후한 배색 : AI 생성 이미지, "고전적 중후한 배색, 저명도, 브라운, 와인, 골드, 격조있는" Gemini 3(2025).
- 이미지 맵 : AI 생성 이미지, "이미지 맵, 가로축(Warm-Cool), 세로축(Soft-Hard), 대표 콘셉트" Gemini 3(2025).
- 무드 보드 : AI 생성 이미지, "무드 보드, 컬러 스와치, 텍스처, 타이포그래피, 콜라주" Gemini 3(2025).
- 스타일 보드 : AI 생성 이미지, "스타일 보드, 스타일, 형태, 색채, 소재, 정리보드" Gemini 3(2025).

• 쉐브럴의 유사 조화 : AI 생성 이미지, "쉐브럴의 유사(Analogy)의 조화, 편안함, 통일감, 안정감" Gemini 3(2025).

• 쉐브럴의 대비 조화 : AI 생성 이미지, "쉐브럴의 대비(Contrast)의 조화, 강렬함, 생동감, 명쾌함" Gemini 3(2025).

• 저드의 질서의 원칙 : AI 생성 이미지, "저드의 질서의 원칙, 따뜻한 색상, 부드러운 배색" Gemini 3(2025).

• 저드의 친근성의 원칙 : AI 생성 이미지, "저드의 친근성의 원칙, 내추럴한 배색" Gemini 3(2025).

• 루드의 조화론 : AI 생성 이미지, "루드의 조화론, 자연에서 관찰되는, 색채조화" Gemini 3(2025).

• 반복 배색 : AI 생성 이미지, "반복 배색, 2가지 색상, 일정한 질서, 체크무늬, 리듬감" Gemini 3(2025).

• 토널 배색 : AI 생성 이미지, "토널 배색, 탁한, 중명도 중채도, dull톤, 점잖은, 고상한" Gemini 3(2025).

• 비콜로 배색 : AI 생성 이미지, "비콜로 배색, 고채도 색상, 하양, 2색 배색, 톤대비, 명쾌한 배색" Gemini 3(2025).

• 트리콜로 배색 : AI 생성 이미지, "트리콜로 배색, 국기 배색, 프랑스 국기, 고채도, 하양, 3색 배색, 강렬한 대비" Gemini 3(2025).

• 동일 색상 배색 : AI 생성 이미지, "동일 색상 배색, 보라, 같은 색상, 명도차, 통일감" Gemini 3(2025).

• 유사 색상 배색 : AI 생성 이미지, "유사 색상 배색, 난색 위주의, 온화한, 부드러운, 따뜻한 배색" Gemini 3(2025).

• 반대색상 배색 : AI 생성 이미지, "반대색상 배색, 강렬한, 동적인, 색상환에서 마주 보는 색상, 빨강, 청록" Gemini 3(2025).

• 고명도 색상 : AI 생성 이미지, "배색 고명도 배색, 밝은, 맑은, 깨끗한, 가벼운, 유아적인" Gemini 3(2025).

• 중명도 배색 : AI 생성 이미지, "중명도 배색, 차분한, 온화한, 소박한, 안정적인, 불분명한" Gemini 3(2025).

• 저명도 배색 : AI 생성 이미지, "저명도 배색, 어두운, 무거운, 중후한, 고급스러운" Gemini 3(2025).

• 고채도 배색 : AI 생성 이미지, "고채도 배색, 순색, 화려한, 활기찬, 자극적인, 스포티한" Gemini 3(2025).

• 저채도 배색 : AI 생성 이미지, "저채도 배색, 탁한, 수수한, 소박한, 침착한" Gemini 3(2025).

• 간상체의 기능 : AI 생성 이미지, "간상세포, 암소시, 명암" Gemini 3(2025).

• 추상체의 기능 : AI 생성 이미지, "추상세포, 명소시, 색상, 형태" Gemini 3(2025).

• 푸르킨예 현상-명소시 : AI 생성 이미지, "푸르킨예 현상, 명소시, 장파장, 빨강, 밝고, 선명한, 시감도 변화" Gemini 3(2025).

- 푸르킨예 현상–박명시 : AI 생성 이미지, "푸르킨예 현상, 박명시, 단파장, 파랑, 밝고, 선명한, 시감도 변화" Gemini 3(2025).
- 리프만 효과 : AI 생성 이미지, "리프만 효과, 색상대비, 명도 차이가 없을 때, 경계가 불분명, 멜팅현상" Gemini 3(2025).
- 색음 현상 : AI 생성 이미지, "색음 현상, 괴테 현상, 유채색 조명, 그림자 보색" Gemini 3(2025).
- 페흐너 효과 : AI 생성 이미지, "페흐너 효과, 무채색 패턴, 고속회전, 유채색, 벤함의 팽이" Gemini 3(2025).
- 베너리 효과 : AI 생성 이미지, "베너리 효과, 동일한 회색, 검은색 형상, 내부, 명도대비" Gemini 3(2025).
- 동시 대비, 색상 대비, 명도 대비, 채도 대비, 보색 대비, 면적 대비, 베졸트 효과, 색의 중량감, 색의 진출과 후퇴, 색의 팽창과 수축, 색의 흥분과 진정, 색의 화려함과 소박함, 색의 주목성, 색의 시인성 : 이미지, 한명숙 저자
- 봄 이미지 : AI 생성 이미지, "봄 이미지, 새싹, 벚꽃길, 만물이 소생, 고명도, 난색, 따뜻한, 부드러운" Gemini 3(2025).
- 여름 이미지 : AI 생성 이미지, "여름 이미지, 작열하는 태양, 시원한 바다, 무성한 녹음, 선명한 색조, 강한 대비, 시원함" Gemini 3(2025).
- 가을 이미지 : AI 생성 이미지, "가을 이미지, 풍성한, 단풍, 낙엽, 울긋불긋한 가을산, 차분한, 클래식한" Gemini 3(2025).
- 겨울 이미지 : AI 생성 이미지, "겨울 이미지, 눈, 얼음, 앙상한 나뭇가지, 차가운, 고요한" Gemini 3(2025).
- 오방정색, 오방간색 : 이미지, 한명숙 저자
- 맑은 배색 : AI 생성 이미지, "맑은 배색, 깔끔한, 깨끗한, 한색, 하양, 고명도, 투명한" Gemini 3(2025).
- 귀여운 배색 : AI 생성 이미지, "귀여운 배색, 사랑스러운, 달콤한, 재미있는, 난색, 고채도, 고명도" Gemini 3(2025).
- 내추럴한 배색 : AI 생성 이미지, "내추럴한 배색, 자연적인, 전원적인, 중명도 중채도, 숲속의, 꾸밈없는" Gemini 3(2025).
- 온화한 배색 : AI 생성 이미지, "온화한 배색, 포근한, 따뜻한, 유연한, 난색, 밝은, 차분함이 깃든" Gemini 3(2025).
- 경쾌한 배색 : AI 생성 이미지, "경쾌한 배색, 활동적인, 리드미컬한, 개방적인, 선명한, 빨강, 파랑, 노랑" Gemini 3(2025).

- 화려한 배색 : AI 생성 이미지, "화려한 배색, 장식적인, 환상적인, 고채도, 색상대비, 보라, 노랑, 자주" Gemini 3(2025).
- 먼셀의 수평 단면, 먼셀의 수직 단면, 오스트발트의 색입체 : 이미지, 한명숙 저자
- 이미지스케일 예시 : 이미지, (주)아이알아이(http://www.iricolor.com)
- 색채이미지스케일 제작 : 이미지, (주)아이알아이(http://www.iricolor.com)
- 헤링의 4원색설 : AI 생성 이미지, "헤링의 4원색설, 3대 반대색군, 6색, NCS 색체계, 오스트발트 색체계" Gemini 3(2025).
- 영–헬름홀츠 3원색설 : AI 생성 이미지, "영–헬름홀츠 3원색설, 빨강, 초록, 파랑, 원추세포, 복합된 자극" Gemini 3(2025).
- 분광 반사율 곡선 : AI 생성 이미지, "분광 반사율 곡선, 빛의 파장별, 에너지 분포 비율" Gemini 3(2025).
- 자연 광원 태양 스펙트럼 : AI 생성 이미지, "자연 광원 태양 스펙트럼, 가시광선, 적외선(장파장), 자외선(단파장)" Gemini 3(2025).
- 광원별 색온도 : AI 생성 이미지, "광원별 색온도, 태양(일출, 일몰), 맑고 깨끗한 하늘, 얇고 고르게 구름 낀 하늘" Gemini 3(2025).
- 메타머리즘(조건등색) : AI 생성 이미지, "메타머리즘, 조건등색, 광원 변경, 다른 색 인식" Gemini 3(2025).
- 아이소머리즘(무조건등색) : AI 생성 이미지, "아이소머리즘, 무조건등색, 광원 변경, 동일한 색 인식" Gemini 3(2025).
- CIE L*a*b* 데이터 비교 : AI 생성 이미지, "CIE L*a*b* 데이터 비교, 명도, 색상, 빨강, 초록, 노랑, 파랑" Gemini 3(2025).
- 쿠벨카–문크 이론 : AI 생성 이미지, "쿠벨카–문크 이론, 안료층, 빛의 흡수, 산란, 반사광 Gemini 3(2025).
- 색의 3속성 : AI 생성 이미지 "색의 3속성, 색상, 명도, 채도" Gemini 3(2025).
- 색입체의 구조와 이해 : AI 생성 이미지, "색입체의 구조와 이해, X축(채도), Y축(명도), Z축(색상)" Gemini 3(2025).
- CMS 워크플로우 다이어그램 : AI 생성 이미지, "디지털 색채관리, CMS, 워크플로우, 입출력 시스템" Gemini 3(2025).
- IT8 차트와 맥베스 차트 실사 비교 : AI 생성 이미지, "IT8 차트, 맥베스 컬러 차트, 실사 비교" Gemini 3(2025).
- 색공간 색역 범위 : AI 생성 이미지, "색공간, 색역 범위, Gamut Size, 웹용, 인쇄용" Gemini 3(2025).

- 렌더링 인텐트 4가지 변환 결과 시뮬레이션 : AI 생성 이미지, "렌더링 인텐트, 지각적, 채도, 절대 색도계, 상대 색도계" Gemini 3(2025).
- 메타메리즘(조건등색) 예시 : AI 생성 이미지, "메타메리즘, 조건등색, 컬러 어피어런스, 자연광, 형광등 사과색" Gemini 3(2025).
- 켈빈 색온도 바 : AI 생성 이미지, "켈빈 색온도 바, 저색온도 빨강, 고색온도 파랑" Gemini 3(2025).
- CIE 1931 색도표 위 광원 좌표 표시 : AI 생성 이미지, "CIE 1931 색도표, 표준광원, 좌표표시" Gemini 3(2025).
- CMY 혼합과 K(검정) 대체 비교 다이어그램 : AI 생성 이미지, "CGR, UCR, 인쇄잉크 대체 원리, K, CMYK" Gemini 3(2025).
- S자 커브 그래프와 결과 사진 비교 : AI 생성 이미지, " S자 곡선, 커브, 콘트라스트(대비), 밝기" Gemini 3(2025).
- 베지에 곡선 : AI 생성 이미지, "베지에 곡선, 앵커 포인트, 핸들, 곡률" Gemini 3(2025).
- 비트맵 VS 벡터 확대 비교 : AI 생성 이미지, "비트맵, 벡터, 엘리어싱 현상, 확대, 픽셀, 수학적 연산, 해상도" Gemini 3(2025).
- PPI vs DPI 확대 비교(픽셀 vs 망점) : AI 생성 이미지, "PPI, 스마트폰, DPI, 인쇄물, 확대, 픽셀, 점" Gemini 3(2025).
- 리샘플링 보간법 비교 (최단입점 vs 바이큐빅) : AI 생성 이미지, "리샘플링, 보간법, 해상도, 최단입점, 거침, 바이큐빅, 부드러움" Gemini 3(2025).
- 비트 심도에 따른 계조 변화 비교 : AI 생성 이미지, "비트 심도, 이미지 모드, 1Bit, 8Bit, 24Bit" Gemini 3(2025).
- RGB 가산혼합과 16진수 코드 : AI 생성 이미지, "RGB, 가산혼합, 16진수 코드, CMY, #000000(검정), #FFFFFF(하양)" Gemini 3(2025).
- 웹 안전 컬러 생성원리 & 16진수 규칙 : AI 생성 이미지, "웹 안전 컬러, 16진수 규칙, 00, 33, 55, 99, CC, FF" Gemini 3(2025).
- ISO 3664 표준 관찰 환경 : AI 생성 이미지, "ISO 3664 표준 관찰 환경, 회색 배경, D50, 조도 2000lx" Gemini 3(2025).
- 대기 원근법−색채 변화 : AI 생성 이미지, "대기원근법, 근경, 선명한, 고채도, 난색, 원경, 흐린, 저채도, 한색" Gemini 3(2025).
- 오른손 좌표계 : AI 생성 이미지, "오른손 좌표계, 엄지 X축, 검지 Y축, 깊이 Z축" Gemini 3(2025).
- 균형의 원리: 대칭 vs 비대칭 : AI 생성 이미지, "균형, 대칭, 안정감, 동일한 형태와 무게, 비대칭, 동적, 다른 형태의 균형" Gemini 3(2025).

- 황금비 vs 3분할법 : AI 생성 이미지, "황금비, 1:1.618, 3분할법, 안정적인 구도" Gemini 3(2025).

- 초점거리에 따른 인물/배경 변화 : AI 생성 이미지, "광각렌즈, 원근감 과장, 배경 넓음, 망원렌즈, 원근감 압축, 배경 좁음" Gemini 3(2025).

- 3D 셰이딩 3단계 진화 : AI 생성 이미지, "3D 셰이딩 3단계, 플랫 셰이딩, 각진, 고로 셰이딩, 부드러움, 퐁 셰이딩, 반짝임" Gemini 3(2025).

- 직교 투영 vs 원근 투영 비교 : AI 생성 이미지, "직교투영, 평행투영, 원근감 없음, 원근투영, 소실점 적용, 원근감 적용" Gemini 3(2025).

- 3D 재질의 3요소 : AI 생성 이미지, "3D 재질, 원, 스펙큘러(반사광), 디퓨즈(본래색), 엠비언트(그림자)" Gemini 3(2025).

- 레이 트레이싱 vs 라디오시티 결과물 비교 : AI 생성 이미지, "레이 트레이싱, 날카로운 반사, 투명한 굴절, 라디오시티, 색 번짐, 부드러운 간접광" Gemini 3(2025).

- Z-버퍼 작동 원리 : AI 생성 이미지, "Z-버퍼, 3D 장면, 깊이, 거리, 최종 2D 화면, 깊이 정보 저장소" Gemini 3(2025).

- RGB vs CMYK 색역(Gamut) 비교(CIE 색도표) : AI 생성 이미지, "RGB 색역, CMYK 색역, 비교, CIE 색도표" Gemini 3(2025).

- 스탠다드 블랙 vs 리치 블랙 비교 : AI 생성 이미지, "스탠다드 블랙, 검정, 리치 블랙, CMYK, 진한" Gemini 3(2025).

- CIE 1931 색도표 위 색공간 크기 비교 : AI 생성 이미지, "CIE 1931 색도표, 색공간 크기, ProPhoto RGB, Adobe RGB, sRGB" Gemini 3(2025).

- CCD 센서와 베이어 패턴 구조 : AI 생성 이미지, "CCD 센서, 베이어 패턴 구조, 빛, 베이어 필터, 전하, 디지털 데이터" Gemini 3(2025).

- RGB 가법 혼색 vs CMYK 감법 혼색 원리 : AI 생성 이미지, "RGB, 모니터, 가법 혼색, 빛의 혼합, CMYK, 프린터, 감법 혼색, 잉크의 혼합" Gemini 3(2025).

- 종이의 종류 : 표, 박경미『편집 디자이너를 완성하는 인쇄 실무 가이드』. 영진닷컴. p.48

- 프린터 프로파일링 측색 과정 : AI 생성 이미지, "프린터 프로파일링, 측색, 분광광도계, 데이터 수집, 프로파일 생성" Gemini 3(2025).

- 레이아웃의 4대 조형 원리 : AI 생성 이미지, "레이아웃 조형원리, 균형, 시각적 무게감, 강조, 포인트, 리듬, 반복, 통일, 일관성" Gemini 3(2025).

- 포스터 레이아웃의 Z자형 시선 : AI 생성 이미지, "포스터 레이아웃, Z자형 시선 흐름, 좌측상단 헤드라인, 우측상단 흥미유발, 좌측하단 덜 중요한 정보, 우측하단 기억의 종착점" Gemini 3(2025).

- 3R+업사이클링 개념 : AI 생성 이미지, "약, 재사용, 재활용, 새활용, 아이디어, 가치 상승" Gemini 3(2025).
- 일반 루프 VS 쿨 루프 : AI 생성 이미지, "일반 루프, 어두운색, 태양열흡수, 열섬현상, 쿨루프, 밝은색, 태양열반사, 열섬완화" Gemini 3(2025).
- 베리어 프리 vs 유니버설 디자인 : AI 생성 이미지, "베리어프리, 사후조치, 계단 옆 휠체어 리프트, 유니버설디자인, 사전설계, 계단 없이 경사로 설계" Gemini 3(2025).
- 유니버설 디자인 원칙:적은 물리적 노력 : AI 생성 이미지, "유니버설 디자인 원칙, 적은 물리적 노력, 레버식 문 손잡이" Gemini 3(2025).
- 색채디자인 평가:정성적 vs 정량적 : AI 생성 이미지, "색채디자인 평가, 정성적 평가, 감성 중심, 정량적 평가, 수치 중심, 기계" Gemini 3(2025).
- 빛 반사율에 따른 조명 효율 비교 : AI 생성 이미지, "빛 반사율, 조명 효율, 저명도, 빛 흡수, 비효율, 고명도, 빛 반사, 고효율" Gemini 3(2025).
- 색각 이상 유형별 시각적 특성 : AI 생성 이미지, "색각 이상, 유형별 특성, C형 정상, P형 빨강을 검게, D형 빨강 초록 혼동, T형 파랑 초록 혼동" Gemini 3(2025).
- 컬러 유니버설 디자인 적용 예시 : AI 생성 이미지, "컬러 유니버설 디자인, CUD, 색상으로만 구분, 색상+형태+문자 병기" Gemini 3(2025).
- 프리젠테이션 4대 유형 : AI 생성 이미지, "프레젠테이션 4대 유형, 설득형, 설명형, 교육형, 엔터테인먼트형" Gemini 3(2025).
- 프레젠테이션의 3요소 : AI 생성 이미지, "프레젠테이션 3요소, 목적, 청중, 장소" Gemini 3(2025).
- 프레젠테이션 도구의 발전 : 표, 김미성, 『백전불패 프레젠테이션』, 미르북스, p.27.
- 프레젠테이션 슬라이드 제작 Bad vs Good : AI 생성 이미지, "프레젠테이션 슬라이드 제작, Bad, 복잡한 텍스트, Good, 강렬한 이미지, 핵심키워드" Gemini 3(2025).
- 컬러리스트 포트폴리오 레이아웃 : AI 생성 이미지, "컬러리스트 포트폴리오, 레이아웃, 배경색 절제, 일관성, 색채데이터 수치화, 목업" Gemini 3(2025).
- 표준 폴더 트리 구조도 예시 : AI 생성 이미지, "표준 폴더 트리, 구조도 예시" Gemini 3(2025).
- 물리적 vs 디지털 자산의 보관 환경 비교 : AI 생성 이미지, "물리적 보관, 빛 차단, 습기차단, 디지털 보관, 외장하드, 이중백업" Gemini 3(2025).
- 산업재산권 4권의 핵심 구분 도해 : AI 생성 이미지, "산업재산권, 특허권 출원 후 20년, 실용신안권 출원 후 10년, 디자인권 출원 후 20년, 상표권 등록 후 10년" Gemini 3(2025).
- 디자인권 vs 저작권 결정적 차이 : 공업성 : AI 생성 이미지, "디자인권, 공업성, 대량생산, 특허청 등록, 저작권, 독창성, 창작 즉시 발생" Gemini 3(2025).

• 특허출원서의 해부도 : AI 생성 이미지, "특허출원서 해부도, 출원서, 명세서, 청구범위, 요약서, 도면" Gemini 3(2025).

• 디자인권 출원 필수 서류 체크리스트 : AI 생성 이미지, "디자인권 출원 필수 서류, 출원서, 도면, 디자인 설명, 우선권 주장 증명 서류" Gemini 3(2025).

• 지식재산권 출원 및 심사 절차 : AI 생성 이미지, "지식재산권 출원 및 심사절차, 특허권, 실용신안권, 디자인권" Gemini 3(2025).

• 디자인권 '도면 불비' Bad vs Good : AI 생성 이미지, "디자인권, 도면 불비, Bad, Good, 형태, 비례" Gemini 3(2025).

자격증은 이기적!

합격입니다.

컬러리스트기사·산업기사

필기 기본서

2권·문제집

"이" 한 권으로 합격의 "기적" 을 경험하세요!

부록 BONUS 또기적 합격자료집 PDF

- 시험장 스케치
- 스터디 플래너
- 2026년 컬러리스트 개정사항 비교표
- 2026년 AI 예상 · 복원문제
- 실기 시험 미리보기

※ **참여 방법** : '이기적 스터디 카페' 검색 → 이기적 스터디카페(cafe.naver.com/yjbooks) 접속 → '합격 추가 자료' 게시판 → 구매 인증 → 메일로 자료 받기

PART

05

컬러리스트 산업기사 출제 예상문제

컬러리스트 산업기사 **출제 예상문제 01회**

문항수	시험 시간	총점
80문항	120분	100점

수험번호 : ___________________

성　　명 : ___________________

---

01 다음 중 '평면 디자인(2차원)'의 범주에 속하는 디자인 영역은?

① 제품 용기 디자인
② 기업 로고(Logo) 디자인
③ 실내 인테리어 디자인
④ 스트리트 퍼니처 디자인

02 마케팅 믹스의 4대 요소(4P)에 해당하지 않는 항목은?

① 제품(Product)
② 가격(Price)
③ 계획(Plan)
④ 촉진(Promotion)

03 매슬로우(Maslow)의 욕구 위계 이론 중 가장 하위 단계인 '1단계' 욕구는?

① 안전에 대한 욕구
② 생리적 욕구
③ 사회적 욕구
④ 자아실현의 욕구

04 제품 디자인(Product Design)의 궁극적인 목적으로 가장 적절한 것은?

① 외형적 스타일링을 통한 시각적 아름다움 추구
② 인간의 욕구 충족을 통한 삶의 질적 향상
③ 대량 생산을 통한 기업의 원가 절감 및 이윤 추구
④ 제품의 보관 및 운송 등 유통 과정의 효율화

05 도시 환경 색채 계획 시 고려해야 할 사항으로 가장 거리가 먼 것은?

① 해당 지역의 기후, 풍토, 자연환경적 특성을 분석하여 반영해야 한다.
② 도시의 역사성과 문화적 정체성을 고려하여 전체적인 주조색을 선정한다.
③ 건축물의 기능과 재료의 고유한 특성을 고려하여 주변 경관과 조화를 이루도록 한다.
④ 도시의 활력과 현대적인 이미지를 부각하기 위해, 고채도의 원색(vivid Tone)을 주조색으로 사용한다.

06 다음 중 색채 시장 조사의 프로세스 단계를 순서대로 바르게 나열한 것은?

① 콘셉트 선정 → 조사 방향 결정 → 정보 수집 → 정보 분석 및 활용
② 정보 수집 → 콘셉트 선정 → 조사 방향 결정 → 정보 분석 및 활용
③ 조사 방향 결정 → 정보 수집 → 콘셉트 선정 → 정보 분석 및 활용
④ 정보 수집 → 정보 분석 → 콘셉트 선정 → 조사 방향 결정

07 2개 이상의 응답 중 하나를 선택하게 하는 설문 형태로, 결과 분석이 용이한 질문의 유형은?

① 개방형 질문　　② 폐쇄형 질문
③ 서술형 질문　　④ 투사형 질문

08 SWOT 분석 전략 중 아래의 상황에 적합한 전략은?

> **[상황]**
> 우리 회사는 기술력은 부족하지만(약점), 시장의 수요가 폭발적으로 증가하고 있는(기회) 상황이다. 외부의 기회를 살려 내부의 약점을 극복하고자 한다.

① SO 전략　　② ST 전략
③ WO 전략　　④ WT 전략

09 한국의 색채마케팅 역사에서 컬러 TV 방송이 시작되며 색채에 관한 관심이 폭발적으로 증가한 시기는?

① 1960년대　　② 1970년대
③ 1980년대　　④ 1990년대

10 오스굿의 의미미분법(SD법)에서 주로 사용하는 척도는?

① 명목 척도(예 남/여)
② 서열 척도(예 1등, 2등)
③ 상반된 형용사 어휘 쌍(예 맑은-탁한)
④ 개방형 서술

11 다음 중 '트렌드(Trend)'라는 용어의 역사적 배경과 유래에 대한 설명으로 옳은 것은?

① 19세기 미술사조에서 처음 유래된 용어이다.
② 본래 심리학 용어였으나 20세기 이후 패션 용어로 정착되었다.
③ 1936년 영국 디자인 산업연맹(DIA)이 창간한 잡지 『Trend』에서 처음 언급되었다.
④ 2000년대 이후 디지털 산업의 발전과 함께 처음 등장한 신조어이다.

12 유행색의 심리적 발생 요인 중, '다른 사람과 비슷한 색을 공유하여 소속감을 느끼고 싶어 하는 심리'는?

① 변화 욕구
② 동조화 욕구
③ 개별화 욕구
④ 차별화 욕구

13 최근 소재(Material) 트렌드의 핵심인 '지속가능성(Sustainability)'을 반영한 CMF 전략으로 옳은 것은?

① 인공적인 고광택 코팅을 늘린다.
② 염색 공정을 최소화한 로우(Raw) 컬러를 사용한다.
③ 재활용이 어려운 복합 소재를 사용한다.
④ 내구성을 위해 화학적 표면처리를 강화한다.

14 효과적인 색채마케팅을 위해 전체 시장을 분석하고 공략하는 마케팅 전략 수립 과정의 순서로 가장 올바른 것은?

① 시장세분화(Segmentation) – 표적시장 선정(Targeting) – 포지셔닝(Positioning)
② 표적시장 선정(Targeting) – 시장세분화(Segmentation) – 포지셔닝(Positioning)
③ 시장세분화(Segmentation) – 포지셔닝(Positioning) – 표적시장 선정(Targeting)
④ 포지셔닝(Positioning) – 표적시장 선정(Targeting) – 시장세분화(Segmentation)

15 소비자 시장세분화 변수 중, 소비자의 '라이프스타일', '개성', '가치관', '사회계층' 등을 기준으로 시장을 나누는 방법은?

① 지리적 세분화
② 인구통계적 세분화
③ 심리적 세분화
④ 행동적 세분화

16 안전표지의 형태와 이용되는 색채의 연결로 잘못된 것은?

① 금지 표지 – 빨강 – 원형에 사선
② 경고 표지 – 노랑 – 삼각형
③ 지시 표지 – 파랑 – 원형
④ 안내 표지 – 주황 – 사각형

17 색채의 일반적인 정서적 반응에서 '시간이 길게 느껴지는(지루한)' 색채 환경은?

① 난색 계열의 화려한 환경
② 한색 계열의 차분한 환경
③ 채도가 높은 선명한 환경
④ 빨강, 주황 위주의 자극적 환경

18 사과나 바나나처럼 친숙한 사물에 대해, 실제 색보다 '더 선명하고 특징적인 색'으로 기억하는 현상은?

① 현상색
② 기억색
③ 항상성
④ 연색성

19 타게팅 전략 중 '집중화 마케팅(Concentrated Marketing)'에 대한 설명으로 옳은 것은?

① 자원이 풍부한 대기업에 적합하다.
② 전체 시장을 대상으로 똑같은 제품을 판다.
③ 특정 틈새시장(Niche Market) 하나에 기업의 역량을 집중한다.
④ 위험 부담이 가장 적은 안전한 전략이다.

20 색채 치료에서 '살균 효과'가 뛰어나며, 심한 출혈을 멈추게 하거나 통증(치통 등)을 완화하는 데 쓰이는 색은?

① 남색
② 주황
③ 노랑
④ 빨강

21 윌리엄 고든(W.J. Gordon)이 창안한 아이디어 발상법으로, 서로 관련이 없어 보이는 요소들을 '유추(Analogy)'를 통해 연결하여 새로운 해결책을 찾는 기법은?

① 브레인스토밍
② 마인드맵
③ 시네틱스
④ 체크리스트법

22 다음 중 '고귀함, 예술, 신비'를 상징하지만, 동시에 '불안, 공포, 병약함'이라는 이중적(양면적) 이미지를 가장 강하게 갖는 색은?

① 보라
② 주황
③ 초록
④ 파랑

23 디자인의 어원에 대한 설명으로, 라틴어에서 유래하며 '계획을 세우다', '지시하다'라는 의미를 가진 단어는?

① 데생(Dessin)
② 디세뇨(Disegno)
③ 데시그나레(Designare)
④ 테크네(Techne)

24 1950년대 미국에서 시작된 개념으로, 공장이나 학교 등에서 작업 능률 향상, 피로 감소, 안전 등 기능적 목적을 위해 색을 사용하는 것은?

① 색채 조절
② 색채계획
③ 색채 심리
④ 색채마케팅

25 다음 중 '식당(Dining Room)'의 실내 색채계획으로 가장 적절한 색상은?

① 파랑, 청록(한색 계열)
② 주황, 노랑(난색 계열)
③ 회색, 검정(무채색)
④ 진한 초록(저명도)

26 오스본(Osborn)이 고안한 아이디어 발상법인 '브레인스토밍'의 4대 원칙에 해당하지 않는 것은?

① 비판 금지
② 자유 분방
③ 질적 추구
④ 결합 및 개선

27 다음 중 콘셉트의 시각화 도구인 '무드 보드(Mood Board)'에 대한 설명으로 옳은 것은?

① 좌표 축을 이용하여 이미지를 객관적으로 분석한다.
② 주로 포토샵을 이용한 비트맵 방식으로 이미지를 만든다.
③ 이미지와 소재를 콜라주하여 전체 분위기를 직관적으로 전달한다.
④ 무드 보드는 스타일 보드보다 구체화된 최종 시각화 단계이다.

28 색채 조화(Color Harmony)의 정의에 대한 설명으로 가장 적절한 것은?

① 모든 색을 동일하게 통일하는 것이다.
② 두 개 이상의 색이 질서를 이루는 것이다.
③ 디자이너의 직관에만 의존하는 것이다.
④ 물리적으로 색을 섞어 혼색하는 것이다.

29 저드(D.B. Judd)가 제시한 현대 색채 조화의 4가지 기본 원리에 해당하지 않는 것은?

① 질서의 원리
② 친근성의 원리
③ 보색의 원리
④ 명료성의 원리

30 인간의 눈으로 색을 지각할 수 있는 '가시광선(Visible Light)'의 일반적인 파장 범위는?

① 100~380nm
② 380~780nm
③ 780~2,000nm
④ 2,000~5,000nm

31 명도 대비에 대한 설명으로 옳은 것은?

① 흰색 배경 위의 회색은 더 밝아 보인다.
② 검은색 배경 위의 회색은 더 밝아 보인다.
③ 배경의 명도와 상관없이 회색은 똑같이 보인다.
④ 명도 대비는 유채색끼리만 일어난다.

32 인간의 눈 구조 중 카메라의 '조리개'와 같은 역할을 하며, 수축과 이완을 통해 눈으로 들어오는 빛의 양(광량)을 조절하는 기관은?

① 각막(Cornea)
② 수정체(Lens)
③ 홍채(Iris)
④ 망막(Retina)

33 영 · 헬름홀츠(Young–Helmholtz)의 3원색설에서, 우리 눈(망막)이 가지고 있다고 가정한 3가지 시신경 세포의 반응 색상은?

① 빨강(R), 노랑(Y), 파랑(B)
② 빨강(R), 초록(G), 파랑(B)
③ 하양(W), 회색(Gy), 검정(Bk)
④ 빨강(R), 노랑(Y), 초록(G)

34 1925년 파리 장식 미술 박람회에서 유래하였으며, 흐르는 곡선을 강조한 아르누보와 달리 공업적 생산 방식을 받아들여 직선적이고 기하학적인 형태(지그재그, 유선형)를 강조한 장식 양식은?

① 아르데코(Art Deco)
② 바로크(Baroque)
③ 로코코(Rococo)
④ 미술공예운동(Arts and Crafts Movement)

35 19세기 영국에서 윌리엄 모리스가 주도한 디자인 운동으로, 산업혁명으로 인한 조악한 기계 생산품을 비판하고 '중세 수공예의 부활'을 주장한 것은?

① 미술공예운동
② 독일공작연맹
③ 시카고파
④ 분리파

36 색채 디자인 콘셉트의 종류 중, '제품 개발 동기'나 '경쟁 제품과의 기술적 차별점'을 다루며, 주로 생산자(엔지니어)의 관점에서 수립되는 콘셉트는?

① 제품 콘셉트
② 상품 콘셉트
③ 광고 콘셉트
④ 표현 콘셉트

37 환경 디자인(Environmental Design)의 색채 계획을 수립할 때 가장 우선적으로 고려해야 할 사항은?

① 디자이너의 개인적인 취향과 독창적인 선호색
② 현재 가장 유행하는 트렌드 컬러의 적극적 반영
③ 해당 지역의 자연환경, 역사, 문화적 특성과의 조화
④ 눈에 잘 띄는 고채도의 원색 사용을 통한 주목성 확보

38 IRI 색채 이미지 스케일에서 '귀여운(Cute)' 이미지를 표현하기에 가장 적합한 색상과 톤(Tone)의 조합은?

① 저명도 · 저채도의 어두운 색상
② 고명도 · 저채도의 난색 계열
③ 고채도의 선명하고 강렬한 원색
④ 무채색 중심의 차가운 색상

39 다음 중 '현색계(Color Appearance System)'의 정의와 특징으로 가장 적절한 것은?

① 빛의 가법 혼색 실험을 기초로 하여 물리적 수치로 색을 표시한다.
② 색을 표시하는 색표(Color Chip)가 있어 눈으로 보고 확인이 가능하다.
③ 심리적인 요소를 배제하고 정량적인 분석을 하는 데 주로 사용된다.
④ CIE XYZ 표색계가 대표적인 예이다.

40 다음 중 시각 디자인(Visual Communication Design)의 영역으로 옳지 않은 것은?

① 패키지 디자인
② CI · BI 디자인
③ 텍스타일 디자인
④ 편집 디자인

41 다음 중 색채 표준(Color Standards)이 갖추 어야 할 조건으로 거리가 먼 것은?

① 국제성
② 과학성
③ 특수성
④ 등간격성

42 1660년경 프리즘 실험을 통해 백색광이 7가지 스펙트럼으로 분광됨을 증명한 학자는?

① 뉴턴
② 괴테
③ 다빈치
④ 헤링

43 다음 중 유기 색료와 무기 색료를 구분하는 가 장 기본적인 화학적 기준은?

① 탄소(C)의 유무
② 물에 대한 용해성
③ 전색제의 사용 유무
④ 가시광선 흡수율

44 식물의 엽록체 속에 함유되어 있으며, 중앙에 마그네슘(Mg) 원자가 있어 초록색을 띠는 천연 색소는?

① 헤모글로빈
② 클로로필
③ 멜라닌
④ 카로틴

45 다음 중 필터식 색채계(Filter Colorimeter)에 대한 설명으로 옳지 않은 것은?

① 인간의 눈과 유사한 3개의 필터(RGB)를 사용한다.
② 가격이 저렴하고 휴대성이 좋아 현장 품 질 관리용으로 쓰인다.
③ 조건등색(Metamerism) 현상을 정확히 판별할 수 있다.
④ 3자극치 직독식 색채계라고도 불린다.

46 형광 물질이 포함된 시료를 정확하게 측정하기 위한 분광 방식으로 옳은 것은?

① 전방 분광 방식(단색광 조사)
② 후방 분광 방식(백색광 조사)
③ 적외선 조사 방식
④ 투과 측정 방식

47 다음 중 가법 혼색(빛의 혼합)의 3원색이 아닌 것은?

① 빨강
② 초록
③ 노랑
④ 파랑

48 조색(Color Matching) 시 5가지 이상의 색을 혼합하는 것을 권장하지 않는 이유는?

① 안료 구입 비용이 많이 든다.
② 채도가 급격히 낮아져 색이 탁해진다.
③ 건조 시간이 너무 오래 걸린다.
④ 명도가 높아져 색이 너무 밝아진다.

49 한국산업표준(KS A 0065)에 따른 육안 검색 조건 중, '어두운 색(먼셀 명도 3 이하)'을 검사할 때 권장되는 조도(lx)는?

① 500lx 이하
② 1,000lx
③ 2,000~4,000lx
④ 5,000lx 이상

50 인쇄물이나 그래픽 디자인 분야에서 색채를 비교할 때 사용하는 국제 표준광원과 기준 연색 평가지수는?

① D65/Ra 80 이상
② D50/Ra 95 이상
③ A 광원/Ra 100
④ C 광원/Ra 90 이상

51 빛의 단위 중 광원으로부터 나오는 빛의 총량을 의미하는 '전광속'의 단위와 빛이 도달하는 장소의 밝기를 의미하는 '조도'의 단위가 순서대로 바르게 짝지어진 것은?

① lm(루멘) – lx(럭스)
② lx(럭스) – lm(루멘)
③ cd(칸델라) – nt(니트)
④ nt(니트) – cd(칸델라)

52 다음 중 자외선(UV)과 적외선(열)을 거의 방출하지 않아 박물관이나 미술관의 전시 조명으로 가장 적합한 것은?

① 백열전구
② 할로겐 램프
③ 형광등
④ LED(발광다이오드)

53 한국산업표준(KS A 0065)에 규정된 육안 조색 작업의 표준 조건에 대한 설명으로 옳은 것은?

① 조색 시편을 관찰할 때 조명 각도와 관찰 각도는 정반사를 포함하도록 모두 수직(90°)으로 고정한다.
② 배경색은 명도 대비를 줄이기 위해 유채색 중 가장 어두운 색을 사용한다.
③ 색을 비교하는 작업 면의 조도는 일반적으로 1,000~4,000lx(럭스) 범위를 유지해야 한다.
④ 도료를 펴 바를 때는 붓(Brush)을 사용하여 작업자의 감각대로 두께를 조절한다.

54 색채 품질 관리 프로세스 중 가장 먼저 수행되어야 하는 단계는?

① 컬러 재료의 선정
② 프로젝트 기획
③ 시공 환경 분석
④ 물성 분석 연구

55 CCM(Computer Color Matching) 시스템의 정의로 옳은 것은?

① 컴퓨터를 이용하여 색채의 감성적 이미지를 배색하는 디자인 시스템
② 분광측색계와 컴퓨터를 연동하여 목표색의 조색 처방(Recipe)을 산출하는 시스템
③ 인쇄물의 망점 농도를 측정하여 잉크량을 조절하는 인쇄 감리 시스템
④ 모니터의 RGB 값을 인쇄용 CMYK로 변환해 주는 그래픽 소프트웨어

56 색의 3속성 중, 물체 표면의 반사율과 가장 밀접한 비례 관계가 있는 속성은?

① 색상(Hue)
② 명도(Value)
③ 채도(Chroma)
④ 보색(Complementary Color)

57 광택계(Gloss Meter)를 사용하여 일반적인 도장면이나 플라스틱을 측정할 때, 1차적으로 선택해야 하는 국제 표준 측정 각도는?

① 20°
② 45°
③ 60°
④ 85°

58 색채 측정 결과 데이터인 'L*, a*, b*' 값 중에서 'a*' 값이 나타내는 색의 방향성은?

① 명도(밝고 어두움)
② 빨강(+)과 초록(−)
③ 노랑(+)과 파랑(−)
④ 채도(탁하고 선명함)

59 도료가 젖은 상태(Wet)일 때와 완전히 건조된 상태(Dry)일 때의 색상이나 광택이 달라지는 현상을 지칭하는 전문 용어는?

① 메타메리즘(Metamerism)
② 드라이백(Dry−back)
③ 오렌지 필(Orange Peel)
④ 헤이즈(Haze)

60 다음 중 조색 작업이 완료된 후, 추후 동일한 색상의 주문에 대비하여 작성하는 문서로 가장 적합한 것은?

① 물질안전보건자료
② 표준 작업 지침서
③ 조색 이력 카드
④ 한도 견본

61 다음 중 성격이 다른 디지털 색체계는 무엇인가?

① CIE XYZ
② CIE L*a*b*
③ sRGB
④ CIE xyY

62 빛의 3원색인 RGB(Red, Green, Blue)를 혼합할 때의 특징으로 옳지 않은 것은?

① 가법 혼색(Additive Mixing)의 원리를 따른다.
② 혼합할수록 명도가 높아져 밝아진다.
③ 3원색을 모두 최대값(255)으로 혼합하면 검은색(Black)이 된다.
④ 모니터, 스캐너, 디지털카메라 등에서 사용된다.

63 입력 장치인 스캐너나 디지털카메라의 색상 특성을 파악(Characterization)하거나 프로파일을 생성하고자 사용하는 표준 차트는?

① IT8 차트
② 시력검사표
③ KS 표준 색상환
④ 먼셀 색입체

64 인쇄물을 출력하기 전에 모니터 화면상에서 인쇄 결과를 미리 시뮬레이션해 보는 과정을 무엇이라 하는가?

① 하드 프루핑
② 소프트 프루핑
③ 프레스 프루핑
④ 오프셋 인쇄

65 다음 중 비트맵(Bitmap) 이미지의 특징으로 적절하지 않은 것은?

① 이미지를 확대하면 가장자리가 거칠어지는 앨리어싱(Aliasing) 현상이 발생한다.
② 픽셀(Pixel)이라는 작은 사각형 단위가 모여 이미지를 구성한다.
③ 사진이나 회화처럼 색상 변화가 복잡하고 사실적인 이미지를 표현하기에 적합하다.
④ 점, 선, 면의 좌표와 수식 정보를 이용하여 이미지를 구현하므로 확대해도 선명하다.

66 다음 중 웹 안전 컬러(Web–safe Color)의 총 색상 수는 몇 가지인가?

① 216색
② 256색
③ 1,024색
④ 1,600만 색

67 이미지의 선명도는 최대한 유지하면서, 잡음(Noise)이나 미세한 스크래치만을 효과적으로 제거하고 싶을 때 사용하는 그래픽 필터는?

① 샤프닝
② 미디언
③ 가우시안 블러
④ 모션 블러

68 평면적인 2차원 망막 이미지로부터 대상의 거리, 깊이, 입체감을 인식하는 능력을 무엇이라 하는가?

① 색채 지각
② 형태 지각
③ 공간 지각
④ 운동 지각

69 다음 중 한쪽 눈을 감고도 깊이감을 느낄 수 있는 '단안 단서'가 아닌 것은?

① 선 원근법
② 중첩
③ 대기 원근법
④ 양안 시차

70 3D 모델링의 표현 방식 중, 면이나 질감 없이 물체의 외곽선(Line)만으로 형태를 표현하는 방식은?

① 솔리드
② 서페이스
③ 와이어 프레임
④ 렌더링

71 물체 표면에 맺히는 가장 밝은 반사광(하이라이트)의 색상으로, 물체의 광택과 질감을 결정하는 요소는?

① 디퓨즈 컬러
② 앰비언트 컬러
③ 스펙큘러 컬러
④ 셀프 일루미네이션

72 다음 중 빛의 굴절률(Refraction)이 가장 높아 반짝임이 강한 재질은?

① 공기
② 물
③ 유리
④ 다이아몬드

73 모니터(RGB)로 보던 색상이 인쇄(CMYK)하면 탁해지는 현상인 '색역 벗어남(Out of Gamut)'에 대한 설명으로 옳은 것은?

① 인쇄용 잉크가 너무 비싸서 발생하는 현상이다.
② CMYK 색역이 RGB 색역보다 훨씬 넓어서 발생하는 현상이다.
③ RGB의 고채도 형광색이 CMYK 색역 바깥에 위치하여 발생하는 현상이다.
④ 인쇄물에 빛을 비추었을 때 모니터보다 밝게 보이는 현상이다.

74 다음 중 LCD 모니터의 재현 색역에 결정적인 영향을 미치는 구조적 요소는?

① 액정의 투과율
② 패널의 해상도
③ 후광의 성능
④ IPS 패널 기술

75 다음 중 프린터 프로파일링이 필요한 이유로 가장 적절한 것은?

① 모니터의 해상도와 프린터의 DPI를 일치시키기 위해
② 인쇄물의 명부(Highlight) 영역의 명도를 높이기 위해
③ 사용하는 용지 종류와 잉크 성질에 따라 발색 특성(색역)이 천차만별로 변하기 때문에
④ 잉크가 종이에 번지는 현상(드라이 다운)을 예측하여 보정하기 위해

76 다음 중 화학펄프 100%를 사용하여 표면이 매끄럽고 질기며 정밀 인쇄가 가능하여, 고급 서적 본문이나 상업 인쇄물 전반에 사용되는 종이는?

① 신문용지
② 중질지
③ 상질지(백상지)
④ 크라프트지

77 레이아웃(Layout)의 가장 궁극적인 목적은?

① 장식적인 요소를 최대한 많이 배치하는 것
② 독자가 정보를 쉽고 정확하게 읽도록 하는 것
③ 여백을 없애고 화면을 꽉 채우는 것
④ 모든 이미지를 동일한 크기로 나열하는 것

78 지속 가능한 디자인(Sustainable Design)의 설명으로 적절하지 않은 것은?

① 환경, 경제, 사회적 영향을 종합적으로 고려한다.
② 제품의 생산부터 폐기까지 전 과정을 다룬다.
③ 탄소중립 실현을 위해 자원 낭비를 줄인다.
④ 일회용품 사용을 권장하여 위생을 최우선한다.

79 다음 중 색채디자인의 '정성적 평가' 방법에 해당하지 않는 것은?

① 의미미분법(SD법)
② 표적집단면접법(FGI)
③ 설문조사법
④ 분광광도법

80 천연 안료와 합성 안료의 특징을 비교한 설명으로 가장 적절한 것은?

① 천연 안료는 합성 안료보다 내광성과 내구성이 훨씬 뛰어나다.
② 합성 안료는 색상이 선명하고 재현성이 높아 대량 생산에 적합하다.
③ 천연 안료는 색채 재현이 쉬워 똑같은 색을 계속 만들어낼 수 있다.
④ 합성 안료는 인체에 무해하며 폐기 시 100% 생분해된다.

문항수	시험 시간	총점
80문항	120분	100점

수험번호 : ＿＿＿＿＿＿＿＿＿＿＿＿

성　　명 : ＿＿＿＿＿＿＿＿＿＿＿＿

정답 & 해설 ▶ 2-194p

01 인터넷 쇼핑몰(E-Commerce)의 색채계획 수립 시, 오프라인 매장과 구별되는 가장 중요하고 우선적인 고려사항은?

① 고객의 이동 경로를 고려한 공간(Space) 배색
② 상품 진열대의 조명 연색성(CRI) 확보
③ 사용자 디스플레이 환경에 따른 색채 재현성
④ 제품 포장재의 촉각적 질감 전달

02 다음 중 'AIDMA' 모델의 진행 과정을 순서대로 바르게 나열한 것은?

① 주의 – 흥미 – 욕구 – 기억 – 행동
② 흥미 – 주의 – 욕구 – 기억 – 행동
③ 주의 – 욕구 – 흥미 – 행동 – 기억
④ 욕구 – 주의 – 흥미 – 기억 – 행동

03 기업이 이윤 추구를 넘어 사회 공헌 활동을 해야 한다는 경영 개념(CSR)은?

① 고객 만족 경영
② 기업의 사회적 책임
③ 전사적 자원 관리
④ 공급망 관리

04 마케팅 개념의 변천 과정 중 가장 현대적이고 윤리적인 단계는?

① 생산 지향적 마케팅
② 제품 지향적 마케팅
③ 판매 지향적 마케팅
④ 사회 지향적 마케팅

05 마케팅 믹스 전략에서 판매자 관점(4P)과 소비자 관점(4C)의 연결이 옳지 않은 것은?

① Product(제품) – Customer(고객)
② Price(가격) – Cost(비용)
③ Place(유통) – Convenience(편의)
④ Promotion(촉진) – Concept(개념)

06 다음 중 '확률 표본 추출 방법'에 해당하는 것은?

① 편의 표본 추출법
② 판단 표본 추출법
③ 할당 표본 추출법
④ 단순 무작위 추출법

07 모집단을 성격이 다른 여러 하위 그룹(층)으로 나누고, 각 그룹에서 비례하여 표본을 추출하는 방법은?

① 층화 표본 추출법
② 군집 표본 추출법
③ 계통 추출법
④ 편의 추출법

08 수집된 자료의 중심 경향을 나타내는 대푯값 중, 데이터를 크기순으로 나열했을 때 정중앙에 위치하는 값은?

① 산술 평균
② 최빈값
③ 중앙값
④ 표준편차

09 다음 중 '2차 자료' 수집 방법에 해당하는 것은?

① 직접 설문조사 실시
② 길거리 인터뷰 진행
③ 통계청 인구 센서스 자료 검색
④ 실험 연구 진행

10 상품의 유행 기간과 관련된 용어 중, '짧은 기간 동안 특정 하위 문화 집단 내에서 폭발적으로 유행하다가 급격히 사라지는 현상'은?

① 트렌드(Trend)
② 클래식(Classic)
③ 패드(Fad)
④ 붐(Boom)

11 다음 컬러 트렌드 관련 용어 중, '시장에서 다량으로 거래되어 실제 소비로 연결되는 색'을 뜻하는 것은?

① 디렉션 컬러(Direction Color)
② 브리지 컬러(Bridge Color)
③ 볼륨 컬러(Volume Color)
④ 어소트먼트 컬러(Assortment Color)

12 금속(Metal) 소재의 표면처리 기법 중, 모래를 고압으로 분사하여 표면을 미세하게 깎아 '무광(Matte)'의 부드러운 질감을 만드는 것은?

① 폴리싱
② 도금
③ 샌딩
④ 헤어라인

13 목재(Wood)의 가공 기법 중, 나뭇결(Grain)이 보이도록 투명하게 색을 스며들게 하는 착색제는?

① 스테인
② 에나멜
③ 래커
④ 프라이머

14 마케팅 믹스(Marketing Mix)의 4P 전략에 해당하지 않는 것은?

① 제품
② 가격
③ 유통
④ 포지셔닝

15 한국산업표준(KS A 3501) 안전색 중 '빨강
(Red)'의 사용 용도로 옳지 않은 것은?

① 금지(출입금지)
② 정지(신호등)
③ 고도의 위험(화약 경고)
④ 주의(충돌 주의)

16 색채 치료(Color Therapy)에서 소화 기관의
활동을 돕고 식욕을 증진시키며, 활력을 주는
색으로 가장 적절한 것은?

① 파랑(Blue)
② 주황(Yellow Red)
③ 보라(Purple)
④ 초록(Green)

17 색채마케팅 관리 과정에서 가장 먼저 선행되어
야 하는 단계는?

① 색채 기획(Target 설정)
② 색채 정보화(시장 조사 및 분석)
③ 판매 촉진 전략(홍보)
④ 정보망 구축(피드백)

18 소리와 색채의 공감각적 연결(청각)에서 '높은
음'과 가장 잘 어울리는 색채 특성은?

① 고명도 · 고채도의 색(노랑)
② 저명도 · 저채도의 색(남색)
③ 회색이 섞인 탁한 색(탁색)
④ 무겁고 칙칙한 색(갈색)

19 마케팅 전략의 3가지 종류 중, '온 · 오프라인
매장의 색채계획을 연계 적용하여 소비자와의
유대감을 형성하는 전략'은?

① 분석적 전략
② 직감적 전략
③ 통합적 전략
④ 차별화 전략

20 포지셔닝을 위한 차별화 방법 중, '판매원의 유
니폼, 매장 인테리어, CI, 홍보물' 등을 통해 경
쟁사와 구별 짓는 것은?

① 제품 차별화
② 서비스 차별화
③ 이미지 차별화
④ 인적 차별화

21 토니 부잔이 개발한 기법으로, 핵심 주제를 중
앙에 두고 이미지와 색상을 활용해 사고를 확
장해 나가는 방법은?

① 마인드맵
② 고든법
③ NM법
④ 입출력법

22 I.R.I 형용사 이미지 스케일에서 점잖은(Digni-
fied) 이미지에 해당하는 형용사로 가장 적절한
것은?

① 클래식한, 품위 있는
② 사랑스러운, 달콤한
③ 경쾌한, 발랄한
④ 모던한, 도시적인

23 굿 디자인(Good Design)의 4대 조건에 포함되지 않는 것은?

① 합목적성
② 심미성
③ 독창성
④ 수익성

24 '국제유행색협회(INTERCOLOR)'에서 유행색을 선정하여 발표하는 시기는 실제 시즌보다 대략 얼마나 앞서는가?

① 6개월 전
② 1년(12개월) 전
③ 2년(24개월) 전
④ 3년(36개월) 전

25 완성될 제품의 예상도를 미리 그려보는 것으로, 디자이너의 아이디어를 실물처럼 사실적으로 표현하는 기법은?

① 스케치(Sketch)
② 렌더링(Rendering)
③ 드로잉(Drawing)
④ 크로키(Croquis)

26 다음 중 '동일 색상(Hue)'을 사용하되 명도와 채도의 차이(Tone)를 두어 통일감과 안정감을 주는 배색 기법은?

① 톤 온 톤 배색(Tone on Tone)
② 톤 인 톤 배색(Tone in Tone)
③ 세퍼레이션 배색(Separation)
④ 비콜로 배색(Bicolor)

27 색채 조화의 공통 원리 중 "자연의 색채처럼 사람들에게 익숙한 색은 조화롭다."라는 원리는 무엇인가?

① 질서의 원리
② 비모호성의 원리
③ 동류의 원리
④ 대비의 원리

28 배색 기법 중 대비가 강한 두 색 사이에 무채색을 넣어 조화를 이루는 기법은?

① 엑센트 배색
② 그러데이션 배색
③ 톤 온 톤 배색
④ 세퍼레이션 배색

29 파버 비렌(Faber Birren)의 색삼각형 구조에서, 순색(Color)에 흰색(White)을 혼합했을 때 만들어지는 맑고 밝은 색조군은 무엇인가?

① 톤
② 틴트
③ 셰이드
④ 그레이

30 색지각에 반드시 필요한 3가지 기본 요소에 해당하지 않는 것은?

① 광원
② 물체
③ 관찰자
④ 프리즘

31 비 온 뒤 하늘에 뜨는 무지개나, 물컵에 꽂힌 빨대가 꺾여 보이는 현상의 원인이 되는 빛의 성질은?

① 빛의 반사
② 빛의 굴절
③ 빛의 회절
④ 빛의 간섭

32 망막의 중심부에 위치하며, 색상과 형태를 식별하는 시세포인 '추상체(Cone)'가 가장 밀집되어 있어 시력이 가장 좋은 부위는?

① 맹점
② 중심와
③ 맥락막
④ 시신경 유두

33 헤링(Hering)의 반대색설(4원색설)에서 제시한 대립(반대) 색상을 서로 연결한 것으로 옳지 않은 것은?

① 빨강(Red) ↔ 초록(Green)
② 노랑(Yellow) ↔ 파랑(Blue)
③ 하양(White) ↔ 검정(Black)
④ 빨강(Red) ↔ 파랑(Blue)

34 한국 전통 색체계의 근간이 되는 '오방정색(五方正色)'에 해당하지 않는 색은?

① 청색(靑)
② 녹색(綠)
③ 적색(赤)
④ 흑색(黑)

35 고대 그리스의 파르테논 신전이나 밀로의 비너스상 등에 적용된 미적 비례로, 시각적으로 가장 안정감 있고 아름답다고 여겨지는 '황금비(Golden Ratio)'는?

① 1:1.414
② 1:1.500
③ 1:1.618
④ 1:2.000

36 1919년 독일 바이마르에 발터 그로피우스가 설립한 종합 조형 학교로, "예술과 기술의 통합"을 교육 이념으로 삼아 현대 디자인 교육의 기틀을 마련한 곳은?

① 멤피스
② 바우하우스
③ 울름 조형 대학
④ 크랜브룩 아카데미

37 '다이내믹한(Dynamic)' 이미지를 연출하기 위한 배색 방법으로 가장 적절한 것은?

① 유사 색상끼리 배색하여 은은하고 편안함을 준다.
② 난색과 한색의 강한 대비(보색 대비)를 활용하여 역동성을 준다.
③ 회색을 섞은 중채도 색상을 주로 사용하여 차분함을 준다.
④ 명도 차이를 줄여 색이 섞이는 듯한 느낌을 준다.

38 다음 중 '모던한(Modern)' 이미지의 핵심 키워드(형용사)와 거리가 먼 것은?

① 도시적인(Urban)
② 하이테크한(High-Tech)
③ 자연적인(Natural)
④ 이성적인(Rational)

39 배색에서 가장 넓은 면적(약 60~70% 이상)을 차지하며, 대상의 전체적인 색채 이미지를 주도하는 색은?

① 주조색
② 보조색
③ 강조색
④ 분리색

40 먼셀(Munsell) 표색계에서 기본이 되는 5가지 주요 색상(Principal Hues)으로 올바르게 짝지어진 것은?

① 빨강(R), 주황(YR), 노랑(Y), 초록(G), 파랑(B)
② 빨강(R), 노랑(Y), 초록(G), 파랑(B), 보라(P)
③ 빨강(R), 노랑(Y), 청록(BG), 파랑(B), 자주(RP)
④ 하양(W), 검정(S), 노랑(Y), 빨강(R), 파랑(B)

41 다음 중 유기 안료와 무기 안료의 특징에 대한 설명으로 틀린 것은?

① 무기 안료는 유기 안료에 비해 내광성, 내열성이 우수하다.
② 유기 안료는 탄소(C)를 주성분으로 하며, 색상이 선명하고 착색력이 우수하다.
③ 무기 안료는 비중이 가볍고 투명도가 높아 겹쳐 칠할 때 효과적이다.
④ 유기 안료는 인쇄 잉크, 플라스틱 착색, 섬유 날염 등에 주로 사용된다.

42 CIE(국제조명위원회) 표색계의 기초가 되는 원리는 무엇인가?

① 감법 혼색
② 가법 혼색
③ 중간 혼색
④ 안료 혼색

43 염료(Dye)와 안료(Pigment)의 차이점에 대한 설명으로 틀린 것은?

① 염료는 물이나 용제에 녹는 수용성이다.
② 안료는 은폐력이 크고 불투명하다.
③ 염료는 전색제(Binder)가 필요하다.
④ 안료는 입자 상태로 분산되어 착색된다.

44 1856년 영국의 퍼킨(Perkin)이 콜타르에서 추출하여 만든 최초의 합성 염료는 무엇인가?

① 인디고(Indigo)
② 모베인(Mauveine)
③ 오라민(Auramine)
④ 알리자린(Alizarin)

45 물체의 분광 반사율(Spectral Reflectance)에 대한 설명으로 거리가 먼 것은?

① 물체 표면에서 반사되는 빛의 파장별 에너지 분포 비율이다.
② 동일한 색이라도 조명에 따라 다르게 보이는 원인을 규명할 수 있다.
③ 밝은 색(고명도)일수록 전반적인 반사율 그래프가 낮게 나타난다.
④ CCM을 이용한 조색 레시피 산출 시 반드시 필요한 데이터이다.

46 자체적으로 빛을 발산하는 광원(LCD 모니터, LED 전구, 조명 기구 등)의 색을 측정하기에 가장 적합한 기기는?

① 스펙트로 포토미터(Spectro-photometer)
② 스펙트로 라디오미터(Spectroradiometer)
③ 덴시토미터(Densitometer)
④ 글로스미터(Glossmeter)

47 중간 혼색에 대한 설명으로 옳은 것은?

① 명도가 높아진다.
② 명도가 낮아진다.
③ 물리적 혼색이다.
④ 명도는 평균값이 된다.

48 포스터컬러를 이용한 조색 실습 시 선명한 연두(Green Yellow)를 만들기 위한 가장 올바른 방법은?

① 튜브의 Light Green을 단독으로 사용한다.
② Lemon Yellow에 소량의 Viridian(또는 Cobalt Blue)을 혼합한다.
③ Viridian과 Yellow deep을 1:1로 혼합한다.
④ Cobalt Blue와 Carmine을 혼합한다.

49 육안 검색 시 측정 환경(Background)에 대한 설명으로 가장 적절한 것은?

① 검사대(작업면)는 고채도의 유채색을 사용하여 대비를 높인다.
② 주변 환경색은 N5(중간 회색)~N7(밝은 회색)의 무채색으로 한다.
③ 직사광선이 잘 드는 남쪽 창가에서 검사한다.
④ 관찰자는 눈에 띄는 붉은색 옷을 입어 주의를 환기한다.

50 색채 관리에서 사람이 색의 차이를 인지하기 시작하는 최소한의 한계인 JND(Just Noticeable Difference)의 일반적인 색차값(ΔE) 기준은?

① 0.0
② 0.5
③ 1.0
④ 3.0

51 다음 중 백열전구(Incandescent Lamp)의 특징으로 가장 적절한 것은?

① 에너지를 효율적으로 사용하여 수명이 매우 길다.

② 연색성이 매우 우수하여 물체의 색을 자연스럽게 보여준다.

③ 점등 시간이 오래 걸리며 깜빡이는 현상이 있다.

④ 푸른색 파장이 많아 차가운 느낌을 준다.

52 조색 결과물 평가 시, 오차를 줄이고 효율적으로 목표색에 도달하기 위한 '편색 판정(Color Deviation)'의 올바른 순서는?

① 명도(Value) → 채도(Chroma) → 색상(Hue)

② 색상(Hue) → 명도(Value) → 채도(Chroma)

③ 채도(Chroma) → 색상(Hue) → 명도(Value)

④ 명도(Value) → 색상(Hue) → 채도(Chroma)

53 조색 작업요청서 분석 시, 제품이 '옥외(Outdoor)'에 사용될 경우 가장 중요하게 고려해야 할 안료의 성질은?

① 내후성 및 내광성

② 내알칼리성

③ 인체 무해성

④ 내마모성

54 표면 가공 기법 중 금속 표면에 머리카락처럼 가늘고 일정한 결을 만들어 세련된 질감을 부여하는 것은?

① 샌드블라스팅(Sandblasting)

② 폴리싱(Polishing)

③ 헤어라인(Hairline)

④ 아노다이징(Anodizing)

55 다음 중 '조건등색(Metamerism)'에 대한 설명으로 옳은 것은?

① 두 색이 어떤 조명 아래서도 항상 똑같이 보이는 현상이다.

② 조명(광원)이 바뀌면 두 색의 차이가 다르게 보이는 현상이다.

③ 시간이 지남에 따라 자외선에 의해 색이 바래는 현상이다.

④ 보는 각도에 따라 색이 달라 보이는 현상이다.

56 CIE 표준광원 중, 색온도가 약 6,504K이며 자외선을 포함한 평균적인 대낮의 태양광(주광)을 대표하는 광원은?

① 광원 A

② 광원 C

③ 광원 D65

④ 광원 F2

57 광택기(Gloss Meter)의 측정 원리는 빛의 어떤 성질을 이용한 것인가?

① 빛의 흡수

② 빛의 투과

③ 빛의 정반사

④ 빛의 난반사

58 도료의 광택을 낮추기 위해 사용하는 '소광제 (Matting Agent)'의 주성분으로 가장 널리 쓰이는 물질은?

① 이산화타이타늄(TiO_2)
② 카본 블랙(Carbon Black)
③ 합성 실리카(Synthetic Silica)
④ 산화철(Iron Oxide)

59 기준색보다 시료색이 '초록기($-a*$)'가 강하게 돌 때, 이를 보정하기 위한 안료 처방으로 옳은 것은?

① 파랑(Blue) 안료를 추가한다.
② 빨강(Red) 안료를 추가한다.
③ 노랑(Yellow) 안료를 추가한다.
④ 초록(Green) 안료를 추가한다.

60 도료에 소광제(Matting Agent)를 넣어 광택을 '무광'으로 만들었을 때 나타나는 시각적 색채 변화는?

① 명도($L*$)가 낮아지고 채도($C*$)가 높아진다.
② 명도($L*$)가 높아지고 채도($C*$)가 낮아진다.
③ 명도($L*$)와 채도($C*$)가 모두 높아져 강렬해진다.
④ 색상의 변화 없이 표면 질감만 거칠어진다.

61 CMY 색체계에 대한 설명으로 옳은 것은?

① 감법 혼색(Subtractive Mixing)을 기본 원리로 한다.
② 대표적인 디바이스 독립 색체계이다.
③ 좌표값(0, 0, 0)은 검은색(Black)을 의미한다.
④ 시안(Cyan), 마젠타(Magenta), 그린 (Green)의 3원색으로 구성된다.

62 다음 중 인간의 시각적 지각 특성을 반영하여 색상(Hue), 채도(Saturation), 명도(Value)의 3속성으로 색을 기술하며, 디자이너가 색을 가장 직관적으로 이해하고 다룰 수 있는 색체계는?

① RGB 색체계
② CMY 색체계
③ HSV 색체계
④ CIE XYZ 색체계

63 색온도(Color Temperature)와 심리적 느낌의 관계에 대한 설명으로 옳은 것은?

① 색온도가 낮을수록(Low K) 푸른빛이 돌며 시원한 느낌을 준다.
② 색온도가 높을수록(High K) 붉은빛이 돌며 따뜻한 느낌을 준다.
③ 색온도가 높은 광원은 물리적으로 에너지가 높지만, 심리적으로는 차가운 느낌을 준다.
④ 촛불이나 백열등은 색온도가 높기 때문에 따뜻한 느낌을 준다.

64 디지털 시네마(Digital Cinema) 및 극장용 프로젝터 환경의 표준 감마(Gamma) 값은?

① 1.8
② 2.2
③ 2.4
④ 2.6

65 인쇄 과정에서 C, M, Y 3색 잉크가 겹치는 어두운 그림자(Shadow) 영역의 잉크를 줄이고, 검정(K) 잉크로 대체하는 기술은?

① GCR(Gray Component Removal)
② UCR(Under Color Removal)
③ CMS(Color Management System)
④ RIP(Raster Image Processor)

66 다음 중 디지털 이미지 파일 포맷에 대한 설명으로 틀린 것은?

① JPEG는 손실 압축 방식을 사용하여 파일 용량을 획기적으로 줄일 수 있지만, 반복해서 저장하면 화질이 손상될 수 있다.
② GIF는 최대 256색까지만 표현할 수 있는 비손실 압축 포맷으로, 투명한 배경과 애니메이션 기능을 지원한다.
③ PNG는 GIF와 JPEG의 장점을 합친 것으로, 트루 컬러(True Color)를 지원하며 비손실 압축 방식을 사용하여 웹 이미지용으로 적합하다.
④ TIFF는 벡터(Vector) 방식을 기반으로 하여 용량이 매우 작고, 이미지를 확대해도 깨지지 않아 로고 디자인에 주로 사용된다.

67 PC 모니터와 AV(TV 등) 디스플레이의 캘리브레이션(Calibration) 제어 방식의 차이점에 대한 설명으로 옳은 것은?

① PC 모니터는 하드웨어 자체의 OSD 메뉴 조작이 중심이다.
② AV 디스플레이는 운영체제(OS) 단계에서 그래픽 신호를 자동 제어한다.
③ PC 모니터는 소프트웨어를 통해 그래픽 카드의 신호(LUT)를 자동 교정하는 방식이 주를 이룬다.
④ AV 디스플레이는 캘리브레이션이 불가능하다.

68 기찻길이나 가로수길처럼 평행한 두 선이 멀어질수록 하나의 점(소실점)으로 모이는 현상은?

① 선 원근법
② 대기 원근법
③ 색채 원근법
④ 중첩

69 웹 디자인이나 디지털 색채계획 시 사용하는 16진수(Hexadecimal) 표기법에 대한 설명으로, 다음 중 'Red(#FF0000)'와 'Blue(#0000FF)'를 가산 혼합했을 때 생성되는 색상의 코드와 명칭이 올바르게 짝지어진 것은?

① #FFFF00 – Yellow(노랑)
② #00FFFF – Cyan(청록)
③ #FF00FF – Magenta(마젠타)
④ #FFFFFF – White(하양)

70 멀리 있는 피사체를 크게 확대해 촬영하며, 배경이 바로 뒤에 있는 것처럼 원근감이 압축되어 보이는 렌즈는?

① 광각 렌즈
② 표준 렌즈
③ 망원 렌즈
④ 접사 렌즈

71 피사계 심도(Depth of Field)가 얕아서 배경이 흐릿하게 보이는 현상을 무엇이라 하는가?

① 팬 포커싱(Pan Focus)
② 아웃포커싱(Out of Focus)
③ 줌인(Zoom In)
④ 틸트(Tilt)

72 다음 중 디지털카메라의 이미지 센서가 받아들인 원본 컬러 데이터를 가공 없이 저장하며, 10~14비트의 고비트 심도로 계조가 풍부한 파일 형식은?

① JPEG
② RAW
③ GIF
④ TIFF

73 다음 중 [보기]에서 Adobe RGB 색공간의 특징으로 옳은 것을 모두 고른 것은?

> **[보기]**
> 가. sRGB보다 색역이 넓어, CMYK 색역을 대부분 포함한다.
> 나. 감마 1.8, 화이트 포인트 5,000K(D50)를 기준으로 한다.
> 다. 인쇄, 출판, 사진 전문가를 위한 표준 작업 공간으로 사용된다.

① 가, 나
② 가, 다
③ 나, 다
④ 가, 나, 다

74 프린터 프로파일링 수행 과정 중, 노즐 막힘 여부, 헤드 청소 및 정렬 상태를 점검하여 기기를 최적의 상태로 만드는 첫 번째 단계는 무엇인가?

① 측색(Measurement)
② 기준 차트 출력(Target Output)
③ 프로파일 생성(Generation)
④ 프린터 상태 점검(Calibration)

75 IT8.7/3, ECI 2002 등 표준 차트를 이용하여 프로파일을 생성하기 위해 차트를 출력할 때, 프린터 드라이버나 포토샵에서 반드시 해제해야 하는 기능은?

① 평활도(Smoothness) 보정
② 잉크 총량 제한(TIL)
③ 색상 관리 옵션(CMS)
④ 용지 종류(Media Type) 설정

76 레이아웃의 구성 요소 중, 디자인 요소를 질서 정연하게 배치하기 위해 사용하는 가상의 격자 구조는?

① 타이포그래피(Typography)
② 포맷(Format)
③ 그리드(Grid)
④ 마진(Margin)

77 오스굿(C.E. Osgood)이 고안한 방법으로, 서로 반대되는 형용사 쌍(예 따뜻한–차가운)을 척도로 구성하여 색채의 이미지를 평가하는 기법은?

① SD법
② 연상법
③ 투영법
④ 계통색명법

78 지속 가능한 색채 디자인의 3대 원칙 중 '효율성(Efficiency)'을 실현하는 방법으로 가장 적절한 것은?

① 유행을 타지 않는 색을 사용하여 제품을 오래 쓰게 한다.
② 독성이 없는 천연 안료를 사용하여 환경 오염을 줄인다.
③ 고명도 색채를 적용해 빛 반사율(LRV)을 높여 조명 에너지를 절약한다.
④ 재활용이 가능한 포장재를 사용하여 폐기물을 최소화한다.

79 다음 중 친환경적인 배색 전략인 '어스 톤(Earth Tone)'에 포함되지 않는 색상은?

① 베이지(Beige)
② 형광 연두(vivid Green Yellow)
③ 테라코타(Terracotta)
④ 카키(Khaki)

80 프레젠테이션(Presentation)의 목적으로 가장 적절한 것은?

① 자신의 화려한 말솜씨를 뽐내는 것
② 청중을 이해시키고 설득하여 합리적인 '의사결정'을 이끌어내는 것
③ 최대한 많은 양의 텍스트 정보를 한 번에 전달하는 것
④ 화려한 시각 효과와 최신 멀티미디어 기술 구현에 중점을 두는 것

문항수	시험 시간	총점
80문항	120분	100점

수험번호 : ________________

성　　명 : ________________

정답 & 해설 ▶ 2-204p

01 라이프 스타일 분석 기법의 3가지 변수에 해당하지 않는 것은?

① 활동(Activity)
② 지능(Intelligence)
③ 흥미(Interest)
④ 의견(Opinion)

02 개인의 행동과 가치관 형성에 기준이 되는 '준거집단'에 속하는 것은?

① 같은 지역에 사는 주민
② 가족, 친구, 동료
③ 종교나 인종 집단
④ 소득 수준이 같은 계층

03 다음 [보기]에서 소비자 구매 의사 결정 과정의 5단계를 순서대로 바르게 나열한 것은?

[보기]
㉠ 구매 행동　　　㉡ 정보 탐색
㉢ 문제 인식　　　㉣ 구매 후 평가
㉤ 대안 평가

① ㉢ → ㉡ → ㉤ → ㉠ → ㉣
② ㉢ → ㉤ → ㉡ → ㉠ → ㉣
③ ㉡ → ㉢ → ㉤ → ㉠ → ㉣
④ ㉡ → ㉤ → ㉢ → ㉠ → ㉣

04 다음 중 한국산업표준(KS)의 색채 관련 규격 번호와 명칭이 올바르게 연결되지 않은 것은?

① KS A 0062 : 색의 3속성에 의한 표시 방법
② KS A 0063 : 안전 색 및 안전 표시
③ KS A 0066 : 물체색의 측정 방법
④ KS A 0011 : 물체색의 색이름

05 정서적이고 주관적인 색채 이미지를 '형용사 반대말 쌍'을 이용해 객관적으로 측정하는 분석 기법은?

① SWOT 분석　　　② FGI 기법
③ SD법(의미미분법)　④ 델파이 기법

06 다음 [보기]의 상황에서 A사가 선택한 SWOT 마케팅 전략으로 가장 적절한 것은?

[보기]
국내 페인트 제조사 A기업은 업계 최고 수준의 친환경 조색 기술력(Strength)을 보유하고 있다. 그러나 최근 건설 경기의 침체와 저가형 수입 페인트의 공세로 가격 경쟁이 심화(Threat)되고 있는 상황이다. 이에 A사는 가격을 낮춰 대응하는 대신, 자사의 독보적인 기술력을 활용한 '프리미엄 냄새 없는 페인트'를 출시하여 저가 시장과의 경쟁을 피하고 고부가가치 시장을 선점하기로 했다.

① SO 전략(강점-기회 전략)
② ST 전략(강점-위협 전략)
③ WO 전략(약점-기회 전략)
④ WT 전략(약점-위협 전략)

07 한국공업규격(KS) 안전색채 중 '노랑(Yellow)'
이 의미하는 바는?

① 금지, 정지
② 안전, 진행
③ 주의, 경고
④ 지시, 의무

08 다음 [보기]의 소비자의 구매 행동 모델 단계를
순서대로 바르게 나열한 것은?

[보기]
㉠ Action(행동)
㉡ Desire(욕구)
㉢ Attention(주의)
㉣ Memory(기억)
㉤ Interest(흥미)

① ㉢ – ㉤ – ㉡ – ㉣ – ㉠
② ㉢ – ㉡ – ㉤ – ㉣ – ㉠
③ ㉤ – ㉢ – ㉡ – ㉣ – ㉠
④ ㉢ – ㉤ – ㉣ – ㉡ – ㉠

09 시장조사 기법 중 '전화 조사'의 특징으로 옳지
않은 것은?

① 조사의 신속성이 높다.
② 비용이 비교적 저렴하다.
③ 질문 내용이 길고 복잡해도 무방하다.
④ 면접원에 의한 편향이 발생할 수 있다.

10 색채마케팅 관리 과정의 4단계 중, 제2단계인
'색채 기획' 단계의 주요 수행 업무에 해당하지
않는 것은?

① 타깃 설정 및 소비자 유형 분석
② 색채 콘셉트 및 이미지 설정
③ 제품의 네이밍 및 패키징 디자인
④ 경쟁사의 색채 현황 조사 및 분석

11 트렌드 정보 수집 후 분석 단계에서, '트렌드 테
마에 맞는 이미지 사진 등을 콜라주하여 콘셉
트를 명확히 시각화한 것'은?

① 컬러 맵　　　② 이미지 맵
③ 포지셔닝 맵　④ 마인드 맵

12 플라스틱 성형 공법 중, 금형 안에 필름을 미리
넣고 수지를 주입하여 성형과 동시에 표면 장
식을 완성하는 기법은?

① 사출 성형　　② 진공 성형
③ 인몰드 성형　④ 압출 성형

13 알루미늄과 같은 금속 표면을 전기화학적으로
산화시켜, 단단한 피막을 형성하고 다양한 색상
을 구현하는 기법은?

① 도금　　　　② 아노다이징
③ 에칭　　　　④ 샌딩

14 색채 마케팅 전략인 '색채 포지셔닝'의 정의로
가장 적절한 것은?

① 소비자의 욕구에 맞춰 시장을 세분화하는
과정이다.
② 경쟁사와 차별화된 이미지를 심어 소비자
마음속에 위치를 선점하는 전략이다.
③ 제품 수명 주기(PLC) 단계별로 색채 전략
을 수립하는 것이다.
④ 다음 시즌의 유행색을 분석하여 주조색을
선정하는 것이다.

15 색채의 공감각 중 '미각'과 연상되는 일반적인 색의 연결이 다르게 짝지어진 것은?

① 단맛 – 분홍색
② 신맛 – 노란색
③ 쓴맛 – 연두색
④ 짠맛 – 연한 회색

16 기업 이미지 통합 전략(CI)의 구성 요소 중, 심벌마크, 로고, 전용 색상 등 '시각적'으로 식별할 수 있는 요소를 통칭하는 것은?

① MI(Mind Identity)
② BI(Behavior Identity)
③ VI(Visual Identity)
④ PI(Product Identity)

17 특정 하위문화 집단에서 '단시간'에 폭발적으로 유행했다가, 금방 사라지는 짧은 주기의 유행 현상은?

① 트렌드(Trend)
② 패드(Fad)
③ 클래식(Classic)
④ 테마(Theme)

18 색채마케팅 환경 요인 중 '경기 불황(둔화)' 시기의 일반적인 소비자 색채 선호 경향은?

① 화려하고 다양한 유채색을 선호한다.
② 파스텔 톤의 낭만적인 색을 선호한다.
③ 무채색이나 베이지 등 실용적이고 무난한 색을 선호한다.
④ 색채에 관한 관심이 아예 없어진다.

19 브랜드 아이덴티티(BI)의 역할과 기능에 대한 설명으로 틀린 것은?

① 경쟁사 제품과의 차별적 우위를 선점하게 한다.
② 소비자에게 제품에 대한 신뢰감을 준다.
③ 기업 내부 직원들의 급여를 결정하는 기준이 된다.
④ 제품의 특징을 시각적으로 강하게 인식시킨다.

20 산업안전보건법상 '경고 표지'의 형태와 색채 규정으로 옳은 것은?

① 원형 – 빨강
② 삼각형 – 노랑
③ 사각형 – 초록
④ 원형 – 파랑

21 제품 수명 주기(PLC) 중 '도입기'의 마케팅 및 색채 전략 특징으로 옳은 것은?

① 경쟁자가 가장 많다.
② 이익이 가장 높다.
③ 인지도가 낮아 광고비가 많다.
④ 기본색 위주로 생산한다.

22 의미미분법(SD법)의 3대 평가 요인에 해당하지 않는 것은?

① 평가(Evaluation)
② 역능(Potency)
③ 활동(Activity)
④ 분석(Analysis)

23 디자인의 조형 요소 중 '선(Line)'에 대한 설명으로 옳은 것은?

① 위치만 있고 크기는 없다.
② 점이 이동한 자취(궤적)이다.
③ 길이와 폭, 부피를 모두 가진다.
④ 면이 이동하여 생긴 공간이다.

24 1960년대 패션 스타일의 특징으로, 팝아트(Pop Art)와 비틀즈의 영향, 미니스커트 유행과 함께 나타난 색채 경향은?

① 파스텔 톤의 은은한 색채
② 강렬한 원색과 형광색
③ 자연 그대로의 내추럴 컬러
④ 어두운 무채색과 금속성 컬러

25 매장 안이나 진열대 위에 설치하여 소비자의 시선을 끌고 즉석에서 충동구매를 유도하는 광고물은?

① DM 광고
② 옥외 광고
③ POP(구매 시점) 광고
④ 신문 광고

26 배색에서 전체적으로 단조롭거나 심심한 느낌이 들 때, 시선을 집중시키기 위해 소량의 대조적인 색을 사용하는 기법은?

① 그러데이션(Gradation)
② 엑센트(Accent)
③ 도미넌트(Dominant)
④ 하모니(Harmony)

27 로고, 캐릭터, 도면 등 크기를 확대하거나 축소해도 이미지가 깨지지 않는 벡터(Vector) 방식의 그래픽 소프트웨어는?

① 포토샵(Adobe Photoshop)
② 일러스트레이터(Adobe Illustrator)
③ 파워포인트(Microsoft PowerPoint)
④ 워드(Microsoft Word)

28 전체적인 배색이 너무 평범하고 지루할 때, 시선을 집중시키기 위해 사용하는 작은 면적의 색은?

① 주조색
② 보조색
③ 강조색
④ 배경색

29 다음 중 '톤 온 톤(Tone on Tone)' 배색에 대한 설명으로 옳은 것은?

① 색상은 다르고 톤은 동일하다.
② 색상은 동일하고 톤은 다르다.
③ 보색 관계의 색을 배색한다.
④ 무채색과 유채색을 배색한다.

30 쉐브럴(M.E. Chevreul)의 색채조화론에 대한 설명으로 틀린 것은?

① 직물 공장의 염색 문제가 화학적 결함이 아닌 시각적 대비 현상임을 규명하였다.
② 동일 색상 및 유사 색상의 조화는 강렬함을 주는 '대비(Contrast)의 조화'로 분류된다.
③ 인접한 색이 서로 영향을 주어 다르게 보이는 동시 대비 법칙을 정립하였다.
④ 인상주의 화가들에게 영향을 주어 병치 혼합(점묘법)의 토대가 되었다.

31 인접한 두 색을 동시에 볼 때, 색 차이가 클수록 서로의 영향으로 색이 더욱 뚜렷하게 달라 보이는 현상은?

① 동시 대비
② 계시 대비
③ 연변 대비
④ 한난 대비

32 색의 온도감(따뜻함과 차가움)을 결정하는 가장 주된 속성은?

① 명도(Value)
② 채도(Chroma)
③ 색상(Hue)
④ 질감(Texture)

33 어두운 곳에서 작용하는 시세포인 '간상체(Rod Cell)'의 특징으로 옳은 것은?

① 망막의 중심부에 주로 밀집되어 있다.
② 색상을 구별하는 능력이 매우 뛰어나다.
③ 시홍 물질인 로돕신(Rhodopsin)을 함유한다.
④ 555nm 부근의 장파장에서 감도가 가장 높다.

34 다음 중 한국 전통 오방간색(間色)의 생성 원리와 색명이 바르게 연결된 것은?

① 동방 간색 : 청색+백색=벽색
② 남방 간색 : 적색+백색=홍색
③ 서방 간색 : 백색+흑색=회색
④ 북방 간색 : 흑색+황색=유황색

35 중세 고딕(Gothic) 양식 성당 건축의 특징으로, 높은 창문에 색유리를 납선으로 이어 붙여 빛을 통한 종교적 신비감을 연출한 장식 기법은?

① 프레스코(Fresco)
② 모자이크(Mosaic)
③ 스테인드글라스(Stained Glass)
④ 템페라(Tempera)

36 19세기 말(1890~1910) 유행한 예술 양식으로, 덩굴 식물이나 꽃, 곤충, 여체의 곡선 등 '유기적인 자연의 곡선미'를 강조한 것은?

① 아르누보(Art Nouveau)
② 아르데코(Art Deco)
③ 바우하우스(Bauhaus)
④ 큐비즘(Cubism)

37 '은은한(Subtle)' 이미지 배색의 특징으로 가장 적절한 것은?

① 색상 차이가 큰 보색 배색을 주로 사용하여 눈에 띄게 한다.
② 고채도의 선명한 색상을 주조색으로 하여 활기찬 느낌을 준다.
③ 중명도·저채도의 회색 섞인 톤을 사용하여 차분하게 배색한다.
④ 검은색과 흰색의 강한 명도 대비를 활용하여 명쾌한 느낌을 준다.

38 한국산업표준(KS A 0011)에서 규정한 유채색의 기본색명 12가지에 속하지 않는 것은?

① 연두(Green Yellow)
② 자주(Red Purple)
③ 분홍(Pink)
④ 하늘색(Sky Blue)

39 먼셀의 색채 기호 표기법 '5R 4/14'에서 각 숫자가 의미하는 속성의 순서로 옳은 것은?

① 색상(Hue), 명도(Value), 채도(Chroma)
② 명도(Value), 채도(Chroma), 색상(Hue)
③ 채도(Chroma), 색상(Hue), 명도(Value)
④ 색상(Hue), 채도(Chroma), 명도(Value)

40 색채 디자인 프로세스의 논리적 순서를 바르게 나열한 것으로 옳은 것은?

① 색채계획/설계 → 색채 조사/분석 → 색채 관리
② 색채 조사/분석 → 색채 관리 → 색채계획/설계
③ 색채 조사/분석 → 색채계획/설계 → 색채 관리
④ 색채 관리 → 색채 조사/분석 → 색채계획/설계

41 CIE 1931 XYZ 표색계에서 'Y' 값이 의미하는 것은?

① 색상
② 채도
③ 반사율(명도)
④ 좌표값

42 주로 빛을 내는 디스플레이(TV, 모니터) 산업 분야에서 표준으로 사용하는 색공간은?

① CIE L*a*b*
② CIE L*u*v*
③ Hunter L*a*b*
④ NCS

43 다음 섬유의 종류와 그에 적합한 염료를 연결한 것으로 옳은 것은?

① 아크릴 섬유 – 염기성 염료
② 면(Cotton) – 산성 염료
③ 양모(Wool) – 직접 염료
④ 나일론 – 반응성 염료

44 청색 또는 초록 계열의 대표적인 유기 안료로, 구조적으로 안정적이고 색조가 강한 것은?

① 이산화타이타늄(Titanium Dioxide)
② 카본 블랙(Carbon Black)
③ 프탈로시아닌(Phthalocyanine)
④ 벤지딘 옐로(Benzidine Yellow)

45 색채 측정 결과 보고서에 필수적으로 기재해야 할 사항이 아닌 것은?

① 표준광원의 종류(D65, A 등)
② 표준 관측자의 시야각(2도, 10도)
③ 측정 당시의 날씨 및 기온
④ 조명과 수광 기하학적 조건(d/8, 45/0 등)

46 백색 기준물(White Standard)의 관리 및 교정에 대한 설명으로 옳지 않은 것은?

① 주로 산화마그네슘(MgO)이나 황산바륨(BaSO$_4$) 타일을 사용한다.
② 분광식 측색계는 백색 기준물의 분광 반사율을 기준으로 교정한다.
③ 백색 기준물의 표면이 오염되어도 측정값에는 영향이 없다.
④ 정기적으로 교정을 받아 국제 표준과 일치시켜야 한다.

47 감법 혼색의 1차색 혼합 결과로 옳은 것은?

① 마젠타+노랑=파랑

② 시안+마젠타=빨강

③ 노랑+시안=초록

④ 시안+노랑+마젠타=하양

48 다음 [보기]에서 '생리적 혼색'에 해당하는 것을 모두 고르면?

> **[보기]**
> ㄱ. 직물의 직조
> ㄴ. 컬러 인쇄
> ㄷ. 점묘화법
> ㄹ. 무대 조명

① ㄱ, ㄴ　② ㄱ, ㄷ　③ ㄴ, ㄹ　④ ㄷ, ㄹ

49 CIE(국제조명위원회) 표준광(Standard Illuminants)의 종류와 특징 연결이 가장 옳은 것은?

① 표준광 A : 6,774K(자외선이 부족한 북창 주광)

② 표준광 D65 : 6,500K(물체색 측정 기준인 평균 주광)

③ 표준광 C : 2,856K(붉은 기가 도는 텅스텐 백열전구)

④ 표준광 D50 : 4,874K(과거에 사용된 직사 태양광)

50 다음 중 영국 염색학회(SDC)에서 개발하였으며, 명도(l)와 채도(C)의 허용 범위를 조절할 수 있어 섬유(Textile) 산업의 표준으로 사용되는 색차식은?

① CIE L*a*b*　　② CIE 94

③ CIEDE2000　　④ CMC(l:c)

51 조명이 물체의 색감에 영향을 미치는 성질, 즉 '조명에 따라 색이 얼마나 자연스럽게(기준광과 유사하게) 보이는가'를 나타내는 용어는?

① 색온도

② 연색성

③ 휘도

④ 조도

52 색온도(Color Temperature)에 대한 설명으로 옳지 않은 것은?

① 광원의 색을 절대온도 K(Kelvin)로 표시한 것이다.

② 색온도가 낮으면 붉은색을 띠고, 높으면 푸른색을 띤다.

③ 흑체(Black Body)를 가열했을 때 나오는 빛의 색을 기준으로 한다.

④ 형광등의 색온도가 높을수록(6,500K 이상) 따뜻하고 안락한 분위기를 준다.

53 CIE L*a*b* 색차 데이터 분석 결과, 목표색 대비 시료색의 오차가 'ΔL= +5, Δa*=+10, Δb*= − 5'로 나타났다. 이에 대한 육안 판정과 보정 처방으로 옳은 것은?

① 판정 : 어둡고, 초록 기미가 돌며, 노란 기미가 돈다. → 처방 : 검정(Black)과 초록(Green), 노랑(Yellow) 안료 추가

② 판정 : 밝고, 붉은 기미가 돌며, 푸른 기미가 돈다. → 처방 : 검정(Black)과 초록(Green), 노랑(Yellow) 안료 추가

③ 판정 : 밝고, 붉은 기미가 돌며, 푸른 기미가 돈다. → 처방 : 하양(White)과 빨강(Red), 파랑(Blue) 안료 추가

④ 판정 : 어둡고, 초록 기미가 돌며, 노란 기미가 돈다. → 처방 : 하양(White)과 빨강(Red), 파랑(Blue) 안료 추가

54 도료의 은폐력(Hiding Power)과 가장 관련이 깊은 광학적 요소는?

① 소광제의 유무
② 안료와 전색제의 굴절률 차이
③ 도막의 광택도
④ 건조 속도

55 색체계(Color System)를 '현색계'와 '혼색계'로 분류할 때, 다음 중 성격이 다른 하나는?

① 먼셀(Munsell) 색체계
② NCS(Natural Color System)
③ 오스트발트(Ostwald) 색체계
④ CIE XYZ 색체계

56 분광측색계 사용 전, 기기의 영점(0%)을 잡아 측정 오차를 줄이기 위해 빛을 완전히 차단하거나 허공을 향해 측정하는 절차는?

① 화이트 교정
② 제로 교정
③ 파장 교정
④ 광택 교정

57 도장 불량 중, 도료의 유동성이 부족하여 도막 표면이 매끄럽지 못하고 귤껍질처럼 울퉁불퉁하게 되는 현상은?

① 백화
② 핀홀
③ 오렌지 필
④ 크래킹

58 펄(Pearl) 안료가 무지개색처럼 영롱한 빛을 내는 광학적 원리는 무엇인가?

① 빛의 흡수
② 빛의 산란
③ 빛의 간섭
④ 빛의 회절

59 조색 결과보고서 작성 시, 데이터의 신뢰성을 위해 반드시 기재해야 할 '측정 조건'에 해당하지 않는 것은?

① 측정 광원(Illuminant)
② 표준 관측자(Observer)
③ 안료의 단가(Unit Price)
④ 측정 모드(SCI/SCE)

60 표면 텍스처(Texture)가 심한 시료를 측정할 때, 오차를 줄이기 위한 측정 방법으로 가장 적절한 것은?

① 작은 구경(SAV)을 사용하여 평탄한 한 지점을 측정한다.
② 큰 구경(LAV)을 사용하여 넓은 면적을 측정하고, 여러 번 측정하여 평균값을 낸다.
③ 조명을 어둡게 조절하여 텍스처에 의한 그림자를 없앤다.
④ 광택계로만 측정하여 색상 데이터를 대신한다.

61 다음 중 디지털 색채관리 시스템(CMS)이 필요한 이유로 가장 적절한 것은?

① 모니터의 해상도를 높여 선명한 화질을 얻기 위해
② 입력 장치(카메라)와 출력 장치(프린터) 간의 색상 불일치를 해결하기 위해
③ 이미지 파일의 용량을 줄여 전송 속도를 높이기 위해
④ 흑백 이미지를 컬러 이미지로 자동 변환하기 위해

62 디스플레이 캘리브레이션(Calibration)의 정의로 옳은 것은?

① 모니터의 외부 먼지를 제거하고 청소하는 과정
② 모니터가 정확한 색상을 표현하도록 표준 기준에 맞춰 교정하는 작업
③ 그래픽 카드의 드라이버를 최신 버전으로 업데이트하는 것
④ 모니터의 크기를 확장하여 작업 영역을 넓히는 것

63 감마(Gamma) 보정에 대한 설명으로 옳은 것은?

① 감마 값이 클수록 이미지는 밝아진다.
② 감마는 색상의 종류를 바꾸는 작업이다.
③ 모니터의 밝기(명도) 특성이 입력 신호와 비례하지 않기 때문에 보정한다.
④ LCD 모니터에는 감마 보정이 필요 없다.

64 CIE L*a*b* 색체계의 좌표축 구성 요소에 대한 설명으로 옳은 것은?

① L은 채도(Chroma)를 나타내며 0~100 사이의 값을 가진다.
② a축의 양수(+) 값은 초록(Green), 음수(−) 값은 빨강(Red)을 나타낸다.
③ b* 축의 양수(+) 값은 노랑(Yellow), 음수(−) 값은 파랑(Blue)을 나타낸다.
④ 색상각(Hue Angle)은 L* 축을 기준으로 계산된다.

65 256가지의 색상으로 구성된 인덱스 컬러(Indexed Color) 모드를 사용하며, 애니메이션 기능과 투명 배경을 지원하는 파일 포맷은?

① BMP
② TIFF
③ GIF
④ JPEG

66 디지털 색채에서 R, G, B 채널이 각각 8비트(Bit)로 구성되어 총 24비트 심도를 가지는 컬러 모드를 무엇이라 하는가?

① 인덱스 컬러
② 하이 컬러
③ 트루 컬러
④ 듀오톤

67 모니터 해상도의 단위인 PPI의 약자로 옳은 것은?

① Point Per Inch
② Pixel Per Inch
③ Picture Per Inch
④ Part Per Inch

68 다음 중 '디더링(Dithering)' 기법에 대한 설명으로 옳은 것은?

① 이미지의 외곽선을 부드럽게 처리하는 기술이다.
② 표현할 수 없는 색상을 주변 색의 혼합으로 흉내 내는 착시 기법이다.
③ 벡터 이미지를 비트맵으로 변환하는 과정이다.
④ 색상의 채도를 높여 선명하게 만드는 보정 기술이다.

69 공기 중의 먼지나 수분 때문에 멀리 있는 산이 푸르고 흐릿하게 보이는 현상을 이용한 원근법은?

① 선 원근법
② 대기 원근법(공기 원근법)
③ 투시 원근법
④ 상하 원근법

70 다음 중 안정감, 평화, 고요함, 넓이감을 주는 가장 대표적인 구도는?

① 수직 구도
② 수평 구도
③ 사선 구도
④ 역삼각형 구도

71 3차원 공간에서 물체의 위치를 나타내는 가장 일반적인 좌표계로, 직각으로 교차하는 X, Y, Z 축을 사용하는 것은?

① 원통 좌표계
② 구면 좌표계
③ 극 좌표계
④ 직교 좌표계(카르테시안 좌표계)

72 3D 셰이딩 기법 중, 다각형의 면 하나하나를 단색으로 칠해 각진 모습이 그대로 드러나는 가장 단순한 방식은?

① 플랫 셰이딩
② 고로 셰이딩
③ 퐁 셰이딩
④ 레이 트레이싱

73 아날로그 신호인 전압이나 전류를 디지털 기기가 처리할 수 있는 디지털 이미지 신호(0과 1)로 변환하는 장치는?

① CCD(Charge-Coupled Device)
② A/D 컨버터(Analog to Digital Converter)
③ 디지타이저(Digitizer)
④ 그래픽 카드(Graphic Card)

74 다음 중 PDP(Plasma Display Panel) 모니터의 특징으로 옳은 것은?

① LCD보다 소비 전력이 낮고 발열이 적어 휴대용 장치에 많이 활용된다.
② 응답 속도가 느려 잔상이 많이 남는다.
③ 이온화된 기체인 플라스마의 전기 방전을 이용하여 영상 출력 장치이다.
④ 스스로 빛을 내지 못하여 후광(Backlight)이 반드시 필요하다.

75 잉크젯 인쇄물에서 잉크가 종이에 충분히 스며들어 건조되면서 색이 미세하게 변하는 현상을 일컫는 용어는?

① 잉크 롤오버(Ink Rollover)
② 드라이 다운(Dry-down)
③ 토탈 잉크 리미트(Total Ink Limit)
④ 레지스트레이션(Registration)

76 프린터 드라이버에서 '용지 종류(Media Type)' 설정을 변경했을 때, 인쇄 품질에 가장 직접적인 영향을 미치는 요소는?

① 종이의 백색도(Whiteness)
② 종이의 밀도(Density)
③ 잉크 분사량(Ink Limit)
④ 종이의 평량(Basis Weight)

77 레이아웃의 조형 원리 중, 특정 부분을 시각적으로 두드러지게 하여 시선을 집중시키는 원리는?

① 통일
② 강조
③ 균형
④ 리듬

78 서구권 문화에서 일반적인 독자의 시선 이동 경로(Gutenberg Diagram)는 어떤 알파벳 형태인가?

① F자형
② Z자형
③ O자형
④ I자형

79 컬러 유니버설 디자인(CUD)의 정의로 가장 적절한 것은?

① 전색맹 환자만을 위해 흑백으로만 디자인하는 것
② 적록 색각 이상자만을 위해 빨간색 사용을 법적으로 금지하는 것
③ 색각 이상자를 포함한 모든 사람이 정보를 정확하게 인식하도록 설계하는 것
④ 고령자를 위해 글씨 크기만 키우는 디자인

80 프레젠테이션의 4가지 유형 중, 사내 아이디어 회의나 조사 결과 보고, 상사의 승인을 얻기 위해 주로 수행하는 유형은?

① 설득형
② 설명형
③ 교육형
④ 엔터테인먼트형

컬러리스트 산업기사 **출제 예상문제 04회**

문항수	시험 시간	총점
80문항	120분	100점

수험번호 : ＿＿＿＿＿＿＿＿＿＿

성　　명 : ＿＿＿＿＿＿＿＿＿＿

정답 & 해설 ▶ 2-214p

01 충동구매가 잦고 기분에 따라 구매 패턴이 변하는 소비자 집단은?

① 합리적 집단
② 관습적 집단
③ 유동적 집단
④ 경제적 집단

02 소비자 구매 의사 결정 과정의 첫 단계는 무엇인가?

① 정보 탐색
② 문제 인식
③ 대안 평가
④ 구매 행동

03 다음 중 시장조사를 위한 1차 자료(Primary Data) 수집 방법에 해당하는 것을 [보기]에서 모두 고른 것은?

> [보기]
> ㉠ 정부 통계 자료 검색
> ㉡ 표적집단 면접법(FGI)
> ㉢ 소비자 설문지 조사
> ㉣ 경쟁사 매출 보고서 열람
> ㉤ 길거리 인터뷰
> ㉥ 관련 학회 논문 검색

① ㉠, ㉣, ㉥
② ㉡, ㉢, ㉤
③ ㉡, ㉢, ㉥
④ ㉢, ㉤, ㉥

04 소비자 생활 유형(Life Style) 분석 기법에 대한 설명으로 옳은 것은?

① AIO 분석 : 소비자의 나이, 소득, 직업 등 인구통계학적 특성을 중심으로 분석한다.
② VALS 기법 : 소비자의 가치관에 따라 욕구 지향형, 외부 지향형, 내부 지향형 등으로 세분화한다.
③ 사이코그래픽스 : 국가 전체의 거시적인 사회 지표를 분석하여 경제 동향을 파악한다.
④ 라이프 스타일 분석 : 제품의 생산 원가를 절감하고 공정 효율을 높이기 위해 실시한다.

05 안전색채 중 '파랑(Blue)'의 주된 용도와 의미로 가장 적절한 것은?

① 방사능 경고
② 지시, 의무 사항(보호구 착용)
③ 화재 예방, 소화
④ 비상구 표시

06 마케팅 조사 기법 중 소수의 대상자(6~10명)를 모아놓고 사회자가 대화를 유도하여 정보를 얻는 정성적 조사법은?

① 서베이 조사
② 패널 조사
③ 표적집단면접법(FGI)
④ 갱 서베이

07 데이터 분석 기초 통계량 중 '산포도(Dispersion)'에 대한 설명으로 옳은 것은?

① 자료를 크기순으로 나열했을 때 중앙에 위치하는 값이다.
② 자료 중 빈도수가 가장 많이 나타나는 값이다.
③ 변량들이 평균값을 중심으로 얼마나 흩어져 있는지를 나타내는 수치이다.
④ 변수들의 총합을 변수의 개수로 나눈 값이다.

08 다음 중 '정량적 조사(Quantitative Research)'에 해당하는 방법은?

① 표적집단면접법(FGI)
② 심층 면접법(In-depth Interview)
③ 투사법(Projective Technique)
④ 서베이(Survey) 설문조사

09 최근 디자인의 핵심 요소인 CMF에 대한 설명으로 옳지 않은 것은?

① C는 색채(Color)를 의미한다.
② M은 마케팅(Marketing)을 의미한다.
③ F는 마감(Finishing)을 의미한다.
④ 제품 디자인의 품질과 감성 가치를 높이는 핵심 요소이다.

10 1998년 출시되어 '반투명한 폴리카보네이트' 소재와 '본디 블루' 컬러를 적용해 CMF 디자인의 혁신을 일으킨 제품은?

① 애플 아이폰
② 애플 아이맥(iMac)
③ 삼성 갤럭시
④ 소니 워크맨

11 상품의 유행 주기 중, 유행을 타지 않고 시간적 제한 없이 지속적으로 받아들여지는 스타일을 뜻하는 용어는?

① 패드(Fad)
② 붐(Boom)
③ 클래식(Classic)
④ 플로프(Flop)

12 금속 판재나 종이, 가죽 등의 표면에 요철(오목, 볼록)이 있는 롤러나 형틀을 강하게 눌러, 올록볼록한 입체적인 무늬나 문자를 가공하는 기법은?

① 헤어라인
② 엠보싱
③ 샌딩
④ 에칭

13 타게팅 전략 중, 시장의 차이를 무시하고 하나의 제품으로 전체 시장을 공략하는 전략은?

① 차별화 마케팅
② 비차별화 마케팅
③ 집중화 마케팅
④ 일대일 마케팅

14 색채의 속성 중 '무게감(경중감)'을 결정하는 가장 주된 요인은?

① 색상
② 명도
③ 채도
④ 보색

15 다음 중 물리적인 자극이 없어도 흑백 패턴이 회전할 때 유채색이 보이는 현상은?

① 푸르킨예 현상
② 벤함의 팽이 현상
③ 색의 항상성
④ 메타메리즘

16 요하네스 이텐(Johannes Itten)이 주장한 '색과 형(Shape)'의 대응 관계가 바르게 짝지어진 것은?

① 빨강 – 원형
② 노랑 – 역삼각형
③ 파랑 – 정사각형
④ 보라 – 육각형

17 다음 중 전국의 소비자를 대상으로 색채 선호도를 조사할 때, 모집단을 '서울, 경기, 강원, 충청' 등 지역별로 나눈 후 각 지역의 인구 비례에 맞춰 표본을 추출하는 방법은?

① 단순 무작위 추출법(Simple Random Sampling)
② 층화 표본 추출법(Stratified Sampling)
③ 군집 표본 추출법(Cluster Sampling)
④ 다단 표본 추출법(Multi-stage Sampling)

18 한국산업표준(KS A 3501) 안전색 중 '노랑(Yellow)'과 검정색 사선 무늬를 함께 사용하여 나타내는 의미는?

① 안전 및 피난
② 충돌 및 추락 주의
③ 긴급 정지
④ 의무적 행동 지시

19 소비자의 취향 변화나 경쟁 심화로 인해 기존 제품의 매출이 감소하거나 브랜드 이미지가 진부해졌을 때, 제품의 콘셉트나 이미지를 수정하여 소비자의 마음속에 다시 위치시키는 전략은?

① 시장세분화
② 리포지셔닝
③ 표적 시장 선정
④ 브랜드 확장

20 색채와 소리의 공감각(청각)에서 '낮은 음(저음)'과 가장 잘 어울리는 색은?

① 고명도의 노랑
② 고채도의 빨강
③ 저명도의 어두운 색(남색, 검정)
④ 파스텔톤의 분홍

21 빨강(Red)이 가지는 일반적인 상징이나 연상과 가장 거리가 먼 것은?

① 정열, 사랑
② 위험, 금지
③ 침착, 냉정
④ 혁명, 활력

22 오방색(五方色) 중 '백색(White)'이 상징하는 방위와 계절은?

① 동쪽 – 봄
② 서쪽 – 가을
③ 남쪽 – 여름
④ 북쪽 – 겨울

23 조형 원리 중 인간이 가장 아름답고 안정적이라고 느끼는 이상적인 비율인 '황금비(Golden Ratio)'의 수치는?

① 1:1.414
② 1:1.500
③ 1:1.618
④ 1:2.000

24 문화와 언어를 초월하여 누구나 직관적으로 의미를 이해할 수 있도록 만든 국제적인 그림 문자는?

① 픽토그램
② 타이포그래피
③ 캘리그라피
④ 다이어그램

25 표면이 매끄러워 빛을 정반사하며, 색이 선명하고 차갑고 단단해 보이는 소재의 특성은 무엇인가?

① 무광
② 유광
③ 반광
④ 투명

26 토니 부잔(Tony Buzan)이 창안한 것으로, 핵심 주제를 중앙에 두고 가지를 쳐나가며 이미지와 키워드를 연결하는 방사형 발상법은?

① 마인드 맵
② 브레인스토밍
③ 체크리스트법
④ KJ법

27 이탈리아 국기나 프랑스 국기처럼 3가지 색을 사용하여 명쾌한 대비를 주는 배색 기법은?

① 비콜로 배색
② 트리콜로 배색
③ 토널 배색
④ 카마이외 배색

28 배색의 3요소 중 가장 넓은 면적(약 70%)을 차지하며 전체적인 이미지를 결정하는 색은?

① 주조색

② 보조색

③ 강조색

④ 분리색

29 오스트발트(Ostwald)의 색채 조화론을 한 문장으로 요약한 것으로 가장 적절한 것은?

① 조화는 질서와 같다(Harmony=Order).

② 조화는 자연과 같다(Harmony=Nature).

③ 조화는 감정과 같다(Harmony=Emotion).

④ 조화는 명료함과 같다(Harmony=Unambiguity).

30 줄무늬나 점무늬가 매우 작고 조밀하게 배열될 때, 대비 현상이 아니라 인접한 색과 섞여서 비슷한 색으로 보이는 현상은?

① 면적 대비

② 보색 대비

③ 동화 현상

④ 색상 대비

31 어두운 곳에서 밝은 곳으로 갑자기 나왔을 때, 처음엔 눈이 부시다가 곧 잘 보이게 되는 시각 적응 현상은?

① 암순응

② 명순응

③ 색순응

④ 박명시

32 해 질 녘(박명시)이 되면 낮 동안 밝게 보이던 빨간색 꽃은 검게 보이고, 파란색 꽃이 상대적으로 더 밝고 선명하게 보이는 현상은?

① 푸르킨예 현상

② 베졸트 현상

③ 애브니 효과

④ 헌트 효과

33 네덜란드의 '데스틸(De Stijl)' 운동을 대표하는 화가로, 수직선과 수평선, 그리고 3원색(빨, 파, 노)과 무채색(흑, 백, 회)만을 사용하여 엄격한 기하학적 추상화를 그린 인물은?

① 바실리 칸딘스키

② 피에트 몬드리안

③ 잭슨 폴록

④ 파블로 피카소

34 1960년대 미국과 영국에서 유행한 미술 사조로, 만화, 상업 광고, 슈퍼마켓 제품 등 대중문화의 이미지를 예술의 주제로 적극 수용한 것은?

① 미니멀리즘

② 팝아트

③ 옵아트

④ 아방가르드

35 러시아 구성주의(Constructivism)의 조형적 특징으로 옳은 것은?

① 자연의 유기적인 곡선을 모방했다.
② 철, 유리 등 공업 재료를 사용하여 기하학적이고 구축적인 형태를 만들었다.
③ 인간의 내면세계와 감정을 표현하는 데 집중했다.
④ 전통적인 회화 기법인 원근법과 명암법을 철저히 따랐다.

36 다음 관용색명 중 '동물'에서 유래한 색 이름으로 짝지어진 것은?

① 쥐색 – 비둘기색
② 귤색 – 복숭아색
③ 에메랄드 그린 – 코발트 블루
④ 초콜릿색 – 커피색

37 계통색명(일반색명)의 표기 방법 및 예시로 옳은 것은?

① 색상+형용사(예 빨강 선명한)
② 수식 형용사+기본 색명(예 선명한 빨강)
③ 명도+채도(예 고명도 · 저채도)
④ 관용명+색상(예 장밋빛 빨강)

38 이미지 스케일에서 '내추럴한(Natural)' 이미지를 표현하는 색상과 톤의 특징으로 옳은 것은?

① Green Yellow, Brown 계열의 중명도 · 중채도 색상
② Blue, Grey 계열의 저명도 무채색
③ Purple, Red 계열의 고채도 색상
④ Pink, Yellow 계열의 고명도 파스텔 톤

39 먼셀 표색계의 명도(Value) 단계에 대한 설명으로 옳은 것은?

① 완전한 검은색을 10, 완전한 흰색을 0으로 표기한다.
② 유채색의 명도는 V, 무채색의 명도는 N으로 표기한다.
③ 명도 단계는 총 20단계로 세분화되어 있다.
④ 이론상 0~10단계이나, 실용적으로는 N1.5(검은색)~N9.5(흰색) 범위를 주로 사용한다.

40 유행색(Trend Color)의 분류 중, 일시적인 유행에 크게 좌우되지 않고 오랫동안 시장에서 기본색으로 널리 통용되는 색을 지칭하는 용어는?

① 포퓰러 컬러
② 스탠더드 컬러
③ 트라이얼 컬러
④ 스타일 컬러

41 CIE 1931 색도도(Chromaticity Diagram)에서 말굽 모양의 바깥쪽 곡선 궤적을 부르는 명칭은 무엇인가?

① 순자주 궤적
② 스펙트럼 궤적
③ 흑체 궤적
④ 등색상 궤적

42 도료(Paint)를 구성하는 4대 주요 성분이 아닌 것은?

① 안료
② 수지
③ 전색제
④ 광택제

43 물과 기름이 섞이지 않는 반발 원리를 이용한 평판 인쇄 방식은?

① 오프셋 인쇄
② 그라비어 인쇄
③ 스크린 인쇄
④ 활판 인쇄

44 분광식 측색기(Spectrophotometer)의 일반적인 성능 기준에 대한 설명으로 옳은 것은?

① 가시광선 영역을 100nm 간격으로 측정한다.
② 분광 파장의 정확도는 불확도 1nm 이내여야 한다.
③ CCM(자동배색장치)에는 사용할 수 없는 기기이다.
④ 주로 200~300nm의 자외선 영역을 측정한다.

45 CIE 1986 규정에 따른 측색 기하학적 조건 표기 'd/8'의 의미로 옳은 것은?

① 8° 조명/확산 관찰
② 확산 조명/8° 관찰
③ 수직 조명/8° 관찰
④ 8° 조명/수직 관찰

46 인쇄용 CMYK 모드에 대한 설명으로 옳지 않은 것은?

① 감법 혼색 원리를 따른다.
② K는 Black을 의미한다.
③ 3원색 혼합 시 완전 흑색이다.
④ 가독성을 위해 K를 추가한다.

47 백색광 → 노랑 필터 → 마젠타 필터 통과 시 무슨 색으로 보이는가?

① 빨강(Red)
② 초록(Green)
③ 파랑(Blue)
④ 검정(Black)

48 다음 중 안료 입자를 화면에 고착시키고, 균일한 도막(Film)을 형성하게 하는 액상 성분은?

① 안료
② 전색제
③ 용제
④ 증량제

49 분광 반사율 곡선(스펙트럼)이 서로 다른 두 물체가 특정 조명 아래서는 같은 색으로 보이지만 조명이 바뀌면 다른 색으로 보이는 현상은?

① 아이소머리즘
② 메타메리즘
③ 베졸트 효과
④ 푸르킨예 현상

50 반대로, 분광 반사율 곡선이 완전히 일치하여 어떤 광원이나 관찰자 조건에서도 항상 같은 색으로 보이는 이상적인 일치 현상은?

① 광원 메타메리즘
② 기하학적 메타메리즘
③ 무조건등색(Isomerism)
④ 연색성(Color Rendering)

51 인공 광원 중 태양광과 분광 분포(Spectrum)가 가장 유사하여, 정밀한 색채 검사나 조색용 표준광원으로 사용되는 램프는?

① 나트륨 램프
② 수은 램프
③ 크세논(Xenon) 램프
④ 적외선 램프

52 육안 검색 시 '조건등색' 발생 여부를 현장에서 간단히 확인하는 방법으로 옳은 것은?

① 시료를 45° 기울여서 관찰한다.
② 표준광 D65에서 색을 맞춘 후, 즉시 표준광 A(백열등)로 옮겨서 색 차이를 확인한다.
③ 조도를 1,000lx에서 500lx로 낮추어 본다.
④ 시료를 멀리서 봤다가 가까이서 본다.

53 펄(Pearl) 안료의 색채 효과에 대한 설명으로 옳지 않은 것은?

① 빛의 간섭 현상을 이용하여 무지개색을 낸다.
② 입자가 반투명하여 바탕색(Undercoat)의 영향을 받는다.
③ 금속 산화물 코팅 두께에 따라 반사색이 달라진다.
④ 은폐력이 매우 커서 바탕색을 완전히 가린다.

54 소광제(Matting Agent)의 주성분으로 가장 널리 사용되며, 투명도가 좋아 도료 본연의 색을 해치지 않는 것은?

① 탄산칼슘
② 실리카
③ 탈크
④ 클레이

55 조색 작업 전, 준비 단계에서 갖추어야 할 표준 관측 환경으로 가장 적절한 것은?

① 주 광원은 백열전구(Standard A)를 사용한다.
② 작업면의 조도는 정밀 작업을 위해 1,000lx 이상을 확보한다.
③ 작업장의 벽면 색상은 눈의 피로를 줄이기 위해 연한 초록으로 도색한다.
④ 시료와 배경의 명도 대비를 높이기 위해 검은색 배경을 사용한다.

56 색차(Color Difference, ΔE*)가 '1.0'일 때의 일반적인 의미로 가장 적절한 것은?

① 두 색이 완전히 똑같다.
② 육안으로 색 차이를 구별하기 어렵거나 허용할 수 있는 미세한 차이이다.
③ 서로 다른 계열의 색상이다.
④ 불량이 확실하므로 즉시 폐기해야 한다.

57 물체의 색을 관찰할 때 반드시 필요한 3가지 필수 요소(색의 지각 3요소)가 아닌 것은?

① 광원
② 물체
③ 관찰자
④ 온도

58 CCM의 핵심 원리인 '쿠벨카–문크(Kubel-ka-Munk) 이론'에서 사용하는 두 가지 주요 광학 계수는?

① 명도 계수(L)와 채도 계수(C)
② 반사 계수(R)와 투과 계수(T)
③ 흡수 계수(K)와 산란 계수(S)
④ 굴절 계수(n)와 회절 계수(d)

59 육안 조색이나 품질 검사 시 배경색으로 가장 권장되는 색상은 무엇인가?

① 고채도의 빨간색(vivid Red)
② 고명도의 흰색(White)
③ 저명도의 검은색(Black)
④ 중명도의 무채색(N5~N7 회색)

60 '메타메리즘(Metamerism)' 현상이 발생했을 때 취해야 할 품질 관리 조치로 가장 적절한 것은?

① 주광(D65)에서 색이 맞으면 보조 광원의 차이는 무시한다.
② 보고서에 해당 현상을 기록하고, 안료 처방을 변경하여 재조색한다.
③ 측색기 고장이므로 기기를 교체한다.
④ 안료의 양을 늘려 도막 두께를 두껍게 한다.

61 일반적인 PC 모니터 및 웹(Web) 환경의 표준 색온도와 감마(Gamma) 값의 연결로 옳은 것은?

① 5,000K − 1.8
② 6,500K − 1.8
③ 5,000K − 2.2
④ 6,500K − 2.2

62 색온도(Color Temperature)에 대한 설명으로 옳지 않은 것은?

① 단위는 켈빈(K)을 사용한다.
② 색온도가 낮을수록 붉은빛(Red)을 띤다.
③ 색온도가 높을수록 푸른빛(Blue)을 띤다.
④ 3,000K의 백열등은 6,500K의 형광등보다 시원하고 차가운 느낌을 준다.

63 다음 중 '소프트 프루핑(Soft Proofing)'을 정확하게 수행하기 위한 필수 전제 조건으로 옳지 않은 것은?

① 모니터 캘리브레이션이 완료되어야 한다.
② 출력할 장비(인쇄기)의 ICC 프로파일이 있어야 한다.
③ 작업 공간의 조명은 일반 형광등(F광원)으로 밝게 켜야 한다.
④ 색채 관리 시스템(CMS)을 지원하는 소프트웨어를 사용해야 한다.

64 디바이스 종속 색체계(Device Dependent Color System)의 특징에 해당하는 것은?

① 인간의 눈(시감)을 기준으로 정의되었다.
② CIE XYZ, CIE L*a*b*가 대표적이다.
③ 동일한 데이터라도 출력 장비에 따라 색상이 다르게 재현된다.
④ 장치 간 색상 변환의 기준(PCS)으로 사용된다.

65 비트맵 이미지를 확대할 때 계단처럼 외곽선이 울퉁불퉁해지는 현상을 줄이기 위해, 경계선에 중간색을 채워 부드럽게 처리하는 기법은?

① 디더링
② 안티 앨리어싱
③ 블러링
④ 샤프닝

66 다음 16진수 색상 코드 중 웹 안전 컬러(Web-safe Color)에 해당하지 않는 것은?

① #FF0000
② #CC6699
③ #3300FF
④ #AA55CC

67 인쇄물을 관찰하거나 색 교정(Proofing)을 할 때 사용해야 하는 ISO 3664 표준광원의 색온도는?

① 2,800K
② 5,000K(D50)
③ 6,500K(D65)
④ 9,300K

68 다음 중 벡터(Vector) 그래픽 제작 프로그램이 아닌 것은?

① 어도비 일러스트레이터(Adobe Illustrator)
② 코렐 드로우(Corel Draw)
③ 어도비 포토샵(Adobe Photoshop)
④ 잉크스케이프(Inkscape)

69 밑변이 넓고 위가 좁은 피라미드 형태로, 무게감과 통일감을 주며 인물화나 정물화에 많이 쓰이는 구도는?

① 삼각형 구도
② 역삼각형 구도
③ 원형 구도
④ 마름모 구도

70 강물이 흐르거나 오솔길이 굽이치는 모양처럼, 부드러운 율동감(리듬)과 우아함을 주는 구도는?

① 수직 구도
② 수평 구도
③ S자(호선) 구도
④ 사선 구도

71 초점 거리가 짧아 넓은 범위를 찍을 수 있으며, 원근감을 과장되게 표현하는 렌즈는?

① 표준 렌즈
② 망원 렌즈
③ 광각 렌즈
④ 매크로 렌즈

72 3D 셰이딩 기법 중, 물체 표면의 하이라이트(반사광)를 정밀하게 표현하여 플라스틱이나 금속 질감을 사실적으로 나타내는 방식은?

① 플랫 셰이딩
② 고로 셰이딩
③ 퐁 셰이딩
④ 와이어프레임

73 다음 중 모니터, 프린터, 인터넷 등에서 공통으로 사용할 목적으로 MS사와 HP사가 협력하여 만든 색공간으로, 웹 디자인 작업에 표준으로 쓰이는 것은?

① Wide Gamut RGB
② Adobe RGB
③ sRGB
④ GRACoL

74 인쇄 사고를 방지하기 위해 포토샵 등의 프로그램에서 고채도 색상이 CMYK로 인쇄 불가능함을 미리 알려주는 기능은?

① 프로파일 경고(Profile Warning)
② 색역 경고(Gamut Warning)
③ 핀 어긋남 경고(Pin Registration Warning)
④ 고비트 심도 경고(High−bit Depth Warning)

75 다음 중 PDP 모니터의 단점으로 적절하지 않은 것은?

① LCD보다 소비 전력이 높은 편이다.
② 발열이 상대적으로 많다.
③ 응답 속도가 느려 잔상이 많이 남는다.
④ 수명이 상대적으로 짧다는 단점이 있다.

76 C, M, Y, K 4가지 잉크가 한 지점에 겹칠 수 있는 총량의 한계치를 설정하여, 잉크 과다로 인한 뒷묻음이나 번짐 현상을 방지하는 색상 관리 설정 항목은?

① UCR(Under Color Removal)
② GCR(Gray Component Replacement)
③ TIL(Total Ink Limit)
④ Gamut Mapping

77 종이의 물리적 속성 중, 종이 가로 1m×세로 1m(1㎡)당 무게(g)를 나타내며, 종이의 강도, 불투명도, 두께에 영향을 미치는 속성은?

① 백색도(Whiteness)
② 평활도(Smoothness)
③ 평량(Basis Weight)
④ 밀도(Density)

78 폐기물에 디자인이나 활용성을 더해 가치를 높이는 '새활용'을 뜻하는 용어는?

① 리사이클(Recycle)
② 업사이클(Upcycle)
③ 리유즈(Reuse)
④ 리듀스(Reduce)

79 CUD의 3대 원칙 중, 색상 정보와 함께 글자나 아이콘 등을 병기하여 정보를 이중으로 전달하는 원칙은?

① 식별하기 쉬운 배색
② 정보의 이중 부호화
③ 색이름 표기
④ 심미적 조화

80 효과적인 프레젠테이션을 위해 사전에 분석해야 할 '3P' 요소로 올바르게 짝지어진 것은?

① 청중(People), 목적(Purpose), 장소(Place)
② 계획(Plan), 연습(Practice), 권위(Power)
③ 사람(People), 가격(Price), 홍보(Promotion)
④ 프로젝트(Project), 과정(Process), 프로그램(Program)

컬러리스트 산업기사 출제 예상문제 05회

문항수	시험 시간	총점
80문항	120분	100점

수험번호 : ________________

성　　명 : ________________

정답 & 해설 ▶ 2-224p

01 매슬로우(Maslow)의 욕구 위계 이론을 1~5단계 순으로 순서대로 바르게 나열한 것은?

① 생리적 욕구 → 안전 욕구 → 사회적 욕구 → 존경 욕구 → 자아실현 욕구

② 생리적 욕구 → 사회적 욕구 → 안전 욕구 → 존경 욕구 → 자아실현 욕구

③ 안전 욕구 → 생리적 욕구 → 존경 욕구 → 사회적 욕구 → 자아실현 욕구

④ 생리적 욕구 → 안전 욕구 → 존경 욕구 → 사회적 욕구 → 자아실현 욕구

02 다음 [보기]의 설명에 해당하는 마케팅 분석 기법은?

> **[보기]**
> 기업의 내부 환경 요인인 강점과 약점, 외부 환경 요인인 기회와 위협을 분석하여 마케팅 전략을 수립하는 기법이다.

① STP 분석

② SWOT 분석

③ 4P 분석

④ VMD 분석

03 다음 중 발주자(Client)가 프로젝트의 구체적인 범위나 내용을 확정하기 전 단계에서 활용하는 문서로, 발주사의 전문성 부족을 보완하고 관련 기업들로부터 기술 동향, 시장 현황, 대략적인 예산 등의 정보를 사전 수집하기 위해 요청하는 것은?

① 제안요청서

② 자료의뢰서

③ 입찰참가신청서

④ 과업지시서

04 제품이 소비자의 마음속에 경쟁 제품과 비교하여 차지하는 차별화된 위치를 정립하는 전략은?

① 포지셔닝

② 타겟팅

③ 세분화

④ 리서치

05 색채마케팅의 역사에서 '최초의 컬러 마케팅' 사례로 꼽히는 1920년대 제품은?

① 포드 자동차(검은색)

② 파커 만년필(빨간색)

③ 코카콜라(빨간색)

④ 베네통(다양한 색)

06 안전색채에서 '비상구'나 '구급상자' 등 안전과 구호를 표시하는 색상은?

① 빨강
② 노랑
③ 초록
④ 파랑

07 설문지 작성 시 질문 배열 원칙으로 가장 적절한 것은?

① 구체적인 질문에서 일반적인 질문 순으로 배치한다.
② 개인 신상 질문(나이, 소득)은 설문지 맨 앞에 배치한다.
③ 응답하기 쉬운 흥미로운 질문을 처음에 배치한다.
④ 복잡하고 어려운 전문적인 질문 위주로 구성한다.

08 다음 중 '비확률 표본 추출법'에 해당하는 것은?

① 단순 무작위 추출법
② 층화 표본 추출법
③ 군집 표본 추출법
④ 판단 표본 추출법

09 두 개 이상의 변수 간의 상호 관련성을 분석하는 통계 기법은?

① 빈도 분석
② 교차 분석
③ 기술 통계
④ 단순 집계

10 유행색의 심리적 발생 요인 중, 기존의 색상에 싫증을 느끼고 새로운 색으로 바꾸고 싶어 하는 심리는?

① 동조화 욕구
② 변화 욕구
③ 소속 욕구
④ 모방 욕구

11 '한국컬러앤드패션트렌드센터(CFT)'가 유행색을 예측하여 발표하는 시기는 해당 시즌으로부터 대략 언제인가?

① 6개월 전
② 12개월 전
③ 18개월 전
④ 24개월 전

12 목재(Wood)의 표면 마감 중, 표면에 튼튼한 투명 도막(코팅막)을 형성하여 광택을 내고 나무를 보호하는 것은?

① 스테인
② 바니시
③ 오일 마감
④ 왁스 마감

13 플라스틱 표면에 금속을 가열·기화시켜 얇게 입히는 방법으로, 플라스틱으로 금속 같은 느낌을 낼 때 사용하는 기법은?

① 증착
② 사출
③ 압출
④ 발포

14 색채 치료(Color Therapy)에서 '신경계 강화', '두뇌 활동 자극', '피로 회복'에 도움을 주는 색은?

① 노랑(Yellow)
② 파랑(Blue)
③ 빨강(Red)
④ 검정(Black)

15 다음 중 '후각(향기)'과 색채의 공감각적 연결을 순서대로 바르게 나열한 것은?

① 민트(Mint) 향 – 초록(Green)
② 꽃(Floral) 향 – 회색(Gray)
③ 머스크(Musk) 향 – 하늘색(Sky Blue)
④ 달콤한 과일 향 – 검정(Black)

16 마케팅 전략 중, 시장세분화 변수로 '지역', '기후', '도시의 규모' 등을 사용하는 변수는?

① 심리적 변수
② 행동적 변수
③ 인구통계적 변수
④ 지리적 변수

17 시장세분화(Segmentation)가 갖추어야 할 전제 조건으로, '각 세분 시장의 규모와 구매력을 수치로 잴 수 있어야 한다'라는 성질은?

① 접근 가능성
② 실행 가능성
③ 측정 가능성
④ 차별화 가능성

18 1930년대 미국 듀폰(Dupont)사에서 처음 사용한 용어로, 색의 심리적·생리적 효과를 응용하여 쾌적하고 능률적인 환경을 만드는 기술은?

① 색채 조절
② 색채계획
③ 색채 치료
④ 색채마케팅

19 조명 환경이 바뀌어도 뇌가 과거의 기억과 경험을 바탕으로 물체의 색을 본래의 색으로 지각하려는 성질은?

① 색의 항상성
② 색의 연색성
③ 푸르킨예 현상
④ 색 순응

20 마케팅 정보 시스템(MIS) 중, '마케팅 조사(Marketing Research)'와 '마케팅 인텔리전스(Marketing Intelligence)'의 차이점에 대한 설명으로 옳은 것은?

① 조사는 지속적이고, 인텔리전스는 일시적이다.
② 조사는 특정 문제 해결을 위함이고, 인텔리전스는 일반적 정보 수집이다.
③ 조사는 기업 내부 정보를, 인텔리전스는 기업 외부 정보를 다룬다.
④ 두 시스템은 동일한 의미로 구분할 필요가 없다.

21 서로 관련이 없어 보이는 요소들을 결합하거나 합성하여 새로운 아이디어를 얻는 '유추 발상법'은?

① 시네틱스
② 브레인스토밍
③ 체크리스트
④ 스토리텔링

22 빅터 파파넥(Victor Papanek)이 주장한 디자인의 6가지 복합 기능 중, '특수한 목적 달성을 위해 자연과 사회의 변천 과정을 의도적으로 이용하는 것'을 의미하는 용어는?

① 텔레시스
② 연상
③ 방법
④ 미학

23 다음 중 '곡선'이 주는 일반적인 시각적 느낌과 거리가 먼 것은?

① 우아함
② 여성스러움
③ 유연함
④ 강직함

24 거리의 미관과 시민의 편의를 위해 설치하는 가로등, 벤치, 휴지통, 버스정류장 등의 공공시설물을 통칭하는 용어는?

① 랜드마크
② 슈퍼그래픽
③ 스트리트 퍼니처
④ 파사드

25 인접한 두 색의 대비가 지나치게 강해 눈이 부시거나(Halation), 경계가 모호할 때 두 색 사이에 무채색의 선을 넣어 분리시키는 배색 기법은?

① 톤 인 톤 배색
② 까마이외 배색
③ 세퍼레이션 배색
④ 멀티컬러 배색

26 다음 중 색채디자인 기획서 작성 시 '이미지 기법'을 활용하는 목적으로 가장 거리가 먼 것은?

① 문서의 흐름과 가독성을 높이는 데 효과적이다.
② 요점 및 핵심 사항을 정확히 파악하는 데 효과적이다.
③ 객관적 근거를 제시하여 기획 내용의 논리성을 확보한다.
④ 문서의 구조화 및 조직화하는 데 효과적이다.

27 색의 3속성 중 시각적인 '무게감(가벼움과 무거움)'을 결정하는 가장 주된 속성은?

① 색상
② 명도
③ 채도
④ 순도

28 요하네스 이텐(J. Itten)의 다색 조화론 중, 색상환을 정확히 3등분(120도 간격)하는 위치에 있는 세 가지 색을 배색하는 기법은?

① 다이아드(Dyads)
② 트라이어드(Triads)
③ 테트라드(Tetrads)
④ 펜타드(Pentad)

29 붉은색을 한참 응시하다가 흰 벽을 보았을 때 청록색이 어른거리는 현상은?

① 정의 잔상
② 부의 잔상
③ 색 순응
④ 박명시

30 다음 중 시각적으로 가장 무겁게 느껴지는 색(중량감 최대)은 무엇인가?

① 흰색(White)
② 노란색(Yellow)
③ 하늘색(Sky Blue)
④ 검은색(Black)

31 다음 중 가시광선의 파장별 특성과 물리적 성질에 대한 설명으로 가장 적절한 것은?

① 가시광선 내에서 파장이 짧을수록 굴절률은 작아지고, 에너지는 낮아진다.
② 380nm 이하의 파장은 적외선(IR) 영역으로, 열 작용을 하며 굴절률이 가시광선보다 작다.
③ 장파장(Red) 영역은 단파장에 비해 산란 효과가 적어 먼 거리까지 빛이 전달되는 투과력이 강하다.
④ 단파장(Blue~Violet) 영역은 대기 중의 미립자에 의해 산란되기 어려우며, 프리즘 통과 시 굴절각이 가장 작다.

32 오방색 중 '남쪽(South)' 방위를 상징하며, 계절로는 '여름', 오행으로는 '불(火)'에 해당하는 색은?

① 청색
② 백색
③ 적색
④ 흑색

33 한국 전통 건축물의 목재 부식을 막고, 건물의 권위를 나타내기 위해 오방색으로 무늬를 그려 넣는 채색 기법은?

① 탱화
② 단청
③ 수묵화
④ 벽화

34 르네상스 시대의 거장 레오나르도 다빈치가 〈모나리자〉에서 사용한 기법으로, 색과 색 사이의 경계선을 명확히 하지 않고 연기처럼 흐릿하게 처리하여 부드러운 입체감을 주는 명암법은?

① 키아로스쿠로
② 스푸마토
③ 임파스토
④ 그러데이션

35 미국의 건축가 루이스 설리번이 남긴 말로, 장식보다는 실용성과 기능성을 최우선으로 했던 모더니즘 디자인의 핵심 명제는?

① 형태는 기능을 따른다
② 적을수록 많다
③ 장식은 죄악이다
④ 형태는 재미를 따른다

36 KS 및 ISCC – NIST 색명법에서 사용하는 톤(Tone) 수식어와 그 약호의 연결이 올바른 것은?

① 선명한 – dp
② 연한 – pl
③ 어두운 – lt
④ 탁한 – vv

37 다음 중 '관용색명'의 단점으로 옳은 것은?

① 색의 이미지를 직관적으로 연상하기 어렵다.
② 일상생활에서 사용하기 불편하다.
③ 시대, 지역, 개인에 따라 색의 범위가 달라져 정확한 전달이 어렵다.
④ 색의 3속성을 기준으로 분류하므로 매우 기계적이다.

38 한국인의 감성을 반영하여 개발된 IRI 형용사 이미지 스케일의 가로축과 세로축 기준은?

① 가로 : 따뜻한 – 차가운/세로 : 밝은 – 어두운
② 가로 : 동적인 – 정적인/세로 : 부드러운 – 딱딱한
③ 가로 : 맑은 – 탁한/세로 : 강한 – 약한
④ 가로 : 여성적 – 남성적/세로 : 서양적 – 동양적

39 오스트발트(Ostwald) 표색계의 기본 원리인 함유량 방정식으로 옳은 것은?

① W(백색량)+B(흑색량)=100%
② C(순색량)+W(백색량)=100%
③ W(백색량)+B(흑색량)+C(순색량)=100%
④ R(적색량)+G(초록량)+B(청색량)=100%

40 NCS(Natural Color System) 표색계가 기본으로 삼는 6가지 색상(Elementary Colors)에 해당하지 않는 것은?

① White(W)
② Black(S)
③ Yellow(Y)
④ Purple(P)

41 CIE L*a*b* 색공간에서 '+a*' 방향이 나타내는 색상은?

① 빨강
② 초록
③ 노랑
④ 파랑

42 다음 중 레오나르도 다빈치의 색채론에 대한 설명으로 옳지 않은 것은?

① 6가지 기본색 정의
② 스푸마토 기법
③ 프리즘 실험 증명
④ 흰색을 기본으로 봄

43 광택(Gloss) 측정 시, 종이나 섬유처럼 광택이 거의 없는 재질을 측정할 때 적합한 입사각은?

① 20°
② 45°
③ 60°
④ 85°

44 다음 중 플라스틱 소재의 일반적인 단점으로 가장 적절한 것은?

① 내수성이 약하다.
② 전기가 잘 통한다.
③ 자외선에 의해 황변된다.
④ 착색이 어렵다.

45 분광식 측색기의 핵심 부품으로, 내벽이 백색으로 코팅되어 빛을 난반사시켜 시료에 고른 조도(확산광)를 만들어주는 장치는?

① 회절격자
② 광검출기
③ 적분구
④ 시료대

46 CIE L*a*b* 색공간에서 '−b*' 방향이 의미하는 색상은?

① 빨강(Red)
② 초록(Green)
③ 노랑(Yellow)
④ 파랑(Blue)

47 회전 혼색에 대한 설명으로 옳지 않은 것은?

① 맥스웰 회전판이 대표적이다.
② 계시 혼합의 일종이다.
③ 보색 혼합 시 검정이 된다.
④ 채도는 평균값이 된다.

48 색료의 3대 구성 요소 중, 물이나 기름에 녹지 않는 미세 분말로 색상(Hue)과 은폐력을 결정하는 주성분은?

① 안료
② 염료
③ 전색제
④ 용제

49 컬러 인덱스(C.I.) 표기법 중 'C.I. Generic Name' 인 'C.I. Vat Blue 14'에서 첫 번째 단어인 'Vat' 이 의미하는 것은?

① 색상의 계열
② 화학적 구조 번호
③ 용도 및 염색법 분류
④ 등록 순서

50 메타메리즘(조건등색) 지수(MI)를 평가할 때, KS 규격에서 권장하는 기준 광원과 피시험(비교) 광원의 조합은?

① D65(주광) − A(백열등)
② D50(주광) − D65(주광)
③ C(주광) − D65(주광)
④ F2(형광등) − F11(형광등)

51 CIE 표준광(Standard Illuminant) 중 'D65'와 'D50'의 용도 차이로 옳은 것은?

① D65는 인쇄용, D50은 일반 산업용이다.
② D65는 일반 물체색 측정용, D50은 인쇄 및 그래픽 평가용이다.
③ D65는 백열등 대체용, D50은 형광등 대체용이다.
④ 둘 다 용도의 차이 없이 혼용해서 사용한다.

52 조명 방식 중 빛의 90% 이상을 천장이나 벽에 반사시켜 부드럽고 그림자가 없는 분위기를 만드는 방식은?

① 직접 조명
② 전반 확산 조명
③ 간접 조명
④ 반직접 조명

53 다음 중 물체의 표면 '광택(Gloss)'이 색채 지각에 미치는 영향에 대한 설명으로 옳은 것은?

① 고광택(High Gloss) 표면은 난반사가 우세하여 색이 탁해 보인다.
② 무광택(Matte) 표면은 정반사가 우세하여 색이 선명해 보인다.
③ 검은색은 광택이 높을수록 더 깊고 진한 검정(Jet Black)으로 보인다.
④ 무광택 표면은 고광택 표면보다 채도가 더 높아 보인다.

54 메탈릭 도장(Metallic Paint)에서 알루미늄 입자가 도막 내부에 골고루 분산되어, 상도 투명 코팅(Clear Coat)과의 부착성이 우수한 타입은?

① 리핑형
② 논리핑형
③ 펄형
④ 간섭형

55 조색 작업 중(In-Process) 도료의 은폐력(Hiding Power)을 확인하려는 방법으로 가장 적절한 것은?

① 도료를 유리판에 얇게 바른 후 빛을 투과시켜 본다.
② 흑백 은폐율지(Black & White Chart) 위에 도장하여 흑색 부분이 비치는지 확인한다.
③ 백색 타일 위에 도장하여 표면 광택이 균일한지 확인한다.
④ 도료를 두껍게 칠한 후 건조 속도를 측정한다.

56 표면 텍스처(Texture)가 거친 시료를 분광측색계로 측정할 때, 빛의 산란에 의한 오차를 줄이고 평균적인 색상을 얻기 위해 사용하는 기능은?

① SAV(Small Area View)
② LAV(Large Area View)
③ UV Cut(Ultraviolet Cut)
④ SCI(Specular Component Included)

57 도장 공정 중 'Dry Spray(건조 도장)' 현상이 발생했을 때 도막 표면의 상태와 시각적인 색채 변화로 옳은 것은?

① 표면이 매끄럽고 광택이 나며 색이 진해진다.
② 표면이 거칠고 모래알 같으며 색이 희뿌옇게 밝아진다.
③ 표면에 기포가 생기고 색상이 붉게 변한다.
④ 도막이 흘러내리며 색이 얼룩덜룩해진다.

58 CIE 1964 10° 표준 관측자(Standard Observer)는 시야각이 몇 도 이상인 물체를 볼 때 적용하는가?

① 1° 이상
② 2° 이상
③ 4° 이상
④ 10° 이상

59 분광측색계의 기하학적 구조 중 '45/0 방식'의 특징으로 가장 적절한 것은?

① 적분구를 사용하여 확산광을 만든다.
② 정반사광(광택)을 포함하여 측정한다.
③ 시료의 방향성에 영향을 받지 않는다.
④ 인간의 육안 관찰 환경과 가장 유사한 데이터를 제공한다.

60 소광제(Matting Agent)를 과다하게 투입했을 때 발생할 수 있는 문제점은 무엇인가?

① 도료의 점도가 낮아져 물처럼 흐르게 된다.
② 도료의 점도가 높아지고 색이 탁해진다.
③ 도막의 투명도가 높아져 은폐력이 좋아진다.
④ 광택이 급격히 상승하여 유광이 된다.

61 다음 중 색역(Color Gamut)의 범위가 가장 넓은 색공간은?

① CMYK
② sRGB
③ Adobe RGB
④ CIE L*a*b*

62 디지털 색채 이미지의 파일 용량이나 전송 속도와는 관계없이, 오직 '장치 간의 색 일치'를 위해 중간 매개체로 사용되는 색공간을 무엇이라 하는가?

① PCS(Profile Connection Space)
② USB(Universal Serial Bus)
③ PDF(Portable Document Format)
④ CCD(Charge Coupled Device)

63 sRGB 색공간의 한계를 보완하기 위해 개발되었으며, 초록(Green)과 시안(Cyan) 영역의 표현 범위를 확장하여 인쇄물(CMYK) 색역을 대부분 포함할 수 있는 전문가용 색공간은?

① Adobe RGB
② Rec. 709
③ ProPhoto RGB
④ CIE XYZ

64 모니터 캘리브레이션 시 일반적인 웹(Web) 디자인 및 PC 환경의 표준 목표값(Target) 조합으로 옳은 것은?

① 색온도 D50, 감마 1.8
② 색온도 D65, 감마 2.2
③ 색온도 9,300K, 감마 2.2
④ 색온도 D65, 감마 2.6

65 이미지의 해상도를 조절할 때 새로운 픽셀을 만들어 넣는 리샘플링 과정에서, 가장 정밀하고 품질이 좋은(계단 현상 최소화) 보간법은?

① 최단 입점 보간법
② 쌍선형 보간법
③ 바이큐빅 보간법
④ 드래프트 모드

66 컴퓨터 데이터의 최소 단위인 1바이트(Byte)는 몇 비트(Bit)로 구성되는가?

① 2 Bit ② 4 Bit ③ 8 Bit ④ 16 Bit

67 그래픽 소프트웨어에서 이미지의 밝기와 대조(Contrast)를 조절하는 '커브(Curves)' 기능 사용 시, 입력과 출력 그래프를 'S자 곡선(S-Curve)' 형태로 만들었을 때 나타나는 효과는?

① 이미지가 전체적으로 흐려진다(Blur).
② 밝은 곳은 어둡게, 어두운 곳은 밝게 되어 계조가 평면적으로 된다.
③ 어두운 곳은 더 어둡게, 밝은 곳은 더 밝게 되어 콘트라스트(대비)가 강해진다.
④ 이미지가 흑백(Grayscale)으로 변환된다.

68 디지털(Digital)과 아날로그(Analog) 색채 방식의 특징을 비교한 설명으로 가장 옳은 것은?

① 아날로그는 0과 1의 이진수 부호를 사용하여 데이터를 처리한다.
② 디지털은 물리량을 이용해 끊어지지 않는 연속적인 값으로 표현한다.
③ 디지털은 불연속적인 수치로 기록되며 수정과 영구 보존이 용이하다.
④ 아날로그는 대량 작업이 쉽고 복제 시 품질 저하가 없는 것이 장점이다.

69 화면을 가로, 세로로 3등분하여 교차하는 4개의 지점에 주제를 배치하는 안정적인 구도법은?

① 황금분할법   ② 3분할법
③ 대칭법   ④ 중앙 집중법

70 3D 그래픽이나 카메라 렌즈에서 '초점 거리(Focal Length)'의 단위로 사용되는 것은?

① 밀리미터(mm)
② 디피아이(dpi)
③ 피피아이(ppi)
④ 헤르츠(Hz)

71 사람의 시야(화각)와 가장 유사하여 자연스럽고 편안한 느낌을 주는 렌즈는?

① 광각 렌즈
② 망원 렌즈
③ 표준 렌즈
④ 어안 렌즈

72 3D 모델의 표면에 2차원 이미지(벽지)를 입혀 색상이나 무늬를 표현하는 기법을 무엇이라 하는가?

① 모델링   ② 매핑
③ 라이팅   ④ 리깅

73 Adobe RGB 색공간의 특징으로 옳은 것을 [보기]에서 모두 고른 것은?

[보기]
가. sRGB의 좁은 색역 문제를 해결하기 위해 Adobe사가 개발하였다.
나. 인쇄 출력 시 CMYK 인쇄 장비가 표현하는 대부분의 색영역을 포함할 수 있다.
다. 웹 디자인 작업의 표준으로 쓰이며, 일반 모니터의 기본값이다.

① 가   ② 나
③ 가, 나   ④ 나, 다

74 다음 중 넓은 면적의 검은색 배경을 인쇄할 때, K100%만 사용하여 희끄무레해 보이는 현상을 방지하고, 깊이 있는 검정을 표현하기 위해 사용되는 인쇄용 블랙의 설정값은?

① C=0, M=0, Y=0, K=100
② C=100, M=100, Y=100, K=100
③ C=40, M=30, Y=30, K=100
④ C=5, M=5, Y=5, K=100

75 다음 중 원지에 화학약품, 미세 안료 등을 혼합하여 표면을 도공(코팅) 처리함으로써, 광택과 인쇄 재현성을 높인 종이를 통칭하는 용어는?

① 비도공지
② 중질지
③ 갱지(신문용지)
④ 도공지

76 사진 인화용 프린터 종류 중, C, M, Y 고체 염료에 열을 가하여 기체 상태로 승화시켜 전용지에 전사하며, 점(Dot)이 보이지 않는 연속 계조 표현이 가능한 프린터는?

① 레이저 프린터
② 사진용 잉크젯 프린터
③ 염료 승화 프린터
④ 디지털 은염 프린터

77 여름철 건물의 지붕을 밝은색으로 칠해 실내 온도를 낮추는 친환경 기술은?

① 쿨 루프
② 컬러 테라피
③ 그린 월
④ 스마트 윈도우

78 다음 중 유니버설 디자인의 7대 원칙에 해당하지 않는 것은?

① 공평한 사용
② 실수에 대한 포용
③ 심미적 화려함
④ 적은 물리적 노력

79 빨간색을 인식하는 L-추체의 기능이 약해서, 빨간색을 매우 어둡거나 검정색과 혼동하는 색각 이상 유형은?

① P형(Protanope, 제1색각 이상)
② D형(Deuteranope, 제2색각 이상)
③ T형(Tritanope, 제3색각 이상)
④ C형(Common, 일반 색각)

80 프레젠테이션 슬라이드 제작 시 색채(Color) 계획에 대한 설명으로 가장 적절한 것은?

① 화려함을 주기 위해 최대한 많은 색상(5가지 이상)을 사용한다.
② 텍스트와 배경색은 명도 차이를 줄여서 은은하게 배색한다.
③ 배경색, 주조색, 강조색 등 3가지 정도의 색으로 제한하여 통일감을 준다.
④ 중요한 내용은 무조건 빨간색 원색을 사용하여 자극적으로 표현한다.

문항수	시험 시간	총점
80문항	120분	100점

수험번호 : ___________________

성　　　명 : ___________________

정답 & 해설 ▶ 2-234p

01 VALS 소비자 유형 중, 타인의 시선을 의식하고 지위를 중시하는 유형은?

① 외부 지향형
② 내부 지향형
③ 욕구 지향형
④ 통합형

02 색채계획을 위한 클라이언트 요구사항 분석 시 가장 올바른 태도는?

① 디자이너의 주관적 취향을 관철시킨다.
② 클라이언트의 요구사항을 구체적이고 객관적으로 분석한다.
③ 경쟁사의 동향보다는 독창성만을 고집한다.
④ 경영자의 의견은 무시하고 실무자와만 소통한다.

03 다음 [보기]의 항목 중 마케팅 믹스(Marketing Mix)의 4P에 해당하는 요소를 모두 나열한 것은?

> **[보기]**
> ㉠ Product(제품)
> ㉡ Plan(계획)
> ㉢ Price(가격)
> ㉣ Place(유통)
> ㉤ People(사람)
> ㉥ Promotion(촉진)

① ㉠, ㉡, ㉢, ㉣
② ㉠, ㉢, ㉣, ㉥
③ ㉡, ㉢, ㉤, ㉥
④ ㉢, ㉣, ㉤, ㉥

04 시장조사 시 조사자가 당면한 조사 목적을 위해 직접 수집하는 '1차 자료(Primary Data)'로 가장 적절한 것은?

① 통계청 인구 센서스 자료
② 경쟁사 매출 분석 보고서
③ 소비자를 대상으로 한 설문조사 결과
④ 관련 학회 논문 및 간행물

05 브랜드 아이덴티티(Brand Identity)의 구성 요소 중, 시각적인 통일성을 주기 위해 로고, 심벌, 전용 색상 등을 규정하는 것은?

① 마인드 아이덴티티(MI)
② 비헤이비어 아이덴티티(BI)
③ 비주얼 아이덴티티(VI)
④ 코퍼레이트 아이덴티티(CI)

06 색채마케팅의 기능 및 효과로 적절하지 않은 것은?

① 브랜드 인지도 상승 및 차별화
② 제품의 품질 결함 은폐
③ 구매 욕구 자극 및 판매 촉진
④ 기업 아이덴티티(CI) 통합

07 다음 [보기]의 설명에 해당하는 표본 추출 방법은?

[보기]
• 모집단의 변화가 일정한 질서나 패턴이 없을 때 사용한다(◉ 매 10번째 사람을 뽑거나, 5분 간격으로 지나가는 사람을 추출하는 방식).
• 교통량 조사나 백화점 출구 조사 등에 적합하다.

① 단순 무작위 추출법
② 계통(등간격) 추출법
③ 층화 표본 추출법
④ 군집 표본 추출법

08 한국공업규격(KS) 안전색채 중 '빨강(Red)'의 사용 용도로 가장 적절한 것은?

① 주의, 경고, 감전 예방
② 지시, 의무 이행, 수리 중
③ 금지, 정지, 소화설비, 방화
④ 안전, 진행, 구급, 비상구

09 안전색채 중 방사능 위험이 있는 장소나 물질을 표시할 때 사용하는 색상은?

① 검정(Black)
② 자주(Purple)
③ 주황(Yellow Red)
④ 파랑(Blue)

10 유행색 관련 용어 중 '언론 등에서 이슈가 되어 주목을 받지만, 실제 사용자는 극소수에 불과한 색'은?

① 다량 유통색
② 시장 인기색
③ 전위색
④ 화제색

11 트렌드 정보 분석 시, 수집된 컬러 칩이나 스와치를 배색하여 시즌의 전체적인 색채 분위기를 시각화한 도구는?

① 이미지 맵
② 컬러 맵
③ 마인드 맵
④ 스타일 맵

12 유행색 관련 용어 중 '시장 다량 유통색(Style Color)'의 또 다른 명칭으로, 실제 매출과 직결되는 색은?

① 볼륨 컬러
② 엑센트 컬러
③ 어소트먼트 컬러
④ 베이직 컬러

13 산업안전보건법상 '지시 표지'에 사용되는 색채와 형태는?

① 빨강 – 원형
② 노랑 – 삼각형
③ 파랑 – 원형
④ 초록 – 사각형

14 설문지(Survey) 조사의 가장 큰 단점으로, 조사 결과의 신뢰도를 떨어뜨릴 수 있는 요인은?

① 통계 처리가 불가능하다.
② 많은 비용과 시간이 소요된다.
③ 응답자의 불성실한 대답이나 오답 가능성이 있다.
④ 대규모 인원을 대상으로 할 수 없다.

15 다음 중 '시간의 경과'에 따라 색이 달라 보이는 대비 현상은 무엇인가?

① 동시 대비
② 계시 대비
③ 연변 대비
④ 면적 대비

16 한국산업표준(KS A 0062)의 색의 3속성에 의한 표시 방법에 따라, 색기호가 '5R 4/14'로 표기되었을 때 이에 대한 설명으로 옳은 것은?

① 색상은 5R, 명도는 14, 채도는 4이다.
② 색상은 5R, 명도는 4, 채도는 14이다.
③ 색상은 4, 명도는 5R, 채도는 14이다.
④ 색상은 14, 명도는 5R, 채도는 4이다.

17 공감각 중 후각(향기)과 색채의 연결에서, '머스크(Musk) 향'이나 '오리엔탈 향' 같은 무겁고 진한 향과 어울리는 색은?

① 파스텔 핑크색
② 황금색, 적갈색
③ 하늘색, 연두색
④ 흰색

18 망막의 피로 현상으로 인해, 어떤 색을 보다가 시선을 돌렸을 때 그 색의 보색이 보이는 현상은?

① 정의 잔상(양의 잔상)
② 부의 잔상(음의 잔상)
③ 연변 대비
④ 색 순응

19 마케팅 믹스(4P) 중 'Product(제품)' 전략에 포함되지 않는 요소는?

① 디자인 및 스타일
② 브랜드 네임
③ 포장(패키지)
④ 유통 경로

20 색채 치료에서 혈액 순환이 아니라, '신체의 균형'을 잡아주고 '해독 작용'을 도우며 눈의 피로를 풀어주는 색은?

① 빨강
② 주황
③ 초록
④ 보라

21 다음 중 '노랑(Yellow)'과 '검정(Black)'을 배색했을 때 가장 두드러지는 효과는?

① 명시성과 주목성(경고)
② 우아함과 신비로움
③ 차분함과 안정감
④ 여성스러움과 부드러움

22 신문, 잡지, 사진, 천, 벽지 등 서로 다른 이질적인 재료를 오려 붙여서 화면을 구성하는 회화 기법은?

① 콜라주
② 데칼코마니
③ 마블링
④ 그러데이션

23 헤어 염색 시 고려해야 할 멜라닌 색소 중, 서양인에게 많으며 황적색(밝은색)을 띠는 것은?

① 유멜라닌
② 페오멜라닌
③ 헤모글로빈
④ 카로틴

24 특정 지역이나 도시의 이미지를 대표하며 식별성을 높여주는 상징적인 건물이나 조형물(예 남산타워)은?

① 랜드마크
② 스카이라인
③ 조형물
④ 모뉴먼트

25 감성 척도법인 'SD법(의미미분법)'에서 감성을 측정하기 위해 사용하는 척도의 구성 방식은?

① 서로 관련 없는 단어의 나열
② 상반되는 형용사 쌍(예 부드러운–딱딱한)
③ 색상 이름의 나열(예 빨강–파랑)
④ 명사와 동사의 조합

26 비트맵(Bitmap) 방식의 이미지 소프트웨어인 '포토샵(Photoshop)'의 특징으로 옳은 것은?

① 이미지를 벡터 방식으로 저장하여 용량이 매우 작다.
② 로고 디자인이나 캐릭터 작업에 주로 사용된다.
③ 픽셀(Pixel) 단위로 이미지를 구성하며 사진 보정 및 합성에 용이하다.
④ 이미지를 확대하거나 축소해도 선명도가 깨지지 않는다.

27 색채 조화론에서 "조화는 질서와 같다(Harmony=Order)."라고 주장한 학자는?

① 져드
② 먼셀
③ 오스트발트
④ 쉐브럴

28 문–스펜서(Moon–Spencer)의 '면적 효과' 이론에 따라 배색할 때, 시각적인 균형(Balance)을 맞추는 방법으로 옳은 것은?

① 모든 색을 동일한 면적비(1:1)로 배색한다.

② 강렬한 색(고채도)은 넓게, 약한 색(저채도)은 좁게 배색한다.

③ 강렬한 색(고채도)은 좁게, 약한 색(저채도)은 넓게 배색한다.

④ 색의 속성과 상관없이 명도만 고려하여 배색한다.

29 다음 중 실제보다 튀어나와 보이는 '진출색(Advancing Color)'의 조건으로 옳은 것은?

① 저명도, 저채도, 한색

② 고명도, 고채도, 난색

③ 저명도, 고채도, 한색

④ 고명도, 저채도, 무채색

30 표지판이나 안내문에서 글자가 뚜렷하게 잘 읽히는 성질인 '시인성(Visibility)'을 높이는 가장 결정적인 요인은?

① 배경과 글자의 색상을 유사하게 한다.

② 배경과 글자의 명도 차이를 크게 한다.

③ 배경과 글자의 채도를 모두 낮게 한다.

④ 배경과 글자를 보색으로 하되 명도는 같게 한다.

31 전 세계적으로 가장 선호도가 높으며, '세계적인 선호색(Universal Color Preference)' 또는 '청색의 민주화'와 관련된 색상은?

① 빨강

② 파랑

③ 노랑

④ 초록

32 장 필립 랑크로(Jean Philippe Lenclos)가 주장한 개념으로, 특정 지역의 토양, 기후, 문화가 반영되어 형성된 그 지역만의 고유한 색채는?

① 유행색

② 지역색

③ 기호색

④ 안전색

33 다음 중 '옵아트(Op Art)'의 조형적 특징으로 가장 적절한 것은?

① 작가의 격정적인 감정을 거친 붓 터치로 표현한다.

② 기하학적 형태와 색채의 착시 효과를 이용하여 시각적 움직임(진동)을 만든다.

③ 꿈과 무의식의 세계를 몽환적이고 비현실적으로 묘사한다.

④ 대중적인 상업 이미지를 그대로 복제하여 사용한다.

34 1980년대 이탈리아에서 에토레 소트사스를 중심으로 결성되었으며, 모더니즘의 획일성에 반대하여 화려한 색채, 장난감 같은 형태, 키치(Kitsch)적 요소를 도입한 포스트모더니즘 디자인 그룹은?

① 멤피스
② 아르데코
③ 유겐트 스틸
④ 글래스고 파

35 색채 이미지 스케일의 종류 중, '귀여운', '모던한', '우아한' 등의 형용사 언어 자체를 이미지 공간상에 배치하여 디자인 콘셉트의 기준을 잡는 것은?

① 단색 이미지 스케일
② 배색 이미지 스케일
③ 형용사 언어 이미지 스케일
④ 트렌드 이미지 스케일

36 다음 중 색의 '동화 현상(Assimilation Effect)'에 대한 설명으로 옳은 것은?

① 인접한 두 색이 서로의 영향으로 인하여 색상, 명도, 채도의 차이가 더욱 크게 느껴지는 현상이다.
② 색의 면적이 클수록, 관찰 거리가 가까울수록 동화 현상은 더욱 뚜렷하게 나타난다.
③ 19세기 빌헬름 폰 베졸트(W. von Bezold)가 양탄자의 디자인 배색을 연구하다 발견한 현상으로 '전파 효과'라고도 한다.
④ 회색 배경 위에 검정색 줄무늬를 넣으면, 배경의 회색이 검정색의 보색 잔상 효과로 인해 더 밝게 느껴진다.

37 색채 분포도에서 Y축이 '명도(Value)'일 때, 데이터 점들이 그래프의 위쪽(상단)에 몰려 있다면 어떤 느낌의 배색인가?

① 밝고 가벼운 느낌
② 어둡고 무거운 느낌
③ 선명하고 강한 느낌
④ 탁하고 수수한 느낌

38 일본색채연구소가 개발한 PCCS(Practical Color Coordinate System)의 가장 큰 특징으로, 명도와 채도를 통합하여 색의 이미지를 분류한 개념은?

① 뉘앙스
② 톤
③ 크로마
④ 틴트

39 CIE L*a*b* 표색계에서 색도 좌표 'a*'와 'b*'가 나타내는 색의 방향(대립 관계)으로 옳은 것은?

① +a*(빨강) ↔ −a*(초록)
   +b*(노랑) ↔ −b*(파랑)
② +a*(노랑) ↔ −a*(파랑)
   +b*(빨강) ↔ −b*(초록)
③ +a*(하양) ↔ −a*(검정)
   +b*(빨강) ↔ −b*(파랑)
④ +a*(초록) ↔ −a*(빨강)
   +b*(파랑) ↔ −b*(노랑)

40 패키지 디자인(Package Design)의 색채계획 시 고려해야 할 기능적 역할로 가장 거리가 먼 것은?

① 제품을 안전하게 보호하고 보존하는 기능
② 제품의 내용물이나 특성을 시각적으로 전달하는 기능
③ 경쟁 상품과의 차별화를 통해 구매 욕구를 자극하는 기능
④ 사용자의 신체적 치수와 움직임을 고려한 인체공학적 기능

41 CIE L*a*b* 색공간에서 '+b*'와 '−b*'가 모두 0에 가까울 때의 설명으로 옳은 것은?

① 채도가 높다.
② 무채색에 가깝다.
③ 명도가 낮다.
④ 빨간색을 띤다.

42 1931년 XYZ 표색계의 단점을 보완하기 위해 1976년에 개발된 색공간들의 특징으로 가장 적절한 것은?

① 지각적 균등성
② 감법 혼색 사용
③ 4자극치 사용
④ 반사율 배제

43 다음 중 재생 섬유에 해당하는 것은?

① 나일론
② 아세테이트
③ 폴리에스테르
④ 면

44 무기 안료(Inorganic Pigment)가 유기 안료에 비해 가지는 장점으로 옳은 것은?

① 색상이 선명하다.
② 착색력이 우수하다.
③ 은폐력이 크고 내열성이 좋다.
④ 색상의 종류가 다양하다.

45 분광식 측색기의 측정 모드 중 'SCI(Specular Component Included)' 방식의 주된 용도로 가장 적절한 것은?

① 완제품의 외관 평가
② 육안 검사와 유사한 색채 평가
③ 표면의 광택도 측정
④ CCM 조색을 위한 원색 데이터 확보

46 기준색의 데이터가 L*=50, a*=20, b*=10이고, 시료색의 데이터가 L*=45, a*=20, b*=15일 때, 시료색에 대한 설명으로 옳은 것은?

① 시료색이 기준색보다 밝고 노란 기미가 있다.
② 시료색이 기준색보다 어둡고 노란 기미가 있다.
③ 시료색이 기준색보다 어둡고 붉은 기미가 있다.
④ 시료색이 기준색보다 밝고 푸른 기미가 있다.

47 병치 혼색 효과를 높이는 조건이 아닌 것은?

① 색점 크기가 작을수록
② 관찰 거리가 멀수록
③ 명도 차이가 클수록
④ 색점이 조밀할수록

48 다음 중 '무기 안료(Inorganic Pigment)'의 특징으로 가장 적절한 것은?

① 빛과 열에 약해 쉽게 변색된다.
② 입자가 매우 곱고 투명하다.
③ 석유 화학 반응으로 합성된다.
④ 은폐력이 크고 내광성이 우수하다.

49 다음 중 컬러 인덱스(C.I.) 표기에서 5자리 숫자로 구성된 'C.I. Number(예 C.I. 69810)'가 나타내는 정보는 무엇인가?

① 제조사 정보
② 색료의 가격 등급
③ 화학적 구조 분류
④ 사용 가능한 재질

50 광원이 바뀜에 따라 물체의 색이 얼마나 변하는지를 나타내는 지수로, 수치가 낮을수록 안정적인 색채임을 나타내는 것은?

① 연색 지수(CRI)
② 메타메리즘 지수(MI)
③ 색변이 지수(CII)
④ 백색도 지수(WI)

51 다음 중 최근 디스플레이에 사용되는 유기발광 다이오드(OLED)의 특징으로 옳지 않은 것은?

① 스스로 빛을 내는 자체 발광(Self-Emitting) 소자이다.
② LCD처럼 별도의 백라이트(Backlight)가 반드시 필요하다.
③ 응답 속도가 빨라 잔상이 거의 없다.
④ 얇고 가볍게 만들 수 있으며 구부릴 수도 있다.

52 광원의 빛깔을 절대온도(K)로 나타낸 '색온도(Color Temperature)'에 대한 설명으로 옳지 않은 것은?

① 흑체(Black Body)를 가열했을 때 방출되는 빛의 색을 기준으로 한다.
② 색온도가 낮을수록 붉은색을 띠고, 높을수록 푸른색을 띤다.
③ 촛불이나 백열등은 색온도가 낮은 광원에 속한다.
④ 색온도가 높을수록 따뜻하고 안락한 느낌(Warm)을 준다.

53 조색 작업 완료 후 품질 관리 및 이력 추적을 위한 데이터 관리 방법으로 가장 부적절한 것은?

① 조색 이력 카드에 배합비(Recipe), 안료 코드, 작업 날짜를 기록한다.
② 완성된 시편은 변색을 막기 위해 빛이 차단된 파일(File)에 보관한다.
③ 남은 조색 도료 캔에는 색명과 날짜를 라벨링하여 재사용할 수 있도록 분류한다.
④ 분광측색계로 측정한 데이터는 용량이 크므로 프로젝트 종료 즉시 삭제한다.

54 도료의 점도가 너무 높거나 건조가 급격할 때, 메탈릭 입자가 나란히 눕지 못하고 무질서하게 배열되어 색이 탁해지는 현상은?

① 침강
② 배향 불량
③ 백화
④ 핀홀

55 조색이 완료된 후 최종 품질 검증(Final Check) 단계에서, 표준광원 D65 외에 표준광원 A(백열 등) 하에서 한 번 더 색을 확인하는 이유로 가장 적절한 것은?

① 도막의 평활도(Leveling)를 확인하기 위해
② 도막의 광택(Gloss) 유무를 판별하기 위해
③ 조건등색(Metamerism) 현상 유무를 확인하기 위해
④ 도료의 건조 상태를 점검하기 위해

56 색입체(Color Solid)의 중심축인 '무채색 축'에 대한 설명으로 옳은 것은?

① 빨강, 파랑 등 색상이 둥글게 배열된 축이다.
② 채도의 강약을 나타내는 수평 방향의 축이다.
③ 맨 위는 흰색(White), 맨 아래는 검은색 (Black)인 명도 단계의 수직축이다.
④ 색입체의 가장 바깥쪽 둘레를 감싸고 있다.

57 CCM의 색차 데이터에서 'ΔL=+2.0'으로 측정 되었을 때, 무슨 의미인가?

① 시료색이 기준색보다 붉다.
② 시료색이 기준색보다 밝다.
③ 시료색이 기준색보다 어둡다.
④ 시료색이 기준색보다 노랗다.

58 CCM 시스템의 구성 장비 중, 컴퓨터가 계산한 배합비대로 안료(Colorant)와 전색제(Base)를 정량적으로 토출하여 담아주는 자동화 장치는?

① 분광측색계
② 오토 디스펜서
③ 자이로 믹서
④ 어플리케이터

59 분광측색계 교정 절차 중 '화이트 교정(White Calibration)'에 대한 설명으로 옳은 것은?

① 빛을 완전히 차단하여 0% 기준을 잡는 것이다.
② 제공된 백색 표준 타일을 측정하여 반사율 100%(또는 지정값) 기준을 잡는 것이다.
③ 특정 파장의 레이저를 쏘아 기기의 파장을 맞추는 것이다.
④ 광택이 없는 흑색 유리를 측정하여 광택 기준을 잡는 것이다.

60 색차(ΔE*) 판정 시, 일반적인 산업 현장에서 '합격(Pass)'으로 간주하는 통상적인 허용 오차 기준은?

① ΔE* ≤ 0.1
② ΔE* ≤ 1.0
③ ΔE* ≤ 3.0
④ ΔE* ≤ 5.0

61 RGB 색체계(8bit)에서 '마젠타(Magenta)' 색상을 만들기 위한 정확한 좌표값(R, G, B)은?

① (255, 255, 0)
② (0, 255, 255)
③ (255, 0, 255)
④ (0, 0, 0)

62 CMY 감법 혼색 시스템에서 '파랑(Blue)'이 우리 눈에 보이게 되는 원리로 옳은 것은?

① 시안(C) 잉크와 옐로우(Y) 잉크를 혼합한다.
② 마젠타(M) 잉크가 초록(G) 성분을 흡수하고, 시안(C) 잉크가 빨강(R) 성분을 흡수하여 남은 파랑(B)이 반사된다.
③ 옐로우(Y) 잉크가 파랑(B) 성분을 반사한다.
④ 시안(C), 마젠타(M), 옐로우(Y)를 모두 혼합한다.

63 색채관리의 '렌더링 인텐트(Rendering Intent)' 중, 사진 이미지처럼 색상 간의 전체적인 조화와 밸런스를 유지하기 위해 사람의 눈에 자연스럽게 보이도록 색역을 압축하는 방식은?

① 절대 색도계
② 상대 색도계
③ 채도
④ 지각적

64 다음 중 벡터(Vector) 방식의 그래픽 파일 포맷으로만 짝지어진 것은?

① JPG, GIF
② BMP, PNG
③ AI, EPS
④ PSD, TIFF

65 다음 중 호환성이 뛰어나 매킨토시와 윈도우 양쪽에서 공통으로 사용 가능하며, 화질 손상이 없는 LZW 무손실 압축 방식을 사용하여 출판/인쇄용 고해상도 이미지 저장에 주로 쓰이는 포맷은?

① JPEG
② GIF
③ TIF
④ BMP

66 가로 100픽셀, 세로 100픽셀인 이미지를 RGB 24비트 모드로 저장했을 때, 이 이미지의 순수 파일 용량(Byte)은?

① 10,000Byte
② 20,000Byte
③ 30,000Byte
④ 40,000Byte

67 운영체제(OS)가 화면 표시를 위해 기본적으로 예약해 둔 색상표를 의미하며, 과거 윈도우와 맥 간의 색상 불일치 원인이 되기도 했던 팔레트는?

① 시스템 팔레트
② 웹 안전 컬러 팔레트
③ 어댑티브 팔레트
④ 그레이스케일 팔레트

68 텍스처 매핑 중, 실제 표면을 변형하지 않고 음영(그림자)만을 조절하여 올록볼록한 엠보싱 효과를 내는 눈속임 기법은 무엇인가?

① 범프 매핑
② 오파시티 매핑
③ 리플렉션 매핑
④ 디퓨즈 매핑

69 그림자가 생기지 않으며, 공간 전체를 은은하고 균일하게 밝혀주는 기본 조명은?

① 스폿 라이트
② 앰비언트 라이트
③ 옴니 라이트
④ 디렉셔널 라이트

70 백열전구, 촛불처럼 한 지점에서 사방(360°)으로 빛이 퍼져 나가는 조명은?

① 옴니 라이트
② 스폿 라이트
③ 디렉셔널 라이트
④ 앰비언트 라이트

71 렌더링 기법 중 거울의 반사, 유리의 굴절 등을 완벽하게 표현하지만, 시간이 오래 걸리는 기법은?

① 스캔 라인
② 레이 트레이싱
③ 플랫 셰이딩
④ 와이어프레임

72 PDP(Plasma Display Panel) 모니터의 특징 중 단점으로 가장 적절한 것은?

① 응답 속도가 빠르고 잔상이 적다.
② 이온화된 기체인 플라스마의 전기 방전을 이용한다.
③ LCD보다 소비 전력이 높고 발열이 많은 편이다.
④ 자체 발광형으로 색상 표현 능력이 우수하다.

73 인쇄물을 위한 색공간 GRACoL에 대한 설명으로 옳은 것은?

① 필름의 명가 코닥에 의해 개발된 초광대역 RGB 색공간이다.
② MS와 HP가 협력하여 만든 웹 표준 RGB 색공간이다.
③ 상업용 오프셋 인쇄를 위한 표준 규격(CMYK)이며 주로 북미 지역에서 사용된다.
④ 매킨토시 환경에서 인쇄 출력 이미지 확인을 위해 사용되던 RGB 색공간이다.

74 인쇄 프로세스에서 C, M, Y를 섞으면 검정이 되어야 하지만 실제 안료의 불순물로 인해 짙은 밤색이 나오는 현상 때문에 별도의 K(Black)판을 추가하는 것은 어떤 효과를 가져오는가?

① 인쇄물의 해상도를 높여준다.
② 명확한 명암 대비와 가독성을 확보하고 유색 잉크 비용을 절감시킨다.
③ 모니터의 색역과 CMYK 색역을 일치시킨다.
④ 인쇄물의 건조 시간을 늘려준다.

75 인쇄용지 중 화학펄프 30~40%와 쇄목펄프를 혼합하여 만들며, 잉크 흡수성이 뛰어나 건조가 빠르지만, 시간이 경과하면 누렇게 변색(황변) 되기 쉬운 종이는 무엇인가?

① 상질지(백상지)
② 중질지
③ 신문용지(갱지)
④ 아트지

76 다음 중 CRT 모니터의 특징에 대한 설명으로 적절하지 않은 것은?

① 진공 속의 음극에서 방출되는 전자를 이용하여 영상을 만든다.
② 스스로 빛을 내는 자기 발광형 장치이다.
③ 뒷부분에 전자총이 있어 뒤쪽이 불룩하게 튀어나와 있다.
④ LCD 모니터보다 소비 전력이 적고 발열이 적어 휴대용 장치에 많이 활용된다.

77 잉크젯 프린터의 구동 방식 중, 노즐에 전기를 가하면 형태가 변하는 압전 소재(Piezo Element)의 진동을 이용하여 물리적인 압력으로 잉크를 분사하는 방식의 장점은 무엇인가?

① 헤드 구조가 단순하여 제조 단가가 저렴하다.
② 노즐 막힘 현상이 서멀 방식보다 적다.
③ 잉크 성분의 변질 없이 다양한 종류의 잉크(솔벤트, UV 등) 사용이 가능하다.
④ 잉크 속에 수증기 기포를 생성하여 잉크를 분사한다.

78 실제로는 친환경적이지 않으면서 친환경인 척 홍보하는 위장 환경주의를 뜻하는 용어는?

① 그린 디자인
② 그린 마케팅
③ 그린 워싱
④ 그린 라이트

79 기존 제품의 기능이나 디자인을 '개선'하여 수명을 연장하는 지속가능한 디자인은 무엇인가?

① 리디자인
② 리사이클
③ 제로 웨이스트
④ 미니멀리즘

80 적록 색각 이상자(P형, D형)를 위해 '빨강'과 '초록'을 배색할 때의 개선 방법으로 가장 적절한 것은?

① 두 색의 채도를 낮추어 파스텔 톤으로 만든다.
② 두 색 사이에 하얀 외곽선(Separation)을 넣는다.
③ 빨강은 주황 계열로, 초록은 청록 계열로 색상을 변경한다.
④ 빨강과 초록의 명도를 비슷하게 맞춘다.

문항수	시험 시간	총점
80문항	120분	100점

수험번호 : ___________________

성　　명 : ___________________

정답 & 해설 ▶ 2-244p

01 다음 [보기]의 (　　) 안에 들어갈 용어로 옳은 것은?

> **[보기]**
> 개인의 행동과 태도 결정에 직접적인 영향을 미치는 가족, 친구 등의 집단을 (A)(이)라고 하며, 자신과는 다르지만 종교, 지역, 인종 등 거시적인 공통점을 가진 집단을 (B)(이)라고 한다.

① A : 사회계층, B : 준거집단
② A : 준거집단, B : 하위문화
③ A : 하위문화, B : 사회계층
④ A : 준거집단, B : 표적시장

02 다음 [보기]의 설명이 가리키는 소비자 심리 현상으로 옳은 것은?

> **[보기]**
> 소비자가 제품을 구매한 후, 자신의 선택이 과연 올바른 것이었는지에 대해 심리적 불안감이나 갈등을 느끼는 현상

① 인지 부조화
② 지각적 방어
③ 브랜드 충성도
④ 고관여

03 매장에서 상품을 돋보이게 하고 소비자의 구매 의욕을 높이기 위해, 매장 환경과 디스플레이 등을 시각적으로 연출하는 전략은?

① VMD
② POS
③ CRM
④ SCM

04 제품이 시장에 출시되어 사라질 때까지의 과정을 나타내는 '제품 수명 주기(PLC)'의 4단계를 순서대로 바르게 나열한 것은?

① 도입기 – 성장기 – 성숙기 – 쇠퇴기
② 성장기 – 도입기 – 성숙기 – 쇠퇴기
③ 도입기 – 성숙기 – 성장기 – 쇠퇴기
④ 쇠퇴기 – 도입기 – 성장기 – 성숙기

05 색채마케팅에서 빨강, 주황 등의 'Warm Tone(난색)' 계열을 식품 패키지나 외식 업체 로고에 주로 사용하는 심리적 이유는?

① 신뢰감과 청결함을 주기 위해
② 자율신경을 자극하여 식욕을 돋우고 회전율을 높이기 위해
③ 심리적 안정감과 차분함을 유도하기 위해
④ 고급스럽고 신비로운 이미지를 주기 위해

06 다음 중 '군집(집락) 표본 추출법'에 대한 설명으로 옳은 것은?

① 모집단을 서로 다른 특성을 가진 층으로 나누고 각 층에서 표본을 추출한다.
② 모집단을 여러 개의 동질적인 소그룹(군집)으로 나누고, 그중 특정 그룹 전체를 조사한다.
③ 조사자가 임의로 편리한 대상을 골라 조사한다.
④ 일정한 시간 간격을 두고 표본을 추출한다.

07 설문지 구성 시 '인구통계학적 질문(나이, 소득, 직업 등)'을 가장 마지막에 배치하는 이유는?

① 응답자가 가장 흥미로워하는 질문이기 때문이다.
② 조사의 핵심 내용이기 때문이다.
③ 사생활 침해 우려로 인한 응답 거부감을 줄이기 위해서다.
④ 설문지의 분량을 채우기 위해서다.

08 안전색채 중 '주황(Yellow Red)'의 의미와 사용 예시가 올바르게 짝지어진 것은?

① 지시 – 안전모 착용
② 위험 – 고압선, 기계의 작동부
③ 안전 – 비상구
④ 금지 – 출입 금지 구역

09 제품이나 환경의 색채를 경쟁사와 구별되게 계획하여 시각적 차별화와 신뢰감을 주는 것은?

① 컬러 아이덴티티
② 컬러 트렌드
③ 컬러 믹스
④ 컬러 팔레트

10 표본(Sample)조사의 특징으로 옳지 않은 것은?

① 전수조사에 비해 시간과 비용이 절약된다.
② 표본의 크기가 클수록 오차는 줄어든다.
③ 표본 추출 과정에서 편향(Bias)이 발생해서는 안 된다.
④ 모집단의 일부만 조사하므로 결과의 신뢰성은 항상 전수조사보다 높다.

11 1975년 파리에 설립된 세계적인 트렌드 정보사로, 컬러, 패브릭, 프린트 등의 유행 정보를 제공하는 곳은?

① 삼성디자인넷
② 프로모스틸
③ 인터패션플래닝
④ 팬톤

12 '트렌드(Trend)'라는 용어의 어원에 대한 설명으로, 본래 이 용어가 사용되던 분야는?

① 심리학 및 철학
② 통계학 및 경제학
③ 미술학 및 조형학
④ 문학 및 언어학

13 표면 마감 상태에 따른 빛의 반사 특성으로, 표면이 거울처럼 매끄러울 때 일어나는 반사는?

① 정반사
② 난반사
③ 확산 반사
④ 재귀 반사

14 색채 치료(Color Therapy)에서 혈압을 높이고, 혈액 순환을 자극하며, 근육 활동을 돕는 색은?

① 파랑
② 초록
③ 빨강
④ 보라

15 색채와 촉각의 공감각적 반응에서 '촉촉함(습기)'을 가장 잘 느끼게 하는 색채 조건은?

① 고명도의 난색(분홍)
② 고명도의 한색(연한 파랑)
③ 저명도의 난색(갈색)
④ 저명도의 한색(남색)

16 설문지 작성 시 유의사항으로 옳은 것은?

① 질문은 전문 용어를 많이 사용하여 권위를 높인다.
② 응답자가 고민하도록 질문을 최대한 복잡하게 만든다.
③ 중요한 단어나 강조할 부분에는 밑줄이나 굵은 글씨를 사용한다.
④ 주관식(개방형) 질문을 최대한 많이 배치한다.

17 프랭크 만케의 색경험 피라미드 중 가장 하위 단계(1단계)로, 모든 생명체가 빛과 색에 대해 본능적으로 반응하는 단계는?

① 생물학적 반응
② 집단 무의식
③ 의식적 상징화
④ 문화적 영향

18 색채와 형태의 공감각적 연결에서 '빨강(Red)'과 가장 잘 어울리는 도형은?

① 원형
② 삼각형
③ 정사각형
④ 육각형

19 마케팅 전략 수립의 첫 번째 단계(1단계)인 '상황분석'에서 주로 수행하는 내용은?

① 구체적인 마케팅 일정 수립
② 경쟁사의 브랜드 및 디자인 전략 파악
③ 신제품의 가격 결정
④ 브랜드 네이밍 및 로고 디자인

20 마케팅 개념의 변천 과정을 순서대로 바르게 나열한 것은?

① 생산 지향 → 판매 지향 → 제품 지향 → 소비자 지향 → 사회 지향
② 생산 지향 → 제품 지향 → 판매 지향 → 소비자 지향 → 사회 지향
③ 제품 지향 → 생산 지향 → 판매 지향 → 사회 지향 → 소비자 지향
④ 판매 지향 → 생산 지향 → 제품 지향 → 소비자 지향 → 사회 지향

21 다음 중 색채와 '상징'이 잘못 연결된 것은?

① 비상구 – 초록(안전)
② 1등 금메달 – 노랑(황금)
③ 장례식 – 검정(죽음)
④ 항복의 깃발 – 빨강(정지)

22 완성될 제품의 예상도를 미리 그려보는 것으로, 디자이너의 아이디어를 클라이언트에게 설득하기 위해 실물과 똑같이 묘사하는 완성형 그림은?

① 스케치
② 렌더링
③ 모델링
④ 도면

23 자연 생물의 운동 메커니즘이나 구조를 모방하여 디자인에 응용하는 분야는?

① 바이오닉 디자인
② 에코 디자인
③ 유니버설 디자인
④ 버내큘러 디자인

24 시각디자인의 기능 중 '광고'나 '포스터'처럼 사람의 마음을 움직여 행동(구매)을 유도하는 기능은 무엇인가?

① 지시적 기능
② 설득적 기능
③ 상징적 기능
④ 기록적 기능

25 색채이미지 스크랩(Scrap)을 제작하는 과정의 태도로 가장 적절한 것은?

① 양을 늘리기 위해 인터넷에 있는 모든 이미지를 저장한다.
② 개인적인 취향보다는 설정된 '콘셉트'에 부합하는지 먼저 판단한다.
③ 자료의 출처는 중요하지 않으므로 기록하지 않는다.
④ 정리는 나중에 하고 일단 수집하는 데에만 집중한다.

26 기획(Planning)과 계획(Plan)의 차이에 대한 설명으로 옳지 않은 것은?

① 기획은 'What to do(무엇을 할 것인가)'라는 방향성 설정에 중점을 둔다.
② 계획은 'How to do(어떻게 실행할 것인가)'라는 구체적인 방법에 중점을 둔다.
③ 기획은 어떤 대상에 대해 일을 꾸미는 능동적인 '행위' 자체를 의미한다.
④ 계획은 기획보다 추상적이고 포괄적인 개념을 다룬다.

27 '저채도(Low Chroma) 배색'이 주는 일반적인 느낌과 가장 거리가 먼 것은?

① 소박하고 수수하다.
② 차분하고 침착하다.
③ 화려하고 활기차다.
④ 성숙하고 우아하다.

28 배색 계획 시 가장 우선적으로 고려해야 할 사항은?

① 최신 유행 스타일
② 디자이너의 개인 취향
③ 목적과 기능의 적합성
④ 심미적인 아름다움

29 "자연은 결코 부조화스러운 배색을 보여주지 않는다."라고 주장하며, 자연 관찰을 통한 색채 조화(유사 조화 등)를 강조한 학자는?

① 오그던 루드(Ogden N. Rood)
② 파버 비렌(Faber Birren)
③ 아이작 뉴턴(Isaac Newton)
④ 요한 볼프강 폰 괴테(J.W. von Goethe)

30 카츠(David Katz)의 색지각 분류 중, 잔잔한 수면이나 잘 닦인 금속 표면처럼 주변 사물이 비쳐서 지각되는 색은?

① 면색
② 투명면색
③ 경영색
④ 공간색

31 일반적인 국기 색채 상징에서 '자유, 평화, 정직, 희망'을 의미하며, 프랑스 국기에서 '자유'를 상징하는 색은?

① 빨강
② 파랑
③ 노랑
④ 검정

32 색채 지각 효과 중 '베졸트-브뤼케 현상(Bezold-Brücke Effect)'에 대한 설명으로 옳은 것은?

① 빛의 강도(휘도)가 높아지면 색상(Hue)이 변해 보인다.
② 색의 채도가 낮아지면 색상이 변해 보인다.
③ 미세한 패턴이 인접하면 색이 서로 섞여 보인다.
④ 어두운 곳에서는 파란색이 더 밝게 보인다.

33 20세기 초 프랑스의 야수파(Fauvism) 화가들이 사물의 고유색을 부정하고, 작가의 감정에 따라 강렬하게 사용한 색채의 특징은?

① 파스텔 톤
② 무채색
③ 원색
④ 저채도색

34 다음 중 '미니멀리즘(Minimalism)' 미술의 특징으로 옳지 않은 것은?

① "적을수록 많다(Less is More)."는 미학을 추구한다.
② 불필요한 장식을 제거하고 단순한 기하학적 형태를 반복한다.
③ 작가의 주관적인 감정과 개성을 작품에 풍부하게 드러낸다.
④ 공업용 재료를 가공하지 않고 그대로 사용하는 경우가 많다.

35 배색 의도 작성 시 색 이름을 표기하는 전문적인 방법으로 가장 적절한 것은?

① 개인적으로 느낌이 좋은 감성적인 이름을 붙인다.
② '하늘색', '살구색' 같은 관용색명을 주로 사용한다.
③ KS 계통색명(일반색명)이나 먼셀 기호를 사용하여 정확하게 표기한다.
④ 영어 이름만 사용하여 세련됨을 강조한다.

36 다음 중 '강조색(Accent Color)'의 역할로 가장 적절한 것은?

① 전체 면적의 70% 이상을 차지하여 통일감을 준다.
② 주조색과 유사한 색상을 사용하여 배색을 부드럽게 만든다.
③ 작은 면적(5~10%)을 차지하지만, 시선을 집중시키고 배색에 생기를 준다.
④ 색과 색 사이의 경계를 분리시켜 형태를 명확히 한다.

37 '경쾌한(Active)' 이미지 배색에서 주로 사용하는 톤(Tone)과 대비의 특징으로 옳은 것은?

① 저채도의 탁한 톤(dull)을 사용하여 대비를 줄인다.
② 고명도의 맑은 톤(pale)만 사용하여 부드럽게 한다.
③ 고채도의 선명한 톤(vivid)을 사용하며, 색상 대비를 뚜렷하게 한다.
④ 저명도의 어두운 톤(dark)을 사용하여 무게감을 준다.

38 계통색명(Systematic Color Name)에 대한 설명으로 옳은 것은?

① '살구색', '쥐색', '하늘색'과 같이 사물의 이름에서 따온 색명이다.
② 시대나 유행에 따라 색의 의미가 변하기 쉽고 개인차가 크다.
③ 색의 3속성(색상, 명도, 채도)을 형용사로 풀어서 체계적으로 부르는 이름이다.
④ 색의 이미지를 연상하기 쉬워 일상생활에서 주로 사용된다.

39 먼셀 표색계의 색입체(Color Tree)를 수직으로 절단했을 때(등색상면), 특징으로 가장 적절한 것은?

① 동일한 명도를 가진 색들이 가로로 배열된 것을 볼 수 있다.
② 동일한 채도를 가진 색들이 세로로 배열된 것을 볼 수 있다.
③ 중심축을 기준으로 좌우에 보색 관계인 두 색상의 명도와 채도 변화가 나타난다.
④ 모든 색상이 둥그렇게 원으로 배열된 색상환이 나타난다.

40 미용디자인(Beauty Design)의 색채계획 및 특징에 대한 설명으로 적절하지 않은 것은?

① 인체의 아름다움을 표현하는 디자인으로 개인의 미적 요구와 시대적 유행을 반영해야 한다.
② 미적 충족이 주된 목적이므로, 보건 위생상의 안전보다는 심미적 표현을 최우선으로 고려한다.
③ 미용 디자인의 범위에는 헤어스타일, 메이크업, 네일케어, 스킨케어, 퍼스널 컬러 등이 포함된다.
④ 퍼스널 컬러는 개인의 피부, 눈동자, 모발 등 신체색을 분석하여 최상의 이미지를 연출하는 핵심 요소이다.

41 CIE L*C*h* 표색계에서 'h'가 의미하는 것은?

① 명도
② 채도
③ 색상각
④ 색차

42 맥스웰(Maxwell)의 색채학적 업적으로 옳은 것은?

① 회전 혼색 실험
② 반대색설 주장
③ 7색 분해
④ 조화론 발표

43 진주 광택 안료(Pearl Pigment)가 무지갯빛을 내는 발색 원리는?

① 빛의 산란
② 빛의 간섭
③ 빛의 흡수
④ 빛의 투과

44 금속 원소의 불꽃 반응 색상이 바르게 짝지어진 것은?

① 나트륨(Na) – 보라색
② 리튬(Li) – 노란색
③ 칼슘(Ca) – 주황색(오렌지색)
④ 구리(Cu) – 빨간색

45 2001년 CIE가 권장하는 최신 색차식으로, 인간의 시감과 색차값의 일치성을 높이기 위해 명도, 채도, 색상의 보정 함수를 각각 적용한 것은?

① CIE 1976 L*a*b*
② CMC(l:c)
③ CIEDE2000($\Delta E*_{00}$)
④ Hunter Lab

46 시야각(Viewing Angle)에 대한 설명으로 옳은 것은?

① 2° 시야는 넓은 면적의 색채를 평가할 때 적합하다.
② 10° 시야는 1964년 CIE에서 채택한 표준으로 넓은 시야를 의미한다.
③ 10° 시야에서 관찰하면 2° 시야보다 채도가 더 높게 느껴진다.
④ 일반적으로 아주 작은 물체는 10° 시야로 측정한다.

47 소재별 혼색 원리를 순서대로 바르게 나열한 것은?

① 투명 플라스틱 – 병치 혼색
② 직물의 직조 – 감법 혼색
③ 도료(페인트) – 복합혼색
④ 컬러 TV – 감법 혼색

48 저가형 물감을 사용하여 조색했을 때, 건조 후 색이 희뿌옇게 변하는 '백탁 현상'의 원인으로 옳은 것은?

① 안료의 입자가 너무 작기 때문이다.
② 고가의 유기 안료를 사용했기 때문이다.
③ 증량제(체질 안료)를 과다하게 섞었기 때문이다.
④ 전색제의 비율이 너무 낮기 때문이다.

49 CIE 색차식 중 'CIE L*a*b*(1976)' 색공간의 허용 범위(Tolerance) 형태는?

① 타원체
② 구
③ 직육면체
④ 원뿔

50 육안 검색 시 눈의 피로를 줄이고 정확한 판정을 하는 방법으로 옳지 않은 것은?

① 검사 전 무채색을 보며 눈을 순응시킨다.
② 채도가 높은 선명한 색을 먼저 검사하고, 연한 색은 나중에 한다.
③ 강한 색을 본 후에는 회색을 보거나 눈을 감아 잔상을 없앤다.
④ 관찰자는 색이 없는 투명한 렌즈의 안경만 착용한다.

51 촬영 시 조명의 색온도가 필름(또는 카메라 세팅) 기준보다 낮아 붉은색이 강하게 나올 때, 이를 보정하기 위해 사용하는 필터는?

① 앰버(Amber) 계열 필터
② 블루(Blue) 계열 필터
③ 그레이(Gray) 필터
④ 편광(PL) 필터

52 조색 보정 처방 작성 시, '시료색의 a*값을 내릴 경우(−a* 방향 보정)'에 해당하는 올바른 표현은?

① "(Red)를 ( )만큼 추가한다."
② "(Green)을 ( )만큼 추가한다."
③ "(Yellow)를 ( )만큼 추가한다."
④ "(Blue)를 ( )만큼 추가한다."

53 다음 중 투명한 '클리어 코팅(Clear Coating)'의 목적으로 옳지 않은 것은?

① 도막의 평활도(Leveling) 향상
② 자외선 차단 및 내구성 증대
③ 색상의 은폐력 강화
④ 광택 부여 및 색의 선명도 향상

54 금속 재질의 질감(Texture)을 살리면서 내마모성과 내식성을 높이기 위해, 알루미늄 제품에 주로 사용되는 표면처리 방식은?

① 소부 도장
② 아노다이징
③ 분체 도장
④ 전착 도장

55 정밀 측색 장비인 '분광식 측색기(Spectrophotometer)'의 성능 기준 및 특징으로 옳은 것은?

① 가시광선 영역을 100nm 이상의 넓은 간격으로 측정한다.
② 파장 불확도는 1nm 이내, 반사율 불확도는 0.5% 이내여야 한다.
③ 필터 방식을 사용하여 조건등색은 판별할 수 없다.
④ 정밀도가 낮아 자동배색장치(CCM) 시스템에는 사용할 수 없다.

56 정확한 색채 측정을 위해 시료를 항온항습 조건(20℃, 65% 등)에 일정 시간 방치하여 수분과 온도를 안정시키는 과정을 무엇이라 하는가?

① 조항 ② 교정
③ 조색 ④ 검사

57 메탈릭 도료나 펄 도료처럼 시선 각도나 조명 각도에 따라 색상이나 명도가 달라 보이는 성질을 통칭하는 전문 용어는?

① 연색성
② 이방성
③ 다색성
④ 형광성

58 색채 품질 관리에서 '한도 견본(Limit Sample)'의 주된 용도로 옳은 것은?

① 가장 이상적인 목표색을 보여주기 위함
② 합격과 불합격의 허용 경계선을 시각적으로 확인하기 위함
③ 안료의 원색(Primary Color)을 확인하기 위함
④ 도료의 광택 수준만을 확인하기 위함

59 도장 불량 중, 도료가 평평하게 퍼지지 못하고 표면이 귤껍질처럼 울퉁불퉁해지는 현상은?

① 백화
② 오렌지 필
③ 핀홀
④ 흐름

60 고광택(High Gloss) 도장면임에도 불구하고, 안료 분산 불량이나 수지 호환성 문제로 인해 표면에 안개가 낀 것처럼 뿌옇게 보이는 불량 현상은?

① 핀홀
② 크래킹
③ 헤이즈
④ 새깅

61 스캐너나 디지털카메라와 같은 '입력 장치'의 색상 특성화(Characterization)를 위해 국제표준기구(ISO)가 지정한 표준 컬러 차트는?

① ISO 12642 차트
② IT8 차트
③ 먼셀 색상환
④ PCCS 배색 카드

62 색채관리 시스템(CMS)에서 서로 다른 장비(RGB vs CMYK) 간의 색을 연결해 주는 통역사 역할인 '프로파일 연결 공간(PCS)'으로 주로 사용되는 색체계는?

① sRGB
② CMYK
③ CIE L*a*b*
④ HSV

63 프루핑(Proofing)을 위한 렌더링 인텐트 설정 시, 종이의 바탕색(누런색 등)까지 시뮬레이션하기 위해 화이트 포인트(White Point)를 이동시키지 않는 방식은?

① 지각적
② 채도
③ 상대 색도계
④ 절대 색도계

64 다음 16진수 색상 코드 중 '웹 안전 컬러(Web-safe Color)'의 조건에 부합하는 것은?

① #FF0512
② #CC3399
③ #AB12CD
④ #F2F2F2

65 색역(Color Gamut)의 한계와 관련하여, 실제로 존재하는 색료(잉크, 안료)의 물리적 한계 때문에 중간 명도에서 표현할 수 있는 색역이 줄어든다는 이론은?

① 맥아담 영역
② 포인터 영역
③ 베지에 영역
④ 오스트발트 영역

66 ISO 3664 규정에서 인쇄 감리 등 전문가가 수행하는 '정밀 비교(Critical Comparison)' 시 요구되는 조도 기준은?

① 500lx(±125)
② 1,000lx(±200)
③ 2,000lx(±500)
④ 5,000lx(±1000)

67 그래픽 포맷 중 투명한 배경(Alpha Channel)을 지원하며 비손실 압축을 사용하는 웹용 표준 포맷인 PNG의 특징이 아닌 것은?

① JPEG보다 압축률이 높아 사진 저장에 더 유리하다.
② 비손실 압축 방식을 사용하여 원본 화질을 유지한다.
③ 8비트 알파 채널을 지원하여 부드러운 투명 처리가 가능하다.
④ GIF의 256색 한계를 극복하고 트루 컬러를 지원한다.

68 태양광처럼 아주 먼 곳에서 평행하게 빛이 들어오며, 그림자의 각도가 일정한 조명은?

① 옴니 라이트
② 스폿 라이트
③ 앰비언트 라이트
④ 디렉셔널 라이트

69 3D 재질 속성 중, 빛을 받았을 때 나타나는 물체 고유의 본래 색상(바탕색)을 무엇이라 하는가?

① 스펙큘러
② 디퓨즈
③ 앰비언트
④ 오파시티

70 3차원 모델링 데이터를 계산하여 최종적인 2차원 이미지(화상)로 만드는 과정을 무엇이라 하는가?

① 모델링
② 매핑
③ 렌더링
④ 애니메이션

71 3D 렌더링 시 보이지 않는 물체의 뒷면이나 가려진 면을 처리하는(지우는) 기술은?

① 은면 제거
② 안티 앨리어싱
③ 텍스처 매핑
④ 모션 블러

72 다음 중 디지털카메라의 RAW 파일이 가지는 특성으로 옳지 않은 것은?

① 이미지 센서가 받아들인 원본 데이터를 가공 없이 저장한다.
② 10~14비트 수준의 고비트(High-bit) 심도를 가진다.
③ 압축률이 높아 파일 용량이 JPEG 파일보다 작다.
④ 색역이 넓어 장비의 색재현 한계를 규정 짓기 어려울 만큼 풍부한 데이터를 보존한다.

73 아날로그 데이터의 좌표를 판독하여 컴퓨터에 디지털 형식으로 설계 도면이나 도형을 입력하는 데 사용되며, 직사각형의 넓은 평면 모양인 태블릿(Tablet)을 의미하기도 하는 입력 장치는?

① 스캐너
② 디지타이저
③ 필름 레코더
④ A/D 컨버터

74 잉크젯 프린터의 구동 방식 중, 노즐의 열선에 순간적으로 고열을 가하여 잉크 속에 수증기 기포(Bubble)를 생성하고, 그 팽창력으로 잉크를 분사하는 원리를 이용하는 방식은?

① 서멀 버블(Thermal Bubble) 방식
② 피에조(Piezo) 방식
③ 드롭 온 디맨드(Drop on Demand) 방식
④ 연속 분사 방식

75 레이저 프린터의 구동 원리인 전자 사진 방식의 5단계 순서 중, '레이저 광선을 드럼에 쏘아 잠상(밑그림)을 형성하는 단계'는 무엇인가?

① 대전(Charging)
② 노광(Exposing)
③ 현상(Developing)
④ 전사(Transferring)

76 컴퓨터 모니터의 화면 색상과 프린터 출력물의 색상이 일치하지 않는(색역 불일치) 원인으로 가장 적절한 것은?

① 모니터와 프린터의 해상도 차이
② 작업 공간의 조명 밝기 차이
③ 발색 원리의 차이(RGB vs CMYK)
④ 출력 용지의 잉크 흡수율 차이

77 유니버설 디자인 7원칙 중 '단순하고 직관적인 사용'의 예시로 가장 적절한 것은?

① 복잡한 설명서가 필요한 기계
② 글자를 몰라도 이해되는 비상구 그림
③ 힘을 주어 돌려야 열리는 문
④ 전문가만 조작할 수 있는 프로그램

78 정량적 평가에서 기준색(Standard)과 시료색(Sample)의 차이를 수치로 나타내어, 제품의 합격/불합격을 판정하는 데 사용하는 지표는?

① 감성 지수
② 색차(Color Difference, $\Delta E*$)
③ 선호도 빈도수
④ 연색 지수(Ra)

79 디자인 완성 후 CUD(컬러 유니버설 디자인)가 잘 적용되었는지 확인하는 방법으로 적절하지 않은 것은?

① 포토샵(Photoshop)의 색맹 시뮬레이션 기능을 활용한다.
② 스마트폰의 색각 시뮬레이션 앱으로 촬영해 본다.
③ 디자이너의 주관적인 느낌으로 "이 정도면 잘 보인다."라고 판단한다.
④ 특수 필터(바리언트)를 통해 색각 이상자의 시야를 체험해 본다.

80 프레젠테이션 기획 및 제작의 일반적인 3단계를 순서대로 바르게 나열한 것은?

① 제작(Visual Making) → 발표(Presentation) → 기획(Planning)
② 기획(Planning) → 제작(Visual Making) → 발표(Presentation)
③ 발표(Presentation) → 기획(Planning) → 제작(Visual Making)
④ 기획(Planning) → 발표(Presentation) → 제작(Visual Making)

컬러리스트 기사 출제 예상문제

컬러리스트 기사 **출제 예상문제 01회**

문항수	시험 시간	총점
80문항	120분	100점

수험번호 : ______________

성　　명 : ______________

정답 & 해설 ▶ 2-254p

01 다음 중 색채디자인 프로젝트 발주 단계에서 생성되는 문서에 대한 설명으로 가장 적절하지 않은 것은?

① 제안요청서(RFP)는 발주자가 사업의 목적, 범위, 예산 등을 명시하여 제안자에게 요청하는 공식 문서이다.

② 자료의뢰서(RFI)는 RFP 작성 전 단계에서 시장 동향이나 예산 정보를 수집하기 위해 요청하는 문서이다.

③ 일반적으로 프로젝트 문서는 '자료의뢰서(RFI) → 제안요청서(RFP)'의 순서로 진행된다.

④ 자료의뢰서(RFI)는 법적 구속력이 매우 강하여 추후 계약 분쟁 시 최종 계약서보다 우선하는 근거가 된다.

02 지식재산권 중 '산업재산권'과 '저작권'의 가장 큰 차이점인 권리 발생 요건을 바르게 설명한 것은?

① 산업재산권은 창작 즉시 발생하고, 저작권은 등록해야 발생한다.

② 산업재산권은 등록(심사)해야 발생하고, 저작권은 창작 시점에 자동 발생한다.

③ 둘 다 특허청에 등록해야만 권리가 발생한다.

④ 둘 다 별도의 절차 없이 창작과 동시에 발생한다.

03 「경관법」상 경관계획의 수립 및 승인 절차에 대한 설명으로 옳지 않은 것은?

① 경관법의 성격 : 규제 일변도에서 벗어나 지역의 고유한 정체성을 살리는 유도와 지원 중심의 법률이다.

② 의무 수립 대상 : 관할 구역 인구가 10만 명을 초과하는 시 · 군은 경관계획을 의무적으로 수립해야 한다.

③ 승인 절차 : 시장 · 군수가 경관계획을 수립하거나 변경할 때는 최종적으로 국토교통부장관의 승인을 받아야 한다.

④ 특정경관계획 : 색채, 야간경관 등 특정 요소를 중점 관리하기 위한 계획이며, 5년마다 타당성을 검토해 재정비한다.

04 ISO(국제표준화기구) 색채 규격 중, '인쇄 공정 제어 및 인쇄물 색 측정'에 관한 표준 번호는?

① ISO 3864　　② ISO 12647

③ ISO 9001　　④ ISO 14000

05 색채디자인 프로세스의 일반적인 진행 순서단계로 가장 올바른 것은?

① 기획 → 계획 → 설계 → 관리

② 계획 → 기획 → 설계 → 관리

③ 설계 → 기획 → 계획 → 관리

④ 기획 → 설계 → 계획 → 관리

06 색채디자인 프로세스의 '관리 단계'에 대한 설명으로 옳지 않은 것은?

① 인건비 : 상여금은 기준단가의 연 400%를 초과할 수 없다.
② 재료비 : 재료 구입 시 발생하는 운임, 보험료 등 부대 비용은 재료비에 포함한다.
③ 참여율 : 법정 근로시간인 1일 8시간을 기준(100%)으로 산정한다.
④ 경비 : 교통통신비 항목에는 시내교통비, 우편료, 시외여비가 모두 포함된다.

07 다음 중 디자인 영역의 분류와 예시가 잘못 연결된 것은?

① 평면 디자인 - 로고, 포스터
② 입체 디자인 - 제품 용기, 자전거
③ 공간 디자인 - 무대 디자인, 인테리어
④ 시각 디자인 - 스트리트 퍼니처

08 마케팅 믹스에서 판매자(4P)-소비자(4C) 연결이 옳은 것은?

① Product - Cost
② Price - Customer
③ Place - Convenience
④ Promotion - Cost

09 현대적 구매 모델인 AISAS에서 강조되는 두 가지 단계는?

① 주의(A) - 흥미(I)
② 검색(S) - 공유(S)
③ 욕구(D) - 기억(M)
④ 기억(M) - 행동(A)

10 색채 시장 조사 프로세스 6단계를 순서대로 올바르게 나열한 것은?

① 콘셉트 선정 → 조사방향 결정 → 정보 수집 → 정보의 취사선택 → 정보의 분류 → 정보의 분석 및 활용
② 조사방향 결정 → 콘셉트 선정 → 정보 수집 → 정보의 분류 → 정보의 취사선택 → 정보의 분석 및 활용
③ 정보 수집 → 조사방향 결정 → 콘셉트 선정 → 정보의 취사선택 → 정보의 분류 → 정보의 분석 및 활용
④ 콘셉트 선정 → 정보 수집 → 조사방향 결정 → 정보의 분류 → 정보의 취사선택 → 정보의 분석 및 활용

11 확률 표본 추출법 중 '층화 표본 추출(Stratified Sampling)'과 '군집 표본 추출(Cluster Sampling)'에 대한 설명으로 옳은 것은?

① 층화 추출은 모집단을 하위 집단으로 나누고 특정 집단 전체를 표본으로 선택한다.
② 군집 추출은 모집단을 층으로 나누고 각 층에서 비례하여 표본을 추출한다.
③ 지역별 소비자 특성에 따른 색채 선호를 조사할 때, 각 지역(층)에서 인구 비례대로 뽑는 것은 층화 추출이다.
④ 군집 추출은 층화 추출보다 표본의 대표성이 항상 높다.

12 한국공업규격(KS) 안전색채 중 주황(Yellow Red)색이 사용되는 장소나 의미로 가장 적합한 것은?

① 방화, 정지, 금지
② 기계류의 위험, 고압선, 상해 위험
③ 비상구, 구급상자, 안전
④ 보호구 착용 지시, 수리 중

13 수집된 자료의 통계적 분석 용어에 대한 설명으로 옳은 것은?

① 최빈값은 자료를 크기순으로 나열했을 때 중앙에 위치한 값이다.
② 표준편차는 산포도를 나타내며, 값이 클수록 평균에서 데이터가 멀리 흩어져 있음을 의미한다.
③ 산술 평균은 가장 자주 관측되는 값을 의미한다.
④ 상관관계 분석은 두 변수 간의 인과관계를 명확히 규명하는 기법이다.

14 트렌드(Trend)의 정의 및 역사적 배경에 대한 설명으로 가장 거리가 먼 것은?

① 경제학, 통계학에서 사용되던 용어다.
② '방향을 틀다', '유행'의 의미를 가진다.
③ 1936년 잡지 『Trend』에서 처음 언급됐다.
④ 가장 전통적이고 변하지 않는 것을 뜻한다.

15 특정 하위 문화에서 단시간에 폭발적으로 유행하다가 급격히 사라지는 현상은?

① 패드(Fad)
② 붐(Boom)
③ 트렌드(Trend)
④ 클래식(Classic)

16 마케팅 전략 수립 5단계 중, 자사 브랜드를 중심으로 키워드를 도출하고 이미지 매핑(Image Mapping)을 수행하는 단계는?

① 1단계 : 상황 분석
② 2단계 : 목표 설정
③ 3단계 : 전략 수립
④ 4단계 : 실행 계획

17 포지셔닝(Positioning) 과정 4단계 중 마지막 단계에 해당하는 것은?

① 경쟁우위 지점 발견
② 경쟁우위 지점 선정
③ 경쟁우위 지점 전달
④ 재포지셔닝

18 색채 선호도 조사 중 '서베이(Survey)법'의 특징으로 옳은 것은?

① 소수 전문가의 의견을 심층 분석한다.
② 결과의 통계적 처리와 분석이 용이하다.
③ 응답자의 태도에 관계없이 정확도가 높다.
④ 질문지 작성 과정이 필요 없어 간편하다.

19 한국산업표준(KS A 3501)에서 규정하는 '안전색(Safety Color)' 8가지에 포함되지 않는 색상은?

① 자주(Purple)
② 주황(Yellow Red)
③ 분홍(Pink)
④ 하양(White)

20 색채 치료(Color Therapy)의 원리에 대한 설명으로 옳은 것은?

① 난색 계열(빨강)은 부교감신경을 자극하여 심신을 안정시킨다.
② 한색 계열(파랑)은 교감신경을 자극하여 맥박을 증가시킨다.
③ 질병의 국소적인 증상 제거에만 집중하는 대증 요법이다.
④ 색채 고유의 파장과 에너지를 통해 자연 치유력을 높이는 보완 치료법이다.

21 다음 중 아이디어 발상법에 대한 설명으로 가장 부적절한 것은?

① 브레인스토밍은 질보다 양을 중시한다.
② 시네틱스는 서로 다른 요소를 결합한다.
③ 고든법은 구체적 주제를 제시하고 시작한다.
④ NM법은 대상과 유사를 찾아 유추한다.

22 I.R.I 형용사 이미지 스케일에서 '모던한' 이미지의 형용사는?

① 진보적인, 도시적인, 기능적인
② 사랑스러운, 귀여운, 즐거운
③ 소박한, 전원적인, 편안한
④ 화려한, 장식적인, 매혹적인

23 제품 수명 주기(PLC)의 단계별 시장 특성에 따른 색채 및 마케팅 전략으로 적절하지 않은 것은?

① 도입기 : 인지도가 낮고 광고 비용이 많이 드는 시기로, 주목성 높은 색채를 사용하여 강력한 브랜드 아이덴티티(BI)를 구축한다.
② 성장기 : 매출이 급증하고 경쟁자가 출현하는 시기로, 소비자의 다양한 기호를 충족하기 위해 색채 베리에이션(Variation)을 확대한다.
③ 성숙기 : 생산 원가는 낮아지나 경쟁이 치열한 시기로, 차별화된 색채 적용과 패키지 리뉴얼을 통해 브랜드에 신선함을 부여한다.
④ 쇠퇴기 : 매출과 이익이 모두 감소하는 시기로, 시장 점유율 회복을 위해 최신 유행색(Trend Color)을 공격적으로 도입하여 라인업을 확장한다.

24 빅터 파파넥(Victor Papanek)의 복합 기능 중 '텔레시스(Telesis)'에 대한 설명으로 옳은 것은?

① 재료, 도구, 공정의 상호작용이다.
② 시대와 환경에 따른 목적 지향적 변화다.
③ 인간 마음속의 충동과 욕망의 관계이다.
④ 경제적, 심리적 요구가 복합된 것이다.

25 제품디자인 프로세스 중 '프레젠테이션 모델(Presentation Model)'에 대한 설명으로 옳은 것은?

① 초기 아이디어 발상 단계의 모형
② 작동 실험을 위한 최종 시제품
③ 품평을 위해 실물과 똑같이 만든 모형
④ 내부 구조 검토를 위한 골격 모형

26 다음 중 색채이미지 자료 수집 단계에서 '1차 자료(Primary Data)'에 해당하는 것은?

① 인터넷 포털 사이트의 이미지 검색 결과
② 통계청에서 발표한 연도별 인구 통계 자료
③ 타겟 소비자를 대상으로 직접 실시한 설문조사 및 인터뷰
④ 국립중앙도서관에 소장된 디자인 전문 서적 및 잡지

27 다음 중 콘셉트 시각화 도구인 '이미지 맵(Image Map)'과 '무드 보드(Mood Board)'에 대한 설명으로 옳은 것은?

① 이미지 맵은 콜라주(Collage) 형식을 사용하여 전체적인 감성 분위기를 직관적으로 전달하는 것이 주목적이다.

② 무드 보드는 가로축과 세로축 등의 기준축(Axis)을 설정하여 이미지를 매핑하고 객관적으로 위치를 파악한다.

③ 이미지 맵은 경쟁사와의 포지셔닝 비교 분석에 용이하며 분석적이고 이성적인 도구이다.

④ 무드 보드는 수집된 이미지들을 언어 척도 위에 배치하여 논리적으로 분석하는 도구이다.

28 다음 실내 배색 사례에서 최종적으로 위배된 색채 조화의 공통 원리로 가장 적절한 것은?

> [사례]
> 유사 색상 배색을 적용했으나 명도와 채도의 차이가 거의 없어, 경계가 불분명하고 전체적으로 칙칙하고 모호한 느낌을 준다.

① 질서의 원리

② 유사의 원리

③ 대비의 원리

④ 명료성의 원리

29 문–스펜서(Moon–Spencer)의 색채 조화론에서 제시한 '미도(美度, Aesthetic Measure)' 계산 공식(M=O/C)에 대한 해석으로 가장 옳은 것은?

① 미도는 질서의 요소와 복잡성 요소의 합이다.

② 복잡성의 요소가 클수록 미도 수치는 낮아진다.

③ 색의 수가 많을수록 질서의 요소가 증가한다.

④ 미도 수치가 0.5 미만일 때 조화롭다고 판단한다.

30 빛의 본질에 대한 학자(학설)의 발전 과정을 시대순으로 바르게 나열한 것은?

① 뉴턴(입자설) – 하위헌스(파동설) – 맥스웰(전자기파설) – 아인슈타인(광양자설)

② 하위헌스(파동설) – 뉴턴(입자설) – 아인슈타인(광양자설) – 맥스웰(전자기파설)

③ 맥스웰(전자기파설) – 뉴턴(입자설) – 하위헌스(파동설) – 아인슈타인(이중성)

④ 아인슈타인(이중성) – 하위헌스(파동설) – 뉴턴(입자설) – 맥스웰(전자기파설)

31 카츠(David Katz)의 색지각 분류 중, 파란 하늘이나 작은 구멍을 통해 본 색처럼 거리감, 입체감, 재질감이 느껴지지 않는 색은?

① 표면색(Surface Color)

② 공간색(Volume Color)

③ 경영색(Mirrored Color)

④ 면색(Film Color)

32 다음 중 눈의 구조와 기능에 대한 설명으로 옳은 것을 [보기]에서 모두 고른 것은?

[보기]

가. 수정체는 카메라의 렌즈와 같으며, 모양체의 작용으로 두께를 조절하여 원근 초점을 맞춘다.
나. 홍채는 카메라의 조리개와 같으며, 명암에 따라 동공의 크기를 조절하여 광량을 제어한다.
다. 맥락막은 멜라닌 색소가 풍부하여 안구 내부의 난반사를 막고 암실 효과를 준다.
라. 맹점은 시세포가 가장 밀집되어 있어 시력이 가장 좋고 색채 식별 능력이 뛰어나다.

① 가, 나
② 가, 나, 다
③ 나, 다, 라
④ 가, 나, 다, 라

33 해 질 녘, 정원의 빨간 장미꽃은 검게 보이고 초록색 잎은 상대적으로 밝고 선명하게 보이는 지각 현상은?

① 베졸트-브뤼케 현상
② 푸르킨예 현상
③ 애브니 효과
④ 스티븐스 효과

34 다음 중 미술공예운동(Arts and Crafts Movement)의 이념과 한계점에 대한 분석으로 가장 적절한 것은?

① 기계 생산을 긍정하고 대량 생산을 통한 예술의 대중화를 실현했다.
② 중세 고딕 양식을 거부하고 미래지향적인 기하학적 형태를 추구했다.
③ 수공예의 부활을 통해 예술의 민주화를 꿈꿨으나, 고가품이 되어 대중화에 실패했다.
④ 아르누보 양식의 장식성을 비판하며 철저한 기능주의를 주장했다.

35 20세기 초, 야수파(Fauvism) 회화의 색채 사용 특징으로 가장 옳은 것은?

① 빛에 따라 변하는 순간적인 색채를 포착하기 위해 점묘법을 사용했다.
② 사물의 고유색을 부정하고 작가의 주관적인 감정에 따라 강렬한 원색을 사용했다.
③ 꿈과 무의식의 세계를 표현하기 위해 몽환적이고 파스텔 톤의 색채를 사용했다.
④ 엄격한 기하학적 질서를 위해 삼원색과 무채색만을 제한적으로 사용했다.

36 다음 중 '콘셉트(Concept)'의 종류와 그 해결 과제, 그리고 목표 점유율(Share)의 연결이 가장 올바른 것은?

① 제품 콘셉트(Product Concept) – 어떻게 만들 것인가? – 마인드 셰어(Mind Share)
② 상품 콘셉트(Brand Concept) – 시장에서 어떻게 팔 것인가? – 매뉴팩처 셰어(Man-ufacture Share)
③ 광고 콘셉트(Communication Concept) – 소비자에게 무엇(What)을 전달할 것인가? – 마인드 셰어(Mind Share)
④ 표현 콘셉트(Creative Concept) – 소비자에게 어떻게(How) 표현할 것인가? – 마켓 셰어(Market Share)

37 디자인 분야별 색채계획 수립 시 고려사항으로 가장 적절하지 않은 것은?

① 패션 디자인 : 트렌드 주기가 짧으므로 브랜드 고유의 메인 콘셉트를 시즌마다 완전히 새롭게 바꿔야 한다.

② 인테리어 디자인 : 공간의 기능, 사용자, 조명, 마감재의 특성 등을 종합적으로 고려해야 한다.

③ 제품 디자인 : 타깃 소비자의 감성적 니즈를 파악하고 기능성과 CMF(Color, Material, Finish)를 고려해야 한다.

④ 도시 환경 디자인 : 해당 지역의 역사, 문화, 자연환경과 주민들의 정서를 반영하여 주변 경관과 조화를 이루어야 한다.

38 IRI 색채 이미지 스케일에서 '모던한(Modern)' 이미지의 배색 기법으로 가장 적절한 것은?

① 난색 계열의 파스텔 톤(pale, whitish)을 주조색으로 하여 부드럽게 배색한다.

② 빨강, 노랑 등 원색(vivid)을 사용하여 경쾌하고 활동적인 느낌을 준다.

③ 무채색이나 한색(Blue, Blue Green) 계열을 위주로 하여 도시적이고 하이테크한 느낌을 준다.

④ 자연 소재의 색감인 갈색, 초록색 계열의 탁한 톤(dull)을 사용하여 편안함을 준다.

39 다음 중 '현색계(Color Appearance System)'와 '혼색계(Color Mixing System)'의 특징을 비교한 설명으로 가장 적절한 것은?

① 현색계는 측색기를 이용한 물리적 측정치에 기반하므로 변색의 우려가 없다.

② 혼색계는 심리적 요소를 배제한 빛의 혼색 실험에 기초하며 CIE 표준 표색계가 대표적이다.

③ 현색계는 색표 간의 간격이 매우 좁아 정밀한 색좌표를 구하기 용이하다.

④ 혼색계는 눈으로 직접 색을 확인하고 비교할 수 있어 디자인 실무에서 배색용으로 주로 사용된다.

40 일반적인 색채디자인 프로세스를 [1단계 : 조사 및 기획], [2단계 : 색채계획 및 설계], [3단계 : 색채관리]로 구분할 때, 각 단계별 주요 활동 내용이 바르지 않은 것은?

① 1단계 : 소비자 라이프 스타일 및 선호도 조사, 시장 트렌드 분석, 경쟁사 현황 파악

② 1단계 : 디자인 콘셉트 설정 및 핵심 이미지 키워드 추출

③ 2단계 : 색채 견본(Sample) 수집 및 주조색·보조색·강조색 선정

④ 2단계 : 현장 시공 감리 및 최종 결과물의 유지 보수 관리 계획 수립

41 다음 중 색채 연구가와 주요 이론의 연결이 옳지 않은 것은?

① 아리스토텔레스 – 빛과 어둠의 혼합설
② 뉴턴 – 빛 자체에 고유한 색이 존재함
③ 르 블롱 – 안료의 3원색 기초 마련
④ 헤링 – 4원색설(반대색설) 주장

42 색채 표준이 갖추어야 할 조건으로 가장 적절한 것은?

① 물리적 파장의 간격이 일정해야 한다.
② 특수 안료로만 재현 가능해야 한다.
③ 지각적으로 등간격을 유지해야 한다.
④ 국가별로 독자적인 표기를 써야 한다.

43 다음 중 '색료(Colorant)'의 분류와 일반적 성질에 대한 설명으로 옳은 것은?

① 염료는 전색제를 사용하여 고착시킨다.
② 안료는 물이나 용제에 녹는 성질이 있다.
③ 염료 농도가 짙을수록 흡수율이 높아진다.
④ 유기 색료는 탄소를 포함하지 않는다.

44 천연 생체 색소(Bio-pigments) 중 '마그네슘(Mg)'을 함유하고 있는 것은?

① 헤모글로빈(Hemoglobin)
② 클로로필(Chlorophyll)
③ 헤모시아닌(Hemocyanin)
④ 멜라닌(Melanin)

45 다음 중 색채 혼합의 분류와 그 특성에 대한 설명으로 옳은 것은?

① 가법 혼합은 색료의 혼합으로, 혼합할수록 명도가 낮아진다.
② 계시 혼합은 회전판 등을 사용하여 시간 차를 두고 자극을 주는 물리적 혼색이다.
③ 감법 혼합의 3원색은 빨강(Red), 초록(Green), 파랑(Blue)이다.
④ 병치 혼합은 망막 상에서 혼합되어 보이는 생리적 혼색의 일종이다.

46 다음 중 조색(Color Matching) 시 색채 3속성의 변화에 대한 설명으로 적절하지 않은 것은?

① 5가지 이상의 많은 색을 혼합하면 채도가 급격히 낮아져 탁해진다.
② 2가지 유채색(vivid)을 혼합하면 결과물의 채도는 원색보다 낮아진다.
③ 명도를 낮추기 위해 보색을 혼합하는 것은 색상 변이가 심하므로 권장하지 않는다.
④ 흰색(White)을 많이 섞을수록 명도와 채도가 동시에 높아진다.

47 다음 중 육안 검색(Visual Inspection) 시 갖추어야 할 표준 조건(KS A 0065)으로 적절하지 않은 것은?

① 측정 광원의 조도는 원칙적으로 1,000~4,000lx 사이로 한다.
② 어두운 색(명도 3 이하)을 검사할 때는 눈부심 방지를 위해 조도를 500lx 이하로 낮춘다.
③ 비교하는 기준색과 시료색은 동일 평면에 놓고 인접하게 배열한다.
④ 관찰자는 색약이나 색맹이 없는 정상 색각자여야 한다.

48 인쇄물이나 그래픽 디자인, 사진 분야에서 색채 비교 시 표준으로 사용하는 광원은?

① 표준광 A(2,856K)
② 표준광 D50(5,000K)
③ 표준광 D65(6,500K)
④ 표준광 F2(4,200K)

49 다음 중 광원(Light Source)과 표준광(Standard Illuminant)에 대한 설명으로 옳은 것은?

① 광원은 실제 물리적인 램프를 말하며, 표준광은 이론적인 분광 분포 데이터(Data)를 의미한다.
② 태양은 인공광원에 속하고 백열등은 자연광원에 속한다.
③ 백열등은 에너지가 낮아 효율이 좋고 수명이 매우 길다.
④ 형광등은 백열등보다 연색성이 뛰어나고 열이 많이 발생한다.

50 미술관이나 박물관에서 변색에 민감한 문화재 보존을 위해 가장 권장되는 조명 방식이나 광원은?

① 고압 수은등
② LED
③ 할로겐램프
④ 백열전구

51 조색 결과물 평가 시, 오차를 줄이기 위한 '편색 판정(Color Deviation)'의 일반적인 순서는?

① 명도(Value) → 채도(Chroma) → 색상(Hue)
② 색상(Hue) → 명도(Value) → 채도(Chroma)
③ 채도(Chroma) → 색상(Hue) → 명도(Value)
④ 명도(Value) → 색상(Hue) → 채도(Chroma)

52 조색 작업요청서 분석 시 피도물(소재)의 특성에 따른 고려사항으로 틀린 것은?

① 금속(Steel) : 녹 방지(방청)와 부착성을 고려하여 소부(Baking) 건조형 도료를 주로 사용한다.
② 목재(Wood) : 도료의 흡수성이 강하므로 실러(Sealer) 등 하도 전처리 필요성을 검토한다.
③ 플라스틱(ABS) : 열에 약하므로 반드시 150℃ 이상의 고온 소부 건조 방식을 채택해야 한다.
④ 바탕색(Undercoat) : 소재의 바탕색이 최종 색상에 영향을 미치므로 도료의 은폐력을 설계해야 한다.

53 CCM(Computer Color Matching) 시스템의 핵심 이론인 쿠벨카–문크(Kubelka–Munk) 이론의 적용 한계에 대한 설명으로 가장 옳은 것은?

① 불투명한 매질 속에서 빛의 흡수와 산란을 다루므로, 빛이 투과되는 완전 투명한 소재에는 적용하기 어렵다.

② 안료의 농도가 높아질수록 오차가 줄어들고 정확도가 기하급수적으로 상승한다.

③ 단색 안료보다는 펄(Pearl)이나 메탈릭 안료와 같은 특수 효과 안료의 배합비 산출에 더 효과적이다.

④ 빛의 파장별 반사율이 아닌 XYZ 삼자극치 데이터만을 사용하여 계산한다.

54 측색기의 측정 모드 중 'SCI(Specular Component Included)'와 'SCE(Specular Component Excluded)'의 활용에 대한 설명으로 틀린 것은?

① SCI는 정반사광(광택)을 포함하여 측정하므로 표면 상태에 구애받지 않고 소재 고유의 색을 평가한다.

② SCE는 정반사광을 제거하고 측정하므로 사람이 눈으로 보는 외관(Appearance)과 유사한 결과를 준다.

③ CCM을 이용하여 조색 처방(Recipe)을 산출할 때는 주로 SCE 모드 데이터를 사용한다.

④ 동일한 시료라도 표면 광택이 높으면 SCI 값이 SCE 값보다 명도(L*)가 높게 측정되는 경향이 있다.

55 메탈릭(Metallic) 도료와 같이 시선 각도에 따라 명도나 색상이 달라지는 '플립–플롭(Flip–Flop)' 현상을 측정하기 위해 가장 적합한 장비는?

① 투과형 농도계

② 다각도 분광측색계

③ 60° 광택계

④ 적분구식 분광측색계

56 도장 작업 조건(Application) 변화에 따른 색채 변화 설명 중, 현장 조색 시 일반적으로 나타나는 현상으로 옳은 것은?

① 스프레이 압력을 높여 도료를 미립화시켜 '날려 뿌리면(Dry Spray)' 색이 더 어둡게(Darker) 보인다.

② 스프레이 거리를 가깝게 하여 도막을 '촉촉하게(Wet Spray)' 만들면 색이 더 밝게(Lighter) 보인다.

③ 신나(Thinner)를 과도하게 넣어 점도를 낮추면 안료 분산이 깨져 은폐력이 저하될 수 있다.

④ 건조 속도를 빠르게 하면 메탈릭 입자가 잘 가라앉아 금속감이 살아나고 밝아진다.

57 다음 중 조색 수정(Correction) 단계에서 색차 보정의 일반적인 원칙으로 옳은 것만을 [보기]에서 있는 대로 고른 것은?

<blockquote>
[보기]

ㄱ. 명도(L*)는 색의 가장 기본 골격이므로, 색상 (a*, b*)보다 명도를 우선적으로 맞추는 것이 효율적이다.

ㄴ. 색차를 신속하게 줄이기 위해 계산된 보정량의 100%를 한 번에 전량 투입한다.

ㄷ. 과도한 색 기미를 잡기 위해 보색을 사용할 때는, 채도 저하와 명도 하락(감법 혼색)이 동반됨을 고려해야 한다.

ㄹ. 이미 어둡게 조색된 것을 밝게 되돌리려면 다량의 화이트나 용제가 필요하여 물성이 변할 수 있으므로, 처음에는 목표보다 약간 밝게 시작하는 것이 안전하다.
</blockquote>

① ㄱ, ㄴ
② ㄴ, ㄷ
③ ㄱ, ㄷ, ㄹ
④ ㄷ, ㄹ

58 조색(Color Matching) 결과물의 체계적인 데이터베이스(DB) 구축 및 관리에 관한 설명으로 틀린 것은?

① 조색 시편(Sample)과 배합 데이터(Data)를 동시에 관리해야 추후 재작업 시 시간과 비용 낭비를 막을 수 있다.

② 조색 이력 카드(History Card)는 기업 간의 데이터 호환성을 위해 산업표준화법에서 규정한 법적 양식을 반드시 준수하여 작성해야 한다.

③ 물리적인 조색 시편은 시간 경과에 따른 변색이나 오염의 우려가 있으므로, CCM 시스템 등을 활용해 디지털 데이터로 영구 보관하는 것이 바람직하다.

④ 조색 후 잔량 도료(Residual Paint)는 폐기하지 않고, 라벨링을 통해 식별 가능한 상태로 보관하여 재고 효율성을 높인다.

59 필터식 측색기(Filter Colorimeter)의 특징으로 가장 적절한 것은?

① 구조가 복잡하고 가격이 매우 비싸다.
② 인간의 눈(RGB)과 유사한 3개의 필터를 사용한다.
③ 파장별 분광 반사율 곡선을 산출할 수 있다.
④ CCM(자동배색장치)의 필수 측정 장비이다.

60 분광식 측색기(Spectrophotometer)의 성능 기준 및 특징으로 틀린 것은?

① 가시광선 영역(380~780nm)을 측정한다.
② 파장의 정확도(불확도)는 1nm 이내여야 한다.
③ 측정 재현성은 최대치의 5.0% 이내여야 한다.
④ 조건등색(Metamerism) 문제를 해결할 수 있다.

61 디지털 색채 시스템에서 디바이스 독립 색체계(Device Independent Color System)에 대한 설명으로 옳은 것은?

① 색상 재현 특성이 입력 및 출력 장치의 고유한 하드웨어 특성에 종속된다.
② CIE L*a*b* 색체계는 빛의 혼합이 아닌 색료의 혼합 원리를 기본으로 한다.
③ 디지털 디바이스 간의 색채 정보를 전달하는 PCS(Profile Connection Space) 역할을 수행한다.
④ RGB, CMY, HSV는 대표적인 디바이스 독립 색체계에 해당한다.

62 CIE L*a*b* 색체계의 구성 요소와 특성에 대한 설명으로 틀린 것은?

① L*값은 0~100의 정수 또는 256단계 소수점 체계를 이용하여 명도를 나타낸다.
② a*값이 양수(+)이면 빨강(Red), 음수(−)이면 초록(Green)의 정보를 나타낸다.
③ b*값이 양수(+)이면 파랑(Blue), 음수(−)이면 노랑(Yellow)의 정보를 나타낸다.
④ 1976년 CIE에서 추천한 색체계로 물체의 색을 나타내는 데 널리 사용된다.

63 톤 재현 특성인 감마(Gamma) 수치 변화에 따른 이미지의 변화를 올바르게 설명한 것은?

① 감마 수치가 1.8에서 2.2로 높아지면, 이미지는 전체적으로 밝아지고 화사해진다.
② 감마 수치가 높아질수록 그래프의 곡선이 아래로 처지며 중간 톤(Mid-tone)이 어두워진다.
③ 감마는 모니터의 휘도가 입력 신호에 정비례(선형적)하기 때문에 필요한 보정 값이다.
④ 영화용 디지털 시네마(DCI-P3) 표준 감마는 1.8로 설정하여 암부 디테일을 살린다.

64 인쇄 공정에서 사용되는 GCR(Gray Component Removal)과 UCR(Under Color Removal)에 대한 설명으로 옳은 것은?

① GCR은 이미지의 가장 어두운 섀도(Shadow) 영역에만 제한적으로 적용되는 기술이다.
② UCR은 C, M, Y 3색이 겹치는 회색 성분 전체를 검정(K)으로 대체하는 방식이다.
③ UCR을 적용하면 잉크의 총사용량을 줄여 잉크 건조 시간을 단축하고 뒷묻음(Set-off) 현상을 방지할 수 있다.
④ GCR은 주로 깊은 암부의 디테일을 살리기 위해 사용되며, 중성색 영역에는 영향을 주지 않는다.

65 비트맵 이미지의 리샘플링(Resampling) 및 보정 기법에 관한 설명으로 적절하지 않은 것은?

① 안티 앨리어싱(Anti-aliasing)은 비트맵 확대 시 발생하는 계단 현상을 줄이기 위해 경계면에 중간색 픽셀을 채워 넣는 기법이다.
② 바이큐빅(Bicubic) 보간법은 픽셀을 정밀하게 계산하여 확대 시 품질이 가장 우수하지만 처리 속도가 느리다.
③ 샤프닝(Sharpening)은 이미지의 경계선 대비를 낮추어 부드럽고 몽환적인 느낌을 주는 필터링 기법이다.
④ 미디언 필터링(Median Filtering)은 주변 픽셀의 중앙값을 찾아 대체하므로 선명도는 유지하면서 노이즈를 제거할 때 효과적이다.

66 다음 이미지의 파일 용량(Byte)을 계산한 것으로 옳은 것은?

> [조건]
> • 이미지 크기 : 가로 200px, 세로 100px
> • 색상 모드 : RGB 24비트(True Color)

① 20,000Byte
② 60,000Byte
③ 160,000Byte
④ 480,000Byte

67 다음 중 3차원 공간 지각의 단서(Depth Cues) 중 성격이 다른 하나는?

① 선 원근법(Linear Perspective)
② 중첩(Overlap)
③ 양안 시차(Binocular Disparity)
④ 대기 원근법(Atmospheric Perspective)

68 대기 원근법(Atmospheric Perspective)에 대한 설명으로 가장 적절한 것은?

① 가까이 있는 물체일수록 채도가 낮고 흐릿하게 보인다.
② 멀리 있는 물체는 빛의 산란으로 인해 청색조(Blueish)를 띠며 희미하게 보인다.
③ 물체의 텍스처(결)가 멀어질수록 굵고 성기게 보이는 현상을 말한다.
④ 평행한 두 선이 멀어질수록 소실점으로 모이는 현상이다.

69 조형적으로 가장 아름답고 안정적인 비율로 알려진 '황금비(Golden Ratio)'의 비율은?

① 1:1.414
② 1:1.500
③ 1:1.618
④ 1:1.732

70 컴퓨터 모니터의 RGB 색상과 인쇄물의 CMYK 색상이 일치하지 않는 근본적인 원인(Gamut Mismatch)에 대한 설명으로 가장 적절한 것은?

① 모니터의 해상도가 프린터의 인쇄 해상도보다 낮기 때문에 발생한다.
② 모니터는 가법 혼색을, 인쇄물은 감법 혼색을 기반으로 하며 색역(Gamut)의 크기가 서로 다르기 때문이다.
③ 인쇄용 잉크의 품질이 모니터의 발광 소자보다 떨어지기 때문에 발생한다.
④ 작업자가 색상 프로파일(ICC Profile)을 설정하지 않았기 때문에 발생한다.

71 LCD 모니터의 구조적 특징에 대한 설명으로 틀린 것은?

① 액정(Liquid Crystal) 자체가 스스로 빛을 내는 자기 발광형 디스플레이이다.
② 후광(Backlight)이 반드시 필요하다.
③ 인가 전압에 따른 액정의 투과도 변화를 이용해 빛을 제어한다.
④ CRT에 비해 소비 전력이 적고 두께가 얇다.

72 프린터 프로파일(ICC Profile)을 생성할 때, 표준 차트(Target)를 출력하는 과정에서 반드시 지켜야 할 가장 중요한 유의사항은?

① 용지의 종류는 반드시 아트지(Art Paper)로 설정해야 한다.
② 출력 전, 프린터 드라이버나 포토샵의 자체적인 색상 관리 기능(CMS)을 해제(Off)해야 한다.
③ 잉크 절약을 위해 K(Black) 잉크 사용 비율을 최대치로 설정해야 한다.
④ 출력 직후 즉시 측색하여 잉크가 마르기 전에 데이터를 확보해야 한다.

73 프린터 프로파일링 수행 순서(프로세스)로 올바른 것은?

① 측색 → 기준 차트 출력 → 프로파일 생성 → 프린터 상태 점검
② 기준 차트 출력 → 측색 → 프린터 상태 점검 → 프로파일 생성
③ 프린터 상태 점검 → 기준 차트 출력 → 측색 → 프로파일 생성
④ 프로파일 생성 → 프린터 상태 점검 → 기준 차트 출력 → 측색

74 레이아웃의 목적과 기능에 대한 설명으로 가장 거리가 먼 것은?

① 심미성보다는 가독성 확보가 최우선 목적이다.
② 정보의 위계성을 세워 시선의 흐름을 유도한다.
③ 여백은 디자인 후 남은 공간으로 최소화해야 한다.
④ 그리드 시스템을 활용해 통일감과 질서를 부여한다.

75 다음 중 색채디자인 완성 단계에서 검토해야 할 친환경성 평가 항목(체크리스트)으로 가장 거리가 먼 것은?

① 시각적 공해를 유발하지 않도록 주변 환경과의 조화(Harmony)를 고려하였는가?
② 인쇄 도수를 4도(CMYK)에서 별색 1~2도로 줄여 잉크 소모량을 최소화하였는가?
③ 트렌드에 민감한 패스트 컬러(Fast Color)를 적극 활용하여 최신 유행을 반영하였는가?
④ 폐기 시 자연 분해되거나 재활용 공정을 방해하지 않는 소재와 안료를 사용하였는가?

76 효과적인 프레젠테이션을 위한 시각자료 구성 시, 청중의 기억 효과를 가장 극대화할 방법은?

① 시각적 이미지만을 연속적으로 보여주어 직관적인 이해를 돕는다.
② 텍스트 위주의 자료를 배포하고 청중이 읽는 동안 조용히 기다린다.
③ 발표자의 구두 설명(언어)과 시각자료를 동시에 병행하여 제공한다.
④ 슬라이드 없이 발표자의 화려한 언변과 제스처만으로 집중시킨다.

77 유니버설 디자인(Universal Design)의 7대 원칙과 그 적용 사례의 연결이 가장 적절하지 않은 것은?

① 공평한 사용 : 휠체어 사용자도 차별 없이 이용이 가능한 센서형 자동문 설치

② 실수에 대한 포용 : 전도 시 자동으로 전원이 차단되는 안전한 전기 히터

③ 단순하고 직관적인 사용 : 시각 장애인을 위한 엘리베이터 점자 표기 및 음성 안내

④ 적은 물리적 노력 : 손목을 비틀지 않고 눌러서 여는 레버형 문손잡이

78 색채디자인 프로젝트 결과물의 사후관리 목적에 대한 설명으로 가장 적절하지 않은 것은?

① 추후 유사 프로젝트 진행 시 기존 데이터를 레퍼런스로 활용하여 작업 시간을 단축한다.

② 클라이언트의 수정 요청이나 유지보수 건 발생 시 신속하게 대응한다.

③ 하드웨어 고장이나 담당자의 실수(Human Error)로 인한 데이터 유실을 방지한다.

④ 보안 유지가 까다로우므로 프로젝트 종료 즉시 모든 원본 데이터를 삭제한다.

79 저작권(Copyright)의 등록 절차 및 법적 특징에 대한 설명으로 가장 옳은 것은?

① 관할 기관 : 저작권은 산업재산권의 일종으로 특허청에서 관할하며, 엄격한 실체 심사를 거쳐 등록 여부가 결정된다.

② 권리 발생 : 저작권은 특허와 마찬가지로 창작과 동시에 발생하는 것이 아니라, 등록 절차를 완료해야만 비로소 법적 권리가 발생한다.

③ 심사 기준 : 등록 심사 시 특허와 달리 실체적 진보성을 따지지 않고, 서류 구비 여부나 기재 사항 누락 등 형식적 요건을 주로 심사한다.

④ 제출 서류 : 저작권 등록 신청 시에는 신청서와 명세서만 제출하면 되며, 저작물의 내용을 확인할 수 있는 복제물은 제출할 필요가 없다.

80 다음 중 지식재산권(Intellectual Property)의 보호 기간과 갱신에 대한 설명으로 옳은 것은?

① 특허권은 출원일로부터 20년간 보호되며, 10년 단위로 영구 갱신이 가능하다.

② 디자인권은 등록일로부터 15년간 보호되며 갱신이 불가능하다.

③ 상표권은 등록일로부터 10년간 보호되며, 10년마다 갱신하여 반영구적으로 소유할 수 있다.

④ 실용신안권은 기술 수명이 짧으므로 출원일로부터 5년까지만 보호된다.

컬러리스트 기사 출제 예상문제 02회

문항수	시험 시간	총점
80문항	120분	100점

수험번호 : ____________________

성　　명 : ____________________

정답 & 해설 ▶ 2-266p

01 국가나 공공기관이 발주하는 색채디자인 용역의 낙찰자 결정 방식 중, 전문성과 창의성을 가장 우선시하여 채택하는 방식은?

① 적격심사 낙찰제
② 최저가 낙찰제
③ 협상에 의한 계약
④ 2단계 경쟁입찰

02 다음은 색채디자인 과제 수주를 위한 타당성 검토 항목들이다. 제안 여부 판단 시 고려해야 할 핵심 사항으로 가장 거리가 먼 것은?

① 유사 용역 수행 실적 유무
② 투입 대비 수익성(경제적 타당성) 확보 가능성
③ 발주처 최고경영진(CEO)의 주관적 · 미적 취향 및 디자인 선호 경향 분석
④ 과업 수행에 따른 법률적 리스크(지식재산권 등)

03 디자인 계약 유형 중, 디자이너가 저작권을 보유하면서 클라이언트에게 일정 범위 내에서 사용할 권리만을 부여하고 로열티를 받는 계약 방식은?

① 턴키 계약(Turn-key)
② 단순 용역 계약
③ 라이선스 계약(License)
④ 양도 계약

04 「경관법」에 따른 경관계획 수립에 대한 설명으로 빈칸에 들어갈 내용이 올바르게 짝지어진 것은?

> "관할 구역의 인구가 (㉠)명을 초과하는 시 · 군의 군수는 경관계획을 수립하여야 하며, (㉡)년마다 그 타당성을 검토하여 정비하여야 한다."

① ㉠ 5만, ㉡ 3년
② ㉠ 10만, ㉡ 5년
③ ㉠ 20만, ㉡ 5년
④ ㉠ 30만, ㉡ 10년

05 색채디자인 프로세스 중 가장 초기 단계인 '기획 단계'의 주요 업무 내용으로 가장 적절한 것은?

① 배색 패턴의 주조색, 보조색 선정
② 프로젝트의 목표 설정 및 전체 일정 관리
③ 디자인 콘셉트(Concept) 설정 및 이미지 맵 작성
④ 소재의 물성 기록 및 유지보수 매뉴얼 제작

06 색채디자인 프로세스 수립 시 각 단계의 역할에 대한 설명으로 틀린 것은?

① 기획단계 : 과제의 목적을 명확히 하고 클라이언트가 요구하는 조건을 파악한다.
② 계획단계 : 본격적인 디자인을 위해 문헌조사, 인터뷰 등을 통해 객관적 정보를 수집한다.
③ 설계단계 : 수집된 자료를 바탕으로 배색 조화를 고려한 색채 패턴으로 정리해 둔다.
④ 관리단계 : 결과물을 지속적으로 사용하기 위해 검토하고 관리 방법을 기록한다.

07 마케팅 개념의 올바른 변천 과정 순서는?

① 생산 → 제품 → 판매 → 소비자 → 사회
② 제품 → 생산 → 판매 → 소비자 → 사회
③ 판매 → 생산 → 제품 → 사회 → 소비자
④ 생산 → 판매 → 제품 → 사회 → 소비자

08 라이프 스타일 분석 기법의 구성 요소가 아닌 것은?

① Activity(활동)
② Interest(흥미)
③ Opinion(의견)
④ Opportunity(기회)

09 소비자 행동 영향 요인 중 사회적 요인에 해당하는 것은?

① 하위문화
② 사회계층
③ 준거집단
④ 라이프 스타일

10 설문지 작성 시 질문 배열의 원칙과 유의사항으로 가장 부적절한 것은?

① 설문지 첫머리에는 조사의 취지 및 안내글을 배치하여 응답자의 협조를 구한다.
② 응답자의 거부감을 줄이기 위해 성별, 소득 등 인구사회학적 질문은 설문지 끝에 배치한다.
③ 질문은 구체적이고 전문적인 내용에서 시작하여 점차 전반적이고 일반적인 내용으로 진행한다.
④ 하나의 질문에는 하나의 내용만을 포함해야 하며, 특정 답변을 유도해서는 안 된다.

11 일정한 시간 간격이나 순서에 따라 표본을 추출하는 방법으로, 백화점 출구 조사나 교통량 조사에 적합한 기법은?

① 단순 무작위 추출법
② 계통(등간격) 추출법
③ 할당 표본 추출법
④ 다단 추출법

12 다음 중 동일한 조사 대상에 대하여 일정한 시간 간격을 두고 반복적으로 조사하여 의견이나 태도의 변화 추세를 파악하는 조사법은?

① 서베이(Survey) 조사법
② 패널(Panel) 조사법
③ 현장 관찰법
④ 실험 연구법

13 오스굿(Osgood)이 고안한 의미미분법(SD법, Semantic Differential Method)의 특징으로 틀린 것은?

① 정서적이고 주관적인 색채 이미지를 정량적, 객관적으로 측정한다.
② 서로 상반되는 뜻을 가진 형용사 쌍(화려한-수수한)을 척도로 사용한다.
③ 평가 결과의 평균값을 연결하여 이미지 프로필(Image Profile)을 작성한다.
④ 다차원 척도법(MDS)이라고도 하며, 주로 2점 척도를 사용하여 명확성을 높인다.

14 유행색 발생 심리 중 '다른 사람과 비슷한 색을 공유하여 안도감을 느끼려는 심리'는?

① 변화 욕구
② 동조화 욕구
③ 개별화 욕구
④ 차별화 욕구

15 색채 정보 분석 시, 수집된 컬러를 배색하여 시즌의 분위기를 시각화한 도구는?

① 이미지 맵(Image Map)
② 컬러 맵(Color Map)
③ 포지셔닝 맵(Positioning Map)
④ 스타일 맵(Style Map)

16 마케팅 전략 수립 5단계 중, 자사 브랜드를 중심으로 키워드를 도출하고 이미지 매핑(Image Mapping)을 수행하는 단계는?

① 1단계 : 상황 분석
② 2단계 : 목표 설정
③ 3단계 : 전략 수립
④ 4단계 : 실행 계획

17 마케팅 정보 시스템(MIS) 중, 기업 외부의 경쟁사 동향이나 시장 변화 정보를 지속적으로 수집하는 시스템은?

① 내부 정보 시스템
② 마케팅 조사 시스템
③ 의사결정 지원 시스템
④ 마케팅 인텔리전스

18 시장세분화 변수 중, 소비자의 '사회계층, 라이프 스타일, 개성'을 기준으로 분류하는 것은?

① 지리적 변수
② 인구통계적 변수
③ 심리적 변수
④ 행동분석적 변수

19 표적 마케팅(Target Marketing)의 핵심 전략의 올바른 진행 단계는?

① 시장세분화 – 표적화 – 포지셔닝
② 표적화 – 시장세분화 – 포지셔닝
③ 시장세분화 – 포지셔닝 – 표적화
④ 포지셔닝 – 시장세분화 – 표적화

20 타게팅 전략 중 시장세분화를 무시하고 단일 제품으로 전체 시장을 공략하여 원가를 절감하는 전략은?

① 차별화 마케팅
② 비차별화 마케팅
③ 집중화 마케팅
④ 틈새 마케팅

21 I.R.I 형용사 이미지 스케일에서 '귀여운(Cute)' 이미지 공간을 구성하는 형용사들로만 짝지어진 것은?

① 사랑스러운, 아기자기한, 달콤한, 쾌활한
② 부드러운, 투명한, 섬세한, 가벼운
③ 도시적인, 인공적인, 기능적인, 하이테크한
④ 역동적인, 강인한, 와일드한, 혁신적인

22 제품 수명 주기(PLC) 중 '성숙기'의 색채 전략으로 옳은 것은?

① 주목성 높은 색으로 시선 집중
② 다양한 컬러 라인업(Variation) 확대
③ 재고 처리를 위한 기본색 유지
④ 세분화된 시장에 맞춘 차별화 전략

23 디자인의 구성 원리 중 '율동(Rhythm)'을 표현하는 기법에 해당하지 않는 것은?

① 점이(Gradation)
② 대칭(Symmetry)
③ 반복(Repetition)
④ 방사(Radiation)

24 색채계획(Color Planning)의 일반적인 프로세스 4단계를 순서대로 바르게 나열한 것은?

① 환경 분석 → 심리 분석 → 전달 계획 → 디자인 적용
② 심리 분석 → 환경 분석 → 전달 계획 → 디자인 적용
③ 환경 분석 → 전달 계획 → 심리 분석 → 디자인 적용
④ 전달 계획 → 환경 분석 → 심리 분석 → 디자인 적용

25 환경디자인의 색채계획 시 가장 우선적으로 고려해야 할 사항으로 짝지어진 것은?

① 유행성, 독창성
② 공공성, 지속성
③ 장식성, 화려함
④ 개인성, 심미성

26 아이디어 발상 및 형용사 도출 기법 중 수집된 수많은 아이디어 카드를 그룹화하여 체계적으로 정리하는 '수렴적 사고' 기법은?

① 브레인스토밍(Brainstorming)
② 마인드 맵(Mind Map)
③ KJ법(KJ Method)
④ 시네틱스(Synectics)

27 다음 [보기]의 빈칸에 들어갈 알맞은 용어는?

[보기]
(A)은/는 어떤 대상에 대해 일을 꾸미는 행위 자체를 의미하며, 프로젝트의 목적과 목표 설정 등 방향성(What to do)이 핵심이다. 반면, (B)은/는 이를 통해 산출된 구체적인 결과 혹은 내용을 의미하며, 실행 방법(How to do)이나 규모, 차례 등을 미리 생각하여 작성한 문서이다.

① A : 기획(Planning), B : 계획(Plan)
② A : 계획(Plan), B : 기획(Planning)
③ A : 전략(Strategy), B : 전술(Tactics)
④ A : 디자인(Design), B : 디렉션(Direc-tion)

28 '중후하고 엄숙하며 남성적인 고급스러움'을 표현하기 위한 가장 적합한 배색 속성은?

① 고명도 – 고채도
② 중명도 – 고채도
③ 저명도 – 저채도
④ 고명도 – 저채도

29 요하네스 이텐(J. Itten)의 다색 조화 중, 스플릿 컴플리멘터리(Split Complementary) 배색의 구성 방법으로 옳은 것은?

① 색상환에서 정반대 위치의 두 색을 배색한다.
② 색상환을 3등분하는 정삼각형 위치의 색을 쓴다.
③ 한 색과 그 보색의 양옆에 있는 두 색을 쓴다.
④ 색상환을 4등분하는 정사각형 위치의 색을 쓴다.

30 다음의 자연 현상과 그 원인이 되는 빛의 성질이 올바르게 연결된 것은?

① 저녁노을 – 빛의 굴절
② 비눗방울의 무지개 – 빛의 간섭
③ 파란 하늘 – 빛의 회절
④ CD 뒷면의 색 – 빛의 산란

31 다음 중 동시 대비(Simultaneous Contrast)의 효과를 강하게 만드는 조건으로 틀린 것은?

① 색상 차이가 클수록 강해진다.
② 두 색의 거리가 가까울수록 강해진다.
③ 자극을 주는 색(배경)의 면적이 작을수록 강해진다.
④ 배경색과 도판색의 명도 차이가 클수록 강해진다.

32 다음 상황에서 눈의 적응 현상(순응)에 대한 분석으로 가장 적절한 것은?

[상황]
밝은 대낮에 영화관(암실)으로 들어갔을 때 처음에는 아무것도 안 보이다가, 약 30분이 지나면서 서서히 주변 사물이 보이기 시작했다.

① 명순응 현상이며, 추상체가 활성화되는 과정이다.
② 암순응 현상이며, 간상체의 로돕신이 재합성되는 과정이다.
③ 색순응 현상이며, 시감도가 장파장 쪽으로 이동하는 과정이다.
④ 박명시 현상이며, 푸르킨예 현상이 일어나는 과정이다.

33 다음 중 헤링(Hering)의 반대색설(4원색설)에 대한 설명으로 가장 적절한 것은?

① 망막에는 적(R), 녹(G), 청(B) 3가지 수용기가 존재하여 색을 지각한다.

② 가법 혼색(빛의 혼합)의 원리를 설명하는 데 가장 적합하다.

③ 보색 잔상(음성 잔상)과 동시 대비 현상을 생리적으로 규명했다.

④ 적록 색맹 등의 색각 이상 현상을 설명하지 못한다는 한계가 있다.

34 바우하우스(Bauhaus)의 교육 이념과 역사적 의의에 대한 설명으로 틀린 것은?

① 1919년 발터 그로피우스가 바이마르에 설립한 종합 조형 학교다.

② 예술적 창작 능력과 공학적 기술의 통합을 목표로 했다.

③ 요하네스 이텐은 예비 과정에서 색채와 형태에 대한 기초 교육을 담당했다.

④ 수공예 중심의 교육을 고수하며 산업 생산과의 연계를 철저히 배제했다.

35 다음 중 아르누보(Art Nouveau) 양식의 조형적 특징과 대표 작가의 연결이 옳은 것은?

① 기하학적 직선과 기능미 강조 – 르 코르뷔지에

② 식물적 모티프와 유기적인 곡선 강조 – 안토니오 가우디

③ 삼원색과 무채색의 엄격한 비례 강조 – 피에트 몬드리안

④ 대량 생산을 위한 표준화와 규격화 강조 – 피터 베렌스

36 다음 중 온화한(Mild) 이미지 배색을 위한 톤(Tone)과 색상 선택으로 가장 적절한 것은?

① vivid Tone의 강렬한 보색 대비

② whitish, light grayish Tone의 중명도 · 중채도 난색 계열

③ dark, deep Tone의 저명도 한색 계열

④ blackish Tone의 무채색 위주 배색

37 한국산업표준(KS A 0011)에 규정된 유채색의 기본 색명(12가지)에 포함되지 않는 것은?

① 주황(Yellow Red)

② 남색(Purple Blue)

③ 갈색(Brown)

④ 옥색(Turquoise)

38 색채분포도(Color Distribution Chart) 작성 시 X축(가로축)의 색상 배열을 순서대로 가장 바르게 나열한 것은?

① 빨강 – 노랑 – 초록 – 파랑 – 보라(스펙트럼 순서)

② 빨강 – 주황 – 노랑 – 연두 – 초록 – 청록 – 파랑 – 남색 – 보라 – 자주 – 무채색(먼셀 순서)

③ 빨강 – 보라 – 파랑 – 초록 – 노랑 – 주황(보색 순서)

④ 난색 계열 – 중성색 계열 – 한색 계열 – 무채색(온도감 순서)

39 먼셀(Munsell) 표색계의 구조와 특징에 대한 설명으로 틀린 것은?

① 색상(Hue), 명도(Value), 채도(Chroma)의 3속성을 기준으로 한다.
② 5가지 주요색(R, Y, G, B, P)과 5가지 중간색을 기본 10색상으로 한다.
③ 모든 색상의 채도 단계가 동일한 구(Sphere) 형태의 색입체를 가진다.
④ 명도는 0(검정)에서 10(하양)까지 11단계로 구분하며, 무채색은 N으로 표기한다.

40 환경 디자인(Environmental Design)의 색채 계획 프로세스 중, 대상지의 현황 파악을 위해 색표집, 분광광도계, 디지털카메라 등의 장비를 활용하여 정밀하게 데이터를 수집하는 단계는?

① 색채 기획(Planning)
② 색채 조사(Survey)
③ 색채 분석(Analysis)
④ 색채 평가(Evaluation)

41 CIE 1931 XYZ 표색계의 특징으로 옳은 것은?

① Y값은 명도(반사율)와 일치한다.
② RGB의 음수(−) 값을 그대로 사용한다.
③ 인간의 지각적 색차와 완벽히 일치한다.
④ 물체의 분광 반사율 데이터는 불필요하다.

42 산업 현장에서 색차(ΔE*) 관리에 가장 많이 쓰이는 표색계는?

① CIE L*a*b*
② CIE XYZ
③ 오스트발트
④ 먼셀 표색계

43 다음 중 역사적으로 가장 먼저 개발된 최초의 합성 염료는?

① 인디고(Indigo)
② 알리자린(Alizarin)
③ 모베인(Mauveine)
④ 프탈로시아닌(Phthalocyanine)

44 섬유의 종류에 따른 적합한 염료의 연결로 옳은 것은?

① 면, 마 − 산성 염료
② 양모, 견 − 직접 염료
③ 아크릴 − 염기성 염료
④ 나일론 − 반응성 염료

45 다음 중 색채 측정기(Colorimeter)의 정의 및 기본 개념에 대한 설명으로 옳은 것은?

① 색의 3속성을 주관적으로 해석하여 기록하는 기기이다.
② 필터식은 분광식보다 조건등색 판별에 유리하다.
③ CIE XYZ에서 Y값은 주로 '파랑'과 관련된 양이다.
④ 측정 원리에 따라 필터식과 분광식으로 구별된다.

46 분광식 측색기의 핵심 부품인 적분구(Integrating Sphere)의 역할은?

① 빛을 파장별로 분산시킨다.
② 입사된 빛을 난반사시켜 고른 조도를 만든다.
③ 반사된 빛을 전기 신호로 변환한다.
④ 특정 파장의 빛만 선택적으로 투과시킨다.

47 가법 혼합(Additive Mixing)의 3원색인 빨강
(R), 초록(G), 파랑(B)을 동일한 비율로 모두 혼
합했을 때 나타나는 색은?

① 검은색(Black)
② 회색(Gray)
③ 흰색(White)
④ 노란색(Yellow)

48 포스터컬러를 이용한 조색 실습 시 선명한 연
두(Green Yellow)를 만들기 위한 가장 올바른
방법은?

① 튜브의 Light Green을 단독으로 사용한다.
② Lemon Yellow에 소량의 Viridian(또는
Cobalt Blue)을 혼합한다.
③ Viridian과 Yellow deep을 1:1로 혼합
한다.
④ Cobalt Blue와 Carmine을 혼합한다.

49 육안 검색 결과 보고서의 신뢰성을 위해 반드
시 표기해야 할 필수 사항이 아닌 것은?

① 광원의 종류와 색온도(예 D65, 6,500K)
② 작업면의 조도(예 2,000lx)
③ 관찰자의 시력(예 좌 1.5, 우 1.2)
④ 관찰 각도 및 기하학적 조건(예 45/0)

50 색차(Color Difference) 허용 범위 및 국제 규
격에 대한 설명으로 옳은 것은?

① JND(최소 식별 한계)는 일반적으로 △E*=
5.0을 기준으로 한다.
② CIE L*a*b* 색차식은 타원형 허용 범위
를 가져 시각적으로 매우 균일하다.
③ CMC(1:c) 색차식은 섬유 산업 표준으로
개발되었으며 명도와 채도의 비율 조절이
가능하다.
④ CIEDE2000 색차식은 계산이 가장 단순
하여 현장에서 널리 쓰인다.

51 CIE 표준광(Standard Illuminant)의 기호와
그 의미가 올바르게 연결된 것은?

① A : 6,500K – 평균 주광
② C : 2,856K – 백열전구
③ D50 : 5,000K – 인쇄 및 그래픽 표준
④ D65 : 6,774K – 북창 주광

52 색온도(Color Temperature)와 관련된 설명으
로 틀린 것은?

① 색온도가 낮을수록 붉은색을 띠고, 높을
수록 푸른색을 띤다.
② 색온도의 단위는 켈빈(K)을 사용한다.
③ 흑체(Black Body)를 가열했을 때 방출되
는 빛의 색을 기준으로 한다.
④ 상관 색온도가 같으면 분광 분포(SPD)도
반드시 동일하다.

53 CIE L*a*b* 색차 데이터 분석 결과, 목표색 대비 시료색의 오차가 'ΔL*=+5, Δa*=+10, Δb*=−5'로 나타났다. 이에 대한 육안 판정과 보정 처방으로 옳은 것은?

① 판정 : 어둡고, 초록 기미가 돌며, 노란 기미가 돎
　처방 : 검정(Black)과 초록(Green), 노랑(Yellow) 안료 추가
② 판정 : 밝고, 붉은 기미가 돌며, 푸른 기미가 돎
　처방 : 검정(Black)과 초록(Green), 노랑(Yellow) 안료 추가
③ 판정 : 밝고, 붉은 기미가 돌며, 푸른 기미가 돎
　처방 : 하양(White)과 빨강(Red), 파랑(Blue) 안료 추가
④ 판정 : 어둡고, 초록 기미가 돌며, 노란 기미가 돎
　처방 : 하양(White)과 빨강(Red), 파랑(Blue) 안료 추가

54 색채 품질 관리의 일반적인 프로세스로 가장 적절한 순서는?

① 프로젝트 기획 → 컬러 재료 선정 → 물성 분석 연구 → 시공 기법 적용
② 시공 기법 적용 → 프로젝트 기획 → 컬러 재료 선정 → 물성 분석 연구
③ 컬러 재료 선정 → 프로젝트 기획 → 물성 분석 연구 → 시공 기법 적용
④ 프로젝트 기획 → 시공 기법 적용 → 물성 분석 연구 → 컬러 재료 선정

55 CCM 시스템 도입을 통해 얻을 수 있는 기술적, 경제적 효과로 볼 수 없는 것은?

① 아이소머리즘(Isomerism)을 실현하여 어떤 광원에서도 색이 일치하도록 할 수 있다.
② 메타메리즘(Metamerism) 지수를 사전에 예측하여 조건등색 발생을 최소화할 수 있다.
③ 조명 기구의 연색지수(CRI)를 자동으로 측정하고 개선하여 작업 환경을 최적화한다.
④ 잔량(Waste) 안료를 활용하는 최적의 배합비를 산출하여 원가를 절감할 수 있다.

56 산업용 분광측색계에서 주로 사용되는 기하학적 광학 구조인 d/8° 방식에 대한 설명으로 옳은 것은?

① 시료 표면에 45° 각도로 빛을 직접 조사하고 수직으로 수광하는 방식이다.
② 적분구(Integrating Sphere)를 사용하여 확산 조명(Diffuse Illumination)을 구현한다.
③ 표면의 광택이나 텍스처를 육안 관찰과 가장 유사하게 평가할 수 있는 방식이다.
④ 정반사광을 물리적으로 제거하여 안료의 색상보다는 표면 상태를 검사하는 데 유리하다.

57 텍스처(Texture)가 강한 직물이나 헤어라인 금속 시료를 측색할 때, 방향성에 의한 측정 오차를 줄이기 위한 표준 방법은?

① 측정 구경(Aperture)을 최소화하여 평탄한 미세 부위만 골라 측정한다.

② 시료를 90°씩 회전(Rotation)시키며 2회 이상 측정하여 평균값을 낸다.

③ 광원을 자외선(UV)이 포함된 D65로 변경하여 형광 반응을 유도한다.

④ 측정 모드를 SCE(정반사 제거)로 고정하여 표면 요철의 영향을 없앤다.

58 도료에 소광제(Matting Agent)를 첨가하여 표면 광택을 낮추었을 때 시각적으로 나타나는 색채 변화 현상으로 옳은 것은?

① 표면 난반사로 인해 명도(L*)는 높아지고, 채도(C*)는 낮아진다.

② 표면 정반사로 인해 명도(L*)는 낮아지고, 채도(C*)는 높아진다.

③ 흑색 안료의 경우 흑색도(Jetness)가 증가하여 더욱 깊은 검정색으로 보인다.

④ 투명도가 상승하여 바탕색의 은폐력이 감소한다.

59 다음 측색 데이터를 분석하여 내린 조색 보정 처방으로 가장 적절한 것은?

> **[측정 결과]**
> 기준색(Standard) 대비 시료(Sample) 데이터 :
> ΔL*=+2.0, Δa*=+1.5, Δb*=+1.5

① 검정(Black) 안료와 보라(Purple) 안료를 추가한다.

② 검정(Black) 안료와 청록(Cyan) 안료를 추가한다.

③ 검정(Black) 안료와 주황(Yellow Red) 안료를 추가한다.

④ 하양(White) 안료와 초록(Green) 안료를 추가한다.

60 컴퓨터 자동 배색(CCM) 시스템의 특징 및 효과에 대한 설명으로 거리가 먼 것은?

① 안료 낭비를 줄이고 조색 시간을 단축하여 원가를 절감한다.

② 조색 정확도는 색료 데이터베이스(DB)보다 기계(측색기)의 성능에 전적으로 달려 있다.

③ 과학적 데이터 관리로 비숙련자도 일정 수준의 조색이 가능하다.

④ 조건등색을 예측하고 아이소머리즘을 실현할 수 있다.

61 다음 중 RGB 색체계와 CMY 색체계의 좌표값 및 혼합 원리에 대한 설명으로 적절하지 않은 것은?

① RGB(255, 255, 0)은 가법 혼색의 결과로 Yellow가 된다.

② CMY(1, 1, 0)은 감법 혼색의 결과로 Blue가 생성된다.

③ RGB(0, 0, 0)은 빛이 없는 상태인 Black, CMY(1, 1, 1)은 모든 잉크가 혼합된 Black이다.

④ 시안(Cyan)과 마젠타(Magenta)를 혼합하면 시안의 초록 성분과 마젠타의 레드 성분이 반사되어 노랑(Yellow)이 보인다.

62 디지털 색채관리(CMS)에서 렌더링 인텐트(Rendering Intent)의 종류와 특징에 대한 연결이 올바른 것은?

① 가시적(Perceptual) – 정확한 색 유지보다 채도(선명함)를 최우선으로 보존하며 비즈니스 그래픽에 적합하다.

② 채도(Saturation) – 사람의 눈에 자연스럽게 보이도록 전체 색역을 비례적으로 축소하며 사진 이미지에 적합하다.

③ 상대 색도계(Relative Colorimetric) – 화이트 포인트(White Point)의 이동 없이 입력의 흰색을 유지하며, 주로 프루핑 용도로 사용된다.

④ 절대 색도계(Absolute Colorimetric) – 입력의 흰색을 출력 용지의 흰색으로 매핑하지 않고 고정하므로, 프루핑(Proofing)에 주로 사용된다.

63 CIE(국제조명위원회) 표준광원의 종류와 특징에 대한 설명으로 가장 옳은 것은?

① 표준광원 A : 대낮의 평균 태양광을 의미하며 색온도는 약 6,500K이다.

② 표준광원 C : 과거의 주광 표준이었으나 현재는 폐기되었으며, 백열전구의 빛을 대표한다.

③ 표준광원 D50 : 색온도 약 5,000K의 따뜻한 흰색으로 인쇄 및 출판물의 색채 평가 표준이다.

④ 표준광원 D65 : 색온도 약 2,856K로 붉은색이 많이 돌며 텅스텐 조명을 의미한다.

64 다음 중 그래픽 파일 포맷의 특성에 대한 설명으로 틀린 것은?

① PNG 형식은 비손실 압축 방식을 사용하여 이미지 변형 없이 고품질 저장이 가능하며 알파 채널을 지원한다.

② GIF 형식은 최대 256색까지만 표현 가능하며 애니메이션 기능과 투명 배경을 지원한다.

③ JPEG 형식은 사진 전문가 그룹이 개발한 방식으로 압축률이 높으나, 알파 채널(투명도)을 지원하지 않는다.

④ EPS 형식은 비트맵 전용 포맷으로, 벡터 데이터를 포함할 수 없어 인쇄용으로 부적합하다.

65 24비트 트루 컬러(True Color) 시스템에 대한 설명으로 옳은 것은?

① R, G, B 각각 10비트씩 할당하여 총 1,024 단계의 계조를 표현한다.

② 총 표현 가능한 색상의 수는 약 65,536 컬러이다.

③ RGB 채널 외에 8비트의 알파 채널이 추가된 32비트 체계이다.

④ 8비트씩 3개 채널(R, G, B)로 구성되어 약 1,677만 가지의 색상을 재현한다.

66 ISO 3664 규정에 따른 인쇄물 비교 관찰 및 색 교정(Proofing) 환경의 표준 조건으로 틀린 것은?

① 조명 광원의 색온도는 D65(6,500K)를 사용해야 한다.

② 광원의 연색 지수(Ra)는 최소 90 이상이어야 한다.

③ 엄격한 비교 평가 시 조도는 2,000Lux(±500)를 권장한다.

④ 주변 환경의 배경색은 반사율이 낮은 무채색의 중성 회색(Neutral Gray)이어야 한다.

67 3D 그래픽 소프트웨어에서 주로 사용되는 오른손 좌표계(Right-handed System)의 축 방향으로 옳은 것은?

① 중지가 가리키는 방향이 Z축이며, 화면의 안쪽(깊이)을 향한다.

② 중지가 가리키는 방향이 Z축이며, 화면의 앞쪽(사용자 쪽)을 향한다.

③ 검지가 가리키는 방향이 Z축이다.

④ 엄지가 가리키는 방향이 Z축이다.

68 디자인 구도(Composition)의 원리 중 '율동(Rhythm)'을 형성하는 요소와 거리가 먼 것은?

① 유사한 형이나 색의 반복(Repetition)

② 크기나 색이 점차 변하는 점증(Gradation)

③ 화면 전체에 질서를 부여하는 통일(Unity)

④ 강한 방향성과 움직임(Movement)의 표현

69 광각 렌즈(Wide-Angle Lens)의 시각적 특성으로 틀린 것은?

① 가까이 있는 물체는 더 크게, 멀리 있는 것은 더 작게 보이는 원근감 과장 효과가 있다.

② 좁은 실내를 넓어 보이게 표현할 때 유리하다.

③ 화면 가장자리가 둥글게 휘어지는 배럴 디스토션(Barrel Distortion)이 발생하기 쉽다.

④ 배경을 피사체 바로 뒤로 끌어당기는 듯한 원근감 압축 효과가 있다.

70 인쇄 디자인 작업 시 작은 텍스트나 가는 선을 표현할 때, C, M, Y, K 4가지 잉크를 섞지 않고 K(Black) 100% 잉크만 사용하는 주된 이유는?

① 잉크 비용을 절감하기 위해서

② 더 진하고 깊은 검은색(Rich Black)을 표현하기 위해서

③ 미세한 핀(Registration) 어긋남으로 인해 글자가 번져 가독성이 떨어지는 것을 방지하기 위해서

④ 종이가 잉크를 너무 많이 흡수하여 찢어지는 것을 막기 위해서

71 잉크젯 프린터의 출력 방식에서 색을 혼합하여 재현하는 원리로 가장 적합한 것은?

① 오직 감법 혼색 원리만 사용한다.

② 빛을 혼합하는 가법 혼색 원리만 사용한다.

③ 미세한 점을 찍어 색을 섞어 보이게 하는 병치 혼색과 잉크가 겹쳐지는 감법 혼색이 복합적으로 작용한다.

④ 레이저를 이용해 토너를 정착시키는 전자 사진 방식을 사용한다.

72 프린터 프로파일을 생성할 때 사용했던 '용지 종류(Media Type)' 설정값은 이후 실제 이미지를 출력할 때 반드시 동일하게 유지해야 한다. 그 이유로 가장 적절한 것은?

① 용지 설정값이 변경되면 모니터의 감마값(Gamma)이 자동으로 바뀌기 때문에

② 용지 종류 설정에 따라 프린터가 잉크 분사량(Ink Limit)과 검정(K) 생성 비율을 다르게 적용하기 때문에

③ ICC 프로파일 파일명 자체가 용지 설정값과 동일해야 하기 때문에

④ 드라이버 설정이 바뀌면 잉크의 화학적 성질이 변하기 때문에

73 Wide Gamut RGB 색공간의 특징으로 옳은 것은?

① sRGB를 기준으로 발광하고 재현하는 일반적인 모니터의 색공간이다.

② 감마 1.8로 인코딩되어 있으며, 필름의 명가 코닥에 의해 개발되었다.

③ Adobe RGB보다도 훨씬 넓은 색공간을 가지며, 48비트 이상의 고해상도 작업 소스 공간으로 사용된다.

④ 주로 북미 지역에서 표준으로 사용되는 상업용 오프셋 인쇄(CMYK) 표준 규격이다.

74 잡지나 브로슈어 등 여러 페이지의 인쇄물 디자인 시 그리드(Grid) 시스템을 사용하는 이유로 가장 적절한 것은?

① 디자이너의 창의적 자유를 무제한 보장하기 위해

② 시각적 일관성을 유지하고 작업 효율을 높이기 위해

③ 모든 페이지를 각기 다른 스타일로 차별화하기 위해

④ 이미지보다 텍스트의 양을 최대한 늘리기 위해

75 지속가능한 색채디자인(Sustainable Color Design)의 적용 원칙 중 효율성을 확보하기 위한 전략으로 가장 적절한 것은?

① 유행을 타지 않는 타임리스(Timeless) 컬러를 사용하여 제품의 심미적 수명을 연장한다.

② 실내 공간에 고명도(High Value)의 색채를 적용하여 빛 반사율(LRV)을 높임으로써 조명 에너지를 절약한다.

③ 인체에 유해한 VOCs나 중금속이 포함되지 않은 천연 유래 안료를 최우선으로 선택한다.

④ 다양한 색상을 화려하게 배색하여 사용자의 시각적 만족도를 높이고 구매를 유도한다.

76 색채디자인 프레젠테이션의 기획 및 제작 과정에 대한 설명으로 적절하지 않은 것은?

① 프레젠테이션의 주제는 프로젝트의 최종 목표와 핵심 포인트(Key Point)를 중심으로 논리적으로 구성해야 한다.

② '제출용 기획서(Report)'는 발표자의 설명 없이도 클라이언트가 이해할 수 있도록 텍스트와 논리적 근거를 상세히 기술한다.

③ 슬라이드 제작 시 텍스트의 가독성을 위해 한 장에 최대한 많은 정보를 담아 청중에게 전달해야 한다.

④ 애니메이션 효과는 특정 부분을 강조하거나 활력을 줄 때 사용하되, 지나치게 남발하면 산만해지므로 절제해야 한다.

77 NCS 학습 모듈에서 제시하는 결과보고서의 표준 편집 지침 및 작성 가이드로 옳은 것은?

① 제본 방식은 문서의 우측을 묶는 '우철 제본'을 원칙으로 한다.

② 본문의 순서 중 장(Chapter)이 바뀔 때는 종이 절약을 위해 페이지를 넘기지 않고 이어서 작성한다.

③ 내용 전달을 부드럽게 하기 위해 일상 대화체나 관용적인 표현을 사용하여 친근감을 준다.

④ 내용의 위계질서를 명확히 하기 위해 '장 → 절 → 1 → 가 → 1)' 등의 번호 체계를 준수한다.

78 색채디자인 결과물 중 '물리적 산출물(Physical Assets)'과 '디지털 데이터(Digital Assets)'의 보관 방법에 대한 설명으로 옳은 것은?

① 물리적 컬러 샘플(종이, 원단 등)은 변색을 막기 위해 햇빛이 잘 드는 곳에 전시하여 보관한다.

② 디지털 데이터는 랜섬웨어 감염 등에 대비하여 물리적으로 분리된 저장매체(외장 하드 등)에 이중 백업한다.

③ 인쇄 교정지나 가인쇄물(Mock-up)은 부피가 크므로 프로젝트 종료 즉시 파쇄하는 것이 원칙이다.

④ 디지털 데이터의 원본 파일(AI, PSD)은 용량을 많이 차지하므로 JPG 파일만 남기고 삭제한다.

79 디자이너의 포트폴리오(Portfolio) 제작 및 구성에 대한 조언으로 가장 적절한 것은?

① 가능한 많은 작업물을 보여주기 위해 습작이나 미완성작까지 포함하여 양으로 승부한다.

② 자신의 기여도가 낮은(30% 미만) 프로젝트라도 결과물이 좋다면 100% 본인이 한 것처럼 기술한다.

③ 배경색이나 꾸밈 요소를 화려하게 사용하여 시각적인 즐거움을 주는 데 집중한다.

④ 프로젝트의 결과물뿐만 아니라 기획 의도, 프로세스, 문제 해결 과정을 논리적으로 보여준다.

80 2007년 법 개정으로 인정된 색채상표(Color Trademark)의 등록 요건에 대한 설명으로 적절하지 않은 것은?

① 색채 자체가 상품의 기능을 향상시키는 데 필수적인 경우(기능성)에는 등록받을 수 없다.

② 단순히 "앞으로 이 색을 쓰겠다."라는 의사표시만으로는 등록이 불가능하다.

③ 특정 색채가 오랫동안 독점적으로 사용되어 소비자가 "아! 그 브랜드"라고 인지할 수 있는 식별력(Secondary Meaning)을 획득해야 한다.

④ 기호나 문자가 결합되지 않은 단일 색채는 어떠한 경우에도 상표로 등록될 수 없다.

컬러리스트 기사 **출제 예상문제 03회**

문항수	시험 시간	총점
80문항	120분	100점

수험번호 : ＿＿＿＿＿＿＿＿＿＿＿

성　　명 : ＿＿＿＿＿＿＿＿＿＿＿

정답 & 해설 ▶ 2-278p

01 제안서 작성을 위한 환경 분석 중 거시환경 분석의 4가지 요소 중 하나에 해당하지 않는 것은?

① 정치 · 법제도적 환경(Political)
② 경제적 환경(Economic)
③ 경쟁사 환경(SWOT)
④ 사회 · 문화적 환경(Social)

02 다음 지식재산권의 보호 기간(존속 기간)에 대한 설명 중 옳지 않은 것은?

① 저작권 : 저작자 생존 기간 및 사후 70년
② 디자인권 : 디자인 출원일로부터 20년
③ 특허권 : 특허 출원일로부터 20년
④ 실용신안권 : 설정 등록일로부터 20년

03 계약 체결 시 계약서가 여러 장일 때, 앞장과 뒷장을 겹쳐서 도장을 찍어 서류의 연결성을 증명하는 날인 방식은?

① 계인(契印)
② 간인(間印)
③ 직인(職印)
④ 실인(實印)

04 다음 [보기] 중 계획단계에서 수행해야 할 업무로 옳은 것을 모두 고른 것은?

> [보기]
> ㄱ. 현장조사 및 문헌조사
> ㄴ. 색채 데이터화 및 분석
> ㄷ. 디자인 콘셉트(Concept) 설정
> ㄹ. 실제 디자인 적용 및 도면 작업

① ㄱ, ㄴ
② ㄱ, ㄷ
③ ㄱ, ㄴ, ㄷ
④ ㄴ, ㄷ, ㄹ

05 제안서 및 견적서 작성 시 적용되는 비용 산정 비율의 기준으로 옳은 것은?

① 일반관리비는 6%를 초과할 수 없고, 이윤은 10%를 초과할 수 없다.
② 일반관리비는 10%를 초과할 수 없고, 이윤은 15%를 초과할 수 없다.
③ 상여금은 기준단가의 연 200%를 초과할 수 없다.
④ 참여율 산정 시 법정 근로시간은 1일 10시간을 기준으로 한다.

06 디자인 용역 표준계약서의 주요 규정 중, 지식재산권의 귀속 및 검수에 대한 설명으로 옳은 것은?

① 디자인 결과물의 지식재산권은 계약 체결과 동시에 발주자(클라이언트)에게 즉시 양도된다.
② 최종 결과물이 아닌 중간 결과물(시안, 아이디어 스케치 등)도 원칙적으로 발주자에게 귀속된다.
③ 발주자는 디자인 결과물을 수령한 후 14일 이내에 검사하여야 하며, 이 기간 내에 서면 통지가 없으면 합격한 것으로 간주한다.
④ 계약이 중도 해지된 경우, 기성 부분에 대한 대가를 지급했더라도 해당 결과물의 권리는 디자이너에게 남는다.

07 인플루언스 믹스의 요소 중 타인의 평가를 뜻하는 것은?

① P(Personal)
② M(Marketer)
③ O(Other People)
④ S(Social)

08 소비자 행동분석 모형 중 '하워드-셰드(How-ard-Sheth) 모형'의 주요 변수가 아닌 것은?

① 투입 변수(Input)
② 산출 변수(Output)
③ 외생 변수(Exogenous)
④ 상황 변수(Situational)

09 오프라인 매장의 판매 방식 고려사항 중 주변 상품 색채에 영향을 받아 명시도가 변하는 현상은?

① 연색성 효과
② 동화 현상 및 대비
③ 조건등색
④ 푸르킨예 현상

10 마케팅 전략 수립을 위한 SWOT 분석에 대한 설명으로 옳은 것은?

① 분석 대상 : 내부 요인인 기회·위협과 외부 요인인 강점·약점을 분석한다.
② 정의 : 내부(강점/약점)와 외부(기회/위협) 환경을 분석하여 전략을 수립하는 기법이다.
③ 창시자 : 필립 코틀러가 고안했으며, PLC 이론의 기초가 되었다.
④ 용어 : 내부 환경을 중요시한다는 의미로 'STWO' 분석이라고도 부른다.

11 KS 안전색채에서 '파랑(Blue)'과 '자주(Red Purple)'의 의미 연결로 옳은 것은?

① 파랑 : 주의 / 자주 : 위험
② 파랑 : 지시(조심) / 자주 : 방사능
③ 파랑 : 안전 / 자주 : 금지
④ 파랑 : 정지 / 자주 : 유독물질

12 색채마케팅의 역사와 배경에 대한 설명으로 틀린 것은?

① 1920년대 미국 파커(Parker) 사의 빨간색 만년필이 컬러 마케팅의 시초로 꼽힌다.
② 한국에서는 1980년대 컬러텔레비전 방송 시작과 함께 색채마케팅이 활성화되었다.
③ 현대의 색채마케팅은 기술 평준화로 인해 디자인과 색채가 제품 경쟁력의 핵심 요소가 되었다.
④ 색채마케팅은 단순히 제품의 미적 가치만 높이는 것이지, 기업의 아이덴티티나 매출과는 무관하다.

13 최근 소재(Material) 트렌드의 핵심 키워드인 '지속가능성'에 부합하는 것은?

① 염색을 최소화한 로우(Raw) 컬러
② 인공적인 고광택 표면처리
③ 자연 분해가 어려운 복합 소재
④ 일회용 플라스틱의 사용 확대

14 1998년 애플 아이맥(iMac)의 CMF 디자인 혁신 사례로 옳은 것은?

① 아이보리색의 고정관념을 유지했다.
② 불투명한 금속 소재를 사용했다.
③ 반투명한 폴리카보네이트를 적용했다.
④ 내부 부품을 완벽하게 가렸다.

15 표면처리(Finish) 방식에 따른 색채의 시각적 변화 원리로 옳은 것은?

① 유광은 빛을 난반사한다.
② 무광은 색이 선명해 보인다.
③ 거친 표면은 색이 밝아 보인다.
④ 매끄러운 표면은 채도가 낮다.

16 포지셔닝 유형 중 '경쟁 위치에 따른 분류'에서, 선두 기업을 뒤따르며 2위 자리를 유지하는 전략은?

① 시장 리더형(Leader)
② 시장 추적자형(Follower)
③ 시장 경쟁자형(Challenger)
④ 시장 혁신자형(Innovator)

17 안전색의 의미와 사용 사례가 올바르게 연결되지 않은 것은?

① 빨강 : 금지, 정지 – 소화기, 금연 표지
② 주황 : 위험, 항해 보안 – 구명조끼, 기계의 위험 부위
③ 노랑 : 주의 – 방사능 경고, X–ray실
④ 초록 : 안전, 피난 – 비상구, 구급상자

18 다음 중 '인간공학적 색채(Color Ergonomics)' 적용의 효과로 보기에 가장 거리가 먼 것은?

① 대상의 구별을 명확히 하여 실수를 방지한다(인지력 향상).
② 단조로움을 피하고 불필요한 자극을 줄여 집중력을 높인다.
③ 트렌드 컬러를 사용하여 심미적 만족감을 최우선으로 한다.
④ 안전색채 사용으로 사고 위험을 줄인다.

19 색채의 대비 현상 중, 서로 다른 두 색을, 시간차를 두고 보았을 때 일어나는 현상은?

① 동시 대비(Simultaneous Contrast)
② 계시 대비(Successive Contrast)
③ 연변 대비(Marginal Contrast)
④ 면적 대비(Area Contrast)

20 색채와 촉각의 공감각적 반응 중, '딱딱함(경질 감)'을 느끼게 하는 색채 조건으로 가장 적절한 것은?

① 고명도의 따뜻한 색(Pink, Yellow)

② 고명도의 차가운 색(Light Blue)

③ 저명도·저채도의 한색 및 금속색

④ 중간 명도의 난색 계열(Yellow Red)

21 다음 중 색채의 '추상적 연상'에 대한 설명으로 옳은 것은?

① 구체적인 사물을 떠올리는 것이다.

② 연령이 낮을수록 연상 능력이 강하다.

③ 고채도의 유채색에서 잘 나타난다.

④ 무채색이 많으며 개념적 성격이 강하다.

22 브레인스토밍(Brainstorming)의 4대 원칙이 아닌 것은?

① 비판 금지(Support)

② 질적 추구(Quality)

③ 자유분방(Free Wheeling)

④ 결합 개선(Combination)

23 굿 디자인(Good Design)의 4대 필수 요건에 대한 설명으로 적절하지 않은 것은?

① 합목적성 : 디자인의 사용 목적에 부합하 며 기능적인 역할을 충실히 수행하는 것 이다.

② 경제성 : 품질과는 무관하게 무조건 생산 단가를 낮추어 가장 저렴하게 만드는 것 을 최우선으로 한다.

③ 심미성 : 형태와 색채가 아름답고 미적 감 동을 주어야 하며 시대적 미의식을 반영 한다.

④ 독창성 : 기존의 것과 차별화되며 모방이 아닌 새로운 가치를 창출하는 것이다.

24 다음 중 병원 수술실의 벽면과 수술복을 청록색 (Blue–Green) 계열로 계획하는 주된 이유는?

① 심리적 안정감 부여

② 보색 잔상 방지

③ 청결한 이미지 강조

④ 조명의 반사율 증대

25 20세기 패션 변천사 중 1980년대 스타일의 특 징으로 가장 적절한 것은?

① 앤드로지너스 룩, 무채색(검정)

② 미니스커트, 팝아트, 형광색

③ 뉴룩(New Look), 파스텔 톤

④ 가르손느 룩, 금속 광택

26 다음 중 배색 기법에 대한 설명으로 옳은 것은?

① 톤 온 톤 배색은 색상은 다르지만 톤을 유사하게 맞추는 기법이다.
② 톤 인 톤 배색은 동일 색상 내에서 명도와 채도의 차이를 두는 기법이다.
③ 세퍼레이션 배색은 색과 색 사이에 무채색 등을 넣어 분리시키는 기법이다.
④ 그러데이션 배색은 보색 대비를 활용하여 강렬한 인상을 주는 기법이다.

27 주거 공간 배색 계획 시 각 색의 역할과 선정 기준에 대한 설명으로 옳은 것은?

① 주조색은 고채도 색상을 선정한다.
② 보조색은 주조색과 보색 관계를 쓴다.
③ 강조색은 주조색과 동일 색상을 쓴다.
④ 주조색은 배색 전체 분위기를 결정한다.

28 오스트발트 색채조화론의 핵심이 되는 기본 원리는?

① 동류의 원리
② 질서의 원리
③ 명료성의 원리
④ 대비의 원리

29 다음 상황에서 저드(Judd)의 4대 조화 원칙 중 위배된 사항을 분석한 것으로 가장 적절한 것은?

> **[상황]**
> 안전 표지판의 바탕색과 그림색의 명도 차이가 거의 없어, 흐린 날씨나 멀리서 볼 때 내용 식별이 어렵고 모호하게 보인다.

① 질서의 원칙 위배
② 친근성의 원칙 위배
③ 유사성의 원칙 위배
④ 명료성의 원칙 위배

30 텍스타일 디자인에서 회색 바탕에 검은색 줄무늬를 아주 가늘고 촘촘하게 배열했더니, 바탕의 회색이 원래보다 더 어둡게 보였다. 이 현상은 무엇인가?

① 베졸트 효과(동화 현상)
② 명도 대비 현상
③ 면적 대비 현상
④ 연변 대비 현상

31 수술실 의사가 붉은 혈액을 보다가 시선을 돌렸을 때 생기는 시각적 방해를 막기 위해 청록색 가운을 입는 이유는?

① 정의 잔상을 제거하기 위해
② 부의 잔상을 중화하기 위해
③ 연변 대비를 방지하기 위해
④ 암순응을 돕기 위해

32 망막의 시세포인 추상체(Cone)와 간상체(Rod)의 특성을 비교한 것으로 옳지 않은 것은?

① 추상체는 중심와에 밀집되어 있고, 간상체는 망막 주변부에 널리 분포한다.
② 추상체는 색상과 형태를 식별하고, 간상체는 미세한 명암을 주로 식별한다.
③ 추상체는 0.1lx 이상의 밝은 곳에서, 간상체는 그 이하의 어두운 곳에서 활동한다.
④ 최대 시감도는 추상체가 507nm(단파장), 간상체가 555nm(장파장) 부근이다.

33 한국 전통 색체계인 오방색(五方色) 중, '방위 – 계절 – 상징 의미'의 연결이 올바른 것은?

① 청색(靑) – 서쪽 – 가을 – 의(義)
② 적색(赤) – 남쪽 – 여름 – 예(禮)
③ 백색(白) – 동쪽 – 봄 – 인(仁)
④ 흑색(黑) – 중앙 – 환절기 – 신(信)

34 리프만 효과(Liebmann's Effect)에 의한 가독성 저하를 막기 위한 가장 효과적인 배색 방법은?

① 배경색과 도형색의 명도 차이를 크게 한다.
② 배경색과 도형색을 보색 관계로 한다.
③ 배경색과 도형색의 채도를 비슷하게 한다.
④ 배경을 난색, 도형을 한색으로 한다.

35 다음 설명에 해당하는 디자인 사조는 무엇인가?

> [설명]
> • 1917년 네덜란드에서 시작된 신조형주의 운동으로, 개인적 감성을 배제하고 보편적 진리를 추구했다.
> • 화면을 수직과 수평으로 분할하고, 3원색(빨, 파, 노)과 무채색만을 사용하여 엄격한 기하학적 추상을 완성했다.

① 구성주의(Constructivism)
② 데스틸(De Stijl)
③ 미니멀리즘(Minimalism)
④ 절대주의(Suprematism)

36 '키치(Kitsch)'의 현대적 의미와 디자인적 활용에 대한 설명으로 옳은 것은?

① 고급 예술의 엄숙함을 유지하며 전통적인 미의식을 계승한다.
② 기능주의에 입각하여 불필요한 장식을 모두 제거한 미니멀한 스타일이다.
③ 저속하거나 통속적인 취향을 비꼬거나 즐기는 B급 감성의 독특한 미적 스타일이다.
④ 자연 친화적인 소재를 사용하여 환경 보호를 실천하는 에코 디자인이다.

37 색채 이미지 스케일(Color Image Scale)의 제작 목적과 활용에 대한 설명으로 가장 적절한 것은?

① 주관적인 색채 감각을 배제하고 오직 물리적인 파장 수치만을 분석하기 위함이다.
② 개인의 선호도를 조사하여 가장 인기 있는 색상을 찾기 위함이다.
③ 색채가 주는 추상적인 감성 이미지를 객관적인 언어와 좌표로 체계화하여 소통하기 위함이다.
④ 유행하는 색채(Trend Color)를 무조건적으로 디자인에 반영하기 위함이다.

38 색채 분포도를 분석한 결과, 데이터 점들이 Y축(명도/채도)의 상단 부분에 수평으로 넓게 퍼져 분포하고 있다. 이 대상의 색채 특징으로 적절한 것은?

① 전체적으로 어둡고 무거운 느낌을 주는 디자인이다.
② 다양한 색상(Hue)이 사용되었으나, 톤은 고명도 · 고채도로 밝고 맑은 느낌을 준다.
③ 색상은 난색 계열로 편중되어 있고, 톤은 다양하다.
④ 무채색 위주의 모던하고 심플한 디자인이다.

39 팬톤(Pantone) 색체계에 대한 설명으로 옳은 것은?

① 등간격의 과학적 색채 체계(지각적 등보성)를 갖추고 있다.
② 국가 표준이 아닌 미국의 사기업에서 개발한 상업용 색채 표준이다.
③ 헤링의 반대색설을 기초로 하여 4원색을 기본으로 한다.
④ 빛의 혼색 실험을 통한 CIE XYZ 좌표계를 사용한다.

40 웹(Web) 디자인 분야의 색채계획 시 고려해야 할 사항으로 적절하지 않은 것은?

① 사용자의 시각적 피로도를 고려하여 고채도의 형광색 사용을 자제한다.
② 정보의 가독성을 높이기 위해 배경색과 글자색의 명도 대비를 충분히 확보한다.
③ 인쇄물과 동일한 색상 재현을 위해 반드시 CMYK 모드로 작업하고 지정한다.
④ 웹 안전 색상(Web Safe Color)이나 sRGB 등 모니터 환경을 고려한 색채를 선정한다.

41 다음 중 균등 색공간(UCS)에 해당하는 표색계는?

① CIE RGB
② CIE XYZ
③ CIE xyY
④ CIE L*a*b*

42 헤링(Hering)의 4원색설(반대색설)에 대한 설명으로 옳은 것은?

① 망막의 시세포 단계에서의 반응을 설명한다.
② 빨강–파랑, 노랑–초록이 대립한다.
③ NCS 색체계의 이론적 배경이 되었다.
④ 색을 물리적인 빛의 혼합으로만 해석했다.

43 특수 색료 중 보는 각도에 따라 색이 변하는 '진주 광택 안료'의 원리는?

① 빛의 형광 작용
② 빛의 간섭 효과
③ 빛의 흡수와 발산
④ 빛의 회절 현상

44 광택도(Gloss) 측정 시, '고광택(High Gloss)' 표면을 측정하는 각도는?

① 20°
② 45°
③ 60°
④ 85°

45 다음 중 CCM(자동배색)을 이용한 조색 시 반드시 사용해야 하는 측정 모드는?

① SCE(정반사광 제거)
② SCI(정반사광 포함)
③ Gloss Meter(광택계)
④ Densitometer(농도계)

46 형광(Fluorescence)이 포함된 시료를 정확하게 측정하기 위한 조건은?

① 전방 분광 방식
② 300nm 미만의 자외선을 차단한 광원
③ 후방 분광 방식
④ 일반 텅스텐 전구 사용

47 중간 혼합(Intermediate Mixing)의 특징에 대한 설명으로 옳지 않은 것은?

① 혼합된 색의 명도는 혼합 전 색들의 평균 명도가 된다.
② 회전 혼합 시 보색 관계의 두 색을 섞으면 무채색(회색)이 된다.
③ 병치 혼합은 색점이 작을수록, 거리가 멀수록 혼색 효과가 잘 일어난다.
④ 회전판을 돌려 섞으면 원래의 색보다 명도가 높아져 밝아 보인다.

48 백색광을 '시안(Cyan) 필터'와 '노랑(Yellow) 필터'에 차례로 통과시켰을 때, 최종적으로 우리 눈에 보이는 색은?

① 빨강(Red)
② 초록(Green)
③ 파랑(Blue)
④ 검정(Black)

49 색료의 주성분인 유기 안료와 무기 안료의 특성 비교로 옳은 것은?

① 유기 안료는 무기 안료보다 은폐력이 크다.
② 무기 안료는 유기 안료보다 채도(선명도)가 높다.
③ 유기 안료는 무기 안료보다 내광성이 우수하다.
④ 무기 안료는 유기 안료보다 비중이 무겁다.

50 육안 검색 부스(Booth)의 내벽 색상으로 가장 적절한 것은?

① 유광 검은색(Glossy Black)
② 고채도 빨간색(vivid Red)
③ 무광택 중간 회색(Matte N5~N7)
④ 고광택 흰색(High Gloss White)

51 촬영 시 광원 색온도 보정을 위해 사용하는 필터 중, 텅스텐 조명(3,200K, 붉은빛) 아래에서 주광용 필름(5,500K)을 사용할 때 필요한 필터와 주된 특징의 연결로 옳은 것은?

① 앰버(Amber) 계열 필터 – 색온도를 낮춤
② 블루(Blue) 계열 필터 – 색온도를 높임
③ UV 필터 – 자외선 차단
④ 편광(PL) 필터 – 반사광 제거

52 조색 시료의 채도(Chroma)가 목표색보다 너무 높을 때(지나치게 선명할 때), 이를 보정하기 위한 가장 효과적인 방법은?

① 동일한 색상의 원색(vivid) 안료를 더 넣는다.
② 흰색(White) 안료만 대량으로 넣는다.
③ 무채색(검정, 회색)이나 해당 색의 보색을 소량 첨가한다.
④ 투명한 용제를 넣어 희석한다.

53 알루미늄 금속 표면을 산화시켜 인공 피막을 만들고, 그 미세한 기공에 염료를 침투시키는 가공법은?

① 크롬 도금(Chrome Plating)
② 아노다이징(Anodizing)
③ 샌드블라스팅(Sandblasting)
④ 헤어라인(Hairline)

54 검은색(Black) 도료에 소광제(Matting Agent)를 첨가하여 무광으로 만들었을 때의 현상으로 옳은 것은?

① 흑색도(Jetness)가 증가하여 더 진한 검정으로 보인다.
② 표면 난반사로 인해 회색 기미가 돌고 흑색도가 감소한다.
③ 도막의 투명도가 상승하여 바탕색이 잘 보인다.
④ 내오염성이 좋아져 때가 잘 타지 않는다.

55 분광측색계의 색차(ΔE*) 데이터 판독 시, ΔL*값이 양수(+)이고 Δb*값이 음수(−)일 때 시료색의 상태를 바르게 해석한 것은?

① 기준색보다 밝고 노란 기미가 돈다.
② 기준색보다 어둡고 파란 기미가 돈다.
③ 기준색보다 밝고 파란 기미가 돈다.
④ 기준색보다 어둡고 노란 기미가 돈다.

56 펄(Pearl) 안료 사용 시 품질 관리 주의사항으로 틀린 것은?

① 펄 안료는 반투명하므로 바탕색의 균일한 도장이 선행되어야 한다.
② 입자가 무거워 쉽게 가라앉으므로 사용 전 충분히 교반해야 한다.
③ 보는 각도에 따라 색이 변하므로 다각도 측색기를 사용하거나 육안 검사를 병행해야 한다.
④ 소광제를 다량 첨가하여 펄 고유의 반짝임을 없애고 무광으로 마감하는 것이 일반적이다.

57 메탈릭 도료의 입자감(Texture)을 평가하는 지표 중, 직사광선 아래에서 입자가 별처럼 반짝거리는 현상과 흐린 날씨하에서 표면이 모래알처럼 거칠게 보이는 현상을 순서대로 바르게 짝지은 것은?

① 스파클(Sparkle) − 그레인(Graininess)
② 플립(Flip) − 플롭(Flop)
③ 오렌지필(Orange Peel) − 헤이즈(Haze)
④ 광택(Gloss) − 선명도(DOI)

58 분광측색계의 교정 과정 중 제로 교정(Zero Calibration)을 수행하는 주된 목적은?

① 백색 기준물의 오염 여부를 확인하기 위해
② 기기 내부의 전자적 잡음(Dark Current)과 미광(Stray Light)을 제거하기 위해
③ 램프의 광량을 최대로 높여 측정 감도를 올리기 위해
④ 측정 구경(Aperture)의 크기를 자동으로 인식하기 위해

59 광택 차이가 심한 두 시료(유광 표준 vs 무광 시료)의 색차를 평가하고 보정할 때, 가장 바람직한 접근 방법은?

① 광택의 영향을 포함하는 SCI 모드 데이터가 일치하면, 육안상 색 차이가 있어도 합격으로 판정한다.
② 광택 차이를 무시하고 기계적 수치($\Delta E*$)만을 기준으로 안료를 가감한다.
③ 기계 데이터(SCI)보다는 육안 또는 SCE 모드 데이터를 기준으로 보정하여, 실제 눈에 보이는 색감을 일치시킨다.
④ 소광제를 더 넣어 광택을 완전히 없앤 후 다시 측정한다.

60 메타메리즘(Metamerism)이 확인된 시료에 대한 조색 결과보고서 작성 및 조치 내용으로 가장 적절한 것은?

① D65 광원에서 색차가 합격이므로 A 광원에서의 차이는 무시하고 최종 합격 처리한다.
② CCM 데이터상으로 분광 반사율 곡선이 일치하므로 메타메리즘은 기기 오차로 간주한다.
③ 육안 평가란에 광원별 색 변화 현상을 구체적으로 기록하고, 필요시 안료 처방을 변경하여 재조색한다.
④ 메타메리즘은 안료의 고유 물성이므로 극복 불가능한 현상이라 보고서에 기재하지 않는다.

61 색역(Color Gamut)과 색공간에 대한 설명으로 틀린 것은?

① 색역은 디바이스가 생성 및 생산할 수 있는 색의 전체 범위로, 주로 CIE xyY 체계로 표현한다.
② 일반적인 색역의 크기는 CMYK 〉 sRGB 〉 Adobe RGB 〉 L*a*b* 순서로 크다.
③ 포인터(Pointer) 영역 이론은 안료나 잉크 같은 실제 색료의 물리적 한계로 인해 중명도 색역이 감소한다는 이론이다.
④ 저명도 영역에서는 표면 반사 및 경제성 등의 이유로 색역이 축소되는 경향이 있다.

62 디스플레이 캘리브레이션의 설정 목표값(Target)에 대한 설명으로 가장 적절한 것은?

① 인쇄 및 출판 작업을 위한 모니터의 목표 색온도는 D65(6,500K)로 설정하는 것이 원칙이다.

② 일반적인 웹 디자인 및 윈도우 환경의 표준 감마(Gamma) 값은 1.8이다.

③ LCD 모니터의 휘도는 작업 환경에 따라 다르나 보통 80~160cd/m² 사이로 설정한다.

④ D50 광원은 약 9,300K의 색온도를 가지며 푸른빛이 도는 사무용 모니터의 표준이다.

63 일반적인 색공간(Color Gamut)의 크기(범위)를 비교했을 때, 가장 넓은 영역에서 가장 좁은 영역 순서로 바르게 나열된 것은?

① L*a*b* > Adobe RGB > sRGB > CMYK

② L*a*b* > sRGB > Adobe RGB > CMYK

③ Adobe RGB > L*a*b* > CMYK > sRGB

④ CMYK > sRGB > Adobe RGB > L*a*b*

64 웹 안전 컬러(Web-safe Color)에 대한 설명으로 틀린 것은?

① 운영체제나 브라우저에 관계없이 동일하게 보이는 216가지 색상으로 구성된다.

② 8비트 256컬러 중 시스템 예약 색상 40가지를 제외한 것이다.

③ R, G, B 값을 각각 6단계로 등분하여 조합한 색상이다.

④ 16진수 표기 시 #F2A43B와 같이 다양한 숫자와 문자의 조합으로 이루어진다.

65 디지털 색채 팔레트 중 '어댑티브 팔레트(Adaptive Palette)'의 특징으로 옳은 것은?

① 윈도우와 매킨토시 운영체제 간의 호환성을 최우선으로 고려한 팔레트이다.

② 원본 이미지에서 가장 빈도가 높은 색상을 우선적으로 추출하여 생성한다.

③ 웹상에서 디더링이 발생하지 않도록 216가지 표준 색상으로만 구성된다.

④ 운영체제가 화면 표시를 위해 기본적으로 예약해 둔 시스템 팔레트를 의미한다.

66 다음 중 CIE(국제조명위원회) 규정과 관련된 내용으로 바르게 연결된 것은?

① 1931 CIE 표준 관측자 – 시야각 10° 이상의 넓은 영역 기준

② 1964 CIE 표준 관측자 – 시야각 2° 이내의 중심와 기준

③ 표준광원 A – 색온도 약 2,856K의 백열전구 광원

④ 표준광원 D50 – 색온도 약 6,500K의 주광색 광원

67 다음 구도의 형태와 심리적 효과를 순서대로 연결한 것으로 옳지 않은 것은?

① 수평 구도 – 안정감, 평화, 넓이감
② 수직 구도 – 엄숙함, 상승감, 긴장감
③ 역삼각형 구도 – 안정감, 통일감, 무게감
④ 사선 구도 – 운동감, 속도감, 불안정함

68 망원 렌즈(Telephoto Lens) 촬영 시 발생하기 쉬운 왜곡 현상은?

① 배럴 디스토션(Barrel Distortion)
② 핀쿠션 디스토션(Pincushion Distortion)
③ 키스톤 현상(Keystone Effect)
④ 비네팅(Vignetting)

69 피사계 심도(Depth of Field)를 얕게 만들어 배경을 흐리게(아웃포커싱) 하는 조건으로 옳은 것은?

① 조리개를 조인다(F값을 높인다).
② 초점 거리가 짧은 광각 렌즈를 사용한다.
③ 피사체와 카메라의 거리를 멀리한다.
④ 조리개를 개방한다(F값을 낮춘다).

70 다음 중 디지털 입력 장치인 스캐너(Scanner)나 디지털카메라의 핵심 부품으로, 빛을 전하(전기 신호)로 변환시켜 이미지를 캡처하는 반도체 소자는?

① LCD(Liquid Crystal Display)
② CCD(Charge-Coupled Device)
③ CRT(Cathode-Ray Tube)
④ A/D Converter

71 넓은 면적의 검정 배경을 인쇄할 때, K100%만 사용하지 않고 C, M, Y를 일정 비율 섞어서 사용하는 리치 블랙(Rich Black)을 사용하는 이유는 무엇인가?

① 잉크 건조 시간을 단축하기 위해
② 잉크 비용을 절감하기 위해
③ 잉크 밀도를 높여 더 깊고 풍부한 검은색을 표현하기 위해
④ 핀 어긋남 현상을 완벽하게 제거하기 위해

72 잉크젯 인쇄물을 프로파일링할 때, 출력이 끝난 직후가 아닌 적정한 컬러 안정화(건조) 시간을 확보한 후 측색해야 하는 이유는?

① 프린터 헤드의 과열을 방지하기 위해
② 잉크가 종이에 스며들면서 색이 변하는 드라이 다운(Dry-down) 현상 때문에
③ 측색 장비의 오차를 줄이기 위해
④ 용지의 평활도(Smoothness)를 높이기 위해

73 프린터 프로파일링을 위한 표준 차트 중, 1,485개 이상의 패치로 구성되어 정밀도가 높으며, 기계적 결함으로 인한 오차를 분산시키기 위해 패치 순서를 무작위로 배치하는 특징을 가진 차트는?

① IT8.7/3
② ECI 2002
③ sRGB Target
④ ISO 12642-1

74 서구권 및 횡서 문화권의 일반적인 시선 흐름 (Gutenberg Diagram)에 따를 때, 포스터 디자인에서 기억에 남겨야하는 로고나 심볼을 배치하기에 가장 효과적인 위치는?

① 좌측 상단(Primary Optical Area)
② 우측 상단(Strong Fallow Area)
③ 좌측 하단(Weak Fallow Area)
④ 우측 하단(Terminal Area)

75 컬러 유니버설 디자인(CUD)의 적용 원칙 중 정보의 이중 부호화(Double Coding)에 해당하는 사례는?

① 지하철 노선도에서 호선별 색상을 구분하고, 동시에 노선 번호와 선의 형태(점선 등)를 다르게 표기했다.
② 색각 이상자가 구분하기 힘든 빨간색과 초록색을 피하고, 대신 파란색과 노란색 위주로 배색했다.
③ 웹사이트의 배경색을 흰색으로, 글자색을 검은색으로 설정하여 명도 대비를 최대로 높였다.
④ 의류 쇼핑몰에서 상품의 색상을 'vivid Red'라고 텍스트로 명확하게 표기했다.

76 프레젠테이션의 4가지 유형 중, 클라이언트가 발주한 프로젝트를 따내기 위해 경쟁사와 자사의 수행 능력을 비교하며 우수성을 어필하는 유형은?

① 설명형(Explanation)
② 설득형(Persuasion)
③ 교육형(Education)
④ 엔터테인먼트형(Entertainment)

77 방대한 분량의 색채디자인 결과보고서를 작성할 때, 의사결정권자(경영진)를 배려하기 위한 전략적 구성 요소로 가장 적절한 것은?

① 요약본(Executive Summary)
② 참고 문헌(Bibliography)
③ 부록(Appendix)
④ 용어 사전(Glossary)

78 데이터베이스(Database) 구축 시 문서나 파일을 체계적으로 관리하기 위한 분류 기준으로 적절하지 않은 것은?

① 프로젝트별 분류(예 A사 신제품, B사 리뉴얼)
② 생성 시기별 분류(예 2024년, 2025년)
③ 파일 크기별 분류(예 10MB 이하, 100MB 이상)
④ 진행 단계별 분류(예 기획, 시안, 최종)

79 색채디자인 프로젝트 수행 전, 기존에 등록된 디자인이나 상표가 있는지 확인하기 위해 '선행 기술조사'를 수행해야 한다. 이때 가장 적합한 검색 사이트와 관장 기관의 연결이 옳은 것은?

① 디자인맵 – 한국저작권위원회
② 키프리스(KIPRIS) – 특허청
③ 특허로(Patent-ro) – 산업통상자원부
④ CROS – 관세청

80 발주처(클라이언트)와 색채디자인 용역 계약을 체결할 때, 지식재산권 소유와 관련하여 검토해야 할 사항으로 옳지 않은 것은?

① 최종 결과물의 지식재산권이 발주처에 있는지 수행사(디자이너)에 있는지 명확히 한다.
② 계약서에 명시되지 않은 2차적 저작물(변형, 각색 등) 작성권은 원칙적으로 원저작자(디자이너)에게 있음을 인지한다.
③ 발주처가 모든 권리를 가져가는 경우, 그 대가가 용역비에 포함되었는지 확인한다.
④ 디자인 시안(Draft) 탈락작에 대한 권리는 별도 협의가 없어도 자동으로 발주처에 귀속된다.

컬러리스트 기사 **출제 예상문제 04회**

문항수	시험 시간	총점
80문항	120분	100점

수험번호 : _________________

성　　명 : _________________

01 '디자인 공지증명 제도'에 대한 설명으로 옳은 것을 모두 고르면?

> ㄱ. 특허청에 디자인을 등록하는 것과 동일한 독점 배타적 권리(금지권)를 가진다.
> ㄴ. 디자인 창작 사실(누가, 언제)을 증명하여 타인의 모방 시 대항력을 갖기 위함이다.
> ㄷ. 한국디자인진흥원이 아닌 특허청에서 심사하여 발급한다.
> ㄹ. 신청 후 발급까지 1~3일 정도로 매우 빠르고 비용이 저렴하다.

① ㄱ, ㄴ
② ㄴ, ㄹ
③ ㄱ, ㄷ
④ ㄷ, ㄹ

02 ISO 3864 안전색(Safety Colors) 규정 중, 색상과 그 의미가 올바르게 연결된 것은?

① 빨강(Red) – 주의, 경고
② 노랑(Yellow) – 지시, 의무적 행동
③ 파랑(Blue) – 금지, 정지
④ 초록(Green) – 안전, 구급, 진행

03 제안서 작성을 위한 환경 분석 중, 소비자의 라이프 스타일이나 구매 패턴, UX(사용자 경험) 니즈를 파악하는 분석 단계는?

① 거시환경 분석(PEST)
② 산업환경 분석
③ 소비자환경 분석
④ 디자인 트렌드 분석

04 색채디자인 계약 유형 중 '단순 용역 계약'에 대한 설명으로 적절하지 않은 것은?

① 클라이언트가 요구하는 디자인을 완성하여 납품하고 정해진 대가를 받는 형태이다.
② 디자인 결과물에 대한 지식재산권은 원칙적으로 클라이언트(발주자)에게 귀속된다.
③ 창작료에는 디자인 개발에 소요된 비용뿐만 아니라 지식재산권 양도 비용이 포함된 것으로 본다.
④ 디자인의 소유권은 디자이너가 갖고, 클라이언트는 일정 기간 사용할 수 있는 권리(이용권)만 가진다.

05 색채디자인 프로세스의 성공적인 완수를 위해 필요한 조치로 가장 적절한 것은?

① 단계별 결과물은 보안을 위해 클라이언트에게 공유하지 않는다.
② 단계별 주제와 내용을 명확히 정리하여 참가자들과 공유한다.
③ 기획단계는 생략하고 바로 설계단계로 진입하여 시간을 단축한다.
④ 프로세스는 한번 수립하면 상황이 변해도 절대 수정하지 않는다.

06 제안서 작성 시 포함되어야 할 항목 중 '일반지침'에 해당하는 것은?

① 과업의 배경 및 목적
② 현황조사 및 분석 결과
③ 보안 사항 및 성과품의 소유권 귀속
④ 마스터플랜 수립 및 디자인 전략

07 VALS 유형 중 타인의 시선과 지위를 중시하는 집단은?

① 욕구 지향형
② 내부 지향형
③ 외부 지향형
④ 통합형

08 매슬로우 욕구 5단계 중 제4단계(존경 욕구)의 내용은?

① 배고픔과 생존 해결
② 위험으로부터의 보호
③ 명예, 지위, 자존심
④ 자아의 완성 및 실현

09 소비자 구매 의사결정 과정의 올바른 순서는?

① 문제인식 → 정보탐색 → 대안평가 → 구매
② 정보탐색 → 문제인식 → 대안평가 → 구매
③ 대안평가 → 문제인식 → 정보탐색 → 구매
④ 문제인식 → 대안평가 → 정보탐색 → 구매

10 소비자가 새로운 상품을 인지하고 최종적으로 구매 행동에 이르기까지 거치는 심리적 발전 단계를 순서대로 바르게 나열한 것은?

① Attention(주의) → Interest(흥미) → Desire(욕망) → Memory(기억) → Action(행동)
② Action(행동) → Interest(흥미) → Desire(욕망) → Memory(기억) → Attention(주의)
③ Attention(주의) → Memory(기억) → Interest(흥미) → Desire(욕망) → Action(행동)
④ Attention(주의) → Desire(욕망) → Interest(흥미) → Memory(기억) → Action(행동)

11 소비자의 유형별 특징에 대한 설명으로 가장 옳은 것은?

① 관습적 집단 : 충동구매 성향이 강하다.
② 감성적 집단 : 유행에 민감하고 개성이 뚜렷하다.
③ 합리적 집단 : 뚜렷한 구매 형태가 없다.
④ 유동적 집단 : 경제적 측면만을 고려한다.

12 다음 [보기]의 설명에 해당하는 확률 표본 추출 방법은?

> [보기]
> • 모집단을 성격이 다른 여러 하위 집단(층)으로 나누고, 각 층에서 비례하여 표본을 추출한다.
> • 예를 들어 지역별 소비자 특성에 따른 색채 선호를 조사할 때 적합하다.

① 단순 무작위 추출법
② 층화 표본 추출법
③ 군집(집락) 표본 추출법
④ 계통(등간격) 추출법

13 다음 유행색 관련 용어의 설명이 올바르게 짝 지어지지 않은 것은?

① 스탠다드색 – 기본색으로 넓게 쓰이는 색
② 다량 유통색 – 시장에서 가장 많이 팔리는 색
③ 화제색 – 실제 사용자는 극소수인 이슈 색
④ 전위색 – 대중적인 인기를 이미 얻은 색

14 플라스틱 성형과 동시에 필름을 부착하여, 별도의 후가공 없이 패턴과 질감을 구현하는 기법은?

① 사출 성형(Injection)
② 인몰드 성형(In-mold)
③ 증착(Evaporation)
④ 에칭(Etching)

15 목재(Wood)의 표면 마감 기법 중, 나뭇결이 보이도록 투명하게 색을 입히는 착색제는?

① 스테인(Stain)
② 바니시(Varnish)
③ 래커(Lacquer)
④ 에나멜(Enamel)

16 색채마케팅 관리 과정의 4단계 흐름을 순서대로 올바르게 나열한 것은?

① 정보화 – 기획 – 판촉 – 구축
② 기획 – 정보화 – 판촉 – 구축
③ 정보화 – 판촉 – 기획 – 구축
④ 기획 – 판촉 – 정보화 – 구축

17 기업 이미지 통합(CI)의 3대 기본 요소에 해당하지 않는 것은?

① 마인드 아이덴티티(MI)
② 비주얼 아이덴티티(VI)
③ 브랜드 아이덴티티(BI)
④ 비헤이비어 아이덴티티(BI)

18 물리적 자극이 없어도 생리적 작용에 의해 색을 느끼는 '주관적 색채' 현상과 관련 깊은 것은?

① 벤함의 팽이(Benham's Top)
② 푸르킨예 현상(Purkinje Phenomenon)
③ 색의 항상성(Color Constancy)
④ 메타메리즘(Metamerism)

19 소비자가 제품에 대해 기대하는 색으로, 실제 색보다 더 선명하고 채도가 높게 인식되는 색은?

① 현상색(Appearance Color)
② 기억색(Memory Color)
③ 공간색(Volume Color)
④ 표면색(Surface Color)

20 타게팅 전략 중 집중화 마케팅(Concentrated Marketing)의 특징으로 옳은 것은?

① 자원이 풍부한 대기업에 가장 적합한 전략이다.
② 여러 세분 시장에 각각 다른 제품을 제공한다.
③ 특정 세분 시장(틈새시장) 하나에 기업의 역량을 집중한다.
④ 시장 환경 변화에 대한 위험 부담이 가장 적다.

21 색채 포지셔닝(Positioning) 프로세스 중 '전략 수립' 단계의 목표는?

① 자사의 현재 색채 위치 파악
② 소비자 인구통계학적 특성 조사
③ 차별화된 색채를 브랜드로 각인
④ 제품의 생산 단가와 유통 결정

22 오방색(五方色)에서 청(靑)색이 상징하는 내용으로 옳은 것은?

① 방위 : 서쪽 / 계절 : 가을
② 방위 : 남쪽 / 계절 : 여름
③ 방위 : 동쪽 / 계절 : 봄
④ 방위 : 북쪽 / 계절 : 겨울

23 디자인 프로세스(Design Process)의 실행 5단계를 순서대로 바르게 나열한 것은?

① 욕구과정(기획) → 조형과정(디자인) → 재료과정 → 기술과정(생산) → 홍보과정
② 조형과정(디자인) → 욕구과정(기획) → 기술과정(생산) → 재료과정 → 홍보과정
③ 욕구과정(기획) → 재료과정 → 조형과정(디자인) → 홍보과정 → 기술과정(생산)
④ 기획과정 → 생산과정 → 디자인과정 → 재료과정 → 판매과정

24 시각디자인의 기능 중 화살표, 교통 표지판, 도표 등이 수행하는 주된 기능은?

① 설득적 기능
② 상징적 기능
③ 지시적 기능
④ 기록적 기능

25 디자인 영역별 자료 수집 포인트 및 형용사 도출이 잘못 연결된 것은?

① 제품 디자인 – CMF(색, 소재, 마감) 중심 – 촉각적 형용사
② 시각 디자인 – 타이포그래피 및 가독성 중심 – 정보 전달 형용사
③ 환경 디자인 – 공간감 및 맥락 중심 – 공간적 형용사
④ 패션 디자인 – 레이아웃 및 심볼 중심 – 기능적 형용사

26 다음 상황에서 가장 효과적인 배색 기법은 무엇인가?

> **[상황]**
> 텍스타일 패턴 디자인 중 빨간 꽃무늬와 초록 잎사귀가 맞닿아 있어 색이 번져 보이거나 눈이 아픈 현상(Halation)이 발생했다. 이를 해결하고 형태를 명확하게 하고자 한다.

① 그러데이션 배색(Gradation)
② 톤 인 톤 배색(Tone in Tone)
③ 세퍼레이션 배색(Separation)
④ 까마이외 배색(Camaïeu)

27 톤 인 톤(Tone in Tone) 배색에 대한 설명으로 옳은 것은?

① 색상은 같고 톤을 다르게 한다.
② 톤은 같고 색상을 다르게 한다.
③ 명도 차이를 크게 두어 배색한다.
④ 동적인 느낌이 강한 배색이다.

28 명도 차이가 작은 배색이 주는 시각적 효과로 옳은 것은?

① 명쾌하고 뚜렷하다.
② 시인성이 매우 높다.
③ 몽환적이고 부드럽다.
④ 남성적이고 강렬하다.

29 파버 비렌(F. Birren)의 색채 조화론에서 색삼각형 내 위치에 따른 조화 유형에 대한 설명으로 적절하지 않은 것은?

① 순색–틴트–하양 : 밝고 경쾌한 연속성의 조화
② 순색–셰이드–검정 : 깊이 있는 연속성의 조화
③ 틴트–톤–셰이드 : 안정적인 균형(Balance) 조화
④ 순색–톤 : 가장 강렬하고 명쾌한 대조의 조화

30 색의 감정 효과 중 시각적으로 딱딱함과 부드러움(경연감)을 결정하는 주요 속성 2가지는?

① 색상과 명도
② 색상과 채도
③ 명도와 채도
④ 보색과 면적

31 국가 및 문화권별 색채 상징에 대한 설명으로 옳지 않은 것은?

① 이슬람교권에서 초록은 신성한 색으로 여겨 선호한다.
② 중국에서 붉은색은 부와 행운, 벽사(귀신 쫓음)의 상징이다.
③ 서양에서 검은색은 죽음을 상징하므로 패션이나 디자인에서 사용을 금기시한다.
④ 한국의 백색은 태양과 순수를 상징하며 전통적으로 선호되었다.

32 색채 지각설 중 영·헬름홀츠의 3원색설(Trichromatic Theory)의 핵심 내용은?

① 색각 세포가 적(R), 황(Y), 청(B)으로 구성된다.
② 감법 혼색(물감 혼합)의 원리를 설명한다.
③ 망막의 3가지(RGB) 수용기 흥분 비율로 색을 지각한다.
④ 보색 잔상 현상을 완벽하게 설명한다.

33 1960년대 미국에서 유행한 팝아트(Pop Art)의 특징으로 가장 적절한 것은?

① 대량 소비 사회의 상업적 이미지를 미술에 적극 도입했다.
② 인간의 무의식과 꿈의 세계를 초현실적으로 표현했다.
③ 순수 조형 요소를 탐구하여 착시 효과를 일으키는 작품을 만들었다.
④ 자연으로 돌아가자는 생태주의적 메시지를 강조했다.

34 독일공작연맹(DWB)의 설립 취지와 활동 목표로 옳은 것은?

① 기계를 부정하고 중세 수공예의 부활을 도모한다.
② 미술과 산업의 협력을 통해 독일 제품의 품질을 향상시킨다.
③ 순수 미술의 절대적 가치를 옹호하고 상업화를 배격한다.
④ 과거의 전통 양식을 그대로 답습하여 민족혼을 고취한다.

35 20세기 초반, 러시아 구성주의(Constructivism)가 현대 디자인에 미친 영향으로 가장 적절한 것은?

① 자연의 유기적인 형태를 모방하는 바이오 디자인의 기초가 되었다.
② 추상적인 조형 언어를 실제 산업 생산과 결합하려는 시도로 모더니즘 디자인에 영향을 주었다.
③ 개인의 무의식과 감성을 중시하는 표현주의 미술을 발전시켰다.
④ 과거의 역사적 양식을 재현하는 복고풍 디자인의 유행을 선도했다.

36 다이내믹한(Dynamic) 이미지를 표현하기 위한 배색 전략의 효과로 가장 적절한 것은?

① 색상 차이를 줄이고 유사 색상 배색(Tone on Tone)을 하여 안정감을 준다.
② 고명도 저채도의 파스텔 톤을 사용하여 가볍고 산뜻하게 표현한다.
③ 고채도(vivid)의 난색과 반대색의 강렬한 대비를 활용하여 역동성을 강조한다.
④ 회색을 섞은 탁한 톤(Grayish)을 사용하여 차분하고 정적인 느낌을 준다.

37 고상한(Elegant/Noble) 이미지와 점잖은(Dignified) 이미지 배색에서 공통적으로 나타나는 톤(Tone)의 특징은?

① 고명도, 고채도의 맑고 선명한 톤(light, vivid)
② 중명도, 고채도의 화려한 톤(strong)
③ 저명도, 저채도의 어둡고 탁한 톤(dark, deep, dull)
④ 고명도, 저채도의 밝고 연한 톤(pale, whitish)

38 다음 중 귀여운(Cute) 이미지와 경쾌한(Active) 이미지 배색의 공통점과 차이점에 대한 설명으로 옳은 것은?

① 공통점 : 저명도 위주의 배색이다.
차이점 : 귀여운 이미지는 한색, 경쾌한 이미지는 난색을 쓴다.

② 공통점 : 난색 계열을 주로 사용한다.
차이점 : 귀여운 이미지는 파스텔 톤, 경쾌한 이미지는 비비드 톤을 쓴다.

③ 공통점 : 무채색을 주조색으로 한다.
차이점 : 귀여운 이미지는 대비를 약하게, 경쾌한 이미지는 강하게 한다.

④ 공통점 : 한색 계열을 주로 사용한다.
차이점 : 귀여운 이미지는 고채도, 경쾌한 이미지는 저채도를 쓴다.

39 다음 색체계 중 헤링(Hering)의 4원색설(반대색설)을 이론적 배경으로 하는 것을 [보기]에서 모두 고르면?

> **[보기]**
> 가. 먼셀 표색계
> 나. 오스트발트 표색계
> 다. NCS 표색계
> 라. PCCS 표색계

① 가, 나
② 나, 다
③ 나, 다, 라
④ 다, 라

40 다음 중 제품 디자인(Product Design)의 색채 계획 프로세스에서 '색채 이미지 결정' 단계 바로 다음에 진행되는 세부 과정으로 가장 적절한 것은?

① 경쟁사 현황 분석 및 소비자 라이프 스타일 조사
② 디자인 콘셉트 설정 및 타깃 분석
③ 배색 이미지 전개 및 주조색 · 보조색 선정
④ 최종 모델링 데이터의 양산 승인 및 금형 제작

41 CIE L*C*h* 표색계에서 색상각(h)이 180°일 때는 무슨 색인가?

① 빨강(Red)
② 노랑(Yellow)
③ 초록(Green)
④ 파랑(Blue)

42 금속 원소의 불꽃 반응(Flame Test) 색상 중 나트륨(Na)은 무슨 색인가?

① 보라색
② 진홍색
③ 노란색
④ 청록색

43 플라스틱(합성수지) 소재의 일반적인 단점에 해당하는 것은?

① 전기 절연성이 나쁘다.
② 산과 알칼리에 약하다.
③ 자외선에 의해 황변 현상이 생긴다.
④ 성형이 어렵고 무겁다.

44 CIE 측정 기하학 조건 중 'O/d' 방식에 대한 설명으로 옳은 것은?

① 45°에서 빛을 비추고 수직으로 측정한다.
② 수직으로 빛을 비추고 적분구로 확산광을 측정한다.
③ 확산광으로 비추고 8° 각도에서 측정한다.
④ 광택을 제거하기 가장 좋은 방식이다.

45 색채 측정의 기준이 되는 백색 기준물(White Standard) 관리에 대한 설명으로 틀린 것은?

① 측정 전 반드시 백색 교정을 실시해야 한다.
② 주로 산화마그네슘이나 황산바륨 타일을 쓴다.
③ 분광 반사율이 국제 표준과 일치해야 한다.
④ 오염되어도 표면을 닦아내면 교정 없이 영구 사용 가능하다.

46 다음 중 감법 혼합(Subtractive Mixing)의 2차색 결과물의 연결이 올바른 것은?

① 마젠타(Magenta)+시안(Cyan)=초록(Green)
② 노랑(Yellow)+마젠타(Magenta)=빨강(Red)
③ 시안(Cyan)+노랑(Yellow)=파랑(Blue)
④ 노랑(Yellow)+시안(C)+마젠타(M)=하양(White)

47 컬러 TV나 컴퓨터 모니터의 화면은 어떤 혼색의 원리를 이용한 것인가?

① 감법 혼합과 회전 혼합
② 가법 혼합과 병치 혼합
③ 감법 혼합과 계시 혼합
④ 가법 혼합과 회전 혼합

48 색채 연구 방법 중 물리적 자극(빛)과 인간의 감각 반응(색지각) 간의 양적 관계를 규명하는 심리 · 물리학적 방법에 해당하는 것은?

① 안료와 염료의 분자 구조 및 합성법 연구
② 눈의 망막 구조와 시신경 전달 체계 연구
③ 색채에 대한 개인의 주관적 상징과 연상 작용 연구
④ 색상, 명도, 채도의 반응과 빛의 물리량을 연결하는 측색

49 육안 검색 시 눈의 피로를 줄이고 정확도를 높이려는 방법으로 옳지 않은 것은?

① 검사 전 몇 분간 무채색을 보며 눈을 순응시킨다.
② 채도가 높은 선명한 색을 먼저 검사하고 연한 색을 나중에 검사한다.
③ 강한 색을 본 후에는 회색을 보거나 눈을 감아 잔상을 없앤다.
④ 원색(유채색) 옷보다는 무채색 옷을 입고 검사한다.

50 CIE L*a*b* 색공간에서 a*값과 b*값을 먼저 보정하고 L*값을 나중에 보정하는 주요 이유로 가장 적절한 것은?

① 인간의 눈이 명도(L*) 변화에 둔감하기 때문이다.
② 색상과 채도의 방향을 먼저 맞추는 것이 조색 효율상 유리하기 때문이다.
③ 기계적인 오차를 줄이기 위해서다.
④ L*값을 먼저 맞추면 색상이 변하기 때문이다.

51 다음 중 연색 지수(CRI)가 가장 높은(자연광에 가장 가까운) 인공 램프는?

① 고압 나트륨등
② 일반 백색 형광등
③ 백열전구
④ 수은등

52 다음 중 육안 조색(Visual Color Matching) 시 작업 환경 및 도구 사용에 대한 설명으로 옳은 것은?

① 조색 시편을 관찰할 때 조명 각도와 관찰 각도는 모두 90°(수직)로 고정한다.
② 배경색은 명도 대비를 줄이기 위해 유채색 중 가장 어두운 색을 사용한다.
③ 일반적인 색의 육안 조색 시 표준 조도는 1,000lx 내외로 한다.
④ 도료를 펴 바르는 도구인 어플리케이터(Applicator)는 사용하지 않고 붓으로만 칠한다.

53 표면 가공 기법 중 '샌딩(Sanding)' 처리를 했을 때 나타나는 색채 지각의 변화로 옳은 것은?

① 정반사가 우세해져 색이 더욱 깊고 진하게(Darker) 보인다.
② 난반사가 우세해져 명도(L)는 높아지고 채도(C)는 낮아진다.
③ 정반사가 우세해져 채도(C)가 상승하고 선명하게 보인다.
④ 난반사가 우세해져 명도(L)가 낮아지고 어둡게 보인다.

54 메탈릭 안료 중 입자가 도막 표면으로 떠올라 거울처럼 높은 반사율을 보이지만, 부착력이 약한 타입은 무엇인가?

① 논리핑형(Non-leafing)
② 리핑형(Leafing)
③ 펄 안료(Pearl)
④ 간섭형(Interference)

55 통계적 공정 관리(SPC) 도구 중, 시계열(시간 순서)에 따라 데이터의 변동을 타점하여 공정이 안정 상태인지 이상 상태인지를 판별하고 관리하는 그래프는?

① 히스토그램(Histogram)
② 관리도(Control Chart)
③ 산포도(Scatter Diagram)
④ 파레토 차트(Pareto Chart)

56 CCM 소프트웨어 중 QC 모듈의 기능이 아닌 것은?

① 기준색(Standard)과 시료색(Sample)의 측색 데이터 저장

② 색차(ΔE*) 계산 및 합격/불합격(Pass/Fail) 자동 판정

③ 목표색 구현을 위한 안료의 종류 선택 및 배합비(Recipe) 산출

④ 색상 분포 산점도(Scatter Plot) 및 트렌드 분석 그래프 출력

57 광택 측정 각도 선정에 대한 국제 표준(ISO 2813) 기준으로 옳은 것은?

① 모든 시료는 20° 각도로 먼저 측정하는 것이 원칙이다.

② 1차로 60°에서 측정하고, 그 값이 10 GU 미만인 저광택 시료는 85°로 재측정한다.

③ 1차로 60°에서 측정하고, 그 값이 30 GU 이상이면 고광택으로 분류하여 20°로 재측정한다.

④ 금속이나 거울 같은 초고광택 시료는 45°로 측정한다.

58 색차(ΔE*) 판정 시, 단일 수치 기준의 한계를 보완하기 위해 개발된 CIE2000(ΔE₀₀) 색차식의 가장 큰 특징은?

① 색상, 명도, 채도의 가중치를 동일하게 1:1:1로 적용하여 계산한다.

② 인간의 시감과 일치시키기 위해 타원형(Ellipsoid) 허용 오차 범위를 적용하고 회전항을 추가했다.

③ 계산식이 매우 단순하여 현장에서 수기로 계산하기 용이하다.

④ 명도 차이(ΔL*)를 무시하고 색상 차이(ΔH*)만을 중점적으로 평가한다.

59 색입체(Color Solid)를 수직으로 절단했을 때 나타나는 단면인 '등색상면(Iso-hue Plane)'의 특징으로 옳은 것은?

① 명도가 같은 모든 색상이 배열되어 있다.

② 중심축에는 유채색이, 바깥쪽에는 무채색이 위치한다.

③ 중심축을 기준으로 양쪽에 보색 관계인 두 색상의 명도와 채도 변화 단계를 보여준다.

④ 가장 채도가 높은 순색이 중심축에 위치한다.

60 텍스처(Texture)가 심한 시료의 조색 및 측정에 대한 설명으로 틀린 것은?

① 깊은 엠보싱(Embossing)이 있는 시료는 요철 사이의 미세 그림자 효과로 인해 평활한 시료보다 명도가 낮아 보이는 경향이 있다.

② CCM의 쿠벨카-문크 이론은 표면이 평활하고 균일한 시료를 전제로 하므로, 텍스처가 심할 경우 1차 처방의 오차가 커질 수 있다.

③ 텍스처에 의한 측정 오차를 줄이기 위해 가장 작은 측정 구경(SAV)을 사용하여 평탄한 부위를 정밀하게 측정해야 한다.

④ 직물과 같이 방향성이 있는 시료는 90°씩 회전하며 측정한 후 평균값을 사용하는 것이 원칙이다.

61 색온도(Color Temperature)와 화이트밸런스에 대한 설명으로 옳은 것을 모두 고른 것은?

> ㄱ. 색온도가 높을수록 붉은색 계열의 파장이 우세하다.
> ㄴ. 물리적인 색온도가 높을수록(High K) 심리적으로는 차가운(Cool) 느낌을 준다.
> ㄷ. 디지털카메라에서 조명의 색온도가 낮을 때(백열등)는 푸른색 데이터를 높여 보정한다.
> ㄹ. CIE 표준광원 D65는 인쇄 산업의 표준 관찰 광원이다.

① ㄱ, ㄴ
② ㄴ, ㄷ
③ ㄷ, ㄹ
④ ㄱ, ㄹ

62 ICC 프로파일(Profile)과 디바이스 특성화(Characterization)에 대한 설명으로 옳지 않은 것은?

① ICC 프로파일은 디바이스의 색역(Gam-ut) 및 톤 응답 특성 등의 정보를 담고 있는 파일이다.
② 입력 프로파일과 출력 프로파일은 서로 다르며, 변환을 위해서는 두 프로파일이 모두 필요하다.
③ RGB 이미지를 CMYK로 변환할 때 매개체 없이 직접 변환하는 것이 ICC 표준 방식이다.
④ 입력 장치의 특성화를 위해 스캐너나 카메라에는 IT8 차트나 맥베스 컬러 차트가 주로 사용된다.

63 PC 모니터를 이용한 일반적인 그래픽 및 웹 디자인 작업 환경에서 권장되는 표준 캘리브레이션 목표값(Target)은?

① 색온도 5,000K, 감마 1.8
② 색온도 6,500K, 감마 2.2
③ 색온도 9,300K, 감마 2.2
④ 색온도 6,500K, 감마 2.6

64 해상도 단위인 PPI(Pixel Per Inch)와 DPI(Dot Per Inch)의 비교 설명으로 가장 적절한 것은?

① PPI는 프린터의 출력 해상도를 나타내며, 수치가 높을수록 잉크 소모가 적다.
② DPI는 모니터의 화면 해상도를 나타내며, 1인치당 픽셀 수를 의미한다.
③ 인쇄용 이미지를 작업할 때는 일반적으로 72ppi가 권장된다.
④ 모니터에서는 PPI가 물리적 크기와 밀접하며, 인쇄에서는 DPI가 높을수록 망점이 촘촘해져 고화질이 된다.

65 모니터 색채 재현 및 소프트 프루핑을 위한 ISO 12646 표준 규격 내용으로 옳은 것은?

① 모니터 후드(Hood) 설치를 금지하여 자연광을 최대한 활용한다.
② 주변 조명은 모니터 화면보다 밝게 유지하여 눈의 피로를 줄인다.
③ 관찰 환경의 주변 조명은 32~64lx 이하로 어둡게 유지해야 한다.
④ 화이트 포인트는 반드시 9,300K로 설정하여 푸른빛이 돌게 해야 한다.

66 그래픽 소프트웨어의 기능 중 안티 앨리어싱(Anti-aliasing)의 주된 목적은 무엇인가?

① 이미지 파일의 용량을 획기적으로 줄이기 위함이다.
② 비트맵 이미지를 확대했을 때 발생하는 계단 현상을 시각적으로 부드럽게 처리하기 위함이다.
③ 인쇄 시 잉크가 번지는 현상을 막기 위함이다.
④ 색상의 채도를 높여 이미지를 더욱 선명하게 만들기 위함이다.

67 색채의 성질을 이용한 구도 잡기(Balance) 방법으로 가장 효과적인 것은?

① 화면 상단에 저명도, 저채도의 무거운 색을 배치한다.
② 화면 하단에 고명도, 고채도의 가벼운 색을 배치한다.
③ 시각적 안정감을 위해 하단에 어두운 색(무거운 색), 상단에 밝은 색(가벼운 색)을 배치한다.
④ 진출색(난색)을 배경에, 후퇴색(한색)을 주제에 사용하여 원근감을 강조한다.

68 카메라 렌즈의 초점 거리(Focal Length)와 화각(Angle of View)의 관계에 대한 설명으로 옳은 것은?

① 초점 거리가 길어질수록 화각은 넓어진다.
② 초점 거리가 짧아질수록 화각은 좁아진다.
③ 초점 거리와 화각은 반비례 관계이다.
④ 초점 거리 200mm 렌즈는 28mm 렌즈보다 화각이 넓다.

69 3D 셰이딩(Shading) 기법 중, 하이라이트(Specular)를 정밀하게 표현하여 금속이나 플라스틱 질감 표현에 가장 적합한 방식은?

① 플랫 셰이딩(Flat Shading)
② 고로 셰이딩(Gouraud Shading)
③ 퐁 셰이딩(Phong Shading)
④ 와이어프레임(Wireframe)

70 다음 중 주요 RGB 색공간의 색역(Gamut) 크기가 큰 순서대로 올바르게 나열한 것은?

① sRGB 〉 Adobe RGB 〉 ProPhoto RGB
② ProPhoto RGB 〉 Wide Gamut RGB 〉 Adobe RGB 〉 sRGB
③ Adobe RGB 〉 ProPhoto RGB 〉 sRGB 〉 Wide Gamut RGB
④ Wide Gamut RGB 〉 sRGB 〉 Adobe RGB 〉 ProPhoto RGB

71 프린터 프로파일 생성 시 설정하는 잉크 총량 제한(TIL : Total Ink Limit)의 주된 목적으로 가장 적절한 것은?

① 프린터 헤드의 노즐 막힘을 방지하기 위해
② 잉크가 과다하여 발생할 수 있는 뒷묻음, 번짐, 종이 울음 현상을 방지하기 위해
③ 인쇄소마다 다른 CMYK 잉크 색상을 통일시키기 위해
④ 색상 관리 기능을 끄고(Off) 출력하기 위해

72 이미지의 해상도가 낮아 인쇄 시 품질 저하가 예상될 때, 포토샵에서 리샘플링(Resampling) 기능을 체크하고 바이큐빅 등의 보간법을 사용하여 픽셀의 개수를 강제로 늘리는 작업의 용도는?

① 이미지의 물리적 크기를 줄여 파일 용량을 절감하기 위해
② 잉크젯 프린터의 노즐 막힘 현상을 소프트웨어적으로 해소하기 위해
③ 픽셀 수를 보간으로 늘려, 확대 시 계단현상(깨짐)을 완화하고 인쇄 크기를 조정하기 위해
④ 사진의 색역(Gamut)을 sRGB에서 Adobe RGB로 변환하기 위해

73 지속 가능한 디자인의 실천 전략 중, 폐기물에 디자인과 아이디어를 더해 기존 제품보다 더 높은 가치를 가진 제품으로 재탄생시키는 핵심 개념은 무엇인가?

① 리사이클(Recycle)
② 업사이클(Upcycle)
③ 리유즈(Reuse)
④ 리듀스(Reduce)

74 배리어 프리와 유니버설 디자인을 비교한 내용 중 옳은 것은?

① 배리어 프리는 처음 설계 단계부터 장벽을 없애는 것이다.
② 유니버설 디자인은 법적 의무와 물리적 개선에 초점을 둔다.
③ 배리어 프리는 장애인과 고령자를 주 대상으로 한다.
④ 유니버설 디자인은 기존 건물의 턱을 깎는 사후 조치다.

75 색채 디자인의 평가 방법 중 정성적 평가에 대한 설명으로 적절하지 않은 것은?

① 소비자나 사용자의 심리적 반응, 감정, 연상 이미지 등을 측정 대상으로 한다.
② SD법(의미미분법)은 주관적인 반응을 수치화하여 객관적으로 분석하는 통계적 기법을 사용한다.
③ 색채의 물리적 속성을 정확히 판단하기 위해 측색 데이터(L*a*b*, XYZ)를 기반으로 분석한다.
④ FGI(표적 집단 면접법)를 통해 설문조사로는 파악하기 힘든 깊이 있는 내면 심리를 도출할 수 있다.

76 다음 중 선천적 색각 이상에 대한 설명으로 옳은 것은?

① P형(제1색각 이상)은 장파장(L-추체)의 결손으로 빨간색을 어둡거나 검게 인식하는 경향이 있다.
② D형(제2색각 이상)은 단파장(S-추체)의 결손으로 파란색과 노란색을 혼동한다.
③ T형(제3색각 이상)은 색각 이상 중 가장 많은 비율을 차지한다.
④ 모든 색각 이상자는 세상이 흑백으로 보이며 색상을 전혀 구분하지 못한다.

77 색채디자인 프레젠테이션 제작 시 멀티미디어 (사운드 및 영상) 활용에 대한 실무적 조언으로 가장 적절한 것은?

① 영상 파일은 용량을 줄이기 위해 프레젠테이션 파일과 별도의 폴더에 관리하는 것이 원칙이다.

② 저작권 문제가 발생할 수 있으므로 상업적 무료 소스나 직접 제작한 소스 사용을 권장한다.

③ 청중의 집중을 위해 발표 내내 배경음악을 크게 틀어놓는 것이 효과적이다.

④ 색채디자인 발표에서는 영상 자료가 불필요하므로 정지 이미지만 사용하는 것이 좋다.

78 클라이언트의 요구사항을 체계적으로 관리하기 위한 '요청사항 내역서' 작성 및 관리에 대한 설명으로 틀린 것은?

① 구두(전화, 대화)로 지시받은 사항은 기록이 남지 않으므로 내역서 작성 대상에서 제외한다.

② 프로젝트 진행 중 담당자가 변경되더라도 히스토리를 파악할 수 있도록 꼼꼼히 기록한다.

③ 색상이나 재질 등 말로 설명하기 어려운 부분은 실제 샘플이나 사진을 첨부하여 명확히 한다.

④ 요청사항 내역서는 결과물에 대한 검증 자료이자, 추후 분쟁 발생 시 중요한 근거 자료가 된다.

79 다음 중 산업재산권에 해당하지 않는 것은?

① 특허권(Patent)
② 디자인권(Design Right)
③ 저작권(Copyright)
④ 상표권(Trademark)

80 특허 출원 시 제출해야 하는 서류 중, 특허로서 보호받고자 하는 기술적 범위를 명시하여 권리 분쟁 시 법적 판단의 기준이 되는 가장 중요한 부분은?

① 요약서
② 명세서의 발명 설명
③ 청구범위
④ 도면

문항수	시험 시간	총점
80문항	120분	100점

수험번호 : _______________

성　　명 : _______________

정답 & 해설 ▶ 2-298p

01 일반적인 공공기관 디자인 용역의 발주 및 계약 프로세스를 올바른 순서로 나열한 것은?

① 입찰공고 → 제안서 접수 → 우선협상대상자 선정 → 기술/가격 협상 → 계약 체결
② 입찰공고 → 우선협상대상자 선정 → 제안서 접수 → 기술/가격 협상 → 계약 체결
③ 제안서 접수 → 입찰공고 → 기술/가격 협상 → 우선협상대상자 선정 → 계약 체결
④ 입찰공고 → 제안서 접수 → 계약 체결 → 기술/가격 협상 → 우선협상대상자 선정

02 「경관법」에 의한 경관계획 중, 색채, 야간경관, 옥외광고물 등 특정 요소나 구역을 대상으로 구체적인 가이드라인을 수립하는 계획은?

① 국토종합계획
② 도시기본계획
③ 특정경관계획
④ 지구단위계획

03 산업재산권 중 유일하게 갱신 등록을 통해 반영구적으로 권리를 존속시킬 수 있는 것은?

① 특허권
② 실용신안권
③ 디자인권
④ 상표권

04 색채디자인 용역의 '경비' 세부 항목에 대한 설명으로 옳지 않은 것은?

① 유인물비 : 인쇄비뿐만 아니라 용지값(지대)도 포함하여 산정한다.
② 여비 : 시내여비와 시외여비를 모두 포함하며 실비로 정산한다.
③ 임차료 : 특수실험 기구 등을 외부에서 빌리는 비용이다.
④ 감가상각비 : 자사가 보유한 기계장치 등의 사용 비용을 산정한다.

05 계약서 작성 시 사용하는 필수 법률 용어의 의미에 대한 설명으로 적절하지 않은 것은?

① 해제 : 계약의 효력을 처음부터 없었던 것과 같이 소급하여 소멸시키는 것
② 해지 : 계약의 효력을 장래를 향하여 소멸시키는 것
③ 간인 : 계약서가 여러 장일 때 문서가 하나로 연결되었음을 증명하기 위해 앞장과 뒷장에 걸쳐 찍는 도장
④ 계인 : 계약 당사자가 상위자와 하위자의 관계일 때, 하위자가 승인을 얻기 위해 찍는 도장

06 클라이언트 요구사항 분석 태도로 적절하지 않은 것은?

① 경영자의 색채 선호를 파악한다.
② 경쟁 상품의 색채를 분석한다.
③ 디자이너의 취향을 최우선 반영한다.
④ 소비자 타깃의 특성을 조사한다.

07 변화를 싫어하고 특정 색만 고집하는 소비자 유형은 무엇인가?

① 컬러 포워드(Forward)
② 컬러 프루던트(Prudent)
③ 컬러 로열(Loyal)
④ 컬러 노마드(Nomad)

08 공간 디자인에 '시간'이라는 요소를 더해 연출과 경험을 중시하는 디자인 접근법은?

① 1차원적 디자인
② 2차원적 디자인
③ 3차원적 디자인
④ 4차원적 디자인

09 소비자 심리적 요인 중, 감각기관을 통해 들어온 정보를 의미 있는 관념으로 구성하는 과정은?

① 지각(Perception)
② 동기(Motivation)
③ 태도(Attitude)
④ 학습(Learning)

10 수집된 자료의 통계적 분석 용어 중, 변량이 분포의 중심값(평균)에서 흩어져 있는 정도를 나타내는 수치는?

① 산술 평균
② 중앙값
③ 최빈값
④ 표준 편차

11 2개 이상의 변인들에 근거하여 케이스들의 중복된 빈도 분포를 분석하며, 통계적 유의성을 검증해 주는 분석 기법은?

① 상관관계 분석
② 교차 분석
③ 빈도 분석
④ 회귀 분석

12 한국공업규격(KS) 안전색채 중 '주황(Yellow Red)'과 '파랑(Blue)'의 사용 의미가 바르게 연결된 것은?

① 주황 : 금지 / 파랑 : 안전
② 주황 : 위험 / 파랑 : 지시
③ 주황 : 주의 / 파랑 : 경고
④ 주황 : 방화 / 파랑 : 정지

13 유행색을 가장 먼저 예측하고 선정하는 국제 기관과 그 시기가 바르게 연결된 것은?

① INTERCOLOR − 24개월 전
② CFT − 24개월 전
③ JAFCA − 18개월 전
④ CMG − 12개월 전

14 다음 중 패션 트렌드 정보 기관에 대한 설명으로 옳지 않은 것은?

① 넬리로디 – 프랑스 파리의 정보 회사
② 페클러 – 코스메틱 및 디자인 정보 제공
③ 인터패션플래닝 – 한국 최초 트렌드 연구소
④ 프로모스틸 – 삼성패션연구소에서 출발

15 금속 표면처리 기법 중, 모래를 분사하여 무광의 부드러운 질감을 만드는 것은?

① 폴리싱(Polishing)
② 샌딩(Sanding)
③ 헤어라인(Hairline)
④ 도금(Plating)

16 산업안전보건법상 안전표지의 형태와 색채의 연결이 잘못된 것은?

① 금지 표지 : 빨강 – 원형에 사선이 그어진 형태
② 경고 표지 : 노랑 – 삼각형 형태
③ 지시 표지 : 파랑 – 원형 형태
④ 안내 표지 : 주황 – 사각형 형태

17 색채 조절(Color Conditioning)의 기대 효과로 옳지 않은 것은?

① 조명 효율을 높여 에너지를 절약한다.
② 작업자의 주의력을 높여 사고를 줄인다.
③ 개인의 주관적 취향을 반영하여 개성을 극대화한다.
④ 정리정돈된 분위기를 조성하여 작업 능률을 올린다.

18 색채의 지각 현상 중, 인접한 두 색의 경계 부분에서 색상, 명도, 채도의 대비가 더욱 강하게 일어나는 현상은 무엇인가?

① 연변 대비(Marginal Contrast)
② 계시 대비(Successive Contrast)
③ 면적 대비(Area Contrast)
④ 보색 대비(Complementary Contrast)

19 조명 조건이 바뀌어도 물체가 가진 본래의 색을 그대로 유지하고 있다고 지각하는 현상은 무엇인가?

① 푸르킨예 현상(Purkinje phenomenon)
② 색의 항상성(Color Constancy)
③ 색의 연색성(Color Rendering)
④ 메타메리즘(Metamerism)

20 브랜드 관리 과정 4단계를 순서대로 바르게 나열한 것은?

① 인지도 향상 → 이미지 구축 → 충성도 확립 → 브랜드 파워
② 이미지 구축 → 인지도 향상 → 브랜드 파워 → 충성도 확립
③ 인지도 향상 → 충성도 확립 → 이미지 구축 → 브랜드 파워
④ 이미지 구축 → 브랜드 파워 → 충성도 확립 → 인지도 향상

21 빨강(Red)과 검정(Black) 배색 시 느껴지는 일반적인 이미지는 무엇인가?

① 순수하고 가벼운 느낌
② 이지적이고 상쾌한 느낌
③ 강하고 부정적이며 공격적 느낌
④ 부드럽고 유연한 느낌

22 제품의 불만 사항을 나열하고 개선하며 아이디어를 얻는 기법은?

① 체크리스트법
② 결점 열거법
③ 입출력법
④ 강제 연상법

23 다음 중 디자인의 기본 요소인 점, 선, 면, 입체에 대한 설명으로 옳은 것은?

① 점(Point)은 위치와 방향, 그리고 크기를 가진다.
② 선(Line)은 점이 이동한 궤적으로 길이와 폭, 부피를 가진다.
③ 면(Plane)은 선이 이동한 자취로 공간을 구성하며 질감과 원근감을 표현할 수 있다.
④ 입체(Volume)는 2차원적 요소로서 평면적인 깊이를 나타낸다.

24 헤어 염색 시 고려해야 할 멜라닌 색소 중 '유멜라닌(Eumelanin)'의 특징으로 옳은 것은?

① 황적색을 띠며 밝은 색이다.
② 입자형(과립성)이며 흑갈색이다.
③ 서양인에게 주로 많이 분포한다.
④ 분사형(확산성)으로 입자가 작다.

25 색채이미지 스크랩(Scrap)의 제작 및 관리 방법으로 가장 적절한 것은?

① 가능한 한 모든 자료를 남기기 위해 분류 없이 보관한다.
② 수집된 자료 중 콘셉트에 가장 적합한 이미지를 선별한다.
③ 자료의 출처는 중요하지 않으므로 이미지 자체만 고려한다.
④ 주관적인 판단을 배제하기 위해 트렌드와 상관없이 수집한다.

26 그래픽 소프트웨어의 특징에 대한 설명으로 옳지 않은 것은?

① 어도비 일러스트레이터(Adobe Illustrator)는 점과 선을 연결하는 베지어(Bezier) 곡선을 사용하는 벡터 방식이다.
② 포토샵(Adobe Photoshop)은 픽셀(Pixel) 단위로 이미지를 구성하는 비트맵 방식이다.
③ 벡터 방식은 이미지를 확대하거나 축소해도 깨지지 않아 로고 디자인이나 도면 작업에 적합하다.
④ 비트맵 방식은 이미지를 확대해도 선명도가 유지되므로 대형 현수막의 텍스트 편집에 가장 적합하다.

27 배색을 계획할 때 고려해야 할 조건 중, 가장 기본적·우선적으로 다루어야 하는 것은?

① 디자인의 사용 목적과 기능성에 부합하는가
② 시각적으로 아름답고 미적 감동을 주는가
③ 최신 유행 스타일과 트렌드를 반영했는가
④ 디자이너 개인의 주관적 취향을 반영했는가

28 쉐브럴(Chevreul)의 색채 이론이 근대 미술사에 미친 영향으로 가장 적절한 것은?

① 인상주의 화가들의 병치 혼합 기법 탄생
② 야수파 화가들의 주관적 감정 표현 강조
③ 입체파 화가들의 형태 분해와 재구성
④ 르네상스 화가들의 원근법과 명암법 완성

29 좁은 실내 공간을 시각적으로 넓고 쾌적하게 보이게 하기 위한 색채계획으로 적절하지 않은 것은?

① 천장은 바닥보다 밝은 고명도의 색을 사용하여 높게 보이게 한다.
② 벽면은 저채도의 한색 계열을 사용하여 후퇴색 효과를 준다.
③ 바닥은 안정감을 위해 벽면보다 어두운 저명도의 색을 사용한다.
④ 가구와 커튼은 진출색인 난색의 고채도 색상을 사용하여 공간을 채운다.

30 산업 현장의 안전 표지판에서 '검정 바탕에 노란 글씨'를 사용하는 주된 이유는 무엇인가?

① 채도 대비를 통한 주목성 향상
② 명도 대비를 통한 시인성(명시성) 향상
③ 보색 대비를 통한 화려함 강조
④ 면적 대비를 통한 공간감 확대

31 문–스펜서의 '면적 효과(Area Effect)' 이론에 따라 시각적 균형을 맞추는 배색 방법은?

① 고채도의 강한 색은 넓은 면적에 사용한다.
② 명도와 채도가 낮은 약한 색은 좁은 면적에 사용한다.
③ 색의 자극(채도/명도)이 강할수록 면적을 작게 배분한다.
④ 모든 색을 물리적으로 동일한 면적으로 배분한다.

32 색의 진출(Advancing)과 후퇴(Receding) 현상에 영향을 미치는 주된 요인이 아닌 것은?

① 색의 파장에 따른 굴절률 차이(색수차)
② 색의 명도에 따른 빛의 확산성
③ 대기의 산란에 의한 공기 원근법
④ 관찰자의 개인적인 색채 선호도

33 색의 감정 효과 중 '경연감(딱딱함과 부드러움)'을 결정하는 속성에 대한 설명으로 옳은 것은?

① 난색의 고채도 색은 부드럽게 느껴진다.
② 한색의 저명도 색은 딱딱하게 느껴진다.
③ 명도가 높을수록 딱딱하고, 낮을수록 부드럽다.
④ 경연감은 오직 색상(Hue)에 의해서만 결정된다.

34 다음 중 포스트모더니즘(Post-Modernism) 디자인의 특징으로 적절하지 않은 것은?

① 모더니즘의 획일적인 기능주의와 합리주의에 반발했다.
② 역사적 요소와 장식성을 배제하고 '새로움'만을 추구했다.
③ 은유, 상징, 유머, 위트 등 다원적인 가치를 중시했다.
④ 대중문화와 고급 예술의 경계를 허물고 소통을 시도했다.

35 19세기 말 인상주의 화가들이 캔버스에 원색 점을 찍어 시각적으로 혼합되게 하는 '병치 혼색(점묘법)'을 사용한 주된 이유는?

① 물감을 섞으면 명도가 높아져서 색이 바래 보이기 때문이다.
② 물감을 팔레트에서 섞으면 채도가 떨어져(탁해져) 빛의 강렬함을 표현할 수 없기 때문이다.
③ 당시에는 다양한 색상의 물감이 개발되지 않았기 때문이다.
④ 사진기의 발명에 대항하여 사진처럼 정교하게 묘사하기 위해서이다.

36 배색 의도 작성 시 유의사항으로 적절하지 않은 것은?

① 배색의 목적과 타깃, 콘셉트를 명확히 서술한다.
② 색 이름은 가능한 한 '하늘색', '살구색' 등 감성적인 관용색명을 사용하여 풍부하게 표현한다.
③ 선정된 색채(주조, 보조, 강조)의 역할과 적용 부위, 선정 이유를 논리적으로 연결한다.
④ 색상별 사용 면적 비례를 고려하여 배색 효과를 예측한다.

37 내추럴한(Natural) 이미지 배색을 계획할 때, 가장 효과적인 배색 방법은 무엇인가?

① Yellow, Green Yellow, Brown 등 자연의 색을 중심으로 유사 색상 배색을 한다.
② Red와 Blue Green의 강한 보색 대비를 사용하여 생명력을 강조한다.
③ 무채색(Gray)을 주조색으로 하고 인공적인 형광색을 강조색으로 사용한다.
④ Purple 계열의 고채도 색상을 사용하여 신비로움을 표현한다.

38 다음 색채 분포도에서 Y축을 '채도(Chroma)'로 설정했을 때, 데이터가 하단(아래쪽)에 밀집되어 있다면 어떤 느낌의 배색인가?

① 선명하고 화려한 느낌(vivid)
② 맑고 깨끗한 느낌(pale)
③ 탁하고 수수한 느낌(grayish/dull)
④ 강렬하고 역동적인 느낌(strong)

39 먼셀 색상환에서 서로 마주 보는 보색 관계에 있는 두 색상의 연결로 옳은 것은?

① 5R(빨강) − 5G(초록)
② 5Y(노랑) − 5PB(남색)
③ 5B(파랑) − 5RP(자주)
④ 5P(보라) − 5BG(청록)

40 한국산업표준(KS A 0011)에서 규정한 물체색의 기본 색이름 15가지에 포함되는 무채색 3가지는?

① 하양, 회색, 검정
② 하양, 은색, 검정
③ 아이보리, 회색, 차콜
④ 투명, 반투명, 불투명

41 CIE 색도도(Chromaticity Diagram) 상의 위치에 대한 설명으로 옳은 것은?

① 중심부는 채도가 가장 높은 색이다.
② 가장자리는 채도가 가장 낮은 색이다.
③ 단색광 궤적은 스펙트럼의 색들이다.
④ 순자주 궤적은 스펙트럼에 포함된다.

42 영(Young)과 헬름홀츠(Helmholtz)의 3원색설에 대한 설명으로 틀린 것은?

① 시신경 세포가 3가지라고 가정했다.
② RGB 가법 혼색의 원리를 설명한다.
③ 훗날 생리학적으로 증명되었다.
④ 노랑과 파랑의 대립 과정을 규명했다.

43 안료(Pigment) 중 '유기 안료'에 대한 설명으로 옳은 것은?

① 빛과 열에 매우 강하다.
② 색이 탁하고 은폐력이 크다.
③ 주로 광물성 원료로 만든다.
④ 착색력이 좋고 색이 선명하다.

44 도료(Paint)를 구성하는 4대 필수 요소가 아닌 것은?

① 안료(Pigment)
② 수지(Resin)
③ 가소제(Plasticizer)
④ 전색제(Vehicle)

45 측색 결과 보고서에 반드시 첨부해야 할 '필수 기재 사항'이 아닌 것은?

① 조명과 수광의 기하학적 조건(예 d/8)
② 표준광원의 종류(예 D65)
③ 표준 관측자 시야각(예 10도)
④ 측정 당시의 날씨와 습도

46 색차(Color Difference) 보정 작업 시 일반적인 순서와 인간 시각 특성에 대한 설명으로 옳은 것은?

① 명도(L*)를 가장 먼저 보정한다.
② 인간의 눈은 채도(Chroma) 변화에 가장 민감하다.
③ 색상(a*, b*)을 먼저 맞추고 명도(L*)를 나중에 조정한다.
④ 색차가 30 이상이면 보정이 매우 쉽다.

47 직물의 제직 과정에서 날실(경사)과 씨실(위사)에 서로 다른 색실을 사용하여, 멀리서 보았을 때 혼색되어 보이는 현상은?

① 베졸트 효과(Bezold Effect)
② 맥스웰 효과(Maxwell Effect)
③ 애브니 효과(Abney Effect)
④ 푸르킨예 현상(Purkinje Effect)

48 CIE L*a*b* 색공간 좌표값에 대한 해석으로 옳은 것은?

① L*값이 0이면 완전한 하양(White)을 의미한다.
② +a*값이 클수록 초록(Green) 성분이 강하다.
③ −b*값이 클수록 파랑(Blue) 성분이 강하다.
④ a*와 b*값이 모두 0이면 채도가 가장 높은 상태이다.

49 다음 중 조건등색(Metamerism)과 무조건등색(Isomerism)의 비교 설명으로 옳지 않은 것은?

① 조건등색은 특정 광원에서는 같은 색으로 보이나 광원이 바뀌면 다르게 보이는 현상이다.
② 무조건등색은 두 물체의 분광 반사율 곡선이 완전히 일치하는 경우이다.
③ 조건등색은 육안 조색 시 안료 성분이 달라 발생하기 쉽다.
④ 무조건등색은 품질 분쟁(클레임)의 주된 원인이 된다.

50 컬러 인덱스(C.I.) 표기법 중 C.I. Vat Blue 14에서 'Vat'이 의미하는 것은 무엇인가?

① 색상의 종류
② 화학적 구조 번호
③ 염색법 또는 용도
④ 제조사명

51 빛의 단위(Photometry) 중 조도(Illuminance)의 정의와 단위로 옳은 것은?

① 광원이 방사하는 빛의 총량 – 루멘(lm)
② 특정 방향으로 방사되는 빛의 세기 – 칸델라(cd)
③ 단위 면적당 입사하는 빛의 양 – 럭스(lx)
④ 광원을 바라볼 때의 눈부심 정도 – 니트(nt)

52 다음 중 OLED(유기발광다이오드)의 구조적 특징으로 옳지 않은 것은?

① 자체 발광(Self−Emitting) 소자이다.
② LCD와 달리 백라이트(Backlight)가 필요 없다.
③ 응답 속도가 빠르고 잔상이 거의 없다.
④ 시야각이 좁아 정면에서만 정확한 색을 볼 수 있다.

53 다음 중 물체의 표면 '광택(Gloss)'이 색채 지각에 미치는 영향에 대한 설명으로 틀린 것은?

① 고광택(High Gloss) 표면은 정반사가 우세하다.
② 무광택(Matte) 표면은 난반사가 우세하여 색이 뿌옇게 보인다.
③ 검은색은 광택이 높을수록 더 진하고 깊은 검정(Jet Black)으로 보인다.
④ 무광택 표면은 고광택 표면보다 채도가 더 높아 보인다.

54 펄 안료가 무지개색을 띠는 주된 광학적 원리는?

① 빛의 흡수
② 빛의 투과
③ 빛의 간섭
④ 빛의 회절

55 색채 품질 관리(Color QC)를 위한 PDCA 사이클(Plan–Do–Check–Act) 단계별 활동 내용으로 적절하지 않은 것은?

① Plan(계획) : 고객의 요구사항을 분석하여 색차 허용 오차(Tolerance) 및 검사 기준을 설정한다.
② Do(실시) : 표준 작업 지침서(SOP)에 따라 조색 작업을 수행하고 공정 데이터를 수집한다.
③ Check(검토) : 부적합품에 대해 폐기, 재작업(Rework), 특채 등의 조치를 즉시 시행한다.
④ Act(조치) : 불량의 근본 원인을 분석하고 작업 표준을 개정하여 재발을 방지한다.

56 CCM 시스템 운영 시 가장 기본이 되는 '기기 교정(Calibration)'에 대한 설명으로 옳은 것은?

① 램프 수명 연장을 위해 교정은 월 1회만 실시하는 것이 좋다.
② 백색 교정 타일(White Tile)은 표면이 오염되어도 데이터 보정 기능이 있어 상관없다.
③ 제로 교정(Zero Calibration)은 빛을 완벽히 차단한 상태(0%)를 기기에 인식시키는 과정이다.
④ 교정은 반드시 자연광(태양광) 아래에서 수행해야 정확하다.

57 색채관리 프로세스에서 시료(Sample)의 조항(Conditioning)이 필요한 주된 이유는?

① 시료 표면의 광택을 물리적으로 제거하기 위해
② 온도와 습도에 의한 시료의 색상 변화를 안정화하기 위해
③ 시료에 묻은 이물질을 화학적으로 세척하기 위해
④ 시료의 크기를 측정기에 맞게 절단하기 위해

58 쿠벨카–문크(Kubelka–Munk) 이론에서 안료의 광학적 특성을 나타내는 변수 'K'와 'S'의 의미가 바르게 짝지어진 것은?

① K : 반사 계수, S : 투과 계수
② K : 흡수 계수, S : 산란 계수
③ K : 산란 계수, S : 흡수 계수
④ K : 굴절 계수, S : 분산 계수

59 광택기(Gloss Meter)의 측정 단위인 'GU(Gloss Unit)'의 기준이 되는 표준 물질과 설정값(100 GU)에 대한 설명으로 옳은 것은?

① 완벽한 거울 표면을 100 GU로 정의한다.
② 백색 표준판(산화마그네슘)의 반사율을 100 GU로 정의한다.
③ 굴절률이 1.567인 흑색 유리의 정반사율을 100 GU로 정의한다.
④ 가시광선 전 영역을 100% 반사하는 가상의 완전확산 반사체를 100 GU로 정의한다.

60 조색 결과보고서 작성 시, 측정 데이터의 신뢰성을 확보하기 위해 반드시 기재해야 할 '측정 조건'에 해당하지 않는 것은?

① 사용된 표준광원(D65, A 등)
② 표준 관측자 시야각(2°, 10°)
③ 정반사광 포함 여부(SCI, SCE)
④ 시료의 화학적 성분 분석표(MSDS)

61 다음 중 디바이스 독립 색체계(Device Independent Color System)에 대한 설명으로 옳은 것은?

① 특정 모니터나 프린터의 특성에 종속되어 색상이 결정된다.
② RGB와 CMYK가 대표적인 디바이스 독립 색체계이다.
③ 인간의 눈(CIE 표준 관측자)을 기준으로 정의된 색공간으로, 장치 간 색상 변환의 기준이 된다.
④ 포토샵에서 이미지를 보정할 때 주로 사용되는 직관적인 색체계이다.

62 디지털 색채 시스템에서 RGB 색체계의 혼합 원리에 대한 설명으로 틀린 것은?

① 빛의 3원색인 Red, Green, Blue를 기본으로 한다.
② 가법 혼색(Additive Mixing) 원리를 따르며 혼합할수록 명도가 높아진다.
③ (255, 255, 0)의 좌표값은 마젠타(Magenta) 색상을 나타낸다.
④ (0, 0, 0)은 빛이 하나도 없는 상태인 검정(Black)을 의미한다.

63 다음 중 입력 장치(스캐너, 디지털카메라)의 색상 특성화(Characterization)를 위해 국제 표준(ISO)으로 지정된 차트는 무엇인가?

① ISO 12642 차트
② IT8 차트
③ 그레이 스케일(Gray Scale)
④ 먼셀(Munsell) 컬러 북

64 인쇄 실무에서 잉크 비용 절감과 색상 밸런스 유지를 위해, 컬러 이미지의 중성색(Gray) 부분을 C, M, Y 3색 대신 검정(K) 잉크 하나로 대체하는 기술은?

① UCR(Under Color Removal)
② GCR(Gray Component Removal)
③ 안티 앨리어싱
④ 디더링

65 비트맵(Bitmap)과 벡터(Vector) 방식의 특징에 대한 설명으로 옳지 않은 것은?

① 비트맵은 픽셀(Pixel)이라는 격자 단위로 이미지를 구성한다.
② 벡터 방식은 수학적 함수(베지에 곡선)를 이용하여 이미지를 표현한다.
③ 비트맵 이미지는 해상도에 종속적이어서 확대하면 이미지가 깨진다.
④ 벡터 방식은 픽셀마다 색상 정보를 담고 있어 사실적인 사진 편집에 비트맵보다 유리하다.

66 웹 안전 컬러(Web-safe Color)에 대한 설명으로 틀린 것은?

① 운영체제(Windows/Mac)나 브라우저에 상관없이 동일한 색상을 보여주기 위해 고안되었다.
② 총 216가지의 색상으로 구성되어 있다.
③ RGB 값을 각각 6단계의 등간격으로 나누어 조합한다.
④ 16진수 코드로 #FF5A00, #123456과 같이 자유로운 숫자 조합을 가진다.

67 다음 텍스처 매핑 기법 중, 실제 형상(Geometry)을 변형시켜 실제로 표면을 튀어나오게 만드는 기법은?

① 디퓨즈 매핑(Diffuse Mapping)
② 범프 매핑(Bump Mapping)
③ 오파시티 매핑(Opacity Mapping)
④ 디스플레이스먼트 매핑(Displacement Mapping)

68 그림자가 생기지 않으며, 공간 전체를 균일하게 밝혀 물체의 어두운 부분이 완전히 검게 되는 것을 막아주는 조명은?

① 스포트라이트
② 앰비언트 라이트
③ 옴니 라이트
④ 에어리어 라이트

69 렌더링 알고리즘 중 레이 트레이싱(Ray Tracing)의 특징으로 옳지 않은 것은?

① 광선을 역추적하여 빛의 경로를 계산한다.
② 거울의 반사(Reflection)와 유리의 굴절(Refraction)을 완벽하게 재현한다.
③ 렌더링 속도가 매우 빠르다.
④ 투명한 물체의 투과 효과를 사실적으로 표현한다.

70 다음 중 색역 경고(Gamut Warning) 기능에 대한 설명으로 옳은 것은?

① 모니터의 밝기가 너무 어두울 때 경고하는 기능이다.
② RGB 이미지를 CMYK로 변환할 때, 인쇄로 재현 불가능한 색상 영역을 미리 표시해 주는 기능이다.
③ 해상도가 너무 낮은 이미지를 알려주는 기능이다.
④ 저작권이 있는 이미지를 사용할 때 경고하는 기능이다.

71 인쇄용 CMYK 파일 작업 시, GCR(회색 성분 교체) 기법을 적용하여 K(Black) 잉크 사용 비율을 높여주는 주된 목적에 대한 설명으로 적절하지 않은 것은?

① 잉크 총량 제한(TIL) 내에서 전체 잉크 사용량을 줄여 건조 시간을 단축한다.
② C, M, Y 3색 잉크의 미세한 인쇄 오차에도 불구하고 안정적인 회색 밸런스를 유지한다.
③ 유색 잉크(C, M, Y)의 사용을 줄여 잉크 비용을 절감한다.
④ 명부(Highlight)와 암부(Shadow) 영역의 계조 표현 능력을 향상시킨다.

72 다음 중 도공지(Coated Paper)에 대한 설명으로 옳은 것은?

① 펄프 섬유의 촉감을 그대로 살리기 위해 어떠한 표면 코팅 처리도 하지 않은 종이이다.
② 아트지(Art Paper), 스노우지 등이 대표적이며, 표면의 광택 및 인쇄 재현성을 높인다.
③ 화학펄프 30% 내외와 쇄목펄프를 혼합하여 만들며, 시간이 경과하면 황변(黃變)되기 쉽다.
④ 물에 젖지 않고 잘 찢어지지 않는 내구성을 가져 지도나 포스터 등에 사용되는 특수 용지이다.

73 기존 제품의 기능이나 심미적 한계가 드러났을 때, 형태나 재료를 '개선'하여 수명을 연장하는 지속 가능한 디자인 방법은?

① 리디자인(Redesign)
② 그린워싱(Green Washing)
③ 에코 폰트(Eco Font)
④ 제로 웨이스트(Zero Waste)

74 탄소중립을 위한 색채계획 중, 건물 지붕에 밝은색 도료를 칠해 태양열 반사율을 높이고 냉방 에너지를 절감하는 기술은 무엇인가?

① 쿨 루프(Cool Roof)
② 다크 모드(Dark Mode)
③ 웜 톤(Warm Tone)
④ 컬러 마케팅(Color Marketing)

75 다음 중 정량적 평가 도구인 분광광도계(Spectrophotometer)와 필터식 색채계(Colorimeter)에 대한 설명으로 틀린 것은?

① 필터식 색채계는 인간의 눈과 유사한 3개의 필터(R, G, B)를 사용하여 색을 측정한다.
② 분광광도계는 가시광선의 파장별 반사율을 측정하여 분광 분포 곡선을 얻을 수 있다.
③ 조색(CCM)이나 정밀한 연구 목적에는 구조가 간단하고 기동성이 좋은 필터식 색채계가 주로 사용된다.
④ 필터식 색채계는 특정 광원 하에서의 색채 값을 측정하므로 조건등색(Metamerism)을 정확히 예측하기 어렵다.

76 CUD 배색 가이드라인에서 P형(제1색각) 및 D형(제2색각) 색각 이상자를 위해 '빨강(Red)'과 '초록(Green)'을 구분하게 만드는 배색 개선안은 무엇인가?

① 빨강은 더 붉게, 초록은 더 푸르게 하여 채도 대비를 높인다.

② 빨강은 주황(Yellowish) 계열로, 초록은 청록(Bluish) 계열로 변경하여 색상 차이를 극대화한다.

③ 빨강과 초록의 명도를 동일하게 맞추어 눈부심을 방지한다.

④ 두 색상 사이에 검은색 라인(Separation)을 넣어 경계를 구분한다.

77 다음 재질 중 빛의 굴절률(IOR)이 가장 큰 것은?

① 진공

② 물

③ 유리

④ 다이아몬드

78 C, M, Y, K 4가지 잉크를 모두 100%로 혼합한 '레지스트레이션 블랙(Registration Black)'을 일반 디자인 요소에 사용하면 안 되는 이유로 가장 적절한 것은?

① 색상이 너무 흐려지기 때문이다.

② 잉크 총량(Total Ink Limit)이 과다하여 종이가 찢어지거나 뒷묻음이 발생하기 때문이다.

③ 비용이 너무 저렴하여 품질이 떨어지기 때문이다.

④ 모니터에서 보이지 않는 색이기 때문이다.

79 색채디자인 결과물을 '디자인권'으로 출원할 때, 유사한 물품에 적용된 여러 가지 변형 디자인(Variation)을 비용과 시간을 절약하며 효율적으로 등록하기 위한 제도는?

① 우선심사 청구 제도

② 비밀디자인 청구 제도

③ 복수 디자인 등록 출원 제도

④ 직무발명 보상 제도

80 우리나라 산업재산권 제도의 기본 원칙인 선출원주의(先出願主義)에 대한 설명으로 옳은 것은?

① 발명을 가장 먼저 완성한 사람에게 권리를 부여한다.

② 발명의 완성 시기와 상관없이, 특허청에 서류를 가장 먼저 제출한 사람에게 권리를 부여한다.

③ 동일한 발명이 있는 경우, 당사자 간의 합의를 최우선으로 한다.

④ 도용 방지를 위해 발명 일지를 공증받은 사람을 우선한다.

문항수	시험 시간	총점
80문항	120분	100점

수험번호 : _________________

성　　명 : _________________

정답 & 해설 ▶ 2-308p

01 다음 중 디자인 분쟁 발생 시 소송 대비 비용과 시간을 절약할 수 있는 '디자인분쟁조정제도'에 대한 설명으로 틀린 것은?

① 한국디자인진흥원(KIDP) 내 설치된 디자인분쟁조정위원회가 담당한다.

② 법원의 판결과 달리 강제 집행력이 없어 조정안을 수락해도 법적 효력이 없다.

③ 소송에 비해 비용이 매우 저렴하거나 무료이며 처리가 신속하다.

④ 조정 신청 후 합의가 성립되지 않으면 3개월 이내에 조정안을 제시한다.

02 산업재산권 중 하나인 '디자인권'으로 등록받기 위해 갖추어야 할 핵심 요건이 아닌 것은?

① 신규성(Novelty)

② 창작성(Creativity)

③ 공업상 이용 가능성(Industrial Applicability)

④ 예술성 및 순수미(Artistic Beauty)

03 다음 중 KS A 0011에 따른 '관용색이름'과 '계통색이름'의 예시가 바르게 짝지어진 것은?

① 관용색이름 – 선명한 빨강, 흐린 파랑

② 계통색이름 – 에메랄드그린, 베이지

③ 관용색이름 – 쥐색, 개나리색, 팥색

④ 계통색이름 – 카키, 인디고블루, 하늘색

04 색채디자인 프로세스 중 '설계 단계'에 대한 설명으로 가장 적절한 것은?

① 과제의 문제점을 인식하고 클라이언트의 요구 조건을 파악한다.

② 객관적인 방법으로 정보를 조사하여 색채 데이터화한다.

③ 기획과 계획 내용을 기반으로 주조색, 보조색, 강조색을 구분하여 적용한다.

④ 색채설계의 내용을 평가하고 지속적인 사용을 위해 관리한다.

05 산출내역서 작성 시 '재료비' 항목의 산정 기준 및 포함 범위에 대한 설명으로 가장 적절하지 않은 것은?

① 부대비용 포함 : 재료 구입 시 발생하는 운임, 보험료, 보관비 등 부대비용을 합산한다.

② 소모성 공구 : 내용연수 1년 미만 공구는 재료비에서 제외하고 '경비'의 감가상각비로 처리한다.

③ 잔존물 처리 : 부산물이나 연산품의 매각·이용 가치는 재료비 합계에서 공제한다.

④ 구입 후 비용 : 구입 완료 후 발생하는 보관비나 관리비는 재료비가 아닌 '경비'로 처리한다.

06 구매 후 자신의 선택에 대해 불안감을 느끼거나 심리적으로 불편해하는 현상은?

① 인지 부조화(Dissonance)
② 지각적 방어(Defense)
③ 선택적 주의(Attention)
④ 밴드왜건 효과(Bandwagon)

07 기업이 이윤 창출을 넘어 공공의 이익과 사회적 선(善)을 실현해야 한다는 개념은?

① CRM(고객 관계 관리)
② CSR(기업의 사회적 책임)
③ SCM(공급망 관리)
④ ERP(전사적 자원 관리)

08 라이프 스타일 분석 방법 중, 사회 전체의 지표나 인구 통계 등을 다루는 거시적 분석법은?

① AIO 분석법
② 사이코그래픽스
③ 사회지표 분석
④ VALS 기법

09 오스굿(Osgood)의 의미미분법(SD법)에 대한 설명으로 틀린 것은?

① 정서적이고 주관적인 색채 이미지를 정량적·객관적으로 측정한다.
② 반대되는 의미의 형용사 쌍(例 화려한—수수한)을 척도로 사용한다.
③ 각 평가 대상의 평균값을 연결하여 이미지 프로필을 작성한다.
④ 주로 2점 척도를 사용하여 응답의 명확성을 높인다.

10 SWOT 분석에서 [보기]와 같은 상황일 때 취해야 할 가장 적절한 전략은?

> [보기]
> 시장의 위협이 존재하지만, 자사는 강력한 강점을 가지고 있다. 강점을 활용하여 위협을 회피하거나 돌파하려 한다.

① SO 전략
② ST 전략
③ WO 전략
④ WT 전략

11 색채마케팅의 역사적 배경에 대한 설명으로 옳은 것은?

① 색채마케팅은 2000년대 스마트폰의 등장과 함께 시작되었다.
② 한국에서는 1980년 컬러 텔레비전 방송 시작이 활성화의 계기가 되었다.
③ 최초의 색채마케팅 사례는 미국의 코카콜라병 디자인이다.
④ 1920년대 파커(Parker) 만년필은 검은색 만년필을 출시하여 성공했다.

12 다음 중 프랑스의 패션 트렌드 정보사(기관)가 아닌 것은?

① 넬리로디(Nelly Rodi)
② 프로모스틸(Promostyl)
③ 페클러(Peclers)
④ 팬톤(Pantone)

13 정보 수집 후 분석 단계에서 작성하는 '이미지 맵(Image Map)'의 주된 목적은?

① 색채 배열을 통한 배색 검토
② 시즌의 시각적 콘셉트 명확화
③ 소재의 내구성과 강도 실험
④ 정확한 색채 데이터 값 산출

14 다음 중 유행 주기가 가장 짧고, 특정 하위문화에서 폭발적으로 나타나는 현상은?

① 트렌드(Trend)
② 클래식(Classic)
③ 패드(Fad)
④ 유행(Fashion)

15 다음 중 소화계통에 영향을 주어 식욕을 촉진하고, 체액 분비를 돕는 치료 색채는?

① 파랑(Blue)
② 주황(Yellow Red)
③ 보라(Purple)
④ 초록(Green)

16 프랭크 만케(Frank H. Mahnke)의 '색경험 피라미드'에서 가장 하위 단계(기초)에 해당하는 반응은?

① 문화적 영향
② 생물학적 반응
③ 집단 무의식
④ 의식적 상징화

17 공감각(Synesthesia) 중 '색채와 소리(청각)'의 연결에 관한 연구와 거리가 먼 인물은?

① 아이작 뉴턴(Isaac Newton)
② 피트 몬드리안(Piet Mondrian)
③ 루이스 카스텔(Louis Castel)
④ 요하네스 이텐(Johannes Itten)

18 시장세분화(Segmentation)의 주요 이점으로 볼 수 없는 것은?

① 새로운 시장 기회를 쉽게 발견할 수 있다.
② 마케팅 믹스를 효과적으로 조합하여 경쟁 우위를 점한다.
③ 시장 변화에 신속하고 능동적으로 대응할 수 있다.
④ 대량 생산을 통해 생산 및 유통 비용을 획기적으로 절감한다.

19 색채마케팅 환경 분석 중, '경제적 환경' 변화에 따른 소비자 색채 선호 경향으로 옳은 것은?

① 경기가 호황일 때는 무채색과 실용적인 색을 선호한다.
② 경기가 둔화(불황)될 때는 화려하고 다양한 톤을 선호한다.
③ 경기가 둔화될 때는 실용적이고 경제적인 색채를 선호한다.
④ 경제 상황과 색채 선호도는 아무런 관련이 없다.

20 소리와 색채의 공감각적 연결(청각)에 대한 일반적인 설명으로 틀린 것은?

① 높은음 – 고명도, 고채도의 선명한 색
② 낮은음 – 저명도, 저채도의 어두운 색
③ 탁음 – 회색이 섞인 저채도의 탁한 색
④ 예리한 음 – 저명도의 부드러운 난색

21 I.R.I 형용사 이미지 스케일 중 '경쾌한' 이미지와 거리가 먼 것은?

① 율동적인
② 스포티한
③ 선명한
④ 은은한

22 근대 디자인의 역사에서 "형태는 기능을 따른다(Form follows function)"라고 주장하며 기능주의 미학을 강조한 인물은?

① 빅터 파파넥(Victor Papanek)
② 루이스 설리번(Louis Sullivan)
③ 알렉스 오스본(Alex Osborn)
④ 그레고르 파울손(Gregor Paulsson)

23 기업 이미지 통합(CIP)의 구성 요소 중 '기본 시스템(Basic System)'에 해당하지 않는 것은?

① 심벌마크(Symbol Mark)
② 로고타입(Logotype)
③ 전용 서체(Corporate Type)
④ 서식류(Stationery)

24 특정 지역의 기후, 풍토, 인종적 배경에 의해 자연스럽게 형성된 토속적 양식의 디자인은?

① 버내큘러 디자인(Vernacular)
② 바이오닉 디자인(Bionic)
③ 얼터너티브 디자인(Alternative)
④ 유니버설 디자인(Universal)

25 색채와 소재(Material)의 관계에 대한 설명으로 적절하지 않은 것은?

① 동일한 색이라도 소재의 표면 광택 유무에 따라 지각되는 색채가 다르다.
② 유광(Gloss) 소재는 정반사가 일어나 색이 더 선명하고 짙게 보인다.
③ 무광(Matte) 소재는 난반사가 일어나 색이 더 부드럽고 밝게 보인다.
④ 금속, 유리 등은 대표적인 무광 소재이며 직물은 유광 소재에 속한다.

26 설득력 있는 색채디자인 기획서 작성을 위한 원칙으로 적절하지 않은 것은?

① 문장은 되도록 짧게 끊어서 간결하게 작성하고 접속사나 수식어의 사용을 최소화한다.
② 객관적인 사실(Fact)과 기획자의 주관적인 의견(Opinion)을 명확히 구분하여 작성한다.
③ 전문성을 강조하기 위해 업계의 전문 용어를 최대한 많이 사용하여 클라이언트의 신뢰를 얻는다.
④ 문서의 가독성을 높이기 위해 다이어그램, 그래프 등의 시각화(Visualization) 기법을 적극 활용한다.

27 고채도의 보색끼리 인접하여 경계가 어른거릴 때, 이를 해결하는 가장 적절한 기법은?

① 그러데이션 배색
② 세퍼레이션 배색
③ 톤 온 톤 배색
④ 레피티션 배색

28 조화로운 배색 계획을 위한 '색채 조화의 특징 및 원리'에 대한 설명으로 옳은 것은?

① 고채도 색끼리 배색할 때는 무채색을 사용하여 오히려 색의 반발성을 높인다.
② 색채의 미적 평가는 개인적, 주관적인 감각으로 결정되는 것이 가장 이상적이다.
③ 부조화는 배색 간 속성 차이가 애매하고 모호할 때 발생하기 쉽다.
④ 명시성과 주목성을 높이려면 색의 3속성 차이를 작게 해야 한다.

29 오그던 루드(O.N. Rood)의 색채 조화론에 대한 설명으로 틀린 것은?

① 인상주의 화가들에게 큰 영향을 주었다.
② 자연에서 관찰되는 색채 배열이 조화롭다.
③ 색채 조화를 미도(M) 공식으로 계산했다.
④ 동일 색상의 명암 변화 배색을 권장했다.

30 색의 온도감에 따른 '시간의 심리적 속도감'에 대한 설명으로 옳은 것은?

① 난색 방에서는 시간이 실제보다 짧게 느껴진다.
② 한색 방에서는 시간이 실제보다 길게 느껴진다.
③ 난색은 시간이 천천히 흐르는 것처럼(길게) 느껴진다.
④ 한색과 난색은 시간 감각에 아무런 영향을 주지 않는다.

31 다음 중 '겨울(Winter)' 계절의 이미지 배색으로 가장 적절한 것은?

① 파스텔 톤의 노랑과 연두를 사용한 부드러운 배색
② 딥(deep) 톤의 갈색과 주황을 사용한 내추럴 배색
③ 선명한 원색(vivid)이나 무채색을 이용한 강렬한 대비
④ 회색이 섞인 탁색 위주의 차분하고 고전적인 배색

32 한국 전통 오방간색(오간색)의 생성 원리와 명칭 연결이 바르게 된 것은?

① 동방의 간색 : 청색+백색=벽색
② 남방의 간색 : 적색+백색=홍색
③ 서방의 간색 : 백색+흑색=유황색
④ 북방의 간색 : 흑색+청색=녹색

33 베를린과 케이(Berlin & Kay)의 연구에서 인류의 언어 발달 과정에서 가장 먼저 분화되어 나타나는 색채 단계는?

① 빨강(Red)
② 하양과 검정(White & Black)
③ 파랑과 초록(Blue & Green)
④ 노랑(Yellow)

34 다음 중 멤피스(Memphis) 디자인 그룹의 활동 특징으로 옳은 것은?

① 기능주의에 입각하여 무채색 위주의 단순한 디자인을 선보였다.
② 자연 친화적인 소재인 나무와 돌만을 사용하여 생태 디자인을 주도했다.
③ 플라스틱 등 저렴한 소재와 화려한 색채, 키치적 요소를 사용하여 모더니즘에 저항했다.
④ 전통적인 공예 기법을 중시하며 소량 생산의 명품화를 추구했다.

35 다음 중 중세 고딕(Gothic) 양식 건축의 특징인 스테인드글라스(Stained Glass)가 발달하게 된 배경과 효과로 가장 적절한 것은?

① 벽면을 넓게 확보하여 프레스코화를 그리기 위함이다.
② 건물의 하중을 줄이기 위해 벽 대신 유리를 사용했다.
③ 내부를 밝게 하여 신도들의 독서를 돕기 위함이다.
④ 빛을 통해 신의 신성함과 천국의 신비로움을 연출하기 위함이다.

36 다음 중 '관용색명(Conventional Color Name)'의 특징에 대한 설명으로 틀린 것은?

① 동물, 식물, 광물, 지명 등 구체적인 사물의 이름에서 유래했다.
② 색의 이미지를 직관적으로 연상하기 쉬워 일상생활에서 많이 쓰인다.
③ 시대나 유행, 개인에 따라 색의 범위가 달라질 수 있어 정확성은 떨어진다.
④ 색의 3속성에 따른 형용사를 붙여 '선명한 빨강', '탁한 파랑'과 같이 체계적으로 분류한 이름이다.

37 KS 계통색명 및 ISCC-NIST 색명법에서 사용하는 '수식 형용사(Tone)'와 약호의 연결이 올바른 것은?

① 선명한 – st(strong)
② 탁한 – dp(deep)
③ 연한 – pl(pale)
④ 어두운 – bk(blackish)

38 색채계획 시 주조색(Dominant Color)의 선정 기준 및 특징에 대한 설명으로 가장 적절하지 않은 것은?

① 사용자의 시선을 끌고 지루함을 없애기 위해 가장 채도가 높고 선명한 색(vivid)을 사용한다.
② 배색 대상의 전체적인 분위기(Image)를 결정짓는 핵심 색채로 가장 먼저 선정한다.
③ 넓은 면적에 적용되므로 시각적 피로를 줄이기 위해 저채도나 무채색(N)을 주로 쓴다.
④ 일반적으로 전체 면적의 60~70% 이상을 차지하며, 공간의 바닥이나 벽면 등이 이에 해당한다.

39 오스트발트(Ostwald) 표색계의 기호 표기법에서 '17lc'가 의미하는 바로 옳은 것은?

① 색상 17번, 백색량 89%, 흑색량 11%
② 색상 17번, 백색량 8.9%, 흑색량 44%
③ 색상 17번, 순색량 14%, 백색량 8.9%
④ 색상 17번, 백색량 35%, 흑색량 65%

40 NCS(Natural Color System) 표기법 'S 2030 −Y90R'에 대한 해석으로 옳은 것은?

① 흑색량 20%, 순색량 30%, 색상은 노랑 90%와 빨강 10%가 섞인 색이다.
② 흑색량 20%, 순색량 30%, 색상은 노랑 10%와 빨강 90%가 섞인 색이다.
③ 백색량 20%, 흑색량 30%, 색상은 노랑 90%와 빨강 10%가 섞인 색이다.
④ 백색량 20%, 순색량 30%, 색상은 노랑 10%와 빨강 90%가 섞인 색이다.

41 CIE L*a*b* 색공간 좌표값에 대한 설명으로 옳은 것은?

① L*은 0~100 사이의 채도를 뜻한다.
② +a*는 초록, −a*는 빨강 방향이다.
③ +b*는 노랑, −b*는 파랑 방향이다.
④ 중심축에서 멀어질수록 명도가 높다.

42 다음 중 '색역(Color Gamut)'의 정의로 가장 적절한 것은?

① 색이 지니는 감성적인 느낌의 정도
② 조명에 따라 색이 달라 보이는 현상
③ 시스템이 재현할 수 있는 색의 범위
④ 두 색 사이의 지각적인 색채 차이

43 다음 중 '평판 인쇄' 방식이며, 물과 기름의 반발 원리를 이용하는 인쇄는?

① 오프셋 인쇄(Offset)
② 그라비어 인쇄(Gravure)
③ 스크린 인쇄(Screen)
④ 활판 인쇄(Letterpress)

44 청색(Blue) 및 초록(Green) 계열의 대표적인 고성능 유기 안료는?

① 이산화타이타늄(Titanium Dioxide)
② 벵갈라(Red Iron Oxide)
③ 프탈로시아닌(Phthalocyanine)
④ 카본 블랙(Carbon Black)

45 스스로 빛을 내는 광원(모니터, 조명 등)을 측정할 때 사용하는 기기는?

① 덴시토미터(Densitometer)
② 스펙트로 포토미터(Spectrophotometer)
③ 스펙트로 라디오미터(Spectroradiometer)
④ 글로스미터(Glossmeter)

46 CIE L*a*b* 색공간 좌표에서 '−b*' 방향이 의미하는 색상은 무엇인가?

① 빨강(Red)
② 초록(Green)
③ 노랑(Yellow)
④ 파랑(Blue)

47 산업 현장에서의 혼색 방식에 대한 설명으로 적절하지 않은 것은?

① 투명 플라스틱의 착색은 주로 염료를 사용한 감법 혼합이다.
② 오프셋 인쇄물의 망점은 병치 혼합의 효과를 준다.
③ 페인트(도료) 조색 시 안료의 혼합은 가법 혼합의 원리를 따른다.
④ 직물의 염색(Dyeing) 과정은 염료가 침투하므로 감법 혼합이다.

48 색료(물감, 페인트)를 구성하는 3대 핵심 요소가 아닌 것은?

① 안료(Pigment)
② 전색제(Vehicle)
③ 발색제(Coupler)
④ 조제/용제(Additives/Solvent)

49 광원 변화에 따른 색채의 불안정 정도를 나타내는 지수로, 수치가 낮을수록 품질이 우수한 것은?

① 연색 평가수(CRI)
② 색변이 지수(CII)
③ 조건등색 지수(MI)
④ 백색도 지수(WI)

50 CIE L*a*b* 색차 계산에서 ΔE*값이 0.8로 측정되었을 때, 이에 대한 일반적인 판정 및 조치로 적절한 것은?(단, 엄격한 산업 기준 적용 시)

① 육안으로 확연히 구분되므로 불합격 처리한다.
② 색차가 매우 커서 재작업이 필요하다.
③ JND(1.0) 미만이므로 일반적인 시각으로는 차이를 거의 느끼기 힘들다.
④ 서로 보색 관계에 있는 색이다.

51 정육점에서 고기를 붉게 보이게 하거나, 횟집 수족관을 푸르게 보이게 하는 조명 기법과 관련 깊은 용어는?

① 색온도(Color Temperature)
② 연색성(Color Rendering)
③ 조건등색(Metamerism)
④ 순응(Adaptation)

52 다음 광원 중 인공 태양광과 분광 분포가 가장 유사하여 조색(Color Matching)용 표준광원으로 적합한 것은?

① 수은 램프
② 나트륨 램프
③ 크세논 램프
④ 적외선 램프

53 조색 작업 완료 후 품질 관리 및 이력 추적을 위한 데이터 관리 방법으로 적절하지 않은 것은?

① 조색 이력 카드에 배합비(Recipe), 안료 코드, 작업 날짜를 기록한다.

② 완성된 시편은 변색을 막기 위해 빛이 차단된 파일(File)에 보관한다.

③ 남은 조색 도료 캔에는 색명과 날짜를 라벨링하여 재사용할 수 있도록 분류한다.

④ 분광측색계로 측정한 데이터는 용량이 크므로 프로젝트 종료 삭제한다.

54 펄(Pearl) 안료와 메탈릭(Metallic) 안료의 차이점에 대한 설명으로 옳은 것은?

① 펄 안료는 불투명하여 은폐력이 크다.

② 메탈릭 안료는 빛의 간섭 현상을 이용한다.

③ 펄 안료는 운모(Mica)에 금속 산화물을 코팅한 구조이다.

④ 메탈릭 안료는 바탕색의 영향을 많이 받는다.

55 색채 품질 검사 방법 중 기기 검사(Instrumental Assessment)와 육안 검사(Visual Assessment)에 대한 설명으로 가장 적절한 것은?

① 기기 검사는 메타메리즘(조건등색) 현상을 예측할 수 없다.

② 육안 검사는 관찰자의 심리 상태나 컨디션에 관계없이 항상 일관된 결과를 보장한다.

③ 펄(Pearl)이나 메탈릭 같은 특수 효과 안료의 질감 평가는 기기 검사가 육안 검사보다 유리하다.

④ 기기 검사는 객관적인 수치 데이터를 제공하여 통신 및 기록이 용이하지만, 최종 감성 품질 판정은 육안 검사가 필요하다.

56 CCM 조색 후 시료색(Batch)을 측정한 결과, 기준색(Standard) 대비 $\Delta L*=+1.5$, $\Delta a*=-2.0$, $\Delta b*=+3.0$으로 측정되었다. 이를 보정(Correction)하기 위한 조색 처방으로 가장 적절한 것은?

① 검정(Black) 안료, 적색(Red) 안료, 청색(Blue) 안료를 추가한다.

② 하양(White) 안료, 초록(Green) 안료, 황색(Yellow) 안료를 추가한다.

③ 검정(Black) 안료, 적색(Red) 안료, 황색(Yellow) 안료를 추가한다.

④ 하양(White) 안료, 적색(Red) 안료, 청색(Blue) 안료를 추가한다.

57 메탈릭 도료와 같이 조명 조건은 일정하더라도 관찰하는 각도(기하학적 조건)가 변함에 따라 색채가 달라 보이는 현상을 지칭하는 전문 용어는?

① 조명 메타메리즘

② 관찰자 메타메리즘

③ 기하학적 메타메리즘

④ 필드 사이즈 메타메리즘

58 현장 도장 조건(Spray Condition) 중 'Dry Spray(건조 도장)' 현상이 발생했을 때 나타나는 색채 변화의 원인과 결과를 바르게 연결한 것은?

① 원인 : 점도가 너무 낮거나 거리가 너무 가까움 → 결과 : 색이 어둡고 선명해짐

② 원인 : 점도가 높거나 거리가 너무 멂 → 결과 : 난반사로 인해 색이 밝아짐(L* 상승)

③ 원인 : 도료 토출량이 너무 많음 → 결과 : 흐름 현상과 함께 색이 붉어짐

④ 원인 : 건조 속도가 너무 느림 → 결과 : 메탈릭 입자가 가라앉아 색이 밝아짐

59 CCM 시스템에서 Formulation(배합 설계) 모듈과 Correction(보정) 모듈의 역할 차이에 대한 설명으로 옳은 것은?

① Formulation은 시생산된 시료의 오차를 줄이기 위한 수정 처방을 계산한다.

② Correction은 목표색을 구현하기 위한 최초의 안료 조합과 비율을 계산한다.

③ Formulation은 '초기 레시피(Prediction)'를, Correction은 '수정 레시피'를 산출한다.

④ 두 모듈 모두 이미 생산된 제품의 합격/불합격을 판정하는 기능을 한다.

60 메탈릭 도료의 색채 관리에서 '플립-플롭(Flip-Flop)' 값을 관리하는 주된 목적으로 옳은 것은?

① 도막의 두께가 균일하게 도포되었는지 확인하기 위해

② 정면(Face)과 측면(Flop)의 명도 차이를 통해 알루미늄 입자의 배향(Orientation) 상태와 금속 질감을 평가하기 위해

③ 도료의 건조 속도를 제어하여 흐름 현상을 방지하기 위해

④ 다양한 광원하에서의 색차 변동(조건등색)을 최소화하기 위해

61 색채관리 시스템(CMS)의 렌더링 인텐트(Rendering Intent) 중 채도 방식에 대한 설명으로 옳은 것은?

① 사진 이미지의 자연스러운 톤 재현을 목적으로 한다.

② 정확한 색상 일치보다는 색의 선명함을 최우선으로 유지한다.

③ 인쇄 표준에서 가장 널리 사용되는 방식이다.

④ 화이트 포인트(White Point)를 인쇄 용지 색상에 맞춰 이동시킨다.

62 감마(Gamma)의 특성에 대한 설명으로 옳지 않은 것은?

① 감마는 디스플레이의 입력 신호(전압)와 출력 밝기(휘도) 사이의 비선형적인 관계를 나타낸다.

② 감마 수치가 낮을수록(ⓔ 1.8) 중간 톤 이미지는 밝아진다.

③ 감마 수치가 높을수록(ⓔ 2.6) 이미지의 콘트라스트가 강해지고 어두워진다.

④ 감마 1.0은 입력 신호와 출력 밝기가 반비례함을 의미한다.

63 CIE 표준광원 중 인쇄 및 출판 분야에서 색채 평가를 위한 표준 관찰 광원으로 규정된 것은?

① 표준광원 A

② 표준광원 C

③ 표준광원 D50

④ 표준광원 D65

64 소프트 프루핑(Soft Proofing)을 정확하게 수행하기 위한 조건이 아닌 것은?

① 모니터 캘리브레이션을 주기적으로 수행해야 한다.
② 작업 공간의 조명을 표준광원(D50 등)으로 유지하거나 차광 후드를 사용해야 한다.
③ 최종 출력 장비(인쇄기)의 ICC 프로파일을 적용하여 시뮬레이션해야 한다.
④ 모니터의 색역(Gamut)이 인쇄 색역보다 좁아야 정확한 확인이 가능하다.

65 디지털 이미지 장비와 해상도 단위의 연결이 바르게 된 것은?

① 모니터 – DPI(Dot Per Inch)
② 레이저 프린터 – PPI(Pixel Per Inch)
③ 잉크젯 프린터 – DPI(Dot Per Inch)
④ 스캐너 – LPI(Line Per Inch)

66 다음 중 가산 혼합(RGB) 원리에 따라 '노랑(Yellow)'을 나타내는 16진수(Hex) 코드는?

① #FF00FF
② #FFFF00
③ #00FFFF
④ #0000FF

67 투명도를 조절하는 오파시티 매핑(Opacity Mapping)에서 '검은색'이 의미하는 것은?

① 완전 불투명(빛 통과 X)
② 완전 투명(빛 100% 통과)
③ 반투명(빛 50% 통과)
④ 굴절(빛이 꺾임)

68 설계 도면(CAD)이나 건축 평면도 작성 시 주로 사용되며, 원근감이 적용되지 않아 물체의 크기가 거리와 상관없이 일정하게 유지되는 투영법은?

① 원근 투영(Perspective Projection)
② 직교 투영(Orthographic Projection)
③ 파노라마 투영(Panoramic Projection)
④ 구형 투영(Spherical Projection)

69 3D 조명 중 태양광(Sun Light)을 시뮬레이션하기에 가장 적합한 조명 유형은?

① 앰비언트 라이트(Ambient Light)
② 옴니 라이트(Omni Light)
③ 디렉셔널 라이트(Directional Light)
④ 스폿 라이트(Spot Light)

70 라디오시티(Radiosity) 렌더링 기법의 핵심 원리는 무엇인가?

① 광선의 역추적을 통한 정반사 계산
② 난반사(Diffuse Reflection)와 상호 반사를 통한 간접광 계산
③ Z-버퍼를 이용한 은면 제거
④ 스캔 라인 단위의 순차적 렌더링

71 웹(Web) 디자인을 주목적으로 할 때 가장 적합한 표준 색공간은 무엇인가?

① Adobe RGB
② sRGB
③ ProPhoto RGB
④ CMYK

72 다음 중 별색(Spot Color)에 대한 설명으로 틀린 것은?

① CMYK 4원색 잉크를 혼합하여 만드는 색상이다.

② 금색, 은색, 형광색 등 CMYK로 재현 불가능한 색을 표현할 수 있다.

③ 기업의 로고(CI) 등 일관된 색상 유지가 필요할 때 주로 사용된다.

④ 별도의 판(Plate)을 추가해야 하므로 인쇄 비용이 상승한다.

73 잉크젯 프린터의 헤드 구동 방식 중, 노즐에 부착된 압전 소자(Piezo Element)의 진동을 이용하여 물리적인 힘으로 잉크를 분사하는 방식의 특징으로 옳은 것은?

① 고열을 가하므로 전용 수성 잉크만 사용할 수 있다.

② 헤드 제조 단가가 저렴하고 구조가 단순하다.

③ 잉크 성분의 변질 없이 다양한 종류의 잉크(솔벤트, UV 잉크 등)를 사용할 수 있다.

④ 노즐에 고열을 가하여 잉크 속에 수증기 기포(Bubble)를 생성하는 원리를 이용한다.

74 종이의 물리적 속성 중, 종이 표면의 매끄러운 정도를 의미하며, 이 속성이 낮을 때(거칠 때) 발생하는 인쇄 적성 문제로 가장 적절한 것은?

① 종이의 무게(평량)가 가벼워져 인쇄 시 밀림 현상이 발생한다.

② 잉크가 종이에 고르게 침투하지 못해 인쇄물의 선명도가 떨어진다.

③ 종이의 백색도(Whiteness)가 떨어져 색 재현 범위(Gamut)가 축소된다.

④ 잉크 총량 제한(TIL)이 초과되어 뒷묻음 현상이 발생한다.

75 유니버설 디자인의 7대 원칙에 따른 적용 사례 연결로 가장 적절하지 않은 것은?

① 공평한 사용 : 휠체어, 유모차 등 누구나 차별 없이 이용하도록 자동문을 설치한다.

② 인지할 수 있는 정보 : 시각적 통일감을 위해 안내 표지판을 배경과 유사한 톤 온 톤으로 배색한다.

③ 실수에 대한 포용 : 오작동 시 위험하지 않도록 '실행 취소'나 이중 확인 기능을 둔다.

④ 적은 물리적 노력 : 악력이 약해도 쉽게 열 수 있는 레버형 손잡이를 사용한다.

76 색채 디자인 평가 계획 수립 시 고려해야 할 사항으로 적절하지 않은 것은?

① 디자인 초기 단계에서 타겟 소비자의 선호 이미지를 파악하기 위해 SD법을 활용한다.

② 제품 생산 단계에서 색채 품질 관리(QC)를 위해 허용 색차($\Delta E*$) 기준을 설정하고 분광광도계로 측정한다.

③ 정성적 평가는 객관적인 데이터 확보가 용이하고 재현성이 뛰어나므로 최종 품질 검사 단계에서 필수적이다.

④ 평가 목적에 따라 정성적 방법과 정량적 방법을 적절히 혼합하여 상호 보완적으로 사용해야 한다.

77 지속가능한 색채 소재 선정 시, 천연 안료(Nat-ural Pigment)에 대한 설명으로 틀린 것은?

① 식물, 광물, 동물 등 자연에서 얻어지며 인체에 무해하다.

② 합성 안료에 비해 색감이 은은하고 자연스러운 깊이감이 있다.

③ 합성 안료보다 내광성과 견뢰도가 매우 우수하여 변색이 거의 없다.

④ 폐기 시 생분해되어 환경 오염을 유발하지 않는다.

78 인쇄(Physical) 포트폴리오와 디지털(Digital) 포트폴리오의 특징을 비교한 것으로 옳은 것은?

① 인쇄 포트폴리오는 수정 및 업데이트가 매우 용이하고 비용이 들지 않는다.

② 디지털 포트폴리오는 종이의 질감이나 인쇄 색감을 정확하게 전달하는 데 유리하다.

③ 인쇄 포트폴리오는 면접 현장에서 면접관과 함께 넘겨보며 집중도를 높이기에 좋다.

④ 디지털 포트폴리오는 모니터마다 색상 재현(RGB)이 동일하므로 색채 왜곡 걱정이 없다.

79 라이프 사이클(Life Cycle)이 짧고 기술적 난이도가 비교적 낮은 물품의 형상이나 구조, 고안(Device)을 보호하기에 가장 적합한 권리는?

① 특허권
② 실용신안권
③ 상표권
④ 저작권

80 디자인권 출원 시 가장 중요한 도면(Draw-ings) 제출에 대한 설명으로 옳지 않은 것은?

① 디자인권의 보호 범위는 전적으로 도면에 의해 결정된다.

② 입체적인 물품의 경우 원칙적으로 6면도(정면, 배면, 좌, 우, 평면, 저면)를 모두 제출해야 한다.

③ 정교한 도면 작성이 어려운 경우, 디자인을 명확히 표현한 사진이나 견본으로 대신할 수 있다.

④ 색채는 디자인의 필수 요소가 아니므로, 모든 도면은 흑백으로만 제출해야 한다.

문항수	시험 시간	총점
80문항	120분	100점

수험번호 : __________________

성   명 : __________________

정답 & 해설 ▶ 2-318p

01 색채디자인 프로젝트 진행 중 발생하는 '중간 산출'의 권리 귀속에 대한 설명으로 가장 적절한 것은?

① 최종 결과물만 납품하면 되므로 중간 산출물은 법적 보호 대상이 아니다.

② 계약서에 별도 명시가 없어도 돈을 받은 이상 무조건 발주자의 소유다.

③ 중간 산출물도 저작권법상 보호받는 창작물이므로, 계약 시 귀속 여부를 명확히 해야 한다.

④ 미채택된 시안은 발주자가 마음대로 수정하여 사용해도 무방하다.

02 디자인 계약 용어 중, 턴키(Turn-key) 방식에 대한 설명으로 옳은 것은?

① 디자인 기획, 설계, 시공, 감리까지 전 과정을 한 업체가 일괄 수행하는 방식이다.

② 디자인 시안만 납품하고 시공은 다른 업체가 맡는 분리 발주 방식이다.

③ 최저가 입찰자에게 설계권만 부여하는 방식이다.

④ 하자 보수 책임이 면제되는 특수 계약 조건이다.

03 산업 현장 및 공공시설의 안전을 위해 제정된 안전색(ISO 3864/KS S ISO 3864)과 의미를 순서대로 연결한 것으로 옳지 않은 것은?

① 빨강(Red) – 금지, 정지, 소화 활동

② 노랑(Yellow) – 지시, 의무적 행동

③ 파랑(Blue) – 지시, 의무적 행동(특정 행위 요구)

④ 초록(Green) – 안전, 구급, 진행, 위생

04 「경관법」에 따른 경관계획의 수립권자 및 승인 절차에 대한 설명으로 적절하지 않은 것은?

① 경관법은 규제 일변도가 아닌 지역의 고유한 정체성(Local Identity)을 살리는 유도와 지원을 목적으로 한다.

② 관할 구역의 시장 또는 군수가 경관계획을 수립하거나 변경할 때는 최종적으로 국토교통부장관의 승인을 받아야 한다.

③ 도지사, 시장, 군수 등은 지역의 특성에 맞는 경관 관리를 위하여 특정 요소(색채, 야간경관 등)를 대상으로 하는 '특정경관계획'을 수립할 수 있다.

④ 수립된 경관계획은 5년마다 그 타당성을 검토하여 정비하여야 한다.

05 인건비 산출 시 참여율 계산에 대한 설명으로 옳은 것은?

① 실제 작업 시간과 관계없이 모든 인원은 100%로 산정한다.

② 법정 근로 기준 시간(1일 8시간)을 기준으로 해당 과제 참여 비율을 산정한다.

③ 보조원은 참여율 계산에서 제외하고 정액 수당을 지급한다.

④ 주말 근무를 포함하여 1일 12시간을 기준으로 산정한다.

06 다음의 마케팅 사례에서 활용하고 있는 사회적 영향 요인으로 가장 적절한 것은?

> **[사례]**
> 골프웨어 브랜드 A사는 2030 세대를 공략하기 위해, 실제 골프 실력과는 무관하게 트렌디한 라이프 스타일을 즐기는 인플루언서 그룹을 모델로 기용했다. 이는 소비자가 해당 모델들이 속한 집단을 동경하게 만들고, 그 제품을 구매함으로써 자신도 그들과 같은 세련된 이미지를 가진 집단에 소속된 것 같은 심리적 만족감(가치 표현적 영향)을 느끼도록 유도하는 전략이다.

① 사회 계층

② 가족 생활 주기

③ 준거 집단

④ 혁신 수용자

07 경쟁 상품 분석의 주된 목적과 거리가 먼 것은?

① 차별화된 독창성 확보

② 소비자 선호 특성 파악

③ 동종 업계의 색채 흐름 이해

④ 기업 내부의 재무 구조 개선

08 디자인 경영(Design Management)의 현대적 의미로 가장 적절한 것은?

① 가격 대비 성능(가성비)의 극대화

② 디자인을 통한 기업 가치와 경쟁력 향상

③ 디자이너의 예술적 자율성 무한 보장

④ 생산 원가 절감을 위한 디자인 단순화

09 소비자 행동에 영향을 미치는 문화적 요인 중, 종교, 인종, 지역 등으로 형성되는 집단은?

① 준거집단

② 사회계층

③ 하위문화

④ 가족

10 모집단의 변화하는 양이 자연적 질서로 놓여 있을 때, 일정한 간격으로 표본을 추출하는 방법은?

① 단순 무작위 추출법

② 층화 표본 추출법

③ 군집 표본 추출법

④ 계통 추출법

11 설문지 작성 시 질문 배열의 원칙으로 가장 적절한 것은?

① 개인 신상(인구사회학적) 질문은 설문지 첫머리에 배치한다.

② 질문은 구체적인 것에서 전반적인(일반적인) 순서로 배치한다.

③ 개방형 질문보다는 폐쇄형 질문을 먼저 배치하여 흥미를 유발한다.

④ 질문은 전반적인 질문(개방형)에서 구체적인 질문(폐쇄형) 순으로 배치한다.

12 다음 중 자료에 명시된 '색채마케팅의 기능 및 역할'에 해당하지 않는 것은?

① 고객 만족과 경쟁력 강화
② 브랜드 가치 상승 및 아이덴티티 통합
③ 기업의 생산 원가 및 유통 비용 절감
④ 신제품 개발 및 품질 향상과 정서 순화

13 다음 중 [보기]에서 국제유행색협회에 대한 설명으로 옳은 것을 모두 고르면?

> **[보기]**
> ㄱ. 1963년 발족하였다.
> ㄴ. 본부는 미국 뉴욕에 있다.
> ㄷ. 시즌 24개월(2년) 전에 선정한다.
> ㄹ. 민간 기업이 주도하는 단체다.

① ㄱ, ㄴ
② ㄱ, ㄷ
③ ㄴ, ㄹ
④ ㄷ, ㄹ

14 다음 중 '지속가능성(Sustainability)' 트렌드를 반영한 CMF 전략으로 가장 적절한 것은?

① 크롬 도금을 통한 고광택 마감
② 염색을 최소화한 로우(Raw) 컬러
③ 불투명한 유성 페인트 도장
④ 복합 소재 접합으로 내구성 강화

15 요하네스 이텐 등이 주장한 '색채와 형(Shape)'의 대응 관계가 바르게 짝지어진 것은?

① 빨강 – 원형
② 노랑 – 역삼각형
③ 파랑 – 정사각형
④ 보라 – 육각형

16 색채와 미각의 공감각적 연결에서, 일반적으로 '쓴맛'을 연상시키는 색상은?

① 분홍(Pink)
② 주황(Yellow Red)
③ 올리브 그린(Olive Green)
④ 연한 파랑(pale Blue)

17 색채와 향기(후각)의 연결에서, '머스크(Musk)향'과 가장 잘 어울리는 색채 조합은?

① 흰색, 밝은 노란색
② 황금색, 적갈색
③ 분홍색, 연보라색
④ 초록색, 청록색

18 프랭크 만케(Frank H. Mahnke)의 색경험 피라미드 6단계 중 다음 사례가 설명하는 단계로 가장 적절한 것은?

> **[사례]**
> 동일한 '흰색'이라도 한국의 전통 장례 문화에서는 '죽음'과 '애도'를 상징하지만, 서양의 결혼식에서는 '순결'과 '축복'을 의미한다. 이처럼 색채에 대한 반응이 인류 공통적이지 않고, 특정 지역의 기후, 풍토, 종교, 관습 등에 의해 후천적으로 학습되어 나타나는 단계이다.

① 2단계 : 집단 무의식
② 3단계 : 의식적 상징화
③ 4단계 : 문화적 영향과 매너리즘
④ 5단계 : 시대사조 및 패션 스타일의 영향

19 색채 치료(Color Therapy)의 임상적 효과 중, '살균 효과'가 있으며 '구토와 치통 완화'에 도움을 주는 색은?

① 남색(Purple Blue)
② 청록(Blue Green)
③ 보라(Purple)
④ 노랑(Yellow)

20 마케팅 전략 중 시장세분화 없이 단일 품목으로 전체 시장을 공략하는 '비차별화 마케팅'의 대표적인 사례로 가장 적절한 것은?

① 개인 맞춤형 샴푸
② 왼손잡이 전용 가위
③ 최고급 스포츠카(포르쉐)
④ 초기 코카콜라(단일 제품)

21 제품 수명 주기(PLC)의 단계별 특징과 마케팅 전략에 대한 설명으로 가장 적절하지 않은 것은?

① 도입기 : 인지도 제고와 시용(Trial) 유도가 목표이며, 고가나 침투 가격 전략을 쓴다.
② 성장기 : 판매량 급증 및 경쟁자 출현 시기이며, 시장 점유율 확대를 위해 유통망을 넓힌다.
③ 성숙기 : 경쟁이 치열한 시기로, '매출의 급격한 성장'을 목표로 비용을 줄이고 가격을 인상한다.
④ 쇠퇴기 : 매출 감소 시기이며, 수익성 낮은 라인을 철수하거나 비용 절감에 주력한다.

22 다음 중 디자인 관련 기법 및 용어와 이에 대한 설명으로 옳지 않은 것은?

① 데칼코마니(Decalcomanie) : 물감을 칠하고 접었다 펴서 우연한 대칭 무늬를 얻는 기법
② 프로타주(Frottage) : 바위나 나무 등 요철이 있는 표면을 문질러 질감을 얻는 기법
③ 픽토그램(Pictogram) : 복잡한 관계나 구조, 과정을 선과 기호로 도해한 설명 그림
④ 콜라주(Collage) : 이질적인 재료(천, 종이 등)를 화면에 풀로 붙여 구성하는 기법

23 인쇄물 디자인 시 4도 분판의 망점 각도가 맞지 않아 생기는 불필요한 물결무늬 현상은?

① 돔(Dome) 현상
② 무아레(Moiré) 현상
③ 블리드(Bleed) 현상
④ 트래핑(Trapping) 현상

24 패션 스타일 중 '소피스티케이티드(Sophisticated)' 이미지의 배색 특징으로 가장 적절한 것은?

① 원색의 강렬한 대비
② 파스텔 톤의 부드러운 배색
③ 차분한 중명도/중채도의 도시적 톤
④ 민속적인 자연색의 배색

25 감성 척도법인 SD법(Semantic Differential Method)에 대한 설명으로 틀린 것은?

① 미국의 심리학자 오스굿(Osgood)이 고안하였다.

② 상반되는 형용사 쌍(Antonym Pair)을 척도의 양극단에 배치한다.

③ 일반적으로 5단계 또는 7단계의 척도를 사용하여 정량화한다.

④ 브레인스토밍의 4대 원칙을 기반으로 아이디어를 발산하는 기법이다.

26 기획서 작성을 위한 정보 분석 및 시사점(Implication) 도출 과정에 대한 설명으로 가장 적절하지 않은 것은?

① Fact와 Opinion 구분: 정보의 객관적 사실과 주관적 의견을 명확히 구분하여 기술한다.

② So What? 질문 : "그래서 이 데이터가 의미하는 바가 무엇인가?"를 통해 시사점을 도출한다.

③ 상호 보완적 활용 : 정량적 데이터(수치)와 정성적 데이터(인터뷰 등)를 함께 활용하여 설득력을 높인다.

④ 정보의 단순 나열 : 객관성 유지를 위해 기획자의 해석이나 통찰을 배제하고, 데이터를 있는 그대로 나열한다.

27 프랑스 국기처럼 3색을 사용하여 강렬한 대비를 주는 배색 기법은?

① 비콜로 배색

② 트리콜로 배색

③ 토널 배색

④ 카마이외 배색

28 다음 중 가장 효과적으로 강조 배색(Accent Color)을 사용하는 방법은 무엇인가?

① 전체 면적의 30% 이상 사용

② 주조색과 유사한 색상 사용

③ 주조색과 반대되는 색상 사용

④ 주조색과 동일한 명도 사용

29 배색의 면적 효과(Area Effect)를 고려할 때, 시각적 균형을 위해 가장 바람직한 배색 방법은?

① 고채도의 강한 색은 넓은 면적에 사용한다.

② 저명도의 무거운 색은 좁은 면적에 사용한다.

③ 주목성이 높은 색은 작은 면적에 사용한다.

④ 모든 색상의 면적을 동일하게 배분한다.

30 가시광선 파장의 물리적 특성 중, 장파장(빨강)의 특징으로 옳은 것은?

① 굴절률이 크고 산란이 잘 된다.

② 에너지가 강하여 살균 작용을 한다.

③ 굴절률이 작고 산란이 잘 되지 않아 멀리 도달한다.

④ 대기 중의 미립자에 의해 쉽게 흩어진다.

31 한국 전통 건축의 채색 기법인 '단청(丹靑)'의 목적 및 특징으로 틀린 것은?

① 목재의 갈라짐과 부식을 방지하는 내구성 강화 목적이 있다.

② 건물의 위계와 권위를 나타내는 장식적 목적이 있다.

③ 오방색을 기본으로 하되, 검은색과 흰색은 불길하여 제외하였다.

④ 붉은색(양)과 푸른색(음)의 대비를 통해 음양의 조화를 꾀했다.

32 색채 지각 효과 중 '베졸트–브뤼케 현상(Bezold –Brücke Effect)'의 핵심 내용은?

① 빛의 강도(휘도)가 높아지면 색상(Hue)이 노랑이나 파랑 쪽으로 변해 보인다.

② 색의 순도(채도)가 변하면 색상이 다르게 지각된다.

③ 미세한 패턴이 인접할 때 두 색이 섞여서 동화되어 보인다.

④ 어두운 곳에서 밝은 곳으로 나올 때 눈이 부신 현상이다.

33 '옵아트(Op Art)'의 조형적 특징에 대한 설명으로 옳은 것은?

① 대중적인 이미지를 차용하여 소비 문화를 비판했다.

② 색채의 착시 효과와 기하학적 패턴을 이용하여 시각적 움직임(진동)을 표현했다.

③ 작가의 격정적인 감정을 붓 터치와 물감 뿌리기(액션 페인팅)로 표현했다.

④ 기계 문명의 속도감과 소음을 찬양하며 역동적인 미래상을 제시했다.

34 다음 작가와 그가 속한 미술 사조의 연결로 바르지 않은 것은?

① 앤디 워홀 – 팝아트

② 살바도르 달리 – 초현실주의

③ 구스타프 클림트 – 아르누보(빈 분리파)

④ 앙리 마티스 – 입체파(큐비즘)

35 ISCC–NIST 색명법에 대한 설명으로 옳은 것은?

① 한국의 전통 오방색을 기준으로 만든 독자적인 색명 체계다.

② 먼셀(Munsell) 색체계를 기반으로 하여 색 공간을 체계적으로 분류하고 이름을 붙였다.

③ 관용색명을 중심으로 하여 감성적인 전달을 최우선으로 한다.

④ 색상 수식어 없이 명도와 채도 수식어만으로 색을 표현한다.

36 다음 관용색명과 이에 대한 유래가 잘못 연결된 것은?

① 세피아(Sepia) – 오징어 먹물(동물)

② 코발트 블루(Cobalt Blue) – 광물(원료)

③ 피치(Peach) – 복숭아(식물)

④ 마젠타(Magenta) – 식물의 꽃 이름(식물)

37 한국인의 감성을 반영한 IRI 형용사 이미지 스케일의 기본 축(Axis) 구성으로 옳은 것은?

① 가로축 : 따뜻한 – 차가운
　세로축 : 가벼운 – 무거운

② 가로축 : 동적인 – 정적인
　세로축 : 부드러운 – 딱딱한

③ 가로축 : 여성적인 – 남성적인
　세로축 : 현대적인 – 전통적인

④ 가로축 : 맑은 – 탁한
　세로축 : 강한 – 약한

38 PCCS(일본색연배색체계)의 가장 큰 특징인 톤(Tone)에 대한 설명으로 옳은 것은?

① 명도와 채도를 분리하여 각각 독립적으로 표기한다.
② 색상을 배제하고 무채색의 명암 단계만을 나타낸다.
③ 명도와 채도를 융합한 개념으로, '색의 분위기'를 12가지로 분류하였다.
④ 먼셀 표색계와 동일하게 11단계의 명도와 불규칙한 채도를 사용한다.

39 DIN(독일 공업 규격) 표색계의 색채 표시 기호 'T : S : D'에서 각 변수가 의미하는 것은?

① T(Time), S(Space), D(Distance)
② T(Tint), S(Shade), D(Density)
③ T(Hue, 색상), S(Saturation, 포화도), D(Darkness, 암도)
④ T(Tone, 톤), S(Saturation, 채도), D(Degree, 각도)

40 유행색(Trend Color)의 분류 중, 시장성이나 보편성은 아직 부족하지만, 유행의 징조를 보이며 실험적으로 시도되는 색을 지칭하는 용어는?

① 스탠더드 컬러(Standard Color)
② 스타일 컬러(Style Color)
③ 트라이얼 컬러(Trial Color)
④ 포퓰러 컬러(Popular Color)

41 1976년 CIE L*u*v* 색공간이 주로 사용되는 분야는?

① 건축용 수성 페인트 조색
② 자동차 외장 도료 코팅
③ TV, 모니터 등 디스플레이
④ 텍스타일 및 의류 염색

42 CIE L*C*h* 표색계를 사용하는 이유로 가장 적절한 것은?

① L*a*b*보다 색채 계산이 더 정밀해서
② 색상과 채도의 직관적 이해를 돕기 위해
③ RGB 색공간으로 변환하기 쉬워서
④ 명도 단계를 더 세분화하기 위해서

43 금속(Metal) 소재가 색을 띠는 물리적 원리로 옳은 것은?

① 안료처럼 특정 파장을 흡수한다.
② 전자의 에너지 준위 이동에 의한다.
③ 표면의 요철에 의한 난반사이다.
④ 내부 불순물의 화학 반응이다.

44 다음 섬유 소재 중 재생 섬유로만 짝지어진 것은?

① 면, 마
② 나일론, 아크릴
③ 레이온, 아세테이트
④ 견, 모

45 CIE 2004 추천 표기법 중 'di:8"가 의미하는 내용은 무엇인가?

① 적분구를 사용하며 정반사광을 포함하여 8°에서 측정

② 적분구를 사용하며 정반사광을 제외하고 8°에서 측정

③ 8°에서 빛을 비추고 확산광을 측정(정반사 제외)

④ 8°에서 빛을 비추고 수직으로 측정

46 물체의 '절대 분광 반사율 R(λ)'을 구하는 공식으로 옳은 것은? (단, S=시료신호, B=흑체휘도, W=백색표준반사율)

① $R(\lambda)=S(\lambda)+B(\lambda)+W(\lambda)$

② $R(\lambda)=S(\lambda)/W(\lambda)$

③ $R(\lambda)=S(\lambda)\times B(\lambda)\times W(\lambda)$

④ $R(\lambda)=S(\lambda)-B(\lambda)$

47 가법 혼합(RGB)과 감법 혼합(CMY)의 상호 관계에 대한 설명으로 옳은 것은?

① 가법 혼합의 2차색(혼합색)은 감법 혼합의 3원색과 같다.

② 가법 혼합의 3원색을 섞으면 감법 혼합의 3원색 중 하나가 된다.

③ 감법 혼합의 2차색은 가법 혼합의 보색과 무관하다.

④ 두 혼합 방식은 서로 반대되는 개념이라 아무런 연관성이 없다.

48 동일한 색명의 물감이라도 제조사에 따라 색이 다르거나, 조명이 바뀜에 따라 색이 달라 보이는 현상(조건등색)의 주된 원인은?

① 안료 입자의 크기가 모두 동일하게 규격화되었기 때문이다.

② 제조사마다 사용하는 안료의 분광 반사율 곡선(Recipe)이 다르기 때문이다.

③ 모든 제조사가 전 세계적으로 동일한 전 색제만을 사용하기 때문이다.

④ 유기 안료와 무기 안료를 항상 1:1 비율로 섞기 때문이다.

49 조명 방식 중 빛의 90% 이상을 천장이나 벽에 반사시켜 부드러운 분위기를 연출하는 방식은?

① 직접 조명

② 반직접 조명

③ 전반 확산 조명

④ 간접 조명

50 조색 보정 처방 작성 시, '시료색의 a*값을 내릴 경우(−a* 방향 보정)'에 해당하는 올바른 표현은?

① (Red)를 ( )만큼 추가한다.

② (Green)을 ( )만큼 추가한다.

③ (Yellow)를 ( )만큼 추가한다.

④ (Blue)를 ( )만큼 추가한다.

51 메탈릭 도장면을 볼 때 시선 각도에 따라 정면(Face)은 밝고, 측면(Flop)은 어둡게 보이는 명도 차이 현상은 무엇인가?

① 메타메리즘　　　② 플립–플롭

③ 헤이즈　　　　　④ 오렌지 필

52 소광제(Matting Agent)가 효과적으로 광택을 줄이기(소광) 위한 입자 크기의 조건은?

① 도막 두께보다 훨씬 작아야 한다.
② 도막 두께와 비슷하거나 약간 커야 한다.
③ 안료 입자보다 작아야 한다.
④ 도막 두께와 상관없이 작을수록 좋다.

53 색체계(Color System)를 혼색계와 현색계로 분류할 때, 혼색계의 특징으로 옳은 것은?

① 물체색을 눈으로 보고 느끼는 지각적 등 보성에 따라 배열한 것이다.
② 색표집(Color Atlas)을 제작하여 육안으로 색을 확인하고 전달하기 용이하다.
③ 심리적인 요소를 반영하여 색을 표시하므로 감성 배색에 유리하다.
④ 색광(빛)의 혼합 실험을 기초로 하며, 정확한 수치 계산 및 변환이 가능하다.

54 굵은 직물이나 엠보싱 가죽과 같이 표면 텍스처가 심한 시료를 분광측색기로 측정할 때, 데이터의 재현성을 높이기 위한 기기 설정 방법으로 옳은 것은?

① SAV(Small Area View) 모드로 미세한 평탄면을 찾아 측정한다.
② LAV(Large Area View) 모드로 최대한 넓은 면적을 평균하여 측정한다.
③ SCE(정반사 제거) 모드를 사용하여 표면 요철의 그림자를 강조한다.
④ 자외선 차단 필터(UV Cut)를 장착하여 표면 반사를 줄인다.

55 CIE 1964 10° 표준 관측자(Standard Observer)가 도입된 주된 이유는?

① 작은 물체의 색을 더 정밀하게 측정하기 위해서
② 망막의 중심와(Fovea)에 분포된 추상체만의 반응을 측정하기 위해서
③ 시야각이 넓어질수록 간상체의 영향 등으로 색채 지각이 달라지는 면적 효과를 반영하기 위해서
④ 색맹이나 색약자의 시각 특성을 표준화하기 위해서

56 색채 품질 관리를 위해 시료를 측정하기 전, 온습도 평형 상태를 만드는 '조항(Conditioning)' 조건으로 KS 및 ISO 표준에서 권장하는 일반적인 환경은?

① 온도 0℃, 상대습도 0%
② 온도 20±2℃, 상대습도 65±2%(또는 23℃, 50%)
③ 온도 40℃, 상대습도 90%
④ 온도 25℃, 상대습도 30%

57 색차 보정을 위해 Δb*가 양수(+4.0)인 노란기 과다 시료에 보색인 파랑(Blue) 안료를 투입했을 때, 예상되는 부작용과 그에 대한 대책으로 옳은 것은?

① 명도가 상승하여 색이 밝아진다. → 검정을 넣어 명도를 낮춘다.
② 채도가 떨어져 색이 탁해지고(dull), 명도가 낮아져 어두워진다. → 필요시 동일 색상의 원색 안료나 화이트를 보강한다.
③ 채도가 급격히 상승하여 형광색처럼 변한다. → 소광제를 넣어 채도를 낮춘다.
④ 색상이 붉은 쪽(+a*)으로 이동한다. → 초록 안료를 추가한다.

58 ΔL*= −1.5, Δa*= −3.0, Δb*=+2.0인 시료를 보정할 때 필요한 안료 처방은?

① 화이트(White), 적색(Red), 청색(Blue) 안료 투입
② 검정(Black), 초록(Green), 황색(Yellow) 안료 투입
③ 화이트(White), 초록(Green), 청색(Blue) 안료 투입
④ 검정(Black), 적색(Red), 황색(Yellow) 안료 투입

59 육안 검색 시 자연 주광(Daylight)을 사용할 때 가장 권장되는 조건은?

① 직사광선이 내리쬐는 남쪽 창가
② 일출 직후 또는 일몰 직전의 붉은 빛
③ 맑은 날 북쪽 하늘의 간접 주광(North Sky Daylight)
④ 구름이 잔뜩 낀 흐린 날의 확산광

60 메타메리즘(조건등색) 지수(MI)를 평가할 때 사용하는 기준 광원과 피시험 광원의 조합으로 가장 일반적인 것은?

① 기준 : D65 / 시험 : A(백열등)
② 기준 : A / 시험 : F2(형광등)
③ 기준 : D50 / 시험 : D65
④ 기준 : C / 시험 : D65

61 디지털카메라의 화이트밸런스(White Balance) 기능에 대한 설명으로 옳은 것은?

① 조명의 밝기를 측정하여 노출을 보정한다.
② 렌즈의 굴절률을 조절하여 상을 선명하게 한다.
③ 조명의 색온도와 보색 관계인 색을 더하여 하양을 중성적으로 맞춘다.
④ 피사체의 색상을 강조하기 위해 채도를 높인다.

62 서로 다른 분광 분포(Spectral Distribution)를 가진 두 색이 특정한 조명 아래에서만 같은 색으로 보이는 현상을 무엇이라 하는가?

① 메타메리즘
② 색순응
③ 연색성
④ 푸르킨예 현상

63 비트 심도(Bit Depth)에 대한 설명으로 옳은 것은?

① 1비트(1Bit) 이미지는 256가지 색상을 표현한다.
② 8비트(8Bit) 채널을 가진 RGB 이미지는 약 1,677만 컬러(True Color)를 구현한다.
③ 비트 수가 높을수록 파일 용량은 줄어든다.
④ 8비트 이미지는 채널당 1,024단계를 표현한다.

64 다음 색채 측정 장비 중, 물체의 반사율을 파장별로 측정하여 분광 분포 곡선을 얻을 수 있는 정밀한 장비는?

① 필터식 색채계(Colorimeter)

② 분광 광도계(Spectrophotometer)

③ 농도계(Densitometer)

④ 조도계(Illuminometer)

65 24비트 트루 컬러(True Color) 시스템에서 표현할 수 있는 색상의 총 개수는 약 몇 가지인가?

① 256색

② 65,536색

③ 약 1,677만 색

④ 약 10억 색

66 ISO 3664 규정에 의거하여, 인쇄물을 정밀하게 비교(Critical Comparison)하거나 색 교정을 볼 때 요구되는 표준 조명 환경은?

① 색온도 D65 광원, 조도 500lx

② 색온도 D50 광원, 조도 2,000lx

③ 색온도 A 광원, 조도 1,000lx

④ 색온도 F11 광원, 조도 500lx

67 다음 중 이미지 파일 포맷(Format)과 특징에 대한 연결이 잘못된 것은?

① JPEG – 손실 압축 방식을 사용하여 사진 이미지 저장에 효율적이다.

② PNG – 비손실 압축을 지원하며 배경을 투명하게(알파 채널) 처리할 수 있다.

③ GIF – 최대 256색(8비트)으로 색상이 제한되나 애니메이션 제작이 가능하다.

④ BMP – 압축 효율이 매우 뛰어나 웹용 이미지 전송 속도가 가장 빠르다.

68 3D 재질(Material) 속성 중, 빛을 직접 받았을 때 보이는 물체 고유의 본래 색상(Base Color)을 뜻하는 용어는?

① 앰비언트 컬러(Ambient Color)

② 디퓨즈 컬러(Diffuse Color)

③ 스펙큘러 컬러(Specular Color)

④ 이미시브 컬러(Emissive Color)

69 금속(Metal)과 플라스틱 재질을 구분하는 스펙큘러(Specular)의 특징으로 옳은 것은?

① 플라스틱의 스펙큘러는 물체 고유의 색상을 띤다.

② 금속의 스펙큘러는 광원의 색(주로 흰색)을 띤다.

③ 금속의 스펙큘러는 물체 고유의 색상을 띤다.

④ 두 재질 모두 스펙큘러가 나타나지 않는다.

70 은면 제거(Hidden Surface Removal) 기법 중 하나로, 화면의 픽셀마다 깊이 정보를 저장하는 메모리를 사용하여 앞뒤 관계를 판별하는 방식은?

① 레이 캐스팅

② Z–버퍼

③ 스무딩 그룹

④ 안티 앨리어싱

71 디지털 색채 시뮬레이션의 최종 단계인 렌더링
(Rendering)에 대한 설명으로 옳은 것은?

① 3차원 모델의 형상을 만드는 뼈대 구축
　과정이다.

② 물체에 2차원 이미지를 입히는 매핑 과정
　이다.

③ 3차원 데이터를 계산하여 2차원의 사실적
　인 이미지로 변환하는 과정이다.

④ 물체의 움직임을 부여하는 애니메이션 설
　정 과정이다.

72 인쇄 잉크인 C, M, Y를 100% 혼합했을 때 이
론상으로는 검정이 되어야 하지만, 실제로는 짙
은 밤색이 되는 이유로 가장 적절한 것은?

① 잉크 안료의 이상적인 흡수 특성 부족 및
　불순물이 포함돼서

② 종이의 백색도가 너무 높아서

③ 인쇄 기계의 압력이 부족해서

④ 가법 혼색의 원리가 적용되기 때문에

73 컴퓨터 내부의 디지털 색채 정보를 모니터가
이해할 수 있는 영상 신호로 변환하고, 컬러 프
로파일(LUT)을 적용하는 역할을 수행하는 하드
웨어는?

① CPU

② GPU

③ RAM

④ HDD

74 레이저 프린터의 구동 원리인 전자 사진 방식
의 5단계 순서를 올바르게 나열한 것은?

① 정착 → 현상 → 노광 → 전사 → 대전

② 대전 → 노광 → 현상 → 전사 → 정착

③ 현상 → 대전 → 노광 → 정착 → 전사

④ 노광 → 대전 → 현상 → 전사 → 정착

75 광택지(Glossy Paper)를 프린터에 넣고 실제
출력할 때, 프린터 드라이버의 용지 종류 설정
을 '일반지(Plain Paper)'로 잘못 설정했을 경
우 발생하는 색상 및 품질 문제로 가장 적절한
것은?

① 잉크 총량(TIL)이 필요 이상으로 많이 분
　사되어 잉크 번짐이나 색상 칙칙함이 발
　생한다.

② 용지가 열에 약한 일반지라고 판단되어
　프린터 내부의 정착(Fusing) 온도가 낮아
　진다.

③ 광택지 전용 프로파일이 로드되지 않아
　인쇄 속도가 느려진다.

④ 용지의 표면 평활도가 설정값과 달라져
　리샘플링 오류가 발생한다.

76 유니버설 디자인의 7대 원칙 중, 사용자가 의도
치 않게 잘못된 조작을 하더라도 위험한 결과
로 이어지지 않게 설계하는 원칙은?

① 공평한 사용(Equitable Use)

② 사용의 유연성(Flexibility in Use)

③ 단순하고 직관적인 사용(Simple and
　Intuitive Use)

④ 실수에 대한 포용(Tolerance for Error)

77 데이터베이스(DB) 내의 문서 폐기 및 보안 관리에 대한 실무 지침으로 가장 적절한 것은?

① 불필요해 보이는 문서는 개인의 판단 하에 즉시 폐기하여 공간을 확보한다.

② 보안 문서(대외비)는 일반 쓰레기통에 버리지 않고 반드시 문서세절기(파쇄기)를 이용한다.

③ 퇴사 시 자신이 작업한 모든 데이터는 개인 자산이므로 외장하드에 담아 반출해도 된다.

④ 사내 모든 직원이 모든 데이터에 자유롭게 접근할 수 있도록 보안 등급을 해제한다.

78 저작권(Copyright)의 발생 시기와 등록 효력에 대한 설명으로 가장 적절한 것은?

① 한국저작권위원회에 등록 절차를 완료한 시점부터 권리가 발생한다.

② 저작물에 ⓒ 표시를 해야만 법적 보호를 받을 수 있다.

③ 창작을 완료한 시점에 별도의 절차 없이 즉시 권리가 발생한다.

④ 저작권은 등록하지 않으면 법적 분쟁 시 저작자로 추정받을 방법이 전혀 없다.

79 다음 디자인 결과물 중 '응용미술저작물'로서 디자인권이 아닌 '저작권법'으로도 보호받을 가능성이 가장 높은 것은 무엇인가?

① 대량 생산을 목적으로 설계된 자동차의 범퍼 디자인

② 기능성이 강조된 사무용 의자의 바퀴 구조

③ 넥타이 직물에 프린팅된 독창적인 회화 패턴

④ 스마트폰 내부의 회로 배치 설계

80 제품의 환경성 정보를 생산부터 폐기까지 전 과정(LCA)에 걸쳐 계량적으로 표시하는 제도로, 환경부가 주관하는 인증 마크는?

① GR 인증(Good Recycled)

② 환경성적표지(Environmental Product Declaration)

③ 에너지소비효율등급

④ KS 마크

PART 07

출제 예상문제 정답 & 해설

정답 & 해설

출제 예상문제 01회
2–4p

01 ②	02 ③	03 ②	04 ②	05 ④
06 ①	07 ②	08 ③	09 ③	10 ③
11 ③	12 ②	13 ②	14 ①	15 ③
16 ④	17 ②	18 ②	19 ③	20 ①
21 ①	22 ①	23 ③	24 ①	25 ②
26 ③	27 ③	28 ②	29 ③	30 ②
31 ②	32 ③	33 ②	34 ①	35 ①
36 ①	37 ③	38 ②	39 ②	40 ③
41 ③	42 ①	43 ①	44 ②	45 ③
46 ②	47 ③	48 ②	49 ③	50 ②
51 ①	52 ④	53 ③	54 ②	55 ②
56 ②	57 ③	58 ②	59 ②	60 ③
61 ③	62 ③	63 ①	64 ②	65 ④
66 ①	67 ②	68 ③	69 ④	70 ③
71 ③	72 ④	73 ③	74 ②	75 ③
76 ③	77 ②	78 ④	79 ④	80 ②

01 ②

평면 디자인은 2차원적인 표면 위에 표현되는 조형 활동을 의미한다. 기업 로고(Logo), 심벌마크, 포스터, 신문 광고 등은 종이나 화면이라는 2차원 매체에 구현되므로 평면 디자인의 대표적인 예이다.

오답 피하기

- ① 제품 용기 디자인 : 용기는 부피와 깊이를 가진 3차원 입체물이므로 입체 디자인에 속한다.
- ③ 실내 인테리어 디자인 : 인간이 생활하는 3차원 공간을 다루므로 환경(공간) 디자인에 속한다.
- ④ 스트리트 퍼니처 디자인 : 거리의 벤치나 가로등처럼 환경을 구성하는 요소이므로 환경 디자인에 속한다.

더 알아보기

디자인의 분류 기준은 '차원(Dimension)'이다. x, y축만 있으면 평면(2D), z축(높이/깊이)이 추가되면 입체(3D), 그 안에서 사람이 활동하면 공간/환경으로 구분하면 된다.

02 ③

마케팅 믹스 4P는 기업이 목표 달성을 위해 사용하는 네 가지 핵심 도구를 말한다. 이는 제품(Product), 가격(Price), 유통(Place), 촉진(Promotion)으로 구성된다. Plan(계획)은 4P의 구성 요소가 아니다.

오답 피하기

- ① 제품(Product) : 소비자에게 제공하는 재화나 서비스의 핵심 가치이다.
- ② 가격(Price) : 소비자가 지불해야 하는 금전적 가치이다.
- ④ 촉진(Promotion) : 광고, 홍보 등 소비자와 소통하는 활동이다.

더 알아보기

4P 문제의 오답 함정으로 가장 자주 등장하는 단어는 Plan(계획), Process(과정), Package(포장)이다. 'P'로 시작한다고 다 정답이 아님을 주의하고, 'Place(유통)'를 반드시 암기해야 한다.

03 ②

인간의 욕구는 피라미드 형태의 위계를 가진다. 가장 밑바닥인 1단계는 식욕, 수면욕, 성욕 등 생존과 직결된 본능적인 생리적 욕구이다. 이 욕구가 충족되어야 다음 단계로 나아갈 수 있다.

오답 피하기

- ① 안전에 대한 욕구 : 신체적 위험과 공포로부터 보호받고 싶은 2단계 욕구이다.
- ③ 사회적 욕구 : 집단에 소속되어 애정을 주고받고 싶은 3단계 욕구이다.
- ④ 자아실현의 욕구 : 자신의 잠재력을 완성하려는 최상위 5단계 욕구이다.

더 알아보기

욕구 단계는 '생리 → 안전 → 사회 → 존경 → 자아실현' 순서대로 암기하는 것이 필수이다. 하위 욕구가 충족되지 않으면 상위 욕구는 발생하지 않는다는 이론의 전제를 기억하면 된다.

04 ②

제품 디자인은 단순히 물건을 예쁘게 만드는 것을 넘어, 기능성과 심미성을 갖춘 제품을 통해 사용자의 편의를 도모하고 인간 생활의 질적 향상을 이루는 것을 최종 목표로 한다.

오답 피하기

- ① 시각적 아름다움 : 디자인의 요소 중 하나일 뿐, 궁극적 목적은 아니다.
- ③ 생산 원가 절감 : 경영 효율성의 측면이며, 디자인의 본질적 목표와는 거리가 있다.
- ④ 유통 과정의 효율화 : 마케팅의 유통(Place) 전략에 해당한다.

더 알아보기

디자인의 정의를 묻는 문제에서 가장 정답에 가까운 표현은 '인간', '생활', '삶의 질'과 같은 휴머니즘적 가치를 담은 문장이다.

05 ④

환경 색채 계획에서 가장 중요한 원칙은 '조화(Harmony)'이다. 넓은 면적을 차지하는 주조색(Dominant Color)은 눈의 피로를 줄이고 주변 자연과 어우러지도록 저채도, 저명도의 차분한 색(자연색, 난색 계열의 중성색)을 사용하는 것이 원칙이다. 고채도의 원색을 주조색으로 남발하면 도시 미관을 해치는 '시각적 공해'가 된다(※ 고채도의 색은 강조색으로 소량만 사용해야 함).

더 알아보기

환경 색채의 구성 비율(공식)

- 주조색(Dominant Color) : 70% 이상 / 배경, 기조 / 저채도(편안함)
- 보조색(Assort Color) : 20~25% / 주조색 보완 / 중채도
- 강조색(Accent Color) : 5% 이내 / 포인트 / 고채도(활력, 명시성)

06 ①

조사는 무작정 정보를 모으는 것이 아니라, 먼저 무엇을(콘셉트), 어떻게(방향) 조사할지 정한 뒤에 수집하고 분석하는 순서로 진행된다.

오답 피하기

콘셉트 설정이 가장 먼저라는 것만 기억해도 답을 찾을 수 있다.

07 ②

"예/아니오" 또는 "1번~5번 중 선택"처럼 정해진 보기에서 고르게 하는 방식을 폐쇄형 질문이라고 하며, 통계 내기가 쉽다.

오답 피하기

①, ③ : 개방형(서술형) 질문은 자유롭게 쓰게 하므로 분석이 어렵고 시간이 오래 걸린다.

08 ③

약점(Weakness)을 보완하여 외부의 기회(Opportunity)를 잡는 전략이므로 WO 전략이다.

오답 피하기

• ① SO 전략 : 강점으로 기회를 잡는다(공격적).
• ② ST 전략 : 강점으로 위협을 돌파한다.
• ④ WT 전략 : 약점을 보완해 위협을 피한다(철수/축소).

09 ③

우리나라는 1980년 12월 컬러 텔레비전 방송이 시작되었다. 이를 기점으로 기업들의 제품 색채가 다양해지고 화려해지는 '컬러 마케팅'이 본격화되었다.

오답 피하기

• 1920년대 : 미국 파커 만년필(세계 최초)
• 1990년대 : 컬러 냉장고 등 가전제품의 패션화

더 알아보기

한국 색채 역사의 분기점은 '1980년 컬러 TV'이다. 산업기사 상식 문제로 종종 출제된다.

10 ③

SD법의 핵심은 '부드러운－딱딱한', '따뜻한－차가운'처럼 서로 반대되는 형용사 쌍을 양 끝에 두고, 그 사이에서 감성을 측정하는 것이다.

더 알아보기

SD법＝형용사 반대말

11 ③

트렌드가 잡지에 처음 언급된 것은 1936년 영국 디자인 산업연맹(DIA)이 창간한 잡지 『Trend』를 통해 새로운 제품과 디자인 소식을 전하면서부터이다. 이것이 트렌드 용어 확산의 중요한 기점이다.

오답 피하기

• ① : 트렌드는 본래 20세기 통계학자와 경제학자들 사이에서 사용되던 용어이다.
• ② : 어원적으로 '방향을 틀다'라는 의미를 가지며, 심리학이 아닌 경제/통계학 분야에서 제한적으로 쓰이다가 1960년대 후반부터 패션/디자인 분야로 확장되었다.
• ④ : 트렌드는 이미 20세기 초중반부터 사용된 용어이다.

더 알아보기

'1936년, 영국 DIA, 잡지 Trend' 이 3박자가 맞아야 정답이다.

12 ②

동조화 욕구는 유행을 따름으로써 대중과 같아지고 싶어 하고, 그 무리 안에서 심리적 안정(소속감)을 찾으려는 욕구를 말한다.

오답 피하기

• ① : 기존의 것에 싫증을 느끼고 새로운 색으로 변화를 주고 싶어 하는 심리이다.
• ③, ④ : 남들과 다르게 보이고 싶어 하고, 유행을 앞서가려는 심리로 동조화와는 반대되는 개념이다.

더 알아보기

유행 심리는 '나도 껴줘(동조) vs 난 너랑 달라(개별)'의 싸움이다. '소속감', '공유'라는 단어가 나오면 무조건 동조화이다.

13 ②

지속가능성은 환경 보호가 핵심이다. 표백이나 염색을 하지 않아 소재 본연의 색감이 드러나는 '로우(Raw, 날것의)' 컬러를 사용하는 것은 화학 약품 사용을 줄이는 친환경적인 CMF 전략이다.

오답 피하기

• ①, ④ : 환경 오염을 유발할 수 있어 친환경 트렌드와 거리가 멀다.
• ③ : 분리 배출이 어려워 재활용(Recycle)에 방해가 된다.

더 알아보기

친환경 문제에서는 '안 칠한 것, 자연 그대로, 재활용'이 정답이다. '가공, 코팅, 화학'은 오답이다.

14 ①

마케팅 전략의 기본은 전체 시장을 성격에 따라 쪼개고(Segmentation), 그 중 우리 기업에 맞는 시장을 고르고(Targeting), 그 고객들의 머릿속에 제품의 이미지를 심는(Positioning) 순서로 진행된다. 이 논리적 흐름은 바뀔 수 없다.

오답 피하기

• ② : 시장을 나누지도 않았는데 목표를 정할 수는 없다. 세분화가 무조건 먼저이다.
• ③ : 누구한테 팔지(타깃)도 안 정했는데 이미지를 심을 수는 없다. 포지셔닝은 타게팅 후속 작업이다.
• ④ : 전략의 가장 마지막 단계인 포지셔닝이 맨 앞에 와 있으므로 틀렸다.

더 알아보기

S(썰고) → T(탁! 찍고) → P(포지션 잡기)

15 ③

심리적 세분화란 수치로 딱 떨어지는 것이 아니라, 소비자의 내면적인 심리 상태, 삶을 살아가는 방식(라이프 스타일), 성격(개성) 등을 기준으로 분류하는 방법이다.

오답 피하기

• ① 지리적 세분화 : 거주지, 기후, 도시/시골 등 물리적인 위치 기준이다.
• ② 인구통계적 세분화 : 나이, 성별, 소득, 직업 등 통계 수치로 확인 가능한 기준이다.
• ④ 행동적 세분화 : 구매 빈도, 사용량, 브랜드 충성도 등 실제 구매 행동 패턴 기준이다.

더 알아보기

가장 많이 헷갈리는 두 가지
• "그 사람 성격이 어때? 뭐 좋아해?"＝심리적(취향, 스타일)
• "그 물건 얼마나 자주 써? 단골이야?"＝행동적(사용 패턴)

16 ④

비상구 같은 안내 표지는 초록 바탕의 사각형을 사용한다. 주황색은 안내 표지의 주조색이 아니다.

오답 피하기

- ① 금지 표지 : 하지 말라는 뜻의 빨강 원형 표지이다.
- ② 경고 표지 : 조심하라는 뜻의 노랑 삼각형 표지이다.
- ③ 지시 표지 : 꼭 착용하라는 뜻의 파랑 원형 표지이다.

더 알아보기

금지(빨강)/경고(노랑)/지시(파랑)/안내(초록)

17 ②

파랑 등 차가운 색(한색)이나 저채도의 공간에 있으면 심리적으로 차분해지지만, 시간이 실제보다 더디게 가는 것처럼(지루하게) 느껴진다. 이를 '시간의 장대감'이라고 한다.

오답 피하기

①, ③, ④ : 난색/화려한 환경 : 따뜻하고 자극적인 색(빨강 등)이 있는 곳에서는 흥분 상태가 되어 시간이 빨리 가는 것처럼(시간의 단축감) 느껴진다.

더 알아보기

- 빨강＝시간 순삭(빨리 감)
- 파랑＝지루함(안 감)

18 ②

우리 뇌는 대상을 기억할 때 그 특징을 강조해서 저장한다. 그래서 실제 사과보다 머릿속의 사과가 더 빨갛고, 바나나는 더 노랗다고 느낀다.

오답 피하기

- ① 현상색 : 조명이나 환경 때문에 지금 눈앞에 실제로 보이는 색이다(그늘진 사과는 칙칙해 보임).
- ③ 항상성 : 조명이 바뀌어도 사과를 빨간색으로 인지하는 성질이다.
- ④ 연색성 : 조명이 색을 얼마나 잘 보여주는가 하는 성질이다.

더 알아보기

"추억은 미화된다."라는 말처럼, 색채 기억도 미화(더 예쁘고 선명하게)된다. 이를 마케팅(포장지 디자인)에 활용한다.

19 ③

틈새시장 집중 전략은 자본이 부족한 중소기업이 대기업과 경쟁하지 않고, 특정 마니아층이나 소수 시장(예 왼손잡이 용품, 임산부 전용 등)을 골라 전문성으로 승부하는 전략이다.

오답 피하기

- ① : 대기업은 주로 차별화 마케팅(여러 시장 공략)을 쓴다.
- ② : 비차별화 마케팅에 대한 설명이다.
- ④ : 집중화 마케팅은 올인(All－in) 전략이라 망할 수 있어 위험 부담이 크다.

더 알아보기

김밥천국(다양함/차별화) vs 평양냉면 전문점(하나만 함/집중화)

20 ①

파랑보다 더 깊고 진한 남색(Indigo)은 강력한 수렴(오그라들게 함) 작용을 한다. 그래서 상처가 났을 때 지혈을 돕거나, 부기를 가라앉히고 통증을 마비(진정)시키는 효과가 있으며, 균을 죽이는 살균 효과도 있다.

오답 피하기

- ② 주황(Yellow Red) : 식욕을 증진시킨다.
- ③ 노랑(Yellow) : 신경계를 자극한다.
- ④ 빨강(Red) : 혈액 순환을 촉진한다(출혈 시에는 오히려 피해야 함).

더 알아보기

"멍들고 아플 땐 남색" 치과 의자나 수술복에 짙은 파랑이나 남색 계열이 쓰이는 것은 환자의 고통을 덜어주기 위한 색채 심리가 반영된 것이다.

21 ①

시네틱스(Synectics)는 그리스어로 '서로 관련 없는 요소들의 결합'을 의미한다. 고든이 개발한 이 기법은 '낯선 것을 친숙하게, 친숙한 것을 낯설게' 만드는 과정을 통해 문제를 해결한다. 주로 유추(비유)를 사용하여 고정관념을 깨는 것이 특징이며, 4가지 핵심 유추 방법이 있다.

오답 피하기

- ② : 비판 없이 자유롭게 아이디어를 내는 회의 방식이다(유추보다는 양과 자유분방함이 핵심).
- ③ : 미리 준비된 질문 항목(목록)을 하나씩 검토하며 아이디어를 찾는 기법이다.
- ④ : 문제의 변수들을 차트(행렬)로 나열하고, 강제로 조합하여 새로운 아이디어를 얻는 방법이다.

더 알아보기

발상 기법과 창시자

- 브레인스토밍 － 알렉스 오스본 : 비판 금지, 자유분방, 질보다 양, 결합과 개선(4원칙)
- 시네틱스 － 윌리엄 고든 : 유추와 비유, 낯선 것의 친숙화
- 마인드맵 － 토니 부잔 : 방사형 사고, 이미지와 핵심 단어 연결

22 ①

보라색은 빨강(외향)과 파랑(내향)이 섞인 색으로, 왕실이나 종교에서 고귀함과 신성함을 상징했지만, 동시에 정서적 불안이나 공포, 죽음, 퇴폐미 같은 부정적 이미지도 함께 지니고 있어 '치유의 색'이자 '광기의 색'으로 불린다.

오답 피하기

- ② 주황(Yellow Red) : 사교적이고 즐겁고 식욕을 돋우는 긍정적 에너지가 강한 색이다.
- ③ 초록(Green) : 평화, 안전, 휴식을 상징하며 눈을 편안하게 하는 색이다. 부정적 의미로는 '질투'가 있으나 공포나 이중성과는 거리가 멀다.
- ④ 파랑(Blue) : 신뢰, 성공, 비전, 냉철함을 상징하며 차분한 이미지를 준다.

더 알아보기

'이중적 이미지, 예술가적 기질, 화려함과 초라함', 이런 상반된 키워드가 동시에 나오면 정답은 무조건 보라색이다.

23 ③

디자인이라는 단어의 어원은 라틴어 '데시그나레(Designare)'에서 유래했다. 이 단어는 단순히 겉모양을 꾸미는 것이 아니라, 마음속의 생각이나 구상을 밖으로 드러내어 '지시하다', '계획을 세우다', '성취하다'라는 포괄적인 의미를 담고 있다.

오답 피하기

- ① 데생(Dessin) : 프랑스어로, 주로 미술에서 '소묘'나 '밑그림'을 뜻하는 회화적인 용어이다.
- ② 디세뇨(Disegno) : 이탈리아 르네상스 시대의 용어로, 예술가의 아이디어나 콘셉트를 의미하는 '계획' 또는 '드로잉'을 뜻한다.
- ④ 테크네(Techne) : 고대 그리스어로, '기술'이나 '제작 능력'을 의미하며, 훗날 'Technique(기술)'의 어원이 되었다.

더 알아보기

디자인의 어원

- 라틴어(고대/뿌리) → 데시그나레(가장 긴 단어)
- 프랑스어(회화/그림) → 데생(짧은 단어)

24 ①

색채 조절(Color Conditioning)은 색채계획의 초창기 개념이다. 미적인 아름다움보다는 생리적, 기능적 효과에 초점을 맞추어 공장의 생산성을 높이거나 사고를 줄이기 위한 목적으로 사용되었다.

오답 피하기

- ② 색채계획(Color Planning) : 기능성뿐만 아니라 심미성, 마케팅, 이미지 통합 등 종합적인 목적을 갖는 현대적 개념이다.
- ④ 색채마케팅(Color Marketing) : 색을 이용하여 소비자의 구매 욕구를 자극하는 판매 전략이다.

더 알아보기

- 컨디셔닝(Conditioning)＝몸 상태 조절＝생리적/기능적(공장, 안전)
- 플래닝(Planning)＝종합 계획＝심미적/마케팅(디자인)

25 ②

식당은 즐거운 식사 분위기를 만들고 식욕을 돋우는 것이 중요하다. 주황, 노랑 등 난색(Warm Color) 계열은 자율신경을 자극하여 소화 작용을 돕고 음식 맛을 좋게 느끼게 하는 효과가 있어 식당 배색에 가장 적합하다.

오답 피하기

- ① 한색(파랑/청록) : 식욕을 감퇴시키고 음식을 맛없어 보이게 하므로, 다이어트 목적이 아니라면 식당 주조색으로는 피해야 한다.
- ③ 무채색 : 음식이 칙칙해 보이고 생기가 없어 보일 수 있다.
- ④ 진한 초록 : 쓴맛을 연상시키거나 식욕을 떨어뜨릴 수 있다.

26 ③

브레인스토밍(Brainstorming)은 아이디어 발상의 초기 단계에서 사용되는 기법이다. 이때 가장 중요한 것은 좋은 아이디어를 내려고 고민하는 것(질적 추구)보다, 가능한 한 많은 아이디어를 쏟아내는 것(수량 추구, Quantity)이다. 질을 따지기 시작하면 창의적인 발상이 차단되기 때문이다.

오답 피하기

- ① 비판 금지(Support) : 타인의 아이디어를 평가하거나 비판하면 심리적으로 위축되어 발언을 꺼리게 되므로 절대 금지해야 한다.
- ② 자유 분방(Free Wheeling) : 엉뚱하거나 비현실적인 아이디어라도 자유롭게 말할 수 있는 분위기를 조성해야 한다.
- ④ 결합 및 개선(Combination) : 타인의 아이디어에 살을 붙이거나 서로 합쳐서 더 좋은 아이디어로 발전시키는 것을 적극 권장한다.

27 ③

무드 보드(Mood Board)는 콘셉트에 부합하는 이미지, 컬러 스와치(색 견본), 텍스처(소재) 등을 오려 붙이는 콜라주(Collage) 형식으로 제작한다. 그 목적은 전체적인 분위기(Mood)와 감성을 직관적으로 전달하여, 디자인 초기 단계에서 아이디어의 방향성을 공유하고 영감을 얻는 데 있다.

오답 피하기

- ① : 이미지 맵(Image Map)에 대한 설명이다. 이미지 맵은 분석적이고 이성적인 도구이다.
- ② : 무드 보드는 실물 재료를 포함하는 '콜라주' 방식이며, 비트맵(픽셀 기반) 방식의 이미지는 주로 사진 편집 프로그램인 포토샵에서 사용된다.
- ④ : 무드 보드보다 더 구체적인 형태, 색채, 소재 등을 정리한 것은 스타일 보드(Style Board)이다. 무드 보드는 스타일 보드 이전 단계이다.

더 알아보기

'무드 보드'는 영감(Inspiration)을 위한 감성적인 도구이고, '이미지 맵'과 '스타일 보드'는 분석적이고 구체적인 도구이다. '콜라주'와 '분위기 전달'이라는 키워드가 나오면 무드 보드를 찾으면 된다.

28 ②

색채 조화란 서로 다른 색채들이 배색되었을 때, 대립하면서도 통일된 인상을 주며 미적인 질서(Order)와 균형을 이루는 상태를 말한다. 즉, 무질서하지 않고 원리에 맞게 정돈된 상태이다.

오답 피하기

- ① : 무조건 똑같이 맞추는 것은 단조로움(Boredom)이지 조화의 전부는 아니다.
- ③ : 색채 조화는 직관에 의존하지 않고 객관적인 원리와 이론을 바탕으로 한다.
- ④ : 조화는 색을 섞는 행위(Mixing)가 아니라, 색을 배치(Arrangement)하여 느끼는 시각적 효과이다.

더 알아보기

조화(Harmony)의 반대말은 부조화(Disharmony) 또는 혼란(Chaos)이며, 핵심은 '질서'이다.

29 ③

미국의 색채학자 저드(Judd)는 현대 색채 조화론의 기틀이 되는 4가지 공통 원리를 정립했다. 그 4가지는 질서, 친근성(동류), 유사성, 명료성(비모호성)이다. '보색의 원리'는 색채 조화를 이루는 하나의 기법(Technique)이나 배색 방법일 뿐, 저드가 규정한 4대 보편적 원리에는 포함되지 않는다.

오답 피하기

- ① 질서의 원리 : 색채 조화는 규칙적인 계획이나 체계적인 질서가 있을 때 이루어진다는 원리이다(오스트발트 이론 포함).
- ② 친근성의 원리 : 자연 현상(저녁 노을, 단풍 등)처럼 인간에게 익숙하고 친숙한 색의 조합은 조화롭게 느껴진다는 원리이다. '동류의 원리'라고도 한다.
- ④ 명료성의 원리 : 두 색의 관계나 배색의 의도가 애매하지 않고 명쾌해야 조화롭다는 원리이다. '비모호성의 원리'라고도 한다.

더 알아보기

저드의 4원칙

질 · 친 · 유 · 명(질서(Order), 친근성(Familiarity), 유사성(Similarity), 명료성(Unambiguity)) : 4단어 외의 다른 단어(예 보색, 대비, 자연 등)가 보이면 바로 정답(오답)으로 고르면 된다.

30 ②

가시광선은 전자기파의 스펙트럼 중에서 인간의 눈(망막)을 자극하여 색채를 지각하게 하는 영역이다. 일반적으로 색채학 이론에서 이 범위는 약 380nm(보라)에서 780nm(빨강) 사이로 정의된다. 이 범위를 벗어나면 우리 눈에는 보이지 않는다.

오답 피하기

- ① 100~380nm : 가시광선보다 파장이 짧은 자외선(UV) 영역이다. 살균 작용을 하며 눈에 보이지 않는다.
- ③ 780~2,000nm : 가시광선보다 파장이 긴 적외선(IR) 영역이다. 열 작용을 하며 눈에 보이지 않는다.
- ④ 2,000~5,000nm : 원적외선 등에 해당하는 영역으로, 역시 눈에 보이지 않는 전파 영역이다.

더 알아보기

"3−8광땡, 7−8광땡(380~780)". 만약 숫자가 정확히 나오지 않고 '400~700nm'라고 근사치로 나오는 경우도 있으니, 가장 가까운 범위를 찾으면 된다.

31 ②

대비 현상은 '반대로 밀어내는 힘'이다. 검정(저명도) 배경은 그 위에 있는 회색을 반대 방향인 고명도 쪽으로 밀어낸다. 따라서 검정 배경 위의 회색은 원래 밝기보다 더 밝게 보인다.

오답 피하기

- ① : 흰색(고명도) 배경은 회색을 저명도 쪽으로 밀어내어, 더 어둡게 보이게 만든다.
- ③ : 우리 눈은 절대적인 색이 아니라 주변과의 관계(대비)를 통해 색을 인식하므로 다르게 보인다.
- ④ : 명도 대비는 색이 있는 유채색뿐만 아니라, 흑백 사진 같은 무채색 관계에서 가장 뚜렷하게 나타난다.

더 알아보기

배경이 어두우면 주인공은 밝아 보이고, 배경이 밝으면 주인공은 어두워 보인다.

32 ③

홍채(Iris)는 동공 주위에 있는 도넛 모양의 막이다. 밝은 곳에서는 늘어나서 동공을 작게 만들고, 어두운 곳에서는 줄어들어 동공을 크게 만듦으로써 망막에 도달하는 빛의 양을 조절한다. 이는 카메라의 조리개 기능과 정확히 일치한다.

오답 피하기

- ① 각막 : 안구의 가장 바깥쪽 투명한 막으로, 카메라의 렌즈 커버 또는 빛을 1차 굴절시키는 렌즈 역할을 한다.
- ② 수정체 : 두께를 조절하여 초점을 맞추는 기관으로, 카메라의 렌즈에 해당한다.
- ④ 망막 : 상이 맺히는 곳으로, 카메라의 필름(이미지 센서)에 해당한다.

더 알아보기

홍채 = 조리개 = 광량 조절

33 ②

영·헬름홀츠 이론은 우리 눈이 빛을 감지하는 방식이 가법 혼색(빛의 혼합) 원리와 같다고 보았다. 따라서 빛의 3원색인 Red(적), Green(녹), Blue(청)에 반응하는 3가지 수용기가 존재한다고 주장했다.

오답 피하기

- ① : RYB은 물감(색료)의 3원색에 가까운 개념이다. 눈은 빛을 받아들이므로 RGB이다.
- ③ : 헤링의 반대색설 중 한 쌍(백 – 흑)에 해당한다.
- ④ : 노랑(Y)은 3원색설의 기본 수용기에 포함되지 않는다.

34 ①

아르데코(Art Deco)는 1920~1930년대에 유행한 양식으로, 아르누보의 지나친 장식성에 반대하고 모더니즘의 기능성을 수용하여 등장했다. 직선, 지그재그 패턴, 유선형, 기하학적 문양이 특징이며, 알루미늄이나 스테인리스 같은 신소재를 사용하여 현대적인 도시 감각을 표현했다(예 뉴욕 크라이슬러 빌딩, 엠파이어 스테이트 빌딩).

오답 피하기

- ② 바로크 : 17세기 왕권 중심의 웅장하고 남성적인 예술 양식이다.
- ③ 로코코 : 18세기 귀족 중심의 섬세하고 여성적인 곡선 위주의 양식이다.
- ④ 미술공예운동 : 19세기 말 윌리엄 모리스가 주도한 수공예 부활 운동이다.

더 알아보기

- 아르누보 = 식물 덩굴 = 곡선
- 아르데코 = 기하학 패턴 = 직선

35 ①

미술공예운동은 근대 디자인 운동의 시발점이다. 윌리엄 모리스는 "기계가 예술을 파괴하고 삶의 질을 떨어뜨린다."라고 보았으며, 중세 길드 시대처럼 장인이 직접 손으로 물건을 만들어(수공예) 예술과 생활을 일치시켜야 한다고 주장했다.

오답 피하기

- ② 독일공작연맹 : 미술공예운동의 영향을 받았으나, 기계를 긍정하고 규격화를 주장했다.
- ③ 시카고파 : 미국의 고층 빌딩 건축 양식이다.
- ④ 분리파 : 오스트리아에서 기존 예술로부터의 분리를 주장한 운동이다.

36 ①

제품 콘셉트는 제품이 시장에 나오기 전, 개발 초기 단계에서 생산자(엔지니어)가 고민하는 핵심 개념이다. "경쟁사보다 기술적으로 무엇이 더 우수한가?", "어떻게 더 싸고, 좋게, 빨리 생산할 것인가?"와 같은 기술력, 성능, 생산 효율성에 초점을 맞춘다.

오답 피하기

- ② 상품 콘셉트 : 제품이 시장에 나와 상품화된 상태로, 마케터가 "어떻게 팔 것인가(시장 점유율)"를 고민하는 단계이다.
- ③ 광고 콘셉트 : 광고주나 기획자(AE)가 "소비자에게 무엇을 전달할 것인가(인지도)"를 고민하는 단계이다.
- ④ 표현 콘셉트 : 크리에이터가 "시각적으로 어떻게 표현하여 행동을 유발할 것인가"를 고민하는 단계이다.

37 ③

환경 디자인은 개인의 소유물이 아닌 다수가 이용하는 공공장소를 다루므로 공공성과 주변과의 조화가 최우선이다. 따라서 그 지역의 흙, 식물, 빛과 같은 자연환경(풍토)과 그곳에 살아온 사람들의 역사, 문화, 정서를 반영하여 주변 경관과 어우러지는 색채(지역색)를 계획해야 한다.

오답 피하기

- ① : 공공 디자인에서 디자이너의 주관적 고집은 시각 공해를 유발할 수 있어 지양해야 한다.
- ② : 환경 디자인(건축, 시설물)은 수명이 길기 때문에, 일시적인 유행을 따르면 금방 촌스러워지고 유지 보수가 어렵다.
- ④ : 안전 표지판 등 특수 목적 외에 환경 전체를 원색으로 칠하면 눈이 피로하고 주변과 심각한 부조화를 일으킨다.

38 ②

귀여운 이미지는 작고, 사랑스럽고, 아기자기한 느낌을 준다. 이를 시각화하려면 밝고 가벼운 고명도(밝음)의 연한(pale), 흰색이 섞인(whitish) 톤을 사용해야 하며, 차가운 색보다는 따뜻하고 달콤한 느낌의 난색(노랑, 주황, 분홍)을 주조색으로 쓰는 것이 정석이다.

오답 피하기

- ① 저명도·저채도의 어두운 색상 : 무겁고 중후한 느낌이므로 '점잖은', '고상한' 이미지에 해당한다.
- ③ 고채도의 선명하고 강렬한 원색 : 에너지가 넘치므로 '경쾌한', '다이내믹한' 이미지에 해당한다.
- ④ 무채색 중심의 차가운 색상 : 차분하거나 딱딱하므로 '은은한', '모던한' 이미지에 해당한다.

39 ②

현색계는 물체색을 인간의 눈으로 지각하는 3속성(색상, 명도, 채도)에 따라 분류하고, 이를 종이나 플라스틱 등에 도포하여 색표(Color Chip, 색종이)로 만들어 배열한 체계이다. 눈으로 직접 색을 보고 비교·검색할 수 있어 디자인 실무에서 가장 널리 쓰인다(예 먼셀, NCS, PCCS, KS 표준).

- ① : 빛을 기계로 측정한 수치 데이터는 혼색계의 특징이다.
- ③ : 현색계는 인간의 심리적 지각(눈으로 보는 느낌)을 기초로 한다. 심리를 배제하는 것은 혼색계이다.
- ④ : CIE XYZ는 대표적인 혼색계이다.

- 현색계＝나타난 색(색종이)＝눈으로 봄(실용적)
- 혼색계＝섞은 색(빛/수치)＝기계로 잼(과학적)

40 ③

시각 디자인은 눈을 통해 정보를 전달하는 것을 주목적으로 한다. 반면, 텍스타일 디자인(Textile Design)은 직물, 천의 패턴, 염색, 소재 등을 다루는 분야이다. 이는 시각적인 요소도 있지만, 결과물이 '옷'이나 '인테리어 마감재'로 쓰이기 때문에 주로 패션 디자인이나 인테리어 디자인의 하위 또는 연관 분야로 분류하는 것이 타당하다.

- ① 패키지 디자인 : 상품의 정보를 포장을 통해 시각적으로 전달한다.
- ② CI · BI 디자인 : 기업이나 브랜드의 이미지를 로고와 심벌로 시각화하여 전달한다.
- ④ 편집 디자인 : 책, 잡지 등 인쇄물을 통해 정보를 시각적으로 정리하여 전달한다.

41 ③

색채 표준은 누구나 보편적으로 사용하고 재현할 수 있어야 한다. 따라서 특정 상황이나 개인에게만 통용되는 '특수성'이 아니라, 어디서나 통용되는 '보편성'과 '실용성'을 갖추어야 한다.

- ① 국제성 : 전 세계적으로 기호와 표기가 통용되어야 한다.
- ② 과학성 : 색의 3속성 배열에 과학적 근거가 있어야 한다.
- ④ 등간격성 : 색표 사이가 시각적으로 고른 간격을 유지해야 한다.

42 ①

뉴턴(Isaac Newton)은 저서 『광학』에서 프리즘을 통해 빛의 굴절과 분산을 발견하고, 색이 빛에 있음을 증명하며 7색 분해(빨주노초파남보)를 정의했다.

- ② 괴테 : 색채를 감각적, 심리적 현상(명암의 접점)으로 파악했다.
- ③ 다빈치 : 회화적 관점에서 6가지 기본색을 정의했다.
- ④ 헤링 : 4원색설(반대색설)을 주장한 생리학자이다.

문제에 '프리즘', '스펙트럼', '광학'이라는 단어가 보이면 고민하지 말고 뉴턴을 고르면 된다.

43 ①

화학적으로 '유기(Organic)'와 '무기(Inorganic)'를 나누는 기준은 탄소(C) 원자의 포함 여부이다. 탄소를 포함하고 있으면 유기 색료, 포함하지 않으면(주로 광물성) 무기 색료로 분류한다.

- ② 물에 대한 용해성 : 염료(녹음)와 안료(녹지 않음)를 구분하는 기준이다.
- ③ 전색제의 사용 유무 : 주로 도료나 잉크의 구성 요소와 관련이 있다.

동물/식물/석유화합물은 탄소가 있으니 '유기', 돌멩이/금속은 탄소가 없으니 '무기'이다.

44 ②

클로로필(엽록소, Chlorophyll)은 식물의 초록색을 내는 색소로, 구조 중앙에 마그네슘(Mg) 원자가 위치하여 적색과 청색광을 흡수하고 초록광을 반사한다.

- ① 헤모글로빈(Hemoglobin) : 동물의 혈액 속 철(Fe)을 함유한 붉은색 색소이다.
- ③ 멜라닌(Melanin) : 피부나 머리카락의 검정/갈색 색소이다.
- ④ 카로틴(Carotene) : 당근, 호박 등의 주황색 색소이다.

식물＝초록＝마그네슘(Mg), 피＝빨강＝철(Fe)

45 ③

필터식 색채계는 인간의 눈 감도에 맞춘 필터를 통해 X, Y, Z라는 3자극치 총량만 측정한다. 파장별 반사율 그래프(분광 분포)를 알 수 없기 때문에, 두 색이 특정 광원에서는 같아 보이고 다른 광원에서는 달라 보이는 조건등색(Metamerism) 현상을 과학적으로 판별하는 것이 불가능하다.

- ① : 인간의 시감도(x, y, z 등색함수)와 유사한 3~4개의 필터를 사용하여 빛을 수광한다.
- ② : 구조가 단순하여 분광식에 비해 가격이 저렴하고, 소형화가 가능하여 생산 현장의 단순 색차 관리용(QC)으로 널리 쓰인다.
- ④ : 필터를 거쳐 들어온 빛을 전류로 바꿔 X, Y, Z값을 바로 읽어내므로 '3자극치 직독식'이라 부른다.

필터식과 분광식의 차이는 '결과'만 보느냐 '과정'을 보느냐의 차이이다. 필터식은 "이 색은 빨강이야"라고 결과만 말해주지만, 분광식은 "이 색은 600nm 파장이 몇 % 반사되어 빨강이야"라고 과정을 보여준다. 조건등색은 과정(파장)이 달라야 생기는 현상이므로, 과정을 못 보는 필터식은 절대 이를 잡아낼 수 없다.

46 ②

형광 물질은 자외선이나 특정 파장의 빛을 흡수하여 다른 파장의 빛(가시광선)으로 내뿜는 성질이 있다. 이를 측정하려면 시료에 백색광(모든 파장이 섞인 빛)을 먼저 비추어 형광 반응을 충분히 일으킨 뒤, 반사된 빛을 나중에 분광기로 분석해야 한다. 이를 후방 분광 방식이라고 한다.

- ① 전방 분광 방식 : 빛을 먼저 쪼개서(단색광) 시료에 비추면, 형광을 일으킬 에너지가 부족하거나 왜곡되어 정확한 측정이 불가능하다.
- ③ 적외선 조사 방식, ④ 투과 측정 방식 : 형광 측정의 핵심 원리와는 거리가 먼 보기이다.

형광은 빛을 받아 '변신'하는 놈이다. 변신하려면 재료(백색광 전체)를 한꺼번에 줘야 한다. 재료를 찔끔찔끔(단색광) 주면, 변신을 못 한다. 그래서 백색광을 먼저 쏘는 후방 분광이어야 한다.

47 ③

가법 혼색은 빛의 혼합을 의미하며, 기본이 되는 3원색은 빨강(Red), 초록(Green), 파랑(Blue)이다. 이 세 가지 색광을 모두 합치면 백색광(White)이 된다.

[오답 피하기]

- ① 빨강(Red) : 가법 혼색의 장파장(Long wave)을 담당하는 3원색 중 하나다.
- ② 초록(Green) : 가법 혼색의 중파장(Medium wave)을 담당하는 3원색 중 하나다.
- ④ 파랑(Blue) : 가법 혼색의 단파장(Short wave)을 담당하는 3원색 중 하나다.

[더 알아보기]

- 빛(Light)=RGB(모니터, 조명) → 섞으면 밝아짐(White)
- 색(Pigment)=CMY(인쇄, 물감) → 섞으면 어두워짐(Black)

48 ②

안료의 혼합은 감산혼합(Subtractive Mixing)이다. 색을 섞을수록 빛의 흡수율이 높아져 명도와 채도가 동시에 낮아진다. 특히 5색 이상을 섞으면 색의 순도가 급격히 떨어져 회색빛이 도는 '탁한 색(Muddy Color)'이 되며, 색상 보정 방향을 예측하기도 매우 어려워진다.

[오답 피하기]

- ① : 비용은 경제적인 문제일 뿐, 조색의 기술적/이론적 금지 사유는 아니다.
- ③ : 건조 속도는 안료의 종류나 전색제(Vehicle)의 특성에 좌우되며, 혼합색 수와는 직접적인 관련이 적다.
- ④ : 감산혼합은 섞을수록 빛을 잃어 어두워진다(명도 저하).

49 ③

일반적인 색채 검사의 표준 조도는 1,000lx이다. 하지만 명도가 3 이하인 어두운 색(Dark Color)은 빛의 흡수율이 높아 반사되는 빛의 양이 적다. 따라서 미세한 색의 차이를 구별하기 위해서는 일반 기준보다 훨씬 밝은 2,000~4,000lx의 고조도 환경이 필요하다.

[오답 피하기]

- ① 500lx : 일반적인 사무실이나 독서실 조도 수준으로, 정밀 색채 검사에는 부적합하게 어둡다.
- ② 1,000lx : '중명도'나 '고명도(밝은 색)'를 검사할 때 적용하는 표준 조도이다.
- ④ 5,000lx : 너무 밝으면 반사광에 의한 눈부심(Glare)이 발생하여 오히려 색 판단을 방해할 수 있다.

[더 알아보기]

"어두운 놈은 더 밝게 비춰라!". 어두운 방에서 검정 옷을 찾기 힘든 것과 같다.

50 ②

인쇄 분야는 종이의 미색(Yellowish)과 잉크 특성을 고려하여, D65보다 약간 따뜻한 톤인 D50(5,000K)을 표준으로 사용한다. 또한 미세한 색상 차이가 품질을 좌우하므로, 광원의 연색 평가지수(CRI)가 95 이상인 매우 엄격한 고연색성 광원을 요구한다.

[오답 피하기]

- ① D65 : 일반 공산품(페인트, 플라스틱, 섬유)의 표준광원이다.
- ③ A 광원 : 백열등 광원으로 붉은 기가 너무 많아 정확한 색 평가용으로는 부적합하다(메타메리즘 확인용 보조 광원).

51 ①

- 전광속(Luminous Flux) : 광원이 뿜어내는 빛의 총에너지양으로, 단위는 루멘(lm)이다.
- 조도(Illuminance) : 빛이 비치고 있는 장소(바닥, 책상 등)의 밝기로, 단위는 럭스(lx)이다.

[오답 피하기]

- ③ 칸델라(cd) : 특정 방향으로 향하는 빛의 세기(광도)이다.
- ④ 니트(nt) : 눈에 들어오는 빛의 밝기, 즉 눈부심(휘도)의 단위이다.

[더 알아보기]

전구 박스엔 루멘(Total), 내 책상 위엔 럭스(Place)

52 ④

문화재나 미술품은 자외선에 의한 변색(탈색)과 적외선에 의한 열 손상에 매우 취약하다. LED는 반도체 발광 방식으로, 유해 파장인 자외선과 적외선을 거의 방출하지 않으므로 작품 보호에 가장 이상적인 광원이다.

[오답 피하기]

- ①, ② : 빛보다 열(적외선)이 훨씬 많이 나와 작품을 건조하게 하거나 태울 수 있다.
- ③ : 미량이지만 자외선이 방출되어 오래 노출되면 그림의 색이 바래게 한다.

[더 알아보기]

옛날에는 할로겐을 썼지만, 지금은 작품 보호를 위해 전 세계 박물관이 LED로 교체하는 추세이다.

53 ③

KS A 0065(도료의 색 비교 방법)에서는 정확한 색 관찰을 위해 작업 면의 조도(밝기)를 규정하고 있다. 일반적으로 1,000~4,000lx의 밝기를 유지해야 하며, 어두운 색을 비교할 때는 더 밝은 조도가 필요하다(너무 어두우면 색 차이를 구분하기 어렵고, 너무 밝으면 눈이 부시기 때문).

[오답 피하기]

- ① : 조명과 관찰 각도가 모두 수직이면 정반사(광택)가 눈부심을 유발하여 색을 제대로 볼 수 없다(45/0 또는 0/45 방식 사용).
- ② : 유채색 배경은 동시 대비를 일으켜 색을 왜곡시킨다. 반드시 무채색(N5~N7)을 사용해야 한다.
- ④ : 붓은 두께가 불균일하여 색이 얼룩덜룩해 보인다. 균일한 도막 두께를 위해 어플리케이터(Applicator)를 사용해야 한다.

[더 알아보기]

KS A 0065 육안 검색 핵심 조건(암기)

- 광원 : D65(자연광)
- 조도 : 1,000~4,000lx
- 배경 : 무채색(N5~N7), 무광택
- 시야 : 2도 시야(좁은 범위 집중) / 10도 시야(넓은 범위)

54 ②

모든 품질 관리의 시작은 기획(Planning)이다. 기획 단계 없이는 어떤 재료가 필요한지, 어떤 환경을 분석해야 하는지 기준을 세울 수 없다.

[오답 피하기]

- ① 컬러 재료의 선정 : 기획 단계에서 수립된 예산과 품질 기준, 그리고 환경 분석 결과를 바탕으로 이루어지는 후속 절차이다.
- ③ 시공 환경 분석 : 기획을 통해 '무엇을 만들지'가 정해져야, 그것이 놓일 장소(환경)를 분석할 수 있다. 따라서 기획 다음 단계이다.
- ④ 물성 분석 연구 : 선정된 재료가 적합한지 테스트하는 단계이므로, 재료 선정 이후에 진행된다.

모든 공학 프로세스의 기본 : 목적 설정(기획) → 현장 파악(환경분석) → 도구 선택(재료선정) → 검증(물성분석) → 실행(시공)

55 ②

CCM(Computer Color Matching)은 우리말로는 '컴퓨터 자동 배색' 또는 '컴퓨터 조색 시스템'이라고 한다. 분광측색계로 시료의 반사율을 정밀하게 측정하고, 컴퓨터에 저장된 안료 데이터베이스(DB)와 쿠벨카−문크 이론을 이용하여 목표색을 재현하기 위한 안료의 종류와 배합 비율(Recipe, 처방)을 자동으로 계산해 주는 시스템이다.

오답 피하기

• ① : 감성 배색은 컬러 이미지 스케일 등을 활용한 배색 디자인(Color Planning) 영역으로, 공학적인 조색과는 다르다.
• ③ : 이는 덴시토미터(농도계)를 활용한 인쇄 품질 관리 시스템이다.
• ④ : 포토샵이나 일러스트레이터 같은 그래픽 툴의 CMS(Color Management System) 기능이다.

더 알아보기

CCM＝조색(Mixing) 기계
CCM은 디자이너가 쓰는 툴이 아니라, 페인트 공장이나 염색 공장에서 '물감 섞는 레시피'를 뽑아내는 장비이다. 헷갈리면 "Matching(맞춘다)＝색을 똑같이 만든다."로 기억해야 한다.

56 ②

명도(Value)는 색의 밝고 어두운 정도를 나타낸다. 물리적으로 명도는 물체 표면에 입사한 빛이 얼마나 많이 반사되느냐, 즉 반사율(Y값)에 의해 결정된다. 빛을 많이 반사할수록(반사율이 높을수록) 우리 눈에는 밝게(고명도/흰색) 보이고, 빛을 많이 흡수할수록(반사율이 낮을수록) 어둡게(저명도/검은색) 보인다.

오답 피하기

• ① 색상 : 빛의 파장(Wavelength) 종류에 따라 결정된다(단파장은 파랑, 장파장은 빨강).
• ③ 채도 : 색의 순도(Purity) 또는 회색이 섞인 정도에 따라 결정된다.
• ④ 보색 : 색상환에서 서로 정반대 편에 위치하여 섞으면 무채색이 되는 색이다.

더 알아보기

명도＝반사율＝밝기 : 거울이나 A4 용지는 빛을 튕겨내니까(반사) 눈부시게 밝고, 아스팔트나 블랙홀은 빛을 먹으니까(흡수) 어둡다. 밝기는 곧 반사량이다.

57 ③

국제 표준(ISO 2813, ASTM D523)에 따라 모든 광택 측정의 기본(Reference) 각도는 60°이다. 모든 시료는 우선 60°로 측정해 보고, 그 결과값에 따라 고광택(20°)이나 저광택(85°) 각도로 변경할지 결정한다.

오답 피하기

• ① 20° : 60° 측정값이 70 GU를 넘는 고광택(High Gloss) 시료를 정밀 측정할 때 쓴다.
• ② 45° : 일부 필름, 세라믹, 알루미늄 등을 측정할 때 쓰이는 특수 각도이다.
• ④ 85° : 60° 측정값이 10 GU 미만인 저광택(Matte/무광) 시료를 정밀 측정할 때 쓴다.

더 알아보기

기준은 무조건 60°, 여기서 갈라진다.
• 수치가 70을 넘으면(반짝반짝) 20°로 좁혀서 본다.
• 수치가 10도 안 되면(무광) 85°로 눕혀서 본다.
'선 60°, 후 변경'이 원칙만 기억하면 된다.

58 ②

CIE L*a*b* 색공간은 헤링의 반대색설을 기초로 한다. a*축은 빨강(Red, ＋방향)과 초록(Green, −방향)의 대립 관계를 나타낸다. 즉, a*값이 양수(＋)면 붉은 기운이, 음수(−)면 초록 기운이 돈다.

오답 피하기

• ① L : Lightness, 즉 명도 축이다(0＝검정, 100＝하양)
• ③ b : 노랑(Yellow, ＋)과 파랑(Blue, −)의 대립 축이다.
• ④ 채도 : 중심축에서 멀어진 거리($\sqrt{a^{*2}+b^{*2}}$)로 계산된다.

더 알아보기

• Apple(사과)＝Red＝a : a는 빨강(＋)이다. 반대쪽은 보색인 초록(−)이다.
• Banana(바나나)＝Yellow＝b : b는 노랑(＋)이다.

59 ②

도료는 도장 직후(Wet)에는 용제와 수지가 부풀어 있어 광택이 높고 색이 깊어 보이지만, 건조 과정에서 용제가 증발하고 수지가 수축하면서 광택이 줄어들거나 안료가 표면으로 드러나 색이 변하게 된다. 이처럼 건조 후 색상/광택이 되돌아가는(변하는) 현상을 '드라이백(Dry−back)'이라고 한다.

오답 피하기

• ① 메타메리즘 : 광원에 따라 색이 달라 보이는 현상이다(건조 여부와 무관).
• ③ 오렌지 필 : 도막 표면이 귤껍질처럼 울퉁불퉁한 외관 불량이다.
• ④ 헤이즈 : 고광택 표면이 뿌옇게 흐려 보이는 현상이다.

60 ③

조색 이력 카드(History Card)는 조색 작업의 결과물인 색상명, 날짜, 사용된 안료의 종류와 배합 비율(Recipe) 등을 기록해 두는 문서이다. 나중에 똑같은 색을 만들어 달라는 주문이 들어왔을 때, 이 카드를 보고 그대로 배합하면 시간을 획기적으로 단축할 수 있다.

오답 피하기

• ① 물질안전보건자료(MSDS) : 화학 물질의 유해성 및 안전 취급 정보를 담은 자료이다.
• ② 표준 작업 지침서(SOP) : 작업을 어떻게 수행해야 하는지 절차를 적은 지침서이다.
• ④ 한도 견본(Limit Sample) : 품질 검사 시 합격/불합격의 경계가 되는 샘플이다.

더 알아보기

조색 이력 카드의 핵심 목적은 '재현성(Reproducibility) 확보'이다. 조색은 한 번으로 끝나는 작업이 아니라, 추후 동일한 색상을 다시 만들어야 하는 경우가 빈번하다. 따라서 배합비와 작업 조건을 수치화된 데이터로 남겨 동일한 결과를 낼 수 있도록 관리해야 한다.

61 ③

sRGB는 모니터, 프린터 등 특정 하드웨어의 특성에 따라 색이 다르게 구현되는 디바이스 종속 색체계(Device Dependent Color System)이다. 같은 RGB 값이라도 모니터 제조사나 패널 종류에 따라 색이 달라 보이는 것이 바로 이 때문이다.

오답 피하기

①, ②, ④ : CIE XYZ, CIE L*a*b*, CIE xyY는 모두 국제조명위원회(CIE)가 정의한 디바이스 독립 색체계(Device Independent Color System)이다. 이들은 기계가 아닌 '인간의 눈(표준 관측자)'을 기준으로 색을 정의했기 때문에 어떤 장비에서도 변하지 않는 절대적인 기준값 역할을 한다.

독립 vs 종속 판별법
- 독립(주인공) : 이름 앞에 'CIE'가 붙는다. 장비와 상관없이 항상 일정하다 (데이터 교환의 기준).
- 종속(하인) : 우리가 흔히 쓰는 RGB, CMY, HSV이다. 장비(모니터, 잉크) 상태에 따라 색이 변한다.

62 ③

RGB 3원색을 최대로 혼합(255, 255, 255)하면 검은색이 아니라 흰색이 된다. 검은색이 되는 것은 물감(CMY)을 섞었을 때이다.

- ① : 빛을 더해서 색을 만드므로 '가법(加法)혼색'이 맞다.
- ② : 빛은 겹칠수록 에너지가 강해져서 명도(밝기)가 높아진다.
- ④ : 스스로 빛을 내거나 빛을 받아들이는 장치(모니터, 카메라, 스캐너)는 모두 RGB 방식을 사용한다.

63 ①

스캐너나 카메라는 기계마다 색을 읽어들이는 능력이 다르다. 이 특성을 파악(Characterization)하기 위해서는 정확한 색상 값을 알고 있는 '기준표'를 촬영해서 비교해야 한다. 국제표준기구(ISO)에서 정한 이 기준 차트의 이름이 IT8 차트이다.

③, ④ : KS 표준 색상환이나 먼셀 색입체는 색채 교육이나 육안 배색을 위한 도구이지, 디지털 장비의 프로파일(Profile) 생성을 위한 자동화된 기준 차트는 아니다.

64 ②

프루핑(Proofing)은 '교정'이라는 뜻이다. CMS가 적용된 모니터 화면상에서 데이터만으로 인쇄 색상을 미리 예측하는 기술을 소프트 프루핑(Soft Proofing)이라고 한다.

- ① 하드 프루핑(Hard Proofing) : 잉크젯 프린터 등으로 실제 종이에 뽑아보는 방식이다.
- ③ 프레스 프루핑(Press Proofing) : 실제 인쇄기(본 장비)를 돌려서 찍어보는 가장 비싼 방식이다.
- ④ 오프셋 인쇄(Offset Printing) : 대량 인쇄 방식 자체를 말하며 교정 과정이 아니다.

65 ④

비트맵과 벡터의 결정적 차이는 '확대했을 때 깨지느냐, 안 깨지느냐'이다. 지문에서 설명하는 '점, 선, 면의 좌표와 수식 정보를 이용하며 확대해도 선명함이 유지되는 방식'은 벡터(Vector) 방식에 대한 설명이다. 비트맵은 확대하면 사각형의 픽셀 입자가 눈에 보이면서 이미지가 깨진다.

- ① : 비트맵은 모자이크 타일(픽셀)로 그림을 만드는 것과 같다. 이미지를 늘리면 타일도 커져서 가장자리가 계단처럼(Aliasing) 보인다.
- ② : 비트맵의 기본 단위는 화소, 즉 픽셀(Pixel)이다.
- ③ : 픽셀 하나하나마다 색상 정보를 담을 수 있어, 그러데이션이나 사진처럼 복잡한 색조 표현에는 비트맵이 훨씬 유리하다.

비트맵 vs 벡터 구분 공식
- 비트맵(Bitmap) : 사진(Photo)=포토샵=픽셀=확대하면 깨짐
- 벡터(Vector) : 로고/도면(Logo)=일러스트레이터=수학 공식=확대해도 안 깨짐

66 ①

웹 안전 컬러는 어떤 운영체제(윈도우/맥)에서 보더라도 색이 깨지지 않는 표준 색상이다. 8비트 컬러(총 256색) 중에서, 시스템이 화면 표시를 위해 미리 선점한 시스템 예약 색상 40가지를 뺀 나머지이다(256−40=216색).

- ② 256색 : 8비트가 표현할 수 있는 전체 색상 수이다.
- ④ 1,600만 색 : 24비트 트루 컬러가 표현할 수 있는 색상 수이다.

웹 안전 컬러 숫자
R(6단계)×G(6단계)×B(6단계)=216

67 ②

일반적인 블러 필터는 이미지를 전체적으로 뭉개버려 경계선까지 흐려지는 단점이 있다. 하지만 미디언(Median, 중간값) 필터는 선택된 픽셀 주변의 밝기 값 중 '중간값'을 찾아 튀는 값(잡음)을 대체한다. 이 원리 덕분에 이미지의 외곽선(Edge)은 살리면서, 툭 튀어나온 노이즈나 스크래치만 제거하는 데 탁월한 효과가 있다.

- ① 샤프닝(Sharpening) : 이미지를 선명하게 만드는 필터이다. 잡음까지 선명해질 수 있어 주의해야 한다.
- ③ 가우시안 블러(Gaussian Blur) : 전체를 뿌옇게 흐리는 필터로, 노이즈는 없어지지만 이미지의 디테일도 함께 사라진다.
- ④ 모션 블러(Motion Blur) : 피사체가 빠르게 움직이는 듯한 운동감을 주는 흐림 효과이다.

68 ③

우리가 모니터 화면(2D)이나 종이에 그려진 그림을 보고 "이 물체는 멀리 있다. 이것은 튀어나왔다."라고 느끼는 것은 3차원적인 공간 지각(Spatial Perception) 능력이 작동하기 때문이다. 디지털 시뮬레이션은 이러한 인간의 지각 원리를 모방하여 가상 공간을 구축한다.

- ① 색채 지각 : 빛의 파장을 통해 빨강, 파랑 등의 '색'을 구별하는 능력이다.
- ② 형태 지각 : 물체의 모양(세모, 네모 등)과 윤곽을 알아보는 능력이다.
- ④ 운동 지각 : 물체의 이동이나 움직임(속도, 방향)을 감지하는 능력이다.

69 ④

공간 지각 단서는 눈을 하나만 써도 되는가(단안), 두 눈이 다 필요한가(양안)로 나뉜다. 양안 시차는 사람의 두 눈이 약 6.5cm 떨어져 있어 서로 다른 각도의 이미지를 보게 되고, 뇌가 이 차이를 합성해 입체감을 느끼는 원리이다. 따라서 이는 양안 단서(Binocular Cues)에 해당한다.

①, ②, ③ : 선 원근법(소실점), 중첩(가리기), 대기 원근법(흐릿함)은 모두 그림이나 사진처럼 평면에서도 표현이 가능한 단안 단서이다. 한쪽 눈을 감고 봐도 원근감이 느껴진다.

단안 vs 양안
양안 시차(Binocular Disparity), 폭주/수렴(Convergence), 이 두 가지는 생물학적으로 두 눈이 있어야만 가능하다. 나머지는 전부 단안 단서이다.

70 ③

마치 철사(Wire)로 뼈대(Frame)를 엮어 만든 구조물처럼, 물체의 모서리 선으로만 형태를 보여주는 방식을 와이어 프레임(Wire frame)이라고 한다. 내부가 비어 있어 뒷선이 보이며, 데이터가 가벼워 작업 속도가 빠르다.

- ① 솔리드(Solid) : 속이 꽉 찬 덩어리 상태로, 부피와 무게 정보를 가진다.
- ② 서페이스(Surface) : 표면(껍데기)만 있는 상태로, 두께가 없다.
- ④ 렌더링(Rendering) : 조명과 재질을 입혀 최종 이미지를 만드는 과정이다.

71 ③

빛이 표면에 부딪혀 정반사되어 우리 눈에 찌르듯이 들어오는 가장 밝은 하이라이트 부분을 스펙큘러(Specular)라고 한다. 이 스펙큘러가 좁고 강하면 '반짝이는 금속/유리' 같고, 넓고 흐릿하면 '고무/종이' 같은 느낌을 준다. 즉, 질감을 결정하는 핵심 요소이다.

- ① 디퓨즈 컬러 : 물체의 고유색(바탕색)이다.
- ② 앰비언트 컬러 : 어두운 부분의 환경색이다.
- ④ 셀프 일루미네이션 : 형광등처럼 물체가 스스로 빛을 내는(발광) 속성이다.

72 ④

굴절률(IOR : Index of Refraction)이 높을수록 빛이 물질 내부를 통과할 때 심하게 꺾이고 반사된다. 다이아몬드는 굴절률이 매우 높아 특유의 화려한 광채(반짝임)를 낸다.

- ① 공기 : 굴절이 거의 없다(기준값 1.0).
- ② 물 : 유리보다 굴절률이 낮다.
- ③ 유리 : 물보다는 높지만 다이아몬드보다는 낮다.

공기(1.0) 〈 물(1.33) 〈 유리(1.5~1.6) 〈 다이아몬드(2.42)

73 ③

모니터에서 표현하는 RGB의 고채도 형광색(예 핫핑크, 쨍한 파랑) 등은 잉크가 표현할 수 있는 CMYK 색역의 범위(Gamut) 바깥에 존재한다. 이러한 색상을 인쇄로 강제 변환하면, 잉크로 표현 가능한 가장 가까운 색으로 대체되어 채도가 급격히 떨어지며 탁해진다.

- ① : 잉크 가격과는 무관하다. 물리적인 발색 원리의 차이 때문이다.
- ② : 일반적으로 RGB 색역이 CMYK보다 넓다.
- ④ : 인쇄물은 빛을 흡수하는 감법 혼색이므로, 모니터(빛)보다 밝게 보일 수 없다.

시험에서 색역 불일치를 물으면 항상 '고채도'를 찾고, 'CMYK 색역 밖'에 있다는 논리를 연결해야 한다. 인쇄로 탁해지는 색은 99% 쨍한 형광 계열이다.

74 ③

LCD는 스스로 빛을 내지 못하고 후방의 백라이트(Backlight)에서 나오는 빛을 액정이 투과시키는 방식이다. 따라서 백라이트가 어떤 색의 빛을 얼마나 순수하게 내느냐(예 백색 LED, RGB LED)가 디스플레이의 색 재현 범위(색역)를 결정하는 가장 중요한 요소이다.

- ① 액정의 투과율 : 밝기(휘도)에 영향을 미친다.
- ② 패널의 해상도 : 선명도에 영향을 준다.
- ④ IPS(In-Plane Switching) 패널 기술 : 시야각 문제를 해결한 기술이다.

LCD는 백라이트 성능이 곧 색역 성능이다.

75 ③

프린터는 프린터의 종류와 방식, 종이의 종류(지류), 잉크의 종류의 조합에 따라 표현할 수 있는 색상 범위(색역)와 색조가 크게 달라진다. 따라서 프로파일링을 통해 현재 사용하는 장비 조합의 고유한 색상 특성을 측정하고 기록해야 정확한 색 관리가 가능하다.

- ① : 해상도 일치는 색 관리의 목적이 아니며, PPI와 DPI는 다른 개념이다.
- ④ : 드라이 다운 현상은 측색 시점을 조정하여 방지하는 것이지, 프로파일링의 주된 필요성은 아니다.

'프린터+종이+잉크'라는 3가지 변수 때문에 프로파일을 조합별로 따로 만들어야 한다.

76 ③

상질지(백상지, 모조지)는 다른 인쇄용지보다 펄프의 함량이 높아 고급 인쇄물에 사용된다. 화학펄프 100%를 사용하여 종이의 질이 좋고 내구성이 강하다.

- ① 신문용지 : 내구성이 약하고 황변되기 쉽다.
- ② 중질지 : 신문용지보다 품질이 좋지만, 상질지보다 낮아 주로 교과서 본문 등에 사용된다.
- ④ 크라프트지 : 포장재에 사용되는 갈색의 종이이다.

상질지=가장 보편적이면서도 질이 좋은(상급) 인쇄용지(=백상지, 모조지)

77 ②

레이아웃의 제1원칙은 '가독성(Readability)'이다. 아무리 예쁜 디자인이라도 내용이 읽히지 않으면 실패한 디자인이다. 레이아웃은 정보를 효과적으로 전달하기 위한 '전략적 배치'임을 명심해야 한다.

- ① : 장식은 수단일 뿐 목적이 아니다. 과도한 장식은 오히려 가독성을 해친다.
- ③ : 여백은 시선의 쉴 곳을 제공하는 중요한 요소이므로, 무조건 없애는 것은 잘못된 방법이다.
- ④ : 모든 요소를 동일하게 배치하면 강약 조절이 안 되어 지루하고 정보의 중요도를 알 수 없다.

'레이아웃=잘 읽히게 정리하기'가 정답이다. '가독성'이라는 단어를 꼭 기억해야 한다.

78 ④

지속 가능한 디자인의 핵심은 '환경 보존'과 '자원 절약'이다. 일회용품 사용 권장은 쓰레기를 양산하므로 지속 가능한 디자인의 철학과 정면으로 배치되는 오답이다.

①, ②, ③ : 모두 지속 가능한 디자인의 올바른 정의이자 목표이다. 특히 '탄소중립'과 연결되는 개념임을 꼭 숙지해야 한다.

79 ④

분광광도법(Spectrophotometry)은 기계(분광광도계)를 이용하여 색의 파장과 반사율이라는 물리적 수치를 측정하는 대표적인 '정량적 평가' 방법이다.

- ① 의미미분법(SD법) : 형용사를 이용해 이미지를 평가한다(정성적 평가 방법).
- ② 표적 집단 면접법(FGI) : 그룹 인터뷰를 통해 의견을 듣는다(정성적 평가 방법).
- ③ 설문조사법 : 선호도를 묻는다(정성적 평가 방법).

보기에 영어로 된 어려운 기계 이름(Spectro…)이나 '측정', '광도' 같은 단어가 나오면 무조건 정량적 평가이다.

80 ②

옷이나 플라스틱 제품이 대부분 합성 안료를 쓰는 이유는 싸고, 선명하고, 똑같이 찍어낼 수 있기 때문이다. 공장에서 대량 생산을 하려면 언제 찍어도 똑같은 색(재현성)이 나와야 한다.

- ① : 천연이 몸에는 좋지만, 빛(내광성)과 세탁(견뢰도)에는 매우 약하다. 천연 염색 옷이 금방 색이 바래는 걸 생각해야 한다.
- ③ : 천연 안료는 원료(꽃, 흙 등)의 상태에 따라 색이 매번 달라져서 재현성이 매우 낮다.
- ④ : 무해하고 생분해되는 것은 천연 안료의 특징이다.

"천연은 개복치다." 몸엔 좋지만 관리가 까다롭고 약하다. 반면 "합성은 튼튼한 헐크이다." 환경엔 나쁘지만 색은 쨍하고 오래간다.

출제 예상문제 02회

2-16p

01 ③	02 ①	03 ②	04 ④	05 ④
06 ④	07 ①	08 ③	09 ③	10 ③
11 ③	12 ③	13 ①	14 ④	15 ④
16 ②	17 ②	18 ①	19 ③	20 ④
21 ①	22 ①	23 ④	24 ③	25 ②
26 ①	27 ③	28 ④	29 ②	30 ④
31 ②	32 ③	33 ④	34 ②	35 ③
36 ②	37 ③	38 ③	39 ①	40 ②
41 ③	42 ②	43 ③	44 ②	45 ③
46 ②	47 ④	48 ②	49 ②	50 ③
51 ②	52 ②	53 ①	54 ③	55 ②
56 ③	57 ③	58 ③	59 ②	60 ②
61 ①	62 ③	63 ③	64 ④	65 ②
66 ④	67 ③	68 ①	69 ③	70 ④
71 ②	72 ②	73 ②	74 ④	75 ③
76 ③	77 ①	78 ③	79 ②	80 ②

01 ③

온라인 쇼핑몰은 실물이 아닌 모니터나 스마트폰 화면을 통해 상품을 접한다. 따라서 사용자의 기기(디스플레이) 설정이나 종류에 따라 색이 다르게 보일 수 있다는 '색채 재현의 한계(색역 차이)'와 '웹 안전 컬러(Web Safe Color)' 등을 고려하는 것이 가장 최우선 과제이다.

- ①, ② : 물리적인 공간이 존재하는 오프라인 매장(VMD)에서 중요한 요소이다. 온라인상의 가상 공간(UI)은 물리적 동선이나 진열대 조명과는 거리가 멀다.
- ④ : 온라인에서는 시각 정보에 전적으로 의존하므로, 촉각을 직접 전달하기보다는 시각적으로 질감을 유추할 수 있도록 사진이나 상세페이지 색채를 계획해야 한다.

온라인(Web) vs 오프라인(Store) 색채계획 핵심
- 온라인 : RGB 기반, 빛의 혼합, 해상도, 가독성, 로딩 속도, sRGB 표준 준수
- 오프라인 : CMYK/페인트 기반, 안료의 혼합, 조명(연색성), 마감재, 동선

02 ①

전통적 구매 모델인 AIDMA는 소비자가 제품을 인지하고 구매하기까지의 단계를 뜻한다. 주의/주목(Attention) → 흥미/관심(Interest) → 욕구(Desire) → 기억(Memory) → 행동/구매(Action)의 순서로 진행된다.

- ② : 흥미가 생기려면 먼저 제품이 눈에 띄어야(주의) 한다.
- ③, ④ : 욕구나 행동이 앞설 수 없다. 영어 약어의 순서(A-I-D-M-A)를 정확히 알아야 한다.

특히 Memory(기억) 단계가 있다는 것이 최신 이론인 'AISAS(Search/Share)' 모델과는 가장 큰 차이점이다.

03 ②

CSR(Corporate Social Responsibility)은 기업의 사회적 책임을 의미한다. 기업이 법적, 경제적 책임을 넘어 윤리적 책임과 자선적 활동(환경 보호, 기부 등)을 수행해야 한다는 현대 마케팅의 핵심 개념이다.

오답 피하기

- ① 고객 만족 경영 : CS(Customer Satisfaction)이다.
- ③ 전사적 자원 관리 : ERP(Enterprise Resource Planning)이다.
- ④ 공급망 관리 : SCM(Supply Chain Management)이다.

04 ④

마케팅은 '생산 → 제품 → 판매 → 소비자'를 거쳐, 오늘날에는 기업의 이윤뿐만 아니라 사회적 복지와 환경까지 고려하는 사회 지향적 마케팅으로 발전했다.

오답 피하기

- ① 생산 지향 : 만들면 팔린다(물자 부족 시대).
- ② 제품 지향 : 품질이 좋으면 팔린다(기술 중시).
- ③ 판매 지향 : 강력하게 팔아야 산다(경쟁 심화).

05 ④

4P의 촉진(Promotion)은 기업이 일방적으로 알리는 것이 아니라, 소비자와 상호작용한다는 관점에서 소통(Communication)으로 전환되어야 한다. 개념(Concept)은 4C에 포함되지 않는 용어이다.

오답 피하기

- ① Product–Customer : "무엇을 만들까?(제품)"가 아니라 "고객이 무엇을 원하는가?(고객 가치)"로 바뀐다.
- ② Price–Cost : "얼마를 받을까?(가격)"가 아니라 "고객이 지불해야 할 기회비용은 얼마인가? (비용)"로 바뀐다.
- ③ Place–Convenience : "어디서 팔까?"(유통)가 아니라 "고객이 얼마나 편하게 살 수 있는가?(편의성)"로 바뀐다.

더 알아보기

'제.고–가.비–유.편–촉.통'=제품–고객/가격–비용/유통–편의/촉진–소통

06 ④

모든 대상이 뽑힐 확률이 동일하도록 제비뽑기나 난수표 등을 이용해 랜덤하게 뽑는 것이 단순 무작위 추출법(확률 표본)이다.

오답 피하기

①, ②, ③ : 조사자의 주관이나 편의가 개입되는 비확률 표본 추출법이다.

07 ①

모집단을 '층(Stratum)'으로 나누고 골고루 뽑는 방식은 층화 표본 추출법이다(예 20대, 30대, 40대 층을 나누고 인구 비율대로 뽑기).

오답 피하기

② 군집 표본 추출법 : 여러 덩어리(군집) 중 하나를 통째로 뽑는 방식이다.

08 ③

데이터를 일렬로 세웠을 때 딱 가운데 있는 값은 중앙값(Median)이다.

오답 피하기

- ① 산술 평균 : 다 더해서 나눈 값이다.
- ② 최빈값 : 가장 많이 나온 값이다.
- ④ 표준편차 : 흩어진 정도(산포도)이다.

09 ③

이미 공개된 통계청 자료를 검색하는 것은 남이 만든 자료를 쓰는 것이므로 2차 자료 수집이다.

오답 피하기

①, ②, ④ : 조사자가 직접 수행하므로 1차 자료이다.

10 ③

패드는 수명이 아주 짧고 일시적인 유행을 말한다. 특정 집단 내에서만 열광적으로 유행하다가 사라지는 특성이 있다(예 2002 월드컵 티셔츠).

오답 피하기

- ① 트렌드 : 패드보다 주기가 길고 사회 전반적인 흐름을 형성한다.
- ② 클래식 : 유행을 타지 않고 시간적 제한 없이 지속적으로 받아들여지는 스타일이다.
- ④ 붐 : 갑자기 급속도로 전파되는 유행 현상 자체를 의미한다.

더 알아보기

Fad(패드)는 그래프로 그리면 뾰족한 산 모양(∧)으로, 급상승했다가 급하강하는 짧은 유행이다.

11 ③

볼륨 컬러(Volume Color)는 유행의 확산 단계에서 시장 점유율(Volume)이 가장 높은 색상을 말한다. 트렌드가 대중화되어 누구나 부담 없이 구매하는 단계의 색으로, 기업 입장에서 '베스트셀러' 역할을 하는 실질적인 수익원이다.

오답 피하기

- ① : 트렌드를 예측하여 가장 먼저 제안하는 선행 지표 색상이다(시장 도입기).
- ② : 너무 앞서가는 디렉션 컬러와 현실적인 볼륨 컬러 사이를 이어주는 가교 역할의 색상이다.
- ④ : 구색을 맞추기 위해 끼워 넣는 보조적인 색상 구성을 의미한다.

더 알아보기

트렌드 용어 이것만은 외우자!

- 예측한다 : 디렉션(Direction)
- 연결한다 : 브리지(Bridge)
- 많이 판다 : 볼륨(Volume)

12 ③

샌딩(Sanding)은 말 그대로 모래(Sand)를 쏴서 표면을 거칠게 만드는 기법이다. 표면이 거칠어지면 빛이 난반사되어 뿌옇고 부드러운 무광 효과가 난다.

오답 피하기

- ① 폴리싱(Polishing) : 표면을 매끄럽게 갈아내어 거울처럼 빛나는 유광(High Gloss)을 만든다.
- ② 도금(Plating) : 다른 금속을 얇게 입히는 코팅 기술이다.
- ④ 헤어라인(Hairline) : 머릿결 같은 미세한 선(Line)을 긋는 가공법이다.

더 알아보기

반짝반짝(거울)=폴리싱, 보들보들(무광)=샌딩, 결이 보임(빗살)=헤어라인

13 ①

스테인(Stain)은 나무의 섬유질 속으로 색이 침투하게 하는 착색제이다. 표면에 도막(껍질)을 만들지 않기 때문에 나뭇결이 그대로 비치는 자연스러운 마감이 가능하다.

오답 피하기

- ② 에나멜(Enamel) : 불투명한 유성 페인트로 나뭇결을 완전히 덮어버린다.
- ③ 래커(Lacquer) : 표면에 광택이 있는 도막을 형성하는 도료이다.
- ④ 프라이머(Primer) : 도장 전에 표면을 정돈하고 부착력을 높이는 하도제(밑칠)이다.

더 알아보기

스테인(Stain)=스며듦 : 나무 본연의 무늬를 살리고 싶을 땐 무조건 스테인이다.

14 ④

포지셔닝(Positioning)은 4P에 포함되지 않는다. 포지셔닝은 STP 전략의 마지막 단계(P)이며, 4P는 기업이 통제 가능한 마케팅 수단 4가지를 의미한다.

오답 피하기

- ① : 제품, 디자인, 포장, 브랜드 등 무엇을 팔 것인가
- ② : 가격, 할인 정책, 지불 조건 등 얼마에 팔 것인가
- ③ : 유통 경로, 매장 위치, 물류 등 어디서 팔 것인가

더 알아보기

- 4P(기업 중심) : Product, Price, Place, Promotion
- 4C(소비자 중심) : Customer, Cost, Convenience, Communication

15 ④

'주의(Caution)'를 나타내는 색은 노랑(Yellow)이다. 빨강은 노랑보다 훨씬 강도가 높은 위험이나 절대적인 금지를 나타낼 때 쓴다.

오답 피하기

- ① 금지 : "절대 하면 안 됨"(예 금연, 출입금지)은 빨강이다.
- ② 정지 : "지금 당장 멈춰"(예 정지 신호, 긴급 정지 버튼)는 빨강이다.
- ③ 고도의 위험 : 생명과 직결되는 폭발물이나 화재 위험은 빨강이다.

더 알아보기

안전색의 강도 차이
빨강(멈춰! 위험해!) 〉 주황(조심해, 기계야) 〉 노랑(조심해, 턱이 있어)

16 ②

주황(Yellow Red)색은 따뜻한 난색 계열로 위장 기능을 강화하고 소화액 분비를 촉진하여 식욕을 돋우는 대표적인 색이다(예 맛있는 과일(귤, 오렌지)이나 떡볶이).

오답 피하기

- ① 파랑(Blue) : 식욕을 떨어뜨리고(다이어트), 심신을 진정시키는 색이다.
- ③ 보라(Purple) : 신경계를 안정시키고 불면증에 좋지만, 식욕과는 거리가 멀다.
- ④ 초록(Green) : 눈의 피로를 풀고 균형을 잡아주지만, 소화 촉진보다는 '해독'에 가깝다.

더 알아보기

"주황색=맛있는 색=소화제" 식당 간판이나 인테리어에 주황색이 많은 이유이다.

17 ②

전략을 짜려면 재료가 필요하다. 가장 먼저 시대의 흐름, 경쟁사 색채, 소비자 선호도 등을 조사하고 분석(정보 수집)하는 것이 1순위이다.

오답 피하기

- ① 색채 기획 : 조사된 정보를 바탕으로 콘셉트를 잡는 2단계이다.
- ③ 판매 촉진 전략 : 제품이 나온 뒤에 파는 3단계이다.
- ④ 정보망 구축 : 모든 과정이 끝난 후 정리하는 4단계이다.

더 알아보기

마케팅 관리 과정 : 조사(정보화) → 기획 → 판매 → 관리

18 ①

'솔, 라, 시' 같은 높은음이나 날카로운 소리는 시각적으로 밝고 쨍한 색(노랑, 주황)과 연결된다.

오답 피하기

- ② 저명도 · 저채도의 어두운 색 : 베이스 같은 낮은 음과 연결된다.
- ③ 회색이 섞인 탁한 색 : 맑지 않은 탁음과 연결된다.
- ④ 무겁고 칙칙한 색 : 둔탁하고 낮은 소리와 연결된다.

더 알아보기

- 하이톤(High Tone)=밝은 색(Bright Color)
- 로우톤(Low Tone)=어두운 색(Dark Color)
소리의 높낮이가 색의 밝기(명도)와 비례한다.

19 ③

통합적 전략이란 온라인(웹사이트, 앱)과 오프라인(매장, 제품)의 이미지를 따로 놀지 않게 하나로 합쳐서(통합), 고객에게 일관된 브랜드 경험을 주는 것이다.

오답 피하기

- ① 분석적 전략 : 전문가를 통해 데이터를 세밀하게 분석하여 해결책을 찾는 것이다.
- ② 직감적 전략 : 경영자의 감각이나 경험에 의존하여 단기적으로 해결하는 것이다.

더 알아보기

요즘 마케팅의 대세는 '옴니채널(Omni-channel)'이다. 어디서 만나든 똑같은 느낌을 줘야 한다는 것이 통합적 전략의 핵심이다.

20 ③

이미지 차별화란 제품의 성능(제품 차별화)이나 친절도(서비스 차별화)가 아니라, 눈에 보이는 시각적 요소(유니폼, 로고, 인테리어)를 통해 브랜드의 분위기나 느낌을 다르게 만드는 것이다.

오답 피하기

- ① 제품 차별화 : 성능, 내구성, 디자인 등 물건 자체의 스펙
- ② 서비스 차별화 : 배달 속도, A/S, 상담 태도 등
- ④ 인적 차별화 : 직원들의 전문성이나 능력

더 알아보기

스타벅스가 초록색 앞치마(유니폼)와 특유의 매장 분위기를 고집하는 것이 바로 이미지 차별화의 대표적인 예이다.

21 ①

마인드맵(Mind Map)은 '생각의 지도'라는 뜻이다. 문자뿐만 아니라 그림, 색상, 기호 등을 활용하여 좌뇌(논리)와 우뇌(감성)를 동시에 사용하며, 중앙에서 방사형으로 뻗어 나가는 것이 가장 큰 특징이다.

오답 피하기

- ② 고든법 : 진짜 주제를 감추고 토론하여 고정관념을 탈피하는 방식이다.
- ③ NM법 : 나카야마 마사카즈가 고안했으며, 대상과 비슷한 것을 찾아 유추하는 기법이다.
- ④ 입출력법 : 시작점(Input)과 목표점(Output)을 정해두고 그 사이의 해결책을 찾는 강제 연상법이다.

22 ①

'점잖은(Dignified)' 이미지는 IRI 색채 이미지 스케일에서 딱딱한(Hard), 정적인(Static) 영역에 속한다. 무게감이 있고 권위적이며 전통적인 느낌을 주는 이미지로, 대표적인 형용사로는 '클래식한(Classic), 품위 있는, 고상한, 중후한' 등이 있다. 주로 저채도, 저명도의 어두운 색조가 해당한다.

오답 피하기

- ② : 귀여운 또는 로맨틱한 이미지(부드럽고 따뜻한 느낌)
- ③ : 캐주얼한 또는 맑은 이미지(밝고 활동적인 느낌)
- ④ : 모던한 이미지(차가운 무채색 위주의 세련된 느낌)

더 알아보기

IRI 형용사 짝꿍 암기(형용사–키워드)

- 점잖은(Dignified) : 클래식, 품위, 중후, 전통
- 귀여운(Cute) : 아이, 달콤, 즐거움, 파스텔
- 다이내믹한(Dynamic) : 강렬, 역동, 화려, 원색
- 모던한(Modern) : 도시적, 합리적, 차가움, 무채색

23 ④

굿 디자인(GD) 선정의 4대 필수 요건은 합목적성, 심미성, 경제성, 독창성이다. 수익성은 기업 경영의 목표일 수는 있으나, 디자인 자체의 우수성을 평가하는 4대 조건에는 포함되지 않는다.

오답 피하기

- ① 합목적성 : '의자는 앉을 수 있어야 한다'라는 것처럼 디자인의 사용 목적과 기능에 부합해야 한다는 가장 기본적인 조건이다.
- ② 심미성 : 기능이 좋아도 형태나 색채가 아름답지 않으면 좋은 디자인이라 할 수 없다. 시대적 미의식을 반영해야 한다.
- ③ 독창성 : 기존 제품의 모방이 아니라, 차별화된 새로운 가치를 창출해야 한다.

더 알아보기

'경제성'과 '수익성'의 비교

- 경제성 : 최소의 비용과 재료로 최대의 효과를 내는 것
- 수익성 : 물건을 팔아서 이익을 남기는 것

24 ③

패션 유행색은 하루아침에 정해지는 것이 아니다. '국제유행색협회(INTERCOLOR)'는 실제 시즌이 오기 약 2년(24개월) 전에 회의를 통해 다가올 유행색(Trend Color)을 미리 예측하고 제안한다.

오답 피하기

- ① 6개월 전 : 의류 박람회(Pret-a-porter) 등이 열리는 시기이다.
- ② 12개월 전 : 원사나 소재(직물) 전시회가 열리는 시기이다.

더 알아보기

유행색 예측은 2년(24개월) 전!

25 ②

렌더링(Rendering)은 디자이너가 생각한 아이디어를 클라이언트에게 설득하기 위해, 제품의 형태, 색채, 질감, 광택 등을 사진처럼 정밀하게 묘사한 그림이다.

오답 피하기

- ① 스케치(Sketch) : 아이디어 발상 단계에서 연필 등으로 빠르게 그리는 그림이다.
- ③ 드로잉(Drawing) : 선으로 그리는 모든 회화적 행위를 총칭한다.
- ④ 크로키(Croquis) : 대상의 동세(움직임)를 파악하기 위해 아주 빠르게 그리는 속사화이다.

26 ①

톤 온 톤(Tone On Tone)은 '톤을 겹친다'는 의미로, 색상(Hue)은 하나로 고정(동일 색상)하고 톤(명도와 채도)만 다르게 하여 배색하는 기법이다(예 진한 파랑-중간 파랑-연한 파랑). 시각적으로 매우 안정적이고 통일감을 준다. 흔히 '깔맞춤'이라고도 불린다.

오답 피하기

- ② 톤 인 톤 배색(Tone in Tone) : '톤 안에 머문다'는 뜻으로, 톤은 유사하게 맞추고 색상을 다르게 하는 배색이다(예 파스텔 핑크-파스텔 블루-파스텔 옐로우).
- ③ 세퍼레이션 배색(Separation) : 색과 색 사이에 무채색(분리색)을 넣어 색을 독립시키고 명쾌하게 하는 기법이다.
- ④ 비콜로 배색(Bicolor) : 두 가지(Bi) 색(Color)만을 사용하여 명쾌한 대조를 이루는 배색 기법이다(예 국기 배색).

더 알아보기

톤 온 톤과 톤 인 톤

- Tone ON Tone=ONe Color(색상은 오직 하나!)
- Tone IN Tone=IN Same Tone(톤 안에 갇혔다! 색은 자유!)

27 ③

동류의 원리(Principle of Familiarity)는 다른 말로 '친근성의 원리'라고도 한다. 우리가 늘 보는 자연환경(예 저녁 노을, 숲의 명암)과 같이 인간에게 익숙하고 친근한 색의 조합은 거부감 없이 조화롭게 느껴진다는 이론이다.

오답 피하기

- ① 질서의 원리 : 규칙적인 위치와 단계가 있어야 한다는 오스트발트의 이론이다.
- ② 비모호성의 원리 : 명료성의 원리와 같으며, 색의 관계가 명쾌해야 한다는 것이다.
- ④ 대비의 원리 : 반대되는 성질을 통해 조화를 이룬다는 것이다.

더 알아보기

익숙하다=친근하다=동류(같은 무리)

28 ④

세퍼레이션(Separation)은 '분리하다'라는 뜻이다. 보색이나 강한 대비로 인해 눈이 아프거나 어울리지 않을 때, 그 사이에 검은색, 흰색, 회색, 금·은색 등의 분리색을 넣어 색의 충돌을 막고 조화를 만드는 기법이다.

오답 피하기

- ① 엑센트 배색 : 소량의 색으로 강조하는 기법이다.
- ② 그러데이션 배색 : 색을 단계적으로 변화시키는 기법이다.
- ③ 톤 온 톤 배색 : 동일 색상 내에서 톤 차이를 주는 기법이다.

29 ②

비렌의 색삼각형은 순색(Color), 하양(White), 검정(Black)을 세 꼭짓점으로 한다. 이 중 순색(Color)에 가장 밝은 무채색인 하양(White)을 섞으면, 명도는 높아지고 채도는 약간 낮아지며 맑고 깨끗한 인상을 주는 색조가 되는데, 이를 틴트(Tint)라고 정의한다. 파스텔 톤이 여기에 해당한다.

오답 피하기

- ① 톤(Tone) : 순색에 회색(Gray)을 섞거나, 틴트와 쉐이드를 섞은 색이다. 차분하고 소박한 중간 색조이다.
- ③ 셰이드(Shade) : 순색에 검정(Black)을 섞은 색이다. 명도가 낮아지고 깊이감이 생기는 어두운 색조이다.
- ④ 그레이(Gray) : 하양(White)과 검정(Black)을 섞은 무채색이다.

더 알아보기

영어 단어의 뜻과 혼합되는 무채색을 연결하여 기억해야 한다.
- White(하양)+Color=Tint(틴트 : 옅은 색, 명색)
- Black(검정)+Color=Shade(쉐이드 : 그늘, 암색)
- Gray(회색)+Color=Tone(톤 : 중간색, 탁색)

30 ④

색지각의 3요소는 물리적 에너지인 빛(광원), 빛을 반사하거나 투과하는 대상인 물체, 그리고 그 빛을 받아들여 뇌로 전달하는 눈(관찰자)이다. 이 셋 중 하나라도 없으면 색을 인식할 수 없다. 프리즘은 빛을 굴절시켜 스펙트럼을 관찰하는 '도구'일 뿐, 색을 보기 위한 필수 요소는 아니다.

오답 피하기

- ① 광원(Light Source) : 빛이 없으면(암흑) 아무런 색도 볼 수 없다.
- ② 물체(Object) : 빛을 반사해 줄 대상이 없으면 색을 인지할 수 없다(허공).
- ③ 관찰자(Observer) : 빛과 물체가 있어도 이를 볼 눈(시각 시스템)이 없으면 색은 존재하지 않는다.

31 ②

빛의 굴절(Refraction)은 빛이 공기에서 물(또는 유리)처럼 밀도가 다른 매질로 들어갈 때, 속도 차이에 의해 진행 방향이 꺾이는 현상이다.
- 무지개 : 공기 중의 물방울이 프리즘 역할을 하여 빛을 굴절시키고 분산시켜 나타난다.
- 빨대 : 물과 공기의 굴절률이 달라 빛이 꺾이면서 빨대가 끊어져 보인다.

오답 피하기

- ① 빛의 반사 : 거울이나 수면에서 빛이 되돌아 나오는 현상이다.
- ③ 빛의 회절 : 빛이 장애물(칼날, 작은 구멍) 뒤쪽으로 휘어져 돌아 들어가는 현상이다(예 그림자 테두리).
- ④ 빛의 간섭 : 빛의 파동이 중첩되어 나타나는 현상이다(예 비눗방울, 기름막).

더 알아보기

'무지개', '아지랑이', '프리즘', '꺾임' 키워드가 나오면 '굴절'을 선택해야 한다.

32 ②

중심와(Fovea)는 망막의 중심부인 황반의 한가운데 오목하게 들어간 부분이다. 이곳에는 추상체(원뿔 세포)가 고밀도로 밀집되어 있어, 우리가 사물을 응시할 때 상이 맺히는 곳이며 시력과 색채 식별 능력이 가장 뛰어나다.

오답 피하기

- ①, ④ 맹점(시신경 유두) : 시신경 다발이 뇌로 빠져나가는 통로로, 시세포가 전혀 없어 상이 맺혀도 보이지 않는 곳이다.
- ③ 맥락막 : 안구벽의 중간층으로 멜라닌 색소가 많아 암실 역할을 하는 곳이지, 시력이 좋은 부위가 아니다.

33 ④

헤링은 망막과 뇌 사이의 신경 전달 과정에서 3쌍의 대립 과정이 있다고 보았다. 그 쌍은 '적-녹', '황-청', '백-흑'이다. 적색과 청색은 헤링 이론에서 대립 쌍이 아니다(적색의 짝꿍은 초록이다).

오답 피하기

①, ②, ③ : 헤링이 주장한 정확한 반대색(보색) 쌍이다. 이 이론은 훗날 오스트발트 색체계와 NCS의 기초가 되었다.

더 알아보기

"빨-초, 노-파, 흑-백" 크리스마스(빨/초)와 개나리가 핀 파란 하늘(노/파)을 연상하여 외운다.

34 ②

오방정색(양의 색)은 동서남북과 중앙을 상징하는 청(동), 백(서), 적(남), 흑(북), 황(중앙)의 5가지 색이다. 녹색은 청색(동)과 황색(중앙)이 섞여서 만들어진 오방간색(음의 색)에 해당한다.

오답 피하기

①, ③, ④ : 모두 오방정색(正色)에 속한다.

더 알아보기

시험에서 "오방색이 아닌 것은?" 하면 답은 90% 확률로 녹색이다.

35 ③

그리스인들이 발견한 자연계의 조화로운 비례인 황금비는 무리수 1:1.618… 이다. 이 비율로 사각형을 만들었을 때 인간의 눈에 가장 편안하고 아름답게 느껴지며, 오늘날 신용카드, 엽서, 명함 등의 규격에도 적용되고 있다.

오답 피하기

- ① 1:1.414 : 루트 2($\sqrt{2}$) 비례이다. A4 용지 등 종이 규격(금강 비례)에 사용된다.
- ② 1:1.5 : 2:3 비율로 단순한 정수비이다.
- ④ 1:2 : 2배수 비율이다.

더 알아보기

일 점 육 일 팔(1.618) 뒤에 소수점은 무한히 이어지지만, 시험에서는 1.618까지만 나온다.

36 ②

바우하우스(Bauhaus)는 현대 디자인의 산실이다. 설립자 발터 그로피우스는 기계를 예술가의 도구로 인정하고, 예술적 감각(Art)과 공학적 기술(Tech)을 결합하여 기능적이고 합리적인 제품을 디자인하는 교육 시스템을 만들었다.

오답 피하기

- ① 멤피스(Memphis) : 1980년대 포스트모더니즘을 이끈 이탈리아 디자인 그룹이다.
- ③ 울름 조형 대학(HfG Ulm) : 전후 독일에서 바우하우스의 이념을 계승하여 설립된 학교이다(막스 빌).
- ④ 크랜브룩 아카데미(Cranbrook Academy of Art) : 미국에 있는 대학원(Graduate) 중심의 예술 · 디자인 학교이다.

더 알아보기

'1919년+독일+그로피우스+예술과 기술 통합', 이 키워드 조합은 무조건 바우하우스이다.

37 ②

다이내믹(역동적)한 느낌은 강한 힘과 빠른 움직임, 스포츠 등을 상징한다. 시각적 자극을 극대화하기 위해 선명한(vivid) 톤의 고채도 색상을 사용하고, 색상환에서 거리가 먼 반대색(보색)끼리 강하게 대비시키거나(예 빨강 vs 청록), 명도 차이를 크게 주어 율동감을 만들어야 한다.

오답 피하기

- ① : 유사 색상은 변화가 적어 안정적이고 정적인 느낌을 준다(내추럴, 은은한).
- ③ : 중채도/회색은 탁하고 차분한 느낌을 준다(고상한, 탁한).
- ④ : 명도 차이를 줄이면 경계가 모호해져 힘이 없어 보인다(리프만 효과 유발 가능성 있음).

38 ③

모던한 이미지는 인공적, 도시적, 합리적, 차가운 금속성(하이테크)을 상징한다. 반면, '자연적인(Natural)'은 흙, 나무, 숲과 같이 따뜻하고 소박하며 가공되지 않은 느낌을 의미하므로 모던함과는 정반대(대척점)에 있는 개념이다.

오답 피하기

①, ②, ④ : 모던한 이미지를 대표하는 핵심 형용사들로, 주로 무채색이나 차가운 한색(Blue)으로 표현된다.

39 ①

주조색(Dominant Color)은 배색 면적의 과반수 이상(60~70%)을 차지하여 전체적인 분위기(바탕색)를 결정짓는 색이다. 인테리어에서는 벽지나 바닥재 색이 이에 해당한다.

오답 피하기

- ② 보조색(Assort Color) : 주조색을 도와 변화를 주는 색이다(20~30%).
- ③ 강조색(Accent Color) : 시선을 끄는 포인트 색이다(5~10%).

40 ②

먼셀은 색채를 체계화하면서 가장 기본이 되는 5가지 주요 색상을 선정했다. 이는 빨강(Red), 노랑(Yellow), 초록(Green), 파랑(Blue), 보라(Purple)이다. 이 5색 사이에 중간색 5가지를 넣어 총 10색상환을 만든다.

오답 피하기

- ① 주황(YR) : 주요 색상 사이에 있는 중간 색상이다.
- ③ 청록(BG), 자주(RP) : 모두 중간 색상이다.
- ④ W, S 포함 : 하양(W)과 검정(S)이 포함된 6색 체계는 NCS 표색계의 기본색이다.

41 ③

무기 안료(Inorganic)는 천연 광물(돌, 흙)이나 금속 산화물을 원료로 하기 때문에 입자가 크고 무거우며(비중이 큼), 밑색을 덮어버리는 은폐력(불투명)이 큰 것이 특징이다. 반면 '비중이 가볍고 투명도가 높다'는 것은 유기 안료(Organic)의 특징이므로 ③은 틀린 설명이다.

오답 피하기

- ① : 무기 안료는 돌이나 금속 성분이므로 열과 빛에 강하다(내후성 우수). 반면 유기 안료는 석유 화학물이나 동식물성이므로 비교적 열과 빛에 약해 변색되기 쉽다.
- ② : 유기 안료는 채도가 높고 색이 선명하여 착색력이 좋다(무기 안료는 색이 탁하고 종류가 적음).
- ④ : 유기 안료는 다양한 색상 표현이 가능하여 잉크, 플라스틱, 섬유 등에 널리 쓰인다. 무기 안료는 페인트, 시멘트, 세라믹 등에 쓰인다.

더 알아보기

시험장 1초 암기법 : 돌 vs 기름
- 무기 안료=돌(광물) : 돌이니까 무겁고, 불에 안 타고(불연성), 빛에 강하다. 돌가루를 물에 타면 뿌옇다(불투명, 은폐력 짱).
- 유기 안료=기름/꽃(화학 합성) : 기름이니까 가볍고, 불에 잘 탄다(가연성). 맑은 물감처럼 색이 쨍하고 투명하다.

42 ②

CIE 시스템은 빛을 측정하고 표준화하는 체계이다. 따라서 빛의 3원색인 가법 혼색(R, G, B)을 기초 원리로 삼는다.

오답 피하기

- ① 감법 혼색 : 물감이나 잉크 등 색료의 혼합 원리이다.
- ③ 중간 혼색 : 병치, 회전 등 착시 현상에 의한 혼합이다.
- ④ 안료혼색 : 물질적 색료(도료 등)의 혼합이다.

43 ③

전색제(Binder, 접착제)가 반드시 필요한 것은 안료(Pigment)이다. 염료는 섬유에 직접 침투하여 염착되므로 별도의 전색제가 필요 없다(단, 안료수지염료는 예외적으로 바인더 사용).

오답 피하기

- ① : 염료는 용해되는 성질(투명)을 가진다.
- ② : 안료는 녹지 않고 표면에 발라지므로 밑색을 가리는 은폐력이 있다.
- ④ : 안료는 녹는 게 아니라 미세한 '입자'로 흩어져(분산) 있는 상태이다.

더 알아보기

염료=물감/잉크(스며듦), 안료=페인트(덧바름)

44 ②

1856년 윌리엄 퍼킨이 말라리아 치료제를 연구하다가 우연히 발견한 보라색 염료인 모베인(Mauveine)은 인류 최초의 합성 염료이다.

오답 피하기

- ① 인디고(Indigo) : 인류가 사용한 지 가장 오래된 '천연' 염료(쪽)이다.
- ③ 오라민(Auramine) : 황색 인공 착색료이다.
- ④ 알리자린(Alizarin) : 천연 유래의 붉은색 염료이자 합성 염료이다.

더 알아보기

1856년+퍼킨+모베인+보라색

45 ③

명도(Value)는 빛의 반사율(Y)과 직접적인 비례 관계에 있다. 물체가 빛을 많이 반사할수록 우리 눈에는 밝게(흰색에 가깝게) 보인다. 따라서 밝은 색(고명도)일수록 전반적인 반사율 그래프는 높게(100%에 가깝게) 나타나며, 어두운색(저명도)일수록 낮게(0%에 가깝게) 나타난다.

오답 피하기

- ① : 파장별로 빛을 얼마나 반사하는지 나타내는 비율로, 색의 본질적인 특성이다.
- ② : 광원의 분광 분포와 물체의 분광 반사율을 결합하여 계산하면, 조명이 바뀔 때 색이 어떻게 변하는지(연색성) 예측할 수 있다.
- ④ : 단순한 좌표값(L, a, b)만으로는 안료의 종류를 알 수 없다. 파장별 반사율 곡선이 있어야 정확한 안료 배합비(레시피)를 계산할 수 있다.

더 알아보기

사람마다 지문이 다르듯, 모든 색은 고유한 반사율 곡선을 가진다. CCM은 이 지문을 대조하여 똑같은 색을 만들어내는 범인 잡기(조색) 과정이다. 좌표(L, a, b)만으로는 몽타주 정도밖에 안 된다.

46 ②

스펙트로 라디오미터(Spectro-radiometer, 분광방사휘도계)는 광원에서 방사되는 빛의 에너지를 파장별로 직접 측정하는 장비이다. 스스로 빛을 내는 디스플레이(모니터, 스마트폰 화면)나 조명 기구의 색온도, 휘도, 색좌표를 측정할 때 사용한다.

오답 피하기

- ① 스펙트로 포토미터(Spectro-photometer) : 내장된 램프로 빛을 비춰서 반사되는 빛을 잴 때 쓴다(페인트, 플라스틱, 섬유 등 물체색 용도).
- ③ 덴시토미터(Densitometer) : 인쇄물의 잉크 농도(두께)를 관리하는 기기로, 정확한 색상 측정보다는 농도 관리에 특화되어 있다.
- ④ 글로스미터(Glossmeter) : 물체 표면의 반짝임 정도(광택도)만 측정하는 기기이다.

더 알아보기

단어의 어원

- Photo(사진/물체) : 종이, 원단처럼 빛을 비춰야 보이는 것 → 스펙트로 포토미터
- Radio(방사/복사) : 라디오나 전구처럼 에너지를 뿜어내는 것 → 스펙트로 라디오미터

모니터 캘리브레이션 장비는 모두 '라디오미터' 방식이다.

47 ④

중간 혼색(회전 혼색, 병치 혼색)은 실제로 색이 섞이는 것이 아니라 우리 눈의 착시 현상에 의해 혼합되어 보이는 것이다. 빛의 양이 늘거나 주는 것이 아니므로, 혼합된 결과물의 명도와 채도는 혼합 전 색상들의 평균값(Average)을 유지한다.

오답 피하기

- ① : 명도가 높아지는 것은 빛을 혼합하는 가법 혼색의 특징이다.
- ② : 명도가 낮아지는 것은 물감이나 잉크를 혼합하는 감법 혼색의 특징이다.
- ③ : 중간 혼색은 망막에서 일어나는 시각적 현상이므로 생리적 혼색으로 분류된다. 물리적 혼색은 실제 빛이나 안료를 섞는 것을 말한다.

더 알아보기

중간 혼색의 핵심 키워드는 '평균(Average)'이다. 문제 지문에 '명도가 높아진다' 혹은 '낮아진다'라는 표현이 나오면 오답이며, 오직 중간값(평균)만을 가진다.

48 ②

색료의 혼합(감법 혼색) 원리에 따라, 연두(GY)는 노랑(Y)과 초록(G)의 중간색이다. 따라서 주조색인 Lemon Yellow를 많이 짜고, 거기에 Viridian(초록)이나 Cobalt Blue(파랑)를 아주 조금씩 섞어가며 색상을 맞추는 것이 정석이다.

오답 피하기

- ① Light Green : 튜브색을 그대로 쓰면 정확한 목표색(Target Color) 훈련이 되지 않으며, 색상 뉘앙스 조절이 불가능하다.
- ③ Viridian+Yellow Deep : 진한 초록과 진노랑을 섞으면 채도가 낮은 탁한 올리브색이 되기 쉽다.
- ④ Cobalt Blue+Carmine : 파랑과 빨강의 혼합이므로 보라색(Violet) 계열이 나온다.

49 ②

색채 검사 시 주변 환경색이 유채색이면 '동시 대비(Simultaneous Contrast)' 현상으로 인해 시료의 색이 다르게 보일 수 있다. 따라서 환경색의 영향을 최소화하기 위해 무광택의 무채색(N5~N7) 환경을 조성하는 것이 KS 표준이다.

오답 피하기

- ① : 유채색 배경은 보색 잔상 효과 등으로 인해 시료의 색을 심각하게 왜곡시킨다.
- ③ : 직사광선은 너무 강하고 시간대별로 색온도 변화가 심해 피해야 한다. 북쪽 창문의 은은한 주광(North Sky Daylight)이 표준이다.
- ④ : 관찰자의 옷 색깔이 시료 표면에 반사되어 색 간섭을 일으키므로, 붉은색이 아닌 반드시 무채색(검은색, 회색, 흰색) 가운을 입어야 한다.

50 ③

JND는 'Just Noticeable Difference'의 약자로, 훈련받지 않은 일반인이 "어? 두 색이 좀 다른데?"라고 느끼기 시작하는 임계점을 말한다. 통상적으로 색차값 $\Delta E*{=}1.0$을 기준으로 하며, 이보다 작으면 육안으로는 거의 차이를 못 느끼는 '같은 색'으로 간주한다.

오답 피하기

- ① 0.0 : 물리적으로 완벽하게 동일한 상태이다. 현실에서는 불가능에 가깝다.
- ② 0.5 : 자동차 도장 등 초정밀 산업에서 요구하는 매우 엄격한 허용 기준(Strict Tolerance)이다.
- ④ 3.0 : 육안으로 누가 봐도 확연히 다른 수준(Appreciable)으로, 일반 산업계에서는 불량으로 판정한다.

51 ②

백열전구는 필라멘트를 가열해 빛을 내는 열방사 광원이다. 이는 태양과 같은 원리이므로 가시광선 전 영역의 파장이 끊김 없이 이어지는 연속 스펙트럼을 가진다. 따라서 인공 광원 중 연색성(Ra 100)이 가장 뛰어나 물체의 색을 왜곡 없이 보여준다.

오답 피하기

- ① : 투입된 에너지의 95%가 열로 손실되고 5%만 빛이 된다. 효율이 매우 낮고 수명도 짧다.
- ③ : 스위치를 켜자마자 즉각 점등된다. 점등이 늦고 깜빡이는 것은 형광등(방전등)의 특징이다.
- ④ : 2,800K 정도의 낮은 색온도로, 붉은색 파장이 많아 따뜻한 느낌(Warm)을 준다.

더 알아보기

백열등은 '연색성 깡패'지만 '전기세 도둑'이다. 음식 사진 찍을 때 백열등(따뜻한 조명) 아래서 찍으면 맛있어 보이는 이유가 바로 연색성이 좋기 때문이다.

52 ②

조색의 대원칙은 색상(Hue) 우선이다. 색상을 먼저 맞추고, 그 다음 명도(밝기), 마지막으로 채도(선명도)를 미세 조정하는 것이 정석이다.

오답 피하기

색상이 틀어진 상태에서 흰색/검은색(명도)이나 보색(채도)을 섞는 것은 페인트를 버리는 지름길이다.

더 알아보기

색 → 명 → 채

53 ①

옥외 환경은 실내와 달리 강렬한 태양광(자외선)과 비바람, 온도 변화 등 기후의 영향을 직접 받는다. 따라서 자외선에 의한 변색을 막는 내광성(Lightfastness)과 기후 변화에 견디는 내후성(Weatherability)이 안료 선정의 최우선 기준이 된다.

- ② 내알칼리성 : 세제나 비누를 자주 사용하는 주방, 욕실, 세탁실 환경에서 중요하게 고려되는 성질이다.
- ③ 인체 무해성 : 완구, 식기, 유아용품 등 사람의 피부나 입에 직접 닿는 제품에서 필수적인 요소이다.
- ④ 내마모성 : 바닥재, 문손잡이, 스위치 등 물리적 마찰이 빈번한 곳에 사용될 때 요구되는 성질이다.

실무에서 '옥외용'이라고 하면 무조건 'UV(자외선) 차단'을 떠올려야 한다 (Outdoor=Sun=내광성).

54 ③

헤어라인(Hairline) 가공은 명칭 그대로 머리카락(Hair) 굵기의 얇은 선 (Line)을 금속 표면에 한 방향으로 새기는 기법이다. 이 결에 따라 빛이 이방성 반사를 일으켜, 금속 특유의 차가운 느낌을 줄이고 고급스러운 질감을 연출한다. 주로 스테인리스나 알루미늄 가전제품에 많이 쓰인다.

- ① 샌드블라스팅(Sandblasting) : 모래(Sand) 등의 연마재를 고압으로 분사하여 표면을 거칠게(무광) 만드는 가공법이다.
- ② 폴리싱(Polishing) : 표면을 매끄럽게 갈고 닦아 거울처럼 광택을 내는 가공법이다.
- ④ 아노다이징(Anodizing) : 금속(주로 알루미늄) 표면을 산화시켜 피막을 형성하고 착색하는 화학적 표면처리법이다.

샌드블라스팅은 '점'으로 찍힌 거친 느낌이고, 헤어라인은 '선'으로 된 결 느낌이다.

55 ②

조건등색(Metamerism)은 분광 반사율 곡선이 서로 다른 두 물체가, 특정 광원(예 형광등) 아래서는 같은 색으로 보이지만 광원이 바뀌면(예 태양광) 서로 다른 색으로 보이는 현상을 말한다.

- ① : 아이소머리즘(Isomerism)은 분광 반사율이 완전히 일치하여 어떤 광원에서도 항상 같은 색으로 보이는 이상적인 일치 현상이다.
- ③ : 퇴색/변색은 내광성이나 내후성이 약해 색소가 파괴되는 현상이다.
- ④ : 기하학적 메타메리즘(플립-플롭)은 메탈릭 도료 등에서 시선 각도에 따라 색이나 밝기가 변하는 현상이다.

메타메리즘이란 조명(조건)에 따라 색이 같아(등색) 보이기도 하고 달라 보이기도 한다는 뜻이다.

56 ③

D65는 Daylight 6,500K의 약자로, 가시광선뿐만 아니라 자외선 영역까지 포함하여 평균적인 정오의 자연광(주광) 분광 분포를 가장 잘 재현한 CIE 표준광원이다. 현재 산업계에서 색채 관리(CCM, 육안 검사)의 기본이 되는 제1 표준광원이다.

- ① 광원 A : 색온도 2,856K의 백열전구 빛이다. 붉은 기운이 돈다.
- ② 광원 C : 과거에 쓰이던 주광이나 자외선 영역이 부족해 지금은 D65로 대체되었다.
- ④ 광원 F2 : 사무실에서 흔히 쓰는 쿨 화이트 형광등(CWF) 빛이다.

D=Daylight(낮), 모든 색 평가의 기준은 태양(D65)이다.

57 ③

광택(Gloss)이란 표면이 거울처럼 매끄러워 빛을 일정한 방향으로 반사하는 성질이다. 광택기는 입사각과 동일한 반사각으로 튕겨 나가는 정반사 (Specular Reflection) 빛의 양을 감지하여 수치화(GU)한다.

- ① 흡수 : 색의 농도(진하기)와 관련된다.
- ② 투과 : 투명도(Haze, Clarity)와 관련된다.
- ④ 난반사 : 표면의 거칠기(Matte)와 관련되며, 이는 색을 희뿌옇게 보이게 하는 원인이다.

거울은 빛을 정통으로 반사한다. 광택기는 시료가 얼마나 거울에 가까운지 (정반사율)를 재는 기계이다. 정반사량이 많을수록 고광택이다.

58 ③

소광제는 도막 표면에 미세한 요철을 만들어 난반사를 유도해야 한다. 이 때 도료 본연의 색상을 해치지 않으려면 소광제 자체가 투명해야 한다. 합성 실리카는 굴절률이 수지와 비슷해 투명하면서도 소광 효율이 뛰어나 가장 널리 사용된다.

- ① 이산화티타늄(TiO_2) : 대표적인 백색 안료로, 은폐력이 좋아 색을 하얗게 만든다.
- ② 카본 블랙(Carbon Black) : 흑색 안료이다.
- ④ 산화철(Iron Oxide) : 적색, 황색 등 유색 안료이다.

실리카는 유리와 성분이 같다.

59 ②

CIE L*a*b* 색공간에서 -a* 방향은 초록(Green)을 의미한다. 기준점(0)보다 초록 쪽으로 치우친 상태이므로, 이를 상쇄하기 위해서는 정반대 방향인 +a* 방향, 즉 빨강(Red) 안료를 투입해야 한다.

- ① : 파랑 안료는 노란 기(+b*)를 잡는 보색이므로 초록 기 보정에는 효과가 없다.
- ③ : 노랑 안료는 푸른 기(-b*)를 잡는 보색이다.
- ④ : 이미 초록 기가 강한 상태에서 초록을 더 넣으면 오차가 더욱 커진다.

초록 팀이 세면 빨강 팀을 투입해서 힘의 균형(중성)을 맞춰야 한다.

60 ②

소광제는 표면에 미세한 요철을 만들어 빛을 난반사시킨다. 난반사된 빛에는 백색광이 혼입되므로, 마치 색 위에 하얀 막이 낀 것처럼 색이 희뿌옇게 밝아지고(명도 상승), 색의 선명함은 떨어져 탁해진다(채도 하락).

- ① : 표면이 매끄러운 유광일 때 색이 진하고(L 하락) 선명해(C 상승) 보인다.
- ③ : 무광 처리는 색을 차분하고 부드럽게(탁하게) 만든다.
- ④ : 광택의 변화는 필연적으로 명도와 채도의 변화를 동반한다.

먼지(난반사) 때문에 검정이 회색처럼 희끄무레하게 보인다. 무광은 '명도 상승, 채도 하락'이다.

61 ①

CMY는 잉크, 안료, 물감의 3원색이다. 이들은 빛을 반사하는 것이 아니라 특정 파장의 빛을 '흡수'하여 색을 낸다. 섞을수록 흡수하는 빛이 많아져 점점 어두워지기 때문에, 빛을 뺀다는 의미의 감법(減法)혼색(Subtractive Mixing) 원리를 따른다.

오답 피하기

- ② : 잉크나 종이의 질에 따라 색이 변하므로 디바이스 종속 색체계이다.
- ③ : CMY는 잉크의 양을 뜻한다. (0, 0, 0)은 잉크를 하나도 섞지 않은 상태, 즉 종이의 흰색(White)을 의미한다. 검은색은(1, 1, 1) 또는 (100%, 100%, 100%)이다.
- ④ : CMY의 Y는 Green이 아니라 Yellow(노랑)이다(Cyan, Magenta, Yellow).

62 ③

RGB나 CMY는 빛이나 잉크의 혼합 비율(예 R : 120, G : 50, B : 200)로 색을 정의하기 때문에, 숫자만 봐서는 어떤 색인지 직관적으로 떠올리기 어렵다. 반면 HSV는 "어떤 색인가?(H)", "얼마나 진한가?(S)", "얼마나 밝은가?(V)"라는 인간이 색을 느끼는 감각적인 방식 그대로 색을 기술한다. 따라서 디자이너가 색을 선택하거나 배색할 때 가장 이해하기 쉽고 직관적인 모델이다.

오답 피하기

- ① RGB 색체계 : 빛의 혼합(가법 혼색)을 다루는 하드웨어(모니터) 중심의 색체계이다.
- ② CMY 색체계 : 잉크의 혼합(감법 혼색)을 다루는 출력 장비(프린터) 중심의 색체계이다.
- ④ CIE XYZ 색체계 : 인간의 눈(측색 표준)을 기준으로 하지만, 수학적으로 정의된 가상의 원색을 사용하므로 일반인이 직관적으로 이해하기에는 매우 어렵다.

더 알아보기

- 기계(모니터, 프린터)가 좋아하는 색=RGB, CMY
- 사람(디자이너)이 좋아하는 색=HSV

63 ③

색온도 문제의 핵심 함정은 물리적 온도와 심리적 느낌은 반대라는 점이다.
- 물리적 : 색온도가 높음=파란 불꽃=에너지 강함
- 심리적 : 파란색=차가움(Cool)
따라서 색온도가 높으면(High K) 푸른빛이 돌고, 심리적으로는 차가운 느낌을 준다.

오답 피하기

- ① : 낮을수록(Low K) 붉은빛이 돌며 따뜻한(Warm) 느낌이다.
- ② : 높을수록(High K) 푸른빛이 돌며 차가운(Cool) 느낌이다.
- ④ : 촛불/백열등은 색온도가 낮아서(약 2,800K) 붉고 따뜻한 것이다.

64 ④

감마 값은 주변 밝기에 따라 달라진다. 주변이 완전히 캄캄한 극장(암실) 환경에서는 화면의 명암비가 더 깊어 보여야 이미지가 선명해 보인다. 따라서 일반 모니터(2.2)보다 높은 2.6의 감마 값을 표준(DCI-P3)으로 사용한다.

오답 피하기

- ① 1.8 : 구형 맥킨토시 또는 인쇄/사진용 표준
- ② 2.2 : 일반 PC, 웹, 모바일, 형광등 켜진 사무실 표준
- ③ 2.4 : 약간 어두운 거실에서 보는 HDTV 방송 표준

65 ②

UCR(Under Color Removal, 하색 제거)은 이미지의 가장 어두운 암부(그림자)에서 C, M, Y 잉크가 과도하게 겹쳐 떡지는 것을 막기 위해, 3원색을 줄이고 검정(K) 잉크로 대체하는 기술이다. 이를 통해 잉크 건조 시간을 단축하고 뒷묻음을 방지한다.

오답 피하기

- ① GCR : 그림자뿐만 아니라 이미지 전체의 회색(Gray) 및 중성색 영역을 모두 교체하는 기술이다(범위가 UCR보다 훨씬 넓음).
- ③ CMS : 모니터와 프린터의 색을 일치시키는 통합 시스템을 말한다.
- ④ RIP : 컴퓨터 데이터를 인쇄기용 데이터로 변환하는 장치이다.

66 ④

TIFF(Tagged Image File Format)는 인쇄 및 출판용으로 가장 많이 쓰이는 대표적인 비트맵(Bitmap) 포맷이다. TIFF는 벡터 방식이 아니며, 화질 손실이 없는(무손실 압축) 대신 파일 용량이 매우 크다. 따라서 로고 디자인보다는 고해상도 스캔 이미지나 인쇄용 원본 저장에 주로 쓰인다(로고 디자인에 쓰이는 벡터 파일은 AI, EPS).

오답 피하기

- ① JPEG : 인간의 눈에 잘 띄지 않는 색 정보를 버려서 용량을 줄이는 손실 압축 방식이다.
- ② GIF : 256색 제한이 있지만, 움짤(애니메이션)과 투명 배경이 가능한 유일한 저용량 포맷이다.
- ③ PNG : JPEG처럼 색상 제한이 없으면서(트루 컬러), GIF처럼 배경을 투명하게(알파 채널) 만들 수 있고, 화질 손상도 없는 팔방미인 포맷이다.

더 알아보기

각 포맷의 '왕' 타이틀을 기억해야 한다.
- 사진 왕 : JPEG(압축 잘됨)
- 움짤 왕 : GIF(256색, 애니메이션)
- 웹/투명 왕 : PNG(선명함, 투명 배경)
- 인쇄 왕 : TIFF(무겁지만 화질 최고, 비트맵)

67 ③

컴퓨터(PC)와 TV(AV)는 구조가 다르다.
- PC 모니터 : 운영체제와 그래픽 카드가 있다. 캘리브레이션 소프트웨어가 컬러 신호 출력값(LUT)을 자동으로 조절하여 색을 맞춘다(소프트웨어/자동 제어).
- AV 디스플레이 : OS단에서 신호를 제어하기 어렵다. 사용자가 직접 리모컨을 들고 TV 메뉴(OSD)에서 밝기, 명암, 색상을 조절해야 한다(하드웨어/수동 조작).

오답 피하기

- ① : PC는 소프트웨어 자동 제어가 중심이다.
- ② : AV는 OS 단계 제어가 어렵다.
- ④ : AV 디스플레이도 수동으로 캘리브레이션이 가능하다.

68 ①

'평행한 선이 만난다', '소실점(Vanishing Point)'이라는 단어가 나오면 무조건 선 원근법(Linear Perspective)이다. 르네상스 시대부터 사용된 가장 대표적인 공간 표현 기법이다.

오답 피하기

- ②, ③ 대기/색채 원근법 : 선이 모이는 것이 아니라, 멀어질수록 색이 흐려지거나 푸르게 변하는 현상이다.
- ④ 중첩 : 앞 물체가 뒤 물체를 가리는 현상이다.

69 ③

16진수 표기법은 #RRGGBB 순서로 구성된다. 문제에서 제시한 두 색을 자리별로 더하면 아래와 같다.
- Red : FF(R) 00(G) 00(B)
- Blue : 00(R) 00(G) FF(B)
- 합계 : FF(R) 00(G) FF(B)

즉, 빨강과 파랑이 최대로 섞이고 초록(G)은 없는 상태인 #FF00FF가 되며, 빛의 혼합에서 이 색은 마젠타(Magenta)이다.

오답 피하기
- ① #FFFF00(Yellow) : 빨강(FF)과 초록(FF)을 섞었을 때 나오는 색이다 (R+G=Y). 가장 많이 헷갈리는 오답이다.
- ② #00FFFF(Cyan) : 빨강은 없고, 초록(FF)과 파랑(FF)을 섞었을 때 나오는 색이다(G+B=C).
- ④ #FFFFFF(White) : 빨강(FF), 초록(FF), 파랑(FF) 세 가지 빛을 모두 합쳤을 때 나오는 색이다(R+G+B=W).

더 알아보기

16진수 덧셈, '자리'만 보면 쉽다.
- #FF0000(빨강) #00FF00(초록) → 앞(R)과 중간(G)을 채운다. → #FFFF00(노랑)
- #00FF00(초록) #0000FF(파랑) → 중간(G)과 뒤(B)를 채운다. → #00FFFF(청록/사이안)
- #FF0000(빨강) #0000FF(파랑) → 앞(R)과 뒤(B)를 채우고 가운데(G)는 비운다. → #FF00FF(자주/마젠타)

70 ③

망원(Telephoto) 렌즈는 멀리 볼 '망(望)'자를 써서, 망원경처럼 멀리 있는 것을 당겨 찍는다. 화각이 좁고, 피사체와 배경 사이의 거리감이 사라져 납작하게 붙어 보이는 원근감 압축(Compression) 효과가 발생한다(📷 야구 중계 화면).

오답 피하기
- ① 광각 렌즈 : 원근감을 과장시켜 거리감이 멀어 보인다.
- ④ 접사 렌즈 : 작은 물체를 크게 확대하지만, 멀리 있는 것을 당겨 찍는 용도는 아니다.

71 ②

초점이 맞은 주제(피사체)는 선명하지만, 초점 범위를 벗어난 배경이나 전경은 흐릿하게 뭉개지는 현상을 아웃포커싱(Out of Focus)이라고 한다. 심도가 얕을 때 발생하며, 주제를 강조할 때 쓰인다.

오답 피하기
- ① 팬 포커싱(Pan Focus) : 배경까지 화면 전체가 쨍하고 선명하게 초점이 맞는 상태(심도가 깊음)이다.
- ③ 줌인(Zoom In) : 렌즈를 조작해 피사체를 확대하는 동작이다.
- ④ 틸트(Tilt) : 카메라를 위아래로 끄덕이듯 움직이는 촬영 기법이다.

72 ②

RAW 파일은 '날것(원본)'이라는 뜻처럼, 카메라의 이미지 센서가 받아들인 데이터를 가공이나 압축 없이 저장한다. 이 때문에 고비트 심도(High-bit Depth, 10~14비트)를 가지며, 색 정보가 풍부하여 후보정 관용도가 매우 높다.

오답 피하기
- ① JPEG : 8비트 손실 압축 포맷이다. 계조가 풍부한 RAW 파일과 대비되는 개념이다.
- ③ GIF : 8비트(256색) 제한이 있는 애니메이션/웹용 파일이다.
- ④ TIFF : 무손실 압축 포맷이지만, 일반적으로 '센서 원본 데이터'를 의미하지는 않는다.

더 알아보기

디지털 이미지의 '최고 원본 데이터', '가공 없이', '고비트 심도', '색역이 넓다.'라는 텍스트가 나오면 RAW를 고르면 된다.

73 ②

- 가 : Adobe RGB는 sRGB의 좁은 색역 문제를 해결하기 위해 개발되어 CMYK 인쇄 색역 대부분을 포함한다.
- 다 : 넓은 색역과 인쇄 친화적인 특성으로 인해 사진가나 출판 전문가의 표준 작업 공간으로 활용된다.

오답 피하기

나 : 감마 1.8, 화이트 포인트 5,000K(D50)를 기준으로 하는 것은 Color Match RGB에 대한 설명이다. Adobe RGB는 sRGB와 마찬가지로 감마 2.2, 색온도 6,500K(D65)를 기준으로 한다. 감마와 화이트 포인트 수치까지 정확히 알아야 피할 수 있는 고난도 함정이다.

더 알아보기

RGB 색공간은 감마와 화이트 포인트 수치를 꼭 외워야 한다.
- sRGB/Adobe RGB : 감마 2.2, 색온도 6,500K(D65)(최신 표준)
- Color Match RGB/ProPhoto RGB : 감마 1.8, 색온도 5,000K(D50)(구형/맥 표준)

74 ④

색상 측정의 정확도를 높이기 위해서는 항상 측정 대상 장치를 가장 안정적이고 최적화된 상태로 만들어야 한다. 따라서 프로파일링의 첫 단계는 노즐 검사, 헤드 정렬 등 프린터의 물리적인 상태를 점검하는 프린터 상태 점검(Calibration)이다.

오답 피하기

①, ②, ③ : 모두 상태 점검 이후에 진행되는 순서이다. 막힌 노즐 상태로 차트를 출력하면 그 차트 자체가 불량하므로 정확한 프로파일을 만들 수 없다.

더 알아보기

색채 관리의 모든 작업은 '교정 → 측정' 순서로 이루어진다.

75 ③

프로파일링은 순수한 장비의 특성을 측정하는 과정이다. 이때 프린터나 포토샵이 기존의 색상 관리 기능(CMS)을 켜고 중간에 색을 보정하거나 왜곡시키면 안 된다. 따라서 기존의 색 보정이 개입되지 않도록 색상 관리 옵션(CMS)을 반드시 '없음(Off)'으로 해제하고 차트를 출력해야 한다.

오답 피하기

②, ④ : TIL과 용지 종류 설정은 잉크 분사량을 결정하는 중요한 요소이므로 임의로 끄거나 바꾸면 안 되며, 프로파일 생성 시 결정된 값을 그대로 사용해야 한다.

76 ③

가상의 격자 구조, 즉 바둑판 같은 안내선을 그리드(Grid)라고 한다. 그리드는 디자인에 '질서'와 '통일감'을 부여하는 뼈대 역할을 한다.

오답 피하기
- ① 타이포그래피(Typography) : 글자를 다루는 기술이다.
- ② 포맷(Format) : 책이나 인쇄물의 판형(크기)을 말한다.
- ④ 마진(Margin) : 가장자리의 여백을 의미한다.

더 알아보기

문제에 '격자', '질서', '일관성', '배치 계획' 등의 단어가 나오면 답은 무조건 '그리드'이다.

77 ①

'오스굿(사람 이름), 반대되는 형용사 쌍(Antonyms), 척도(Scale)' 이 세 가지 키워드가 가리키는 것은 무조건 'SD법(의미미분법)'으로 색채 심리 평가에서 가장 많이 쓰이는 방식이다.

오답 피하기

- ② 연상법(Association Method) : 특정 색을 보고 떠오르는 것을 말하는 것이다.
- ③ 투영법(Projection Method) : 3차원(입체) 물체를 2차원 평면(종이 · 화면)에 옮겨 표현하는 방법이다.
- ④ 계통색명법(Systematic Color Name) : 색을 체계적으로 부르는 이름(⑳ 연한 파랑)이지 평가 기법이 아니다.

더 알아보기

시험에서 '형용사', '반대어', '5점/7점 척도'라는 말이 나오면 SD법에 대한 내용이다.

78 ③

색채디자인에서 '효율'이란 적은 에너지로 큰 효과를 보는 것이다. 실내를 밝은색(고명도)으로 칠하면 전등을 덜 켜도 환하며, 이를 에너지 효율이라고 한다. 빛 반사율(LRV)이라는 용어가 나오면 무조건 효율성과 연결하면 된다.

오답 피하기

- ① : 제품을 오래 쓰는 것 → 지속성(Longevity) 원칙이다.
- ② : 독성이 없는 것 → 안전성(Safety) 원칙이다.
- ④ : 재활용 포장재 → 디자인의 결과물이지 '색채 효율성' 직접적인 예시는 아니다.

더 알아보기

시험 문제에서 '원칙'을 물을 때 가장 많이 낚이는 문제이다(오래 쓴다 → 지속성, 안 아프다(무해) → 안전성, 아낀다(절약) → 효율성).

79 ②

어스 톤(Earth Tone)은 말 그대로 지구(Earth)의 색, 땅의 색이다. 반대로 형광 연두는 인위적인 화학 안료로만 만들 수 있는 '인공의 색'이자 눈을 찌르는 자극적인 색이다.

오답 피하기

- ① 베이지 : 모래색(대표적인 어스 톤)
- ③ 테라코타 : 구운 흙색, 벽돌색(대표적인 어스 톤)
- ④ 카키 : 흙먼지 색, 마른 풀색(대표적인 어스 톤)

80 ②

프레젠테이션은 비즈니스 현장에서 내 기획안을 상대방(클라이언트)이 '선택(의사결정)'하게 만드는 것이 최종 목표이다. 이를 위해 설득과 이해의 과정이 필요하다.

오답 피하기

- ① : 말솜씨는 수단일 뿐 목적이 아니다.
- ③ : 많은 정보 전달보다는 '핵심' 전달이 중요하다. 텍스트 폭탄은 지양해야 한다.
- ④ : 멀티미디어는 도구일 뿐이다.

출제 예상문제 03회　　2-28p

01 ②	02 ②	03 ①	04 ②	05 ③
06 ②	07 ③	08 ①	09 ③	10 ④
11 ②	12 ③	13 ②	14 ②	15 ③
16 ③	17 ②	18 ③	19 ③	20 ②
21 ③	22 ④	23 ②	24 ②	25 ③
26 ②	27 ②	28 ③	29 ②	30 ②
31 ①	32 ③	33 ③	34 ①	35 ③
36 ①	37 ③	38 ④	39 ①	40 ③
41 ③	42 ②	43 ①	44 ②	45 ③
46 ③	47 ③	48 ②	49 ②	50 ④
51 ②	52 ④	53 ②	54 ②	55 ④
56 ②	57 ③	58 ③	59 ②	60 ②
61 ②	62 ②	63 ③	64 ③	65 ③
66 ③	67 ②	68 ③	69 ②	70 ②
71 ④	72 ①	73 ②	74 ②	75 ②
76 ③	77 ②	78 ②	79 ③	80 ②

---

01 ②

AIO 분석은 소비자의 생활 패턴을 파악하기 위한 기법으로, 소비자가 시간을 어떻게 보내는지(Activity), 무엇에 관심이 있는지(Interest), 사회적 이슈에 어떤 생각을 가졌는지(Opinion)를 측정한다. 지능(Intelligence)은 포함되지 않는다.

오답 피하기

- ① 활동(Activity) : 일, 취미, 쇼핑 등의 행동 양식이다.
- ③ 흥미(Interest) : 가족, 유행, 음식 등 관심 대상이다.
- ④ 의견(Opinion) : 정치, 경제, 제품에 대한 주관적 견해이다.

더 알아보기

많은 수험생이 'I'를 보고 Income(소득)이나 Intelligence(지능)로 착각한다. AIO는 인구통계학적 분석(나이, 소득)이 아니라 심리/행동 분석임을 명심해야 오답을 피할 수 있다.

02 ②

준거집단(Reference Group)은 개인이 자신의 행동이나 태도를 결정할 때 비교의 기준(Reference)으로 삼는 밀접한 집단을 말한다. 접촉 빈도가 높은 가족, 친구, 직장 동료가 가장 강력한 준거집단이다.

오답 피하기

- ① 같은 지역 주민 : 단순한 거주지 공유 집단일 뿐, 개인의 심리적 기준이 되지 않는 경우가 많다.
- ③ 종교나 인종 집단 : 이는 거시적인 하위문화(Subculture)에 해당한다.
- ④ 소득 수준이 같은 계층 : 이는 사회계층(Social Class)에 해당한다.

03 ①

구매는 소비자가 결핍을 느끼는 순간 시작되어, 구매 후 만족도 평가로 끝난다.
1. 문제 인식(ⓒ) : 배가 고프다. 옷이 없다 등을 느낌
2. 정보 탐색(ⓛ) : 무엇을 먹을지, 어떤 옷이 유행인지 알아봄
3. 대안 평가(ⓜ) : A 식당과 B 식당의 가격과 맛을 비교함
4. 구매 행동(ⓣ) : 식당에 가서 밥을 사 먹음
5. 구매 후 평가(ⓔ) : "맛있다. 또 와야지!" 또는 "별로네"라고 평가함

오답 피하기

- ② : 정보를 찾지도 않고(ⓛ) 비교(ⓜ)부터 할 수 없다.
- ③, ④ : 필요성(문제 인식 ⓒ)을 느끼지 않았는데 정보를 검색할 이유가 없다. 모든 행동의 시작은 '문제 인식'이다.

더 알아보기

불변의 법칙은 시작은 '문제 인식(Need)', 끝은 '평가(Feedback)'이다. 보기 중에 ⓒ으로 시작하고 ⓔ로 끝나는 것은 ①밖에 없으므로 5초 만에 풀 수 있다.

04 ②

KS A 0063은 '색차 표시 방법'에 관한 규격이다. 보기의 '안전 색 및 안전 표시'는 KS A 3501에 해당한다. 시험에서는 0061~0067 사이의 번호를 섞어서 출제하는 경우가 많으므로 정확한 암기가 필요하다.

오답 피하기

- ① KS A 0062 : 먼셀의 3속성(색상, 명도, 채도)에 의한 유채색과 무채색의 표시 방법이다(시험에 가장 자주 나오는 핵심 규격).
- ③ KS A 0066 : 분광측색계(분광광도계) 등을 이용한 물체색의 측정 방법을 다룬다.
- ④ KS A 0011 : 물체색의 색이름(유채색, 무채색, 관용색명 등)을 규정하는 표준이다.

더 알아보기

시험에 꼭 나오는 KS 규격 '끝자리' 암기법
- 1(0061) : XYZ(모든 표색의 기준/CIE)
- 2(0062) : 3속성(먼셀, 사람이 보는 색)
- 3(0063) : 색차(다름을 비교)
- 4(0064) : 용어(말뜻 풀이)
- 5(0065) : 시감 비교(눈으로 직접 봄)
- 6(0066) : 측정(기계로 잼)

05 ③

오스굿이 개발한 SD법(Semantic Differential Method, 의미미분법)은 '화려한-수수한'과 같은 반대 형용사 척도를 이용해 이미지를 측정한다.

오답 피하기

- ① SWOT 분석 : 강점/약점을 분석한다.
- ② FGI 기법 : 그룹 인터뷰이다.
- ④ 델파이 기법 : 전문가 합의법이다.

06 ②

제시된 상황을 분석하면 강점은 업계 최고 수준의 기술력(내부 요인), 위협은 저가 수입품의 공세, 가격 경쟁 심화(외부 요인)으로 도출한 전략은 자사의 강점(기술력)을 적극 활용하여 시장의 위협(가격 경쟁)을 회피하거나 정면 돌파하는 전략이므로 ST 전략에 해당한다. 이는 위협을 피하기 위해 강점을 이용하는 다각화 전략의 일종이다.

오답 피하기

- ① SO 전략 : 시장의 기회(호황 등)를 활용해 강점을 극대화하는 가장 공격적인 확장 전략이다.
- ③ WO 전략 : 시장의 기회는 왔으나 자사가 약할 때, 약점을 보완하여 기회를 잡는 국면 전환 전략이다.
- ④ WT 전략 : 위협적인 상황에서 약점까지 겹쳤을 때, 사업을 축소하거나 철수하는 생존 위주의 방어 전략이다.

더 알아보기

SWOT 전략 한 줄 요약
- SO(공격) : 물 들어올 때 노 젓자(확장)
- ST(다각화) : 내 실력으로 위기를 돌파하자(우회/차별화)
- WO(만회) : 기회를 잡게 약점 좀 고치자(개선/제휴)
- WT(방어) : 일단 살고 보자(축소/철수)

07 ③

안전색채에서 노랑(Yellow)은 눈에 잘 띄어 주의(Caution)나 충돌, 추락 경고를 의미한다(예 공사장 안전모 색상).

오답 피하기

- ① 금지 : 빨강
- ② 안전 : 초록
- ④ 지시 : 파랑

08 ①

AIDMA 법칙은 Attention(주의) → Interest(흥미) → Desire(욕구) → Memory(기억) → Action(행동) 순서대로 진행된다.

09 ③

전화 조사는 목소리로만 진행되므로, 질문이 길거나 내용이 복잡하면 응답자가 이해하기 힘들어 중간에 전화를 끊을 확률이 높다. 따라서 질문은 짧고 간결해야 한다.

오답 피하기

①, ② : 전화 조사의 최대 장점은 빠르고 싸다는 점이다.

10 ④

색채마케팅 과정은 '조사 → 기획 → 마케팅(판매) → 피드백'의 흐름을 가진다. ④의 '경쟁사 색채 조사 및 분석'은 본격적인 기획에 앞서 시장 상황을 파악하는 제1단계 '색채 정보화(조사)' 단계의 업무이다. 조사가 끝나야 기획을 할 수 있다는 순서를 기억하면 쉽다.

오답 피하기

- ① 타깃 설정 : 누가 쓸 물건인지 정하는 것은 기획의 첫걸음이다(2단계 해당).
- ② 콘셉트 설정 : 어떤 느낌을 줄 것인지 방향을 잡는 것은 기획의 핵심이다(2단계 해당).
- ③ 네이밍/패키징 : 결정된 콘셉트를 구체화하여 이름과 포장을 만드는 실무 기획 단계이다(2단계 해당).

더 알아보기

색채마케팅 4단계 핵심 키워드
- 정보화(조사) : 동향, 경쟁사, 소비자 선호(자료 수집)
- 기획(전략) : 타깃, 콘셉트, 포지셔닝, 네이밍(방향 설정)
- 판매 촉진(실행) : 4P, 홍보, 광고, 유통(팔기)
- 정보망(관리) : 피드백, DB 구축, 점검(사후 관리)

11 ②

질문의 핵심은 '이미지 사진 등을 콜라주'하여 '콘셉트'를 보여준다는 점이다. 분위기나 스타일을 전달하는 것이 주목적인 이 단계는 '이미지 맵'이다.

오답 피하기
- ① 컬러 맵(Color Map) : 수집된 '컬러(색상 칩, 스와치)'를 배색하여 색의 흐름을 보여주는 것이다.
- ③ 포지셔닝 맵(Positioning Map) : 시장 분석 시 브랜드의 위치를 점으로 찍어 비교하는 그래프이다.
- ④ 마인드 맵(Mind Map) : 생각의 지도를 그리는 발상법이다.

더 알아보기
- 컬러 맵 : 주인공이 '색(Color)'
- 이미지 맵 : 주인공이 '느낌(Concept/Photo)'

12 ③

인몰드 성형(In-mold)이란 '금형(Mold) 안에(In)' 필름을 넣는다는 뜻이다. 별도의 도장이나 인쇄 공정 없이 성형과 동시에 디자인을 입힐 수 있어 효율적이고 내구성이 좋다.

오답 피하기
- ① 사출 성형 : 플라스틱을 녹여 형태를 만드는 가장 기본적인 공법이다.
- ② 진공 성형 : 시트를 가열해 진공으로 빨아들여 형태를 만든다.
- ④ 압출 성형 : 가래떡 뽑듯이 연속적으로 형태를 뽑아내는 공법이다.

더 알아보기
'동시에+필름/라벨'이라는 키워드가 나오면 인몰드(In-mold) 성형에 관한 내용이다.

13 ②

아노다이징(Anodizing)은 우리말로는 '양극산화피막'이라고 한다. 알루미늄에 주로 쓰이며, 금속 고유의 질감을 살리면서도 부식을 방지하고, 미세한 구멍에 염료를 넣어 다양한 색을 낼 수 있는 고급 마감 기술이다(예 스마트폰 메탈 바디).

오답 피하기
- ① 도금(Plating) : 다른 금속을 겉에 씌우는 것이다.
- ③ 에칭(Etching) : 약품으로 부식시켜 무늬를 만드는 것이다.
- ④ 샌딩(Sanding) : 모래를 쏴서 무광으로 만드는 것이다.

더 알아보기
알루미늄+색깔=아노다이징

14 ②

색채 포지셔닝(Positioning)은 소비자들의 마음(인식)속에 우리 브랜드의 색채 이미지를 '어디에 위치시킬 것인가'를 정하는 것이다. 경쟁 제품과 비교하여 차별화된 색채 이미지를 심어줌으로써 시장에서 우위를 점하는 것이 핵심 목적이다.

오답 피하기
- ① : 전체 시장을 비슷한 성향의 그룹으로 나누는 과정이다.
- ③ : 제품의 도입-성장-성숙-쇠퇴 과정을 분석하는 이론이다.
- ④ : 기획 초기에 유행할 색을 예측하고 조사하는 활동이다.

더 알아보기
마케팅 STP 전략(순서 암기)
- Segmentation(시장세분화) : 시장 쪼개기
- Targeting(타겟 선정) : 목표 시장 정하기
- Positioning(포지셔닝) : 내 위치 잡기(차별화)

15 ③

쓴맛은 주로 진한 초록(쑥색), 올리브 그린, 짙은 갈색(한약색) 등 칙칙하고 어두운 색에서 느껴진다. 밝고 상큼한 연두색은 신맛이나 풋풋한 맛에 가깝다.

오답 피하기
- ① 단맛 : 사탕이나 꿀을 연상시키는 분홍, 주황 등 난색 계열이다.
- ② 신맛 : 레몬을 연상시키는 노랑, 연두이다.
- ④ 짠맛 : 소금이나 바다를 연상시키는 연한 회색, 연한 파랑, 하양이다.

더 알아보기
- 쓴맛=맛없어 보이는 색(칙칙한 국방색, 진흙색)
- 단맛=예쁜 색(핑크, 빨강)

16 ③

VI(Visual Identity)는 이름 그대로 Visual(시각) 통일화 작업이다. 눈에 보이는 로고, 마크, 색상, 서체 등이 모두 여기에 속한다.

오답 피하기
- ① MI(Mind Identity) : 기업의 마음, 정신, 경영 이념으로 구성된다.
- ② BI(Behavior Identity) : 기업 구성원의 행동, 서비스 태도로 구성된다.
- ④ PI(Product Identity) : 제품의 개성을 나타내는 제품 정체성을 나타낸다.

더 알아보기
CI 3요소 약자 : MI=Mind(마음), BI=Behavior(행동), VI=Visual(얼굴/시각)

17 ②

패드(Fad)는 갑자기 확 떴다가 순식간에 잊히는 반짝 유행을 말한다. 'For a day(하루살이)'에서 유래설이 있을 정도로 수명이 아주 짧은 유행이다.

오답 피하기
- ① 트렌드(Trend) : 패드보다 길고 사회 전반적인 흐름을 형성한다(1∼5년).
- ③ 클래식(Classic) : 유행을 타지 않고 오랫동안 사랑받는 스타일이다.
- ④ 테마(Theme) : 디자인의 주제나 콘셉트를 말하는 용어이다.

더 알아보기
그래프로 그리면 패드(Fad)는 뾰족한 산 모양(∧)으로, 급상승했다가 급하강한다.

18 ③

경기가 안 좋으면 사람들은 지갑을 닫고, 옷이나 제품을 한 번 사서 오래 쓰길 원한다. 따라서 쉽게 질리지 않고 어디에나 잘 어울리는 검정, 회색, 베이지 같은 보수적이고 실용적인 색이 잘 팔린다.

오답 피하기
①, ② : 경기가 좋을 때(호황), 사람들의 심리가 여유로워지면서 화려한/낭만적인 색을 찾는다.

더 알아보기
- 불황=튀지 말고 아끼자(무채색)
- 호황=폼 나게 즐기자(화려한 색)
- 립스틱 효과(예외) : 불황기에도 적은 돈으로 사치를 누릴 수 있는 '빨간 립스틱(강렬한 색의 저가 제품)'은 잘 팔리는 역설적 현상도 있다.

19 ③

브랜드 아이덴티티는 마케팅과 디자인 전략이지, 인사 관리나 급여 체계와는 전혀 관련이 없다.

오답 피하기
①, ②, ④ : 모두 BI가 소비자에게 주는 긍정적인 효과(차별화, 신뢰, 인식 강화)이다.

20 ②

위험한 물질이나 장소 등 주의가 필요한 곳에는 눈에 잘 띄는 노란색 바탕에 검정색 테두리를 두른 삼각형 표지를 사용한다.

오답 피하기

- ① 원형 – 빨강 : 금지
- ③ 사각형 – 초록 : 안내
- ④ 원형 – 파랑 : 지시

더 알아보기

자동차 계기판이나 도로 표지판을 보면, '주의' 표시는 항상 세모(삼각형)이다. 뾰족한 모양 자체가 긴장감을 주기 때문이다.

21 ③

도입기는 신제품이 시장에 처음 나오는 시기이다. 소비자가 제품을 모르기 때문에 인지도를 높이기 위해 막대한 광고 홍보비가 지출된다. 매출은 아직 낮고 비용은 많이 들어 수익성은 낮거나 마이너스인 경우가 많다.

오답 피하기

- ① 경쟁자가 가장 많다 : 시장성이 입증된 후인 '성장기' 후반이나 '성숙기'의 특징이다.
- ② 이익이 가장 높다 : 매출이 정점을 찍고 생산 원가가 낮아지는 '성숙기'의 특징이다.
- ④ 기본색 위주 생산 : 유행을 타지 않는 색으로 재고 부담을 줄여야 하는 '쇠퇴기'의 특징이다.

22 ④

오스굿의 SD법에서 감성을 측정하는 3가지 주요 차원은 평가성(좋다 – 나쁘다), 역능성(강하다 – 약하다), 활동성(빠르다 – 느리다)이다.

오답 피하기

- ① 평가(Evaluation) : 대상에 대한 호불호나 미적 가치를 판단하는 척도이다.
- ② 역능(Potency) : 대상이 가진 힘의 크기나 무게감을 판단하는 척도이다.
- ③ 활동(Activity) : 대상의 움직임이나 속도감을 판단하는 척도이다.

23 ②

기하학적인 정의에서 선(Line)은 '점이 이동하면서 남긴 자취(궤적)'를 말한다. 점이 연속적으로 이어져 하나의 흐름을 형성할 때 선이 된다. 선은 위치와 방향, 길이를 가지며, 면이나 형(Shape)의 윤곽을 형성하는 요소이다.

오답 피하기

- ① 위치만 있고 크기는 없다 : 점(Point)에 대한 설명이다. 점은 조형의 최소 단위로 위치를 표시한다.
- ③ 길이와 폭, 부피를 모두 가진다 : 선은 길이는 있지만, 기하학적으로는 폭이나 부피(두께)가 없다. 만약 폭이 넓어지면 그때부터는 '면'으로 인식된다.
- ④ 면이 이동하여 생긴 공간이다 : 입체(Volume)에 대한 설명이다.

더 알아보기

차원의 확장을 순서대로 기억해야 한다.

- 0차원 : 점(위치)
- 1차원 : 선(길이) = 점의 이동
- 2차원 : 면(길이 + 폭) = 선의 이동
- 3차원 : 입체(길이 + 폭 + 깊이) = 면의 이동

24 ②

1960년대는 젊은이들의 문화인 영 패션(Young Fashion)이 주도한 시기이다. 앤디 워홀의 팝아트, 옵아트 등의 영향으로 강렬한 원색, 사이키델릭한 형광색, 대담한 배색이 유행했다.

오답 피하기

- ① 파스텔 톤의 은은한 색채 : 1950년대에는 전쟁 후의 안정감과 여성스러움을 강조한 부드러운 파스텔 톤이 유행했다.
- ③ 자연 그대로의 내추럴 컬러 : 1970년대에는 히피 문화와 자연 회귀 사상으로 내추럴 컬러(베이지, 브라운)가 유행했다.
- ④ 어두운 무채색과 금속성 컬러 : 1980년대에는 앤드로지너스 룩과 함께 시크한 검정 등 무채색이 유행했다.

25 ③

POP(Point Of Purchase) 광고는 '구매 시점 광고'라고 한다. 소비자가 물건을 사려고 하는 매장 현장(계산대 옆, 진열대, 천장 등)에 설치된 간판, 포스터, 가격표 등을 말하며, 충동구매를 유발하는 것이 핵심 목적이다.

오답 피하기

- ① DM(Direct Mail) 광고 : 우편으로 보내는 광고이다.
- ② 옥외 광고 : 건물 밖이나 거리에 설치하는 간판, 네온사인 등을 말한다.
- ④ 신문 광고 : 매스미디어를 통한 인쇄 광고이다.

26 ②

엑센트(Accent) 배색은 전체 배색이 평범하거나 지루할 때, 반대되는 색상(보색)이나 고채도의 색을 전체 면적의 5% 내외로 아주 적게 사용하여 시선의 강조점(Focal Point)을 만들고 생동감을 주는 기법이다(예 회색 정장에 빨간 넥타이, 케이크 위의 체리).

오답 피하기

- ① 그러데이션(Gradation) : 색채를 단계적으로 변화시켜 리듬감을 주는 기법이다.
- ③ 도미넌트(Dominant) : 전체를 지배하는 주조색을 말한다. 가장 넓은 면적(70% 이상)을 차지하며 전체적인 분위기를 결정한다.
- ④ 하모니(Harmony) : 두 개 이상의 색이 어우러지는 '조화'를 뜻하는 포괄적인 용어이다.

27 ②

어도비 일러스트레이터(Adobe Illustrator)는 점과 선을 수학적 연산(베지어 곡선)으로 연결하는 벡터(Vector) 방식이다. 벡터 방식은 이미지 정보를 좌표값으로 저장하므로, 크기를 무한정 확대하거나 축소해도 외곽선이 깨지는 계단 현상(Aliasing)이 발생하지 않는다. 따라서 크기 변형이 잦은 로고, 심벌, 캐릭터, 도면 작업 등에 필수적으로 사용된다.

오답 피하기

- ① 포토샵(Adobe Photoshop) : 작은 점(픽셀)의 집합으로 이미지를 구성하는 비트맵(Bitmap) 방식이다. 확대하면 이미지가 깨진다.
- ③ 파워포인트(Microsoft PowerPoint) : 프레젠테이션(발표) 프로그램이다.
- ④ 워드(Microsoft Word) : 텍스트 문서 작성 프로그램이다.

더 알아보기

- 일러스트(벡터) = 고무줄(늘려도 깨지지 않음)
- 포토샵(비트맵) = 모자이크(늘리면 픽셀이 보이며 깨짐)

28 ③

강조색(Accent Color)은 전체 배색이 단조로울 때, 5~10% 정도의 작은 면적으로 대조적인 색을 사용하여 전체에 활기를 불어넣고 시선을 사로잡는 (Focus) 역할을 한다.

오답 피하기

- ① 주조색(Dominant) : 전체 분위기를 결정하는 배경색(70%)이다.
- ② 보조색(Assort) : 주조색을 돕는 색(25%)이다.
- ④ 배경색(Base) : 주조색과 같은 의미이다.

더 알아보기

말을 할 때도 강조하고 싶은 부분에 강세를 주듯, 배색에서도 심심할 때 '점'을 찍는 것이 강조색이다.

29 ②

톤 온 톤(Tone on Tone)은 '톤을 겹친다'는 뜻으로, 색상(Hue)은 동일하게 유지하고 명도와 채도(톤)를 다르게 하여 배색하는 기법이다. 소위 '깔맞춤'이라 불리며 통일감이 뛰어나다.

오답 피하기

- ① 색상 다르고 톤 동일 : 이것은 '톤 인 톤(Tone in Tone)' 배색이다.
- ③ 보색 관계 : 반대 색상을 쓰는 것으로 톤 온 톤과 거리가 멀다.
- ④ 무채색/유채색 : 바이컬러 배색 등의 설명에 가깝다.

더 알아보기

- Tone ON Tone＝One Color(색은 하나)
- Tone IN Tone＝In one Tone(톤은 하나)

30 ②

쉐브럴은 색채 조화를 크게 두 가지로 분류했다. '동일 색상'이나 '유사 색상'의 조화는 편안함과 통일감을 주는 배색이므로 '유사(Analogy)의 조화'에 속한다. 반면, '대비(Contrast)의 조화'에는 보색 대비 등이 포함된다.

오답 피하기

- ① 배경 : 19세기 고블랭 직물 공장에서 발생한 색채 문제를 해결하며 이론을 정립했다.
- ③ 원리 : 우리 눈의 생리적 작용인 보색 잔상 때문에 색이 달라 보이는 현상(동시 대비)을 설명했다.
- ④ 영향 : 물감을 섞지 않고 눈에서 색을 혼합하는 신인상주의의 점묘법에 지대한 영향을 미쳤다.

더 알아보기

쉐브럴 조화론의 2대 분류(핵심 키워드)

- 유사의 조화(Analogy) : 편안함, 통일감, 동일/유사 색상
- 대비의 조화(Contrast) : 강렬함, 생동감, 보색/반대 색상

31 ①

동시 대비(Simultaneous Contrast)는 두 가지 이상의 색을 시간적 차이 없이 '동시에' 볼 때 일어나는 현상이다. 인접한 색들이 서로의 반대 성질(보색 방향)을 강조하여, 색상·명도·채도의 차이가 원래보다 더 크게 벌어져 보이게 만든다.

오답 피하기

- ② 계시 대비 : 어떤 색을 보고 난 후에 다른 색을 볼 때 일어나는 시간적 대비이다.
- ③ 연변 대비 : 색과 색이 맞닿은 '경계 부분'에서만 유독 강하게 일어나는 대비 현상이다.
- ④ 한난 대비 : 색의 차가움과 따뜻함이 대비되는 감정적 효과이다.

32 ③

색을 볼 때 느껴지는 온도감(난색, 한색)은 주로 색상(Hue)에 의해 결정된다.

- 난색(따뜻함) : 빨강, 주황, 노랑 계열(불, 태양 연상)
- 한색(차가움) : 파랑, 청록, 남색 계열(물, 얼음, 그늘 연상)

오답 피하기

- ① 명도(Value) : 색의 무게감(가벼움/무거움)이나 팽창/수축에 가장 큰 영향을 준다.
- ② 채도(Chroma) : 색의 화려함/소박함, 강약, 경연감(일부)에 영향을 준다.
- ④ 질감(Texture) : 색의 속성이 아닌 표면의 특성이다.

33 ③

간상체(막대세포)는 약 0.1lux 이하의 어두운 곳(암소시)에서 작동한다. 빛에 매우 민감한 시홍(Visual Purple) 물질인 로돕신(Rhodopsin)을 함유하고 있어, 미세한 빛을 감지하여 명암과 형태를 파악한다.

오답 피하기

- ① : 간상체는 망막의 주변부에 넓게 분포한다(중심부는 추상체).
- ② : 흑백(명암)만 구별할 뿐, 색상은 구별하지 못한다.
- ④ : 507nm(단파장) 부근에서 감도가 가장 높다(555nm는 추상체).

더 알아보기

암기법 : '간－밤－로' 간상체는 밤에 일하고 로돕신이 필요하다.

34 ②

오간색은 정색의 혼합이다. 남방 간색은 남쪽의 적색과 서쪽의 백색이 만나 생성된 홍색(紅, 핑크빛)이다.

오답 피하기

- ① 동방 간색 : 청색(동)＋황색(중앙)＝녹색(綠)이다(벽색은 서방 간색).
- ③ 서방 간색 : 백색(서)＋청색(동)＝벽색(碧, 하늘색)이다(오간색 체계에 '회색'은 없다).
- ④ 북방 간색 : 흑색(북)＋적색(남)＝자색(紫, 보라색)이다(유황색은 중앙 간색).

더 알아보기

서방 간색은 백＋흑(회색)이 아니라, 백＋청(벽색)이다.

35 ③

스테인드글라스는 고딕 건축의 핵심이다. 고딕 양식은 벽을 허물고 거대한 창을 냈기 때문에, 그 창을 통해 들어오는 빛을 성스러운 색채(투과광)로 바꾸기 위해 색유리 그림을 설치했다. 이는 문맹인 신도들에게 성경 내용을 전달하는 역할도 했다.

오답 피하기

- ① 프레스코(Fresco) : 덜 마른 회반죽 벽에 안료를 스며들게 하는 벽화 기법이다(르네상스 등).
- ② 모자이크(Mosaic) : 돌, 유리, 타일 조각을 붙여 무늬를 만드는 기법이다(비잔틴 양식).
- ④ 템페라(Tempera) : 안료에 달걀 노른자를 섞어 쓰는 불투명 물감 기법이다(중세 제단화).

36 ①

아르누보(Art Nouveau)는 '새로운 예술'이라는 프랑스어이다. 산업혁명의 기계적이고 딱딱한 직선에 반발하여, 자연물(식물 줄기, 꽃)에서 볼 수 있는 유연하고 흐르는 듯한 곡선을 건축, 가구, 그래픽에 적극 도입했다.

오답 피하기

- ② 아르데코(Art Deco) : 아르누보 다음 시대로, 기하학적이고 직선적인 장식이 특징이다.
- ③ 바우하우스(Bauhaus) : 장식을 배제하고 기능주의를 추구한 독일의 조형 학교이다.
- ④ 큐비즘(Cubism) : 사물을 기하학적 형태로 해체한 입체파 미술이다.

더 알아보기

아르누보＝곡선(식물) vs 아르데코＝직선(기하학)

37 ③

은은한 이미지는 자극적이지 않고, 그윽하며, 정돈된 느낌이다. 색의 선명함(채도)을 낮추어 회색 기운이 도는 탁색(grayish, soft, light grayish) 계열을 사용하고, 색상 간의 차이가 크지 않은 유사 색상 배색이나 톤 온 톤 배색을 할 때 은은한 분위기가 연출된다.

오답 피하기

- ① : 보색 배색의 특징은 다이내믹하거나 화려한 이미지이다.
- ② : 고채도의 색상은 경쾌하거나 비비드한 이미지이다.
- ④ : 흑백 대비의 경우 모던하거나 강렬한 이미지이다.

38 ④

KS 기본 색명 12가지는 '빨강, 주황, 노랑, 연두, 초록, 청록, 파랑, 남색, 보라, 자주(먼셀 10색상환)'에 '분홍, 갈색'을 더한 것이다. '하늘색'은 관용색명이며, KS 표준 계통색명으로는 '연한 파랑' 또는 '밝은 파랑' 등으로 표기해야 한다.

오답 피하기

- ①, ② 연두, 자주 : 10색상환에 포함되는 기본 색명이다.
- ③ 분홍 : 색상환에는 없지만 사용 빈도가 높아 기본 색명으로 채택되었다.

더 알아보기

시험에 하늘색, 살구색, 밤색, 옥색, 상아색이 나오면 무조건 오답(기본색명 아님)이다. 이들은 모두 '관용색명'이다.

39 ①

먼셀 기호의 국제 표준 표기 순서는 HV/C이다.
- H(Hue) : 색상(예 5R − 빨강의 중심)
- V(Value) : 명도(예 4 − 중저명도)
- C(Chroma) : 채도(예 14 − 매우 선명함)
따라서 색상, 명도, 채도의 순서가 정답이다.

더 알아보기

'색, 명, 채' : 사람이 이름을 부를 때 성(색상)을 먼저 부르고 이름(명도/채도)을 부르듯, 색의 가장 큰 특징인 색상을 맨 앞에 둔다.

40 ③

모든 디자인 프로세스는 '알아보고(Input) → 만들고(Process) → 유지한다(Output/Feedback)'의 논리적 흐름을 따른다.
1. 조사/분석 : 시장, 소비자, 환경을 조사하여 콘셉트를 잡는다(기획 단계).
2. 계획/설계 : 구체적인 색을 선정하고 배색하여 시안을 만든다(디자인 단계).
3. 관리 : 실제 결과물이 계획대로 나오는지 감리하고 유지 보수한다(실행 단계).

오답 피하기

- ① : 계획부터 하면 근거 없는 디자인이 된다. 조사가 먼저이다.
- ② : 관리는 맨 마지막 단계이다. 만들기 전에 관리할 수는 없다.
- ④ : 관리가 맨 앞에 올 수 없다.

더 알아보기

'조−계−관' 조사하고, 계획하고, 관리한다. 이 순서는 디자인 불변의 법칙이다.

41 ③

CIE XYZ 체계에서 Y값은 우리 눈의 시감 효율과 일치하도록 설계되어 빛의 밝기, 즉 반사율(명도, 휘도)을 나타낸다.

오답 피하기

- ①, ② : X와 Z는 색상 및 채도 성분을 포함하는 수치이며, Y만이 밝기 정보를 독자적으로 가진다.
- ④ : 좌표값은 X, Y, Z 전체를 아우르는 말이다.

더 알아보기

'Y'는 'Yes, Bright!'라고 외우면 된다. 대문자 Y는 무조건 밝기(명도)를 담당한다. 소문자 xyY 표색계에서도 대문자 Y는 여전히 명도이다.

42 ②

CIE L*u*v* 색공간은 빛의 등색상 궤적 거리를 균등하게 다루는 데 유리하여 조명, TV, 모니터 등 빛을 다루는 산업에서 주로 쓰인다.

오답 피하기

- ① CIE L*a*b* : 주로 물체색(페인트, 플라스틱, 섬유) 분야에서 사용된다.
- ③ Hunter L*a*b* : 미국 도장(페인트) 업계 위주이다.
- ④ NCS : 유럽 표준의 색채 체계(헤링 이론 기반)이다.

43 ①

아크릴 섬유는 양이온 성질을 띤 염기성 염료(Cation Dye)로 염색할 때 가장 선명하고 착색이 잘 된다.

오답 피하기

- ② 면(식물성) : 직접 염료, 반응성 염료, 건염염료가 적합하다(산성 염료는 염착 안 됨).
- ③ 양모(동물성) : 산성 염료가 적합하다.

더 알아보기

- 동물성(양모/실크)＝산성 염료(동산에 올라)
- 아크릴＝염기성 염료(아염!)
- 면/마＝직접 염료(면직물)

44 ③

프탈로시아닌(Phthalocyanine)은 구리 등을 중심 금속으로 하는 유기 화합물로, 내광성과 내열성이 뛰어나며 시안(Cyan, 청록) 계열의 대표적인 안료이다. 잉크나 페인트의 파란색/초록색 원료로 널리 쓰인다.

오답 피하기

- ① 산화티탄(Titanium Dioxide) : 대표적인 백색 무기 안료이다.
- ② 카본 블랙(Carbon Black) : 검정 안료이다.
- ④ 벤지딘 옐로(Benzidine Yellow) : 노란색 안료이다.

더 알아보기

시험 문제에 '청색(Blue/Green) 유기 안료'라고 나오면 답은 무조건 프탈로시아닌이다.

45 ③

측정 보고서는 언제, 누가 측정하더라도 동일한 결과가 나오도록(재현성) 기계적 설정값을 명시하는 것이 목적이다. 광원, 시야각, 측정 방식은 결과값에 지대한 영향을 미치는 필수 요소이지만, 날씨나 기온 같은 외부 환경은 항온항습 조건이 전제되므로 필수 기재 사항은 아니다.

오답 피하기

- ① 광원 : D65에서 잰 것과 A(백열등)에서 잰 것은 색이 완전히 다르다. 필수이다.
- ② 시야각 : 2도와 10도에 따라 색의 밝기와 채도가 다르게 계산된다. 필수이다.
- ④ 조건 : d/8(적분구)과 45/0(직접 조명)은 광택 포함 여부가 달라 수치가 다르다. 필수이다.

더 알아보기

"내가 시력이 2.0이다. 비 오는 날 측정했다." 이런 주관적이거나 통제 불가능한 정보는 과학적 데이터로서 가치가 없다. 오직 기계 세팅값(파라미터)만 중요하다.

46 ③

백색 기준물은 모든 측정의 기준점(Reflectance 100%)이 되는 '영점'이다. 표면이 오염되거나 긁혀서 반사율이 떨어지면, 그 기기로 측정하는 모든 데이터가 왜곡된다. 따라서 절대적으로 깨끗하게 관리해야 하며, 오염 시 즉시 세척하거나 재연마 또는 교체해야 한다.

오답 피하기

- ① : 화학적으로 안정되고 변색이 적은 고순도 세라믹 소재를 쓴다.
- ② : 분광식은 모든 파장에서의 반사율을 100%(또는 지정된 값)로 맞추는 화이트 캘리브레이션을 수행한다.
- ④ : 시간이 지나면 변색될 수 있으므로, 국가 표준기관을 통해 정기적으로 값을 보정(소급성 유지)해야 한다.

더 알아보기

백색 기준물은 저울의 '0점 조절 나사'이다.

47 ③

감법 혼색(색료 혼합)에서 노랑(Yellow)과 시안(Cyan)을 혼합하면 초록(Green)이 된다. 이는 일반적인 물감 혼합에서 노란색과 파란색(하늘색)을 섞으면 초록색이 되는 원리와 같다.

오답 피하기

- ① 마젠타＋노랑 : 파랑이 아니라 빨강(Red)이 된다(M＋Y＝R).
- ② 시안＋마젠타 : 빨강이 아니라 파랑(Blue)이 된다(C＋M＝B).
- ④ 시안＋노랑＋마젠타 : 감법 혼색은 섞을수록 어두워지므로 하양이 아니라 이론상 검정(Black)이 된다.

더 알아보기

색료의 혼합 공식은 암기가 필수이다.
- Y＋C＝G(노랑＋시안＝초록)
- C＋M＝B(시안＋마젠타＝파랑)
- M＋Y＝R(마젠타＋노랑＝빨강)

48 ②

생리적 혼색이란 도구적으로 색을 섞는 것이 아니라, 우리 눈(망막)의 지각 과정에서 색이 혼합되어 보이는 현상이다. 대표적으로 병치 혼색과 회전 혼색이 있다.

- ㄱ. 직물의 직조 : 색실이 교차하면서 멀리서 볼 때 혼색되어 보이는 병치 혼색(생리적 혼색)이다.
- ㄷ. 점묘화법 : 작은 점들을 찍어 망막에서 색이 섞이게 하는 병치 혼색(생리적 혼색)이다.

- ㄴ. 컬러 인쇄 : 잉크를 사용하는 감법 혼색(물리적 혼색)이 주된 원리이다(망점에 의한 병치 효과가 일부 있으나, 분류상 감법 혼색으로 다루는 것이 일반적).
- ㄹ. 무대 조명 : 색광을 직접 투사하여 섞는 가법 혼색(물리적 혼색)이다.

더 알아보기

- 물리적 혼색 : 재료를 실제로 섞음(가법, 감법)
- 생리적 혼색 : 눈이 착각하여 섞음(병치, 회전)
이렇게 기준을 명확히 세우면 어떤 예시가 나와도 분류할 수 있다.

49 ②

표준광 D65는 색온도 6,500K의 평균 주광(Daylight)을 의미한다. 가시광선과 자외선 영역을 모두 포함하여 실제 자연광과 가장 유사하며, 현재 산업계에서 물체색 측정의 표준으로 사용된다.

오답 피하기

- ① : 표준광 A는 색온도 2,856K의 백열전구 빛이다(6,774K는 표준광 C).
- ③ : 표준광 C는 색온도 6,774K의 북창 주광이다(2,856K는 표준광 A).
- ④ : 표준광 D50은 색온도 5,000K의 주광으로 인쇄/그래픽 표준이다(4,874K는 표준광 B).

더 알아보기

시험장 필수 암기 : 기호＝온도
- A(2,856K) : 백열전구(따뜻함)
- C(6,774K) : 흐린 날 북쪽 하늘(차가움)
- D50(5,000K) : 인쇄, 그래픽 표준
- D65(6,500K) : 산업 표준, 평균 주광(가장 중요!)

50 ④

CMC(l:c) 색차식은 섬유 산업을 위해 개발되었다. 인간의 눈이 채도 차이보다 명도 차이에 둔감하다는 시각적 특성을 반영하여, 명도(l)와 채도(c)의 허용 비율을 조절할 수 있다. 섬유 업계에서는 주로 l:c＝2:1 비율을 표준으로 사용한다.

오답 피하기

- ① CIE L*a*b* : 가장 기본이 되는 식이지만, 허용 범위가 구형이라 시각적 균일성이 떨어진다.
- ② CIE 94 : 도료(페인트) 산업을 위해 CMC를 개량하여 CIE가 표준화한 식이다.
- ③ CIEDE2000 : 가장 정밀하지만 계산식이 매우 복잡한 최신 식이다.

더 알아보기

'섬유는 CMC, 페인트는 CIE94' 옷(섬유)은 까다로우니까 비율 조절이 되는 CMC를 쓴다.

51 ②

연색성(Color Rendering)은 인공 광원이 기준 광원(주로 태양광)과 비교했을 때, 물체의 색을 얼마나 비슷하게 재현해 주는가를 나타내는 성질이다. 수치화한 것을 연색 지수(CRI, Ra)라고 한다.

오답 피하기

- ① 색온도(Color Temperature) : 광원 자체가 띠는 빛의 색깔(붉음/푸름)을 온도로 나타낸 것이다.
- ③ 휘도(Luminance) : 광원이나 반사면을 바라볼 때 눈부심의 정도(화면 밝기)이다.
- ④ 조도(Illuminance) : 빛이 비치고 있는 장소(바닥, 책상)의 밝기이다.

더 알아보기

- 터널 안(나트륨 등)에서 차 색깔 구별하기 힘듦 – 연색성이 나쁜 것
- 백화점 거울 앞에서 옷 색깔이 예뻐 보이는 것 – 연색성이 좋은 것

52 ④

색온도가 높다는 것은 푸른색 파장이 많다는 뜻이다(예 주광색 형광등 6,500K). 푸른빛은 심리적으로 시원하고 차가운(Cool) 느낌을 주며, 긴장감을 높여 사무실 등에 쓰인다. 따뜻하고 안락한 분위기를 원한다면 색온도가 낮은(3,000K 전구색) 조명을 써야 한다.

- ① : 표기는 섭씨(℃)가 아니라 절대온도 캘빈(K)을 쓴다.
- ② : 촛불(저온/붉음), 가스불(고온/푸름)을 연상한다.
- ③ : 이상적인 완전 흡수체인 흑체 복사 이론을 따른다.

- 온도가 높음(High K)=차가운 색(Cool/Blue)
- 온도가 낮음(Low K)=따뜻한 색(Warm/Red)

53 ②

- ΔL*= +5(양수) : 시료가 밝다(Lighter) → 어둡게 해야 하므로 검정(Black) 추가
- Δa*= +10(양수) : 시료가 붉다(Reddish) → 붉은기를 죽여야 하므로 보색인 초록(Green) 추가
- Δb*= −5(음수) : 시료가 푸르다(Bluish) → 푸른기를 죽여야 하므로 보색인 노랑(Yellow) 추가

따라서 판정은 '밝고, 붉고, 푸르다.'이며, 처방은 그 반대인 '검정, 초록, 노랑'을 넣어야 한다.

- ①, ④ : +a*는 붉은색, −b*는 푸른색이다. 부호를 반대로 읽으면 안 된다.
- ③ : 판정은 맞았으나 처방을 반대로 했다. 밝은데 하양을 넣고, 붉은데 빨강을 넣으면 오차가 2배로 커진다.

판정은 부호 그대로 읽고(+a*는 붉다), 처방은 반대 색(보색)을 넣는다.
- 붉으면(+a*) → 초록 넣기
- 푸르면(−b*) → 노랑 넣기

54 ②

은폐력은 바탕색을 가리는 능력이다. 이는 안료 입자가 빛을 얼마나 산란시키고 반사하느냐에 달려 있는데, 안료와 전색제(수지) 사이의 굴절률 차이가 클수록 빛의 산란(굴절)이 심하게 일어나 불투명해지고 은폐력이 좋아진다(예 굴절률이 매우 높은 산화티탄 백색 안료).

- ① 소광제의 유무 : 광택을 조절하는 역할을 하며, 은폐력에 미치는 영향은 부차적이다.
- ③ 도막의 광택도 : 표면에서의 반사 특성일 뿐, 도막 내부를 통과하는 빛을 차단하는 은폐력과는 직접적인 인과관계가 약하다.
- ④ 건조 속도 : 작업성 및 도막의 물성(경도 등)과 관련이 있지, 광학적 은폐력과는 무관하다.

- 유리(전색제) 속에 유리구슬(안료)을 넣으면 투명해서 안 보임 → 굴절률이 같음
- 유리 속에 다이아몬드를 넣으면 번쩍거리며 잘 보임 → 굴절률 차이가 커서 빛이 꺾이기 때문

55 ④

CIE XYZ는 빛의 가법 혼색 실험을 기초로 만들어진 혼색계(Mixing System)이다. 물리적인 빛의 양을 수치로 표시하므로 정밀한 계산이 가능하지만, 색표(색종이)가 없어 눈으로 바로 확인하기 어렵다. 반면 나머지 3개는 모두 현색계이다.

①, ②, ③ : 먼셀, NCS, 오스트발트는 모두 물체의 색을 눈으로 보고 지각적인 등간격에 따라 배열하여 번호를 붙인 현색계이다. 실제 색종이나 색표집(Atlas)이 존재한다.

- 현색계=현물(색종이)이 있다(먼셀, NCS, 오스트발트 → 사람이 씀).
- 혼색계=혼령(빛/수치)만 있다(CIE XYZ, L*a*b* → 기계가 씀).

56 ②

제로 교정(Zero Calibration)은 반사율 0%(완전한 어둠) 상태를 기기에 인식시키는 과정이다. 블랙 트랩(Black Trap)을 장착하거나 허공을 향해 측정하여, 기기 내부 회로의 미세한 전류나 잡음(Noise)을 '0'으로 설정함으로써 저명도(어두운 색) 측정의 정확도를 높인다.

- ① 화이트 교정(White Calibration) : 반사율 100%(또는 지정값)인 백색 표준판을 측정하여 기준을 잡는 것이다.
- ③ 파장 교정(Wavelength Calibration) : 분광기 내부의 파장 위치가 틀어졌을 때 제조사에서 수행하는 정밀 교정이다.
- ④ 광택 교정(Gloss Calibration) : 광택기의 기준(흑색 유리)을 잡는 것이다.

저울에 아무것도 안 올렸을 때 바늘을 '0'에 맞추지 않으면 무게(색값)가 다 틀리게 나온다.

57 ③

도료가 도장된 후 표면장력에 의해 평평하게 퍼지는 성질을 레벨링(Leveling)이라고 한다. 이 레벨링이 부족하면 도막 표면에 요철이 남게 되는데, 그 모양이 귤(오렌지) 껍질과 같다고 하여 오렌지 필(Orange Peel)이라고 부른다.

- ① 백화(Blushing) : 높은 습도로 인해 도막 표면이 하얗게 흐려지는 현상이다.
- ② 핀홀(Pinhole) : 도막 내부의 기포나 용제가 빠져나간 자리에 생기는 바늘구멍 자국이다.
- ④ 크래킹(Cracking) : 건조 과정이나 노화로 인해 도막이 갈라지는 현상이다.

오렌지 필은 외관상 광택을 떨어뜨리고 이미지 선명도(DOI)를 저하시키는 주원인이다. 주로 신나 희석이 부족하거나 점도가 높을 때 발생한다.

58 ③

펄 안료는 투명한 운모 판 위에 고굴절률의 금속 산화물(산화티탄 등)을 얇게 코팅한 샌드위치 구조이다. 빛이 이 얇은 막을 통과하고 반사되는 과정에서 파장끼리 위상차를 일으키며 보강되거나 상쇄되는 빛의 간섭(Interference) 현상에 의해 각도에 따라 다양한 색(간섭색)이 나타난다.

- ① 빛의 흡수 : 일반적인 유색 안료의 발색 원리이다.
- ② 빛의 산란 : 백색 안료나 소광제의 원리이다.
- ④ 빛의 회절 : 좁은 틈이나 장애물을 빛이 돌아가는 현상으로, 펄의 주된 원리는 아니다.

비눗방울이나 물 위에 뜬 기름막이 무지개색으로 보이는 것과 정확히 같은 원리이다. 펄 안료는 '가루로 만든 인공 비눗방울 막'이라고 이해하면 쉽다.

59 ③

조색 결과보고서는 색채 품질의 적합성을 증명하는 기술 문서이다. 색차가 얼마나 나는지(Quality)를 따지는 데 있어 안료의 가격(단가)은 측정 데이터 값에 영향을 주는 변수가 아니다.

①, ②, ④ : 광원(D65 등), 관측자(10° 등), 측정 모드(SCI/SCE)가 바뀌면 L*a*b* 수치 자체가 완전히 달라진다. 따라서 이 조건들이 명시되지 않은 데이터는 품질 관리용으로 사용할 수 없다.

60 ②

직물이나 가죽처럼 표면이 불균일한 시료는 국소 부위마다 색이 다르게 측정된다. 따라서 측정 구경이 큰 LAV(Large Area View)를 사용하여 넓은 면적의 반사광을 한 번에 받고, 위치를 바꿔 가며 여러 번 측정해 평균(Average)을 내야 요철에 의한 오차를 상쇄할 수 있다.

• ① SAV : 작은 구경은 좁은 점 하나만 측정하므로 전체 색상을 대변하지 못하고 데이터 편차가 크다.
• ③ 조명 조절 : 측색기의 광량은 규정된 값을 유지해야 하며 임의 조절이 불가능하다.
• ④ 광택계 : 광택도만 알 수 있을 뿐 색상 데이터는 알 수 없다.

거친 표면은 '나무'를 보지 말고 '숲'을 봐야 한다. 좁게 보면 그림자만 보거나 하이라이트만 볼 수 있다. 넓게(LAV), 그리고 여러 번(평균)이 핵심이다.

61 ②

디지털 작업의 가장 큰 문제는 "모니터(RGB)에서 본 색과 프린터(CMYK)로 뽑은 색이 다르다."라는 점이다. 장치마다 색을 표현하는 원리와 범위(Gamut)가 다르기 때문이다. CMS(Color Management System)는 이러한 장치 간의 색상 불일치(Color Mismatch)를 최소화하여, 입력부터 출력까지 일관된 색을 유지하도록 돕는 시스템이다.

• ① : 해상도(Resolution)는 픽셀의 밀도 문제이지 색상 일치와는 무관하다.
• ③ : 파일 용량 축소는 압축 기술(JPEG 등)의 영역이다.
• ④ : 흑백을 컬러로 바꾸는 것은 이미지 복원이나 채색 기술이며 CMS의 주목적이 아니다.

62 ②

캘리브레이션(Calibration)의 사전적 의미는 '눈금 교정'이다. 디스플레이 캘리브레이션은 모니터가 시간이 지나며 색이 변하거나 틀어지는 것을 방지하기 위해, 전용 센서와 소프트웨어를 사용해 색온도, 감마, 휘도 등을 국제 표준값에 맞게 영점 조절(교정)하는 작업을 말한다.

• ① : 물리적인 청소(Cleaning)와는 다르다.
• ③, ④ : 소프트웨어 업데이트나 하드웨어 확장은 색상 정확도를 맞추는 '교정' 작업과는 거리가 멀다.

63 ③

모니터에 전기 신호(입력 50%)를 줬을 때, 화면 밝기(출력)가 정확히 50%가 되지 않고 더 어둡게 나오는 현상을 '비선형성(Non-linearity)'이라고 한다. 이처럼 입력과 출력이 정비례하지 않는 왜곡을 바로잡아, 원래 의도한 밝기와 명암(Tone)을 표현하기 위해 감마 보정을 수행한다.

• ① : 감마 수치가 높을수록 그래프가 아래로 처져 이미지는 어두워진다.
• ② : 감마는 색상(빨강, 파랑 등)을 바꾸는 것이 아니라 밝기와 명암비(Tone)를 조절하는 것이다.
• ④ : CRT, LCD, OLED 등 모든 디스플레이 장치는 고유의 감마 특성을 가지므로, 정확한 재현을 위해 반드시 보정이 필요하다.

64 ③

CIE L*a*b* 색체계는 인간의 색채 지각을 기반으로 한 좌표계이다. b*축은 파랑과 노랑의 대립 관계를 나타낸다. 수치가 양수(+)이면 노랑(Yellow) 성분이 많고, 음수(−)이면 파랑(Blue) 성분이 많다는 뜻이다.

• ① L* : Lightness의 약자로 명도를 나타낸다.
• ② a*축 : 양수(+)가 빨강(Red), 음수(−)가 초록(Green)이다.
• ④ 색상각 : a*축과 b*축의 좌표를 이용하여 계산한다.

Apple is Red(+a*), Banana is Yellow(+b*) : a*축 플러스는 사과(빨강), b*축 플러스는 바나나(노랑)

65 ③

GIF(Graphics Interchange Format)는 통신 속도가 느리던 시절 개발되어 용량이 작다. '최대 256색(8비트) 제한, 투명 배경 지원, 여러 장의 이미지를 합쳐 애니메이션(움짤) 제작 가능' 이 세 가지 조건을 모두 만족하는 것은 GIF뿐이다.

• ① BMP : 압축을 하지 않아 용량이 크고, 투명 배경이나 애니메이션 기능이 없다.
• ② TIFF : 고해상도 인쇄용 파일로, 애니메이션용이 아니다.
• ④ JPEG : 압축률이 좋아 사진에 적합하지만, 배경을 투명하게 하거나 움직이게 만들 수 없다.

66 ③

R(8비트)+G(8비트)+B(8비트)=24비트. 이 조합으로 만들 수 있는 색상은 약 1,677만 가지이다. 이는 인간의 눈으로 구별할 수 있는 자연계의 거의 모든 색을 표현할 수 있다는 의미에서 '트루 컬러(True Color)'이라고 부른다.

• ① 인덱스 컬러(Indexed Color) : 8비트(256색) 모드로, GIF가 대표적이다.
• ② 하이 컬러(High Color) : 16비트(약 6만 5천 색) 모드로, 트루 컬러보다 색 재현력이 떨어진다.
• ④ 듀오톤(Duotone) : 두 가지 색(잉크)만 사용하여 이미지를 표현하는 인쇄 기법이다.

67 ②

모니터 화면은 빛을 내는 작은 사각형인 '픽셀(Pixel)'로 이루어져 있다. PPI는 1인치(Inch) 안에 몇 개의 픽셀(Pixel)이 들어 있는가를 나타내는 단위이므로 'Pixel Per Inch'가 정답이다.

• Point : 폰트 크기 단위이다.
• DPI : 프린터는 잉크 점(Dot)을 찍으므로 DPI(Dot Per Inch)를 쓴다.

68 ②

디더링 기법이란 사용 가능한 색상 수가 부족할 때(예 256색 GIF), 팔레트에 없는 색을 표현하기 위해 비슷한 색상의 점들을 촘촘하게 섞어서 찍는 기술이다. 멀리서 보면 색이 혼합된 것처럼 보이는 착시 효과를 이용한다. 웹 안전 컬러를 사용하면 이 디더링을 막아 깨끗한 단색을 얻을 수 있다.

오답 피하기

- ① : 안티 앨리어싱은 외곽선의 계단 현상을 부드럽게 처리하는 기술이다.
- ③ : 래스터화(Rasterize)란 벡터를 비트맵으로 바꾸는 것이다.

69 ②

공기(대기) 층이 두꺼워질수록 빛의 산란이 심해져 대상이 뿌옇게 보인다. 이처럼 공기의 작용으로 인한 색채와 선명도 변화를 이용한 것을 대기 원근법(Atmospheric Perspective) 또는 공기 원근법이라고 한다.

오답 피하기

- ①, ③ 선/투시 원근법 : 형태의 크기와 소실점을 이용한 기하학적 원근법이다.
- ④ 상하 원근법 : 화면의 위쪽에 있는 것을 멀리 있는 것으로 간주하는 동양화의 기법이다.

70 ②

가로로 길게 뻗은 수평 구도는 심리적으로 마음을 차분하게 하며, 안정감, 평화, 고요함을 준다.

오답 피하기

- ① 수직 구도 : 숲이나 빌딩처럼 위로 솟구치는 엄숙함, 상승감을 준다.
- ③ 사선 구도 : 달리는 모습처럼 운동감, 불안정함을 준다.
- ④ 역삼각형 구도 : 뾰족한 곳이 아래로 향해 있어 긴장감과 불안감을 준다.

71 ④

가로(X), 세로(Y), 높이/깊이(Z) 세 축이 서로 90도(직각)를 이루며 공간을 정의하는 방식은 직교 좌표계이다. 프랑스의 수학자 데카르트의 이름을 따서 '카르테시안 좌표계'라고도 하며, 3D 그래픽 소프트웨어의 표준 좌표계이다.

오답 피하기

- ① 원통 좌표계 : 거리, 각도, 높이로 위치를 표현한다.
- ② 구면 좌표계 : 거리와 두 개의 각도로 위치를 표현한다(지구본 원리).
- ③ 극 좌표계 : 평면에서 거리와 각도로 위치를 표현한다.

72 ①

플랫 셰이딩(Flat Shading)은 이름 그대로 면을 '평평하게' 칠한다. 빛의 계산을 면(Polygon) 단위로 한 번만 하므로 속도는 가장 빠르지만, 곡면을 표현해도 각진 모서리(미러볼처럼)가 그대로 보여 사실감이 떨어진다.

오답 피하기

- ② 고로 셰이딩 : 꼭짓점(Vertex)의 색을 계산해 부드럽게 연결(보간)하므로 곡면이 부드럽게 보인다.
- ③ 퐁 셰이딩 : 픽셀 단위로 계산해 하이라이트까지 정밀하게 표현한다.
- ④ 레이 트레이싱 : 빛을 추적하는 고화질 렌더링 기법이다.

73 ②

A/D 컨버터는 이름 그대로 Analog(아날로그) to Digital(디지털) Converter(변환기)의 약자이다. 카메라 센서(CCD)가 받아들인 아날로그 전기 신호를 컴퓨터가 처리할 수 있도록 이산적인 디지털 값(0과 1)으로 바꿔주는 장치이다.

오답 피하기

- ① CCD(Charge—Coupled Device) : 빛을 '전하(아날로그 신호)'로 바꾸는 센서이다. 변환기 역할은 아니다.
- ③ 디지타이저(Digitizer) : 도면이나 도형의 좌표를 읽어 컴퓨터에 입력하는 장치이다.
- ④ 그래픽 카드(Graphic Card) : 디지털 신호를 모니터 신호(출력)로 변환하는 장치이다.

더 알아보기

'아날로그 → 디지털' 변환 개념은 기본이다. A/D는 '아날로그부터 시작해서 디지털로 간다(to).'

74 ③

PDP(플라스마 디스플레이)는 이온화된 기체인 플라스마(Plasma)에 전기를 흘려 빛을 내는 방식이다. 스스로 빛을 내는 자체 발광형이며, 이 원리가 PDP의 정의이다.

오답 피하기

- ① : LCD가 소비 전력이 낮고 발열이 적다. PDP는 소비 전력이 높고 발열이 많은 편이다.
- ② : PDP는 응답 속도가 빠르고 잔상이 적다(LCD의 초기 단점을 개선).
- ④ : 백라이트가 필요한 것은 LCD이다. PDP는 자체 발광형이다.

더 알아보기

"PDP는 플라스마(기체)가 빛난다!" 스스로 빛을 내므로 LCD와 달리 응답 속도가 빠르고 화질이 좋지만, 발열과 전력 소모가 높다는 단점도 함께 기억해야 한다.

75 ②

액체 잉크가 종이에 스며들고 안료가 완전히 자리 잡아 색이 안정화될 때까지의 과정을 드라이 다운(Dry−down)이라고 한다. 이 현상 때문에 잉크젯 출력물은 출력 직후가 아닌 충분한 안정화 시간을 거친 후 측색해야 정확한 데이터를 얻을 수 있다.

오답 피하기

- ③ 토탈 잉크 리미트(Total Ink Limit) : TIL은 잉크 총량 제한 수치이다.
- ④ 레지스트레이션(Registration) : 인쇄 시 각 색판의 정확한 핀 맞춤(겹침)을 의미한다.

더 알아보기

드라이 다운은 '건조 안정화 시간'과 연결되는 핵심 용어이다. "측색은 나중에 해야 한다."라는 결론까지 함께 암기해야 한다.

76 ③

프린터는 드라이버의 용지 종류 설정을 보고 해당 용지의 잉크 흡수율을 판단하여 잉크 분사량(Ink Limit)을 직접적으로 조절한다. 이 설정값에 따라 색의 농도와 번짐 여부가 결정되므로 인쇄 품질에 가장 큰 영향을 준다.

오답 피하기

①, ②, ④ : 용지의 백색도, 밀도, 평량은 종이 자체의 물리적 속성이지, 드라이버 설정이 직접적으로 변경하는 값은 아니다.

더 알아보기

"설정값은 잉크에게 명령하는 것이다." 프린터가 잉크를 얼마나 뿜을지 결정하는 가장 중요한 요소가 바로 용지 종류(Media Type) 설정이다.

77 ②

디자인에서 "여기를 보세요!"하고 소리치는 것과 같은 원리가 바로 강조
(Emphasis)이다. 대비(Contrast)를 주거나, 엉뚱한 위치에 배치하거나, 색
을 다르게 써서 시선을 사로잡는 기법이다. 이를 통해 주제(Focal Point)를
명확히 한다.

오답 피하기

- ① 통일(Unity) : 전체가 하나로 어우러지는 조화이다.
- ③ 균형(Balance) : 무게감이 어느 한쪽으로 치우치지 않는 평형 상태
  이다.
- ④ 리듬(Rhythm) : 규칙적인 반복을 통해 생기는 흐름이다.

더 알아보기

'시선 집중', '포컬 포인트(Focal Point)', '대비'라는 키워드는 모두 '강조'와
연결된다.

78 ②

가로쓰기(횡서) 문화권에서 사람의 시선은 좌측 상단에서 시작하여 우측
하단으로 흐른다. 이 경로를 연결하면 알파벳 'Z' 모양이 된다.

오답 피하기

- ① : F자형은 주로 웹사이트나 모바일의 스크롤 환경에서 나타나는 시선
  패턴이다(인쇄물 기본 원리는 Z형).
- ③, ④ : 일반적인 시선 흐름 이론에 해당하지 않는다.

79 ③

유니버설 디자인(Universal Design)의 핵심은 '모두(All)'이다. CUD는 특정
장애인만을 위한 특별 대우가 아니라, 색약이든 노인이든 일반인이든 '누
가 봐도 헷갈리지 않는 색채 설계'를 뜻한다.

오답 피하기

- ①, ② : "~만을 위해"라는 말이 들어가면 무조건 오답이다. 유니버설 디
  자인은 '보편성'을 추구한다. 또한 특정 색(빨강)을 아예 못 쓰게 하는 게
  아니라, '잘 보이게' 쓰는 것이 목표이다.
- ④ : 글씨 크기는 시각 정보의 일부일 뿐, '컬러(CUD)'의 본질적인 정의는
  아니다.

더 알아보기

나한테 편하면 남한테도 편하다. CUD를 적용하면 일반인도 표지판이 더
잘 보인다. '특수'가 아니라 '공용'이라는 점을 꼭 명심해야 한다.

80 ②

설명형(Explanation)이란 내가 조사한 내용을 알리고(보고), 이에 대한 승
인을 받는 것은 설명형 프레젠테이션이다. 내부 회의나 중간보고에서 가장
흔하게 일어나는 형태이다.

오답 피하기

- ① 설득형(Persuasion) : 경쟁사보다 우리가 낫다고 주장하는 '경쟁
  PT(수주)'에 적합하다.
- ③ 교육형(Education) : 지식을 가르쳐주는 강의나 세미나이다.
- ④ 엔터테인먼트형(Entertainment) : 즐거움을 주는 이벤트이다.

더 알아보기

산업기사에서는 '설명형'을, 기사에서는 '설득형'을 자주 묻는다.
- 보고 · 승인 설명형
- 경쟁 · 수주 설득형

출제 예상문제 04회   2-39p

01 ③	02 ②	03 ②	04 ②	05 ②
06 ③	07 ③	08 ④	09 ②	10 ②
11 ③	12 ②	13 ②	14 ②	15 ②
16 ②	17 ②	18 ②	19 ②	20 ③
21 ③	22 ②	23 ③	24 ①	25 ②
26 ①	27 ②	28 ①	29 ①	30 ③
31 ②	32 ①	33 ②	34 ②	35 ③
36 ①	37 ②	38 ①	39 ④	40 ②
41 ②	42 ④	43 ①	44 ②	45 ②
46 ③	47 ①	48 ②	49 ②	50 ③
51 ③	52 ②	53 ④	54 ②	55 ②
56 ②	57 ④	58 ③	59 ④	60 ②
61 ④	62 ④	63 ③	64 ③	65 ②
66 ④	67 ②	68 ③	69 ①	70 ③
71 ③	72 ②	73 ③	74 ②	75 ③
76 ③	77 ③	78 ②	79 ②	80 ①

01 ③

유동적 집단은 정해진 주관 없이 상황이나 기분에 따라 구매 행동이 변하
는 유형을 말한다. 유행에 쉽게 휩쓸리거나 충동구매 성향이 강한 것이 특
징이다.

오답 피하기

- ① 합리적 집단 : 가격과 품질을 이성적으로 따져 구매한다.
- ② 관습적 집단 : 특정 상표나 제품을 습관적으로 반복 구매한다.
- ④ 경제적(가격 중심) 집단 : 가격 저렴성을 최우선으로 고려한다.

더 알아보기

용어의 뜻을 유추하면 쉽다. '유동(流動)'은 흐를 유, 움직일 동이다. 마음이
이리저리 움직이니 충동적일 수밖에 없다.

02 ②

모든 구매 행동은 소비자가 현재 상태와 바라는 상태의 차이(결핍)를 느끼
는 문제 인식(Need Recognition) 단계에서 시작된다. 배고픔을 느끼거나,
물건이 고장 났다는 것을 인식해야 구매 과정이 시작된다.

오답 피하기

- ① 정보 탐색 : 문제를 인식한 후에 해결책을 찾는 단계이다.
- ③ 대안 평가 : 수집된 정보를 바탕으로 제품들을 비교하는 단계이다.
- ④ 구매 행동 : 결정을 내리고 실제 제품을 사는 단계이다.

더 알아보기

순서 문제의 핵심은 '시작'을 아는 것이다. "아, 핸드폰 바꿔야겠네?"라고
생각하는 순간이 바로 문제 인식이며, 이것이 구매의 방아쇠(Trigger)이다.

03 ②

1차 자료(Primary Data)는 조사자가 당면한 조사 목적을 달성하기 위해 '직접' 수집한 가공되지 않은 자료를 말한다.

- ⓒ 표적집단 면접법(FGI) : 사회자 주도하에 소수 집단과 직접 대화하여 자료 수집
- ⓔ 소비자 설문지 조사 : 설문지를 배포하여 직접 응답 수집
- ⓗ 길거리 인터뷰 : 조사원이 직접 소비자를 만나 의견 청취

오답 피하기

㉠, ㉣, ㉻ : 정부 기관, 경쟁사, 연구자 등 '타인'이 다른 목적으로 이미 만들어 놓은 자료들이다. 조사자가 검색이나 열람을 통해 간접적으로 얻는 정보이므로 이는 2차 자료(Secondary Data)에 해당한다.

더 알아보기

1차와 2차를 구분하는 기준은 "누가 만들었는가?"이다.
- 내가(조사자가) 지금 만들면=1차 자료
- 남이(다른 기관이) 옛날에 만든 걸 가져오면=2차 자료

비용과 시간이 많이 들지만 정확한 것은 1차, 저렴하고 빠르지만 딱 맞는 정보가 없을 수 있는 것은 2차이다.

04 ②

VALS(Values And Life Styles) 기법은 스탠퍼드 연구소에서 개발한 것으로, 소비자의 심리적 특성인 '가치관(Values)'과 '라이프 스타일'을 결합하여 시장을 세분화하는 도구이다.

오답 피하기

- ① AIO 분석 : 인구통계학적 특성(나이, 소득 등)이 아니라, 소비자의 활동(Activity), 흥미(Interest), 의견(Opinion)이라는 심리/행동적 변수를 분석한다.
- ③ 사이코그래픽스(Psychographics) : '심리 도식'이라는 뜻으로, 거시적 지표가 아니라 개인이나 집단의 미시적(Micro)인 심리 특성을 분석하는 기법이다.
- ④ 라이프 스타일 분석의 목적 : 생산 원가 절감(재무적 목표)이 아니라, 소비자를 이해하여 효과적인 마케팅 전략 수립 및 타겟팅을 하기 위함이다.

더 알아보기

수험생들이 가장 많이 틀리는 부분이 'AIO'와 '인구통계학'을 섞어 놓았을 때이다. AIO는 '마음(심리)'을 읽는 것이고, 인구통계는 '신상명세서(나이/성별)'를 보는 것이다.

05 ②

파랑은 특정 행동을 하도록 지시(Instruction)하거나 의무를 알릴 때 사용한다. "안전모를 착용하시오." 같은 표지판 색이다.

오답 피하기

- ① 방사능 : 자주색
- ③ 화재/소화 : 빨강
- ④ 비상구 : 초록

06 ③

소수 그룹을 대상으로 집중 인터뷰를 하는 방식은 FGI(Focus Group Interview, 표적 집단 면접법)이다.

오답 피하기

①, ②, ④ : 다수를 대상으로 하는 정량적 설문조사 방식에 가깝다.

07 ③

산포도는 데이터가 평균에서 얼마나 멀리 퍼져 있는가를 나타낸다. 대표적인 산포도 척도로는 분산과 표준편차가 있다.

오답 피하기

- ① : 중앙값(Median)에 대한 설명이다.
- ② : 최빈값(Mode)에 대한 설명이다.
- ④ : 산술평균(Mean)에 대한 설명이다.

더 알아보기

'산(흩어질 산)+포(퍼질 포)'이다. 즉, 점수들이 널리 퍼진 정도를 뜻한다.

08 ④

정량적 조사는 결과를 수치(통계)로 나타낼 수 있는 조사이다. 설문조사(서베이)는 "만족 30%, 불만족 70%"처럼 숫자로 결과가 나오므로 대표적인 정량 조사이다.

오답 피하기

①, ②, ③ : 사람의 마음, 동기, 이유 등 숫자로 표현하기 힘든 내용을 다루는 정성적 조사(Qualitative Research)이다.

더 알아보기

- 정량=양(Quantity)=숫자
- 정성=성질(Quality)=말/글

09 ②

CMF에서 M은 Material(소재)를 의미한다. 플라스틱, 금속, 가죽 등 제품의 재료를 뜻하는 것이지 마케팅이 아니다.

오답 피하기

①, ③, ④ : CMF의 정의(Color, Material, Finishing)와 중요성에 대한 올바른 설명이다.

더 알아보기

CMF=색(C)·재(M)·마(F)

10 ②

애플 아이맥(iMac)은 조나단 아이브가 디자인한 제품으로 1998년 아이맥은 당시 컴퓨터는 베이지색이나 검정이어야 한다는 고정관념을 깨고, 속이 비치는 누드 디자인(반투명 플라스틱)을 적용하여 CMF 혁신 사례로 꼽힌다.

오답 피하기

나머지 보기들은 해당 CMF 혁신 사례(1998년, 반투명 소재)와 관련이 없는 제품들이다.

더 알아보기

이 문제는 '1998년+반투명+애플' 키워드만 보면 바로 아이맥을 찍어야 한다.

11 ③

클래식(Classic)은 '고전'이라는 의미처럼, 특정 시기에 반짝하고 사라지는 것이 아니라 오랜 시간 동안 지속적으로 대중에게 사랑받는 스타일을 말한다(예 트렌치코트, 데님).

오답 피하기

- ① 패드(Fad) : 아주 짧은 기간 동안 폭발적으로 유행하다 사라지는 것이다.
- ② 붐(Boom) : 급속도로 유행이 전파되는 현상이다.
- ④ 플로프(Flop) : 도입기에서 시장 진입에 실패하여 사라지는 유행이다.

수명으로 구분하기
• 패드(Fad) : 하루살이(가장 짧음)
• 트렌드(Trend) : 몇 년(중간)
• 클래식(Classic) : 영원함(가장 긺)

12 ②
엠보싱(Embossing)은 직물, 종이, 금속, 가죽 등의 표면에 올록볼록한 모양(요철)을 나타내는 가공법이다. 압력을 가해 입체적인 질감을 부여함으로써 시각적인 아름다움과 고급스러운 촉감을 주는 것이 특징이다. 화장지, 명함, 신용카드 번호 등 일상생활에서 쉽게 볼 수 있다.

오답 피하기
• ① : 헤어라인은 머리카락처럼 가늘고 연속적인 선을 새겨 금속 특유의 차가운 질감을 강조하는 기법이다.
• ③ : 샌딩은 모래(Sand)나 유리구슬 같은 연마제를 강하게 뿜어 표면을 거칠게 깎아내는 기법으로, 무광택 효과를 낼 때 주로 사용한다.
• ④ : 에칭은 산(Acid)을 이용한 화학적 부식 작용을 통해 표면에 무늬나 글자를 새기는 기법이다.

더 알아보기

표면처리 기법 핵심 키워드
• 엠보싱 : 올록볼록, 요철, 입체감(화장지, 카드)
• 헤어라인 : 머릿결, 가는 선, 차가운 느낌(냉장고, 텀블러)
• 샌딩 : 모래, 무광택, 뿌옇게(유리병, 금속 부품)
• 에칭 : 화학 약품, 부식(반도체, 판화)

13 ②
비차별화 마케팅은 소비자들의 욕구가 비슷하다고 가정하고, 시장을 나누지 않고(비차별) '모두에게 똑같은' 제품을 대량으로 공급하여 원가를 절감하는 전략이다(예 생수, 초기 코카콜라).

오답 피하기
• ① 차별화 마케팅 : 시장마다 각기 다른 제품과 전략을 쓰는 것이다.
• ③ 집중화 마케팅 : 특정 틈새시장 하나만 골라 집중하는 것이다.
• ④ 일대일 마케팅 : 고객 한 명 한 명에게 맞춤 제작해 주는 것이다.

더 알아보기
• 비차별화 : 다 똑같이 먹어(급식)
• 차별화 : 골라 먹어(뷔페)
• 집중화 : 우린 하나만 패(전문점)

14 ②
색의 가볍고 무거운 느낌은 밝기(명도)에 의해 결정된다. 밝은 색(고명도)은 공기처럼 가볍게 느껴지고, 어두운 색(저명도)은 바위처럼 무겁게 느껴진다.

오답 피하기
• ① 색상(Hue) : 따뜻함과 차가움(온도감)에 영향을 준다.
• ③ 채도(Chroma) : 딱딱함과 부드러움(경연감)이나 강약에 영향을 준다.
• ④ 보색(Complementary) : 배색의 대비 효과와 관련 있다.

더 알아보기

이삿짐센터 박스가 노란색(밝은색)인 이유는 조금이라도 가벼워 보이기 위해서이고, 금고가 검정(어두운색)인 이유는 묵직하고 튼튼해 보이기 위해서이다. 무게＝명도(밝기) 공식이다.

15 ②
벤함의 팽이는 흑백으로 된 팽이를 돌리면 파스텔 톤의 연한 색이 보이는 현상이다. 물리적으로 색이 없는데 우리 눈의 생리적 작용으로 색을 느끼는 '주관적 색채' 현상의 대표적인 예이다.

오답 피하기
• ① 푸르킨예 현상 : 어두운 곳에서 파란색이 더 밝게 보이는 현상이다.
• ③ 색의 항상성 : 조명이 바뀌어도 원래 색을 그대로 느끼는 현상이다.
• ④ 메타메리즘 : 다른 색이 특정 조명에서 같은 색으로 보이는 현상이다.

더 알아보기

"흑백인데 색이 보인다." 또는 "회전했더니 색이 보인다."가 나오면 벤함의 팽이에 대한 내용이다.

16 ②
노랑은 팽창하는 성질이 강하고 명시도가 높아 뾰족하고 날카로운 느낌을 준다. 이는 삼각형(특히 역삼각형)의 예리한 형태와 가장 잘 어울린다.

오답 피하기
• ① 빨강 : 묵직하고 견고한 느낌을 주므로 정사각형과 대응된다.
• ③ 파랑 : 차갑지만 유동적이고 원만한 느낌을 주므로 원과 대응된다.
• ④ 보라 : 신비롭고 불안정한 느낌을 주므로 타원과 대응된다.

더 알아보기
• 빨강＝네모(땅처럼 튼튼함)
• 노랑＝세모(불꽃처럼 뾰족함)
• 파랑＝동그라미(물방울처럼 둥금)

17 ②
모집단이 서로 다른 특성(지역, 연령, 성별 등)을 가진 그룹으로 구성되어 있을 때, 이를 '층(Strata)'이라고 한다. 전체 모집단을 동질적인 여러 개의 층으로 나누고, 각 층의 크기(인구수 등)에 비례하여 무작위로 표본을 뽑는 방식을 층화 표본 추출법이라고 한다.

오답 피하기
• ① 단순 무작위 추출법 : 아무런 기준 없이 제비뽑기나 난수표를 이용해 무작위로 뽑는 것이다.
• ③ 군집 표본 추출법 : 모집단을 여러 그룹(군집)으로 나눈 뒤, 특정 그룹 전체를 다 조사하는 방식이다(예 서울시 전체 구 중 '강남구'와 '노원구'만 뽑아서 그 구민 전체를 조사함). 층화 추출법과 가장 많이 헷갈리니 주의해야 한다.
• ④ 다단 표본 추출법 : 상위 단계에서 하위 단계로(시 → 구 → 동) 범위를 점점 좁혀가며 표본을 추출하는 방식이다.

더 알아보기

층화 vs 군집 1초 구별법
시험장에서 이 두 가지가 헷갈리면 '피자'를 떠올리면 된다.
• 층화(Stratified) : 피자 조각마다 토핑이 다르다.
• 군집(Cluster) : 피자 조각이 다 똑같은 맛이다(특정 그룹만 선택해서 전체 조사).

18 ②
공사장의 턱이나 기둥, 크레인 등에 노란색과 검정색 빗금을 칠해놓은 것을 본 적 있을 것이다. 눈에 가장 잘 띄는(명시도 높은) 배색으로 "부딪히지 않게 조심해(주의)"라는 뜻을 전달한다.

오답 피하기
• ① 안전/피난 : 초록이다.
• ③ 긴급 정지 : 빨강이다.
• ④ 의무 지시 : 파랑이다.

노랑＋검정＝꿀벌 색

19 ②

리포지셔닝(Repositioning)은 말 그대로 포지셔닝을 '다시(Re)' 한다는 뜻이다. 시장 환경 변화, 소비자의 기호 변화, 혹은 초기 포지셔닝 실패 등의 이유로 기존 제품이 가진 이미지나 타깃을 변경하여 새로운 활로를 모색하는 마케팅 전략이다.

오답 피하기

- ① : 시장세분화는 전체 시장을 비슷한 욕구를 가진 집단으로 쪼개는 작업으로, 포지셔닝의 전 단계(STP의 첫 단계)이다.
- ③ : 표적 시장 선정은 세분화된 시장 중 우리 기업이 공략할 가장 매력적인 시장을 고르는 단계이다.
- ④ : 브랜드 확장은 이미 성공한 브랜드의 이름을 신제품(다른 카테고리)에 빌려 써서 인지도를 활용하는 전략이다.

더 알아보기

성공적인 리포지셔닝 사례
- 박카스 : 육체노동자의 피로회복제 → 젊은 층의 감성 음료(타깃 변경)
- 휠라(FILA) : 올드한 아재 브랜드 → 1020세대가 열광하는 레트로 힙합 브랜드(이미지 변경)

20 ③

첼로의 저음이나 굵은 목소리 등 낮은 소리는 시각적으로 묵직하고 가라앉는 느낌의 어두운 색(저명도)과 공감각적으로 연결된다.

오답 피하기

①, ②, ④ 밝고 선명한 색 : 높은 음, 맑은 소리, 가벼운 소리와 연결된다.

더 알아보기

소리가 무겁다(Heavy)＝색이 어둡다(dark). 공감각 문제는 직관이 답이다.

21 ③

빨강은 교감신경을 자극하여 심장 박동을 빠르게 하는 흥분의 색이다. 반면, 침착, 냉정은 부교감신경을 자극하여 마음을 가라앉히는 파랑(Blue)이나 한색 계열의 대표적인 연상 이미지이다.

오답 피하기

- ① 정열, 사랑 : 붉은 피와 심장, 장미를 상징하여 뜨거운 감정을 나타낸다.
- ② 위험, 금지 : 시각적 자극이 강해 소방차, 정지 신호 등에 사용된다.
- ④ 혁명, 활력 : 강한 에너지와 폭발력을 상징하여 혁명의 깃발에 주로 쓰인다.

22 ②

오방색에서 백색은 서쪽(West)을 방위로 하며, 음양오행 중 쇠(金)의 기운을 가지고 있어 계절로는 서늘하고 결실을 맺는 가을을 상징한다.

오답 피하기

- ① 동쪽 － 봄 : 청색(靑)이다. 나무(木)의 기운으로 생명을 뜻한다.
- ③ 남쪽 － 여름 : 적색(赤)이다. 불(火)의 기운으로 확산을 뜻한다.
- ④ 북쪽 － 겨울 : 흑색(黑)이다. 물(水)의 기운으로 휴식을 뜻한다.

더 알아보기

- 오른쪽(서쪽)은 백색(백호랑이), 왼쪽(동쪽)은 청색(청룡)
- 계절은 가을 서리(White), 봄 새싹(Green/Blue)

23 ③

고대 그리스의 파르테논 신전부터 현대의 신용카드, 엽서, 담뱃갑 등에 적용되는 가장 안정적이고 아름다운 분할 비율인 황금비율은 1 : 1.6180이다.

오답 피하기

- ① 1 : 1.414 : 루트 2($\sqrt{2}$)의 값이다. A4 용지 등 종이 규격에 사용되는 비율로, 이를 '금강비' 또는 '루트비'라고 한다.
- ② 1 : 1.500 : 단순한 2 : 3 비율이다.
- ④ 1 : 2.000 : 정수비(1 : 2)로, 옥타브 등에서 볼 수 있는 비율이다.

더 알아보기

- 황금비＝1:1.618(일점 육일팔)
- 루트비(A4용지)＝1:1.414(일점 사일사)

24 ①

픽토그램은 그림(Picture)과 전보(Telegram)의 합성어이다. 화장실(남녀 그림), 비상구(달리는 사람) 표시처럼 글자를 몰라도 그림만 보면 뜻을 알 수 있게 만든 약속된 상징 기호이다.

오답 피하기

- ② 타이포그래피(Typography) : 글자(활자)의 서체나 배치를 디자인하는 기술이다.
- ③ 캘리그라피(Calligraphy) : 손으로 쓴 아름답고 감성적인 글씨(서예)이다.
- ④ 다이어그램(Diagram) : 복잡한 통계나 구조를 선과 기호로 설명하는 도표이다.

25 ②

금속, 유리, 플라스틱, 에나멜 등은 표면이 매우 매끄러워 빛을 일정한 방향으로 반사하는 정반사(Specular Reflection)가 일어난다. 이러한 유광(Gloss) 소재는 빛의 산란이 적어 색상이 깊고 짙어 보이며, 시각적으로 선명함, 차가움, 하이테크, 단단함, 인공적임을 느끼게 한다.

오답 피하기

- ① 무광(Matte) : 직물, 종이, 나무처럼 표면이 거칠어 빛을 난반사한다. 색이 뽀얗고 부드러우며 따뜻한 느낌을 준다.
- ③ 반광(Semi－Gloss) : 유광과 무광의 중간 정도 광택이다(Eggshell 광택 등).
- ④ 투명(Transparent) : 빛을 투과시키는 성질로, 유리나 아크릴의 특성이다. 광택 유무와는 다른 개념이다.

26 ①

마인드 맵(Mind Map)은 '마음의 지도'라는 뜻이다. 인간의 두뇌가 정보를 처리하는 방식을 모방하여, 종이 중앙에 핵심 주제를 두고 바깥으로 뻗어나가는 방사형 구조로 사고를 확장한다.

오답 피하기

- ② 브레인스토밍(Brainstorming) : 여러 사람이 모여 자유롭게 아이디어를 말로 쏟아내는 회의 방식이다. 시각화 기법이 아니다.
- ③ 체크리스트법(Checklist) : "확대하면?", "반대로 하면?" 같은 질문 항목을 하나씩 점검하며 아이디어를 얻는 분석적 기법이다.
- ④ KJ법(KJ Method) : 수집된 정보를 카드화하여 그룹별로 분류하고 체계화하는 수렴적 기법이다.

27 ②

트리콜로(Tricolore)의 'Tri'는 숫자 3을 의미한다. 하나의 면을 3가지 색(주로 고채도)으로 나누어 배색함으로써 강렬하고 명쾌한 이미지를 주는 기법이다.

오답 피하기

- ① 비콜로(Bi＝2) 배색 : 2가지 색을 사용하는 배색이다.
- ③ 토널 배색 : 중명도, 중채도의 차분한 톤을 사용하는 배색이다.
- ④ 카마이외 배색 : 거의 차이가 없는 아주 미세한 배색이다.

28 ①

주조색(Dominant Color)은 전체 면적의 약 70~75%를 차지하는 주된 색으로, 공간이나 디자인의 배경이 되며 전체적인 분위기(이미지)를 좌우한다.

오답 피하기

- ② 보조색 : 주조색을 보완하는 색으로 약 25%를 차지한다.
- ③ 강조색 : 포인트를 주는 색으로 약 5%를 차지한다.
- ④ 분리색 : 배색 기법의 용어이지 면적 비율 구성 요소는 아니다.

더 알아보기

인테리어에서 '벽지'나 '바닥'을 고르는 것이 바로 주조색을 정하는 것이다.

29 ①

독일의 화학자이자 색채학자인 오스트발트는 색채를 체계적으로 정리한 '오스트발트 표색계'를 만들었다. 그는 색채 조화가 주관적인 감정이 아니라, 색채 체계 내에서 규칙적인 위치를 선택할 때 얻어지는 객관적인 결과라고 믿었다. 따라서 "조화는 질서와 같다(Harmony equals Order)."라는 그의 이론을 관통하는 핵심 명제이다.

오답 피하기

- ② : "자연의 색채 배열이 가장 아름답다."라고 주장한 것은 오그던 루드(Rood)이다.
- ③ : 색채를 심리적, 주관적 감정으로 접근한 것은 괴테 등의 관점이다. 오스트발트는 이를 객관화(질서화)하려고 노력했다.
- ④ : 저드(Judd)의 4원칙 중 '명료성의 원리'에 해당한다.

더 알아보기

오스트발트(Ostwald)의 'O'는 질서(Order)의 'O'이다.

30 ③

일반적인 경우 두 색은 서로 밀어내는 '대비'를 일으키지만, 패턴이 아주 작고 촘촘할 경우(조밀할 때) 우리 눈은 두 색을 낱낱이 구별하지 못하고 시각적으로 혼합해 버린다. 이를 색이 서로 닮아간다고 하여 동화 현상(Assimilation) 또는 베졸트 효과라고 한다.

오답 피하기

- ① 면적 대비 : 면적의 크기에 따라 색이 다르게 보이는 현상(큰 면적이 더 밝고 선명해 보임)이다.
- ② 보색 대비 : 보색끼리 있을 때 더 선명해 보이는 현상이다.
- ④ 색상 대비 : 다른 색상끼리 있을 때 색상 차이가 커 보이는 현상이다.

더 알아보기

동화 현상 : 모자이크나 점묘화를 가까이서 보면 점이지만, 멀리서 보면 섞여서 부드러운 색면으로 보인다. 키워드는 "작고 조밀하게"이다.

31 ②

명순응(Light Adaptation)은 어두운 곳에서 밝은 곳으로 이동할 때 일어나는 적응이다. 갑작스러운 빛에 눈이 부시지만, 추상체가 빠르게 활성화되고 동공이 축소되면서 1~2초(또는 1분 이내)의 매우 짧은 시간에 적응이 완료된다.

오답 피하기

- ① 암순응(Dark Adaptation) : 밝음 → 어둠으로의 적응이다. 로돕신 재합성 때문에 시간이 오래(30~40분) 걸린다.
- ③ 색순응(Chromatic Adaptation) : 색안경을 썼을 때처럼 특정 색조명에 눈이 익숙해지는 현상이다.
- ④ 박명시(Mesopic Vision) : 명소시와 암소시의 중간 밝기(해 질 녘) 상태이다.

32 ①

푸르킨예 현상은 조도가 낮아지는 박명시 상태에서 눈의 최대 시감도가 장파장(빨강)에서 단파장(파랑) 쪽으로 이동하는 현상이다. 추상체(낮)에서 간상체(밤)로 주도권이 넘어가면서 파란색이 더 잘 보이게 된다.

오답 피하기

- ② 베졸트 현상 : 동화 현상(혼색 효과)이다.
- ③ 애브니 효과 : 채도의 변화에 따라 색상이 다르게 보이는 현상이다.
- ④ 헌트 효과 : 조도(밝기)에 따라 색의 채도(선명도)가 다르게 보이는 현상이다.

33 ②

피에트 몬드리안은 자연의 불규칙한 형태를 제거하고 가장 본질적인 조형 요소인 수직·수평선과 3원색만을 남겨 우주의 질서를 표현하려 했다. 그의 작품 〈빨강, 파랑, 노랑의 구성〉은 현대 모던 디자인에 지대한 영향을 주었다.

오답 피하기

- ① 바실리 칸딘스키 : 자유로운 곡선과 색채를 사용한 '뜨거운 추상'의 대표 작가이다.
- ③ 잭슨 폴록 : 물감을 흩뿌리는 액션 페인팅(추상표현주의) 작가이다.
- ④ 파블로 피카소 : 사물의 형태를 파괴하고 재구성한 큐비즘(입체파)의 창시자이다.

34 ②

팝아트(Pop Art)는 'Popular Art(대중 예술)'의 약칭이다. 앤디 워홀(캠벨 수프 캔), 로이 리히텐슈타인(만화) 등은 일상에서 흔히 접하는 소비재와 대중 매체의 이미지를 예술 작품으로 차용하여 고급 예술의 엄숙주의를 깨고 대중과 소통했다.

오답 피하기

- ① 미니멀리즘(Minimalism) : 장식과 감정을 배제하고 단순한 기하학적 형태를 반복한 예술이다.
- ③ 옵아트(Op Art) : 시각적 착시 효과를 이용한 추상 미술이다.
- ④ 아방가르드(Avant-Garde) : 기존 예술 관념을 부정하는 전위 예술을 통칭하는 용어이다.

35 ②

구성주의는 혁명기 러시아에서 "예술도 산업 생산에 기여해야 한다."라는 이념 아래 시작되었다. 붓과 캔버스 대신 철, 유리, 플라스틱 등 공업 재료를 사용하고, 공학적인 구조물처럼 기하학적이고 구축적(Constructive, 쌓아 올리는)인 형태를 만들었다.

오답 피하기

- ① : 아르누보 형식의 시기에 등장하는 내용이다.
- ③ : 표현주의에 관한 내용이다.
- ④ : 사실주의/고전주의에 관한 내용이다.

36 ①

- 쥐색(Mouse Grey) : 쥐의 털 색에서 유래했다.
- 비둘기색(Pigeon Blue) : 비둘기의 깃털 색에서 유래했다.

둘 다 동물의 이름에서 따온 관용색명이다. 그 외 연어색(Salmon), 낙타색(Camel), 세피아(오징어 먹물) 등이 동물 유래 색명이다.

오답 피하기

- ② 귤/복숭아 : 식물(과일)에서 유래했다.
- ③ 에메랄드/코발트 : 광물(보석/원소)에서 유래했다.
- ④ 초콜릿/커피 : 음식(식물 가공품)에서 유래했다.

37 ②

계통색명은 색의 속성을 언어로 체계화한 것이다. 톤(Tone, 명도＋채도)을 나타내는 수식 형용사를 앞에 두고, 그 뒤에 색상(Hue)을 나타내는 기본색 이름을 붙이는 구조이다(에 선명한(Tone) 빨강(Hue), 어두운 회색(dark gray)).

오답 피하기

- ① : 우리말 수식 구조상 형용사가 앞에 와야 한다.
- ③ : 색의 속성을 말하는 것이지 구체적인 색 이름을 표기하는 것이 아니다.
- ④ : 계통색명은 감성적 수식어(에 장미빛 등) 대신 약속된 형용사(에 선명한, 탁한 등)를 사용한다.

38 ①

내추럴(자연적인) 이미지는 숲, 나무, 흙 등 자연의 색을 모티프로 한다. 따라서 연두(GY), 초록(G), 갈색(Br), 황토색 등을 주조색으로 사용하며, 눈이 편안하고 소박한 느낌을 주는 중명도 · 중채도의 톤(soft, dull)을 주로 사용한다.

오답 피하기

- ② 도시적인 Blue, Grey 계열의 저명도 무채색 : 모던한 이미지이다.
- ③ 화려한 Purple, Red 계열의 고채도 색상 : 화려한/우아한 이미지이다.
- ④ 귀여운 Pink, Yellow 계열의 고명도 파스텔 톤 : 맑은/귀여운 이미지이다.

39 ④

먼셀 명도는 이론적으로 빛을 완벽하게 흡수하는 검은색(0)과 완벽하게 반사하는 흰색(10)을 기준으로 11단계이다. 하지만 현실의 안료(물감)로는 완벽한 0과 10을 만들 수 없기 때문에 색표집에서는 N1(가장 어두움)에서 N9.5(가장 밝음)까지를 실용 범위로 사용한다.

오답 피하기

- ① : 검은색이 0(어두움), 흰색이 10(밝음)이다.
- ② : 무채색은 N 뒤에 숫자를 붙여(N5) 표기하지만, 유채색 명도는 V라는 기호를 쓰지 않고 그냥 숫자(5)만 쓴다.
- ③ : 기본 11단계이다(0, 1, 2…10).

40 ②

스탠더드 컬러(Standard Color)는 말 그대로 '표준'이 되는 색이다. 유행의 주기와 상관없이 베이지, 네이비, 화이트, 블랙, 그레이처럼 소비자들에게 가장 기본적이고 지속적으로 사랑받는 색을 의미한다. 기업 입장에서는 유행을 타지 않아 재고 부담이 적고 고정 매출을 담당하는 효자 상품 색상군이다.

오답 피하기

- ① 포퓰러 컬러(Popular Color) : 그 시기에 가장 대중적으로 인기 있는 '유행색'을 말한다. 유행이 지나면 매출이 급감할 수 있다.
- ③ 트라이얼 컬러(Trial Color) : 유행하기 전, 시장 반응을 보기 위해 실험적으로 시도해보는 '전위적인 색'이다.
- ④ 스타일 컬러(Style Color) : 시장에 대량으로 유통되는 색으로 '볼륨 컬러(Volume Color)'라고도 한다. 스탠더드보다는 유행성이 조금 더 반영된 개념이다.

더 알아보기

시험에서 '유행에 상관없이', '기본', '가장 많이 팔리는 베이직' 등의 키워드가 나오면 무조건 스탠더드 컬러이다.

41 ②

색도도의 말굽형 바깥 둘레 곡선 부분은 단색광(Monochromatic Light)들이 위치하는 곳으로, 스펙트럼 궤적(Spectrum Locus)이라고 한다. 이곳은 채도가 가장 높은 완전 순색의 위치이다.

오답 피하기

- ① 순자주 궤적 : 아래쪽 직선 부분으로 스펙트럼에 없는 색(보라색 계열)이다.
- ③ 흑체 궤적 : 백색광 근처의 색온도 변화 곡선이다.
- ④ 등색상 궤적 : 동일한 색상을 연결한 선이다.

더 알아보기

말굽의 '등' 부분은 무지개 색이 쫙 펼쳐진 곳이다. 프리즘을 통과한 빛의 띠가 위치하는 곳, 그래서 스펙트럼이다.

42 ④

도료의 4대 구성 요소는 안료(색), 수지(도막형성), 전색제(유동성/고착), 첨가제(건조/보조)이다. 광택제는 별도의 마감재이거나 첨가제의 일종일 수는 있으나 기본 4대 요소로 분류하지 않는다.

더 알아보기

도료는 '색가루(안료)＋풀(수지/전색제)＋조미료(첨가제)' 이렇게 3박자에 용제를 더한 것이다.

43 ①

오프셋(Offset) 인쇄는 평판 인쇄의 대표적인 방식으로, 판에 요철이 없고 물과 기름(잉크)의 반발력을 이용하여 화선부(그림)에만 잉크를 묻히는 방식이다.

오답 피하기

- ② 그라비어 인쇄(Gravure) : 오목판 인쇄 방식으로 잉크 두께로 농담을 조절한다.
- ③ 스크린 인쇄(Screen) : 공판 인쇄 방식으로 구멍으로 잉크가 통과된다.
- ④ 활판 인쇄(Letterpress) : 볼록판 인쇄 방식으로 도장을 찍는 원리이다.

더 알아보기

현대 인쇄물의 90%는 오프셋이다(평판＝물과 기름＝오프셋).

44 ②

색채를 정밀하게 분석하기 위해서는 파장의 위치가 정확해야 한다. 산업 표준에서는 분광광도계의 파장 정확도를 불확도 1nm 이내로 유지하도록 엄격하게 규정하고 있다.

오답 피하기

- ① : 100nm 간격은 너무 넓어서 색을 제대로 분석할 수 없다. 정밀 측색은 5nm 또는 10nm 간격으로 촘촘하게 측정해야 한다.
- ③ : 분광 반사율 데이터를 얻을 수 있는 유일한 기기이므로, CCM(컴퓨터 조색)에 필수적으로 사용된다. 필터식은 CCM에 사용할 수 없다.
- ④ : 색채는 우리 눈에 보이는 영역이 중요하므로 380~780nm의 가시광선 영역을 주로 측정한다(200~300nm는 살균 등에 쓰이는 자외선 영역이다.).

더 알아보기

- 측정 간격 : 좁을수록 좋다(10nm 이하 ○, 100nm ×).
- 파장 정확도 : 오차가 작아야 한다(1nm 이내 ○).
- 반사율 재현성 : 0.2% 이내(반복해서 찍어도 같은 값이 나와야 함)

CIE 표기법은 항상 '조명 각도/관찰(수광) 각도' 순서로 쓴다.
- d(Diffuse) : 적분구를 사용하여 확산된 빛으로 조명한다.
- /8 : 시료의 법선(수직)에서 8° 기울어진 각도에서 빛을 관찰(수광)한다.
따라서 'd/8'은 확산 조명, 8° 관찰 방식을 의미한다.

오답 피하기
- ① : 8° 조명/확산 관찰은 '8/d'로 표기한다.
- ③ : 수직 조명/8° 관찰은 '0/8'로 표기한다.
- ④ : 8° 조명/수직 관찰은 '8/0'으로 표기한다.

더 알아보기
앞이 'd'면 무조건 적분구를 쓴다는 뜻이다. 현재 산업계에서 가장 많이 쓰는 방식 중 하나가 바로 이 d/8 방식이다.

46 ③

이론적으로 C, M, Y를 모두 섞으면 검정이 되어야 하지만, 실제 잉크 안료의 한계로 인해 완전한 검정이 아닌 탁한 회갈색(Dark Brown)이 나온다. 따라서 완전한 검정을 구현하기 위해 K(Black)를 별도로 추가하는 것이다.

오답 피하기
- ① : 잉크는 빛을 흡수하고 반사하는 감법 혼색 원리가 맞다.
- ② : CMYK에서 K는 Key Plate의 약자로 검정을 뜻한다.
- ④ : 문자 인쇄 시 C, M, Y를 겹쳐 찍으면 핀트가 어긋나거나 흐릿해질 수 있어 선명한 K를 사용한다. 이는 맞는 설명이다.

더 알아보기
'이론과 실제의 차이'를 묻는 문제이다. 이론상으로는 CMY 혼합이 Black 이지만, 현실에서는 불가능하여 4도 인쇄(CMYK)를 한다는 점이 출제 포인트이다.

47 ①

색필터 겹침 문제는 '공통으로 통과되는 빛(교집합)'을 찾는 것이다.
- 백색광(R,G,B) → 노랑 필터(Y) 통과 : 파랑(B) 흡수, [R, G] 통과
- 남은 빛(R,G) → 마젠타 필터(M) 통과 : 초록(G) 흡수, [R] 통과
최종적으로 남는 빛은 빨강(Red)이다.

오답 피하기
- ② 초록(Green) : 마젠타 필터에서 흡수되므로 통과할 수 없다.
- ③ 파랑(Blue) : 첫 번째 노랑 필터에서 이미 흡수되었다.
- ④ 검정(Black) : 빨강이라는 공통 파장이 남아있으므로 검정이 아니다.

더 알아보기
- Y 필터 통과 파장=R, G
- M 필터 통과 파장=R, B

48 ②

전색제(Vehicle/Binder)는 가루 상태인 안료를 감싸서 화면에 단단히 붙게 (고착) 만들고, 매끄러운 막(도막)을 형성하여 광택과 내구성을 주는 성분이다. 아라비아 고무(수채화), 린시드유(유화), 아크릴 에멀전 등이 이에 해당한다.

오답 피하기
- ① 안료(Pigment) : 색상을 내는 '가루'일 뿐, 접착력이 없어 혼자서는 화면에 붙지 않는다.
- ③ 용제(Solvent) : 물감의 묽기(점도)를 조절하는 '희석제(물, 테레핀 등)'로, 증발하여 사라지는 성분이다.
- ④ 증량제(Extender) : 양을 늘리기 위해 섞는 가짜 안료(체질 안료)이다.

더 알아보기
'전색제(Vehicle)=자동차' 안료라는 승객을 태워서 목적지(화면)까지 이동시키고 정착시키는 역할을 한다. 접착제(Binder)라고도 부른다.

49 ②

조건등색(Metamerism)이란 물리적 성분(스펙트럼)은 다르지만, 우리 눈의 3원색 감지 특성 때문에 특정 조건에서만 색이 같아 보이는 현상이다. 이 때문에 매장에서 산 옷이 집에 와서 보면 색이 달라 보이는 문제가 발생한다.

오답 피하기
- ① 아이소머리즘(Isomerism) : 분광 반사율 곡선까지 완벽하게 일치하여 어떤 조명에서도 똑같이 보이는 무조건등색(완전 일치)이다. 메타메리즘의 반대 개념이자 이상적인 목표이다.
- ③ 베졸트 효과(Bezold Effect) : 줄무늬나 점 등이 인접한 색에 동화되어 색이 섞여 보이는 시각적 혼색 현상이다.

50 ③

스펙트럼 데이터(반사율 곡선)가 쌍둥이처럼 똑같은 상태를 무조건등색 (Isomerism) 이라고 한다. 이는 안료의 화학적 성분까지 동일하다는 뜻이므로, 조명이 바뀌든 누가 보든 항상 색이 일치한다.

오답 피하기
①, ② : 모두 조건에 따라 색이 달라지는 '조건등색(메타메리즘)'의 종류이다.

더 알아보기
- 메타메리즘=가짜 쌍둥이(도플갱어) → 조명 바뀌면 들통남(문제아)
- 아이소머리즘=진짜 쌍둥이(일란성) → 언제나 똑같음(모범생)

51 ③

크세논(Xenon) 램프는 고압 가스 방전 시 발생하는 빛이 가시광선 전 영역에 걸쳐 태양광과 매우 흡사한 연속 스펙트럼을 보인다. '인공 태양'이라고도 불리며, 측색기(분광광도계)의 내부 광원이나 내후성 실험에 표준으로 쓰인다.

오답 피하기
- ① 나트륨(노랑), ② 수은(청록) 램프 : 특정 색 파장만 강하게 나오는 '선 스펙트럼' 광원이라 연색성이 최악이다. 조색용으로는 절대 불가하다.
- ④ 적외선 램프 : 색을 보는 용도가 아니라 열을 내는 용도이다.

52 ②

메타메리즘은 광원의 분광 분포가 바뀔 때 색이 달라지는 현상이다. 따라서 스펙트럼 성격이 판이하게 다른 두 광원, 즉 D65(주광, 푸른 기)와 A(백열등, 붉은 기)를 교차하여 비교했을 때 색이 유지되는지 확인하는 것이 표준 절차이다.

오답 피하기
- ① : 각도 조절로 광택이나 재질감을 확인하는 방법이다.
- ③ : 조도를 낮춰보면 밝기만 변할 뿐 광원의 성질(스펙트럼)이 바뀌는 것은 아니다.

53 ④

펄 안료는 투명한 운모(Mica)를 기재로 사용하므로 입자 자체가 반투명하다. 빛의 일부는 반사하고 일부는 투과하여 바탕색에 닿기 때문에, 은폐력이 매우 작아 바탕색이 그대로 비쳐 보인다. 따라서 바탕색과 펄의 반사광이 혼합되어 최종 색상이 결정된다.

오답 피하기

- ① : 펄 안료의 다층 박막 구조에서 일어나는 빛의 간섭 현상이 발색 원리이다.
- ② : 반투명하므로 검정 바탕 위의 펄과 하양 바탕 위의 펄은 전혀 다른 색감을 낸다.
- ③ : 이산화티탄의 코팅 두께를 조절하여 골드, 레드, 블루 등 다양한 간섭색을 만든다.

더 알아보기

펄 안료는 '시스루(See-through) 옷'과 같다. 안에 무슨 옷(바탕색)을 입었느냐에 따라 겉모습이 확 달라진다.

54 ②

합성 비정질 실리카(Silica)는 기공이 많아 가볍고 소광 효율이 매우 뛰어나다. 또한 굴절률이 일반적인 전색제(수지)와 비슷하여 도막 내부에서 투명성을 유지하므로, 색상의 변화(탁해짐)를 최소화하면서 표면 광택만 효과적으로 줄일 수 있어 가장 널리 쓰인다.

오답 피하기

- ① 탄산칼슘(Calcium Carbonate) : 체질 안료로 쓰이며, 많이 넣으면 도막이 하얗게 탁해질 수 있다.
- ③ 탈크(Talc) : 판상 구조를 가져 부착성을 높이지만, 소광 효율은 실리카보다 떨어진다.
- ④ 클레이(Clay) : 점도 조절이나 침강 방지제로 주로 쓰인다.

더 알아보기

소광제=실리카

55 ②

정밀한 조색 작업을 위해서는 색을 명확히 구분할 수 있는 충분한 밝기가 필수적이다. KS(한국산업표준) 및 국제 표준에서는 일반적인 색채 판정 시 작업면의 조도를 1,000lx(럭스) 이상으로 규정하고 있으며, 아주 어두운 색(저명도)을 판정할 때는 더 밝은 2,000lx 이상을 권장한다.

오답 피하기

- ① : 색 평가용 주 광원은 태양광과 분광 분포가 유사한 표준광원 D65(주광)를 사용해야 한다. 백열전구(A)는 붉은 기운이 돌아 색을 왜곡시킨다.
- ③ : 초록 등 유채색 벽면은 빛을 반사하여 시료의 색을 왜곡시킨다. 작업장의 벽면은 반드시 색상 영향이 없는 N5~N7(중명도 회색) 정도의 무채색이어야 한다.
- ④ : 배경색 역시 검은색이나 흰색 등 극단적인 색보다는, 시료의 색에 영향을 주지 않는 무채색(회색)을 사용하는 것이 원칙이다.

더 알아보기

"조색실은 회색 방(Gray Room)이어야 한다." 벽도 회색, 책상도 회색, 입은 옷도 회색 가운. 이것이 색을 가장 정확하게 볼 수 있는 '중립' 환경이며, 조명은 무조건 D65(대낮의 빛)가 기준이다.

56 ②

색차값(ΔE*) 1.0은 일반적인 산업 현장에서 합격과 불합격을 나누는 통상적인 기준선(Tolerance)이다. 1.0 이하면 육안으로 색 차이를 구별하기 어렵거나, 구별되더라도 허용할 수 있는 미세한 차이로 간주한다.

오답 피하기

- ① 완전 동일 : ΔE*=0 이어야 한다(현실적으로 불가능).
- ③ 다른 계열 : ΔE*가 수십(10~50) 이상 크게 나온다.
- ④ 폐기 : 1.0 정도면 많은 제품에서 합격(Pass) 범위에 든다. 무조건 폐기 수준은 아니다.

더 알아보기

"ΔE* 1.0은 '긴가민가'한 경계선이다." 보통 1.0을 합격 기준으로 잡는다.

57 ④

색을 지각하기 위해서는 물리적인 빛(광원)이 있어야 하고, 그 빛을 반사하거나 투과시키는 물체가 있어야 하며, 그것을 시각적으로 받아들이는 눈(관찰자)이 있어야 한다. 이 셋 중 하나라도 없으면 색은 성립되지 않는다. 온도는 물체의 색을 미세하게 변화시킬 수는 있지만, 색 지각의 필수 성립 요소는 아니다.

오답 피하기

①, ②, ③ : 색채 지각의 3요소(Source, Object, Observer)이다. 이를 CIE 표색계에서는 표준광원, 시료, 표준관측자로 정의한다.

58 ③

쿠벨카-문크 이론은 불투명한 도막 내에서 빛이 안료 입자에 부딪혀 어떻게 행동하는지를 설명한다. 이때 빛을 안료가 빨아들이는 성질인 흡수 계수(K, Absorption)와 빛을 튕겨내는 성질인 산란 계수(S, Scattering)의 비율(K/S)을 이용하여 반사율을 계산한다.

오답 피하기

- ① 명도/채도 계수 : 색의 속성을 나타내는 값이지, 안료의 광학적 물성 계수는 아니다.
- ② 반사/투과 계수 : 결과적으로 나타나는 현상이지, 이론의 기본 변수는 아니다.
- ④ 굴절/회절 계수 : 빛의 파동 성질과 관련된 물리학 용어이다.

더 알아보기

이 두 계수의 역할을 이해하는 것이 중요하다. K(흡수)는 색의 '진하기(농도)'를 결정하고, S(산란)는 색의 '은폐력(불투명도)'과 '밝기'를 결정한다. CCM은 각 안료마다 고유한 K와 S값을 가지고 계산한다는 점을 기억해야 한다.

59 ④

색을 정확하게 판단하기 위해서는 주변 색의 간섭을 최소화해야 한다. 유채색 배경은 보색 잔상 효과를 일으켜 시료의 색미를 왜곡시키고, 흰색이나 검은색은 명도 대비를 일으켜 시료의 밝기를 왜곡시킨다. 따라서 시각적으로 가장 중립적인 N5~N7 정도의 무채색(회색, Neutral Grey)이 배경색으로 규정되어 있다.

오답 피하기

- ① 빨간색 : 시료가 청록색 기미를 띠게 보이는 오류를 범한다.
- ② 흰색 : 시료가 실제보다 어둡게 느껴진다.
- ③ 검은색 : 시료가 실제보다 밝게 느껴진다.

더 알아보기

색채 검사실이나 라이트 부스(Light Booth)의 내벽이 회색인 이유는 단순히 무난해서가 아니다. 회색은 시각적인 '기준점(Zero Base)' 역할을 하여 눈의 색순응을 방지하고 객관성을 유지하게 해준다.

60 ②

메타메리즘(조건등색)은 주광에서는 맞지만 다른 광원(백열등 등)에서는 색이 달라 보이는 현상으로, 엄연한 품질 결함이다. 따라서 보고서에 "A광원에서 붉은 기 발생" 등을 기록하고, 메타메리즘이 적은 다른 종류의 안료 조합으로 레시피를 수정해야 한다.

오답 피하기

- ① : 보조 광원의 차이는 소비자가 사용하는 환경(가정, 매장)에서 불량으로 판정될 수 있다.
- ③ : 안료의 분광 특성 차이에 의한 물리적 현상이지 기계 고장이 아니다.
- ④ : 안료 종류가 바뀌지 않으면 분광 특성은 변하지 않으므로 해결되지 않는다.

더 알아보기

메타메리즘은 발견 즉시 보고하고 안료 구성을 바꾸는 근본적인 처방이 필요하다.

61 ④

- 색온도 : 인터넷, 웹 디자인, 일반 PC 모니터의 표준은 태양광(주광)과 가장 유사한 D65(6,500K)이다.
- 감마 : 윈도우(Windows) 운영체제와 웹 표준(sRGB)의 감마 값은 2.20이다. 따라서 정답은 6,500K와 2.2의 조합이다.

오답 피하기

- ①, ③의 5,000K(D50) : 이는 종이 색을 고려해야 하는 인쇄/출판 산업의 표준이다. 웹 표준이 아니다.
- ①, ②의 1.8 : 과거 매킨토시(Mac)나 인쇄 전용 설정에서 쓰이던 값으로, 현재 웹 표준(2.2)과는 다르다.

더 알아보기

- 웹/모니터/TV : 우리가 흔히 보는 화면은 6,500K(D65)/감마 2.2
- 인쇄/출판 : 종이에 뽑을 때는 5,000K(D50)/감마 1.8(과거) or 2.2

시험 문제에 '웹', '모니터', '윈도우' 단어가 나오면 무조건 6.5, 2.2를 찾아야 한다.

62 ④

3,000K 정도의 낮은 색온도는 촛불이나 백열등처럼 붉고 노란빛을 띤다. 이러한 난색 계열의 빛은 인간에게 심리적으로 아늑하고 따뜻한(Warm) 느낌을 준다. 반대로 6,500K 이상의 높은 색온도는 푸른빛을 띠며 차가운(Cool) 느낌을 준다. 지문은 반대로 설명하고 있다.

오답 피하기

- ① : 색온도의 단위는 절대온도 단위인 K(Kelvin)를 쓴다.
- ②, ③ : 흑체 복사 이론에 따라 온도가 낮으면 붉은색(장파장), 온도가 높으면 푸른색(단파장)이 우세하다. 이는 물리적 팩트이다.

63 ③

소프트 프루핑은 모니터로 인쇄 색을 미리 예측하는 정밀한 작업이다. 일반 형광등은 초록 기운이 돌고 연색성이 낮아 색을 왜곡시킨다. 따라서 정확한 확인을 위해서는 인쇄 표준광원(D50)을 사용하거나, 모니터 후드를 씌우고 주변 조명을 어둡게 하여 조명의 간섭을 최소화해야 한다.

오답 피하기

①, ②, ④ : CMS를 하기 위한 가장 기본적인 필수 3요소(모니터 교정, 출력 프로파일, 지원 SW)이다.

64 ③

디바이스 종속이라는 말은 장비(Device)에 의존(Dependent)한다는 뜻이다. 즉, 똑같은 RGB(255, 0, 0) 데이터라도 삼성 모니터에서 볼 때와 아이폰에서 볼 때, 또는 우리 집 프린터로 뽑았을 때 색이 다 다르게 나오는 현상을 말한다. RGB, CMYK가 대표적이다.

오답 피하기

①, ②, ④ : 모두 장비의 영향을 받지 않는 디바이스 독립 색체계의 특징이다.

65 ②

비트맵 확대 시 계단처럼 깨지는 현상을 '앨리어싱(Aliasing)'이라고 한다. 이 현상에 반대(Anti)하여, 계단 부분에 중간색 픽셀을 채워 넣어 시각적으로 매끄럽게 보이게 만드는 기법을 안티 앨리어싱(Anti-aliasing)이라고 한다.

오답 피하기

- ① 디더링(Dithering) : 표현할 수 없는 색이 있을 때, 유사한 색의 점들을 섞어서 멀리서 볼 때 그 색처럼 보이게 만드는 착시 기법이다.
- ③ 블러링(Blurring) : 이미지 전체 혹은 일부를 흐릿하게 뭉개는 필터이다.
- ④ 샤프닝(Sharpening) : 이미지를 더 선명하고 날카롭게 만드는 기법이다.

66 ④

웹 안전 컬러의 16진수 코드는 RGB 값을 6단계로 나눈 수치인 00, 33, 66, 99, CC, FF의 6가지 숫자로만 구성되어야 한다. #AA55CC를 보면, AA와 55는 웹 안전 컬러 목록(0,3,6,9,C,F)에 없는 숫자이다. 따라서 웹 안전 컬러가 아니다.

오답 피하기

- ① #FF0000 : F와 0으로만 구성됨 → 합격(Red)
- ② #CC6699 : C, 6, 9로만 구성됨 → 합격
- ③ #3300FF : 3, 0, F로만 구성됨 → 합격

더 알아보기

"0, 3, 6, 9, C, F"이 6글자가 아닌 다른 글자(1, 2, 4, 5, 7, 8, A, B, D, E)가 섞여 있으면 무조건 오답이다.

67 ②

인쇄/출판 산업의 국제 표준광원은 D50(5,000K)이다. 우리가 주로 사용하는 종이는 형광백색보다는 약간 미색(누런끼)을 띠는 경우가 많다. D50은 완전한 백색(D65)보다 살짝 따뜻한 빛이라서, 인쇄 잉크와 종이의 조화를 판단하기에 가장 적합하다.

오답 피하기

- ① 2,800K : 백열전구색(카페 조명)이다.
- ③ 6,500K(D65) : 모니터, 웹, 그래픽 디자인의 표준이다. 인쇄와 가장 많이 헷갈리는 보기이다.
- ④ 9,300K : 일반 사무용 모니터나 TV의 푸른빛이다.

68 ③

어도비 포토샵(Photoshop)은 이름에서도 알 수 있듯이 '사진(Photo)'을 다루는 프로그램이다. 사진은 픽셀로 이루어져 있으므로 포토샵은 대표적인 비트맵(Bitmap) 편집 도구이다.

오답 피하기

①, ②, ④ : 일러스트레이터, 코렐 드로우, 잉크스케이프는 모두 점과 선을 연결하여 그림을 그리는 벡터(Vector) 기반의 드로잉 프로그램이다. 로고 제작 등에 쓰인다.

69 ①

밑변이 넓어 무게 중심이 아래에 단단히 잡혀 있는 삼각형(정삼각형) 구도는 안정감과 통일감의 대명사로 불리며, 기념비적인 건축물이나 인물 초상화(피라미드형 배치) 등에 가장 많이 쓰인다.

오답 피하기

- ② 역삼각형 구도 : 삼각형을 거꾸로 뒤집어 놓은 꼴로, 뾰족한 부분이 바닥에 닿아 있어 매우 불안정하고 긴장감을 주는 동적인 구도이다.
- ③ 원형 구도 : 원만함과 통일감을 주지만, 피라미드 형태가 아니며 무게감보다는 시선을 안으로 모으는 집중감을 준다.
- ④ 마름모 구도 : 사선이 결합된 형태로, 바닥에 닿는 면적이 좁아 불안정하고 변화가 심한 느낌을 준다.

70 ③

알파벳 S자 모양의 곡선은 시선을 끊지 않고 자연스럽게 화면 안쪽으로 끌어들이며 부드럽게 흐르게 만든다. 이러한 곡선의 연속성은 율동감(리듬), 우아함, 유연함, 그리고 부드러운 변화를 표현할 때 가장 적합하다.

오답 피하기

- ① 수직 구도 : 위로 솟구치는 직선으로 엄숙함, 상승감, 긴장감을 준다.
- ② 수평 구도 : 가로로 뻗은 직선으로 안정감, 평화, 정적인 느낌을 준다.
- ④ 사선 구도 : 대각선 방향으로 뻗은 직선으로 운동감, 속도감, 불안정함을 준다.

71 ③

광각(Wide-Angle) 렌즈는 초점 거리가 짧아(35mm 이하) 화각이 넓다. 렌즈 가까이 있는 물체는 과장되게 커 보이고(대두샷), 멀리 있는 배경은 아주 작게 보여 원근감이 과장(Exaggeration)된다.

오답 피하기

- ① 표준 렌즈 : 왜곡 없이 자연스럽다.
- ② 망원 렌즈 : 멀리 있는 것을 당겨 찍으며 원근감을 압축시킨다(광각과 반대).
- ④ 매크로 렌즈 : 곤충이나 꽃 등을 아주 가까이서 크게 찍는 접사 전용 렌즈이다.

72 ③

퐁(Phong) 셰이딩은 면 내부의 픽셀 단위로 빛을 정밀하게 계산한다. 덕분에 물체 표면에 맺히는 하이라이트(반사광)를 아주 선명하고 리얼하게 표현할 수 있어, 광택이 있는 금속이나 플라스틱 재질 표현에 필수적이다.

오답 피하기

- ① 플랫 셰이딩 : 하이라이트가 아예 없거나 면 단위로 끊긴다.
- ② 고로 셰이딩 : 부드럽긴 하지만 하이라이트 계산이 정확하지 않아 광택 부분이 뭉개지거나 흐릿하게 보인다.

73 ③

sRGB는 1996년 마이크로소프트(MS)와 HP사가 협력하여 만든 범용 표준(Standard) RGB 색공간이다. 호환성이 가장 뛰어나며, 웹(Web) 콘텐츠 제작 및 일반 사용자 환경의 기본값으로 사용된다.

오답 피하기

- ① Wide Gamut RGB : sRGB보다 훨씬 넓은 광색역이다.
- ② Adobe RGB : sRGB의 좁은 색역 한계를 극복하고 인쇄 전문가를 위해 Adobe사가 개발했다.
- ④ GRACoL : RGB 색공간이 아니라, 상업용 오프셋 인쇄(CMYK) 표준 규격이다. 함정에 빠지지 않도록 주의해야 한다.

더 알아보기

MS와 HP가 손잡고 만든 Standard(표준)는 sRGB이다.

74 ②

색역(Gamut)은 '표현 가능한 색의 범위'를 뜻한다. 색역 경고(Gamut Warning) 기능은 작업 중인 색상이 인쇄 장치의 색역 범위를 벗어났을 때, 색상이 탁하게 변할 것임을 미리 알려주어 사용자가 보정할 수 있게 한다.

오답 피하기

- ① 프로파일 경고(Profile Warning) : 프로파일이 없거나 불일치할 때 나타난다.
- ③ 핀 어긋남 경고(Pin Registration Warning) : 소프트웨어의 기능이 아니다.
- ④ 고비트 심도 경고(High-bit Depth Warning) : 존재하지 않는다.

75 ③

PDP는 이온화된 기체를 이용해 스스로 빛을 내는 자체 발광형이다. LCD와 비교했을 때 응답 속도가 매우 빨라 잔상이 거의 남지 않는다는 것이 가장 큰 장점이었다. 따라서 '응답 속도가 느려 잔상이 많이 남는다'라는 설명은 PDP의 장점을 단점으로 오해한 것이다.

오답 피하기

- ① : PDP는 전력 소모가 많다.
- ② : 전력 소모가 많으므로 발열도 많다.
- ④ : LCD보다 수명/내구성(품질 유지) 측면에서 단점으로 정리되곤 한다.

더 알아보기

디스플레이는 서로의 단점을 극복하며 발전한다. PDP는 LCD의 느린 응답 속도와 잔상을 극복하기 위해 등장한 기술이다.

76 ③

TIL(Total Ink Limit)은 말 그대로 잉크 총량의 한계를 정하는 것이다. 잉크가 총 400%를 초과하여 종이가 잉크를 감당하지 못할 때 발생하는 인쇄 사고를 예방하는 것이 주된 목적이다.

오답 피하기

- ① UCR(Under Color Removal) : 명암부의 C, M, Y를 K로 대체하여 잉크를 절약하는 기법이다.
- ② GCR(Gray Component Replacement) : 모든 영역의 회색 성분을 K로 대체하는 기법이다.
- ④ Gamut Mapping : 색역 변환 과정이다.

더 알아보기

TIL은 '400%의 재앙을 막는 방파제'이다. 이 용어가 나오면 무조건 '뒷묻음, 번짐, 종이 울음 방지'를 연결해서 암기해야 한다.

77 ③

평량(Basis Weight)은 종이 1제곱미터당 무게(g/㎡)를 나타낸다. 이것은 종이의 두께와 강도를 가늠하는 가장 기본적인 단위이자 속성이며, 용도(내지용, 표지용 등)를 결정하는 핵심 기준이 된다.

오답 피하기

- ① 백색도(Whiteness) : 종이의 흰 정도이다.
- ② 평활도(Smoothness) : 종이 표면의 매끄러운 정도이다.
- ④ 밀도(Density) : 종이 조직의 조밀한 정도를 나타낸다.

더 알아보기

평량은 '종이의 주민등록증'과 같다.

78 ②

단순 재활용을 넘어, 새로운 가치(Value)를 더해(Up) 더 멋진 제품으로 만드는 것을 업사이클(Upcycle)이라고 한다.

오답 피하기

- ① 리사이클(Recycle) : 원료로 되돌려 다시 만드는 '재활용'이다.
- ③ 리유즈(Reuse) : 씻어서 다시 쓰는 '재사용'이다.
- ④ 리듀스(Reduce) : 쓰레기를 '줄이는' 것이다.

더 알아보기

Upgrade(업그레이드)+Recycle(리사이클)＝Upcycle(업사이클)

79 ②

색깔로 한 번(1차), 모양이나 글자로 또 한 번(2차). 이렇게 두 가지 방법(Code)으로 정보를 주는 것을 '이중 부호화(Double Coding)'라고 한다. 색을 못 보는 사람도 모양을 보고 알 수 있게 만드는 안전장치이다.

오답 피하기

- ① 식별하기 쉬운 배색(Choose) : 그냥 색깔 자체를 잘 보이는 걸로 고르는 것이다(예 명도 차이 주기).
- ③ 색 이름 표기(Communication) : "이건 빨강이야"라고 이름을 써주는 것이다(이중 부호화의 일부지만, 소통에 초점).

더 알아보기

'색+형태' 또는 '색+숫자' 조합이 나오면 무조건 이중 부호화이다.

80 ①

지피지기면 백전백승이다. 발표 전에 '누가 듣는가?(People), 왜 하는가?(Purpose), 어디서 하는가?(Place)' 이 세 가지를 알아야 하며 앞글자를 따서 3P 분석이라고 한다.

오답 피하기

③ : 마케팅의 4P(Product, Price, Place, Promotion)와 헷갈리게 만든 오답이다. 프레젠테이션은 '가격(Price)' 분석이 최우선이 아니다.

출제 예상문제 05회				2-51p
01 ①	02 ②	03 ②	04 ①	05 ②
06 ③	07 ③	08 ④	09 ②	10 ②
11 ③	12 ②	13 ①	14 ①	15 ①
16 ④	17 ③	18 ①	19 ①	20 ②
21 ①	22 ①	23 ④	24 ③	25 ③
26 ③	27 ②	28 ②	29 ②	30 ④
31 ③	32 ③	33 ②	34 ②	35 ①
36 ②	37 ③	38 ②	39 ③	40 ④
41 ①	42 ③	43 ④	44 ①	45 ③
46 ④	47 ③	48 ①	49 ③	50 ①
51 ③	52 ③	53 ③	54 ②	55 ②
56 ③	57 ②	58 ③	59 ④	60 ②
61 ④	62 ①	63 ①	64 ②	65 ③
66 ③	67 ③	68 ③	69 ②	70 ①
71 ③	72 ②	73 ③	74 ③	75 ④
76 ③	77 ①	78 ③	79 ①	80 ③

01 ①

매슬로우는 하위 욕구가 충족되어야 상위 욕구가 발현된다고 보았다.

- 생리적 욕구 : 의식주, 생존(가장 기초)
- 안전 욕구 : 위험으로부터의 보호
- 사회적 욕구 : 소속감, 애정
- 존경 욕구 : 명예, 인정, 지위
- 자아실현 욕구 : 잠재력 완성(최상위)

오답 피하기

- ② : 안전이 보장되지 않은 상태에서 사회적 교류를 원하지 않는다.
- ③ : 배고픔(생리적)이 안전보다 더 원초적이다.
- ④ : 친구(사회적)를 사귄 후에 리더로서 존경받기를 원한다.

더 알아보기

이 문제는 3단계(사회적 : 친구/애인)와 4단계(존경 : 사장님/리더)의 순서를 바꿔서 오답을 유도하는 경우가 90%이다. "친구들 사이에서 인정을 받아 리더가 된다."라는 순서로 기억하면 헷갈리지 않는다.

02 ②

네 가지 핵심 단어의 영어 앞글자를 조합하여 강점(Strength)+약점(Weakness)+기회(Opportunity)+위협(Threat)＝SWOT 분석이라고 불린다.

오답 피하기

- ① STP 분석 : 세분화(Segmentation), 타겟팅(Targeting), 포지셔닝(Positioning)의 약자이다.
- ③ 4P 분석 : Product, Price, Place, Promotion의 약자이다.
- ④ VMD 분석 : 시각적 상품화 계획(Visual Merchandising)의 약자이다.

03 ②

문제의 상황은 아직 '무엇을 할지' 명확하지 않은 초기 기획 단계이다. 클라이언트가 색채나 디자인 분야의 비전문가일 경우, 무턱대고 프로젝트를 발주할 수 없다. 따라서 공식 입찰(RFP) 전에 업계의 기술 수준이나 트렌드 정보를 얻기 위해 발행하는 문서인 '자료의뢰서(RFI; Request for Information)'가 정답이다.

오답 피하기

- ① 제안요청서(RFP; Request for Proposal) : 수집된 정보를 바탕으로 프로젝트의 목적, 기간, 예산, 범위 등을 '구체적으로 확정'하여 발송하는 공식 문서이다.
- ③ 입찰참가신청서(Application for Bidding) : 프로젝트 입찰에 참여하겠다는 의사를 밝히는 행정 서류이다. 정보 수집과는 거리가 멀다.
- ④ 과업지시서(Task Order Sheet) : 계약이 체결된 후, "이 일을 수행하시오."라고 구체적인 업무를 지시하는 문서이다.

더 알아보기

문서의 종류

- 잘 모르니까 정보 좀 줘(RFI, 자료의뢰서) : 시점–기획 초기, 목적–정보 수집(전문성 보완)
- 이제 알았으니 제안해 봐(RFP, 제안요청서) : 시점–기획 확정 후, 목적–수행사 선정(구체적 요구사항 포함)
- 우리가 이렇게 하겠다(Proposal, 제안서) : 시점–RFP 수령 후, 목적–수주(디자이너가 작성)

04 ①

포지셔닝(Positioning)은 단어 그대로 '위치(Position) 잡기'이다. 물리적인 위치가 아니라, 소비자의 뇌리(마음)에 "이 브랜드는 고급이다.", "이 제품은 튼튼하다."라는 인식을 심어주는 전략적 활동을 뜻한다.

오답 피하기

- ② 타겟팅(Targeting) : 세분화된 시장 중 우리 기업이 공략할 목표 시장을 선정하는 것이다.
- ③ 세분화(Segmentation) : 전체 시장을 비슷한 성향을 가진 소비자 그룹으로 나누는(쪼개는) 것이다.
- ④ 리서치(Research) : 시장 상황을 파악하기 위한 조사 활동 전반을 의미한다.

더 알아보기

STP 전략의 흐름

❶ 케이크를 여러 조각으로 자른다(S– 세분화).
❷ 가장 맛있는 딸기 조각을 고른다(T– 타겟팅).
❸ "이 딸기 조각은 내가 찜했다."고 깃발을 꽂는다(P– 포지셔닝).
마지막에 깃발(인식)을 꽂는 단계가 바로 포지셔닝이다.

05 ②

1920년대 미국 파커(Parker) 사가 여성용 립스틱에서 착안하여 만든 빨간색 만년필이 매출 대박을 터뜨린 것이 컬러 마케팅의 시초로 알려져 있다.

오답 피하기

다른 브랜드들도 컬러 마케팅으로 유명하지만, '시초(최초)'를 묻는 문제의 답은 파커 만년필이다.

06 ③

심리적으로 안정을 주고 눈을 편안하게 하는 초록(Green)은 안전, 구급, 비상구 표시에 사용된다.

07 ③

응답자의 거부감을 줄이기 위해 '쉽고 흥미로운 질문(도입) → 본 질문 → 민감한 개인 신상(마지막)' 순서로 배치하는 것이 원칙이다.

오답 피하기

- ① : 일반적 → 구체적 순서가 좋다.
- ② : 개인 정보는 경계심을 주므로 맨 뒤로 뺀다.

08 ④

조사자가 자신의 지식이나 경험을 바탕으로 "이 사람이 적당하겠다."라고 판단하여 뽑는 것은 판단 표본 추출법으로, 확률에 의존하지 않는 비확률 추출이다.

오답 피하기

①, ②, ③ : 통계적 확률 원리에 따라 무작위로 뽑는 확률 표본 추출이다.

더 알아보기

단 – 층 – 군 – 계(단순, 층화, 군집, 계통) : 이 4가지는 확률 추출이며 나머지는 비확률이다.

09 ②

예를 들어 '성별(남/여)'과 '선호 색상(파랑/빨강)'이라는 두 변수를 겹쳐서(Cross) '남자가 파랑을 얼마나 좋아하는지' 알아보는 분석법이 교차 분석(Cross–tabulation)이다.

10 ②

인간은 늘 똑같은 것에 지루함을 느낀다. 기존의 익숙한 것에서 벗어나 새로운 자극(색채)을 추구하려는 심리가 바로 유행을 만드는 첫 번째 요인인 변화 욕구이다.

오답 피하기

①, ③, ④ 동조화/소속/모방 : 남들과 비슷해지려고 하는 심리로, 변화 욕구와는 반대되는 개념이다.

11 ③

CFT는 한국을 대표하는 정보 기관으로, '국제유행색협회(INTERCOLOR, 24개월 전)'의 발표 이후, 국내 실정을 반영하여 해당 시즌 약 18개월(1년 반) 전에 구체적인 정보를 발표한다.

오답 피하기

- ①, ② 6개월/12개월 : 소재 전시회나 컬렉션 시기이다.
- ④ 24개월 전 : '국제유행색협회(INTERCOLOR)'의 발표 시기이다.

더 알아보기

인터컬러(24개월) → CFT/민간정보사(18개월) : 형님(국제)이 먼저 하고, 아우(국가/민간)가 뒤따라 한다.

12 ②

바니시(Varnish)는 흔히 '니스'라고 부른다. 나무 표면 위에 투명한 막을 씌우는(코팅) 방식이라 물과 긁힘에 강하고 광택이 난다.

오답 피하기

- ① 스테인(Stain) : 나무 속으로 스며들어 색을 입히는 착색제이다(도막 없음).
- ③, ④ 오일 마감(Oil Finish)/왁스 마감(Wax Finish) : 나무에 침투하여 자연스러운 질감을 주지만 도막이 얇아 내구성은 바니시보다 약하다.

더 알아보기

- 스테인(Stain) : 스며듦(색깔)
- 바니시(Varnish) : 덮어씌움(코팅/광택)

13 ①

증착(Evaporation)은 진공 상태에서 금속(알루미늄 등)을 증발시켜 플라스틱 표면에 달라붙게 하는 코팅 기술이다. 과자 봉지 안쪽의 은색이나 반짝이는 장난감 도금 등이 이에 해당한다.

오답 피하기

- ②, ③ 사출(Injection)/압출(Extrusion) : 플라스틱의 형태를 만드는 성형법이다.
- ④ 발포(Foaming) : 스펀지처럼 거품을 내어 부풀리는 가공법이다.

더 알아보기

증착＝증발＋착색 : 금속을 수증기처럼 만들어서 입히는 기술이다. 진짜 금속은 아니지만 금속처럼 보이게 할 때(가성비) 쓴다.

14 ①

노랑(Yellow)은 태양의 에너지를 상징하며, 운동 신경을 활성화하고 근육에 에너지를 생성하는 색이다. 특히 좌뇌를 자극하여 지적 활동(두뇌 회전)을 돕고, 신경계를 강화하여 우울증 치료나 심리적 피로회복에 효과적이다. 소화기관(위장)의 활동을 돕는 색이기도 하다.

오답 피하기

- ② 파랑(Blue) : 진정 효과와 집중력 향상에는 좋지만, 두뇌 자극보다는 안정에 가깝다.
- ③ 빨강(Red) : 혈액 순환과 근육 활동을 돕는 신체적 에너지를 준다.
- ④ 검정(Black) : 심리적으로 위축되거나 무거운 느낌을 줄 수 있어 치료용으로는 주의해서 사용한다.

더 알아보기

노랑＝비타민 C 상큼한 레몬을 먹으면 정신이 번쩍 들듯이, 노란색은 머리를 맑게 하고 에너지를 충전해 준다.

15 ①

박하사탕이나 허브의 시원하고 상쾌한 향은 식물의 잎 색깔인 초록색이나 청록색을 자연스럽게 연상시킨다.

오답 피하기

- ② 꽃 향 : 장미나 라일락 같은 향긋한 향은 분홍, 보라 등 난색 계열과 어울린다. 회색은 무취나 매연을 연상시킨다.
- ③ 머스크 향 : 무겁고 중후한 향이므로 황금색, 적갈색 등 깊이 있는 색과 어울린다. 하늘색은 너무 가볍다.
- ④ 달콤한 향 : 분홍, 주황 등 따뜻한 색과 어울린다. 검정은 쓴맛이나 부패한 냄새를 연상시킨다.

더 알아보기

- 민트맛 껌＝초록색 포장지
- 딸기맛 우유＝분홍색 포장지

16 ④

'지리적 변수'란 말 그대로 소비자가 살고 있는 물리적인 위치(Geography)를 기준으로 시장을 나누는 것이다. 추운 지방(기후)에서는 패딩을 팔고, 더운 지방에서는 에어컨을 파는 것이 대표적인 예이다.

오답 피하기

- ① 심리적 변수 : 라이프 스타일, 개성
- ② 행동적 변수 : 사용 빈도, 충성도
- ③ 인구통계적 변수 : 나이, 성별, 소득

더 알아보기

"어디 살아?"라고 물어보면 지리적 변수이다. 서울, 부산, 미국, 아프리카, 강남, 강북… 모두 장소와 관련된 단어들이다.

17 ③

시장을 나누려면 그 시장에 사람이 몇 명인지, 돈은 얼마나 쓰는지(구매력)를 데이터(수치)로 확인할 수 있어야 한다. 잴 수 없으면 전략을 세울 수 없기 때문이다.

오답 피하기

- ① 접근 가능성(Accessibility) : 유통 경로를 통해 그 고객들에게 물건을 배달하거나 광고를 보여줄 수 있어야 한다.
- ② 실행 가능성(Actionability) : 우리 회사의 능력으로 그 시장을 공략할 수 있어야 하고, 시장 규모가 이익을 낼 만큼 적당해야 한다.
- ④ 차별화 가능성(Differentiability) : 어떤 제품이나 브랜드가 경쟁 대상과 구별되게 보이거나 인식될 수 있을 정도여야 한다.

더 알아보기

세분화의 3대 조건 : 재고(측정), 가고(접근), 하고(실행)

18 ①

색채 조절은 상태를 조절한다는 뜻이다. 단순히 예쁘게 꾸미는 장식이 아니라, 공장이나 병원 등에서 피로를 줄이고 능률을 올리기 위해 과학적으로 색을 사용하는 것을 말한다.

오답 피하기

- ② 색채계획(Color Planning) : 색채 조절보다 더 포괄적인 개념으로, 디자이너의 미적 감각과 문화적 측면까지 고려한 종합적인 계획이다.
- ③ 색채 치료(Color Therapy) : 질병의 호전과 건강 증진을 목적으로 한다.
- ④ 색채마케팅(Color Marketing) : 제품, 브랜드, 광고 등에서 색을 전략적으로 활용하여 소비자의 주목을 끌고 구매 행동까지 유도하는 활동이다.

더 알아보기

시험에 '듀폰(Dupont)', '능률 향상', '과학적 선택' : 이 세 단어가 나오면 답은 무조건 색채 조절이다.

19 ①

색의 항상성이란 붉은 노을빛 아래서 흰 종이는 붉게 보이지만, 우리는 그것을 여전히 '흰 종이'라고 인식한다. 환경이 변해도 색을 항상 일정하게 느끼려는 지각의 보정 능력이다.

오답 피하기

- ② 색의 연색성 : 조명이 색을 재현하는 성질(지각 현상 아님)이다.
- ④ 색 순응 : 색안경을 썼을 때 처음엔 색이 달라 보이다가 시간이 지나면 원래 색처럼 느껴지는 현상(항상성과 비슷하지만, 순응은 '적응'에 초점이 맞춰짐)이다.

20 ②

마케팅 조사는 "왜 매출이 떨어졌나?" 같은 특정 문제를 해결하기 위해 프로젝트성으로 진행한다. 반면 인텔리전스는 경쟁사 동향 등 외부 정보를 평소에 꾸준히 수집하는 것이다.

오답 피하기

- ① 반대 : 조사가 일시적(프로젝트), 인텔리전스가 지속적이다.
- ③ 범위 : 둘 다 주로 외부 정보를 다룬다(내부 정보는 내부 정보 시스템).

더 알아보기

- 조사(Research) : 숙제(특정 과제) 하듯이 날 잡고 하는 것
- 첩보(Intelligence) : 안테나 세우고 항상 듣고 있는 것

21 ①

시네틱스는 그리스어로 '서로 다른 것의 결합'이라는 뜻이다. 낯선 것을 친숙하게 만들거나 친숙한 것을 낯설게 보며, 유추(Analogy)를 통해 창의적인 아이디어를 얻는 기법이다.

오답 피하기
- ② 브레인스토밍 : 유추보다는 자유로운 연상과 양적인 확산을 중시한다.
- ③ 체크리스트 : 기존 아이디어에 질문을 던져 수정/보완하는 분석적 기법이다.
- ④ 스토리텔링 : 디자인 콘셉트에 이야기(Story)를 입혀 전달하는 기법이다.

22 ①

텔레시스(Telesis)는 "어떤 목적을 달성하기 위해 자연이나 사회적 조건을 인간이 의도적으로 이용하거나 변화시키는 작용"을 뜻한다. 쉽게 말해 디자인이 사회를 더 나은 방향으로 이끄는 '목적 지향적 힘'을 가져야 한다는 뜻이다.

오답 피하기
- ② 연상(Association) : "우리 할머니 댁 문풍지 같다."처럼 인간의 기억, 충동, 과거의 경험과 연결되는 심리적 작용이다.
- ③ 방법(Method) : 재료, 도구, 공정(Process)이 서로 어떻게 상호작용하는가를 다루는 기술적 측면이다.
- ④ 미학(Aesthetics) : 사용자에게 흥미와 감동을 주어 디자인을 의미 있는 실체로 만드는 조형적 아름다움이다.

23 ④

곡선은 자연물(꽃, 물결, 인체)에서 주로 볼 수 있는 선으로, 시각적으로 부드러움, 우아함, 여성스러움, 유연함을 느끼게 한다. 반면, 강직함은 자로 잰 듯 반듯한 직선(특히 수직선)에서 느껴지는 남성적이고 단호하며 딱딱한 이미지이다.

오답 피하기
- ① 우아함 : 완만한 곡선은 흐르는 듯한 우아함을 준다.
- ② 여성스러움 : 전통적으로 곡선은 여성의 신체 라인 등과 연결되어 여성적인 느낌을 준다.
- ③ 유연함 : 방향이 부드럽게 바뀌는 곡선은 유연하고 자유로운 느낌을 준다.

더 알아보기

선의 성격을 '남성 vs 여성' 또는 '인공 vs 자연'으로 나누어 외우면 된다.
- 직선 : 남성적, 인공적, 강함, 딱딱함, 명쾌함
- 곡선 : 여성적, 자연적, 약함, 부드러움, 불명확함

24 ③

스트리트 퍼니처(Street Furniture)는 직역하면 '거리의 가구'로, 집 안에 가구가 있듯, 거리에도 사람들의 휴식과 편의를 돕는 가구(시설물)가 필요하다는 뜻에서 붙여진 이름이다.

오답 피하기
- ① 랜드마크(Landmark) : 남산타워처럼 그 지역을 식별하게 해주는 대표적인 상징물이다.
- ② 슈퍼그래픽(Super Graphic) : 건물의 벽면 등에 그려진 거대한 그림이다.
- ④ 파사드(Facade) : 건물의 정면(얼굴) 부분을 말한다.

25 ③

세퍼레이션(Separation)은 '분리하다'라는 뜻이다. 빨강과 초록처럼 보색끼리 붙어 있거나 고채도 색끼리 인접하면 눈이 아픈 '할레이션(Halation)' 현상이 발생한다. 이때 그 사이에 흰색, 검은색, 회색, 금속색 라인을 넣어주면 색이 독립적으로 보이면서 형태가 깔끔하게 정리된다. 스테인드글라스, 만화의 테두리, 텍스타일 디자인 등에 주로 쓰인다.

오답 피하기
- ① 톤 인 톤 배색 : 톤을 유사하게 맞추는 배색으로, 색의 충돌을 해결하는 기법과는 거리가 멀다.
- ② 까마이외 배색 : 거의 차이가 없는 아주 유사한 색을 배색하는 기법이다(예 남색 위에 짙은 파랑 자수).
- ④ 멀티컬러 배색 : 단순히 여러 가지 색(다색)을 사용하는 것을 말한다.

26 ③

이미지 기법(다이어그램, 그래프, 차트)은 복잡한 내용을 시각적으로 단순화하여 전달력, 이해도, 가독성을 높이는 데 효과적이다. 하지만 기획 내용의 논리성을 확보하는 것은 문장 기법을 통해 논리적 구조(서론 – 본론 – 결론)로 작성하고, 공신력 있는 데이터(Fact)를 제시하여 확보해야 한다. 이미지는 논리성을 보조하는 수단일 뿐이다.

오답 피하기
- ① : 표나 그래프를 사용하면 텍스트만 있을 때보다 내용 파악이 쉽다.
- ② : 그래프는 수치의 변화나 핵심 데이터를 한눈에 보여주어 파악이 용이하다.
- ④ : 다이어그램이나 차트는 문서의 전체 구조(프로세스)를 시각적으로 보여준다.

27 ②

색의 중량감(무게)은 명도에 의해 결정된다. 명도가 높으면(밝으면) 가볍게 느껴지고, 명도가 낮으면(어두우면) 무겁게 느껴진다.

오답 피하기
- ① 색상(Hue) : 따뜻함과 차가움(온도감)을 결정한다.
- ③ 채도(Chroma) : 딱딱함과 부드러움(경연감)을 결정한다.
- ④ 순도(Purity) : 채도와 같은 개념이다.

더 알아보기

금고가 검은색(저명도)인 이유는 무겁고 튼튼해 보이기 위함이고, 솜사탕이 흰색이나 파스텔톤(고명도)인 이유는 가벼워 보이기 때문이다.

28 ②

이텐은 색상환 위에 기하학적 도형을 그려 배색을 설명했다. 트라이어드(Triads)는 접두사 'Tri(3)'가 뜻하듯, 색상환 위에서 정삼각형을 이루는 3가지 색의 배색을 말한다(예 빨강 – 노랑 – 파랑, 주황 – 초록 – 보라). 색상 간의 거리가 멀어 변화가 크면서도 기하학적 균형을 이루어 안정감을 준다.

오답 피하기
- ① 다이아드(Dyads) : 색상환에서 마주 보는 2가지 색(보색)의 조화이다.
- ③ 테트라드(Tetrads) : 색상환에서 정사각형 또는 직사각형을 이루는 4가지 색의 조화이다.
- ④ 펜타드(Pentad) : 색상환에서 오각형을 이루는 5가지 색의 조화이다.

더 알아보기

기하학적 도형과 숫자 연결하기
- Triangle(삼각형) = Triads(3색)
- Tetra(사각형) = Tetrads(4색)
- Penta(오각형) = Pentad(5색)

어떤 색을 계속 보다가 시선을 옮겼을 때, 그 색의 보색(반대색)이 보이는 현상을 부의 잔상(음성 잔상)(Negative After Image)이라고 한다. 망막의 시세포가 붉은색에 피로해져서, 상대적으로 청록색을 감지하는 감도가 높아지기 때문에 발생한다(빨강 ↔ 청록).

오답 피하기

- ① 정의 잔상(Positive After Image) : 원래 봤던 자극과 같은 색, 같은 밝기가 남는 현상이다(**예** 쥐불놀이의 불 궤적, 강한 전구를 보고 눈을 감았을 때 남는 빛).
- ③ 색 순응(Color Adaptation) : 색안경을 끼고 있으면 처음엔 세상이 달라 보이다가 점차 원래 색으로 보정되어 보이는 현상이다.
- ④ 박명시(Mesopic Vision) : 밝은 곳에서 어두운 곳으로 갈 때(암순응) 중간 단계에서 일어나는 시각 상태이다.

30 ④

색의 중량감(무게)은 명도(밝기)가 결정한다. 명도가 낮을수록(어두울수록) 무겁게 느껴지고, 명도가 높을수록(밝을수록) 가볍게 느껴진다. 보기 중 명도가 가장 낮은 검정(Black)이 시각적으로 가장 무겁다.

오답 피하기

- ① 흰색(White) : 명도가 가장 높아 가장 가볍게 느껴진다.
- ② 노란색(Yellow) : 유채색 중 명도가 가장 높아 가볍다.
- ③ 하늘색(Sky Blue) : 고명도의 파랑이므로 가볍다.

더 알아보기

산업 현장의 무거운 장비 하단이나 금고를 검정으로 칠하는 이유는 묵직하고 안정감 있게 보이기 위해서이다. "어두우면 무겁다(Low Value = Heavy)." 공식을 기억해야 한다.

31 ③

파장이 긴 빨강(Red) 계열은 장애물을 만나도 쉽게 흩어지지 않고(산란 ↓) 타고 넘어가는 성질(회절)이 강하다. 이 때문에 안개 긴 날이나 먼 거리에서도 빛이 소멸하지 않고 잘 도달한다(이것이 신호등의 정지 신호나 자동차 브레이크등이 빨간색인 이유).

오답 피하기

- ① : 파장과 에너지는 반비례한다. 파장이 짧을수록 진동수가 많아져 에너지는 높아지고, 매질에 의한 간섭을 많이 받아 굴절률도 높아진다(파장 짧음 = 굴절률 큼, 에너지 큼).
- ② : 380nm 이하는 자외선(UV)이다. 적외선은 780nm 이상이다.
- ④ : 단파장(파랑/보라)은 입자가 작은 대기 분자와 부딪혀 산란이 매우 잘 일어난다(그래서 하늘이 파랗게 보임). 또한 프리즘 통과 시 굴절률이 커서 굴절각이 가장 크다.

더 알아보기

'반대로' 법칙을 기억하라!
❶ 파장이 짧은 놈(단파장/보라색)
- 키(파장)가 작으니 성질이 독함
- 굴절률 : 큼(확 꺾임)
- 산란 : 잘됨(잘 퍼짐)
- 에너지 : 강함(자외선)
❷ 파장이 긴 놈(장파장/빨간색)
- 키(파장)가 크니 성격이 유순함
- 굴절률 : 작음(스무스하게 꺾임)
- 산란 : 안 됨(직진성, 투과력 좋음)
- 에너지 : 약함(따뜻한 정도)

32 ③

적색(赤)은 오행에서 불(火)에 해당하며, 방위로는 태양이 가장 높게 뜨는 남쪽, 계절로는 뜨거운 여름, 덕목으로는 예(禮), 수호신으로는 주작(朱雀)을 상징한다.

오답 피하기

- ① 청색 : 동쪽, 봄, 나무(木)
- ② 백색 : 서쪽, 가을, 쇠(金)
- ④ 흑색 : 북쪽, 겨울, 물(水)

33 ②

단청(丹靑)은 붉을 단, 푸를 청 자를 쓴다. 목조 건물의 표면에 안료를 칠해 비바람과 병충해로부터 목재를 보호(방부, 방충)하고, 건물을 아름답고 장엄하게 장식하여 권위를 나타내는 한국 고유의 채색 기법이다.

오답 피하기

- ① 탱화 : 불교의 신앙 내용을 천이나 종이에 그린 그림이다.
- ③ 수묵화 : 먹의 농담을 이용하여 그린 그림이다.
- ④ 벽화 : 벽에 그린 그림을 통칭하는 일반 명사이다.

34 ②

스푸마토(Sfumato)는 '연기처럼 사라지다'라는 이탈리아어에서 유래했다. 윤곽선을 뚜렷하게 그리지 않고 부드럽게 번지듯이 처리하여, 인물의 표정을 신비롭게 만들고 자연스러운 깊이감을 주는 다빈치 특유의 기법이다.

오답 피하기

- ① 키아로스쿠로(Chiaroscuro) : 명암 대조법을 통칭하는 말로, 빛과 어둠의 대비를 강조한다.
- ③ 임파스토(Impasto) : 물감을 두껍게 칠해 질감을 내는 기법이다(고흐의 붓 터치).
- ④ 그러데이션(Gradation) : 색이 단계적으로 변하는 일반적인 배색 기법이다.

35 ①

"형태는 기능을 따른다(Form follows Function)."라는 말은 근대 기능주의 디자인의 헌법과도 같다. 물건이나 건물의 생김새(형태)는 그것이 사용되는 용도(기능)에 의해 결정되어야 하며, 기능과 무관한 불필요한 장식은 배제해야 한다는 뜻이다.

오답 피하기

- ② 적을수록 많다(Less is More) : 미스 반 데어 로에(미니멀리즘 건축)의 명언이다.
- ③ 장식은 죄악이다(Ornament is Crime) : 아돌프 로스(모더니즘 건축가)의 명언이다.
- ④ 형태는 재미를 따른다(Form follows Fun) : 포스트모더니즘 시대의 반박 명언이다.

36 ②

KS 및 ISCC-NIST 색명법에서 '연한(pale)' 톤은 고명도 저채도의 파스텔 톤을 의미하며, 약호는 pl을 사용한다.

오답 피하기

- ① 선명한 : vv(vivid)이다(dp는 '진한/짙은' deep).
- ③ 어두운 : dk(dark)이다(lt는 '밝은' light).
- ④ 탁한 : dl(dull)이다(vv는 '선명한' vivid).

더 알아보기

색조의 약호
vivid = vv, pale = pl, dull = dl, deep = dp

37 ③

관용색명(예 살구색, 하늘색)은 부르기 쉽고 친숙하지만, '살구색'이 정확히 어떤 색인지(노랑에 가까운지, 주황에 가까운지) 사람마다 기준이 다르다. 또한 시대에 따라 '살색'이 '살구색'으로 바뀌는 등 의미가 변하기도 하여, 산업 현장에서 정확한 색채 정보를 전달하기에는 부적합하다는 단점이 있다.

오답 피하기

- ①, ② : 관용색명의 장점(연상 용이, 친숙함)이다.
- ④ : 계통색명의 특징(단점)이다.

38 ②

IRI 형용사 이미지 스케일은 형용사를 3차원 공간에 배치하여 감성을 언어로 척도화한 것이다. 공간을 나누는 핵심 기준축은 다음과 같다.

- 세로축(Y축, 질감/무게감) : 부드러운(Soft) ↔ 딱딱한(Hard)
  위로 갈수록 부드럽고, 아래로 갈수록 딱딱한 이미지가 배치된다.
- 가로축(X축, 활동성) : 동적인(Dynamic) ↔ 정적인(Static)
  왼쪽으로 갈수록 동적이고, 오른쪽으로 갈수록 정적인 이미지가 배치된다.

더 알아보기

IRI 스케일 위치별 형용사 암기 팁

- 귀여운(Cute) : 부드럽고+동적인(좌상단)
- 은은한(Subtle) : 부드럽고+정적인(우중앙)
- 점잖은(Dignified) : 딱딱하고+정적인(우하단)
- 다이나믹한(Dynamic) : 딱딱하고+동적인(좌하단)

39 ③

오스트발트는 모든 색이 백색(White), 흑색(Black), 순색(Color) 세 가지 성분의 혼합으로 이루어져 있다고 보았다(혼합비에 의한 체계). 따라서 이 세 성분을 합치면 언제나 완전한 전체인 100%(1.0)가 되어야 한다는 것이 핵심 이론이다.

오답 피하기

①, ② : 세 가지 요소 중 하나라도 빠지면 성립하지 않는다. 색은 백색, 흑색, 순색의 삼각 구도 안에 존재한다.

더 알아보기

"오스트발트=W.B.C"로 야구(WBC)나 권투 기구를 연상해서 외우면 된다. White, Black, Color의 합은 무조건 100이다.

40 ④

NCS는 헤링의 4원색설을 기반으로 한다. 하양(W), 검정(S), 노랑(Y), 빨강(R), 파랑(B), 초록(G)의 6가지를 인간이 직관적으로 느끼는 기본색으로 규정한다. 보라(Purple)는 기본색이 아니며, 빨강(R)과 파랑(B)이 섞인 색으로 취급한다.

오답 피하기

①, ②, ③ : 모두 NCS의 6가지 기본색에 해당한다(참고 : NCS에서 검정은 Black의 B가 파랑과 겹치므로, 독일어 Schwarz의 S를 씀).

더 알아보기

먼셀의 5주요색(R, Y, G, B, P)과 가장 많이 헷갈리는 문제이다. NCS에는 'P(보라)'가 없다.

41 ①

CIE L*a*b* 색공간에서 a*축은 빨강(+)과 초록(−)의 대립축이다. 따라서 +a* 방향은 빨강(Red)을 나타낸다.

오답 피하기

- ② 초록 : −a* 방향이다.
- ③ 노랑 : +b* 방향이다.
- ④ 파랑 : −b* 방향이다.

42 ③

프리즘 실험을 통해 스펙트럼을 증명하고 '빛=색'임을 밝혀낸 사람은 뉴턴이다. 다빈치는 르네상스 시대 화가로서 물감(안료) 중심의 회화적 색채론을 펼쳤다.

오답 피하기

- ① : 하양, 노랑, 초록, 파랑, 빨강, 검정의 6색을 정의했다.
- ② : 윤곽선을 흐리게 하는 명암법인 스푸마토를 개발했다.
- ④ : 빛(하양)을 모든 색의 근원으로 가장 중요하게 보았다.

더 알아보기

다빈치는 위대한 '화가'이다. 프리즘 같은 정교한 광학 실험은 그보다 후대의 물리학자 뉴턴의 몫이다.

43 ④

광택도는 입사각에 따라 측정값이 달라진다. 광택이 낮은(무광택) 재질일수록 빛을 비스듬히 눕혀서(큰 각도) 측정해야 반사광을 포착하기 쉽다. 따라서 85°는 종이 등 저광택 재료 측정에 쓰인다.

오답 피하기

- ① 20° : 고광택(자동차 도장면 등) 측정용이다.
- ③ 60° : 일반적인 광택 측정용이다.

더 알아보기

각도와 광택은 반대라고 생각하면 쉽다.

- 작은 각도(20°)=센 놈(고광택) 잡을 때(빛을 세워서 때림)
- 큰 각도(85°)=약한 놈(저광택) 잡을 때(빛을 눕혀서 살살 달램)

44 ③

플라스틱(합성수지)의 치명적인 단점은 자외선(빛)에 약하다는 것이다. 햇빛을 오래 받으면 분자 구조가 파괴되어 누렇게 변색(황변)되거나 강도가 약해져 부서지기 쉽다.

오답 피하기

- ① : 내수성(물에 견딤)은 플라스틱의 장점이다.
- ② : 전기절연성(전기 안 통함)이 우수하다.
- ④ : 성형과 착색이 매우 자유롭다.

더 알아보기

오래된 플라스틱 용기가 누렇게 변하고 쩍쩍 갈라지는 건 '자외선' 때문이다.

45 ③

적분구(Integrating Sphere)는 속이 빈 공 모양의 장치로, 내벽에 황산바륨 같은 고반사율 물질이 코팅되어 있다. 빛이 내부에서 수없이 반사(난반사)되면서 균일한 확산광으로 섞이게 된다. 이를 통해 시료의 표면 상태나 방향성에 구애받지 않고 평균적인 색 데이터를 얻을 수 있게 해준다.

오답 피하기

- ① 회절격자(Grating) : 들어온 빛을 무지개색 파장으로 쪼개는(분광) 역할을 한다.
- ② 광검출기(Detector) : 빛 신호를 전기 신호로 바꾸는 센서(Sensor)이다.
- ④ 시료대(Sample Port) : 측정할 물체를 고정하는 위치이다.

더 알아보기

적분구는 '빛 믹서기'이다. 강한 빛, 약한 빛, 이쪽 빛, 저쪽 빛을 몽땅 넣고 골고루 섞어서 부드러운 빛(확산광)으로 만들어준다. 문제 지문에 '확산', '난반사', '공(Sphere) 모양'이라는 키워드가 나오면 100% 적분구이다.

46 ④

CIE L*a*b* 색공간 좌표의 의미는 반드시 암기해야 한다.
- L*축 : 명도(0 = 검은색, 100 = 흰색)
- a*축 : 빨강(+) 대 초록(−)
- b*축 : 노랑(+) 대 파랑(−)

따라서 −b*는 파랑(Blue) 방향을 의미한다.

오답 피하기

- ① : 빨강은 +a* 방향이다.
- ② : 초록은 −a* 방향이다.
- ③ : 노랑은 +b* 방향이다.

47 ③

회전 혼색에서 보색 관계인 두 색을 혼합하면 검정(Black)이 되는 것이 아니라, 시각적으로 중화되어 회색(무채색)으로 지각된다. 이는 중간 혼색의 특징으로, 명도가 "0"으로 떨어지는 감법 혼색과 구별해야 한다.

오답 피하기

- ① : 맥스웰 회전판은 회전 혼색을 증명한 대표적인 실험 도구가 맞다.
- ② : 시간차를 두고 색이 망막을 자극하므로 계시 혼합이 맞다.
- ④ : 중간 혼색의 특징대로 색상, 명도, 채도 모두 평균값이 된다.

더 알아보기

오답 함정으로 "보색을 회전 혼합하면 흰색이 된다(가법)." 또는 "검은색이 된다(감법)."는 보기가 자주 나온다. 중간 혼색은 무조건 '중간 밝기의 회색'이 정답이다.

48 ①

안료(Pigment)는 용제에 녹지 않고 입자 상태로 분산되는 색재이다. 이 입자가 빛을 반사하거나 흡수하여 고유의 색상을 내고, 바탕을 가리는 은폐력(Hiding Power)을 결정한다.

오답 피하기

- ② 염료(Dye) : 물이나 기름에 녹아서(Soluble) 분자 상태로 스며드는 색재이다. 투명하지만 은폐력은 없다.
- ③ 전색제(Vehicle) : 안료를 붙여주는 접착 성분이다.
- ④ 용제(Solvent) : 물감을 묽게 만드는 희석제이다.

49 ③

C.I. Name의 구성 순서는 '용도＋색상＋등록번호'이다. 첫 번째 단어인 Vat은 건염 염료라는 용도(염색법)를 나타낸다. 그 외에 Pigment(안료), Acid(산성 염료), Reactive(반응성 염료) 등이 올 수 있다.

오답 피하기

- ① 색상의 계열 : 두 번째 단어인 Blue가 해당된다.
- ④ 등록 순서 : 맨 뒤의 숫자(14)가 해당된다.

50 ①

메타메리즘은 광원의 스펙트럼 성격이 극단적으로 다를 때 잘 나타난다. 따라서 연속 스펙트럼이면서 푸른 기가 도는 표준 주광(D65)을 기준으로 색을 맞춘 뒤, 성격이 정반대인(장파장이 많은) 백열등(A) 아래서 비교하여 색차를 확인하는 것이 KS 및 국제 표준 절차이다.

오답 피하기

②, ③, ④ : 서로 성격이 비슷한 광원(주광끼리 혹은 형광등끼리)끼리 비교하면 메타메리즘 현상을 제대로 잡아낼 수 없다.

51 ②

- D65(6,500K) : 약간 푸른기가 도는 평균 주광으로, 페인트, 플라스틱, 섬유 등 일반 산업계의 표준이다.
- D50(5,000K) : 약간 노란기가 도는 주광으로, 종이 색과 잉크 특성을 고려하여 인쇄, 사진, 그래픽 디자인 분야의 표준이다.

오답 피하기

- ① : 반대로 설명되었다.
- ③ : 백열등 대체는 표준광 A(2,856K)이다.
- ④ : 색온도가 1,500K나 차이 나므로 색이 완전히 다르게 보인다.

52 ③

광원에서 나온 빛의 대부분(90~100%)을 위쪽(천장/벽)으로 쏘아 반사된 빛(반사광)을 이용하는 방식을 간접 조명(Indirect Lighting)이라고 한다. 빛이 확산되어 눈부심(Glare)이 없고 그림자가 생기지 않아 차분하고 고급스러운 분위기를 만든다.

오답 피하기

- ① 직접 조명 : 빛을 아래로 직접 쏘아 효율은 좋으나 눈부심과 짙은 그림자가 생긴다.
- ② 전반 확산 조명 : 빛을 사방으로 퍼뜨리는 방식이다.
- ④ 반직접 조명 : 직접 조명과 간접 조명의 중간 형태로, 아래로 향하는 빛이 더 많다.

53 ③

광택이 높은 매끄러운 표면은 빛을 한 방향으로 정반사한다. 정반사 각도를 피해서 보면, 표면에서 산란되는 백색광(잡광)이 거의 없어 물체 고유의 색만 눈에 들어오므로 색이 훨씬 깊고(deep), 진하고, 선명하게(고채도) 보인다. 이를 'Jet Black 효과'라고 한다.

오답 피하기

- ① 고광택 : 정반사가 우세하다.
- ②, ④ 무광택 : 난반사가 우세하여 표면의 하얀 빛이 색과 섞이므로, 색이 뿌옇고 탁하게(저채도) 보인다.

54 ②

논리핑(Non-leafing) 형은 알루미늄 입자가 도막 표면으로 뜨지 않고 수지 내부에 골고루 분산되어 배열되는 타입이다. 표면에 알루미늄 가루가 노출되지 않으므로, 그 위에 클리어 코팅(Top Coat)을 입혀도 부착이 잘되고 층간 박리가 일어나지 않는다.

오답 피하기

- ① 리핑형(Leafing) : 나뭇잎처럼 표면으로 떠올라 층을 형성한다. 반사율은 높으나, 표면에 노출된 입자 때문에 상도 코팅이 잘 붙지 않는다.
- ③ 펄형(Pearl) : 알루미늄이 아닌 운모를 사용하는 안료이다.
- ④ 간섭형(Interference) : 주로 펄 안료의 발색 원리를 설명하는 용어이다.

더 알아보기

Leaf(나뭇잎)처럼 뜨지 않는다(Non)고 해서 Non-leafing이다. 뜨지 않고 가라앉아 있으니 그 위에 덧칠하기 좋은 것이다. 자동차 색상은 대부분 논리핑형이다.

55 ②

은폐력(Hiding Power)이란 바탕색을 가리는 능력을 말한다. 이를 확인하는 표준 방법은 흑백 은폐율지(검정과 하양이 반반 섞인 체크무늬 종이) 위에 도료를 규정된 두께로 바르는 것이다. 건조 후 검정(Black) 바탕이 비쳐 보이지 않아야 완전한 은폐가 이루어진 것으로 판정한다.

오답 피하기

- ① 유리판 투과 : 이는 도료의 투명도나 안료 입자의 분산 상태(이물질)를 검사할 때 주로 쓰는 방법이다.
- ③ 백색 타일 : 광택이나 색상을 확인할 수는 있지만, 바탕이 비치는지(은폐력) 확인하기에 부적합하다(흰색 바탕 위에서는 흰색 도료가 얼마나 비치는지 알 수 없기 때문).
- ④ 건조 속도 : 작업성(물성) 테스트 항목이며 은폐력과는 전혀 무관하다.

더 알아보기

은폐력 테스트는 '시스루(See-through) 검사'이다. 검정 속옷(바탕)이 비치면 불량(은폐력 부족), 안 비치면 합격이다. 그래서 꼭 흑백 차트를 쓴다.

56 ②

직물이나 가죽처럼 표면이 거칠거나 짜임이 있는 시료는 좁은 부위마다 색이 다르게 측정된다. 이럴 때는 측정 구경(Aperture)이 큰 LAV(Large Area View, 대면적 측정)를 사용하여 넓은 면적의 반사광을 한 번에 받아 광학적으로 평균화해야 안정적인 데이터를 얻을 수 있다.

오답 피하기

- ① SAV : 소면적 측정. 좁은 면적을 측정하므로 텍스처의 요철이나 점 하나에 데이터가 흔들려 오차가 크다.
- ③ UV Cut : 형광 증백제가 포함된 시료 측정 시 자외선을 차단하는 기능이다.
- ④ SCI : 정반사광(광택) 포함 여부를 결정하는 모드이다.

더 알아보기

울퉁불퉁한 건 크게(LAV) 보고, 매끈한 건 작게(SAV) 봐도 된다.

57 ②

Dry Spray는 도료가 피도물에 닿기 전에 공중에서 말라버리거나 점도가 높아 표면에 거칠게(모래알처럼) 쌓이는 현상이다. 표면에 미세한 요철이 생겨 빛의 난반사가 발생하므로, 광택이 죽고 백색광이 섞여 색이 희뿌옇게(밝게, L* 상승) 보이고 채도는 떨어진다.

오답 피하기

- ① : Wet Spray에 대한 설명이다.
- ③ : 핀홀/백화에 대한 설명으로 기포나 수분에 의한 현상이다.
- ④ : 흐름(Sagging) 현상에 대한 설명이다.

더 알아보기

거칠면 난반사. 난반사는 하얗다.

58 ③

CIE 규정에 따르면 시야각이 4°보다 큰 물체를 관찰할 때는 10° 표준 관측자 데이터를 사용하고, 4°보다 작은 물체(멀리 있거나 아주 작은 것)는 2° 표준 관측자 데이터를 사용한다. 산업 현장의 제품(자동차, 가전, 의류 등)은 대부분 4° 이상의 크기로 관찰되므로 10° 데이터를 표준으로 쓴다.

오답 피하기

- ①, ② : 4° 미만은 2° 관측자(CIE 1931)의 영역이다.
- ④ : 명칭이 10° 관측자라고 해서 기준이 10°인 것은 아니다. 4°가 기준 분기점이다.

더 알아보기

이 기준은 망막의 구조 때문이다. 시야가 좁으면(2° 이내) 망막 중심부(황반)만 사용하지만, 시야가 넓어지면(4° 이상) 주변부 시세포까지 자극을 받아 색이 다르게 보인다. 이를 '면적 효과'라고 하며, 현대 산업에서는 큰 물체를 주로 다루기에 10° 시야가 더 중요하다.

59 ④

사람들은 보통 물체의 색을 볼 때 반짝임을 피해서 보는 습관이 있으므로, 이 방식은 사람이 눈으로 느끼는 색감(외관)과 데이터의 일치도가 가장 높다.

오답 피하기

- ①, ③ : 적분구(d/8) 방식의 특징이다. 45/0 방식은 방향성(결)의 영향을 많이 받는다.
- ② : 정반사광을 물리적으로 배제하는 구조이다.

더 알아보기

45/0 방식은 '눈에 보이는 대로' 측정하기 때문에 품질 검사(QC)나 인쇄물 측정에 유리하다. 반면, d/8(적분구) 방식은 재질의 영향을 무시하고 안료 배합비를 알아내는 조색(CCM)에 유리하다.

60 ②

소광제(실리카 분말 등)는 수지(기름)를 흡수하는 성질이 있어, 많이 넣으면 도료가 뻑뻑해져 점도가 상승한다. 또한 난반사에 의한 백화 현상으로 색이 희뿌옇고 탁해지는 부작용이 있다.

오답 피하기

- ① : 반대로 점도가 높아져 작업이 어려워진다.
- ③ : 불투명한 분말이므로 투명도를 떨어뜨린다(Haze 발생).
- ④ : 소광제는 광택을 낮추는 물질이다.

더 알아보기

소광제는 많이 넣을수록 페인트가 떡지고 색도 흐릿해진다. 광택 조절은 점도와 색상 변화를 동시에 고려해야 하는 까다로운 작업이다.

61 ④

색역(Gamut)은 표현할 수 있는 색의 범위를 말한다. CIE L*a*b*는 인간의 눈이 지각할 수 있는 모든 자연의 색을 수학적으로 포함하도록 설계된 공간이다. 따라서 디지털이나 인쇄용 색공간보다 범위가 훨씬 넓다.

오답 피하기

색역의 크기는 일반적으로 다음 순서를 따른다.
- 가장 좁음 : ① CMYK(잉크의 한계로 표현 범위가 가장 작음)
- 중간 : ② sRGB(일반 모니터용)
- 약간 넓음 : ③ Adobe RGB(sRGB보다 초록/청록색 표현력이 좋음)
- 가장 넓음 : ④ CIE L*a*b*(인간 시각 전체)

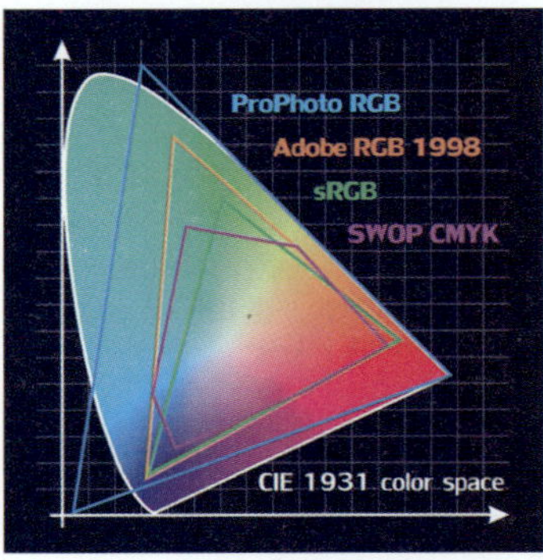

62 ①

입력 장치(RGB)와 출력 장치(CMYK) 둘을 연결하려면 중간에서 통역을 해주는 공통의 기준 공간이 필요한데, 이를 PCS(Profile Connection Space, 프로파일 연결 공간)라고 한다. 주로 CIE L*a*b*나 XYZ 색공간이 PCS로 사용된다.

오답 피하기

- ② USB : 컴퓨터 주변기기 연결 단자이다.
- ③ PDF : 문서 파일 포맷이다.
- ④ CCD : 디지털카메라의 이미지 센서 종류이다.

63 ①

sRGB는 웹 표준이지만 색역이 좁아, 인쇄에 쓰이는 짙은 청록색(Cyan) 등을 모니터에서 제대로 보여주지 못하는 단점이 있다. 이를 보완하여 인쇄 및 사진 전문가용으로 색역을 넓힌 것이 Adobe RGB이다. CMYK 인쇄 색상을 모니터에서 거의 다 표현할 수 있다.

오답 피하기

- ② Rec. 709 : HDTV 방송 표준으로 sRGB와 색역이 거의 같다.
- ③ ProPhoto RGB : 인간이 볼 수 없는 색까지 포함할 정도로 너무 넓어서, 실무보다는 초고화질 원본 보관용으로 쓰인다.
- ④ CIE XYZ : 모든 색공간의 기준이 되는 수학적 원형이다.

64 ②

윈도우(Windows) 운영체제와 인터넷(sRGB) 환경의 전 세계 표준 규격이다.
- 색온도 : 정오의 태양광과 비슷한 D65(6,500K)이다.
- 감마 : 명암비 표준 2.2이다.

오답 피하기

- ① 색온도 D50, 감마 1.8 : 인쇄용(D50) 또는 구형 맥킨토시(1.8) 설정이다.
- ③ 색온도 9,300K, 감마 2.2 : 일반 TV의 공장 초기값으로 너무 푸르게 보인다.
- ④ 색온도 D65, 감마 2.6 : 디지털 시네마(극장) 표준이다.

65 ③

이미지를 확대할 때 픽셀과 픽셀 사이의 빈 공간을 채우는 방법을 '보간법'이라고 한다. 바이큐빅(Bicubic) 방식은 주변 픽셀들의 색상 값을 복잡한 3차 함수로 계산하여 가장 부드럽고 자연스럽게 채워 넣는다. 연산 시간이 걸리지만 품질이 가장 우수하여 사진 확대 시 표준으로 쓰인다.

오답 피하기

- ① 최단 인접 보간법(Nearest Neighbor) : 그냥 옆에 있는 픽셀 색을 그대로 복사한다. 속도는 빠르지만 계단 현상이 매우 심하다(도트 아트 찍을 때 사용).
- ② 쌍선형 보간법(Bilinear) : 바이큐빅보다 계산이 단순하여 품질이 떨어진다.

66 ③

디지털 이론의 불변의 진리이다. "8개의 비트가 모여 1바이트가 된다(8Bit =1Byte).", 이 개념을 알아야 이미지 용량 계산 등을 할 수 있다.

오답 피하기

② 4Bit : 니블(Nibble)이라고 부르기도 하지만, 일반적인 저장 단위인 바이트의 기준은 아니다.

더 알아보기

1 Byte=영문자 1글자를 저장할 수 있는 크기라고 기억하면 쉽다.

67 ③

커브(Curves)는 톤 보정의 핵심 기능이다. 그래프의 왼쪽 하단(어두운 영역, Shadow)을 아래로 끌어내리면 더 어두워지고, 오른쪽 상단(밝은 영역, Highlight)을 위로 올리면 더 밝아진다. 알파벳 'S'자와 같다고 하여 S자 곡선이라 부르며, 밝은 곳과 어두운 곳의 차이가 벌어지므로 콘트라스트(대비)가 강해지고 이미지가 쨍하고 선명한 느낌을 주게 된다.

오답 피하기

- ① 흐려짐(Blur) : 커브가 아니라 '필터-블러' 메뉴를 사용해야 한다.
- ② 계조가 평면적임 : S자의 반대인 '역 S자 곡선'을 그렸을 때의 현상이다. 밝은 곳을 내리고 어두운 곳을 올리면 명암 차이가 줄어들어 대비가 낮아진다.
- ④ 흑백 변환 : '이미지-조정-채도 감소'를 하거나 모드를 그레이스케일로 바꿔야 한다.

더 알아보기

S=Strong : S자 곡선은 대비를 강하게(Strong) 만든다.

68 ③

디지털(Digital)의 가장 큰 특징은 데이터를 불연속적인(Discrete) 수치(0과 1)로 기록한다는 점이다. 이로 인해 데이터를 무한히 복제해도 품질이 변하지 않으며(영구 보존), 수정이나 편집 작업이 매우 효율적이다.

오답 피하기

- ① : 디지털 방식에 대한 설명이다.
- ② : 끊어지지 않는 연속적인 값(전압, 길이 등)은 아날로그의 특징이다. 디지털은 딱딱 끊어지는 불연속적 값이다.
- ④ : 편집이 쉽고 복제 시 품질 저하가 없는 것은 디지털의 장점이다. 아날로그는 복제할수록 화질이나 음질이 떨어지는 열화 현상이 있다.

더 알아보기

시험장 1초 암기 키워드
- 디지털 : 0과 1, 불연속적, 수정/복제 쉬움, 영구적, RGB/CMYK
- 아날로그 : 연속적, 자연스러움, 수정 어려움, 노후화(변색), 물감/염료

69 ②

화면을 가로 3칸, 세로 3칸으로 나누는 가상의 격자(Grid)에서 선들이 만나는 4개의 교차점에 피사체(주제)를 배치하면, 정중앙에 두는 것보다 시각적으로 안정적이고 세련되어 보인다. 이를 3분할법이라고 한다.

오답 피하기

• ① 황금분할법 : 1:1.618 비율을 작도하여 분할하는 기하학적 방법이다. 3분할법은 이것의 간소화된 버전이다.
• ③ 대칭법 : 좌우나 상하를 똑같이 배치하는 데칼코마니 방식이다.
• ④ 중앙 집중법 : 주제를 화면 정가운데 두는 것으로, 단순하지만 자칫 지루해질 수 있다.

70 ①

렌즈의 초점 거리는 렌즈의 중심(제2주점)에서 이미지가 맺히는 센서(필름) 면까지의 '물리적인 거리'를 뜻한다. 따라서 길이 단위인 밀리미터(mm)를 사용한다(예 50mm, 200mm 등).

오답 피하기

• ② dpi(Dot Per Inch) : 프린터의 해상도 단위이다.
• ③ ppi(Pixel Per Inch) : 모니터의 해상도 단위이다.
• ④ Hz(Hertz) : 진동수(주파수)나 모니터 주사율의 단위이다.

71 ③

초점 거리 50mm 내외의 표준 렌즈(Standard Lens)는 인간의 눈이 세상을 보는 원근감 및 화각(약 46°)과 가장 비슷하게 설계되었다. 따라서 왜곡이 없고 가장 자연스럽고 편안한 이미지를 만든다.

오답 피하기

• ① 광각 렌즈 : 넓게 보이지만 원근감이 과장되어 왜곡이 생긴다.
• ② 망원 렌즈 : 좁게 보이며 원근감이 압축되어 거리감이 사라진다.
• ④ 어안 렌즈 : 물고기 눈처럼 180°로 둥글게 보여 왜곡이 매우 심하다.

72 ②

3차원 입체 도형의 표면에 2차원 그림(Texture Image)을 벽지 바르듯이 씌워서 나무, 돌, 천 등의 질감을 표현하는 과정을 매핑(Mapping) 또는 텍스처 매핑이라고 한다.

오답 피하기

• ① 모델링(Modeling) : 물체의 형태를 만드는 과정이다.
• ③ 라이팅(Lighting) : 조명을 설치하고 설정하는 과정이다.
• ④ 리깅(Rigging) : 캐릭터의 뼈대(Bone)를 심어 움직일 수 있게 만드는 과정이다.

73 ③

• 가 : Adobe RGB는 sRGB의 좁은 색역(특히 Green과 Cyan) 문제를 해결하고 인쇄 및 사진 전문가를 위해 개발되었다.
• 나 : 색역이 넓어 CMYK 색영역의 대부분을 포함할 수 있으므로, 인쇄 친화적이다.

오답 피하기

다 : 웹 디자인 표준이나 일반 모니터의 기본값은 sRGB에 대한 설명이다.

더 알아보기

'Adobe=전문가, 인쇄sRGB=대중, 웹'이 공식을 명확히 구분해야 한다. Adobe RGB의 핵심은 넓은 색역으로 인쇄물을 거의 다 표현할 수 있다는 점이다.

74 ③

넓은 면적에 깊이 있는 검정을 구현하는 방식은 리치 블랙(Rich Black)이다. 리치 블랙은 K100을 기본으로 하여 여기에 C, M, Y를 적절한 비율로 섞어 잉크 총 밀도를 높이는 방식이다. 인쇄소마다 권장 값은 다르나, 일반적으로 C, M, Y에 30~60% 정도의 잉크를 추가하는 형태가 사용된다.

오답 피하기

• ① : K100(기본 블랙)은 텍스트나 가는 선에 사용하여 가독성을 높인다. 넓은 면적에는 희끄무레하게 보인다.
• ② : 레지스트레이션 블랙이다. 잉크 총량(400%)이 과도하여 인쇄 사고를 유발한다. 일반 디자인 요소에는 절대 사용 금지이다.
• ④ : 잉크 추가량이 너무 적어 리치 블랙의 효과가 거의 없다.

더 알아보기

리치 블랙은 K100 옆에 C, M, Y가 붙어있는 형태를 찾아야 한다. 시험에서는 40, 30, 30 또는 60, 40, 40 등 K를 제외한 나머지 색상에 잉크가 추가된 보기가 정답이다.

75 ④

도공지(Coated Paper)는 코팅(Coating) 처리를 한 종이를 말하며, 표면을 매끄럽게 하고 잉크의 흡수를 막아 인쇄 광택과 선명도를 높인다. 아트지(Art Paper)나 스노우지 등이 대표적이다.

오답 피하기

• ① 비도공지(Uncoated Paper) : 코팅을 하지 않은 종이로, 펄프 섬유의 질감이 살아있다.
• ②, ③ 중질지와 갱지는 비도공지의 대표적인 종류이다.

더 알아보기

도공=코팅이다. 코팅을 한 이유는 '화려한 색과 광택'을 위해서라고 기억하면 쉽다.

76 ③

염료 승화 프린터(Dye Sublimation)는 염료가 고체에서 기체로 바로 변하는 승화 원리를 이용한다. 이 방식은 점(Dot)이 없는 연속 계조 표현이 가능하여 사진 품질이 매우 뛰어나다.

오답 피하기

• ① : 레이저 프린터는 토너를 사용하며, 계조 표현이 거칠다.
• ② : 잉크젯 프린터는 액체 잉크 방울(Dot)로 이미지를 만든다.

더 알아보기

승화는 '고체 → 기체' 변화를 통해 '점(Dot)이 없는 부드러움'을 만들어낸다.

77 ①

지붕(Roof)을 시원하게(Cool) 만든다는 뜻의 쿨 루프(Cool Roof)이다. 밝은 색 페인트는 햇빛(적외선)을 반사하여 건물이 열을 흡수하는 것을 막아준다.

오답 피하기

• ② 컬러 테라피(Color Therapy) : 색으로 마음을 치유하는 요법이다.
• ③ 그린 월(Green Wall) : 벽면에 식물을 심는 녹화 사업이다.
• ④ 스마트 윈도우(Smart Window) : 전기로 투명도를 조절하는 창문이다.

78 ③

유니버설 디자인의 7대 원칙은 '사용성'과 '편의성'에 초점이 맞춰져 있다. '심미적 화려함'은 7대 원칙에 포함되지 않는다. 디자인이 아름다우면 좋지만, 유니버설 디자인의 본질적 기준은 아니다.

오답 피하기

①, ②, ④ : 모두 로널드 메이스가 제창한 7대 원칙의 핵심 항목들이다.

더 알아보기

7대 원칙을 달달 외우지 못했더라도, 맥락을 보면 된다. '멋부리기'보다는 '쓰기 편하기'가 유니버설 디자인이다.

79 ①

P형(제1색각)은 빨간색 파장을 감지하는 센서가 고장 난 상태이다. 그래서 빨간색이 빨갛게 안 보이고 '어두운 흙색'이나 심하면 '검정'처럼 보인다. 그래서 P형 색각 이상자에게 '검정 배경에 빨간 글씨'는 최악의 디자인이다.

오답 피하기

• ② D형 : 초록(M – 추체)이 약한 유형이다(가장 흔함).
• ③ T형 : 파란색(S – 추체)이 약한 유형이다(매우 드묾).

더 알아보기

순서대로 외우는 빛의 삼원색 RGB 순서
• Red(빨강) 문제＝1번 타자＝P형
• Green(초록) 문제＝2번 타자＝D형

80 ③

디자인의 기본은 '절제'이다. 배경색, 글자색, 그리고 포인트를 주는 강조색까지 2〜3가지 색만 써야 가장 세련되고 전달력이 높다.

오답 피하기

• ① : 색이 많으면 촌스럽고 산만해진다.
• ② : 텍스트와 배경의 명도 차이가 적으면 글자가 안 보인다. 명도 대비는 커야 한다.
• ④ : 원색의 빨강은 눈의 피로도를 높이므로, 채도를 조절하거나 다른 강조색을 쓰는 것이 좋다.

더 알아보기

"Simple is Best!" 가독성을 위해 색을 아끼는 것이 정답이다.

출제 예상문제 06회

2–62p

01 ①	02 ②	03 ②	04 ③	05 ③
06 ②	07 ②	08 ③	09 ②	10 ④
11 ②	12 ①	13 ③	14 ③	15 ②
16 ②	17 ②	18 ②	19 ④	20 ③
21 ①	22 ①	23 ②	24 ①	25 ②
26 ③	27 ③	28 ②	29 ②	30 ②
31 ②	32 ②	33 ②	34 ①	35 ③
36 ③	37 ①	38 ②	39 ①	40 ④
41 ②	42 ①	43 ②	44 ③	45 ④
46 ②	47 ③	48 ④	49 ③	50 ②
51 ②	52 ④	53 ④	54 ②	55 ③
56 ③	57 ②	58 ②	59 ②	60 ②
61 ③	62 ②	63 ④	64 ③	65 ③
66 ③	67 ①	68 ①	69 ②	70 ①
71 ②	72 ③	73 ③	74 ②	75 ③
76 ④	77 ③	78 ③	79 ①	80 ③

01 ①

외부 지향형 소비자는 자신의 내적 기준보다 타인의 평가, 유행, 사회적 지위를 중요하게 생각한다. 소속자형, 경쟁자형, 성취자형이 여기에 속하며 시장에서 가장 큰 비중을 차지한다.

오답 피하기

• ② 내부 지향형 : 자신의 개성과 자아표현을 중시한다.
• ③ 욕구 지향형 : 경제적 여유가 없어 생존 욕구 해결에 집중한다.
• ④ 통합형 : 내면과 외면의 균형을 이룬 성숙한 소수 집단이다.

더 알아보기

'외부(Outer)'라는 단어에서 '타인', '바깥세상', '체면'을 연상하여 기억해야 한다.

02 ②

색채계획은 예술이 아닌 비즈니스 솔루션이다. 따라서 클라이언트가 원하는 것(요구사항)과 조건을 감정이 섞이지 않은 객관적인 데이터로 분석하는 것이 가장 기본이자 중요한 태도이다.

오답 피하기

• ① : 디자이너의 주관은 상업 디자인에서 가장 경계해야 할 요소이다.
• ③ : 시장성 없는 독창성은 실패할 확률이 높으므로 경쟁사 분석이 필수이다.
• ④ : 최종 결정권자인 경영자의 의도(경영 철학) 파악은 필수적이다.

더 알아보기

산업기사 실무 이론 문제의 정답 패턴은 항상 '객관적 분석', '소통', '조화'이다. 반면 '주관적', '무시', '일방적'이라는 단어가 들어가면 100% 오답이다.

03 ②

마케팅 믹스 4P는 기업이 목표 시장에서 마케팅 목표를 달성하기 위해 사용하는 네 가지 통제 가능한 수단을 의미한다. 따라서 정답은 ㉠, ㉢, ㉣, ㉥이다.

- ㉠ Product(제품) : 소비자에게 전달하는 재화나 서비스이다.
- ㉢ Price(가격) : 제품의 가치에 대해 소비자가 지불하는 대가이다.
- ㉣ Place(유통) : 제품이 소비자에게 전달되는 경로와 장소이다.
- ㉥ Promotion(촉진) : 제품의 존재를 알리고 구매를 설득하는 활동이다.

오답 피하기

- ㉡ Plan(계획) : 마케팅 관리 과정(Process)에는 계획이 포함되지만, 4P라는 수단(Tool)에는 포함되지 않는다.
- ㉤ People(사람) : 서비스 마케팅에서 확장된 7P의 요소 중 하나이나, 전통적인 기본 4P를 묻는 문제에서는 오답으로 처리해야 한다.

더 알아보기

시험장에서는 긴장하면 'P'로 시작하는 단어들이 다 정답처럼 보인다. '제품(Product) − 가격(Price) − 유통(Place) − 촉진(Promotion)' 연결하여 암기해야 한다. 특히 Place가 장소가 아니라 마케팅에서는 유통을 의미한다는 점이 핵심이다.

04 ③

1차 자료(Primary Data)의 핵심 정의는 '조사자가', '현재의 목적을 위해', '직접' 수집한 가공되지 않은 날것의 자료이다. 소비자를 대상으로 직접 설문조사를 수행하여 얻은 데이터는 이 조건에 완벽히 부합하므로 1차 자료이다.

오답 피하기

- ① 통계청 인구 센서스 : 국가기관이 인구 파악이라는 다른 목적을 위해 미리 만들어둔 자료이므로 2차 자료이다.
- ② 경쟁사 매출 보고서 : 경쟁사가 자사의 경영 분석을 위해 작성한 자료를 열람하는 것이므로 2차 자료이다.
- ④ 학회 논문 : 연구자가 자신의 연구 목적을 위해 작성하여 공개한 자료를 참고하는 것이므로 2차 자료이다.

더 알아보기

시험장에서 1차와 2차를 구분하는 가장 확실한 기준은 "누가, 언제 만들었는가?"이다.

- 1차 : 내가(조사자가), 지금 당장 필요해서 만듦(설문, 면접, 관찰, 실험)
- 2차 : 남이(기관/타인), 옛날에 다른 목적으로 만듦(검색, 문헌, 통계)

05 ③

비주얼 아이덴티티(VI, Visual Identity)는 기업의 이미지를 시각적(Visual)으로 체계화한 것이다. 로고타입, 심벌마크, 전용 서체, 시그니처, 전용 색상 등이 여기에 속하며, 컬러리스트가 가장 주력해야 할 분야이다.

오답 피하기

- ① MI(Mind Identity) : 기업의 경영 이념, 철학, 정신 등 보이지 않는 마음가짐을 뜻한다.
- ② BI(Behavior Identity) : 기업 구성원들의 행동 양식, 친절 교육, 사회 공헌 활동 등을 뜻한다.
- ④ CI(Corporate Identity) : MI, BI, VI를 모두 포괄하는 기업 이미지 통합 전략 전체를 이르는 상위 개념이다.

더 알아보기

CIP(기업 이미지 통합)의 3요소

Mind(마음/정신), Behavior(행동/태도), Visual(시각/디자인) : '색채', '로고', '디자인'이 나오면 무조건 VI를 선택하면 된다.

06 ②

색채마케팅은 제품의 가치를 높이고 소통하는 수단이지, 품질의 결함을 가리거나 속이기 위한 수단(기만)이 되어서는 안 된다.

오답 피하기

①, ③, ④ : 색채마케팅을 하는 긍정적이고 올바른 목적이다.

07 ②

일정한 '간격(Interval)'이나 '순서'를 정해놓고 기계적으로 뽑는 방식을 계통 추출법 또는 등간격 추출법이라고 한다. 시간과 노력이 절약되어 현장 조사에서 많이 쓰인다.

오답 피하기

- ① 단순 무작위 추출법 : 난수표 등을 이용해 제비뽑기하듯 뽑는 방식이다.
- ③ 층화 표본 추출법 : 모집단을 성격별로 나누고(층) 골고루 뽑는 방식이다.
- ④ 군집 표본 추출법 : 모집단을 덩어리(군집)로 나누고 특정 덩어리 전체를 조사하는 방식이다.

더 알아보기

문제에 '∼번째', '간격', '매 시간'이라는 단어가 나오면 무조건 계통(등간격) 추출법이다.

08 ③

빨강(Red)은 가장 자극적이고 눈에 띄는 색으로, 금지(하지 마시오), 정지(멈춤), 화재(소화기/소방차)를 의미한다.

오답 피하기

- ① 주의/경고 : 노랑(Yellow) 또는 주황(Yellow Red)
- ② 지시/의무 : 파랑(Blue)
- ④ 안전/비상구 : 초록(Green)

09 ②

자주(Purple) 또는 보라색 계열은 방사능 경고 표시에 사용된다. 노란색 바탕에 자주색 프로펠러 모양 마크를 떠올리면 된다.

오답 피하기

- ① 검정 : 글자나 화살표 등의 보조색
- ③ 주황 : 기계적 위험, 고압선
- ④ 파랑 : 지시 사항

더 알아보기

자주색은 딱 하나, '방사능(X−ray 등)'을 위해서만 존재한다고 외우면 된다.

10 ④

화제색(Topic Color)이란 말 그대로 '화제(Topic)'만 되고, 너무 튀거나 난해해서 일반 대중이 실제로 구매하거나 입지는 않는 색을 말한다.

오답 피하기

- ①, ② 다량 유통색(Style Color)/시장 인기색(Popular Color) : 실제로 많이 팔리고 대중적인 인기를 얻는 색이다.
- ③ 전위색(Trial Color) : 유행의 조짐을 보이며 실험적으로 제시되는 색이다.

더 알아보기

- Topic(화제)＝뉴스에는 나오는데 내 주변엔 아무도 안 쓰는 색
- Popular(인기)＝길거리에 널린 색

11 ②

컬러 맵(Color Map)이란 이름에서 알 수 있듯이 '컬러(Color)' 자체가 주인 공인 맵이다. 수집된 색채 정보를 색상(Hue)과 톤(Tone)에 맞춰 배열하여 시각적인 흐름을 파악하는 도구이다.

오답 피하기

- ① 이미지 맵(Image Map) : 사진, 잡지 컷 등을 붙여 콘셉트나 분위기를 보여주는 맵이다.
- ③ 마인드 맵(Mind Map) : 아이디어 발상 도구이다.
- ④ 스타일 맵(Style Map) : 디자인 콘셉트나 브랜드 이미지를 좌표 위에 배치하여 스타일의 방향을 한눈에 합의하기 위한 도구이다.

더 알아보기

문제가 '색채(Color)를 배열하여'라고 하면 컬러 맵, '사진(Image)을 콜라주 하여'라고 하면 이미지 맵이다.

12 ①

패션 업계에서 '볼륨(Volume)'은 판매량을 뜻한다. 즉, 가장 많이 생산되고 팔려서 매출의 덩어리(Volume)를 차지하는 색이라는 뜻으로, 다량 유통색 과 같은 말이다.

오답 피하기

- ② 엑센트 컬러(Accent Color) : 배색의 포인트를 주는 강조색이다.
- ③ 어소트먼트 컬러(Assortment Color) : 구색을 맞추기 위한 색이다.
- ④ 베이직 컬러(Basic Color) : 기본색(스탠다드 컬러)이다.

더 알아보기

Style＝Volume＝Money. 시장에서 가장 많이 보이는 색이 바로 볼륨 컬러 이다.

13 ③

작업자가 반드시 따라야 하는 의무적인 행동(지시)을 나타낼 때는 파란색 원형 표지판을 사용한다.

오답 피하기

- ① 빨강－원형 : 하지 말라는 금지 표지이다(사선이 포함됨).
- ② 노랑－삼각형 : 조심하라는 경고 표지이다.
- ④ 초록－사각형 : 비상구 같은 안내 표지이다.

14 ③

설문조사는 응답자가 귀찮아서 대충 찍거나, 사실과 다르게 답(거짓말)을 해도 걸러내기가 쉽지 않다. 이는 데이터의 정확성을 해치는 가장 큰 위험 요소이다.

오답 피하기

- ① : 객관식 설문은 통계 처리가 가장 쉬운 방법이다.
- ② : 면접법 등에 비해 상대적으로 저렴하고 빠르다.
- ④ : 수천 명을 대상으로 할 수 있는 가장 적합한 방법이다.

더 알아보기

서베이(설문조사)는 "양(Quantity)은 많지만 질(Quality)은 장담 못 한다."라 는 특징이 있다.

15 ②

계시 대비란 '계속해서 본다'라는 뜻으로, 하나의 색을 본 다음(시간차)에 다른 색을 볼 때 일어나는 현상이다. 먼저 본 색의 보색 잔상이 남아서 뒤 에 보는 색에 영향을 준다(예 빨강을 보다가 흰 벽을 보면 청록색이 보임).

오답 피하기

- ① 동시 대비 : 두 색을 동시에 같이 볼 때 일어난다.
- ③ 연변 대비 : 색이 맞닿은 경계선에서 일어난다.
- ④ 면적 대비 : 색의 크기에 따라 다르게 보인다.

더 알아보기

계시(繼時)라는 한자 표기('이을 계', '때 시' : 시간이 이어진다)를 통해 아까 본 게 지금 영향을 준다는 뜻으로 연결하여 외우면 좋다.

16 ②

KS A 0062는 먼셀 색체계를 기반으로 하므로 색상(H) 명도(V)/채도(C)의 순서를 엄격하게 따른다. 주어진 기호 '5R 4/14'를 공식에 대입하면 다음과 같다.

- 5R : 색상(Hue)인 빨강(Red)의 5번 위치
- 4 : 명도(Value)
- 14 : 채도(Chroma)

따라서 명도는 4, 채도는 14가 된다.

오답 피하기

- ① : 명도와 채도의 위치를 반대로 해석한 전형적인 오답이다. 명도는 0~10 사이의 값을 가지며, 보통 채도보다 숫자가 작거나 비슷하지만, 고채도 색상에서는 채도 수치가 명도보다 훨씬 높게 나올 수 있다.
- ③, ④ : 색상(Hue) 자리에 숫자가 먼저 오거나, 명도 자리에 색상 기호 (R)가 들어간 것으로, 표기법의 기본 구조를 완전히 잘못 이해한 경우이 다. 색상은 항상 영문 알파벳(R, Y, G 등)을 포함하여 맨 앞에 위치해야 한다.

더 알아보기

'H V/C' 절대 잊지 않는 법

- 순서 암기 : 색.명.채
- 형태 암기 : H V/C
- 수치 감각 : 명도는 기껏해야 10이 끝이지만, 채도는 14, 16처럼 10을 훌쩍 넘길 수 있다. 숫자가 크면 채도일 확률이 높다.

17 ②

머스크 향은 동물의 분비물에서 유래한 향으로, 관능적이고 무거우며 고급 스러운 느낌을 준다. 시각적으로는 깊이감이 있고 어두운 난색 계열인 골 드(황금색)나 다크 브라운(적갈색)과 연결된다.

오답 피하기

- ① 핑크 : 가벼운 꽃향기
- ③ 하늘/연두 : 가볍고 상쾌한 향
- ④ 하양 : 깨끗하거나 톡 쏘는 향

더 알아보기

고급 향수병 디자인을 보면, 무거운 향일수록 병 색깔이 진하고 어두운 호 박색(Amber)인 경우가 많다.

18 ②

부의 잔상(음의 잔상)이란 빨간색을 한참 보다가 흰 벽을 보면 청록색(보 색)이 어른거리는 현상이다. 자극받은 시세포가 피로해져서 반대색을 느끼 게 되는 것으로, 가장 일반적인 잔상 현상이다.

오답 피하기

- ① 정의 잔상 : 원래 봤던 색과 같은 색이 계속 보이는 현상(예 강한 불빛 을 봤을 때)이다.
- ③ 연변 대비 : 경계선 대비 현상이다.

수술실 의사 가운이 청록색인 이유가 바로 붉은 피를 오래 볼 때 생기는
부의 잔상(청록색 잔상)을 상쇄하기 위해서이다.

19 ④

이것은 유통(Place) 전략에 해당한다. 제품(Product) 전략은 소비자가 구매
하는 물건 그 자체와 관련된 속성들이다.

①, ②, ③ : 모두 제품을 구성하는 핵심 요소(디자인, 이름, 포장)이므로 제
품(Product) 전략이 맞다.

20 ③

초록은 자연의 색으로 우리 몸의 교감신경과 부교감신경의 밸런스(균형)를
맞춰준다. 간 기능을 도와 해독을 촉진하고, 눈을 편안하게 하여 피로를 회
복시키는 대표적인 힐링 컬러이다.

• ① 빨강 : 혈액 순환(자극)
• ② 주황 : 소화 촉진
• ④ 보라 : 신경 안정

간 건강을 돕는 색은 초록(Green)이다. 칠판이 초록인 이유도 눈의 피로를
덜기 위함이다.

21 ①

노랑은 유채색 중 명도가 가장 높고(가장 밝고), 검정은 무채색 중 명도가
가장 낮다(가장 어둡다). 이 두 색을 배색하면 명도 대비가 극대화되어 멀
리서도 가장 잘 보인다(명시성). 따라서 위험을 알리는 표지판, 방사능 마크
등 경고의 목적으로 사용된다.

• ② 우아함/신비로움 : 보라(Purple) 계열의 배색에서 느껴지는 감정이다.
• ③ 차분함/안정감 : 초록(Green)이나 파랑(Blue), 또는 유사 색상 배색의
  효과이다.
• ④ 여성스러움/부드러움 : 파스텔 톤이나 난색 계열의 유사 조화에서 느
  껴진다.

22 ①

콜라주(Collage)는 프랑스어로 '풀칠하다(Coller)'는 뜻에서 유래했다. 단순
히 물감으로 그리는 것이 아니라, 인쇄물, 천, 쇠붙이, 모래 등 서로 다른 질
감을 가진 재료를 캔버스에 직접 붙여서 독특한 조형미와 현실감을 만드는
기법이다. 입체파(피카소, 브라크) 화가들이 즐겨 사용했다.

• ② 데칼코마니 : 종이에 물감을 칠하고 반으로 접었다 펴서 대칭적인 무
  늬를 얻는 우연의 기법이다.
• ③ 마블링 : 물과 기름이 섞이지 않는 성질을 이용해 물 위에 물감을 띄
  워 우연한 무늬를 찍어내는 기법이다.
• ④ 그러데이션 : 색채나 명암을 단계적으로 변화시키는 점이 기법으로,
  재료를 붙이는 것과는 관련이 없다.

문제에서 '재료', '붙이다', '이질적'이라는 단어가 나오면 무조건 콜라주가
정답이다. 참고로 포토몽타주는 '사진'만을 합성하는 기법이므로, 다양한
재료를 붙이는 콜라주와 구분해야 한다.

23 ②

페오멜라닌(Pheomelanin)은 멜라닌 입자가 작고 흩어져 있는 분사형(확산
성)이며, 황적색이나 밝은 색을 띤다. 주로 서양인의 금발이나 붉은 머리에
많이 분포한다. 염색 시 탈색이 비교적 잘 되는 편이다.

• ① 유멜라닌 : 동양인에게 많으며 입자형이고 검정/흑갈색을 띤다.
• ③ 헤모글로빈 : 혈액 속의 붉은 색소이다.
• ④ 카로틴 : 피부에 있는 노란색 색소이다.

24 ①

랜드마크(Landmark)는 'Land(땅)'와 'Mark(표시)'의 합성어로, 어떤 지역을
지나가다가 "아! 여기가 거기구나"라고 알 수 있게 해주는 대표적인 상징
물을 말한다. 에펠탑, 자유의 여신상, 숭례문 등이 이에 해당한다.

• ② 스카이라인(Skyline) : 하늘과 건물이 만나는 윤곽선이다.
• ④ 모뉴먼트(Monument) : 역사적인 사건을 기념하기 위한 기념비이다.

25 ②

오스굿(Osgood)이 고안한 SD법은 어떤 대상(색채, 디자인 등)에서 느껴지
는 이미지를 객관적으로 측정하기 위해, 의미가 서로 정반대인 상반되는
형용사 쌍(Antonym Pair)을 양극단에 배치한다(예 따뜻한 ↔ 차가운, 맑은
↔ 탁한, 좋다 ↔ 싫다). 피험자는 이 사이의 5~7단계 중 하나를 선택하게
된다.

①, ③, ④ : SD법은 오직 '의미가 상반되는 형용사'를 기준으로 삼는다. 관
련 없는 단어나 색이름, 동사 등은 척도로 사용할 수 없다.

26 ③

포토샵은 사각형의 작은 점인 픽셀(Pixel) 단위로 이미지를 구성하는 비트
맵 방식이다. 사진이나 스캔 이미지는 모두 비트맵 방식이므로, 포토샵은
사진의 색상 보정, 합성, 편집 등 정밀한 작업에 가장 최적화되어 있다.

• ① : 일러스트레이터의 특징이다. 포토샵 파일은 픽셀 정보 때문에 용량
  이 매우 크다.
• ② : 크기 변형이 자유로운 일러스트레이터의 주된 용도이다.
• ④ : 벡터 방식(일러스트레이터)의 특징이다. 비트맵인 포토샵 이미지는
  확대하면 외곽선이 거칠게 깨진다.

27 ③

오스트발트(Ostwald)는 색채 조화의 핵심을 '질서'로 보았다. 그는 색을 정
량적으로 체계화하여 규칙적인 위치에 있는 색들을 선택할 때 아름답다고
주장했다.

• ① 져드(Judd) : 4대 조화론(질서, 명료, 동류, 유사)을 정리했다.
• ② 먼셀(Munsell) : 색체계를 만든 사람이지 조화론의 대표 명제는 아
  니다.
• ④ 쉐브럴(Chevreul) : 색채의 동시대비 원리를 발견했다.

오스트발트＝질서

28 ③

문-스펜서는 색채가 주는 자극의 강도(채도, 명도 차이)를 물리적 힘으로 해석했다. 시각적으로 강한 힘을 가진 색(고채도, 저명도)은 면적을 작게 하고, 약한 힘을 가진 색(저채도, 고명도)은 면적을 넓게 할 때 전체적인 힘의 균형(평형)이 맞아 조화롭다고 주장했다. 이를 '스칼라 모멘트'에 의한 균형이라고 한다.

오답 피하기

- ① : 힘이 다른 두 색을 똑같은 크기로 두면 강한 색 쪽으로 시선이 쏠려 균형이 깨지거나, 서로 경쟁하여 산만해진다.
- ② : 자극적인 색이 공간을 지배하면 눈의 피로도가 극심해지고 심리적 불안감을 조성하여 부조화가 된다.
- ④ : 면적 효과는 명도뿐만 아니라 채도(색의 선명도)가 시각적 자극에 미치는 영향이 매우 크다.

더 알아보기

"포인트 컬러는 작게!" 강렬한 빨간색 립스틱은 입술(작은 면적)에만 바른다. 강한 색은 작게 써야 아름답다는 것이 면적 효과의 핵심이다.

29 ②

진출색은 앞으로 다가오는 듯한 느낌을 주는 색이다.
- 색상 : 난색(빨강, 주황)−파장이 길어 망막 앞쪽에 상이 맺히는 경향이 있음
- 명도 : 고명도(밝은 색)−빛이 확산되어 커 보임
- 채도 : 고채도(선명한 색)−자극이 강해 눈에 띔

이 세 가지 조건(난색+고명도+고채도)이 결합될 때 진출 효과가 가장 크다.

오답 피하기

- ① : 뒤로 물러나 보이는 후퇴색의 전형적인 조건이다.
- ③, ④ : 조건들이 섞여 있어 진출 효과가 약하거나 후퇴색에 가깝다(한색, 저채도, 무채색은 후퇴 성향이 강함).

30 ②

시인성(명시성)은 대상이 배경과 구별되어 잘 보이는 정도를 말한다. 우리 눈은 색상이나 채도의 차이보다 밝기(명도)의 차이를 훨씬 민감하게 받아들인다. 따라서 배경과 글자의 명도 차이를 크게 할수록(⑩ 노랑/검정, 하양/검정) 글자가 가장 또렷하게 보인다.

오답 피하기

- ① 유사 색상 : 구별이 안 되어 글자가 묻힌다.
- ③ 채도 낮게 : 둘 다 탁하면 눈에 띄지 않는다.
- ④ 명도 같게 : 명도가 같으면 보색이라도 경계선이 어른거려(하레이션) 오히려 글자를 읽기 힘들다. 시인성에서 최악의 조건이다.

더 알아보기

"잘 읽히려면 명도 차이!" 교통 표지판, 책의 글씨(흰 종이+검은 글씨)가 모두 이 원리이다.

31 ②

여러 문화권의 연구 결과, 인종과 지역을 불문하고 전 세계 성인의 절반 이상이 가장 선호하는 색은 파랑(Blue)으로 나타났다. 이를 빗대어 '청색의 민주화'라고 표현하기도 한다.

오답 피하기

- ① 빨강(Red) : 중국 등 특정 문화권이나 어린이 층에서 선호도가 높다.
- ③ 노랑(Yellow) : 유아들이 선호하며, 성인 층에서는 호불호가 갈린다.

32 ②

지역색(Local Color)은 그 지역의 자연환경(흙, 돌, 식물, 빛)과 인문환경(역사, 전통)이 어우러져 만들어진 색채이다(⑩ 그리스 산토리니의 흰색과 파란색, 한국의 황토색 등).

오답 피하기

- ① 유행색(Trend Color) : 한 시기에 대중적으로 유행하는 색이다.
- ③ 기호색(Preference Color) : 개인이 심리적으로 좋아하는 색이다.
- ④ 안전색(Safety Color) : 위험을 알리거나 안전을 지키기 위해 규정된 색이다.

33 ②

옵아트(Optical Art)는 눈의 생리적 착시 원리를 이용한 '시각적 미술'이다. 보색 대비, 명도 대비, 반복되는 패턴 등을 정교하게 계산하여 배치함으로써, 평면 그림이 마치 물결치거나 튀어나오는 듯한 시각적 진동(움직임)과 환영을 만들어낸다(대표 작가 : 빅토르 바자렐리).

오답 피하기

- ① 추상표현주의 : 액션 페인팅 등 감정 표출
- ③ 초현실주의 : 무의식의 세계(달리)
- ④ 팝아트 : 대중 이미지 복제(워홀)

34 ①

멤피스 그룹(Memphis)은 "기능주의는 지루하다."라며 반기를 들었다. 그들은 싸구려 취급받던 플라스틱 소재와 알록달록한 원색, 기하학적이지만 엉뚱한 형태를 결합하여 유머와 위트가 넘치는 가구를 디자인했다. 이는 포스트모더니즘 디자인의 상징이 되었다.

오답 피하기

- ② 아르데코(Art Deco) : 1920~30년대의 기하학적 장식 양식이다.
- ③ 유겐트 스틸(Jugendstil) : 독일의 아르누보 명칭이다.
- ④ 글래스고 파(Glasgow School) : 스코틀랜드 글래스고에서 형성된 예술, 디자인 운동으로 국제적인 아르누보 흐름 속에서 독자적 양식을 만들었다.

35 ③

문제에 답이 있다. 색상 칩이나 배색 띠가 아니라, 형용사 언어(단어)를 좌표 위에 배치한 것이므로 형용사 언어 이미지 스케일이다. 이는 추상적인 디자인 콘셉트(언어)를 구체적인 색채 이미지로 연결하는 다리 역할을 한다.

오답 피하기

- ① 단색 : 한 가지 색상 칩을 배치한다.
- ② 배색 : 3색 이상의 배색 띠를 배치한다.

36 ③

동화 현상의 대표적인 예가 바로 베졸트 효과이다. 베졸트는 양탄자나 직물의 디자인에서 무늬를 이루는 선이나 점의 색을 바꾸면 바탕색까지 그 색에 동화되어 전체적인 톤이 바뀌는 것을 발견했다. 이는 색이 섞여 보이는 병치 혼색의 일종으로, 색이 퍼져 나간다는 의미에서 '전파 효과' 또는 '줄눈 효과'라고도 한다.

오답 피하기

- ① : 차이가 더욱 크게 느껴지는 것은 대비(Contrast) 현상이다. 동화는 차이가 줄어들고 '비슷하게' 보이는 현상이다.
- ② : 동화 현상은 패턴이 작고 세밀할수록(가늘고 촘촘할수록), 혹은 거리가 멀어서 시각적으로 뭉개져 보일 때 잘 일어난다. 면적이 크고 가까우면 '대비'가 일어난다.
- ④ : 회색 배경에 검정 선을 넣으면 동화 현상에 의해 배경도 '검정색을 닮아(동화되어)' 더 어둡게 보인다(만약 대비 현상이었다면 배경이 더 밝아 보여야 맞음).

• 크고 가깝다 : 서로 밀어낸다. → 대비(Contrast) "너랑 나랑은 달라!"(차이가 커짐)
• 작고(가늘고) 멀다 : 서로 섞인다. → 동화(Assimilation) "우리는 하나야…"(비슷해짐)

37 ①

Y축이 명도일 때 상단은 고명도(높은 명도)를 의미한다. 밝은 색들이 모여 있으면 전체적으로 밝고, 가볍고, 화사한 느낌(High Value)을 준다.

• ② 어둡고 무거운 느낌(Low Value) : 하단에 분포한다.
• ③, ④ 선명(High Chroma)/탁함(Low Chroma) : 명도가 아닌 '채도' 축에서 판단할 내용이다.

38 ②

PCCS는 색채 조화(배색)를 쉽게 하려고 개발되었다. 일반인이 이해하기 어려운 명도/채도 수치 대신, 이 둘을 하나로 묶어 '톤(Tone)'이라는 개념을 도입했다. 선명한(vivid), 연한(pale), 탁한(dull) 등의 형용사를 사용하여 색의 분위기를 직관적으로 전달하는 것이 PCCS의 최대 강점이다.

• ① 뉘앙스(Nuance) : NCS에서 사용하는 유사 개념(W+S+C)이다.
• ③ 크로마(Chroma) : 채도의 다른 말(먼셀 등)이다.
• ④ 틴트(Tint) : 하양이 섞인 밝은 색조를 뜻하는 일반 용어이다.

39 ①

CIE L*a*b*는 헤링의 반대색설을 수치화한 좌표계이다.
• L* : 명도(Lightness, 밝기)
• a*축 : +a(Red/빨강)와 −a(Green/초록)의 대립
• b*축 : +b(Yellow/노랑)와 −b(Blue/파랑)의 대립

• ②, ④ : 축의 색상 대입이 서로 바뀌거나 방향(+/−)이 반대로 되었다.
• ③ : 하양/검정은 색도 좌표가 아니라 명도 좌표(L*)이다.

"a는 apple(사과=빨강), b는 banana(바나나=노랑)" +a*는 사과색(빨강), +b*는 바나나색(노랑)이라고 연상한다. 사과의 반대는 초록, 바나나의 반대는 파랑이다.

40 ④

패키지 디자인의 핵심 3요소는 보호(Protection), 보존, 판매 촉진(Promo-tion)이다. 내용물이 무엇인지 색으로 알려주고(정보 전달), 진열대에서 눈에 띄게 해야 한다. 인체공학적 기능은 사람이 직접 앉거나 만지고 조작하는 제품 디자인(의자, 마우스 등)이나 가구 디자인에서 최우선으로 고려해야 할 요소이다. 포장지의 색채를 정할 때 사람의 신체 치수를 고려하지는 않는다.

• ① : 빛 차단(갈색병) 등 내용물 변질을 막는 색채 기능이다.
• ② : 딸기맛=빨강, 바나나맛=노랑처럼 직관적이고 시각적인 정보를 준다.
• ③ : 진열대에서 시선을 끌어 판매를 유도한다.

41 ②

a*, b*값은 색미(Colorfulness)를 나타낸다. 이 값이 0이라는 것은 색 기운이 없다는 뜻이므로, 중심축(L*축)에 위치하게 되어 무채색(회색, 흰색, 검은색)에 가깝다.

• ① 채도가 높다 : 중심축에서 멀어질수록(수치가 클수록) 채도가 높다.
• ③ 명도가 낮다 : 명도는 L*값에 의해 결정되므로 a*, b*값만으로는 알 수 없다.
• ④ 빨간색을 띤다 : 빨간색이려면 +a*값이 커야 한다.

L*a*b* 좌표의 정중앙은 색이 없는 기둥(명도축)이다. a*, b*가 0이면 색깔이 없다.

42 ①

1931 XYZ는 수치적 거리와 눈으로 느끼는 색차이가 일치하지 않는 '불균등 색공간'이었다. 이를 개선해 '눈에 보이는 색 차이만큼 수치 거리도 맞도록' 만든 것이 균등 색공간(UCS)인 L*a*b*와 L*u*v*이다.

• ② 감법 혼색 사용 : 여전히 가법 혼색 이론을 변환하여 사용한다.
• ③ 4자극치 사용 : 여전히 3가지 변수를 사용한다.
• ④ 반사율 배제 : 명도(L) 개념에 반사율 속성이 포함된다.

1976년은 색채계의 '혁명'이다. 불공평하던(불균등하던) 색공간을 공평하게(균등하게) 만들었다. UCS(Uniform Color Space)라는 약자도 시험에 잘 나오니 꼭 기억해야 한다.

43 ②

재생 섬유는 천연 섬유소(펄프 등)를 화학 약품으로 녹여서 다시 뽑아낸 섬유다. 대표적으로 아세테이트(Acetate)와 비스코스 레이온이 있다.

• ①, ③ : 나일론(Nylon), 폴리에스테르(Polyester)는 석유로 만든 '합성 섬유'이다.
• ④ : 면(Cotton)은 자연 그대로의 '천연 섬유'이다.

• 천연 : 면, 마, 견, 모
• 합성 : 나일론, 폴리~(석유 냄새 나는 이름)
• 재생 : 레이온, 아세테이트

44 ③

광물성인 무기 안료는 돌가루 성질이라 입자가 크고 무거워 밑색을 가리는 은폐력이 뛰어나며, 불에 타지 않는 내열성과 햇빛에 견디는 내광성이 유기 안료보다 훨씬 우수하다.

①, ②, ④ : 색이 선명하고(고채도), 착색력이 좋으며, 종류가 다양한 것은 '유기 안료'의 장점이다(무기 안료는 색이 탁하고 종류가 적음).

• 무기 안료는 '돌' : 튼튼하고 안비치지만 색이 칙칙하다.
• 유기 안료는 '꽃' : 색은 예쁘지만 약하다.

45 ④

SCI는 정반사광(광택)을 포함(Included)하여 측정하는 방식이다. 표면의 광택이나 질감의 영향을 무시하고, 그 물체가 가진 재료 본연의 색(안료 배합비)을 측정한다. 따라서 CCM(컴퓨터 조색)을 통해 정확한 조색 레시피를 산출할 때는 반드시 SCI 모드를 사용해야 한다.

오답 피하기

- ①, ② 완제품 외관/육안 평가 : 사람은 반짝이는 부분을 하얗게(색이 빠진 것으로) 인식한다. 따라서 육안과 유사한 평가는 정반사광을 제거한 SCE(Excluded) 방식을 써야 한다.
- ③ 광택도 측정 : 광택 자체를 잴 때는 글로스미터를 사용한다.

더 알아보기

이것만 기억하면 실기까지 통한다.
- SCI(Include) : 재료의 '속살'을 볼 때(페인트 배합비, 조색용)
- SCE(Exclude) : 재료의 '겉모습'을 볼 때(사람 눈, 외관 검사용)
조색사는 SCI로 배합하고, 디자이너는 SCE로 컨펌한다.

46 ②

색차(Δ)는 항상 '시료(Sample) - 기준(Standard)'으로 계산한다.
- 명도차(ΔL*) : 45(시료)-50(기준)=-5 → 음수이므로 어둡다.
- a*차(Δa*) : 20-20=0 → 붉거나 초록 기미 차이가 없다.
- b*차(Δb*) : 15-10=+5 → 양수이므로 노란 기미가 있다.
종합하면 시료는 기준보다 어둡고 노란 기미가 있다.

오답 피하기

- ① : 밝으려면 ΔL*이 양수(+)여야 한다.
- ③ : 붉으려면 Δa*가 양수(+)여야 한다.
- ④ : 푸르려면 Δb*가 음수(-)여야 한다.

더 알아보기

- L이 줄었네? → 어두워짐
- b가 늘었네? → 노란색(+b) 쪽으로 감

47 ③

병치 혼색이 자연스럽게 일어나려면 인접한 색들 간의 명도 차이가 작아야 한다. 명도 차이가 크면(예 흰색과 검은색) 시각적으로 강한 대비가 일어나 색이 섞여 보이지 않고 각각의 점이나 패턴으로 분리되어 보인다.

오답 피하기

- ① : 점이 작아야 눈의 해상도 한계로 인해 색이 섞여 보인다.
- ② : 거리가 멀어질수록 시각적 융합이 잘 일어난다.
- ④ : 빈 공간 없이 촘촘해야 하나의 면 색으로 인식된다.

더 알아보기

이 문제는 '대비 현상'과 혼동하기 쉽다. 색채 조화나 시인성에서는 명도 차이가 커야 좋지만, 혼색(색을 섞여 보이게 하는 것)에서는 명도 차이가 작아야 눈이 쉽게 속아 넘어간다(착시). 목적이 '잘 보이게 하는 것'이 아니라 '섞여 보이게 하는 것'임을 기억해야 한다.

48 ④

무기 안료는 천연 광물(돌, 흙)이나 금속 산화물을 원료로 한다. 돌가루처럼 입자가 굵어 바탕을 덮어버리는 은폐력(불투명도)이 크고, 화학적으로 매우 안정되어 햇빛(내광성)이나 열에 강해 변색이 잘 안 된다.

오답 피하기

①, ②, ③ : 이는 모두 유기 안료(Organic Pigment)의 특성이다. 유기 안료는 석유 화합물로 만들어 입자가 곱고 투명하며 색이 선명하지만, 빛이나 열에는 상대적으로 약하다.

더 알아보기

- 무기=무쇠(돌/금속) : 무겁고, 단단하고, 속이 안 비친다(불투명).
- 유기=기름(Oil) : 가볍고, 투명하고, 색은 예쁜데 약하다.

49 ③

C.I. 표기 뒤에 별도로 붙는 5자리 숫자(Constitution Number)는 해당 색료의 화학적 구조(Chemical Constitution)에 따라 부여된 고유 번호이다. 이를 통해 안료의 성분과 내구성 등의 특성을 파악할 수 있다.

오답 피하기

①, ② : 제조사나 가격 정보는 국제 표준명인 C.I.에 포함되지 않는다.

50 ③

색변이 지수(CII, Color Inconsistency Index)는 '하나의 물체'가 광원이 바뀔 때 색이 얼마나 변하는지(변색 정도)를 나타내는 지수이다. 수치가 낮을수록 광원 변화에 둔감하여 색이 일정하게 유지된다는 뜻이므로 품질이 우수한 안료이다.

오답 피하기

- ① 연색 지수(CRI) : 광원이 색을 자연스럽게 보여주는 능력(광원의 성능)이다.
- ② 메타메리즘 지수(MI) : 두 물체 간의 색차 변화(조건등색 정도)를 나타낸다(CII는 단일 물체 대상).

더 알아보기

CII는 나 혼자 변하는 것(변덕쟁이 지수), MI는 둘이서 안 맞는 것(궁합 지수)이다.

51 ②

OLED의 가장 결정적인 특징은 소자 하나하나가 스스로 빛을 낸다는 점이다. 따라서 LCD와 달리 뒤에서 빛을 비춰주는 백라이트(Backlight)가 필요 없다. 이 덕분에 종이처럼 얇고 휘어지는(Flexible) 디스플레이를 만들 수 있다.

오답 피하기

- ① : 자체 발광은 OLED의 핵심 원리이다.
- ③ : 액정을 움직일 필요가 없어 반응 속도가 매우 빠르다.
- ④ : 백라이트가 없어 얇고 가볍고 유연하다.

52 ④

색온도가 높다는 것(예 6,000K 이상)은 푸른빛이 많이 돈다는 의미이다. 푸른색은 심리적으로 시원하고 차가운 느낌(Cool)을 준다. 따뜻한 느낌(Warm)을 주는 것은 색온도가 낮은(3,000K 이하) 붉은 계열의 빛이다.

오답 피하기

- ① : 색온도는 이상적인 완전 흡수체인 흑체 복사를 기준으로 정의한다.
- ② : 온도가 오를수록 적색 → 황색 → 백색 → 청색으로 변한다.
- ③ : 촛불(약 2,000K), 백열등(약 2,800K)은 대표적인 저색온도 광원이다.

53 ④

분광측색 데이터(L*a*b*값, 반사율 곡선)는 추후 동일한 색상 주문이 들어왔을 때 색을 정확히 재현하기 위한 핵심 자산이다. 용량이 크더라도 반드시 CCM 시스템이나 외부 저장 장치에 영구적으로 백업/저장하여 데이터베이스(DB)를 구축해야 한다. 삭제하는 것은 품질 관리 포기 행위이다.

오답 피하기

①, ②, ③ : 모두 체계적인 조색 관리를 위해 현장에서 반드시 지켜야 할 표준 관리 수칙이다. 특히 시편(Sample)은 변퇴색 방지를 위해 암실 보관이 원칙이다.

54 ②

메탈릭 안료(알루미늄 플레이크)는 납작한 판상 형태이므로 도막 표면과 평행하게 나란히 누워야(배향되어야) 반사율이 좋다. 하지만 점도 조절 실패 등으로 입자가 제멋대로 서거나 엉키는 것을 배향(Orientation) 불량(Disorientation)이라 하며, 이 경우 난반사가 심해져 금속감이 죽고 색이 어둡고 탁해진다.

- ① 침강(Settling) : 안료가 무거워서 용기 바닥에 가라앉는 현상이다.
- ③ 백화(Blushing) : 고습도 환경에서 수분이 응결되어 도막 표면이 하얗게 되는 현상이다.
- ④ 핀홀(Pinhole) : 도막에 바늘구멍 같은 기포 자국이 남는 결함이다.

55 ③

두 색이 특정 광원(D65)에서는 똑같아 보여도, 광원이 바뀌면(⑩ A광원) 분광 반사율의 차이로 인해 색이 달라질 수 있다. 이를 조건등색(Metamerism)이라고 한다. 최종 출하 전에 서로 다른 두 가지 광원(D65와 A) 하에서 색차를 확인함으로써, 소비자가 백화점(형광등)이나 집(백열등) 등 어떤 환경에서 제품을 보더라도 색이 크게 틀어지지 않도록 검증해야 한다.

- ① 평활도 : 표면이 매끄러운지는 광원을 비스듬히 비추어 육안으로 요철을 확인한다.
- ② 광택 : 광택계(Glossmeter)를 사용하거나 표면에 반사되는 상의 선명도를 본다.
- ④ 건조 상태 : 손촉 건조(Touch Dry)나 경도계 등을 이용해 물리적으로 확인한다.

56 ③

색입체의 중심축(Central Axis)은 색상이 없는 무채색 기둥이다. 맨 위는 가장 밝은 흰색(White), 맨 아래는 가장 어두운 검은색(Black)이며 그 사이는 회색 단계(Gray Scale)로 이루어진 명도(Value) 축이다. 이 축을 중심으로 색상과 채도가 배열된다.

- ① : 중심축을 둘러싼 원주(둘레) 방향으로 배열된다.
- ② : 중심축에서 바깥으로 뻗어나가는 방사선(수평) 방향이다.
- ④ : 색입체의 가장 바깥 껍질(표면)에 위치한다.

남극(검은색)에서 북극(흰색)을 잇는 자전축이 바로 명도축이다.

57 ②

L*은 명도(Lightness)를 뜻한다. 색차 표시에서 △(델타)는 '차이'를 의미한다. △L*값이 양수(+)라는 것은 기준색(Standard)보다 시료색(Sample)의 명도 수치가 더 크다는 뜻이므로, "더 밝다(Lighter)."라는 의미이다.

- ① 붉다 : △a*값이 양수(+)일 때이다.
- ③ 어둡다 : △L*값이 음수(−)일 때이다.
- ④ 노랗다 : △b*값이 양수(+)일 때이다.

L=Light(빛) : 빛이 더해질수록(+) 밝아진다.

58 ②

오토 디스펜서(Auto Dispenser)는 CCM 시스템의 실행 단계에서 '손' 역할을 하는 장비이다. 조색사가 일일이 저울에 달지 않아도, 컴퓨터가 계산한 레시피 데이터와 연동되어 0.001g 단위의 정밀도로 밸브를 제어하고 용기에 안료를 자동으로 담아주어(Dispensing) 수작업 오차를 없애준다.

- ① 분광측색계(Spectrophotometer) : 시료의 색을 측정하여 데이터화하는 입력 장치('눈')이다.
- ③ 자이로 믹서(Gyro Mixer) : 디스펜싱된 안료와 페인트를 회전시켜 물리적으로 섞어주는 교반 장치이다.
- ④ 어플리케이터(Applicator) : 도료를 시편(Chart) 위에 일정한 두께로 펴 바르는 도구이다.

실무에서 CCM의 정확도는 결국 '정량 토출'에 달려 있다. 사람이 손으로 0.01g을 정확히 맞추기는 매우 어렵다. 오토 디스펜서는 단순한 기계가 아니라, 조색의 재현성(누가 해도 똑같은 결과)을 보장하는 핵심 장비임을 이해해야 한다.

59 ②

측색기는 '상대적인' 반사율을 측정한다. 즉, "무엇을 100점으로 볼 것인가"에 대한 기준이 필요하다. 기기 제조사에서 제공하는 고유의 백색 표준 타일(White Tile)을 측정하여 그 반사율 데이터를 기준점(100% 혹은 해당 타일의 보정값)으로 설정하는 과정이 화이트 교정이다.

- ① 제로 교정 : 반사율 0% 기준을 잡는 과정이다.
- ③ 파장 교정 : 분광기 내부 센서의 정확도를 잡는 것으로, 사용자가 매번 하는 교정이 아니다.
- ④ 광택 교정 : 광택기의 기준(흑색 유리)을 잡는 것이다.

화이트 타일은 기기마다 고유한 짝이 있다. 다른 기기의 타일을 쓰거나, 타일에 지문이 묻으면 기준점이 흔들려 이후의 모든 측정값이 틀어지게 된다. 타일 관리가 측정의 시작과 끝이다.

60 ②

산업 표준 및 일반적인 거래에서 '△E* 1.0 이하'는 육안으로 색 차이를 구별하기 어렵거나, 구별되더라도 허용할 수 있는 미세한 차이로 본다. 따라서 가장 널리 쓰이는 합격 기준(Tolerance)은 1.0이다.

- ① 0.1 : 기기 오차 수준으로 현실적으로 맞추기 어렵다.
- ③ 3.0 : 일반인도 "색이 다르다."라고 느낄 수 있는 수준으로 보통 불합격이다.
- ④ 5.0 : 완전히 다른 색으로 간주된다.

"합격선=1.0" 물론 자동차 같은 초정밀 분야는 0.3~0.5를 요구하지만, 시험에서 묻는 일반적인 기준은 1.0이다.

61 ③

가법 혼색(빛의 혼합)의 원리를 묻는 문제이다. 마젠타(자주색)는 빨강(Red) 조명과 파랑(Blue) 조명을 동시에 켰을 때 만들어지는 2차색이다. Red 켬=255, Green 끔=0, Blue 켬=255, 따라서 (255, 0, 255)가 정답이다.

- ① (255, 255, 0) : 빨강＋초록＝노랑(Yellow)
- ② (0, 255, 255) : 초록＋파랑＝시안
- ④ (0, 0, 0) : 빛이 없음＝검정(Black)

62 ②

감법 혼색은 잉크가 빛을 '흡수(빼기)'하고 남은 것을 보여주는 원리이다. 백색광(RGB)에서 파랑(B)만 남기려면 빨강(R)과 초록(G)을 제거해야 한다.
- 시안(C) 잉크 : 빨강(R)을 흡수한다.
- 마젠타(M) 잉크 : 초록(G)을 흡수한다.
결과적으로 R과 G가 사라지고 남은 파랑(B)만 반사되어 눈에 보인다.

- ① 시안+옐로우 : 빨강과 파랑이 흡수되고 남은 초록(Green)이 보인다.
- ③ 옐로우 잉크 : 파랑(B)을 흡수하고 빨강+초록(Yellow)을 반사한다.
- ④ 모두 혼합 : 빛을 다 흡수하므로 검정(Black)이 된다.

63 ④

지각적(Perceptual) 렌더링은 색공간을 변환할 때, 수치적인 정확성보다는 '사람이 보기에(지각하기에) 어색하지 않음'을 최우선으로 한다. 전체 색공간을 비율대로 줄여서 색상 간의 관계를 유지하므로, 그러데이션이 끊기지 않고 자연스럽다. 그래서 사진 이미지 인쇄 시 가장 많이 쓰인다.

- ①, ② 절대/상대 색도계 : 기계적인 수치 일치를 중시한다.
- ③ 채도(Saturation) : 색이 달라지더라도 선명도만 유지한다.

64 ③

벡터 방식은 점, 선, 면의 수학적 좌표 정보로 이미지를 저장하기 때문에 무한대로 확대해도 이미지가 깨지지 않는다.
- AI : 어도비 일러스트레이터(Illustrator)의 전용 포맷이다.
- EPS : 인쇄, 출판, 편집 디자인 분야에서 벡터 데이터를 교환할 때 사용하는 표준 포맷이다.
따라서 AI와 EPS가 정답이다.

- ① JPG, GIF : 픽셀(점)로 이루어진 비트맵 포맷이다.
- ② BMP, PNG : 역시 비트맵 포맷이다.
- ④ PSD, TIFF : 포토샵 파일(PSD)과 인쇄용 고화질 파일(TIFF)은 비트맵을 기반으로 한다(벡터 정보를 포함할 수는 있으나 주 속성은 비트맵이다.).

65 ③

산업기사 실무 문제의 핵심 포맷이다. 키워드는 '출판/인쇄용'과 'LZW 무손실 압축'이다. TIFF(Tagged Image File Format)는 압축을 해도 화질 저하가 전혀 없고(무손실), CMYK 색상 모드를 완벽하게 지원하기 때문에, 고품질 스캔 데이터나 인쇄소에 넘기는 최종 원고용으로 가장 널리 쓰인다.

- ① JPEG : 손실 압축을 하므로 저장할 때마다 화질이 조금씩 나빠져 인쇄 원본용으로는 신중해야 한다.
- ② GIF : 256색밖에 표현하지 못해 고해상도 사진이나 인쇄용으로는 절대 사용할 수 없다.
- ④ BMP : 압축을 하지 않아 용량이 너무 커서 실무에서는 잘 쓰이지 않는다.

66 ③

용량 계산 문제는 공식만 알면 점수를 주는 문제이다.
- 총 픽셀 수 : 가로 100×세로 100＝10,000Pixels
- 비트를 바이트로 : 24Bit는 3Byte이다(8Bit＝1Byte이므로, 24÷8＝3).
- 최종 계산 : 10,000(픽셀)×3(바이트)＝30,000Byte

- ① 10,000Byte : 채널이 1개인 8비트(그레이스케일) 이미지일 때의 용량이다.
- ② 20,000Byte : 16비트(하이 컬러) 이미지일 때의 용량이다.

67 ①

시스템 팔레트(System Palette)는 운영체제(OS)가 화면 표시를 위해 기본적으로 예약해 둔 색상표를 의미하며, 과거 윈도우와 맥 간의 색상 불일치 원인이 되기도 했던 팔레트이다.

- ② 웹 안전 컬러 팔레트(Web-safe Palette) : 이러한 시스템 팔레트 충돌 문제를 해결하기 위해 고안된 공통 팔레트이다.
- ③ 어댑티브 팔레트(Adaptive Palette) : 특정 이미지에서 가장 많이 쓰이는 색을 추출해 만든 맞춤형 팔레트이다.
- ④ 그레이스케일 팔레트(Grayscale Palette) : 색상(Hue)이 없는 무채색(회색) 범위만으로 만든 팔레트이다.

68 ①

범프(Bump)는 '충돌' 또는 '혹'을 의미한다. 표면의 밝기(명도) 정보를 이용하여 가짜 그림자를 만들어, 실제 모델링 표면은 평평하지만, 눈으로 볼 때는 울퉁불퉁해 보이게 만드는 착시(눈속임) 기법이다(🔑 귤껍질, 벽돌 질감, 가죽 질감 표현 등).

- ② 오파시티 매핑(Opacity Mapping) : 물체의 투명도를 조절하는 매핑이다(검은색은 투명, 흰색은 불투명).
- ③ 리플렉션 매핑(Reflection Mapping) : 물체 표면에 주변 환경이 반사되어 비치는 효과를 주는 매핑이다.
- ④ 디퓨즈 매핑(Diffuse Mapping) : 물체 고유의 기본 색상이나 무늬(이미지)를 입히는 가장 기초적인 매핑이다.

"범프(Bump)는 뻥(Fake)이다!" 실제로 튀어나오게 하는 건 '디스플레이스먼트 매핑'이고, 튀어나온 척 눈속임만 하는 건 '범프 매핑'이다.

69 ②

앰비언트 라이트(환경광)는 특정한 위치나 방향 없이 공간 전체에 균일하게 깔린 빛이다. 빛이 오는 방향이 없으므로 그림자도 생기지 않는다. 주광원이 닿지 않는 어두운 부분(Shadow Area)이 완전히 시커멓게 죽지 않도록 전체적인 밝기를 받쳐주는 역할을 한다.

- ① 스폿 라이트 : 손전등이나 무대 조명처럼 원뿔 형태로 빛을 비추며, 짙은 그림자를 만든다.
- ③ 옴니 라이트 : 백열전구처럼 사방으로 빛이 퍼지며 그림자가 생긴다.
- ④ 디렉셔널 라이트 : 태양광처럼 평행하게 비추며 뚜렷한 그림자를 만든다.

70 ①

한 점(Point)에서 시작하여 모든 방향(Omni)으로 빛을 발산하는 조명은 옴니 라이트(또는 포인트 라이트)이다. 가정용 전구, 촛불, 가로등, 반딧불 등을 표현할 때 주로 사용된다.

- ② 스폿 라이트 : 특정 방향으로만 빛을 집중해서 쏜다(원뿔형).
- ③ 디렉셔널 라이트 : 아주 먼 곳에서 평행한 빛을 쏜다(원통형).
- ④ 앰비언트 라이트 : 방향성이 없는 전체 조명이다.

71 ②

레이 트레이싱(Ray Tracing)은 가상의 카메라에서 광선(Ray)을 쏘아 빛의 경로를 끝까지 추적(Tracing)하는 기법이다. 거울에 비친 모습(반사), 물컵 뒤의 왜곡(굴절), 투명한 그림자 등을 사진처럼 완벽하게 재현하지만, 계산량이 어마어마하여 렌더링 시간이 매우 길다.

오답 피하기

- ① 스캔 라인 : 한 줄씩 계산하는 방식으로 속도는 빠르지만 반사/굴절 표현이 어렵다.
- ③ 플랫 셰이딩 : 다각형의 면을 단색으로 칠하는 가장 단순한 음영 처리 방식이다.
- ④ 와이어프레임 : 렌더링 전 단계로, 선으로만 이루어진 형태이다.

72 ③

PDP는 기술적인 장점(빠른 응답 속도, 우수한 색 재현력)에도 불구하고, 구동 시 높은 전압이 필요하여 소비 전력이 높고 발열이 많다는 치명적인 단점이 있었다. 이 단점으로 인해 현재는 시장에서 거의 퇴출되었다.

오답 피하기

①, ②, ④ : 모두 PDP의 장점 또는 올바른 원리에 대한 설명이다.

더 알아보기

- LCD의 단점(느린 응답 속도) → PDP의 장점(빠른 응답 속도)
- PDP의 단점(높은 전력, 발열) → OLED의 장점(낮은 전력, 저발열)

73 ③

GRACoL은 Commercial Offset Lithography(상업용 오프셋 인쇄)의 약자에서 알 수 있듯이, 인쇄 산업을 위한 표준 규격이다. 다른 보기의 RGB 색공간들과 달리 CMYK 인쇄 프로세스의 기준을 정의한다.

오답 피하기

- ① : ProPhoto RGB에 대한 설명이다.
- ② : sRGB에 대한 설명이다.
- ④ : Color Match RGB에 대한 설명이다.

더 알아보기

시험에서 GRACoL이 나오면 다른 RGB 색공간과 섞어 놓는 함정 문제이다.

74 ②

K판을 추가하는 가장 큰 이유는, 3색으로는 깊은 검정이 나오지 않기 때문에 명확한 명암 대비를 주기 위함이다. 또한 작은 글씨의 가독성을 높이고, 비싼 C, M, Y 유색 잉크를 덜 사용하게 되어 비용을 절감하는 효과도 있다.

오답 피하기

- ① : 해상도는 DPI(점의 개수)와 관련이 있다.
- ③ : K판 추가로도 근본적인 색역 불일치(Gamut Mismatch) 문제는 해결할 수 없다.
- ④ : K100을 사용하면 오히려 잉크량이 줄어들어 건조 시간이 단축된다.

더 알아보기

K판의 역할은 '경제성'과 '품질(가독성 및 대비)' 두 마리 토끼를 잡는 것이다. 이 두 가지 실용적인 이점을 동시에 찾아야 정답이다.

75 ③

신문용지(갱지)는 낮은 등급의 펄프를 사용하여 제조된다. 고속 인쇄를 위해 잉크 흡수성이 좋지만, 산성 성분 때문에 시간이 지나면 내구성이 약하고 누렇게 변색(황변)되는 단점이 있다.

오답 피하기

- ①, ② : 상질지와 중질지는 신문용지보다 품질이 우수하며 황변이 덜하다.
- ④ : 아트지는 표면을 코팅한 도공지이다.

더 알아보기

'황변'과 '고속 인쇄/빠른 건조'라는 키워드가 나오면 신문용지이다.

76 ④

CRT(음극선관) 모니터는 높은 전압이 필요하여 부피가 크고, 구동 시 소비 전력이 높고 발열도 많다.

오답 피하기

①, ②, ③ : 모두 CRT 모니터의 올바른 원리와 특징이다. CRT는 LCD와 달리 자체 발광한다.

더 알아보기

CRT는 '옛날 TV'를 떠올리면 된다. 부피가 크고, 전력을 많이 먹는다.

77 ③

피에조(Piezo) 방식은 열 대신 물리적인 압력을 사용하므로, 잉크에 변형을 주지 않아 다양한 특수 잉크를 사용할 수 있는 것이 가장 큰 장점이다.

오답 피하기

①, ④ : 모두 서멀 버블(Thermal Bubble) 방식의 특징이다.

78 ③

세탁(White Washing)에서 유래한 말로, 초록(친환경)으로 이미지를 세탁한다는 뜻의 그린 워싱(Green Washing)이다.

오답 피하기

- ①, ② 그린 디자인(Green Design)/그린 마케팅(Green Marketing) : 실제로 환경을 생각하는 긍정적인 디자인 및 경영 활동이다.
- ④ 그린 라이트(Green Light) : 허가나 긍정적 신호를 뜻하는 관용구이다.

79 ①

Re(다시)+Design(디자인)이다. 기존의 것을 버리지 않고 디자인을 수정, 보완하여 더 오래 쓰게 만드는 '개선' 활동을 의미한다.

오답 피하기

- ② 리사이클(Recycle) : 원료로 녹여서 다시 만드는 것이다.
- ③ 제로 웨이스트(Zero Waste) : 쓰레기 없는 삶을 추구하는 운동이다.
- ④ 미니멀리즘(Minimalism) : 불필요한 것을 제거하고 단순함을 추구하는 예술 사조이다.

더 알아보기

'개선(Improvement)'이라는 단어가 나오면 '리디자인'을 연계하여 외워야 한다.

80 ③

적록 색각 이상자는 빨강과 초록을 둘 다 '노르스름한 색'으로 본다. 그래서 빨강에는 '노랑'을 섞어 주황 쪽으로, 초록에는 '파랑'을 섞어 청록 쪽으로 바꿔야 한다. 그러면 '따뜻한 주황 vs 차가운 청록'이 되어 색 온도(한난) 차이로 확실하게 구분이 된다. 이게 CUD 배색의 정석이다.

오답 피하기

- ② : 외곽선은 보조 수단일 뿐이다. 색 자체가 구분이 안 되면 큰 의미가 없다.
- ④ : 색상 구분도 안 되는데 명도까지 비슷하면, 그냥 '한 덩어리'로 보인다. 명도 차이는 무조건 크게 줘야 한다.

더 알아보기

신호등이 '빨강 vs 초록'이 아니라 '빨강 vs 청록'인 이유는 색각 이상자들이 빨강과 청록(파란기 도는 초록)은 구분할 수 있기 때문이다.

출제 예상문제 07회

2-74p

01 ②	02 ①	03 ①	04 ①	05 ②
06 ②	07 ③	08 ②	09 ①	10 ④
11 ②	12 ②	13 ①	14 ③	15 ②
16 ③	17 ①	18 ③	19 ②	20 ②
21 ④	22 ②	23 ①	24 ②	25 ②
26 ④	27 ③	28 ③	29 ①	30 ②
31 ②	32 ①	33 ③	34 ③	35 ③
36 ③	37 ③	38 ③	39 ③	40 ②
41 ③	42 ①	43 ②	44 ③	45 ③
46 ②	47 ③	48 ③	49 ②	50 ③
51 ②	52 ②	53 ③	54 ②	55 ②
56 ①	57 ②	58 ②	59 ②	60 ③
61 ②	62 ②	63 ④	64 ②	65 ②
66 ③	67 ①	68 ④	69 ②	70 ③
71 ①	72 ③	73 ②	74 ①	75 ②
76 ③	77 ②	78 ②	79 ③	80 ②

01 ②

- A 준거집단(Reference Group) : 개인이 자신의 신념, 태도, 행동을 결정할 때 '기준(Reference)'으로 삼는 집단이다. 가족, 친구처럼 밀접한 관계일수록 영향력이 크다.
- B 하위문화(Subculture) : 한 사회의 전체 문화 안에 존재하면서 특정 공통점(종교, 지역, 세대 등)을 공유하는 집단의 문화이다.

오답 피하기

- ① : 사회계층은 소득, 직업, 교육 수준 등에 의해 나뉘는 사회적 등급으로, A의 정의인 '직접적 영향/친밀함'과는 거리가 있다.
- ④ : 표적시장은 기업이 마케팅 활동을 집중하기로 결정한 고객 집단으로, B의 정의인 '문화적 공통점'과는 의미가 다르다.

02 ①

인지 부조화(Cognitive Dissonance)는 자신이 한 행동(구매)과 자신의 신념(현명한 소비) 사이에 불일치가 생겼을 때 느끼는 심리적 불편함이다. "비싸게 주고 샀는데 성능이 별로면 어떡하지?"라는 구매 후의 후회나 걱정이 대표적이다.

오답 피하기

- ② 지각적 방어(Perceptual Defense) : 자신에게 불리하거나 위협적인 정보를 의식적으로 회피하거나 차단하는 현상이다(구매 전후와 무관하게 발생 가능).
- ③ 브랜드 충성도(Brand Loyalty) : 특정 브랜드를 선호하여 반복적으로 구매하는 긍정적인 행동이다(불안감이 아님).
- ④ 고관여(High Involvement) : 제품 구매 시 정보 탐색에 많은 시간과 노력을 들이는 '태도'를 말하며, 구매 후의 심리 상태인 인지 부조화와는 다르다.

더 알아보기

'구매 후(Post-purchase)'라는 단어와 '불안/후회/갈등'이라는 단어가 만나면 정답은 100% 인지 부조화이다. 마케터는 이를 없애기 위해 "탁월한 선택입니다."라는 광고나 해피콜 서비스를 제공한다.

VMD(Visual Merchandising)는 '시각적 상품화 계획'이다. 단순히 물건을 진열하는 것을 넘어, 브랜드 콘셉트에 맞춰 쇼윈도, 집기, 조명, 색채 등을 총체적으로 연출하여 시각적으로 구매를 유도하는 마케팅 활동이다.

오답 피하기

- ② POS(Point of Sales) : 판매 시점 정보 관리 시스템으로, 편의점 계산대의 바코드 결제 시스템을 말한다.
- ③ CRM(Customer Relationship Management) : 고객의 정보를 분석하여 관계를 유지하는 고객 관계 관리이다.
- ④ SCM(Supply Chain Management) : 원자재 조달부터 배송까지의 흐름을 관리하는 공급망 관리이다.

더 알아보기

마케팅 약어 문제가 나오면 'V(Visual)'가 들어간 것이 정답일 확률이 매우 높다.

04 ①

제품의 수명 주기는 인간의 생애와 비슷하다.
- 도입기(Introduction) : 시장에 갓 태어나서 알리는 단계(적자 발생 가능)
- 성장기(Growth) : 판매가 급증하고 이익이 늘어나는 청년기
- 성숙기(Maturity) : 경쟁이 치열하고 판매가 정점에 달한 장년기(차별화 필수)
- 쇠퇴기(Decline) : 유행이 지나 판매가 줄어드는 노년기

오답 피하기

- ② : 도입기가 성장기보다 먼저이다.
- ③ : 성숙기는 성장이 끝난 뒤에 온다. 성장기가 먼저이다.
- ④ : 쇠퇴기는 가장 마지막 단계이다.

더 알아보기

이 문제의 핵심 함정은 '성장기'와 '성숙기'의 순서를 바꾸는 것이다. "키가 다 커야(성장), 어른(성숙)이 된다."는 자연의 섭리를 기억하면 절대 헷갈리지 않는다.

05 ②

빨강, 주황, 노랑 등의 난색은 교감신경을 자극하여 맥박을 빠르게 하고, 위장 운동을 촉진하여 공복감과 식욕을 느끼게 한다. 또한, 시간이 빨리 가는 듯한 느낌(시간의 장대성)을 주어 손님을 빨리 먹고 나가게 하는 회전율 상승 효과도 있어 패스트푸드점에 많이 쓰인다.

오답 피하기

- ① : 신뢰/청결함은 파랑(Blue)이나 하양(White) 등 한색 계열의 효과로, 금융권이나 병원에서 주로 쓴다.
- ③ : 안정/차분함은 초록(Green)이나 파랑 등 한색 계열의 효과로, 침실이나 휴게실에 적합하다.
- ④ : 고급/신비함은 보라(Purple)나 검정(Black)의 효과로, 명품 브랜드에서 주로 쓴다.

더 알아보기

- 맥도날드, 롯데리아, 떡볶이 : 빨강/노랑(맛있겠다! 빨리 먹자!)
- 삼성, 우리은행 : 파랑(믿음직하다!)
- 네이버, 이니스프리 : 초록(편안하다, 자연이다!)

06 ②

군집 추출법은 모집단을 여러 덩어리(반, 지역 등)로 나누고, 그 덩어리 중 몇 개를 뽑아 그 안의 전체를 전수조사하는 방식이다(예 서울시 중학생 중 'A중학교'를 뽑아 전교생 조사).

오답 피하기

- ① : 층화 추출법에 대한 설명이다.
- ③ : 편의 추출법에 대한 설명이다.
- ④ : 계통 추출법에 대한 설명이다.

더 알아보기

층화는 "피자 조각처럼 골고루 한 입씩", 군집은 "사과 상자 중 한 상자를 통째로" 먹는 것과 같다.

07 ③

처음부터 인구통계학적 질문을 물으면 경계심을 갖게 되어 응답을 거부할 수 있다. 라포(유대감)가 형성된 마지막에 묻는 것이 원칙이다.

오답 피하기

개인 신상 정보는 흥미로운 질문이 아니라 가장 민감한 질문이다.

08 ②

주황은 빨강 다음으로 눈에 띄는 색으로, '위험(Danger)'을 표시한다. 주로 감전 위험이 있는 고압선이나, 신체가 끼일 수 있는 기계의 작동 부위에 칠한다.

오답 피하기

- ① : 지시(파랑)
- ③ : 안전(초록)
- ④ : 금지(빨강)

09 ①

기업이나 브랜드의 정체성(Identity)을 특정 색상으로 확립하여 소비자에게 각인시키는 것을 컬러 아이덴티티(Color Identity)라고 한다(예 삼성-파랑, 카카오-노랑).

오답 피하기

- ② 컬러 트렌드(Color Trend) : 유행하는 색을 의미한다.
- ③ 컬러 믹스(Color Mix) : 색을 섞는 것(혼색)을 의미한다.
- ④ 컬러 팔레트(Color Palette) : 한 프로젝트 내에서 일관되게 사용할 색들을 정리해 둔 목록이다.

10 ④

아무리 잘한 표본조사라도 전체를 다 조사하는 전수조사(Census)보다 정확도나 신뢰성이 높을 수는 없다. 다만 효율성 때문에 표본조사를 하는 것이다.

11 ②

프로모스틸(Promostyl)은 1975년 프랑스 파리에 설립된 대표적인 트렌드 정보사이다. 패션 오피스로서 트렌드 북을 발행하고 라이프 스타일을 제안한다.

오답 피하기

- ① 삼성디자인넷(SDN) : 한국의 삼성패션연구소 기반 정보 사이트이다.
- ③ 인터패션플래닝(IFP) : 한국 최초의 트렌드 정보사이다.
- ④ 팬톤(Pantone) : 미국의 색채 전문 기업(색채 표준)이다.

더 알아보기

해외 정보사를 묻는 문제에서는 넬리로디, 프로모스틸, 페클러이 프랑스 3인방을 기억해야 한다.

12 ②

트렌드는 '방향을 틀다'는 뜻으로, 본래 20세기 초 경제학자나 통계학자들이 데이터의 동향이나 추세를 설명할 때 쓰던 전문 용어였다. 이것이 나중에 패션 용어로 넘어온 것이다.

오답 피하기

일반적으로 생각하기 쉬운 예술(미술)이나 심리 분야가 아니라는 점이 함정이다.

더 알아보기

트렌드는 원래 '데이터(숫자)의 흐름'을 보는 말이었다. 그래서 경제/통계와 짝꿍이다.

13 ①

정반사(Specular Reflection)란 표면이 아주 매끄러우면(유광/폴리싱) 빛이 들어온 각도 그대로 한 방향으로 반사되는 것을 말한다. 사물이 거울처럼 또렷하게 비치고 색이 선명하고 진해 보이는 특징을 가지고 있다.

오답 피하기

②, ③ 난반사/확산 반사 : 표면이 거칠 때(무광/샌딩) 빛이 여러 방향으로 흩어지는 현상이다. 색이 뿌옇고 부드러워 보인다.

더 알아보기

• 매끈하다＝정반사(거울, 유광)
• 거칠다＝난반사(종이, 무광)

14 ③

빨간색(Red)은 교감신경을 강하게 자극하여 아드레날린 분비를 돕는다. 이로 인해 심장 박동이 빨라지고 혈액 순환이 왕성해지며, 근육에 에너지를 공급한다.

오답 피하기

• ① 파랑(Blue) : 혈압을 낮추고 진정시킨다.
• ② 초록(Green) : 신체 균형을 맞추고 해독한다.
• ④ 보라(Purple) : 림프관이나 두뇌 신경계에 작용한다.

더 알아보기

빨강＝피(Blood)＝에너지

15 ②

물기를 머금은 듯한 느낌은 '물(Water)'을 상징하는 파란색 계열 중에서도, 빛을 받아 반짝이는 듯한 밝은(고명도) 톤에서 가장 잘 느껴진다.

오답 피하기

• ① 고명도 난색 : 보송보송하고 부드러운 느낌을 준다.
• ③ 저명도 난색 : 마른 흙이나 나무껍질처럼 건조한 느낌을 준다.
• ④ 저명도 한색 : 딱딱하고 차가운 느낌을 준다.

16 ③

설문지는 응답자가 혼자 읽고 작성하는 경우가 많으므로, 오독을 막기 위해 핵심 키워드나 주의사항은 굵게(Bold) 혹은 밑줄 처리를 해서 명확히 강조하여 전달해야 한다.

오답 피하기

• ① : 일반인이 이해하기 쉬운 단어를 써야 한다.
• ② : 질문은 간결하고 명확해야 한다.
• ④ : 응답자가 귀찮아하여 응답률이 떨어지고 통계 처리가 어렵다. 객관식(폐쇄형) 위주가 좋다.

17 ①

생물학적 반응이란 식물이 빛을 향해 자라거나, 동물이 밤낮을 구분하는 것처럼, 진화를 통해 유전자에 새겨진 가장 원초적이고 본능적인 반응이다.

오답 피하기

• ② 집단 무의식 : 인류가 공통적으로 가진 기억(2단계)
• ③ 의식적 상징화 : 학습을 통해 연상하는 것(3단계)
• ④ 문화적 영향 : 특정 지역이나 종교의 관습(4단계)

더 알아보기

피라미드는 쌓아 올리는 것이다. 가장 밑바닥은 생존(생물학), 가장 꼭대기는 취향(개인)이다.

18 ③

빨강은 무겁고, 불투명하며, 정지해 있는 듯한 견고한 느낌을 준다. 이는 네 변의 길이가 같고 안정적인 정사각형의 특성과 일치한다.

오답 피하기

• ① 원 : 파랑(유동적)
• ② 삼각형 : 노랑(날카로움)
• ④ 육각형 : 초록(원만함)

19 ②

전략을 짜기 전에는 "지금 상황이 어떤가?"를 알아야 한다. 적(경쟁사)이 무엇을 하고 있고, 시장의 흐름이 어떤지 분석하는 것이 가장 먼저 할 일이다.

오답 피하기

• ① 구체적인 마케팅 일정 수립 : 4단계 실행 계획
• ③ 신제품의 가격 결정 : 3단계 판매 촉진
• ④ 브랜드 네이밍 및 로고 디자인 : 2단계 기획(전략수립)

20 ②

만들기만 하면 팔리던 시대(생산)에서 → 물건이 넘쳐나서 팔러 다녀야 하는 시대(판매)를 거쳐 → 고객이 왕인 시대(소비자)로, 더 나아가 기업의 사회적 책임(사회)을 묻는 시대로 변해왔다.

오답 피하기

• ① : '제품'과 '판매'의 순서를 바꾼 오답이다. 품질(제품)이 먼저 확보된 후에야 판매 경쟁이 치열해졌음을 기억해야 한다.
• ③, ④ : 마케팅의 시초는 산업혁명 이후 '대량 생산'에서 시작되었다. 따라서 '생산 지향'이 무조건 맨 앞에 와야 한다.

더 알아보기

마케팅 개념의 변천 과정

❶ 생산 지향 : "없어서 못 판다.", 수요가 공급보다 많던 시기이므로 많이 만드는 것에 집중한다.
❷ 제품 지향 : "품질이 좋으면 팔린다.", 기술 개발과 품질 개선에 집중한다.
❸ 판매 지향 : "적극적으로 팔아야 산다.", 재고가 쌓이기 시작하며 강력한 판촉 활동이 등장한다.
❹ 소비자(마케팅) 지향 : "고객이 원하는 걸 만들자.", 소비자 만족(CS) 중심으로 바뀐다.
❺ 사회 지향 : "환경과 윤리도 생각하자.", 기업의 사회적 책임과 복지를 강조(최근 트렌드)한다.

21 ④

전 세계적으로 전쟁이나 분쟁에서 '항복'을 의미하는 깃발의 색은 흰색(White)이다. 빨간색은 정지, 위험, 금지, 혁명 등을 상징하지만 항복을 의미하지는 않는다.

오답 피하기

- ① 초록색 : 눈에 피로를 덜 주고 심리적 안정을 주며, 안전과 진행(Go)을 의미하여 비상구 유도등에 쓰인다.
- ② 노란색(금색) : 변하지 않는 가치, 부, 권위, 최고를 상징하여 금메달에 쓰인다.
- ③ 검정색 : 빛이 없는 어둠, 죽음, 애도, 엄숙함을 상징하여 장례식 복장이나 영구차에 쓰인다.

더 알아보기

백기 투항(白旗投降)이라는 사자성어를 기억하면 쉽다. 하얀 깃발은 "나는 무기(색)가 없다, 깨끗하다."라는 뜻으로 항복을 의미한다.

22 ②

렌더링(Rendering)은 '완성 예상도'라고 한다. 제품의 형태뿐만 아니라 재질감(Texture), 색채, 빛과 그림자 등을 사실적으로 표현하여, 실제 제품이 만들어지기 전에 완성된 모습을 사진처럼 미리 보여주는 2D 또는 3D 그림을 말한다.

오답 피하기

- ① 스케치(Sketch) : 아이디어 발상 초기 단계에 연필 등으로 간략하고 빠르게 그리는 그림이다.
- ③ 모델링(Modeling) : 점토, 나무, 3D 프로그램 등을 이용해 실제와 같은 입체물을 만드는 작업이다(렌더링은 그림, 모델링은 덩어리).
- ④ 도면(Drafting) : 제품의 치수, 구조, 조립 방법 등을 기호와 선으로 정확하게 표시한 설계도이다.

더 알아보기

디자인 진행 순서
[아이디어] 스케치(대충 그림) → [설득] 렌더링(진짜 같은 그림) → [설계] 도면(치수) → [시제품] 모델링(입체)

23 ①

바이오닉 디자인(Bionic Design)은 생물학(Biology)과 전자공학(Electronics)의 합성어에서 유래했다. 물고기의 유선형을 본뜬 잠수함, 새의 날개를 본뜬 비행기처럼 자연 생물의 구조와 원리를 모방하여 만드는 디자인이다.

오답 피하기

- ② 에코 디자인(Eco Design) : 환경 오염을 줄이고 재활용을 고려한 친환경 디자인이다.
- ③ 유니버설 디자인(Universal Design) : 모든 사람이 쓰기 편한 보편적 디자인이다.
- ④ 버내큘러 디자인(Vernacular Design) : 특정 지역의 풍토에 맞는 토속적 디자인이다.

24 ②

광고의 주목적은 제품을 사게 하거나 캠페인에 참여하게 만드는 것이다. 이처럼 수용자의 태도나 행동을 변화시키도록 유도하는 것을 설득적 기능이라고 한다.

오답 피하기

- ① 지시적 기능 : 화살표, 신호등처럼 방향이나 정보를 정확히 가리키는 기능이다.
- ③ 상징적 기능 : 로고처럼 대상을 함축적으로 나타내는 기능이다.
- ④ 기록적 기능 : 사진, 책처럼 정보를 보존하는 기능이다.

25 ②

디자인 업무에서 스크랩은 단순한 수집 취미가 아니라 기획의 근거 자료이다. 따라서 기획된 '콘셉트(주제)'와 '타겟'에 정확히 부합하는지(Best Fit)를 기준으로 냉정하게 선별(Selection)해야 한다. 콘셉트에 맞지 않는 자료는 과감히 삭제해야 한다.

오답 피하기

- ① : 목적 없는 자료의 무작위 수집은 정보의 가치를 떨어뜨리는 '노이즈'가 된다.
- ③ : 저작권 문제 해결 및 자료의 신뢰도 확보를 위해 출처(Source) 기록은 필수이다.
- ④ : 수집과 동시에 폴더별로 바로 분류(Sorting)해야 나중에 활용할 때 효율적이다.

26 ④

기획은 아이디어를 내고 방향을 잡는 포괄적이고 추상적인 '행위'이다. 반면, 계획은 기획의 결과물로서 실행 방법, 차례, 규모 등 구체적인 내용을 담고 있는 문서나 내용이다. 따라서 기획이 계획보다 추상적이고 포괄적인 개념을 다루므로, 옳지 않은 설명이다.

오답 피하기

- ① 기획(What) : 아이디어를 구상하고 목표를 정하는 방향성 설정이 핵심이다.
- ② 계획(How) : 목표가 정해지면 이를 실현하기 위한 구체적인 방법과 차례를 작성한다.
- ③ 기획(행위) : 기획은 목적 달성을 위해 아이디어를 내고 구상하는 능동적인 과정 자체를 의미한다.

더 알아보기

- 기획(Planning) : 우리 뭘 할까?(방향/아이디어, 추상적)
- 계획(Plan) : 그래서 어떻게 할 건데?(실행/예산, 구체적)

27 ③

저채도는 회색이 섞인 탁한 색이다. 따라서 차분하고, 수수하며, 안정적인 느낌을 준다. 반대로 화려하고 활기찬 느낌은 순색에 가까운 고채도(vivid) 배색의 특징이다.

오답 피하기

- ① 소박하고 수수하다. : 색의 강도가 약해서 편안한 느낌을 준다.
- ② 차분하고 침착하다. : 자극이 적어 안정감을 준다.
- ④ 성숙하고 우아하다. : 원색의 유치함이 없는 세련된 느낌을 준다.

28 ③

배색의 제1조건은 '목적과 기능'이다. 병원은 안정감(기능), 유치원은 즐거움(기능) 등 그 공간이나 제품이 존재하는 이유(목적)에 맞는 색을 쓰는 것이 가장 중요하다.

오답 피하기

- ① 최신 유행 스타일 : 고려해야 하지만 목적보다 앞설 수 없다.
- ② 디자이너의 개인 취향 : 가장 피해야 할 주관적인 요소이다.
- ④ 심미적인 아름다움 : 예쁜 것도 중요하지만, 기능이 우선이다(예 예쁘지만 눈 아픈 표지판은 탈락).

29 ①

미국의 물리학자 오그던 루드(Rood)는 저서 『현대 색채학』에서 '자연계의 색채 배열이 가장 완벽한 조화의 모델'이라고 주장했다. 그는 빛에 의해 생기는 자연스러운 명암 변화나 유사한 색상들의 어우러짐을 조화의 기준으로 삼았으며, 이는 인상주의 화가들이 빛을 탐구하는 데 이론적 근거가 되었다.

오답 피하기

- ② 파버 비렌(Faber Birren) : 색채를 7가지 요소(C, W, B, T, S, To, Gy)로 나누어 실용적인 조화론(색삼각형)을 펼쳤다.
- ③ 아이작 뉴턴(Isaac Newton) : 프리즘 실험을 통해 빛을 과학적으로 분석(분광)했다.
- ④ 요한 볼프강 폰 괴테(J.W. von Goethe) : 『색채론』을 통해 색채를 물리적 현상이 아닌 인간의 감각적, 심리적 체험으로 접근했다.

더 알아보기

학자별 핵심 키워드 매칭
- 루드 = 자연(Nature)
- 오스트발트 = 질서(Order)
- 문 - 스펜서 = 수학/미도(Math)
- 쉐브럴 = 대비(Contrast)

30 ③

경영색(Mirrored Color)은 거울 경(鏡) 자를 쓴다. 거울이나 광택이 있는 금속처럼 매끄러운 표면에 주변 환경이 반사되어 비치는 현상을 말한다. 표면 자체의 색보다는 비친 상의 색이 지각되는 것이 특징이다.

오답 피하기

- ① 면색(Film Color) : 하늘처럼 거리감이나 질감이 없는 색이다.
- ② 투명면색(Transparent Film Color) : 색안경을 통해 세상을 볼 때처럼 투명한 막을 통해 느끼는 색이다.
- ④ 공간색(Volume Color) : 투명한 물체(유리병) 내부의 꽉 찬 부피감이 느껴지는 색이다.

더 알아보기

경(Mirror)영색 = 거울색

31 ②

국기에서 파랑(Blue)은 하늘과 바다의 색으로, 전 세계적으로 자유, 평화, 정직, 진실, 희망을 상징하는 경우가 가장 많다.

오답 피하기

- ① 빨강 : 혁명, 피, 용기, 박애(프랑스)
- ③ 노랑 : 광명, 금, 부, 곡식
- ④ 검정 : 대지, 굳건함, 암흑기의 극복

32 ①

베졸트 - 브뤼케 현상은 빛의 강도(밝기)가 변할 때, 파장은 그대로인데 우리 눈에 보이는 색상(Hue)이 다르게 지각되는 현상이다. 빛이 세지면 대부분의 색이 노랑이나 파랑 쪽으로 기울어 보인다.

오답 피하기

- ② : 애브니 효과는 채도 변화에 따른 색상 변화이다.
- ③ : 베졸트 효과(동화)는 베졸트 - 브뤼케 현상과 이름은 비슷하지만, 혼색(동화) 현상이다.
- ④ : 푸르킨예 현상은 박명시의 시감도 이동 현상이다.

33 ③

야수파(마티스 등)는 튜브에서 짠 물감을 섞지 않고 그대로 바른 듯한 강렬한 원색(vivid Color)을 사용했다. 그들의 그림은 마치 야수가 울부짖는 것처럼 색채가 폭발적이고 강렬하다 하여 야수파라 불렸다.

오답 피하기

- ① 파스텔 톤 : 로코코나 아르누보의 부드러운 색조이다.
- ② 무채색 : 데스틸이나 미니멀리즘에서 주로 쓰였다.
- ④ 저채도 색 : 차분하고 탁한 색으로 야수파의 강렬함과는 거리가 멀다.

34 ③

미니멀리즘은 '최소한의 예술'이다. 사물의 본질만 남기기 위해 장식은 물론 작가의 주관적인 감정이나 개성 표현까지도 철저히 배제(냉담함)했다. 기계적으로 보일 만큼 차갑고 단순한 것이 특징이다. "감정을 풍부하게 드러낸다."라는 특징은 표현주의나 낭만주의에 해당한다.

오답 피하기

①, ②, ④ : 미니멀리즘의 핵심 특징(단순성, 반복, 비개성, 공업 재료)을 정확히 설명하고 있다.

더 알아보기

미니멀리즘 = Cool(차가움) & Simple(단순함)

35 ③

배색 의도서는 디자이너와 클라이언트 간의 정확한 정보 전달을 목적으로 한다. 오해의 소지가 있는 관용색명 대신, 국가 표준인 KS 계통색명(예 연한 파랑)이나 먼셀 기호(예 5B 8/4)를 사용하여 누구나 똑같은 색을 떠올릴 수 있게 표기해야 한다.

36 ③

강조색(포인트 컬러)은 전체 면적 중 아주 작은 비중(5~10%)을 차지하지만, 주조색과 반대되는 색이나 고채도 색을 사용하여 시선을 끌고(Eye - catching) 지루한 배색에 활력을 불어넣는 역할을 한다.

오답 피하기

- ① : 주조색의 역할이다.
- ② : 보조색의 역할(유사 조화 시)이다.
- ④ : 분리색(Separation)의 역할이다.

37 ③

경쾌한 이미지는 활동적이고 에너지가 넘치며 율동감이 있어야 한다. 이를 표현하기 위해서는 색의 에너지가 가장 강한 고채도(vivid, bright) 톤을 사용하고, 색상 간의 차이(대비)를 크게 주어 리듬감을 살려야 한다.

오답 피하기

- ①, ④ : 차분하고 정적이며 무거운 이미지이다.
- ② : 귀여운 이미지에 가깝다.

38 ③

계통색명(일반색명)은 학술적이고 공업적인 정확성을 위해 만들어진 이름이다. 색의 속성을 나타내는 수식어(형용사)를 기본 색명 앞에 붙여 부른다(예 '선명한(톤) 빨강(색상)', '어두운(톤) 회색(명도)').

오답 피하기

①, ②, ④ : 모두 관용색명의 특징이다. 관용색명은 친숙하지만 부정확하고 계통색명은 딱딱하지만 정확하다.

39 ③

먼셀 색입체를 세로(수직)로 자르면, 중심의 무채색 축(N)을 기준으로 양쪽 날개에 서로 마주 보는 보색 관계의 두 색상(예 5R과 5BG)이 나타난다. 이 단면에서는 동일 색상 내에서 위아래(명도)와 좌우(채도)가 어떻게 변하는지 한눈에 볼 수 있다.

오답 피하기

- ① 수평 절단 : 가로로 잘라야 같은 명도끼리 보인다(등명도면).
- ④ 수평 절단/위에서 봄 : 위에서 내려다봐야 색상환이 보인다.

40 ②

미용디자인은 인체를 직접 대상으로 하기 때문에 단순히 아름다움(심미성)만 추구해서는 안 된다. 반드시 보건 위생상의 안전, 기능성, 그리고 사회 활동에 도움이 되는지 여부를 종합적으로 고려해야 한다. 예쁘지만 피부를 망치는 메이크업이나, 일상생활이 불가능한 네일아트는 올바른 디자인이 아니다.

오답 피하기

- ① : 미용디자인의 정의에 정확히 부합한다. 트렌드(유행)와 개인의 니즈를 모두 잡아야 한다.
- ③ : 미용디자인의 범위는 얼굴뿐만 아니라 헤어, 손톱(네일), 전신 피부(스킨케어)까지 포괄한다.
- ④ : 퍼스널 컬러의 핵심은 '타고난 신체색(Body Color)'을 분석하여 조화를 이루는 색을 찾는 것이다.

41 ③

CIE L*C*h*에서 h는 hue angle의 약자로, 색상환에서의 각도를 의미한다(0도＝빨강, 90도＝노랑 등).

오답 피하기

- ① L : 명도(Lightness)이다.
- ② C : 채도(Chroma, 중심에서의 거리)이다.
- ④ 색차 : 보통 Delta E(ΔE*) 등으로 표현한다.

더 알아보기

L*a*b*는 직교좌표(가로세로 바둑판)라면, L*C*h*는 극좌표(동그라미)이다. h는 각도기처럼 색을 잰다고 생각하면 된다.

42 ①

맥스웰은 회전판(맥스웰의 원판)을 돌려 빛의 혼합(가법 혼색) 원리를 물리학적으로 증명하고, 이를 바탕으로 색채 3각 좌표계를 창안했다.

오답 피하기

- ② 반대색설 : 헤링의 업적이다.
- ③ 7색 분해 : 뉴턴의 업적이다.
- ④ 조화론 : 쉐브럴이 『색채 조화와 대비의 원리』를 발표했다.

더 알아보기

맥스웰은 '커피'가 아니라 '팽이(회전판)'이다. 팽이를 돌려 혼색을 증명했다는 점을 꼭 기억해야 한다.

43 ②

진주 광택 안료는 운모(Mica) 표면에 이산화티타늄을 코팅한 것으로, 얇은 막에서 일어나는 빛의 간섭(Interference) 현상을 이용하여 보는 각도에 따라 색이 변하는 신비한 펄감을 낸다.

오답 피하기

- ① 빛의 산란 : 하늘이 파란 이유(입자에 부딪혀 흩어짐)이다.
- ③ 빛의 흡수 : 일반적인 물체색의 원리이다.

더 알아보기

진주, 비누거품, 기름막의 무지개색은 모두 '간섭'이다. 얇은 막 층층이 빛이 반사되면서 서로 간섭해서 색이 나온다.

44 ③

금속의 불꽃 반응 색상에서 칼슘(Ca)은 주황색(오렌지~빨강)을 띤다.

오답 피하기

- ① 나트륨(Na) : 노란색(가로등 색깔)
- ② 리튬(Li) : 빨간색(진홍색)
- ④ 구리(Cu) : 청록색

45 ③

CIEDE2000(ΔE$_{00}$)은 기존 CIE L*a*b* 색차식이 인간의 눈으로 느끼는 차이와 수치적 차이가 일치하지 않는 문제점을 보완하기 위해 개발되었다. 명도, 채도, 색상에 대한 가중치 함수와 회전항을 추가하여 인간의 감각과 가장 유사하게 만든 최신 표준 색차식이다.

오답 피하기

- ① CIE 1976 L*a*b* : 가장 대중적이지만 시감과 오차가 있어 이를 보완한 것이 CIEDE2000이다.
- ② CMC(l:c) : 섬유 업계에서 주로 쓰이는 식이다.
- ④ Hunter L*a*b* : 과거에 도장 업계에서 쓰이던 구형 식이다.

더 알아보기

가장 최신이고 이름이 가장 복잡하고, 2,000이라는 숫자가 붙은 것이 정답이다.

46 ②

10° 시야(CIE 1964)는 팔을 뻗었을 때 손바닥 크기 정도의 시야각으로, 색채를 볼 때 중심 시야뿐만 아니라 주변 시야까지 포함하는 넓은 시야를 의미한다. 산업 현장의 물체색 측정은 대부분 면적이 넓으므로 10° 시야를 표준으로 많이 사용한다.

오답 피하기

- ① : 2° 시야(CIE 1931)는 엄지손톱만 한 좁은 시야이다. 작은 물체용이다.
- ③ : 색판이 커지면(시야각이 넓어지면) 시각적으로 명도는 높게(밝게), 채도는 약간 낮게 느껴지는 경향이 있다.
- ④ : 작은 물체는 2° 시야가 더 정확하다.

더 알아보기

- 2°＝좁다(옛날 거, 1931)
- 10°＝넓다(요즘 거, 1964)

면적 효과(Area Effect) 때문에 큰 색이 더 환해(밝아) 보인다는 점도 꼭 기억해야 한다. 10° 시야 데이터의 명도(L) 값이 보통 더 높게 나온다.

47 ③

도료(페인트)는 안료와 전색제로 구성된다. 안료 입자가 겹치는 부분은 감법 혼색, 입자가 나란히 배열되어 눈에 들어오는 부분은 병치 혼색의 원리가 작용한다. 이렇게 두 가지 이상의 원리가 작용하는 것을 복합적인 혼색으로 본다.

오답 피하기

- ① 투명 플라스틱 : 빛이 투과되면서 색이 걸러지므로 감법 혼색(필터 효과)이다.
- ② 직물의 직조 : 색실이 교차하여 공간적으로 섞여 보이므로 병치 혼색이다(염색은 감법 혼색).
- ④ 컬러 TV : 빛을 내는 RGB 화소가 조밀하게 배열되어 있으므로 병치 가법 혼색이다.

도료(페인트)는 단순히 '감법 혼색'으로만 정의하기엔 구조가 복잡하다. 시험에서 도료의 혼색 원리를 물으면 "감법 혼색+병치 혼색"이 함께 있는 보기를 찾아야 정답이다. 이를 전문 용어로 '불투명 매체에서의 혼색'이라고도 한다.

48 ③

저가형 물감은 단가를 낮추기 위해 색을 내지 않는 싼 가루인 증량제(Extender/Filler, 예 탄산칼슘)를 많이 섞는다. 이 증량제 성분이 건조 과정에서 빛을 난반사시켜 색을 희뿌옇게(백탁) 만들고 채도를 떨어뜨리는 주범이다.

- ① : 입자가 작고 고를수록 오히려 발색이 선명해진다.
- ② : 고가의 유기 안료는 발색과 투명도가 우수하여 백탁 현상을 일으키지 않는다.
- ④ : 전색제가 부족하면 안료가 묻어나거나 갈라질 수는 있어도 백탁의 직접적 원인은 아니다.

49 ②

CIE L*a*b* 색공간은 색차를 3차원 공간상의 단순한 직선 거리(유클리드 거리)로 계산한다. 따라서 허용 범위가 중심에서 모든 방향으로 거리가 일정한 '구(Sphere)' 형태를 띤다. 하지만 인간의 눈은 타원형으로 색차를 느끼기 때문에 시각적 불균일성이 존재한다는 단점이 있다.

① 타원체(Ellipsoid) : 인간의 시각 특성(맥아덤의 타원)을 반영하여 개량된 CMC, CIE94, CIEDE2000 등의 발전된 식들이 타원형 범위를 가진다.

50 ②

채도가 높은(강한) 색을 먼저 보면 망막의 시세포가 강한 자극을 받아 피로해지고 보색 잔상이 강하게 남는다. 이 상태로 연한 색을 보면 색을 제대로 판별할 수 없다. 따라서 자극이 적은 연한 색(저채도/밝은 색)부터 먼저 검사하고, 진한 색을 나중에 해야 한다.

①, ③, ④ : 모두 눈의 컨디션을 최상으로 유지하고 색 간섭을 막기 위한 올바른 육안 검색 수칙이다.

51 ②

백열등(3,000K) 아래서 사진을 찍으면 색온도가 낮아 붉게 나온다. 이때는 색온도를 높여주는(Cooling) 역할을 하는 파란색, 즉 블루(Blue) 계열 필터를 사용하여 붉은기를 상쇄시켜야 하얀색이 하얀색으로 나온다.

- ① 앰버 필터 : 흐린 날처럼 푸른빛(고온)이 강할 때, 따뜻하게(Warming) 만들기 위해 쓴다.
- ③, ④ : 색온도 보정용이 아니라 광량 조절이나 반사 제거용이다.

- 붉으면(Red) → 파랑(Blue)으로 식혀주고,
- 푸르면(Blue) → 주황(Amber)으로 데워준다.

52 ②

CIE L*a*b* 색공간에서 a* 축은 빨강(+a*)과 초록(−a*)의 대립 관계이다. a*값을 내린다(Decrease)는 것은 수치를 마이너스 방향, 즉 초록(Green) 쪽으로 이동시킨다는 의미이다. 따라서 붉은 기운을 내리기 위해서는 보색인 초록색 안료를 추가해야 한다.

- ① Red : a*값을 올릴 때(+방향으로 이동) 추가한다.
- ③ Yellow : b*값을 올릴 때(+방향, 노랑) 추가한다.
- ④ Blue : b*값을 내릴 때(−방향, 파랑) 추가한다.

이 공식만 외우면 L*a*b* 문제는 끝이다.
- +a*(Red) ↔ −a*(Green)
- +b*(Yellow) ↔ −b*(Blue)
수치를 내리려면(−) 그 방향의 색(Green/Blue)을 넣고, 올리려면(+) 그 방향의 색(Red/Yellow)을 넣으면 된다.

53 ③

클리어 코팅은 말 그대로 '투명한(Clear)' 막을 입히는 공정이다. 투명하기 때문에 밑색을 가리는 은폐력(Hiding Power)은 전혀 없다. 은폐력은 안료가 포함된 베이스 코트(Base Coat)나 중도 도료의 역할이다.

- ① 평활도 향상 : 거친 베이스 코트 표면을 매끄럽게 메워준다.
- ② 내구성 증대 : 자외선 차단제(UVA) 등을 첨가하여 하도 도막의 변색을 막고 스크래치를 방지한다.
- ④ 선명도 향상 : 표면 난반사를 줄이고 정반사를 유도하여 색을 깊고 선명하게(Wet Look) 만든다.

54 ②

아노다이징(Anodizing)은 금속 표면 자체를 산화시켜 투명하고 단단한 세라믹 피막을 만드는 것이라, 금속 본연의 질감(메탈 룩)을 그대로 유지하면서도 표면 경도와 내식성을 획기적으로 높여준다.

- ① 소부 도장(Baking Paint) : 액체 페인트를 칠하고 굽는 방식으로 두께감이 생긴다.
- ③ 분체 도장(Powder Coating) : 가루 페인트를 입혀 녹이는 방식으로 도막이 매우 두껍게 형성되어 금속 질감이 사라진다.
- ④ 전착 도장(Electrodeposition) : 전기를 이용해 도료를 입히는 방식으로 주로 자동차 하도(녹 방지)에 쓰인다.

- "금속 쌩얼 미인" = 아노다이징(피부 자체를 강화함)
- "화장 떡칠" = 도장(피부 위에 덮어씌움)
알루미늄의 고급스러운 쌩얼 질감을 살리려면 아노다이징이 유일한 정답이다.

55 ②

분광식 측색기는 정밀한 색채 값을 산출해야 하므로 성능 기준이 매우 엄격하다. 파장의 불확도는 1nm 이내의 정확도를 유지해야 하며, 분광 반사율(또는 투과율)의 측정 불확도는 최대치의 0.5% 이내여야 한다(재현성은 0.2% 이내).

- ① : 100nm는 너무 넓다. 가시광선 영역(380~780nm)을 5nm 또는 10nm 간격으로 세밀하게 측정해야 한다.
- ③ : 필터 방식에 대한 설명이다. 분광식은 파장별 반사율을 측정하므로 조건등색(Metamerism)을 정확히 분석하고 해결할 수 있다.
- ④ : 현존하는 장비 중 가장 정밀하므로 CCM(자동배색장치)의 필수 장비로 사용된다.

분광식 측색기 핵심 암기 수치
- 파장 간격 : 5nm 또는 10nm(세밀함)
- 파장 불확도 : 1nm 이내(정확함)
- 반사율 불확도 : 0.5% 이내(오차 적음)
- 재현성 : 0.2% 이내(반복해도 같음)

56 ①

많은 소재(종이, 섬유, 가죽 등)는 수분을 흡수하면 색이 진해지고, 건조하면 연해진다. 또한 온도에 따라 색이 변하기도 한다. 따라서 측정 전에 규정된 대기 상태(항온항습)에 시료를 충분히 두어 수분 함량과 온도를 평형 상태(안정화)로 만드는 전처리 과정을 조항(Conditioning)이라고 한다.

오답 피하기
- ② 교정(Calibration) : 기기의 기준(0점, 100점)을 잡는 절차이다.
- ③ 조색(Matching) : 목표색을 맞추기 위해 색료를 배합하는 작업이다.
- ④ 검사(Inspection) : 제품의 합격/불합격을 판정하는 행위이다.

더 알아보기
환경 변화에 민감한 소재일수록 조항 과정은 필수이다. 갓 생산되어 뜨거운 시료나, 습기 찬 창고에서 가져온 시료를 바로 측정하면 데이터 신뢰도가 떨어진다.

57 ②

이방성(Anisotropy) 또는 Gonio-apparent는 관찰하는 방향(각도)에 따라 색채 특성이 변하는 성질을 말한다. 자동차 도료의 '플립-플롭(Flip-Flop)' 현상이 대표적인 예이며, 이를 측정하기 위해서는 다각도 측색기가 필요하다.

오답 피하기
- ① 연색성(Color Rendering) : 조명이 물체의 색을 재현하는 능력이다.
- ③ 다색성(Pleochroism) : 보석 광물학에서 결정축에 따라 색이 다르게 보이는 현상을 주로 말한다.
- ④ 형광성(Fluorescence) : 자외선을 흡수하여 가시광선을 방출하는 성질이다.

더 알아보기
'다를 이(異), 방향 방(方)'. 방향에 따라 다르다는 뜻이다. 일반 페인트는 어느 방향에서 봐도 색이 같은 '등방성'이지만, 메탈릭은 '이방성'이다.

58 ②

한도 견본은 "이 정도 색차까지는 합격으로 인정하겠다."라는 품질의 하한선과 상한선(허용 범위)을 실물로 보여주는 견본이다. 이를 통해 검사자 간의 판정 시비를 줄일 수 있다.

오답 피하기
- ① 표준 견본(Standard) : 조색의 목표가 되는 가장 이상적인 중심 색상이다.
- ③ 원색 견본 : 조색에 사용되는 단일 안료의 색상을 보여주는 칩이다.

더 알아보기
수치(ΔE*)만으로는 감이 안 올 때가 있다. "이거 조금 붉은데 합격줘도 되나?" 싶을 때 한도 견본(Limit Sample)을 대보고 "이것보다 덜 붉으니 통과!"라고 판정하는 기준이 된다.

59 ②

도료의 레벨링(Leveling, 평탄화) 성질이 부족하면 도막 표면에 요철이 남게 되는데, 그 모양이 귤(Orange) 껍질과 같다고 하여 '오렌지 필'이라고 부른다. 광택과 선명도를 떨어뜨리는 주원인이다.

오답 피하기
- ① 백화(Blushing) : 습기 때문에 표면이 하얗게 흐려지는 현상이다.
- ③ 핀홀(Pinhole) : 기포가 빠져나간 바늘구멍 자국이다.
- ④ 흐름(Sagging) : 도료를 너무 많이 뿌려 중력에 의해 흘러내린 자국이다.

60 ③

헤이즈(Haze)는 광택이 높은 표면에서 정반사광 주변으로 빛이 산란되어, 마치 안개(Haze)나 구름이 낀 것처럼 뿌옇게 보이는 현상을 말한다. 주로 안료 입자가 제대로 분산되지 않았거나 미세한 표면 결함 때문에 발생하며, 이미지 선명도(DOI)를 떨어뜨리는 주원인이다.

오답 피하기
- ① 핀홀(Pinhole) : 도막에 바늘구멍 같은 작은 구멍이 생기는 현상이다.
- ② 크래킹(Cracking) : 도막이 갈라지거나 터지는 현상이다.
- ④ 새깅(Sagging) : 도료가 수직면에서 흘러내리는(흐름) 현상이다.

61 ②

입력 장치(카메라, 스캐너)가 색을 얼마나 정확하게 읽어 들이는지 테스트하고 프로파일을 만들기 위해 사용하는 국제 표준 차트는 IT8 차트이다(IT8.7/1, IT8.7/2 등). 이 차트에는 CIE L*a*b*값을 알고 있는 수백 개의 컬러 패치가 인쇄되어 있다.

오답 피하기
- ① ISO 12642 차트 : 이것은 프린터 같은 출력 장치의 프로파일을 만들 때 쓰는 차트이다(입력용이 아님).
- ③, ④ : 먼셀과 PCCS는 일반적인 색채 교육이나 배색용 도구이며, 디지털 장비 교정용 표준 차트는 아니다.

62 ③

PCS(Profile Connection Space)는 장비의 특성을 타지 않는 중립적인 기준이어야 한다. 따라서 특정 모니터나 프린터에 종속되지 않고, 인간의 눈을 기준으로 만들어진 디바이스 독립 색체계인 CIE L*a*b*(또는 CIE XYZ)가 PCS로 사용된다.

오답 피하기
- ① sRGB : 모니터 특성을 타는 종속 색체계이다.
- ② CMYK : 잉크 특성을 타는 종속 색체계이다.
- ④ HSV : 구현 매체에 따라 달라지는 종속 색체계이다.

63 ④

절대 색도계(Absolute)는 입력 데이터의 흰색(White)을 출력 용지의 흰색으로 억지로 맞추지 않고, 원본의 색 값을 그대로 유지한다. 그 결과, 모니터 화면에 누런 종이 색깔까지 그대로 표현되므로, 최종 인쇄물이 어떻게 보일지 미리 확인하는 교정(Proofing) 용도로 사용된다.

오답 피하기
- ③ 상대 색도계 : 흰색을 종이의 흰색에 맞춰버리기 때문에, 종이 색에 의한 색 왜곡을 미리 보기 어렵다(일반 인쇄 표준).

64 ②

웹 안전 컬러 코드는 RGB 값을 6등분한 숫자인 00, 33, 66, 99, CC, FF의 6가지 숫자 쌍으로만 이루어져야 한다. #CC3399를 보면, CC, 33, 99 모두 위에서 말한 6가지 숫자(족보)에 포함되므로 웹 안전 컬러가 맞다.

오답 피하기

- ① 05, 12 : 웹 안전 컬러 숫자가 아니다.
- ③ AB, 12, CD : 웹 안전 컬러 숫자가 아니다.
- ④ F2 : 웹 안전 컬러 숫자가 아니다.

더 알아보기

"0, 3, 6, 9, C, F" 이 6개의 글자가 두 번씩 반복되는 코드(예 00, 33…)가 정답이다.

65 ②

색역의 한계를 설명하는 두 가지 중요 이론이 있다.

- 포인터(Pointer) 영역 : 실제 우리가 쓰는 물감, 잉크, 안료(색료)로 만들 수 있는 색의 물리적 한계를 뜻한다.
- 맥아담(MacAdam) 영역 : 인간의 눈이 색을 구별하는 지각적(식별) 한계를 뜻한다.

오답 피하기

- ① 맥아담(MacAdam) : 인간 눈의 식별 능력 한계이다.
- ③ 베지에(Bézier) : 벡터 곡선을 그리는 수학적 방식이다.

66 ③

ISO 3664 조도 기준은 상황에 따라 다르다. 인쇄소에서 갓 나온 인쇄물과 원본 데이터를 비교하는 정밀 비교(Critical Comparison) 작업은 미세한 색 차이를 찾아내야 하므로 아주 밝은 빛이 필요하다. 국제 표준은 2,000 Lux를 규정하고 있다.

오답 피하기

① 500 Lux : 일반적인 사무실 환경이나 최종 소비자가 인쇄물을 보는 실무 평가(Practical Appraisal) 기준이다.

67 ①

PNG는 비손실 압축(화질 손상 없음)을 하기 때문에 데이터 용량이 크다. 반면 JPEG는 사람 눈에 잘 안 보이는 정보를 버리는 손실 압축을 하여 용량을 획기적으로 줄인다. 따라서 색상이 복잡한 사진을 저장할 때, PNG는 JPEG보다 파일 크기가 훨씬 커진다. 사진 저장 효율(용량 대비 화질)은 JPEG가 더 유리하다(PNG는 문자, 로고, 그래픽에 유리함).

오답 피하기

②, ③, ④ : PNG가 가진 강력한 장점들이다. 특히 '투명 배경'과 '비손실'은 PNG의 아이덴티티이다.

68 ④

디렉셔널(Directional) 라이트는 '직사광'이라고도 한다. 광원이 무한히 먼 곳에 있다고 가정하기 때문에, 거리에 따른 빛의 감쇠가 없고 빛줄기가 모두 평행하다. 지구상의 모든 물체에 평행한 그림자를 만드는 태양광 시뮬레이션에 가장 적합하다.

오답 피하기

- ① 옴니 라이트 : 광원과 가까운 곳은 밝고 멀면 어두워지며, 그림자가 방사형으로 퍼진다.
- ② 스폿 라이트 : 빛이 원뿔 모양으로 퍼지며 거리에 따라 어두워진다.
- ③ 앰비언트 라이트 : 그림자 자체가 생기지 않는다.

69 ②

우리가 "이 사과는 빨간색이다.", "이 칠판은 초록이다."라고 인지하는 것은, 그 물체가 특정 파장을 난반사하기 때문이다. 이처럼 조명을 받았을 때 보이는 물체 표면의 가장 넓은 면적을 차지하는 기본 바탕 색상을 디퓨즈(Diffuse) 컬러라고 한다.

오답 피하기

- ① 스펙큘러(Specular) : 빛이 정반사되어 생기는 가장 밝은 하이라이트(반사광)의 색상이다.
- ③ 앰비언트(Ambient) : 빛을 직접 받지 못하는 어두운 그림자 부분의 색상이다.
- ④ 오파시티(Opacity) : 물체의 투명한 정도를 나타내는 속성이다.

더 알아보기

"디퓨즈(Diffuse)는 디폴트(Default, 기본)다." : 물체의 '본래 색'을 물으면 무조건 디퓨즈이다.

70 ③

컴퓨터 내부의 숫자 데이터(모델링 형태, 조명 위치, 재질값 등)를 계산(연산)하여, 우리 눈에 보이는 완성된 그림(JPG, PNG 등)으로 출력해 내는 최종 단계를 렌더링(Rendering)이라고 한다.

오답 피하기

- ① 모델링(Modeling) : 물체의 형태(뼈대)를 만드는 과정이다.
- ② 매핑(Mapping) : 물체 표면에 색이나 무늬를 입히는 과정이다.
- ④ 애니메이션(Animation) : 물체에 움직임을 부여하는 과정이다.

더 알아보기

모델링(뼈) → 매핑(살/피부) → 렌더링(사진 촬영)

71 ①

3차원 공간에서 앞에 있는 물체에 가려져 보이지 않아야 할 뒷면(Hidden Surface, 은면)을 컴퓨터가 계산해서 지워주지 않으면, 뒤쪽 선이 다 비쳐서 입체감이 깨진다. 이 가려진 면을 제거하여 올바른 입체를 보여주는 기술을 은면 제거라고 하며, 대표적으로 Z-버퍼(Z-Buffer) 알고리즘이 쓰인다.

오답 피하기

- ② 안티 앨리어싱 : 비트맵 이미지의 거친 계단 현상을 부드럽게 만드는 기술이다.
- ③ 텍스처 매핑 : 표면에 이미지를 입히는 기술이다.
- ④ 모션 블러 : 빠르게 움직이는 물체의 잔상을 표현하는 기술이다.

72 ③

RAW 파일은 센서의 원본 데이터를 '가공 없이' 저장하므로, 손실 압축을 하는 JPEG 파일보다 용량이 훨씬 크다. 따라서 '파일 용량이 작다'라는 설명은 옳지 않다.

오답 피하기

①, ②, ④ : 모두 RAW 파일의 장점이자 올바른 특성이다.

더 알아보기

RAW는 '원본 데이터 보존'이 목적이다. 용량을 줄이는 것이 목적이 아니다. 용량을 줄이는 것은 JPEG이다.

73 ②

디지타이저(Digitizer)는 좌표(위치 정보)를 읽어서 디지털 형태로 변환해 주는 장치이다. 넓은 평면 위에 펜이나 커서를 사용해 도면이나 도형의 절대 좌표를 입력하는 데 주로 사용된다.

오답 피하기

- ① 스캐너(Scanner) : 이미지(명암, 색상)를 읽는 장치이다.
- ③ 필름 레코더(Film Recorder) : 컴퓨터 그래픽을 다시 필름에 출력(레코딩)하는 출력 장치이다.
- ④ A/D 컨버터(Analog to Digital Converter) : 신호 변환 장치이다.

더 알아보기

'좌표, 도면, 태블릿'이라는 키워드가 나오면 디지타이저를 찍으면 된다. 마우스(상대 좌표)와 달리 디지타이저는 절대 좌표를 사용한다.

74 ①

서멀 버블(Thermal Bubble) 방식은 'Thermal(열)'을 이용해 잉크를 끓여 'Bubble(기포)'을 만들고, 이 기포의 팽창하는 힘으로 잉크를 뿜어낸다.

오답 피하기

- ② : 피에조는 물리적인 압력(진동)을 사용한다.
- ③ : 드롭 온 디맨드는 '필요할 때만 잉크를 분사하는' 총칭 방식이다.

더 알아보기

기포(Thermal Bubble)＝뜨겁다(Hot)

75 ②

노광(Exposing)은 '빛을 노출시킨다'라는 뜻으로, 컴퓨터 데이터에 따라 레이저 광선을 드럼에 쏘아 잠상(밑그림)을 형성하는 단계이다.

오답 피하기

- ① 대전(Charging) : 드럼에 정전기를 입히는 단계이다.
- ③ 현상(Developing) : 잠상에 토너 가루를 묻히는 단계이다.
- ④ 전사(Transferring) : 이미지/색층을 다른 소재로 옮겨 붙이는 단계이다.

더 알아보기

5단계 순서 : 대.노.현.전.정

76 ③

모니터와 프린터는 색을 만드는 태생부터가 다르다.

- 모니터 : 빛을 섞는 가법 혼색(RGB) 방식을 사용하며, 색역(표현 범위)이 넓다.
- 프린터 : 잉크를 섞는 감법 혼색(CMYK) 방식을 사용하며, 색역이 모니터보다 좁다.

서로 다른 혼색 방식 때문에 모니터에서 보이는 형광빛이나 쨍한 색상을 잉크로는 100% 똑같이 재현할 수 없는 것이 색역 불일치의 가장 큰 이유이다.

오답 피하기

- ① : 해상도는 이미지의 선명도(거칠기)에 영향을 줄 뿐, 색감 자체가 달라지는 근본 원인은 아니다.
- ②, ④ : 조명이나 종이 재질도 색에 영향을 주는 변수(Variable)이긴 하지만, 시스템적인 '근본 원인'을 묻는다면 혼색 방식의 차이가 정답이다.

더 알아보기

모니터는 '빛', 프린터는 '물감'

- 모니터(RGB) : 빛으로 쏘니까 눈이 부시고 쨍하다(색역이 넓음).
- 프린터(CMYK) : 물감(잉크)을 칠하니까 빛을 흡수해서 탁해진다(색역이 좁음).

77 ②

직관적(Intuitive)이라는 말은 배우지 않아도 딱 보면 안다는 뜻이다. 비상구의 픽토그램(그림 문자)은 언어를 몰라도 누구나 '나가는 곳'임을 알 수 있는 대표적인 사례이다.

오답 피하기

- ①, ④ : 사용법이 복잡하거나 전문 지식이 필요한 것은 유니버설 디자인 원칙에 어긋난다.
- ③ : 힘을 주어야 하는 것은 '적은 물리적 노력'의 원칙에 어긋난다.

78 ②

두 색이 얼마나 다른지를 물리적인 숫자로 나타낸 것을 색차(Color Difference, 델타 E)라고 한다. 정량적 평가의 가장 큰 목적 중 하나가 바로 이 색차값을 관리하여 제품의 품질을 균일하게 유지(QC)하는 것이다.

오답 피하기

- ①, ③ : 감성이나 선호도는 '정성적 평가'의 결과물이다.
- ④ : 연색 지수(Ra)는 조명이 물체의 색을 얼마나 자연스럽게 보여주는지를 나타내는 광원의 성질이다.

더 알아보기

기호 [ΔE*]를 꼭 기억해야 한다. 델타(Δ)는 차이, E는 감각(Empfindung)을 뜻한다. "차이가 얼마나 나?" ＝ "델타 E가 몇이야?" 같은 말이다.

79 ③

CUD는 과학이다. "내 눈엔 잘 보이는데?"라는 디자이너의 주관적 판단이 CUD의 가장 큰 적이다. 반드시 시뮬레이션 툴이나 필터 같은 객관적인 검증 도구를 써야 한다.

오답 피하기

①, ②, ④ : 모두 디지털 기술이나 광학 기술을 이용한 객관적이고 올바른 검증 방법이다.

더 알아보기

평가 문제에서 '감', '느낌', '주관'이라는 단어가 나오면 무조건 오답이다. 디자인은 감성이지만, 평가는 냉정한 검증이다.

80 ②

'무엇을 할지 짠다(기획) → 자료를 만든다(제작) → 나가서 말한다(발표).'의 순서로 진행한다.

오답 피하기

- ① : 만들고 나서 기획하는 것은 불가능하다.
- ④ : 프레젠테이션을 만들지도 않고 발표부터 할 수는 없다.

더 알아보기

건물을 지을 때도 '설계도(기획) → 시공(제작) → 입주(발표)' 순서로 진행하며, 프레젠테이션도 집 짓기와 똑같다. 기획 없는 제작은 부실 공사이다.

출제 예상문제 01회

2-86p

01 ④	02 ②	03 ③	04 ②	05 ①
06 ④	07 ④	08 ③	09 ②	10 ①
11 ③	12 ②	13 ②	14 ④	15 ①
16 ③	17 ④	18 ②	19 ③	20 ④
21 ②	22 ①	23 ④	24 ②	25 ③
26 ③	27 ③	28 ④	29 ②	30 ①
31 ④	32 ②	33 ②	34 ③	35 ②
36 ③	37 ①	38 ③	39 ②	40 ④
41 ②	42 ③	43 ③	44 ②	45 ④
46 ④	47 ②	48 ②	49 ①	50 ②
51 ②	52 ③	53 ①	54 ③	55 ②
56 ③	57 ③	58 ②	59 ②	60 ③
61 ③	62 ③	63 ②	64 ③	65 ③
66 ②	67 ③	68 ②	69 ③	70 ②
71 ①	72 ②	73 ③	74 ③	75 ③
76 ③	77 ③	78 ④	79 ③	80 ③

01 ④

자료의뢰서(RFI)는 발주처가 사업을 구상하는 초기 단계에서 관련 업체들에게 정보를 얻기 위한 '사전 조사용 문서'이다. 이는 단순 정보 요청이므로 법적 구속력이 없으며, 추후 작성되는 RFP나 최종 계약서와 내용이 달라질 수 있다. 법적 효력의 최우선 순위는 최종 날인된 '계약서'이다.

오답 피하기

- ① : 제안요청서(RFP)의 정확한 정의이다. 발주자가 "우리는 이런 과업을 원한다."라고 명확히 밝히는 기준 문서가 된다.
- ② : 자료의뢰서(RFI)의 목적에 대한 올바른 설명이다. 발주자도 전문가가 아니므로, RFP를 쓰기 전에 업계의 기술 동향이나 대략적인 견적을 알아보기 위해 사용한다.
- ③ : 문서 생성 프로세스는 '정보 수집(RFI) → 제안 요청(RFP) → 제안서 접수' 순으로 진행되는 것이 일반적이다.

더 알아보기

문서의 법적 효력 위계
❶ 계약서(Contract) : 법적 구속력 최상(최종 합의)
❷ 제안요청서(RFP) : 입찰의 기준이 되는 공식 문서(구속력 있음)
❸ 자료의뢰서(RFI) : 단순 시장 조사 및 정보 수집(구속력 없음)
RFI는 '간보기' 단계이므로 법적 효력이 없다는 점이 출제 포인트이다.

02 ②

산업재산권(특허, 디자인권 등)은 '등록주의'를 채택한다. 특허청에 출원하여 심사관의 심사를 통과하고 등록해야만 비로소 권리가 발생한다. 저작권은 '무방식주의'를 채택하며, 창작 행위가 완료된 시점에 별도의 절차 없이 자동으로 권리가 발생한다.

오답 피하기

- ① : 두 권리의 특성을 반대로 설명하였다.
- ③ : 산업재산권에만 해당한다. 저작권은 등록하지 않아도 보호받는다.
- ④ : 저작권에만 해당한다. 산업재산권은 등록 없이는 권리가 없다.

더 알아보기

- 산업재산권 : "기술의 독점"을 주는 강력한 권리이므로, 국가가 엄격하게 심사(등록)한다.
- 저작권 : "개성의 표현"을 보호하는 권리이므로, 퀄리티를 심사하지 않고 창작(표현) 그 자체를 존중한다.

03 ③

뷰티 트렌드, 메이크업, 헤어 컬러 등은 사람의 신체를 대상으로 하는 '미용(뷰티) 디자인' 또는 '패션 디자인' 영역이다. 환경디자인은 건축물 외관, 공원, 도시 경관 등 공간의 외부 환경을 다룬다.

오답 피하기

- ① 시각디자인 : 정보를 시각적으로 전달하는 로고(CI/BI), 포장(패키지), 광고 편집물 등이 포함된다.
- ② 제품디자인 : 제품의 조형과 더불어 색상(Color), 소재(Material), 마감(Finishing)을 다루는 CMF는 제품 컬러리스트의 핵심 과업이다.
- ④ 실내디자인 : 건물의 내부(Interior), 벽지, 바닥재, 조명 계획 등을 다룬다.

더 알아보기

공간적 범위 구분 영역 문제는 '대상'이 무엇인지만 보면 된다.
- 환경디자인 : 집 밖(Outdoors – 도시, 거리, 공공시설)
- 실내디자인 : 집 안(Indoors – 주거, 상업공간 내부)
- 제품디자인 : 물건(Product – 가전, 도구)
- 미용/패션 : 사람(Human – 화장, 옷)

04 ②

ISO 12647은 오프셋, 그라비어 등 그래픽 기술 및 인쇄 공정에서 색상 재현(CMYK)을 표준화한 규격으로, 인쇄 감리나 CMF 실무에서 매우 중요하다.

오답 피하기

- ① ISO 3864 : 안전색 및 안전표지(빨강, 노랑 등 의미) 표준이다(가장 많이 나옴).
- ③ ISO 9001 : 품질경영시스템 일반 인증이다(색채 전용 아님).
- ④ ISO 14000 : 환경경영시스템 인증이다.

더 알아보기

ISO 번호
- 3864 : 안전(Safety) – 신호등
- 12647 : 인쇄(Printing) – 책 찍을 때
- 11664 : 색채 측정(Measurement) – 기계로 잴 때

05 ①

색채디자인은 큰 그림을 그리는 '기획(목표 설정)'으로 시작해, 구체적인 방법을 찾는 '계획(조사/콘셉트)', 실제 구현하는 '설계(디자인 적용)', 그리고 사후 '관리(평가)'의 순서로 진행된다.

- ② : '계획'은 '기획'이 완료된 후 수행하는 단계이다.
- ③, ④ : '설계'는 충분한 조사와 계획이 선행된 후에 이루어져야 하므로 앞단에 올 수 없다.

'기 – 계 – 설 – 관' 앞의 4글자를 외우면, 시험장에서 보기의 순서를 섞어 놓았을 때 1초 만에 답을 찾을 수 있다.

06 ④

샘플을 추출하고 콘셉트를 설정하는 것은 디자인의 방향을 결정하는 것은 '계획단계'의 업무이다. 관리단계는 이미 완성된 결과물을 어떻게 잘 쓸 것인가를 고민하는 단계이므로 시점상 맞지 않다.

- ① : 프로젝트가 잘 되었는지 확인하는 평가는 필수이다.
- ② : 나중에 보수할 때 똑같은 색을 만들기 위해 조색 데이터를 기록해야 한다.
- ③ : 사용자가 색을 멋대로 바꾸지 못하게 매뉴얼을 만들어 준다.

07 ④

스트리트 퍼니처(Street Furniture, 가로 시설물)는 도시 환경을 구성하는 요소이므로 환경 디자인으로 분류해야 한다. 시각 디자인은 정보 전달을 목적으로 하는 평면적 작업(광고, 편집 등)이 주를 이룬다.

- ① 평면 디자인(2차원) : 로고, 포스터, 신문 등은 2차원 매체에 구현되는 대표적인 평면 디자인이다.
- ② 입체 디자인(3차원) : 제품 용기, 자전거, 가전제품 등은 부피를 가진 3차원 조형물이므로 입체 디자인이다.
- ③ 공간 디자인(4차원 접근) : 무대와 인테리어는 사람이 활동하는 3차원 공간이며, 시간의 흐름에 따른 연출이 포함되므로 공간 디자인에 해당한다.

디자인 분류 문제의 함정은 '환경디자인'과 '시각디자인'을 섞어 놓는 것이다. 사람이 들어가서 활동할 수 있거나(건축, 실내), 거리에 설치되어 고정된 것(가로등, 벤치)은 환경디자인으로 분류한다.

08 ③

판매자가 물건을 파는 장소인 유통(Place)은 소비자 관점에서 그 물건을 사러 가기 편한지 따지는 접근 편의성(Convenience)에 대응한다.

- ① : Product(제품)는 소비자에게 제공하는 가치이므로 Customer(고객)와 연결되어야 한다.
- ② : Price(가격)는 소비자가 지불해야 하는 대가이므로 Cost(비용)와 연결되어야 한다.
- ④ : Promotion(촉진)은 소비자와의 대화이므로 Communication(소통)과 연결되어야 한다.

[제고 – 가비 – 유편 – 촉통](제품 – 고객/가격 – 비용/유통 – 편의/촉진 – 소통) 묶어서 외우면 답을 빠르게 찾을 수 있다.

09 ②

AISAS 모델에서는 인터넷/스마트폰 보급 이후 소비자는 정보를 능동적으로 검색(Search)하고, 구매 후 후기를 공유(Share)한다. 이것이 AIDMA 모델과의 결정적 차이이다.

- ① 주의(Attention)와 흥미(Interest) : AIDMA와 AISAS 모두 공통적으로 초반에 등장한다.
- ③ 욕구(Desire)와 기억(Memory) : 과거 AIDMA 모델의 핵심 단계이다.
- ④ 기억(Memory) : AISAS 모델에서는 '검색'으로 대체되어 사라진 단계이다.

AISAS는 [검색 – 공유]가 핵심이며, "네이버에 검색하고 인스타에 공유한다."를 생각하면 된다. 반대로 AIDMA는 "TV 보고 기억했다가 산다(Memory)."는 옛날 방식이다.

10 ①

색채 시장 조사는 ① 콘셉트 선정(대상/목표) → ② 조사방향 결정(방법/컬러코드) → ③ 정보 수집(샘플/기기) → ④ 정보의 취사선택(불필요 제거) → ⑤ 정보의 분류(항목별 정리) → ⑥ 정보의 분석 및 활용의 순서로 진행된다.

- ②, ③ : 조사의 방향이나 수집이 콘셉트 선정보다 앞설 수 없다. 무엇을 조사할지(콘셉트)가 가장 먼저이다.
- ④ : 조사 방향이 결정되어야 정보를 수집할 수 있으며, 수집된 정보는 분류하기 전에 쓸모없는 것을 버리는 취사선택 과정이 선행되어야 효율적이다.

11 ③

층화 추출은 모집단을 성격이 다른 여러 '층(Strata)'으로 나누고(예 서울, 부산, 대구…), 각 층의 크기에 비례하여 표본을 추출하는 방식이므로 지역별 조사에 가장 적합하다.

- ① : '특정 집단 전체'를 뽑는 것은 군집 추출에 대한 설명이다.
- ② : '각 층에서 비례하여 추출'하는 것은 층화 추출에 대한 설명이다.
- ④ : 일반적으로 층화 추출이 군집 추출보다 표본 오차가 작아 대표성이 높을 확률이 크다.

- 층화(Stratified)=피자 조각처럼 층별로 골고루 한 입씩(비례 추출)
- 군집(Cluster)=귤 상자 여러 개 중 한 상자를 통째로(집단 전체 추출)

12 ②

주황(2.5YR 6/13)은 빨강 다음으로 눈에 띄는 색으로, 위험(Danger)을 의미하며, 주로 기계의 작동 부위, 고압선, 감전 위험이 있는 곳에 칠한다.

- ① : 빨강(Red)에 대한 설명이다.
- ③ : 초록(Green)에 대한 설명이다.
- ④ : 파랑(Blue)에 대한 설명이다.

13 ②

표준편차(Standard Deviation)는 데이터가 평균을 중심으로 얼마나 퍼져 있는지(산포도)를 보여준다. 0이면 모든 데이터가 같고, 클수록 들쭉날쭉하다는 뜻이다.

- ① : 중앙값(Median)에 대한 설명이다.
- ③ : 최빈값(Mode)에 대한 설명이다.
- ④ : 상관관계는 관련성(함께 움직이는 정도)을 볼 뿐, 무엇이 원인이고 결과인지(인과관계)는 알 수 없다.

14 ④

트렌드는 '새롭거나 최근 유행하는 것', '완전히 예상할 수 없는 것'을 의미한다. 전통적이고 불변하는 것은 '클래식(Classic)'이나 '트래디션(Tradition)'에 해당한다.

- ① 경제학, 통계학 용어 : 20세기 초 통계학자와 경제학자들 사이에서 제한적으로 쓰이던 용어가 시초이다.
- ② 의미 : 어원적으로 '방향을 틀다'는 뜻이며, 현대에는 '최신 유행'을 뜻한다.
- ③ 잡지 『Trend』: 1936년 영국 디자인 산업연맹(DIA)이 창간한 잡지로 트렌드 용어 확산의 시발점이다.

트렌드의 핵심 속성은 '변화'와 '새로움'이다. 시험 지문에 '보수적', '전통적', '고정적'이라는 단어가 나오면 무조건 오답이며, 역사는 1936년 영국(DIA)을 기억하면 된다.

15 ①

패드(Fad)는 수명이 가장 짧은 유행이다. 'For a day(하루살이)'라는 설처럼, 갑자기 나타나 특정 집단을 중심으로 열광하다가 순식간에 사라지는 것이 특징이다(예 2002 월드컵 티셔츠).

- ② 붐 : 경기가 좋아지듯 급속도로 전파되는 현상 자체를 말한다.
- ③ 트렌드 : 패드보다 주기가 길고 사회 전반적인 흐름을 형성한다.
- ④ 클래식 : 유행을 타지 않고 꾸준히 지속되는 스타일이다.

Fad(패드) vs Flop(플로프)
- Fad : 짧지만 확실히 유행한다(성공 후 소멸).
- Flop : 유행도 못 해보고 망한 것이다(시장 진입 실패).

16 ③

'3단계 : 전략 수립' 단계는 분석된 자료를 바탕으로 구체적인 디자인 방향을 잡는 핵심 단계이다. 사회·문화·라이프 스타일 동향을 파악하고, 우리 브랜드가 나아갈 방향을 시각화하기 위해 키워드 도출과 이미지 매핑작업을 수행한다.

- ① 상황 분석 : 경쟁사의 매출이나 포지셔닝 변화를 파악하는 기초 조사 단계이다.
- ② 목표 설정 : 시장 수요를 측정하고 기존 전략을 평가하여 새로운 목표를 세우는 단계이다.
- ④ 실행 계획 : 분석된 트렌드를 바탕으로 구체적인 일정(Schedule)을 짜는 단계이다.

❶ 1단계(분석) : 경쟁사 쳐다보기
❷ 2단계(목표) : 숫자(수요) 계산하기
❸ 3단계(전략) : 지도 그리기(매핑), 키워드 뽑기
❹ 4단계(계획) : 달력(일정) 보기

17 ④

재포지셔닝(Re-positioning)이란 포지셔닝 전략을 실행한 후, 시장의 반응이나 경쟁 상황 변화를 점검하여 위치를 수정하거나 강화하는 단계이다. 포지셔닝은 한 번으로 끝나는 것이 아니라 지속적으로 관리해야 한다.

- ① 경쟁우위 지점 발견 : 1단계, 차별화 요소를 찾는다.
- ② 경쟁우위 지점 선정 : 2단계, 핵심 경쟁력을 고른다.
- ③ 경쟁우위 지점 전달 : 3단계, 마케팅을 통해 소비자에게 알린다.

포지셔닝은 '발견 - 선정 - 전달 - 수정(재포지셔닝)'의 사이클을 돌며, "끝날 때까지 끝난 게 아니다."라는 말처럼 마지막은 항상 피드백과 수정(Re-)이다.

18 ②

서베이(설문지법)는 정해진 항목에 체크하는 방식(객관식 등)이 주를 이루므로, 컴퓨터를 이용한 통계 처리(Coding)가 쉽고 대량의 데이터를 분석하기에 가장 적합하다.

- ① 소수 전문가 : 서베이는 대중(모집단)을 대상으로 표본을 추출하는 양적 조사이다.
- ③ 정확도 : 응답자가 대충 대답하거나 거짓말을 하면 결과가 왜곡될 수 있는 치명적 단점이 있다.
- ④ 질문지 작성 : 서베이의 핵심은 정교한 설문지 설계이며, 이 과정이 매우 중요하고 까다롭다.

서베이＝설문지 통계 : 양적 조사로 가장 널리 쓰이지만, 거짓 응답(무성의)을 조심해야 한다.

19 ③

KS A 3501 안전색은 명시도가 높고 색의 식별이 뚜렷한 빨강, 주황, 노랑, 초록, 파랑, 보라(자주), 하양, 검정의 총 8가지 색만을 규정하고 있다. 따라서 분홍색은 안전색 표준에 포함되지 않는다.

- ① 자주 : 방사능 표지에 사용되는 표준 안전색이다.
- ② 주황 : 위험 경고, 구명 장비 등에 쓰이는 표준 안전색이다.
- ④ 하양 : 통로 표시나 파랑/초록/빨강의 보조색으로 쓰이는 표준 안전색이다.

안전색 8가지는 무조건 외워야 한다(무지개색(남색 제외)＋흑백). 단, 남색(Navy)과 분홍(Pink)은 안전색이 아니다(예 빨, 주, 노, 초, 파, 보(자주)＋하양, 검정).

20 ④

색채 치료는 약물이나 수술 대신 빛과 색의 에너지를 이용하여 인체의 밸런스를 맞추고 면역력과 자연 치유력을 높이는 전인적(Holistic) 관점의 치료법이다.

- ① 난색(빨강) : 교감신경을 자극하여 심장 박동을 빠르게 하고 활동성을 준다(부교감 X).
- ② 한색(파랑) : 부교감신경을 자극하여 침착하게 하고 맥박을 안정시킨다(교감 X).
- ③ 국소적 치료 : 특정 부위만 치료하는 것이 아니라, 신체와 정신의 전체적인 균형을 맞추는 것이 목적이다.

자율신경계 연결 고리
- 빨강(Hot)＝흥분＝교감신경(싸우거나 도망칠 때)
- 파랑(Cool)＝진정＝부교감신경(쉬거나 소화할 때)

21 ③

고든법(Gordon Method)의 가장 큰 특징은 '주제를 감추고' 진행한다는 점이다. 구체적인 주제를 처음부터 제시하면 고정관념에 갇힐 수 있기 때문에, 추상적인 테마만 던져주어 참신한 아이디어를 유도하는 기법이다. 따라서 '구체적 주제를 제시한다'는 설명은 옳지 않다.

- ① 브레인스토밍 : 4대 원칙 중 '수량 추구'에 해당한다. 많은 아이디어가 나오면 좋은 아이디어가 나올 확률이 높다고 생각한다.
- ② 시네틱스 : 낯선 것을 친숙하게, 친숙한 것을 낯설게 보며 서로 관련 없는 요소를 결합하는 유추 발상법이 맞다.
- ④ NM법 : 자연물 등 대상과 비슷한 구조나 원리를 찾아 힌트를 얻는(유추) 기법이 맞다.

'브레인스토밍'와 '고든법'의 비교
- 브레인스토밍 : 주제를 공개하고, 이에 따른 비판을 금지시킨다.
- 고든법 : 주제를 공개하지 않고, 진행자만 주제를 알고 있다.

22 ①

'모던한(Modern)' 이미지는 현대적이고 차가우며 이성적인 느낌을 준다. 따라서 진보적인, 도시적인, 기능적인, 하이테크한 등의 형용사가 이에 해당한다.

- ② 귀여운(Pretty) 이미지 : 작고 둥글고 따뜻한 느낌의 형용사들이다.
- ③ 내츄럴한(Natural) 이미지 : 자연 그대로의 편안하고 따뜻한 느낌이다.
- ④ 화려한(Gorgeous) 이미지 : 장식적이고 강렬하며 여성적인 느낌이다.

이미지 스케일 문제는 '감각'이 아닌 '암기'가 바탕이 되어야 한다. 모던함은 '차가운(Cool)' 쪽과 '딱딱한(Hard)' 쪽에 위치한다고 생각해야 한다.

23 ④

빅터 파파넥의 복합 기능 중 '미학(Aesthetics)'은 흥미와 감동을 유발하여 대상을 의미 있는 실체로 만드는 조형적 아름다움을 뜻한다. "경제적, 심리적, 정신적, 기술적 요구가 복합된 것"은 미학이 아니라 '필요성(Need)'에 대한 정의이다.

- ① 방법(Method) : 디자인을 구현하기 위한 물리적 수단(재료, 도구)과 과정(공정)의 결합이 맞다.
- ② 텔레시스(Telesis) : 단순한 변화가 아닌, '목적'을 가진 의도적 변화를 의미하는 파파넥 이론의 핵심 용어이다.
- ③ 연상(Association) : 과거의 경험이나 심리적 작용을 통해 의미를 부여하는 기능이 맞다.

파파넥의 6가지 기능 중 가장 어려운 단어가 '텔레시스(Telesis)'이다. 이는 '목적적 진화' 또는 '목적 지향'으로 외워야 하며, 또한 '필요성(Need)'은 단순한 결핍이 아니라 경제/심리/기술이 복합된 '요구'라는 점을 기억해야 한다.

24 ②

텔레시스(Telesis)는 단순한 자연적 변화가 아니라, 특수한 목적을 달성하기 위해 자연과 사회의 변천을 의도적으로 이용하는 '목적 지향적인 변화'이다. 디자인이 사회적 질서를 만드는 도구가 되어야 한다는 파파넥 이론의 핵심이다.

- ① 방법(Method) : 디자인을 구현하기 위한 물리적 수단(재료, 도구, 공정)을 뜻한다.
- ③ 연상(Association) : 과거의 경험이나 기억을 통해 심리적 의미를 부여하는 기능이다.
- ④ 필요성(Need) : 단순한 결핍이 아니라 경제적, 심리적, 기술적 요구가 복합된 디자인의 필요 요건이다.

망원경(Telescope)으로 먼 곳의 목표를 보는 것처럼, 디자인이 나아가야 할 '목적'을 의미한다고 연상하여 '텔레시스＝목적(Target)'으로 외우면 된다.

25 ③

프레젠테이션 모델은 디자인 결정권자나 클라이언트에게 최종 결정을 받기 위한 품평용 모델이다. 따라서 실제 양산될 제품과 외관(형태, 색채, 재질감)을 최대한 똑같이 정밀하게 제작해야 한다.

- ① : 러프 모델(Rough Model)은 아이디어 전개 초기 단계에서 스티로폼 등으로 대략적인 형태만 검토하는 모형이다.
- ② : 프로토타입 모델(Prototype Model)은 디자인 확정 후 양산 직전에 만드는 시제품으로, 실제 작동 여부(기능)를 테스트하는 것이 목적이다.
- ④ : 구조 모델은 외관보다는 내부 부품의 배치나 조립성을 검토하는 모형이다.

모델의 종류
- 보여주기용(Look)＝프레젠테이션 모델
- 작동확인용(Work)＝프로토타입 모델

26 ③

자료 수집에서 1차 자료(Primary Data)는 연구자(디자이너)가 당면한 조사 목적을 달성하기 위해 직접 수집하고 작성한 원본 자료로 목적 적합도가 가장 높고 신뢰할 수 있다. 설문조사, 인터뷰, FGI(표적집단면접), 현장 실측, 직접 촬영한 사진 등이 이에 해당한다.

- ① 인터넷 검색 결과 : 다른 사람이 올려둔 정보를 검색해서 얻은 것이므로 2차 자료이다.
- ② 통계청 자료 : 국가 기관이 다른 목적으로 집계해 둔 것을 활용하는 것이므로 2차 자료이다.
- ④ 전문 서적 및 잡지 : 저자나 편집자가 가공하여 출판한 자료를 참고하는 것이므로 2차 자료이다.

"누가 수집했는가?"의 구분 기준
- 내가 직접 했다(설문, 촬영, 측색) → 1차 자료
- 남이 한 걸 가져왔다(검색, 책, 뉴스) → 2차 자료

27 ③

이미지 맵(Image Map)은 수집된 이미지들을 이미지 스케일(언어 척도) 위에 배치하여 분석하는 도구이다. 가로축(Warm−Cool)과 세로축(Soft−Hard) 등의 좌표(Axis)를 기준으로 매핑(Mapping)하기 때문에 사용하기 편리하고 이성적 · 분석적인 도구이다.

오답 피하기

- ① : 이미지, 텍스처, 색상 등을 오려 붙이는 콜라주 형식을 사용하여 분위기(Mood)를 직관적으로 전달하는 것은 무드 보드이다.
- ② : 기준축(Axis)을 설정하여 객관적인 위치를 파악하는 것은 이미지 맵의 핵심 기능이다.
- ④ : 언어 척도(스케일) 위에 배치하여 논리적으로 분석하는 것은 이미지 맵이다.

더 알아보기

이미지 맵과 무드 보드의 비교

- 이미지 맵(Map) : 지도와 같이 좌표(동서남북)가 있고, 현재 위치를 분석한다(이성적).
- 무드 보드(Mood) : 기분과 같이 콜라주를 통해 느낌과 분위기를 전달한다(감성적).

28 ④

색채 조화의 공통 원리 중 명료성의 원리(Principle of Unambiguity)는 "색의 관계가 애매하지 않고 명쾌해야 조화롭다."라는 이론이다. 유사 색상을 사용하더라도 명도나 채도에서 확실한 차이를 주어 시각적으로 명쾌하게 구분되어야 조화롭다. 따라서 경계가 불분명한 것은 명료성을 상실했기 때문이다.

오답 피하기

- ① 질서의 원리 : 규칙적인 색채 요소의 반복이나 기하학적 질서가 있을 때 조화롭다는 원리이다. 이 사례는 규칙성의 문제보다는 식별 불가능한 '모호함'이 주된 원인이다.
- ② 유사의 원리 : 공통된 속성을 가진 색들이 조화롭다는 원리이다. 사례에서는 이미 '유사 색상'을 사용했으므로 이 원리는 적용된 상태이다.
- ③ 대비의 원리 : 반대되는 성질을 통해 조화를 이룬다는 원리이다. 대비가 부족한 것은 맞으나, 배색 실패의 근본 원인이 '관계의 불확실성(애매함)'에 있으므로 명료성의 원리가 더 적합하다.

더 알아보기

시험에서 "배색이 애매하다.", "모호하다.", "흐릿하다.", "칙칙하다."라는 표현이 나오면 '명료성의 원리(비모호성의 원리)'가 정답이다.

29 ②

문−스펜서의 미도 계산 공식은 M(미도)=O(질서)÷C(복잡성)이다. 분모에 해당하는 복잡성(C)의 요소가 커질수록, 결괏값인 미도(M) 수치는 작아진다(반비례 관계). 즉, 색채계획에서 색의 수가 많거나 속성 차이가 복잡해지면 조화로움(미도)은 떨어진다는 것을 수학적으로 증명한 이론이다.

오답 피하기

- ① 합이 아니라 나눗셈 : 미도는 질서(O)를 복잡성(C)으로 나눈 값(비율)이다. 합(+)으로 계산하지 않는다.
- ③ 색의 수와 복잡성 : 공식에서 복잡성(C)을 계산할 때 '색의 수', '색상차가 있는 조합의 수' 등을 더한다. 따라서 색의 수가 많아지면 질서가 아니라 복잡성이 증가하여 결과적으로 미도가 낮아진다.
- ④ 조화의 기준 : 문−스펜서는 계산된 미도(M) 수치가 0.5 이상일 때 '조화롭다(Good Harmony)'고 판단하였다.

더 알아보기

Simple is Best는 문−스펜서 이론의 핵심으로, 디자인할 때 욕심내서 이것저것 많이 넣으면(복잡성 C 증가), 디자인의 점수(미도 M)는 깎인다고 이해하면 쉽다.

30 ①

빛의 정체를 밝히는 과학사는 [뉴턴 → 하위헌스 → 맥스웰 → 아인슈타인] 순서로 전개되었다.

- [1단계] 뉴턴(1669, 입자설) : 빛을 직진하는 입자(알갱이)로 규정하였다(직진성, 반사 설명).
- [2단계] 하위헌스(1678, 파동설) : 빛은 매질을 통해 퍼지는 파동이라고 반박했다(회절, 간섭 설명).
- [3단계] 맥스웰(1865, 전자기파설) : 빛과 전자기파의 속도가 같음을 수학적으로 증명했다.
- [4단계] 아인슈타인(1905, 광양자설) : 빛은 입자이자 동시에 파동이라는 '빛의 이중성'을 입증하여 논쟁을 종결했다.

오답 피하기

- ② 순서 오류 : 하위헌스가 동시대 인물이지만 뉴턴의 권위로 입자설이 먼저 정설로 받아들여졌다. 또한 아인슈타인은 맥스웰보다 후대이다.
- ③ 순서 오류 : 맥스웰(19세기)이 뉴턴(17세기)보다 앞에 올 수 없다.
- ④ 순서 오류 : 아인슈타인(20세기)이 맨 앞에 올 수 없다.

더 알아보기

'뉴(입) → 호(파) → 맥(전) → 아(이)' : "뉴턴이 입자라고 우기니, 하위헌스가 파동 쳤고, 맥스웰이 전자기파 쏘니, 아인슈타인이 이중성으로 정리했다!"라고 앞글자만 따서 순서를 외워둬야 한다.

31 ④

면색(Film Color)은 다른 말로 개구색(Aperture Color) 또는 평면색이라고 한다. 특정한 물체의 표면에 귀속된 색이 아니라, 맑은 날의 하늘처럼 색채 그 자체로만 붕 떠 있는 듯한 지각 현상을 말한다. 거리감이나 질감이 느껴지지 않는 것이 가장 큰 특징이다.

오답 피하기

- ① 표면색 : 불투명한 물체의 표면에서 반사되는 색으로, 질감(Texture)과 거리감이 확실히 느껴진다.
- ② 공간색 : 투명한 물체(例 와인, 젤리) 내부에서 꽉 차 있는 듯한 3차원적 부피감이 느껴지는 색이다.
- ③ 경영색 : 거울이나 잘 닦인 금속 표면처럼 주변 사물을 반사하여 비추는 현상이다.

32 ②

가, 나, 다는 눈의 핵심 기관의 기능을 정확하게 설명하고 있다.

- 가(수정체) : 렌즈 역할로 두께를 조절해 굴절력을 변화시킨다.
- 나(홍채) : 조리개 역할로 빛의 양을 조절한다.
- 다(맥락막) : 암실(어둠상자) 역할로 빛의 산란을 막는다.

오답 피하기

라(맹점) : 맹점(Blind Spot)은 시신경 다발이 뇌로 빠져나가는 통로이기 때문에 시세포가 전혀 존재하지 않는다. 따라서 이곳에 맺힌 상은 보이지 않는다. 시세포가 밀집되어 시력이 가장 좋은 곳은 중심와(Fovea)이다.

더 알아보기

기관의 명칭과 카메라의 부품

[수정체＝렌즈], [홍채＝조리개], [망막＝필름], [맥락막＝암실] 4가지의 연결고리를 외워야 한다.

33 ②

푸르킨예 현상은 조도가 낮아지는 박명시(Twilight) 상태에서 시감도가 장파장(빨강)에서 단파장(파랑, 초록) 쪽으로 이동하는 현상이다. 추상체에서 간상체로 주도권이 넘어가면서, 빨간색은 어둡게(감도 저하), 파랑/초록색은 밝게(감도 상승) 보이게 된다.

- ① 베졸트-브뤼케 현상 : 빛의 '강도(밝기)'가 변할 때 색상(Hue) 자체가 변해 보이는 현상이다.
- ③ 애브니 효과 : 색의 '채도(순도)'가 변할 때 색상이 변해 보이는 현상이다.
- ④ 스티븐스 효과 : 조명 밝기에 따라 '명도 대비'의 강도가 달라지는 현상이다.

'푸르킨예＝푸르딩딩' → "밤이 되면 세상이 푸르스름하게 잘 보인다!" 이렇게 외우면 까먹지 않는다.

34 ③

윌리엄 모리스가 주도한 미술공예운동은 산업혁명 이후 조악해진 공산품에 반발하여 시작되었다. 그들은 "예술이 대중의 삶 속에 있어야 한다(예술의 민주화)."라고 주장하며, 중세의 장인 정신으로 돌아가 수공예로 물건을 만들고자 했다. 그러나 수공예 방식은 제작 시간이 오래 걸리고 인건비가 높아 제품 가격이 비쌀 수밖에 없었고, 결과적으로 소수의 부유층만 향유하게 되어 '대중화'라는 본래의 목적을 달성하지 못한 모순(한계)을 남겼다.

- ① 기계 긍정 : 미술공예운동은 기계를 '악'으로 규정하고 부정했다. 기계를 긍정한 것은 훗날의 독일공작연맹(DWB)이나 바우하우스이다.
- ② 고딕 거부 : 사상적 지주인 존 러스킨의 영향으로 중세 고딕 양식을 가장 이상적인 모델로 삼았다.
- ④ 기능주의 : 장식성을 배제한 기계적 기능주의는 모더니즘의 특징이다. 미술공예운동은 식물 문양 등 자연적 장식성이 강했다.

미술공예운동의 핵심 딜레마인 "서민을 위해 만들었지만, 가격은 명품이었다." 이 내용을 기억해야 한다.

35 ②

야수파(앙리 마티스, 블라맹크 등)는 '색채의 해방'을 외쳤다. 그들은 나무는 초록색, 하늘은 파란색이라는 사물의 고유색을 거부하고, 작가의 주관적인 감정과 표현 의도에 따라 얼굴을 초록색으로 칠하거나 붉은 방을 그리는 등 튜브에서 바로 짜낸 듯한 강렬한 원색을 과감하게 사용했다. 이것이 마치 야수(Fauve)가 울부짖는 것 같다고 하여 야수파라 불렸다.

- ① 점묘법 : 신인상주의(쇠라)의 특징이다.
- ③ 무의식/몽환 : 초현실주의(달리, 마그리트)의 특징이다.
- ④ 삼원색/무채색 : 데스틸(몬드리안)의 조형적 특징이다.

36 ③

광고 콘셉트는 커뮤니케이션 단계의 핵심 전략이다. 제품의 많은 장점 중 소비자에게 전달할 핵심 메시지(What) 하나를 결정하여, 소비자의 마음속에 우리 브랜드의 인지도와 선호도를 심어주는 마인드 셰어(Mind Share)를 목표로 한다(예 "침대는 가구가 아니다."라는 메시지를 심는 것).

- ① 제품 콘셉트 : 생산자(엔지니어)의 관점이다. "경쟁 제품보다 어떻게 더 잘 만들 것인가?"를 고민하며, 매뉴팩처 셰어(제조 점유율)와 관련된다.
- ② 상품 콘셉트 : 마케터의 관점이다. "진열대에서 경쟁 제품을 이기고 얼마나 많이 팔 것인가?" 고민하므로 마켓 셰어(시장 점유율)가 목표이다.
- ④ 표현 콘셉트 : 크리에이터의 관점이다. "광고 콘셉트를 시각적으로 어떻게(How) 표현하여 행동을 유발할 것인가?"를 고민하며, 메시지 셰어(전달력)와 관련된다.

'셰어(Share)'의 연결
- 만드는 사람＝매뉴팩처 셰어
- 파는 사람＝마켓 셰어
- 알리는 사람(광고)＝마인드 셰어(마음을 얻는 것)

37 ①

패션 디자인은 유행(Trend)에 민감하지만, 브랜드 아이덴티티(Brand Identity)는 일관성 있게 유지해야 한다. 매 시즌마다 콘셉트를 완전히 뒤집으면 브랜드의 정체성이 사라져 충성 고객이 이탈한다. 올바른 전략은 '브랜드 고유의 메인 콘셉트는 유지하되, 시즌 트렌드 컬러를 적절히 반영하여 변화를 주는 것'이다.

- ② 인테리어 디자인 : 주거, 상업 등 목적에 따라 색채가 달라지며, 마감재와 조명의 영향이 크다.
- ③ 제품 디자인 : 소비자의 감성을 자극하면서도 제품의 기능(내구성 등)을 만족시키는 CMF 전략이 필수이다.
- ④ 도시 환경 디자인 : 주변 맥락(Context)을 무시한 독불장군식 색채는 시각 공해를 유발하므로 조화가 최우선이다.

38 ③

모던한 이미지의 핵심 키워드는 '현대적, 도시적, 이성적, 차가움, 진보적, 하이테크'이다. 감정이 절제된 무채색(회색, 검은색, 흰색)이나 차가운 지성을 상징하는 한색(파랑, 청록) 계열을 사용하고, 톤의 대비를 선명하게 주어 딱딱하고 세련된 느낌을 연출하는 것이 정석이다.

- ① 난색/파스텔 : 맑은(Clean), 귀여운(Cute), 온화한(Mild) 이미지이다.
- ② 난색/원색 : 경쾌한(Active), 다이내믹한(Dynamic) 이미지이다.
- ④ 갈색/초록/dull : 내추럴한(Natural), 은은한(Subtle) 이미지이다.

39 ②

혼색계(Color Mixing System)는 빛의 가법 혼색 실험(물리적 실험) 데이터를 바탕으로 색을 수치(XYZ, L*a*b* 등)로 표시하는 체계이다. 사람의 심리적 지각 요소를 배제하고 기계를 통해 객관적이고 정량적인 수치 관리가 가능하다(예 CIE(국제조명위원회) 표색계).

- ① : 현색계는 물체색(색표, 종이)을 사용하므로 시간 경과에 따라 변색, 탈색될 수 있다.
- ③ : 현색계는 정해진 색표(Color Chip)를 사용하므로 색표와 색표 사이의 간격이 넓어, 그 사이에 있는 색을 정밀하게 좌표로 구하기 어렵다.
- ④ : 혼색계는 수치 데이터로 존재하므로 직관적인 색 확인이 어렵다. 눈으로 보고 배색하는 실용적인 체계는 현색계이다.

현색계와 혼색계의 구분
- 현색계＝색종이(눈으로 봄/먼셀, NCS, KS/변색됨)
- 혼색계＝기계/수치(빛을 섞음/CIE/변색 안 됨)
오스트발트는 '회전 혼색(물리 실험)' 원리라 혼색계적 성격이 강하지만, 색표집이 있어 현색계로도 분류되는 '양다리'라는 점을 기억해 두면 고득점이 가능하다.

40 ④

시공 감리(Supervision)와 유지 보수(Maintenance)는 색채계획이 모두 확정된 후, 실제 현장에서 도장하거나 제품을 생산할 때 색이 제대로 나오는지 관리하는 것은 [3단계 : 색채관리] 단계의 핵심 업무이다. 2단계는 계획을 세우고 시뮬레이션을 돌려보는 '설계(Design)' 단계이지, 현장을 감독하는 단계가 아니다.

오답 피하기

- ①, ② 1단계(조사/기획) : "무엇을, 누구를 위해 만들까?"를 고민하는 단계이다. 시장 조사, 소비자 분석, 그리고 이를 바탕으로 '디자인 콘셉트'를 도출하는 것이 가장 중요한 과업이다.
- ③ 2단계(계획/설계) : "구체적으로 어떤 색을 쓸까?"를 결정하는 단계이다. 1단계에서 정한 콘셉트에 맞춰 주조/보조/강조색을 선정하고 배색 계획을 수립한다.

더 알아보기

- 기획 = 머리로 하는 것(조사, 분석, 콘셉트)
- 설계 = 손/컴퓨터로 하는 것(배색, 시뮬레이션, 샘플링)
- 관리 = 현장에서 하는 것(감리, 시공, 보수)

41 ②

뉴턴(Newton)은 프리즘 실험을 통해 스펙트럼을 발견했지만, "광선 자체에는 색이 없고, 색을 느끼게 하는 능력과 성질만 있다."라고 명확히 정의했다. 즉, 색을 물리적 실체가 아닌 인간의 지각적(심리적) 현상으로 파악했다.

오답 피하기

- ① 아리스토텔레스 : 색을 밝음(하양)과 어둠(검정)의 혼합 비율에 따라 생겨나는 현상으로 보았다.
- ③ 르 블롱 : 판화가로서 빨강, 노랑, 파랑의 3색판을 이용한 인쇄 기법을 개발하여 안료 3원색설(감법 혼색)의 기초를 다졌다.
- ④ 헤링 : 우리 눈과 뇌가 색을 처리할 때 '빨강−초록', '노랑−파랑', '하양−검정'의 대립 관계를 통해 인식한다는 반대색설을 주장했다.

더 알아보기

뉴턴 문제의 핵심 함정은 항상 '물리적 실체'냐 '심리적 지각'이냐를 묻는 것이다. 뉴턴은 "빛은 색을 일으키는 매개체일 뿐, 색 그 자체는 아니다."라고 주장했다는 점을 기억해야 한다.

42 ③

색채 표준, 특히 표색계는 기계가 아닌 '사람의 눈'이 기준이다. 따라서 물리적인 수치 간격보다는 인간이 느끼기에 색의 차이가 일정하게 느껴지는 '지각적 등간격성'이 가장 중요한 조건이다.

오답 피하기

- ① 물리적 파장 간격 : 물리적 파장이 일정하다고 해서 사람이 느끼는 색 차이도 일정한 것은 아니다.
- ② 특수 안료 : 표준은 누구나 쉽게 사용할 수 있어야 하므로, 구하기 쉬운 일반 안료로도 재현할 수 있어야 한다.
- ④ 독자적 표기 : 색채 표준은 국제적인 호환성이 생명이므로, 만국 공통어인 기호(알파벳 등)를 사용해야 한다.

더 알아보기

색채학의 최종 목표는 기계적 수치가 아니라 인간 감각과의 일치이다.

43 ③

발색 원리에 따르면, 염료의 농도가 짙어질수록 빛을 받아들이는 양이 많아진다. 가시광선 흡수율이 높아져 색이 진하고 어둡게 보인다.

오답 피하기

- ① : 전색제(Binder)가 필요한 것은 안료(Pigment)이다. 염료는 섬유에 직접 침투하여 결합하므로 별도의 접착제(전색제)가 필요 없다.
- ② : 안료는 물이나 용제에 녹지 않는(불용성) 미세 분말이다. 물에 녹는(수용성) 것은 염료이다.
- ④ : '유기(Organic)'라는 단어는 화학적으로 탄소(C)를 포함하고 있다는 뜻이다. 탄소가 없는 광물성 색료가 무기 색료이다.

더 알아보기

유기 vs 무기

- 유기물(탄소 있음) : 나무, 플라스틱, 식물 → 불에 잘 탐
- 무기물(탄소 없음) : 돌, 흙, 금속 → 불에 안 탐

44 ②

클로로필(엽록소)은 식물의 잎에 존재하는 초록 색소로, 분자 구조의 중앙에 마그네슘(Mg) 원자가 위치하여 초록색 빛을 반사한다.

오답 피하기

- ① 헤모글로빈 : 척추동물의 혈액 속 색소로, 중앙에 철(Fe)을 함유하여 붉은색을 띤다.
- ③ 헤모시아닌 : 갑각류(게, 새우)의 혈액 색소로, 구리(Cu)를 함유하여 산소와 결합하면 푸른색이 된다.
- ④ 멜라닌 : 피부나 머리카락의 검은색/갈색을 담당하는 색소로, 특정 금속 원자가 주성분은 아니다.

더 알아보기

헷갈리는 금속 원소 짝짓기는 '클 · 마/헤 · 철/시 · 구(클로로필−마그네슘/헤모글로빈−철/헤모시아닌−구리)'처럼 앞글자만 따서 외우면 된다.

45 ④

병치 혼합(점묘화, 직물 등)은 실제로 색료를 물리적으로 섞는 것이 아니라, 조밀하게 배치된 색점들이 우리 눈(망막)의 해상도 한계로 인해 하나로 합쳐져 보이는 착시 현상이다. 따라서 물리적 실체를 섞는 것이 아닌 생리적 혼색(중간 혼색)으로 분류하는 것이 정확하다.

오답 피하기

- ① : 가법 혼합은 '빛'의 혼합이다. 빛은 더할수록 에너지가 증가하므로 명도가 높아진다(가산). 명도가 낮아지는 색료 혼합은 감법 혼합이다.
- ② : 계시 혼합(회전 혼합)은 눈의 잔상 효과를 이용한다. 재료를 직접 섞는 것이 아니므로 물리적 혼색이 아닌 생리적 혼색이다.
- ③ : R, G, B는 빛(가법 혼합)의 3원색이다. 색료(감법 혼합)의 3원색은 C(시안), M(마젠타), Y(노랑)이다.

더 알아보기

'물리적' vs '생리적'을 비빔밥으로 연동

- 물리적 : 나물과 고추장을 숟가락으로 비벼서 실제로 섞는 것(빛, 물감)
- 생리적 : 안 비비고 그냥 입에 넣었는데 입안에서 맛이 섞이는 것(점묘화, 회전판)

46 ④

유채색에 무채색인 흰색(White)을 섞으면 빛의 반사율이 높아져 명도는 높아지지만(밝아짐), 순색의 비율이 줄어들기 때문에 채도는 낮아진다(탁해짐/연해짐).

- ① 다색 혼합 : 안료는 감법 혼합이므로 색을 많이 섞을수록 명도와 채도가 모두 떨어져 회색에 가까운 탁한 색(Muddy)이 된다.
- ② 유채색 혼합 : 순색끼리 섞으면 서로의 순도를 떨어뜨리므로 채도는 무조건 낮아진다.
- ③ 보색 혼합 : 보색을 섞으면 명도를 낮출 수 있지만, 색미가 사라지고 예측 불가능한 색상이 나올 수 있어 단순 감광용으로는 주의해야 한다.

조색의 절대 법칙 : "무엇을 섞든 채도는 떨어진다.", 흰색을 섞든 검은색을 섞든, 물을 섞든, 원래의 순색(vivid)보다 채도가 높아지는 경우가 없다.

47 ②

검은색이나 짙은 남색 같은 어두운 색(먼셀 명도 3 이하)은 빛 반사율이 매우 낮아 색의 차이를 구별하기 어렵다. 따라서 일반 조도보다 훨씬 밝은 2,000~4,000lx의 고조도 환경에서 검사해야 미세한 색차를 식별할 수 있다.

- ① 조도 범위 : 인간의 시각세포(원추세포)가 색을 정상적으로 인지하기 위해서는 최소 1,000lx 이상의 밝기가 확보되어야 한다.
- ③ 시료 배열 : 두 색이 떨어져 있으면 배경색의 간섭을 받기 쉽다. 반드시 인접하게(붙여서), 그리고 동일한 평면에 놓아야 정확한 비교가 된다.
- ④ 관찰자 : 색채 판별의 기본 전제는 정상 색각이다. 교정시력이 있다면 무색 투명한 안경을 착용해야 한다.

"어두운 색은 더 밝게 봐라!", 이것은 육안 검사의 철칙으로 어두운 방에서 검은 옷을 찾기 힘든 것과 같다. 시험 문제에서 "눈부심 때문에 어둡게 한다."라고 쓰여 있으면 오류이다.

48 ②

일반 공산품(페인트, 플라스틱)은 D65를 쓰지만, 인쇄/그래픽/사진 분야에서는 종이(Paper)가 가진 고유의 누런끼와 잉크 특성을 고려하여, D65보다 색온도가 낮아 약간 따뜻한 톤의 D50(5,000K)광원을 국제 표준(ISO)으로 채택한다.

- ① 표준광 A : 백열전구의 빛으로, 붉은 기운이 강해 일반적인 색채 평가용으로는 부적합하며 주로 메타메리즘 검사 보조용으로 쓴다.
- ③ 표준광 D65 : 일반적인 산업(도료, 섬유, 자동차)의 주광(Daylight) 표준이다. 인쇄 분야에서는 D500이다.
- ④ 표준광 F2 : 일반적인 사무실 형광등(Cool White) 광원이다.

'인쇄=D50'을 기억하자. 인쇄소 감리 볼 때 쓰는 조명, 포토샵 컬러 세팅의 기본값은 모두 D500이다. D65는 너무 푸르스름해서 종이 색과 맞지 않다.

49 ①

광원(Source)은 백열전구, 태양, 형광등처럼 실제로 빛을 내는 물리적 실체이다. 반면, 표준광(Illuminant)은 CIE(국제조명위원회)가 규정한 이상적인 스펙트럼(분광 에너지 분포) 데이터 그 자체를 말한다.

- ② : 태양은 자연계에 존재하는 자연광원이며, 백열등은 인간이 만든 인공광원이다.
- ③ : 백열등은 에너지의 90% 이상이 열로 손실되므로 효율이 매우 낮고, 필라멘트 증발로 인해 수명이 짧다.
- ④ : 형광등은 백열등보다 효율이 좋고 열은 적게 나지만, 스펙트럼이 불연속적이라 연색성은 백열등보다 떨어진다(백열등 Ra=100, 일반 형광등 Ra=60~70 수준).

Source=실체(전구), Illuminant=데이터(숫자). 시험에서 'CIE가 규정한 데이터'라는 말이 나오면 무조건 표준광(Illuminant)을 찾으면 된다.

50 ②

문화재 손상의 주원인은 자외선(변색)과 적외선(열 손상)이다. LED(발광다이오드)는 특정 파장 대역만 발광하도록 제어할 수 있어 유해한 자외선과 적외선을 거의 방출하지 않으므로, 빛에 민감한 예술 작품 보호에 최적의 광원이다.

- ① : 수은등은 강한 자외선을 방출하므로 그림이나 섬유 문화재를 빠르게 퇴색시킨다.
- ③, ④ : 백열전구와 할로겐램프는 빛과 함께 다량의 열(적외선)을 방출하므로, 작품을 건조하게 만들거나 열화시킬 위험이 있다.

- 형광등/수은등=자외선 공격(색 바램)
- 백열등/할로겐=열 공격(타거나 갈라짐)

51 ②

조색 보정 시 가장 민감하고 중요한 것은 색상(Hue)의 방향(붉은가, 푸른가 등)이다. 색미(Color Cast)를 먼저 맞추지 않으면 명도나 채도 조절이 무의미해진다. 따라서 색상을 우선 판정하고, 그다음 명도(밝기), 마지막으로 채도(선명도)를 미세 조정하는 것이 정석이다.

①, ③, ④ : 색상이 틀어진 상태에서 명도(흰색/검은색)나 채도(보색)를 섞으면 엉뚱한 색(탁색)이 된다. 색의 '방향(Hue)'부터 잡는 것이 순서이다.

길을 잃었을 때 가장 먼저 해야 할 일은 '방향'을 잡는 것이며, 조색도 마찬가지이다. "이게 빨간 쪽인가, 노란 쪽인가?(색상)"부터 잡고 나서 "얼마나 밝게 할까?(명도)"를 고민해야 한다.

52 ③

대부분의 플라스틱(ABS, PP 등)은 열가소성 수지로, 고온에 노출되면 변형되거나 녹아버린다. 따라서 150℃ 이상의 고온 소부 건조는 불가능하며, 저온 건조형 도료를 사용하거나 자연 건조방식을 채택해야 한다.

- ① : 금속은 열에 강하고 부식이 문제이므로, 내구성이 좋은 고온 소부(구워내는) 도료가 적합하다.
- ② : 목재는 다공성이라 도료를 빨아들이므로 눈메꿈(Sealer) 작업이 필수이다.
- ④ : 바탕색이 얼룩덜룩하면 최종 색이 달라지므로 은폐력이 중요하다.

플라스틱 소재에는 절대 뜨거운 맛(고온 건조)을 보여주면 안 된다. 소재별 '열 저항성'이 핵심이기 때문이다.

53 ①

쿠벨카-문크 이론은 빛이 도막 내부로 입사하여 안료 입자에 부딪혀 산란(Scattering, S)되고 흡수(Absorption, K)되는 비율을 계산하여 반사율(R)을 예측하는 공식이다. 따라서 빛이 산란되지 않고 그대로 통과해 버리는 유리, 투명 플라스틱, 투명 수채화 같은 소재에는 이 이론이 성립하지 않아 CCM 적용이 매우 어렵거나 불가능하다.

- ② 농도 한계 : 이론적으로는 농도와 K/S 값이 비례해야 하지만, 실제로는 안료 농도가 너무 높아지면 입자끼리 뭉치거나 상호작용하여 오차가 커지는 경향이 있다.
- ③ 특수 안료 : 펄이나 메탈릭은 빛의 간섭이나 정반사를 이용하므로, 단순한 흡수/산란 모델인 쿠벨카−문크 이론만으로는 정확한 예측이 어렵다.
- ④ 데이터 기반 : CCM은 3자극치(XYZ)가 아니라 380~780nm 전 구간의 분광 반사율 데이터를 사용하여 정밀하게 계산한다.

쿠벨카−문크의 핵심은 '산란(S)'으로, 투명하다는 것은 빛이 산란되지 않고 직진한다는 뜻이다. 산란 계수(S)가 '0'에 가까우면 공식 자체가 성립하지 않는다. 그래서 CCM은 불투명한 페인트나 플라스틱 조색에 최적화되어 있다.

54 ③

CCM 조색의 목적은 물체 표면의 광택이 아니라, 그 안에 포함된 안료의 실제 배합비(Pigment Formulation)를 알아내는 것이다. 따라서 광택(정반사광)까지 포함한 총 반사율을 측정하는 SCI 모드를 사용해야 정확한 레시피를 계산할 수 있다. SCE 모드는 광택을 제거하므로 안료 계산에 오차를 준다.

- ① SCI의 정의 : Specular Included(광택 포함), 안료 성분 분석용이다.
- ② SCE의 정의 : Specular Excluded(광택 제거), 육안 검사용이다.
- ④ 데이터 차이 : 광택이 있는 시료에서 정반사광을 제거한 SCE는 빛의 양이 줄어들어 SCI보다 어둡게(명도가 낮게) 측정된다.

- SC I(Inside) : 속(성분)을 본다 → 조색용(레시피)
- SC E(Eye) : 눈(겉모습)을 본다 → 검사용(외관)
가운데 글자 I와 E로 용도를 구분해야 한다.

55 ②

메탈릭 컬러는 정면(Face)에서 볼 때는 밝고, 측면(Flop)에서 볼 때는 어두워지는 이방성(Gonio−apparent)을 가진다. 이러한 각도에 따른 색채 변화를 잡아내기 위해서는 한 번의 조명에 대해 15°, 45°, 75°, 110° 등 여러 각도에서 동시에 반사광을 측정할 수 있는 다각도(Multi−angle) 분광측색계가 필수적이다.

- ① : 필름이나 잉크의 투과 농도를 측정하는 장비이다.
- ③ : 표면의 반짝임 정도(광택도)만 측정할 뿐 색상 변화는 알 수 없다.
- ④ : 확산광을 사용하여 모든 각도의 빛을 섞어버리므로, 각도에 따른 색 변화 특성을 뭉개버려 알 수 없다.

"변덕쟁이(메탈릭)를 잡으려면 여러 군데서 지켜봐야(다각도) 한다." 단일 각도 측정기로는 메탈릭 컬러의 진짜 모습을 알 수 없다.

56 ③

신나(희석제)는 도료의 점도를 조절한다. 과도하게 희석하면 도료 내 안료 함량(Solid)이 상대적으로 줄어들고 도막 두께가 얇아진다. 이로 인해 밑바닥 색이 비치는 은폐 불량이 발생하거나, 안료 입자의 거동이 불안정해져 색상이 틀어질 수 있다.

- ① 날려 뿌림(Dry) : 표면이 거칠어져 난반사가 생기므로 색은 밝아진다(Lighter).
- ② 젖게 뿌림(Wet) : 표면이 매끄러워지고 안료가 밀집되어 색은 어두워진다(Darker).
- ④ 급격한 건조 : 메탈릭 입자가 자리를 잡지 못하고 제멋대로 서는 배향 불량이 발생하여 금속감이 죽고 색이 탁해진다.

촉촉하면(Wet) 진해지고, 마르면(Dry) 밝아지기 때문에 스프레이건 조작만으로도 색을 바꿀 수 있다.

57 ③

- ㄱ : 명도(밝기)가 맞지 않으면 색상이 일치해도 우리 눈은 다른 색으로 인식한다. 가장 큰 틀인 명도를 먼저 잡고 색상을 미세 조정하는 것이 정석이다.
- ㄷ : 보색을 섞으면 무채색(회색)에 가까워지는 감법 혼색 원리에 따라 색이 탁해지고(채도 하락), 빛 흡수율이 높아져 어두워진다(명도 하락). 이를 반드시 예측하고 처방해야 한다.
- ㄹ : 어두운 색을 밝게 하려면 엄청난 양의 안료(화이트)나 베이스가 추가되어야 하므로 점도나 은폐력 등 도료 물성이 망가질 위험이 크다. 반면 밝은 색을 어둡게 하는 것은 소량의 조색제로도 가능하므로 밝게 시작하는 것이 안전하다.

ㄴ : 안료의 착색력은 로트(Lot)마다 다를 수 있고 기계 오차도 존재한다. 한 번에 다 넣었다가 색이 진해지면 되돌릴 수 없으므로, 계산된 양의 70~80%만 먼저 투입하고 측색 후 나머지를 미세 조정해야 한다.

실무에서 가장 경계해야 할 것은 '과유불급'이다. 안료는 소금과 같다. 항상 조금 모자란 듯 넣고 채워가는 것이 실수를 줄이는 핵심이다.

58 ②

조색 이력 카드(History Card)는 작업의 효율적인 기록과 관리를 위한 문서일 뿐, 법적으로 정해진 강제 양식이나 규정된 법적 서식은 없다. 현장의 상황에 맞춰 날짜, 색상 코드, 배합비, 작업자 등 필수 정보를 포함하여 가장 알아보기 쉽고 관리하기 편한 양식을 자유롭게 사용하면 된다. 반드시 법적 양식을 준수해야 한다는 설명은 옳지 않다.

- ① : 데이터 관리가 안 되면 매번 처음부터 다시 조색해야 하므로 막대한 비효율이 발생한다.
- ③ : 물리적 시편은 변질되므로 불변의 디지털 데이터($L*a*b*$ 등)로 백업하는 것이 현대적 관리의 핵심이다.
- ④ : 남은 페인트는 자산이므로 라벨을 붙여 잘 보관하면 나중에 재활용하거나 유사색 조색 시 베이스로 쓸 수 있다.

조색 이력 카드는 '일기장'이지 '공문서'가 아니다. 자신과 동료가 알아볼 수 있으면 그게 최고의 양식이기 때문에 시험에서 "법적 규격을 따라야 한다."라거나 "국가 표준 양식을 써야 한다."라는 말이 나오면 오답이다.

59 ②

필터식 측색기는 인간의 눈과 유사한 분광 감도를 가진 3개의 필터(Tri-stimulus Filters)를 사용하여 3자극치(XYZ)를 직접 측정하는 방식이다. 이를 '3자극치 직독식'이라고도 한다.

- ① : 구조가 간단하고 저렴하며 휴대가 간편하다(비싼 건 분광식).
- ③ : 필터식은 반사율 곡선을 얻을 수 없다(분광식의 특징).
- ④ : 정확한 레시피 산출을 위한 CCM에는 반드시 분광식이 필요하다.

60 ③

분광식 측색기는 정밀 기기이므로 재현성이 매우 높아야 한다. 따라서 분광 반사율 또는 투과율의 측정 불확도는 최대치의 0.5% 이내, 재현성은 0.2% 이내여야 한다.

- ① : 분광식 측색기는 가시광선 전력(380~780nm)을 측정한다.
- ② : 파장 위치가 틀어지면 안 되므로 1nm 이내의 고정밀도가 요구된다.
- ④ : 분광식 측색기는 파장별 반사율 그래프를 볼 수 있어 조건등색 여부를 판별할 수 있다.

- 파장 : 1nm
- 재현성 : 0.2%

61 ③

디바이스 독립 색체계(CIE XYZ, CIE L*a*b*)는 특정 장비의 특성에 영향을 받지 않는 '절대적인 색공간'이다. 따라서 서로 다른 색역을 가진 장치(예 모니터와 프린터) 사이에서 색채 정보를 교환할 때 기준이 되는 통로, 즉 PCS(프로파일 연결 공간) 역할을 수행한다.

- ① : 장치의 하드웨어 특성에 따라 색이 변하고 종속되는 것은 '디바이스 종속 색체계'에 대한 설명이다.
- ② : CIE L*a*b* 색체계는 '빛'을 기반으로 한 색광 혼합을 전제로 정의된 색체계이다. 색료(잉크) 혼합을 기본으로 하는 것은 CMY 체계이다.
- ④ : RGB(모니터 특성), CMY(프린터 특성), HSV는 장비에 따라 색이 달라지는 '디바이스 종속 색체계'이다. 독립 색체계는 CIE XYZ, CIE L*a*b*가 대표적이다.

독립 vs 종속 구분

시험에서 '독립'과 '종속'을 구분하는 기준은 "장비(Device)의 영향을 받는가?"이다.

- 독립(Independent) : CIE가 붙은 것들(XYZ, L*a*b*). 인간의 눈을 기준으로 하므로 장비가 바뀌어도 데이터값의 기준은 변하지 않는다(PCS로 사용됨).
- 종속(Dependent) : RGB, CMY, HSV. 같은 RGB(255, 0, 0)이라도 삼성 모니터와 LG 모니터의 빨간색이 다르게 보이는 것처럼 장비에 의존한다.

62 ③

CIE L*a*b* 색체계에서 b* 축은 노랑(Yellow)과 파랑(Blue)의 대립 관계를 나타낸다. b*값이 양수(+)일 때는 노랑(Yellow) 방향이다. b*값이 음수(-)일 때는 파랑(Blue) 방향이다. 지문에서는 양수가 파랑이라고 했으므로 틀린 설명이다.

- ① : L*은 Lightness(명도)를 뜻하며, 0(완전한 검정)에서 100(완전한 하양)까지의 범위를 갖는 것이 맞다.
- ② : a* 축은 빨강(Red)과 초록(Green)의 대립축이다. 양수(+)는 Red, 음수(-)는 Green이 정확하다.
- ④ : CIE L*a*b*는 1976년에 발표되었으며, 인간의 시각과 가장 유사하게 균등화된 색공간으로 산업계 전반에서 표준으로 사용된다.

L*a*b* 좌표 암기법

- a축 : 사과는 빨갛고(+Red) 덜 익으면 초록(-Green)이다.
- b축 : 바나나는 노랗고(+Yellow) 바다는 파랗다(-Blue)(Yellow-Blue 순서 주의).

63 ②

감마 곡선 그래프에서 수치가 높아질수록(예 1.8 → 2.2 → 2.6) 곡선이 직선 아래로 더 깊게 처지게(Sagging) 된다. 이로 인해 중간 밝기 영역(Mid-tone)의 출력값이 낮아져 이미지가 전체적으로 어두워지고 콘트라스트(대비)가 강해진다.

- ① : 감마 수치가 높아지면 이미지는 어두워진다(Darker). 밝고 화사해지려면 감마 수치를 낮춰야 한다.
- ③ : 감마 보정이 필요한 이유는 모니터(CRT)의 발광 특성이 입력 전압에 대해 비선형적(Non-linear)이기 때문이다. 입력과 출력이 정비례하지 않아서 이를 바로잡기 위해 사용한다.
- ④ : 영화관(DCI-P3)은 매우 어두운 환경이므로 감마를 2.6으로 높게 설정한다. 1.8은 사진이나 인쇄 전 단계에서 밝은 암부를 확인하기 위해 사용하는 값이다.

64 ③

UCR(하색 제거)은 이미지의 가장 어두운 섀도(Shadow) 영역에서 C, M, Y 3원색 잉크가 과다하게 중첩되는 것을 막기 위해, 3색의 양을 줄이고 그만큼을 검정(K) 잉크로 대체하는 기술이다. 잉크 총량(TIC)을 줄여 인쇄 후 잉크 건조 시간을 단축시키고, 덜 마른 잉크가 뒷장 종이에 묻어나는 뒷묻음(Set-off) 현상을 방지한다.

- ① : 섀도 영역에만 제한적으로 적용되는 것은 UCR이다. GCR은 이미지 전체의 회색 및 중성색 영역 전반에 적용된다.
- ② : 회색 성분 전체를 검정(K)으로 대체하는 포괄적인 기술은 GCR(회색 성분 교체)이다. UCR은 어두운 부분(하색)만 제거한다.
- ④ : 중성색 영역의 컬러 밸런스를 유지하고 회색을 안정적으로 재현하는 것이 GCR의 주목적이다. 암부의 디테일을 살리는 것은 잉크 떡짐을 막는 UCR의 효과에 가깝다.

GCR vs UCR 완벽 구분

- GCR(Gray…) : 회색(Gray) 영역이라면 밝고 어두운 곳 가리지 않고 전체적으로 다 바꾼다(범위 넓음).
- UCR(Under…) : 아래쪽(Under), 즉 빛이 잘 닿지 않는 어두운 그림자 영역만 바꾼다(범위 좁음).

65 ③

샤프닝(Sharpening)은 말 그대로 이미지를 '날카롭게' 만드는 것이다. 이미지의 경계선(Edge) 부분의 명암 대비(Contrast)를 높여서 흐릿한 이미지를 또렷하고 선명하게 보정하는 기법이다. 경계선 대비를 낮추어 부드럽고 몽환적인 느낌을 주거나, 잡티를 가리는 기법은 블러링(Blurring)에 대한 설명이다.

- ① : 비트맵의 사선이 깨지는 앨리어싱(Aliasing)을 막기 위해(Anti), 경계색을 부드럽게 섞는 것이 안티 앨리어싱이다.
- ② : 바이큐빅은 주변 픽셀을 3차 함수로 복잡하게 계산하므로 화질은 가장 좋지만(Smooth), 연산량이 많아 속도는 느리다.
- ④ : 미디언 필터는 튀는 값(잡음)을 버리고 중간값을 취하므로, 이미지의 윤곽선(선명도)을 뭉개지 않고 깨끗하게 노이즈만 제거할 수 있다.

66 ② ─────────────

이미지 용량(Byte)을 구하는 공식은 (총 픽셀 수×색상 심도 Bit)÷8이다 (8Bit=1Byte이기 때문).

- 총 픽셀 수 구하기 : 가로 200×세로 100＝20,000pixels
- 총 데이터 비트(Bit) 구하기 : 20,000px×24bit＝480,000bits
- 바이트(Byte)로 변환하기 : 480,000÷8＝60,000Byte

더 알아보기

RGB 24비트 트루 컬러는 픽셀 하나당 3바이트(Byte)다(24÷8=3). 3초 공식을 기억하자. '(총 픽셀 수)×3' 공식을 적용하면 20,000×3=60,000가 된다.

67 ③ ─────────────

공간 지각 단서는 눈을 하나만 사용해도 알 수 있느냐(단안), 두 눈이 모두 필요하냐(양안)로 나뉜다. 양안 시차(Binocular Disparity)는 사람의 두 눈이 약 6.5cm 떨어져 있기 때문에 생기는 시각적 차이를 뇌가 합성하여 깊이감을 느끼는 생물학적 원리이다. 따라서 이는 양안 단서(Binocular Cues)에 해당한다.

오답 피하기

- ① 선 원근법 : 평행한 선이 소실점으로 모이는 현상으로, 한쪽 눈을 감고 그림을 봐도 느낄 수 있는 단안 단서이다.
- ② 중첩 : 앞 물체가 뒷 물체를 가리는 현상 역시 사진이나 그림에서 깊이를 느끼게 하는 단안 단서이다.
- ④ 대기 원근법 : 멀리 있는 산이 흐리게 보이는 현상으로, 회화적 표현이 가능한 단안 단서이다.

더 알아보기

단안 vs 양안 구분법
양안 시차(두 눈의 이미지 차이), 폭주(수렴)(가까운 것을 볼 때 눈이 안으로 모이는 근육 운동) 2개를 제외한 나머지(원근법, 중첩, 음영 등)는 전부 단안 단서이다.

68 ② ─────────────

대기 원근법은 공기 중의 수분이나 먼지 입자가 빛을 산란시켜 시야를 방해하는 현상이다. 거리가 멀어질수록 산란 효과가 커져서, 물체의 윤곽이 희미해지고 채도가 낮아지며, 파장이 짧은 푸른 빛이 도드라져 청색조(Blueish)를 띠게 된다(⑩ 멀리 있는 산이 파랗게 보이는 현상).

오답 피하기

- ① : 가까이 있는 물체는 공기층이 얇아 선명하고 고채도로 보인다.
- ③ : 무늬의 밀도 변화는 텍스처 기울기(Texture Gradient)에 대한 설명이다.
- ④ : 소실점은 선 원근법(Linear Perspective)에 대한 설명이다.

69 ③ ─────────────

고대 그리스 파르테논 신전부터 현대의 신용카드 비율까지 적용되는 황금비는 1:1.618이다. 피보나치 수열의 인접한 두 수의 비율에서 수렴하는 값이다.

오답 피하기

- ① 1:1.414 : 루트 2($\sqrt{2}$) 비율로, A4 용지 등 제지 규격에 쓰이는 금강비(루트비)이다.
- ④ 1:1.732 : 루트 3($\sqrt{3}$) 비율이다.

더 알아보기

황금비의 소수점 셋째 자리까지 묻는 문제가 나오므로, '일점 육일팔(1.618)'을 외워야 한다.

70 ② ─────────────

색상이 다르게 보이는 가장 근본적인 원인은 물리적인 발색 방식과 색역의 차이이다. 모니터는 빛을 혼합하는 가법 혼색(RGB) 방식을 사용하며 표현 범위가 넓지만, 인쇄는 잉크를 혼합하는 감법 혼색(CMYK) 방식을 사용하며 표현 범위가 상대적으로 좁다. 이로 인해 RGB 영역에 있는 고채도 색상(형광색 등)을 CMYK 잉크로는 물리적으로 재현할 수 없어(Out of Gamut) 색상 차이가 발생한다.

오답 피하기

- ① : 해상도(Resolution)는 이미지의 '선명도'와 관련된 요소이지, 색상 재현 범위(Gamut)의 차이를 만드는 근본 원인은 아니다. 해상도가 높아도 색역이 다르면 색은 다르게 보인다.
- ③ : 잉크 품질이 아무리 우수해도, 빛을 반사해서 색을 내는 감법 혼색의 물리적 한계를 넘어 빛(RGB)의 넓은 색역을 모두 커버할 수는 없다.
- ④ : 프로파일 설정은 색상을 최대한 비슷하게 맞추기 위한 소프트웨어적 보정 수단일 뿐, 근본적인 불일치의 원인(물리적 한계) 자체는 아니다.

더 알아보기

시험에서 '근본적인 원인'을 물으면 항상 '발색 원리의 차이' 또는 '색역(Gamut)의 차이'를 찾아야 한다. "빛(RGB)은 잉크(CMYK)보다 표현 범위가 넓다."라는 명제는 디지털 색채학의 대전제이다.

71 ① ─────────────

LCD(Liquid Crystal Display)는 스스로 빛을 내지 못하는 비발광형 소자이다. 액정은 단지 빛을 통과시키거나 차단하는 '셔터' 역할만 할 뿐이며, 화면을 보이기 위해서는 뒤에서 빛을 비춰주는 백라이트(Backlight)가 반드시 필요하다.

오답 피하기

- ② : 후광(Backlight)이 필요하다는 것은 LCD의 핵심 특징이다.
- ③ : 액정의 가장 기본적인 작동 원리이다. 액정은 전압으로 꼬임 상태를 조절하여 빛을 제어한다.
- ④ : CRT(브라운관)는 부피가 크고 전력 소모가 많다. LCD는 이 단점을 개선한 장치이다.

더 알아보기

디스플레이 문제의 '자체 발광' 여부
- LCD : 비발광(백라이트 필요)
- OLED, PDP, CRT : 자체 발광(백라이트 불필요)

72 ② ─────────────

프로파일의 목적은 '순수한 장비의 색상 특성'을 측정하는 것이다. 만약 프린터 드라이버나 포토샵이 기존의 색상 관리(CMS)를 적용한 상태에서 차트를 출력하면, 이미 보정된(왜곡된) 데이터가 출력된다. 이 데이터를 측정하면 정확하지 않은 프로파일이 만들어지므로, 반드시 색상 관리 기능(CMS)을 끄고(Off, 없음) 출력해야 한다.

오답 피하기

- ① : 특정 용지 종류를 강제하지 않으며, 프로파일은 사용하려는 용지에 맞춰 생성된다.
- ③ : K 잉크 설정은 프로파일 생성 시 블랙 생성(Black Generation) 단계에서 결정된다. 차트 출력 시에 최대치로 설정하는 것은 아니다.
- ④ : 잉크가 종이에 스며들면서 색이 변하는 드라이 다운(Dry-down) 현상이 발생하므로, 출력 직후가 아닌 충분한 건조 시간을 가진 후 측색해야 한다.

더 알아보기

순수한 장비의 특성과 관련된 문제에서 "프로파일링 할 때는 장치에 간섭하지 마라.", "CMS를 켜고", "보정을 적용하고" 같은 문구가 나오면 무조건 오답이다.

73 ③

프로파일링은 측정－계산의 과정이다. 가장 먼저 기기를 최적의 상태로 만든 후 측정 단계로 넘어간다. 전체적인 순서는
1. 프린터 상태 점검 : 노즐 막힘, 헤드 정렬 등 최적의 상태 확인(Calibration)
2. 기준 차트 출력 : 표준 차트(IT8.7/3 등)를 색 관리 없이 출력
3. 측색 : 분광광도계로 출력물 측정
4. 프로파일 생성 : 측정 데이터를 기반으로 ICC 프로파일 생성(Generation)이다.

오답 피하기

프로파일링의 시작은 항상 장비의 노즐 상태 점검이다. 측색을 먼저 할 수도 없고, 프로파일을 생성한 후에 측색할 수도 없다. 순서가 바뀌면 데이터 신뢰도가 0이 된다.

더 알아보기

점검 → 출력 → 측정 → 생성
❶ 눈 뜨자마자 점검(노즐 확인)
❷ 깨끗한 종이에 출력(차트 인쇄)
❸ 잉크 마른 뒤 측정(분광광도계)
❹ 측정값으로 생성(완성)

74 ③

레이아웃에서 여백(White Space)은 정보를 강조하고, 독자의 눈이 쉴 수 있게 해주며, 전체적인 조형미를 완성하는 '의도된 디자인 요소'이다. 여백을 수동적인 공간으로 해석하거나 무조건 줄여야 한다는 내용은 레이아웃의 기본 철학과는 거리가 멀다.

오답 피하기

• ① : 레이아웃의 제1목적은 정확한 정보 전달(가독성)이며, 아름다움(심미성)은 그 다음이다.
• ② : 중요한 정보와 덜 중요한 정보를 구분하여 배치하는 것은 레이아웃의 핵심 기능이다.
• ④ : 그리드는 레이아웃의 뼈대 역할을 하며 질서와 통일감을 준다.

더 알아보기

현대 디자인에서 여백은 '비움의 미학'이자 '강조의 기술'이다.

75 ③

지속가능한 디자인은 '오래 쓰는 것'을 목표로 한다. 유행을 좇아 금방 질리고 버려지게 만드는 패스트 컬러(Fast Color)의 사용은 자원 낭비를 조장하므로, 친환경 평가 항목에서 가장 먼저 배제해야 할 요소이다. 대신 오래 봐도 편안한 '타임리스 컬러'나 '어스 톤'을 써야 한다.

오답 피하기

• ① : 너무 튀는 고채도 색상은 시각적 공해이므로 조화를 고려해야 한다.
• ② : 잉크 사용을 줄이는 미니멀리즘 배색은 훌륭한 친환경 전략이다.
• ④ : 생분해성과 재활용 용이성은 필수 체크 항목이다.

더 알아보기

지속가능성 문제에서 '유행(Trend)', '패스트(Fast)', '최신'이라는 단어가 나오면 옳지 않은 내용일 수 있다. 환경은 유행보다 '지속'을 좋아한다.

76 ③

인간은 눈(시각)과 귀(청각)를 동시에 자극받을 때 기억력이 폭발적으로 상승한다. 연구 결과에 따르면 말만 하면 3일 후 10%, 그림만 보면 20%밖에 기억 못 하지만, 말과 그림을 함께 사용하면 66%까지 기억률이 올라간다. 시청각을 모두 활용하는 것이 프레젠테이션의 정석이다.

오답 피하기

• ① : 시각 자료만 쓰면 3일 후 기억률이 20%에 불과하다.
• ② : 텍스트를 읽게 하는 것은 발표가 아니라 독서 시간이다. 발표자가 주도권을 잃게 된다.
• ④ : 언어만 사용하면 3일 후 기억률이 10%로 최악이다. 백문이 불여일견이다.

더 알아보기

"귀로 듣고 눈으로 확인한다." 최고의 PT는 발표자가 말하는 순간, 화면에 그 내용이 딱 나타나는 것이다.

77 ③

보고서는 '시(Poetry)'나 '에세이'가 아닌 철저한 '공문서'이다. 결과보고서는 누구나 납득할 수 있는 객관적인 사실(Fact)과 수치화된 데이터를 기반으로 논리적으로 작성해야 한다. 감성은 디자인 결과물로 보여주고, 보고서 텍스트는 건조하고 명확해야 한다.

오답 피하기

• ① : 결과보고서의 중요한 목적 중 하나는 자산화(DB 구축)이다.
• ② : 경영진이나 마케팅 부서는 디자인 용어를 모를 수 있다. 가독성(Readability) 원칙에 따라 쉽게 써야 한다.
• ④ : 돈을 주는 클라이언트의 양식이 법인 통일성(Standardization)의 원칙이다.

더 알아보기

보고서 쓸 때 형용사나 부사를 뺄수록 좋은 보고서가 된다(에 상당히 개선되었다. → 전년 대비 15% 개선되었다).

78 ④

사후관리의 핵심 목적은 '자산화(Assetization)'이다. 프로젝트가 끝났다고 데이터를 지우는 것은 회사의 소중한 지적 재산을 스스로 버리는 행위이다. 보안이 중요하다면 암호를 걸거나 접근 권한을 제한해서 보관해야지, 삭제하는 것이 아니다.

오답 피하기

• ① : 기존 데이터를 재활용하면 업무 효율이 비약적으로 상승한다.
• ② : 유지보수는 사후관리의 가장 큰 이유 중 하나이다.
• ③ : 백업을 통해 만약의 사고에 대비해야 한다.

더 알아보기

보안 관리의 기본 개념은 지우는 게 아니라 잠그는 것이다.

79 ③

컴퓨터 시스템, 특히 웹이나 서버 환경에서는 공백(띄어쓰기)이나 특수문자가 오류의 주범이 된다. 파일이 깨지거나 링크가 안 걸리는 사고를 막으려면 공백 대신 언더바(_)를 사용하고, 특수문자는 절대 쓰지 않는 것이 전 세계적인 약속(Rule)이다.

오답 피하기

①, ②, ④ : 모두 실무에서 권장하는 표준 파일명 작성 원칙이다. 특히 날짜 표기와 버전 관리는 필수이다.

더 알아보기

컴퓨터는 띄어쓰기를 싫어하기 때문에 파일명은 무조건 _(언더바)로 잇는다. 실무에서도 신입사원이 가장 많이 혼나는 포인트이다.

80 ③

지식재산권 중 유일하게 '영원한 생명(반영구적 소유)'을 가질 수 있는 권리는 [상표권]이다. 브랜드(상표)는 기업이 망하지 않는 한 계속 유지되어야 하므로, 10년마다 갱신 등록을 하면 영구적으로 독점할 수 있다. 반면, 특허나 디자인권은 일정 기간(20년)이 지나면 기술 발전을 위해 사회에 환원(공개)되어야 한다.

오답 피하기

- ① : 특허권은 출원일로부터 20년이며, 원칙적으로 갱신할 수 없다.
- ② : 디자인권은 현행법상 출원일로부터 20년이다(과거 15년에서 개정됨).
- ④ : 실용신안권은 출원일로부터 10년이다.

더 알아보기

예를 들어 코카콜라 상표는 100년이 넘어도 코카콜라 것이다. 즉, 상표는 '갱신'이 된다. 하지만 20년 전 휴대폰 디자인은 누구나 따라 할 수 있다. 따라서 디자인권은 '소멸'한다.

출제 예상문제 02회

2–101p

01 ③	02 ③	03 ③	04 ②	05 ②
06 ③	07 ①	08 ④	09 ③	10 ③
11 ②	12 ②	13 ④	14 ②	15 ②
16 ③	17 ④	18 ③	19 ①	20 ②
21 ①	22 ④	23 ②	24 ①	25 ②
26 ③	27 ①	28 ③	29 ③	30 ②
31 ③	32 ②	33 ③	34 ④	35 ②
36 ②	37 ④	38 ②	39 ③	40 ②
41 ①	42 ①	43 ③	44 ③	45 ④
46 ③	47 ③	48 ②	49 ③	50 ③
51 ③	52 ④	53 ②	54 ①	55 ③
56 ②	57 ③	58 ①	59 ②	60 ②
61 ④	62 ④	63 ③	64 ④	65 ④
66 ①	67 ②	68 ③	69 ④	70 ③
71 ③	72 ②	73 ③	74 ②	75 ②
76 ③	77 ④	78 ②	79 ④	80 ④

01 ③

디자인 용역은 정형화된 물품과 달리 '질적 수준(퀄리티)'이 핵심이다. '협상에 의한 계약'은 기술평가(디자인 능력 등) 점수를 80~90%, 가격평가 점수를 10~20%로 합산하여 평가한다. 가격이 조금 비싸더라도 실력이 뛰어난 업체를 뽑을 수 있어 디자인 분야의 표준 발주 방식으로 통한다.

오답 피하기

- ① 적격심사 낙찰제 : 일정 수준 이상의 이행 능력만 갖추면 '최저가' 순으로 낙찰되므로, 고품질 디자인을 기대하기 어렵다.
- ② 최저가 낙찰제 : 무조건 가장 싼 가격을 써낸 곳을 뽑는 방식으로, 디자인 품질 저하의 주범이므로 용역에서는 거의 쓰지 않는다.
- ④ 2단계 경쟁입찰 : 기술과 가격을 분리 입찰하는 방식으로, 주로 규격이 명확한 물품 구매나 특수 장비 도입 시 사용된다.

더 알아보기

'협상에 의한 계약' 방식이 디자인 분야의 표준인 이유는 배점 비율에 있다. → 기술(디자인) : 가격＝80:20(또는 90:10). 즉, 가격 경쟁보다는 기술(디자인) 경쟁을 유도하여 고품질의 결과물을 얻기 위함이다. '디자인＝기술 평가 중심'이라는 공식을 기억해야 한다.

02 ③

회사가 입찰을 결정하는 경영적 의사결정(Go/No-Go) 단계를 묻고 있다. 담당자의 개인적 취미는 추후 실무 디자인 단계에서 고려할 참고 사항일 뿐, 사업의 수주 여부 자체를 결정짓는 타당성 검토의 객관적 지표는 될 수 없다.

오답 피하기

- ① : 공공 입찰에서 실적(Track Record)은 정량적 평가의 핵심이다. 실적이 부족하면 감점으로 인해 낙찰 가능성이 현저히 떨어지므로 필수 검토 사항이다.
- ② : 수익성은 기업 활동의 본질이다. 예산 대비 투입 인력과 비용을 계산하여 마진이 남는지 확인하는 것은 가장 기초적인 절차이다.
- ④ : 지식재산권 침해나 법규 위반 가능성 등 리스크(Risk) 관리 능력은 사업의 안정성을 위해 반드시 점검해야 한다.

타당성 검토의 3대 축

- 기술적 타당성 : 우리 회사가 이 일을 할 능력이 있는가?(인력, 실적)
- 경제적 타당성 : 돈이 되는가?(수익성, 예산 규모)
- 법적 타당성 : 문제가 없는가?(특허, 규제)

이 3가지 범주에 들어가지 않는 개인적 취향 등은 오답이다.

03 ③

라이선스(License) 계약은 저작권(소유권)은 디자이너(창작자)가 계속 유지하되, 계약된 기간 · 장소 · 용도 범위 내에서만 사용할 수 있는 이용권(실시권)을 클라이언트에게 부여하는 방식이다. 그 대가로 로열티(사용료)를 받는다.

- ① 턴키 계약 : 기획부터 시공, 감리까지 일괄 수주하여 완성품을 넘겨주는 방식으로, 주로 건설/인테리어 시공 분야 용어이다.
- ② 단순 용역 계약 : 대가를 받고 노동력을 제공하는 도급 계약 형태로, 통상 결과물의 저작권이 발주자(돈을 낸 사람)에게 귀속되는 경우가 많다.
- ④ 양도 계약 : 저작재산권을 대가를 받고 타인에게 완전히 넘기는(매매) 계약이다. 권리자가 변경되므로 디자이너는 더 이상 권리를 주장할 수 없다.

- 양도 계약 : 권리의 주인이 바뀜(매매)
- 라이선스 계약 : 권리의 주인은 그대로(임대)

시험에서는 '소유권 이전 여부'가 두 계약을 구분하는 결정적 키워드이다.

04 ②

경관법 제6조(수립권자) 및 제15조(정비)에 명시된 법적 기준이다. 인구 10만 명을 초과하는 시 · 군은 의무적으로 경관계획을 수립해야 하며, 수립된 계획은 5년마다 타당성을 재검토하여 정비해야 한다.

①, ③, ④ : 법령에 근거가 없는 오답이다. 특히 10년이나 3년 등은 다른 법규와 혼동을 유도하는 함정이다.

대한민국 국토 계획법상 '재정비(타당성 검토)' 주기는 대부분 5년이다.

- 도시기본계획 : 5년마다 재정비
- 경관계획 : 5년마다 재정비
- 예외 : 건축기본계획 등 일부는 다를 수 있으나, 시험에 나오는 굵직한 계획은 90%가 5년
- 인구 기준 : 10만 명(소도시와 중소도시를 가르는 행정적 기준점)

05 ②

기획단계는 프로젝트의 뼈대를 세우는 단계이다. "우리가 무엇을(What) 할 것인가?", "언제까지(When) 할 것인가?"를 정의해야 하므로 과제의 목적 확인, 범위 설정, 일정 관리가 핵심 업무이다.

- ① : 구체적인 색(주조색 등)을 선정하는 것은 디자인 실행 단계의 업무이다.
- ③ : 디자인의 방향성인 콘셉트를 잡는 것은 조사가 끝난 후인 계획단계의 업무이다.
- ④ : 유지보수 매뉴얼은 프로젝트가 끝난 후를 대비하는 마지막 단계의 업무이다.

06 ③

설계단계는 정리된 패턴을 가지고 실제 대상물에 '적용 및 수행'하는 단계이다.

- ① : 목적 확인과 조건 파악은 기획의 본질이다.
- ② : 객관적 정보 수집(조사)은 계획의 핵심이다.
- ④ : 지속 사용을 위한 기록은 관리의 목적이다.

07 ①

물자가 부족해 만들기만 하면 팔리던 '생산' 지향에서 시작해, 품질을 따지는 '제품' 지향, 경쟁이 심해져 팔기 위해 노력하는 '판매' 지향, 고객 만족이 최우선인 '소비자' 지향, 그리고 기업의 윤리를 따지는 '사회' 지향 마케팅으로 발전했다.

- ② : 제품보다 생산(물량 확보)이 역사적으로 먼저이다.
- ③ : 판매는 생산과 제품 개발 이후의 단계이다.
- ④ : 소비자 만족이 선행된 후에 더 넓은 개념인 사회 지향으로 나아간다.

"일단 만들자(생산) → 좀 더 잘 만들자(제품) → 안 팔리네? 팔아보자(판매) → 고객님 맘에 들게 하자(소비자) → 착한 기업이 되자(사회)" 순서로 외워야 한다.

08 ④

Opportunity(기회)는 SWOT 분석(강점, 약점, 기회, 위협)에 나오는 용어이다. AIO 분석과는 관계가 없다.

- ① Activity(활동) : 소비자가 일, 취미, 휴가 등을 어떻게 보내는지 행동을 분석한다.
- ② Interest(흥미) : 가족, 유행, 음식 등 무엇에 지속적인 관심을 갖는지 분석한다.
- ③ Opinion(의견) : 정치, 경제, 사회 문제에 대해 어떤 견해를 가졌는지 분석한다.

AIO는 글자 그대로 외우는 것이 가장 빠르다. "활동(A)하고 흥미(I)를 갖고 의견(O)을 낸다."라고 문장으로 만들어서 암기하면 된다. '직업'이나 '소득' 같은 인구통계학적 변수가 보기에 나오면 그것도 오답이다.

09 ③

준거집단은 가족, 친구, 동료처럼 개인의 행동 기준이 되는 집단으로, 사람 간의 상호작용을 다루는 사회적 요인의 핵심이다.

- ① 하위문화 : 종교, 인종, 지역 등 거시적인 틀이므로 문화적 요인이다.
- ② 사회계층 : 소득이나 직업으로 나뉘는 사회적 등급이므로 문화적 요인에 속한다.
- ④ 라이프 스타일 : 개인의 삶의 방식이므로 개인적 요인이다.

- 사회적 요인 = 내 옆의 사람(가족, 친구, 준거집단)
- 문화적 요인 = 내가 속한 큰 울타리(국가, 문화, 계층)

10 ③

설문 문항의 배열은 전반적이고 넓은 범위(개방형/일반적)에서 시작하여 점차 구체적이고 좁은 범위(폐쇄형/특정적)로 들어가는 것이 원칙이다. 처음부터 어렵고 구체적인 질문을 던지면 응답자가 부담을 느껴 이탈할 수 있다.

오답 피하기

- ① : 조사의 신뢰성을 위해 안내글은 필수이다.
- ② : 민감한 개인 정보는 라포(유대감)가 형성된 후 마지막에 묻는 것이 정석이다.
- ④ : '한 번에 하나씩(Double-barreled question 금지)'은 설문 작성의 기본 원칙이다.

11 ②

모집단의 목록이 일정한 질서(순서)가 있을 때, 일정한 간격(Systematic Interval)을 두고 추출하는 방식은 계통 추출법(등간격 추출법)이다.

오답 피하기

- ① 단순 무작위 추출법 : 난수표 등을 이용해 제비뽑기하듯 뽑는 방식이다.
- ③ 할당 표본 추출법 : 인위적으로 할당량을 정해 뽑는 비확률 추출법이다.
- ④ 다단 추출법 : 상위 단위에서 하위 단위로 내려가며 뽑는 방식(시 → 구 → 동)이다.

12 ②

패널 조사의 핵심 키워드는 '동일한 대상', '복수의 시점(반복)', '변화(추세) 파악'이다. 신제품 출시 전후의 여론 변화 등을 볼 때 유용하다.

오답 피하기

- ① 서베이 조사법 : 서베이는 특정 시점의 단면적인 정보를 얻는 경우가 많다.
- ③ 현장 관찰법 : 관찰법은 행동을 관찰하는 것이지 반복 질문을 하는 것이 아니다.
- ④ 실험 연구법 : 실험법은 변수 통제를 통한 인과관계 규명이 목적이다.

13 ④

SD법은 보통 5~7단계 척도를 사용한다. 2점 척도(그렇다/아니다)는 미세한 감성 차이를 측정하기 어렵다. 또한 SD법과 다차원 척도법(MDS)은 서로 다른 분석 기법이다.

오답 피하기

①, ②, ③ : SD법의 핵심 정의이자 올바른 특징이다.

더 알아보기

'오스굿 – 형용사 반대말 – 객관화' 3단어는 암기해야 한다.

14 ②

동조화 욕구는 유행을 따름으로써 대다수 무리에 속하고 싶어 하고, 그 안에서 심리적 안정(소속감)을 찾으려는 욕구이다.

오답 피하기

- ① 변화 욕구 : 기존의 것에 싫증을 느끼고 새로운 자극을 찾는 심리이다.
- ③, ④ 개별화/차별화 욕구 : 남들과 다르게 보이고 싶어 하고, 유행을 앞서가려는 심리로 동조화와 반대되는 개념이다.

더 알아보기

유행 심리는 딱 두 가지 축으로 움직이며, 두 욕구가 충돌하며 유행 사이클이 돌아간다.
- 나도 껴줘(소속감) : 동조화 욕구
- 난 너랑 달라(독창성) : 개별화(차별화) 욕구

15 ②

'컬러 맵(Color Map)' 질문의 핵심은 '수집된 컬러'를 보여주는 것이다. 색상 칩이나 스와치(Swatch)를 배열하여 색의 흐름, 톤, 배색 효과를 시각화한 것이 컬러 맵이다.

오답 피하기

- ① 이미지 맵 : 잡지 사진, 그림 등을 콜라주하여 콘셉트나 이미지를 전달하는 것이 주목적이다.
- ③ 포지셔닝 맵 : 시장 분석 시 브랜드 위치를 점으로 찍어 비교하는 그래프이다.

더 알아보기

- 컬러 맵 : 주인공이 색(Color)(Red, Blue, Tone…)
- 이미지 맵 : 주인공이 느낌(Feeling)(Modern, Romantic…)

지문의 목적어가 '컬러'인지 '이미지/콘셉트'인지 확인하면 답이 보인다.

16 ③

'3단계 : 전략 수립' 단계는 분석된 자료를 바탕으로 구체적인 디자인 방향을 잡는 핵심 단계이다. 사회 · 문화 · 라이프 스타일 동향을 파악하고, 우리 브랜드가 나아갈 방향을 시각화하기 위해 키워드 도출과 이미지 매핑 작업을 수행한다.

오답 피하기

- ① 상황 분석 : 경쟁사의 매출이나 포지셔닝 변화를 파악하는 기초 조사 단계이다.
- ② 목표 설정 : 시장 수요를 측정하고 기존 전략을 평가하여 새로운 목표를 세우는 단계이다.
- ④ 실행 계획 : 분석된 트렌드를 바탕으로 구체적인 일정(Schedule)을 짜는 단계이다.

더 알아보기

각 단계의 핵심 행위(Action)를 연결해서 외우면 된다.
- ❶ 1단계(분석) : 경쟁사 쳐다보기
- ❷ 2단계(목표) : 숫자(수요) 계산하기
- ❸ 3단계(전략) : 지도 그리기(매핑), 키워드 뽑기
- ❹ 4단계(계획) : 달력(일정) 보기

17 ④

'첩보'라는 뜻처럼 기업 외부에서 일어나는 일들(경쟁사 동향, 고객의 소리, 유통 채널 변화 등)을 수집하여 의사결정자에게 전달하는 시스템이다.

오답 피하기

- ① 내부 정보 시스템 : 기업 내부의 주문, 매출, 재고, 수금 현황 등의 데이터이다.
- ② 마케팅 조사 시스템 : 특정 문제가 발생했을 때 수행하는 공식적이고 프로젝트성인 조사(Project)이다.
- ③ 의사결정 지원 시스템 : 수집된 데이터를 분석하기 위한 소프트웨어나 통계 도구(Tool)이다.

더 알아보기

시험에서 '외부', '지속적 수집', '첩보' 뉘앙스가 풍기면 답은 인텔리전스이다. 반면 '특정 문제 해결'을 위해 '일시적'으로 하는 건 마케팅 조사이다.

18 ③

심리적 변수는 소비자의 내면적인 성향이나 삶을 살아가는 방식을 기준으로 나누는 것이다. 보수적인지 진보적인지, 화려한 것을 좋아하는지 등 심리적 특성(Psychographic)이 기준이 된다.

- ① 지리적 변수 : 거주 지역, 기후, 도시 크기 등 물리적 위치이다.
- ② 인구통계적 변수 : 나이, 성별, 소득, 직업 등 통계 수치로 잡히는 정보이다.
- ④ 행동분석적 변수 : 구매 빈도, 브랜드 충성도, 추구 혜택 등 실제 구매 행동 패턴이다.

가장 헷갈리는 두 가지
- "그 사람 성격이 어때?"＝심리적(라이프 스타일, 개성)
- "그 물건 어떻게 써?"＝행동적(사용량, 충성도)

19 ①

시장세분화(S) → 표적화(T) → 포지셔닝(P) : 마케팅의 정석 프로세스이다.
- S(Segmentation) : 전체 시장을 쪼갠다.
- T(Targeting) : 쪼갠 것 중 우리 땅(목표)을 정한다.
- P(Positioning) : 그 땅에 깃발(이미지)을 꽂는다.

순서가 뒤바뀐 보기는 모두 오답이다. 타깃을 정하지 않고 포지셔닝을 할 수 없으며, 시장을 나누지 않고 타깃을 정할 수 없다.

영어 약자로 STP는 Slice(자르고) → Target(찍고) → Plant(심는다) 순서로 공식이다.

20 ②

소비자들의 욕구가 비슷하다고 보고 차이를 두지 않는(비차별) 전략이다. 대량 생산과 대량 유통을 통해 원가 절감이 가장 큰 장점이다(예 생수, 초기 코카콜라).

- ① 차별화 마케팅 : 여러 세분 시장마다 각기 다른 전략(A용, B용, C용)을 쓰고, 비용이 많이 든다.
- ③, ④ 집중화(틈새) 마케팅 : 자원이 부족할 때 특정 시장 하나에만 몰빵하는 전략이다.

- 비차별화 : 모두에게 똑같은 급식(싸다, 효율적이다)
- 차별화 : 뷔페식(다양하다, 비싸다)
- 집중화 : 맛집 단일 메뉴(전문적이다, 위험하다)

21 ①

지문에서 제시된 '오스굿', '상반되는 형용사 쌍', '3대 요인(평가 · 역능 · 활동)'은 의미미분법(SD법, Semantic Differential Method)을 정의하는 핵심 키워드이다. 색채 감성 측정 시 가장 빈번하게 사용된다.

- ② 연상 이미지법 : 특정 색을 보고 떠오르는 사물이나 개념(예 빨강→사과)을 조사하는 방법이다.
- ③ 투사적 조사법 : 직접 질문하기 곤란할 때 그림이나 문장을 통해 심리를 간접적으로 투영해 알아보는 방법이다.
- ④ 표적 집단 면접법(FGI) : 소수의 응답자를 모아 사회자의 진행 아래 대화하며 정보를 얻는 정성적 조사이다.

SD법은 형용사 척도 사이의 거리를 측정하는 '정량적' 방법이다. "오스굿＝SD법＝형용사 반대말 짝꿍" 공식을 기억해야 한다.

22 ④

성숙기는 시장 포화 상태로 경쟁이 가장 치열한 시기이다. 단순한 라인업 확장보다는 타겟을 쪼개어 세분화된 시장(Niche Market)에 맞춘 정교하고 차별화된 색채 전략이 필요하다.

- ① 도입기 전략 : 인지도가 없으므로 튀어야(주목성) 한다.
- ② 성장기 전략 : 소비자가 늘어나므로 선택의 폭을 넓혀주는 다양한 컬러(Variation)를 도입해야 한다.
- ③ 쇠퇴기 전략 : 매출이 줄어들기 때문에 비용을 아끼기 위해 유행을 타지 않는 기본색 위주로 생산한다.

'성장기'와 '성숙기'의 비교
- 성장기 : 물 들어올 때 노 저어라 → 양적 확대(Variation)
- 성숙기 : 진검 승부 → 질적 차별화(Differentiation)

23 ②

대칭(Symmetry)은 중앙을 기준으로 양쪽에 같은 형태가 위치하여 시각적 안정감을 주는 '균형(Balance)'의 대표적인 기법으로, 율동감(움직임)보다는 정지된 안정감을 준다.

- ① 점이(Gradation) : 형태나 색채가 단계적으로 변화하며 강한 흐름과 운동감을 주므로 율동의 요소이다.
- ③ 반복(Repetition) : 동일한 요소가 되풀이되면서 시각적 리듬을 만든다.
- ④ 방사(Radiation) : 중심에서 밖으로 퍼져나가는 형태로 강한 확산과 움직임을 준다.

시험장에서 균형과 율동을 구분하는 기준은 "움직임이 느껴지는가?"이다.
- 균형(대칭, 비례) : 멈춰 있는 안정감(Static)
- 율동(점이, 방사) : 움직이는 생동감(Dynamic)

24 ①

색채계획은 논리적인 순서에 의해 진행된다.
- 1단계(환경 분석) : 색채의 목적을 설정하고 시장 조사, 자료 수집을 먼저 해야 한다.
- 2단계(심리 분석) : 수집된 자료를 바탕으로 타겟층의 심리와 색채 구성을 분석한다.
- 3단계(전달 계획) : 분석 결과를 토대로 컬러 이미지를 결정하고 컨설팅한다.
- 4단계(디자인 적용) : 최종적으로 매뉴얼을 작성하고 규격을 설정하여 실제 디자인에 적용한다.

- ② : 심리 분석을 하려면 먼저 분석할 대상과 자료가 있어야 하므로, 환경 분석(자료 수집)이 선행되어야 한다.
- ③ : 전달 계획은 분석이 끝난 후 어떤 이미지를 전달할지 결정하는 단계이므로 심리 분석 뒤에 와야 한다.
- ④ : 전달 계획을 먼저 세우는 것은 근거 없이 결론부터 내리는 것과 같다.

순서 문제는 '수집/분석 → 심리 파악 → 전략 수립 → 실행'의 흐름을 기억해야 한다.

25 ②

환경디자인(도시, 건축 등)은 불특정 다수가 이용하는 공간이므로 개인의 취향보다 사회 공동체의 공공성(편리, 안전)이 최우선이다. 또한, 한번 만들어지면 오랫동안 유지되어야 하므로 유행을 타지 않고 관리가 용이한 지속성(사후 관리)을 반드시 고려해야 한다.

오답 피하기

- ① : 환경디자인은 수명이 길기 때문에 일시적인 유행을 따르면 금방 낙후되어 보일 수 있다.
- ③ : 지나친 장식은 도시 미관을 산만하게 만들고 시각적 공해를 유발할 수 있다.
- ④ : 사적인 공간(방)이 아닌 이상, 공공장소에서 디자이너 개인의 취향을 강요해서는 안 된다.

26 ③

KJ법은 문화인류학자 가와키타 지로가 고안한 기법이다. 브레인스토밍이 아이디어를 쏟아내는(발산) 단계라면, KJ법은 무질서하게 나열된 아이디어 카드들을 상호 관련성에 따라 분류(Grouping)하고 체계화하여 결론을 도출하는 수렴적 사고(Convergent Thinking) 기법이다.

오답 피하기

- ① 브레인스토밍 : 아이디어를 최대한 많이, 자유롭게 쏟아내는 확산적(발산적) 사고기법으로, 정리 단계가 아니다.
- ② 마인드 맵 : 중심 주제에서 가지를 쳐나가며 생각을 확장하는 방사형 사고기법이다.
- ④ 시네틱스 : 서로 관련 없는 요소를 유추(비유)를 통해 결합하여 새로운 아이디어를 얻는 기법이다.

더 알아보기

시험에서 '카드', '분류', '그룹화', '정리'라는 단어가 나오면 고민하지 말고 KJ법을 선택하면 된다. 흩어진 구슬(아이디어)을 꿰어서 보배로 만드는 과정이다.

27 ①

기획(Planning)은 아이디어를 내고 방향을 잡는 능동적인 행위(Process)이자 무엇을 할 것인가(What to do)를 고민하는 단계이다. 계획(Plan)은 기획의 결과물로서 구체적인 실행 방안인 어떻게 할 것인가(How to do)를 담은 결과(Result/Document)를 의미한다. 따라서 A는 기획, B는 계획이 들어가야 한다.

오답 피하기

- ② : 기획과 계획의 정의가 서로 뒤바뀌어 기술되었다.
- ③ : 전략은 장기적인 목표 달성 방안, 전술은 단기적인 세부 실행 방안으로, 기획/계획과는 다른 차원의 군사학적 용어이다.
- ④ : 디자인은 조형 활동, 디렉션은 방향 제시나 지휘를 뜻하므로 지문의 정의와 맞지 않다.

더 알아보기

영단어의 품사로 기억하기
- 기획(Planning) : ~ing(진행 중인 행위/생각하는 과정)
- 계획(Plan) : 명사(결정된 내용/종이에 적힌 것)

28 ③

이미지 스케일에서 저명도(Low Key)는 '무거움, 엄숙함, 중후함, 남성적'인 이미지를 형성한다. 여기에 저채도(Low Chroma)가 결합되면 '차분함, 탁함, 성숙함'이 더해진다. 따라서 이 두 속성의 결합은 중후한 고급스러움을 연출하는 데 가장 효과적이다.

오답 피하기

- ① 고명도 – 고채도 : 밝고 선명하여 '경쾌, 활동적, 유아적, 화려함'을 준다.
- ② 중명도 – 고채도 : 눈에 띄고 강한 느낌을 주지만, 가볍거나 붕 뜬 느낌을 줄 수 있어 엄숙함과는 거리가 있다.
- ④ 고명도 – 저채도 : 파스텔 톤으로 '부드러움, 온화함, 여성적, 맑음'을 준다.

더 알아보기

배색의 무게감은 전적으로 '명도'가 결정한다. "무겁다/중후하다"는 무조건 "어둡다(저명도)"를 찾으면 되고, "고급스럽다/차분하다"는 "탁하다(저채도)"와 연결된다.

29 ③

스플릿 컴플리멘터리(Split Complementary)는 '갈라진(Split) 보색'이라는 뜻으로, 근접 보색 또는 이등변삼각형 배색이라고 불린다. 기준이 되는 한 색상과, 그 색상의 정반대 보색(180°)이 아닌 보색의 양옆에 인접한 두 색을 조합하는 기법(Y자 형태)이다. 이렇게 하면 보색의 강렬한 대비 효과는 유지하면서도, 정면충돌을 피하여 보다 세련되고 풍부한 느낌을 줄 수 있다.

오답 피하기

- ① 보색 배색(Dyads) : 180° 정반대 색을 사용하는 2색 조화이다.
- ② 트라이어드(Triads) : 120° 간격의 정삼각형 배색(3색 조화)이다.
- ④ 테트라드(Tetrads) : 90° 간격의 정사각형 배색(4색 조화)이다.

더 알아보기

실무 디자인이나 컬러리스트 실기 시험에서 가장 유용한 배색 팁이다. 보색(빨강–청록)이 너무 촌스럽거나 눈이 아프다면 청록 대신 그 옆의 파랑이나 초록을 쓰면 된다. 그게 바로 스플릿 컴플리멘터리(=근접보색)이다(형태 : Y자).

30 ②

빛의 간섭(Interference)은 빛의 파동이 얇은 막의 앞면과 뒷면에서 반사될 때 서로 중첩되어 특정 파장이 강해지거나 약해지는 현상이다. 비눗방울, 물 위에 뜬 기름막, 전복 껍데기 등에서 보이는 무지개색은 모두 간섭 현상 때문이다.

오답 피하기

- ① 저녁노을 : 대기 중 미립자에 의한 산란(Scattering) 현상이다(단파장은 흩어지고 장파장인 붉은빛만 도달).
- ③ 파란 하늘 : 대기 중 미립자에 의한 산란(Scattering) 현상이다(단파장인 푸른빛이 많이 산란).
- ④ CD 뒷면 : CD 표면의 미세한 홈에 의해 빛이 휘어지는 회절(Diffraction) 현상이다.

더 알아보기

- 산란 : 하늘, 노을, 구름(대기 현상)
- 간섭 : 비눗방울, 기름막(얇은 막)
- 회절 : CD, 곤충 날개, 그림자(장애물/틈)
- 굴절 : 무지개, 아지랑이(매질 통과)

31 ③

동시 대비는 주변 색(배경)의 영향을 받아 대상 색이 달라 보이는 현상이다. 이때 영향을 주는 색(유도색/배경)의 면적이 클수록 대비 효과는 강력해진다. 반대로 면적이 아주 작거나 가늘면 대비가 아닌 동화 현상(혼색)이 일어난다. 따라서 '면적이 작을수록 강해진다'라는 설명은 옳지 않다.

- ① : 색상 차이가 클수록 서로를 밀어내는 힘(대비)이 커진다.
- ② : 거리가 바로 옆에 붙어 있을 때(인접) 영향력이 가장 크다.
- ④ : 배경이 무채색이거나 채도가 낮을수록 그 위의 유채색은 더 선명해 보이는 채도 대비가 일어난다.

32 ②

밝은 곳에서 어두운 곳으로 들어갈 때 시각 감도가 서서히 좋아지는 현상은 암순응(Dark Adaptation)이다. 밝은 곳에서 분해되었던 시홍 물질인 로돕신(Rhodopsin)이 다시 합성되는 데 시간이 걸리기 때문에, 암순응은 명순응에 비해 시간이 오래(30~40분) 걸린다.

- ① 명순응 : 어두운 곳에서 밝은 곳으로 갈 때이며, 눈부심 후 1~2초 내에 빠르게 적응한다.
- ③ 색순응 : 특정 색 조명에 눈이 익숙해져서 색을 원래대로 지각하려는 현상이다.
- ④ 박명시 : 명소시와 암소시의 중간 단계(해 질 녘)를 말한다.

33 ③

헤링은 망막과 뇌 사이의 신경 전달 과정에서 [적-녹], [황-청], [백-흑]의 3가지 대립(반대) 과정이 일어난다고 주장했다. 이 이론은 특정 색을 계속 보면 그 반대색이 유도되는 기전을 설명하므로, 보색 잔상(음성 잔상)이나 동시 대비 현상을 설명하는 데 영·헬름홀츠 이론보다 훨씬 탁월하다.

- ①, ② 3원색설(영·헬름홀츠) : RGB 수용체와 빛의 혼합(가법 혼색)을 설명하는 이론이다.
- ④ 색각 이상 설명 : 헤링의 이론은 적록 반대 과정의 결함으로 적록 색맹을 설명할 수 있다(설명하지 못 한다는 것은 3원색설의 한계).

34 ④

바우하우스의 설립 초기(바이마르 시기)에는 수공예적 성격이 있었으나, 곧 "예술과 기술의 새로운 통합"을 슬로건으로 내걸었다. 데사우 시기에는 산업체와 협력하여 대량 생산을 위한 표준 원형(Prototype)을 제작하는 등 산업 생산(기계)과의 연계를 적극적으로 추진했다. 따라서 "연계를 철저히 배제했다."라는 설명은 틀렸다(배제한 것은 미술공예운동).

- ① : 발터 그로피우스가 1919년, 독일 바이마르(Fact)에 설립하였다.
- ② : 예술가와 기술자의 장벽을 허물고 통합하는 것(Core)을 목표로 하였다.
- ③ : 이텐의 색채 예비 과정은 바우하우스 교육의 핵심이었다.

'미술공예운동＝기계 반대(수공예)' vs '바우하우스＝기계 통합(산업디자인)'. 이 대립 구도를 명확히 잡아야 한다.

35 ②

아르누보(새로운 예술)는 19세기 말 유행한 장식 미술로, 덩굴 식물, 꽃, 곤충, 여체의 곡선 등 자연에서 유래한 유기적인 곡선미를 강조했다. 스페인의 건축가 안토니오 가우디는 〈카사 밀라〉, 〈사그라다 파밀리아〉 등을 통해 직선을 배제하고 흐르는 듯한 곡선을 건축에 구현한 아르누보의 거장이다.

- ① 르 코르뷔지에 : 직선과 기능주의를 강조한 모더니즘 건축가이다.
- ③ 몬드리안 : 수직·수평과 삼원색을 쓴 데스틸(신조형주의) 화가이다.
- ④ 피터 베렌스 : 규격화를 주장한 독일공작연맹(DWB)의 대표 디자이너이다.

36 ②

온화한 이미지는 따뜻하고 부드럽고 편안한 느낌을 주어야 한다. 자극이 강한 고채도나 너무 어두운 저명도는 피해야 한다. 따라서 중명도·중채도 부근의 부드러운 톤(soft, light grayish)이나 밝은 톤(whitish)을 사용하며, 따뜻한 온기가 느껴지는 난색(주황, 노랑, 핑크) 위주로 배색해야 한다.

- ① vivid/순색 : 눈에 띄고 자극적이므로 경쾌하거나 화려한 이미지이다.
- ③ dark/한색 : 차갑고 무거운 느낌이므로 점잖은, 고상한, 모던한 이미지이다.
- ④ blackish : 매우 어둡고 딱딱하므로 남성적, 점잖은 이미지이다.

37 ④

KS 기본 색명 중 유채색은 빨강, 주황, 노랑, 연두, 초록, 청록, 파랑, 남색, 보라, 자주(10색)에 관용적으로 널리 쓰이는 분홍, 갈색(2색)을 더해 총 12가지이다. '옥색'은 관용색명이며, KS 계통색명으로는 '연한 청록' 등으로 표기해야 정확하다.

- ①, ② 주황, 남색 : 10색상환에 포함되는 기본색명이다.
- ③ 갈색 : 색상환에는 없지만, 사용 빈도가 매우 높아 기본색명으로 채택되었다.

하늘색, 살구색, 옥색, 밤색, 상아색이 나오면 이 색깔은 모두 관용색명이다.

38 ②

색채분포도는 데이터를 객관적으로 보여주기 위해 국제 표준인 먼셀 10색상환의 순서를 따르는 것이 원칙이다. R(빨) → YR(주) → Y(노) → GY(연) → G(초) → BG(청) → B(파) → PB(남) → P(보) → RP(자) 순서로 배열하고, 마지막(맨 오른쪽)에 무채색(N)을 배치한다.

- ① 스펙트럼 : 유사하지만 색채학적 분석 도구로는 먼셀 순서가 표준이다.
- ③ 보색 순서 : 분포도 작성에는 적합하지 않다.

39 ③

먼셀 색입체는 색상마다 낼 수 있는 최고 채도가 다르다(예 5R(빨강)은 채도가 14까지 뻗어가지만, 5BG(청록)는 8 정도에서 끝남). 따라서 매끈한 구(Sphere)형이 아니라, 나뭇가지처럼 울퉁불퉁한 불규칙한 형태(Color Tree)를 띤다. 따라서 채도 단계가 동일하다는 설명은 옳지 않다.

- ① 3속성 : 먼셀은 H, V, C 체계를 정립했다.
- ② 10색상 : R, Y, G, B, P(주요 5색)+YR, GY, BG, PB, RP(중간 5색)= 10색상이 맞다.
- ④ 명도 : 이상적인 검은색 0부터 이상적인 흰색 10까지 11단계이며, Neutral의 약자 N을 쓴다.

40 ②

색채 조사(Survey) 단계는 말 그대로 현장의 색채 정보를 수집하는 단계이다. 단순히 눈으로 보는 것에 그치지 않고, 측색기(분광광도계)나 표준 색표집(Color Chip) 등을 활용하여 대상지의 현황 색채를 정량적이고 객관적인 데이터(수치)로 확보하는 것이 핵심이다.

- ① 색채 기획 : 전체적인 일정을 수립하고 방향을 설정하는 초기 단계이다.
- ③ 색채 분석 : 수집된 조사 자료를 토대로 지역의 특성을 파악하고 가이드라인을 검토하는 단계이다.
- ④ 색채 평가 : 최종 결과물에 대한 피드백을 하는 단계이다.

41 ①

CIE 1931 XYZ 시스템 설계 시, Y값은 인간의 시감 효율을 반영하여 명도 (Luminance Factor, 반사율)를 나타내도록 정의했다. X와 Z는 색상 정보를 담고 있다.

오답 피하기

- ② 음수 값 사용 : RGB 시스템에서 발생하는 계산상의 음수(−) 값을 없애기 위해 수학적으로 변환하여 모두 양수(+)가 되도록 만든 가상의 시스템이다.
- ③ 지각적 색차 일치 : XYZ 시스템은 타원형의 불균등한 색공간을 가진다. 지각적 색차와 일치하지 않아 훗날 L*a*b*, L*u*v*가 개발되었다.
- ④ 데이터 불필요 : 물체색을 산출하려면 '광원의 분광 분포', '표준 관측자', '물체의 분광 반사율', 이 3가지 데이터가 필수이다.

더 알아보기

CIE XYZ에서 Y＝명도(밝기)라는 공식은 불변의 진리이다. 복잡한 수식이 나와도 'Y는 밝기 담당'이라는 것만 알면 풀리는 문제가 많다.

42 ①

CIE L*a*b*는 인간의 눈으로 느끼는 색차와 수치적 거리가 비례하도록 설계된 균등 색공간이다. 따라서 제품 생산 시 기준색과 생산품 간의 오차 (△E*)를 계산하고 품질을 관리하는 데 있어 현재 산업계 표준으로 통용된다.

오답 피하기

- ② CIE XYZ : 불균등한 공간이라 색차 계산 시 오차가 커서 부적합하다.
- ③, ④ 오스트발트/먼셀 : 현색계(색표집) 시스템은 눈으로 비교하기엔 좋으나, 미세한 수치적 색차 관리와 자동화된 품질 관리(CCM)에는 한계가 있다.

더 알아보기

델타 E를 구하는 기본 공식이 L*a*b* 좌표에서 나온다.

43 ③

1856년 영국의 화학자 퍼킨(W.H. Perkin)이 말라리아 치료제를 연구하던 중 콜타르에서 우연히 발견한 보라색 염료로, 모베인(Mauveine)이 인류 최초의 합성 염료이다.

오답 피하기

- ① 인디고 : 인류가 사용한 가장 오래된 '천연' 청색 염료이다(합성이 아님).
- ② 알리자린 : 꼭두서니 뿌리의 색소로, 모베인 이후에 합성되었다.
- ④ 프탈로시아닌 : 20세기에 개발된 현대적인 청색/초록계 유기 안료이다.

더 알아보기

색채 역사 문제에서 연도(1856년)가 나오면 무조건 퍼킨과 모베인을 찾으면 된다.

44 ③

아크릴(Acrylic) 섬유는 음이온 성질을 가지고 있어 양이온 성질을 띤 염기성 염료(Basic Dye, 카티온 염료)와 결합할 때 가장 염착이 잘 되고 색이 선명하다.

오답 피하기

- ① 면, 마(식물성) : 직접 염료나 반응성 염료, 건염 염료가 적합하다.
- ② 양모, 견(동물성) : 단백질 섬유이므로 산성 염료가 가장 적합하다.
- ④ 나일론(폴리아미드) : 동물성 섬유와 구조가 비슷하여 산성 염료가 잘 든다.

더 알아보기

동 · 산/식 · 직/아 · 염(동물성은 산성, 식물성은 직접, 아크릴은 염기성) 공식을 외워두어야 한다.

45 ④

색채 측정기는 측정 원리와 방식에 따라 크게 필터식 색채계(Filter Colorimeter)와 분광식 색채계(Spectrophotometer)로 구분하는 것이 가장 기본적인 분류이다.

오답 피하기

- ① 주관적 해석 : 색채 측정기는 색을 객관적인 수치로 규명하는 것이 목적이다.
- ② 조건등색 판별 : 필터식은 분광 데이터(파장별 정보)가 없어서 조건등색(Metamerism) 판별할 수 없으므로 분광식이 유리하다.
- ③ Y값의 의미 : 1931 CIE XYZ 체계에서 X는 빨강, Y는 초록(및 명도), Z는 파랑과 관련된다(Y＝파랑은 오답).

더 알아보기

색채학에서 Y값은 단순한 초록색을 넘어 '우리 눈이 느끼는 밝기(명도/휘도)' 그 자체이다.

46 ②

적분구는 내벽이 고반사율의 백색으로 코팅된 구(Sphere) 형태의 장치이다. 내부로 들어온 빛을 여러 번 난반사(확산)시켜 시료 표면에 빛이 고르게(균일한 조도로) 닿도록 만드는 역할을 한다.

오답 피하기

- ① 분산 : 빛을 무지개처럼 쪼개는 것은 분광기(Monochromator)의 역할이다.
- ③ 신호 변환 : 빛을 전기로 바꾸는 것은 광검출기(Detector)이다.
- ④ 선택 투과 : 이는 필터의 역할에 가깝다.

더 알아보기

적분구(＝믹서기)는 '확산 조명'을 만드는 일등 공신으로 빛을 골고루 섞어주는 하얀 공이라고 생각하면 이해하기가 쉽다.

47 ③

가법 혼합은 빛의 파장을 더하는 과정이다. 가시광선의 주요 파장 대역인 장파장(R), 중파장(G), 단파장(B)을 모두 합치면 태양광과 같은 전체 스펙트럼이 형성되므로, 우리 눈은 이를 가장 밝은 백색광(White)으로 인식한다.

오답 피하기

- ① 검정 : 빛이 하나도 없는 상태이거나, 감법 혼합(잉크) 3원색을 모두 섞어 빛을 전부 흡수했을 때 나타난다.
- ② 회색 : 중간 혼합(회전 혼합 등)에서 보색끼리 섞거나, 빛의 광량이 전체적으로 부족할 때 나타나는 색이다. 3원색 빛의 최대치 혼합 결과는 아니다.
- ④ 노랑 : 빨강(R) 빛과 초록(G) 빛, 단 두 가지만 섞었을 때 나타나는 2차 색이다.

더 알아보기

무대 조명에서 빨간 조명, 파란 조명, 초록 조명을 한곳에 집중시키면 그 가운데는 눈부시게 흰색이 된다.

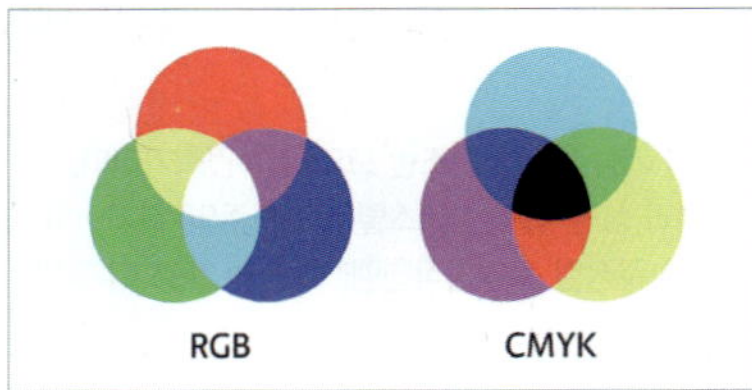

48 ②

색료의 혼합(감법 혼색) 원리에 따라, 연두(GY)는 노랑(Y)과 초록(G)의 중간 색이다. 따라서 주조색인 Lemon Yellow를 많이 짜고, 거기에 Viridian(초록)이나 Cobalt Blue(파랑)를 아주 조금씩 섞어가며 색상을 맞추는 것이 정석이다.

- ① : Light Green 튜브색을 그대로 쓰면 정확한 목표색(Target Color) 훈련이 되지 않으며, 색상 뉘앙스 조절이 불가능하다.
- ③ : Viridian(진한 초록)과 Yellow Deep(진노랑)을 섞으면 채도가 낮은 탁한 올리브색이 되기 쉽다.
- ④ : Cobalt Blue+Carmine은 파랑과 빨강의 혼합이므로 보라색(Violet) 계열이 나온다.

실기 시험장에서 연두색을 만들라고 하면 '레몬 옐로우+블랙(극소량)' 공식을 쓰면 된다.

49 ③

육안 검색 보고서에는 제3자가 동일한 환경에서 재현할 수 있도록 환경 변수를 기록해야 한다. 하지만 관찰자의 시력수치(1.5, 1.2 등)는 교정시력으로 정상 범주에만 든다면 색채 지각에 큰 영향을 주지 않으므로 필수 표기 항목이 아니다(단, 색각 이상 유무는 중요함).

- ① 광원 정보 : 어떤 빛(백열등 vs 형광등) 아래서 봤느냐에 따라 색이 완전히 달라지므로(메타메리즘) 가장 중요한 필수 정보이다.
- ② 조도 : 빛의 밝기에 따라 색의 선명도가 다르게 보이므로(베졸트-브뤼케 현상 등) 반드시 기록해야 한다.
- ④ 기하학적 조건 : 정반사(광택)를 포함했는지 여부(각도)에 따라 색이 다르게 보이므로 필수이다.

50 ③

CMC(l:c) 색차식은 영국 염색학회(SDC)에서 섬유(Textile) 산업을 위해 개발했다. 인간의 눈이 명도보다 채도 변화에 민감하다는 점을 반영하여 명도(l)와 채도(c)의 허용 비율을 2:1 등으로 조절할 수 있다(명도 오차를 2배 더 관대하게 봐준다는 뜻).

- ① JND : 일반인이 색차를 느끼기 시작하는 최소 한계는 $\Delta E* = 1.0$이다. 5.0은 아주 큰 차이(Much)로 불량품 수준이다.
- ② CIE $L*a*b*$: 허용 범위가 구(Sphere) 형태이다. 인간의 눈은 타원형으로 색차를 느끼기 때문에 시각적 불균일성이 크다.
- ④ CIEDE2000 : 현존하는 가장 정밀한 식이지만, 보정 계수가 많아 계산이 가장 복잡하다(단순한 것은 CIE $L*a*b*$).

섬유는 CMC라고 기억하자! 옷 살 때 색깔을 유심히 보기 때문에 섬유 쪽에서 먼저 똑똑한 색차식(CMC)을 만든 것이다. 비율(2:1)까지 기억하면 완벽하다.

51 ③

D50은 색온도 5,000K의 주광을 의미하며, 인쇄용지의 색감과 잉크 특성을 고려하여 인쇄물이나 그래픽 디자인 분야의 국제 표준 관찰 광원으로 사용된다.

- ① A : 색온도 2,856K이며, 텅스텐 백열전구의 빛을 의미한다.
- ② C : 색온도 6,774K이며, 과거에 쓰이던 북쪽 하늘의 주광(자외선 부족)이다.
- ④ D65 : 색온도 6,500K이며, 현재 산업계(물체색 측정) 표준인 평균 주광이다.

A(2,856K, 뜨거움/빨강), D50(5,000K, 인쇄), D65(6,500K, 표준), C(6,774K, 옛날 표준). 특히 D50=인쇄는 공식이다.

52 ④

상관 색온도(Correlated Color Temperature)는 형광등이나 LED처럼 흑체가 아닌 광원의 색을 가장 비슷한 흑체 온도로 유사하게 표기한 것이다. 따라서 색온도 수치(例 6,500K)가 같더라도, 광원의 종류에 따라 분광 분포(스펙트럼 성분)는 완전히 다를 수 있다(例 6,500K 형광등은 초록 파장이 튀지만, 6,500K 태양광은 분포가 고름).

- ① : 색온도의 색 예시를 보면 촛불(저온)은 붉고, 가스불(고온)은 파랗다.
- ② : 색온도의 단위는 절대온도 K(Kelvin)를 쓴다.
- ③ : 색온도는 이상적인 완전 흡수체인 흑체 복사를 기준으로 한다.

53 ②

- $\Delta L* = +5$: 양수(+)이므로 시료가 밝다(Lighter). → 어둡게 해야 하므로 검정(Black)을 추가한다.
- $\Delta a* = +10$: 양수(+)이므로 시료가 붉다(Reddish). → 붉은기를 죽여야 하므로 보색인 초록(Green)을 추가한다.
- $\Delta b* = -5$: 음수(-)이므로 시료가 푸르다(Bluish). → 푸른기를 죽여야 하므로 보색인 노랑(Yellow)을 추가한다.

따라서 판정은 '밝고, 붉고, 푸르다'이며, 처방은 그 반대인 '검정, 초록, 노랑 추가'가 정답이다.

- ①, ④ : +a*는 붉은색, -b*는 푸른색이다. 초록이나 노랑 기미라고 판단한 것은 부호를 반대로 읽은 것이다.
- ③ : 판정은 맞았으나, 처방을 반대로 했다. 밝은데 하양을 넣고, 붉은데 빨강을 넣으면 오차가 2배로 커진다.

이 문제는 실기 시험 필답형 1순위 문제이다. 판정은 부호 그대로 읽고(+a*는 붉다), 처방은 반대 색(보색)을 넣는다.

- 붉으면(+a*) → 초록 넣기
- 푸르면(-b*) → 노랑 넣기

54 ①

색채 품질 관리는 체계적인 순서를 따른다. 먼저 기획(목적 정의)하고, 그에 맞는 환경을 분석하여 재료를 선정한다. 선정된 재료가 적합한지 물성(내구성 등)을 연구/분석한 뒤, 검증된 재료로 제조 및 시공을 진행한다. 재료가 선정되어야 물성을 분석할 수 있으므로 이 순서는 바뀔 수 없다.

- ② : 시공은 모든 계획과 준비가 끝난 후반부 단계이다.
- ③ : 기획은 모든 단계의 최우선이다. 기획 없이 재료를 먼저 고를 수 없다.
- ④ : 재료도 고르지 않고 물성을 분석하거나 시공을 할 수는 없다.

요리하는 순서를 생각하면 쉽다. "무슨 요리를 할지 정하고(기획), 시장을 봐서 재료를 사고(재료선정), 재료 상태가 싱싱한지 확인하고(물성 분석), 요리를 한다(시공)."

55 ③

연색지수(CRI)는 조명(광원)이 물체의 색을 얼마나 태양광과 유사하게 보여 주는지를 나타내는 광원의 성능 지표이다. CCM은 안료를 배합하여 물체 색을 만드는 시스템이지, 광원(조명)의 성능을 측정하거나 개선하는 장비가 아니다. 이는 조명 색채학의 영역이다.

오답 피하기
- ① 아이소머리즘 : 분광 반사율 곡선 자체를 타겟과 일치시켜 광원에 상관없이 완벽하게 같은 색을 만드는 이상적인 조색이 가능하다.
- ② 메타메리즘 예측 : 특정 광원에서는 색이 맞지만 다른 광원에서는 틀어지는 현상을 시뮬레이션하여 방지할 수 있다.
- ④ 잔량 활용 : 쓰고 남은 페인트(Waste)를 데이터베이스에 등록해 두면, 이를 재활용하는 레시피를 짜주어 경제적이다.

더 알아보기
시험 문제에 '연색지수(CRI)'나 '색온도 측정' 같은 말이 나오면 CCM의 기능이 아니다. 그건 조명 가게에서 하는 일이다. CCM은 오직 '물감 섞기'에 집중한다.

56 ②

CIE 표기법에서 'd'는 Diffuse(확산)를 의미한다. 이는 내벽이 하얗게 코팅된 적분구(Integrating Sphere) 내부에서 빛을 난반사시켜, 시료에 그림자 없이 고르게 빛을 비추는 방식을 뜻한다. 이 방식은 시료의 방향성이나 표면 질감의 영향을 최소화하여 안료 배합비 산출(조색)에 가장 적합하다.

오답 피하기
- ① 45/0 방식 : 45°에서 빛을 쏘고 0°에서 받는 방식으로, 적분구를 쓰지 않는다.
- ③ 육안 유사성 : 육안과 유사한 것은 45/0 방식이나 d/8의 SCE 모드이다. 일반적인 d/8(SCI)은 육안과 다를 수 있다.
- ④ 정반사 제거 : 이는 SCE 모드에 대한 설명이며, d/8 방식 자체는 SCI와 SCE를 선택할 수 있다.

더 알아보기
'd=Diffuse=적분구(하얀 공)' 공식을 외워야 한다. 문제에 'd'가 보이면 해설에는 반드시 '적분구'나 '확산'이라는 단어가 있어야 정답이다.

57 ②

직물의 짜임이나 금속의 결(Direction)이 있는 시료는 빛을 비추는 방향에 따라 그림자가 지거나 반사 특성이 달라져 측정값이 불안정하다. 이를 보정하기 위해 시료를 0°, 90°, 180°, 270°로 회전시키며 측정한 뒤 그 값들을 평균(Averaging) 내어 방향에 따른 편차가 상쇄된 데이터를 얻어야 한다.

오답 피하기
- ① 작은 구경 : 오히려 텍스처의 국소적인 불균일함(실밥 하나, 골 하나)이 크게 반영되어 데이터 편차가 심해진다. 가능한 큰 구경(LAV)을 써야 한다.
- ③ 광원 변경 : 방향성 문제 해결과는 무관하다.
- ④ SCE 모드 : 텍스처에 의한 그림자 효과가 더 강조되어 오차가 커질 수 있다.

더 알아보기
카펫 청소할 때 결대로 밀면 밝고, 반대로 밀면 어둡다. 측색기도 똑같으며, 돌려가며 찍어서 평균을 측정해야 한다.

58 ①

소광제는 도막 표면에 미세한 요철을 만들어 빛을 난반사(산란)시킨다. 난반사된 빛에는 백색광(white) 성분이 섞여 있어, 우리 눈에는 마치 색 위에 얇은 안개가 낀 것처럼 보인다. 따라서 원래 색보다 명도는 올라가서 희뿌옇게 보이고(light), 색의 순도는 떨어져 채도는 낮아진다(dull).

오답 피하기
- ② 유광(High Gloss) 현상 : 정반사가 우세하면 색이 깊고 선명해진다(소광제 넣기 전 상태).
- ③ 흑색도 감소 : 무광 블랙은 회색 기운이 돌아 흑색도가 떨어진다. 유광 블랙이 더 진하다.
- ④ 투명도 감소 : 소광제는 불투명 입자이므로 투명도를 떨어트린다(헤이즈 발생).

더 알아보기
"물 묻은 아스팔트(유광)는 진하고, 마른 아스팔트(무광)는 허옇다." 이 자연 현상을 통해 무광은 난반사 때문에 허옇게(명도 상승, 채도 하락) 뜬다는 것을 알 수 있다.

59 ②

데이터를 분석하면 시료는 기준보다 밝고(+L*), 붉으며(+a*), 노란(+b*) 상태이다.
- 명도 보정 : 밝으므로 낮춰야 한다 → 검정(Black) 투입
- 색상 보정 : 붉은 기(+a*)와 노란 기(+b*)가 동시에 과하므로, 각각의 보색인 초록(Green)과 파랑(Blue)이 필요하다.

따라서 초록과 파랑의 혼합색인 청록(Cyan) 계열 안료를 투입하면 붉은 기와 노란 기를 동시에 상쇄시킬 수 있어 가장 효율적이다.

오답 피하기
- ① 보라 : 노란 기(+b*)는 잡을 수 있지만, 붉은 기(+a*) 성분을 포함하고 있어 시료의 붉은 기를 더 악화시킨다.
- ③ 주황 : 붉은 기(+a*)와 노란 기(+b*)를 모두 가지고 있어, 현재의 오차(붉고 노람)를 더욱 심화시킨다.
- ④ 하양/초록 : 하양을 넣으면 명도(+L*)가 더 높아져 오차가 커지며, 초록만으로는 노란 기(+b*)를 잡을 수 없다.

더 알아보기
오차의 방향이 '주황(Red+Yellow)' 쪽이라면, 그 정반대 벡터인 '청록(Green+Blue)' 쪽 안료를 선택해야 한다. a*, b* 좌표 평면에서 십자가를 그리고 현재 위치의 정반대 편에 있는 색을 찾아야 한다.

60 ②

소광제(실리카 입자 등)는 도막 표면에 미세한 요철을 만들어 빛을 사방으로 흩어지게 하는 '난반사(Diffuse Reflection)'를 유도한다. 난반사된 빛에는 백색광(White Light) 성분이 섞여 있어, 우리 눈에는 마치 색 위에 하얀 안개가 낀 것처럼 보인다. 원래 색보다 명도는 올라가서 희뿌옇게 보이고(Light), 색의 순도는 떨어져 채도는 낮아진다(dull).

오답 피하기
- ① : 정반사 증가는 '유광(High Gloss)'일 때 나타나는 현상으로, 색이 깊고 선명해진다.
- ③ : 흑색도가 증가하고 깊은 색감이 나는 것은 '유광 블랙'의 특징이다. 무광 블랙은 난반사로 인해 회색 기미가 돌아 흑색도가 떨어진다.
- ④ : 소광제는 난반사를 '증가'시키는 물질이다.

더 알아보기
무광 처리를 한다는 것은 색상 위에 '반투명한 하양 필름'을 한 장 씌우는 것과 시각적으로 같은 효과를 낸다. 그래서 무광 조색을 할 때는 안료를 원래 목표보다 조금 더 진하게(채도 높게, 명도 낮게) 처방해야 건조 후에 색이 맞아 들어간다.

61 ④

감법 혼색은 빛을 흡수하는 원리로 시안(C)과 마젠타(M)를 혼합하면 파랑(Blue)이 생성된다.

- 시안(C) 잉크는 백색광에서 빨강(R)을 흡수하고 초록(G)+파랑(B)을 반사한다.
- 마젠타(M) 잉크는 백색광에서 초록(G)을 흡수하고 빨강(R)+파랑(B)을 반사한다.

따라서 두 잉크를 섞으면 빨강과 초록이 모두 흡수되고, 공통으로 반사되는 파랑(Blue)만 우리 눈에 보이게 된다.

오답 피하기

- ① : 빛의 혼합(가법 혼색)에서 빨강(R)과 초록(G)을 최대로 섞으면 노랑(Yellow)이 된다.
- ② : 잉크의 혼합(감법 혼색)에서 시안(1)과 마젠타(1)를 섞으면 파랑(Blue)이 된다.
- ③ : RGB는 빛이므로 (0,0,0)은 꺼진 상태(Black), CMY는 물감이므로 (1,1,1)은 다 섞어서 어두워진 상태(Black)이다.

더 알아보기

RGB와 CMY의 혼합 결과는 서로 보색 관계에 있다.
- RGB의 합(1, 1, 0)=Yellow(빛은 섞어서 밝아짐)
- CMY의 합(1, 1, 0)=Blue(물감은 섞어서 어두워짐, Yellow의 보색)

'C+M=B(시안+마젠타=블루)' 공식을 외워두어야 한다.

62 ④

절대 색도계(Absolute Colorimetric)는 색공간 변환 시 화이트 포인트(White Point)를 이동시키지 않는다. 즉, 입력된 데이터의 흰색을 출력 장치의 종이색(누런색 등)에 맞추지 않고, 원본의 흰색조차 잉크를 뿌려서 시뮬레이션한다. 따라서 최종 인쇄물이 어떻게 보일지 미리 확인하는 프루핑(Proofing) 용도로 적합하다.

오답 피하기

- ① : 가시적(Perceptual) 인텐트는 전체적인 색의 비례와 밸런스를 유지하여 사람 눈에 자연스럽게 보이게 하는 방식으로, 사진에 적합하다.
- ② : 채도(Saturation) 인텐트는 색 정확도보다 선명함(Vividness)을 최우선으로 하여 비즈니스 그래픽(도표, 로고)에 적합하다.
- ③ 상대 색도계(Relative Colorimetric)는 출력 매체의 흰색에 맞춰 화이트 포인트를 이동(Mapping)시킨다. 일반적인 인쇄 및 출판의 표준 방식이다.

63 ③

모니터나 교정지에서 색이 정확하더라도, 이를 관찰하는 조명이 다르면 메타메리즘(조건등색) 현상으로 인해 색이 다르게 보인다. 따라서 인쇄 색상을 확인하는 프루핑 단계에서는 반드시 인쇄 표준 조명인 D50(5,000K) 표준광원 아래에서 관찰해야 신뢰할 수 있다.

오답 피하기

- ① : 실제 인쇄기를 사용하는 방식은 '하드 프루핑/프레스 프루프'이다. 소프트 프루핑은 모니터 화면상에서 시뮬레이션하는 방식이다.
- ② : 프루핑은 최종 결과물(종이 등)의 상태를 그대로 흉내 내야 하므로, 화이트 포인트를 이동시키지 않는 '절대 색도계 인텐트'를 사용해야 한다.
- ④ : 프루핑은 대량 생산에 들어가기 전(Before), 오차를 미리 발견하여 비용을 절감하기 위한 사전 예방 절차이다.

64 ④

EPS(Encapsulated PostScript)는 포스트스크립트 언어를 기반으로 하여 벡터(Vector) 데이터와 비트맵(Bitmap) 데이터를 동시에 포함할 수 있는 강력한 포맷이다. 따라서 일러스트레이터나 인디자인 같은 프로그램에서 고품질 인쇄 및 출판 편집용 데이터를 교환할 때 가장 널리, 그리고 필수적으로 사용된다(인쇄용으로 부적합하다는 말은 정반대).

오답 피하기

- ① : PNG는 GIF(투명 배경)와 JPG(고화질)의 장점을 합친 포맷으로, 압축해도 원본이 손상되지 않는 비손실 압축을 사용한다.
- ② : GIF는 8비트(256색) 한계가 있어 사진용으로는 부적합하지만, 움짤(애니메이션) 제작이 가능한 유일한 범용 포맷이다.
- ③ : JPEG는 인간 눈에 잘 안 보이는 색 정보를 버리는 손실 압축을 쓴다. 사진 저장엔 좋으나 투명 배경(알파 채널)은 만들 수 없다.

65 ④

트루 컬러(True Color)는 우리가 현재 사용하는 대부분의 디스플레이 표준이다. 빛의 3원색인 R, G, B 각 채널이 8비트(2^8=256단계)의 명암 단계를 가진다.

- 총 비트 수 : 8+8+8=24비트
- 표현 색상 수 : 256(R)×256(G)×256(B)≒16,777,216(약 1,677만)색

오답 피하기

- ① : 채널당 10비트(총 30비트)는 의료용이나 전문가용 딥 컬러(Deep Color) 시스템이다.
- ② : 65,536색(2^{16})은 과거에 쓰던 16비트 하이 컬러(High Color) 시스템이다.
- ③ : 24비트 RGB에 투명도 정보인 8비트 알파 채널이 추가되면 32비트 컬러가 된다(트루 컬러는 순수 RGB 24비트를 말함).

66 ①

ISO 3664에서 규정하는 인쇄물 관찰 및 그래픽 아트 산업의 표준 조명 색온도는 D50(5,000K)이다. 인쇄에 사용되는 종이가 완전한 흰색이 아니라 약간 누런빛을 띠기 때문에, 너무 푸른 D65(6,500K)보다는 따뜻한 백색인 D500 색을 정확히 판단하기에 적합하기 때문이다(D65는 모니터/웹 표준).

오답 피하기

- ② : 색을 왜곡 없이 보기 위해 연색성(CRI)은 90 이상의 고연색 광원을 써야 한다.
- ③ : 인쇄 감리 등 미세한 색 차이를 잡아내야 하는 작업(Critical Comparison)은 2,000 Lux의 매우 밝은 조명이 필요하다(일반 사무실 500 Lux의 4배 밝기).
- ④ : 주변 벽지나 바닥 색이 인쇄물에 비치지 않도록 무광택 중성 회색(N7~N8) 배경을 사용해야 한다.

67 ②

3ds Max, OpenGL 등 그래픽 표준에서 사용하는 오른손 좌표계는 엄지(오른쪽)=X축/검지(위쪽)=Y축/중지(앞쪽)=Z축 방향이다. 이때 중지는 모니터를 뚫고 나오는 방향, 즉 사용자를 향하는 방향(+)을 가리킨다.

오답 피하기

① : 화면 안쪽(깊이)으로 들어가는 방향이 Z축(+)인 것은 왼손 좌표계(DirectX 등)이다.

68 ③

통일(Unity)은 화면 전체에 질서를 부여하여 산만함을 정리하고 안정감을 주는 원리이다. 반면, 율동(Rhythm)은 반복이나 점증을 통해 시각적인 변화와 움직임을 만들어내는 원리이므로, 통일과는 구별되는 개념이다.

오답 피하기

①, ②, ④ : 반복, 점증(그러데이션), 움직임은 모두 율동감을 만들어내는 핵심적인 하위 요소들이다.

69 ④

배경이 피사체 바로 뒤에 붙어 있는 것처럼 거리감이 사라지고 납작해 보이는 원근감 압축(Compression) 현상은 망원 렌즈(Telephoto Lens)의 대표적인 특징이다. 야구 중계에서 투수와 타자가 바로 옆에 있는 것처럼 보이는 현상이 그 예이다.

오답 피하기

• ① : 광각 렌즈는 콧대 높은 강아지 사진(대두 샷)처럼 원근감을 과장시킨다.
• ② : 화각이 넓어 좁은 방도 한 번에 담을 수 있어 넓어 보인다.
• ③ : 넓은 범위를 억지로 구겨 넣다 보니 가장자리가 둥글게 휘는 배럴 왜곡(술통형)이 생긴다.

70 ③

오프셋 인쇄에서 4가지 판(C, M, Y, K)을 순차적으로 찍을 때, 기계적 진동이나 종이의 신축으로 인해 색상이 미세하게 어긋나는 '핀 나감(Misregis-tration)' 현상이 발생할 수 있다. 작은 글씨를 4도 분판(CMYK 혼합)으로 인쇄하면 글자 주변에 색 띠가 생기며 흐릿하게 번져 보이므로, 명확한 가독성 확보를 위해 텍스트는 먹 1도(K100)로 찍는 것이 원칙이다.

오답 피하기

• ① : 비용 절감은 부차적인 효과일 뿐, 기술적인 주된 이유는 아니다.
• ② : 리치 블랙(Rich Black)은 넓은 면적을 진하게 칠할 때 사용하는 방식이다. 잉크가 번지기 쉽기 때문에 작은 글씨에 사용하면 오히려 가독성을 해친다.
• ④ : 종이 손상을 막는 것은 잉크 총량(TIL) 제한에 대한 설명이다. 텍스트 하나 찍는다고 종이가 찢어지지는 않는다.

더 알아보기

용도에 따른 검은색의 구분
• 작은 글씨/선 : K100(핀 어긋남 방지, 선명함 목적)
• 넓은 면적/제목 : Rich Black(밀도감, 중후함 목적)

71 ③

잉크젯 프린터는 액체 잉크를 미세한 노즐을 통해 점(Dot) 형태로 분사한다.
• 병치 혼색 : 미세한 점들이 빽빽하게 모여 있어 우리 눈에는 섞인 색처럼 보인다(디더링, 하프토닝).
• 감법 혼색 : 잉크가 종이 섬유 위에서 물리적으로 겹쳐지며 빛을 흡수하여 색이 어두워진다.
따라서 이 두 가지 원리가 복합적으로 작용한다.

오답 피하기

• ① : 잉크젯은 점을 찍어 표현하는 감법 혼색뿐만 아니라 병치 혼색 효과가 필수적이다.
• ② : 가법 혼색은 빛을 사용하는 모니터의 원리이다.
• ④ : 레이저 프린터의 구동 방식이다.

더 알아보기

잉크젯 프린터의 혼색 원리를 물으면 '복합적'이라는 단어를 찾아야 한다. 잉크니까 '감법 혼색'이고, 점을 찍으니 '병치 혼색'이다. 하나만 고르면 오답이 될 수 있다.

72 ②

1단계 프린터 드라이버의 용지 종류 설정(Media Type)은 잉크가 종이에 스며드는 정도를 판단하는 기준이 된다. 예를 들어 '광택지'로 설정하면 잉크를 적게 분사하고, '일반지'로 설정하면 잉크를 많이 분사하도록 프린터가 내부적으로 보정한다. 따라서 프로파일 생성 시 설정했던 잉크 분사량을 유지하기 위해 실제 출력 시에도 동일한 설정을 유지해야 한다.

오답 피하기

• ① : 용지 설정이 모니터의 감마값을 바꾸지는 않는다.
• ③ : 프로파일 파일명은 사용자가 임의로 지정할 수 있다.
• ④ : 잉크의 화학적 성질은 잉크 자체가 결정하며, 드라이버 설정으로 변하지 않는다.

더 알아보기

프린터는 드라이버 설정값(Media Type)만 확인하고 잉크를 뿜는다. 프로파일링 때와 실제 출력 때 설정값(Input)이 달라지면, 출력(Output)은 반드시 엉망이 된다. 이것이 '설정값 유지의 원칙'이다.

73 ③

1단계 Wide Gamut RGB는 이름 그대로 '광색역(Wide Gamut)' 색공간이다. Adobe RGB보다도 더 넓은 색역을 가지며, 대부분의 일반 출력 장비로는 재현할 수 없을 정도로 많은 색을 포함한다. 따라서 48비트 이상의 고비트 심도를 요하는 고해상도 디지털카메라의 소스 공간으로 활용된다.

오답 피하기

• ① : sRGB 모니터에 대한 설명이다.
• ② : ProPhoto RGB에 대한 설명이다(코닥 개발, 감마 1.8).
• ④ : GRACoL(CMYK 인쇄 표준)에 대한 설명이다.

더 알아보기

RGB 색공간은 크기 순서로 외워야 한다. ProPhoto 〉 Wide Gamut 〉 Adobe RGB 〉 sRGBWide가 붙으면 '매우 넓다'라는 뜻이며, 이는 곧 고비트 소스 작업에 사용된다는 논리로 연결된다.

74 ②

여러 페이지로 구성된 매체(잡지, 책, 브로슈어)에서 그리드를 사용하는 가장 큰 이유는 '시각적 일관성(Consistency)'과 '효율성' 때문이다. 독자에게는 전체 페이지가 하나의 책이라는 통일감을 주고, 디자이너에게는 요소 배치의 기준을 제공하여 작업 속도를 빠르게 해준다.

오답 피하기

• ① : 그리드는 일정한 규칙을 부여하므로 창의적 자유를 무제한 보장하기보다는, 질서 안에서 자유를 추구한다.
• ③ : 그리드는 차별화가 아니라 전체적인 통일감을 주기 위해 사용한다.
• ④ : 텍스트의 양과 그리드 사용 여부는 직접적인 관계가 없다.

더 알아보기

'정리 정돈'과 '빠른 퇴근(작업 효율)' 때문에 그리드를 이용하며, '규칙성', '통일감', '질서', '효율성'이라는 키워드가 나오면 그리드가 정답이다.

75 ②

효율성(Efficiency)의 핵심은 '에너지 절약'이다. LRV(빛 반사율)와 고명도 색채는 적은 조명으로도 실내를 밝게 유지하게 해주어 전력 소비를 줄이는 대표적인 효율성 전략이다.

오답 피하기

• ① : 타임리스 컬러 사용은 제품을 오래 쓰게 하므로 '지속성(Longevity)'에 해당한다.
• ③ : 유해 물질 배제는 '안전성(Safety)'에 해당한다.
• ④ : 화려한 배색은 잉크 낭비와 시각적 공해를 유발할 수 있어 지속가능한 디자인 원칙과 거리가 멀다.

문제에서 '효율성'을 물으면 '에너지', '절약', 'LRV', '반사율' 키워드를 찾으면 된다.

76 ③

프레젠테이션 디자인의 황금률은 'One Slide, One Message'이다. 한 장의 슬라이드에 너무 많은 글자를 구겨 넣으면 가독성이 떨어져 청중이 읽기를 포기한다. 화면에는 핵심 키워드만 보여주고, 상세한 내용은 발표자의 입(구두 설명)으로 전달해야 한다.

• ① : 주제 선정은 선택과 집중이 핵심이며, 논리적 구성은 필수이다.
• ② : 제출용 문서는 읽는 자료이므로 발표용(스크린용)과는 다르게 자세한 텍스트가 필요하다.
• ④ : 애니메이션은 '조미료'로, 과하면 본 재료(내용)의 맛을 해친다.

PPT 만들 때 글자 많이 쓰면 감점이다. 줄글은 빼고 도식화(Diagram)해야 한다.

77 ④

보고서의 생명은 '가독성'과 '위계질서'이다. 큰 단위에서 작은 단위로 내려가는 번호 체계(장–절–항–목)를 명확히 지켜야 읽는 사람이 구조를 파악하기 쉽다.

• ① : 대한민국 공문서의 기본은 '좌철(왼쪽 묶음)'이다. 우철은 세로쓰기를 하던 옛날 방식이나 일본 서적 등에서 볼 수 있다.
• ② : 장(Chapter)은 대주제가 바뀌는 지점이다. 반드시 페이지 넘김(Page Break)을 통해 구분을 명확히 해야 한다.
• ③ : 보고서는 격식 있는 문서이므로 '문어체'를 써야 한다. 구어체나 관용구는 신뢰도를 떨어뜨린다.

보고서를 생각할 때는 '수험서'를 생각하면 된다. 수험서는 책 왼쪽이 묶여 있고(좌철), 큰 단원 바뀔 때 새 페이지에서 시작한다(페이지 구분).

78 ②

데이터 관리의 불문율, 3–2–1 법칙(3개의 사본, 2개의 다른 매체, 1개의 오프라인 소산)의 핵심은 '이중 백업'이다. 클라우드나 사내 서버에만 두지 말고, 인터넷이 연결되지 않은 외장 하드 등에 따로 저장해야 랜섬웨어나 화재 같은 재앙에서 데이터를 살릴 수 있다.

• ① : 빛(자외선)은 색채의 적이다. 반드시 차광(암실) 보관해야 한다.
• ③ : 인쇄물 샘플은 차후 감리나 재인쇄 시 기준(Standard)이 되므로 일정 기간 보관해야 한다.
• ④ : 원본(AI, PSD)을 지우는 것은 '수정 불가' 선언과 같다.

시험 문제에서 "공간이 부족하니 버려라"라는 뉘앙스가 나오면 오답이다. 사후관리는 '어떻게든 잘 챙겨두는 것'이 정답이다.

79 ④

포트폴리오는 문제 해결 능력을 보여주는 문서이므로, "어떤 문제가 있었고, 어떻게 분석해서, 이런 색을 써서 해결했다."라는 프로세스를 보여주는 것이 정석이다.

• ① : 양보다 질이다. 퀄리티 낮은 10개보다 완벽한 3개가 낫다.
• ② : 거짓말은 면접에서 다 들통나므로 기여도를 솔직히 적어야 한다.
• ③ : 포트폴리오의 주인공은 '작품'이므로 심플하게 해야 한다.

포트폴리오는 '자기소개서'가 아니라 '제안서'이다. "나를 뽑으면 당신네 회사의 이런 문제를 해결해 줄 수 있다."라고 제안하는 기분으로 과정을 담아야 한다.

80 ④

과거에는 색채 단독으로는 상표 등록이 안 됐지만, 법이 개정되면서 '단일 색채'도 상표로 등록될 수 있는 길이 열렸다. 단, 티파니(Tiffany)의 민트색처럼 소비자가 색만 보고도 브랜드를 알 수 있는 '식별력'을 획득했다면 단일 색채도 상표가 된다. 따라서 ④는 틀린 설명이다.

• ① : 기능적 색채(예 선글라스 렌즈의 색, 구명조끼의 형광색)를 개인이 독점하면 안 되므로 등록 불가능하다.
• ②, ③ : 색채상표는 '사용에 의한 식별력 취득'이 필수 요건이며, 처음부터 등록해 주지 않는다.

색채상표 등록은 '식별력 획득'과 '비기능성'이라는 내용을 해결해야 하므로 "색채상표는 누구나 쉽게 등록 가능하다."라는 지문은 오답이다.

01 ③	02 ④	03 ②	04 ③	05 ①
06 ③	07 ③	08 ④	09 ②	10 ②
11 ②	12 ④	13 ①	14 ③	15 ③
16 ②	17 ③	18 ③	19 ②	20 ③
21 ④	22 ②	23 ②	24 ②	25 ①
26 ③	27 ④	28 ②	29 ④	30 ①
31 ②	32 ④	33 ②	34 ①	35 ②
36 ③	37 ③	38 ②	39 ②	40 ③
41 ④	42 ③	43 ②	44 ①	45 ②
46 ③	47 ④	48 ②	49 ④	50 ③
51 ②	52 ③	53 ②	54 ②	55 ③
56 ④	57 ①	58 ②	59 ③	60 ③
61 ②	62 ③	63 ①	64 ④	65 ②
66 ③	67 ③	68 ②	69 ④	70 ②
71 ③	72 ②	73 ②	74 ④	75 ①
76 ②	77 ①	78 ③	79 ②	80 ④

01 ③

경쟁사 환경은 기업에 직접적인 영향을 주는 미시적 환경 또는 산업 환경 분석 요소이다. PEST 분석은 개별 기업이 통제할 수 없는 외부의 거대한 흐름(거시적 환경)을 분석하는 도구이므로 경쟁사는 포함되지 않는다.

오답 피하기

- ① 정치 · 법제도적 환경 : 정부 정책, 규제, 세법 등 정치적 요인을 분석한다.
- ② 경제적 환경 : 환율, 금리, 경제 성장률 등 경제 지표를 분석한다.
- ④ 사회 · 문화적 환경 : 인구 구조 변화, 라이프 스타일, 유행 등 사회 문화적 요인을 분석한다.

나머지 하나인 T는 Technological 기술적 환경이다.

더 알아보기

거시(PEST) vs 미시(3C) 구분

- PEST(거시) : 내가 어쩔 수 없는 외부의 큰 흐름(법, 경제, 유행, 기술)
- 3C/SWOT(미시/내부) : 나와 직접 싸우거나 내가 바꿀 수 있는 것(경쟁사, 고객, 자사 역량)

'경쟁사'나 '소비자 개개인의 성향'은 PEST에 들어가지 않는다.

02 ④

실용신안권은 '소발명(작은 발명)'으로, 기술적 고도성이 특허보다 낮고 제품 수명 주기가 짧은 기술을 보호한다. 따라서 보호 기간이 짧게 설정되어 있으며, 출원일로부터 10년이다(20년 아님).

오답 피하기

- ① 저작권 : 과거 사후 50년에서 법 개정(FTA 등)으로 사후 70년으로 연장되었다. 가장 긴 보호 기간을 가진다.
- ② 디자인권 : 디자인보호법 개정으로 기존 15년에서 출원 후 20년으로 연장되어 특허와 동일해졌다.
- ③ 특허권 : 원천 기술 등 고도 발명인 특허는 출원 후 20년간 보호된다.

더 알아보기

존속 기간

- 최장기(70년+α) : 저작권(예술은 길다, 죽어서도 70년)
- 장기(20년) : 특허권, 디자인권(핵심 산업재산권)
- 단기(10년) : 실용신안권(유행타는 기술, 짧고 굵게)
- 반영구 : 상표권(10년마다 갱신 시 영구 존속 가능)

03 ②

간인(間印)은 '사이 간' 자를 쓴다. 종이와 종이 '사이'에 걸쳐서 찍어, 중간에 페이지가 바뀌거나 위조되지 않았음을 증명하는 도장이다(앞장을 접어서 뒷장과 겹친 부분에 찍음).

오답 피하기

- ① 계인 : 두 부 이상의 계약서(갑용, 을용)를 나란히 놓고 그 '경계'에 찍어, 두 문서가 한 쌍임을 증명하는 도장이다(연결성 ×, 동일성 증명 ○).
- ③ 직인 : 회사의 대표나 단체장의 공식적인 사각형 도장을 말한다.
- ④ 실인 : 인감증명서와 동일한 효력을 갖는 '인감도장'을 뜻하는 일반 명사이다.

더 알아보기

- 간인 : 페이지 넘어가는 곳(책장 넘기듯 접어서 찍음 – 앞뒤 연결)
- 계인 : 문서끼리 맞닿는 곳(두 장을 나란히 놓고 찍음 – 쌍둥이 증명)

04 ③

계획단계는 본격적인 디자인(설계)에 들어가기 전, 재료를 준비하고 방향을 잡는 단계이다.

- ㄱ(조사) : 문헌, 현장, 인터뷰 등을 통해 객관적 정보를 수집한다.
- ㄴ(분석) : 수집된 정보를 분석하여 색채 데이터로 만든다.
- ㄷ(콘셉트) : 분석 결과를 토대로 디자인의 핵심 컨셉을 도출한다.

오답 피하기

ㄹ(설계 단계) : 콘셉트에 맞춰 실제 디자인을 적용하고 결과물을 만드는 것은, 계획 다음 단계인 설계단계이다.

더 알아보기

- 계획 : 머리로 하는 것(조사, 분석, 전략 수립)
- 설계 : 손으로 하는 것(그리기, 칠하기, 적용하기)

05 ①

정부(행정안전부) 입찰 및 계약 집행 기준에 따르면, 일반 관리 비율은 6% 이내, 이윤은 10% 이내로 제한된다. 이 수치는 법적 기준이므로 반드시 외워야 한다.

오답 피하기

- ② : 10%, 15%는 잘못된 수치이다.
- ③ : 상여금은 연 400%까지 인정된다(200% 아님).
- ④ : 법정 근로 기준시간은 1일 8시간이다.

더 알아보기

'관리 6, 이윤 10, 보너스 400' 이 공식은 아래와 같이 외워두면 좋다. "사장님이 가져가는 이윤(10%)이 관리비(6%)보다 많고, 보너스(상여금)는 1년에 4번(400%) 받으면 좋겠다."

06 ③

디자인 표준계약서에서는 발주자의 검수 지연(갑질)을 방지하기 위해 자동 검수 조항을 두고 있다. 결과물 제출 후 14일 이내에 불합격이나 수정 요청 등의 서면 통지가 없으면, 자동으로 합격(검수 완료)한 것으로 보아 대금 청구 권리가 발생한다.

- ① : 지식재산권 양도 시점은 계약 체결 시가 아니라 '보수(잔금)가 완불된 때'이다. 돈을 다 받기 전에는 디자이너의 것이다.
- ② : 최종 결과물은 발주자 것이 되지만, 채택되지 않은 중간 결과물(시안)은 수행 기업(디자이너)에 귀속된다. 이를 발주자가 무단 도용하면 안 된다.
- ④ : 정당한 대가(기성금)를 받았다면, 그 대가에 해당하는 부분의 권리는 발주자에게 넘겨주는 것이 원칙이다(단, 협의에 따름).

더 알아보기

"돈 낸 것만 가져가야 한다."
- 돈 다 냄(완불) : 최종 결과물 = 클라이언트 소유
- 돈 안 냄(미납) : 결과물 = 디자이너 소유
- 안 뽑힌 시안 : 디자이너 소유(비용을 지불하지 않음)

07 ③

인플루언스 믹스는 구매 결정에 영향을 주는 세 가지 요소(P, M, O)를 말한다. 그중 O(Other People)는 다른 사람의 리뷰, SNS 후기, 전문가 의견 등을 뜻하며 현대 사회에서 영향력이 가장 크다.

오답 피하기

- ① P(Personal) : 개인의 과거 경험과 취향이다.
- ② M(Marketer) : 기업이 하는 광고나 마케팅 활동이다.
- ④ S : 인플루언스 믹스 구성 요소에 포함되지 않는다.

더 알아보기

P.M.O 셋 중에서 'O'가 제일 중요하다는 것까지 알아두어야 한다.

08 ④

하워드-쉐드 모형은 소비자 행동을 설명하는 대표적인 이론으로 투입, 내생, 외생, 산출의 4가지 주요 변수로 구성된다. '상황 변수'는 이 모형의 4대 핵심 분류에 포함되지 않는 용어이다.

오답 피하기

- ① 투입 변수 : 제품 정보나 사회적 환경 등 소비자에게 들어오는 자극이다.
- ② 산출 변수 : 주의, 태도, 구매 의도, 실제 구매 등 결과로 나타나는 반응이다.
- ③ 외생 변수 : 중요성, 성격, 시간 압박 등 구매 결정에 간접 영향을 주는 외부 요인이다.

더 알아보기

'투-내-외-산'으로 구성 요소의 앞 글자만 따서 외워두어야 한다.

09 ②

오프라인 매장 디스플레이(VMD)에서는 인접한 상품이나 배경색의 영향으로 내 상품의 색이 다르게 보이거나(대비), 비슷하게 묻혀 보이는(동화 현상) 시각적 효과를 고려해야 한다.

오답 피하기

- ① : 조명이 물체의 색을 얼마나 자연스럽게 보여주는가 하는 성질이다.
- ③ : 물리적으로 다른 색이 특정 조명에서 같은 색으로 보이는 현상이다.
- ④ : 조도 변화에 따라 색의 밝기 인식이 달라지는 현상이다.

더 알아보기

'주변 색의 영향'이라는 내용이 나오면 대비 또는 동화가 정답이기 때문에 조명 문제인지, 배색 문제인지 문맥을 잘 파악해야 한다.

10 ②

강점(Strength)과 위협(Threat)을 조합한 전략이므로 ST 전략이다(예 기술력은 좋으나(S) 중국산 저가 공세가 심할 때(T), 기술 격차를 벌려 위협을 극복함).

오답 피하기

- ① SO : 강점으로 기회를 잡는다.
- ③ WO : 약점을 보완해 기회를 잡는다.
- ④ WT : 약점을 최소화하고 위협을 회피한다(철수/축소).

11 ②

- 파랑(Blue) : 특정 행위를 하도록 지시하거나 수리 중일 때 조심하라는 의미이다(예 안전모 착용).
- 자주(Red Purple) : 방사능 위험이 있는 물질이나 장소에 사용한다.

오답 피하기

나머지 보기는 색채의 의미가 뒤섞여 있다. 특히 자주색은 '방사능' 전용 색채임을 기억해야 한다.

12 ④

색채마케팅은 단순한 미적 장식이 아니며, 궁극적인 목표는 매출 증대, 브랜드 가치 상승, 기업 아이덴티티(CI) 통합이다.

오답 피하기

①, ②, ③ : 색채마케팅의 역사적 사실과 배경을 정확히 설명하고 있다. '파커 만년필'과 '1980년 컬러 TV'는 상식이다.

13 ①

지속가능성(Sustainability)은 환경 보호가 핵심이다. 표백이나 염색 공정을 줄여 소재 본연의 색과 질감을 살리는 것은 환경 오염을 줄이는 대표적인 친환경 CMF 전략이다.

오답 피하기

- ② : 인공적 고광택 표면처리는 화학적 코팅이나 도금이 필요하므로 친환경적이지 않다.
- ③ : 복합 소재는 재활용 시 분리가 어려워 지속가능성에 위배된다.
- ④ : 일회용 플라스틱 사용은 환경 오염의 주범이다.

더 알아보기

시험에서 '지속가능성'이 나오면 '자연', '재활용', '무가공', '절약'이 키워드가 정답이다. 반대로 '인공', '합성', '일회용'은 무조건 오답이다.

14 ③

아이맥 디자인의 핵심 혁명은 속이 은은하게 비치는 반투명(Translucent) 플라스틱(폴리카보네이트)을 사용하여 기계적인 차가움을 없애고 컬러풀한 감성을 입힌 점이다.

오답 피하기

- ① : 기존의 베이지색(아이보리) 컴퓨터라는 고정관념을 타파했다.
- ② : 금속이 아닌 플라스틱을 사용했다.
- ④ : 속이 보이는 누드 디자인을 채택했다.

더 알아보기

'1998년(시기)', '반투명 폴리카보네이트(소재)', '본디 블루(컬러)', 이 세 가지는 아이맥 문제에서 가장 많이 나오는 키워드이므로 외워 두어야 한다.

15 ③

표면이 거칠면(샌딩, 무광) 빛이 여러 방향으로 흩어지는 난반사가 일어난다. 흰 빛이 섞여 들어오면서 우리 눈에는 원래 색보다 뿌옇고 밝게(명도가 높게), 그리고 부드럽게 보인다.

문제에 '공학(Engineering/Ergonomics)'이라는 단어가 들어가면 감성보다는 '기능'을 찾으면 정답이다.

19 ②

계시 대비는 '계속해서 본대(Successive)'는 의미로, 시간적인 차이를 두고 한 색을 본 뒤 다른 색을 보았을 때 먼저 본 색의 잔상 영향으로 나중 색이 달라 보이는 현상이다(예 빨강을 한참 보다 흰 벽을 보면 청록색이 보이는 것).

오답 피하기

- ① 동시 대비 : 두 색을 동시에 볼 때 일어나는 대비이다.
- ③ 연변 대비 : 두 색이 맞닿는 경계선 부분에서 대비가 강하게 일어나는 현상이다.
- ④ 면적 대비 : 색의 크기(면적)에 따라 명도나 채도가 달라 보이는 현상이다.

더 알아보기

- 동시 : 같이 봄(공간적 인접).
- 계시 : 따로 봄(시간적 간격, 잔상과 관련됨).

계시 대비는 '음의 잔상(보색 잔상)' 원리와 직결된다는 점까지 알면 완벽하다.

20 ③

딱딱함(경질감)은 단단한 바위나 쇠붙이를 연상시키기 때문에 어둡고 채도가 낮은 차가운 색이나 금속의 색에서 느껴진다.

오답 피하기

- ① 고명도의 따뜻한 색 : 파스텔톤의 분홍이나 노랑은 부드러움(유연감)을 느끼게 한다.
- ② 고명도의 차가운 색 : 물기를 머금은 듯한 촉촉함을 느끼게 한다.
- ④ 중간 명도의 난색 : 일반적으로 따뜻하고 건조한 느낌을 준다.

더 알아보기

촉각 문제는 소재를 상상하면 쉽다.
- 딱딱함 : 쇠, 돌(어두운 파랑, 회색, 금속)
- 부드러움 : 솜사탕, 아기 옷(연분홍, 연노랑)
- 촉촉함 : 물(연한 파랑)

21 ④

추상적 연상은 평화, 죽음, 고독 같은 개념이나 감정을 떠올리는 것이다. 이는 사회적 학습이 필요한 영역이므로 무채색에서 더 많이 나타나며, 성인일수록 발달한다.

오답 피하기

- ① : 사과, 바다, 하늘처럼 눈에 보이는 사물을 떠올리는 것이다.
- ② : 어린아이일수록 사물을 떠올리는 '구체적 연상'이 강하고, 어른이 될수록 '추상적 연상'이 발달한다.
- ③ : 채도가 높고 선명한 유채색일수록 사물을 지칭하는 '구체적 연상'이 강하다.

더 알아보기

- 아이(Child) : 빨강=사과(구체적/유채색)
- 어른(Adult) : 회색=우울함(추상적/무채색)

22 ②

브레인스토밍은 초기 단계에서 아이디어를 발상하는 기법이다. 이때는 좋은 아이디어(질)를 따지기보다 최대한 많은 아이디어(양)를 쏟아내는 '수량 추구(Quantity)'가 원칙이다. 질을 따지면 사고가 경직된다.

오답 피하기

- ① : 유광(Polishing)은 표면이 매끄러워 빛을 한 방향으로 반사하는 정반사를 한다.
- ② : 무광은 난반사로 인해 색이 탁하고 부드러워 보인다. 선명해 보이는 것은 유광이다.
- ④ : 매끄러운 표면(유광)은 정반사로 인해 색 본연의 깊이가 드러나므로 채도가 높고 진해 보인다.

더 알아보기

거친 표면의 색이 밝아 보이는 원리는 필기뿐만 아니라 실기 조색에서도 매우 중요하다.
- 매끈함(Glass/Metal)=정반사=진하고 선명함(채도↑)
- 거칠음(Fabric/Paper)=난반사=뽀얗고 부드러움(명도↑, 채도↓)

물 묻은 칠판이 더 진해 보이는 원리(표면이 매끄러워짐)를 떠올리면 연상하기 쉽다.

16 ②

시장 추적자형은 1위 기업(리더)을 공격하기보다는 그들의 전략을 모방하거나 따라가며 안정적으로 2위권 시장(Market Share)을 유지하는 전략을 취하는 기업이다.

오답 피하기

- ① 시장 리더형 : 시장 점유율 1위, 현상 유지가 목표이다.
- ③ 시장 경쟁자형 : 리더와 맞서 싸우며 1위를 탈환하려고 공격적인 마케팅을 한다.
- ④ 시장 혁신자형 : 텍스트 내의 분류 기준(경쟁 위치)에는 포함되지 않는 용어이다.

더 알아보기

기업의 태도로 구분하면 된다.
- 리더 : 내 자리를 지켜라(방어)
- 경쟁자(도전자) : 비켜! 내가 1등 할 거야(공격)
- 추적자 : 난 그냥 조용히 따라갈래(모방/유지)

17 ③

노랑은 '충돌, 추락 주의' 등에 사용되지만, 방사능 경고 및 X-ray실에 사용되는 색은 자주(보라, Purple)색이다.

오답 피하기

- ① 빨강 : 고도의 위험, 화재 방지(소화기), 멈춤(정지)을 의미한다.
- ② 주황 : 눈에 잘 띄어야 하는 구명보트, 구명조끼 및 기계 커버 안쪽(위험)에 쓰인다.
- ④ 초록 : 마음을 놓아도 되는 안전한 상태, 피난 유도등에 쓰인다.

더 알아보기

- 주황 vs 빨강 : 구명조끼는 물에서 잘 보여야 하므로 주황이다(빨강 아님).
- 노랑 vs 자주 : 일반적인 '주의'는 노랑이지만, 방사능(원자력)만큼은 자주색이다.

18 ③

인간공학(Ergonomics)은 '인간이 시스템을 얼마나 편리하고 안전하고 효율적으로 쓸 수 있는가'를 연구하는 학문이다. 유행(Trend)이나 단순한 아름다움(심미성)보다는 오류 방지, 피로 감소, 식별성 등이 우선순위이다.

오답 피하기

①, ②, ④ : 모두 인간공학적 색채 적용의 핵심 목표인 인지력, 작업 능률, 안전도 향상에 대한 올바른 설명이다.

- ① 비판 금지 : 남의 의견을 평가하면 입을 다물게 되므로 절대 금지한다.
- ③ 자유분방 : 엉뚱하고 비현실적인 소리도 환영해야 창의성이 나온다.
- ④ 결합 개선 : 남의 아이디어에 숟가락을 얹어(결합) 더 발전시키는 것을 권장한다.

23 ②

경제성(Economy)은 '최소의 비용과 노력으로 최대의 효과'를 얻는 합리성을 뜻하며, 여기에는 품질 유지와 효율적인 재료 사용, 유통 비용 절감 등이 포함된다. 품질을 무시한 저가는 굿 디자인의 경제성이 아니다.

- ① 합목적성 : '의자는 앉을 수 있어야 한다'처럼 기능과 목적이 일치하는 가장 기본적인 조건이다.
- ③ 심미성 : 기능이 좋아도 아름답지 않으면 굿 디자인이 될 수 없다. 대중의 미의식을 반영해야 한다.
- ④ 독창성 : 독창성 없는 디자인은 아류일 뿐이다. 창의적 개선이 필요하다.

24 ②

의사가 수술 중 붉은 혈액을 장시간 응시하다가 시선을 돌려 흰 벽을 보면, 붉은색의 보색인 청록색 잔상이 아른거려 시야를 방해하고 눈의 피로를 유발한다. 이를 막기 위해 벽면이나 수술복을 아예 청록색으로 하여 보색 잔상(After Image)을 느끼지 못하게 하는 것이다.

- ① : 파란색 계열이 안정을 주긴 하지만, 수술실 색채의 주목적은 아니다.
- ③ : 청결함은 주로 흰색이나 아주 연한 파스텔 톤이 담당한다.
- ④ : 수술실은 눈부심을 방지해야 하므로 반사율을 높이면 안 된다.

25 ①

1980년대는 남녀의 성 경계를 허무는 앤드로지너스 룩이 유행했다. 또한, 일본 디자이너(레이 가와쿠보, 요지 야마모토)들이 파리에 진출하며 검정색(무채색) 중심의 해체주의적 패션(저패니즈 룩)이 세계적인 트렌드가 되었다.

- ② 1960년대 : 영 패션, 비틀즈, 미니스커트, 팝아트, 오프아트 등의 영향으로 강렬한 원색이 유행했다.
- ③ 1940년대 후반~50년대 : 전쟁이 끝난 후 디올의 뉴룩(여성스러운 곡선)과 평화를 상징하는 파스텔 톤이 유행했다.
- ④ 1920년대 : 재즈 시대, 모더니즘, 가르손느 룩(보이시한 스타일)이 유행했다.

26 ③

세퍼레이션(Separation) 배색은 '분리하다'라는 뜻처럼, 인접한 두 색의 대비가 지나치게 강해 눈이 아프거나(Halation), 반대로 대비가 너무 약해 경계가 모호할 때 그 사이에 흰색, 검은색, 금속색 등을 넣어 색을 독립시키고 배색을 명쾌하게 만드는 기법이다.

- ① 톤 온 톤(Tone On Tone) : 색상은 하나(동일 색상)이고 톤(명도)의 차이를 두는 배색이다.
- ② 톤 인 톤(Tone In Tone) : 톤은 하나(유사 톤)이고 색상을 다르게 하는 배색이다.
- ④ 그러데이션(Gradation) : 색채의 단계적인 변화를 통해 리듬감을 주는 기법이며, 보색 대비와는 관련이 없다.

- 톤 온 톤=One Color(색은 하나)
- 톤 인 톤=Same Tone(톤 안에 갇힘)

27 ④

주조색(Dominant Color)은 전체 면적의 70% 이상을 차지하는 배경색이다. 가장 넓은 면적을 차지하기 때문에 공간 전체의 분위기와 이미지를 결정짓는 핵심 역할을 한다.

- ① : 넓은 면적에 고채도(선명한 색)를 쓰면 눈이 피로하고 공간이 좁아 보인다. 저채도나 중성색을 사용하는 것이 원칙이다.
- ② : 보조색(25%)은 주조색을 보완하는 역할을 하므로, 주조색과 유사한 색상이나 톤을 사용하여 부드럽게 연결해야 한다. 보색을 쓰면 산만해진다.
- ③ : 강조색(5%)은 시선을 집중시켜야 하므로 주조색과 대비되는 색상이나 톤을 써야 효과적이다. 동일 색상은 강조가 되지 않는다.

70(주조):25(보조):5(강조) 법칙을 기억해야 한다. 주조색은 '배경', 보조색은 '친구(유사)', '강조색'은 '반전(대비)'이다.

28 ②

오스트발트(Ostwald)는 "조화는 질서와 같다(Harmony=Order)."고 정의했다. 그는 색채를 정량적이고 체계적으로 정리하여 규칙적인 위치에 있는 색들을 조합할 때 미적 쾌감이 생긴다고 보았다. 따라서 질서의 원리는 오스트발트 이론의 근간이다.

①, ③, ④ : 모두 저드(Judd)의 색채 조화론에 해당하는 원리들이다. 특히 명료성, 동류성, 유사성, 대비성은 저드의 4대 원리로 묶어서 기억해야 한다. 오스트발트는 오직 '질서'이다.

'오스트발트=질서', '저드=명료/동류/유사/대비'처럼 학자-이론을 연결하는 공식은 외워두어야 한다.

29 ④

저드의 명료성의 원칙(Principle of Unambiguity)은 "두 색의 관계가 애매하지 않고 명쾌해야 조화롭다."라는 이론이다. 특히 안전 표지판처럼 기능이 중요한 디자인에서 색의 차이가 없어 식별이 어렵고(Invisible), 모호한(Ambiguous) 상태는 명료성의 원칙을 정면으로 위배한 것이다. 이는 '비모호성의 원칙'이라고도 한다.

- ① 질서의 원칙 : 색채 선택의 규칙성이나 체계적 배치에 관한 문제이다.
- ② 친근성의 원칙 : 자연색과 같이 사람들에게 익숙한 느낌을 주느냐의 문제이다.
- ③ 유사성의 원칙 : 공통된 요소를 가져 통일감을 주느냐의 문제이다(이 사례는 너무 유사해서 문제가 된 것이지만, 그 결과로 나타난 핵심 문제점인 '식별 불가능'은 명료성의 영역이다.).

"구분이 안 된다. 답답하다. 잘 안 보인다. 애매하다."라는 키워드가 나오면 '명료성의 원칙'을 선택하면 된다.

30 ①

일반적인 '명도 대비'라면 검정(저명도) 옆의 회색은 더 밝게 보여야 정상이다. 문제의 조건은 '가늘고 촘촘하게'라는 내용이 있다. 패턴이 미세하면 우리 눈은 두 색을 대비시키기보다 시각적으로 혼합(병치 혼합)하여 인식하려 한다. 이를 베졸트 효과(Bezold Effect) 또는 동화 현상이라 하며, 검은색 선이 회색 바탕에 섞여 들어 전체적으로 어둡게 보이는 것이다.

오답 피하기
- ② 명도 대비 현상 : 바탕이 더 밝아 보여야 하므로 결과가 반대이다.
- ③ 면적 대비 현상 : 면적의 크기에 따라 명도/채도가 달라 보이는 현상이다.
- ④ 연변 대비 현상 : 색과 색의 경계면에서만 일어나는 현상이다.

더 알아보기
대비와 동화의 결정적 차이는 '패턴의 밀도'이다.
- 큼직하고 듬성듬성하다? → 대비(서로 밀어냄)
- 작고 촘촘하다? → 동화(서로 섞임)

31 ②

붉은색(혈액)을 장시간 응시하면 망막의 붉은색 감지 세포가 피로해져, 시선을 돌렸을 때 붉은색의 보색인 청록색 잔상이 나타나며, 이를 부의 잔상(음성 잔상)이라고 한다. 만약 흰 가운을 입으면 청록색 잔상이 어른거려 시야를 방해하므로, 아예 가운과 벽을 청록색으로 하여 잔상을 흡수(중화)시키는 것이다.

오답 피하기
- ① 정의 잔상 : 원래 자극과 같은 색상이 남는 현상(예 쥐불놀이)이다.
- ③ 연변 대비 : 경계선이 뚜렷해지거나 흐려지는 현상이다.
- ④ 암순응 : 밝은 곳에서 어두운 곳으로 들어갈 때 적응하는 현상이다.

32 ④

- 추상체(명소시) : 밝은 곳에서 555nm(연두색/장파장 쪽)에 가장 민감하다.
- 간상체(암소시) : 어두운 곳에서 507nm(청록색/단파장 쪽)에 가장 민감하다.

이 차이 때문에 어두워지면 파란색이 더 잘 보이는 푸르킨예 현상이 발생한다.

오답 피하기
- ① 분포 : 추상체＝중심(해상도 높음), 간상체＝주변(야간 동작 감지)
- ② 기능 : 추상체＝색(Color), 간상체＝빛(Light)
- ③ 작동 범위 : 추상체＝낮(명소시), 간상체＝밤(암소시)

33 ②

음양오행설에서 적색(赤)은 불(火)의 기운으로 남쪽(방위), 뜨거운 여름(계절), 주작(사신도), 그리고 예의 바름을 뜻하는 예(禮)를 상징한다.

오답 피하기
- ① 청색 : 동쪽 – 봄 – 인(仁)(서쪽/가을/의는 백색)
- ③ 백색 : 서쪽 – 가을 – 의(義)(동쪽/봄/인은 청색)
- ④ 흑색 : 북쪽 – 겨울 – 지(智)(중앙/환절기/신은 황색)

더 알아보기
'좌백호(동), 우청룡(서), 남주작(남), 북현무(북), 중앙황제(황)' 이 방위도만 그릴 줄 알면 계절과 색은 저절로 따라온다.

34 ①

리프만 효과는 색상 차이는 있지만 명도 차이가 거의 없을 때, 경계가 흐릿해지고 형태가 녹아내리는 듯(Melting) 보이는 현상이다. 이를 막으려면 명도 차이를 확실하게(크게) 주어야 경계가 뚜렷해지고 가독성이 확보된다(또는 무채색 테두리를 두르면 된다).

오답 피하기
② 보색 관계 : 명도가 같으면 보색이라도 '하레이션(눈부심)'이 생겨 오히려 눈이 아프고 잘 안 보인다. 리프만 효과의 해결책은 색상이 아니라 명도이다.

35 ②

제시된 설명의 핵심 키워드인 '네덜란드', '1917년', '수직 · 수평', '3원색과 무채색'은 데스틸(De Stijl) 그룹의 특징이다. 몬드리안과 리트벨트가 대표 작가이며, 이들의 조형 언어는 현대 모던 디자인의 기틀이 되었다.

오답 피하기
- ① 구성주의 : 러시아 혁명기, 산업 재료(철, 유리)를 이용한 구축성이 특징이다.
- ③ 미니멀리즘 : 1960년대 미국, 단순한 입체 형태의 반복, 감정 배제가 특징이다.
- ④ 절대주의 : 러시아의 말레비치, 순수 감성과 사각형 등 기하학적 형태가 특징이다.

36 ③

원래 키치는 '싸구려 모조품', '저속한 예술'을 뜻하는 부정적 단어였으나, 포스트모더니즘 시대에 이르러 고급문화의 엄숙주의를 비웃고 대중적이고 통속적인 취향(B급 감성, 촌스러움)을 오히려 솔직하고 재미있는 미적 스타일로 재해석하게 되었다(예 멤피스 디자인, 레트로 패션).

오답 피하기
- ① 고급 예술 : 키치는 이에 반대되는 개념이다.
- ② 미니멀 : 키치는 장식 과잉이나 조잡함이 특징이다.

37 ③

이미지 스케일은 이러한 추상적인 감성(이미지)을 형용사 축(부드러운－딱딱한 등)을 기준으로 좌표 위에 배치하여, 객관적으로 분류하고 소통할 수 있게 도와주는 도구이다.

오답 피하기
- ① 물리적 수치 : 이미지 스케일은 심리적 감성을 다룬다.
- ② 선호도 조사 : 좋고 싫음이 아니라, 어떤 느낌(성격)인지를 분류하는 것이다.

38 ②

- X축(가로) 넓게 분포 : X축은 색상으로, 넓게 퍼져 있다는 것은 빨강부터 보라까지 다양한 색상(Colorful)이 쓰였다는 뜻이다.
- Y축(세로) 상단 분포 : Y축은 명도나 채도로, 상단에 있다는 것은 고명도(밝음) 또는 고채도(선명함)라는 뜻이다.

따라서 "색은 알록달록 다양하고, 톤은 밝고 선명하다."라는 결론이 나온다.

오답 피하기
- ① 어둡다 : Y축 하단에 분포해야 한다.
- ③ 난색 편중 : X축의 왼쪽(R~Y 구간)에만 데이터가 몰려있어야 한다.
- ④ 무채색 : X축의 맨 오른쪽 끝(N 구간)에만 데이터가 몰려있어야 한다.

39 ②

팬톤(PMS)은 미국 팬톤사가 개발한 인쇄 및 산업용 상업 표준이다. 잉크 배합 비율을 제공하여 전 세계 어디서나 똑같은 색을 인쇄할 수 있도록 돕는 실용적인 매칭 시스템이다.

오답 피하기
- ① : 팬톤은 예쁜 색, 유행하는 색을 모아 번호를 붙인 것이라 색 사이 간격이 불규칙하다(등보성 없음).
- ④ : 혼색계에 대한 설명으로 팬톤은 잉크(안료) 베이스의 현색계적 성격을 띤다.

40 ③

웹 디자인은 모니터(스크린)를 통해 빛으로 보여지므로 RGB 가산 혼합방식을 따른다. 인쇄용인 CMYK 감법 혼합모드로 작업하면 실제 모니터 구현 색상과 차이가 발생하고(색역이 다름), 파일 용량도 커지므로 웹용으로는 부적절하다.

오답 피하기

- ① : 모니터 빛은 눈을 직접 자극하므로, 눈이 아픈 형광색이나 원색의 남발은 피해야 한다(사용자 경험 UX 고려).
- ② : 글자가 잘 보이려면 배경과 글자의 명도 차이가 커야 한다(웹 접근성 필수 요소).
- ④ : 다양한 디바이스(PC, 모바일)에서 색 오차를 줄이기 위해 sRGB 등을 고려한다.

41 ④

CIE L*a*b*(CIE L*A*B*)는 기존 CIE 시스템(XYZ, Yxy)의 단점인 '수치적 거리와 시각적 차이의 불일치'를 해결하기 위해 1976년에 발표된 지각적으로 균등한 색공간(UCS)이다.

오답 피하기

①, ②, ③ : RGB, XYZ, Yxy는 모두 감각적인 색 차이가 일정하지 않은 불균등 색공간이다. 특히 Yxy 색도도에서 초록 영역은 실제보다 넓게, 청색 영역은 좁게 표현되는 왜곡이 있다.

더 알아보기

"지각적으로 균등하다." 또는 "색차(Color Difference) 계산에 용이하다."라는 말이 나오면 L*a*b* 혹은 L*u*v*를 찾으면 된다.

42 ③

헤링의 반대색설은 색이 뇌로 전달되는 신경 전달 과정에서의 대립 반응을 설명한 이론이다. 이는 훗날 스웨덴의 NCS(Natural Color System)와 CIE L*a*b* 색공간 형성의 핵심적인 이론적 배경이 되었다.

오답 피하기

- ① : 망막의 시세포(원추세포) 단계는 영 · 헬름홀츠의 3원색설(RGB)이 타당하다. 헤링은 그 이후의 신경 전달 단계이다.
- ② : 헤링의 대립쌍은 빨강－초록, 노랑－파랑이다.
- ④ : 헤링은 색을 심리적, 생리적 현상으로 파악했다. 물리적 혼합 중심은 영 · 헬름홀츠 쪽에 가깝다.

더 알아보기

- 영 · 헬름홀츠＝눈(망막)＝RGB(3원색)
- 헤링＝뇌(신경)＝반대색(4원색)＝NCS

43 ②

진주 안료는 운모(Mica) 표면에 이산화티탄을 코팅하여 얇은 막을 만든다. 빛이 이 막을 통과하고 반사될 때 서로 부딪히며 빛의 간섭(Interference) 현상을 일으켜 무지갯빛 진주 광택을 만들어낸다.

오답 피하기

- ① : 자외선을 가시광선으로 바꾸는 것은 형광 안료이다.
- ③ : 일반적인 물체색의 원리이다.
- ④ : 좁은 틈을 지날 때 빛이 퍼지는 현상으로, 진주 광택의 주 원리는 아니다.

44 ①

광택 측정 각도는 숫자가 작을수록(각을 세울수록) 예민하게 측정한다. 자동차 도장 면이나 연마된 금속처럼 거울같이 반짝이는 고광택 표면은 20°의 좁은 각도로 측정해야 정확하다.

오답 피하기

- ③ 60° : 광택이 보통인 일반적인 물체 측정 기준이다.
- ④ 85° : 종이처럼 광택이 거의 없는 저광택(Matte) 표면을 측정할 때 빛을 눕혀서(큰 각도) 측정한다.

더 알아보기

"고2, 저8"로 외우자. 고광택은 20(작은 숫자), 저광택은 85(큰 숫자)이므로 줄여서 외우면 된다.

45 ②

조색(Color Matching)은 표면의 광택이나 질감에 현혹되지 않고, 안료의 고유한 배합비(진짜 색)를 찾아내는 것이 목적이다. 따라서 표면 반사(광택)까지 모두 포함하여 에너지 총량을 측정하는 SCI(Specular Component Included) 모드를 사용해야 한다.

오답 피하기

- ① : SCE은 광택을 제거하고 측정하므로 '사람 눈에 보이는 색'과 유사하다. 외관 검사나 완제품 평가에 쓰인다.
- ③, ④ : 조색 레시피 산출용 주장비가 아니다.

더 알아보기

SCI의 I는 Include(포함)이자 Ingredient(재료/성분)라고 외우면 된다.

46 ③

형광 물질은 자외선 등 에너지를 받아 가시광선을 내뿜는 성질이 있다. 따라서 백색광(자외선 포함 복합광)을 먼저 시료에 비추고, 반사된 빛을 나중에 분광하는 후방 분광(Polychromatic Illumination) 방식을 써야 형광 특성까지 정확히 측정된다.

오답 피하기

- ① 전방 분광 방식 : 단색광을 쪼개서 비추면 형광 효과가 제대로 나타나지 않는다.
- ② 자외선 차단 : 형광은 자외선이 있어야 발현되므로, 광원에 300~780nm(자외선 포함) 영역이 있어야 한다.

더 알아보기

형광 측정은 '빛 먼저(총알 장전), 분광 나중'이다. 이것을 후방 분광이라고 한다.

47 ④

중간 혼합(회전/병치)의 가장 중요한 특징은 명도가 높아지지도(가산), 낮아지지도(감산) 않는다는 것이다. 두 색의 밝기가 섞여 딱 중간인 '평균 명도(Average)'가 유지된다. 따라서 "명도가 높아져 밝아 보인다."는 설명은 옳지 않다.

오답 피하기

- ① : 중간 혼합의 정의이자 핵심 성질이다.
- ② : 회전판에서 보색(⒜ 빨강과 청록)을 돌리면 색상 기미가 서로 상쇄되어 무채색인 회색이 된다.
- ③ : 점이 작아야 우리 눈이 점을 구별하지 못하고, 거리가 멀어야 망막에서 색이 뭉개져 보여 혼색이 일어난다.

더 알아보기

"회전 혼합을 했더니 밝아졌다." 혹은 "병치 혼합을 했더니 어두워졌다."는 틀린 내용이다.

48 ②

필터 실험은 '교집합'을 찾는 감법 혼합 문제이다.

- 시안(Cyan) 필터 : 자신의 색인(초록, 파랑)은 통과시키고, 보색인 빨강을 흡수한다.
- 노랑(Yellow) 필터 : 자신의 색인(빨강, 초록)은 통과시키고, 보색인 파랑을 흡수한다.

결과적으로 시안 필터에서 '빨강'이 죽고, 노랑 필터에서 '파랑'이 죽어서, 살아남은 유일한 빛은 초록(Green)이다.

오답 피하기

- ① 빨강 : 시안 필터 단계에서 이미 흡수되어 사라졌다.
- ③ 파랑 : 노랑 필터 단계에서 흡수되어 사라졌다.
- ④ 검정 : 마젠타 필터까지 합세해서 3개가 다 겹쳤을 때 나오는 결과이다.

더 알아보기

필터 문제는 잉크 혼합과 결과가 똑같으므로 "시안 잉크랑 노랑 잉크 섞으면 초록색!" 이렇게 외워두면 된다.

49 ④

무기 안료(Inorganic)는 천연 광물(돌, 흙)이나 금속 산화물을 원료로 하므로, 탄소 화합물인 유기 안료보다 입자가 굵고 비중이 커서 무겁다.

오답 피하기

- ① : 입자가 굵고 불투명한 무기 안료가 바탕을 가리는 은폐력이 크다(유기 안료는 투명함).
- ② : 합성 안료인 유기 안료가 입자가 곱고·채도가 월등히 높다(무기 안료는 차분하고 탁함).
- ③ : 돌가루인 무기 안료가 빛과 열에 강하다(유기 안료는 변색되기 쉬움).

더 알아보기

이미지로 기억하기

- 무기 안료＝돌/시멘트 : 무겁고, 뒤가 안 비치고(불투명), 튼튼함
- 유기 안료＝잉크/플라스틱 : 가볍고, 투명하고, 색이 아주 선명함

50 ③

검사 부스 내벽은 시료의 색에 영향을 주지 않아야 한다. 따라서 빛을 정반사하지 않는 무광택(Matte)이어야 하며, 색상 대비 효과(동시 대비)로 인한 왜곡을 막기 위해 중간 밝기의 무채색 회색(N5～N7, L＝50～65)을 사용하는 것이 표준이다.

오답 피하기

- ①, ④ 유광/고광택 : 빛 반사로 인해 눈부심과 색 간섭이 일어나 정확한 판정이 불가능하다.
- ② 유채색 : 벽의 붉은색이 시료에 반사되거나 보색 잔상을 일으켜 색을 왜곡시킨다.

51 ②

텅스텐 조명(3,200K)은 색온도가 낮아 붉은빛이 강하다. 이를 주광(5,500K, 하양) 기준으로 촬영하면 사진이 온통 붉게 나온다. 따라서 붉은 기를 상쇄하고 색온도를 높여주는(Cooling) 역할을 하는 블루(Blue) 계열 필터를 렌즈 앞에 끼워야 정상적인 색감이 나온다.

오답 피하기

① 앰버 필터 : 흐린 날이나 그늘처럼 푸른빛(고온)이 강할 때, 색온도를 낮추기(Warming) 위해 사용하는 주황색 필터이다(정반대 상황).

52 ③

채도가 높다는 것은 순색의 비율이 높다는 뜻이다. 채도를 낮추기(탁하게 만들기) 위해서는 색의 순도를 떨어뜨려야 하므로, 무채색(검정, 회색)을 섞거나 색상환 반대편에 있는 보색을 섞어 색미를 상쇄(감산혼합)시켜야 한다.

오답 피하기

- ① : 원색 추가는 채도가 더 높아지거나 유지될 뿐, 낮아지지 않는다.
- ② : 흰색 추가는 채도가 낮아지긴 하지만 명도가 급격히 높아져 색이 변질(Tint)될 위험이 크다. 채도만 조절할 때는 회색/보색이 유리하다.
- ④ : 용제 희석은 도료의 점도만 낮출 뿐, 건조 후 색상의 채도 자체를 근본적으로 낮추는 방법은 아니다(은폐력만 떨어짐).

53 ②

아노다이징(양극산화피막)은 알루미늄 전용 가공법이다. 전기화학적으로 표면을 산화시켜 벌집 모양의 미세한 기공(Pore)을 만들고, 그 구멍 속에 염료를 집어넣어 봉공(Sealing) 처리한다. 도막이 벗겨지지 않고 금속 본연의 질감이 살아있는 것이 특징이다.

오답 피하기

- ① 크롬 도금 : 금속 표면에 다른 금속 막을 씌우는 것이다.
- ③ 샌드블라스팅 : 모래를 고압으로 쏘아 표면을 거칠게 만드는 물리적 가공이다.
- ④ 헤어라인 : 금속 표면에 머리카락 같은 일정한 결을 만드는 가공이다.

더 알아보기

스마트폰이나 노트북의 매끈한 메탈 바디 색상, 그게 바로 아노다이징이다. 페인트를 겉에 칠한 게 아니라, 금속 피부(기공) 속에 색소를 문신처럼 새겨 넣은 기술이다.

54 ②

소광제는 표면에 요철을 만들어 빛을 난반사시킨다. 검은색에 소광제를 넣으면 산란된 빛(White Noise)이 눈에 들어와 희끄무레한 회색 기운이 돌게 된다. 결과적으로 칠흑 같은 깊은 맛(흑색도)이 떨어진다.

오답 피하기

- ① : 많은 분이 무광 블랙이 더 진하다고 착각하지만, 광학적으로는 유광 블랙(Piano Black)이 빛을 흡수하고 정반사하여 훨씬 깊고 진한 검정이다.
- ③ : 소광제는 불투명 입자이므로 투명도를 떨어뜨리고 뿌연 헤이즈(Haze)를 유발한다.
- ④ : 표면이 거칠어지므로 오염물질이 잘 끼고 닦아내기 힘들어 내오염성은 나빠진다.

더 알아보기

무광 검정은 짙은 회색이다. 완벽한 블랙(Jet Black)을 원한다면 절대 소광제를 넣으면 안 된다. 피아노(유광)와 타이어(무광)의 검정색 깊이를 비교하면 색의 차이를 알 수 있다.

55 ③

색차 데이터(L*a*b*)의 부호 의미를 해석하는 문제이다.

- $\triangle L*(+)$: 양수이면 기준보다 명도가 높다 → 밝다(Light)
- $\triangle b*(-)$: 음수이면 b*축(노랑-파랑)에서 파랑 쪽으로 치우쳤다 → 파란 기미(Bluer)

따라서 시료는 기준색보다 "밝고 파란 기미가 돈다."라고 해석해야 한다.

오답 피하기

- ① 밝고 노랑 : $\triangle L*(+)$, $\triangle b*(+)$
- ② 어둡고 파랑 : $\triangle L*(-)$, $\triangle b*(-)$
- ④ 어둡고 노랑 : $\triangle L*(-)$, $\triangle b*(+)$

더 알아보기

- Yellow＝$+b*$, Blue＝$-b*$(바나나는 플러스)
- Light＝$+L*$, Dark＝$-L*$(빛은 플러스)

56 ④

펄 안료를 사용하는 이유는 영롱한 반짝임(간섭광)과 입체감을 얻기 위함이다. 여기에 소광제를 넣어 무광으로 만들면 펄감이 사라지고 탁해져서 비싼 펄 안료를 쓸 이유가 없어진다. 특수한 디자인 의도가 아니라면 일반적으로는 소광제를 넣지 않거나 유광 클리어로 마감하여 펄감을 극대화한다.

오답 피하기
- ① : 펄은 반투명해서 밑 색이 비치므로 바탕색 관리가 생명이다.
- ② : 입자가 커서 잘 가라앉기 때문에 안료를 쓰기 전에 흔들어줘야 한다.
- ③ : 펄의 핵심 특징으로, 다각도 확인이 필수이다.

57 ①

- 스파클(Sparkle) : 맑은 날 강한 햇빛(지향성 조명) 아래서 알루미늄 입자가 반짝반짝 빛나는 현상이다(긍정적 요소).
- 그레인(Graininess) : 흐린 날(확산 조명)에 반짝임은 사라지고 입자 알갱이들이 두드러져 표면이 거칠고 지저분하게 보이는 현상이다(부정적 요소).

오답 피하기
- ② 플립-플롭 : 각도에 따른 명도 변화이다.
- ③ 오렌지필/헤이즈 : 도장 불량(요철)과 혼탁 현상이다.
- ④ 광택/선명도 : 표면 반사 특성이다.

더 알아보기
Sparkle(스파클)은 폭죽처럼 터지는 반짝임(좋은 거), Grain(그레인)은 곡물/모래알처럼 까슬한 느낌(나쁜 거)이다. 따라서 햇빛 아래서는 스파클, 그늘에서는 그레인을 본다.

58 ②

제로 교정은 빛을 완전히 차단한 상태(반사율 0%)를 측정한다. 이때 센서에 잡히는 신호가 있다면 그것은 실제 빛이 아니라 기기 내부 회로의 암전류(Dark Current)나 틈새로 들어온 미광(Stray Light)이다. 제로 교정은 이 노이즈(Noise) 값을 0으로 상쇄시켜 저명도(어두운 색) 측정의 정확도를 확보하는 절차이다.

오답 피하기
- ① : 백색 기준물은 화이트 교정의 목적이다.
- ③ : 교정은 기준을 잡는 것이지 성능을 높이는 게 아니다.
- ④ : 렌즈 위치 감지 센서 등의 역할이다.

더 알아보기
제로 교정은 기계가 가진 기본 잡음을 없애는 것이다(예 아무것도 안 올린 저울 눈금이 '0'이 아닐 때 나사를 돌려 0을 맞추는 것).

59 ③

SCI 모드는 광택을 포함하여 계산하므로, 유광이든 무광이든 안료 배합비가 같다면 수치는 비슷하게 나온다. 하지만 사람의 눈(Visual)은 무광일수록 색을 희뿌옇게(L 상승, C 하락) 인식한다. 따라서 광택이 다를 때는 기계 수치(SCI)가 맞더라도 눈에는 틀려 보이므로, 육안이나 SCE 모드를 기준으로 색상을 보정해야 최종 품질을 만족시킬 수 있다.

오답 피하기
- ① : 소비자는 기계가 아니라 눈으로 판단하므로 육안 차이가 나면 불합격이다.
- ② : 광택은 색채 지각에 지대한 영향을 미치므로 무시할 수 없다.
- ④ : 기준이 유광이라면 소광제를 더 넣으면 안 된다.

더 알아보기
기계는 거짓말을 하지 않지만, 기계가 보는 방식(SCI)과 사람이 보는 방식(SCE)이 다를 뿐이다. 품질 관리의 최종 소비자는 사람이므로, 광택 차이가 날 땐 사람 눈을 믿어야 한다.

60 ③

메타메리즘(조건등색)은 주광(D65)에서는 맞아도 매장 조명(A, F2) 등에서는 색이 틀어지는 현상이다. 이는 소비자 클레임의 주원인이 되므로, 보고서의 비고(Comment)란에 'A 광원에서 붉은 기미 발생' 등 현상을 명확히 기록하고, 가능하다면 메타메리즘이 적은 다른 안료 조합으로 재조색(Re-matching)해야 한다.

오답 피하기
- ① : 다양한 환경에서 사용되는 제품일수록 보조 광원 확인이 필수이다.
- ② : 반사율 곡선이 일치하면 메타메리즘이 발생하지 않는다(아이소머리즘). 발생했다는 건 곡선이 다르다는 뜻이다.
- ④ : 품질 관리자는 결함을 숨기지 않고 보고해야 할 의무가 있다.

더 알아보기
품질 관리에서 '숨기기'는 최악의 수로, 빠르게 보고하고 대책을 세우는 것이 전문가의 자세이다.

61 ②

L*a*b*(인간 시각 전체) 〉 Adobe RGB(인쇄 가능 영역 포함) 〉 sRGB(표준 모니터) 〉 CMYK(잉크/인쇄) 순서로 크다.

오답 피하기
- ① : 색역은 장치가 표현 가능한 색의 범위이며, 이를 시각적으로 보여주기 위해 말발굽 모양의 CIE xyY 색도를 사용한다.
- ③ : 포인터(Pointer) 색역은 이론적인 빛의 색이 아니라, 실제 존재하는 물체색(Real Surface Colors)의 한계를 정의한 것이다.
- ④ : 잉크나 안료는 어두워질수록(저명도) 빛 반사율이 떨어져 채도를 높이기 어렵기 때문에 색역이 급격히 좁아진다.

더 알아보기
색역 크기 순서
랩(L*a*b*) 〉 어도비(Adobe) 〉 에스(sRGB) 〉 씨엠(CMYK)

62 ③

LCD 모니터의 휘도(밝기)는 보통 80~160cd/m² 범위 내에서 작업장의 조도에 맞춰 설정하며, 인쇄물과 비교(Soft Proofing)할 때는 약 120cd/m²가 권장된다.

오답 피하기
- ① : 인쇄 및 출판의 표준광원은 D50(5,000K)이며, 인쇄용지(누런빛)와 맞추기 위해 더 따뜻한 D50을 쓴다.
- ② : 윈도우(Windows)와 웹(Web)의 표준 감마는 2.20이다. 1.8은 과거 맥킨토시(Mac) 표준이었다.
- ④ : D50은 5,000K를 의미하며 따뜻한 백색이다. 9,300K는 일반 가전용 TV나 사무용 모니터의 기본값으로, 푸른빛이 많이 돈다.

63 ①

색역(Gamut)은 표현할 수 있는 색의 범위를 뜻한다.
- CIE L*a*b* : 인간이 볼 수 있는 모든 가시광선 영역(가장 넓음. 이론적 공간)
- Adobe RGB : 고품질 인쇄 및 사진 전문가용(CMYK 색역 대부분을 포함)
- sRGB : 일반 모니터 및 웹 표준(Cyan, Green 영역 손실 있음)
- CMYK : 잉크의 물리적 한계로 인해 표현 범위가 가장 좁음
따라서 L*a*b* > Adobe RGB > sRGB > CMYK 순서가 정답이다.

64 ④

웹 안전 컬러는 RGB 값을 0, 51, 102, 153, 204, 255의 6단계로만 끊어서 만든다. 이를 16진수로 변환하면 00, 33, 66, 99, CC, FF 이렇게 딱 6가지 쌍둥이 숫자만 나온다. 따라서 #F2A43B처럼 불규칙한 숫자(2, A, 4, B 등)가 섞여 있으면 웹 안전 컬러가 아니라 일반적인 24비트 컬러 코드이다.

오답 피하기
- ① : 윈도우와 맥, 크롬과 익스플로러 등 어떤 환경에서도 색이 깨지거나 디더링되지 않고 똑같이 보이는 216색 표준이다.
- ② : 웹 안전 컬러는 8비트(256색)에서 윈도우/맥이 서로 다르게 쓰는 시스템 예약색 40개를 빼서 만들었다(256 − 40 = 216).
- ③ : R(6단계)×G(6단계)×B(6단계)=216가지 색상이 나온다.

65 ②

어댑티브 팔레트(Adaptive Palette)는 '적응형'이라는 뜻이다. 특정 이미지 내에서 가장 많이 사용된 색상, 가장 중요한 색상을 분석하여 256개(또는 그 이하)로 추출한 '이미지 맞춤형' 팔레트이다. 해당 이미지에 최적화되어 있으므로 8비트 모드에서도 원본과 가장 유사한 고화질을 보여준다.

오답 피하기
- ①, ③ : 호환성을 최우선으로 하고, 디더링 없이 216색을 쓰는 것은 웹 안전 컬러 팔레트이다. 반대로 어댑티브 팔레트는 다른 컴퓨터나 웹에 올리면 색이 깨질(디더링 될) 확률이 높다.
- ④ : 운영체제가 기본 인터페이스용으로 쓰는 것은 시스템 팔레트이다.

66 ③

CIE 표준광원 A는 텅스텐 필라멘트 전구, 즉 가정용 백열등의 빛을 대표하는 광원이다. 색온도는 약 2,856K로 붉은빛이 도는 따뜻한 색이다.

오답 피하기
- ① : 1931 CIE 표준 관측자는 눈의 중심부만 사용하는 2° 시야(좁은 영역) 기준이다.
- ② : 1964 CIE 표준 관측자는 더 넓은 범위를 보는 10° 시야(넓은 영역) 기준이다.
- ④ : 표준광원 D50의 색온도는 5,000K이다. 6,500K는 표준광원 D65이다.

더 알아보기
CIE 연도별 시야각 암기는 연도 숫자가 작으면 각도도 작고, 숫자가 크면 각도도 크다.
- 1931년(옛날) = 기술이 부족해서 조금만 봤다 = 2°(좁음)
- 1964년(최신) = 기술이 발전해서 넓게 봤다 = 10°(넓음)

67 ③

역삼각형(▽)은 뾰족한 꼭짓점이 바닥에 닿아 있어 금방이라도 쓰러질 듯한 형태이다. 따라서 불안정함, 긴장감, 운동감을 준다. 반대로 안정감과 무게감을 주는 것은 밑변이 넓은 정삼각형(△) 구도이다.

오답 피하기
- ① 수평 구조 : 지평선처럼 평온하고 안정적이다.
- ② 수직 구도 : 숲이나 고층 빌딩처럼 상승감과 엄숙함을 준다.
- ④ 사선 구도 : 달리는 사람처럼 역동적이고 불안정하다.

68 ②

망원 렌즈는 시야가 좁고 멀리 있는 것을 확대하다 보니, 화면의 중앙부가 오목하게 안으로 빨려 들어가는 듯한 핀쿠션 디스토션(Pincushion Dis-tortion, 실타래형 왜곡)이 발생하기 쉽다.

오답 피하기
- ① 배럴 디스토션 : 광각 렌즈에서 발생하는 볼록한 왜곡이다.
- ③ 키스톤 현상 : 빔 프로젝터 등에서 화면이 사다리꼴로 찌그러지는 현상이다.
- ④ 비네팅 : 렌즈 주변부 광량 저하로 모서리가 어두워지는 현상이다.

69 ④

심도가 얕다(아웃포커싱)는 것은 초점 맞은 부분만 선명하고 나머지는 흐리다는 뜻으로, 이를 위한 3가지 조건은 '조리개 개방(F값 숫자를 작게, 예 F1.8), 망원 렌즈 사용(초점 거리를 길게), 촬영 거리 단축(카메라를 피사체에 가깝게)'이다.

오답 피하기
①, ②, ③ : 모두 심도를 깊게 하여 배경까지 선명하게 만드는(팬포커싱) 조건들이다.

70 ②

CCD(전하 결합 소자)는 렌즈를 통해 들어온 빛 에너지(아날로그 정보)를 전하량으로 변환하여 전기 신호로 만들어주는 이미지 센서이다. 필름 카메라의 '필름'과 같은 역할을 하며, 디지털카메라와 스캐너의 핵심 부품이다.

오답 피하기
- ① LCD, ③ CRT : 이미지를 보여주는 출력 장치(디스플레이)의 부품이다.
- ④ A/D Converter : CCD에서 나온 아날로그 신호를 디지털 신호(0, 1)로 바꾸는 변환 장치이며 빛을 받아들이는 센서 소자 자체는 아니다.

더 알아보기
장치의 용도를 정확히 구분해야 한다. CCD는 빛을 '받아들이는' 입력 센서이고, LCD/CRT는 빛을 '내보내는' 출력 패널이다. Camera의 핵심은 CCD라고 연상하여 기억해야 한다.

71 ③

넓은 면적을 K100 잉크 하나로만 인쇄하면 잉크가 종이 섬유 사이로 스며들어 밀도가 낮아져, 완전한 검정이 아닌 희끄무레한 짙은 회색이나 쥐색처럼 보일 수 있다. 이때 다른 색(C, M, Y)을 섞어주면 잉크 총량을 늘려 밀도를 높임으로써 훨씬 진하고 깊은 검정(Deep Black)을 얻을 수 있다.

오답 피하기
- ① : 잉크 양이 많아지므로 건조 시간은 오히려 길어진다.
- ② : 잉크를 더 많이 쓰므로 비용은 상승한다.
- ④ : 여러 색을 섞으므로 핀 어긋남 위험은 오히려 존재한다(그래서 가독성이 중요한 글자에는 안 쓰고, 심미성이 중요한 배경에만 씀).

더 알아보기
리치 블랙은 이름 그대로 '풍부한(Rich) 검정'이다. 비용이나 효율성보다는 '색상의 깊이와 품질'을 위해 사용하는 고품질 인쇄 방법임을 이해해야 한다.

72 ②

액체 잉크를 사용하는 잉크젯 프린터는 잉크가 종이 섬유에 스며들고 완전히 건조되는 과정에서 잉크의 색과 농도가 미세하게 변한다. 이 현상을 드라이 다운(Dry-down) 현상이라고 한다. 측색 시점을 건조 직후로 잡으면 부정확한 데이터가 나오므로, 최소 30분~1시간의 안정화 시간을 확보해야 한다.

오답 피하기
- ① : 헤드 과열은 서멀 버블 방식에서 주로 발생하지만, 드라이 다운과는 직접적인 관련이 없다.
- ③ : 측색 장비의 오차는 캘리브레이션으로 줄여야 한다.
- ④ : 용지의 평활도는 종이 자체의 속성이며, 건조 시간과는 무관하다.

잉크가 젖었을 때와 말랐을 때의 색은 다르다. 드라이 다운은 '건조 안정화'가 핵심이다. 최소 30분에서 1시간은 기다려야 한다는 실무 상식을 기억하면 된다.

73 ②

ECI 2002 차트는 928개의 IT8.7/3보다 더 많은 1,485개 이상의 패치로 구성되어 정밀도가 높다. 패치 배열을 무작위(Random Layout)로 섞어 배치하여 프린터 롤러 압력 등 기계적인 반복 오차가 특정 영역에 집중되는 것을 방지한다는 특징이 있다.

오답 피하기

- ① IT8.7/3 : 928개의 패치로 구성된 가장 기본적인 표준 차트이다.
- ④ ISO 12642-1 : IT8.7/3의 국제 표준 규격 번호이다. ECI 2002는 ISO 12642-2 규격에 해당한다.

더 알아보기

ECI는 '에시(E-C-I) 있게' 패치를 랜덤(Random)으로 섞는다. '정밀도', '랜덤 배열', '1,485개'라는 키워드가 나오면 ECI 2002를 선택하면 된다.

74 ④

사람의 시선은 Z자 형태인 왼쪽 위에서 시작하여 오른쪽 아래에서 끝난다. 우측 하단(Terminal Area)은 시선의 흐름이 멈추고 가장 오래 머무는 종착지이다. 따라서 독자의 뇌리에 마지막까지 남아야 하는 브랜드의 로고, 심볼, 연락처 등을 배치하는 것이 전략적으로 가장 우수하다.

오답 피하기

- ① 좌측 상단 : 시선이 가장 먼저 닿는 곳이므로 '헤드라인'이나 가장 중요한 '메인 이미지'를 배치해야 한다.
- ② 우측 상단 : 시선이 잠시 스쳐가는 곳으로 흥미 유발 요소나 보조 정보를 둔다.
- ③ 좌측 하단 : 시선이 가장 약하게 머무는 곳으로, 중요도가 낮은 정보를 배치한다.

더 알아보기

- Start(주목) : 왼쪽 위(헤드라인)
- End(기억) : 오른쪽 아래(로고/심볼)

75 ①

이중 부호화란 정보를 전달할 때 색 하나에만 의존하지 않는 것을 말한다. 색으로도 보여주고(1차), 형태나 기호(점선, 번호)로 한 번 더(2차) 알려주는 방식이 가장 모범적인 이중 부호화 사례이다.

오답 피하기

- ② : 식별하기 쉬운 배색(Choose) 원칙에 해당한다.
- ③ : 식별하기 쉬운 배색 중 명도 대비 활용에 해당한다.
- ④ : 색 이름 표기(Communication) 원칙에 해당한다.

더 알아보기

색깔을 빼고 봐도(형태, 글자, 패턴 등으로) 알 수 있다면 그게 바로 '이중 부호화'이다.

76 ②

경쟁 PT, 수주, 입찰. 비즈니스 상황의 목적은 단 하나, 상대를 설득하여 내 편으로 만드는 것이다. "우리가 경쟁사보다 싸고 잘하고 빠르다."라고 주장하여 의사결정을 받아내는 것이므로 설득형이 정답이다.

오답 피하기

- ① 설명형 : 내부 보고나 승인을 받을 때 쓴다.
- ③ 교육형 : 지식을 전달하는 세미나나 강의이다.
- ④ 엔터테인먼트형 : 즐거움을 주는 이벤트이다.

- 경쟁, 수주, 입찰 : 설득형
- 보고, 승인 : 설명형

77 ①

보고서의 맨 앞부분에 전체 핵심 내용, 성과, 결론을 1~2페이지로 압축한 요약본(Executive Summary)을 배치하는 것이 전략적 보고서 작성의 핵심이다. 이것만 보고도 의사결정이 가능하도록 만드는 것이 PM(Project Manager) 급의 역량이다.

오답 피하기

②, ③, ④ : 모두 보고서에 필요한 요소들이지만, '바쁜 의사결정권자를 배려하여 핵심을 빠르게 전달한다'라는 목적에는 '요약본'이 가장 부합한다. 부록이나 참고 문헌은 맨 뒤에 붙는 보충 자료일 뿐이다.

더 알아보기

두괄식으로 승부하라. 비즈니스 문서는 결론부터 말해야 한다.

78 ③

데이터베이스 분류의 목적은 검색이다. 크기는 검색 키워드로서 가치가 거의 없다.

오답 피하기

①, ②, ④ : 모두 실무에서 폴더 트리를 짤 때 가장 많이 사용하는 표준 분류 기준이다.

79 ②

대한민국의 모든 특허, 실용신안, 디자인, 상표 정보를 무료로 검색할 수 있는 가장 강력한 도구는 '키프리스(KIPRIS)'이며, 이를 운영하고 관장하는 기관은 특허청이다. 디자이너가 업무 시작 전 가장 먼저 켜야 하는 사이트이다.

오답 피하기

- ① 디자인맵 : 특허청이 제공하는 디자인 트렌드 분석 사이트이다.
- ③ 특허로 : 특허청의 전자출원(행정 절차) 사이트이다.
- ④ CROS : 한국저작권위원회의 저작권 등록 사이트이다.

더 알아보기

- 검색(Search) : 키프리스(KIPRIS)
- 출원(Apply) : 특허청
- 저작권(Copyright) : CROS(문화체육관광부 소관)

80 ④

계약은 최종 결과물에 대한 것이지, 과정 중에 나온 탈락된 시안(B컷, C컷)까지 파는 것은 아니다. 별도 특약이 없다면 탈락한 시안의 저작권은 디자이너에게 남아 있으며, 발주처가 마음대로 쓰면 저작권 침해이다.

오답 피하기

- ①, ③ : 소유권과 비용 포함 여부는 계약 전 가장 치열하게 다퉈야 할 핵심이다.
- ② : 저작권법상 2차적 저작물 작성권은 특약이 없으면 양도되지 않고 원저작자에게 남는다.

출제 예상문제 04회

2-130p

01 ②	02 ④	03 ③	04 ④	05 ②
06 ③	07 ③	08 ③	09 ①	10 ①
11 ②	12 ②	13 ④	14 ②	15 ①
16 ①	17 ③	18 ①	19 ②	20 ③
21 ③	22 ③	23 ①	24 ③	25 ④
26 ③	27 ②	28 ③	29 ④	30 ③
31 ③	32 ③	33 ①	34 ②	35 ②
36 ③	37 ③	38 ②	39 ②	40 ③
41 ③	42 ③	43 ③	44 ②	45 ④
46 ②	47 ②	48 ④	49 ②	50 ②
51 ③	52 ③	53 ②	54 ②	55 ②
56 ③	57 ②	58 ②	59 ③	60 ③
61 ②	62 ③	63 ②	64 ④	65 ③
66 ②	67 ③	68 ③	69 ③	70 ②
71 ②	72 ③	73 ②	74 ③	75 ③
76 ①	77 ②	78 ①	79 ③	80 ③

01 ②

- ㄴ : 공지증명 제도는 정식 권리 등록 전, 창작 시점을 공적으로 증명하여 타인이 모방 출원했을 때 "내가 먼저 만들었다(신규성 상실 사유)"라고 주장하며 방어하기 위한 수단이다.
- ㄹ : 복잡한 심사 없이 사실 관계만 확인하므로, 온라인 신청 후 1~3일 내 신속하게 발급된다.

오답 피하기

- ㄱ(함정) : 공지증명은 '사실 증명'일 뿐, 타인의 사용을 금지하거나 손해배상을 청구할 수 있는 '독점 배타적 권리'는 없다. 독점권은 오직 특허청 디자인 등록을 통해서만 발생한다.
- ㄷ(함정) : 디자인 공지증명은 특허청이 아니라 한국디자인진흥원(KIDP) 등에서 운영하는 별도의 시스템이다.

더 알아보기

효력의 차이(방패 vs 칼)

- 디자인 공지증명(방패) : 증거 능력 ○, 금지권 × → 남이 등록 못 하게 막는 용도
- 디자인 등록(칼) : 증거 능력 ○, 금지권 ○ → 남이 못 쓰게 쫓아내는 용도
시험에서 "공지증명으로 타인의 실시를 금지할 수 있다."라고 하면 무조건 오답이다.

02 ④

ISO 및 KS 안전색 규정에서 초록(Green)은 비상구, 구급상자, 대피소 등의 '안전, 위생, 구호'를 의미하거나, 기계 작동의 '진행' 상태를 의미한다.

오답 피하기

- ① 빨강 : 금지, 정지, 소화설비, 고도의 위험(주의/경고 아님)
- ② 노랑 : 주의, 경고(지시 아님 – 예 방사능 주의, 충돌 주의)
- ③ 파랑 : 지시, 의무적 행동(금지 아님 – 예 안전모 착용, 우회전 요망)

더 알아보기

색상별 핵심 키워드

- 빨강 : Stop/Fire(멈춤, 불)
- 노랑 : Warning(조심)
- 파랑 : Must Do(시켜서 해야 하는 행동 – 의무)
- 초록 : Safe/Go(안전, 진행)

특히 '파랑'을 '안전'이나 '금지'로 착각하는 경우가 많은데, 파랑은 "~해라(지시)"라는 뜻이다.

03 ③

소비자환경 분석은 타겟 유저가 '누구(Who)'이며 '어떻게(How)' 행동하는지를 현미경처럼 들여다보는 단계이다. 라이프 스타일, 구매 심리, 사용성(UX) 등이 핵심 키워드이다.

오답 피하기

- ① 거시환경 분석 : 정치, 경제 등 기업 외부의 거대한 흐름을 분석한다(개인보다는 사회 전체).
- ② 산업환경 분석 : 시장의 규모, 성장성, 경쟁 구도 등 시장(Market) 자체의 구조를 분석한다.
- ④ 디자인 트렌드 분석 : 유행하는 색채(CMF), 스타일 등을 분석하여 디자인 컨셉 도출을 위한 벤치마킹 자료로 쓴다.

더 알아보기

- "누가 사는가?" → 소비자
- "시장이 얼마나 큰가?" → 산업
- "세상이 어떻게 돌아가나?" → 거시(PEST)

04 ④

디자인의 소유권(저작권)은 디자이너가 유지하면서 클라이언트에게 '사용권(License)'만 빌려주고 로열티를 받는 방식은 '라이선스(Royalty) 계약'이다. 단순 용역 계약은 소유권을 넘기는(양도) 것이 일반적이다.

오답 피하기

①, ②, ③ : 단순 용역 계약의 특징인 '대가 지급＝결과물 및 권리 양도'의 개념을 정확히 설명하고 있다.

더 알아보기

- 단순 용역 : 돈 받고 팔았음 → 클라이언트 거
- 라이선스 : 돈 받고 빌려줌 → 디자이너 거(내 거니까 또 빌려줄 수 있음)

05 ②

프로젝트의 성공은 각 단계(기-계-설-관)가 끝날 때마다 내용을 정리하여 클라이언트 및 팀원들과 공유해야 방향이 틀어지는 것을 막을 수 있다.

오답 피하기

- ① : 공유하지 않으면 클라이언트의 의도와 다른 결과물이 나온다.
- ③ : 기획 없는 설계는 부실공사와 같다. 생략 불가하다.
- ④ : 상황에 따라 유연하게 조정하는 것이 올바른 관리이다.

06 ③

제안서의 일반 지침은 프로젝트를 운영하기 위한 행정적·법적 규칙을 말한다. 보안 의무, 소유권 귀속, 착수계 제출 등이 여기에 해당한다.

오답 피하기

- ① : 제안서의 서론인 '기본 항목'이다.
- ②, ④ : 제안서의 본론인 '세부 내용(기술 제안)'이다.

07 ③

외부 지향형은 자신의 내면보다는 타인이 나를 어떻게 보는지, 사회적 지위와 위신을 중요하게 생각하며 유행을 따르는 집단이다.

오답 피하기

- ① 욕구 지향형 : 소득이 낮아 생존과 생계 유지가 최우선인 집단이다.
- ② 내부 지향형 : 남의 시선보다 자신의 개성과 내적 만족을 중시하는 집단이다.
- ④ 통합형 : 내면과 외면의 조화를 이룬 성숙한 소수 집단이다.

더 알아보기

- 외부 = 남의 눈, 체면, 유행
- 내부 = 나의 만족, 개성

두 가지만 구분해도 VALS 문제는 대부분 풀린다.

08 ③

4단계 존경 욕구는 타인으로부터 인정받고 싶어 하는 욕구로, 명예, 권력, 지위, 자존심 등이 여기에 해당한다.

오답 피하기

- ① 1단계(생리적 욕구) : 의식주, 수면 등 가장 기초적인 욕구이다.
- ② 2단계(안전 욕구) : 신체의 위협이나 공포로부터 벗어나려는 욕구이다.
- ④ 5단계(자아실현 욕구) : 자신의 잠재력을 극대화하여 자아를 완성하려는 최상위 욕구이다(3단계인 소속감/애정 욕구는 보기에 없음).

더 알아보기

3단계(친구/애인)를 넘어서면 4단계(사장님/리더)가 되고 싶어 한다.

09 ①

소비자는 '배고픔을 느낌(문제인식) → 맛집 검색(정보탐색) → 어디 갈지 비교(대안평가) → 식사(구매)' 순서로 행동한다.

오답 피하기

- ② : 문제가 뭔지도 모르는데 정보를 먼저 찾을 수 없다.
- ③, ④ : 정보를 찾지 않고 평가부터 할 수 없다. 평가는 수집된 정보를 바탕으로 이루어진다.

더 알아보기

순서 문제는 본인의 쇼핑 경험을 대입하면 쉽다. "아, 핸드폰 고장 났네(문제 인식)."가 항상 시작점이라는 것만 기억해도 보기가 절반으로 줄어든다.

10 ①

AIDMA 법칙은 전통적 마케팅 모델의 정석이다. 최근의 AISAS(검색/공유) 모델과 구분하여 Memory(기억) 단계가 있다. 순서대로 소비자는 '주목(A)하고 → 흥미(I)를 갖고 → 사고 싶어 하고(D) → 기억했다가(M) → 구매(A)' 한다.

11 ②

패널 조사의 핵심은 동일한 대상에게 계속(복수 시점) 물어보아 변화(추세)를 읽는 것이다. 신제품 출시 전후의 여론 변동 파악에 주로 쓰인다.

오답 피하기

- ① 서베이 조사법 : 시장의 전반적 상황 파악을 위한 가장 일반적인 방법으로, 특정 시점의 정보를 얻는 데 주력한다.
- ③ 현장 관찰법 : 소비자의 행동을 직접 관찰하는 방법이다.
- ④ 실험 연구법 : 변수 간의 인과관계를 비교 관찰하는 방법이다.

12 ②

모집단을 '층(Layer)'으로 나누고 골고루 뽑는 방식은 층화 표본 추출법으로, 지역별, 연령별 조사에 가장 적합하다.

오답 피하기

- ③ 군집 추출법 : 모집단을 하위 집단으로 나누지만, 그중 특정 집단을 뽑아 그 집단 전체를 조사하는 방식이다(층화는 골고루, 군집은 덩어리째).
- ④ 계통 추출법 : 일정 간격(예 10명마다)으로 뽑는 방식이다.

더 알아보기

층화 vs 군집

층화는 '비례 추출', 군집은 '하위 집단 자체를 뽑음'이다.

13 ④

전위색(Trial Color)의 'Trial'은 '시도'라는 뜻이다. 대중적 인기를 얻은 것이 아니라, 유행의 징조를 보이며 시장에 실험적으로 제시되는 색을 말한다.

오답 피하기

- ① 스탠다드색 : 베이지, 화이트, 블랙처럼 유행 타지 않는 베이직 컬러이다.
- ② 다량 유통색 : 볼륨(Volume) 컬러라고도 하며, 실제 매출을 책임지는 색이다.
- ③ 화제색 : 언론 등에서 떠들썩하지만 일반인이 입기엔 난해한 색이다.

더 알아보기

- Trial(전위색) : 시도해보는 단계(아직 유행 전)
- Popular(인기색) : 인기 있는 단계(유행 중)
- Topic(화제색) : 말만 많은 단계(실매수 저조)

14 ②

인몰드 성형은 금형 안에(In-mold) 미리 디자인된 필름이나 라벨을 넣고 수지를 주입하여 성형하는 방식이다. 성형과 표면 장식이 동시에 이루어지므로 공정이 단축되고 디자인 자유도가 높다.

오답 피하기

- ① 사출 성형 : 녹인 플라스틱을 금형에 밀어 넣어 형태를 만드는 가장 기본적인 공정일 뿐, 동시에 필름을 입히는 장식 기법은 아니다.
- ③ 증착 : 진공 상태에서 금속을 기화시켜 플라스틱 표면에 얇은 금속막을 입히는 코팅 기술이다(예 과자 봉지 안쪽의 은색).
- ④ 에칭 : 화학 약품이나 레이저로 표면을 부식시켜 질감(가죽, 직물 느낌 등)을 만드는 기법이다.

더 알아보기

시험에서 '동시'라는 단어와 '필름/라벨'이 나오면 무조건 인몰드(In-mold)이다.

- 사출 = 붕어빵 틀에 반죽 넣기(형태 제작)
- 인몰드 = 붕어빵 틀에 팥(필름)을 미리 넣고 굽기(형태＋장식 동시)

15 ①

스테인은 목재의 섬유질 속으로 색이 스며들게 하는 착색제이다. 표면에 막을 형성하지 않아 나뭇결(Grain)이 그대로 비치는 것이 가장 큰 특징이다.

오답 피하기

- ② 바니시 : 흔히 '니스'라고 부르며, 표면에 투명한 도막(코팅막)을 형성하여 광택을 내고 목재를 보호하는 마감재이다.
- ③ 래커 : 휘발성이 강한 도료로 건조가 빠르고 광택이 좋으나, 스테인처럼 스며드는 것이 아니라 표면에 칠해지는 도료이다.
- ④ 에나멜 : 불투명한 안료가 섞인 유성 페인트로, 나뭇결을 완전히 덮어버려 목재 고유의 무늬가 보이지 않게 된다.

- 스테인(Stain) : '얼룩지게 하다'라는 뜻처럼 나무 속으로 스며듦(나뭇결 보임)
- 바니시/페인트 : 나무 위에 덮임(도막 형성)

이 둘의 결정적 차이는 '도막(껍질)의 유무'와 '침투 여부'이다.

16 ①

- 색채 정보화 : 시장과 경쟁사를 먼저 조사해야 한다(Input).
- 색채 기획 : 조사 결과를 토대로 콘셉트와 타깃을 잡는다(Processing).
- 판매 촉진 : 가격을 정하고 홍보하여 판다(Output).
- 정보망 구축 : 결과를 피드백하고 DB로 남긴다(Feedback).

정.기.판.망 : (정)보화 → (기)획 → (판)매촉진 → 정보(망) 구축

17 ③

브랜드 아이덴티티(Brand Identity)는 기업 전체의 정체성을 다루는 CI 하위 개념이다. 개별 제품이나 브랜드 단위의 전략이므로 CI의 3대 기본 요소(이념, 행동, 시각)와는 층위가 다르다.

- ① MI(Mind) : 기업의 철학, 경영 이념(마음)이다.
- ② VI(Visual) : 심벌, 로고, 색상 등 시각적 통일(얼굴)이다.
- ④ BI(Behavior) : 임직원의 행동 양식, 서비스 태도(행동)이다(참고 : 행동 통일의 BI와 브랜드의 BI는 약자가 같아 혼동하기 쉬우나, CI 요소로서의 BI는 Behavior임).

CI = 심.시.행(심리(Mind) + 시각(Visual) + 행동(Behavior))

18 ①

'벤함의 팽이' 현상은 흑백으로 된 패턴이 그려진 팽이를 회전시키면, 물리적으로는 존재하지 않는 파스텔 톤의 유채색이 보이는 현상이다. 페흐너 효과(Fechner Effect) 또는 주관적 색채라고도 한다.

- ② 푸르킨예 현상 : 어두운 곳에서 파랑(단파장)이 빨강(장파장)보다 더 밝게 보이는 현상이다.
- ③ 색의 항상성 : 조명이 바뀌어도 사물의 본래 색을 그대로 인지하려는 성질이다.
- ④ 메타메리즘 : 분광 분포가 다른 두 색이 특정 조명 아래서 같은 색으로 보이는 현상(조건 등색)이다.

"흑백인데 색이 보인다." 혹은 "회전했더니 색이 보인다."라는 말이 나오면 답은 벤함의 팽이(페흐너 효과)이다.

19 ②

'기억색'은 사과나 바나나처럼 친숙한 대상에 대해 과거의 경험과 무의식적 추론으로 결정되는 색이다. 사람들은 대상을 실제보다 더 아름답고, 선명하고, 특징적으로 기억하려는 경향이 있어 마케팅 패키지 디자인 시 중요하게 활용된다.

- ① 현상색 : 조명이나 환경의 영향으로 지금 당장 눈앞에 보이는 색이다(예 그늘진 곳의 칙칙한 사과색).
- ③ 공간색 : 투명한 유리병 속의 액체나 하늘처럼 부피감이 느껴지는 색이다.
- ④ 표면색 : 불투명한 물체의 표면에 입혀진 색이다.

기억색 vs 현상색
- 기억색 : 머릿속의 색(이상적, 예쁨, 뽀샵 처리됨)
- 현상색 : 눈앞의 현실 색(사실적, 조명발 받음)

20 ③

틈새시장 집중은 자원이 부족한 중소기업이 거대 기업과 싸우지 않고, 특정 니치 마켓(Niche Market) 하나만 골라 전문성을 무기로 공략하는 전략이다.

- ① : 자원이 많은 대기업은 주로 차별화 마케팅(여러 시장 공략)을 쓴다.
- ② : 이것은 차별화 마케팅에 대한 특징이다.
- ④ : 올인(All-in) 전략이므로 그 시장이 죽으면 같이 망한다. 위험 부담이 매우 크다.

집중화 마케팅은 '양날의 검'이다. 전문성으로 대박 아니면, 시장 변화로 쪽박이다(High Risk).

21 ③

포지셔닝의 핵심은 소비자의 뇌리에 '위치'를 잡는 것이다. 전략 수립 단계에서는 분석된 자료를 바탕으로 경쟁사와 다른 우리만의 색(차별화)을 소비자에게 확실히 심어주는(각인) 것이 목표이다.

- ① 현황 파악 단계 : 전략을 짜기 전, 현재 어디에 있는지 확인하는 단계이다.
- ② 시장세분화/타겟팅 단계 : 누구에게 팔 것인가를 정하는 사전 조사 단계이다.
- ④ 마케팅 믹스(4P) : 제품 가격이나 유통은 포지셔닝 이후의 실행 전술에 가깝다.

22 ③

오방색에서 청(靑)색은 해가 뜨는 동쪽을 상징한다. 계절로는 만물이 생성하는 봄을, 의미로는 창조와 탄생, 양(陽)기를 뜻한다.

- ① 백(白)색 : 서쪽, 가을, 결백, 의리
- ② 적(赤)색 : 남쪽, 여름, 생성, 태양
- ④ 흑(黑)색 : 북쪽, 겨울, 지혜, 죽음

- 좌청룡(동) – 우백호(서) – 남주작(남) – 북현무(북)
- 동해 바다(파랑/靑) 봄
- 서쪽 쇠(하양/白) 가을(서리는 하얌)

23 ①

무엇을 만들지 시장을 조사하는 욕구(기획) 단계가 가장 먼저 이루어지고, 그다음 아이디어를 시각화하는 조형(디자인)을 한다. 디자인을 실현할 재료를 검토하고, 실제 제품으로 생산(기술)한다. 마지막으로 소비자에게 알리는 홍보가 따른다.

- ② : 디자인(조형)을 먼저 하고 기획을 하는 것은 순서가 뒤바뀐 것이다.
- ③ : 재료 선정은 디자인(조형)이 구체화된 후 기술적 검토 단계에서 주로 이루어지거나 디자인과 병행된다. 생산(기술)이 홍보보다 뒤에 올 수 없다.

더 알아보기

'기-디-재-기-홍(기획-디자인-재료-기술-홍보)', 특히 '재료 과정'
이 디자인과 생산 사이에 있다는 점을 유의하여야 한다.

24 ③

화살표나 교통 신호는 보는 사람에게 방향, 위치, 행동 요령 등의 정보를
정확하게 가리키고 안내해야 한다. 이는 즉각적인 행동을 유도하는 지시적
기능에 해당한다.

오답 피하기

- ① 설득적 기능 : 광고나 포스터처럼 사람의 마음을 움직여 행동(구매)을
  변화시키는 기능이다.
- ② 상징적 기능 : 로고나 심벌마크처럼 기업이나 단체의 이미지를 함축
  적으로 나타내는 기능이다.
- ④ 기록적 기능 : 사진, 책, 다큐멘터리처럼 사실이나 정보를 보존하는 기
  능이다.

25 ④

레이아웃(Layout), 심볼, 타이포그래피는 시각 디자인(Visual Design)의
핵심 요소이다. 패션 디자인의 자료 수집 포인트는 스타일, 실루엣, 소재
(Fabric), T.P.O., 트렌드 등이며, '우아한', '매혹적인' 같은 감성적 형용사가
주로 사용된다. '기능적 형용사'는 제품이나 UI/UX 디자인에 더 가깝다.

오답 피하기

- ① 제품 디자인 : 손으로 만지는 물건이므로 재질(CMF)과 촉감(매끄러
  운, 단단한)이 핵심이다.
- ② 시각 디자인 : 눈으로 정보를 읽어야 하므로 가독성과 명쾌함이 핵심
  이다.
- ③ 환경 디자인 : 사람이 머무는 곳이므로 공간의 크기나 분위기(아늑한,
  개방적인)가 핵심이다.

26 ③

빨강과 초록처럼 보색 관계이거나 고채도의 색이 직접 맞닿으면 시각적으
로 강한 진동(Halation)이 느껴져 눈이 피로하고 형태가 뭉개져 보인다. 이
때 두 색 사이에 무채색(흰색, 검은색) 라인을 넣어 분리(Separation)하면,
색의 충돌을 막고 형태를 또렷하게 정리할 수 있다(예 스테인드글라스).

오답 피하기

- ① 그러데이션 배색 : 색을 단계적으로 섞으면 경계가 더 흐릿해져 형태
  명확성이 떨어진다.
- ② 톤 인 톤 배색 : 톤을 맞추는 것이지, 색의 충돌(보색 대비)을 해결하는
  직접적 해결책은 아니다.
- ④ 까마이외 배색 : 거의 차이가 없는 색을 쓰는 기법이므로, 현재의 강
  한 대비 상황과는 맞지 않다.

27 ②

톤 인 톤(Tone in Tone)은 톤은 통일시키고(같게 하고), 색상(Hue)은 자유
롭게 다르게 사용하는 기법이다. 색상이 달라도 톤이 같으면 이미지가 통
일되어 보인다.

오답 피하기

- ① : 톤 온 톤(Tone on Tone)은 색상은 같고 톤이 다른 배색(소위 깔맞
  춤)에 대한 설명이다.
- ③ : 톤 인 톤은 동일 톤이므로 명도와 채도가 비슷하다. 명도 차이를 크
  게 두는 것은 톤 온 톤의 특징이다.
- ④ : 톤이 통일되어 있으므로 동적이라기보다는 정돈되고 일관된 느낌을
  준다.

28 ③

명도 차이가 작다는 것은 밝기 차이가 별로 없다는 뜻이다(예 연회색과 하
양). 이렇게 되면 색의 경계가 흐릿해져서 시각적으로 모호하고, 부드러우
며, 신비롭고 몽환적인 느낌을 준다.

오답 피하기

- ① 명쾌하고 뚜렷하다 : 명도 차이가 클 때(예 검정+노랑) 나타나는 현
  상이다.
- ② 시인성이 높다 : 눈에 잘 띄려면 배경과 도안의 명도 차이가 커야 한
  다. 차이가 작으면 잘 안 보인다.
- ④ 강렬하다 : 강렬함은 주로 고채도나 명도 대비가 클 때 느껴진다. 명
  도 차가 작으면 힘이 없고 정적인 느낌을 준다.

더 알아보기

명도 차이(Contrast)＝선명도(Sharpness)

차이가 크면 칼같이 선명하고, 차이가 작으면 안개 낀 듯 뿌옇다.

29 ④

비렌의 이론에서 대조(Contrast)의 조화는 성격이 확연히 다른 요소들의
결합을 말한다. 가장 강렬한 대조는 순색(Color)과 무채색(White/Black)의
결합이다. 반면, 순색(Color)과 톤(Tone)의 조합은 톤 자체가 순색에 회색
이 섞인 중간 성격이므로, 강렬한 대조보다는 채도 차이에 의한 은은한 조
화나 부조화에 가까운 애매한 관계가 될 수 있다. 따라서 '가장 강렬하고
명쾌한 대조'라는 설명은 옳지 않다.

오답 피하기

- ① C-T-W(연속성) : 삼각형의 밝은 변을 따라가는 조합으로, 맑고 깨
  끗한 느낌이 맞다.
- ② C-S-B(연속성) : 삼각형의 어두운 변을 따라가는 조합으로, 중후하
  고 답한 느낌이 맞다.
- ③ T-To-S(균형) : 삼각형 내부를 가로지르는 조합으로, 명도와 채도
  가 골고루 분포된 균형 잡힌 조화가 맞다.

더 알아보기

비렌의 조화론은 위치가 중요

- 선(Line)을 따라가면 : 연속성의 조화(부드러움)
- 건너편을 바라보면 : 대조의 조화(강렬함)
- 가운데를 통과하면 : 균형 조화(안정감)

30 ③

경연감(Hard & Soft)은 색의 '단단함'과 '부드러움'을 느끼는 감정이다.

- 부드러운 색(Soft) : 고명도+저채도(파스텔 톤, 핑크, 연하늘) → 솜사탕
  처럼 가볍고 부드러움
- 딱딱한 색(Hard) : 저명도+고채도(진한 남색, 검정, 진빨강) → 바위처럼
  단단하고 무거움

따라서 경연감을 좌우하는 핵심 속성은 명도와 채도이다.

오답 피하기

- ①, ② : 색상은 '온도감(난색/한색)'을 결정하는 주된 요인이다. '경연감'
  에서는 보조적인 역할만 한다.
- ④ : 면적은 주목성이나 균형감에 영향을 준다.

31 ③

서양에서 검은색이 장례식(애도)을 상징하는 것은 맞지만, 동시에 권위, 격
식, 모던함, 세련됨을 상징하는 대표적인 색이다. 샤넬의 '리틀 블랙 드레
스'처럼 패션이나 디자인 분야에서 가장 사랑받는 색 중 하나이므로 "사용
을 금기시한다."라는 표현은 옳지 않다.

- ① 이슬람/초록 : 사막의 생명(오아시스)과 예언자를 상징한다.
- ② 중국/적색 : 가장 선호하는 경사스러운 색이다.
- ④ 한국/백색 : 백의민족의 상징이다.

32 ③

영 · 헬름홀츠 이론은 우리 눈의 망막에 적(Red), 녹(Green), 청(Blue) 세 가지 파장에 반응하는 수용기가 있으며, 이들의 자극 비율에 따라 모든 색을 지각한다고 주장했다.

- ① RYB : 노랑이 아니라 초록(G)이다.
- ② 감법 혼색 : 빛의 혼합인 가법 혼색 원리이다.
- ④ 잔상 설명 : 이 이론은 잔상이나 대비 현상을 설명하지 못하는 것이 한계이다.

33 ①

팝아트는 'Popular Art(대중 예술)'의 약자로, 추상표현주의의 난해함에 반발하여 등장했다. TV, 잡지, 광고, 만화, 슈퍼마켓 제품(수프 캔, 콜라) 등 대중문화와 소비 사회의 일상적 이미지를 미술의 영역으로 끌어들였다(예 앤디 워홀, 리히텐슈타인).

- ② 초현실주의 : 무의식, 꿈, 데페이즈망 기법(달리, 마그리트)이다.
- ③ 옵아트 : 시지각 원리로, 착시, 율동감(바자렐리)을 가진다.
- ④ 생태주의 : 대지 미술(Land Art)이나 에코 디자인의 영역이다.

34 ②

1907년 헤르만 무테지우스가 주도한 독일공작연맹(DWB)은 미술(예술)과 산업(공업)의 융합을 목표로 했다. 우수한 디자인을 규격화(Standardiza-tion)하여 기계로 대량 생산함으로써, 독일 공산품의 품질을 높이고 수출 경쟁력을 강화하려는 산업적 목적이 강했다.

- ① 기계 부정 : 미술공예운동의 특징이다. DWB는 기계를 긍정했다.
- ③ 상업화 배격 : DWB는 철저히 산업적, 상업적 성공을 지향했다.
- ④ 전통 답습 : DWB는 기능주의에 입각한 새로운 조형(모더니즘 디자인)을 추구했다.

35 ②

러시아 구성주의는 혁명기 사회 건설을 위해 예술이 실용적이어야 한다고 믿었다. 철, 유리 등 공업 재료와 기하학적 형태를 사용하여 구축적(Con-structive)인 조형을 만들었으며, 이러한 이성적이고 구조적인 접근 방식은 훗날 독일의 바우하우스와 모더니즘 디자인(기능주의)에 지대한 영향을 미쳤다.

- ① : 바이오 디자인은 아르누보 등 유기적 디자인과 관련된다.
- ③ : 표현주의는 구성주의와 달리 감성보다는 이성과 질서를 중시했다.

36 ③

다이내믹한 이미지는 '역동적, 강렬함, 스포츠, 속도감'을 상징한다. 시각적 에너지를 폭발시켜야 하므로, 가장 선명한 고채도(vivid) 톤을 사용하고, 난색(빨강/주황)을 주조로 하여 보색(반대색) 대비나 색상 차이가 큰 배색(Contrast)을 활용해야 활동성이 극대화된다.

- ① : 유사 색상은 움직임이 적은 은은한, 내추럴한 이미지이다.
- ② : 파스텔 톤은 에너지가 약한 맑은, 귀여운 이미지이다.
- ④ : 탁한 톤은 움직임이 없는 고상한, 은은한 이미지이다.

37 ③

두 이미지 모두 '무게감, 품격, 중후함, 전통, 클래식'을 공유한다. 가벼워 보이지 않고 무게감을 주려면 명도가 낮아야 하고(저명도), 차분하고 원숙해 보이려면 채도가 낮거나 탁해야(저채도/탁색) 한다. 따라서 dark, deep, dull톤과 같은 중후한 톤이 공통적으로 사용된다.

- ① 고명도/고채도 : 가볍고 활동적인 경쾌한 이미지이다.
- ② 중명도/고채도 : 눈에 띄는 화려한 이미지이다.
- ④ 고명도/저채도 : 가볍고 약한 맑은, 귀여운 이미지이다.

38 ②

두 이미지 모두 즐겁고 밝은 에너지를 주므로 난색(Warm Color)이 주조가 되는 것은 공통점이다.

- 귀여운(Cute) : 아기자기하고 사랑스러워야 하므로 파스텔 톤(Pale, Whitish)의 고명도 · 저채도를 쓴다.
- 경쾌한(Active) : 활동적이고 율동감이 있어야 하므로 비비드 톤(vivid, strong)의 고채도를 쓰며, 색상 대비를 강하게 준다.

- ① 저명도/한색 : 차분하고 무거운 이미지이다(점잖은, 고상한).
- ③ 무채색 : 모던한 이미지이다.

39 ②

심리 4원색(헤링)을 참고하긴 했으나, 색광/색료 3원색을 모두 포함한 24색상환을 독자적으로 구성하여 직접적인 기반이라고 보기엔 NCS보다 약하다.

- 나. 오스트발트 표색계 : 4원색을 기본으로 하여 24색상환을 구성했다.
- 다. NCS 표색계 : 6가지 기본색(W, S, Y, R, B, G) 중 유채색 4가지가 헤링의 원색 그대로이다.

- 가. 먼셀 표색계 : 5주요색(R, Y, G, B, P)을 기본으로 하여 헤링 이론과는 거리가 멀다.
- 라. PCCS 표색계 : 헤링의 심리 4원색을 주요 4색상으로 채택하였으나, 동시에 심리 보색이 아닌 '물리 보색(색료 혼합)'의 간격을 적용하여 실용적으로 수정한 체계이다. 따라서 헤링의 이론을 순수하게 따른 NCS나 오스트발트에 비해서는 이론적 순도가 낮다.

40 ③

제품 디자인 프로세스는 크게 '조사/분석' → '콘셉트/이미지 설정' → '배색 디자인' → '관리/양산' 순으로 흐른다. 전체적인 '색채 이미지(예 모던한 이미지)'가 결정되었다면, 그 이미지를 구체화하기 위해 실제로 어떤 색(회색, 파랑 등)을 쓸지 정하는 '배색 이미지 전개 및 주조/보조/강조색 선정' 단계가 반드시 뒤따라야 한다.

- ①, ② 조사/분석/콘셉트 : 이미지를 결정하기 전(前) 단계인 기획 단계의 업무이다(순서 : 조사 → 콘셉트 → 이미지 결정).
- ④ 양산 승인 : 디자인이 확정된 후의 후(後) 단계인 관리/생산 단계 업무이다.

41 ③

CIE L*C*h*는 L*a*b* 좌표를 극좌표로 변환한 것이다. +a*(빨강)를 0°로 기준 삼아 반시계 방향으로 돈다. 빨강(0°)의 정반대(보색) 위치인 180°는 −a* 방향이므로 초록(Green)이 된다.

오답 피하기

- ① 빨강 : 0°(또는 360°)
- ② 노랑 : 90°(+b* 방향)
- ④ 파랑 : 270°(−b* 방향)

더 알아보기

'0°(시작)=빨강 → 90°(위)=노랑 → 180°(반대)=초록 → 270°(아래)=파랑'

42 ③

나트륨(Na)이 포함된 물질을 불꽃에 태우면 아주 선명하고 밝은 노란색(Yellow) 불꽃이 나타난다. 터널 안의 조명(나트륨 등)이 노란 이유이기도 하다.

오답 피하기

- ① 보라색 : 칼륨(K)의 불꽃색이다.
- ② 진홍색 : 스트론튬(Sr)이나 리튬(Li)의 불꽃색이다.
- ④ 청록색 : 구리(Cu)의 불꽃색이다.

43 ③

플라스틱은 빛, 특히 자외선(UV)에 매우 취약하다. 오래 노출되면 분자 구조가 파괴되어 누렇게 변하는 황변(Yellowing) 현상이 일어나고 강도가 약해진다.

오답 피하기

- ① : 전기가 통하지 않는 절연성이 우수하여 전선 피복 등에 쓰인다.
- ② : 산이나 알칼리에 부식되지 않는 내약품성이 뛰어나다.
- ④ : 금속보다 가볍고 복잡한 모양도 쉽게 만들 수 있다.

44 ②

표기법의 앞은 조명, 뒤는 수광(관찰)이다. 0(수직)에서 조명하고, d(diffuse, 확산)로 관찰한다는 뜻이다. 'd'가 들어가면 적분구를 사용하여 반사된 빛을 모은다는 의미이다.

오답 피하기

- ① 45/0 : 45° 조명, 0° 관찰 방식이다.
- ③ d/8 : 확산 조명, 8° 관찰 방식이다(CIE 2004 기준).
- ④ 광택 제거 : 광택을 제거하여 육안과 비슷하게 보는 것은 45/0 방식이 대표적이다. 0/d는 총반사율 측정에 유리하다.

45 ④

백색 기준물은 매우 민감한 '기준점'이다. 오염되었을 경우 세척이나 재연마를 할 수는 있지만, 반드시 정기적인 교정(Calibration)을 통해 값이 틀어지지 않았는지 확인받아야 한다.

오답 피하기

①, ②, ③ : 모두 백색 기준물 관리의 올바른 수칙이다. 백색 기준물은 CRM(측정 기준 인정 물질)으로서 엄격히 관리되어야 한다.

46 ②

감법 혼합은 빛을 '흡수'하고 남은 색을 보는 것이다. 마젠타(M)는 초록 파장을 흡수한다. 노랑(Y)은 파랑 파장을 흡수한다. 백색광에서 초록과 파랑이 제거되고 남은 파장은 장파장인 빨강(Red)뿐이다. 따라서 M+Y=R이 정답이다.

오답 피하기

- ① M+C : 마젠타(초록 흡수)와 시안(빨강 흡수)을 섞으면, 남는 것은 단파장인 파랑(Blue)이다(초록 아님).
- ③ C+Y : 시안(빨강 흡수)과 노랑(파랑 흡수)을 섞으면, 남는 것은 중파장인 초록(Green)이다(파랑 아님).
- ④ 3원색 혼합 : 감법 혼합 3원색(C, M, Y)을 다 섞으면 모든 파장의 빛이 흡수되므로 이론상 검은색(Black)이 된다(흰색 아님).

더 알아보기

- 노랑(Y)+핑크(M)=빨강(R)
- 노랑(Y)+하늘(C)=초록(G)
- 핑크(M)+하늘(C)=파랑(B, 남색)

47 ②

모니터는 빛을 내는 R, G, B 화소(Pixel)로 이루어져 있으므로 가법 혼합을 기본으로 한다. 동시에, 이 미세한 점들이 아주 조밀하게 붙어 있어 우리 눈에는 하나의 색으로 섞여 보이므로 공간적인 병치 혼합의 원리도 함께 적용된다.

오답 피하기

- ①, ③ 감법 혼합 : 모니터는 빛을 발산하는 장치이다. 빛을 흡수하는 잉크(감법 혼합) 원리가 아니다.
- ④ 회전 혼합 : 회전 혼합은 시간차를 두고 색을 보여주는 것이다. 모니터 화소는 고정된 자리에서 동시에 빛을 내므로 회전 혼합이 아니다.

48 ④

심리물리학(Psychophysics)은 '물리적 자극(Stimulus)'과 '심리적 반응(Sensation)' 사이의 관계를 수학적으로 규명하는 학문이다. 빛의 파장(물리)을 측정하여 우리가 느끼는 색(심리)을 수치화하는 측색(Colorimetry)이 대표적인 예이다.

오답 피하기

- ① : 분자 구조 합성은 화학 분야이다.
- ② : 시신경, 뇌, 망막 등 신체 기관 연구는 생리학이다.
- ③ : 감정, 연상, 기억 등 주관적 마음의 작용은 순수 심리학이다.

더 알아보기

지문에 '자극(빛) → 반응(지각) → 측색' 키워드가 보이면 무조건 심리 물리학이다.

49 ②

채도가 높은(강한) 색을 먼저 보면 망막의 시세포가 강한 자극을 받아 피로해지고 보색 잔상이 남는다. 이 상태로 연한 색을 보면 색을 제대로 구별할 수 없다. 따라서 연한 색(저채도/밝은 색)부터 먼저 검사하고, 진한 색을 나중에 하는 것이 원칙이다.

오답 피하기

- ① : 눈의 감도를 일정하게 맞추기 위해 무채색 순응은 필수이다.
- ③ : 잔상은 정확한 색 판단을 방해하므로 반드시 제거해야 한다.
- ④ : 유채색 옷은 시료에 색을 반사시켜 간섭을 일으키므로 무채색 옷이 원칙이다.

50 ②

조색 과정에서 색상(Hue)과 채도(Chroma)의 방향(a, b)을 잡는 것이 가장 까다롭고 중요하다. 안료를 섞어 색의 방향을 먼저 맞춘 후, 마지막에 명도 (L)를 미세 조정하는 것이 작업 효율과 정확도 면에서 유리하다(색상을 맞추다가 명도가 틀어지는 경우가 많으므로, 명도를 마지막에 잡는 것이 안전함).

오답 피하기

- ① : 인간의 눈은 명도에 가장 민감하다(주의 : 민감하기 때문에 더 신중하게 마지막에 맞추는 측면도 있음).
- ④ : 무채색으로 명도를 조절할 경우 색상 변화는 크지 않다. 작업 효율성 측면이 크다.

51 ③

백열전구는 흑체 복사의 원리(열방사)를 따르므로 태양광과 유사한 연속 스펙트럼을 가진다. 따라서 인공광원 중 연색성(Ra 100에 근접)이 가장 우수하여 물체의 색을 왜곡 없이 보여준다(단, 에너지 효율은 낮음).

오답 피하기

- ①, ④ 방전등 : 나트륨등(노랑), 수은등(청록)은 특정 파장만 강하게 나오므로 연색성이 매우 낮아 색 구별이 어렵다(터널 조명 등).
- ② 형광등 : 일반 형광등은 스펙트럼이 끊어져 있어 연색성이 보통 수준 (Ra 60~70)이다.

52 ③

KS A 0065(표면색의 시감 비교 방법) 규정에 따르면, 일반적인 색채 검사 시 조도는 1,000lx를 표준으로 한다(단, 명도 3 이하의 어두운 색은 2,000~4,000lx의 고조도가 필요).

오답 피하기

- ① : 조명과 관찰 각도가 모두 수직이면 정반사(광택)가 눈에 직접 들어와 색을 제대로 볼 수 없다. 조명 45°/관찰 0° 또는 조명 0°/관찰 45° 방식을 사용하여 정반사광을 피해야 한다.
- ② : 유채색 배경은 '동시 대비' 현상을 일으켜 시편의 색을 왜곡시킨다. 반드시 무채색(N5~N7, 회색)을 사용해야 한다.
- ④ : 붓을 도구로 칠하면 두께가 불균일하여 색이 얼룩덜룩해 보인다.

더 알아보기

조색은 두꺼우면 진해 보이고, 얇으면 바탕이 비친다. 따라서 사람 손(붓)을 믿지 않고, 기계적인 도구(어플리케이터)로 밀어서 칠한다.

53 ②

샌딩은 표면에 미세한 스크래치(요철)를 만들어 빛을 난반사(산란)시킨다. 빛이 산란되면 백색광이 섞여 우리 눈에 들어오므로, 원래 색에 하양 (White)이 섞인 것처럼 뿌옇게 보인다. 즉, 명도(L)는 높아져 밝아 보이고, 색의 순도는 떨어져 채도(C)는 낮아진다.

오답 피하기

- ①, ③ : 정반사가 우세하고 색이 진하며 채도가 상승하는 것은 표면을 매끄럽게 닦는 폴리싱(Polishing)이나 유광 코팅의 특징이다.
- ④ : 표면이 거칠어지면 그림자 때문에 어두워질 것 같지만, 광학적으로는 산란광(White) 때문에 오히려 명도가 상승(밝아짐)한다.

더 알아보기

투명한 유리에 사포질하면 뿌옇게 흰색이 된다. 즉, 거칠면 밝아지고 탁해진다.

54 ②

리핑(Leafing)형 알루미늄 안료는 나뭇잎(Leaf)처럼 도막 표면으로 떠올라 나란히 배열되는 성질이 있다. 입자가 표면에 노출되어 있어 거울 같은 고광택을 내지만, 손에 묻어나거나 상도 도장(Top coating) 시 부착력이 떨어지는 단점이 있다.

오답 피하기

- ① 논리핑형 : 입자가 도막 내부에 가라앉아 골고루 분산되는 타입으로, 자동차 도장 등에 주로 쓰인다.
- ③, ④ 펄, 간섭형 : 운모를 주성분으로 하며 반투명한 특징이 있다.

더 알아보기

'Leafing=Leaf(나뭇잎)', 물 위에 뜬 나뭇잎을 상상하면 된다. 표면에 둥둥 떴으니 반짝임은 최고지만, 겉에 있으니 건드리면 묻어난다.

55 ②

관리도(Control Chart)는 품질 특성값(색차 등)을 시간의 흐름(시계열)에 따라 점으로 찍어 연결한 그래프이다. 중심선(CL)과 관리 상한선(UCL), 하한선(LCL)을 설정해 두고, 점이 이 선을 벗어나면 공정에 이상이 생겼음을 즉시 알 수 있게 해준다. '시간 순서'와 '공정 안정 관리'가 핵심 키워드이다.

오답 피하기

- ① 히스토그램 : 데이터가 어떤 구간에 얼마나 몰려있는지 분포의 모양 (도수분포)을 보는 막대그래프이다.
- ③ 산포도 : 두 변수(예 $a*$값과 $b*$값)가 서로 어떤 관계(비례/반비례 등)인지 상관관계를 파악하는 점도표이다.
- ④ 파레토 차트 : 불량의 원인을 유형별로 분류하여 크기순으로 나열한 것으로, 중요한 문제(빈도수)를 찾을 때 쓴다.

더 알아보기

그래프의 목적

- 관리도 : 시간(Time)에 따라 변하는 걸 실시간으로 감시한다(심전도 모니터와 같음).
- 히스토그램 : 데이터가 어디에 뭉쳐 있는지 모양을 본다.
- 산포도 : 너랑 나랑 무슨 사이(관계)인지 본다.

56 ③

목표색을 만들기 위해 어떤 안료를 선택하고, 각각 몇 그램(g)씩 넣어야 하는지 계산하는 배합비(Recipe) 산출은 색을 만드는 과정이므로 배합 설계 (Formulation) 모듈의 고유 기능이다. QC 모듈은 이미 만들어진 색을 측정하고 '검사'하는 역할에 국한된다.

오답 피하기

- ① : 측정된 L*a*b*값 등을 DB에 기록하는 것은 QC의 기본이다.
- ② : 설정된 허용 오차(Tolerance)를 기준으로 합격 여부를 판단하는 것은 QC의 핵심이다.
- ④ : 생산된 제품들의 색상 품질 추이를 그래프로 보는 것은 QC 관리 기능이다.

더 알아보기

- QC=심판(채점자)
- Formulation=요리사(조리법 개발자)

'레시피(Recipe)'라는 단어가 나오면 무조건 Formulation이다.

57 ②

광택 측정의 기본 각도는 60°이다. 60°로 측정했을 때 수치가 10 GU 미만으로 매우 낮게 나오면(무광), 해상도를 높이기 위해 빛을 비스듬히 눕혀서 85°로 다시 측정하는 것이 표준이다.

- ① : 무조건 60°가 1차 기준이다.
- ③ : 60° 측정값이 70 GU를 초과할 때 20°로 변경한다(30은 중광택 영역).
- ④ : 고광택 영역은 20°가 표준이다. 45°는 일부 필름 측정 등에 쓰인다.

58 ②

기존 CIE L*a*b* 색공간은 인간의 눈이 느끼는 색차 감각과 수치적 거리가 완벽히 일치하지 않는다(특히 파랑 영역). CIE2000은 이를 보정하기 위해 허용 오차 범위를 원형이 아닌 타원형으로 설계하고, 명도/채도/색상에 가중치(SL, SC, SH)를 부여하며, 특히 청색 영역의 색상–채도 상호작용을 보정하는 회전항(RT)을 도입하여 육안 감각과 가장 유사한 결과를 낸다.

- ① : ΔE*ab(CIE76)의 단순 거리 계산이라 시감과 오차가 생겨 이를 보정한 ΔE₀₀(CIE2000)이 개발되었다.
- ③ : 매우 복잡하여 컴퓨터 없이는 계산이 불가능하다.
- ④ : 명도, 채도, 색상 모두를 정교하게 고려한다.

더 알아보기

'CIE2000 = 최신 = 복잡함 = 타원형'. 사람 눈은 색 영역마다 민감도가 달라서 허용 범위가 찌그러진 타원 모양이다.

59 ③

색입체를 세로(수직)로 자르면 중심축(무채색)을 공유하는 동일 색상과 그 반대편의 보색이 나타난다. 이 단면(등색상면)에서는 해당 색상의 명도(위아래)와 채도(좌우) 변화 단계(Tone)를 한눈에 파악할 수 있다.

- ① : 등명도면은 수평(가로)으로 잘랐을 때의 단면이다.
- ② : 중심축은 무채색, 바깥쪽은 고채도의 유채색이 위치한다.
- ④ : 순색은 채도가 가장 높으므로 중심축에서 가장 먼 바깥쪽 끝에 위치한다.

더 알아보기

사과를 세로로 자르면 가운데 심지(무채색)를 기준으로 왼쪽 살과 오른쪽 살(보색)이 보이는데, 이것이 등색상면이다.

60 ③

텍스처가 있는 시료는 표면이 불균일하여 좁은 영역(SAV)을 측정하면 요철의 특정 부분(언덕이나 골짜기)만 찍혀 데이터 편차가 극심해진다. 따라서 측정 구경이 가장 큰 LAV(Large Area View)를 사용하여 넓은 면적을 측정함으로써 표면의 불규칙성을 '광학적으로 평균화'해야 신뢰할 수 있는 데이터를 얻을 수 있다.

- ① : 깊은 골짜기에는 빛이 닿지 않아 그림자(Shadow)가 생기므로 전체적으로 어둡게 보인다.
- ② : 텍스처에 의한 불규칙한 산란은 이론적 예측(평활면 가정)을 벗어나게 하여 CCM 정확도를 떨어트린다.
- ④ : 회전 측정은 결이 있는 시료의 방향성 오차를 줄이는 표준 방법이다.

더 알아보기

'나무(SAV)'를 보지 말고 '숲(LAV)'을 봐야 전체 색상을 알 수 있다.

61 ②

- ㄴ : 색온도가 높으면(예 10,000K 푸른 하늘) 물리적으로는 에너지가 높지만, 시각적으로는 푸른색을 띠므로 인간은 심리적으로 차갑다(Cool)고 느낀다(물리와 심리의 역설).
- ㄷ : 조명의 색온도가 낮으면(예 백열등, 촛불) 붉은색이 돈다. 이를 흰색으로 보이게 하려면 보색인 푸른색(Blue) 채널의 이득(Gain)을 높여 중화시켜야 한다.

- ㄱ : 색온도가 높을수록 짧은 파장인 푸른색(Blue) 계열이 우세하고, 낮을수록 긴 파장인 붉은색(Red)이 우세하다.
- ㄹ : CIE 표준광원 D65는 그래픽, 웹, 영상, 모니터의 표준이다. 인쇄 산업의 표준 관찰 광원은 D50이다.

더 알아보기

물리 vs 심리

- 파란 불꽃이 더 뜨거움(물리적 고온 = Blue)
- 반대로 파란색을 볼 때 시원함을 느낌(심리적 저온 = Cool)

62 ③

ICC 기반의 CMS(색채관리시스템)는 장치 간 색상 변환을 할 때, 절대로 직접 변환(RGB → CMYK)하지 않는다. 반드시 장치 독립적인 PCS(Profile Connection Space, 주로 CIE L*a*b* 또는 XYZ)를 중간 매개체로 거쳐서 변환한다(RGB → PCS → CMYK). 이것이 호환성을 보장하는 핵심 원리이다.

- ① : ICC 프로파일에는 해당 장비가 표현할 수 있는 색의 범위(Gamut)와 밝기 특성(TRC) 등의 데이터가 정의되어 있다.
- ② : 입력 장비(카메라)와 출력 장비(프린터)의 특성은 전혀 다르므로 각각의 프로파일이 있어야 연결이 가능하다.
- ④ : 장치의 특성(Profile)을 만들어내는 특성화 과정을 위해 기준이 되는 컬러 차트(IT8, 맥베스 등)를 촬영하거나 스캔한다.

63 ②

sRGB 색공간을 기반으로 하는 웹, 모바일, 일반 그래픽 작업의 국제 표준은 D65(6,500K)색온도와 감마 2.2이다. 이는 윈도우(Windows) 운영체제의 기본값이기도 하다.

- ① : 5,000K(D50)는 인쇄/출판분야의 표준광원이며, 감마 1.8은 과거 맥킨토시 표준이었다.
- ③ : 9,300K는 일반 사무용 모니터나 TV의 공장 초기값으로, 그래픽 작업용으로는 너무 푸르게(Blueish) 보인다.
- ④ : 감마 2.6은 디지털 시네마(DCI) 프로젝터의 표준이다.

64 ④

- 모니터(PPI) : 물리적 화면 크기(인치) 안에 픽셀(Pixel)이 얼마나 빽빽하게 들어있는지를 나타낸다.
- 프린터(DPI) : 종이 1인치 안에 잉크 점(Dot)을 얼마나 많이 찍을 수 있는지를 나타낸다. DPI가 높을수록 점이 미세하고 촘촘하게 찍히므로 인쇄 품질이 좋아진다.

- ①, ② : PPI = 모니터(픽셀), DPI = 프린터(점)이다. 또한 해상도가 높으면 잉크 소모는 많아진다.
- ③ : 72ppi는 모니터(웹)용 표준 해상도이다. 인쇄용 이미지는 최소 300dpi(ppi) 이상으로 작업해야 깨지지 않고 선명하게 나온다.

65 ③

ISO 12646(디스플레이 보기 조건)에서는 모니터 화면 자체의 빛을 정확하게 보기 위해, 주변 조명을 매우 어둡게(32~64lx 이하) 유지할 것을 규정한다. 주변이 밝으면 모니터의 검은색(Black)이 뿌옇게 보여 명암비가 떨어지기 때문이다.

오답 피하기

- ① : 천장 조명이나 창문 빛이 화면에 반사되는 것을 막기 위해 모니터 후드(Hood) 설치를 권장한다.
- ② : 주변이 모니터보다 밝으면 눈부심(Glare) 현상으로 인해 정확한 색 관찰이 불가능하다.
- ④ : 교정용 모니터의 화이트 포인트는 인쇄물과 비교하기 위해 D50 또는 일반적인 D65를 사용한다. 9,300K는 일반 사무용 TV 설정으로 너무 푸르딩딩하여 작업용으로 부적합하다.

66 ②

비트맵 이미지는 사각형 점(픽셀)으로 이루어져 있어, 곡선이나 사선을 확대하면 가장자리가 톱니바퀴처럼 깨져 보이는데 이를 '앨리어싱(Aliasing)'이라고 한다. 안티 앨리어싱(Anti-aliasing)은 이 경계 부분에 배경색과 물체색의 중간색 픽셀을 채워 넣어, 우리 눈에 부드럽게 이어지는 것처럼 보이게 만드는 기법이다.

오답 피하기

- ① : 중간색 픽셀 정보가 추가되므로 용량은 오히려 약간 늘어날 수 있다.
- ③ : 인쇄 번짐과는 관계없다.
- ④ : 이미지를 선명하게 하는 것은 '샤프닝(Sharpening)'이며, 안티 앨리어싱은 오히려 경계를 약간 흐릿하게 뭉개는 원리이다.

67 ③

저명도(어두운 색)는 무겁게 느껴지고, 고명도(밝은 색)는 가볍게 느껴진다. 건축물이나 자연물처럼 무거운 색을 아래(하단)에, 가벼운 색을 위(상단)에 배치해야 시각적으로 안정적인 균형(Balance)을 이룰 수 있다.

오답 피하기

- ①, ② : 무거운 색이 위에 있으면 머리가 큰 가분수처럼 불안정해 보인다.
- ④ : 진출색(난색)은 튀어나와 보이므로 주제에, 후퇴색(한색)은 물러나 보이므로 배경에 써야 원근감이 극대화된다.

68 ③

- 렌즈의 초점 거리와 화각은 정확히 반비례한다.
- 초점 거리가 길면(Long, 망원) 멀리 있는 것을 당겨 보므로 시야가 좁아진다(화각 좁음).
- 초점 거리가 짧으면(Short, 광각) 넓은 풍경을 담아야 하므로 시야가 넓어진다(화각 넓음).

오답 피하기

- ①, ② : 서로 비례 관계가 아니므로 옳지 않다.
- ④ : 200mm(망원)는 28mm(광각)보다 화각이 훨씬 좁다.

69 ③

퐁 셰이딩(Phong Shading)은 물체의 표면을 구성하는 픽셀(Pixel) 하나하나마다 법선 벡터를 계산하여 빛의 반사를 추적한다. 퐁 셰이딩은 픽셀 단위로 계산하기 때문에 표면에 맺히는 하이라이트(Specular, 반사광)를 아주 매끄럽고 정밀하게 표현할 수 있다. 또한 광택이 중요하여 하이라이트가 선명하게 맺혀야 하는 플라스틱, 금속, 유리 등의 재질 표현에 필수적이다.

오답 피하기

- ① 플랫 셰이딩 : 다각형 면(Polygon) 단위로 계산하므로, 곡면이라도 각진 모서리가 그대로 드러난다(미러볼 효과).
- ② 고로 셰이딩 : 꼭짓점(Vertex)에서만 빛을 계산하고 그 사이를 부드럽게 연결(보간)한다. 곡면은 부드럽지만, 하이라이트가 뭉개지거나 흐릿하게 나타나 광택 표현에는 부적합하다.
- ④ 와이어프레임 : 렌더링 전 단계로, 물체의 뼈대(선)만 보여주는 방식이다.

더 알아보기

셰이딩 3단계 발전 순서

❶ 플랫(Flat) : 딱딱하다(각진 면).
❷ 고로(Gouraud) : 부드럽다(But, 광택이 약함).
❸ 퐁(Phong) : 반짝인다(광택/하이라이트 최강).

70 ②

색공간의 크기는 포함하는 컬러 데이터의 범위에 따라 결정된다. ProPhoto RGB는 인간의 가시광선 영역 대부분을 포함하는 초광대역 색공간이며, Wide Gamut RGB는 그 다음으로 넓다. Adobe RGB는 인쇄용 CMYK를 커버하기 위해 sRGB보다 넓게 설계되었고, sRGB는 웹 표준 및 호환성을 위해 가장 좁게 설계되었다.

오답 피하기

- ① : sRGB는 웹 표준용으로 가장 좁은 색공간이다.
- ③ : Adobe RGB가 ProPhoto RGB보다 클 수 없다.
- ④ : Wide Gamut RGB가 가장 크다고 되어 있고, sRGB가 Adobe RGB보다 크다고 되어 있으므로 잘못 나열되어 있다.

더 알아보기

색공간의 크기 순서인 'ProPhoto(최대/바다) 〉 Wide(강) 〉 Adobe(인쇄용/호수) 〉 sRGB(웹용/욕조)'를 외워두어야 한다. 전문가용일수록 색역이 넓고, 일반 보급형일수록 색역이 좁다.

71 ②

TIL(Total Ink Limit)은 C, M, Y, K 4가지 잉크의 농도 합계가 한 지점에서 특정 비율(예 300%)을 넘지 않도록 제한하는 설정이다. 잉크가 너무 많이 뿌려지면 종이가 잉크를 감당하지 못해 번지거나, 젖어서 울거나, 뒷장에 묻는(뒷묻음) 인쇄사고를 방지하는 것이 주된 목적이다.

오답 피하기

- ① : 노즐 막힘은 잉크의 건조 속도나 관리 문제와 관련 있다.
- ③ : 인쇄소 간의 색상 통일은 캘리브레이션 및 표준 차트(GRACoL 등)를 통해 진행한다.
- ④ : 색상 관리 기능 해제는 프로파일링의 차트 출력 단계 유의사항이다.

72 ③

리샘플링(Resampling)은 포토샵 등의 프로그램에서 이미지의 픽셀 개수를 강제적으로 조절하는 기능이다. 낮은 해상도의 이미지를 크게 출력해야 할 때, 보간법(Interpolation)을 사용하여 주변 픽셀을 분석해 새로운 픽셀을 인위적으로 추가(뻥튀기)함으로써 깨짐 현상을 완화하고 출력 크기를 조절할 수 있다.

오답 피하기

- ① : 픽셀 개수를 늘리면 용량은 증가한다.
- ② : 노즐 막힘은 프린터 하드웨어 문제이다.
- ④ : 색역 변환은 색상 모드 변경 기능이다.

더 알아보기

리샘플링은 원본 품질을 훼손할 수 있는 최후의 수단이다. '강제로 픽셀을 늘린다/줄인다'와 '깨짐 현상을 완화한다'가 연결하여 출제된다.

73 ②

단순히 원료로 되돌리는 것이 아니라, 디자인적 가치를 부가하여 '가치를 높인다(Up)'라는 것이 핵심이다. 이를 업사이클(Upcycle, 새활용)이라고 한다. 프라이탁(Freitag) 가방처럼 버려지는 방수천을 명품 가방으로 만드는 것이 대표적인 예이다.

오답 피하기

- ① 리사이클(Recycle) : 물리적, 화학적 공정을 통해 '원료'로 되돌려 다시 만드는 것이다. 가치가 유지되거나 낮아질 수 있다.
- ③ 리유즈(Reuse) : 형태를 바꾸지 않고 세척 등을 통해 '그대로 다시 쓰는' 것이다(예 리필 용기).
- ④ 리듀스(Reduce) : 폐기물 발생 자체를 '줄이는' 것이다.

더 알아보기

영어 단어의 접두사
- Upcycle : 가치 상승(Upgrade)
- Recycle : 원료로 회귀(Return)

74 ③

배리어 프리는 이미 존재하는 물리적, 심리적 장벽을 제거하는 데 초점을 맞추며, 주 대상은 장벽에 가로막히는 '장애인과 고령자'이다. 반면 유니버설 디자인은 대상이 '모든 사람'이며, 애초에 장벽이 생기지 않도록 설계하는 것이다.

오답 피하기

- ① : 처음 설계 단계부터 고려하는 것은 유니버설 디자인이다.
- ② : 법적 의무와 물리적 개선 성격이 강한 것은 '배리어 프리'이다.
- ④ : 기존 건물의 턱을 깎는 등 사후 조치(Repair)의 성격은 '배리어 프리'에 가깝다.

더 알아보기

- 배리어 프리 : 이미 지어놨는데 불편하네? 고치자(타겟 : 장애인)
- 유니버설 디자인 : 짓기 전부터 모두가 편하게 만들자(타겟 : 모두)

시점(Before/After)과 대상(Target)의 차이를 명확히 구분해야 고난이도 문제를 맞출 수 있다.

75 ③

정성적 평가는 인간의 '감성'과 '심리'를 다루는 영역이다. '측색 데이터(L*a*b*, XYZ)'와 '물리적 속성'은 기계(측색기)를 이용하는 정량적 평가의 핵심 키워드이다. 정성적 평가는 물리적 수치가 아닌, 사람이 느끼는 이미지나 감정을 평가하는 것이다.

오답 피하기

- ① : 정성적 평가의 정의 그 자체이다(심리, 감정 측정).
- ② : SD법은 5점/7점 척도라는 '수치'를 사용하긴 하지만, 그 본질은 사람의 '주관적 감성'을 측정하여 통계적으로 처리하는 기법이므로 정성적 평가의 범주에 포함되면서도 결과를 객관화하는 특징이 있다.
- ④ : FGI는 소수 인원의 토론을 통해 깊이 있는 정성적 데이터를 얻는 대표적인 방법이다.

더 알아보기

사람/감정/이미지 vs 기계/수치/데이터
- 사람(Human)이 개입되면 → 정성적 평가
- 기계(Machine)가 측정하면 → 정량적 평가

특히 SD법이 숫자를 쓴다고 해서 '정량적 평가'라고 착각하면 안 된다.

76 ①

P형(Protanope)은 Protan(첫 번째=Red)에서 유래했다. 붉은색을 감지하는 L−추체의 기능이 약해 빨간색을 제대로 보지 못하고 아주 어두운 색이나 검정으로 본다. 그래서 P형 배색 시 '빨강 vs 검정' 사용을 주의해야 한다.

오답 피하기

- ② : 단파장(S−추체) 결손은 T형(제3색각 이상)이다. D형은 초록(M−추체) 결손이다.
- ③ : 가장 많은 비율을 차지하는 것은 D형(초록 약/맹)이다. T형은 매우 희귀하다.
- ④ : 전색맹은 극히 드물다. 대부분은 특정 색만 헷갈릴 뿐 다른 색은 잘 본다.

더 알아보기

- P Proto(1)=Red(빨강)
- D Deuto(2)=Green(초록)
- T Trito(3)=Blue(파랑)

77 ②

실무에서 가장 조심해야 할 지뢰가 바로 '저작권(Copyright)'이다. 남의 영상이나 음악을 쓸 경우 반드시 라이선스를 확인하고 안전한 소스를 써야 한다. 이것은 윤리가 아니라 법적인 문제이다.

오답 피하기

- ① : 영상 파일은 반드시 PPT 파일과 '같은 폴더'에 넣어야 한다.
- ③ : 배경음악이 발표자의 목소리를 덮어버리면 안 되며 꼭 필요할 때만 써야 한다.
- ④ : 색채의 변화나 질감을 보여주기 위해 영상은 매우 효과적인 도구이다.

더 알아보기

발표 망하는 지름길=동영상 재생 오류

시험장이나 발표장 가기 전에 영상 파일이 같은 폴더에 있는지, 링크가 깨지지 않았는지 확인하는 습관은 프로의 기본 중 기본이다.

78 ①

전화나 말로 지시받은 내용일수록 반드시 문서로 남겨서 확인(Confirm) 받아야 한다.

오답 피하기

- ② : 인수인계의 핵심 자료이다.
- ③ : 백 마디 말보다 샘플 사진 한 장이 정확하다.
- ④ : 클라이언트와 싸우지 않고 이기는 유일한 무기는 '기록'이다.

더 알아보기

클라이언트를 만났을 때, 녹음은 못 하더라도 이메일을 통해 "통화 내용 정리해서 보냅니다."라고 보내두어야 한다.

79 ③

지식재산권은 크게 '산업재산권'과 '저작권'이라는 두 개의 큰 기둥으로 나뉜다. 산업재산권은 특허청에 등록해야 권리가 생기는 4가지(특허, 실용신안, 디자인, 상표)를 말하며, 저작권은 문화 예술 창작물로 창작 즉시 권리가 발생하는 별도의 영역이다.

오답 피하기

①, ②, ④ : 모두 산업 발전을 목적으로 하는 '산업재산권'이며 특허청 소관이다.

더 알아보기

'특, 실, 디, 상(특허, 실용신안, 디자인, 상표)', 산업재산권의 4총사를 외워두어야 한다.

80 ③

특허 문서의 심장, 바로 '청구범위(Claims)'이다. 청구범위에 적히지 않은 기술은 아무리 발명 설명에 길게 써놔도 권리로 인정받지 못한다.

오답 피하기

- ① 요약서 : 검색용 정보일 뿐 법적 효력은 없다.
- ② 발명 설명 : 청구범위를 이해하기 위한 보조 설명서 역할이다.
- ④ 도면 : 글로 설명하기 힘든 것을 보여주는 보조 자료이다.

더 알아보기

부동산 등기부등본의 '면적'과 같은 것이 청구범위이다. 실무에서 변리사에게 가장 신경 써달라고 요청해야 할 부분이 바로 여기이다.

출제 예상문제 05회

2-144p

01 ①	02 ③	03 ④	04 ②	05 ④
06 ③	07 ③	08 ④	09 ①	10 ④
11 ②	12 ②	13 ①	14 ④	15 ②
16 ④	17 ③	18 ①	19 ②	20 ①
21 ③	22 ②	23 ③	24 ②	25 ②
26 ④	27 ①	28 ①	29 ④	30 ②
31 ③	32 ④	33 ②	34 ②	35 ②
36 ②	37 ①	38 ③	39 ②	40 ①
41 ③	42 ④	43 ④	44 ③	45 ④
46 ③	47 ①	48 ③	49 ④	50 ⑤
51 ③	52 ④	53 ④	54 ③	55 ①
56 ③	57 ②	58 ②	59 ③	60 ④
61 ③	62 ②	63 ②	64 ②	65 ④
66 ④	67 ④	68 ②	69 ③	70 ②
71 ④	72 ②	73 ①	74 ①	75 ③
76 ②	77 ④	78 ②	79 ③	80 ②

01 ①

가장 표준적인 '협상에 의한 계약' 절차이다. 공고를 보고(입찰공고) → 제안서를 내면(접수) → 1등을 뽑고(우선협상자 선정) → 세부 내용을 조율한 뒤(협상) → 도장을 찍는다(계약)의 순서이다.

오답 피하기

- ② : 제안서를 보지도 않고 협상 대상자를 먼저 뽑을 수는 없다.
- ③ : 공고가 나가야 제안서를 접수할 수 있다.
- ④ : 계약을 체결한 뒤에 협상을 하거나 대상자를 뽑는 것은 논리적으로 불가능하다.

더 알아보기

핵심은 '선정 후 협상'이다. 1등 업체(우선협상대상자)를 먼저 뽑고, 그 업체랑 가격이나 내용을 조율(협상)한 뒤에 최종 계약한다.

02 ③

특정경관계획은 지역 전체가 아니라, '색채', '야간 조명', '하천변' 등 특정한 주제나 구역을 콕 집어서 집중적으로 관리하기 위해 수립하는 상세 계획이다. 컬러리스트가 만드는 '도시 색채 가이드라인'이 바로 여기에 근거한다.

오답 피하기

- ①, ② : 도시나 국토의 큰 밑그림을 그리는 최상위 포괄 계획이다.
- ④ : 건축물의 용도, 건폐율, 용적률 등을 정하는 도시계획으로 경관법보다 '국토계획법'에 가깝다.

더 알아보기

'구체적인 색채 가이드라인', '야간 경관', '먼셀 기호 표기' 같은 디테일한 단어가 나오면 '특정' 경관계획이 정답이다.

03 ④

상표권(Brand)은 기업의 신용과 직결되므로, 10년마다 갱신료를 납부하면 영원히(반영구적) 사용할 수 있다(예 코카콜라 상표가 100년 넘게 유지되는 이유).

오답 피하기

①, ②, ③ : 기술(특허/실용신안)이나 디자인은 일정 기간(10년 또는 20년)이 지나면 사회 발전을 위해 '공유(Public Domain)'되어야 하므로 권리가 소멸되며, 연장이 불가능하다.

더 알아보기

기술과 디자인은 유통기한이 있지만, 브랜드(상표)는 영원하다(상표권=10년+10년+10년…무한대 가능).

04 ②

경비 항목의 여비는 원칙적으로 '시외여비(장거리)'만을 인정한다. 시내 교통비는 '교통통신비'로 분류해야 하며, 여비는 무제한이 아니라 월 15일을 초과할 수 없다는 규정이 있다.

오답 피하기

- ① 유인물비 : 인쇄할 때 종이값(지대)은 재료비로 빼지 않고 유인물비에 합산한다.
- ③ 임차료 : 남의 물건 사용료는 임차료가 맞다.
- ④ 감가상각비 : 내 물건의 가치 감소분은 감가상각비가 맞다.

05 ④

계인(界印)은 계약 당사자가 각각 1부씩 보관하는 두 계약서를 맞대어 놓고 그 경계선에 도장을 찍어, '이 두 문서는 복사본이 아니라 서로 짝이 맞는 원본 세트이다(동일성 증명)'라는 것을 증명하는 도장이다.

오답 피하기

- ① 해제 : 소급효(처음부터 무효)가 핵심이다. 계약금 돌려주고 없던 일로 하는 것이다.
- ② 해지 : 장래효(앞으로 무효)가 핵심이다. 지금까지 한 건 정산하고, 오늘부로 끝내는 것이다.
- ③ 간인 : 연결성 증명이 핵심이다. 중간에 페이지를 바꿔치기 못하게 하는 장치이다.

더 알아보기

해제 vs 해지, 간인 vs 계인
- 해제 : 리셋(Reset)
- 해지 : 스톱(Stop)
- 간인 : 연결(Link)
- 계인 : 세트(Pair)

06 ③

상업 디자인(색채계획)은 예술 작품이 아니다. 디자이너 개인의 주관적 취향(Artist 마인드)보다는 클라이언트의 목적과 소비자의 니즈를 해결해 주는 것(Problem Solver)이 우선이다.

오답 피하기

- ① : 결정권자인 경영자의 의도를 모르면 프로젝트가 진행되지 않는다.
- ② : 경쟁사 분석은 차별화 전략을 위해 필수이다.
- ④ : 타깃 분석 없이는 누구에게 팔아야 할지 알 수 없다.

더 알아보기

'디자이너의 주관', '예술적 고집', '직관에만 의존' 같은 표현이 나오면 100% 오답이며, 디자인은 객관적 데이터 분석을 기반으로 해야 한다.

07 ③

컬러 로열(Loyal)형은 '충성스러운'이라는 뜻처럼, 특정 브랜드나 색상에 고착되어 변화를 거부하는 보수적인 성향을 보인다.

오답 피하기

- ① 컬러 포워드 : 유행을 가장 앞서가는 선구자 유형이다.
- ② 컬러 프루던트 : 신중하고 합리적으로 따져보고 사는 실용주의 유형이다.
- ④ 컬러 노마드 : 이 용어는 공식 분류에 없지만, 보통 여기저기 옮겨 다니는 유목민적 성향을 뜻하므로 '고집하는' 성향과는 반대된다.

더 알아보기

- Forward(앞쪽)=유행 선도
- Prudent(신중한)=합리적
- Loyal(충성)=안 바꿈/보수적

08 ④

공간(3차원)에 시간(Time)의 흐름에 따른 변화나 시퀀스(Sequence)를 도입하여, 공간 내에서의 경험과 연출을 중시하는 것을 4차원적 디자인이라고 한다.

오답 피하기

- ① 1차원적 디자인 : 예 선(Line)
- ② 2차원적 디자인 : 예 평면(Plane) – 그래픽, 편집
- ③ 3차원적 디자인 : 예 입체(Solid) – 제품, 조소

더 알아보기

'3차원(공간)+시간=4차원' 아인슈타인의 상대성 이론을 떠올리면서 공식을 외워두면 편하다.

09 ①

지각은 눈, 코, 입 등 감각기관으로 받아들인 단순한 자극(Sensation)을 뇌에서 해석하고 의미를 부여하여 '아, 이건 사과구나'라고 인식하는 과정이다.

오답 피하기

- ② 동기 : 행동을 유발하는 내적 추진력(목표 지향)이다.
- ③ 태도 : 어떤 대상에 대한 좋고 싫음의 감정이나 평가이다.
- ④ 학습 : 경험이나 정보 습득을 통해 행동이 변하는 과정이다.

더 알아보기

'감각 → 해석 → 의미' 프로세스가 나오면 '지각'의 과정이며, 이는 단순히 '보는 것'을 넘어 '이해하는 것'까지 포함한다.

10 ④

표준 편차는 산포도를 나타내는 수치로, 이 값이 0이면 모든 데이터가 동일하다는 뜻이고, 클수록 평균에서 멀리 퍼져 있다는 뜻이다.

오답 피하기

①, ②, ③ : 모두 데이터의 중심을 나타내는 대표값이다. 흩어진 정도(산포도)와는 반대 개념인 중심 경향을 나타낸다.

11 ②

두 변수를 교차시켜(Cross) 빈도를 보는 것은 교차 분석이다.

오답 피하기

- ① 상관관계 분석 : 변수들 간의 '관련성, 신빙성'을 분석한다.
- ③ 빈도 분석 : 단일 변수의 분포도(표본 특성 등)를 파악한다.

12 ②

'주황(2.5YR 6/13)'은 위험(기계류의 위험, 고압선 등)을 의미하고, '파랑(2.5PB 5/6)'은 지시/조심(보호구 착용 지시, 수리 중)을 의미한다.

오답 피하기

- ①, ③ : 금지/방화/정지는 빨강이고 안전은 초록이다.
- ④ : 주의는 노랑이다.

13 ①

국제유행색협회(INTERCOLOR)는 전 세계 유행색 정보의 발원지이다. 해당 시즌 2년(24개월) 전에 가장 먼저 유행색을 선정하여 회원국에 배포한다.

오답 피하기

- ② CFT : 한국의 정보 기관으로 인터컬러 이후인 약 18개월 전에 발표한다.
- ③ JAFCA : 일본 기관으로 역시 인터컬러의 정보를 바탕으로 자국 트렌드를 발표한다.
- ④ CMG : 미국의 컬러 마케팅 그룹으로 약 2년 정도 이후의 트렌드를 예측하여 발표한다.

더 알아보기

정보 발표 순서
❶ D−24개월 : 인터컬러(국제)
❷ D−18개월 : CFT/넬리로디(국가/민간)
❸ D−12개월 : 소재 전시회
❹ D−6개월 : 컬렉션
가장 먼저는 무조건 24개월, 인터컬러이다.

14 ④

프로모스틸(Promostyl)은 1975년 설립된 프랑스 파리의 세계적인 정보사이다. 삼성패션연구소에서 출발한 곳은 '삼성디자인넷(SDN)'이다.

오답 피하기

- ① 넬리로디 : 1985년 설립된 프랑스의 대표 정보사이다.
- ② 페클러 : 도미니끄 페클러가 설립하였고, 뷰티/디자인에 강점을 가진다.
- ③ 인터패션플래닝 : 1989년 설립된 국내(한국) 최초 기관이다.

더 알아보기

- 해외(프랑스 3대장) : 넬리로디, 프로모스틸, 페클러
- 국내 : CFT, 인터패션플래닝(IFP), 삼성디자인넷(SDN)
이름만 봐도 국적을 구별할 수 있어야 한다.

15 ②

말 그대로 모래(Sand)를 고압으로 쏴서 표면을 미세하게 깎아내는 기법이다. 표면이 거칠어져 빛을 난반사시키므로, 무광(Matte)이고 부드러운(Soft) 느낌을 준다.

오답 피하기

- ① 폴리싱 : 표면을 매끄럽게 갈아내어 거울처럼 빛나는 유광(Gloss) 처리이다.
- ③ 헤어라인 : 머릿결 같은 미세한 선(Line)을 긋는 가공이다.
- ④ 도금 : 다른 금속을 얇게 입히는 코팅 기술이다.

더 알아보기

- 폴리싱 : 반짝반짝(거울)
- 샌딩 : 뿌옇고 보들보들(무광)
- 헤어라인 : 빗살무늬(결)

16 ④

비상구, 응급 구호소 등을 알리는 안내 표지에는 초록 바탕의 사각형을 사용한다. 주황색은 안내 표지의 주조색으로 사용되지 않는다.

오답 피하기

- ① 금지 표지 : "하지 마라"는 뜻으로 빨강을 사용한다.
- ② 경고 표지 : "조심해라"라는 뜻으로 눈에 띄는 노랑 바탕에 검정 그림을 쓴다.
- ③ 지시 표지 : "꼭 써라(안전모 등)"라는 의무 사항으로 파랑을 사용한다.

더 알아보기

신호등을 연계해서 외우면 좋다(예 빨강(금지)/노랑(주의/경고)/초록(안내/안전)＋파랑(지시)).
파랑은 'Blue＝Must(의무)'이다.

17 ③

색채 조절은 산업 현장이나 공공장소에서 객관적이고 합리적인 데이터를 바탕으로 능률과 안전을 높이는 것이 목적이므로 개인의 주관적인 호불호나 단순한 장식성은 배제하는 것이 원칙이다.

오답 피하기

- ① : 밝은 색을 사용하여 조명 효과를 높이는 것은 색채 조절의 물리적 기능이다.
- ② : 안전색채 사용을 통해 재해를 줄이는 것은 핵심 목표 중 하나이다.
- ④ : 쾌적한 환경 조성으로 피로를 줄이고 생산성을 높인다.

더 알아보기

색채 조절(Conditioning) vs 색채계획(Planning)
- 색채 조절 : 공장, 병원 등에서 기능/능률/안전 위주(과학적 접근)
- 색채계획 : 미적 감각, 디자이너의 의도, 문화적 측면까지 포함(포괄적 접근)

18 ①

두 색이 맞닿아 있는 경계선(Margin) 부근에서 시각적 자극이 증폭되어, 밝은 색은 더 밝게, 어두운 색은 더 어둡게 보이는 현상이다(예 그러데이션 단계의 경계가 뚜렷해 보이는 현상).

오답 피하기

- ② 계시 대비 : 시간적 차이를 두고 일어나는 대비이다.
- ③ 면적 대비 : 색이 차지하는 크기에 따라 색이 달라 보이는 현상이다.
- ④ 보색 대비 : 서로 보색인 색끼리 있을 때 채도가 높아 보이는 현상이다.

19 ②

색의 항상성이란 조명이 바뀌어 물리적인 빛의 파장이 달라져도 뇌가 과거의 기억과 경험을 바탕으로 물체의 고유한 색이 변하지 않았다고 보정하여 인지하는 현상이다(예 붉은 조명 아래서도 사과를 빨간색으로 인식함).

오답 피하기

- ① 푸르킨예 현상 : 암순응 시 장파장(빨강)보다 단파장(파랑)이 더 밝게 보이는 현상이다.
- ③ 색의 연색성 : 조명이 물체의 색을 얼마나 자연스럽게 보여주는가 하는 성질이다(지각 현상이 아닌 조명의 성질).
- ④ 메타메리즘 : 물리적으로 다른 색이 특정 조명 아래에서 같게 보이는 조건등색 현상이다.

더 알아보기

항상성(Constancy)은 '늘 한결같다'라는 뜻으로, 실제로 조명이 그렇지 않더라도 자기 눈엔 원래 그 색으로 보인다고 고집부리는 뇌의 작용이다.

20 ①

일단 브랜드를 알린다(인지도). 그리고 어떤 느낌인지 이미지를 심어준다 (이미지 구축). 계속해서 브랜드를 사용할 수 있도록 만든다(충성도 확립). 마지막으로는 이익이 창출되며 브랜드의 힘이 생기고 영향력이 늘어간다 (브랜드 파워).

21 ③

빨강의 높은 에너지(흥분)와 검정의 무거움(어둠/죽음)이 만나면 대비가 극대화된다. 이는 강한 힘(Power)을 상징하기도 하지만, 심리적으로는 공포, 위험, 공격성 등 부정적 이미지를 강하게 전달한다.

오답 피하기

- ① 빨강＋하양(분홍) : 채도가 낮아져 순수하고 부드러운 느낌이 든다.
- ② 하양＋파랑 : 차가운 색과 하양의 조화는 이지적이고 맑은 느낌이 든다.
- ④ 난색 계열의 유사 조화 : 주황이나 노랑 계열이 섞일 때 유연한 느낌을 준다.

22 ②

제품이 가진 단점(결점)을 쭉 적어보고, 그것을 어떻게 고칠까 고민하는 과정에서 아이디어를 얻는 것은 '결점 열거법'이다.

오답 피하기

- ① 체크리스트법 : '확대하면?', '축소하면?' 등 미리 준비된 질문 목록을 보며 점검하는 법이다.
- ③ 입출력법 : 시작(Input)과 끝(Output)을 정해놓고 그 경로를 찾는 방법이다.
- ④ 강제 연상법 : 전혀 관계없는 사물을 억지로 연결해 힌트를 얻는 방법이다.

23 ③

면(Plane)은 선이 이동하여 만들어지는 2차원적 요소이며, 2차원 공간 안에서 질감(Texture), 원근감, 색채 등을 표현할 수 있는 바탕이 된다.

오답 피하기

- ① 점 : 기하학적으로 위치만 표시할 뿐, 크기나 방향은 존재하지 않는 1차원적 요소의 이전 단계이다(디자인적으로는 점이 커지면 면으로 인식됨).
- ② 선 : 길이와 방향은 가지지만, 기하학적 정의상 폭이나 부피(두께)는 없다.
- ④ 입체 : 면이 이동한 자취로 3차원적 요소이며, 부피감(Volume)을 가진다.

24 ②

유멜라닌(Eumelanin)은 쌀알처럼 생긴 입자형(과립성) 구조를 가지며, 흑갈색이나 검정색 등 어두운 색을 띤다. 주로 동양인의 검은 모발에 많이 분포하며, 염색 시 잘 빠지지 않는 특성이 있다.

오답 피하기

- ① 황적색/밝은 색 : 페오멜라닌의 색상 특징이다.
- ③ 서양인 분포 : 서양인의 금발이나 붉은 머리는 페오멜라닌이 주성분이다.
- ④ 분사형(확산성) : 페오멜라닌의 형태적 특징이다.

더 알아보기

- 유(You)멜라닌 : 당신(한국인)은 검은 머리 → 입자형(알갱이)
- 페오(Pheo)멜라닌 : Pale(창백한) 서양인 → 분사형(흩어짐)

25 ②

스크랩의 본질은 무조건 많이 모으는 것이 아니라, 기획 의도와 콘셉트에 딱 맞는 자료를 골라내는 '선별(Selection)'과 체계적인 '분류(Sorting)'에 있다.

오답 피하기

- ① : 분류 없이 보관하게 된다면 나중에 찾을 수 없는 '쓰레기 데이터'가 된다.
- ③ : 저작권 문제 및 신뢰도 확보를 위해 출처(Source) 관리는 필수이다.
- ④ : 디자인은 시대의 흐름(트렌드)을 반영해야 하며, 디자이너의 안목(주관)으로 해석하여 수집해야 한다.

26 ④

비트맵(Bitmap) 방식인 포토샵은 작은 사각형의 점(Pixel)들이 모여 이미지를 구성한다. 따라서 이미지를 원본 크기 이상으로 과도하게 확대하면 가장자리가 계단처럼 거칠어지는 계단 현상(Aliasing)이 발생하여 선명도가 급격히 떨어진다. 확대해도 선명도가 유지되는 것은 벡터(Vector) 방식의 특징이다.

더 알아보기

프로그램의 용도 구분

- 일러스트(벡터) : 고무줄처럼 늘려도 매끈함 → 로고, 심벌, 캐릭터
- 포토샵(비트맵) : 모자이크처럼 늘리면 깨짐 → 사진 보정, 합성, 회화적 표현

27 ①

배색에서 가장 중요한 제1원칙은 합목적성이다. 아무리 아름다운 배색이라도 디자인의 용도(주거, 상업 등)나 기능에 맞지 않으면 실패한 배색이다. 따라서 심미성이나 유행보다 목적과 기능에 맞는지를 가장 먼저 검토해야 한다.

오답 피하기

- ② : 심미성은 중요하지만, 기능과 목적이 전제된 후에 고려해야 할 2차적 요건이다.
- ③ : 트렌드는 고려사항일 뿐, 절대적인 기준은 아니다.
- ④ : 배색은 객관적인 원리와 사용자의 요구를 따라야 하며, 디자이너의 개인적 취향은 배제해야 한다.

28 ①

쉐브럴은 직물 공장에서 인접한 색들이 서로 영향을 주어 색이 달라 보이는 '동시 대비(Simultaneous Contrast)' 현상을 규명했다. 이 이론은 모네, 쇠라, 신야크 등 인상주의(특히 신인상주의 점묘파) 화가들에게 큰 영감을 주었다. 그들은 물감을 팔레트에서 섞으면 탁해진다는 것을 깨닫고, 캔버스에 원색 점을 찍어 망막에서 색이 섞여 보이게 하는 병치 혼합(중간 혼합) 기법을 창시했다.

오답 피하기

- ② 야수파 : 고흐, 고갱 등의 영향으로 색채를 작가의 내적 감정 표현 도구로 사용했다.
- ③ 입체파 : 세잔의 영향으로 사물의 형태를 기하학적으로 파악하는 데 집중했다.
- ④ 르네상스 : 쉐브럴(19세기)보다 훨씬 이전 시대의 화풍이다.

더 알아보기

색채 이론 역사의 흐름

쉐브럴(동시 대비) → 인상주의(빛의 해석) → 쇠라(점묘법/병치 혼합)

29 ④

좁은 공간을 넓게 보이게 하려면 사물이 뒤로 물러나 보이는 후퇴색을 써야 한다. 가구와 커튼에 진출색(난색, 고채도)을 사용하면, 사물이 앞으로 튀어나와 보여 공간을 가득 채우게 되고, 결과적으로 방이 더 좁고 답답해 보인다.

> **오답 피하기**
> - ① : 가벼운 색(고명도)은 상승감이 있어 천장이 높아 보인다.
> - ② : 한색, 저채도(후퇴색)는 뒤로 물러나 보여 공간이 확장된다.
> - ③ : 아래가 무거워야(저명도) 심리적으로 안정감을 준다.

30 ②

안전 표지판의 최우선 목적은 멀리서도 정보가 뚜렷하게 보이는 시인성(명시성, Visibility)이다. 시인성은 배경과 글자의 명도 차이가 클수록 높아진다. 유채색 중 명도가 가장 높은 노랑(N9)과 무채색 중 명도가 가장 낮은 검정(N1)의 조합은 명도 차가 극대화되어 가장 잘 보이는 배색이다.

> **오답 피하기**
> - ① : 주목성은 눈에 띄는 성질이지만, 글자를 읽는 명확함(시인성)과는 다르다. 주로 빨강 등 난색이 담당한다.
> - ③ : 노랑의 보색은 남색이다. 검정은 보색 관계가 아니다.

> **더 알아보기**
> '잘 보인다＝명도 차이가 크다'는 뜻이다. 배트맨 마크(검정＋노랑)가 눈에 잘 띄는 이유는 색깔 때문이 아니라 밝기 차이 때문이다.

31 ③

문－스펜서는 색의 물리적 힘(스칼라 모멘트)과 면적은 반비례해야 조화롭다고 주장하였다. 즉, 강한 자극(고채도, 저명도)을 주는 색은 작은 면적에 사용하고, 약한 자극(저채도, 고명도)을 주는 색은 넓은 면적에 사용해야 힘의 균형(Balance)이 맞다.

> **오답 피하기**
> - ① : 고채도로 넓게 하면 눈이 피로하고 불안정해진다.
> - ② : 약한 색을 좁게 하면 약한 색은 배경으로 넓게 써야 안정감을 준다.
> - ④ : 동일 면적으로 배분하면 강한 색 쪽으로 시선이 쏠려 균형이 깨진다.

32 ④

색의 진출/후퇴는 물리적, 생리적 현상이다. 개인적인 선호도(좋아하는 색)는 심리적인 만족감일 뿐, 사물이 튀어나와 보이는 시지각적 거리감과는 직접적인 관련이 없다.

> **오답 피하기**
> - ① 색수차 : 장파장(빨강)은 망막 앞, 단파장(파랑)은 뒤에 맺혀 거리감이 다르다.
> - ② 명도 : 밝은 색은 빛이 퍼져 보여 다가온다.
> - ③ 산란 : 먼 곳은 파랗게 보인다(후퇴).

33 ②

딱딱한 느낌(Hard)은 시각적으로 무겁고 견고해 보여야 한다. 주로 저명도(어두움), 고채도(진함), 한색(차가움) 계열이 이에 해당한다(예 강철의 남색, 검정).

> **오답 피하기**
> - ① : 선명한 빨강은 부드럽다기보다 강렬하다. 부드러움은 고명도 저채도(파스텔)이다.
> - ③ : 명도가 높아야(밝아야) 솜사탕처럼 부드럽다.
> - ④ : 경연감은 명도와 채도의 복합 작용이다.

34 ②

역사적 요소와 장식을 '죄악'으로 여기며 배제하고, 오직 기능과 합리성, '새로움(Modern)'만을 추구한 것은 모더니즘이다. 포스트모더니즘은 이에 대한 반발로 등장하여, 과거의 역사와 전통을 재해석하고, 장식성을 회복하였으며, 유머와 상징을 사용하는 등 다양성(다원주의)을 추구했다.

> **오답 피하기**
> ①, ③, ④ : 모두 포스트모더니즘의 핵심 특징(반모더니즘, 은유/상징, 탈장르)을 정확히 설명하고 있다.

35 ②

물감(색료)은 섞을수록 탁해지고 어두워지는 감법 혼색의 성질을 가진다. 빛을 연구했던 인상주의 화가들(특히 쇠라, 신야크)은 자연의 빛처럼 밝고 선명한 색을 표현하고 싶었다. 그래서 물감을 팔레트에서 섞지 않고, 캔버스에 순색 점을 조밀하게 찍어 우리 눈에서 빛처럼 섞여 보이게 하는 병치 혼색(가법 혼색의 효과) 기법을 사용했다.

> **오답 피하기**
> - ① : 물감을 섞으면 명도는 낮아진다(어두워짐).
> - ③ : 19세기는 튜브 물감 등 화학 안료가 비약적으로 발전한 시기이다.
> - ④ : 인상주의는 사진 같은 재현이 아니라 '순간의 인상(빛)'을 포착하려 했다.

36 ②

관용색명은 사람마다 생각하는 색의 범위가 달라 오해를 부를 수 있다. 따라서 KS 계통색명(일반색명)이나 먼셀 기호를 사용하여 정확하고 객관적으로 표기하는 것이 원칙이다(예 하늘색 → 연한 파랑).

> **오답 피하기**
> ①, ③, ④ : 배색 의도서 작성의 필수 요소이자 논리성을 높이는 올바른 방법이다.

37 ①

내추럴 이미지는 흙, 나무, 숲, 풀 등 자연 그대로의 편안함과 소박함을 추구한다. 따라서 자연에서 가장 흔히 볼 수 있는 노랑(Y), 연두(GY), 초록(G), 갈색(Brown) 계열을 주조로 하고, 눈이 편안하도록 유사 색상 배색이나 톤 온 톤(Tone on Tone) 배색을 하는 것이 정석이다.

> **오답 피하기**
> - ② 강한 보색 : 다이내믹하거나 스포티한 느낌이다.
> - ③ 무채색/형광 : 인공적이고 모던한 느낌이다.
> - ④ Purple/고채도 : 화려하거나 우아한, 혹은 인공적인 느낌이다.

38 ③

Y축이 채도일 때 하단(낮은 값)에 분포한다는 것은 저채도 색상들이 주를 이룬다는 뜻이다. 채도가 낮으면 색의 선명함이 빠지고 회색이 섞여 탁하고(dull), 수수하고(grayish), 차분한 느낌을 준다(예 은은한, 점잖은, 고상한 이미지).

> **오답 피하기**
> - ①, ④ : 고채도이므로 Y축 상단에 분포한다.
> - ② : Pale 톤도 채도가 낮은 편이지만, 보통 중·하단에 위치하며 명도 축에서 고명도임을 확인해야 한다. '하단 밀집'의 가장 대표적인 특징은 '탁함/수수함'이다.

39 ②

먼셀 10색상환에서 정반대 위치에 있는 보색(반대색) 쌍은 다음과 같다. 5Y(노랑)의 보색은 5PB(남색)이다(노랑↔남색).

- ① 5R–5BG : 빨강의 보색은 청록(BG)이다(G는 초록).
- ③ 5B–5YR : 파랑의 보색은 주황(YR)이다(RP는 자주).
- ④ 5P–5GY : 보라의 보색은 연두(GY)이다(BG는 청록).

- 빨–청록, 노–남, 초–자, 파–주, 보–연
- R–BG, Y–PB, G–RP, B–YR, P–GY

40 ①

KS 표준 기본 색명 중 무채색은 흰색(White), 회색(Grey), 검은색(Black) 딱 3가지뿐이다.

- ② 은색 : 금색, 은색은 관용색명이다.
- ③ 아이보리/차콜 : 관용색명이다.

41 ③

말굽 모양의 바깥쪽 둥근 곡선인 단색광 궤적(Spectrum Locus)은 프리즘을 통과한 빛처럼 순수한 파장의 색(스펙트럼 색)들이 위치한다.

- ① 중심부 : 색도도의 중앙(White Point)은 백색광이므로 채도가 0인 무채색이다.
- ② 가장자리 : 중심에서 멀어질수록, 즉 가장자리로 갈수록 채도가 높아진다.
- ④ 순자주 궤적 : 말굽의 하단 직선 부분(Purple Line)은 빨강(장파장)과 남보라(단파장)의 혼색으로, 스펙트럼(무지개)에는 존재하지 않는 색이다.

지도 읽기로 보는 색도도의 위치
- 중심＝서울(백색/무채색)
- 가장자리＝국경선(원색/고채도)
- 아랫변(직선)＝지도 밖의 세상(스펙트럼에 없는 자주색)

42 ④

노랑과 파랑의 대립 과정(Opponent Process)을 규명한 것은 헤링의 4원색설(반대색설)이다. 영·헬름홀츠 이론은 망막에서 빨강, 초록, 파랑(RGB)을 감지한다는 이론이다.

- ① : 영은 인간의 눈에 3가지 색각 세포가 있을 것이라 가설을 세웠다.
- ② : 빛의 3원색인 RGB 혼합 원리를 체계화했다.
- ③ : 1960년대에 와서 실제로 망막에 3가지 원추세포(L, M, S cone)가 존재함이 밝혀졌다.

3원색설은 '입력(Input)' 단계, 4원색설은 '처리(Processing)' 단계이다.

43 ④

유기 안료는 석유 화학 합성을 통해 만들어지며, 입자가 곱고 구조가 다양하여 착색력이 우수하고 채도가 높은 선명한 색을 띤다(예 잉크, 플라스틱 착색).

- ① : 유기 안료는 탄소를 포함하므로 빛(자외선)과 열에 상대적으로 약하다.
- ② : 입자가 투명한 편이라 은폐력이 작다.
- ③ : 광물성 원료는 무기 안료이다.

여성분들이 쓰는 '립스틱'이나 '틴트'의 경우, 색이 엄청 선명하고 예쁘다. 그러나 뜨거운 곳에 두면 열에 약하기 때문에 녹거나 변한다. 이는 유기 안료이기 때문이다.

44 ③

도료의 4대 구성 요소는 안료(색), 수지(도막), 전색제(유동성/고착), 첨가제(건조제 등)이다. 가소제는 첨가제의 일종일 뿐, 독립적인 4대 요소로 분류하지 않는다.

- ① 안료 : 색채와 은폐력을 담당하는 핵심이다.
- ② 수지 : 도막(필름)을 형성하여 내구성을 결정하는 주성분이다.
- ④ 전색제 : 안료를 분산시키고 바를 수 있게 해주는 액체 성분이다.

45 ④

측색 데이터의 신뢰성을 위해 기하학적 조건, 광원, 시야각, 사용 기기명 등은 필수이다. 하지만 날씨나 습도 같은 환경 변수는 항온항습실에서 측정하는 것이 원칙이므로, 보고서의 '필수 표기 데이터' 항목에는 포함되지 않는다.

①, ②, ③ : 이 조건들이 바뀌면 색차값(Data) 자체가 완전히 달라지므로 반드시 명기해야 하는 핵심 조건이다.

46 ③

색차 보정은 색의 방향(색상/채도, 즉 a와 b)을 먼저 잡아서 색감을 맞춘 후, 마지막에 명도(L*)를 조정하여 밝기를 맞추는 것이 일반적이다.

- ① : 명도는 보정 순서의 마지막 단계이다.
- ② : 인간의 눈은 밝기, 즉 명도(L) 변화에 가장 민감하게 반응한다.
- ④ : 색차가 30 이상이면 색이 완전히 다른 수준이므로 보정이 매우 어렵거나 불가능할 수 있다.

조색의 정석 : 색(Color)을 먼저 잡고, 밝기(Light)로 마무리한다.

47 ①

직물(Textile), 모자이크, 벽돌 등에서 색이 병치되어 멀리서 볼 때 혼색되어 보이는 현상, 혹은 인접한 색에 따라 색이 동화되어 보이는 현상을 베졸트 효과(Bezold Effect)라고 한다.

- ② 맥스웰 효과 : 회전판을 돌려 색을 섞는 실험을 한 학자로, 회전 혼합과 관련이 있다.
- ③ 애브니 효과 : 백색광을 단색광에 섞을 때 채도뿐만 아니라 색상(Hue)이 변해 보이는 현상을 말한다.
- ④ 푸르킨예 현상 : 어두운 곳(암소시)에서 장파장(빨강)보다 단파장(파랑)이 더 밝게 보이는 시각적 민감도 변화 현상이다.

48 ③

CIE L*a*b* 색공간에서 b*축은 노랑(Yellow)과 파랑(Blue)의 대립축이다. 양수(+b*)는 노랑, 음수(−b*)는 파랑을 나타낸다. 따라서 −b* 절댓값이 클수록 파란색이 진하다.

오답 피하기

- ① L*값 : 0은 완전한 검정(Black), 100이 완전한 하양(White)이다.
- ② a*값 : +a*는 빨강(Red), −a*는 초록(Green)이다.
- ④ a*, b*=0 : 색상 정보가 0이라는 뜻이므로, 채도가 없는 무채색(White ~Gray~Black) 상태이다.

49 ④

품질 분쟁(클레임)의 원인이 되는 것은 조명이 바뀌면 색이 달라지는 조건등색(Metamerism)이다. 반면, 무조건등색(Isomerism)은 분광 반사율이 완벽히 일치하여 어떤 환경에서도 색이 똑같은 상태이므로, 클레임이 발생하지 않는 가장 이상적인 목표이다.

더 알아보기

- 메타메리즘＝가짜 쌍둥이(문제아, 클레임 유발자)
- 아이소머리즘＝진짜 쌍둥이(모범생, CCM의 목표)

시험에서 '나쁜 놈'을 찾으라고 하면 메타메리즘을 선택해야 한다.

50 ③

C.I. Name(일반명)의 구조는 용도/염색법＋색상＋등록번호 순서이다. 여기서 Vat은 '건염 염료'라는 염색법(용도)을 의미한다(예 Acid＝산성염료, Pigment＝안료 등).

오답 피하기

- ① : Blue가 색상에 해당한다.
- ② : C.I. Name 뒤에 오는 5자리 숫자(Constitution Number, 예 69810)가 화학 구조 번호이다.
- ④ : C.I.는 국제 표준명이므로 제조사명은 들어가지 않는다.

51 ③

조도(Illuminance)는 빛이 도달하는 장소(책상, 바닥, 작업면)의 밝기를 의미하며, 단위 면적(m²)당 입사하는 광속(lm)의 밀도이다. 단위는 럭스(lx)를 사용한다.

오답 피하기

- ① 전광속 : 광원 자체의 총에너지량은 루멘(lm)이다.
- ② 광도 : 특정 방향으로 쏘는 빛의 세기는 칸델라(cd)이다.
- ④ 휘도 : 화면이나 광원을 볼 때 눈부신 정도는 니트(nt) 또는 cd/m²이다.

더 알아보기

- 조도＝장소(Place)의 밝기＝럭스(lx)(책상 위)
- 휘도＝화면(Screen)의 밝기＝니트(nt)(눈부심)

52 ④

OLED는 소자 하나하나가 빛을 내는 자체 발광 방식이라 시야각이 매우 넓다. 옆에서 보거나 위에서 봐도 색 왜곡이 거의 없는 것이 큰 장점이다. 시야각이 좁은 것은 초기 LCD의 단점이다.

오답 피하기

- ①, ② : OLED는 스스로 빛을 내므로 뒤에서 비춰주는 백라이트 유닛(BLU)이 필요 없어 매우 얇게 만들 수 있다.
- ③ : 액정 구동 시간이 없으므로 응답 속도가 매우 빨라 잔상이 없다.

53 ④

무광택 표면은 표면의 요철에 의해 빛이 난반사(산란)된다. 이때 표면에서 산란된 하얀 빛(백색광)이 색료의 고유색과 섞여 우리 눈에 들어오기 때문에, 원색보다 채도가 낮아 보이고(탁해 보임/뿌연 느낌) 명도는 약간 떠 보인다. 채도가 높고 선명해 보이는 것은 고광택 표면이다.

오답 피하기

- ① : 매끄러운 고광택 표면은 거울처럼 빛을 한 방향으로 반사(정반사)하므로, 정반사 각도를 피해서 보면 색이 아주 깊고 선명하게 보인다.
- ② : 거친 표면은 빛을 사방으로 흩어지게 하여(난반사) 색을 뿌옇게 만든다.
- ③ : 피아노 검정 건반처럼 광택이 높을수록 빛의 산란이 없어 더 칠흑같이 어둡게 보인다.

더 알아보기

마른 돌(무광)은 희끄무레하지만, 물에 젖으면(유광) 색이 진하고 선명해진다(광택＝선명함(고채도)).

54 ③

펄 안료는 다층 박막 구조에서 일어나는 빛의 간섭(Interference) 현상을 이용한다. 얇은 막의 윗면 반사광과 아랫면 반사광이 만나 서로 보강하거나 상쇄되면서 특정 파장의 색(간섭색)이 강하게 나타나는 원리이다.

오답 피하기

- ① 빛의 흡수 : 흡수는 일반적인 물체색의 원리이다.
- ② 빛의 투과 : 투과는 펄의 반투명성과 관련은 있지만 발색의 주원인이 아니다.
- ④ 빛의 회절 : 회절은 빛이 장애물을 돌아가는 현상이다.

더 알아보기

비눗방울, 기름막, 전복 껍데기의 영롱한 무지개색. 이 모든 것의 공통점은 '간섭'이다. 펄 안료도 인공적으로 만든 비눗방울 막이라고 생각하면 된다.

55 ③

Check(검토) 단계는 생산된 제품을 측정하고 기준과 비교하여 합격인지 불합격인지를 판정(Evaluation)하고, 공정이 안정적인지 확인하는 단계이다. 반면, 판정 결과 발생한 부적합품을 어떻게 처리할지(폐기, 재작업 등) 결정하고 실행하는 것은, 검토가 끝난 후 이루어지는 Act(조치) 단계의 활동이다.

오답 피하기

- ① Plan(계획) : 목표를 정하고 어떻게 할지 기준(허용오차, 표준광원 등)을 수립하는 단계이다.
- ② Do(실시) : 계획대로 실행에 옮기고, 그 결과(데이터)를 모으는 단계이다.
- ④ Act(조치) : 이번 사이클의 결과를 바탕으로 다음번에는 더 잘할 수 있도록 표준을 개정하거나 개선(Feedback)하는 단계이다.

더 알아보기

- Check(검토) : 성적표 확인
- Act(조치) : 오답 노트 작성 & 재수강 결정

'처분'과 '개선'은 모두 행동(Act)이다.

56 ③

제로 교정은 빛이 전혀 없는 상태(반사율 0%)를 기계에게 가르쳐주는 '영점 조절' 과정이다. 이를 위해 빛을 흡수하는 블랙 트랩(Black Trap)을 장착하거나, 아무것도 없는 허공을 향해 측정하여 기기 내부의 전기적 잡음(Noise)을 제거한다.

- ① : 교정은 측정 시작 전 매번 해야 하며, 장시간 사용 시 수시로 해야 데이터 신뢰성이 유지된다.
- ② : 백색 타일이 더러우면 기준점(100%)이 낮아져 모든 측정 데이터가 엉망이 되므로 절대 청결해야 한다.
- ④ : 교정은 기기 내부의 램프(제논 등)를 이용하는 것이지, 외부 조명과는 상관없다.

저울 0점 맞추는 것과 같다. 빈 접시(제로 교정) 올리고 0을 맞추고, 표준추(화이트 교정) 올려서 무게 맞는지 확인한다.

57 ②

종이, 섬유, 가죽 등은 수분을 흡수하면 색이 진해지고, 건조하면 연해지는 특성이 있다(Hydrochromism). 또한 온도에 따라 색이 변하는 안료(Thermochromism)도 있다. 따라서 측정 전에 항온항습 조건(20℃, 65% RH 등)에 일정 시간 두어 수분량과 온도를 평형 상태(안정화)로 만드는 과정인 '조항'이 필수적이다.

- ① 광택 제거 : 이는 SCE 모드 설정이나 샌딩 같은 가공의 영역이다.
- ③ 세척 : 전처리 과정이다.
- ④ 절단 : 시료 준비(Preparation) 과정이다.

시료는 흥분한 상태(온습도 변화)에서는 정확한 색을 못 재기 때문에, 진정시키는 시간이 필요하며 이를 '조항'이라고 한다.

58 ②

쿠벨카-문크 이론의 핵심 변수는 K(Absorption Coefficient, 흡수 계수)와 S(Scattering Coefficient, 산란 계수)이다. K(흡수)는 색의 진하기를 결정하고, S(산란)은 은폐력과 밝기를 결정한다. CCM은 안료마다 이 K와 S값을 데이터베이스화하여 배합비를 계산한다.

①, ③, ④ : 변수의 정의가 잘못 연결되었다.

'S=Scattering(산란)', 'S'가 산란이라는 것만 기억하면 'K'는 자연스럽게 흡수가 된다. K/S값은 반사율과 반비례한다는 공식도 중요하다.

59 ③

광택도 100 GU의 기준은 거울이나 금속이 아니다. 국제 표준(ISO 2813)에 따라, 굴절률 1.567을 가진 연마된 흑색 유리(Black Glass) 표면에서 반사되는 빛의 양을 100 GU로 설정한다. 따라서 금속이나 거울처럼 반사율이 매우 높은 물체는 100 GU를 훨씬 초과(약 2,000 GU까지)할 수 있다.

- ① : 완벽한 거울 표면은 약 1,000~2,000 GU가 나온다.
- ② : 분광측색기의 반사율 기준(Calibration)이다. 광택기 기준이 아니다.
- ④ : 완전확산 반사체는 광택이 0인 완전 무광에 해당한다.

광택의 기준은 검은 유리(Black Glass)이며, 광택기는 까만 유리판으로 영점(100)을 잡는다. 시험에 '백색 타일'이라고 나오면 100% 오답이다.

60 ④

측정 조건이란 측색기가 색을 읽어들일 때 설정한 광학적 환경을 말한다. 광원, 시야각, 측정 모드(SCI/SCE), 색차식 종류 등은 데이터값에 직접적인 영향을 주므로 반드시 기재해야 한다. 반면, MSDS(물질안전보건자료)는 시료의 화학적 안전 정보이지, 색채 측정 데이터의 조건(변수)은 아니다.

①, ②, ③ : 조건들이 하나라도 바뀌면 L*a*b* 수치 자체가 변한다. 보고서의 필수 기재 항목이다.

61 ③

디바이스 독립 색체계는 기계(Device)의 특성을 타지 않는, 즉 '인간의 눈'이 지각하는 색을 기준으로 만든 절대적인 색좌표이다(예 CIE XYZ, CIE L*a*b*). 서로 다른 장비(카메라 → 모니터 → 프린터) 간에 색을 연결해 주는 번역기(PCS : Profile Connection Space) 역할을 수행한다.

- ① : 특정 장비의 특성에 따라 색이 변하는 것은 디바이스 종속(Dependent) 색체계이다.
- ② : RGB와 CMYK는 제조사나 모델마다 색이 다르게 구현되므로 대표적인 디바이스 종속 색체계이다.
- ④ : 포토샵 등에서 보정용으로 쓰이는 직관적인 체계는 주로 HSB(HSV)이며, 이 또한 디바이스 종속적이다.

62 ③

RGB 색체계에서 Red(255)와 Green(255)을 혼합하면 노랑(Yellow)이 생성된다. 마젠타(Magenta)는 Red(255)와 Blue(255)를 혼합했을 때 나타나는 색상이므로 옳지 않다.

- ① : RGB는 빛의 3원색이 맞다.
- ② : 빛은 섞을수록 밝아지는 가법 혼색이며, 모두 섞으면 흰색(White)이 된다.
- ④ : 빛을 모두 끈 상태(0값)는 어둠, 즉 검정(Black)이다.

63 ②

입력 장치의 색상 왜곡을 보정하고 프로파일을 만들기 위해 사용하는 국제 표준 차트는 IT8 차트이다(예 스캐너용(IT8.7/1, IT8.7/2)과 디지털카메라용(IT8.7/2 등)).

- ① ISO 12642 차트 : 출력 장치(프린터)의 특성화를 위한 차트이다.
- ③ 그레이 스케일 : 명도(밝기)만 측정할 뿐, 색상(Hue)과 채도(Saturation) 정보를 보정할 수 없다.
- ④ 먼셀 컬러 북 : 육안 비색용 도구이지, 디지털 장비 프로파일링용 표준 차트는 아니다.

64 ②

C(청록), M(자주), Y(노랑) 잉크를 섞으면 이론상 검정이 되지만, 실제로는 탁한 갈색이 되거나 잉크가 잘 마르지 않는다. GCR(Gray Component Removal, 회색 성분 교체)은 이미지 전체에 걸쳐 회색 기운이 도는 부분(뼈대)을 비싼 유채색 잉크 대신 검정(K) 잉크로 바꿔주는 기술이다. 이를 통해 잉크 비용을 아끼고 건조 시간을 줄일 수 있다.

- ① 하색 제거(UCR) : 이미지의 가장 어두운 그림자(Shadow) 영역에서 잉크가 떡지는 것을 막기 위해 잉크 양을 줄이는 기술이다. GCR은 '전체 회색', UCR은 '어두운 그림자'가 포인트이다.
- ③ 안티 앨리어싱(Anti-aliasing) : 비트맵 이미지의 거친 경계면(계단 현상)을 부드럽게 만드는 그래픽 보정 기술이다.
- ④ 디더링(Dithering) : 표현할 수 없는 색상을 주변 색의 혼합으로 흉내 내는 기법이다.

- GCR=Gray(회색 전체를 바꿈)
- UCR=Under(가장 밑바닥, 어두운 곳만 바꿈)

65 ④

벡터(Vector) 방식은 픽셀 하나하나의 미세한 색상 변화를 표현해야 하는 '사실적인 사진'이나 '복잡한 회화' 표현에는 적합하지 않다. 사진 편집의 절대 강자는 비트맵(Bitmap)이다.

오답 피하기

- ① : 비트맵의 기본 단위는 화소(Pixel)가 맞다.
- ② : 벡터는 점(Anchor Point)과 핸들을 이용한 베지에 곡선을 사용한다.
- ③ : 비트맵은 작은 이미지를 억지로 늘리면 사각형 픽셀이 눈에 보이는 '앨리어싱(계단 현상)'이 발생한다.

66 ④

웹 안전 컬러의 16진수 코드는 RGB의 256단계를 6등분한 수치인 00, 33, 66, 99, CC, FF 이 6가지 쌍의 조합으로만 이루어져야 한다. 따라서 #FF5A00이나 #123456은 웹 안전 컬러 코드가 아니다(예 #FFCC00, #003366 등이어야 함).

더 알아보기

'216색'이라는 숫자와 '6단계'라는 키워드는 시험에 자주 나온다.

67 ④

디스플레이스먼트 매핑(Displacement Mapping)은 텍스처 이미지의 밝기 값(높이 정보)을 이용하여 3D 모델의 표면(Mesh) 좌표를 실제로 위로 들어올리거나 내린다. 실제 형상(Geometry) 자체가 변형되므로, 측면에서 봐도 울퉁불퉁함이 살아있고 제 그림자(Self-shadow)도 물리적으로 정확하게 생긴다.

오답 피하기

- ① 디퓨즈 매핑 : 기본 색상이나 무늬를 입힌다.
- ② 범프 매핑 : 표면의 밝기를 이용해 가짜 그림자(음영)를 만들어 울퉁불퉁해 보이게 하는 눈속임(Fake/Trick) 기법이다. 정면에서는 입체적으로 보이지만, 측면 실루엣은 여전히 평평하다.
- ③ 오파시티 매핑 : 투명도를 조절한다.

68 ②

앰비언트 라이트(Ambient Light, 환경광)는 특정한 광원이 아니라 공간 전체에 균일하게 깔려 있는 기본 밝기이다. 빛이 오는 방향성이 없기 때문에 그림자를 만들지 않는다. 주광원(Main Light)이 닿지 않는 어두운 그림자 부분(Shadow)이 완전히 시커멓게 죽지 않고 디테일이 보이도록 전체 톤을 받쳐주는 역할을 한다.

오답 피하기

- ① 스포트라이트 : 특정 방향으로 강한 빛을 쏘며 짙은 그림자를 만든다.
- ③ 옴니 라이트 : 사방으로 퍼지는 점광원으로, 빛을 받는 반대편에 그림자가 생긴다.
- ④ 에어리어 라이트 : 면 형태의 조명으로 부드러운 그림자를 만든다.

69 ③

레이 트레이싱은 사진처럼 리얼한 화질을 얻을 수 있지만, 계산량이 기하급수적으로 늘어나 렌더링 시간이 매우 오래 걸린다는 것이 최대 단점이다.

오답 피하기

①, ②, ④ : 반사, 굴절, 투과 등 복잡한 광학 현상을 물리적으로 정확하게 계산하는 것이 레이 트레이싱의 존재 이유이자 핵심 장점이다.

70 ②

색역 경고는 작업 중인 RGB 색상 중에서 인쇄 환경인 CMYK 색역 밖(Out of Gamut)에 있는 색상을 미리 알려주는 기능이다. 이 경고를 통해 디자이너는 색을 인쇄할 수 있는 범위로 보정하여 실제 출력 시 색상이 탁해지는(채도 손실) 사고를 방지할 수 있다.

오답 피하기

- ① : '밝기'에 대한 경고는 히스토그램이나 노출 경고 기능의 역할이다.
- ③ : '해상도'는 PPI나 DPI 수치로 판단한다.
- ④ : '저작권'은 소프트웨어의 기능 범위가 아니다.

더 알아보기

RGB의 핫핑크, 야광 연두처럼 고채도의 색상들은 CMYK 색역을 벗어나기 쉬워 인쇄 위험의 경고 대상이다.

71 ④

GCR(Gray Component Replacement)은 C, M, Y로 구성된 회색 성분을 계산하여 그만큼을 K(Black) 잉크로 대체하는 기법이다. GCR의 주된 목적은 잉크를 절약하고 회색 안정성을 확보하는 것이지, 명암부의 계조 표현 능력 자체를 직접적으로 향상시키는 것은 아니다.

오답 피하기

- ①, ③ : C, M, Y 잉크 사용량이 줄어들어 잉크 절약 및 건조 시간 단축 효과를 가져온다.
- ② : C, M, Y 대신 K 한 색만 사용하므로 색 오차(미스 레지스터)에 강하여 안정된 회색톤을 만든다.

더 알아보기

K 잉크는 C, M, Y를 줄여주어 '절약(비용/시간)'과 '안정성(회색 밸런스)'을 모두 잡는다.

72 ②

도공지(Coated Paper)는 원지 표면에 화학약품, 미세 안료, 접착제 등을 섞어 도공(코팅) 처리한 종이이다. 표면이 매끄럽고 광택이 뛰어나며, 잉크가 종이 깊숙이 침투하는 것을 막아 인쇄물의 선명도와 광택을 높여 카탈로그, 화보집 등 고급 인쇄물에 사용된다.

오답 피하기

- ① : 비도공지(Uncoated Paper)에 대한 설명이다.
- ③ : 신문용지(갱지)에 대한 설명이다.
- ④ : 합성지(Synthetic Paper, 유포지)에 대한 설명이다.

더 알아보기

도공지는 곧 코팅지이다. 코팅을 하는 이유는 '품질과 광택'을 높이기 위해서이다.

73 ①

리디자인(Redesign)은 완전히 새로운 것을 만드는 것이 아니라, 기존 제품의 문제점(불편함, 촌스러움, 기능 저하 등)을 '수정 및 보완'하여 제품의 생명력을 다시 불어넣는 행위이다. 이는 자원을 아끼면서도 사용자 경험을 개선하는 효율적인 지속 가능 디자인 전략이다.

오답 피하기

- ② 그린워싱 : 친환경적이지 않으면서 친환경인 척 위장하는 부정적인 행위이다.
- ③ 에코 폰트 : 잉크 사용을 줄이기 위해 구멍이 뚫린 서체이다.
- ④ 제로 웨이스트 : 쓰레기 배출을 '0'으로 만들려는 생활 운동이다.

더 알아보기

'개선(Improvement)', '수명 연장', '기존 제품의 수정'이라는 말이 나오면 리디자인이다.

74 ①

쿨 루프(Cool Roof)는 태양광 반사율이 높은 흰색이나 밝은색 특수 페인트를 지붕에 시공하여 열 축적을 막는 기술이다. 이를 통해 실내 온도를 낮추고 에어컨 사용량을 줄여 탄소 배출을 저감하는 대표적인 친환경 색채 기술이다.

오답 피하기

- ② 다크 모드 : 디스플레이 배경을 어둡게 하여 전력을 절감하는 것으로, 건물이 아닌 디지털 기기에 적용된다.
- ③ 웜 톤 : 따뜻한 느낌을 주는 색조로, 에너지 절감 기술과는 직접적인 관련이 없다.
- ④ 컬러 마케팅 : 색을 이용해 판매를 촉진하는 경영 전략이다.

더 알아보기

'지붕+밝은색+에너지 절약=쿨 루프'. 명도가 높은 색(High Value)이 빛 반사율(LRV)이 높다.

75 ③

조색(CCM) 및 정밀 연구에는 정확도가 생명이다. 필터식 색채계는 구조가 간단하고 저렴하지만 정밀도가 떨어져 단순 비교 측색이나 공정 관리에 주로 쓰인다. 정밀한 연구나 레시피 산출(CCM)을 위해서는 파장별 반사율을 측정할 수 있는 분광광도계를 사용해야 한다.

오답 피하기

- ① : 필터식 색채계는 사람의 눈(3원색 감지)을 모방한 필터를 쓴다.
- ② : 분광광도계의 핵심 기능은 '파장별(nm) 반사율 측정'이다.
- ④ : 필터식은 분광 데이터가 없기 때문에 메타메리즘(조건등색) 현상을 예측하는 데 한계가 있다.

더 알아보기

- 필터식 : 싸다, 간편하다, 덜 정확하다(현장용).
- 분광식 : 비싸다, 복잡하다, 아주 정확하다(연구실용/CCM용).

76 ②

적록 색각 이상자(P, D형)는 빨강과 초록을 모두 '노르스름한 갈색' 비슷하게 본다. 이들이 구분할 수 있는 색은 파랑(Blue)과 노랑(Yellow)이다. 따라서 빨강에는 노란색을 섞어 주황으로 보내고, 초록에는 파란색을 섞어 청록으로 보내면(색상환에서 서로 멀어지게 함), 그 차이를 명확히 인지할 수 있다. 신호등 초록이 '청록색'인 이유이다.

오답 피하기

- ① : 같은 계열 내에서 채도만 높여봤자 여전히 비슷한 색으로 보인다.
- ③ : 색상 구분도 안 되는데 명도까지 같으면 아예 하나의 덩어리로 보인다.
- ④ : 세퍼레이션은 보조 수단일 뿐 근본적인 색채 식별 해결책은 아니다.

더 알아보기

'따뜻한 건 더 따뜻하게(Warm), 차가운 건 더 차갑게(Cool)'. 빨강과 초록이 붙으면, 하나는 난색(주황)으로, 하나는 한색(파랑)으로 구분해야 한다(CUD 배색의 정석).

77 ④

굴절률(IOR)이 높을수록 빛이 물질 내부를 통과할 때 심하게 꺾이고 반사된다. 다이아몬드는 굴절률이 약 2.42로 매우 높아, 빛을 내부에서 강하게 굴절시키고 전반사시켜 특유의 화려하고 영롱한 광채(Brilliance)를 만들어 낸다.

오답 피하기

- ① 진공/공기 : 굴절이 거의 없다(기준값 1.0).
- ② 물 : 약 1.330이다.
- ③ 유리 : 종류에 따라 다르지만 보통 1.5~1.6 수준이다.

더 알아보기

굴절률 순서

공기(1) 〈 물(1.3) 〈 유리(1.5) 《《《 다이아몬드(2.4)

78 ②

C100+M100+Y100+K100은 잉크 총량(TIL)이 400%에 달한다. 종이가 감당할 수 있는 잉크 한계(보통 300% 내외)를 초과하여, 잉크가 마르지 않은 상태에서 다음 종이가 포개져 뒷면에 묻는 뒷묻음 사고를 유발하거나, 종이가 젖어서 파손될 위험이 매우 크다.

오답 피하기

- ① : 색상은 엄청나게 진하지만, 물리적으로 인쇄 사고를 유발하기 때문에 금지한다.
- ④ : 모니터에서도 레지스트레이션 블랙은 진한 검정으로 잘 보인다.

더 알아보기

레지스트레이션 블랙은 오직 '재단선 맞춤 표시(Registration Mark)'에만 사용된다.

79 ③

색채나 패턴 디자인은 기본 컨셉은 같지만 색상만 바꾼다거나(Variation) 모양을 살짝 바꾼 수십 개의 시안이 나온다. 따로 출원 시 비용의 문제가 있어 이를 구제하기 위해 1개의 출원서에 최대 100개까지 묶어서 내는 '복수 디자인 등록 출원 제도'를 운영하고 있다.

오답 피하기

- ① 우선심사 청구 제도 : 돈을 더 내고 심사를 빨리 받는 제도이다.
- ② 비밀디자인 청구 제도 : 디자인 모방을 막기 위해 등록 후 일정 기간 공개를 미루는 제도이다.
- ④ 직무발명 보상 제도 : 회사원이 개발한 발명에 대해 회사가 보상해 주는 제도이다.

더 알아보기

"한 번에 여러 개를 싸게!"=복수 디자인이다. 이 제도는 유행에 민감한 직물, 벽지, 문구류 디자인 등에 아주 유용하다.

80 ②

"먼저 만든 놈(선발명)"이 아니라 "먼저 접수한 놈(선출원)"이 이긴다. 그래서 아이디어가 떠오르면 완벽하지 않더라도 일단 출원부터 서둘러야 한다.

오답 피하기

- ① : 선발명주의는 과거 미국의 방식이었으나 현재는 거의 사라졌다.
- ③ : 합의가 안 되면 추첨을 하거나 둘 다 거절된다. 합의가 우선 원칙은 아니다.

01 ②	02 ④	03 ③	04 ③	05 ②
06 ①	07 ②	08 ③	09 ④	10 ②
11 ②	12 ④	13 ②	14 ③	15 ②
16 ②	17 ④	18 ④	19 ③	20 ④
21 ④	22 ②	23 ④	24 ①	25 ②
26 ③	27 ②	28 ③	29 ③	30 ③
31 ③	32 ②	33 ②	34 ③	35 ④
36 ④	37 ③	38 ①	39 ②	40 ②
41 ③	42 ③	43 ①	44 ③	45 ②
46 ④	47 ③	48 ③	49 ②	50 ②
51 ②	52 ③	53 ④	54 ③	55 ④
56 ①	57 ③	58 ②	59 ③	60 ②
61 ②	62 ④	63 ③	64 ④	65 ③
66 ②	67 ②	68 ②	69 ③	70 ②
71 ②	72 ①	73 ③	74 ②	75 ②
76 ③	77 ③	78 ③	79 ②	80 ④

01 ②

분쟁조정위원회에서 양측이 조정안에 합의하고 서명하면, 이는 '재판상 화해'와 동일한 효력을 갖는다. 즉, 단순한 권고가 아니라 법원의 확정 판결과 같은 강력한 법적 집행력이 생긴다.

오답 피하기

• ① : 주관 기관은 한국디자인진흥원이 맞다.
• ③ : 변호사 선임 비용 등이 들지 않아 경제적이다.
• ④ : 절차가 간소화되어 있어 통상 3개월 내에 조정 절차가 진행된다.

더 알아보기

조정(Mediation)은 도장을 찍는 순간 법원 판결문이랑 똑같은 힘(집행력)을 가지므로 실무에서 소송 대신 아주 유용한 제도이다.

02 ④

디자인권은 '산업 디자인'을 보호한다. 따라서 미술관에 걸리는 순수 예술 작품처럼 고도의 예술성이나 순수미를 필수 요건으로 하지 않는다. 미적 감각을 일으키되, 대량 생산이 가능하면 된다.

오답 피하기

• ① 신규성 : 기존에 없던 새로운 것이어야 한다.
• ② 창작성 : 남의 것을 쉽게 모방하지 않은 창작 수준이어야 한다.
• ③ 공업상 이용 가능성 : 공장에서 기계 등을 통해 대량으로 생산할 수 있어야 한다.

03 ③

관용색이름은 옛날부터 습관적으로 써오거나 식물(팥, 개나리), 동물(쥐) 등에서 유래한 고유의 이름을 말한다. '쥐색', '개나리색', '팥색'은 모두 사물의 이름에서 따온 전형적인 관용색이름이다.

오답 피하기

• ① : '선명한(Tone)＋빨강(Hue)' 형식은 체계적인 계통색이름이다.
• ② : '에메랄드그린', '베이지'는 고유 명사이므로 관용색이름이다.
• ④ : '카키', '인디고', '하늘색'은 모두 관용색이름이다. 계통색이름이 되려면 '어두운 노란빛을 띤 갈색(Dark Yellowish Brown)' 등으로 풀어써야 한다.

더 알아보기

이름 구분법
• 계통색 : 수식어(형용사)＋색상명(예 탁한 빨강) → 논리적/과학적
• 관용색 : 사물 이름＋색(예 밤색, 쥐색) → 감각적/습관적

04 ③

설계 단계는 앞서 수립한 기획과 계획을 현실화하는 단계이다. 배색 패턴을 주조색(Base), 보조색(Sub), 강조색(Accent)으로 구체화하고, 기능성과 조화성을 고려하여 대상에 '적용'하는 것이 핵심이다.

오답 피하기

• ① 기획 단계 : 문제 인식과 요구사항 파악은 시작 단계의 업무이다.
• ② 계획 단계 : 정보 조사와 데이터화는 설계 전 준비 단계의 업무이다.
• ④ 관리 단계 : 평가와 지속적 관리는 종료 단계의 업무이다.

05 ②

내용연수가 1년 미만이거나 취득가액이 낮은 소모성 공구(드라이버, 가위 등)는 자산으로 잡지 않고 바로 소모재료비(재료비)로 처리하는 것이 원칙이다. 감가상각비는 내용연수가 1년 이상인 기계나 장비(자산)의 가치 감소분을 경비로 처리하는 계정이다. 따라서 1년 미만의 공구를 감가상각비로 처리한다는 설명은 틀린 내용이다.

오답 피하기

• ① : 물건값(순원가)＋가져오는 비용(부대비용)을 합쳐야 진짜 재료비가 된다.
• ③ : 재료를 쓰고 남은 찌꺼기(고철 등)를 팔아서 돈이 된다면, 그만큼 재료비에서 깎아주는 것이 맞다.
• ④ : 창고에 쌓아두는 비용이라도 '사 올 때' 든 비용은 재료비, '사고 나서' 관리하는 비용은 경비이다.

06 ①

인지 부조화는 구매 후 "내가 잘못 산 건 아닐까?" 하고 의심하거나 후회하는 심리적 갈등 상태를 말한다. 마케터는 이를 해소하기 위해 A/S 강화나 안심 광고를 해야 한다.

오답 피하기

• ② 지각적 방어 : 자신의 신념에 반하는 정보를 차단하거나 왜곡해서 받아들이는 현상이다.
• ③ 선택적 주의 : 수많은 정보 중 자신에게 필요한 것만 골라서 주의를 기울이는 것이다.
• ④ 밴드왜건 효과 : 남들이 사니까 덩달아 따라 사는 유행 편승 효과이다.

더 알아보기

'구매 후(Post－purchase)'라는 단어가 나오고 '불안, 갈등, 후회'가 나오면 정답은 인지 부조화이다.

07 ②

CSR(Corporate Social Responsibility)은 기업의 사회적 책임을 뜻한다. 현대 마케팅의 '사회 지향적' 개념과 연결되어, 환경 보호나 기부 활동 등을 통해 기업 이미지를 높이는 전략이다.

오답 피하기

- ① CRM : 고객 데이터를 분석해 관계를 유지하는 관리 기법이다.
- ③ SCM : 부품 조달부터 판매까지 유통 과정을 최적화하는 것이다.
- ④ ERP : 기업 내의 모든 자원(사람, 돈, 물건)을 통합 관리하는 시스템이다.

08 ③

사회지표 분석은 국가나 사회 전체의 생활 수준, 인구 통계적 추세 등을 분석하는 거시적(숲을 보는) 방법이다.

오답 피하기

①, ②, ④ : AIO, 사이코그래픽스, VALS는 모두 개인이나 특정 집단의 심리를 파고드는 미시적(나무를 보는) 분석 방법이다.

더 알아보기

거시적 vs 미시적의 구분
- 거시적 : 사회, 국가, 통계, 지표(큰 것)
- 미시적 : 개인, 심리, 가치관, AIO(작은 것)

09 ④

SD법은 미세한 감성을 측정하기 위해 5~7단계 척도를 사용하며, 2점 척도(그렇다/아니다)는 사용하지 않는다.

오답 피하기

①, ②, ③ : 자료에 명시된 SD법의 정확한 정의와 특징이다. 특히 '주관을 객관화', '형용사 쌍'은 SD법의 핵심 키워드이다.

10 ②

강점(S)과 위협(T)이 만나는 지점은 ST 전략이다.

오답 피하기

- ① SO 전략 : 강점으로 기회(O)를 활용한다.
- ③ WO 전략 : 약점(W)을 보완해 기회(O)를 활용한다.
- ④ WT 전략 : 약점(W)을 최소화하고 위협(T)을 회피한다.

11 ②

한국은 1980년 컬러 TV 등장과 함께 색채마케팅이 활성화되었다.

오답 피하기

- ① : 1920년대부터 시작되었다.
- ③ : 자료상 최초 사례는 1920년 파커 만년필이다.
- ④ : 파커는 립스틱을 연상시키는 '빨간색' 만년필을 출시하여 성공했다.

12 ④

팬톤(Pantone)은 미국 뉴저지에 본사를 둔 세계적인 색채 전문 기업이다. 매년 '올해의 컬러'를 발표하며 트렌드를 주도하지만, 국적은 미국이다. 나머지 넬리로디, 프로모스틸, 페클러는 모두 프랑스 파리를 거점으로 활동하는 대표적인 트렌드 정보 기획사이다.

오답 피하기

- ① : 넬리로디는 프랑스 파리의 대표적인 트렌드 정보 회사이다.
- ② : 프로모스틸은 세계 최초의 트렌드 정보사로 프랑스에 본사가 있다.
- ③ : 페클러는 페클러 파리(Peclers Paris)라는 명칭에서도 알 수 있듯 프랑스 기업이다.

더 알아보기

국가별 주요 트렌드 정보사 필수 암기
- 프랑스 : 넬리로디, 프로모스틸, 페클러, 까를랭(Carlin)
- 미국 : 팬톤(Pantone), 휴즈(Huepoint), 돈거(Doneger)
- 일본 : 닛폰 컬러 앤 디자인(NCD)

13 ②

이미지 맵은 사진, 잡지 컷, 그림 등을 콜라주하여 해당 시즌이나 테마가 추구하는 전반적인 분위기(Mood)와 콘셉트를 시각적으로 전달하고 공유하는 것이 목적이다.

오답 피하기

- ① 색채 배열을 통한 배색 검토 : 이것은 컬러 맵(Color Map)의 기능이다.
- ③ 소재의 내구성과 강도 실험 : 물성 테스트에 해당하며 트렌드 분석 매핑 단계와는 거리가 멀다.
- ④ 정확한 색채 데이터 값 산출 : 측색기 등을 이용한 데이터 측정 과정이다. 맵 작업은 감성적인 이미지화 작업이다.

더 알아보기

- 컬러 맵 : 색상 칩 위주 → '색(Color)' 자체를 보여줌
- 이미지 맵 : 사진/그림 위주 → '느낌(Concept)'을 보여줌

두 맵의 구성 요소(칩 vs 사진)와 목적(배색 vs 콘셉트)을 명확히 구분해야 한다.

14 ③

패드란 'For a day'라는 말처럼 아주 짧은 기간 동안, 특정 집단 내에서 열광적으로 유행하다가 금방 사라지는 현상이다.

오답 피하기

- ① 트렌드 : 패드보다 긴 주기(보통 1~5년)를 가지며 사회 전반적인 흐름을 의미한다.
- ② 클래식 : 유행을 타지 않고 장기간 지속되는 스타일이다.
- ④ 유행 : 일정한 주기를 가지고 대중적으로 확산되는 스타일을 통칭한다.

더 알아보기

수명(주기) 길이 : 패드(Fad) 〈 트렌드(Trend) 〈 클래식(Classic)

15 ②

주황색은 따뜻한 난색 계열로 위장 기능을 강화하고 소화액 분비를 촉진하여 식욕을 돋우는 대표적인 색이다. 맛있는 음식의 색이 대부분 주황~빨강 계열인 이유이다.

오답 피하기

- ① 파랑 : 식욕을 감퇴시키고 진정시키는 효과가 있다.
- ③ 보라 : 뇌와 신경계에 작용하며, 불면증 치료에 쓰인다.
- ④ 초록 : 균형과 해독, 피로 회복에 효과가 있다.

더 알아보기

장기별 매칭 포인트
- 빨강 : 피(혈액순환, 근육)
- 주황 : 배(소화, 식욕)
- 노랑 : 머리(신경, 뇌)
- 초록 : 간(해독, 균형)

16 ②

'생물학적 반응'은 피라미드의 가장 밑바닥(1단계)은 생명 유지를 위한 본능적인 반응이다. 빛과 색에 대한 즉각적인 신체 반응으로, 동물이나 식물도 공유하는 진화의 산물이다.

오답 피하기

- ① 문화적 영향 : 4단계로, 특정 지역이나 단체의 관습에 의한 반응이다.
- ③ 집단 무의식 : 2단계로, 인류 공통의 내재된 기억이다.
- ④ 의식적 상징화 : 3단계로, 연상 작용을 통해 의미를 부여하는 단계이다.

더 알아보기

만케의 피라미드 순서는 '생 – 무 – 의 – 문 – 시 – 개'이다. 가장 밑은 생물(본능)이고, 가장 꼭대기는 개인(취향)이다.

17 ④

이텐은 바우하우스에서 색채 교육을 하며 '색채와 형태(도형)'의 대응 관계(빨강＝정사각형 등)를 주로 연구했다. 그러나 소리와 색의 연결을 주장한 대표적인 학자는 아니다.

오답 피하기

- ① 뉴턴 : 7가지 무지개색을 7음계(도레미파솔라시)와 연결했다.
- ② 몬드리안 : 작품 〈브로드웨이 부기우기〉에서 색채로 재즈 음악의 리듬을 시각화했다.
- ③ 카스텔 : 쳄발로라는 악기를 통해 음계와 색을 연결하는 연구를 했다.

더 알아보기

- 이텐＝색＋도형(빨강 네모)
- 뉴턴/카스텔＝색＋음계(도레미)

18 ④

대량 생산은 시장을 세분화하지 않는 비차별화(대량) 마케팅의 장점이다. 시장세분화는 다양한 소비자의 욕구를 맞추기 위해 다품종을 생산해야 하므로 오히려 비용이 증가할 수 있다.

오답 피하기

①, ②, ③ : 모두 텍스트에 명시된 시장세분화의 이점이다. 쪼개서 보면(세분화) 안 보이던 기회가 보이고, 변화에 빠르게 대처할 수 있다.

더 알아보기

- 세분화＝맞춤형＝돈이 많이 듦
- 대량 생산＝획일화＝돈이 적게 듦

19 ③

지갑이 얇아지면 사람들은 쉽게 질리지 않고 오래 쓸 수 있는 무난하고 실용적인 색(무채색, 베이지 등)을 찾게 된다.

오답 피하기

- ① : 경제가 호황일 때는 소비 심리가 살아나서 화려하고 다양한 색을 시도한다.
- ② : 경제가 불황일 때는 화려한 색보다 안정적인 색을 찾는다.

더 알아보기

- 돈 많음(호황) : 알록달록, 사치스러움
- 돈 없음(불황) : 칙칙함, 때 안 타는 색

립스틱 효과(불황에 빨간 립스틱)라는 예외도 있지만, 기본 이론에서는 불황＝실용성이다.

20 ④

날카롭고 예리한 소리는 시각적으로도 찌를 듯한 고채도의 선명한 색이나 노랑(역삼각형) 등과 연결된다. 저명도의 부드러운 난색은 둔탁하거나 편안한 소리에 가깝다.

오답 피하기

- ① 높은음 : '솔, 라, 시'처럼 하이톤은 밝고 쨍한 색이다.
- ② 낮은음 : 베이스 음은 묵직하고 어두운 색이다.
- ③ 탁음 : 맑지 않은 소리는 색도 탁한(회색 섞인) 색이다.

더 알아보기

- High/Sharp＝bright/vivid
- Low/Heavy＝dark
- Muddy/dull＝grayish

21 ④

'경쾌한' 이미지는 활동적이고, 빠르고, 선명한 '동적(Dynamic)' 이미지 그룹에 속한다. 반면 '은은한'은 조용하고, 정적이며, 흐릿한 '정적(Static)' 이미지 그룹에 속하므로 성격이 정반대이다.

오답 피하기

- ① 율동적인 : 리듬감이 느껴지므로 경쾌하다.
- ② 스포티한 : 활동성이 강하므로 경쾌하다.
- ③ 선명한 : 또렷하고 밝은 느낌은 가볍고 경쾌한 느낌을 준다.

22 ②

루이스 설리번(Louis Sullivan)은 미국의 근대 건축가로, 장식보다는 건물의 용도와 기능이 형태를 결정해야 한다고 주장했다. 이는 현대 디자인의 기능주의(Functionalism)를 대표하는 명언이다.

오답 피하기

- ① 빅터 파파넥 : 디자인의 사회적, 도덕적 책임을 강조한 생태학적 디자이너이다.
- ③ 알렉스 오스본 : 브레인스토밍을 창안한 인물이다.
- ④ 그레고르 파울손 : "제품의 선택이 곧 생활양식의 선택"이라며 굿 디자인 운동의 배경이 된 인물이다.

23 ④

CIP는 크게 '기본 시스템'과 '응용 시스템'으로 나뉜다. 그중 기본 시스템은 심벌, 로고, 전용 색상, 전용 서체, 시그니처 등 기업의 핵심 아이덴티티를 규정하는 요소이다. 서식류는 기본 시스템에 해당되지 않으며 응용 시스템이다.

오답 피하기

①, ②, ③ : 모두 CIP의 뼈대를 이루는 기본 시스템 항목들이다.

24 ①

버내큘러(Vernacular)는 원래 '방언', '사투리'라는 뜻이다. 디자인에서는 전문 디자이너가 아닌, 그 지역 사람들이 오랜 시간 동안 환경에 적응하며 만들어낸 토속적이고 자생적인 디자인(예 한국의 옹기, 초가집, 아프리카의 흙집)을 의미한다.

오답 피하기

- ② 바이오닉 디자인 : 자연 생물의 구조나 기능을 모방하여 공학적으로 응용한 디자인이다.
- ③ 얼터너티브 디자인 : 대량 생산과 소비로 인한 환경 파괴 등에 반대하며 나온 대안적 디자인이다.
- ④ 유니버설 디자인 : 장애 유무나 연령에 상관없이 모든 사람이 사용하기 편리하게 만든 디자인이다.

25 ④

표면이 매끄러워 빛을 정반사하는 금속, 유리, 플라스틱, 에나멜 등은 대표적인 유광(Gloss) 소재이다. 반면, 표면이 거칠어 빛을 난반사하는 직물(Fabric), 종이, 목재, 석재 등은 대표적인 무광(Matte) 소재에 속한다.

오답 피하기

- ① 색채 지각 차이 : 같은 빨강이라도 반짝이는 플라스틱의 빨강과 털실의 빨강은 다르게 보인다.
- ② 유광 특징 : 정반사로 인해 명암 대비가 크고, 색이 짙고 선명하며 차가운 느낌을 준다.
- ③ 무광 특징 : 난반사로 인해 빛이 흩어져 색이 뽀얗고 부드러우며 따뜻한 느낌을 준다.

26 ③

기획서는 나 혼자 보는 일기장이 아니라, 클라이언트(의뢰인)나 의사결정자를 설득하기 위한 문서이다. 상대방이 이해하지 못하는 난해한 전문 용어를 남발하는 것은 소통을 방해하고 오히려 거부감을 줄 수 있다. 전문 용어는 꼭 필요한 경우에만 사용하고, 누구나 이해하기 쉽고 명확한 표현을 쓰는 것이 올바른 작성법이다.

오답 피하기

- ① : 문장이 길어지면 요점이 흐려지므로 단문 위주로 명료하게 쓰는 것이 좋다.
- ② : 사실(데이터)에 근거하여 의견을 제시해야 논리적인 설득력을 얻을 수 있다. 둘을 섞어 쓰면 신뢰도가 떨어진다.
- ④ : 텍스트로만 된 문서는 지루하고 읽기 힘들다. 도표, 이미지, 그래프를 활용해 한눈에 들어오게(구조화) 해야 한다.

27 ②

강한 색채 대비(특히 고채도 보색)로 인해 시각적 피로(하레이션)가 발생할 때, 두 색 사이에 무채색(흰색, 검정색, 회색)이나 금속색 라인을 넣어 분리시키는 기법을 세퍼레이션(Separation) 배색이라고 한다. 이를 통해 충돌을 막고 조화를 이룰 수 있다.

오답 피하기

- ① 그러데이션 : 색을 단계적으로 변화시키는 기법으로, 경계의 충돌을 근본적으로 막기보다는 리듬감을 주는 데 쓰인다.
- ③ 톤 온 톤 : 동일 색상 내의 톤 변화이므로, 보색 관계의 충돌을 해결하는 상황과는 맞지 않다.
- ④ 레피티션 : 색을 반복하는 기법으로, 충돌을 해결하는 기능은 없다.

더 알아보기

"분리하다, 갈라놓다, 충돌을 막다, 스테인드글라스" 키워드가 나오면 세퍼레이션이다.

28 ③

부조화는 두 가지 이상의 배색에서 속성 차이가 애매하여 색의 관계가 불분명해질 때 발생하기 쉽다. 이는 색채 조화의 공통 원리 중 '명료성의 원리(비모호성의 원리)'가 깨졌을 때 나타나는 현상과 직결된다.

오답 피하기

- ① : 고채도 색끼리 배색하면 채도가 높아 '반발성(튀는 느낌)'이 강해져 부조화되기 쉽다. 이때 중성색(무채색)을 사용하면 이 반발성을 막고 두 색이 조화되기 쉽게 한다.
- ② : 색채 조화의 목적은 개인적이고 주관적인 색채 조화의 평가를 일반적이고 객관적인 원리로 체계화하는 것이다.
- ④ : 명시성과 주목성을 높이려면 주조색과 강조색 사이의 명도, 채도 등 3속성 차이를 크게 두어 대비 효과를 극대화해야 한다. 차이를 작게 하면 경계가 모호해져 주목성이 떨어진다.

더 알아보기

조화와 부조화의 경계

- 조화 : 질서(규칙)가 있거나, 유사(친근)하거나, 대비(명료)가 확실할 때 이룬다.
- 부조화 : 두 가지 성격이 애매하게 섞여서 모호하거나(명료성 상실), 대비가 너무 강해 분리될 때(반발성) 발생한다.

29 ③

색채 조화를 수학적 공식(M=O/C)으로 계산하고 정량화하여 '미도'라는 개념을 제시한 학자는 문–스펜서(Moon–Spencer)이다. 오그던 루드는 물리학자로서 스펙트럼과 자연 현상을 연구하여 "자연스러운 것이 조화롭다."라는 정성적인 이론을 펼쳤다.

오답 피하기

- ① : 루드의 저서 『현대 색채학』은 인상주의 화가들의 교과서와 같았다.
- ② : "자연은 결코 부조화스러운 배색을 보여주지 않는다."가 그의 핵심 주장이다.
- ④ : 그는 빛에 의한 자연스러운 명암(Tone) 변화가 조화롭다고 보았다.

더 알아보기

학자를 구분하는 팁

- 자연주의자 루드 : "자연을 봐! 자연이 정답이다."
- 수학자 문–스펜서 : "계산해 봐! 숫자가 정답이다."

30 ③

난색(따뜻한 색)은 심리적 흥분 상태를 유발하여, 실제 시간보다 시간이 더 오래 지난 것처럼(길게) 느껴지게 한다(예 10분이 지났는데 20분 기다린 것 같음). 반대로 한색(차가운 색)은 침착하게 만들어 시간이 짧게(빨리) 지나간 것처럼 느끼게 한다(예 1시간 집중했는데 30분밖에 안 지난 것 같음).

오답 피하기

①, ② : 서로 반대로 설명하고 있다(난색=흥분=지루함=시간이 길게 느껴짐/한색= 진정=몰입=시간이 짧게 느껴짐).

31 ③

퍼스널 컬러나 계절 배색에서 겨울(Winter)은 눈(White), 밤(Black), 얼음(Ice Blue), 크리스마스(vivid Red/Green)의 이미지를 갖는다. 따라서 무채색(검은색, 흰색)을 베이스로 차가운 한색이나 아주 선명한 비비드 톤을 사용하여 모던하고 강렬한 대비(Contrast)를 주는 것이 특징이다.

오답 피하기

- ① : 파스텔 톤은 봄(Spring)의 이미지이다.
- ② : 갈색/딥톤은 가을(Autumn)의 이미지이다.
- ④ : 탁색/고전적인 배색은 여름의 뮤트 톤이나 가을의 이미지이다.

32 ②

오간색은 방위 사이의 색이다. 남쪽(적색)과 서쪽(백색) 사이의 간색은 적색+백색이 혼합된 홍색(紅, 핑크빛)이다. 이를 남방 간색이라고 한다.

오답 피하기

- ① 동방 간색(청+황) : 초록(綠)이다(벽색은 서방 간색).
- ③ 서방 간색(백+청) : 벽색(碧, 하늘색)이다(유황색은 중앙 간색).
- ④ 북방 간색(흑+적) : 자색(紫, 보라색)이다(초록은 동방 간색).

더 알아보기

전통 오간색에서는 서쪽(백)과 동쪽(청)이 만나 벽색(하늘색)이 된다.

33 ②

가장 먼저 생존과 직결된 낮과 밤을 구별하는 명암(하양/검정)의 개념이 등장하고, 그 후에 유채색인 빨강이 등장한다.

- ① 빨강 : 명암 다음인 2단계이다(피, 불).
- ③ 파랑/초록 : 3~4단계로, 명도가 어느 정도 발달한 뒤 등장한다.
- ④ 노랑 : 3단계 부근에 등장한다.

34 ③

1981년 에토레 소트사스가 결성한 멤피스 그룹은 모더니즘의 엄격한 기능주의(Good Design)를 지루하다고 비판했다. 그들은 당시 싸구려 취급받던 플라스틱 라미네이트 등의 소재를 쓰고, 원색적이고 화려한 패턴, 기하학적 형태의 엉뚱한 결합 등 유희적이고 키치(Kitsch)한 디자인을 선보여 포스트모더니즘 디자인을 이끌었다.

- ① : 모더니즘은 멤피스가 거부한 스타일이다.
- ② : 멤피스는 인공적이고 상업적인 미학을 추구했다.

35 ④

건축가들은 벽을 없애고 그 자리에 거대한 스테인드글라스 창을 설치했다. 외부의 빛이 색유리를 통과하며 만들어내는 영롱하고 신비로운 투과광을 통해, 성당 내부를 천국과 같은 성스러운 공간으로 연출하여 신앙심을 고취하기 위함이었다.

- ① : 프레스코화는 벽이 두꺼운 로마네스크 양식이나 르네상스에서 발달했다.
- ② : 유리는 건물을 지탱하지 못한다. 하중은 플라잉 버트레스(공중 부벽)가 받았다.

36 ④

'수식어(형용사)+기본색명'의 구조를 가진 것은 계통색명(일반색명)이다. 관용색명은 '장미색', '비둘기색', '쥐색'처럼 고유한 이름을 가진 것으로, 체계적이지는 않지만 감성 전달에 유리하다.

①, ②, ③ : 관용색명의 정의, 장점(연상 용이), 단점(부정확함)을 정확히 설명하고 있다.

37 ③

KS 및 ISCC-NIST 체계에서 '연한(pale)' 톤의 약호는 pl이 맞으며, 파스텔 톤을 의미한다.

- ① 선명한 : vv(vivid)이다(st는 '강한' strong).
- ② 탁한 : dl(dull)이다(dp는 '진한/짙은' deep).
- ④ 어두운 : dk(dark)이다(bk는 검은색을 띤 blackish로 톤이라기보다 색상 수식에 가깝다).

vv(선명), lt(밝은), dk(어두운), pl(연한), dl(탁한), dp(진한), 이 6가지는 외워야 한다.

38 ①

주조색(Dominant Color)은 전체 면적의 70%를 차지하는 배경색이다. 따라서 눈이 편안해야 하므로 저채도, 저명도, 난색 계열의 차분한 색을 쓰는 것이 원칙이다. ①처럼 시선을 끌기 위해 사용하는 채도가 높고 선명한 색은 주조색이 아니라 강조색(Accent Color)에 대한 설명이다.

- ② : 주조색이 전체 이미지를 좌우하므로 가장 먼저 정하고, 그에 맞춰 보조색과 강조색을 정한다.
- ③ : 넓은 면적이 너무 튀면 눈이 아프다. 배경은 튀지 않게(저채도/무채색) 깔아주는 것이 정석이다.
- ④ : 주조색(70%) 〉 보조색(25%) 〉 강조색(5%)의 비율이다.

배색의 3요소와 비율(70:25:5 법칙)

- 주조색(Base) : 70%(배경, 전체 분위기 통합)
- 보조색(Assort) : 25%(주조색 보완, 변화)
- 강조색(Accent) : 5%(시선 집중, 포인트)

39 ②

오스트발트 기호 17lc를 해독하는 순서이다.

- 17 : 색상 번호(청록색 계열)
- l(첫 번째 알파벳) : 백색량(W)을 나타낸다. 기호 l의 백색량은 8.9%이다.
- c(두 번째 알파벳) : 흑색량(B)을 유추하는 단서이다. 공식은 [100−(c의 백색량)]이다. c의 백색량은 56%이므로, 흑색량은 100−56=44%가 된다. 따라서 백색량 8.9%, 흑색량 44%인 ②가 정답이다.

- ① 백색량 89% : 기호 a에 해당한다.
- ③ 순색량(C) : 100−(백색량+흑색량)=100−(8.9+44)=47.1%이다.
- ④ 백색량 35% : 기호 e에 해당한다.

오스트발트 백색량 함유율 암기표

반드시 외워야 계산할 수 있다(a, c, e, g, i, l, n, p).

- a=89%(가장 밝음)
- c=56%
- e=35%
- g=22%
- i=14%
- l=8.9%
- n=5.6%
- p=3.5%(가장 어두움)

계산 팁 : 첫 글자는 그대로 백색량, 뒷글자는 (100−그 글자의 값)=흑색량

40 ②

NCS 표기는 (흑색도 s, 채색도 C) − (색상 H) 순서로, sC−H 형태이다. 따라서 20 : 흑색량(S)이 20%, 30 : 순색량(C)이 30%, Y90R : 기본색 Y(노랑)에서 R(빨강) 쪽으로 90%만큼 이동했다는 뜻이다. 즉, 빨강 기운이 90%이고 노랑 기운은 10%만 남은 '붉은 오렌지색'이다.

- ① 비율 오류 : Y90R은 R이 90%이다(Y10R이어야 노랑 90%가 된다).
- ③, ④ 성분 오류 : 맨 앞자리 숫자는 무조건 흑색량(S)이다. 백색량(W)은 표기에 나타나지 않고 계산(100−S−C)으로 구해야 한다.

Y90R에서 주인공은 숫자 90 뒤에 붙은 R이다. 빨강이 90%라는 뜻이다.

41 ③

CIE L*a*b* 색공간에서 b축은 노랑(Yellow)과 파랑(Blue)의 대립 관계를 나타낸다. 양수(+b*)는 노랑, 음수(−b*)는 파랑이다.

오답 피하기

- ① L*값 : L(Lightness)은 채도가 아니라 명도를 나타낸다.
- ② a*값 : +a*가 빨강, −a*가 초록이다. 두 색이 반대로 기술되었다.
- ④ 중심축 거리 : 중심에서 멀어질수록 채도(선명도)가 높아진다. 명도와는 무관하다.

더 알아보기

- a=Apple(사과) : 빨강(+) vs 안 익은 초록(−)
- b=Banana(바나나) : 노랑(+) vs 반대색 파랑(−)

42 ③

색역(Gamut)이란 CIE 색도도 상에서 특정 장치(모니터, 프린터 등)가 표현할 수 있는 색의 범위를 뜻하며, 보통 색도도 내의 삼각형 면적으로 표시된다.

오답 피하기

- ① : 감성적 느낌은 색의 연상이나 상징에 대한 내용이다.
- ② : 달라 보이는 현상은 메타메리즘(조건등색)에 대한 설명이다.
- ④ : 지각적 차이는 색차(Color Difference)에 대한 설명이다.

더 알아보기

색도도 위에 그려진 삼각형이 클수록 "재현할 수 있는 색이 많다(고성능이다)."라고 해석하면 된다. 그 삼각형 내부의 땅덩어리가 바로 '개머트(Gamut)'이다.

43 ①

오프셋(Offset) 인쇄는 판에 요철이 없는 평판 인쇄이다. 물(비화선부)과 기름(화선부/잉크)이 섞이지 않는 성질을 이용하여, 잉크를 고무 블랭킷에 옮겼다가(Off) 종이에 찍는(Set) 방식이다.

오답 피하기

- ② 그라비어 인쇄 : 판을 파내어 잉크를 채우는 오목 인쇄이다.
- ③ 스크린 인쇄 : 구멍 뚫린 판으로 잉크를 밀어내는 공판 인쇄이다.
- ④ 활판 인쇄 : 도장처럼 튀어나온 면에 잉크를 묻히는 볼록 인쇄이다.

44 ③

프탈로시아닌(Phthalocyanine)은 구리 등을 포함한 유기 화합물로, 화학적으로 매우 안정적이며 선명한 청색(Cyan)과 초록을 띠는 가장 대표적인 유기 안료이다.

오답 피하기

- ① 산화티탄 : 대표적인 백색(White) 무기 안료이다.
- ② 벵갈라 : 산화철(녹슨 철) 성분의 적색(Red) 무기 안료이다.
- ④ 카본 블랙 : 그을음을 이용한 흑색(Black) 안료이다.

더 알아보기

문제에서 '청색 유기 안료'가 나오면 대부분 프탈로시아닌이 정답이다.

45 ③

모니터(LCD/OLED), 전구, 태양처럼 스스로 빛을 방출하는 광원의 에너지(분광 방사 휘도)를 측정하는 장비는 스펙트로 라디오미터(분광방사휘도계)이다.

오답 피하기

- ① 덴시토미터 : 인쇄 잉크의 농도를 측정한다.
- ② 스펙트로 포토미터 : 빛을 반사하는 물체색 측정에 주로 쓰인다.
- ④ 글로스미터 : 표면의 광택도를 측정한다.

46 ④

L*a*b* 색공간에서 b축은 노랑과 파랑의 대립축이다. +b*는 노랑(Yellow), −b*는 파랑(Blue)을 나타낸다.

오답 피하기

- ① 빨강 : +a* 방향
- ② 초록 : −a* 방향
- ③ 노랑 : +b* 방향

47 ③

페인트(도료)는 안료(Pigment)를 사용한다. 안료를 섞으면 빛을 흡수하여 점점 어두워지고 탁해지므로, 이는 전형적인 감법 혼합(Subtractive Mixing)의 원리를 따른다.

오답 피하기

- ① : 투명 플라스틱은 빛을 투과시키며 특정 색만 걸러내므로 필터와 같은 감법 혼합이다.
- ② : 오프셋 인쇄는 미세한 잉크 점(망점)들이 나열되어 색을 표현하므로 병치 혼합 원리가 적용된다.
- ④ : 직물 염색은 염료가 섬유 내부에 침투하여 빛을 흡수/반사하므로 감법 혼합이다.

더 알아보기

- 빛, 조명, 모니터＝가법 혼합
- 페인트, 잉크, 염색, 필터＝감법 혼합
- 점묘화, 직물 짜기, 망점＝병치 혼합

48 ③

일반적인 색료의 3대 구성 요소는 색을 내는 안료, 이를 표면에 고착시키는 전색제, 그리고 점도와 광택을 조절하는 조제(용제)이다. 발색제(Coupler)는 주로 사진 현상이나 식품 첨가물, 염색 반응 등에서 쓰이는 용어로, 일반 도료의 3대 요소에는 포함되지 않는다.

오답 피하기

- ② 전색제 : 아라비아 고무(수채), 아크릴 에멀전(아크릴), 오일(유화) 등 물감의 성격을 결정짓는 바인더(Binder)이다.
- ④ 조제 : 계면활성제, 건조제, 증량제(체질안료) 등이 여기에 속한다.

49 ②

하나의 물체가 광원이 바뀔 때 색이 얼마나 변하는지를 나타내는 지수를 색변이 지수(CII, Color Inconsistency Index)라고 한다. 수치가 낮을수록 광원 변화에 둔감하고 색이 일정하게 유지되므로 품질이 우수한 안료이다.

오답 피하기

- ① 연색 평가수(CRI) : 광원 자체가 색을 얼마나 자연스럽게 보여주는지(연색성) 나타내는 광원의 능력이다.
- ③ 조건등색 지수(MI) : 두 개의 물체가 기준 광원에서는 같은 색이었다가 다른 광원에서는 다른 색으로 보이는 현상을 수치화한 것이다(CII는 물체 혼자 변하는 것, MI는 둘의 관계가 틀어지는 것).
- ④ 백색도 지수(WI) : 물체가 얼마나 하얀지를 나타내는 지수이다.

50 ③

색차값 ΔE*가 1.0 미만이면 JND(Just Noticeable Difference, 최소 식별 한계) 이내이다. 훈련받지 않은 일반인의 눈으로는 두 색의 차이를 거의 구별할 수 없으므로, 대부분의 산업 현장에서 '합격' 또는 '동일 색'으로 판정한다(자동차 등 초정밀 분야는 0.5 미만을 요구하기도 함).

오답 피하기

- ①, ② : 0.8은 매우 미세한 차이(Trace/Slight)이다. 불합격이나 재작업 수준이 아니다.
- ④ : 보색 관계라면 색차 값이 최소 50~100 단위로 아주 크게 나온다.

51 ② ─────────────

조명에 포함된 파장 성분이 물체의 색감에 영향을 미쳐, 특정 색을 강조하거나 자연스럽게 보이게 하는 성질을 연색성(Color Rendering)이라고 한다. 정육점의 붉은 조명은 붉은 파장을 강조하는 특수 연색 효과를 이용한 대표적인 상업적 사례이다.

오답 피하기

- ① 색온도 : 광원 자체의 색깔(붉은지 푸른지)을 말한다.
- ③ 조건등색 : 두 물체의 색이 조명에 따라 같거나 달라 보이는 현상이다.
- ④ 순응 : 눈이 환경에 적응하는 생리적 현상이다.

52 ③ ─────────────

크세논(Xenon) 램프는 고압 가스 방전등의 일종으로, 인공 광원 중에서 자연 태양광과 가시광선 분광 분포가 가장 유사하다. 따라서 형광색을 포함한 정밀한 조색, 내후성 실험, 솔라 시뮬레이터 등에 표준으로 사용된다.

오답 피하기

- ①, ② : 수은등과 나트륨등은 특정 파장(선 스펙트럼)만 강하게 나오므로 연색성이 나빠 조색용으로는 부적합하다.
- ④ : 적외선은 열을 내는 가열/건조 용도이다.

53 ④ ─────────────

분광측색 데이터(L*a*b*값, 반사율 곡선)는 추후 동일한 색상 주문이 들어왔을 때 색을 정확히 재현하기 위한 핵심 자산이다. 용량이 크더라도 반드시 CCM 시스템이나 외부 저장 장치에 영구적으로 백업/저장하여 데이터베이스(DB)를 구축해야 한다. 삭제하는 것은 품질관리 포기 행위이다.

오답 피하기

①, ②, ③ : 모두 체계적인 조색 관리를 위해 현장에서 반드시 지켜야 할 표준 관리 수칙이다. 특히 시편(Sample)은 변퇴색 방지를 위해 암실(서랍, 파일) 보관이 원칙이다.

54 ③ ─────────────

펄 안료의 핵심은 운모(Mica)라는 투명한 광물 층에 산화티탄 같은 금속 산화물을 코팅한 샌드위치 구조이다. 이 층에서 빛의 굴절과 반사가 일어나 간섭색을 만든다.

오답 피하기

- ① : 펄 안료는 반투명하여 은폐력이 작다.
- ② : 메탈릭 안료는 알루미늄 입자에 의한 빛의 반사(Reflection)를 이용한다.
- ④ : 메탈릭 안료는 불투명하여 은폐력이 크므로 바탕색을 가려버린다.

55 ④ ─────────────

기기 검사(측색) 또는 CCM은 정확한 L*a*b* 수치 데이터를 제공하여 언제 어디서든 객관적인 기록과 전달을 할 수 있다. 하지만 기계는 아주 좁은 면적의 물리적 반사율만 측정하므로, 전체적인 컬러의 뉘앙스, 미세한 얼룩, 광택감 등 인간이 느끼는 최종 감성 품질(Color Appearance)은 반드시 숙련된 전문가의 육안 검사로 크로스 체크(Cross Check)해야 한다. 두 방법은 상호 보완적이다.

오답 피하기

- ① 메타메리즘 예측 : 분광측색기를 이용한 기기 검사는 분광 분포 데이터를 분석하여 광원별 색차를 계산할 수 있으므로, 메타메리즘을 사전에 정확히 예측할 수 있다.
- ② 육안 검사의 단점 : 사람은 기계가 아니다. 컨디션, 나이, 피로도, 주변 환경에 따라 판정 결과가 달라질 수 있어 재현성이 부족하다.
- ③ 특수 안료 평가 : 펄이나 메탈릭의 복잡한 반짝임과 입체감은 현재 기술로는 기기보다 사람의 눈(육안)이 훨씬 더 정확하게 감지하고 평가한다(물론 다각도 측색기가 있지만, 감성 평가는 눈이 우위임).

더 알아보기

기계가 합격(Pass)이라고 찍어도 소비자(사람) 눈에 이상하면 그건 불량품이다. 결국 최종 결정권자는 항상 '사람(Human Eye)'에게 있다.

56 ① ─────────────

데이터를 분석하여 반대되는 보색이나 명도 조절제를 넣어야 한다.

- △L* = +1.5(밝다) : 기준보다 밝으므로 명도를 낮추기 위해 검정(Black)을 추가해야 한다.
- △a* = −2.0(초록 기미) : 기준보다 초록색(−a)을 띠므로, 보색인 적색(Red)을 추가하여 상쇄시켜야 한다.
- △b* = +3.0(노란 기미) : 기준보다 노란색(+b)을 띠므로, 보색인 청색(Blue)을 추가하여 상쇄시켜야 한다.

따라서 검정, 적색, 청색 안료의 추가가 필요하다.

오답 피하기

- ② : 밝은데 하양을 넣고, 초록 기미가 도는데 초록을 더 넣으면 오차가 더 커진다.
- ③ : 노란 기미가 도는데 황색을 더 넣으면 색차가 심해진다.
- ④ : 밝은 상태에서 하양을 추가하면 안 된다.

더 알아보기

"밝으면 어둡게(Black), 초록이면 빨강(Red), 노랑이면 파랑(Blue)". 조색 보정은 항상 '과잉된 색의 보색'을 넣는 것이 원칙이다.

57 ③ ─────────────

시료를 기울이거나 관찰자가 위치를 바꿀 때(각도 변화) 색이 달라 보이는 현상을 기하학적 메타메리즘(Geometric Metamerism) 또는 이방성(Gonio−apparent)이라고 한다. 펄이나 메탈릭 안료의 플립−플롭 현상이 대표적이다.

오답 피하기

- ① 조명 메타메리즘 : 광원(D65 vs A)이 바뀔 때 색이 달라 보이는 가장 일반적인 현상이다.
- ② 관찰자 메타메리즘 : 사람마다 색을 보는 눈(등색함수)이 달라서 생기는 차이이다.
- ④ 필드 사이즈 메타메리즘 : 시야각(2° vs 10°) 크기에 따라 색이 다르게 보이는 현상이다.

더 알아보기

'Geometric=기하학=각도'로 기억하자. 고개를 까딱까딱(각도 변화)했을 때 색이 변하면 기하학적 메타메리즘이다.

58 ② ─────────────

Dry Spray는 도료가 피도물에 닿기 전에 공중에서 일부 건조되거나, 너무 되직해서 표면이 거칠게(모래알처럼) 쌓이는 현상이다. 점도가 높거나 스프레이 거리가 멀 때 발생한다. 표면이 거칠어지면 빛의 난반사가 심해져서, 정상 도장보다 색이 밝게(희뿌옇게, L* 상승) 보이고 채도는 떨어진다.

오답 피하기

- ① : 촉촉하게 젖도록 뿌리면 표면이 매끄러워져 색이 어둡고 진해진다.
- ③ : 도료 토출량이 많으면 Wet 상태가 되어 색이 어두워진다.
- ④ : 건조가 느리면 메탈릭 입자가 제자리를 못 잡고 흐트러져(배향 불량) 색이 어둡고 탁해진다.

더 알아보기

- Dry(마름)=거칠다=난반사=밝다.
- Wet(젖음)=매끈하다=정반사=어둡다.

도장 기술자들은 색이 안 맞으면 신나(점도)나 에어 압력부터 조절한다.

59 ③

'Formulation(배합)'은 맨 처음 색을 만들 때, 어떤 안료를 쓸지 정하고 초기 처방(Initial Recipe)을 계산하는 단계이다(무에서 유를 창조). 'Correction(보정)'은 초기 처방대로 만들었는데 색이 안 맞을 때, 안료를 더 넣거나 비율을 조절하여 수정 처방(Correction Recipe)을 계산하는 단계이다(오차 수정).

오답 피하기

- ①, ② : 설명이 반대로 되어 있다. Formulation이 초기, Correction이 수정이다.
- ④ : 합부 판정은 QC(품질관리) 모듈의 역할이다.

더 알아보기

- Formulation = 초벌구이(처음 만들기)
- Correction = 간 맞추기(수정하기)

60 ②

플립 – 플롭 값은 메탈릭 도료의 이방성(각도에 따른 변화)을 나타내는 지표이다. 알루미늄 입자가 도막 표면과 나란히 잘 누워있으면(배향이 좋으면), 정면 반사는 강해지고 측면 반사는 약해져 명도 차이가 커진다. 이 명도 차이(Contrast)가 클수록 금속 질감이 우수하다고 평가한다.

오답 피하기

- ① : 두께 확인을 위해서는 도막 두께 측정기를 사용한다.
- ③ : 건조/흐름 현상 방지는 작업성 문제이다.
- ④ : 조건등색은 광원에 따른 변화(Metamerism)이며, 플립 – 플롭은 각도에 따른 변화이다.

더 알아보기

자동차 은색을 볼 때, 정면은 눈부시고 옆면은 어두울수록 금속의 느낌이 난다. 그 명암 대비를 수치로 관리하는 것이 플립 – 플롭 값이다.

61 ②

채도(Saturation) 렌더링 인텐트는 말 그대로 '채도(선명도)'를 보존하는 것이 주목적이다. 비즈니스 그래픽(도표, 그래프, 로고)처럼 색상이 정확한 것보다 눈에 확 띄고 선명하게 보이는 것이 중요한 작업에 사용된다.

오답 피하기

- ① : 사진 이미지에 적합한 것은 지각적(Perceptual) 렌더링이다.
- ③ : 인쇄 표준으로 쓰이는 것은 상대 색도계(Relative Colorimetric)이다.
- ④ : 화이트 포인트를 용지에 맞추는 것 역시 상대 색도계의 특징이다.

62 ④

감마 1.0은 입력 신호와 출력 밝기가 정비례(선형, Linear)한다는 것을 의미한다(입력이 50%면 밝기도 50%). 하지만 인간의 눈은 빛에 비선형적으로 반응하고, CRT 모니터의 특성도 비선형적이었기 때문에 감마 보정(주로 2.2)을 한다.

오답 피하기

①, ②, ③ : 모두 정확한 설명이다. 특히 감마 수치와 밝기의 반대 관계(수치가 낮으면 밝아짐, 높으면 어두워짐)는 시험에 자주 나온다.

63 ③

인쇄물은 종이가 약간 노란빛을 띠는 경우가 많고, 눈의 피로를 덜기 위해 D50(5,000K) 광원을 표준으로 사용한다. 인쇄 감리 시 보는 라이트 박스(Light Box)의 색온도가 바로 D50이다.

오답 피하기

- ① 표준광원 A : 백열전구(약 2,856K)이다.
- ② 표준광원 C : 과거의 주광 표준(약 6,774K)이나 현재는 잘 안 쓴다.
- ④ 표준광원 D65 : 모니터, 웹, 산업 디자인 전반의 표준(약 6,500K)이다.

64 ④

소프트 프루핑은 모니터 화면으로 인쇄 결과를 미리 보는 것이다. 이를 위해서는 모니터가 표현할 수 있는 색의 범위(색역)가 인쇄물의 색역보다 넓거나 같아야 인쇄될 색을 모두 화면에 보여줄 수 있다. 모니터 색역이 좁으면 인쇄 가능한 색조차 화면에 제대로 표시하지 못한다.

오답 피하기

- ① : 모니터 색이 틀리면 교정할 수 없으므로 필수이다.
- ② : 주변 조명이 모니터 색에 간섭하지 않아야 한다.
- ③ : 인쇄기의 잉크 특성을 알아야 화면에 흉내 낼 수 있으므로 프로파일이 필수이다.

65 ③

프린터는 종이에 잉크 방울(점)을 찍어서 이미지를 표현하므로 DPI(Dot Per Inch, 1인치당 점의 개수)를 단위로 사용한다. 수치가 높을수록 인쇄 품질이 정교하다.

오답 피하기

- ① 모니터 : 빛의 화소(Pixel)로 화면을 구성하므로 PPI를 쓴다.
- ② 레이저 프린터 : 인쇄 장비이므로 DPI를 쓴다.
- ④ 스캐너 : 일반적으로 입력 해상도로 PPI 또는 DPI를 혼용하지만, LPI(Line Per Inch)는 주로 '망점 인쇄(스크린)'의 선수를 나타낼 때 쓰는 단위이다.

더 알아보기

단순하게 외우기

- 화면(Screen) = Pixel = PPI
- 종이(Paper) = Dot = DPI

66 ②

빛의 혼합에서 노랑(Yellow)은 빨강(Red) 조명과 초록(Green) 조명을 동시에 켰을 때 만들어진다. Red 최댓값=FF, Green 최댓값=FF, Blue 꺼짐=00 이것을 순서대로 나열하면 #FFFF00이 된다.

오답 피하기

- ① #FF00FF : Red + Blue = 마젠타(Magenta, 자주)
- ③ #00FFFF : Green + Blue = 시안(Cyan, 청록)
- ④ #0000FF : Blue only = 파랑(Blue)

67 ②

컴퓨터 그래픽스에서 투명도 맵(Alpha Map)이나 오파시티 맵은 흑백 이미지(Grayscale)로 처리된다.

- 검은색(Black, 값 0) : 빛을 차단하는 정보가 '0'이라는 뜻이 아니라, 존재감이 '0'이라는 뜻이다. 즉, 완전 투명하여 보이지 않는 상태이다.
- 하양(White, 값 1) : 존재감이 꽉 찬 상태, 즉 완전 불투명하여 보이는 상태이다. 따라서 텍스처의 검은색 부분은 구멍이 뚫린 것처럼 투명하게 렌더링된다.

- ① 완전 불투명 : 흰색 영역이다.
- ③ 반투명 : 회색(Gray) 영역이다. 회색의 농도에 따라 투명도가 달라진다.

- 블랙홀(Black hole)은 안 보인다(투명).
- 흰 종이(White paper)는 보인다(불투명).

68 ②

직교 투영(Orthographic Projection)은 시점(눈)에서 나가는 투영선들이 서로 평행하게 나간다. 소실점이 존재하지 않기 때문에, 물체가 카메라에서 아무리 멀어져도 작아지지 않고 원래의 크기 그대로 화면에 표시된다.

- ① 원근 투영 : 사람의 눈이나 카메라 렌즈처럼, 가까운 것은 크게 보이고 멀리 있는 것은 작게 보인다.
- ③, ④ 파노라마/구형 투영 : 360° VR 이미지나 광각 사진을 표현하기 위한 특수한 매핑 방식으로, 일반적인 3D 모델링의 기본 투영법과는 거리가 멀다.

기찻길로 기억하는 투영법
- 원근 투영(Perspective) : 기찻길이 멀리서 한 점으로 모인다(소실점 O/회화, 게임, 영화).
- 직교 투영(Orthographic) : 기찻길이 끝까지 11자로 평행하게 간다(소실점 X/도면, 설계, 치수).

69 ③

디렉셔널 라이트(직사광)는 위치와 상관없이 일정한 각도로 평행하게 빛을 비추며, 거리에 따른 빛의 감쇠가 없다. 따라서 태양광 표현에 최적화되어 있다.

- ① 앰비언트 : 그림자가 없는 전체 환경광이다.
- ② 옴니 : 백열전구처럼 사방으로 퍼지는 점광원이다.
- ④ 스폿 : 손전등처럼 특정 방향만 비추는 원뿔형 광원이다.

70 ②

라디오시티는 빛의 에너지 보존 법칙을 기반으로 한다. 광원에서 나온 빛이 벽이나 바닥에 부딪혀 사방으로 퍼지는 난반사(Diffuse Reflection)와, 그 빛이 다시 다른 물체를 비추는 간접광(Indirect Illumination) 효과를 계산한다.

- ① : 레이 트레이싱의 원리이다.
- ③ : 은면 제거 알고리즘이다.
- ④ : 스캔 라인 렌더링 방식이다.

- 레이 트레이싱 : 쨍하고 반짝(거울, 유리, 금속/정반사 중심)
- 라디오시티 : 은은하고 부드러움(인테리어, 간접 조명/난반사 중심)

71 ②

sRGB는 마이크로소프트와 HP가 협력하여 만든 색공간으로, 인터넷, 윈도우 운영체제, 일반 모니터의 국제 표준이다. 웹 브라우저에서 색상 왜곡 없이 의도한 대로 보이게 하려면 호환성이 가장 좋은 sRGB를 사용해야 한다.

- ① Adobe RGB : 인쇄/출판 전문가용으로 색역이 넓지만, 웹에 올리면 브라우저가 색을 제대로 해석하지 못해 채도가 빠지거나 색이 바래 보일 수 있다.
- ④ CMYK : 인쇄용 감법 혼색 모델이다. 웹(RGB 환경)에 올리면 색상이 깨진다.

웹, 모바일, 일반 모니터 등 대중적인 환경의 표준은 무조건 sRGB이다. 시험에서 '호환성'을 물으면 답은 sRGB이다.

72 ①

별색은 잉크 회사(예 Pantone)에서 미리 조색되어 캔에 담겨 나오는 특수 잉크(Pre-mixed ink)를 말한다. CMYK를 섞어서 색을 만드는 방식은 '색 인쇄' 또는 '프로세스 컬러(Process Color)'라고 한다.

- ② : 별색은 4원색 혼합으로 불가능한 형광, 금속성을 표현하는 유일한 방법이다.
- ③ : 혼합 오차가 없으므로 색상 일관성 유지에 유리하다.
- ④ : 기본 4도 인쇄 외에 별색 판을 추가하므로 '5도 인쇄'가 되어 비용이 올라간다.

별색은 '별도의 잉크'로, CMYK를 섞지 않고, 원하는 색으로 만들어진 잉크를 추가 비용을 내고 사용하는 방식이다.

73 ③

제시된 설명은 피에조(Piezo) 방식의 원리로 열(Thermal) 대신 물리적인 압력(압전 소자의 진동)을 사용한다. 따라서 잉크에 고열을 가하지 않기 때문에 잉크 성분의 변질이 없어 수성 외에도 솔벤트, UV 경화 잉크 등 다양한 잉크를 사용할 수 있다.

①, ②, ④ : 모두 서멀 버블(Thermal Bubble) 방식의 특징이다. 서멀 방식은 고열을 이용하므로 잉크가 변질 우려가 있고, 구조가 단순하여 저렴하다.

- 피에조 : 압력(진동) 사용 → 잉크를 다양하게 쓸 수 있다(엡손).
- 서멀 : 열(기포) 사용 → 저렴하고 빠르지만 잉크가 제한된다(캐논/HP).
Piezo는 Pressure(압력)으로, Thermal은 Temperature(온도)로 연상하여 기억하면 된다.

74 ②

평활도(Smoothness)는 종이 표면의 매끄러운 정도를 나타낸다. 평활도가 낮으면 종이 표면이 거칠고 불규칙하여, 잉크가 고르게 찍히지 못하고 거친 면에만 부분적으로 침투하게 된다. 이는 곧 이미지와 텍스트의 선명도를 저하시켜 인쇄 품질을 떨어뜨린다.

오답 피하기

- ① : 평량(무게)과 평활도는 직접적인 관계가 없다.
- ③ : 백색도는 펄프 표백 처리 정도와 관련 있으며, 평활도와는 다른 속성이다.
- ④ : 뒷묻음은 잉크 총량(TIL)이 과다할 때 발생하며, 평활도의 문제라기보다는 잉크량 조절 실패 문제이다.

더 알아보기

평활도 '피부'라고 연상하면 된다. 피부가 매끄러울수록 화장(잉크)이 잘 먹고, 거칠면 잘 안 먹어 얼룩덜룩해진다.

75 ②

유니버설 디자인에서 필요한 정보는 사용자의 감각 능력과 상관없이 명확하게 전달되어야 한다. 따라서 안내 표지판이나 노선도는 배경색과 확실히 구별되도록 명도 차이가 큰 배색(고대비)을 사용해야 한다. ②처럼 배경과 유사한 톤 온 톤 배색을 사용하면 시력이 약한 고령자나 저시력자가 정보를 인식하기 어려우므로 유니버설 디자인 원칙에 어긋난다.

오답 피하기

- ① : 누구나 동등하게 이용할 수 있어야 한다(자동문은 좋은 예시).
- ③ : 사용자가 실수하더라도 사고로 이어지지 않게 안전 장치를 둬야 한다.
- ④ : 최소한의 힘으로 작동할 수 있어야 한다(원형보다 레버형이 힘이 덜 듦).

더 알아보기

유니버설 디자인의 핵심 키워드
공평성(누구나), 융통성(왼손/오른손잡이 모두), 단순성(직관적 사용), 인지성(정보 전달 확실하게), 안정성(실수해도 안전하게), 효율성(힘 들이지 않고), 접근성(공간 확보)

76 ③

제시된 내용은 정성적 평가가 아니라 '정량적 평가'의 특징이다. 정성적 평가는 사람의 기분이나 환경에 따라 결과가 달라질 수 있어 재현성이 낮다는 단점이 있다. 따라서 최종 품질 검사(QC)와 같이 엄격한 기준이 필요한 단계에서는 주로 정량적 평가(측색)가 필수적이다.

오답 피하기

- ① : 기획/초기 단계는 '느낌'이 중요하므로 SD법(정성)이 적합하다.
- ② : 생산/관리 단계는 '정확도'가 중요하므로 색차값(정량)이 적합하다.
- ④ : 두 방법은 상호 보완적이므로 함께 쓰는 것이 가장 이상적이다.

더 알아보기

디자인 프로세스(흐름) : 기획(감성/정성) → 생산(수치/정량)

77 ③

천연 안료의 가장 큰 단점은 '내구성'이다. 햇빛(내광성)이나 세탁(견뢰도)에 약해 색이 쉽게 바래거나 빠진다. 따라서 천연이 합성보다 튼튼하다는 말은 옳지 않다.

오답 피하기

①, ②, ④ : 모두 천연 안료의 장점이자 올바른 특징이다. 친환경적이고 색감이 아름답지만, 관리가 까다롭다는 점을 기억해야 한다.

더 알아보기

"몸에 좋은 약이 입에 쓰다."라는 말처럼, "환경에 좋은 천연 안료는 쓰기(유지하기) 어렵다."라고 생각하면 쉽다.

78 ③

인쇄물(책)은 물리적인 실체가 있으며, 이로 인한 현장감과 몰입도는 디지털이 따라올 수 없는 인쇄 포트폴리오만의 강력한 무기이다.

오답 피하기

- ① : 인쇄물은 수정하려면 다시 찍어야 한다. 돈과 시간이 든다.
- ② : 질감(Texture) 전달은 인쇄물이 유리하다. 모니터로는 만져볼 수 없다.
- ④ : 디지털의 치명적 단점은 모니터마다 색이 다르게 보인다는 점이다(내 모니터에선 예쁜 파랑인데, 면접관 모니터에선 보라색일 수도 있음).

79 ②

대단한 발명(대발명)은 아니지만, 생활에 편리함을 주는 소소한 아이디어(소발명)나 개량 기술은 '실용신안권'의 영역이다. 특허보다 등록이 쉽고 빠르며, 존속 기간은 10년으로 짧다.

오답 피하기

- ① 특허권 : 고도의 기술적 사상(대발명)이어야 한다. 심사가 오래 걸린다.
- ③ 상표권 : 이름이나 로고를 보호한다. 기술과는 무관하다.
- ④ 저작권 : 문학, 예술 창작물이다. 기능적인 물품은 보호 대상이 아니다.

더 알아보기

'고안(Device)'이라는 단어가 나오면 '실용신안권'에 대한 내용이다.

80 ④

디자인권에서 '색채'는 형상, 모양과 함께 디자인을 구성하는 3대 요소 중 하나이다. 색채가 디자인의 핵심이라면 당연히 컬러 도면이나 컬러 사진을 제출해서 그 색채까지 보호받아야 한다. 흑백으로 내면 색채에 대한 권리는 주장하기 어렵다.

오답 피하기

- ①, ② : 도면은 권리서 그 자체이다. 입체물은 6면을 다 보여줘야 그 모양을 특정할 수 있으므로 6면도가 원칙이다.
- ③ : 사진이나 컴퓨터 그래픽(CG)으로도 도면을 대체할 수 있다(사진도면 가능).

01 ③	02 ①	03 ②	04 ②	05 ②
06 ③	07 ④	08 ②	09 ③	10 ④
11 ④	12 ③	13 ②	14 ②	15 ②
16 ③	17 ②	18 ②	19 ①	20 ④
21 ③	22 ③	23 ②	24 ③	25 ④
26 ④	27 ②	28 ③	29 ③	30 ③
31 ③	32 ①	33 ②	34 ④	35 ②
36 ④	37 ②	38 ③	39 ③	40 ③
41 ③	42 ②	43 ②	44 ③	45 ①
46 ③	47 ①	48 ②	49 ④	50 ②
51 ②	52 ②	53 ④	54 ②	55 ③
56 ②	57 ②	58 ①	59 ③	60 ①
61 ③	62 ①	63 ②	64 ②	65 ③
66 ②	67 ④	68 ②	69 ③	70 ②
71 ③	72 ①	73 ②	74 ②	75 ①
76 ④	77 ②	78 ③	79 ③	80 ②

01 ③

완성품뿐만 아니라 시안(Draft), 아이디어 스케치 등도 창작성이 있다면 저작권법의 보호를 받는다. 따라서 계약서에 "중간 산출물의 권리는 ○○○에게 있다."라고 명시하지 않으면, 추후 발주자가 탈락한 시안을 몰래 썼을 때 큰 분쟁이 된다.

오답 피하기

- ① : 저작권은 완성이냐 미완성이냐를 따지지 않고 '창작적 표현'이면 모두 보호한다.
- ②, ④ : 채택되지 않은 시안을 발주자가 무단 사용하는 것은 명백한 저작권 침해이다.

더 알아보기

표준계약서에는 보통 "미채택 시안의 권리는 디자이너에게 있다."라고 명시한다.

02 ①

턴키(Turn-key)는 "열쇠(Key)만 돌리면(Turn) 바로 쓸 수 있게 해 준다."라는 뜻으로, 발주자가 신경 쓸 것 없이 A부터 Z까지(기획~시공) 다 알아서 해주는 일괄 수주 계약이다.

오답 피하기

- ② : 이것은 설계/시공 분리 발주이다.
- ④ : 한 업체가 다 했기 때문에 책임 소재가 명확하여, 하자 보수 책임이 더욱 무겁다.

더 알아보기

턴키＝올인원(All-in-One)＝일괄 처리

- 장점 : 발주자가 편하다. 책임이 명확하다.
- 단점 : 비싸다. 대기업 위주다.

03 ②

노랑(Yellow)은 '감전 주의', '충돌 주의' 등 위험을 알리는 '주의(Caution)' 또는 '경고(Warning)'를 의미한다. '지시/의무'는 파랑색이다.

오답 피하기

- ① 빨강 : Stop/Fire(멈춤, 불)
- ③ 파랑 : Must Do(안전모 착용 등 꼭 해야 함)
- ④ 초록 : Safe/Go(비상구, 구급상자)

04 ②

경관법상 기초지자체장인 시장·군수가 경관계획을 수립하거나 변경할 때 승인을 받아야 하는 대상은 국토교통부장관이 아니라 바로 상위 단체장인 '도지사'이다. 중앙정부(장관)까지 가지 않고 도(道) 단위에서 관리하도록 규정하고 있다.

더 알아보기

"우리 동네 경관은 도지사가 챙긴다!" 시장·군수의 계획 → 도지사 승인 (○), 국토부장관(×)

05 ②

인건비의 정확한 산출을 위해 1일 8시간을 기준(100%)으로 잡는다. 예를 들어, 한 연구원이 하루 4시간만 이 프로젝트에 투입된다면 참여율은 50%(0.5)로 계산하여 예산 낭비를 막는다.

오답 피하기

- ① : 무조건 100% 산정은 과다 계상이다.
- ③ : 보조원도 등급에 따른 단가와 참여율을 곱하여 계산한다.
- ④ : 기준 시간은 8시간이며, 초과 근무는 별도 수당 문제이다.

06 ③

준거 집단이란 개인이 자신의 태도나 행동을 결정할 때 기준이나 모범으로 삼는 집단을 말한다. 사례에서 소비자는 인플루언서 그룹을 자신이 닮고 싶은 대상(열망 집단)으로 설정하고, 그들이 사용하는 제품을 구매함으로써 심리적인 동조를 느끼고 있다. 이는 준거 집단의 영향력 중 가치 표현적 영향(Value-Expressive Influence)을 마케팅에 활용한 전형적인 예시이다.

오답 피하기

- ① : 소득, 직업, 교육 수준 등에 의해 구분되는 상류, 중류, 하류층을 의미한다. 사례는 계층보다는 특정 스타일을 공유하는 집단에 초점을 맞추고 있다.
- ② : 미혼, 신혼, 자녀 출산, 노후 등 생애 주기에 따른 소비 패턴 변화를 말한다.
- ④ : 신제품이 나왔을 때 가장 먼저 받아들이는 성향을 가진 사람들을 뜻하는 용어로, 집단의 영향력과는 거리가 멀다.

07 ④

색채계획 단계에서 경쟁 상품을 분석하는 이유는 디자인적 차별화와 시장 트렌드 파악을 위해서이다. 재무 구조(돈 관리) 개선은 회계나 경영 부서의 업무이지, 디자인 분석의 직접적인 목적이 아니다.

오답 피하기

①, ②, ③ : 모두 경쟁사 분석을 통해 얻어야 할 핵심적인 디자인 데이터이다. 남들이 뭘 하는지 알아야 튀는(차별화) 디자인을 할 수 있다.

08 ②

현대의 디자인 경영은 단순히 제품을 예쁘게 만드는 것을 넘어, 디자인을 핵심 경영 자원으로 활용하여 브랜드 가치를 높이고 시장 경쟁력을 강화하는 전략적 활동을 의미한다.

오답 피하기
- ① : 가성비는 과거의 생산 지향적 관점에 가깝다.
- ③ : 기업 목표와 무관한 예술적 자율성은 디자인 경영의 본질(이윤 창출, 브랜드 강화)과 배치된다.
- ④ : 원가 절감은 디자인의 하위 기능일 뿐, 경영 전체의 목표는 아니다.

09 ③

거대한 전체 문화(Culture) 속에 존재하면서 종교, 국적, 세대, 지역 등 특정한 공통점을 가진 사람들끼리 공유하는 문화를 하위문화(Subculture)라고 한다.

오답 피하기
- ① 준거집단 : 개인 행동의 기준이 되는 집단(친구, 동료)으로 사회적 요인이다.
- ② 사회계층 : 소득이나 직업에 따른 수직적 등급으로 문화적 요인이긴 하지만, 종교/인종과는 구분된다.
- ④ 가족 : 구매에 가장 큰 영향을 주는 사회적 요인이다.

더 알아보기
'하위문화'라고 해서 저급한 문화를 뜻하는 게 아니라 '전체 문화 안의 작은 그룹(Part)'이라는 뜻이다. 히피 문화, 힙합 문화, 특정 종교 문화 등이 모두 여기에 속한다.

10 ④

'일정 간격', '등간격'이라는 키워드는 계통 추출법을 가리킨다.

오답 피하기
①, ②, ③ : 간격을 두고 기계적으로 뽑는 방식이 아니다. 층화는 층별 비례, 군집은 덩어리 추출이다.

11 ④

질문은 전반적인(일반적인) 것에서 시작하여 구체적인 것으로 들어가는 것이 원칙이다. 이를 통해 응답자의 반응을 자연스럽게 유도한다.

오답 피하기
- ① : 인구사회학적 질문(소득, 나이 등)은 거부감을 줄 수 있어 맨 끝에 배치한다.
- ②, ③ : 일반적인 질문에서 구체적인 질문으로 가는 것이 원칙이다.

12 ③

고객 만족, 인지도 상승, 차별화, 판매 촉진, 신제품 개발 등은 포함되나, '생산 원가 및 유통 비용 절감'은 직접적인 기능으로 명시되어 있지 않다. 오히려 마케팅 비용은 투자되는 부분이다.

오답 피하기
①, ②, ④ : 자료에 명시된 색채마케팅의 긍정적인 역할들이다.

더 알아보기
비용 절감은 마케팅의 영역이 아닌 생산 관리의 영역이다.

13 ②

ㄱ, ㄷ : 국제유행색협회(인터컬러)는 1963년 발족되었으며, 가장 빠른 시점인 시즌 2년(24개월) 전에 유행색을 선정한다.

오답 피하기
- ㄴ : 본부는 프랑스 파리에 있다.
- ㄹ : 각국의 색채 관련 단체(공공 성격의 협회 등)가 회원국으로 참여하는 국제적 협의체 성격이 강하다(한국은 CFT가 대표로 참가).

14 ②

지속가능성은 친환경을 핵심 가치로 둔다. 화학 염료 사용을 줄이고 소재 본연의 색과 질감을 살리는 '로우(Raw)' 전략은 환경 오염을 줄이는 대표적인 CMF 방법이다.

오답 피하기
- ① 크롬 도금 : 도금 과정에서 환경 오염 물질이 발생할 수 있어 친환경 트렌드와는 거리가 있다.
- ③ 유성 페인트 도장 : 유기 용제(VOCs)가 포함된 유성 페인트 사용은 친환경적이지 않다.
- ④ 복합 소재 접합 : 서로 다른 소재를 강력하게 접합하면 추후 분리 배출 및 재활용(Recycle)이 어려워 지속가능성 측면에서는 감점 요인이다.

더 알아보기
지속가능성(친환경) 문제에서는 '덜 가공한 것', '재활용 쉬운 것', '자연 그대로인 것'이 정답이다. 반대로 '화려한 코팅', '복잡한 합체', '화학적 처리'는 오답일 확률이 매우 높다.

15 ②

노랑은 팽창하고 뾰족하며 날카로운 성질, 높은 명시도를 가지므로 삼각형(특히 역삼각형)의 예리함과 연결된다.

오답 피하기
- ① 빨강 : 무게감, 견고함, 안정감을 주는 정사각형과 대응한다.
- ③ 파랑 : 유동적이고 원만하며 차가운 수축성을 가지므로 원과 대응한다.
- ④ 보라 : 불안정과 신비를 상징하며 타원과 대응한다.

더 알아보기
'빨 − 네 / 노 − 세 / 파 − 동'
- 빨강 = 네모(땅, 묵직함)
- 노랑 = 세모(불꽃, 날카로움)
- 파랑 = 동그라미(물방울, 부드러움)

16 ③

칙칙한 초록(Olive Green), 쑥색, 밤색(Maroon), 진한 갈색 등은 주로 쓴맛을 연상시킨다. 덜 익은 과일이나 쓴 약초, 탄 음식 등을 떠올리게 하기 때문이다.

오답 피하기
- ① 분홍 : 달콤한 단맛을 연상시킨다.
- ② 주황 : 식욕을 돋우는 색으로 단맛이나 감칠맛을 연상시킨다.
- ④ 연한 파랑 : 소금기 있는 바다 등을 연상시켜 짠맛과 연결된다.

더 알아보기
미각 − 색채 매칭 공식
- 단맛 : 핑크, 빨강(사탕)
- 신맛 : 노랑, 연두(레몬)
- 쓴맛 : 칙칙한 쑥색, 갈색(한약)
- 짠맛 : 연한 파랑, 회색(소금물)

17 ②

머스크 향은 무겁고 중후하며 관능적인 동물성 향이다. 따라서 깊이감이 있는 황금색(Golden Yellow)이나 적갈색(Red-Brown) 같은 난색 계열의 어두운 톤과 공감각적으로 연결된다.

오답 피하기

- ① 하양, 밝은 노랑 : 톡 쏘는 장뇌(Camphor) 향과 연결된다.
- ③ 분홍 : 달콤하고 향긋한 꽃(Floral) 향과 연결된다.
- ④ 초록 : 시원하고 상쾌한 민트(Mint) 향과 연결된다.

더 알아보기

향수병의 대표 디자인

- 민트/솔향 : 초록색 병
- 꽃향 : 분홍색 병
- 머스크/오리엔탈 : 갈색이나 금색의 고급스러운 병

18 ③

제시된 사례는 지역과 관습에 따라 색의 의미가 달라지는 경우이므로 피라미드의 4단계인 '문화적 영향과 매너리즘'에 해당한다. 4단계의 핵심은 색채 경험이 보편적이지 않고, '특정 집단이나 지역(문화권)'에 한정되어 나타난다는 점이다.

오답 피하기

- ① : 2단계(집단 무의식)는 인류가 공통적으로 느끼는 본능적인 반응이다(불을 보면 뜨거움이나 위험을 느끼는 것은 문화권에 따라 다르지 않음).
- ② : 3단계(의식적 상징화)는 지식이나 경험을 통해 연상되는 상징이다(녹색=자연, 파랑=차가움은 문화적 배경보다는 일반적인 연상 작용에 가까움).
- ④ : 5단계(시대사조)는 당시 유행하는 트렌드나 패션 스타일에 영향을 받는 단계이다(올해의 유행 컬러).

더 알아보기

만케의 피라미드 암기 팁(하위 → 상위)

- 생물학적 : 몸이 반응(본능)
- 집단 무의식 : 인류 공통(원형)
- 의식적 상징 : 머리로 생각(연상)
- 문화적 영향 : 우리 동네 특징(전통/종교)
- 시대사조 : 요즘 유행(트렌드)
- 개인적 관계 : 내 취향(호불호)

19 ①

텍스트의 색채 규정에 따르면 남색은 살균 작용이 강하고, 구토감이나 치통을 가라앉히는 효과가 있다고 명시되어 있다.

오답 피하기

- ② 청록 : 강장제 역할, 면역 성분 강화, 눈의 피로 회복
- ③ 보라 : 불면증 치료, 신진대사 균형
- ④ 노랑 : 피로 회복, 신경계 강화, 맑은 정신

더 알아보기

남색=남아나지 않는 균(살균)/치통 : 색채 치료 문제는 각 색상의 '고유한 효능' 키워드를 1:1로 매칭해서 외워야 한다.

20 ④

남녀노소 누구나 똑같은 맛, 똑같은 병의 콜라를 마셨다. 이는 소비자 욕구의 차이를 무시하고 대량 생산으로 승부한 비차별화 마케팅의 교과서적인 사례이다.

오답 피하기

- ① 개인 맞춤형 : 1:1 마케팅(초세분화)이다.
- ② 왼손잡이 전용 : 특정 소수 시장만 노리는 집중화(틈새) 마케팅이다.
- ③ 스포츠카 : 특정 부유층을 대상으로 하는 집중화 마케팅이다.

더 알아보기

비차별화=국민템. 모두가 똑같은 걸 쓰는 제품(생수, 소금, 설탕 등)이 여기에 해당한다.

21 ③

성숙기(Maturity)는 이미 대부분의 소비자가 제품을 알고 있거나 구매한 상태여서 판매 성장률이 둔화되고 정체되는 시기이다. 따라서 목표는 '급격한 성장'이 아니라 '시장 점유율 방어'와 '이익 극대화'에 있다. 또한 경쟁이 가장 치열하므로 가격을 인상하기보다는 경쟁 가격을 유지하거나 할인해야 하며, 브랜드 충성도를 지키기 위해 마케팅 비용이 많이 들어간다(매출의 급격한 성장은 '성장기'의 목표).

오답 피하기

- ① : 도입기에는 제품을 알리는 게 급선무이다(Skimming 비싸게 받기 or Penetration 저렴하게 뿌리기).
- ② : 성장기는 물 들어올 때 노 젓는 시기이다. 유통망을 늘려 최대한 많이 팔아야(점유율 확대) 한다.
- ④ : 쇠퇴기는 인기가 떨어지는 시기이므로 투자를 줄이고 철수 전략을 쓴다.

22 ③

복잡한 수치나 관계, 구조를 선과 기호로 설명하는 그림은 '다이어그램(Diagram)'이다. 픽토그램(Pictogram)은 화장실, 비상구처럼 언어를 초월하여 직관적으로 의미를 전달하는 '그림 문자'를 뜻한다.

더 알아보기

픽토그램과 다이어그램

- 픽토그램(Pictogram) : Picture(그림)+Telegram(전보)의 합성어이다.
- 다이어그램(Diagram) : 통계나 구조를 보여주는 도표이다.

23 ②

무아레(Moiré)는 컬러 인쇄 시 C, M, Y, K 4가지 색판의 망점 각도가 서로 간섭을 일으켜 발생하는 기하학적인 물결 무늬나 얼룩을 말한다. 이는 인쇄 품질을 떨어뜨리는 불량 현상으로, 각도를 조절하여 피해야 한다.

오답 피하기

- ① 돔 현상 : 인쇄 용어에 없는 말이다(보통 잉크가 솟아오르는 건 엠보싱).
- ③ 블리드 현상 : 인쇄물을 재단할 때 흰 여백이 나오지 않도록 배경을 실제 사이즈보다 크게(3mm 정도) 빼는 작업이다.
- ④ 트래핑 현상 : 인쇄 시 색과 색이 겹치는 부분에 틈이 생기지 않도록 살짝 겹치게 처리하는 기술이다.

24 ③

소피스티케이티드는 '세련된', '교양 있는', '지적인'이라는 뜻을 가진다. 도시 전문직 여성의 성숙미와 지성을 표현하는 스타일로, 주로 중명도 중채도의 차분한 톤이나 무채색을 활용하여 도시적이고 이지적인 감각을 연출한다.

오답 피하기

- ① 원색의 강렬한 대비 : 활동적인 액티브/스포티브 또는 전위적인 아방가르드 스타일이다.
- ② 파스텔 톤의 부드러운 배색 : 여성스럽고 부드러운 페미닌 또는 로맨틱 스타일이다.
- ④ 민속적인 자연색의 배색 : 토속적인 에스닉(Ethnic) 스타일이다.

25 ④

SD법(의미미분법)은 아이디어를 만들어 내는 기법이 아니라, 어떤 대상에 대해 인간이 느끼는 감성을 형용사 척도를 이용해 측정(Evaluation)하고 분석하는 평가 방법이다.

더 알아보기

- 브레인스토밍＝아이디어 내기(발산)
- SD법＝감성 재기(측정/평가)

26 ④

기획서의 목적은 단순한 정보 전달이 아니라, 분석을 통해 문제를 해결하고 상대방을 설득하는 것이다. 따라서 수집된 정보를 단순히 나열(Listing)하는 것에 그치지 않고, 그 정보가 갖는 의미를 해석하여 기획자의 통찰(Insight)과 시사점(Implication)을 제시해야 한다. 해석과 통찰이 빠진 문서는 기획서가 아니라 단순한 현황 보고서에 불과하다.

오답 피하기

- ① : Fact/Opinion 사실과 의견을 섞어 쓰면 신뢰도가 떨어지므로 철저히 구분해야 한다.
- ② : So What?은 기획의 핵심 질문이다. 현상 뒤에 숨겨진 의미를 찾아내야 한다.
- ③ : 정량/정성 중, 숫자는 객관성을, 스토리는 공감대를 형성하므로 둘 다 필요하다.

더 알아보기

좋은 기획서의 3단계 흐름(What − So What − Now What)
1. What: 무슨 일이 일어났는가?(사실/현황)
2. So What: 그래서 그게 무슨 의미인가?(해석/시사점)
3. Now What: 이제 무엇을 해야 하는가?(제안/해결책)

27 ②

접두사 'Tri−'는 숫자 3을 의미한다. 트리콜로(Tricolore) 배색은 3가지 색(주로 고채도)을 사용하여 명쾌하고 강렬한 대비를 주는 기법으로, 프랑스나 이탈리아 국기가 대표적인 예이다.

오답 피하기

- ① 비콜로(Bi＝2) 배색 : 2가지 색을 면 분할하여 사용하는 배색이다.
- ③ 토널 배색 : 중명도/중채도의 차분한(dull 톤) 배색이다.
- ④ 카마이외 배색 : 거의 동일한 색상과 톤을 사용하여 시각적 차이가 미미한 배색이다.

더 알아보기

Bi(바이)＝2, Tri(트리)＝3

28 ③

강조 배색의 목적은 시선을 집중시키고(Focus) 지루함을 없애는 것이다. 이를 위해서는 배경이 되는 주조색과 성격이 확실히 다른(반대되는) 색상이나 톤을 사용해야 눈에 확 띈다.

오답 피하기

- ① : 강조색이 30%나 되면 더 이상 '포인트'가 아니라 공간을 어지럽히는 요소가 된다.
- ② : 배경과 비슷하면 묻혀버려서 강조 효과가 없다.
- ④ : 명도까지 같으면 구분이 잘 안되어 강조 기능을 상실한다.

29 ③

문−스펜서의 면적 효과 이론에 따르면, 색의 강도(채도, 명도 대비)와 면적은 반비례해야 조화롭다. 즉, 주목성이 높은 강한 색(고채도, 난색 등)은 작은 면적에 사용하고, 주목성이 낮은 약한 색(저채도, 저명도, 배경색)은 넓은 면적에 사용할 때 시각적인 무게중심(Balance)이 맞다.

오답 피하기

- ① 고채도/넓은 면적 : 눈이 시리게 아프고 공간을 압도하여 불안감을 조성한다(역효과).
- ② 저명도/좁은 면적 : 저명도는 무게감이 있어 넓게 쓰면 안정감을 주지만, 좁게 쓴다고 해서 틀린 것은 아니다. 하지만 '가장 바람직한 균형'의 관점에서는 강한 색(주목성 높은 색)의 면적 제어가 더 핵심적인 원리이다.
- ④ 동일 배분 : 1:1 면적 배분은 배색에서 가장 피해야 할 비율이다.

30 ③

장파장(빨강 계열)은 파장이 길어서 장애물을 잘 넘어가고(회절), 굴절률이 작으며, 산란이 잘 되지 않는 특성이 있다. 산란되지 않고 직진하는 성질이 강하기 때문에 안개나 비를 뚫고 가장 멀리까지 도달한다. 그래서 신호등의 정지 신호나 위험 표시에 빨간색을 쓴다.

오답 피하기

- ①, ④ 단파장(파랑)의 특징 : 파랑은 굴절률이 크고 산란이 잘 되어 하늘에 흩어진다.
- ② 자외선의 특징 : 에너지가 강하고 살균 작용을 하는 것은 가시광선 밖의 자외선(UV)이다.

더 알아보기

- 빨강 : 방해물(먼지, 안개)이 있어도 무시하고 직진
- 파랑 : 여기저기 부딪혀서 흩어지며 산만함

31 ③

단청은 오방색(청, 적, 황, 백, 흑)을 모두 사용하여 화려하게 장식한다. 특히 흰색(분선)과 검은색(먹선)은 색과 색 사이의 경계를 명확히 하고 문양을 돋보이게 하는 윤곽선(세퍼레이션)으로 매우 중요하게 사용되었다.

오답 피하기

- ① : 목재 표면에 막을 형성하여 방부, 방충 효과를 준다.
- ② : 궁궐이나 사찰 등 중요한 건물에만 사용했다.
- ④ : 단(붉음)과 청(푸름)의 상보적 대비가 핵심이다.

32 ①

베졸트−브뤼케 현상은 빛의 세기가 변할 때 색상이 바뀌어 보이는 현상이다. 빛이 강해지면 장파장은 노랑 쪽으로, 단파장은 파랑 쪽으로 색상이 치우쳐 보인다(변하지 않는 불변 색상은 파랑, 초록, 노랑).

오답 피하기

- ② 애브니 효과 : 채도 변화에 따른 색상 변화이다.
- ③ 베졸트 효과(동화) : 이름이 비슷해 헷갈리기 쉽지만, 이는 혼색(동화) 현상이다.
- ④ 명순응 : 밝기 적응 현상이다.

33 ②

옵아트(Optical Art)는 '시각적 미술'의 약자이다. 순수한 시지각 원리를 탐구하여, 보색 대비나 기하학적 패턴의 반복 등을 정교하게 조작함으로써 평면 그림이 마치 움직이거나 튀어나오는 듯한 착시(Illusion)와 율동감을 만들어 냈다.

오답 피하기

- ① : 팝아트에 대한 설명이다.
- ③ : 추상 표현주의와 액션 페인팅(잭슨 폴록)에 대한 설명이다.
- ④ : 미래주의에 대한 설명이다.

34 ④

앙리 마티스는 강렬한 원색과 주관적 색채 표현을 특징으로 하는 야수파(Fauvism)의 창시자이다. 입체파(큐비즘)의 대표 작가는 파블로 피카소와 조르주 브라크이다. 마티스는 '색채'의 해방, 피카소는 '형태'의 해체에 집중했다.

오답 피하기

- ① 앤디 워홀 : 팝아트의 거장(캠벨 수프)
- ② 달리 : 초현실주의 거장(녹는 시계)
- ③ 클림트 : 빈 분리파(아르누보 계열) 거장(키스)

더 알아보기

- 마티스＝야수파＝색채
- 피카소＝입체파＝형태

35 ②

ISCC-NIST 색명법은 미국 색채 협의회(ISCC)와 국립 표준국(NIST)이 공동 제정한 것으로, 먼셀 색체계를 기반으로 색 공간을 267개의 블록으로 나누고 각 블록에 [톤(형용사)＋색상] 형식의 계통색명을 부여한 체계이다.

오답 피하기

- ① : 오방색은 한국 전통 색명이다.
- ③ : ISCC-NIST 색명법 계통색명 중심이고 관용색명은 보조이다.
- ④ : Pinkish(분홍빛), Reddish(붉은) 등 색상 수식어도 사용하여 색상 위치를 세분화한다.

36 ④

마젠타(Magenta)는 이탈리아의 지명(도시 이름)에서 유래했다. 1859년 이탈리아 독립 전쟁 중 마젠타 전투의 승리를 기념하여, 당시 새로 발명된 붉은 자줏빛 합성 염료에 이 도시의 이름을 붙였다.

오답 피하기

- ① 세피아 : 오징어(Cuttlefish)의 학명에서 유래한 먹물 색소이다.
- ② 코발트 : 도자기에 쓰이는 청색 안료의 원료인 광물이다.
- ③ 피치 : 복숭아의 과육 색이다.

37 ②

IRI 이미지 스케일은 다음 두 가지 축을 기준으로 4분면을 나눈다.

- 가로축 : 동적인(Dynamic) ↔ 정적인(Static)(활동성/강약)
- 세로축 : 부드러운(Soft) ↔ 딱딱한(Hard)(경연감/색조)

이 축을 기준으로 12가지 형용사(귀여운, 모던한 등)가 배치된다.

오답 피하기

① 온도감/중량감 : 일본 PCCS 톤 시스템 등에서 사용하는 보조적인 기준일 수는 있으나, IRI 스케일의 메인 축은 아니다.

38 ③

PCCS는 색채 조화(배색) 교육을 위해 개발된 체계이다. 일반인이 이해하기 어려운 명도/채도 수치 대신, 이 둘을 통합하여 '톤(Tone)'이라는 개념을 도입했다. vivid(선명한), pale(연한), dull(탁한) 등 12가지 톤으로 분류하여 직관적인 배색을 돕는 것이 최대 강점이다.

오답 피하기

- ① : 분리 표기는 먼셀 시스템의 방식이다. PCCS는 톤으로 통합한다.
- ④ : PCCS는 모든 색상의 채도 단계가 동일한 절대 채도를 사용한다.

39 ③

DIN 표색계(DIN 6164)는 등색상면을 삼각형이 아닌 24색상환을 기준으로 하여, 색상(T), 포화도(S), 암도(D)의 3속성으로 색을 표시한다. 독일어 원어와 영어 표기를 함께 알아두어야 한다.

- T : Farbton(Hue)＝색상(24단계)
- S : Sättigung(Saturation)＝포화도/채도(0~15단계)
- D : Dunkelstufe(Darkness)＝암도/흑색도(0~10단계)

오답 피하기

많은 수험생이 먼셀의 3속성(H, V, C)이나 오스트발트(B, W, C)와 혼동한다. DIN의 가장 큰 특징은 명도(Value)나 백색량(White) 대신 '암도(Darkness, D)'라는 개념을 사용하여, 숫자가 클수록 어두워진다는 점이다(D＝0이 가장 밝은 상태).

40 ③

트라이얼 컬러(Trial Color)는 '시도하다(Try)'라는 뜻에서 알 수 있듯이, 아직 대중적으로 널리 퍼지지는 않았지만 일부 디자이너나 선도적인 브랜드에서 실험적으로 사용하며 유행의 조짐(전위적 성격)을 보이는 색을 말한다.

오답 피하기

- ① 스탠더드 컬러 : 유행을 타지 않고 늘 사랑받는 기본색(Basic Color)이다(예 베이지, 네이비).
- ② 스타일 컬러 : 시장에 다량으로 유통되는 색으로, 볼륨 컬러(Volume Color)라고도 한다.
- ④ 포퓰러 컬러 : 실제 시장에서 가장 인기가 많은 대중적인 색이다.

더 알아보기

- Trial＝시도＝전위색(실험적)
- Forecast＝예보＝예측색
- Popular＝인기＝인기색

41 ③

CIE L*u*v* 색공간은 빛을 직접 발광하는 광원색(가산 혼합)의 등보성을 개선하기 위해 만들어졌다. 따라서 조명, TV, 모니터, 디스플레이 산업 규격으로 주로 채택된다.

오답 피하기

①, ②, ④ : 페인트, 도료, 섬유 등 물체의 표면색(감산 혼합)을 다루는 산업군에서는 CIE L*a*b*가 표준이다.

더 알아보기

빛나는 화면은 L*u*v*, 칠해진 물건은 L*a*b*이다.

42 ②

L*a*b* 좌표(a, b 수치)만으로는 "이게 무슨 색이고 얼마나 선명하지?"를 직관적으로 알기 어렵다. 인간에게 익숙한 색상(Hue Angle)과 채도(Chroma) 개념으로 변환하여 쉽게 이해하고 소통하기 위해 L*C*h*를 사용한다.

오답 피하기

- ① : L*a*b*와 수학적으로 동일한 공간이므로 정밀도는 같다. 표현 방식만 다를 뿐이다.
- ③ : RGB 변환 용이성은 주된 목적이 아니다.
- ④ : 명도(L*) 축은 L*a*b*와 L*C*h*가 동일하게 사용한다.

더 알아보기

L*a*b*는 '컴퓨터'가 좋아하는 좌표(직교좌표), L*C*h*는 '사람'이 좋아하는 좌표(극좌표)이다.

43 ②

금속은 자유 전자가 많다. 빛을 받으면 전자가 에너지를 흡수해 여기(Excited) 상태가 되었다가, 다시 안정된 기저(Ground) 상태로 돌아오면서 빛을 방출한다. 이 과정에서 금속 특유의 광택과 색이 나타난다.

오답 피하기

- ① : '흡수'는 일반적인 물체색(안료/염료)의 발색 원리이다. 금속은 '반사'에 가깝다.
- ③ : 금속 광택은 난반사가 아닌 정반사 특성이 강하다.
- ④ : 산화(녹슴)되면 색이 변할 순 있지만, 금속 고유의 발색 원리는 아니다.

44 ③

재생 섬유는 천연의 섬유소(펄프, 목재)를 화학적으로 녹여서 다시 실로 뽑아낸 것이다. 대표적으로 비스코스 레이온(Rayon)과 아세테이트(Acetate)가 있다.

오답 피하기

- ① 면, 마 : 천연 식물성 섬유이다.
- ② 나일론, 아크릴 : 석유에서 합성한 합성 섬유이다.
- ④ 견, 모 : 천연 동물성 섬유이다.

더 알아보기

'레이온'과 '아세테이트'만 재생 섬유이다.

45 ①

- d : Diffuse(적분구 사용 확산 조명),
- i : Included(정반사광 포함)
- 8° : 8도 각도에서 수광(관찰)

따라서 '적분구 확산 조명, 정반사 포함(SCI), 8도 관찰' 방식이다.

오답 피하기

- ② de : 8° : e는 Excluded(제외)이므로 틀렸다.
- ③ 8° : di : 순서가 바뀌면 조명과 수광이 바뀐다.

더 알아보기

i=Include(포함), e=Exclude(제외)

46 ③

절대 분광 반사율은 측정된 신호값들을 보정하여 산출하며, 공식은 R(λ)= S(λ)×B(λ)×W(λ)이다.

- S : 시료 측정값
- B : 흑체(Black Body) 보정값(Zero calibration 관련)
- W : 백색(White) 표준 반사율

오답 피하기

분광 반사율 계산은 각 요소의 곱(Multiply)으로 이루어진다. 더하거나 나누는 식이 아니다.

47 ①

가법 혼합(빛)의 3원색 R, G, B를 두 개씩 섞으면 나오는 2차색인 Yellow, Cyan, Magenta는 놀랍게도 감법 혼합(색료)의 3원색과 정확히 일치한다. 반대로 감법 혼합의 2차색(R, G, B)은 가법 혼합의 3원색이 된다.

오답 피하기

- ② 3원색 혼합 : 가법 3원색(RGB)을 다 섞으면 White가 된다. 감법 3원색 중 하나가 되는 게 아니다.
- ③ 보색 관계 : 서로의 2차색은 상대방의 1차색과 정확히 보색 관계를 형성한다(예 Red 빛의 보색은 Cyan 색료).
- ④ 연관성 : 정반대의 성질(가산 vs 감산)을 가지지만, 색상 환상에서 서로 톱니바퀴처럼 맞물려 돌아가는 보완적 관계이다.

48 ②

같은 '코발트 블루'라도 제조사마다 배합하는 안료의 종류와 비율(레시피)이 다르다. 이로 인해 물체 고유의 분광 반사율 곡선(Spectral Curve)이 달라지며, 특정 조명하에서는 색이 같아 보여도 광원(조명)이 바뀌면 색차가 발생하는 조건등색(Metamerism) 현상이 심화된다.

오답 피하기

①, ③, ④ : 제조사마다 입자 크기, 전색제 종류, 안료 배합비는 모두 제각각이다.

49 ④

광원에서 나온 빛의 대부분(90~100%)을 위로 쏘아 천장이나 벽에 반사된 빛(반사광)을 이용하는 방식을 간접 조명(Indirect Lighting)이라고 한다. 효율은 낮지만, 그림자가 없고 눈부심이 없어 호텔 로비나 병원 등 차분한 분위기에 적합하다.

오답 피하기

- ① 직접 조명 : 90% 이상 아래로 쏘는 효율 중심 방식이다.
- ② 반직접 조명 : 60~90% 아래로, 나머지는 위로 쏘는 일반적인 방식이다.
- ③ 전반 확산 : 사방으로 퍼지는 방식이다.

50 ②

CIE L*a*b* 색공간에서 a* 축은 빨강(+a*)과 초록(−a*)의 대립 관계이다. a*값을 내린다(Decrease)는 것은 수치를 마이너스 방향, 즉 초록(Green) 쪽으로 이동시킨다는 의미이다. 붉은 기운을 내리기 위해서는 보색인 초록색 안료를 추가해야 한다.

오답 피하기

- ① Red : a*값을 올릴 때(+방향으로 이동) 추가한다.
- ③ Yellow : b*값을 올릴 때(+방향, 노랑) 추가한다.
- ④ Blue : b*값을 내릴 때(−방향, 파랑) 추가한다.

더 알아보기

- +a*(Red) ↔ −a*(Green)
- +b*(Yellow) ↔ −b*(Blue)

수치를 내리려면(−) 그 방향의 색(Green/Blue)을 넣고, 올리려면(+) 그 방향의 색(Red/Yellow)을 넣으면 된다.

51 ②

플립-플롭(Flip-Flop)은 메탈릭 안료가 정면에서는 빛을 강하게 반사해 밝게 보이고(Highlight), 측면에서는 반사 면적이 줄어 어둡게 보이는(Shade) 현상이다. 이 명도 차이가 클수록 메탈릭 질감이 우수하다고 평가한다.

오답 피하기

- ① 메타메리즘 : 조명(광원)에 따라 색이 달라 보이는 조건등색 현상이다.
- ③ 헤이즈 : 도막이 뿌옇게 흐려지는 혼탁 현상이다.
- ④ 오렌지 필 : 도장 표면이 귤껍질처럼 울퉁불퉁하게 된 불량 현상이다.

52 ②

소광 효과는 표면의 미세한 요철(Roughness)에서 나온다. 요철을 만들려면 소광제 입자가 도막 두께(Dry Film Thickness)와 비슷하거나 약간 커서 표면 위로 머리를 내밀어야 한다.

오답 피하기

①, ③, ④ : 입자가 도막 두께보다 작으면 도막 안에 파묻혀 버린다(Leveling). 표면이 매끄러워지므로 요철이 생기지 않아 소광 효과(무광)가 나타나지 않는다.

53 ④

혼색계(CIE XYZ 등)는 빛의 가법 혼합 실험을 통해 얻은 물리적 수치(빛의 양)를 기반으로 한다. 수학적 계산과 변환이 정확하여 CCM 조색, 품질관리, 모니터 색상 구현 등 과학적/산업적 용도에 필수적이다.

오답 피하기

①, ②, ③ : 모두 현색계(먼셀, NCS 등)에 대한 설명이다. 현색계는 눈에 보이는 색표(색종이)를 기준으로 하여 지각적 간격(등보성)을 중시하고, 색표집을 만들어 시각적 확인이 쉽다.

더 알아보기

- 혼색계＝빛(Light)＝계산기(수치)＝기계용
- 현색계＝색(Object)＝색종이(색표)＝사람용

54 ②

텍스처가 심한 시료는 국소 부위마다 색이 다르다(요철, 그림자 등). 좁은 영역(SAV)을 측정하면 어디를 찍느냐에 따라 값이 널뛰게 된다. 따라서 측정 구경이 큰 LAV(Large Area View, 보통 25mm 이상)를 사용하여 넓은 면적의 빛을 받아들여 광학적으로 평균화해야 안정적인 데이터를 얻을 수 있다.

오답 피하기

- ① SAV : 작은 구경은 불균일한 시료 측정에 최악이다. 오차가 매우 크다.
- ③ SCE : 요철의 그림자를 더 부각시켜 데이터가 어둡게 나오고 편차가 커진다.
- ④ UV 차단 : 형광 측정과 관련된 옵션으로 텍스처와는 무관하다.

55 ③

기존 2° 시야(1931)는 아주 좁은 중심 시야만 반영했으나 실제 산업 현장에서는 큰 물체를 보는 경우가 많다. 시야가 넓어지면(4° 이상) 망막 주변부의 시세포까지 자극을 받아 색이 더 밝고 선명하게 보이는 면적 효과(Area Effect)가 발생한다. 이를 반영하여 대면적 색채 평가의 정확도를 높이기 위해 10° 표준 관측자가 도입되었다.

오답 피하기

- ① : 작은 물체는 2° 시야가 더 적합하다.
- ② : 중심와/추상체는 2° 시야의 특징이다. 10°는 주변부까지 포함한다.
- ④ : 표준 관측자는 '정상적인 색각'을 가진 사람을 기준으로 한다.

더 알아보기

- 2°＝좁다＝옛날(1931)＝작은 거
- 10°＝넓다＝최신(1964)＝큰 거

요즘은 대부분 큰 물건(자동차, 가전)을 만드니까 10° 시야를 표준으로 쓴다.

56 ②

KS 및 국제 표준에서는 일반적으로 온도 20±2℃, 상대습도 65±2%(지역에 따라 23℃, 50% RH 적용)를 표준 조항 조건으로 규정하고 있다.

오답 피하기

①, ③, ④ : 극단적인 건조 상태나 고온다습한 환경은 시료의 변형이나 변색을 유발하므로 표준 측정 환경이 아니다.

더 알아보기

사람이 살기 딱 좋은 쾌적한 가을 날씨＝춥지도 덥지도 않은 20도, 너무 건조하지도 습하지도 않은 65%를 기억해야 한다.

57 ②

보색 혼합은 감법 혼색의 원리에 따라 채도를 떨어뜨리고(탁해짐) 명도를 낮춘다(어두워짐). 노란 기를 잡기 위해 파랑을 넣으면, 노란색은 사라지지만 전체적인 색감은 회색빛이 돌며 어두워진다(Muddy). 따라서 색이 너무 죽어 보이지 않도록 원색(채도 보강)이나 화이트(명도 보강) 투입을 고려해야 한다.

오답 피하기

- ① 명도 상승 : 안료를 섞을수록 빛 흡수가 늘어 명도는 무조건 낮아진다.
- ③ 채도 상승 : 보색을 섞으면 채도는 필연적으로 떨어진다.
- ④ 색상 이동 : 파랑은 b축 보정이므로 a축(붉은 기)으로 이동하지 않는다.

더 알아보기

보색은 색을 잡는 약이지만, 많이 쓰면 색을 죽이는 독(탁해짐)이 된다. 탁해지는 것을 막으려면 원색을 조금 섞어 '생기'를 불어넣어야 한다.

58 ①

- ΔL*= −1.5(어두움) : 밝게 해야 함 → 화이트(White) 투입
- Δa*= −3.0(초록 기미 과다) : 보색인 적색(Red) 투입
- Δb*= +2.0(노란 기미 과다) : 보색인 청색(Blue) 투입

따라서 화이트, 적색, 청색 안료가 필요하다.

오답 피하기

- ② : 어두운 데 검정을 넣고, 초록 기미에 초록, 노란 기미에 황색을 넣으면 오차가 극대화된다.
- ③ : 붉은 기미를 잡아야 할 때 초록을 넣으면 안 된다.
- ④ : 어두운 상태에서 검정을 넣으면 더 어두워진다.

더 알아보기

색차 식에서 마이너스(−)는 '부족하다'는 뜻이 아니라 '반대 방향으로 갔다'라는 의미이다. −a는 초록색 방향으로 갔다는 뜻이므로, 이를 되돌리기 위해 빨강을 넣어야 한다.

59 ③

자연광 중 가장 안정적이고 색온도 변화가 적으며 직사광선이 없는 빛은 북쪽 하늘의 주광(North Sky Daylight)이다. 시간대는 태양광 스펙트럼이 안정적인 일출 3시간 후부터 일몰 3시간 전까지가 좋다.

오답 피하기

- ① 직사광선 : 빛이 너무 강하고 시간에 따라 광량 변화가 심해 색채 검사에 부적합하다.
- ② 일출/일몰 : 태양의 고도가 낮아 붉은색 파장이 길어지므로 색을 왜곡시킨다.
- ④ 흐린 날 : 광량이 부족하거나 색온도가 불안정할 수 있어 표준 검사 환경으로 부적합하다.

60 ①

메타메리즘 평가는 "대낮(D65)에 맞춘 색이 밤에 전구(A)를 켰을 때도 동일한가?"를 보는 것이 핵심이다. 따라서 기준 광원은 주광인 D65, 시험 광원은 성격이 완전히 다른(장파장이 많은) 표준광 A(백열등)를 사용하는 것이 KS 및 국제 표준 절차이다.

오답 피하기

②, ③, ④ : 표준 절차에서는 D65를 제1기준으로 삼는다. A 광원이나 F(형광등) 광원을 보조로 쓴다.

61 ③

화이트밸런스는 조명 색(Color Cast)을 제거하는 과정이다. 붉은 조명 아래서는 푸른색 데이터를 더하고, 푸른 조명 아래서는 붉은색/노란색 데이터를 더하는 보색(Complementary Color) 중화의 원리를 사용한다.

오답 피하기

- ① : 노출(Exposure) 보정이다.
- ② : 초점(Focus) 조절이다.
- ④ : 채도(Saturation) 설정이다.

62 ①

메타메리즘(조건등색)은 성분(분광 분포)이 다른 두 물체가 특정 광원 아래서는 같은 색으로 보이다가, 광원이 바뀌면 서로 다른 색으로 보이는 현상이다(예 매장에서 산 옷이 집에 오니 색이 달라 보이는 현상).

오답 피하기

- ② 색순응 : 눈이 조명색에 적응해 버리는 현상이다.
- ③ 연색성 : 조명이 물체색을 얼마나 자연스럽게 보여주는지 나타내는 지수(Ra)이다.
- ④ 푸르킨예 현상 : 어두운 곳에서 파란색이 더 밝게 보이는 시지각 현상이다.

63 ②

RGB 이미지는 R, G, B 3개의 채널을 가진다. 채널당 8비트라면 2의 8승 =256단계의 명암을 표현한다. 이 3개 채널이 합쳐지면 256×256×256 =약 1,677만(16,777,216) 가지 색상이 된다. 이를 트루 컬러(True Color)라고 한다.

오답 피하기

- ① : 1비트는 2의 1승=2가지(검정/하양)만 표현한다.
- ③ : 비트 수가 높을수록 정보량이 많아져 용량은 커진다.
- ④ : 8비트는 256단계이다. 1,024단계는 10비트(2의 10승)이다.

64 ②

분광 광도계(Spectrophotometer)는 가시광선 영역을 파장별(예 10nm 간격)로 쪼개서 반사율이나 투과율을 측정하는 가장 정밀한 장비이다. 조색(Color Matching)이나 정밀한 연구용으로 쓰인다.

오답 피하기

- ① 필터식 색채계 : 사람의 눈처럼 3개의 필터(RGB/XYZ)로만 측정하여 분광 데이터가 없다. 메타메리즘을 예측할 수 없다.
- ③ 농도계 : 인쇄 잉크의 두께(농도)만 측정하는 장비로, 정확한 색상 값(L*a*b* 등)을 알 수 없다.
- ④ 조도계 : 빛의 밝기만 측정한다.

65 ③

24비트 트루 컬러는 빛의 3원색인 R, G, B가 각각 8비트씩 할당된 구조이다.

- 계산식 : 2의 8승(Red)×2의 8승(Green)×2의 8승(Blue)
- 풀이 : 256×256×256=16,777,216

따라서 약 1,677만 컬러가 정답이며, 현재 대부분의 모니터와 스마트폰이 이 방식을 표준으로 사용한다.

오답 피하기

- ① 256색 : 8비트 컬러(GIF, 인덱스 컬러)
- ② 65,536색 : 16비트 컬러(하이 컬러)
- ④ 약 10억 색 : 30비트 컬러(채널당 10비트 전문가용)

66 ②

- 인쇄 색채 관리(CMS)에서 가장 중요한 국제 표준이다.
- 광원의 색 : 인쇄 표준광원인 D50(5,000K)을 사용해야 종이의 백색도와 잉크 색을 정확히 볼 수 있다.
- 밝기(조도) : 미세한 색 차이를 구분해야 하는 '정밀 비교' 시에는 2,000Lux(±500)의 매우 밝은 빛이 필요하다(일반 사무실보다 훨씬 밝음).

오답 피하기

- ① D65 : 모니터나 웹 디자인 표준이다. 인쇄용으로는 약간 푸르게 보일 수 있다.
- ③ A 광원 : 백열전구 빛으로 붉은 기가 심해 색채 평가용으로 부적합하다.
- ④ F 광원 : 일반 형광등으로 연색성이 낮아 정확한 색을 볼 수 없다.

더 알아보기

인쇄소 감리 보러 갈 땐 오(5)천 켈빈, 모니터 볼 땐 육(6)천오백 켈빈(인쇄=D50, 모니터=D65)

67 ④

BMP(비트맵)는 윈도우의 표준 그래픽 형식이지만, 데이터를 압축하지 않고 픽셀 정보를 그대로 저장하기 때문에 파일 용량이 매우 크다. 그래서 웹(Web)용으로는 거의 쓰지 않는다.

오답 피하기

- ① JPEG : 압축률이 좋아 사진 저장의 표준이다(단, 저장할 때마다 화질 저하 발생).
- ② PNG : 화질 저하가 없고(비손실), 배경을 투명하게 할 수 있어 웹 디자인 로고용으로 최고다.
- ③ GIF : 색상은 적지만 '움짤'을 만들 수 있는 유일한 범용 포맷이다.

68 ②

디퓨즈 컬러(Diffuse Color, 확산광)는 빛이 물체 표면에 닿아 난반사될 때 우리 눈에 들어오는 색이다. 물체 표면적의 대부분을 차지하며, 우리가 "사과는 빨간색이다.", "칠판은 초록이다."라고 인지하는 그 고유의 색상을 의미한다.

오답 피하기

- ① 앰비언트 컬러 : 빛을 직접 받지 못하는 어두운 부분(그림자 영역)의 색상이다.
- ③ 스펙큘러 컬러 : 빛이 정반사되어 생기는 가장 밝은 하이라이트(반사광)의 색상이다.
- ④ 이미시브 컬러 : 형광등처럼 물체가 스스로 빛을 내는(발광) 색상이다.

69 ③

이것이 금속(전도체)과 비금속(부도체)을 시각적으로 구분하는 가장 결정적인 특징이다. 금속은 자유 전자의 영향으로 빛을 반사할 때 파장 선택성이 생겨, 하이라이트(반사광)가 자신의 고유색을 띤다(예 금은 노란색 반사광, 구리는 붉은색 반사광).

오답 피하기

①, ② : 플라스틱, 고무, 나무 같은 비금속 재질은 하이라이트가 광원의 색(주로 흰색)을 그대로 반사한다. 빨간 플라스틱 공이라도 반짝이는 부분은 흰색이다.

더 알아보기

금속은 반짝이는 하이라이트조차 자기 색깔을 낸다(금=노랑). 반면 플라스틱은 조명색(하양)을 그대로 보여준다.

70 ②

3차원 공간 좌표계(X, Y, Z)에서 Z축은 깊이(Depth, 거리)를 나타낸다. Z-버퍼(Z-Buffer) 알고리즘은 화면을 구성하는 각 픽셀마다 깊이 정보(Z값)를 저장하는 별도의 메모리(Buffer)를 둔다. 새로운 물체를 그릴 때, 현재 저장된 깊이 값과 비교하여 '더 가까운 것(Z값이 작은 것)'만 남기고 나머지는 지워버림으로써, 뒤에 있는 물체가 가려지는 효과(은면 제거)를 구현한다.

오답 피하기

- ① 레이 캐스팅 : 가상의 시선(Ray)을 쏘아 물체와 교차하는 면을 찾아내는 렌더링 기법이다. 은면 제거가 되긴 하지만, 문제에서 설명하는 '픽셀 단위의 깊이 메모리 저장 방식'은 Z-버퍼에 대한 정확한 정의이다.
- ③ 스무딩 그룹 : 각진 폴리곤 모델의 표면을 부드럽게 보이도록 쉐이딩(명암) 처리를 그룹화하는 기능이다. 앞뒤 가림 처리와는 무관하다.
- ④ 안티 앨리어싱 : 비트맵 확대 시 생기는 계단 현상(Aliasing)을 가장자리에 중간색을 넣어 부드럽게 만드는 기술이다.

더 알아보기

Z-버퍼 암기법

- Z=깊이(Depth)
- Buffer=임시 저장소(메모리) 깊이(Z)를 저장하는 메모리(Buffer)

71 ③

렌더링(Rendering)은 컴퓨터 내부의 수학적 데이터(3D 좌표, 조명 설정, 재질값 등)를 연산하여, 모니터나 인쇄물로 볼 수 있는 2차원의 완성된 이미지(화상, Picture)로 출력해내는 최종 단계를 말한다.

오답 피하기

- ① : 모델링(Modeling) 단계이다.
- ② : 텍스처 매핑(Mapping) 단계이다.
- ④ : 애니메이션(Animation) 단계이다.

72 ①

이론적인 감법 혼색은 3원색 혼합 시 완전한 검정이 되어야 한다. 그러나 제조 과정에서 불가피하게 포함된 불순물과 안료 자체의 물리적 한계로 인해, 빛을 완벽하게 흡수하지 못하고 일부 반사하게 된다. 이로 인해 완전한 검정이 아닌 탁한 밤색(Dark Brown)이 나오게 되며, 이를 바로잡기 위해 K(Black)가 필요하다.

오답 피하기

- ② : 종이의 백색도는 색상의 순도에 미미한 영향을 줄 뿐 주된 원인은 아니다.
- ③ : 기계 압력은 잉크의 정착력에 영향을 준다.
- ④ : 인쇄는 감법 혼색이다. 가법 혼색 원리는 모니터(빛)에 적용된다.

더 알아보기

이론과 실제의 차이를 묻는 문제이다. "이론은 완벽하지만, 현실의 잉크(재료)는 불완전하다."라는 점을 기억해야 한다. 그래서 별도의 K(Black)가 필수이다.

73 ②

컴퓨터의 연산 데이터를 모니터 화면에 영상으로 출력해 주는 역할을 하는 장치는 그래픽 카드(GPU)이다. 그래픽 카드 내부에는 LUT(Look Up Table)라는 변환 테이블이 있어, 운영체제의 컬러 프로파일 정보를 반영하여 모니터의 색상을 최종적으로 제어하고 보정하는 역할을 수행한다.

오답 피하기

- ① CPU : 중앙 연산 처리 장치로, 복잡한 그래픽 처리보다는 전반적인 프로그램 연산을 담당한다.
- ③ RAM : 주기억 장치로, 데이터의 임시 저장 및 빠른 접근을 담당한다.
- ④ HDD : 보조 기억 장치(저장소)이다.

더 알아보기

색을 다루는 하드웨어를 물으면 그래픽 카드가 정답이다. 특히 LUT(룩업 테이블)라는 용어가 나오면 무조건 그래픽 카드와 연결해야 한다.

74 ②

레이저 프린터는 정전기를 이용한 전자 사진 방식(대전(Charging) : 드럼에 정전기(−)를 입힘 → 노광(Exposing) : 레이저로 이미지를 쏘아 잠상 형성 → 현상(Developing) : 토너가 잠상에 달라붙음 → 전사(Transferring) : 토너를 종이에 옮김 → 정착(Fusing) : 열과 압력으로 토너를 종이에 녹여 붙임)을 따른다.

오답 피하기

①, ③, ④ : 모두 순서가 뒤섞여 있다. 특히 정착(Fusing)은 가장 마지막 단계이다.

75 ①

프린터는 드라이버의 용지 설정값에 따라 잉크의 흡수율을 판단하고 잉크 분사량(Ink Limit)을 조절한다. '일반지'는 잉크 흡수율이 높으므로 잉크를 많이 분사하도록 설정되어 있다. 실제로는 광택지를 넣었음에도 '일반지'로 설정하면, 프린터는 필요 이상으로 많은 잉크를 분사하게 되어 잉크가 표면에 고여 번지거나, 마르지 않고, 색이 칙칙해지는 심각한 색상 오류를 유발한다.

오답 피하기

- ② : 레이저 프린터의 정착 온도는 용지 종류보다 주로 평량(무게)에 따라 조절된다. 또한 이 문제는 잉크젯 환경을 가정한 것이다.
- ③ : 프로파일 로드는 용지 종류 설정과는 별개로 CMS에서 처리한다.
- ④ : 평활도는 종이 자체의 속성이지 리샘플링 오류를 일으키지 않는다.

더 알아보기

프린터 설정＝잉크 분사량

76 ④

사용자의 부주의나 실수로 인한 사고를 방지하거나, 실수를 하더라도 쉽게 되돌릴 수 있게 만드는 원칙은 '실수에 대한 포용(Tolerance for Error)'이다. 컴퓨터의 '실행 취소(Undo)' 기능이나 자동차의 에어백, 정전 시 비상등 등이 대표적인 사례이다.

오답 피하기

- ① 공평한 사용 : 누구에게나 동등한 사용성을 제공하는 것(예 자동문)
- ② 사용의 유연성 : 개인의 선호(왼손/오른손)에 맞추는 것(예 양손 가위)
- ③ 단순하고 직관적인 사용 : 지식 수준에 관계없이 이해하기 쉬운 것(예 픽토그램)

더 알아보기

안전장치, 센서, Undo 기능이 나오면 무조건 '실수에 대한 포용'에 대한 내용이다.

77 ②

보안 사고는 휴지통에서 시작된다. 대외비 문서나 개인 정보가 적힌 종이를 그냥 버렸다가 줍는 사람이 생기면 그게 유출이다. 반드시 파쇄(Shredding)해서 복구 불가능하게 만드는 것이 보안의 기본이다.

오답 피하기

- ① : 문서는 회사의 자산이다. 폐기할 때도 상사의 승인(결재)이 필요하다.
- ③ : 퇴사할 때 회사 자료를 들고 나가면 법적 처벌을 받는다(부정경쟁방지법 위반).
- ④ : 보안 등급(권한)을 설정해서 볼 사람만 보게 해야 한다.

더 알아보기

업무 시간에 회사 장비로 만든 건 100% 회사 소유이다.

78 ③

저작권의 가장 큰 특징은 '무방식주의'이다. 그림을 다 그린 이후에 관공서에 신고하지 않고도 바로 발생한다. 이것이 특허(등록해야 발생)와의 결정적 차이이다.

오답 피하기

- ① : 등록은 효력을 강화할 뿐 발생 요건은 아니다.
- ② : ⓒ 표시는 경고용일 뿐 필수 요건은 아니다.
- ④ : 등록하지 않아도 원본 파일이나 창작 과정을 증명하면 보호받을 수 있다(다만 등록하면 입증이 훨씬 쉬워짐).

79 ③

원칙적으로 대량 생산되는 공산품 디자인은 '디자인권' 영역이다. 하지만 직물에 인쇄된 패턴이나 그림은 물품(넥타이)과 분리해서 보더라도 그 자체로 미술 작품(회화)으로서의 가치가 있다. 이런 경우 '응용 미술 저작물'로 인정되어 디자인권과 저작권의 이중 보호를 받을 수 있다.

오답 피하기

- ①, ② : 기능과 결합된 공업 디자인은 순수 미술로 보기 어려워 저작권 보호가 힘들다. 디자인권으로 가야 한다.
- ④ : 회로 배치는 '반도체 배치설계권'이라는 별도의 권리 영역이다.

더 알아보기

넥타이에서 그림만 떼어내 액자에 걸 수 있다면 저작권 보호 대상이 될 수 있다.

80 ②

제품이 태어나서 죽을 때까지 환경에 미치는 영향을 성적표처럼 공개하는 제도, 바로 환경성적표지(EPD)이다. '환경부' 주관이며, 전 과정(LCA) 평가라는 키워드가 핵심이다.

오답 피하기

- ① GR 인증 : 우수 '재활용' 제품 인증(산업통상자원부)
- ③ 에너지소비효율등급 : 가전제품의 에너지 효율 등급 표시
- ④ KS 마크 : 한국산업표준 인증

MEMO